重新发现丛书 中国阅读学会经典阅读研究中心荣誉推荐

容斋随笔 上

[宋] 洪迈 著

赵学力 注

北京燕山出版社

图书在版编目（CIP）数据

容斋随笔：全2册 / (宋) 洪迈著；赵学力注. -- 北京：北京燕山出版社，2018.3
ISBN 978-7-5402-5016-4

Ⅰ.①容… Ⅱ.①洪… ②赵… Ⅲ.①笔记－中国－南宋－选集 Ⅳ.①Z429.442

中国版本图书馆CIP数据核字(2018)第052069号

容斋随笔

作　　者	[宋]洪迈 著　赵学力 注
特约编审	王永强
责任编辑	贾　勇　王　迪
封面设计	刘姗姗
责任校对	石　英
出版发行	北京燕山出版社有限公司
地　　址	北京市丰台区东铁营苇子坑路138号
电　　话	010-65240430
邮　　编	100078
印　　刷	北京虎彩文化传播有限公司
开　　本	889mm×1194mm 1/32
字　　数	850千字
印　　张	35.75
版　　次	2018年8月第1版
印　　次	2018年8月第1次印刷
定　　价	199.00元（全2册）

版权所有　违者必究
如发现印装质量问题，请与承印单位联系。

作者简介

赵学力,1941年出生于山东省莱芜市。1968年毕业于山东大学中国语言文学系。先从事商业、工业,后从事新闻。1993年评聘为主任记者/主任编辑,曾任莱芜人民广播电台新闻部主任。2002年退休。注释明·嘉靖《莱芜县志》、清·康熙《莱芜县志》,合作编写《莱芜区域文化通览》和大型丛书《村庄》,合作注释《雪蓑》一书。

（代前言）

我为什么注释《容斋随笔》
（代前言）

笔记小说《容斋随笔》，南宋文学家、学者洪迈撰，五笔七十四卷。洪迈，字景卢，卒谥文敏。《宋史》本传说他"博极载籍，虽稗官虞初（笔记小说的代称），释老傍行，靡不涉猎""考阅典故，渔猎经史，极鬼神事物之变"。《容斋随笔》内容广泛，资料丰富，包括经史百家、文学艺术以及宋代掌故，对历代治乱兴衰、帝王将相亦有独到的见解和论述，因此为历代治国者所珍爱。毛泽东从战争年代到新中国成立后，一直将它带在身边，直到临终的十三天前，仍要索阅此书。它是南宋笔记小说之冠，和北宋科学家、政治家沈括的《梦溪笔谈》，都是我国古代笔记小说中不可多得的珍品。

遗憾的是，如此珍贵的一部古籍，却被一些校译者弄得面目全非，这就是我不得不拿起笔来进行注释的第一个原因。

《容斋随笔》是一本奇书。然而，1994 年出版的《容斋随笔》译文，却令人感到古怪离奇，啼笑皆非。

且摘录部分译文，与读者赏奇析疑：

篇目	原文	译文
《随笔》卷一《浅妄书》	惟张象指杨国忠为冰山事，《资治通鉴》亦取之，不知别有何据	……指杨国忠制造冰山这件事……
《三笔》卷三《孔戣郑穆》	古者大夫七十而致仕，有不得谢，则赐之几杖	古代大夫七十岁辞官，不但不批准，而赐给打他几木棒
《三笔》卷五《绯紫假服》	然则唐制借服色得于君前服之，国朝之制，到阙则不许	……借服色必须在皇上面前穿上它，宋朝的服制，到了空缺的官位之后，就不许穿了

1

同上卷七《太一推算》	寿皇圣帝厌代，泰安以久疾退处，人情业业	高宗皇帝不愿让位，泰安因久病退处，人情危惧
同上卷十六《蹇氏父子》	（蹇序臣）及居元符遇密中，肆音乐自娱	到了哲宗元符年间当上遇密中时……
同上《多赦长恶》	近者六年之间，再行覃霈	最近六年之间，两次遇到大雨
《续笔》卷十三《科举恩数》	盖此两榜，真宗在谅闇，礼部所放，故杀其礼	大概当时真宗尚未亲政……
《四笔》卷十一《东坡诲葛延之》	葛拜其言，而书诸绅	……并把这个秘诀写了下来，转告给各位绅士

如此译文，使人读后，忍俊不禁。

至于把"魏武帝"（曹操）译为"拓跋焘"（《三笔》卷二《介推寒食》），"过阙"（入朝陛见皇帝）译为"超过缺数"（《三笔》卷五《枢密名称更易》），"践履"（喻指行为；行动）——"穿鞋子"（《三笔》卷六《贤士隐居者》），"下吏"（谓交司法官吏审问治罪）——"下官"（续七《董仲舒灾异对》），真把读者引入歧途。身播国屯（zhūn）——以身流亡，国家屯（tún）兵艰难（三笔卷七《孙宣公谏封禅等》），屯（zhūn）其膏——屯积恩惠膏泽（《随笔》卷十一《小贞大贞》），诸如此类的错误，比比皆是。甚至连极简单的语句、极普通的常识性问题都译错。"今之愚人未必尔"译为"今天也不会以此来愚弄人"（《随》七《姜嫄简狄》），"一付笔吏"——"一律写上官吏职务"（《三笔》卷十六《高子允谒刺》），"颔联"——"曾点头联一诗句"（《四笔》卷二《有美堂诗》），"为天子父尊之至"——以天子为父尊敬至极（《三笔》卷八《吾家四六》）。

诚然，古文今译，有直译、意译两种方法。但是意译不能背离和曲解作品的原意，否则就是错译。

把"自囚上急变"译成"自己拘禁了皇上，发动紧急兵变"（《随》十二《王珪李靖》），"御史与护军诸校列坐堂皇上"译成"御史与护军诸校尉站在武帝

(代前言)

的两边"(《五笔》卷六《汉武帝喜杀人者》),显然是因为不懂古文而组词错误所致。"正考父鼎铭曰:'一命而偻,再命而伛,三命而俯……'"译为"正考父的鼎铭说:'听一命令就低头,两道命令就弯腰,三道命令就爬(趴)在地上……'"(《三笔》卷十三《钟鼎铭识》)。而把"(廉颇既老)……致困郭开之口"错译成"致使郭开无法说他老了"(《随》十一《将帅贪功》);有扈伐启,"启亡之"——"启被灭亡了"(《续》九《有扈氏》),都是对历史事实或事件不了解的结果。

有的校译者竟不知"上元"是唐高宗年号,而把"上元间"译为"正月十五元宵节"(《续笔》卷五《汉唐二武》)。更不知"显宗"是汉明帝的庙号,而专门列出一条注释,怀疑"显宗"是"明帝之误"(《四笔》卷一《关雎不同》)。

部分原文,明明该篇后面就有解释,如"'师或舆尸,凶。'长子帅师,弟子舆尸,贞凶。'意谓用兵当付一帅,苟其俦杂而临之,则凶矣。舆尸者,众主也。"(《续笔》卷七《将帅当专》)"臧文仲居蔡,孔子以为不智。蔡者,国君之守龟,出蔡地,因以为名焉。"(《续》九《臧氏二龟》)"季孙曰:'须也弱。'有子曰:'就用命焉。'谓虽年少,能用命也。"(《四笔》卷十六《昔贤为卒伍》)校译者不理解,偏偏另译出一层意思。

有些词语,先后出现多次,所表述的义项也一致,而译文却大相径庭。最典型的"要君"一词,在《续笔》卷八《去国立后》一文中出现三次,第一个竟译为"要官做",后两个才译对。《三笔》卷八《吾家四六》有"雷雨作解"一词,本谓帝王对有过者赦之,有罪者宽之。前文"雷雨作解而君子赦过",错译为"雷雨停止";后文"作雷雨之解而宥罪",仅仅颠倒了一下词序,又错译为"作雷雨的解释"。至于在两篇以上文章中出现的同一个词,译文则可想而知,如"过阙""到阙""杂压""容悦""书诸绅"等。

《三笔》卷十《朱梁轻赋》、东坡"和陶(渊明)《停云》诗"(《有美堂诗》)、"御士大夫如束湿"(《四笔》卷十二《当官营缮》),把朱梁、陶停云、束湿当作人名。"京既固位,窃国政"(《三笔》卷十三《政和宫室》),京指蔡京。译文:"京都已经确定,皇上窃取了国家政权。"在家天下的封建社会,国家政权本来就属皇家私有,何言窃取?《四笔》卷四《今日官冗》"四选"译成官署名。还有前面提到的把"遏密中"当作官名。

个别校译者,对《春秋三传》《史记》《汉书》《唐书》,特别是《宋史》以及唐宋诗词丝毫不了解,对一些历史名人和文学巨匠更是一无所知。

3

但是，且不要小看这本粗制滥造的译文，其影响不容低估，仅我所看到的，就有八家出版社或全部或部分照抄出版。直到2008年，一家出版单位出版的节选本，仍基本上照抄了这本译文。其中有相当一部分词语按其错误译文进行了错误注解。如《续笔》卷六《文字润笔》，刘禹锡祭韩愈文曰："公鼎侯碑，志隧表阡，一字之价，辇金如山"，本指韩愈为公（鼎）侯（碑）撰写铭文收取的报酬（润笔）颇丰，译文却成了"你韩公有盛名，官位封侯，事迹应记在石碑（上）……"而注释的"公鼎侯碑"，也说韩愈"官位封侯"。

《三笔》卷十一《汉文帝不用兵》"南越、朝鲜，拥兵阻阨，选蠕（xùn nuò）观望"，选蠕观望：选择时机观望。《五笔》卷二《二叔不咸》"昔周公吊二叔之不咸"：周公哀痛二叔不归顺。卷九《擒鬼章祝文》"惟是一老，屏予一人"，"殄瘁之哀，古今所共"，屏予一人：摒弃其他，唯一的人选。瘁：鞠躬尽瘁。《三笔》卷五《舜事瞽叟》"父顽，母嚣"，《五笔》卷七《盛衰不可常》"晨光未出帘影黑"，其中"嚣"和"廉"，明明是"嚚"字和"帘（簾）"字之误，却郑重其事地注释为："嚣：嚣张"，"廉：同帘"。

将这样一本错误百出的译文抛给读者，是一种极不严肃、极不负责任的态度。

这就是我不自量力又不得不注释《容斋随笔》的主要原因。

其次，纵观二十年来我所见到的《容斋随笔》版本，有的只有原文，没有译文，虽说普通读者难以读懂，但还不至于直接把读者引入歧途。倒是那些译文本，都存在着不少错误，产生了极其不良的影响。即使不出差错的译文，因为要求文字精炼，其中涉及的史实、典故（包括事典和语典）无法详细叙述，仍然使读者对译文产生疑问。为使读者深入理解原文，我采取了注释的方式。

当然，我这样说，并不意味着我的注释全部正确。即使像《容斋随笔》的作者洪迈这样的大学问家，也不得不发出"注书难"的感叹。况且，我个人的力量、知识极其有限，虽经二十载惨淡经营，错误、纰漏难以避免，我诚恳等待有关专家和广大读者批评指正。

凡原书涉及的古典诗词、古籍经传等，均借用了前人（也有现今的名人）和一些出版物的注释、译文，在此特别声明，并表示诚挚谢意。

赵学力
二〇一七年三月于山东莱芜

目录 contents

容斋随笔

卷第一（二十九则）

欧率更帖 /2
罗处士志 /2
唐平蛮碑 /3
半择迦 /3
六十四种恶口 /4
八月端午 /4
赞公少公 /5
郭璞葬地 /5
黄鲁直诗 /6
禹治水 /6
敕勒歌 /7
浅妄书 /8
五臣注文选 /9
文烦简有当 /10
地险 /10
史记世次 /11
解释经旨 /12
坤动也刚 /12
乐天侍儿 /14
白公咏史 /14
十年为一秩 /15
裴晋公禊事 /15
司字作入声 /16
乐天新居诗 /17
黄纸除书 /17
白用杜句 /18
唐人重服章 /18
诗谶不然 /19
青龙寺诗 /19

卷第二（二十四则）

唐重牡丹 /21

长歌之哀 /22
韦苏州 /22
古行宫诗 /23
隔 是 /24
张良无后 /24
周亚夫 /25
汉轻族人 /25
漏泄禁中语 /26
田 叔 /26
孟舒魏尚 /27
秦用他国人 /28
曹参赵括 /28
信近于义 /29
刚毅近仁 /30
忠恕违道 /30
求为可知 /31
里 仁 /32
汉采众议 /32
汉母后 /34
田千秋郅恽 /35
戾太子 /36
灌夫任安 /36
单于朝汉 /37

卷第三（二十一则）

进士试题 /38
儒人论佛书 /39
和归去来 /39
四海一也 /40
李太白 /41
太白雪谗 /41
冉有问卫君 /42
商 颂 /43
俗语有所本 /43
鄱阳学 /44
国忌休务 /45

汉昭顺二帝　/46
三女后之贤　/47
贤父兄子弟　/47
蔡君谟帖　/49
亲王与侍从官往还　/50
三传记事　/50
张嘉贞　/52
张九龄作牛公碑　/53
唐人告命　/53
典章轻废　/54

卷第四（二十三则）

张浮休书　/55
温公客位榜　/56
李顽诗　/56
诗中用荣芑字　/57
鬼宿渡河　/58
府名军额　/59
马融皇甫规　/59
孟蜀避唐讳　/60
翰苑亲近　/61
宁馨阿堵　/62
凤　毛　/63
牛　米　/63
为文矜夸过实　/64
送孟东野序　/64
喷　嚏　/65
野史不可信　/65
谤　书　/67
王文正公　/68
晋文公　/69
南夷服诸葛　/69
二疏赞　/70
李宓伐南诏　/71
浮梁陶器　/72

卷第五（二十五则）

汉唐八相　/73
六卦有坎　/73
晋之亡与秦隋异　/74
上官桀　/75

金日磾　/75
汉宣帝忌昌邑王　/76
平津侯　/76
韩信周瑜　/77
汉武赏功明白　/78
周召房杜　/78
三代书同文　/79
周世中国地　/79
李后主梁武帝　/80
诗　什　/81
易举正　/81
其惟圣人乎　/83
易说卦　/83
元二之灾　/84
圣人污　/85
廿卅卌字　/86
字省文　/86
负剑辟咡　/87
国初人至诚　/87
史馆玉牒所　/88
秤沙门　/89

卷第六（十九则）

建武中元　/90
带职人转官　/91
上下四方　/92
魏相萧望之　/92
姓氏不可考　/93
畏无难　/94
绿竹青青　/94
孔子欲讨齐　/95
韩退之　/96
诞节受贺　/97
左氏书事　/97
狐突言词有味　/98
宣　发　/99
邲文公楚昭王　/100
杜　悰　/101
唐书世系表　/102
鲁昭公　/103
州县失故名　/103
严州当为庄　/104

卷第七（十八则）

孟子书百里奚 /105
韩柳为文之旨 /105
李习之论文 /106
魏郑公谏语 /108
虞世南 /108
七　发 /109
将军官称 /110
北道主人 /110
洛中眄江八贤 /111
王导小名 /112
汉书用字 /113
姜嫄简狄 /113
羌庆同音 /114
佐命元臣 /115
名世英宰 /117
檀弓误字 /117
薛能诗 /118
汉晋太常 /120

卷第八（十五则）

诸葛公 /122
沐浴佩玉 /123
谈丛失实 /123
石　砮 /125
陶渊明 /126
东晋将相 /127
赏鱼袋 /128
浯溪留题 /128
皇甫湜诗 /129
人物以义为名 /130
人君寿考 /130
韩文公佚事 /131
论韩公文 /132
治生从宦 /135
真宗末年 /135

卷第九（二十八则）

霍光赏功 /137
尺棰取半 /137
汉文失材 /138
陈轸之说疏 /138
颜率儿童之见 /139
皇甫湜正闰论 /139
简师之贤 /141
老人推恩 /141
唐三杰 /142
忠义出天资 /142
刘歆不孝 /143
汉法恶诞谩 /144
汉官名 /145
五胡乱华 /145
石宣为彗 /146
三公改他官 /146
带职致仕 /147
朋友之义 /147
高科得人 /148
辛庆忌 /149
楚怀王 /149
范增非人杰 /150
翰苑故事 /151
唐扬州之盛 /151
张祜诗 /152
古人无忌讳 /153
宰我不诈 /153
李益卢纶诗 /154

卷第十（二十则）

杨彪陈群 /155
袁盎温峤 /156
日饮亡何 /156
爱盎小人 /157
唐书判 /157
古彝器 /158
玉蕊杜鹃 /159
礼寺失职 /160
徐凝诗 /161
梅花横参 /162
致仕之失 /162
南班宗室 /164
省郎称谓 /164

3

水衡都尉二事 /165
程婴杵臼 /166
战国自取亡 /166
临敌易将 /167
司空表圣诗 /168
汉丞相 /169
册礼不讲 /169

卷第十一（十六则）

将帅贪功 /170
汉二帝治盗 /171
汉唐封禅 /172
汉封禅记 /173
杨虞卿 /174
屯蒙二卦 /175
汉诽谤法 /176
谊向触讳 /177
小贞大贞 /178
唐诗戏语 /179
何进高叡 /179
南乡撩史 /180
汉景帝忍杀 /181
燕昭汉光武之明 /182
周南召南 /183
易中爻 /183

卷第十二（十八则）

利涉大川 /185
光武弃冯衍 /186
恭显议萧望之 /187
晁错张汤 /188
逸诗书 /189
刑罚四卦 /189
巽为鱼 /190
三省长官 /191
王珪李靖 /192
虎夔藩 /194
曹操用人 /195
汉士择所从 /196
刘公荣 /197
元丰官制 /198

耳馀袁刘 /198
周汉存国 /199
曹操杀杨修 /200
古人重国体 /201

卷第十三（十八则）

谏说之难 /203
韩馥刘璋 /205
萧房知人 /205
俞似诗 /206
吴激小词 /207
君子为国 /208
兑为羊 /208
晏子扬雄 /209
一以贯之 /210
裴潜陆俟 /211
拔亡为存 /212
孙吴四英将 /213
东坡罗浮诗 /214
魏明帝容谏 /216
汉世谋于众 /217
国朝会要 /218
孙膑减灶 /219
虫鸟之智 /219

卷第十四（十七则）

张文潜论诗 /221
汉祖三诈 /221
有心避祸 /222
蹇解之险 /223
士之处世 /224
张全义治洛 /225
博古图 /226
士大夫论利害 /227
舒元舆文 /227
绝唱不可和 /228
赠典轻重 /229
扬之水 /229
李陵诗 /230
大曲伊凉 /230
元次山元子 /232

次山谢表 /232
光武仁君 /234

卷第十五（十九则）

张文潜哦苏杜诗 /235
任安田仁 /236
杜延年杜钦 /237
范晔作史 /237
唐诗人有名不显者 /238
苏子由诗 /239
呼君为尔汝 /239
世事不可料 /240
蔡君谟帖语 /241
孔氏野史 /242
有　若 /243
张天觉为人 /244
为文论事 /245
连昌宫词 /246
二士共谈 /247
张子韶祭文 /248
京师老吏 /248
曹操唐庄宗 /249
云中守魏尚 /250

卷第十六（十九则）

文章小伎 /251
三长月 /252
兄弟直西垣 /253
续树萱录 /254
馆职名存 /255
南宫适 /256
吴王殿 /256
王卫尉 /257
前代为监 /257
治盗法不同 /258
和诗当和意 /259
稷有天下 /260
一世人材 /261
王逢原 /262
吏文可笑 /262
靖康时事 /263
并　韶 /264
谶纬之学 /264
真假皆安 /265

容斋续笔

卷第一（十八则）

颜鲁公 /268
戒石铭 /270
双生子 /271
李建州 /271
侍从官 /272
存亡大计 /273
唐人诗不传 /274
泰誓四语 /275
重阳上巳改日 /276
田宅契券取直 /276
公子奚斯 /277
唐藩镇幕府 /278
文中子门人 /279
晋燕用兵 /280
李卫公帖 /280
王孙赋 /281
汉郡国诸官 /282
汉狱名 /282

卷第二（十八则）

权若讷冯澥 /284
岁旦饮酒 /285
存殁绝句 /286
汤武之事 /286
张释之传误 /287
张于二廷尉 /288
汉唐置邮 /288
龙且张步 /289
义理之说无穷 /290
开元五王 /291
巫蛊之祸 /291
唐诗无讳避 /292
李晟伤国体 /295

元和六学士 /296
二传误后世 /296
卜子夏 /297
父子忠邪 /297
苏张说六国 /298

卷第三（十八则）

一定之计 /301
秋兴赋 /303
太史慈 /303
谥 法 /304
汉文帝受言 /305
丹青引 /306
诗国风秦中事 /306
诗文当句对 /307
东坡明正 /310
台谏不相见 /311
执政四入头 /312
无望之祸 /312
燕 说 /313
折槛行 /314
朱云陈元达 /314
杜老不忘君 /315
栽松诗 /315
乌鹊鸣 /316

卷第四（十七则）

淮南守备 /318
周世宗 /318
窦贞固 /319
郑 权 /320
党锢牵连之贤 /320
汉代文书式 /321
资治通鉴 /322
弱小不量力 /324
田横吕布 /324
中山宜阳 /325
相六畜 /326
卜筮不同 /326
日 者 /327
柳子厚党叔文 /328
汉武心术 /330

禁天高之称 /331
宣和冗官 /331

卷第五（十三则）

秦隋之恶 /333
汉唐二武 /337
玉川子 /337
银青阶 /338
买马牧马 /339
杜诗用字 /340
唐虞象刑 /342
崔常牛李 /343
盗贼怨官吏 /344
作诗先赋韵 /344
后妃命数 /345
公为尊称 /346
台城少城 /347

卷第六（十五则）

严武不杀杜甫 /348
王嘉荐孔光 /349
朱温三事 /350
文字润笔 /350
汉举贤良 /352
戊为武 /353
怨耦曰仇 /353
说文与经传不同 /354
周亚夫 /355
炀王炀帝 /356
郑庄公 /357
百六阳九 /358
左传易筮 /359
钟繇自劾 /361
大义感人 /361

卷第七（十七则）

田租轻重 /364
女子夜绩 /365
淮南王 /365
薛国久长 /366
建除十二辰 /367

俗语算数 /368
伾文用事 /368
五十弦瑟 /369
迁固用疑字 /370
僭乱的对 /371
月不胜火 /372
灵台有持 /373
董仲舒灾异对 /373
李正己献钱 /374
宣室 /375
昔昔盐 /376
将帅当专 /377

薄昭田蚡 /403
文字结尾 /404
国初古文 /405

卷第十（十七则）

经传烦简 /407
曹参不荐士 /407
汉初诸将官 /408
汉官名 /409
汉唐辅相 /409
汉武留意郡守 /410
苦荬菜 /411
唐诸生束脩 /412
范德孺帖 /413
民不畏死 /414
天下有奇士 /415
易卦四德 /416
孙坚起兵 /417
孙权封兄策 /418
逾年改元 /418
贼臣迁都 /419
舆地道里误 /420

卷第八（十五则）

蓍龟卜筮 /379
地名异音 /382
韩婴诗 /383
五行衰绝字 /384
汉表所记事 /384
萧何给韩信 /386
彭越无罪 /386
蜘蛛结网 /387
孙权称至尊 /388
康山读书 /389
列国城门名 /389
缁尘素衣 /390
去国立后 /390
诗词改字 /391
姑舅为婚 /391

卷第十一（十五则）

古錞于 /421
孙玉汝 /422
唐人避讳 /423
高锴取士 /424
兵部名存 /425
武官名不正 /426
名将晚谬 /427
唐帝称太上皇 /428
杨倞注荀子 /429
昭宗相朱朴 /429
杨国忠诸使 /431
祖宗朝宰辅 /432
百官避宰相 /432
百官见宰相 /433
东坡自引所为文 /434

卷第九（十四则）

三家七穆 /393
贡薛韦匡 /393
兒宽张安世 /395
深沟高垒 /395
生之徒十有三 /396
臧氏二龟 /397
有扈氏 /398
太公丹书 /398
汉景帝 /401
萧何先见 /401
史汉书法 /402

卷第十二（十二则）

妇人英烈 /436
无用之用 /438
龙筋凤髓判 /439
唐制举科目 /441
渊有九名 /442
东坡论庄子 /443
列子书事 /444
天生对偶 /445
铜雀灌砚 /446
崔斯立 /447
汉书注冗 /448
古迹不可考 /449

卷第十三（十四则）

科举恩数 /451
下第再试 /452
试赋用韵 /452
贞元制科 /453
贻子录 /454
金花帖子 /455
物之小大 /455
郭令公 /457
纪年兆祥 /457
民俗火葬 /458
太史日官 /459
汲冢周书 /460
曹子建论文 /462
雨水清明 /463

卷第十四（十七则）

尹文子 /464
帝王训俭 /465
用计臣为相 /466
州县牌额 /467
卢知猷 /467
忌讳讳恶 /469
陈涉不可轻 /469
士匄韩厥 /470
孔　墨 /471
玉川月蚀诗 /472

诗要点检 /473
周蜀九经 /473
冢宰治内 /474
宰相爵邑 /475
杨子一毛 /476
李长吉诗 /476
子夏经学 /477

卷第十五（十三则）

紫阁山村诗 /478
李林甫秦桧 /479
注书难 /480
书易脱误 /482
南陔六诗 /483
绍圣废春秋 /484
王韶熙河 /485
书籍之厄 /485
逐贫赋 /486
涧松山苗 /488
男子运起寅 /489
宰我作难 /490
古人占梦 /491

卷第十六（十六则）

高德儒 /493
唐朝士俸微 /493
计然意林 /494
思颖诗 /496
刘蕡下第 /497
酒肆旗望 /498
贤宰相遭谗 /499
宋齐丘 /499
咸杬子 /500
月中桂兔 /501
唐二帝好名 /502
周礼非周公书 /502
醉尉亭长 /504
三易之名 /504
忠臣名不传 /505
唐人酒令 /506

卷第一（二十九则）

欧率更帖

临川石刻杂法帖一卷，载欧阳率更一帖云①："年二十余，至鄱阳，地沃土平，饮食丰贱②，众士往往凑聚。每日赏华，恣口所须③。其二张才华议论，一时俊杰；殷、薛二侯，故不可言；戴君国士，出言便是月旦；萧中郎颇纵放诞，亦有雅致；彭君摛藻，特有自然④，至如《阁山神诗》，先辈亦不能加。此数子遂无一在⑤，殊使痛心。"兹盖吾乡故实也⑥。

【注释】
①石刻：刻有文字、图画的碑碣或石壁。亦指上面所刻字画的拓本。杂：会集；组合。法帖(tiè)：摹刻在石(或木)版上的法书，也包括它的拓本或印本。后人把横形的石(或木)版上摹刻的前人书迹，都称之为"法帖"。欧阳率(lǜ)更：欧阳询，唐书法家。官至太子率更令，故称。②丰贱：谓物多价廉。③华(huā)：同"花"。恣：听任；任凭。须：同"需"。④俊杰：才智出众的人。侯：古时用作士大夫之间的尊称，犹言"君"。君：对人的敬称。国士：旧称一国杰出的人物。月旦：《后汉书·许劭传》："初，劭与靖（劭从兄）俱有高名，好共核论乡党人物，每月辄更其品题，故汝南（许劭为汝南人）俗有月旦评焉。"后因称品评人物为"月旦"。放诞：谓放纵不守规范。雅致：不俗的意趣。摛(chī)藻：铺张辞藻。自然：不造作，不勉强。⑤子：古代男子的美称或尊称。如孔子、孟子。也用作敬称对方之词。⑥故实：亦作"固实"。故事，史实。吾乡：本书作者洪迈为鄱阳人。

罗处士志

襄阳有隋《处士罗君墓志》曰①："君讳靖②，字礼，襄阳广昌人。高祖长卿，齐饶州刺史。曾祖弘智，梁殿中将军。祖养、父靖，学优不仕③,有名当代。"碑字画劲楷,类褚河南④。然父子皆名靖,为不可晓。拓跋魏安同父名屈,同之长子亦名屈,祖孙同名,胡人无足言者,但罗君不应尔也⑤。

【注释】
①处士:古时称有才德而隐居不愿做官的人。墓志:放在墓中刻有死者传记的石刻。上面记有死者姓名、籍贯和生平,可作为历史资料,补史书的不足。②讳:指已故尊长者知名。③仕:为官;任职。④劲楷:端正有力。褚河南:褚遂良,唐大臣,书法家。封河南郡公,人称褚河南。⑤拓跋魏:即北朝时期的魏国(北魏),以皇室属鲜卑族拓跋部,史称拓跋魏。无足:不值得。尔:如此;这样。

唐平蛮碑

成都有唐《平南蛮碑》,开元十九年,剑南节度副大使张敬忠所立。时南蛮大酋长染浪州刺史杨盛颠为边患,明皇遣内常侍高守信为南道招慰处置使以讨之,拔其九城①。此事新、旧《唐书》及野史皆不载②。肃宗以鱼朝恩为观军容处置使,宪宗用吐突承璀为招讨使,议者讥其以中人主兵柄③,不知明皇用守信盖有以启之也。裴光庭、萧嵩时为相,无足责者。杨氏苗裔,至今犹连"晟"字云④。

【注释】
①酋长:部落的首领。内常侍:宫廷内官名。由宦官担任,间用士人。拔:攻取。②野史:中国古代私家编撰的史书。③中人:此处指宦官。④苗裔:后代子孙。晟(shèng):通"盛"。

半择迦

《大般若经》云:梵言"扇搋半择迦",唐言黄门,其类有五:一曰半择迦,总名也,有男根用而不生子①;二曰伊利沙半择迦,此云妒，谓他行欲即发，不见即无，亦具男根而不生子；三曰扇搋半择迦，谓本来男根不满，亦不能生子；四曰博义半择迦，谓半月能男半月不能男；五曰留拏半择迦，此云割，谓被割刑者。此五种黄门，名为人中恶趣受身处②。搋音丑皆反。（博义，馆本作"搏义"）

【注释】

①扇搋（shàn chuāi）：梵语。意译为黄门。指不具备外生殖器的男子。半择迦：佛教有五种不男之说，总称半择迦。也称黄门。唐言：指汉语。黄门：即天阉。没有生殖力的男子。男根：男子的阴茎。②恶趣：亦称"恶道"。佛教语。指地狱、饿鬼、畜生三道。《无量寿经下》："但作众恶，不修善本，皆悉自然入诸恶趣。"受身处：身上遭受之处。受，遭受；承受。

六十四种恶口

《大集经》载六十四种恶口之业①，曰：粗语，软语，非时语，妄语，漏语，大语，高语，轻语，破语，不了语，散语，低语，仰语，错语，恶语，畏语，吃语，诤语，谄语，诳语，恼语，怯语，邪语，罪语，哑语，入语，烧语，地语，狱语，虚语，慢语，不爱语，说罪咎语，失语，别离语，利害语，两舌语，无义语，无护语，喜语，狂语，杀语，害语，系语，闲语，缚语，打语，歌语，非法语，自赞叹语，说他过语，说三宝语。

【注释】

①恶口：亦译"粗恶语"。佛教以恶口为十恶行之一。十恶行：身三、口四、意三。口四者，两舌，恶口，妄言，绮语。业：佛教名词。梵文音译为"羯磨"。意为造作，泛指一切身心活动。一般包括身、口、意三个方面，故称"三业"。

八月端午

唐玄宗以八月五日生，以其日为千秋节。张说《上大衍历序》云：

"谨以开元十六年八月端午赤光照室之夜献之①。"《唐类表》有宋璟《请以八月五日为千秋节表》云:"月惟仲秋,日在端午。"然则凡月之五日皆可称端午也②。

【注释】

①赤光照室之夜:指皇帝诞辰之日。《后汉书·光武帝纪论》:"皇考南顿君济阳令,以建平元年十二月甲子夜生光武于县舍,有赤光照室中。"赤光,红光。②然则:连词。犹言"如此,那么"或"那么"。

赞公少公

唐人呼县令为明府,丞为赞府,尉为少府。《李太白集》有《饯阳曲王赞公贾少公石艾尹少公序》。盖阳曲丞、尉,石艾尉也。"赞公"、"少公"之语益奇。

郭璞葬地

《世说》:"郭景纯过江,居于暨阳。墓去水不盈百步,时人以为近水,景纯曰:'将当为陆。'今沙涨,去墓数十里皆为桑田①。"此说盖以郭为先知也。世传《锦囊葬经》为郭所著,行山卜宅兆者印为元龟②。然郭能知水之为陆,独不能卜吉以免其非命乎③?厕上衔刀之见浅矣④。

【注释】

①桑田:泛指田畴(田地)。②行山卜宅兆者印为元龟:行山,看坟地风水。行,巡视。山,坟墓。卜宅,以占卜择定墓地。印,印证。元龟,大龟,古代用以占卜,引申为可资借鉴的往事。③非命:《孟子·尽心上》:"桎梏死者,非正命也。"后来因意外灾祸而死为非命。④厕上衔刀:《晋书·郭璞传》:"璞素与桓彝善,彝每造之,或值璞在妇间,便入。璞曰:'卿来,他处自可径前,但不可厕上相寻耳。必客主有殃。'彝后因醉诣璞,正逢在厕,掩而观之,

见璞裸身被发,衔刀设醮。璞见彝,抚心大惊曰:'吾每嘱卿勿来,反更如是!非但祸吾,卿亦不免矣。天实为之,将以谁咎!'"后来郭璞被王敦所杀,桓彝讨伐苏峻之乱,兵败被害。厕上衔刀之见,意谓明知有祸却不知设法避开。

黄鲁直诗

徐陵《鸳鸯赋》云:"山鸡映水那相得①,孤鸾照镜不成双。天下真成长会合,无胜比翼两鸳鸯。"黄鲁直《题画睡鸭》曰②:"山鸡照影空自爱,孤鸾舞镜不作双。天下真成长会合,两凫相倚睡秋江③。"全用徐语点化之,末句尤精工④。又有《黔南十绝》,尽取白乐天语,其七篇全用之,其三篇颇有改易处。乐天《寄行简》诗,凡八韵,后四韵云:"相去六千里,地绝天邈然⑤。十书九不达,何以开忧颜!渴人多梦饮,饥人多梦餐。春来梦何处?合眼到东川⑥。"鲁直翦为两首,其一云:"相望六千里,天地隔江山。十书九不到,何用一开颜?"其二云:"病人多梦医,囚人多梦赦。如何春来梦,合眼在乡社⑦!"乐天《岁晚》诗七韵,首句云:"霜降水返壑,风落木归山。冉冉岁将晏⑧,物皆复本源。"鲁直改后两句七字,作"冉冉岁华晚,昆虫皆闭关⑨"。

【注释】

①那(nǎ):疑问代词。今亦写作"哪"。相得:相配,相称。②黄鲁直:黄庭坚,字鲁直,号山谷道人、涪翁,北宋诗人,书法家。③真成:真个。会合:聚合。凫(fú):水鸟。俗称野鸭。④点化:据前人诗句加以改造。精工:精致工巧。⑤邈(miǎo)然:遥远貌。⑥东川:全称"剑南东川"。唐方镇名。时白居易之弟行简为东川掌书记。⑦乡社:犹乡里,故乡。⑧冉冉:慢慢地;渐进貌。形容时光渐渐流逝。晏(yàn):晚。⑨岁华:犹言岁时。岁,年;时,指春夏秋冬四季。闭关:蛰伏。

禹治水

《禹贡》叙治水①,以冀、兖、青、徐、扬、荆、豫、梁、雍为次。

考地理言之，豫居九州中，与兖、徐接境，何为自徐之扬，顾以豫为后乎②？盖禹顺五行而治之耳③。冀为帝都④，既在所先，而地居北方，实于五行为水，水生木，木东方也，故次之以兖、青、徐；木生火，火南方也，故次之以扬、荆；火生土，土中央也，故次之以豫；土生金，金西方也，故终于梁、雍。所谓彝伦攸叙者此也⑤。与鲧之汩陈五行⑥，相去远矣。此说予得之魏几道。

【注释】

①禹贡：《尚书》中的一篇。记述当时我国的地理情况。是我国最早一部科学价值很高的地理著作。②九州：传说中的我国上古行政区划。说法不一。西汉以前，认为即上述禹治水后所划分的九州。顾：反而；却。③五行：水、火、木、金、土五种物质。这里指它们所代表的方位。④冀为帝都：自黄帝为邑涿鹿之阿（即建都邑于涿鹿山下的广平地带），至舜一直为都邑，即冀州之地。古九州之一的冀州，在今山西省、河北省一带。⑤彝伦攸叙：彝，常；伦，理。攸，是。叙，次第，次序。⑥鲧：禹之父。传说中原始时代部落首领。奉尧命治水，用筑堤防水的办法，九年未治平，被舜杀死于羽山。鲧，音 gǔn。汩陈五行：《书·洪范》："汩陈其五行。"言五行陈列皆乱也。汩陈，错乱陈列。

敕勒歌

鲁直《题阳关图》诗云："想得阳关更西路，北风低草见牛羊。"又集中有《书韦深道诸帖》云："斛律明月，胡儿也，不以文章显，老胡以重兵困敕勒川①，召明月作歌以排闷。仓卒之间，语奇壮如此，盖率意道事实耳②。"予按《古乐府》有《敕勒歌》，以为齐高欢攻周玉壁而败，恚愤疾发，使斛律金唱《敕勒》③，欢自和之。其歌本鲜卑语，词曰："敕勒川，阴山下。天似穹庐④，笼罩四野。天苍苍，野茫茫，风吹草低见牛羊。"鲁直所题及诗中所用，盖此也。但误以斛律金为明月，明月名光，金之子也。欢败于玉壁，亦非困于敕勒川。

【注释】

①老胡：指高欢。高欢为鲜卑化的汉人。②奇壮：奇，异常，甚；壮，

雄壮，盛壮。率意：直率，按照本意。③周：指北朝时期宇文觉代西魏而建立的北周。按：东魏兴和四年（542年）、武定四年（546年）两次围玉壁。时高欢为东魏丞相，玉壁城属西魏。北周建立时，高欢已死。恚（huì）愤：愤怒。斛律金：斛律金为敕勒部人，所以使之唱《敕勒歌》。④穹庐：游牧民族居住的毡帐。

浅妄书

俗间所传浅妄之书①，如所谓《云仙散录》《老杜事实》《开元天宝遗事》之属，皆绝可笑。然士大夫或信之②，至以《老杜事实》为东坡所作者。今蜀本刻杜集，遂以入注。孔传《续六帖》，采摭唐事殊有功，而悉载《云仙录》中事，自秽其书③。《开天遗事》托云王仁裕所著，仁裕五代时人，虽文章乏气骨④，恐不至此。姑析其数端以为笑。其一云："姚元崇开元初作翰林学士，有步辇之召⑤。"按，元崇自武后时已为宰相，及开元初三入辅矣⑥。其二云："郭元振少时美风姿，宰相张嘉贞欲纳为婿，遂牵红丝线，得第三女，果随夫贵达⑦。"按，元振为睿宗宰相，明皇初年即贬死，后十年，嘉贞方作相。其三云："杨国忠盛时，朝之文武，争附之以求富贵，惟张九龄未尝及门。"按，九龄去相位十年，国忠方得官耳。其四云："张九龄览苏颋文卷，谓为文阵之雄师⑧。"按，颋为相时，九龄元未达也。此皆显显可言者，固鄙浅不足攻，然颇能疑误后生也⑨。惟张彖指杨国忠为冰山事⑩，《资治通鉴》亦取之，不知别有何据？近岁，兴化军学刊《遗事》，南剑州学刊《散录》，皆可毁。

【注释】

①浅妄：浅薄妄为。②士大夫：旧指有地位有声望的读书人。③采摭（zhí）：采择拾取。秽：污染。玷污。④气骨：指作品的气势和骨力。⑤姚元崇：姚崇，唐大臣。历任武则天、睿宗、玄宗朝宰相。步辇之召：《开元天宝遗事》载："明皇在便殿，甚思姚元崇论时务，七月十五日苦雨不止，泥泞盈尺，上令侍御者抬步辇召学士来。"步辇，一种用人抬的代步工具，类似轿子。⑥入辅：进入朝廷为宰辅。⑦风姿：亦作"丰姿"。风度仪态。贵达：显贵。⑧文阵：犹文坛。

文学界。雄师：比喻有杰出成就的文学家。⑨显显：鲜明貌。鄙浅：鄙陋浅薄。疑误：迷惑贻误。⑩张象指杨国忠为冰山事：《开元天宝遗事》载："人有劝象，令修谒国忠，可图显荣。象曰：'尔辈以谓杨公之势，倚靠如太山；以吾所见，乃冰山也。或皎日大明之际，则此山当误人尔。'后果如其言。"

五臣注文选

东坡诋《五臣注文选》，以为荒陋①。予观选中谢玄晖和王融诗云②："阽危赖宗衮，微管寄明牧③。"正谓谢安、谢玄。安石于玄晖为远祖，以其为相，故曰宗衮。而李周翰注云："宗衮谓王导，导与融同宗，言晋国临危，赖王导而破苻坚④。牧谓谢玄，亦同破坚者。"夫以宗衮为王导固可笑，然犹以和王融之故，微为有说，至以导为与谢玄同破苻坚，乃是全不知有史策，而狂妄注书，所谓小儿强解事也⑤。惟李善注得之。

【注释】

①诋：指责。五臣注：唐开元年间，吕向以为李善《文选注》过于繁冗，和吕延济、刘良、张铣、李周翰等另作注解，称《五臣注》。文选：书名。南朝梁昭明太子萧统编，因又称《昭明文选》。荒陋：荒疏浅薄。②谢玄晖：南朝齐诗人谢朓，字玄晖。和（hè）：依照别人诗词的题材或体裁作诗词。和诗：作诗与别人相唱和。大致有不限定和韵与限定和韵两种方式。王融：南朝齐文学家。③阽危：危险。阽（diàn），临近边缘（危险）。宗衮：对同族居高位者之称。衮，天子及上公的礼服。李善注："宗衮，谢安也。"谢安为宰相，位列三公。微管：春秋时，管仲相齐桓公，霸诸侯，一匡天下。故《论语·宪问》有"微管仲，吾其被发左衽矣"之语。六朝人径称管仲为"微管"，作为套语，用以颂扬功勋卓著的大臣。微，非；无。寄：付托，寄托。明牧：贤明的地方长官。淝水之战时，谢玄任广陵相。因此，明牧指谢玄而言。④王导：东晋大臣。破苻坚：公元383年，谢安（字安石）、谢石（谢安弟）、谢玄（谢安侄）等在淝水大败苻坚大军，即历史上有名的"淝水之战"。时王导已去世44年。⑤史策：史册，史书。强（qiǎng）：勉强。此处有"硬装"之意。解事：晓事，懂事。杜甫《彭衙行》诗："小儿强解事，故索苦李餐。"

文烦简有当

欧阳公《进新唐书表》曰①:"其事则增于前,其文则省于旧。"夫文贵于达而已②,繁与省各有当也。《史记·卫青传》:"校尉李朔、校尉赵不虞、校尉公孙戎奴,各三从大将军获王③,以千三百户封朔为涉轵侯,以千三百户封不虞为随成侯,以千三百户封戎奴为从平侯。"《前汉书》但云:"校尉李朔、赵不虞、公孙戎奴,各三从大将军,封朔为涉轵侯、不虞为随成侯、戎奴为从平侯。"比于《史记》五十八字中省二十三字,然不若《史记》为朴赡可喜④。

【注释】

①欧阳公:欧阳修,字永叔。北宋文学家,史学家。与宋祁合修《新唐书》,并独撰《新五代史》。公,对尊长或平辈的敬称,亦为上对下的敬称。②达:(文辞)通畅。③大将军:指卫青,元朔五年被拜为大将军。④朴赡:质朴而丰富。

地 险

古今言地险者,以谓函秦宅关、河之胜,齐负海、岱,赵、魏据大河,晋表里河山,蜀有剑门、瞿唐之阻,楚国方城以为城,汉水以为池,吴长江万里,兼五湖之固,皆足以立国①。唯宋、卫之郊,四通五达,无一险可恃。然东汉之末,袁绍跨有青、冀、幽、并四州,韩遂、马腾辈分据关中,刘璋擅蜀,刘表居荆州,吕布盗徐,袁术包南阳、寿春,孙策取江东,天下形胜尽矣②。曹操晚得兖州,倔强其间,终之夷群雄,覆汉祚③。议者尚以为操挟天子以自重④,故能成功。而唐僖、昭之时,方镇擅地,王氏有赵百年,罗洪信在魏,刘仁恭在燕,李克用在河东,王重荣在蒲,朱宣、朱瑾在兖、郓,时溥在徐,王敬武在淄、青,杨行密在淮南,王建在蜀,天子都长安,凤翔、邠、华三镇鼎立为梗,李茂贞、韩建皆尝劫迁乘舆⑤。而朱温区区以汴、宋、亳、颖巇然中居⑥,及其得志,乃与操等。以在德不在险为言,则操、温之德又可见矣。

【注释】
①函秦:泛指长安一带。这里指战国时的秦国。宅:犹言包笼、囊括。关、河:关指函谷关和蒲津关,河指黄河。下文"赵、魏据大河","晋表里河山"的河、大河,亦指黄河。胜:形容事物优越、美好。负:倚恃;凭借。岱:泰山的别称。表里河山:晋国外河而内山。后用来指有山河天险作为屏障,自守无虞。剑门:山名。瞿唐:瞿塘关。古关名。方城:楚之长城厄塞。五湖:即太湖流域一带所有湖泊。立国:建国。②关中:一般称函谷关以西为关中。擅:据有。形胜:地理形势优越。③兖州:春秋时,兖州属鲁,在宋、卫之郊。倔强:直傲不屈于人。夷:削平,诛锄。覆:灭亡;覆灭。祚(zuò):皇位,国统。④自重:抬高自己的身价或地位。⑤方镇:指镇守一方的军事区域和军事长官,如唐及五代的节度使。擅地:任意占领地盘。王氏:指王武俊、王庭凑及其子孙。他们长期割据成德(在今河北)。梗:灾害。劫迁:胁迫迁移。乘(shèng)舆:旧指皇帝和诸侯所用的车舆。也用为帝王的代称。⑥巇(jié)然:挺立貌。

史记世次

《史记》所纪帝王世次,最为不可考信,且以稷、契论之,二人皆帝喾子,同仕于唐虞①。契之后为商,自契至成汤凡十三世,历五百余年。稷之后为周,自稷至武王凡十五世,历千一百余年。王季盖与汤为兄弟②,而世之相去六百年,既已可疑。则周之先十五世,须每世皆在位七八十年,又皆暮年所生嗣君③,乃合此数,则其所享寿皆当过百年乃可。其为漫诞不稽④,无足疑者。《国语》所载太子晋之言曰⑤:"自后稷之始基靖民,十五王而文始平之⑥。"皆不然也。

【注释】
①世次:世系相承的先后。考信:谓考查其真实。稷、契:唐(尧)、虞(舜)时代的两位贤臣。稷,即后稷,名弃。周之始祖。契(xiè),商之始祖。唐虞:唐尧与虞舜的并称。②王季:即季历。周太王古亶父的末子,文王父。古公亶

季立为公。季卒，文王即位。武王灭商，追尊古公为太王，公季为王季。③嗣君：继位的国君。④漫诞：空泛虚妄；荒诞。不稽：无可查考。⑤国语：书名。以记西周末年和春秋时期周、鲁等国贵族的言论为主，可与《左传》相参证。太子晋：周灵王太子，早卒不立。⑥自后稷之始基靖民，十五王而文始平之：《国语》注："基，始也。靖，安也。自后稷播百谷，以始安民，凡十五王，世循其德，至文王乃平民受命也。"靖民：治理人民，使人民安定。

解释经旨

解释经旨，贵于简明，惟孟子独然①。其称《公刘》之诗"乃积乃仓，乃裹糇粮，于橐于囊，思戢用光，弓矢斯张，干戈戚扬，爰方启行②。"而释之之词，但云："故居者有积仓，行者有裹粮也，然后可以爰方启行。"其称《烝民》之诗："天生烝民，有物有则，民之秉夷，好是懿德。"而引孔子之语以释之，但曰："故有物必有则，民之秉夷也，故好是懿德。"用两故字，一必字，一也字，而四句之义昭然。彼训"曰若稽古"三万言，真可覆酱瓿也。

【注释】

①经旨：指经书的意旨。孟子对《公刘》诗的解释，见《孟子·梁惠王下》，对《烝民》诗的解释，见《孟子·告子上》。②称：称道；称扬。《公刘》之诗：高亨先生《诗经今注》（上海古籍出版社1980年版。以后凡涉及《诗经》的注释大部分参照此书）："斯，于是。干，盾。戚，斧子。扬，举起。爰，于是。方，始，才。启行，出发。"③《烝民》之诗：烝，众也。物，事物。则，法则。夷，通"彝"。常理。秉夷，遵循常理。懿德，美德。④昭然：明白貌。⑤曰若稽古：曰若，发语词。稽古，稽考古道。覆酱瓿：比喻著作价值不高，只能用来盖酱罐。瓿（bù），古代容器名。

坤动也刚

《坤》卦《文言》曰："坤至柔而动也刚①。"王弼云："动之方正②，不为邪也。"程伊川云："坤道至柔，而其动则刚，动刚故应乾不违③。"

张横渠云:"柔亦有刚,静亦有动,但举一体,则有屈伸动静终始④。"又云:"积大势成而然。"东坡云:"夫物非刚者能刚,惟柔者能刚尔。畜而不发,及其极也,发之必决⑤。"张葆光但以训六二之直⑥。陈了翁云:"至柔至静,坤之至也。刚者道之动,方者静之德,柔刚静动,坤元之道之德也⑦。"郭雍云:"坤虽以柔静为主,苟无方刚之德,不足以含洪光大⑧。"诸家之说,率不外此。予顷见临安退居庵僧昙莹云:"动者谓爻之变也,《坤》不动则已,动则阳刚见焉⑨。在初为《复》,在二为《师》,在三为《谦》,自是以往皆刚也⑩。"其说最为分明有理。

【注释】

①坤:八卦之一,卦形☷,象征地。又为六十四卦之一,坤下坤上。文言:《易传》(即《十翼》)篇名。用以解释《乾》《坤》两卦。坤至柔而动也刚:坤卦的本性极为柔顺,一旦变化却显示出刚健。刚柔:阴阳。阳性刚,阴性柔。《坤》卦六爻均为阴爻,所以说"至柔"。动:变化。阴爻变为阳爻,显示刚。②王弼:三国魏玄学家。字辅嗣。著作有《周易注》。方正:指人行为、品性正直无邪。③程伊川:即程颐,字正叔。洛阳人。北宋哲学家、教育家。(因洛河有支流伊河)学者称伊川先生。坤道:谓大地的属性。应乾不违:乾为天。应(yìng),应和。不违,依从。④张横渠:即张载,字子厚。北宋哲学家。凤翔郿县(今陕西眉县)横渠镇人,世称横渠先生。屈伸:屈曲与伸舒。动静:运动与静止;行动与止息。终始:从开头到结局;事物发生演变的全过程。⑤惟:为;是。畜(chù):积储。决:冲破藩篱。⑥六二之直:《坤》卦六二爻的爻辞说:"直、方、大,不习,无不利。"意思是说:柔顺之德,纵向无边(直),横向无涯(方)……亦有前人释"直"为德,释"方"为道。"直方大"即道德大,亦即大道德。⑦刚者道之动:刚健是坤体的发动。道,坤道,亦即大地的属性。方者静之德:方正是静的作用。德,事物的属性。坤元:与"乾元"对称。指大地资生万物之德。乾为天,坤为地。⑧含洪广大:包容博厚并发扬光大。⑨爻(yáo):组成《周易》中卦的基本符号。有"—"(阳爻)和"- -"(阴爻)两种。见(xiàn):同"现"。显现。⑩在初为《复》:《坤》卦的符号为☷,全部是阴爻(- -)。坤一动,初六爻(阴爻)变为初九爻(阳爻),成为《复》卦,符号为☷,有一阳爻(所谓"坤动也刚")。在二为《师》:坤再动,六二爻变为九二爻,成为《师》卦,符号为☷,阳爻上升。在三为《谦》:《谦》卦为☷,阳爻继续上升。到第四爻为《豫》卦;到第五爻为《比》卦☷;到第六爻为《剥》卦☷。所以说"自是以往皆刚也"。

乐天侍儿

世言白乐天侍儿唯小蛮、樊素二人①。予读集中《小庭亦有月》一篇云:"菱角执笙簧②,谷儿抹琵琶。红绡信手舞,紫绡随意歌。"自注曰:"菱、谷、紫、红皆小臧获名③。"若然,则红、紫二绡亦女奴也。

【注释】

①白乐天:即白居易,唐代诗人,字乐天。晚年号香山居士。侍儿:婢女。②笙簧:指笙。笙为簧管乐器。簧,笙中之簧片。③臧获:奴婢。

白公咏史

东坡《志林》云:"白乐天尝为王涯所谗,贬江州司马①。甘露之祸,乐天有诗云:'当君白首同归日,是我青山独往时②。'不知者以乐天为幸之③,乐天岂幸人之祸者哉?盖悲之也。"予读白集有《咏史》一篇,注云:九年十一月作。其词曰:"秦磨利刃斩李斯,齐烧沸鼎烹郦其④。可怜黄绮入商洛,闲卧白云歌紫芝⑤。彼为菹醢机上尽⑥,此作鸾凰天外飞。去者逍遥来者死⑦,乃知祸福非天为。"正为甘露事而作,其悲之之意可见矣。

【注释】

①为王涯所谗:白居易本被贬为江表刺史,"诏出,中书舍人王涯上疏论之,言居易所犯状迹,不宜治郡,追诏授江州司马。"(《旧唐书·白居易传》)谗(chán):说别人的坏话。②甘露之祸:唐文宗时,宦官仇士良专权,大和九年(835年),宰相李训等密谋铲除宦官集团,以左金吾卫石榴树上夜有甘露为名,诱使仇士良等往视,谋加诛杀。因伏兵暴露,失败。仇士良等劫文宗回宫,李训、舒元舆、王涯等被杀。白首同归:指年龄皆老而同时死亡。青山:指归隐之处。③幸:庆幸。④李斯:秦二世时,李斯为赵高所忌,被杀。郦其:即郦食其(食yì,其jī)。楚汉战争中,说齐王田广归汉,韩信袭齐,齐王以

为被出卖,把他烹杀。⑤可怜:可羡。使人羡慕。黄绮入商洛:秦末东园公、甪里先生、绮里季、夏黄公隐于商山,年皆八十余,时称"商山四皓"。黄绮即四皓中夏黄公、绮里季的合称。商洛,陕西商县和上洛县之合称。商山在商县东南。紫芝:菌名。木耳一类。歌紫芝,四皓唱的《采芝操》歌辞:"晔晔紫芝,可以疗饥。"⑥彼:和下文的"来者"指像李斯、郦食其这样的人。菹醢(zū hǎi):即菹醢。古代酷刑,把人剁成肉酱。机(wéi):砧板(且鱼肉等用的垫板)。此:和下文的"去者"均指黄、绮。⑦逍遥:优游自得貌。

十年为一秩

白公诗云:"已开第七秩,饱食仍安眠。"又云:"年开第七秩,屈指几多人。"是时年六十二,元日诗也。又一篇云:"行开第八秩,可谓尽天年①。"注曰:"时俗谓七十以上为开第八秩。"盖以十年为一秩云。司马温公作《庆文潞公八十会致语》云:"岁历行开九帙新②",亦用此也。

【注释】

①天年:谓人的自然的年寿。②司马温公:即司马光,北宋大臣,史学家。字君实。编撰《资治通鉴》。死后追封温国公。文潞公:文彦博,北宋大臣,封潞国公。致语:宋时艺人献技之前,先作祝颂之辞,叫作"致语"。岁历:即年历。帙:通"秩"。

裴晋公禊事①

唐开成二年三月三日,河南尹李待价将禊于洛滨,前一日启留守裴令公②。公明日召太子少傅白居易,太子宾客萧籍、李仍叔、刘禹锡,中书舍人郑居中等十五人合宴于舟中,自晨及暮,前水嬉而后妓乐,左笔砚而右壶觞③,望之若仙,观者如堵。裴公首赋一章④,四坐继和,乐天为十二韵以献,见于集中。今人赋上巳⑤,鲜有用其事者。予按《裴公传》,是年起节度河东,三年以病丐还东都⑥。文宗上巳宴群臣曲江,度不赴,帝赐以诗,使者及门而度薨⑦。与前事相去正一年。然乐天又有一篇，题云《奉和裴令公三月上巳日游太原龙泉忆去岁禊洛之作》，是开成三年诗，则度以四年三月始薨。《新史》以为三年，误也。《宰相表》却载其三年十二月为中书令，四年三月薨。而帝纪全失书[8]，独《旧史》纪、传为是。

【注释】

①裴晋公：即裴度，唐宪宗时宰相，平定蔡州吴元济叛乱，以功封晋国公。②禊（xì）：祓（fú）祭，古人消除不祥之祭，常在春秋两季于水滨举行。阴历三月三日上巳修禊，尤为流行。启：禀告。留守：官名。从隋唐起，皇帝出巡或亲征时指定亲王或大臣留守京城，得便宜行事，称京城留守；其陪京和行都则常设留守，以地方行政长官兼任。时裴度任东都留守。令公：古代对中书令的尊称。大（太）和八年（834年）三月，裴度"以本官判东都尚书省事，充东都留守。九年十月，进位中书令。"（《旧唐书·裴度传》）③嬉（xī）：戏乐。妓乐（yuè）：指歌舞女艺人表演的音乐舞蹈。壶觞：盛酒的器具，借指酒类。觞（shāng），酒杯。④赋：不歌而诵。后多称作诗为赋诗。⑤上巳：节日名。古时以阴历三月上旬巳日为上巳。魏晋以后改为三月三日。曲水流觞故事，起于晋时。唐朝赐宴曲江。后亦有不用三日，而仍用巳日者。⑥节度：节制调度。节度河东：即为河东节度使。丐：乞求。⑦曲江：即曲江池。故址在今陕西西安市东南。有河水水流曲折，故称。为都人中和（二月初一）、上巳等盛节游赏胜地。薨（hōng）：周代诸侯死之称。唐代用来称二品以上官员之死。⑧帝纪：指史书中的帝王本纪。失书：谓记载遗漏。

司字作入声

白乐天诗，好以司字作入声读[1]，如云："四十著绯军司马，男儿官职未蹉跎[2]"，"一为州司马，三见岁重阳"，是也。又以相字作入声，如云："为问长安月，谁教不相离"，是也。相字之下自注云：思必切。以十字作平声读，如云："在郡六百日，入山十二回"，"绿浪东西南北路，红栏三百九十桥"，是也。以琵字作入声读，如云："四弦不似琵琶声，乱写真珠细撼铃[3]"，"忽闻水上琵琶声"，是也。武元衡亦有句云："唯有白须张司马，不言名利尚相从。"

【注释】

①入声：古汉语四声之一。多数发音短促，有塞音韵尾。普通话无入声，入声字分别归入阴平、阳平、上、去四声。②著绯：穿着红色官服。唐代中级官员穿红官服。著（zhuó），"着"的本字，穿。绯，大红色。司马：官名。后世用作兵部尚书的别称，侍郎则称少司马。唐制，节度使僚属有行军司马。又于每州置司马，以安排贬谪或闲散的人。蹉跎：时间白白过去；光阴虚度。③写（xiè）：倾泻。真珠：通作"珍珠"。

乐天新居诗

白乐天自杭州刺史分司东都①，有《题新居呈王尹兼简府中三橼》诗云："弊宅须重葺，贫家乏羡财②。桥凭州守造，树倩府寮栽③。朱板新犹湿，红英暖渐开④。仍期更携酒，倚槛看花来⑤。"乃知唐世风俗尚为可喜。今人居闲，而郡守为之造桥，府寮为之栽树，必遭讥议，又肯形之篇咏哉⑥！

【注释】

①分司：分掌；分管。唐宋之制，中央之官有分在陪都执行职务者，称为分司。但除御史分司者有实职外，其他分司者，多仅以优待退闲之官，并不任职。②葺（qì）：原指用茅草覆盖房屋。后泛指修理房屋。羡财：余财。③倩（qìng）：请；央求。寮（liáo）：通"僚"。④朱板：漆成朱红色的木板。指桥板。红英：红花。⑤槛（jiàn）：窗户下或长廊旁的栏杆。⑥篇咏：诗歌著作。

黄纸除书

乐天好用"黄纸除书"字①，如："红旗破贼非吾事，黄纸除书无我名"，"正听山鸟向阳眠，黄纸除书落枕前"，"黄纸除书到，青宫诏命催②。"

【注释】

①除书：任命书。用朱笔写在黄纸上。②青宫：即东宫。东方属木，于色为青。皇太子所居，因即指太子。白居易曾任太子少傅。见《裴晋公禊事》。诏命：命令。

白用杜句

杜子美诗云："夜足沾沙雨，春多逆水风①。"白乐天诗"巫山暮足沾花雨，陇水春多逆浪风②"，全用之。

【注释】

①足：多。沾：浸润；沾湿。逆水：与水流方向相反。②逆浪：顶着波浪。

唐人重服章

唐人重服章①，故杜子美有"银章付老翁"，"朱绂负平生②"，"扶病垂朱绂"之句。白乐天诗言银绯处最多③，七言如："大抵著绯宜老大④"，"一片绯衫何足道"，"暗淡绯衫称我身"，"酒典绯花旧赐袍"，"假著绯袍君莫笑⑤"，"腰间红绶系未稳⑥"，"朱绂仙郎白雪歌⑦"，"腰佩银龟朱两轮⑧"，"便留朱绂还铃阁⑨"，"映我绯衫浑不见"，"白头俱未著绯衫"，"绯袍著了好归田"，"银鱼金带绕腰光⑩"，"银章暂假为专城⑪"、"新授铜符未著绯⑫"，徒使花袍红似火"，"似挂绯袍衣架上"。五言如："未换银青绶⑬，唯添雪白须"，"笑我青袍故，饶君茜绶新⑭"，"老逼教垂白⑮，官科遣著绯"，"那知垂白日，始是著绯年"，"晚遇何足言⑯，白发映朱绂"。至于形容衣鱼之句⑰，如："鱼缀白金随步跃，鹘衔红绶绕身飞⑱。"

【注释】

①服章：指表示官吏身分品秩的服饰。②银章：银质的印章。银印背龟纽，刻上文字，曰某官。其文曰章。汉制，凡吏秩比二千石以上皆银印。隋唐以后官不佩印，只有随身鱼袋。金银鱼袋等谓之章服，亦简称银章。朱绂：红

色朝服。③银绯：银印红绶。据下文，似兼指红袍。④老大：年纪大。⑤典：抵押，典当。假著（zhuó）：借来官服穿，假，借。⑥绶：系帷幕或印纽的丝带。⑦仙郎：唐代称尚书省各部郎中、员外郎为仙郎。白雪歌：相传春秋时晋国师旷曾作琴曲《白雪曲》，至唐高宗时，吕才又依琴中旧曲，重定曲调高下，以高宗所撰《雪》诗为《白雪歌》，编于乐府。⑧银龟：龟纽银印。朱轮：古代高官所乘之车，用朱红漆两轮，故名。⑨铃阁：将帅或州郡长官办事的地方。⑩银鱼：银制的鱼形佩饰。为唐代五品以上官的章服，为出内之符信。金带：金饰的腰带。⑪暂假：暂且凭借。专城：指主宰一城的州牧、太守等地方长官。⑫铜符：虎形铜符称铜虎符。省称"铜虎"或"铜符"。发兵或调遣使者的符信（信物）。⑬银青绶：银印青绶，对金紫而言。⑭青袍：青色袍服。唐贞观三年，规定八品、九品官服青色，显庆元年，规定深青为八品之服，浅青为九品之服。饶：让。茜（qiàn）：茜草。其根紫赤色，可作大红色染料，因借指大红色。⑮垂白：须发将白，谓已近年老。⑯晚遇：晚年显达。⑰衣鱼：紫服和鱼袋。唐制，三品以上官服紫，五品以上服绯。官位不及者，帝命赐紫服，同时赐鱼袋，以为恩宠。⑱鱼：即鱼袋。古代官吏的佩物，用以盛鱼符。白金：古指银子。此处即指银鱼袋。鹄（hú）：礼服上作为等级标志的图文。鹄（天鹅）飞翔甚高，一举千里。

诗谶不然①

今人富贵中作不如意语，少壮时作衰病语，诗家往往以为谶。白公十八岁，病中作绝句云："久为劳生事，不学摄生道②。少年已多病，此身岂堪老？"然白公寿七十五。

【注释】

①诗谶（chèn）：迷信者谓所赋诗无意中预示后事的朕兆。谶，迷信的人指将应验的预言、预兆。②劳生：辛劳的生活。摄生：养生。

青龙寺诗

乐天《和钱员外青龙寺上方望旧山》诗云："旧峰松雪旧溪云，怅望今朝遥属君①。共道使臣非俗吏,南山莫动《北山文》②。"顷于乾道四年讲筵开日,蒙上书此章于扇以赐,改"使臣"为"侍臣"云③。

【注释】

①怅望:怅然怀想。属(zhǔ):嘱咐。②使臣:泛称皇帝所派遣负有专门使命的官员。俗吏:才智凡庸的官吏。南山:指秦岭终南山。在陕西省西安市南。唐卢藏用想入朝做官,就隐居于京城附近的终南山,以冀征召,时人称之为随驾隐士。后果被召入仕。唐道士司马承祯也尝被召,欲还山,藏用指终南山说:"此中大有嘉处。"承祯说:"以仆观之,仕宦之捷径耳。"后以"终南捷径"指谋官职、求名利最近便的门路。北山文:指南齐孔稚珪的《北山移文》。文章揭露和讽刺当时那种表面清高,实则利欲熏心的假隐士的虚伪情态。③讲筵:犹讲席。侍臣为皇帝、太子、后妃讲解儒家经义的处所。上:专指帝王。侍臣:侍奉帝王的廷臣。

卷第二（二十四则）

唐重牡丹

欧阳公《牡丹释名》云："牡丹初不载文字，唐人如沈、宋、元、白之流，皆善咏花，当时有一花之异者，彼必形于篇什①，而寂无传焉，唯刘梦得有咏鱼朝恩宅牡丹诗，但云一丛千朵而已，亦不云其美且异也。"予按，白公集有《白牡丹》一篇十四韵，又《秦中吟》十篇，内《买花》一章，凡百言，云："共道牡丹时，相随买花去。一丛深色花，十户中人赋②。"而《讽谕乐府》有《牡丹芳》一篇，三百四十七字，绝道花之妖艳③，至有"遂使王公与卿士，游花冠盖日相望④"，"花开花落二十日，一城之人皆若狂"之语。又《寄微之百韵》诗云："唐昌玉蕊会，崇敬牡丹期⑤。"注："崇敬寺牡丹花，多与微之有期。"又《惜牡丹》诗云："明朝风起应吹尽，夜惜衰红把火看⑥。"《醉归盩厔》诗云："数日非关王事系，牡丹花尽始归来。"元微之有《入永寿寺看牡丹》诗八韵，《和乐天秋题牡丹丛》三韵，《酬胡三咏牡丹》一绝⑦，又有五言二绝句。许浑亦有诗云："近来无奈牡丹何，数十千钱买一窠⑧。"徐凝云："三条九陌花时节⑨，万马千车看牡丹。"又云："何人不爱牡丹花，占断城中好物华⑩。"然则元、白未尝无诗，唐人未尝不重此花也。

【注释】
①沈、宋、元、白：沈佺期、宋之问、元稹（字微之）、白居易。均为唐代诗人。篇什：《诗经》的《雅》和《颂》以十篇为一什，所以诗章又称"篇什"。②中人：这里指财产被列入中间等的人家。赋：赋税。春秋、秦汉时只指田赋，即按田亩收的田租。从户、丁、资财课征称税。后来赋、税合并。③绝道：极力渲染。妖艳：美丽妩媚。④王公：泛指王侯公卿、达官贵人。卿士：指卿、大夫。后用以泛指官吏。冠盖：礼帽、车盖。官吏的服饰和车乘。借指官吏。⑤唐昌：观名，观中有玉蕊花。期：邀约，会合。⑥衰红：凋谢的花。把火：手持火炬。⑦酬：以诗文相赠答。⑧窠（kē）：通"棵"。⑨三条九陌：泛指帝都的纵横大道。⑩物华：美好的自然景物。

长歌之哀

嬉笑之怒,甚于裂眦,长歌之哀,过于恸哭①。此语诚然。元微之在江陵,病中闻白乐天左降江州②,作绝句云:"残灯无焰影幢幢,此夕闻君谪九江③。垂死病中惊起坐,暗风吹雨入寒窗。"乐天以为:"此句他人尚不可闻,况仆心哉④!"微之集作"垂死病中仍怅望",此三字既不佳,又不题为病中作,失其意矣。东坡守彭城,子由来访之⑤,留百余日而去,作二小诗曰:"逍遥堂后千寻木,长送中宵风雨声⑥。误喜对床寻旧约,不知漂泊在彭城⑦。""秋来东阁凉如水,客去山公醉似泥⑧。困卧北窗呼不醒,风吹松竹雨凄凄⑨。"东坡以为读之殆不可为怀⑩,乃和其诗以自解。至今观之,尚能使人凄然也⑪。

【注释】

①裂眦(zì):形容极其愤怒的神态。同"眦",眼眶。长歌:放声高歌。②左降江州:白居易由太子左赞善大夫被贬为江州(今江西九江市)司马。左降,官吏被贬降级。③幢幢(tóng tóng):摇曳貌。谪:古代官吏因罪而被降职或流放。④仆:用来自称的谦词。⑤子由:东坡弟苏辙,字子由。⑥寻:古代长度单位。八尺为寻。千寻,极言其高。中宵:夜半。⑦漂泊:随流漂荡而停泊。比喻行止无定。⑧东阁:东向小门。款待宾客之地。山公:指晋代山简,亦称山公。山简镇守襄阳,常游高阳池,饮辄大醉。后世诗文中或用为作者自况,或借称嗜酒的朋友,以"山公醉"为醉酒之典。⑨凄凄:寒凉貌。⑩殆:几乎。不可为怀:意谓心中忍受不了。⑪凄然:凄凉悲伤貌。

【补注】长歌:放声高歌

韦苏州

《韦苏州集》中①,有《逢杨开府》诗云:"少事武皇帝,无赖恃恩私②。身作里中横,家藏亡命儿③。朝持樗蒲局,暮窃东邻姬④。司隶不敢捕,立在白玉墀⑤。骊山风雪夜,长杨羽猎时⑥。一字都不识,饮酒肆顽痴⑦。武皇升仙去,憔悴被人欺⑧。读书事已晚,把笔学题诗。

两府始收迹,南宫谬见推⑨。非才果不容,出守抚惸嫠⑩。忽逢杨开府,论旧涕俱垂。"味此诗,盖应物自叙其少年事也,其不羁乃如此⑪。李肇《国史补》云:"应物为性高洁,鲜食寡欲,所居焚香扫地而坐,其为诗驰骤建安已还,各得风韵⑫。"盖记其折节后来也⑬。《唐史》失其事,不为立传。高适亦少落魄⑭,年五十始为诗,即工。皆天分超卓⑮,不可以常理论云。应物为三卫,正天宝间,所为如是,而吏不敢捕,又以见时政矣⑯。

【注释】

①韦苏州:韦应物,唐诗人。少年时以三卫郎事玄宗。做过苏州刺史,故称。②武皇帝:天宝八载,群臣为玄宗上尊号曰开元天地大宝圣文神武应道皇帝。无赖:奸诈、刁滑、强横之徒及其恶劣作风。恩私:犹恩惠,恩宠。③亡命儿:即亡命之徒。指不顾性命、犯法作恶的人。④樗(chū)蒲:古代博戏。局:棋盘。姬:古时妇人的美称,也用为美女之称。⑤司隶:"司隶校尉部"的简称。西汉置。掌京畿七郡捕督奸猾,察举百官以下犯法者。墀(chí):殿上的空地,也指台阶。⑥长杨:汉行宫名,因宫有长杨树而名。皇家打猎的场所。此处借用。羽猎:用箭射猎。⑦肆:不受拘束;纵恣,放肆。顽痴:愚钝无知。⑧升仙:称人死去的婉词。憔悴:瘦弱萎靡貌。引申为困顿失意貌。⑨两府:丞相(府)和御史(府)。收迹:意谓收容韦应物。南宫:指礼部。礼部掌贡举。谬见推:谦词。谓按德才不应该荐举而被荐举。⑩惸嫠(qióng lí):无兄弟与无丈夫的人。引申为孤苦伶仃的人。⑪不羁:谓行为不遵循礼法。⑫高洁:高尚纯洁。鲜(xiǎn)食:少食。寡欲:节制欲望;欲望少。驰骤:指在某个领域纵横自如,悉心研讨,而有所建树。建安:汉献帝年号。建安时期诗歌成就显著,情调慷慨,语言刚健,后人称为"建安风骨"。已还:以后;以来。已,通"以"。风韵:风格,韵味。⑬折节:改变平日的志节行为。⑭落魄:同"落泊"。穷困失意。⑮天分(fèn):犹天资(天生的资质)。超卓:卓越不群。⑯三卫:唐袭隋制,设有亲卫、勋卫、翊卫三卫,每卫置中郎将一人,掌宫廷禁卫之事。时政:当代的政治情况,政治措施。

古行宫诗

白乐天《长恨歌》《上阳人》歌,元微之《连昌宫词》,道开元间宫禁事,最为深切矣①。然微之有《行宫》一绝句云:"寥落古行宫,宫花寂寞红②。白头宫女在,闲坐说玄宗。"语少意足,有无穷之味。

【注释】

①宫禁:帝王所居之处。宫中禁卫森严,臣下不得任意出入,故称。深切:深入透彻。②寥落:冷落;寂寞。行宫:古代京城以外供帝王出行时居住的宫室。

隔 是

乐天诗云:"江州去日听筝夜,白发新生不愿闻。如今格是头成雪,弹到天明亦任君。"元微之诗云:"隔是身如梦,频来不为名。怜君近南住①,时得到山行。"格与隔二字义同,格是犹言已是也。

【注释】

①怜:喜爱;爱羡。

张良无后

张良、陈平,皆汉祖谋臣,良之为人,非平可比也。平尝曰:"我多阴谋,道家之所禁①。吾世即废矣,以吾多阴祸也②。"平传国至曾孙,而以罪绝,如其言。然良之爵但能至子,去其死才十年而绝,后世不复绍封,其祸更促于平③,何哉?予盖尝考之,沛公攻峣关,秦将欲连和④,良曰:"不如因其懈怠击之。"公引兵大破秦军。项羽与汉王约中分天下,既解而东归矣⑤。良有"养虎自遗患"之语,劝王回军追羽而灭之。此其事固不止于杀降也⑥,其无后宜哉!

【注释】

①阴谋:秘计,诡计。道家:我国古代的一种思想流派。道家主张清静无为,反对斗争,与搞阴谋诡计格格不入。②阴祸:冥冥之中将要受到的惩罚。

③绍封：承继封爵。绍，承继。促:(时间)距离短。④沛公：即刘邦，沛县人。秦末起兵，称沛公。连和：联合；交好。⑤解：和解；消除纷争。东归：指回故乡。项羽为楚国下相（今江苏宿迁）人。⑥杀降：杀戮投降者。古人认为，杀降不祥。

周亚夫

周亚夫距吴、楚，坚壁不出①。军中夜惊，内相攻击扰乱，至于帐下。亚军坚卧不起②。顷之，复定。吴奔壁东南陬③，亚夫使备西北。已而果奔西北，不得入。《汉史》书之，以为亚夫能持重④。按，亚夫军细柳时，天子先驱至，不得入。文帝称其不可得而犯。今乃有军中夜惊相攻之事，安在其能持重乎？

【注释】
①周亚夫：西汉名将。周勃之子。汉景帝时任太尉，平定吴楚七国之乱，迁为丞相。距：通"拒"。坚壁：坚守壁垒，不与敌方决战。②坚卧：谓按兵不动。③陬（zōu）：隅，角落。④持重：谨慎稳重。⑤细柳：古地名。在今陕西咸阳市西南渭河北岸。

汉轻族人①

爰盎陷晁错②，但云："方今计，独有斩错耳。"而景帝使丞相以下劾奏，遂至父母妻子同产无少长皆弃市③。主父偃陷齐王于死，武帝欲勿诛，公孙丞相主之④，遂族偃。郭解客杀人⑤，吏奏解无罪，公孙大夫议，遂族解。且偃、解两人本不死，因议者之言，杀之足矣，何遽至族乎⑥？汉之轻于用刑如此！

【注释】
①族：刑及父母兄弟妻子。②晁错：汉景帝时为御史大夫，请削诸侯封地以尊京师。景帝三年(公元前154年)正月，吴楚七国借口诛晁错发动叛乱。景帝听爰盎（即袁盎）之言，斩晁错于东市。③劾奏：向皇帝检举弹劾别人的

罪状。同产：指同母所生。弃市：中国古代在闹市执行死刑，并将尸体暴露街头，称为弃市。④公孙丞相：公孙弘。为人忌妒，外宽内深。下文"公孙大夫"亦指公孙弘。时为御史大夫。⑤郭解客杀人：有人诬蔑郭解，其客杀之，郭解实不知。⑥何遽：亦作"何渠"、"何讵"。如何，怎么。

漏泄禁中语①

京房与汉元帝论幽、厉事②，至于十问十答。西汉所载君臣之语，未有如是之详尽委曲者③。盖汉法漏泄省中语为大罪④，如夏侯胜出道上语，宣帝责之，故退不敢言，人亦莫能知者。房初见帝时，出为御史大夫郑君言之，又为张博道其语，博密记之，后竟以此下狱弃市。今史所载，岂非狱辞乎⑤？王章与成帝论王凤之罪，亦以王音侧听闻之耳⑥。

【注释】

①禁中：亦称"省中"。即皇宫之内。言门户有禁，非侍卫及通籍之臣，不得入内。②京房：汉元帝时博士。精通《易》学。是西汉今文易学"京氏学"的开创者。论幽厉事：京房回答元帝关于周幽王、周厉王为什么会危亡的提问。③委曲：详尽，详细。④省中：宫禁之中。⑤狱辞：犹供词。⑥王音：王凤叔父王弘之子。侧听：倾耳而听。即偷听。

田　叔①

贯高谋弑汉祖，事发觉，汉诏赵王，有敢随王罪三族，唯田叔、孟舒等自髡钳随王，赵王既出②，上以叔等为郡守。文帝初立，召叔问曰："公知天下长者乎③？"曰："故云中守孟舒，长者也。"是时，舒坐房大入云中免④。上曰："房入云中，孟舒不能坚守，士卒死者数百人，长者固杀人乎⑤？"叔叩头曰："夫贯高等谋反，天子下明诏，赵有敢随张王者⑥，罪三族。然孟舒自髡钳，随张王，以身死之，岂自知为云中守哉！是乃所以为长者。"上曰："贤哉孟舒！"复召以为云中守。按，田叔、孟舒同随张王,今叔指言舒事⑦,几于自荐矣。叔不自以为嫌,但欲直孟舒之事,文帝不以为过,一言开悟,为之复用舒,君臣之诚意相与如此⑧。

【注释】

①田叔:田叔先为赵王张敖的郎中,后为汉中郡守。②贯高:赵相。诏:召见。三族:说法不一。一说为父族、母族、妻族。髡(kūn)钳:中国古代将犯人剃去头发并用铁圈束颈的刑罚。赵王既出:赵王被赦免出狱。因为贯高谋杀汉高祖刘邦,赵王事先并不知情。③长者:有德行者。多指性情谨厚的人。④坐:特指办罪的因由。免:被罢免云中守。⑤固:乃;岂。表反诘。杀人:让人被杀。⑥张王:赵王张敖。因姓张,故又称之为张王。⑦指言:犹指陈。指明和陈述。⑧直:伸,平反。开悟:领悟;领会。相与:相处;相交往。

孟舒魏尚

云中守孟舒,坐房大入云中免。田叔对文帝曰:"匈奴来为边寇,孟舒知士卒罢敝,不忍出言,士争临城死敌①,如子为父,以故死者数百人。孟舒岂驱之哉!"上曰:"贤哉孟舒!"复召以为云中守。又冯唐对文帝曰:"魏尚为云中守,虏尝一入,尚率车骑击之②。士卒终日力战。上功幕府,坐首房差六级,下吏削爵③。臣以为陛下罚太重。"上赦魏尚,复以为云中守。按,孟舒、魏尚,皆以文帝时为云中守,皆坐匈奴入寇获罪,皆得士死力,皆用他人言复故官,事切相类④,疑其只一事云。

【注释】

①罢敝:疲劳乏力。亦作"罢弊"。罢(pí),通"疲"。死敌:死战;拼命作战。②车骑:战车战马。③上功:报功。幕府:将帅出征时随时驻扎的大帐,以后将军的府署为幕府。后亦泛指军政大吏的府署。首房:首级和俘房。此处只指首级,为偏义复合词。级:古指战争中或用刑时斩下的人头。下吏:交给司法官吏审问治罪。削爵:剥夺爵位;革除官爵。④切(qiè):契合。

秦用他国人

七国虎争天下,莫不招致四方游士①。然六国所用相,皆其宗族及国人②,如齐之田忌、田婴、田文,韩之公仲、公叔,赵之奉阳、平原君,魏王至以太子为相。独秦不然,其始与之谋国以开霸业者,魏人公孙鞅也③。其他若楼缓赵人,张仪、魏冉、范雎皆魏人,蔡泽燕人,吕不韦韩人,李斯楚人,皆委国而听之不疑,卒之所以兼天下者④,诸人之力也。燕昭王任郭隗、剧辛、乐毅,几灭强齐,辛、毅皆赵人也。楚悼王任吴起为相,诸侯患楚之强,盖卫人也。

【注释】

①招致:招揽,收罗。游士:远离家乡从事游说活动的人。②相(xiàng):古官名。百官之长。后专指宰相。宗族:谓同宗同族之人。③谋国:为国家利益谋划。霸业:指称霸诸侯或维持霸权的事业。魏人公孙鞅:公孙鞅即商鞅。应是卫人。初为魏相公叔痤家臣。下文魏冉为楚人,亦非魏人。吕不韦,卫人。乐毅,中山人。④委国:付以国家政柄。卒之:最终。

曹参赵括

汉高祖疾甚,吕后问曰:"萧相国既死,谁令代之①?"上曰:"曹参可。"萧何事惠帝,病,上问曰:"君即百岁后②,谁可代君?"对曰:"知臣莫若主。"帝曰:"曹参何如?"曰:"帝得之矣。"曹参相齐,闻何薨,告舍人趣治行,吾且入相③。居无何,使者果召参。赵括自少时学兵法,其父奢不能难,然不谓善,谓其母曰:"赵若必将之④,破赵军者必括也。"后廉颇与秦相持,秦应侯行千金为反间于赵,曰:"秦之所畏,独赵括耳。"赵王以括代颇将⑤。蔺相如谏⑥,王不听。括母上书言括不可使,王又不听。秦王闻括已为赵将,乃阴使白起代王龁,遂胜赵。曹参之宜为相,高祖以为可,惠帝以为可,萧何以为可,参自以为可,故汉用之而兴。赵括之不宜为将,其父以为不可,母以为不可,大臣以为不可，秦王知之，相应侯知之，将白起知之，独赵王以为可，故用之而败。呜呼！将相安危所系，可不监哉⑦！且秦以白起易王齕，而赵乃以括代廉颇，不待于战，而胜负之形见矣。

【注释】

①疾甚：谓病势沉重。谁令：即令谁。②百岁：古人以为人生不过百岁，因以为死的讳称。③舍人：战国至汉初，王公贵族的侍从宾客、亲近左右，通称舍人。趣（cù）：赶快；从速。治行：整治行装。入相：入朝为宰相。④赵括：战国时赵将。马服君赵奢之子，亦称马服子。空谈其父所传兵法，并无指挥战争的实际经验。人们说他只会纸上谈兵。赵若必将之：赵指赵国。将之，使之（赵括）为将。⑤廉颇：赵国名将。屡败齐魏等国。长平之战，坚壁固守三年，后因改用赵括为将，以致大败。应侯：即范雎，因封于应（今河南鲁山东），称应侯。以括代颇将：将(jiàng)，带兵。⑥蔺相如：战国时赵国大臣（上卿）。谏：直言规劝，使改正错误。一般用于下对上。⑦监：通"鉴"。明察。

信近于义

"信近于义，言可复也①。恭近于礼，远耻辱也。因不失其亲，亦可宗也②。"程明道曰："因恭信而不失其所以亲，近于礼义③，故亦可宗。"伊川曰："因不失于相近，亦可尚④。"又曰："因其近礼义而不失其亲，亦可宗也。况于尽礼义者乎？"范纯父曰："君子所因者本，而立爱必自亲始，亲亲必及人⑤。故曰因不失其亲。"吕与叔分为三事。谢显道曰："君师友三者，虽非天属，亦可以亲，舍此三者之外，吾恐不免于谄贱⑥。惟亲不失其所亲，然后可为宗也。"杨中立曰："信不失义，恭不悖礼，又因不失其亲焉，是亦可宗也。"尹彦明曰："因其近，虽未足以尽礼义之本，亦不失其所宗尚也⑦。"予窃以谓义与礼之极，多至于不亲，能至于不失其亲，斯为可宗也。然未敢以为是。（"可为宗"，馆本作"为可宗"。）

【注释】

①信：信约；约言。义：义理；做事适宜。复：谓实践诺言。②因：依靠；凭借。可宗：可靠。全句意思为：信约符合于义理，诺言就能够兑现。恭敬要

符合于礼制，才能避免耻辱。倚靠不离开自己的亲族，也才靠得住。③程明道：程颢。学者称明道先生。礼义：礼法道义。礼，谓人所履；义，谓事之宜。④尚：尊崇。⑤本：事物的根基或主体。此处指孝悌。《论语·学而》："君子务本，本立而道生。孝弟（悌）也者，其为仁之本与！"立爱：立其君之所爱为嗣。此处指确定其所爱的人。亲亲：爱自己的亲属。⑥天属：有血缘关系的直系亲属。谄贱：谄佞下贱。⑦宗尚：推崇；效法。⑧窃以谓：即窃以为。窃，犹言私。常用作表示个人意见的谦词。极：极限。

刚毅近仁

刚毅者，必不能令色；木讷者，必不为巧言①。此近仁鲜仁之辨也②。

【注释】

①刚毅：刚强坚毅。形容意志坚强。令色：和悦的面容。这里指谄媚，为贬意。木讷：质朴而不善于言辞。巧言：指取悦于人的动听言辞。②仁：仁德。或具有仁德的人。

忠恕违道

曾子曰①："夫子之道，忠恕而已矣②。"《中庸》曰："忠恕违道不远③。"学者疑为不同。伊川云：《中庸》恐人不喻，乃指而示之近。"又云："忠恕固可以贯道，子思恐人难晓④，故降一等言之。"又云："《中庸》以曾子之言虽是如此，又恐人尚疑忠恕未可便为道。故曰违道不远。"游定夫云："道一而已，岂参彼此所能豫哉⑤？此忠恕所以违道，为其未能一以贯之也。虽然，欲求入道者，莫近于此。此所以违道不远也。"杨中立云："忠恕固未足以尽道，然而违道不远矣。"侯师圣云："子思之忠恕，施诸己而不愿，亦勿施于人。此已是违道。若圣人，则不待施诸己而不愿，然后勿施诸人也。"诸公之说大抵不同。予窃以为道不可名言，既丽于忠恕之名⑥，则为有迹。故曰违道。然非忠恕二字亦无可以明道者⑦。故曰不远。非谓其未足以尽道也。

违者违去之谓,非违畔之谓⑧。老子曰:"上善若水,水善利万物而不争,处众人之所恶,故几于道⑨。"苏子由解云:"道无所不在,无所不利,而水亦然。然而既已丽于形,则于道有间矣⑩。故曰几于道。然而可名之善⑪,未有若此者。故曰上善。"其说与此略同。

【注释】

①曾子:即曾参。孔子弟子。曾子认为"忠恕"是孔子"一以贯之"的思想。②夫子:古代称大夫为"夫子"。孔子曾为鲁大夫,故孔子弟子亦称孔子为夫子。忠恕:儒家伦理思想。曾子的话见《论语·里仁》。朱熹注:"尽己之谓忠,推己之谓恕。"在孔子学说中,"忠恕"是实行"仁"的方法,是贯串孔子全部伦理学说("吾道一以贯之")的重要思想。③中庸:儒家经典之一。原是《礼记》中的一篇。相传战国时子思作。违:离开。道:这里具体指孔子提倡的政治、思想、伦理原则和规范。④贯:贯穿,以绳穿物,统一连贯。子思:孔伋,字子思。孔子之孙。战国初哲学家。相传《中庸》为孔伋所作。⑤豫:通"与"。⑥名言:称说;描述。不可名言:即无法用言辞称说、描述。丽于:加在上面。丽,附着。⑦明:表明,阐明。⑧违畔:背叛。⑨上善:至善。处众人之所恶:处在众人讨厌而不愿处的地方。恶(wù),讨厌,憎恶。几于:接近于。⑩于:与,和。有间(jiàn):有区别;有差距。⑪名:称说。

求为可知

"不患无位,患所以立,不患莫己知①,求为可知也。"为之说者,皆以为当求为可知之行②。唯谢显道云:"此论犹有求位求可知之道,在至论则不然,难用而莫我知,斯我贵矣③,夫复何求?"予以为君子不以无位为患,而以无所立为患;不以莫己知为患,而以求为可知为患。第四句盖承上文言之。夫求之有道,若汲汲然求为可知,则亦无所不至矣④。

【注释】

①患所以立:只担心没有任职的本领。所以立,立身处世的本领。莫己知:无人了解自己。"莫己知"即"莫知己"。下文的"莫我知"即"莫知我"。②可知之行:可以被人了知的才德。行,行为,才德。③至论:高论,最精辟

的言论。斯：连词。犹"则"、"乃"。④求之有道：所求符合事理。汲汲：心情急切的样子。引申为追求。无所不至：犹言无所不为。

里 仁

"里仁为美。择不处仁，焉得智①？"孟子论函矢巫匠之术，而引此以质之，说者多以里为居，居以亲仁为美②。予尝记一说云，函矢巫匠皆里中之仁也。然于仁之中有不仁存焉③，则仁亦在夫择之而已矣。尝于郑景望言之，景望不以为然。予以为此特谓闾巷之间所推以为仁者④，固在所择，正合孟子之意。不然，仁之为道大矣⑤，尚安所择而处哉？

【注释】

①里仁：仁者之所居处。或，住处要有仁厚的风俗。里，居。焉得智：哪能算是聪明？焉，安；何。得，能；可。②函矢巫匠之术：函，铠甲。矢，箭。这里指制甲的工匠和造箭之人，即函人和矢人。巫，装神弄鬼替人祈祷为职业的人，自称能治病救人，也驱鬼神害人。匠，指木匠。木匠利在活人，如建造房屋；也利在死人，如造棺材。术，技能，技艺。《孟子·公孙丑上》："矢人岂不仁于函人哉？矢人唯恐不伤人，函人唯恐伤人。巫匠亦然。故术不可不慎也。"质：质正。亲仁：亲近有仁德的人。③然于仁之中有不仁存焉：函矢巫匠有仁的一面，也有不仁的一面。比如函人造甲是为了保护人不被杀伤，然而他不被杀伤却是为了能杀伤别人。所以函人是仁中有不仁存焉。矢人、巫、匠亦如此。④特谓：只是说。特，但；仅；只是。闾巷：街巷；里门。亦泛指乡里、民间。⑤为道：修道，行道。谓实践某种原则或思想。

汉采众议

汉元帝时，珠崖反，连年不定。上与有司议大发军，待诏贾捐之建议①，以为不当击。上以问丞相、御史，御史大夫陈万年以为当击，丞相于定国以为捐之议是，上从之，遂罢珠崖郡②。匈奴呼韩邪单于既事汉,上书愿保塞上谷以西③,请罢边备塞吏卒,以休天子人民。天子令下有司议,议者皆以为便,郎中侯应习边事,以为不可许。上问状,应对十策,有诏勿议罢边塞事。成帝时,匈奴使者欲降,下公卿议,议者言宜如故事受其降④。光禄大夫谷永以为不如勿受,天子从之。使者果诈也。哀帝时,单于求朝,帝欲止之,以问公卿,亦以为虚费府帑⑤,可且勿许。单于使辞去。黄门郎扬雄上书谏,天子寤焉,召还匈奴使者,更报单于书而许之⑥。安帝时,大将军邓骘欲弃凉州,并力北边,会公卿集议,皆以为然,郎中虞诩陈三不可,乃更集四府⑦,皆从诩议。北匈奴复强,西域诸国既绝于汉⑧,公卿多以为宜闭玉门关绝西域。邓太后召军司马班勇问之,勇以为不可,于是从勇议。顺帝时,交阯蛮叛,帝召公卿百官及四府掾属,问以方略,皆议遣大将发兵赴之,议郎李固驳之,乞选刺史太守以往,四府悉从固议,岭外复平⑨。灵帝时,凉州兵乱不解,司徒崔烈以为宜弃,诏会公卿百官议之,议郎傅燮以为不可,帝从之。此八事者,所系利害甚大,一时公卿百官既同定议矣,贾损之以下八人,皆以郎大夫之微,独陈异说。汉元、成、哀、安、顺、灵皆非明主,悉能违众而听⑩,大臣无贤愚亦不复执前说,盖犹有公道存焉。每事皆能如是,天下其有不治乎?

【注释】

①有司:古代设官分职,事各有专司,故称职官为有司。建议:提出主张。②遂罢珠崖郡:于是就撤销了珠崖郡。罢,取消;省减。③单(chán)于:匈奴最高首领的称号。塞(sài):边界险要之处。④公卿:原指三公九卿,后泛指朝廷中的高级官员。故事:成例;旧日的典章制度。⑤朝:古代诸侯见天子、臣见君、子见父母的通称。府帑(tǎng):国库。⑥寤:通"悟"。醒悟。更:改变。报:答复。⑦四府:后汉以大将军府、太尉府、司徒府、司空府为四府。⑧西域:汉以后对于玉门关、阳关以西地区的总称。⑨交阯:古代地名。泛指五岭以南。掾属:佐治的官吏。方略:方策;谋略。乞:请求。岭外:亦称"岭南"、"岭表",五岭以南地区。⑩明主:贤明的君主。违众:违背多数人的意见。

汉母后

汉母后预政,不必临朝及少主①,虽长君亦然。文帝系周勃②,薄太后曰:"绛侯绾皇帝玺,将兵于北军,不以此时反,今居一小县③,顾欲反邪?"帝谢曰:"吏方验而出之④。"遂赦勃。吴、楚反诛,景帝欲续之,窦太后曰:"吴王老人也,宜为宗室顺善,今乃首乱天下,奈何续其后⑤!"不许吴,许立楚后。郅都害临江王,窦太后怒,会匈奴中都以汉法⑥。帝曰:"都忠臣。"欲释之。后曰:"临江王独非忠臣乎?"于是斩都。武帝用王臧、赵绾,太皇窦太后不悦儒术,绾请毋奏事东宫,后大怒,求得二人奸利事以责上⑦,上下绾、臧吏,杀之。窦婴、田蚡廷辩⑧,王太后大怒不食,曰:"我在也,而人皆藉吾弟⑨,且帝宁能为石人邪!"帝不直蚡⑩,特为太后故杀婴。韩嫣得幸于上,江都王为太后泣,请得入宿卫比嫣,后銜此衔嫣,嫣以奸闻⑪,后使使赐嫣死。上为谢,终不能得。成帝幸张放,太后以为言⑫,帝常涕泣而遣之。

【注释】

①母后:皇帝的母亲,即皇太后。预政:参与国家大事。临朝:当朝处理国事。②系:拘囚。周勃:汉初大臣。以军功为将军,封绛侯。吕后死,诸吕用事,欲作乱。周勃以太尉身份持符节掌握了北军,夺得诸吕军权,即所谓"绾皇帝玺,将兵于北军"。绾,系。玺,印信。③北军:汉代守卫京城的两支卫戍部队,屯守长安城内北部的一支叫北军。另一支叫南军。今居一小县:指周勃免相就国,居于绛县(在山西曲沃西南,周勃封绛侯于此)。④谢:认错;道歉。验:检验(事状是否属实);查清。⑤宗室:同一祖宗的贵族,指国君或皇帝的宗族。顺善:顺从善道。续其后:使其后代继承封爵。⑥会:恰巧;适逢。中都以汉法:中,中伤,诬陷。汉法,汉朝的法律制度。⑦太皇太后:皇帝的祖母。窦太后为汉文帝皇后,于武帝为祖母。儒术:儒家的学术思想。《史记·魏其武安侯列传》:"太后好黄老之言,而魏其、武安、赵绾、王臧等务隆推儒术,贬道家言。"道家言即黄老之言。东宫:太后所居之宫。汉制,太后居长乐宫,在未央宫东,故称太后为东宫。奸利事:作犯法的事以求利。⑧廷辩:亦作"廷辨"或"庭辩"。在朝廷上辩论。⑨藉吾弟:践踏、凌辱我弟弟。藉,

音jí。王太后，武帝母王姞(zhì)。其父王仲死后，其母臧儿改嫁田家，生田蚡(fén)。⑩不直：不以之为是。直，谓以……为有理，以……为正义。⑪韩嫣：武帝宠臣。江都王：汉景帝之子刘非，武帝异母兄。韩嫣乘天子从车经过，刘非以为天子，伏谒道旁。韩嫣驱车而过，置之不理，激怒了刘非，才向太后哭诉。宿卫：在宫禁中值宿警卫。比：并列；齐等。繇(yóu)：通"由"。自，从。衔：怀恨。奸：奸邪；罪恶。⑫幸：旧指帝王宠爱。太后以为言：太后以此责备成帝。言，责让的话。

田千秋郅恽

汉武帝杀戾太子①，田千秋讼太子冤曰："子弄父兵当何罪②？"帝大感悟曰："父子之间，人所难言也。公独明其不然，公当遂为吾辅佐③。"遂拜为丞相。光武废郭后④，郅恽言曰："夫妇之好，父不能得之于子⑤，况臣能得之于君乎？是臣所不敢言。虽然，愿陛下念其可否之计，无令天下有议社稷而已⑥。"帝曰："恽善恕己量主⑦。"遂以郭氏为中山王太后，卒以寿终。此二人者，可谓善处人骨肉之间，谏不费词，婉而能入者矣⑧。

【注释】

①戾太子：汉武帝太子刘据。武帝末年的巫蛊之祸，他为江充所诬，发兵捕杀江充，兵败，自杀。②讼：为人辩冤。子弄父兵：指刘据发兵诛江充。军队本属皇帝调动。刘据调动兵马，因而称"子弄父兵"。弄兵，谓轻率动兵。③感悟：受到感动而醒悟。明其不然：说明戾太子不反。辅佐：辅弼，大臣。④光武：后汉开国皇帝、光武帝刘秀。字文叔。废郭后：建武三年六月，立贵人郭氏为皇后。十七年冬十月，废皇后郭氏为中山太后，立贵人阴氏为皇后。进右翊公刘辅为中山王（郭后之子）。⑤得：《后汉书》注："得犹制御也。司马迁曰：'妃匹之爱，君不能得之臣，父不能得之子，况卑下乎？'"⑥社稷：古代帝王、诸侯所祭的土神和谷神。旧时用作国家的代称。⑦善恕己量主：善于用宽容自己之心来衡量自己的主人。恕己：宽宥自己。量：衡量；估量。⑧骨肉：骨和肉，比喻至亲。婉而能入：言辞委婉使人容易接受。

戾太子

戾太子死,武帝追悔,为之族江充家,黄门苏文助充谮太子①,至于焚杀之。李寿加兵刃于太子,亦以他事族。田千秋以一言至为丞相,又作思子宫,为归来望思之台。然其孤孙囚系于郡邸,独不能释之,至于掖庭令养视而不问也,岂非汉法至严,既坐太子以反逆之罪②,虽心知其冤,而有所不赦者乎?

【注释】

①追悔:犹后悔。黄门:汉唐间非宦者充任的黄门侍郎、给事黄门侍郎等官的简称。谮(zèn):诬陷。②然其孤孙囚系于郡邸:巫蛊事件,太子刘据妻史良娣、其子史皇孙、儿媳王夫人同时受害,只剩下了王夫人的初生婴儿,即后来的宣帝刘询,被收系于郡邸狱。掖庭令:官名。养护刘询的掖庭令名叫丙吉。掖庭,皇宫中的旁舍,宫嫔所居的地方。此处为宫中官署名。养视:养护照看;供养照顾。反逆:叛逆;谋反。

灌夫任安

窦婴为丞相,田蚡为太尉,同日免。蚡后为丞相,而婴不用无势,诸公稍自引而怠骜①,唯灌夫独否。卫青为大将军,霍去病才为校尉,已而皆为大司马。青日衰,去病日益贵。青故人门下多去事去病②,唯任安不肯去。灌夫、任安,可谓贤而知义矣。然皆以他事卒不免于族诛③,事不可料如此。

【注释】

①稍自引而怠骜:稍,渐渐。自引,自动离去(引退)。怠骜:怠慢骄傲。骜,通"傲"。②故人:老朋友。门下:门客。③族诛:即夷族。中国古代因一人犯死罪而诛灭其亲属的刑罚制度。

单于朝汉

汉宣帝黄龙元年正月,匈奴单于来朝,二月归国,十二月帝崩①。元帝竟宁元年正月,又来朝,五月帝崩。故哀帝时,单于愿朝,时帝被疾,或言匈奴从上游来厌人②。自黄龙、竟宁时,中国辄有大故③,上由是难之。既不许矣,俄以扬雄之言,复许之。然元寿二年正月④,单于朝,六月帝崩。事之偶然符合,有如此者。

【注释】

①崩:旧称皇帝死为崩。②被疾:犹被病。谓疾病缠身。厌(yā):通"压"。镇压,抑制。③大故:颜师古注:"大故谓国之大丧。"④元寿:汉哀帝年号(前2-前1)。上次哀帝被疾,单于朝汉在建平四年(公元前3年)。

卷第三（二十一则）

进士试题

唐穆宗长庆元年，礼部侍郎钱徽知举，放进士郑朗等三十三人，后以段文昌言其不公，诏中书舍人王起、知制诰白居易重试，驳放卢公亮等十人①，贬徽江州刺史。白公集有奏状论此事，大略云："伏料自欲重试进士以来论奏者甚众②。盖以礼部试进士，例许用书策，兼得通宵，得通宵则思虑必周，用书册则文字不错③。昨重试之日，书策不容一字，木烛只许两条，迫促惊忙，幸皆成就，若比礼部所试事校不同④。"及驳放公亮等敕文，以为《孤竹管赋》出于《周礼》正经，阅其程试之文⑤，多是不知本末。乃知唐试进士许挟书及见烛如此。国朝淳化三年，太宗试进士，出《卮言日出赋》题，孙何等不知所出，相率扣殿槛乞上指示之，上为陈大义⑥。景德二年，御试《天道犹张弓赋》⑦。后礼部贡院言，近年进士惟钞略古今文赋，怀挟入试，昨者御试以正经命题，多懵所出⑧，则知题目不示以出处也。大中祥符元年，试礼部进士，内出《清明象天赋》等题，仍录题解，摹印以示之⑨。至景祐元年，始诏御药院，御试日进士题目，具经史所出⑩，摹印给之，更不许上请。

【注释】

①礼部：官署名。隋唐为六部之一，掌礼仪、祭享、贡举等职，长官为礼部尚书。侍郎：官名。为长官之副。知举：唐宋时特派主持进士考试的大臣。知贡举的省称。放：公布。发榜公布考取的进士名单及名次。驳放：谓科举时代否定已发榜公布的中式者而贬黜之。②奏状：犹奏章。伏：敬词。古代臣对君奏言多用之。料：估量；忖度。论奏：指官吏上奏，论述自己意见。③书册：同"书策"。书籍。④木烛：火炬；火把。比、校（jiào）：均为比较义。⑤敕文：即皇帝的诏书。孤竹管：出《周礼·春官·大司乐》："孤竹之管，云和之琴瑟。"周礼：亦称《周官》或《周官经》。儒家经典之一。正经：指儒家经典。以别于诸子百家之书。程试：科举考试的试卷。⑥国朝：封建时代称本朝为"国

朝"。大义：要义；要旨。⑦御试：殿试。科举时代，帝王于宫殿内考试贡举之士。⑧贡院：科举时代考试士子的场所。钞略：即抄袭掠取。文赋：文章诗赋。怀挟：携带。懵（měng）：不明。⑨摹印：印刷。⑩御药院：官署名。原来只掌禁中医药，后兼管礼文（兼受行典礼，及贡举事）。具：写出。

儒人论佛书①

韩文公《送文畅序》，言儒人不当举浮屠之说以告僧②。其语云："文畅浮屠也，如欲闻浮屠之说，当自就其师而问之，何故谒吾徒而来请也③？"元微之作《永福寺石壁记》云："佛书之妙奥④，僧当为予言，予不当为僧言。"二公之语，可谓至当⑤。

【注释】

①儒人：儒生。或称儒士。儒家学派以孔子为宗师，儒人信奉孔子的学说。自汉以后儒家学说占统治地位，遂成为知识分子的统称。佛书：佛教的典籍。佛教为印度释迦牟尼所创立，因又称释教（僧教）或释家。自东汉明帝时（一说西汉哀帝时）佛教传入我国，在中国逐渐形成了儒、释、道三教鼎立的局面。②韩文公：韩愈，字退之。唐文学家、哲学家。自谓郡望昌黎，世称韩昌黎。官至吏部侍郎。卒谥文，世称韩文公。举屠之说：拿佛家的学说。举，称引。浮屠，梵语音译。一译浮图，即佛陀，因此有称佛教徒为浮屠氏、佛经为浮屠经的。③谒：进见。吾徒：即我儒家之徒。请：询问。④妙奥：奥妙。深奥微妙。⑤至当（dàng）：最恰当。

和归去来

今人好和《归去来词》，予最敬晁以道所言。其《答李持国书》云："足下爱渊明所赋《归去来辞》，遂同东坡先生和之，仆所未喻也①。建中靖国间，东坡《和归去来》，初至京师，其门下宾客从而和者数人，皆自谓得意也，陶渊明纷然一日满人目前矣②。参寥忽以所和篇示予，率同赋③，予谢之曰：'童子无居位，先生无并行④，与吾师共推东坡一人于渊明间可也。'参寥即索其文袖之,出吴音曰:'罪过公,悔不先与公话。'今辄以厚于参寥者为子言⑤。"昔大宋相公谓陶公《归去来》是南北文章之绝唱,《五经》之鼓吹⑥。近时绘画《归去来》者,皆作大圣变,和其辞者,如即事遣兴小诗,皆不得正中者也⑦。

【注释】

①足下:对长辈、上司或同辈人的敬称。喻:明白,晓得。②得意:领会旨趣。纷然:盛多而杂乱。③参(cān)寥:即参寥子。宋僧道潜的别号。率(shuài)同:类似。赋:文体名,是韵文和散文的综合体。讲究词藻、对偶、用韵。④谢:推辞,拒绝。童子:未成年的人。此处晁以道用来谦称自己。居位:居官任职。并行(xíng):并列,不分主次。⑤吴音:吴语。参寥子为今浙江临安人,属吴地。罪过:受人尊重,表示不安的谦词。犹言愧不敢当,受之有罪。公:此处为对晁以道的敬称。厚:优于,胜过。⑥大宋相公:北宋文学家宋庠和文学家、史学家宋祁兄弟二人皆以文名,时称"二宋",以大小为别。宋庠称"大宋"。相公,旧时对上层社会年轻人的敬称。绝唱:指诗文创作的最高造诣;也指最好的作品。五经:五部儒家经典。即《诗》《书》《礼》《易》《春秋》。鼓吹:宣扬;宣传。⑦大圣变:像孙大圣一样变来变去。遣兴(xìng):抒发情怀,解闷散心。正中(zhōng):正当中。指其旨趣。

四海一也

海一而已,地之势西北高而东南下,所谓东、北、南三海,其实一也。北至于青、沧,则云北海,南至于交、广,则云南海,东渐吴、越,则云东海,无由有所谓西海者①。《诗》《书》《礼》经所载四海,盖引类而言之②。《汉书·西域传》所云蒲昌海,疑亦渟居一泽尔③。班超遣甘英往条支④,临大海,盖即南海之西云。

【注释】

①渐:至,到。无由:犹无因、无缘由。②引类:援引同一类事物。③渟(tíng):水积聚而不流通。④条支:古西域国名,即波斯。临大海即指临波斯湾。

李太白

世俗多言李太白在当涂采石,因醉泛舟于江①,见月影俯而取之,遂溺死,故其地有捉月台。予按李阳冰作太白《草堂集序》云:"阳冰试弦歌于当涂,公疾亟,草稿万卷,手集未修,枕上授简,俾为序②。"又李华作《太白墓志》,亦云:"赋《临终歌》而卒。"乃知俗传良不足信,盖与谓杜子美因食白酒牛炙而死者同也③。

【注释】

①采石:采石矶。原名牛渚矶,为牛渚山突出长江而成。泛舟:行船;坐船游玩。②试弦歌于当涂:在当涂县做县令。试,任用,出仕。弦歌,《论语·阳货》记孔子学生子游任武城宰,以弦歌(以琴瑟伴奏而歌)为教民之具。后来诗文中因以弦歌为出任邑令的典故。疾亟:病情危急。亟(jí),急迫。手集:手稿。修:整理。简:战国至魏晋时的书写材料,削制而成的狭长竹片或木片,统称为简。俾(bǐ):使。③牛炙:烤牛肉。炙(zhì),烤。

太白雪谗

李太白以布衣入翰林①,既而不得官。《唐史》言高力士以脱靴为耻,摘其诗以激杨贵妃,为妃所沮止②。今集中有《雪谗诗》一章,大率载妇人淫乱败国③,其略云:"彼妇人之猖狂,不如鹊之彊彊。彼妇人之淫昏,不如鹑之奔奔④。坦荡君子,无悦簧言⑤。"又云:"妲己灭纣,褒女惑周⑥。汉祖吕氏,食其在傍⑦。秦皇太后,毒亦淫荒⑧。蠕蝀作昏⑨,遂掩太阳。万乘尚尔,匹夫何伤⑩。词殚意穷,心切理直⑪。如或妄谈,昊天是殛⑫。"予味此诗,岂非贵妃与禄山淫乱,而白曾发其奸乎⑬?不然,则"飞燕在昭阳"之句⑭,何足深怨也?

【注释】

①布衣:平民。后多称没有做官的读书人。翰林:即翰林院。见卷四《翰

苑亲近》"翰苑"注。②高力士以脱靴为耻:《新唐书·李白传》:"白尝侍帝,醉,使高力士脱靴。力士素贵,耻之。"激:使冲动。沮止:阻止。③大率:大抵;大概。淫乱:指性行为放纵,违反道德标准。④鹑之彊(jiāng)彊,鹊之奔奔:出《诗·鄘风·鹑之奔奔》。以鹑鹊均有固定的配偶来反比卫宣公庶子顽与宣公之妻宣姜乱伦姘居。彊彊(jiāng jiāng),鸟群飞相随貌。奔奔,形容鸟类雌雄相随。两句言其居有常匹,飞则相随。这两句连同下文的事例,都是借指杨贵妃和安禄山私通的。淫昏:淫乱昏愦。⑤簧言:欺人的谎言。⑥妲己:商王纣的宠妃。襃女:即襃姒(bāo sì)。周幽王宠妃。惑:蒙蔽;迷惑。⑦吕氏、食其:汉高祖皇后吕雉和审食其(yì jī)私通。⑧毒:嫪毐(lào ǎi),战国末年秦国宦官,与秦始皇母后私通。淫荒:纵欲放荡。⑨螮蝀(dì dōng):虹的别称。昏:昏黑;无光。⑩万乘(shèng):周制,王畿方千里,能出兵车万乘。后因以指帝位。匹夫:古指平民中的男子。也泛指寻常的个人。何伤:何妨,何害。⑪殚(dān):竭尽。切:恳切。⑫昊天是殛:上天会杀戮我。昊天,天。是,语助词。殛(jí),杀戮。⑬发其奸:揭发杨贵妃与安禄山的奸情。发,揭露。⑭飞燕在昭阳:赵飞燕被汉成帝封为皇后,居住未央宫昭阳殿。据说她和一个武官(校尉方子春)私通。

冉有问卫君

冉有曰:"夫子为卫君乎①?"子贡曰:"吾将问之。"入,曰:"伯夷、叔齐何人也②?"曰:"古之贤人也。"曰:"怨乎?"曰:"求仁而得仁,又何怨?"出,曰:"夫子不为也。"说者皆评较蒯聩、辄之是非③,多至数百言,惟王逢原以十字蔽之,曰:"贤兄弟让,知恶父子争矣④。"最为简妙⑤。盖夷、齐以兄弟让国,而夫子贤之,则不与卫君以父子争国可知矣⑥。晁以道亦有是语,而结意不同。尹彦明之说,与逢原同。惟杨中立云:"世之说者,以谓善兄弟之让,则恶父子之争可知,失其旨矣。"其意为不可晓。

【注释】

①冉有、子贡:均为孔子弟子。夫子为卫君乎:老师孔子会在卫国做官帮助卫君吗?为,助,替。卫君,卫出公蒯辄。此时孔子由陈国到达卫国。②伯夷、叔齐:商末孤竹君长子和次子。孤竹君以叔齐为继承人,孤竹君死,叔齐让位,

伯夷不受，后两人闻周文王善养老而入周。此即后文的"兄弟让（国）"。③蒯聩、辄：蒯聩、蒯辄本是父子。蒯聩（kuǎi kuì）为卫灵公太子。鲁定公十四年（前496年），因谋杀卫灵公夫人南子失败而出奔宋。鲁哀公二年（前493年）灵公死，蒯聩子辄（zhé）立。晋纳太子蒯聩于戚（原为卫邑）。辄拒其父入，蒯聩定计夺得卫国政权（庄公），辄出奔鲁。此即后文的"父子争（国）"。④贤：尊崇；器重。恶：音wù。⑤简妙：简约而巧妙。⑥与：赞许，赞成。

商　颂

宋自微子至戴公，礼乐废坏①。正考甫得《商颂》十二篇于周之太师，后又亡其七，至孔子时，所存才五篇尔。宋，商王之后也，于先代之诗如是，则其他可知。夫子所谓"商礼吾能言之，宋不足征也②"，盖有叹于此。杞以夏后之裔，至于用夷礼，尚何有于文献哉③？郯国小于杞、宋，少昊氏远于夏、商，而凤鸟名官，郯子枚数不忘④，曰："吾祖也，我知之。"其亦贤矣。

【注释】

①微子：周代宋国的始祖。商纣的庶兄。礼乐（yuè）：礼与乐的合称。礼所以使社会尊卑有序，乐所以移风易俗，达到远近和合。②征：证明；证验。因为文献不足，所以"不足征"。不足，不可，不能。③夷：中国古代对东方各族的泛称。文献：指典籍与宿贤。后专指具有历史价值的图书文物资料。④少昊：传说中远古东夷族首领。相传他曾以鸟为官名。春秋时的郯国之君是少昊的后裔。名官：为官职命名、取名。枚数：枚举，一一列举。

俗语有所本

俗语谓钱一贯有畸曰千一、千二①，米一石有畸曰石一、石二，长一丈有畸曰丈一、丈二之类。按《考工记》："殳长寻有四尺②。"注云："八尺曰寻，殳长丈二。"《史记·张仪传》，尺一之檄。汉淮南王安书云，丈一之组。《匈奴传》，尺一牍。《后汉》，尺一诏书。唐，城南去天尺五之类③,然则亦有所本云。

【注释】

①畸(jī):零头,余数。②殳(shū):古代撞击兵器。③檄(xí):古代官府用以征召、晓喻或声讨的文书。此处指写有文书的竹简或木简。淮南王安:淮南王刘安。组:用丝织成的阔带子。古代用作佩印或佩玉的绶。牍(dú):古代写字用的木片。城南去天尺五:"城南韦杜,去天尺五"的略写。去天尺五,极言其与宫廷相近。去,距离,离开。天,借指皇宫。

鄱阳学

鄱阳学在城外东湖之北,相传以为范文正公作郡守时所创①。予考国史,范公以景祐三年乙亥岁四月知饶州,四年十二月,诏自今须藩镇乃得立学,他州勿听②,是月,范公移润州。《余襄公集》有《饶州新建州学记》③,实起于庆历五年乙酉岁,其郡守曰都官员外郎张君,其略云:"先是郡先圣祠宫栋宇隳剥,前守亦尝相土,而未遑缔治④,于是即其基于东湖之北偏而经营之。"浮梁人金君卿郎中作《郡学庄田记》云:"庆历四年春,诏郡国立学,时守都官副郎张侯谭始营之⑤,明年学成。"与余公记合。范公在饶时,延君卿置馆舍⑥,使公有意建学,记中岂无一言及之?盖是时公既为执政⑦,去郡十年矣。所谓前守相土者不知为何人?

【注释】

①范文正公:即范仲淹。卒后谥文正。②景祐三年乙亥岁:乙亥岁为二年(1035年),三年为丙子。藩镇:唐代初年在重要各州设置都督府,睿宗景云二年(711年)设河西节度使。至玄宗时,在边要诸州地设十节度经略使,通称"藩镇",亦称"方镇"。各藩镇统领所属各州的甲兵,并兼按察、安抚、度支各使,掌握一方军政大权。勿听:不听,不允许。③余襄公:即余靖。卒后谥襄。④先圣:先代圣贤;先世圣人。后亦专指孔子。隳(huī)剥:毁坏剥蚀。相(xiàng)土:勘察地形地貌。未遑(huáng):来不及。缔治:营造,建筑。⑤郡国:汉初,郡和王国同为地方高级行政区划。吴楚七国之乱后,王国名存实亡。至隋始废国存郡,长官为太守。张侯谭:即张谭。⑥延:聘请;邀请。

馆舍：接待宾客住宿之所。一说指官署。⑦盖：发语词。执政：宋金某些高级官员的通称。如三省长官、枢密使、左右丞、参知政事。范仲淹此时已拜参知政事。

国忌休务①

《刑统》载唐大和七年敕："准令，国忌日唯禁饮酒举乐，至于科罚人吏②，都无明文。但缘其日不合釐务，官曹即不得决断刑狱，其小小笞责，在礼律固无所妨，起今以后，纵有此类，台府更不要举奏③。"《旧唐书》载此事，因御史台奏均王傅王堪男国忌日于私第科决作人④，故降此诏。盖唐世国忌休务，正与私忌义等⑤，故虽刑狱亦不决断，谓之不合釐务者此也。今在京百官，唯双忌作假，以其拜跪多，又昼漏已数刻，若单忌独三省归休耳，百司坐曹决狱与常日亡异，视古谊为不同⑥。元微之诗云："缚遣推囚名御史，狼藉囚徒满田地⑦，明日不推缘国忌。"又可证也。

【注释】

①国忌：封建时代称皇帝及皇后的死日为国忌。休务：不办公，停止公务。②敕：自上命下之词。特指皇帝的诏书。准令：依照法令。准，依据；按照。科罚：刑罚；处罚。③釐务：管理政事。釐，治理。官曹：官吏办事机关；官吏办事处所。决断：判定案情或事情。笞责：拷打责罚。礼律：谓礼法与刑律。台府：御史府。举奏：上奏章检举。④傅：师傅，指负辅佐责任的官或负责教导的人。男：儿子。私第：指旧时官员私人所置的住所。科决：审判判决。作人：工匠、役夫等劳动者。⑤私忌：私家的忌日。指父母及祖父母、曾祖父母死日。⑥双忌：双国忌。作假：即放假。昼漏：白天的时间。昼，白天。漏，漏壶，古时滴水计时的器具。三省：指中书省、门下省、尚书省(为宰相的职位)。归休：回家休息。百司：即百官。坐曹：指官吏在衙门里办公。决狱：判决狱讼。亡异：同"无异"。古谊：同"古义"。古人立身行事的道理。⑦缚遣：捆缚押送。推囚：审问犯人。推，推问；推究。狼藉(jí)：亦作"狼籍"。纵横散乱。

汉昭顺二帝

汉昭帝年十四，能察霍光之忠，知燕王上书之诈，诛桑弘羊、上官桀，后世称其明。然和帝时，窦宪兄弟专权，太后临朝，共图杀害①。帝阴知其谋，而与内外臣僚莫由亲接，独知中常侍郑众不事豪党，遂与定议诛宪，时亦年十四，其刚决不下昭帝，但《范史》发明不出，故后世无称焉②。顺帝时，梁商为大将军辅政，商以小黄门曹节用事于中③，遣子冀与交友，而宦官忌其宠，反欲害之。中常侍张逵、蘧政、杨定等，与左右连谋，共谮商及中常侍曹腾、孟贲，云欲议废立，请收商等按罪④。帝曰："大将军父子我所亲，腾、贲我所爱，必无是，但汝曹共妒之耳⑤。"逵等知言不用，遂出矫诏收缚腾、贲⑥。帝震怒，收逵等杀之，此事尤与昭帝相类。霍光忠于国，而为子禹覆其宗⑦，梁商忠于国，而为子冀覆其宗，又相似。但顺帝复以政付冀，其明非昭帝比⑧，故不为人所称。

【注释】

①共图杀害：大将军窦宪与其妹窦太后阴谋杀害和帝。②莫由亲接：因太后临朝，故和帝没有机会（办法）接近内外臣僚。中常侍：官名。东汉专用宦官为中常侍，传达诏令和掌理文书，权力极大。豪党：豪强之人所结成的朋党。刚决：刚毅果断。《范史》：指范晔著的《后汉书》。发明：揭示；使知晓。无称(chēng)：无可称述或称赞。③辅政：辅佐治理政事。小黄门：汉代低于黄门侍郎一级的宦官。后泛指宦官。用事：旧谓当权。④云欲议废立：说梁商等想废掉顺帝，另立新皇上。收：拘押；逮捕。按罪：问罪，治罪。⑤汝曹：汝辈，你们。多用于长辈称后辈。⑥矫诏：假托君命，发布诏敕。俗语所谓假传圣旨。矫，假托，诈称。⑦覆（其）宗：没灭（其）宗族。⑧非昭帝比：意谓比不上昭帝。

三女后之贤

王莽女为汉平帝后,自刘氏之废,常称疾不朝会①。莽敬惮伤哀②,欲嫁之,后不肯,及莽败,后曰:"何面目以见汉家。"自投火中而死。杨坚女为周宣帝后,知其父有异图,意颇不平,形于言色,及禅位,愤惋愈甚③。坚内甚愧之,欲夺其志④,后誓不许,乃止。李昪女为吴太子琏妃,昪既篡吴,封为永兴公主,妃闻人呼公主,则流涕而辞⑤。三女之事略同,可畏而仰⑥,彼为其父者,安所置愧乎?

【注释】

①自刘氏之废:公元5年,王莽毒死汉平帝。8年,王莽称帝,改国号为新,刘氏被废。朝会:谓诸侯、臣属及外国使者朝见天子。②敬惮(dàn):犹敬畏。伤哀:哀怜。③异图:谋叛的意图。这里指篡夺帝位。言色:言语和脸色。禅(shàn)位:以帝位让人。此处指周静帝宇文衍(又名宇文阐)被迫逊位,让杨坚即帝位。愤惋:怅恨;愤恨。④欲夺其志:夺志,被迫改变原来的志向或意愿。⑤吴太子琏:杨琏。篡:特指臣子夺取君位。公主:帝王之女的称号。辞,推辞,辞谢。⑥可畏而仰:使人敬慕。畏,敬服。仰,抬头望。引申为敬慕。

贤父兄子弟

宋谢晦为右卫将军,权遇已重,自彭城还都迎家,宾客辐凑①。兄瞻惊骇曰:"汝名位未多,而人归趣乃尔②,此岂门户之福邪?"乃以篱隔门庭,曰:"吾不忍见此。"又言于宋公裕,特乞降黜,以保衰门③。及晦立佐命功④,瞻意忧惧,遇病,不疗而卒。晦果覆其宗。颜竣于孝武有功贵重⑤,其父延之,常语之曰:"吾平生不喜见要人,今不幸见汝⑥。"尝早诣竣,见宾客盈门,竣尚未起,延之怒曰:"汝出粪土之中,升云霞之上,遽骄傲如此⑦,其能久乎?"竣竟为孝武所诛。延之、瞻可谓贤父兄矣。

隋高颎拜为仆射，其母戒之曰："汝富贵已极，但有一斫头尔⑧！"颎由是常恐祸变，及罢免为民，欢然无恨色，后亦不免为炀帝所诛。唐潘孟阳为侍郎，年未四十，母曰："以尔之材，而位丞郎⑨，使吾忧之。"严武卒，母哭曰："而今而后，吾知免为官婢⑩。"三者可谓贤母矣。

褚渊助萧道成篡宋为齐，渊从弟炤谓渊子贲曰："不知汝家司空将一家物与一家，亦复何谓⑪？"及渊为司徒，炤叹曰："门户不幸，乃复有今日之拜⑫。"渊卒，世子贲耻其父失节，服除遂不仕，以爵与其弟，屏居终身⑬。齐王晏助明帝夺国，从弟思远曰："兄将来何以自立？若及此引决⑭，犹可保全门户。"及拜骠骑将军，集会子弟，谓思远兄思微曰："隆昌之末，阿戎劝吾自裁⑮，若从其语，岂有今日？"思远曰⑯："如阿戎所见，今犹未晚也。"晏叹曰："世乃有劝人死者！"晏果为明帝所诛。炤、贲、思远，可为贤子弟矣。

【注释】

①权遇：权力恩遇。辐凑：车辐凑集于毂上，比喻人或物集聚一处。②名位：原指官爵名号和品位。后指名义和地位，又指名声和地位。归趣：趋向。趣（qū），通"趋"。乃尔：犹言如此。③宋公裕：即刘裕，东晋时官至相国，封宋王。是南朝宋的建立者。降黜：贬退废黜。一说贬职。衰门：衰落的门户。常作谦词。④佐命：指辅助帝王创业的人。此指辅助刘裕建宋。⑤孝武：南朝宋孝武帝刘骏。贵重：位尊任重。⑥要人：显要人物。不幸：表示不希望发生而竟然发生。汝：你。多用于称同辈或后辈。⑦诣（yì）：前往，去，到达。粪土：秽土；脏土。云霞：借指高空。比喻显赫的地位。遽（jù）：遂，就。⑧仆射（yè）：官名。隋时居宰相之任。斫头：砍头。斫（zhuó），本义为大锄。引申为砍，斩。尔：而已。⑨尔：你。丞郎：唐尚书省的左右丞和六部侍郎的总称。尚书在左右丞之上，也称丞郎。⑩官婢：旧时没入官府作奴婢的女子。⑪从弟：叔伯弟弟。司空、司徒：均为官名。刘宋末年，褚渊进中书监、司空。何谓：是什么意思？⑫拜：旧时用一定的礼节授与官职或某种名义，结成某种关系。⑬世子：古代天子、诸侯的嫡长子。失节：失去节操。服除：即除服，也称"除丧"。即守孝期满，除去丧服。不仕：不再做官。仕，旧称做官。爵：爵位。屏居：退居；隐居。屏(bǐng)，退避，隐迹。⑭齐王晏：南齐的王晏。明帝：南齐明帝萧鸾。夺国：此处指夺取帝位。自立：能自持自守，不为外力所动。即能以名节自立于世。引决：亦作"引诀"，自杀。⑮隆昌：南齐郁林王萧昭业年号，公元494年。隆昌元年七月，萧鸾废郁林王而立海陵王萧昭文。十月，萧

鸾又废海陵王而自即帝位，改元建武。阿（ā）戎：堂弟，从弟。晋、宋直至唐，人多谓从弟为"阿戎"。自裁：自杀。⑯思远：按《南齐书·王思远传》，应为"思微"。

蔡君谟帖

蔡君谟一帖云①："襄昔之为谏臣，与今之为词臣，一也，为谏臣有言责，世人自见疏，今无是焉，世人见亲，襄之于人，未始异之，而人之观故有以异也②。"观此帖，乃知昔时居台谏者③，为人所疏如此。今则反是，方为此官时，其门挥汗成雨，一徙他局，可张爵罗，风俗偷薄甚矣④。又有送荔枝与昭文相公一帖云："襄再拜，宿来伏惟台候起居万福⑤。闽中荔枝，唯陈家紫号为第一，辄献左右，以伸野芹之诚，幸赐收纳，谨奉手状上闻不宣⑥。襄上昭文相公阁下⑦。"是时，侍从与宰相往还，其礼盖如是，今之不情苛礼，叮可厌哉⑧！

【注释】

①蔡君谟：即蔡襄。字君谟。仁宗庆历三年，知谏院，后进知制诰、翰林学士。官至端明殿学士。帖（tiě）：小束；帖子。②谏臣：掌谏诤的官员。词臣：文学侍从之臣，掌管朝廷制诰诏令撰述的官员，如学士、翰林之类。言责：指臣下对君主进谏的责任。即负有对朝政缺失、官吏任免、政府各部门的措施提出建议与批评的责任。谏臣容易得罪人，因而也易被人疏远。未始：未曾，从未。而人之观：而是人们的看法。③台谏：唐宋以掌纠弹之御史为台官，以掌建言之给事中、谏议大夫等为谏官。统称台谏。④其门挥汗成雨：比喻门前来往官吏和车马拥挤。可张爵罗：可以支架捕鸟的网。张，陈；设。爵，通"雀"。罗，捕鸟的网。此句比喻门前冷落。偷薄：苟且浮薄。偷，苟且。⑤相公：古代称宰相为相公。昭文相公：即昭文相。昭文馆大学士。宋以上相为昭文馆大学士。宿来：近来。伏惟：旧时常用为下对上有所陈述时的表谦敬之词。多用于奏疏或信函。谓念及，想到。台候：敬辞。用于问候对方寒暖起居。起居：问候是否平安的话。⑥左右：旧时书信中称对方。不直称其人，仅称他的左右以示尊敬。野芹：《列子·杨朱》："昔人有美戎菽、甘枲茎、芹萍子者，对乡豪称之。乡豪取而尝之，蜇于口，惨于腹，众哂而怨之，其人大惭。"后因以"野芹"或"野人芹"喻指微薄的礼品。手状：宋代士人谒见时的名帖、谒刺。以

多亲笔书写，故称。不宣：犹言不尽。旧时书信末尾的常用语。⑦阁下：对人的尊称。常用于书信中。意谓不敢直指其人，故呼在其阁下的侍从者而告语之。⑧不情：不近人情；不合情理。苛礼：烦琐的礼节。苛，繁细。吁（xū）：叹声。表示不同意，不以为然，也表示疑怪。

亲王与侍从官往还

神宗有御笔一纸，乃为颍王时封还李受门状者①，状云："右谏议大夫、天章阁待制兼侍讲李受起居皇子大王。"而其外封，题曰："台衔回纳②。"下云："皇子忠武军节度使、检校太尉、同中书门下平章事、上柱国颍王名谨封。"名乃亲书。其后受之子覆以黄，缴进③，故藏于显谟阁。先公得之于燕，始知国朝故事，亲王与从官往还公礼如此④。

【注释】

①御笔：谓帝王亲笔所书或所画。封还：缄封退还。门状：旧时的拜帖。②台衔：对他人姓名与官衔的敬称。回纳：奉还别人赠送之物。③覆以黄：用黄绫覆盖。古以黄色为中央正色。缴进：交上。上交朝廷。④公礼：官方的礼节。

三传记事

秦穆公袭郑，晋纳邾捷菑，《三传》所书略相似①。《左氏》书秦事曰："杞子自郑告于秦曰：'潜师以来②，国可得也。'穆公访诸蹇叔，蹇叔曰：'劳师以袭远③，非所闻也，且行千里，其谁不知！'公辞焉④，召孟明出师。蹇叔哭之曰：'孟子⑤，吾见师之出，而不见其入也。'公曰：'尔何知！中寿，尔墓之木拱矣⑥。'蹇叔之子与师，哭而送之曰：'晋人御师必于殽，殽有二陵焉，必死是间，余收尔骨焉⑦。'秦师遂东。"《公羊》曰："秦伯将袭郑，百里子与蹇叔子谏曰：'千里而袭人，未有不亡者也。'秦伯怒曰：'若尔之年者，宰上之木拱矣，尔曷知⑧！'师出，百里子与蹇叔子送其子而戒之曰：'尔即死，必于殽嵚岩，吾将尸尔焉⑨。'子揖师而行⑩，百里子与蹇叔子从其子而哭之。秦伯怒曰：'尔葛为哭吾师?'对曰:'臣非敢哭君师,哭臣之子也。'"《穀梁》曰:"秦伯将袭郑,百里子与蹇叔子谏曰:'千里而袭人,未有不亡者也。'秦伯曰:'子之冢木已拱矣⑪,何知?'师行,百里子与蹇叔子送其子而戒之曰:'女死必于殽之岩唫之下⑫,我将尸女于是。'师行,百里子与蹇叔子随其子而哭之,秦伯怒曰:'何为哭吾师也!'二子曰:'非敢哭师也,哭吾子也,我老矣,彼不死,则我死矣。'"

其书邾事,《左氏》曰:"邾文公元妃齐姜,生定公,二妃晋姬,生捷菑。文公卒,邾人立定公。捷菑奔晋,晋赵盾以诸侯之师八百乘,纳之。邾人辞曰:'齐出貜且长⑬。'宣子曰:'辞顺而弗从⑭,不祥。'乃还。"《公羊》曰:"晋郤缺帅师,革车八百乘,以纳接菑于邾娄,力沛然若有余而纳之⑮,邾娄人辞曰:'接菑,晋出也,貜且,齐出也。子以其指则接菑也四,貜且也六,子以大国压之,则未知齐、晋孰有之也⑯。贵则皆贵矣,虽然,貜且也长。'郤缺曰:'非吾力不能纳也,义实不尔克也⑰。'引师而去之。"《穀梁》曰:"长毂五百乘,绵地千里,过宋、郑、滕、薛,敻入千乘之国⑱,欲变人之主,至城下,然后知,何知之晚也!捷菑,晋出也,貜且,齐出也。貜且,正也⑲,捷菑,不正也。"

予谓秦之事,《穀梁》纡余有味⑳,邾之事,《左氏》语简而切,欲为文记事者,当以是观之。

【注释】

①纳:致送。这里指护送捷菑(zī)回邾(zhū,古国名,即邹)继位国君。三传:《春秋左氏传》《春秋公羊传》和《春秋穀梁传》称为"春秋三传"。②杞子:秦大夫。两年前秦穆公派他戍郑,所以他掌管着郑国北门的钥匙。潜师(以来):秘密地发兵(来袭击郑国)。③劳师:使军队劳累。④辞:不听从。⑤孟子:指孟明(视)。⑥中寿,尔墓之木拱矣:你已经活到百岁,你墓旁的树木已长到用两手围抱那么粗了。言外之意是:你老悖不可用了。中寿,次于上寿为中寿。说法不一,这里指百岁。一说"中"读zhòng。中寿:寿满。谓已死。拱(木),两手合围(那么粗的树木)。⑦与师:参加了偷袭郑国的军队。御师:抵御敌军。殽:即崤(xiáo)山。一称嶔崟(qīn yín)山。山势险峻。秦师袭郑,必路过殽山。两年前,因郑无礼于晋,秦、晋围郑,而郑独与秦盟,秦解围而退师。秦、晋于是有隙。二陵:指崤之二峰,即东崤山和西崤山。二

陵之间，山高路窄，下临深涧，为绝险之地。余：我。⑧若尔之年者：像你们这样的岁数。年，岁数，年纪。宰上之木：即冢木。坟墓上的树木。宰，坟墓。曷（hé）：何；什么。⑨嶔岩：险峻的山岩。吾将尸尔焉：我将替你收尸。尸，收尸。⑩揖师：合于师。揖（jí），同"辑"。集聚。一说"揖"音yī,进也。谓揖而进之也。⑪冢木已拱：比喻老死多年。言其无知。⑫女（rǔ）：通"汝"。你。岩唫（yín）：高险的山岩。⑬齐出矍且长：出，姐妹出嫁所生，指外甥；外孙。矍且（jué jū），即定公。长，居首位者。⑭宣子：赵宣子。即赵盾。辞顺：言辞顺理。⑮革车：古代的一种战车。乘（shèng）：古时一车四马为一乘。邾娄：亦邹国。沛然：充盛貌。⑯子以其指则接菑也四，矍且也六：你（郤缺）如果拿你的十个手指来做比，那末接菑只占四，矍且却占六。即一轻一重。孰：谁。⑰义实不尔克也：道义上实在不允许呀！古代立长不立幼，所以这样说。不尔，不然，不这样。克，能。⑱长毂（gǔ）：兵车。绵：延续；连续。敻（xiòng）：远。⑲正：合乎法度、规律或常情。⑳纡余有味：委婉有余味。纡余，言辞或文章婉曲多姿。

张嘉贞

唐张嘉贞为并州长史、天兵军使，明皇欲相之，而忘其名，诏中书侍郎韦抗曰："朕尝记其风操①，今为北方大将，张姓而复名，卿为我思之。"抗曰："非张齐丘乎？今为朔方节度使②。"帝即使作诏以为相，夜阅大臣表疏③，得嘉贞所献，遂相之。议者谓明皇欲大用人，而卤莽若是，非得嘉贞表疏，则误相齐丘矣。予考其事大为不然。按开元八年，嘉贞为相，而齐丘以天宝八载始为朔方节度，相去三十年，安得如上所云者？又是时明皇临御未久，方厉精为治④，不应置相而不审其名位，盖郑处诲所著《明皇杂录》妄载其事，史家误采之也，《资治通鉴》弃不取云。

【注释】

①相之：使之（张嘉贞）为（宰）相。朕：古人自称之词。从秦始皇起，专用为皇帝自称。太后听政时亦自称朕。风操：风范，操守。②朔方：唐方镇名。治灵州（今宁夏灵武西南）③表疏：泛指奏章。④临御：君临天下。即皇帝登基即位。厉精为治：振奋精神，治理好国家。（为音wéi）。

张九龄作牛公碑

张九龄为相,明皇欲以凉州都督牛仙客为尚书,执不可。曰:"仙客河湟一使典耳,擢自胥史①,目不知书,陛下必用仙客,臣实耻之。"帝不悦,因是遂罢相。观九龄集中,有《赠泾州刺史牛公碑》,盖仙客之父,誉之甚至,云:"福善莫大于有后,仙客为国之良,用商君耕战之国,修充国羌胡之具,出言可复,所计而然,边捍长城,主恩前席②。"正称其在凉州时,与所谏止尚书事,亦才一年,然则与仙客非有夙嫌,特为公家忠计耳③。

【注释】

①执不可:坚持不同意。执,坚持。河湟:指黄河、湟水两流域地。《新唐书·吐蕃传》说即西戎地。使典:即胥吏。擢(zhuó):提拔;提升。胥史:犹胥吏。旧时官府中办理文书的小吏。②用商君耕战之国:战国时,秦国商鞅(商君)实行奖励耕战的政策,推动人们积极投身于农战。凉州正处秦国之地。修充国羌胡之具:修葺赵充国防备羌胡的战具。此指措置屯田。《旧唐书·牛仙客传》:"(傅)文静后为陇右营田使,引仙客参预其事。"营田即屯田。凉州正是西汉赵充国征战羌胡的地区。出言可复,所计而然:谓言必行,行必果。主恩前席:皇恩隆重。古时席地而坐,"前席"谓移坐向前,以示亲近,恩宠。③夙嫌:旧怨。夙,旧;素常。嫌,仇隙;怨恨。特为国家忠计耳:特为忠于国家而考虑。计,计虑;考虑。

唐人告命

唐人重告命,故颜鲁公自书告身①,今犹有存者。韦述《集贤注记》,记一事尤著,漫载于此:"开元二十三年七月,制加皇子荣王已下官爵,令宰相及朝官工书者,就集贤院写告身以进,于是宰相张九龄、裴耀卿、李林甫、朝士萧太师嵩、李尚书暠、崔少保琳、陈黄门希烈,严中书挺之,张兵部均,韦太常陟,褚谏议庭诲等十三人,各写一通，装缥进内②，上大悦，赐三相绢各三百匹，余官各二百匹。"以《唐书》考之，是时，十三王并授开府仪同三司，诏诣东宫、尚书省，上日百官集送③，有司供帐设乐，悉拜王府官属，而不书此事。

【注释】

①告命：特指告身，授官之符。颜鲁公：颜真卿。唐大臣。封鲁郡公，人称颜鲁公。告身：委任官职的文凭。②制：帝王的命令。荣王：玄宗第六子李琬，开元十二年改名滉，封为荣王。已下：以下。已，同"以"。工书者：擅长书法的人。工，善于；擅长。朝士：泛称中央的官吏。装缥（piǎo）：即装裱。一说用青白色丝织品包装。③开府仪同三司：开府，原指成立府署、自选僚属。汉代仅三公、大将军、将军可以开府，魏晋以后开府的逐渐增多，因此有开府、仪同三司（开府置官，援照三公成例即仪制同于三公）的名号。晋代诸州刺史多以将军开府，都督军事。有上开府仪同三司、开府仪同三司、仪同三司等等级。唐宋定"开府仪同三司"为文散官第一阶，即不带职官，亦与朝参俸禄。上日：上任之日。

典章轻废

典章故事，有一时废革遂不可复者①。牧守铜鱼之制，新除刺史给左鱼，到州取州库右鱼合契②。周显德六年，诏以特降制书，何假符契③？遂废之。唐两省官上事宰臣④，送上，四相共坐一榻，各据一隅，谓之押角。晋天福五年，敕废之。

【注释】

①典章：制度法令等的总称。废革：废除。②牧守（shòu）：州郡的长官。州官称牧，郡官称守。铜鱼：铜鱼符。鱼形铜符。国家发兵，遣使者，至郡合符以验。除：拜官授职。合契：即合符。把左鱼、右鱼合起来。符合乃听受之。③制书：帝王诏书的一种。唐代凡行大赏罚，授大官爵，厘革旧政，赦宥降虏，皆用制书。假：凭藉。符契：犹符节。古代朝廷作为凭证的信物。④两省：门下省和中书省。上事：向朝廷上书陈述意见。宰臣：帝王的重臣；宰相。

卷第四（二十三则）

张浮休书

张芸叟与石司理书云："顷游京师，求谒先达之门，每听欧阳文忠公、司马温公、王荆公之论，于行义文史为多①，唯欧阳公多谈吏事。既久之，不免有请：'大凡学者之见先生，莫不以道德文章为欲闻者，今先生多教人以吏事，所未谕也②。'公曰：'不然。吾子皆时才③，异日临事，当自知之。大抵文学止于润身，政事可以及物④。吾昔贬官夷陵，方壮年，未厌学，欲求《史》《汉》一观，公私无有也。无以遣日，因取架阁陈年公案，反覆观之，见其枉直乖错不可胜数，以无为有，以枉为直，违法徇情⑤，灭亲害义，无所不有。且夷陵荒远褊小，尚如此，天下固可知也。当时仰天誓心曰：自尔遇事不敢忽也。'是时苏明允父子亦在焉⑥，尝闻此语。"又有答孙子发书，多论《资治通鉴》，其略云：温公尝曰："吾作此书，唯王胜之尝阅之终篇，自余君子求乞欲观，读未终纸，已欠伸思睡矣⑦。书十九年方成，中间受了人多少语言陵藉"云云⑧。此两事，士大夫罕言之，《浮休集》百卷无此二篇，今豫章所刊者，附之集后。

【注释】

①张芸叟：张舜民，字芸叟，自号浮休居士。北宋文学家。顷：往昔。求谒（yè）：请求谒见。先达：前辈。欧阳文忠公：欧阳修，死后谥文忠。王荆公：王安石。宋神宗元丰年间封舒国公，后改封荆国公。行义：操修与道义。同"行谊"。②道德：人们共同生活及其行为的准则和规范。文章：文辞或独立成篇的文字。谕：同"喻"，理解。③吾子：对人相亲爱的称呼。时才：谓当时有才干的人。④润身：使自己得到利益而有光荣。及物：谓恩及万物。⑤遣日：打发日子，消磨时光。枉直：以直为曲。或，曲直不分。乖错：谬误。徇（xùn）情：曲从私情。⑥誓心：心中发誓；立定心愿。自尔：从此。尔，此，这。忽：不注意；不重视。苏明允：苏洵，字明允。北宋散文家。与其子轼、辙合称"三苏"，俱被列入"唐宋八大家"。⑦欠伸：因困倦而打哈欠和伸懒腰。

⑧陵藉：侵陵欺压。这里指侮辱糟踏。云云：等等。

温公客位榜①

司马温公作相日，亲书榜稿揭于客位，曰："访及诸君，若睹朝政阙遗，庶民疾苦，欲进忠言者，请以奏牍闻于朝廷，光得与同僚商议，择可行者进呈，取旨行之②。若但以私书宠谕③，终无所益。若光身有过失，欲赐规正，即以通封书简分付吏人，令传入，光得内自省讼，佩服改行④。至于整会官职差遣、理雪罪名，凡干身计，并请一面进状，光得与朝省众官公议施行⑤。若在私第垂访，不请语及。某再拜咨白⑥。"乾道九年，公之曾孙伋出镇广州，道过赣⑦，获观之。

【注释】

①客位：待客厅。榜：告示。②榜稿：即榜文。揭：公布。阙遗：缺失；疏忽。奏牍（dú）：书写奏章的木简。即指奏章，向皇帝奏事的本章。取旨：取得圣旨。即经皇帝批准。③宠谕：称人对己赞誉的敬辞。④规正：规劝匡正。通封：严密封缄。自省讼：自省（xǐng），自行省察；自我反省。自讼，责备自己。佩服：铭记；牢记。改行：改变行为。⑤整会：正式通知，知会。理雪：犹申雪，申辩表白。身计：生计，保全生命的办法。一面：犹言自行，自主。进状：呈上陈述事实的文书。朝省（cháo shěng）：犹朝廷。公议：公众共同议论。⑥垂访：下访。咨白：禀告。相当于现在所说"敬告"。⑦出镇：出任地方长官。赣：赣州。时洪迈正在赣州任上。见《续笔》卷十三《纪年兆祥》及《宋史·洪迈传》。

李颀诗①

欧阳公好称诵唐严维诗"柳塘春水慢，花坞夕阳迟"及杨衡"竹径通幽处，禅房花木深"之句②，以为不可及。予绝喜李颀诗云："远客坐长夜，雨声孤寺秋。请量东海水，看取浅深愁。"且作客涉远，适当穷秋，暮投孤村古寺中，夜不能寐，起坐凄恻，而闻檐外雨声，其为一时襟抱，不言可知，而此两句十字中，尽其意态③，海水喻愁，非过语也。

【注释】

①李颀（qí）：唐代诗人。②称诵：称赞颂扬。诵，通"颂"。花坞：四周高起中间凹下的花圃。禅（chán）房：佛徒习静之所，泛指寺院。③涉远：谓走远路。此处似为远离家乡。适当（dāng）：适逢，恰遇。穷秋：晚秋；深秋。指农历九月。凄恻：因情景凄凉而感触悲伤。襟抱：胸怀，抱负。此处似指心情。意态：神情姿态。

诗中用茱萸字

刘梦得云："诗中用茱萸字者凡三人①。杜甫云'醉把茱萸子细看'，王维云'遍插茱萸少一人'，朱放云'学他年少插茱萸'，三君所用，杜公为优。"予观唐人七言，用此者又十余家，漫录于后。王昌龄"茱萸插鬓花宜寿"，戴叔伦"插鬓茱萸来未尽"，卢纶"茱萸一朵映华簪"，权德舆"酒泛茱萸晚易曛"，白居易"舞鬟摆落茱萸房"、"茱萸色浅未经霜"，杨衡"强插茱萸随众人"，张谔"茱萸凡作几年新"；耿湋"发稀那敢插茱萸"，刘商"邮筒不解献茱萸"，崔橹"茱萸冷吹溪口香"，周贺"茱萸城里一尊前②"，比之杜句，真不侔矣③。

【注释】
①茱萸（zhū yú）：植物名。其味香烈。古代风俗，重阳节佩戴茱萸，以祛邪避灾。②来未尽：我来得虽晚，茱萸尚未终尽。华簪：华贵的帽簪。曛：用同"醺"，酒醉。舞鬟：鬟，古代妇女的环形发髻。房：花的子房。亦指花朵、花果。邮筒：古时封寄书函的竹管。不解：不懂，不理解。一尊：一杯。尊，古代酒器。用以盛酒。后泛指一切酒器。③不侔（móu）：不相等；不等同。

鬼宿渡河①

宋苍梧王当七夕夜,令杨玉夫伺织女渡河②,曰:"见,当报我;不见,当杀汝。"钱希白《洞微志》载:"苏德哥为徐肇祀其先人,曰:'当夜半可已。'盖俟鬼宿渡河之后③。"翟公巽作《祭仪》十卷,云:"或祭于昏,或祭于旦,皆非是,当以鬼宿渡河为候,而鬼宿渡河,常在中夜,必使人仰占以俟之④。"叶少蕴云:"公巽博学多闻,援证皆有据,不肯碌碌同众⑤,所见必过人。"予按天上经星终古不动⑥,鬼宿随天西行,春昏见于南,夏晨见于东,秋夜半见于东,冬昏见于东,安有所谓渡河及常在中夜之理?织女昏晨与鬼宿正相反,其理则同。苍梧王荒悖小儿,不足笑,钱、翟、叶三公皆名儒硕学⑦,亦不深考如此。杜诗云:"牛女漫愁思⑧,秋期犹渡河","牛女年年渡,何曾风浪生?"梁刘孝仪诗云:"欲待黄昏至,含娇浅渡河。"唐人七夕诗皆有此说,此自是牵俗遣词之过⑨,故杜老又有诗云:"牵牛出河西,织女处其东。万古永相望,七夕谁见同。神光竟难候⑩,此事终朦胧。"盖自洞晓其实,非他人比也。

【注释】

①鬼宿(xiù):星官名。二十八宿之一。河是井宿中的南北河星,在鬼宿旁边。②伺:侦察,等候。织女:星官名。亦称"天孙"。在银河西,与河东牵牛(星)相对。河:指银河(天河)。③祀:祭祀。先人:祖先,包括已死的父亲。可已:已,语气词。表确定语气,相当于"了"。俟(sì):等待。④候:时节,时候。中夜:半夜。仰占:仰面伺察。占(zhān),窥察;察看。⑤碌碌:平庸貌,随众附和貌。⑥予按:我仔细观察。按,审查,查验。经星:旧称二十八宿等恒星为经星。因其相对位置不变,犹经之于纬,故称。行星则称为纬星。终古:经常。⑦荒悖:昏乱;荒谬。名儒:著名儒者。硕学:指博学的人。⑧漫:长貌。谓漫漫长夜。一说为满,遍及。愁思:忧愁的思绪。⑨牵俗:拘泥于习俗传说。牵,拘泥。⑩神光:神异的灵光。山川之精能为光者。

府名军额

雍州,军额曰永兴,府曰京兆,而守臣以"知永兴军府事兼京兆府路安抚使"结衔[1]。镇州,军额曰成德,府曰真定,而守臣以"知成德军府事兼真定府路安抚使"结衔;政和中,始正以府额为称[2]。荆州,军额曰荆南,府曰江陵,而守臣则曰"知荆南",通判曰"通判荆南",自余掾幕县官则曰"江陵府"[3];淳熙四年,始尽以"江陵"为称。孟州,军额曰河阳三城,无府额,而守臣曰"知河阳军州事"。陕州无府额,而守臣曰"知陕州军府事",法令行移[4],亦曰"陕府"。

【注释】

①军:宋地方行政区划名。始于五代。宋时有两种:一与府、州同级,隶属于路;一与县同级,隶属于州、府。额,悬于门屏之上的牌匾。知:主持,执掌。结衔:旧时官吏签署官衔。②始正以府额为称:正,敕令;命令。③通判:官名。州府通判,即与知府、知州共同处理政务之意。握有连署府公事和监察官吏实权,号称"监州"。以京朝官儒臣充之。小郡则称签判。掾幕(yuàn):掾属幕僚。④行移:旧时官署签发的通知事项的文件。

马融皇甫规

汉顺帝时,西羌叛,遣征西将军马贤将十万人讨之。武都太守马融上疏曰:"贤处处留滞,必有溃叛之变[1]。臣愿请贤所不用关东兵五千,裁假部队之号,尽力率厉[2],三旬之中必克破之。"不从。贤果与羌战败,父子皆没,羌遂寇三辅,烧园陵[3]。诏武都太守赵冲督河西四郡兵追击。安定上计掾皇甫规上疏曰:"臣比年以来,数陈便宜:羌戎未动,策其将反[4];马贤始出,知其必败。愿假臣屯列坐食之兵五千,出其不意,与冲共相首尾[5]。土地山谷,臣所晓习,可不烦方寸之印,尺帛之赐,可以涤患[6]。"帝不能用。赵冲击羌不利,羌寇充斥,凉部震恐[7],冲战死,累年然后定。按马融、皇甫规之言晓然易见,而所请兵皆不过五千，然讫不肯从，乃知宣帝纳用赵充国之册为不易得⑧，所谓明主可为忠言也。

【注释】

①留滞：停留。溃叛：离散叛乱。②裁：通"才"。仅仅。晋袁宏《后汉纪·顺帝纪》为"才加部队之号"。假：给予。率厉：激励；勉励。③寇：侵掠。三辅：汉景帝二年分内史为左、右内史，与主爵中尉（不久改主爵都尉，武帝时又改三者为京兆尹、左冯翊、右扶风）同治长安城中，所辖皆京畿之地，故合称"三辅"。辖境相当今陕西中部地区。园陵：帝王的墓地。④比年：近年；连年。便（biàn）宜：方便；适宜。也用作看怎样方便、适宜，斟酌处理的意思。策：测度；估计到。⑤屯列坐食之兵：指京师宿卫的部队。屯（tún）列，犹陈列。坐食，不劳而食。首尾：接应。⑥方寸：方一寸，喻其小。涤患：涤除寇患。涤，洗荡，清除。⑦凉部：凉州地区。部，古时行政区域名。震恐：惊恐。⑧晓然：明白貌。讫（qì）：竟然；终究。纳：接受。册：同"策"。计策，策略。

孟蜀避唐讳①

蜀本石《九经》皆孟昶时所刻②，其书"渊、世民"三字皆缺画，盖为唐高祖、太宗讳也。昶父知祥，尝为庄宗、明宗臣，然于"存勖、嗣源"字乃不讳。前蜀王氏已称帝，而其所立龙兴寺碑，言及唐诸帝，亦皆半阙，乃知唐之泽远矣③。

【注释】

①孟蜀：五代十国时期孟知祥建立的后蜀。避唐讳：对唐朝帝王的名字避开不直称。这里指写时缺少笔画。讳，对帝王将相或尊长不敢直称其名，谓之避讳。因亦以指所讳饰的名字。②石经：刻在石上的儒家经典。③前蜀王氏：五代十国时前蜀的建立者王建。半阙：阙，缺损。泽：雨露。引申为德泽、恩泽。谓恩惠像雨露一样沾润作物。

翰苑亲近

白乐天《渭村退居寄钱翰林》诗,叙翰苑之亲近云①:"晓从朝兴庆,春陪宴柏梁②。分庭皆命妇,对院即储皇③。贵主冠浮动,亲王辔闹装④。金钿相照耀,朱紫间荧煌⑤。毬簇桃花骑,歌巡竹叶觞⑥。洼银中贵带,昂黛内人妆⑦。赐禊东城下,颁酺曲水傍⑧。樽罍分圣酒,妓乐借仙倡⑨。"盖唐世宫禁与外廷不至相隔绝,故杜子美诗:"户外昭容紫袖垂,双瞻御座引朝仪⑩。"又云:"舍人退食收封事,宫女开函近御筵⑪。"而学士独称内相,至于与命妇分庭,见贵主冠服、内人黛妆,假仙倡以佐酒⑫,他司无比也。

【注释】

①翰(hàn)苑:翰林院的别称。翰林院,官署名。唐代初置,为各种文艺技术内廷供奉之处。本文所指,实为翰林学士。②兴庆:唐兴庆宫。后也称南内。柏梁:汉代台名。在长安城中北门内。相传以香柏为梁,故名。皇帝经常置酒其上,召群臣宴饮、和诗。这里是借用。③分庭:分处庭中。以示平等。命妇:受有封号的妇女。储皇:皇太子。④贵主:公主的尊称。亲王:皇帝的伯叔、兄弟、皇子封王者。辔(pèi):马缰绳。闹装:用金银珠宝等杂缀而成的腰带或鞍、辔之类饰物。⑤金钿(diàn):嵌金花的妇女首饰。朱紫:古代高级官员的服色。唐三品以上官服用紫,五品以上用朱(正红色)。参考《三笔》卷五《绯紫假服》"绯紫"注。荧煌:辉煌。⑥毬簇桃花骑:毬:即鞠丸。古代习武用具,以皮为之,中实以毛,足踏或杖击为戏(或步或骑,以杖击而争之为戏)。簇,丛集;聚集。桃花骑,即桃花马。名马。毛色白中有红点的马。竹叶:酒名。即竹叶青。亦泛指美酒。觞(shāng):古代盛酒器。⑦洼银:凹陷处镶嵌的银饰。中贵:即中贵人。帝王所宠信的宦官。带:腰带。银带:银饰的腰带。常借代高官显宦。昂黛:高高的黑色发髻。内人:宫中女官。亦指宫女。⑧颁:赏赐;分赏。酺(pú):聚饮,特指命令所特许的大聚饮。曲水:古代风俗,于阴历三月上巳日就水滨宴饮,认为可祓除不祥,后人因引水环曲成渠,流觞取饮,相与为乐,称为曲水。⑨樽罍(zūn léi):均为盛酒的器具。圣:称颂帝王之词。借:凭借。仙倡:古代乐舞中扮神仙的艺人。倡(chāng),古称歌舞艺人。⑩外

廷：亦作"外庭"。国君听政的地方。对内廷、禁中而言。也借指朝臣。杜子美：杜甫。唐诗人。字子美。曾居于少陵（在今陕西西安市南）之西，因自号少陵野老，世又称之为杜少陵。昭容：古代女官名。唐时列为九嫔，正二品。双瞻：杜诗原注：袖垂为伛偻，双瞻为分行。瞻御座为内向，引朝仪为却行。此写昭容导驾之制甚详。御座：皇帝的宝座。朝仪：古代帝王临朝的典礼。⑪退食：这里指退朝后进食。封事：古时臣下上书奏事，防有泄漏，用袋封缄，称为封事。函：信件。此处指密封的奏疏。御筵：喻指帝位。杜甫《赠献纳使起居田舍人澄》诗原文为"捧御筵"。《杜甫全集》原注："唐制，便殿奏事，官女开匦函，以所投封事奏御。"捧，仰承；侍奉。⑫内相（xiàng）：唐开元二十六年，改翰林供奉为学士，专掌朝命，参裁朝廷大议，人称"内相"。后为翰林学士的别称。佐酒：劝酒；陪同饮宴。

宁馨阿堵

"宁馨"、"阿堵①"，晋宋间人语助耳。后人但见王衍指钱云："举阿堵物却②。"又山涛见衍曰："何物老媪生宁馨儿③？"今遂以阿堵为钱，宁馨儿为佳儿，殊不然也。前辈诗"语言少味无阿堵，冰雪相看有此君④"，又"家无阿堵物，门有宁馨儿"，其意亦如此。宋废帝之母王太后疾笃⑤，帝不往视，后怒谓侍者："取刀来剖我腹，那得生宁馨儿！"观此，岂得为佳？顾长康画人物，不点目睛，曰："传神写照正在阿堵中⑥。"犹言"此处"也。刘真长讥殷渊源曰："田舍儿，强学人作尔馨语⑦。"又谓桓温曰："使君，如馨地宁可斗战求胜⑧？"王导与何充语曰："正自尔馨。"王恬拨王胡之手曰："冷如鬼手馨⑨，强来促人臂。"至今吴中人语言尚多用宁馨字为问，犹言"若何"也。刘梦得诗："为问中华学道者，几人雄猛得宁馨⑩。"盖得其义。以宁字作平声读。

【注释】

①宁馨(xīn)：如此，这样；若何。阿(ē)堵：这个，此处。②举阿堵物却：搬去这些东西。阿堵物，指钱。阿堵，这，这个。物，物品。却，犹"了"。去。③何物老媪：什么老婆婆？媪(ǎo)，老妇人。宁馨儿：这样的孩子。④语言少味：谓话语平淡，不能动人。阿堵：指钱。此君：指竹子《晋书·王徽之传》："尝寄居空宅中，便令种竹。或问其故，徽之但啸咏指竹曰：'何可一日无此君

耶？'"后因称竹为"此君"。⑤疾笃：病势沉重。⑥顾长康：顾恺之，字长康。东晋画家。传神：图绘人物，使生动地传达其神情意态。写照：画像。阿堵：这里指眼珠。⑦田舍儿：农家子弟。含有轻视意。尔馨：如此，这样。"如馨"义同。⑧使君：对人的尊称。宁可：岂可；怎么能。《世说新语·方正》："桓大司马（温）诣刘尹（惔，字真长），卧不起。桓弯弹弹刘枕，丸崩碎床褥间。刘作色而起，曰：'使君如馨地宁可斗战求胜！'"⑨冷如鬼手馨：奈何冷如鬼手。馨，如何，奈何。"宁馨"之省。⑩雄猛：强悍勇猛。得：到。宁馨：这样。

凤 毛

宋孝武嗟赏谢凤之子超宗曰："殊有凤毛①。"今人以子为凤毛，多谓出此。按《世说》，王劭风姿似其父导，桓温曰："大奴固自有凤毛②。"其事在前③，与此不同。

【注释】
①嗟赏：犹叹赏，赞赏。凤毛：谓先人遗下的风采。比喻人子孙有才似其父辈者。②大奴：疑为王劭乳名。③其事在前：时间在前。王劭为东晋人。

牛 米

燕慕容皝以牛假贫民，使佃苑中，税其什之八①；自有牛者，税其七。参军封裕谏，以为魏、晋之世，假官田牛者不过税其什六，自有牛者中分之，不取其七八也。予观今吾乡之俗，募人耕田，十取其五，而用主牛者，取其六，谓之牛米②，盖晋法也。

【注释】
①假：借；租赁。使佃苑中：使借牛的贫民租赁苑囿中土地耕种。佃，旧时农民向地主或官府租种土地。苑，畜养禽兽并种植林木的地面，多为帝王及贵族游玩和打猎的园林。税其十之八：抽税十分之八。税，收取赋税。②募人耕田：雇用人耕种。募，招募。牛米：用谷物支付的牛租。

为文矜夸过实

文士为文,有矜夸过实①,虽韩文公不能免。如《石鼓歌》极道宣王之事伟矣②,至云:"孔子西行不到秦,掎摭星宿遗羲娥③。陋儒编诗不收拾,二雅褊迫无委蛇④。"是谓三百篇皆如星宿,独此诗如日月也。"二雅褊迫"之语,尤非所宜言。今世所传石鼓之词尚在,岂能出《吉日》《车攻》之右⑤?安知非经圣人所删乎?

【注释】

①矜夸:夸耀。矜其所能以自夸大。②伟矣:《石鼓歌》写得奇异、出色。③孔子西行不到秦:这句意思说,因为孔子不曾到过秦国,所以他把刻在石鼓上的诗文丢掉了,没有收录在《诗经》中。石鼓久在岐阳(岐山之南),岐阳春秋时属秦地。掎摭(jǐ zhí):摘取。星宿:泛指列星。羲娥:古代神话羲和为日御,嫦娥为月御。后以羲娥泛指日月。④陋儒:浅陋的书生。指孔子。陋,见闻不广,浅陋。收拾:收取。韩诗原文作"收入"。二雅:《诗经》中的《小雅》《大雅》。下文《吉日》《车攻》即《小雅》篇名。褊(biǎn)迫:狭窄;不宽广。委蛇(yí):舒缓自如。⑤右:古代尚右,故以右为上、为贵、为高。

送孟东野序

韩文公《送孟东野序》云:"物不得其平则鸣①。"然其文云:"在唐、虞时,咎陶、禹其善鸣者,而假之以鸣②。夔假于《韶》以鸣,伊尹鸣殷,周公鸣周③。"又云:"天将和其声④,而使鸣国家之盛。"然则非所谓不得其平也。

【注释】

①不平则鸣:谓遇到不公正的待遇,就要发出不满的呼声。孟郊一生穷愁潦倒,仕途很不得意,五十多岁才被任命为溧阳尉,抑郁不平。韩愈写了这

篇"序",予以宽慰。②唐、虞(yú):唐尧和虞舜的并称。咎陶(gāo yáo):亦作"咎繇"或"皋陶"。相传为虞舜时掌管司法的官。禹:即大禹。咎陶、禹其善鸣者,而假之以鸣:咎陶、大禹是善于文辞的人,便凭借他们来做时代的喉舌。③夔假于《韶》以鸣:夔凭借乐曲《韶》来抒发感情。夔(kuí),相传为舜时的乐官,《韶》是他创制的乐曲名。伊尹鸣殷:伊尹用他的著作表现殷商的兴盛。伊尹名挚,殷(商)代贤相。周公鸣周:周公的著作表现了西周的昌明。周公姬旦,武王之弟。西周初年政治家。④天将和其声:上天要使他们的声音平和。和,使平和,使和缓。其,指此文前边提到的孟东野(名郊)、李翱、张籍、李白、杜甫诸人。

喷 嚏

今人喷嚏不止者,必噀唾祝云"有人说我①",妇人尤甚。予按《终风》诗:"寤言不寐,愿言则嚏②。"郑氏笺云:"我其忧悼而不能寐,女思我心如是③,我则嚏也。今俗人嚏,云'人道我',此古之遗语也。"乃知此风自古以来有之。

【注释】

①噀唾(xùn tuò):吐唾沫。表示鄙弃。祝(zhòu):诅咒。②寤言不寐:(因忧愁而)睡不着觉。寤(wù),睡醒。寐(mèi),入睡,睡着。言,读为焉。愿言则嚏:有人思念我,我则打喷嚏(tì)。愿,思也。③郑氏:郑玄,字康成。东汉经学家。曾为《毛诗》作笺,称郑氏笺。笺(jiān),注释的一种。《终风》为《诗·邶风》篇名。忧悼:忧愁,悲伤。如是:像这样(忧伤)。

野史不可信

野史杂说,多有得之传闻及好事者缘饰,故类多失实,虽前辈不能免,而士大夫颇信之①。姑摭真宗朝三事于左。

魏泰《东轩录》云:"真宗次澶渊,语寇莱公曰②:'虏骑未退,何人可守天雄军?'公言参加政事王钦若。退即召王于行府,谕以上意,授敕俾行③。王未及有言,公遽酌大白饮之,命曰'上马杯',且曰:'参政勉之,回日即为同列也④。'王驰骑入魏⑤,越十一日房退,召为同中书门下平章事。或云王公数进疑词于上前⑥,故莱公因事出之。"予按澶渊之役乃景德元年九月,是时莱公为次相,钦若为参政;闰九月,钦若判天雄,二年四月,罢政⑦;三年,莱公罢相,钦若复知枢密院,至天禧元年始拜相,距景德初元凡十四年⑧。

其二事者,沈括《笔谈》云:"向文简拜右仆射⑨,真宗谓学士李昌武曰:'朕自即位以来,未尝除仆射,敏中应甚喜。'昌武退朝,往候之,门阑悄然⑩。明日再对,上笑曰:'向敏中大耐官职⑪。'"存中自注云:"向公拜仆射,年月未曾考于国史,因见中书记⑫,是天禧元年八月,而是年二月王钦若亦加仆射。"予按真宗朝自敏中之前拜仆射者六人:吕端、李沆、王旦皆自宰相转⑬,陈尧叟以罢枢密使拜,张齐贤以故相拜,王钦若自枢密使转。及敏中转右仆射,与钦若加左仆射同日降制,是时李昌武死四年矣。昌武者,宗谔也。

其三事者,存中《笔谈》又云:"时丁晋公从真宗巡幸,礼成,诏赐辅臣玉带⑭。时辅臣八人,行在祗候库止有七带,尚衣有带⑮,谓之'比玉',价直数百万,上欲以足其数。公心欲之,而位在七人之下,度必不及己,乃谕有司:'某自有小私带可服,候还京别赐可也。'既各受赐,而晋公一带仅如指阔,上顾近侍速易之,遂得尚衣御带。"予按景德元年,真宗巡幸西京,大中祥符元年,巡幸泰山,四年,幸河中,丁谓皆为行在三司使,未登政府⑯。七年,幸亳州,谓始以参知政事从。时辅臣六人,王旦、向敏中为宰相,王钦若、陈尧叟为枢密使,皆在谓上,谓之下尚有枢密副使马知节,即不与此说合。且既为玉带,而又名'比玉',尤可笑。魏泰无足论,沈存中不应尔也。("越十一日",一作"越七日"。)

【注释】

①杂说:指笔记小说。缘饰:犹言文饰。类多:犹大多。士大夫:古代指官僚阶层。旧时也指有地位有声望的读书人。②次:停留。指在旅行或行军途中。澶渊:古湖泊名。又郡名。亦名澶州。唐武德四年分黎、魏等州置,因澶渊得名。真宗景德(1004—1007年)二年,宋、辽定"澶渊之盟"于此。寇莱公:寇准,字平仲。北宋政治家。两度拜相,封莱国公。③行府:中央官

署派出在外代行指定事务的机构。授敕俾行：付与诏书使其动身。④遽：急；骤然。大白：大酒杯。勉之：努力。多于劝勉时用之。同列：同等地位。⑤驰骑：驱马疾行。⑥疑词：猜疑离间的话。⑦判：唐宋之制，以高官兼低职之官称判。罢政：谓免除宰相职务（参政为宰相的副职）。⑧罢相：罢免宰相官职。天禧：真宗年号（1017—1021年）。初元：此处指改元后的元年。景德初元即景德元年。⑨沈括：北宋科学家、政治家。字存中。举平生见闻，撰《梦溪笔谈》。向文简：向敏中。咸平四年拜相。卒，谥文简。⑩门阃：门框。借指家门；门庭。悄然：寂静貌。⑪对：指臣子面君奏事。大耐官职：即不为官职升降而动心。耐，忍受得往；禁得起。⑫中书：特指官中记事的书。⑬转：迁调官职。⑭丁晋公：即丁谓。曾封晋国公。巡幸：古谓皇帝巡行各地。礼成：仪式终结。辅臣：辅弼之臣。后多用以称宰相等大臣。⑮行在：本作"行在所"。封建帝王所在的地方。因此也指京师。后来则专指皇帝行幸所在的地方。祗候库：官署名。尚衣：宋代有尚衣局，掌管帝王衣服。⑯西京：指河南府。三司使：官名。掌全国钱谷出纳、均衡财政收支，为最高财政长官。元丰改官制，职掌并于户部尚书。政府：唐宋时称宰相治理政务的处所为政府。后泛指国家政权机关。

谤　书

司马迁作《史记》，于《封禅书》中述武帝神仙、鬼灶、方士之事甚备，故王允谓之谤书①。国朝景德、祥符间，治安之极，王文穆、陈文忠、陈文僖、丁晋公诸人造作天书符瑞，以为固宠容悦之计②。及真宗上仙，王沂公惧贻后世讥议，故请藏天书于梓宫以灭迹③。而实录之成，乃文穆监修，其载崇奉宫庙，祥云芝鹤，唯恐不详，遂为信史之累，盖与太史公谤书意异而实同也④。

【注释】

①鬼灶：鬼神方术。据说能在夜间招来死人及灶神的形貌。方士：中国古代好讲神仙方术的人。起源于战国燕齐一带近海地区，以修炼成仙和不死之药上邀统治者的信任。谤书：攻击、诽谤他人的书籍。《后汉书·蔡邕传》："（王）允曰：'昔武帝不杀司马迁，使作谤书，流于后世。'"后因以谤书为《史记》的代称。②王文穆：王钦若，谥文穆。陈文忠：陈尧叟，谥文忠。陈文僖：陈

彭年，谥文僖。天书：迷信者谓天神写的书或文字。符瑞：吉祥的征兆。多指帝王受命的征兆。固宠：保持宠幸。容悦：逢迎以取悦于上。③上仙：帝、后之死称上仙。王沂公：即王曾，封沂国公。贻（yí）：遗留；留下。梓官：帝、后的棺椁。④实录：中国历代所修每个皇帝统治时期的编年大事记。此处指《真宗实录》。信史：纪事翔实确实可信的史籍。累（lèi）：带累，使受害。意异而实同：用意不同而实际效果是一样的。

王文正公

祥符以后，凡天书礼文、宫观典册、祭祀巡幸、祥瑞颂声之事，王文正公旦实为参政宰相，无一不预①。官自侍郎至太保，公心知得罪于清议，而固恋患失，不能决去②。及其临终，乃欲削发僧服以敛③，何所补哉？魏野赠诗，所谓"西祀东封今已了，好来相伴赤松游"，可谓君子爱人以德，其箴戒之意深矣④。欧阳公神道碑⑤，悉隐而不书，盖不可书也。虽持身公清，无一可议，然特张禹、孔光、胡广之流云⑥。

【注释】

①礼文：谓礼节仪式；礼乐仪制。典册：记载典章制度等的重要册籍。王文正公：即王旦，字子明。景德三年拜相，对真宗搞封禅、天书活动，从不反对。卒，即谥文正。不预：同"不豫"。不参与。②清议：公正的评论，舆论。固恋患失：固守禄位生怕失去。恋，指思念的人、物。患失，生怕失去。决去：辞别离去。③敛：通"殓"。给尸体穿着下棺。④西祀东封：王旦陪从真宗西祀汾阴，东封泰山。赤松：赤松子。中国古代神话中的仙人。爱人以德：按照道德标准去爱护和帮助他人。箴（zhēn）戒：规劝儆戒。⑤神道碑：旧时立在墓道前记载死者生平事迹的石碑。起于汉代，用于统治阶级的上层人物。后亦称刻在神道碑上之文为"神道碑"，成为文体之一。此指为王旦写的碑铭。神道，墓道。意为神行的道路。⑥持身：立身；修身。立身处世。公清：清廉无私。张禹、孔光：西汉人。胡广：东汉人。三人均为唯诺逢迎、谨素自守、但求保禄位、保富贵之人。

晋文公

晋公子重耳自狄适他国凡七,卫成公、曹共公、郑文公皆不礼焉,齐桓公妻以女,宋襄公赠以马,楚成王享之①,秦穆公纳之,卒以得国。卫、曹、郑皆同姓,齐、宋、秦、楚皆异姓,非所谓"岂无他人,不如同姓"也②。晋文公卒未葬,秦师伐郑灭滑,无预晋事,晋先轸以为秦不哀吾丧,而伐吾同姓,背秦大惠,使襄公墨衰绖而伐之③。虽幸胜于殽,终启焚舟之战,两国交兵,不复修睦者数百年④。先轸是年死于狄⑤,至孙縠而诛灭,天也。

【注释】

①重耳自狄适他国:重耳遭骊姬之乱,出逃在狄。为逃避追杀,只好离开狄国到他国去。在外流亡十九年,回国即位,为晋文公。适,往,去,到。卫成公、曹共公、郑文公皆不礼焉:卫、郑对重耳闭门不纳,拒之城外。曹共公对重耳水饭相待,又戏看骈胁。不礼,不以礼相待。妻以女:嫁女给重耳为妻。妻(qì),以女嫁人。享之:以国君之礼款待重耳。享,通"飨"。用酒食款待人。②卫、曹、郑皆同姓:三国与晋同为姬姓国。皆异姓:齐,姜姓;宋,子姓;秦,嬴姓;楚,芈姓;皆与晋异姓。岂无他人,不如同姓:句出《诗·唐风·杕杜》:"岂无他人,不如我同姓。"③郑、滑:皆古国名。皆为姬姓。无预:无关连。墨:黑色。衰绖:即丧服。按古代礼制,在家守制,穿白色丧服。若遇有战争或其他重大事件,不能在家守制,则穿黑衣以代丧服。《春秋经传集解》:"以凶服从戎,故墨之。"④焚舟之战:秦穆公三十六年(前624年),秦师伐晋,渡河焚船,以示死战,大败晋人,报殽之役(殽之战在三年前,晋俘秦三帅)。修睦:调整相互间的关系,使之亲密和睦。⑤是年:殽之战那一年。

南夷服诸葛

蜀刘禅时,南中诸郡叛,诸葛亮征之,孟获为夷汉所服,七战七擒,曰:"公,天威也①,南人不复反矣。"《蜀志》所载,止于一时之事。国朝淳化中,李顺乱蜀,招安使雷有终遣嘉州士人辛怡显使于南诏,至姚州②,其节度使赵公美以书来迎,云:"当境有泸水,昔诸葛武侯戒曰:'非贡献征讨③,不得辄渡此水;若必欲过,须致祭,然后登舟。'今遣本部军将赍金龙二条、金钱二千文并设酒脯④,请先祭享而渡。"乃知南夷心服,虽千年如初。呜呼!可谓贤矣!事见怡显所作《云南录》。

【注释】

①南中:古地区名。相当今四川省大渡河以南和云南、贵州两省。三国蜀汉以巴、蜀为根据地,其他地在巴、蜀之南,故名。天威:犹神威,神奇的威力。②士人:士大夫;儒生。亦泛称知识阶层。南诏:古国名。建于盛唐时。全盛时辖有今云南全部、四川南部、贵州西部等地。姚州:州名。为唐和西南各族往来要站。③贡献:指向朝廷进献贡品。征讨:指朝廷发兵讨伐叛乱。④赍(jī):带着。金龙:铜制的龙。道教用以投于名山洞府作祭祀。酒脯(fǔ):酒和干肉。后亦泛指酒肴。

二疏赞

作议论文字,须考引事实无差忒,乃可传信后世①。东坡先生作《二疏图赞》云:"孝宣中兴,以法驭人②。杀盖、韩、杨③,盖三良臣。先生怜之,振袂脱屣④。使知区区,不足骄士⑤。"其立意超卓如此⑥。然以其时考之,元康三年二疏去位⑦,后二年盖宽饶诛,又三年韩延寿诛,又三年杨恽诛。方二疏去时,三人皆亡恙。盖先生文如倾河,不复效常人寻阅质究也⑧。

【注释】

①考引:稽考。差忒(tè):失误。传信:把真实可信的情况传于后世。②二疏:西汉疏广为太傅,其侄疏受为少傅,因年老同时辞官,公卿大夫在东都门外盛会欢送。封建文人以此为美谈。以法驭人:利用刑罚来统治人民。③盖(gě):姓。④振袂(mèi)挥动衣袖。脱屣(xǐ):脱掉鞋子。振袂脱屣,比喻(对皇上)看得很轻,不足介意。⑤使知区区:使皇帝知道自己也很渺小。区区,小,

少。形容微不足道。骄士：轻视士人。⑥立意：确立作品的主题。⑦去位：离开官位，卸职。⑧寻阅：寻找翻阅书册。质究：犹查考。

李宓伐南诏

　　唐天宝中，南诏叛，剑南节度使鲜于仲通讨之，丧士卒六万人。杨国忠掩其败状，仍叙其战功①。时募兵击南诏，人莫肯应募，国忠遣御史分道捕人，连枷送诣军所②，行者愁怨，所在哭声振野。至十三载，剑南留后李宓将兵七万往击南诏③。南诏诱之深入，闭壁不战④，宓粮尽，士卒瘴疫及饥死什七八，乃引还。蛮追击之，宓被擒，全军皆没。国忠隐其败，更以捷闻，益发兵讨之⑤。此《通鉴》所记。《旧唐书》云："李宓率兵击蛮于西洱河，粮尽军旋，马足陷桥，为阁罗凤所擒。"《新唐书》亦云："宓败死于西洱河。"予按高适集中有《李宓南征蛮诗》一篇，序云："天宝十一载，有诏伐西南夷，丞相杨公兼节制之寄⑥，乃奏前云南太守李宓涉海自交趾击之，往复数万里，十二载四月，至于长安。君子是以知庙堂使能，而李公效节⑦。予悉斯人之旧⑧，因赋是诗。"其略曰："肃穆庙堂上，深沉节制雄。遂令感激士⑨，得建非常功。鼓行天海外⑩，转战蛮夷中。长驱大浪破，急击群山空。饷道忽已远，县军垂欲穷⑪。野食掘田鼠，晡餐兼麨僮⑫。收兵列亭候，拓地弥西东⑬。泸水夜可涉，交州今始通。归来长安道，召见甘泉宫⑭。"其所称述如此⑮，虽诗人之言未必皆实，然当时之人所赋，其事不应虚言，则宓盖归至长安，未尝败死，其年又非十三载也。味诗中掘鼠餐僮之语，则知粮尽危急，师非胜归明甚。

【注释】
　　①叙：旧时按规定的等级次第授官职及按劳绩的大小给予奖励都称"叙"。②募兵：招募壮丁当兵。应募：响应招募。连枷：旧时一种可以同时枷禁多人的刑具。③留后：官名。即节度使留后。④闭壁：关闭城门，谓只守不战。⑤益发：增派。⑥丞相杨公兼节制之寄：丞相杨国忠兼节度使之重任。节制，节度使的代称。时杨为剑南节度副大使，知节度事。寄，寄托，付托。意为肩负重任。⑦庙堂：太庙的明堂。古代帝王祭祀、议事的地方。故也以庙堂指朝廷。

效节：尽忠。⑧忝(tiǎn)：羞辱，有愧于。常用作谦词。斯人：此人。斯，此。⑨深沉：深刻周密。节制：指挥，管辖。雄：强有力。感激士：意气激越的人。⑩天海：形容相距极远。⑪饷道：运输军粮的道路。饷（xiǎng），军粮。县军：深入敌境的孤军。县，"悬"的本字。垂：将近。⑫晡餐：晚餐。晡（bū），泛指晚间。僰僮：主要指汉代被掠卖为奴的僰人。僮，古代对奴隶的称谓。⑬列亭：古时排列在边境上侦察敌情的瞭望所。弥：遍及，满。⑭甘泉宫：汉宫名。此处借指。⑮称述：称扬述说。

浮梁陶器

彭器资尚书文集有《送许屯田诗》，曰："浮梁巧烧瓷，颜色比琼玖①。因官射利疾，众喜君独不②。父老争叹息，此事古未有。"注云："浮梁父老言，自来作知县不买瓷器者一人，君是也。作饶州不买者一人，今程少卿嗣宗是也③。"惜乎不载许君之名。

【注释】

①彭器资：即彭汝砺，字器资。官权吏部尚书。浮梁：旧县名。1960年撤销，并入景德镇市。县境自唐以来，以景德镇瓷器名闻全国。又以产茶著名。琼玖：美玉。②因官：前后接替的官员。因，承袭；连接。射利：追逐财利。谓见利则疾速求取，如射之发矢。疾：急速；猛烈。众喜君独不：不，通"否（fǒu）"。③作饶州：作饶州长官的人。饶州，州名。辖景德镇市。程少卿嗣宗：程少卿，字嗣宗。

卷第五（二十五则）

汉唐八相

萧、曹、丙、魏、房、杜、姚、宋为汉、唐名相，不待诵说①。然前六君子皆终于位，而姚、宋相明皇②，皆不过三年。姚以二子及亲吏受赂，其罢犹有说，宋但以严禁恶钱及疾负罪而妄诉不已者，明皇用优人戏言而罢之③，二公终身不复用。宋公罢相时，年才五十八，后十七年乃薨。继之者如张嘉贞、张说、源乾曜、王晙、宇文融、裴光庭、萧嵩、牛仙客，其才可睹矣。唯杜暹、李元纮为贤，亦清介龊龊自守者④。释骐骥而不乘，焉皇皇而更索⑤，可不惜哉！萧何且死，所推贤唯曹参；魏、丙同心辅政；房乔每议事，必曰非如晦莫能筹之；姚崇避位⑥，荐宋公自代。唯贤知贤，宜后人之莫及也。

【注释】

①萧、曹、丙、魏、房、杜、姚、宋：汉代萧何、曹参、丙吉、魏相，唐代房乔（玄龄）、杜如晦、姚崇、宋璟。诵说：歌颂、称道。②终于位：在任职期间去世。终，人死。相（xiàng）：辅助；辅佐。③恶钱：质料薄劣的私铸之钱。疾负罪：疾，厌恶；憎恨。负罪，获罪；背上罪名。妄诉：超越本分胡乱起诉。优人：古代以乐舞、戏谑为业的艺人的统称。后亦以称戏曲演员。或称"优"、"优伶"。④清介：清正耿直。龊龊（chuò）：拘谨自守貌，注意小节貌。自守：自坚其操守。⑤骐骥：良马。皇皇：同"遑遑"。匆忙貌。索：求取；讨取。⑥筹：谋画。避位：让位。这里是引咎辞职。

六卦有坎

《易》《乾》《坤》二卦之下，继之以《屯》《蒙》《需》《讼》《师》《比》①，六者皆有坎，圣人防患备险之意深矣②！

【注释】

①屯、蒙、需、讼、师、比：均为六十四卦中的一卦。屯（zhūn），卦形为䷂，震下坎上；蒙䷃，坎下艮上；需䷄，乾下坎上；讼䷅，坎下乾上；师䷆，坎下坤上；比䷇，坤下坎上。所以说，这六卦皆有《坎》卦在内。②坎：既是八卦之一（☵），又是六十四卦之一，卦形坎下坎上䷜。《易·说卦》："坎，陷也。"所以说，有"防患备险之意"。圣人：谓道德智能极高的人。

晋之亡与秦隋异

自尧、舜及今，天下裂而复合者四：周之末为七战国，秦合之；汉之末分为三国，晋合之；晋之乱分为十余国，争战三百年，隋合之；唐之后又分为八九国，本朝合之。然秦始皇一传而为胡亥，晋武帝一传而为惠帝①，隋文帝一传而为炀帝，皆破亡其社稷。独本朝九传百七十年，乃不幸有靖康之祸，盖三代以下治安所无也②。秦、晋、隋皆相似，然秦、隋一亡即扫地，晋之东虽曰"牛继马后"，终为守司马氏之祀③，亦百有余年。盖秦、隋毒流四海，天实诛之，晋之八王擅兵，孽后盗政，皆本于惠帝昏蒙④，非得罪于民，故其亡也，与秦、隋独异。

【注释】

①晋武帝：西晋的建立者司马炎。死后不久，由于宗室内讧，加之民族矛盾尖锐，全国陷入分裂混战局面。②不幸：指意外挫折或灾祸。靖康之祸：宋钦宗靖康元年（1126年）冬，金国军队攻破东京（今河南开封）。次年四月，金贵族俘徽宗、钦宗及宗室、后妃等数千人北去，东京城中被劫掠一空。北宋灭亡。三代：指夏、商、周三代。治安：谓使政治修明，国家安定。③扫地：比喻破坏无余。这里指彻底灭亡。牛继马后：晋时谶语。谓以牛姓继承司马氏的帝位。《晋书·元帝纪》："初，《玄石图》有'牛继马后'，故宣帝（晋高祖司马懿）深忌牛氏，遂为二榼（kē，古代盛酒或贮水的器具），共一口（一个出口，似后世所说的鸳鸯壶之类），以贮酒焉。帝先饮佳者，而以毒酒鸩其将牛金。而恭王妃夏侯氏竟通小吏牛氏而生元帝（东晋建立者司马睿）。"守司马氏之祀：守祀，守宗庙、祀社稷山川的人。代指国君。祀，古代对神鬼、先祖所举行的祭礼。此句谓不管司马睿实际上姓什么，但司马氏的晋国仍继续存在。

④毒流：毒害流传。毒，祸患，祸害。秦修长城，隋开运河，赋役繁重，刑政苛暴，置人民于水火之中。八王擅兵：晋武帝司马炎大封宗室为王，使豪门世族间的矛盾日益激化。武帝死，惠帝立，汝南王司马亮为太宰，专权。其后楚王司马玮等七王先后起兵，争权夺利，战争连续达十六年之久。史称八王之乱。孽后盗政：惠帝皇后贾南风独揽朝廷大权。孽，指作乱或邪恶的人。盗政，窃取国家政权。昏蒙：昏庸，愚昧。不明事理。

上官桀

汉上官桀为未央厩令，武帝尝体不安，及愈，见马，马多瘦，上大怒："令以我不复见马邪？"欲下吏，桀顿首曰①："臣闻圣体不安，日夜忧惧，意诚不在马。"言未卒，泣数行下。上以为忠，由是亲近，至于受遗诏辅少主②。义纵为右内史，上幸鼎湖，病久，已而卒起幸甘泉，道不治③，上怒曰："纵以我为不行此道乎？"衔之，遂坐以他事弃市。二人者其始获罪一也，桀以一言之故超用，而纵及诛，可谓幸不幸矣。

【注释】

①未央：汉宫名。厩令：负责管理宫廷马匹的官员。顿首：叩头；头叩地而拜。古代九拜之一。②遗诏：皇帝临死时所发的诏书。少主：年轻的君主。指昭帝。昭帝刘弗陵继位时年仅八岁。③幸：指皇帝驾临。鼎湖：此处为宫名。已：病愈。卒（cù）：通"猝"。突然，急剧貌。治：整修；修缮。

金日磾

金日磾没入宫，输黄门养马①。武帝游宴见马，后宫满侧，日磾等数十人牵马过殿下，莫不窃视②，至日磾，独不敢。日磾容貌甚严，马又肥好，上奇焉，即日拜为马监，后受遗辅政③。日磾与上官桀皆因马而受知④，武帝之取人，可谓明而不遗矣。

【注释】

①金日䃅（mì dī）：西汉大臣。他本是匈奴休屠王的太子。霍去病出击匈奴，他随昆邪王降汉。因他父亲不愿投降，他被"没入官"。后任马监，迁侍中。没入：没收犯罪者的家属或财产入官。输：罚没。黄门：官署名。②游宴：即宴游。游乐。宴（yàn），乐。见马：检阅马匹。后宫：宫中妃嫔所居。这里借指妃嫔、姬妾。莫不窃视：指牵马的人没有一个不偷看宫女。③严：端庄。马监：官名，亦为官署名。掌马政。受遗：古代谓大臣接受皇帝的遗命以辅政。④受知：得到别人（此指武帝）的知遇。

汉宣帝忌昌邑王

汉废昌邑王贺而立宣帝，贺居故国，帝心内忌之，赐山阳太守张敞玺书①，戒以谨备盗贼。敞条奏贺居处，著其废亡之效②。上知贺不足忌，始封为列侯③。光武废太子强为东海王而立显宗，显宗即位，待强弥厚④。宣、显皆杂霸道，治尚刚严⑤，独此事显优于宣多矣。

【注释】

①故国：指从前的封邑。忌：猜忌，忌惮。玺书：古代以印信封记的文书。秦以后专指皇帝的诏书。②条奏：逐条上奏。居处（chǔ）：指日常生活。这里特指其活动情况。著：显明；明示。废亡：废免，废黜。③列侯：爵位名。汉初称彻侯，因避武帝讳（武帝名刘彻），改通侯，又改列侯。通侯，秦二十等爵的最高一级，汉沿用。④显宗：汉明帝刘庄庙号。弥：更加。⑤霸道：古代指国君凭借威势、利用刑罚统治人民的方法。"王道"的对称。尚：崇尚。刚严：威猛严峻。

平津侯

公孙平津本传称其意忌内深，杀主父偃，徙董仲舒①，皆其力。然其可称者两事：武帝置苍海、朔方之郡，平津数谏，以为罢弊中国以奉无用之地②，愿罢之。上使朱买臣等难之，乃谢曰："山东鄙人③，不知其便若是，愿罢西南夷专奉朔方。"上乃许之。卜式上书，愿输家财助边④，盖迎合主意。上以语平津，对曰："此非人情，不轨之臣不可以为化而乱法⑤，愿勿许。"乃罢式⑥。当武帝好大喜功而能如是，概之后世⑦，足以为贤相矣！惜不以式事载本传中⑧。

【注释】

①公孙平津：公孙弘，西汉人。少为狱吏。以熟习文法吏治，武帝用为丞相，封平津侯。意忌：猜疑妒忌。内深：谓内心严酷。一说城府很深。徙：外调。此指徙董仲舒于胶西（任胶西王相）。②罢弊（pí）：亦作"罢敝"。疲劳困敝。中国：此处指华夏族、汉族地区，以其在四夷之中，故称中国。原指今河南省及其附近地区。后来华夏族、汉族活动范围扩大，黄河中下游一带，也被称为"中国"。奉：供给；供养。此处有"经营"之意。③难（nàn）：诘责；驳诘。鄙人：自称的谦词。④输：缴纳；献纳。助边：谓捐献财物以资助边防费用。⑤不轨：越出常轨，不合法度。不可以为化而乱法：化，教化。⑥乃罢式：罢，即报罢。吏民上书言事，皇上拒不采纳，宣令退去叫"报罢"。⑦好（hào）大喜功：一意想做大事立大功。概：量；衡量。⑧本传：指公孙弘本传。

韩信周瑜

世言韩信伐赵，赵广武君请以奇兵塞井陉口，绝其粮道，成安君不听①。信使间人窥知其不用广武君策②，还报，则大喜，乃敢引兵遂下，遂胜赵。使广武计行，信且成禽③，信盖自言之矣。周瑜拒曹公于赤壁，部将黄盖献火攻之策，会东南风急，悉烧操船，军遂败。使天无大风，黄盖不进计，则瑜未必胜。是二说者，皆不善观人者也。夫以韩信敌陈馀，犹以猛虎当羊豕尔。信与汉王语，请北举燕、赵，正使井陉不得进④，必有他奇策矣。其与广武君言曰："向使成安君听子计，仆亦禽矣。"盖谦以求言之词也⑤。方孙权问计于周瑜，瑜已言操冒行四患⑥，将军禽之宜在今日。刘备见瑜，恨其兵少。瑜曰："此自足用，豫州但观瑜破之⑦。"正使无火攻之说，其必有以制胜矣⑧。不然，何以为信、瑜？

【注释】

①赵广武君：李左车，赵国谋士。广武君是其封号。井陉：山名。太行山的支脉，有要塞名井陉口，即韩信破陈馀兵处。成安君：即赵王陈馀。广武君说成安君以奇兵塞井陉口，可参考《续笔》卷九《深沟高垒》一文。②间（jiàn）人：间谍；探子。③禽：通"擒"。④举：攻克；占领。正使：即使，纵使。⑤求言之词：寻求彼此沟通的话。⑥患：弊病。⑦豫州：陶谦曾表刘备为豫州刺史，后来曹操又以刘备为豫州牧。⑧制胜：制服对方以取胜。

汉武赏功明白

卫青为大将军，霍去病始为校尉，以功封侯，青失两将军，亡翕侯，功不多，不益封①。其后各以五万骑深入，去病益封五千八百户，裨校封侯益邑者六人②，而青不得益封，吏卒无封者。武帝赏功，必视法如何，不以贵贱为高下，其明白如此。后世处此，必曰青久为上将，俱出塞致命③，正不厚赏，亦当有以慰其心，不然，他日无以使人，盖失之矣。

【注释】

①封侯：封拜侯爵。青失两将军，亡翕（xī）侯：《史记·卫将军骠骑列传》载：大将军（卫青）"失两将军军，亡翕（xī）侯"。"前将军（赵信）故胡人，降为翕侯，见急，匈奴诱之，遂将其余骑可八百，奔降单于。右将军苏建尽亡其军"。亡，逃跑；出逃。益封：增加所封食邑户数。②深入：深入匈奴聚居地区。裨：副；偏。③致命：犹捐躯；献出生命。

周召房杜

召公为保，周公为师①，相成王为左右。观此二相，则刑措四十年②，颂声作于下，不言可知。唐贞观三年二月，房玄龄为左仆射，杜如晦为右仆射，魏徵参预朝政。观此三相，则三百年基业之盛，概可见矣③。

【注释】

①召（shào）公：召康公姬奭（shì）。保：太保。师：太师。②刑措：刑罚搁置不用。谓民不犯法，社会安定。措，废置；搁置。③概见：谓窥见其概貌。

三代书同文

三代之时，天下书同文，故《春秋左氏》所载人名字①，不以何国，大抵皆同。郑公子归生，鲁公孙归父②，蔡公孙归生，楚仲归，齐析归父，皆字子家。楚成嘉，郑公子嘉，皆字子孔。郑公孙段、印段，宋褚师段，皆字子石。郑公子喜，宋乐喜，皆字子罕。楚公子黑肱，郑公孙黑，孔子弟子狄黑，皆字子晳。鲁公子翚，郑公孙挥，皆字子羽。郲子克，楚鬬克，周王子克，宋司马之臣克③，皆字曰仪。晋籍偃、荀偃，郑公子偃，吴言偃，皆字曰游。晋羊舌赤，鲁公西赤，皆字曰华。楚公子侧，鲁孟之侧，皆字曰反。鲁冉耕，宋司马耕，皆字曰牛。颜无繇④、仲由，皆字曰路。

【注释】

①名字：名和字。②公子：古代称诸侯之庶子，以别于世子。亦泛称诸侯之子。公子之子则称公孙。③郲子克：子为爵位。克是郲子之名。周王子克：克为名，是王子。王子：天子或王的儿子。宋司马之臣克：司马为官名，克是人名。④繇（yóu）：通"由"。

周世中国地

成周之世，中国之地最狭，以今地里考之，吴、越、楚、蜀、闽皆为蛮；淮南为群舒；秦为戎①。河北真定、中山之境，乃鲜虞、肥、鼓国。河东之境，有赤狄、甲氏、留吁、铎辰、潞国。洛阳为王城，而有杨拒、泉皋、蛮氏、陆浑、伊雒之戎。京东有莱、牟、介、莒，皆夷也。杞都雍丘，今汴之属邑，亦用夷礼。邾近于鲁，亦曰夷。其中国者，独晋、卫、齐、鲁、宋、郑、陈、许而已，通不过数十州，盖于天下特五分之一耳②。

【注释】

①成周：古地名。即西周的东都雒(洛)邑。亦借指周公辅成王的兴盛时代。成周故址据传说在今河南省洛阳市东郊。群舒：周时偃姓诸国。如舒庸、舒鸠、舒蓼等。在今安徽六安、舒城一带。戎：古代泛称我国西北部的少数民族。②天下：古多指中国范围内的全部土地；全国。特：但；只。

李后主梁武帝

东坡书李后主去国之词云："最是苍皇辞庙日，教坊犹奏别离歌①，挥泪对宫娥。"以为后主失国，当恸哭于庙门之外，谢其民而后行②，乃对宫娥听乐，形于词句。予观梁武帝启侯景之祸，涂炭江左，以致覆亡③，乃曰："自我得之，自我失之，亦复何恨。"其不知罪己亦甚矣④！窦婴救灌夫，其夫人谏止之，婴曰："侯自我得之，自我捐之⑤，无所恨。"梁武用此言而非也。

【注释】

①李后主：五代十国时南唐最后一个皇帝李煜。去国：离开故国。指李后主亡国后被押往宋朝国都东京开封。最是苍皇辞庙日：最难受的是匆匆忙忙辞别祖庙的那一天。苍皇，同"仓惶"。匆忙，慌张。教坊：古代管理宫廷音乐的官署。②失国：丧失国家的统治权；亡国。谢其民：向故国人民谢罪。③启：招致；引发。侯景之祸：南朝梁武帝萧衍末年，降将侯景勾结梁宗室萧正德举兵叛变，到处烧杀掠夺，长江下游地区受到极大破坏。涂炭：涂，泥淖；炭，炭火。比喻极端困苦的境地。江左：江东。"左"是方位名。地理上以东为左。指长江下游以东地区。覆亡：灭亡。④罪己：归罪于自己。表示自责。⑤窦婴：西汉大臣。封魏其侯。因救灌夫遭丞相田蚡陷害被杀。捐：舍弃。

诗什[①]

《诗》《二雅》及《颂》前三卷题曰:"某诗之什。"陆德明释云:"歌诗之作,非止一人,篇数既多,故以十篇编为一卷,名之为什。"今人以诗为篇什,或称誉他人所作为佳什,非也。

【注释】
①诗什:《诗经》编次,《雅》《颂》部分多以十篇编为一组,名之为什。后因以"诗什"泛指诗篇、诗作。

易举正

唐苏州司户郭京有《周易举正》三卷,云:"曾得王辅嗣、韩康伯手写注定传授真本,比校今世流行本及国学、乡贡举人等本,或将经入注,用注作经,小象中间以下句,反居其上,爻辞注内移,后义却处于前,兼有脱遗,两字颠倒谬误者,并依定本举正其讹[①],凡一百三节。"今略取其明白者二十处载于此:《坤》初六:"履霜坚冰至。象曰:履霜,阴始凝也,驯致其道[②],至坚冰也。"今本于象文"霜"字下误增"坚冰"二字。《屯》六三象曰[③]:"即鹿无虞何?以从禽也。"今本脱"何"字。《师》六五:"田有禽,利执之,无咎。"元本"之"字行书向下引脚,稍类"言"字,转写相仍[④],故误作"言",观注义亦全不作言字释也。《比》九五象曰[⑤]:"失前禽,舍逆取顺也。"今本误倒其句。《贲》:"亨,不利有攸往。"今本"不"字误作"小"字。"刚柔交错,天文也;文明以止,人文也。"注云:"刚柔交错而成文焉,天之文也。"今本脱"刚柔交错"一句[⑥]。《坎》卦"习坎"上脱"坎"字。《姤》:"九四,包失鱼[⑦]。"注:"二有其鱼[⑧],故失之也。"今本误作"无鱼"。《蹇》:"九三,往蹇来正。"今本作"来反"。《困》初六象曰:"入于幽谷,不明也。"今本"谷"字下多"幽"字。《鼎》象:"圣人亨[⑨],以享上帝,以养圣贤。"

注云:"圣人用之,上以享上帝而下以养圣贤。"今本正文多"而大亨"三字,故注文亦误增"大亨"二字。《震》彖曰:"不丧匕鬯[10],出可以守宗庙社稷,以为祭主也。"今本脱"不丧匕鬯"一句。《渐》彖曰:"君子以居贤德,善风俗。"注云:"贤德以止巽则居,风俗以止巽乃善。"今本正文脱"风"字。《丰》九四象:"遇其夷主,吉,志行也。"今文脱"志"字。《中孚》彖:"豚鱼吉,信及也。"今本"及"字下多"豚鱼"二字。《小过》彖:"柔得中,是以可小事也。"今本脱"可"字,而"事"字下误增"吉"字。六五象曰:"密云不雨,已止也。"注:"阳已止故也。"今本正文作"已上",故注亦误作"阳已上故止也"。《既济》彖曰:"《既济》,亨小,小者亨也。"今本脱一"小"字。《系辞》[11]:"二多誉,四多惧。"注云:"惧,近也。"今本误以"近也"字为正文,而注中又脱"惧"字。《杂卦》[12]:"蒙稚而著。"今本"稚"误作"杂"字[13]。予顷于福州《道藏》中见此书而传之,及在后省见晁公武所进《易解》[14],多引用之,世罕有其书也。

【注释】

①真本:书籍的原本。国学本:即监本。国子监简称"国学"。乡贡:唐代由州县选出来应科举的士子。举人:唐制为各地乡贡入京应试之通称,意即应举之人。小象:《易》每卦各爻的象辞。爻辞:说明《易》六十四卦中各爻要义的文辞。注内移:爻辞注文移到了爻辞正文内。定本:著作经过编排、整理,最后确定或准备刊印的本子。举正:指出其中的错误加以纠正。②坤:卦名。初六:爻题。"初"表示爻的次序。"六"表示爻的性质是阴爻。象:象辞。亦称"象传"。用以解释卦名、卦义和爻辞。总释一卦之象者曰"大象",论一爻之象者曰"小象"。驯致:逐渐达到;逐渐招致。③屯(zhūn):卦名。六三:爻题。"六"表示是阴爻。"三"表示爻的次序。④相仍:相沿袭。仍,因袭,依旧。⑤九五:"九"表示是阳爻。"五"表次序。⑥脱:遗失;缺少。⑦包(páo):通"庖"。厨房。⑧二有其鱼:"二"指《姤》卦九二爻。爻辞说"包有鱼"。后文的"二多誉,四多惧",亦指各卦的二爻和四爻。⑨彖(tuàn):《易传》中总论各卦基本观念(卦名、卦义和卦辞)的话。亦称"彖辞"、"彖传"。亨(pēng):"烹"的古字。烹饪。⑩匕鬯(chàng):两者均为古代宗庙祭祀用物(鬯为香酒),后因以指宗庙的祭祀。⑪系辞:指《系辞传》。《易传》思想的主要代表作。"系"取系属之义,即"系属其辞于爻卦之下"(孔颖达疏),用以说明《易经》的基本意义、原理、功用、起源及筮法等。⑫杂卦:《易传》

篇名。用以说明各卦之间错综关系。⑬"稚"误作"杂"字：繁体字"雜"与"稚"字形相近。⑭后省：宋太宗淳化五年以后对入内内侍省的别称。

其惟圣人乎

《乾》卦:"其惟圣人乎①。"魏王肃本作"愚人"②，后结句始作"圣人"，见陆德明《释文》③。

【注释】

①其惟圣人乎：前、后两句均出《乾》卦《文言传》，是针对九三爻爻辞"亢龙有悔"中的"亢"字而言的。前句意思，在知进退、知存亡、知得失方面，大概只有圣人才是明智的吧！后句意思，能知进退存亡而不失其正道的，或许只有圣人吧！其，副词。表推测、估计。大概，或许。②王肃：三国魏经学家。③陆德明：唐经学家、训诂学家。所撰《经典释文》，是研究中国文字、音韵及经籍版本、经学源流等的重要参考书。

易说卦

《易·说卦》荀爽《九家集解·乾》"为木果"之下①，更有四，曰：为龙，为车，为衣，为言。《坤》后有八，曰：为牝，为迷，为方，为囊，为裳，为黄，为帛，为浆。《震》后有三，曰：为王，为鹄，为鼓。《巽》后有二，曰：为杨，为鹳。《坎》后有八，曰：为宫，为律，为可，为栋，为丛棘，为狐，为蒺藜，为桎梏②。《离》后有一，曰：为牝牛。《艮》后有三，曰：为鼻，为虎，为狐。《兑》后有二，曰：为常，为辅颊③。注云："常，西方神也。"陆德明以其与王弼本不同，故载于《释文》。按《震》为龙与《乾》同，故虞翻、干宝本作"駹"。

【注释】

①说卦：《易传》篇名。用以解释八卦性质和象征。②桎梏：脚镣手铐。③辅颊（jiá）：上颌与面颊。泛指面颊（脸的两侧）。

元二之灾

《后汉·邓骘传》："拜为大将军，时遭元二之灾，人士饥荒，死者相望，盗贼群起，四夷侵畔①。"章怀注云："元二即元元也②，古书字当再读者，即于上字之下为小二字，言此字当两度言之。后人不晓，遂读为元二，或同之阳九，或附之百六，良由不悟，致斯乖舛③。今岐州《石鼓铭》，凡重言者皆为二字，明验也。"汉碑有《杨孟文石门颂》云："中遭元二，西夷虐残④。"《孔耽碑》云："遭元二轗轲⑤，人民相食。"赵明诚《金石跋》云："若读为元元，不成文理，疑当时自有此语，《汉注》未必然也。"按王充《论衡·恢国篇》云："今上嗣位，元二之间，嘉德布流⑥。三年，零陵生芝草。四年，甘露降五县⑦。五年，芝复生。六年，黄龙见。"盖章帝时事。考之本纪，所书建初三年以后诸瑞皆同，则知所谓元二者，谓建初元年、二年也。既称嘉德布流以致祥瑞，其为非灾眚之语，益可决疑⑧。安帝永初元年、二年，先零、滇羌寇叛，郡国地震、大水。邓骘以二年十一月拜大将军，则知所谓元二者，谓永初元年、二年也。凡汉碑重文不皆用小二字，岂有《范史》一部唯独一处如此！予兄丞相作《隶释》⑨，论之甚详。予修国史日，撰《钦宗纪赞》，用靖康元二之祸，实本于此。

【注释】

①四夷：古指华夏族以外的四方少数民族。侵畔：侵扰背叛。畔，通"叛"。②章怀：唐高宗第六子李贤。上元二年立为太子。死后追谥章怀。后人称为章怀太子。他曾组织学者注释《后汉书》。元元：庶民，众民。元，善也。民之类善，故称元。③阳九、百六：见《续笔》卷六《百六阳九》注。良由不悟：确实是因为不理解。良，确实。致斯乖舛：导致这样错谬。乖舛(chuǎn)，谬误；差错。④虐残：狠毒残暴。⑤轗轲：同"坎坷"。⑥嘉德：善德。嘉，美，善。⑦甘露：甘美的雨露。古代视为天下太平的征兆。⑧灾眚：灾难。眚(shěng)，灾异，疾苦。决疑：解决疑难之事；判断疑案。⑨范史：指范晔撰写的《后汉书》。予兄丞相：我的长兄洪适(kuò)。洪适官至尚书仆射同中书门下平章事，故称丞相。著有《隶释》二十七卷。

圣人污

孟子曰："宰我、子贡、有若智足以知圣人①。污，不至阿其所好②。"赵岐注云："三人之智足以识圣人。污，下也③。言三人虽小污不平，亦不至于其所好，阿私所爱而空誉之④。"详其文意，足以识圣人是一句。污，下也，自是一节。盖以下字训污也⑤，其义明甚。而老苏先生乃作一句读，故作《三子知圣人污论》，谓："三子之智，不足以及圣人高深幽绝之境，徒得其下焉耳⑥。"此说窃谓不然，夫谓"夫子贤于尧、舜，自生民以来未有⑦"，可谓大矣，犹以为污下何哉？程伊川云："有若等自能知夫子之道，假使污下，必不为阿好而言。"其说正与赵氏合。大抵汉人释经子⑧，或省去语助，如郑氏笺《毛诗》"奄观铚艾"云⑨："奄，久。观，多也。"盖以久训奄，以多训观。近者黄启宗有《补礼部韵略》，于"淹"字下添"奄"字，注云："久观也。"亦是误以《笺》中五字为一句。

【注释】

①宰我：即宰予，字子我。鲁国人。子贡：即端木赐，字子贡。有若：亦称有子。三人都是孔子弟子。圣人：即指孔子。②于：介词。对，对于。阿（ē）：曲从，迎合。好（hào）：喜爱。③污，下也：《辞源》则训"污"为夸大。污，音wā。全句意思为：宰我、子贡、有若，他们的智慧足以了解孔子的为人。就算夸张一点也不会故意逢迎尊敬的老师。这与本文解释的意思不相同。下文"小污（wā）"，谓略低，较差。④阿私：偏私。⑤训：解释。⑥老苏：即苏洵。幽绝：幽深殊绝。徒：但，仅。⑦夫子贤于尧、舜，自生民以来未有：这句综合了宰我、子贡、有若三人的话（见《孟子·公孙丑上》）。⑧释经子：注释经书和诸子百家的著作。⑨奄观铚艾：仔细检查一下你们（农奴）的镰刀，以备秋天收割庄稼使用。铚（zhì），短镰刀。艾（yì），通"刈"。割庄稼，收获。

〔补注〕详其文意：详，揣摩；推断。

廿卅卌字

今人书二十字为廿,三十字为卅,四十为卌,皆《说文》本字也。廿音入,二十并也。卅音先合反,三十之省便,古文也。卌音先立反,数名,今直以为四十字。案秦始皇凡刻石颂德之辞,皆四字一句。《泰山辞》曰:"皇帝临位,二十有六年。"《琅邪台颂》曰:"维二十六年,皇帝作始①。"《之罘颂》曰:"维二十九年,时在中春。"《东观颂》曰:"维二十九年,皇帝春游。"《会稽颂》曰:"德惠修长②,三十有七年。"此《史记》所载,每称年者,辄五字一句。尝得《泰山辞》石本③,乃书为"廿有六年",想其余皆如是,而太史公误易之,或后人传写之讹耳,其实四字句也。

【注释】

①"琅邪台颂"句:维二十六年,原文为"维二十八年"。作始,创始。②德惠:德泽恩惠。修长(cháng):长远。③石本:即石刻的拓本。

字省文

今人作字省文①,以禮为礼,以處为处,以與为与,凡章奏及程文书册之类不敢用②,然其实皆《说文》本字也。许叔重释礼字云:"古文。"处字云:"止也,得几而止。或从處。"与字云:"赐予也,与與同。"然则当以省文者为正。

【注释】

①省文:减少字的笔画。②程文:科举考试用作示范的文章。因应试者必须依此程式作文,故称为程文。

负剑辟咡

《曲礼》记童子事曰:"负剑辟咡诏之①。"郑氏注云:"负,谓置之于背。剑,谓挟之于旁。辟咡诏之,谓倾头与语。口旁曰咡。"欧阳公作其父《泷冈阡表》云:"回顾乳者剑汝而立于旁②。"正用此义。今庐陵石刻由存,衢州所刊《六一集》,已得其真,或者不晓,遂易剑为抱,可叹也③!

【注释】

①负剑:提抱小儿的形状。负,抱。剑,谓挟于胁下像带剑的形状。辟咡(bì èr):谓交谈时侧着头,避免口气触到对方。辟,通"避"。避开;侧。咡,口旁;口耳之间。诏之:和你说话。诏,言。《礼记·曲礼上》:"长者负剑辟咡诏之,则掩口而对。"意为长者俯身耳语,要用手遮口回答。②泷(shuāng)冈:山冈名。在江西省永丰县凤凰山。欧阳修父母卒后葬此。永丰县属吉州,隋大业及唐天宝、至德时曾改吉州为庐陵郡。下文"庐陵石刻"即指《泷冈阡表》碑文。参考《续笔》卷十六《思颍诗》。阡:这里指墓道。阡表即墓表、墓碑。乳者剑汝:乳者挟抱着你(欧阳修)。这是欧阳修之母回忆往事时对欧阳修讲的话。③由:通"犹"。尚;尚且。已得其真:已得到欧阳修《泷冈阡表》碑帖真迹。可叹:令人感慨。

国初人至诚

真宗时,并州谋帅,上谓辅臣曰:"如张齐贤、温仲舒皆可任,但以其尝历枢近①,或有固辞,宜召至中书询问,愿往则授之。"及召二人至,齐贤辞以恐为人所谗。仲舒曰:"非敢有辞,但在尚书班已十年,若得改官端揆,赐都部署添给,敢不承命②?"辅臣以闻,上曰:"是皆不欲往也,勿强之。"王元之自翰林学士以本官刑部郎中知黄州,遣其子嘉祐献书于中书门下,以为:"朝廷设官,进退必以礼,一失错置,咎在廊庙③。某一任翰林学士,三任制诰舍人,以国朝旧事言之,或得给事中，或得侍郎，或为谏议大夫。某独异于斯，斥去不转一级，与钱谷俗吏，混然无别，执政不言，人将安仰④？"予谓仲舒尝为二府，至于自求迁转及增请给；元之一代刚正名臣，至于公移笺书⑤，引例乞转。唯其至诚不矫伪故也⑥。后之人外为大言，避宠辞禄，而阴有营求，失其本真者多矣，风俗使然也⑦。

【注释】

①并州谋帅：为并州谋求将帅人选。枢近：指接近皇帝或中央政权机要之职。②端揆：指宰相。因宰相居百官之首，总持朝政，故称。都部署：宋时设于临接辽夏地方的地方军事长官。添给（jǐ）：指俸禄以外的补贴。承命：受命；接受命令。③本官：原任官职。相对于后之兼职而言。礼：泛指奴隶社会或封建社会贵族等级制的社会规范和道德规范。即制度品节。错置：处置；安排。错，通"措"。廊庙：犹言庙堂。指古代君主与大臣议政之所。后因称朝廷为廊庙。④斥去：排斥并使之离去（离开京城）。钱谷俗吏：旧时官署中主办钱粮、税收、会计的幕友，或称为钱谷师爷、钱粮师爷。执政：掌理国家政事的大臣；当政者。人将安仰：仰，依赖，仰仗。⑤二府：宋代以掌管军事的枢密院和掌管政务的中书门下（政事堂）共同行使行政领导权，因此并称"二府"。为当时的最高国务机关。迁转（zhuǎn）：谓官员升级。请给（qíng jǐ）：薪给；俸禄。刚正：刚直方正。移：书写。笺书：指书信。⑥矫伪：作伪；虚假。⑦避宠：躲避帝王宠幸；避仕。辞禄：辞去爵禄。营求：谋求；追求。本真：真实情况；本来面目。使然：使其如此；使它变得这样。

史馆玉牒所①

国朝熙宁以前，秘书省无著作局，故置史馆，设修撰、直馆之职②。元丰官制行③，有秘书官，则其职归于监、少及著作郎、佐矣。而绍兴中复置史馆修撰、检讨，是与本省为二也④。宗正寺修玉牒官亦然。官制既行，其职归于卿、丞矣。而绍兴中复差侍从为修牒，又以他官兼检讨，是与本寺为二也。然则今有户部，可别置三司⑤，有吏、刑部，可别置审官、审刑院矣。又玉牒旧制，每十年一进，谓甲子岁进书，则甲戌、甲申岁复然。今乃从建隆以来再行补修，每及十年则一进，以故不过三二年辄一行赏，书局僭赏⑥，此最甚焉。

【注释】

①玉牒：此处指帝王族谱。以编年体叙帝系而记其历数，称玉牒。宋淳化年间始置玉牒所。②直馆：晋唐以来奉职国家文史等馆的官名。如直史馆、直昭文馆、直集贤院。③元丰：宋神宗年号。元丰三年八月，改革官制，推行新官制。④本省：指秘书省。⑤三司：五代、北宋称盐铁、户部、度支为三司，长官称三司使，掌管统筹国家财政，元丰后废。⑥书局：官中修书所。僭赏：谓无功受赏或赏过其功。僭（jiàn），犹言过分。

稗沙门①

《宝积经》说僧之无行者曰："譬如麦田，中生稗麦，其形似麦，不可分别。尔时田夫，作如是念，谓此稗麦，尽是好麦，后见穟生，尔乃知非②。如是沙门，在于众中，似是持戒有德行者③。施主见时④，谓尽是沙门，而彼痴人，实非沙门，是名稗沙门。"此喻甚佳，而文士鲜曾引用，聊志于此。

【注释】

①稗沙门：谓破戒无行的僧人。稗（bài），稻田杂草。它的籽实细小，又非谷物，故以稗形容卑微。沙门，梵文音译"沙门那"的略称。原为古印度各教派出家修道者的通称，佛教盛行后专指依照戒律出家修道的僧侣。②尔时：那个时候。禾、稗难以分辨的时候。穟（suì）：通"穗"。尔乃：于是。③持戒：遵守戒律（佛教泛指为出家、在家信徒制定的一切戒规）。④施主：佛教对向寺院施舍财物、饮食的世俗信徒的尊称。是梵文译的佛教名词。亦译"檀越"。

卷第六（十九则）

建武中元

成都有汉《蜀郡太守何君造尊楗阁碑》，其末云："建武中元二年六月。"按《范史》本纪，建武止三十一年，次年改为中元，直书为中元元年。观此所刻，乃是虽别为中元，犹冠以建武，如文、景帝中元、后元之类也。又《祭祀志》载封禅后赦天下诏①，明言云："以建武三十二年为建武中元元年。"《东夷倭国传》云："建武中元二年，来奉贡。"援据甚明②。而宋莒公作《纪年通谱》乃云："纪、志所载不同，必传写脱误③。"学者失于精审，以意删去，殆亦不深考耳④。韩庄敏家一铜斗，铭云："新始建国、天凤上戊六年⑤。"又绍兴中郭金州得一钲⑥，铭云："新始建国、地皇上戊二年。"按王莽始建国之后改天凤，又改地皇，兹二器各冠以始元者，自莽之制如此，亦犹其改易郡名不常⑦，每下诏犹系其故名之类耳，不可用中元为比也。

【注释】

①封禅：帝王祭天地的典礼。战国时齐鲁有些儒士认为五岳中泰山最高，帝王应到泰山祭祀，登泰山筑坛祭天，以报天功，曰"封"；在山南梁父山上辟基祭地，以报地功，曰"禅"。②奉贡：纳贡。援据：引证。③宋莒公：即宋庠。官至兵部侍郎同平章事，封莒国公。脱误：谓文字有脱漏或错误。④精审：精密确实。此处似为精心审察。殆：大概；恐怕。⑤韩庄敏：即韩缜，字玉汝。卒谥庄敏。铭：文体的一种。古代常刻铭于碑版或器物，或以称功德，或以申鉴戒，后成为一种文体。上戊：本义为农历每月上旬之戊日。此处是王莽所作历法名。⑥钲（zhēng）：古代乐器。又名"丁宁"。⑦始元：帝王建国登基后的第一个年号。犹：如；同。不常：不固定。

带职人转官

绍兴中,王浚明以右奉直大夫直秘阁,乞磨勘,吏部拟朝议大夫。时相以为既带职,则朝议、奉直为一等,遂超转中奉①。其后曾惚踵之②。绍兴末,向伯奋亦用此,继而续籥复然。后省有言,不应蓦三级③,自是但得朝议。予按故事,官制未行时,前行郎中迁少卿,有出身,得太常,无出身,司农④。继转光禄,即今奉直、朝议也。自少卿迁大卿、监,有出身,得光禄卿,无出身,历司农卿、少府监、卫尉卿,然后至光禄。若带职,则自少农以上径得光禄,不涉余级,至有超五资者⑤。然则浚明等不为过,盖昔日职名不轻与人,故恩典亦异⑥。又自承务郎至奉议词人,但三转,而带职者乃与余人同作六阶不小异⑦,乃有司之失也。

【注释】

①直秘阁:直阁,官名。宋代称供职龙图阁、秘阁等机构者为"直阁"。位次于修撰。亦谓供职于馆阁。秘阁,中国历代封建王朝官中收藏珍贵图书之处。磨勘:唐宋官员考绩升迁的制度。宋真宗时规定磨勘年限,文武官在职满三年,给予磨勘迁秩。时相(xiàng):当朝宰相。带职:本职外兼领他职。超转(zhuǎn):越级迁官。②踵:追逐;追随。引申为继承、因袭。③后省:此指宋神宗元丰八年以后门下、中书省的别称。蓦(mò):超越。④前行(xíng):唐宋制,尚书省六部有前行、中行、后行三等。《唐会要》五七《尚书省分行次第》:"故事,以兵吏及左右司为前行,刑户为中行,工礼为后行。"出身:科举时代为考中录选者所规定的身分、资格。唐代举子中礼部试的称及第,中吏部试的称出身。宋代中殿试的称及第出身。有出身的才得当宰相;无出身的,必须先赐同进士出身,才得为宰相。得太常:升为太常寺少卿。司农:指司农寺少卿。⑤涉:历,经历。五资:即五级。资,指官阶;级别。⑥职名:犹职衔。官衔。恩典:谓帝王按定制给予臣子的恩赐和礼遇。亦泛指恩惠。⑦词人:擅长文辞的人。与余人同作六阶不小异:和其他人一样六转,没有什么差别。阶,旧时官的品级。

上下四方

上下四方不可穷竟,正杂庄、列、释氏之寓言,曼衍不能说也①。《列子》:"商汤问于夏革曰:'上下八方有极尽乎②?'革曰:'不知也。'汤固问,革曰:'无则无极,有则有尽③,朕何以知之?然无极之外,复无无极,无尽之中,复无无尽,无极复无无极,无尽复无无尽,朕是以知其无极无尽也,而不知其有极有尽也,焉知天地之表,不有大天地者乎④?'"《大集经》:"'风住何处?'曰:'风住虚空。'又问:'虚空为何所住?'答言:'虚空住于至处⑤。'又问:'至处复何所住?'答言:'至处何所住者,不可宣说,何以故?远离一切诸处所故,一切处所所不摄故,非数非称不可量故⑥,是故至处无有住处。'"二家之说,如是而已。

【注释】

①穷竟:穷究;彻底追究。杂:混杂;参杂。曼衍:散漫流衍;延伸变化。不能说:无法说清楚。②商汤问于夏革:出《列子·汤问》,问太古之时物之有无。极尽:终点,尽头。③无则无极,有则有尽:若以为上下八方无极,它就无穷尽、无边际;若以为上下八方有尽,它就有尽头、有终点。无极:无穷尽;无边际。尽,终,止。④复无:不再存在。大天地者:比天地更大的。⑤虚空:天空;空中。虚空为何所住:即虚空所住为何?虚空住在什么地方?至处:极尽头。⑥宣说:犹宣讲。对众宣传讲述。摄:收拢,集聚。数(shǔ):点数,计算。称(chēng):衡量轻重。

魏相萧望之

赵广汉之死由魏相,韩延寿之死由萧望之。魏、萧贤公卿也,忍以其私陷二材臣于死地乎①?杨恽坐语言怨望,而廷尉当以为大逆不道②。以其时考之,乃于定国也。史称定国为廷尉,民自以不冤,岂其然乎③?宣帝治尚严,而三人者,又从而辅翼之,为可恨也④!

【注释】

①私：私怨。材臣：有才能之臣，干练之臣。②怨望：心怀怨恨。当（dāng）：判罪，处以相当的刑罚。大逆：在封建社会里，凡反抗封建秩序，特别是触犯封建统治者利益的，统称"大逆"。不道：无道；行事不循理。③其然：犹言如此。④治：治理；统治。尚：尊崇；重视。严：严厉（不宽容）。辅翼：辅佐协助。可恨：遗憾。

姓氏不可考

姓氏所出，后世茫不可考①，不过证以史传，然要为难晓。自姚、虞、唐、杜、姜、田、范、刘之外，余盖纷然杂出。且以《左传》言之，申氏出于四岳②，周有申伯，然郑又有申侯，楚有申舟，又有申公巫臣，鲁有申繻、申枨，晋有申书，齐有申鲜虞。贾氏姬姓之国，以国氏，然晋有贾华，又狐射姑亦曰贾季，齐有贾举。黄氏嬴姓之国，然金天氏之后，又有沈、姒、蓐、黄之黄，晋有黄渊。孔氏出于商，孔子其后也。然卫有孔达，宋有孔父，郑有孔叔，陈有孔宁，齐有孔虺，而郑子孔之孙又为孔张。高氏出于齐，然子尾之后又为高强，郑有高克，宋有高哀。国氏亦出于齐，然邢有国子，郑子国之孙又为国参。晋有庆郑，齐有庆克，陈有庆虎。卫有石碏，齐有石之纷如，郑有石癸，周有石尚，宋有石彄。晋有阳处父，楚有阳丐，鲁有阳虎。孙氏出于卫，而楚有叔敖③，齐有孙书，吴有孙武。郭氏出于虢，而晋有郭偃，齐有郭最，又有所谓郭公者。千载之下，遥遥世祚④，将安所质究乎？

【注释】

①茫：旷远，模糊不清。②四岳：传说为尧舜时的四方部落首领。③叔敖：即孙叔敖。④世祚（zuò）：谓世代享有封爵。这里指世代年岁。祚，年岁。

畏无难

圣人不畏多难而畏无难,故曰:"惟有道之主能持胜①。"使秦不并六国,二世未亡;隋不一天下服四夷,炀帝不亡②;苻坚不平凉取蜀,灭燕翦代③,则无肥水之役;唐庄宗不灭梁下蜀④,则无嗣源之祸;李景不取闽并楚,则无淮南之失⑤。

【注释】
①圣人:封建时代对帝王的尊称。有道:指有才艺或有道德的人。持胜:保持优胜地位。②一天下:统一天下。一,统一。炀帝:杨广。即帝位后,营建东都,开掘运河,修筑长城,征兵进攻高丽。生产被破坏,兵役繁重,人民处于水深火热中,各地爆发农民起义,隋朝土崩瓦解。③苻坚:十六国时前秦皇帝。公元383年,他征调九十万军队进攻东晋,并狂言"投鞭可使长江断流",结果在淝水大败,以致"八公山上草木皆兵"。翦:消灭。④唐庄宗:即李存勖。五代后唐王朝的建立者。926年,他派李嗣源到邺城平定叛乱,三月,部队哗变,拥戴李嗣源做了皇帝。下:攻克。⑤李景:即李璟。五代南唐国主。954年底,后周世宗柴荣兴兵南征,李景的部队被击败于正阳。随后,周军攻占滁州。此即所谓"淮南之失"。

绿竹青青

毛公解卫诗《淇奥》,分绿竹为二物,曰:"绿,王刍也。竹,萹竹也①。"《韩诗》:竹字作薄②,音徒沃反,亦以为萹筑。郭璞云:"王刍,今呼白脚莎,即菉蓐豆也。萹竹似小藜,赤茎节,好生道旁,可食。"又云:"有草似竹,高五六尺,淇水侧人谓之菉竹。"按此诸说,皆北人不见竹之语耳③。《汉书》:"下淇园之竹以为楗④。"寇恂为河内太守,伐淇园竹为矢百余万。《卫诗》又有"籊籊竹竿,以钓于淇"之句,所谓绿竹,岂不明甚,若白脚莎、菉豆,安得云猗猗青青哉⑤?

【注释】

①毛公：汉初传授《诗经》的学者。鲁人毛亨（古文诗学"毛诗学"的开创者）称大毛公，赵人毛苌（"毛诗学"的传授者）称小毛公。王刍、萹（biān）竹：均为草名。②韩诗：《诗》今文学派之一。汉初燕人韩婴所传。藚（dú）：萹竹的别名。③皆北人：郭璞为山西人，所以他和毛公、韩婴都属北方人。④楗：通"楗"（jiàn）。用竹、草及土石填塞河堤决口时所树的柱桩。⑤籊籊（tì）：长而尖削貌。淇：卫国水名。猗猗：美盛貌。青青：茂盛貌。

孔子欲讨齐

陈成子弑齐简公①，孔子告于鲁哀公，请讨之。公曰："告夫三子者②。"之三子告③，不可。《左传》曰："孔子请伐齐，公曰：'鲁为齐弱久矣，子之伐之，将若之何④？'对曰：'陈常弑其君，民之不与者半⑤，以鲁之众，加齐之半，可伐也。'"说者以为孔子岂较力之强弱，但明其义而已⑥。能顺人心而行天讨⑦，何患不克？使鲁君从之，孔子其使于周，请命乎天子，正名其罪⑧。至其所以胜齐者，孔子之余事也。予以为鲁之不能伐齐，三子之不欲伐齐，周之不能讨齐，通国知之矣。孔子为此举，岂真欲以鲁之半，力敌之哉？盖是时三子无君与陈氏等，孔子上欲悟哀公，下欲警三子⑨。使哀公悟其意，必察三臣之擅国，思有以制之，起孔子而付以政，其正君君、臣臣之分不难也⑩。使三子者警⑪，必将曰：鲁小于齐，齐臣弑君而欲致讨，吾三臣或如是，彼齐、晋大国，肯置而不问乎？惜其君臣皆不识圣人之深旨⑫。自是二年，孔子亡。又十一年，哀公竟逼于三子而孙于越，比之简公，仅全其身尔⑬。

【注释】

①陈成子：即陈常。或曰陈恒。齐相。弑：封建时代称臣杀君、子杀父母为"弑"。②三子：当时掌握鲁国政权的三家贵族孟孙（仲孙）氏、叔孙氏和季孙氏。他们都是鲁桓公的后代，故又称"三桓"。此时在鲁国当政的应是仲孙何忌、叔孙州仇和季孙肥。③之三子告：到三子那里告诉他们。④鲁为齐弱：即鲁被齐削弱。为，被。弱，削弱。将若之何：我们国家将怎么办呢？

⑤与：亲附。⑥义：谓符合正文或道德规范。⑦行天讨：代天讨伐。天讨：上天的惩治。《书·皋陶谟》："天讨有罪，五刑五用哉。"后以王师征伐为"天讨"，意谓禀承天意而行。⑧正名：辨正名称、名分。⑨警：警告；告诫。⑩擅国：独揽国政。起孔子：任用孔子。起，举用，出任。正君君、臣臣之分：使君为君、臣为臣，正其等级名分。⑪警：敏悟。即觉悟。⑫深旨：深刻的意旨。⑬孙于越：流亡到越国。孙，通"逊"。流亡。仅全其身尔：仅仅保住了性命而已。全身：保全生命。

韩退之

《旧唐史·韩退之传》，初言："愈常以为魏、晋以还，为文者多拘偶对，而经诰之指归①，不复振起。故所为文抒意立言，自成一家新语，后学之士取为师法②。当时作者甚众，无以过之，故世称韩文。"而又云："时有恃才肆意，亦忤孔、孟之旨。若南人妄以柳宗元为罗池神，而愈撰碑以实之③。李贺父名晋，不应进士，而愈为贺作《讳辩》，令举进士④。又为《毛颖传》，讥戏不近人情。此文章之甚纰缪者⑤。撰《顺宗实录》，繁简不当，叙事拙于取舍，颇为当代所非。"裴晋公有《寄李翱书》曰："昌黎韩愈，仆知之旧矣，其人信美材也⑥。近或闻诸侪类云：恃其绝足，往往奔放，不以文立制⑦，而以文为戏。可矣乎？今之不及之者，当大为防焉尔。"《旧史》谓愈为纰缪，固不足责，晋公亦有是言，何哉？考公作此书时，名位犹未达，其末云："昨弟来，欲度及时干进，度昔岁取名，不敢自高⑧。今孤茕若此，游宦谓何⑨！是不能复从故人之所勉耳！但置力田园，苟过朝夕而已。"然则公出征淮西，请愈为行军司马，又令作碑，盖在此累年之后，相知已深⑩，非复前比也。

【注释】

①以还：犹云以后，以来。偶对：指诗文的对偶。经诰：谓六经。经，即指经书。诰，《书》经六体之一。用于告诫或勉励。《书》有《仲虺之诰》《洛诰》等。指归：主旨；意向。②抒意：表达心意。立言：立论；提出某种见解或主张。新语：新鲜的话题；新颖的语句。后学：谓后辈学生。师法：谓师承效法。③恃才肆意：仗恃才高，任意而为。肆意，纵情任意，不受拘束。后多

含贬意,谓不顾一切,由着自己的性子。戾(lì):同"戾"。背弃,违离。孔孟之旨:指儒家思想。旨,宗旨。实:证明。④应(yìng):应考,应试。举:旧时以科考取士之称。亦指赴试或考中。⑤毛颖传:寓言故事。以笔拟人,为笔作传。后来称笔为毛颖,即来源于此。讥戏:讥讽戏谑。纰缪(pī miù):错误。⑥旧:久。美材:不凡的资质。⑦侪(chái)类:同辈;同类的人。绝足:喻千里马。这里指超凡的才能。奔放:疾驰。常用来形容气势雄伟横逸,感情不受拘束。立制:建立制度。制,成法,准则。⑧昨弟来,欲度及时干进:昨日您(李翱)来,要我(度)及时谋取官职。干进,营谋官职地位。取名:求取名声。自高:犹自重;自珍。⑨孤茕:孤独无依。游宦:在外做官。谓何:当如之何?意谓有什么用处呢?⑩又令作碑:裴度平定蔡州(时为淮南西道治所)吴元济叛乱,回朝之后使韩愈作《平淮西碑》。相知:互相了解,知心。

诞节受贺

唐穆宗即位之初年,诏曰:"七月六日,是朕载诞之辰①,其日,百僚命妇宜于光顺门进名参贺,朕于门内与百僚相见。"明日,又敕受贺仪宜停。先是,左丞韦绶奏行之,宰臣以古无降诞受贺之礼②,奏罢之,然次年复行贺礼。诞节之制,起于明皇,令天下宴集休假三日③,肃宗亦然。代、德、顺三宗皆不置节名,及文宗以后,始置宴如初。则受贺一事,盖自长庆年至今用之也。

【注释】
①载诞之辰:即寿诞之日。②降诞:指降诞日,即生日。③宴集:宴饮集会。

左氏书事

《左传》书晋惠公背秦穆公事曰:"晋侯之入也,秦穆姬属贾君焉,且曰,尽纳群公子①。晋侯烝于贾君②,又不纳群公子,是以穆姬怨之;晋侯许赂中大夫③,既而皆背之;赂秦伯以河外列城五,东尽虢略，南及华山，内及解梁城④，既而不与；晋饥，秦输之粟，秦饥，晋闭之籴⑤。故秦伯伐晋。"观此一节，正如狱吏治囚，蔽罪议法，而皋陶听之，何所伏窜，不待韩原之战⑥，其曲直胜负之形见矣。晋厉公绝秦，数其五罪，书词铿訇，极文章鼓吹之妙，然其实皆诬秦⑦。故《传》又书云："秦桓公既与晋厉公为令狐之盟，而又召狄与楚，欲道以伐晋⑧。"杜元凯注云："据此三事，以正秦罪⑨。"左氏于文反复低昂，无所不究其至，观秦、晋争战二事，可窥一斑矣⑩。

【注释】

①晋侯之入：即秦国纳晋惠公夷吾于晋即君位。入，指回国即君位。穆姬：晋献公太子申生的姐姐、秦穆公夫人。属：通"嘱"。托付，请托。贾君：晋献公次妃。属贾君焉：把贾君托付给晋惠公照顾。纳：接纳使其回国。群公子：指鲁僖公四年（前656年），晋国骊姬之乱逃出的晋武公、献公之族重耳等。②烝（zhēng）：古指同母辈发生性关系。晋惠公为晋献公之子，贾君是他的母辈。③中大夫：古代官名。此处指晋国内执政的里克、丕郑等。晋惠公曾许诺给里克封地，回国后又背弃了诺言。④河外列城五：即下三句所说。河外，春秋晋人称（黄）河北为河内，河南为河外。下文"内及解梁城"的"内"即指河内。列城，城邑，边塞城堡。虢略：虢国境界。虢，古国名。此指北虢，前655年为晋所灭。略，疆界，地域。⑤输：输送，转运。闭籴：禁止籴米。⑥治囚：惩处罪犯。蔽罪：判罪。蔽，断；审断。议法：斟酌法度；讨论法制。听：断决；治理。伏窜：逃避潜匿。伏，藏匿。韩原：古地名。《左传》鲁僖公十五年："（秦晋）战于韩原。……秦获晋侯（晋惠公）以归。"⑦铿訇（kēng hōng）：形容文词铿锵有力。诬：诬蔑；以无为有。⑧令狐之盟：在晋厉公绝秦前两年，即前580年，"秦、晋为成（讲和）"。欲道（dǎo）以伐晋：想引导狄和楚攻晋。道，同"导"。⑨杜元凯：即杜预，字元凯。撰有《春秋左氏经传集解》等。三事：指背令狐之盟、召狄伐晋、召楚伐晋。以正秦罪：对秦国治罪。正罪，定罪；治罪。⑩反复：叙事行文多变化。低昂：起伏。无所不究其至：犹言无微不至。极言其周到。究：穷尽。

狐突言词有味

晋侯使太子申生伐东山皋落氏，以十二月出师，衣之偏衣，佩之金玦①。《左氏》载狐突所叹八十余言,而词义五转②。其一曰:"时,事之征也。衣,身之章也。佩,衷之旗也③。"其二曰:"敬其事,则命以始。服其身,则衣之纯。用其衷,则佩之度④。"其三曰:"今命以时卒,闭其事也。衣之尨服,远其躬也⑤。佩以金玦,弃其衷也。"其四曰:"服以远之,时以闭之。"其五曰:"尨凉,冬杀,金寒,玦离⑥。"其宛转有味,皆可咀嚼⑦。《国语》亦多此体,有至六七转,然大抵缓而不切⑧。

【注释】

①晋侯:晋献公。东山皋落氏:赤狄别种。偏衣:左右异色的衣服。金玦(jué):玦如环而缺,古时常用以赠人表示决断、决绝。②词义:语言中词所表示的意义。③时:指用兵的时间。征,迹象,征兆。章:标记。衣服标示身份的贵贱。佩:佩带。衷之旗也:是内心的表识。杜预注:旗,表也,所以表明其中心。衷,中心,均为内心。④敬:重视。始:一年的开头。指春夏之时。服:使用;任用。纯:同一色的衣服。佩之度:佩玉者,士君子常度。意思是应该使申生佩玉,而不该佩金。⑤时卒:时尽。指年底。闭(bì):终尽。今命以时卒,闭其事也。杜预注曰:"冬十二月,闭尽之时。"终尽其事,则其事不顺利。尨(máng)服:杂色衣服。躬:身体。远其躬:即有疏远之意。⑥杀:肃杀。离:离别。杜预注:"寒凉杀离,言于太子无温润也。玦如环而缺,不连。"不连,即分离之意。《国语·晋语》载申生之仆人赞以为衣之偏衣,佩之金玦是"告之以离心,而示之以坚忍之权,则必恶其心而害其身矣"。韦昭注云:"离心,偏衣中分也。坚忍,金玦也。玦以示离也。"⑦宛转:谓含蓄曲折。委婉。咀嚼:细细咬嚼。引申为玩味,体味。⑧缓而不切:相互疏离而不切紧。缓,宽;松。

宣 发①

《考工记》:"车人之事,半矩谓之宣②。"注:"头发颢落曰宣③。《易》:'《巽》为宣发。'宣字本或作寡。"《周易》:"《巽》为寡发④。"《释文》云⑤:"本又作宣,黑白杂为宣发。"宣发二字甚奇。

【注释】

①宣发：斑白的头发。亦称"蒜发"或"算发"。②车人：古代造车及农具的木工。半矩谓之宣：矩指矩尺，木工用的尺子。其形中折，成直角。俗称曲尺或鲁班尺。宣，量词，长一尺三又三分之一寸，叫做宣。③颢（hào）：白。落：稀疏。④"周易"句：《周易·说卦》："巽……其于人也为寡发。"⑤《释文》：指唐陆德明所作《经典释文》。

邾文公楚昭王

邾文公卜迁于绎①，史曰②："利于民而不利于君。"邾子曰："命在养民，死之短长，时也③。民苟利矣，迁也吉莫如之④。"遂迁于绎，未几而卒。君子曰："知命⑤。"楚昭王之季年⑥，有云如众赤鸟，夹日以飞三日。周太史曰："其当王身乎？若禜之，可移于令尹、司马⑦。"王曰："除腹心之疾而置诸股肱，何益？不穀不有大过，天其夭诸⑧？有罪受罚，又焉移之？"遂弗禜。孔子曰："楚昭王知大道矣⑨，其不失国也宜哉！"按宋景公出人君之言三，荧惑为之退舍，邾文、楚昭之言，亦是物也，而终不蒙福，天道远而不可知如此⑩。

【注释】

①卜：占卜预测吉凶。②史：在王左右的史官，担任祭祀、星历、卜筮、记事等职。③命在养民：国君的使命就在于养育百姓。时也：意谓只能听天由命了。时，时运。④吉莫如之：没有比迁都更吉祥的了。之，指迁都。⑤君子：泛称有才德的人。知命：懂得天命。⑥季年：末年；晚年。⑦太史：官名。西周、春秋时太史掌起草文书，策命诸侯卿大夫，记载史事，编写史书，兼管国家典籍、天文历法、祭祀等，为朝廷大臣。其当王身乎：这一征兆恐怕要应在君王您身上吧？其，指赤云。赤云夹日，古人认为是妖气，会给人带来灾祸。杜预注云："日为人君，妖气守之，故以为当王身。"当（dāng），应验。禜（yǒng，又读yíng）：古代禳除灾害之祭。可移于令尹、司马：灾难可以转移到令尹或司马身上。⑧腹心之疾：生于要害部位的疾病。股肱：大腿和胳膊。比喻辅助帝王的臣子。楚昭王以腹心自比，以股肱比令尹、司马。不穀：不善。古代诸侯自称的谦词。天其夭诸：上天难道让我短命而死？其，副词，表反诘，相当于"难道"、"岂"。诸，通"之"。指代人或事物。这里是楚昭王自指。⑨知

大道：深明大义。⑩宋景公出人君之言三，荧惑为之退舍：《史记·宋世家》："（景公）三十七年……荧惑守心（心宿）。心，宋之分野也。景公忧之。司星子韦曰：'可移于相（国相）。'景公曰：'相，吾之股肱。'曰：'可移于民。'景公曰：'君者待民（国君要依靠人民）。'曰：'可移于岁（指年成）。'景公曰：'岁饥民困，吾谁为君（我依靠谁来作国君）！'子韦曰：'天高听卑。君有君人之言三，荧惑宜有动。'于是候之，果徙三度。"荧惑，火星的别名。因隐现不定，令人迷惑，故名。退舍，指日月等星体移动位置。是物：此类。是，此。物，种类。蒙福：蒙受福气。终不蒙福，指邾文公、楚昭王不得寿考。天道：自然的规律。古人迷信，认为天道是支配人类命运的天神意志。

杜悰

唐懿宗咸通二年二月，以杜悰为相。一日，两枢密使诣中书，宣徽使杨公庆继至，独揖悰受宣，三相起避①。公庆出书授悰，发之，乃宣宗大渐时，宦官请郓王监国奏也，且曰："当时宰相无名者，当以反法处之②。"悰反复读，复封以授公庆，曰："主上欲罪宰相，当于延英面示圣旨③。"公庆去，悰谓两枢密曰："内外之臣，事犹一体。今主上新践阼④，固当以仁爱为先，岂得遽赞成杀宰相事！若习以性成，则中尉、枢密岂得不自忧乎⑤！"两枢密相顾默然，徐曰："当具以公言白至尊，非公重德，无人及此⑥。"三相复来见悰，微请宣意⑦，悰无言。三相惶怖⑧，乞存家族。悰曰："勿为他虑。"既而寂然。及延英开，上色甚悦。此《资治通鉴》所载也。

《新唐史》云：宣宗世，夔王处大明宫⑨，而郓王居十六宅。帝大渐，遗诏立夔王，而中尉王宗贯迎郓王立之，是为懿宗。久之，遣枢密使杨庆诣中书独揖悰。他宰相毕諴、杜审权、蒋伸不敢进，乃授悰中人请帝监国奏⑩，因谕悰劾大臣名不在者。悰语之如前所云，庆色沮去⑪，帝怒亦释。予以史考之，懿宗即位之日，宰相四人，曰令狐绹、曰萧邺、曰夏侯孜、曰蒋伸，至是时唯有伸在，三人者罢去矣。諴及审权乃懿宗自用者，无由有斯事。盖野史之妄，而二书误采之。温公以唐事属之范祖禹，其审取可谓详尽⑫，尚如此。信乎，修史之难哉！

【注释】

①唐懿宗：唐宣宗李忱的长子李漼（cuǐ），即帝位前封郓王。揖：拱手为礼。宣：指帝王的诏书，命令或旨意。三相：即下文的毕諴、杜审权、蒋伸。②发之：发，展开；打开。大渐：谓病危。监国：君主外出或病危时，太子留守代管国事或暂时代管国事，称"监国"。宰相无名者：未在奏书上签名的宰相。反法：反叛的罪名。③延英：殿名。④内外：内廷外朝。践阼：亦作"践祚"。即位。旧时多指帝王而言。⑤中尉：官名。为宦官统禁兵专职。⑥默然：沉默不语貌。至尊：至高无上的地位。古多指皇位，因用为皇帝的代称。非公重德，无人及此：要不是您有大德，是没有人能想到这些的。重德：大德，厚德。⑦微：暗暗地。⑧惶怖：恐惧。⑨夔王：李滋。宣宗第三子。⑩中人：宦官。⑪色沮：神情颓丧。⑫审取：审察采取。

唐书世系表

《新唐书·宰相世系表》皆承用逐家谱牒①，故多有谬误，内沈氏者最可笑，其略云："沈氏出自姬姓。周文王子聃叔季，字子揖，食采于沈，今汝南平舆沈亭是也。鲁成公八年，为晋所灭。沈子生逞，字修之，奔楚，遂为沈氏。生嘉，字惟良，嘉生尹戍，戍生诸梁，诸梁子尹射，字修文。其后入汉，有为齐王太傅敷德侯者，有为骠骑将军者，有为彭城侯者。"《宋书》沈约《自叙》云："金天氏之后，沈国在汝南平舆，定公四年，为蔡所灭。秦末有逞者，征丞相不就。"其后颇与《唐表》同。按聃季所封自是一国，与沈子不相涉。《春秋》成公八年，晋侵沈，获沈子揖。昭二十三年，吴败顿、胡、沈、蔡之师于鸡父，沈子逞灭。定四年，蔡灭沈，杀沈子嘉。今《表》云聃季字子揖，成八年为晋所灭，是文王之子寿五百余岁矣。逞为吴所杀，而《表》云奔楚，《宋书》云秦召为丞相。沈尹戍为楚将②，战死于柏举，正与嘉之死同时，而以为嘉之子。尹射书于《左传》，三十四年始书诸梁，乃以为其子③。又春秋时人立字皆从子及伯仲，岂有修之、惟良、修文之比④？《汉列侯表》岂有所谓敷德、彭城侯？《百官表》岂有所谓骠骑将军沈达者？沈约称一时文宗，妄谱其上世名氏官爵，固可嗤诮⑤，又不分别两沈国。其金天氏之裔，沈、姒、蓐、黄之沈，封于汾川，晋灭之，春秋之沈，封于汝南，蔡灭之。顾合而为一，岂不读《左氏》乎？欧阳公略不笔削⑥，为可恨也！

【注释】

①谱牒：记述氏族或宗族世系的书。②沈尹戌为楚将：沈尹戌，《左传》作"沈尹戌"，而清阮元《校勘记》认为是"沈尹戍"。③乃以为其子：《唐表》却把尹射当作了诸梁的儿子。④立字皆从子及伯仲：古人有名有字，其字都叫某某子或某某伯、某某仲。比：例子，则例。⑤文宗：指广受宗仰的文人。谱：按照事物的类别或系统编排记录。嗤诮：讥笑责备。⑥笔削：笔指记载，削指删除。古时文字写在竹简上，删改时要用刀刮去竹上的字，所以叫削。欧阳修与宋祁合修《新唐书》。

鲁昭公

春秋之世，列国之君失守社稷，其国皆即日改立君，无虚位以俟者。惟鲁昭公为季孙意如所逐而孙于齐，又适晋，凡八年乃没。意如在国摄事主祭，岁具从者之衣履而归之于乾侯①。公薨之明年，丧还故国，然后其弟公子宋始即位，他国无此比也。岂非鲁秉周礼，虽不幸逐君，犹存厥位②，而不敢绝之乎？其后哀公孙于越，《左传》终于是年，不知悼公以何时立也。

【注释】

①摄事主祭：即摄君事，代理国政。摄事，代行其事。主祭，主持（宗庙的）祭祀。即代理国君事宜。岁：每年。具：准备；备办。从者：跟随昭公流亡在外的人。乾（gān）侯：地名。春秋晋邑。鲁昭公适晋，住在乾侯。②厥（jué）：其。

州县失故名

今之州县，以累代移徙改割之故①，往往或失其故名，或州异而县不同者。如：建昌军在江西，而建昌县乃隶南康；南康军在江东，而南康县乃隶南安；南安军在江西，而南安县乃隶泉州；韶州为始兴郡，而始兴县外属②；赣州为南康郡，而南康县外属；郁林为州，而郁林县隶贵州；桂阳为军，而桂阳县隶郴州。此类不可悉数。

【注释】

①改割：变更分割。②外属：属外州外郡。

严州当为庄

严州本名睦州，宣和中以方寇之故改焉①。虽以威严为义，然实取严陵滩之意也。殊不考子陵乃庄氏，东汉避显宗讳，以"庄"为"严"②，故史家追书以为严光，后世当从实可也。

【注释】

①方寇：对方腊起义军的污蔑称呼。②子陵：即严光，字子陵，东汉初人，征官不就，退隐富春山。后人称他所居游之地为严陵山、严陵滩、严陵钓坛。显宗讳：显宗（孝明帝）名刘庄。

卷第七（十八则）

孟子书百里奚

柳子厚《复杜温夫书》云："生用助字，不当律令，所谓乎、欤、耶、哉、夫也者，疑辞也①。矣、耳、焉也者，决辞也②。今生则一之，宜考前闻人所使用，与吾言类且异，精思之则益也③。"予读《孟子》百里奚一章曰："曾不知以食牛干秦缪公之为污也④，可谓智乎？不可谏而不谏⑤，可谓不智乎？知虞公之将亡而先去之，不可谓不智也。时举于秦，知缪公之可与有行也而相之⑥，可谓不智乎？"味其所用助字，开阖变化，使人之意飞动⑦，此难以为温夫辈言也。

【注释】

①柳子厚：即柳宗元。唐文学家，哲学家。字子厚。生：古时儒者称"生"。又引申为人士的通称。助字：即虚字。古汉语虚字包括表示语法作用的虚词和一部分代词。如之、乎、者、也、於。不当律令：不符合一般的法则。不当（dāng），不合。律令，法令。引申为一般的法则。疑辞：表疑问语气的词。②决辞：表示确定语气的助词。与"疑词"相对。③闻人：有名望的人。与吾言类且异：与我们用助字所表达的意思相似与不同之处。言，表达。精思：精心思考。④曾（zēng）：乃；竟。食（sì）牛：(给人家)喂养牛（的办法）。干（gān）：求见；干谒。污：卑下。⑤不可谏而不谏：晋献公假道于虞以伐虢。宫之奇谏，虞公不听。百里奚不谏，因为他知道虞公不可谏（百里奚原为虞国大夫）。⑥举：选用。指百里奚被秦穆公授之国政。可与有行：跟穆公一道会有所作为。有行，犹"有为"。有作为。⑦开阖：指诗文结构的铺展、收合等变化。意：感情；思绪。飞动：犹振奋。

韩柳为文之旨①

韩退之自言：作为文章，上规姚、姒、《盘》《诰》《春秋》《易》《诗》

《左氏》《庄》《骚》、太史、子云、相如,闳其中而肆其外②。柳子厚自言:每为文章,本之《书》《诗》《礼》《春秋》《易》,参之《穀梁氏》以厉其气,参之《孟》《荀》以畅其支③,参之《庄》《老》以肆其端,参之《国语》以博其趣,参之《离骚》以致其幽,参之太史公以著其洁④。此韩、柳为文之旨,要学者宜思之。

【注释】

①为文之旨:对作文的见解。旨,意思;见解,主张。②规:效法;摹拟。姚姒:虞舜和夏禹。舜,姚姓;禹,姒姓。这里指《舜典》和《大禹谟》。《盘》《诰》:《尚书》篇名,《盘庚》和《康诰》《酒诰》等。《庄》:《庄子》。《骚》:屈原的《离骚》。太史:指太史公司马迁的《史记》。子云:即扬雄,字子云。西汉文学家、哲学家、语言学家。相如:即司马相如,字长卿。西汉辞赋家。闳中肆外:谓作文者蕴蓄宏富而用笔豪放。③本:根据,依据。《书》:《尚书》。《诗》:《诗经》。《礼》:指《周礼》《仪礼》和《礼记》,合称"三礼"。《穀梁氏》:战国时鲁国穀梁赤撰写的《春秋穀梁传》。厉其气:磨砺其气势。厉,"砺"的本字,磨刀石,引申为磨砺。气,气势。《孟》:《孟子》。儒家经典之一。孟子,名轲,字子舆,战国时思想家、教育家。《荀》:《荀子》,荀子著。荀子名况,时人尊而号为"卿"。战国末思想家、教育家。畅其支:通达其四肢。亦即全文流畅贯通。支通"肢"。④《老》:《老子》,即老子所著《道德经》。道家的主要经典。老子,即老聃(dān),春秋时思想家,道家的创始人。以肆其端:使思绪奔放,文笔淋漓酣畅。肆,放纵;不受拘束。端,思绪。《国语》:书名。相传为春秋时左丘明著。以博其趣:使文章情趣横生。博,众多,丰富。趣,兴趣;兴味。以致其幽:使文章意境深远。幽,深。以著其洁:使文章简洁凝炼。洁,简洁,干净。

李习之论文

李习之《答朱载言书》论文最为明白周尽①,云:"《六经》创意造言,皆不相师②。故其读《春秋》也,如未尝有《诗》也;其读《诗》也,如未尝有《易》也;其读《易》也,如未尝有《书》也;其读屈原、庄周也,如未尝有《六经》也。如山有岱、华、嵩、衡焉,其同者高也,其草木之荣，不必均也。如渎有济、淮、河、江焉③，其同者出源到海也，其曲直浅深，不必均也。天下之语文章有六说焉：其尚异者曰，文章词句，奇险而已④；其好理者曰，文章叙意，苟通而已；溺于时者曰，文章必当对⑤；病于时者曰⑥，文章不当对；爱难者曰，宜深，不当易；爱易者曰，宜通，不当难。此皆情有所偏滞，未识文章之所主也⑦。义不深不至于理，而辞句怪丽者有之矣，《剧秦美新》、王褒《僮约》是也⑧。其理往往有是者，而词章不能工者有之矣，王氏《中说》、俗传《太公家教》是也⑨。古之人能极于工而已，不知其辞之对与否、易与难也。'忧心悄悄，愠于群小'，非对也；'遘闵既多，受侮不少'，非不对也；'朕墍谗说殄行，震惊朕师'，'菀彼桑柔，其下侯旬，捋采其刘'，非易也；'光被四表，格于上下'，'十亩之间兮，桑者闲闲兮'，非难也。《六经》之后，百家之言兴，老聃、列、庄至于刘向、扬雄，皆自成一家之文，学者之所师归也⑩。故义虽深，理虽当，词不工者不成文，宜不能传也⑪。"其论于文者如此，后学宜志之⑫。

【注释】

①李习之：即李翱，字习之。唐散文家，哲学家。周尽：周详(周到详尽)。②六经：六部儒家经典。即《诗》《书》《礼》《易》《春秋》《乐经》。创意造言：犹立意遣词。相师：互相学习、仿效。③渎（dú）：泛指大川。④奇险：奇特险怪。⑤溺：囿于。时：时尚。时俗。这里当指魏、晋以后崇尚骈偶的风气。必当对：对，对偶的词语。⑥病：批评，指责。⑦偏滞：谓拘泥而不知变通。主：事物的主体；要素。三国魏曹丕《典论·论文》："文以气为主。"⑧不至于理：意谓道理说不透。怪丽：奇异绚丽。剧秦美新：王莽篡汉自立，国号新。扬雄上封事给王莽，指斥秦朝，美化新朝，故名《剧秦美新》。文中抨击秦始皇焚书、统一度量衡等措施，对王莽歌功颂德。剧，急促；疾速。指秦朝短促而亡。美，赞美；称美。⑨工：精巧；细缜；巧妙。王氏：指王通，字仲淹。门人私谥曰文中子。隋哲学家。《中说》亦称《文中子》。⑩刘向：西汉经学家、目录学家、文学家。本名更生，字子政。师归：效法趋附。⑪宜：犹"殆"。大概。所谓"言而无文，其行不远"，即此意。⑫宜志之：应当记住他的论述。宜，应当。志，记；记在心里或用文字、符号标记。

魏郑公谏语

魏郑公谏止唐太宗封禅,中间数语,引喻剀切①,曰:"今有人十年长患②,疗治且愈,此人应皮骨仅存,便欲使负米一石,日行百里,必不可得。隋氏之乱,非止十年,陛下为之良医,疾苦虽已乂安,未甚充实。告成天地,臣切有疑③。"太宗不能夺④。此语见于公《谏录》及《旧唐书》,而《新史》不载,《资治通鉴》记其谏事,亦删此一节,可惜也!

【注释】

①魏郑公:即魏徵,唐初政治家。太宗即位,擢为谏议大夫,前后陈谏二百余事。贞观七年封郑国公。引喻:称引比喻。剀切(kǎi qiè):切实;切中事理。②患:疾病。③疾苦:疾患痛苦。多指人民生活上的痛苦。这里代指人民。乂安:亦作"艾(yì)安"。太平无事。充实:府库充足。告成:以成事上报。指上报天地之神明。切:同"窃"。犹言私下。表示个人意见的谦词。④夺:用强力使之动摇、改变。亦谓由于强力而动摇、改变。

虞世南

虞世南卒后,太宗夜梦见之,有若平生。翌日,下制曰:"世南奄随物化,倏移岁序①。昨因夜梦,忽睹其人,追怀遗美,良增悲叹②!宜资冥助,申朕思旧之情③。可于其家为设五百僧斋④,并为造天尊像一躯。"夫太宗之梦世南,盖君臣相与之诚所致,宜恤其子孙⑤,厚其恩典可也。斋僧、造像,岂所应作?形之制书,著在国史,惜哉,太宗而有此也!

【注释】

①有若:如同,好像。平生:平素;往常。翌日:明天(第二天)。奄(yǎn):忽;遽。物化:指人死。倏移岁序:光阴匆匆,转眼已是几年。倏(shū),犬

疾走貌。引申为疾速、忽然。移，指时间推移。岁序，犹言时令。②追怀：回忆；追念。遗美：指遗留下来的美好风尚、德行等。良：甚。③资：供给；资助。冥助：谓神佛的佑助。申：表达。④僧斋：请僧而供养斋食，兼有诵经略仪，谓之"僧斋"。⑤恤：体恤；周济。

七 发

枚乘作《七发》，创意造端，丽旨腴词，上薄《骚》些①，盖文章领袖，故为可喜。其后继之者，如傅毅《七激》、张衡《七辩》、崔骃《七依》、马融《七广》、曹植《七启》、王粲《七释》、张协《七命》之类，规仿太切②，了无新意。傅玄又集之以为《七林》，使人读未终篇，往往弃诸几格③。柳子厚《晋问》，乃用其体，而超然别立新机杼，激越清壮，汉、晋之间，诸文士之弊，于是一洗矣④。东方朔《答客难》，自是文中杰出，扬雄拟之为《解嘲》，尚有驰骋自得之妙⑤。至于崔骃《达旨》、班固《宾戏》、张衡《应闲》，皆屋下架屋⑥，章摹句写，其病与《七林》同，及韩退之《进学解》出，于是一洗矣。《毛颖传》初成，世人多笑其怪，虽裴晋公亦不以为可，惟柳子独爱之⑦。韩子以文为戏，本一篇耳，妄人既附以《革华传》，至于近时，罗文、江瑶、叶嘉、陆吉诸传，纷纭杂沓⑧，皆托以为东坡，大可笑也。

【注释】

①枚乘：西汉辞赋家。字叔。造端：发端，起始。丽旨腴词：旨意美好，词句优美。薄：接近，迫近。些(suò)：辞赋的代称。②规仿：摹仿。③几格：亦称"几阁"。厨架。④超然：高出；脱出。机杼(zhù)：比喻诗文创作中的新巧构思和布局。激越：声音高亢远扬。清壮：清新豪健。洗：革除。⑤自是：自然是，应当是。驰骋：指在某个领域纵横自如，能充分发挥才能。自得：自己有所体会。⑥屋下架屋：比喻事物的重复，并无新意。⑦柳子：指柳宗元。⑧妄人：无知妄为的人。纷纭：多盛貌。杂沓：众多杂乱貌。

将军官称

《前汉书·百官表》:"将军皆周末官,秦因之。"予按《国语》:"郑文公以詹伯为将军。"又:"吴夫差十旌一将军①。"《左传》:"岂将军食之而有不足。"《檀弓》:"卫将军。"《文子》:"鲁使慎子为将军。"然则其名久矣。彭宠为奴所缚,呼其妻曰:"趣为诸将军办装②。"《东汉书》注云:"呼奴为将军,欲其赦己也。"今吴人语犹谓小苍头为将军③,盖本诸此。

【注释】

①旌:古代旗的通称。疑为军队编制单位。②办装:置办行装。亦即打点金银珍宝。③小苍头:苍头即奴隶。此处小苍头指衙门隶卒。

北道主人

秦、晋围郑,郑人谓秦盍舍郑以为东道主①。盖郑在秦之东,故云。今世称主人为东道者,此也。《东汉》载北道主人,乃有三事:"常山太守邓晨会光武于巨鹿,请从击邯郸,光武曰:'伟卿以一身从我②,不如以一郡为我北道主人。'"又"光武至蓟,将欲南归,耿弇以为不可,官属腹心皆不肯③,光武指弇曰:'是我北道主人也。'""彭宠将反,光武问朱浮,浮曰:'大王倚宠为北道主人,今既不然,所以失望。'"后人罕引用之。

【注释】

①盍(hé):何不。②伟卿:即邓晨,字伟卿。③腹心:犹心腹。比喻左右亲信。不肯:不赞成耿弇的意见。

洛中盱江八贤

司马温公《序赒礼》，书闾阎之善者五人，吕南公作《不欺述》，书三人，皆以卑微不见于史氏①。予顷修国史，将以缀于孝行传而不果成，聊纪之于此。温公所书皆陕州夏县人。曰医刘太，居亲丧，不饮酒食肉终三年，以为今世士大夫所难能。其弟永一，尤孝友廉谨②。夏县有水灾，民溺死者以百数，永一执竿立门首，他人物流入门者，辄擿出之③。有僧寓钱数万于其室而死，永一诣县自陈，请以钱归其子弟④。乡人负债不偿者，毁其券。曰周文粲，其兄嗜酒，仰弟为生，兄或时酗殴粲，邻人不平而唁之⑤，粲怒曰："兄未尝殴我，汝何离间吾兄弟也！"曰苏庆文者，事继母以孝闻，常语其妇曰："汝事吾母小不谨⑥，必逐汝！"继母少寡而无子，由是安其室终身⑦。曰台亨者，善画，朝廷修景灵宫，调天下画工诣京师，事毕，诏选试其优者，留翰林授官禄，亨名第一。以父老固辞，归养于田里。

南公所书皆建昌南城人。曰陈策，尝买骡，得不可被鞍者，不忍移之他人，命养于野庐⑧，俟其自毙。其子与猾驵计，因经过官人丧马，即磨破骡背，以衒贾之⑨。既售矣，策闻，自追及，告以不堪⑩。官人疑策爱也，秘之⑪。策请试以鞍，亢亢终日不得被⑫，始谢还焉。有人从策买银器若罗绮者⑬，策不与罗绮。其人曰："向见君帑有之，今何靳⑭？"策曰："然，有质钱而没者，岁月已久，丝力糜脆不任用，闻公欲以嫁女，安可以此物病公哉⑮！"取所当与银器投炽炭中，曰："吾恐受质人或得银之非真者⑯，故为公验之。"曰危整者，买鲍鱼，其驵舞秤权阴厚整⑰。鱼人去，身留整傍，请曰："公买止五斤，已为公密倍入之，愿畀我酒⑱。"整大惊，追鱼人数里返之，酬以直。又饮驵醇酒，曰："汝所欲酒而已，何欺寒人为⑲？"曰曾叔卿者，买陶器欲转易于北方⑳，而不果行。有人从之并售者，叔卿与之，已纳价，犹问曰："今以是何之㉑？"其人对："欲效公前谋耳。"叔卿曰："不可，吾缘北方新有灾荒，是故不以行，今岂宜不告以误君乎？"遂不复售。而叔卿家苦贫，妻子饥寒不恤也㉒。呜呼，此八人者贤乎哉！

【注释】

①闾阎：里巷的门。这里借指平民。吕南公：宋诗人。字次儒。卑微：地位低下而渺小。史氏：史家；史官。借指史籍。缀：系结。果成：完成。②廉谨：洁身谨慎。③摘（tī）：挑出。④寓：寄托。自陈：自己陈述。子弟：犹弟子。⑤唁：慰问。⑥不谨：不敬慎；不小心。⑦由是安其室终身：从此在苏庆文家安居一辈子，不再改嫁。参考《续笔》卷十二《龙筋凤髓判》"不安尔室"注。⑧被（pī）：通"披"。野庐：田野间房舍。⑨猾驵：奸诈的经纪人。驵（zǎng），经纪人。衒贾（xuàn gǔ）：犹衒沽。谓自我夸耀以求出售。⑩不堪：不能（被鞍）。⑪秘之：隐藏；保守秘密。即不告诉陈策买骡之事，或藏匿所买骡。⑫亢亢：刚强不屈。⑬罗绮：罗和绮。多借指丝绸衣裳。⑭帑（tǎng）：库房。靳（jìn）：吝惜。⑮有质钱而没者：有(因)典当钱而被收入在库房的。质，典当，抵押。质钱，犹典钱。典当东西换成钱。没，入也。糜：碎烂。脆：脆弱无韧性，易折易碎。不任用：不堪用。病：害。⑯质人：官名。主平定物价，保证货物的品质。⑰鲍鱼：盐渍鱼。舞：玩弄。秤权：秤锤。厚：多，增益。⑱畀（bì）：给予；付与。⑲寒人：寒门出身之人。即贫苦人。⑳易：交换；做买卖。㉑并（bìng）：副词。一起，一齐。以是：拿这个（即买的陶器）。何之：到哪里去。㉒不恤：不忧悯；不顾惜。

王导小名

颜鲁公书远祖《西平靖侯颜含碑》，晋李阐之文也。云："含为光禄大夫，冯怀欲为王导降礼①，君不从，曰：'王公虽重，故是吾家阿龙。'君是王亲丈人②，故呼王小字。"《晋书》亦载此事，而不书小字。《世说》："王丞相拜司空，桓廷尉叹曰：'人言阿龙超③，阿龙故自超。'"呼三公小字，晋人浮虚之习如此④。

【注释】

①降礼：跪拜之礼。②丈人：对亲戚长辈的通称。③桓廷尉：指桓彝。追赠廷尉。超：出色；高超。④三公：东汉以太尉、司徒、司空为三公。魏晋因之。唐宋仍沿此称，唯已无实际职务。浮虚：华而不实。

汉书用字

太史公《陈涉世家》："今亡亦死，举大计亦死，等死，死国可乎①？"又曰："戍死者固什六七，且壮士不死即已，死即举大名耳②！"叠用七死字，《汉书》因之。《汉·沟洫志》载贾让《治河策》云："河从河内北至黎阳为石堤，激使东抵东郡平刚；又为石堤，使西北抵黎阳、观下；又为石堤，使东北抵东郡津北；又为石堤，使西北抵魏郡昭阳；又为石堤，激使东北。百余里间，河再西三东③。"凡五用石堤字，而不为冗复，非后人笔墨畦径所能到也④。

【注释】

①亡：逃跑。举大计：发动戍卒举行反秦起义。举，发动；谋画。等死：同样是死。不是"坐着等死"。等，等同，齐一。死国可乎：为国事而死可以吗？②戍死者：死在戍边徭役中的人。固：本来。什六七：十分之六七。壮士：意气豪壮而勇敢的人；勇士。举大名：举世留下大名声。③激：阻挡水流。观下：颜师古注："观，县名也。"津：渡口。再西三东：即上面所叙述的两次向西，三次向东。④冗复：累赘重复。笔墨：本指笔和墨。借指诗文及写作之事。畦径：田间小路。比喻常规，多指学艺方面。

姜嫄简狄

毛公注《生民》诗，姜嫄生后稷"履帝武敏歆"之句，曰："从于高辛帝而见于天也①。"《玄鸟》诗，"天命玄鸟，降而生商"之句，曰："春分玄鸟降，简狄配高辛帝，帝与之祈于郊禖而生契②，故本其为天所命，以玄鸟至而生焉。"其说本自明白。至《郑氏笺》始云："帝，上帝也。敏，拇也。祀郊禖时，有大人之迹，姜嫄履之，足不能满，履其拇指之处，心体歆歆然如有人道感己者，遂有身③，后则生子。"又谓："鳦遗卵④，简狄吞之而生契。"其说本于《史记》，谓："姜嫄出野，见巨人迹，忻然践之⑤，因生稷。""简狄行浴⑥，见燕堕卵，取吞之，因生契。"此二端之怪妄，先贤辞而辟之多矣⑦。欧阳公谓稷、契非高辛之子，毛公于《史记》不取履迹之怪，而取其讹缪之世次⑧。按《汉书》毛公赵人，为河间献王博士，然则在司马子长之前数十年⑨，谓为取《史记》世次，亦不然。盖世次之说，皆出于《世本》，故荒唐特甚，其书今亡。夫适野而见巨迹，人将走避之不暇，岂复故欲践履，以求不可知之禨祥⑩；飞鸟堕卵，知为何物，而遽取吞之。以古揆今，人情一也，今之愚人未必尔，而谓古圣人之后妃为之⑪，不待辨而明矣。

【注释】

①履：踏，踩。武：足迹，即脚印。高辛帝：即帝喾（kù），上古五帝之一。见于天：觉得与天帝相接触。见，接触，一说，见，知，觉得。传说帝喾元妃姜嫄践巨人迹，感而怀孕，生后稷。②玄鸟：黑鸟，即燕子。商：指契（xiè）。契是商的始祖。郊禖（méi）：古代帝王为求子所祭的神。因其祠在郊外，故称郊禖。③心体：指精神与肉体，歆歆：感动貌，欣喜貌。人道：指男女交合。感：触着，感应。有身：怀孕。④鳦（yì）：燕子。⑤忻然：喜悦貌。⑥行浴：洗澡。⑦怪妄：怪诞虚妄。先贤：古代的贤人。辞而辟之：即著文批驳之。辞，文词；言词。辟（pì），批驳，驳斥。⑧讹缪：讹误错谬。缪（miù），通"谬"。⑨博士：官名。秦及汉初，博士的职责主要是掌管图书，通古今，以备顾问。司马子长：即司马迁，字子长。⑩践履：踩；踏。禨（jī）祥：谓吉凶的先兆。⑪以古揆今：拿古代来揣度（duó）今天。揆（kuí），度量，揣度。今之愚人未必尔：现在愚笨的人也未必这样做。后妃：指皇后妃嫔。

羌庆同音

王观国彦宾、吴棫材老，有《学林》及《叶韵补注》《毛诗音》二书皆云：《诗》《易》《太玄》凡用庆字，皆与阳字韵叶①，盖羌字也。引萧该《汉书音义》，庆音羌。又曰："《汉书》亦有作羌者，班固《幽通赋》'庆未得其云已②'，《文选》作羌，而他未有明证。"予按《扬雄传》所载《反离骚》："庆夭顇而丧荣。"注云："庆，辞也③，读与羌同。"最为切据④。

【注释】

①韵叶（xié）：即叶韵，谐韵。也叫"叶音"、"协句"。叶，通"协"。和谐协调。②班固：东汉史学家、文学家。字孟坚。《汉书》的作者。③庆，辞也：意谓"庆"为发语辞。④切（qiè）据：确切的证据。

佐命元臣①

盛王创业，必有同德之英辅，成垂世久长之计，不如是，不足以为一代宗臣②。伊尹、周公之事见于《诗》《书》③，可考也。汉萧何佐高祖，其始入关，即收秦丞相御史律令图书，以周知天下厄塞④，户口多少，强弱处，民所疾苦。高祖失职为汉王，欲攻项羽，周勃、灌婴、樊哙皆劝之，何独曰："今众弗如，百战百败，愿王王汉中，收用巴蜀，然后还定三秦⑤。"王用其言。此刘氏兴亡至计也⑥。进韩信为大将，使当一面，定魏、赵、燕、齐，高祖得颛心与楚角，无北顾忧；且死，引曹参代己，而画一之法成；约三章以蠲秦暴，拊百姓以申汉德。四百年基业，此焉肇之⑦。唐房玄龄佐太宗，初在秦府，已独收人物致幕下，与诸将密相申结，引杜如晦与参筹帷⑧。及为宰相，粲然兴起治功，以州县成天下之治，以租庸调天下之财，以八百府、十六卫本天下之兵，以谏争付王、魏，以兵事付靖、勣⑨，御夷狄有道，用贤材有术。三百年基业，此焉肇之。其后制节度使而州县之治坏，更二税法而租庸之理坏，变府兵为彍骑、诸卫为神策而军政坏⑩，虽有名臣良辅，不能救也。赵韩王佐艺祖，监方镇之势，削支郡以损其强，置转运、通判使掌钱谷以夺其富，参命京官知州事以分其党，禄诸大功臣于环卫而不付以兵，收天下骁锐于殿岩而不使外重⑪。建法立制，审官用人，一切施为，至于今是赖。此三君子之后，代天理物，硕大光明者⑫，世有其人，所谓一时之相尔。萧之孙有罪及无子，凡六绝国，汉辄绍封之。国朝褒录韩王苗裔⑬，未尝或忘。唯房公之亡未十年，以其子故，夺袭爵、停配享⑭，讫唐之世不复续，唐家亦少恩哉！

【注释】

①元臣：重臣；老臣。②英辅：贤能的辅臣。垂世：留传后世。宗臣：世所宗仰的大臣。③伊尹：商初大臣。帮助汤攻灭夏桀。汤去世后，历佐卜丙、仲壬二君。周公：周初政治家。曾助武王灭商。武王死后，辅佐年幼的成王。平定东方叛乱。分封诸侯以藩屏周。营建东都洛邑。制礼作乐，建立典章制度。④萧何：汉初大臣，秦末佐刘邦起义。入关：进入关中地区。图书：指地图和法令、户籍等文书。厄塞（è sài）：险要之地。⑤失职：失去职权。此处指失去了按约定应得的关中王职位。王（wàng）汉中：在汉中地区称王。即为汉王。王，称王；统治。三秦：秦亡，项羽三分秦故地关中，封秦降将章邯为雍王，司马欣为塞王，董翳为翟王，合称三秦。⑥至计：根本大计。⑦颛（zhuān）心：即专心。颛，通"专"。角（jué）：较量；竞争。画一：一致，一律，亦作"划一"。画一之法：谓全体遵行、无一例外的法令政策。约三章：刘邦占领咸阳后，召集关中诸县"父老"、"豪杰"，宣布"杀人者死，伤人及盗抵罪"，称为"约法三章"。蠲（juān）：通"捐"。除去；减免。拊：同"抚"。保护；抚慰。肇（zhào）：开始。⑧人物：人材；在某方面有代表性或具有突出才能的人。此指谋臣猛将。申结：谓向人致意，互相结约。与参筹帷：参与军政大事谋画。筹帷，在军帐中谋划军机。⑨粲然：明白貌；明亮貌。治功：指实施法治而获得的功效。亦泛指治国的功绩。成天下之治：治，行政区划。租庸：古代交纳谷帛的税制。调：征调。本：执掌，统辖。王：指王珪。魏：指魏徵。靖：指李靖。唐初军事家。勣：即李勣。唐初大将。本姓徐，名世勣，字懋功。初参加瓦冈军。归唐后，赐姓李，因避太宗李世民讳，单名勣。⑩二税法：即两税法。是安史之乱以后，为增加赋税收入，于唐德宗建中元年（公元780年）施行的分夏秋两次征税的赋税制度。彍骑（jì）：宿卫京师的部队。神策：神策军。代宗时，开始由宦官统领。亦为保护皇帝的卫兵。⑪赵韩王：即赵普，字则平。北宋大臣。真宗时追封他为韩王。艺祖：对一朝开国帝王的称呼。监：通"鉴"。引申为教训。支郡：唐末五代时，各地节度使割据一方，兼领数州，称为"支郡"。参：选拔。委派。命：任命。禄：给予俸禄。环卫：即禁卫，拱卫宫禁的军队。骁锐：勇猛精锐之士。殿岩：谓天子歇宿之处。即指内廷。外重（zhòng）：谓中央政权以外的地方藩镇势重。⑫代天：代表或代替君主。天，称君王。理物：犹治民。代天理物即代天子治理人民。硕大：正大。⑬褒录：奖进录用。⑭"房公亡未十年"句：房玄龄之子遗爱谋反被诛。配享：以功臣附祭于祖庙。亦作"配飨"。

名世英宰

曹参为相国,日夜饮醇酒不事事,而画一之歌兴①。王导辅佐三世,无日用之益,而岁计有余,末年略不复省事,自叹曰:"人言我愦愦②,后人当思我愦愦。"谢安石不存小察,经远无竞③。唐之房、杜,传无可载之功④。赵韩王得士大夫所投利害文字⑤,皆置二大瓮,满则焚之。李文靖以中外所陈一切报罢,云:"以此报国⑥。"此六七君子,盖非扬己取名,了然使户晓者,真名世英宰也⑦!岂曰不事事哉?

【注释】

①曹参:汉初大臣。继萧何为汉惠帝丞相。"举事无所变更,一遵萧何约束",有"萧规曹随"之称。不事事:不理政事。前"事",治理。后"事",指政务。画一之歌兴:《史记·曹相国世家》:"百姓歌之曰:'萧何为法,顜若画一;曹参代之,守而勿失。载其清净,民以宁一。'"②王导:东晋大臣。历仕元、明、成三帝。不复省(xǐng)事:不再过问政事。省事:视事。犹今称办公。愦愦(kuì):胡涂。③谢安石:即谢安,字安石。东晋孝武帝时位至宰相。小察:小事精明苛求。经远无竞:筹划长远,不较一时之短长。无竞,不争。④传无可载之功:功劳太大,史传无法全部记载。⑤利害文字:涉及人的是非利害的奏书。文字:公文(包括诏敕);案卷。此处则指奏疏或札子。⑥李文靖:即李沆。卒谥文靖。报罢(bà):古谓批复所言之事作罢,即言事不准(许)。《宋史·李沆传》:"沆又尝言:'居重位实无补,惟中外所陈利害,一切报罢之,此少以报国尔。'"此处亦似焚毁而不使别人见到之意。⑦扬己:显耀自己。了然:明白清楚。名世:名显于世。

檀弓误字

《檀弓》载吴侵陈事曰:"陈太宰嚭使于师,夫差谓行人仪曰:'是夫也多言,盍尝问焉,师必有名,人之称斯师也者,则谓之何①?'太宰嚭曰:'其不谓之杀厉之师与②!'"按嚭乃吴夫差之宰,陈遣使者正用行人，则仪乃陈臣也。记礼者简策差互，故更错其名③，当云"陈行人仪使于师，夫差使太宰嚭问之"，乃善。忠宣公作《春秋诗》引斯事，亦尝辩正云④。

【注释】

①行人：官名。管朝觐聘问。是夫：这个人。多言：很会说话。盍尝问焉：何不试问一下。尝，试。斯师：这支军队。夫差指自己的军队。或言这次出兵。谓之何：怎样称呼。②杀厉：杀戮染有疫病的人。③简策：以竹为简，合数简穿联为策。事少则书之于简；事多则书之于策。合称简策。差互：交错；错杂。更（gēng）错：更，改变。错，交叉。④忠宣公：本书作者洪迈的父亲洪皓，死后谥忠宣。辩正：辨析考正。

薛能诗

薛能者，晚唐诗人，格调不能高①，而妄自尊大。其《海棠诗序》云："蜀海棠有闻，而诗无闻，杜子美于斯，兴象不出，没而有怀②。天之厚余，谨不敢让，风雅尽在蜀矣，吾其庶几③。"然其语不过曰"青苔浮落处④，暮柳闲开时。带醉游人插，连阴彼叟移。晨前清露湿，晏后恶风吹。香少传何许，妍多画半遗"而已。又有《荔枝诗序》曰："杜工部老居西蜀，不赋是诗，岂有意而不及欤？白尚书曾有是作，兴旨卑泥⑤，与无诗同。予遂为之题，不愧不负，将来作者，以其荔枝首唱，愚其庶几⑥。"然其语不过曰"颗如松子色如樱，未识蹉跎欲半生。岁杪监州曾见树，时新入座久闻名"而已⑦。又有《折杨柳》十首，叙曰："此曲盛传，为词者甚众，文人才子，各炫其能，莫不条似舞腰，叶如眉翠，出口皆然，颇为陈熟⑧。能专于诗律，不爱随人，搜难抉新，誓脱常态，虽欲勿伐⑨，知音者其舍诸？"然其词不过曰"华清高树出离宫，南陌柔条带暖风。谁见轻阴是良夜⑩，瀑泉声畔月明中""洛桥晴影覆江船，羌笛秋声湿塞烟。闲想习池公宴罢，水蒲风絮夕阳天"而已⑪。别有《柳枝词》五首，最后一章曰："刘白苏台总近时，当初章句是谁推。纤腰舞尽春杨柳，未有侬家一首诗⑫。"自注云："刘、白二尚书，继为苏州刺史，皆赋《杨柳枝词》，世多传唱，虽有才语，但文字太僻，宫商不高耳⑬。"能之大言如此，但稍推杜陵，视刘、白以下蔑如也⑭。今读其诗，正堪一笑。刘之词曰："城外春风吹酒旗，行人挥袂日西时⑮。长安陌上无穷树，唯有垂杨管别离⑯。"白之词曰："红板江桥清酒旗，馆娃宫暖日斜时⑰。可怜雨歇东风定⑱，万树千条各自垂。"其风流气概，岂能所可仿佛哉⑲！

【注释】

①格调：指作家、作品的艺术风格。②杜子美：杜甫曾被严武表为检校工部员外郎，故世称杜工部。兴象：指诗词中的意境。没而有怀：死后仍然引以为恨。没，通"殁"。死亡。有怀：犹有感。③厚余：重视我；倚重我。风雅：谓风流儒雅。吾其庶几：我大概差不多。庶几，相近，近似，差不多。④浮：漂流。落：停息，定止。⑤白尚书：即白居易。官至刑部尚书。兴旨：趣味；兴趣。卑泥：低下。⑥不负：不辜负自己的志向或才学。负，辜负。愚：自称的谦词。⑦岁杪(miǎo)：年末，年底。杪，年月季节的末尾。监州：监察州县。时新：应时的新异物品。⑧陈熟：犹陈腐。喻陈旧过时的。⑨声律：诗的格律。搜挟：搜求选择。伐：自我夸耀。⑩华清：指华清宫。离宫：古代帝王于正式宫殿之外别筑宫室，以便随时游处，谓之离宫，言与正式宫殿分离。此处指华清宫。轻阴：疏淡的树荫。⑪习池：习家池的省称。水蒲：指蒲柳，即水杨。生于水边。风絮：随风飘悠的絮花，多指柳絮。二者均用以比喻低贱之物。⑫刘白：指刘禹锡和白居易。苏台：即姑苏台。因苏台地处苏州，故亦用以借指苏州。近时：谓及时。推：赞许；推重。侬家：自称。犹言吾家。⑬才语：运用生僻的典故、词藻以显示机巧的言辞或文字。宫商：泛指音律（文字声韵的规律）。⑭杜陵：地名。在今陕西西安市东南。杜甫居此，自称杜陵布衣。蔑(miè)如：没有什么了不起。轻视之意。⑮挥袂(mèi)：犹挥手。表示告别。⑯垂杨：垂柳。古诗文中杨柳常通用。柳树枝条下垂。管别离：唐代人们在送别时，折杨柳相赠。一说"柳"谐音"留"，有留恋之意。一说借柳树容易成活，祝愿离人随处皆安。⑰红板：见卷一《乐天新居诗》"朱板"注。清：一本作"青"，较妥。馆娃宫：春秋时吴王夫差建宫给西施居住，吴人称美女为娃，故曰馆娃。馆，止宿，居住。⑱可怜：此处为可喜之意。⑲风流：形容文学作品超逸佳妙。气概：气派；气魄。仿佛：仿照；模仿。

汉晋太常

汉自武帝以后,丞相无爵者乃封侯,其次虽御史大夫,亦不以爵封为闲①。唯太常一卿,必以见侯居之,而职典宗庙园陵,动辄得咎,由元狩以降,以罪废斥者二十人②。意武帝阴欲损侯国③,故使居是官以困之尔。表中所载:鄚侯萧寿成,坐牺牲瘦④;蓼侯孔臧,坐衣冠桥坏⑤;郸侯周仲居,坐不收赤侧钱⑥;绳侯周平,坐不缮园屋;睢陵侯张昌,坐乏祠⑦;阳平侯杜相,坐擅役郑舞人⑧;广阿侯任越人,坐庙酒酸;江邹侯靳石,坐离宫道桥苦恶⑨;戚侯李信成,坐纵丞相侵神道;俞侯栾贲,坐雍牺牲不如令⑩;山阳侯张当居,坐择博士弟子不以实;成安侯韩延年,坐留外国文书;新畤侯赵弟,坐鞫狱不实⑪;牧丘侯石德,坐庙牲瘦;当涂侯魏不害,坐孝文庙风发瓦⑫;繚阳侯江德,坐庙郎夜饮失火⑬;蒲侯苏昌,坐泄官书;弋阳侯任宫,坐人盗茂陵园物⑭;建平侯杜缓,坐盗贼多。自鄚侯至牧丘十四侯,皆夺国⑮,武帝时也。自当涂至建平五侯,但免官,昭、宣时也。下及晋世,此风犹存,惠帝元康四年,大风,庙阙屋瓦有数枚倾落⑯,免太常苟寓。五年,大风,兰台主者求索阿栋之间,得瓦小邪十五处,遂禁止太常17,复兴刑狱。陵上荆一枝围七寸二分者被斫,司徒、太常奔走道路,太常禁止不解,盖循习汉事云18。

【注释】

①闲:法度;界限。多指礼义道德规范。②太常:官名。掌宗庙礼仪,兼掌选试博士。职典:主管。宗庙:古代帝王、诸侯或大夫、士祭祀祖先的处所。以降(jiàng):以后。废斥:废黜屏斥。③意:猜想;意料。损:贬损;贬抑。④表:指各《侯者年表》。牺牲:古时祭祀用牲的通称。色纯为"牺",体全为"牲"。瘦:减少。色不纯,量不足。⑤衣冠:古代士大夫的穿戴。引申指士大夫、官绅。衣冠道桥:指士大夫、官绅通行的道路与桥梁。⑥赤侧钱:汉钱币名。以赤铜为外边,故名。汉代为控制郡国私铸钱币,由京师铸赤侧钱,赋官不能用非赤侧钱。⑦园屋:即园陵。乏祠:祠庙的用度不足。⑧役:驱使。⑨苦恶:粗糙质劣。⑩雍:通癰。学官:此处指太学。不如令:不符合法令的规

定。⑪鞠(jū)狱：古指审理刑事案件。⑫发：掀开。⑬庙郎：看守宗庙的人。⑭茂陵：汉武帝陵墓。⑮夺国：削除封国。⑯庙阙：庙堂。阙（què），古代宫殿、祠庙和陵墓前的建筑物。⑰兰台：汉代宫廷藏图书之处，以御史中丞掌之，后世因称御史台为兰台。阿栋：屋顶角落。邪：通"斜"。禁止：软禁。虽未下狱，使人看守，禁其出入，不得与亲党交通。⑱奔走道路：谓投门子托关系为自己讲情。奔走：谓为一定的目的而忙碌。道路：指达到某种目标的途径。循习：因循沿袭。

卷第八（十五则）

诸葛公

诸葛孔明千载人，其用兵行师，皆本于仁义节制[1]，自三代以降，未之有也。盖其操心制行，一出于诚，生于乱世，躬耕陇亩，使无徐庶之一言，玄德之三顾，则苟全性命，不求闻达必矣[2]。其始见玄德，论曹操不可与争锋，孙氏可与为援而不可图，唯荆、益可以取，言如蓍龟，终身不易[3]。二十余年之间，君信之，士大夫仰之，夷夏服之[4]，敌人畏之。上有以取信于主，故玄德临终，至云"嗣子不才，君可自取"；后主虽庸懦无立[5]，亦举国听之而不疑。下有以见信于人，故废廖立而立垂泣，废李严而严致死[6]。后主左右奸辟侧佞，充塞于中，而无一人有心害疾者[7]。魏尽据中州，乘操、丕积威之后[8]，猛士如林，不敢西向发一矢以临蜀，而公六出征之，使魏畏蜀如虎。司马懿案行其营垒处所[9]，叹为天下奇才。钟会伐蜀，使人至汉川祭其庙，禁军士不得近墓樵采，是岂智力策虑所能致哉[10]？魏延每随公出，辄欲请兵万人，与公异道会于潼关，公制而不许，又欲请兵五千，循秦岭而东，直取长安，以为一举而咸阳以西可定。史臣谓公以为危计不用[11]，是不然。公真所谓义兵不用诈谋奇计，方以数十万之众，据正道而临有罪，建旗鸣鼓，直指魏都，固将飞书告之，择日合战，岂复翳行窃步，事一旦之谲以规咸阳哉[12]！司马懿年长于公四岁，懿存而公死，才五十四耳，天不祚汉[13]，非人力也。"霸气西南歇，雄图历数屯[14]。"杜诗尽之矣。

【注释】

①千载人：千年出这样一人。仁义：亦作"仁谊"。仁爱和正义；宽惠正直。节制：约束而有节度法制。②操心：所执持的心志。操：执持。制行（xíng）：规定道德和行为准则。亦指德行。闻达：显达或声誉卓著。③图：谋取。荆：

荆州。益：益州。蓍龟：蓍草和龟甲。古代用来占卜。终身不易：(他的话就像预言，)他一辈子也照此执行而不改变。④夷夏：夷狄与华夏的并称。古代常以指中国境内的各族人民。⑤嗣子：指嫡长子当嗣（继位）者。此处指刘禅。不才：不成材。庸懦：庸下懦弱。⑥废李严：李严有罪废为民。闻诸葛亮卒，发病而死。⑦奸辟：奸恶邪辟之人。侧佞：奸邪小人。害疾：陷害嫉妒。⑧中州：指黄河流域。积威：谓强大的威势。⑨案行：巡视。⑩樵采：打柴。策虑：犹计谋。⑪史臣：史官。危计：冒险之计。一说即诡计。危，通"诡"。⑫义兵：犹义师。为正义而战的军队。诈谋：诡计。正道：正确的道理、准则。固：必。黩行：犹偷行。暗中行走。窃步：暗地里行动。谲(jué)：欺诈。窥(kuī)：通"窥"。窥伺。⑬祚(zuò)：赐福，保佑。⑭霸气：霸王气象。指王气，国运。歇：竭尽。雄图：宏伟的图谋。历数：天道。也指朝代更替的次序。屯(tún)：堵塞。两句言天命去汉祚终。

沐浴佩玉

石骀仲卒，"有庶子六人，卜所以为后者，曰：'沐浴佩玉则兆①。'五人者皆沐浴佩玉。石祁子曰：'孰有执亲之丧而沐浴佩玉者乎②？'不沐浴佩玉。"此《檀弓》之文也。今之为文者不然，必曰："沐浴佩玉则兆，五人者如之，祁子独不可，曰：'孰有执亲之丧若此者乎？'"似亦足以尽其事，然古意衰矣③。

【注释】
①庶子：旧时指妾所生之子，与"嫡子"（正出）相对。后：后代。这里指继位人。兆：卜兆。古人灼龟甲以占吉凶，其裂痕谓之兆。这里指得到吉兆。②执丧：奉行丧礼或守孝之称。③古意：古人的思想意趣或风范。衰(shuāi)：减弱。

谈丛失实

后山陈无己著《谈丛》六卷，高简有笔力，然所载国朝事，失于不考究，多爽其实①，漫析数端于此。

其一云："吕许公恶韩、富、范三公，欲废之而不能，及西军罢，尽用三公及宋莒公、夏英公于二府②，皆其仇也。吕既老，大事犹问，遂请出大臣行三边，既建议，乃数出道者院宿③，范公奉使陕西，宿此院，相见云云。"按吕公罢相，诏有同议大事之旨，公辞，乃庆历三年三月，至九月致仕矣。四年七月，富、范始奉使，又三公入二府时，莒公自在外，英公拜枢密使而中辍，后二年莒方复入④，安有五人同时之事？

其二云："杜正献、丁文简为河东宣抚，任布之子上书历诋执政，至云至于臣父，亦出遭逢，谓其非德选也⑤。杜戏丁曰：'贤郎亦要牢笼⑥。'丁深衔之。其后二公同在政府，苏子美进奏事作，杜避嫌不预，丁论以深文⑦，子美坐废为民，杜亦罢去。一言之谑，贻祸如此⑧。"按杜公以执政使河东时，丁以学士为副。庆历四年十一月进奏狱起，杜在相位，五年正月罢，至五月，丁公方从翰林参知政事，安有深文论子美之说？且杜公重厚，当无以人父子为谑之理，丁公长者也，肯追仇一言陷贤士大夫哉⑨？

其三云："张乖崖自成都召为参知政事，既至而脑疽作，求补外⑩，乃知杭州而疾愈。上使中人往伺之，言且将召也，丁晋公以白金赂使者，还言如故，乃不召。"按张两知成都，其初还朝为户部使、中丞，始知杭州，是时，丁方在侍从⑪；其后自蜀知昇州，丁为三司使，岂有如前所书之事？

其四云："乖崖在陈，闻晋公逐莱公，知祸必及己，乃延三大户与之博，出彩骰子胜其一坐，乃买田宅为归计以自污⑫，晋公闻之，亦不害也。"按张公以祥符六年知陈州，八年卒，后五年当天禧四年，寇公方罢相，旋坐贬，岂有所谓乖崖自污之事？

兹四者所系不细，乃诞漫如此⑬。盖前辈不家藏国史，好事者肆意饰说为美听⑭，疑若可信，故误人纪述。后山之书，必传于后世，惧诒千载之惑⑮，予是以辨之。

【注释】

① 陈无己：即陈师道，北宋诗人。字履常、无己，号后山居士。高简：深奥而简要。爽实：失实。② 吕许公：即吕夷简。封许国公。韩：指韩琦。仁

124

宗时拜相。富：富弼。仁宗至和二年拜相。范：指范仲淹。仁宗庆历三年任参知政事。西军：征讨西夏的军队。夏英公：即夏竦。封英国公。③行三边：巡视边疆。行，巡视。三边，泛指边疆。道者院：即郑州普安寺。④中辍：中止；中断。复入：再次到朝廷做官。入，特指入朝。谓进入中央朝廷做官。⑤杜正献：即杜衍。卒谥正献。丁文简：即丁度。卒谥文简。诋：毁谤；诬蔑。遭逢：际遇。德选：谓以德行为标准选用人才。⑥牢笼：即笼络。⑦"苏子美"句：苏舜钦，字子美。杜衍之婿。作，发生；发作。苏为集贤校理，监进奏院。会进奏院祠神，苏用公款召妓乐、会宾客。被揭发，坐自盗除名。避嫌：避免嫌疑。深文：谓制定或援用法律条文，苛细严峻，以入人罪。⑧谑（xuè）：开玩笑。贻祸：使受害；留下祸害。⑨重厚：持重而敦厚。追仇一言：追念仇人的一句话。⑩张乖崖：即张詠。刚方自任，为治严酷，自号乖崖，以为乖则违众，崖不利物。脑疽：中医外科病名。补外：谓京官调外地就职。⑪侍从：随侍帝后或官员的人。宋代称大学士至待制为侍从官，因常在君主左右备顾问，故名。其后又称在京职事官自六部尚书、侍郎及学士、两制等通为侍从，所指的范围较广。侍从亦称从官。⑫晋公逐莱公：宋真宗时，寇準为相，丁谓参政，谓排挤準去而代之。三大户：即耆长（zhǎng）。亦称"耆户长"。古代差役名，职司逐捕盗贼。博：赌博，以金钱赌输赢。坐：通"座"。自污：自己玷污自己。⑬系：关涉；关系。诞漫：虚妄。⑭饰说：虚饰其辞。⑮诒：通"贻"。遗留；留下。

石砮

东坡作《石砮记》云："《禹贡》荆州贡砺、砥、砮、丹及箘、簬、楛，梁州贡砮、磬①。至春秋时，隼集于陈廷，楛矢贯之，石砮长尺有咫②，问于孔子，孔子不近取之荆、梁，而远取之肃慎，则荆、梁之不贡此久矣。颜师古曰：'楛木堪为笴③，今幽以北皆用之。'以此考之，用楛为矢，至唐犹然，而用石为砮，则自春秋以来莫识矣。"案《晋书·挹娄传》：有石砮、楛矢，国有山出石，其利入铁；周武王时，献其矢、砮；魏景元末亦来贡；晋元帝中兴，又贡石砮；后通贡于石虎④，虎以夸李寿者也。《唐书·黑水靺鞨传》⑤：其矢，石镞长二寸。盖楛砮遗法，然则东坡所谓春秋以来莫识，恐不考耳。予家有一砮，正长二寸，岂黑水物乎？

【注释】

①砺、砥：皆为磨刀石。砮（nǔ）：石制的箭镞。丹：丹砂。俗称"朱砂"。箘（jùn）、簬（lù）：皆为竹名。楛（hù）：木名。可作箭干。磬（qìng）：古代打击乐器。②隼（sǔn）：鸟名。即鹞。凶猛善飞。集：停留；栖止。陈廷：陈侯（陈湣公）的庭院。楛矢贯之：有楛木箭穿在隼的身上。贯，穿通。长尺有咫：长一尺八寸。咫：周制八寸。③笴（gě，又读gǎn）：箭干。④通贡：犹进贡。⑤黑水：黑龙江。靺鞨（mò hé）：古族名。周代曰肃慎，汉魏曰挹娄，隋唐曰靺鞨，称居滨黑水的靺鞨部落为黑水靺鞨。

陶渊明

陶渊明高简闲靖，为晋、宋第一辈人①。语其饥则箪瓢屡空，瓶无储粟；其寒则裋褐穿结，絺绤冬陈；其居则环堵萧然②，风日不蔽。穷困之状，可谓至矣。读其《与子俨等疏》云："恨室无莱妇③，抱兹苦心。汝等虽不同生，当思四海皆兄弟之义，管仲、鲍叔，分财无猜④，他人尚尔，况同父之人哉！"然则犹有庶子也。《责子》诗云："雍、端年十三。"此两人必异母尔。渊明在彭泽，悉令公田种秫⑤，曰："吾常得醉于酒足矣。"妻子固请种粳⑥，乃使二顷五十亩种秫，五十亩种粳。其自叙亦云："公田之利，足以为酒，故便求之。"犹望一稔而逝⑦，然仲秋至冬，在官八十余日，即自免去职。所谓秫粳，盖未尝得颗粒到口也，悲夫！

【注释】

①陶渊明：东晋诗人。一名潜，字元亮。曾任彭泽令。高简：清高简约(指情性)。闲靖：靖，通"静"。安闲宁静。第一辈人：第一流的人物。辈，等列；同流。②箪（dān）瓢：盛饭食的箪和盛饮料的瓢。亦借指饮食。瓶：盛器。多用于盛水、酒、粟等。裋褐（shù hè）：亦作"竖褐"。粗陋短衣，多为贫苦者所服。穿结：谓衣服洞穿和补缀。絺绤冬陈：冬天还穿着夏季用的葛布衣。絺（chī），细葛布。绤（xì），粗葛布。陈，施用。环堵：四周环立着每面一方丈的土墙（方丈为堵）。形容狭小、简陋的居室。萧然：空寂；萧条。③莱妇：春秋时楚国隐者老莱子之妻，劝老莱子隐居不仕。后作为贤妻的代称。④管鲍分财：管仲，即管敬仲。春秋初期政治家。名夷吾，字仲。由鲍叔牙推荐，被

齐桓公任命为卿，佐齐桓公第一个称霸诸侯。鲍叔，即鲍叔牙，春秋时齐国大夫。少年时和管仲友善。二人在南阳一同经商，分盈利时，管仲多取。鲍叔知他家贫有母，不认为他是贪财。⑤秫(shú)：即黏高粱。多用以酿酒。这里指黏性小而早熟的稻谷。⑥粳：无黏性的晚稻。⑦公田：亦称"官田"。封建政府控制的土地。一稔(rěn)：农作物的一次成熟。谷一熟为年，一稔即一年。逝：往；去。这里指辞官离职。

东晋将相

西晋南渡，国势至弱，元帝为中兴主，已有雄武不足之讥，余皆童幼相承，无足称算①。然其享国百年，五胡云扰，竟不能窥江、汉，苻坚以百万之众，至于送死淝水，后以强臣擅政，鼎命乃移，其于江左之势，固自若也②，是果何术哉？尝考之矣，以国事付一相，而不贰其任，以外寄付方伯，而不轻其权③，文武二柄，既得其道，余皆可概见矣。百年之间，会稽王昱、道子、元显以宗室，王敦、二桓以逆取，姑置勿言，卞壶、陆玩、郗鉴、陆晔、王彪之、坦之不任事，其真托国者④，王导、庾亮、何充、庾冰、蔡谟、殷浩、谢安、刘裕八人而已。方伯之任，莫重于荆、徐，荆州为国西门，刺史常都督七八州事，力雄强，分天下半。自渡江迄于太元，八十余年，荷阃寄者，王敦、陶侃、庾氏之亮、翼、桓氏之温、豁、冲、石民八人而已，非终于其军不辄易，将士服习于下⑤，敌人畏敬于外，非忽去忽来，兵不适将，将不适兵之比也。顷尝为主上论此，蒙欣然领纳⑥，特时有不同，不能行尔。

【注释】

①西晋南渡：西晋都洛阳，南渡后都建康，史称东晋。中兴：复兴。中途振兴；转衰为盛。一说偏安的讳称。雄武：雄健威武。称算：犹计算。②享国：享有其国。谓帝王在位。五胡：晋武帝死后，我国北方少数民族匈奴族的刘渊及沮渠氏赫连氏，羯族石氏，鲜卑族慕容氏及秃发氏、乞伏氏，氐族苻氏、吕氏，羌族姚氏，相继建立王朝，旧史称为五胡。云扰：像云起一样地纷乱，比喻社会动荡不宁。擅政：独揽朝政。擅，专；独揽；自作主张。鼎命：帝位。自若：一如既往；依然如故。③不贰其任：不分割他的职权。外寄：谓地方职守。方伯：原为一方诸侯之长，后泛称地方长官。轻其权：削弱其权力。

④"会稽王昱……以宗室"句：会稽王司马昱（即后来的简文帝）及其子道子、孙元显，先后专擅朝政。二桓：桓温、桓玄父子。逆取：古代从正统观念出发，认为以臣下身分用武力夺取帝位，不合君臣之道，故叫"逆取"。任事：称职。胜任所担当的职责。托国：谓以国事付托；受国事付托。⑤雄强：强大；强盛。荷（hè）：担任，担负。阃寄：谓托以阃外之事，即任以重要的军职。阃（kǔn），特指郭门的门槛。亦以指负军事专责的将帅。服习：犹习惯，适应。⑥领纳：接受。

赏鱼袋

衡山有唐开元二十年所建《南岳真君碑》，衡州司马赵颐贞撰，荆府兵曹萧诚书，末云，别驾赏鱼袋、上柱国光大晊①。赏鱼袋之名不可晓，他处未之见也。

【注释】

①鱼袋：唐制，五品以上官员，给随身鱼符，皆盛以袋，谓之鱼袋。

浯溪留题

永州浯溪，唐人留题颇多，其一云："太仆卿分司东都韦瓘，大中二年过此①。余大和中以中书舍人谪宜康州，逮今十六年②。去冬罢楚州刺史，今年二月有桂林之命，才经数月，又蒙除替，行次灵州，闻改此官，分司优闲，诚为忝幸③。"按《新唐书》："瓘仕累中书舍人，与李德裕善，李宗闵恶之，德裕罢相，贬为明州长史，终桂管观察使④。"以题名证之⑤，乃自中书谪康州，又不终于桂，史之误如此。瓘所称十六年前，正当大和七年，是时，德裕方在相位，八年十一月始罢，然则瓘之去国⑥，果不知坐何事也。

【注释】

①浯溪：水名。浯溪水清石峻，题刻颇多。唐诗人元结爱其胜景，家于

溪畔，命名曰浯溪。过此：即路过浯溪。这是卸任后离开桂林前往陪都洛阳，路经湖南途中。下面的文字是韦瓘自叙贬官后的经历。②谪宦：贬官另任新职。逮今：到今天（大中二年）。逮(dài)，及；到。③蒙：此处谓蒙恩。除替：卸任；免去官职。行次：谓旅途暂居的处所。忝幸：谓受之有愧的幸遇。④仕累中书舍人：累官至中书舍人。累官谓积功升官。桂管：唐时桂林地区的代称。⑤题名：古人为纪念科场登录、旅游行程等，在石碑或壁柱上题记姓名。此处即指前文的留题。⑥去国：离开国都。

皇甫湜诗

皇甫湜、李翱，虽为韩门弟子，而皆不能诗，浯溪石间有湜一诗，为元结而作①，其词云："次山有文章，可惋只在碎②。然长于指叙，约洁多余态③。心语适相应，出句多分外④。于诸作者间，拔戟成一队⑤。中行虽富剧，粹美君可盖⑥。子昂感遇佳，未若君雅裁⑦。退之全而神，上与千年对⑧。李杜才海翻，高下非可概⑨。文于一气间，为物莫与大⑩。先王路不荒⑪，岂不仰吾辈。石屏立衙衙，溪口扬素濑⑫。我思何人知，徙倚如有待⑬。"味此诗乃论唐人文章耳，风格殊无可采也⑭。

【注释】

①皇甫湜：唐文学家。字持正。他和李翱曾从韩愈学古文。元结：字次山。唐文学家。是唐朝古文运动的先驱之一。②可惋：可惜。碎：琐屑。这里指简短的杂著。③指叙：陈述；叙述。约洁：简洁。余态：无穷的美好姿态。这里指文学形象化的描写。④心语适相应：用语言文字准确地表达思想感情。分(fèn)外：特别。⑤拔戟成一队：谓自成一队独当一面。比喻别具一格。⑥中行(háng)：犹中军。富剧：指人才济济。富，丰富，富有。剧，繁多。粹美：犹精美。精致美好。盖：胜过；压倒。⑦子昂：即陈子昂。唐文学家。所作《感遇》等诗，指斥时弊，抒写情怀，风格高昂清峻。有《感遇诗三十八首》。雅裁：本指人雅正的风度，此处指佳作。⑧退之：韩愈的字。神：奇异莫测；异乎寻常。对：匹配。⑨高下：偏义复合词，指高度。概：限量。⑩文于一气间：意谓诗文以气为主。气，指作家气质或作品风格，气势。为物：造物。这里指作文章。⑪先王路不荒：要使自有《诗经》以来诗歌创作的道路上不发生荒芜现象。先王，指上古贤明君王。这里指先王以《诗经》观民俗。⑫石屏立衙衙：

石屏排列成行像行进的队列。石屏：山石壁立如屏。衙衙(yúyú)：行貌。素濑：白色的急流。濑（lài），湍急之水。水激石间为濑。⑬徙倚：犹徘徊，流连不去的意思。⑭风格：作家、艺术家在创作中所表现出来的艺术特色和创作个性。

人物以义为名

人物以义为名者，其别最多。仗正道曰义①，义师、义战是也。众所尊戴者曰义②，义帝是也。与众共之曰义，义仓、义社、义田、义学、义役、义井之类是也。至行过人曰义③，义士、义侠、义姑、义夫、义妇之类是也。自外入而非正者曰义，义父、义儿、义兄弟、义服之类是也④。衣裳器物亦然。在首曰义髻，在衣曰义襕、义领，合中小合子曰义子之类是也⑤。合众物为之，则有义浆、义墨、义酒。禽畜之贤，则有义犬、义乌、义鹰、义鹘。

【注释】

①仗：执持，主持。②尊戴：尊奉拥戴。③至行：卓绝的品行。旧时一般指孝友等品德。④义服：谓为非亲属的死者服孝。⑤襕（lán）：古时上下衣相连的服装。义子：套盒的内盒。

人君寿考

三代以前，人君寿考有过百年者①。自汉、晋、唐、三国、南北下及五季②，凡百三十六君，唯汉武帝、吴大帝、唐高祖至七十一，玄宗七十八，梁武帝八十三，自余至五六十者亦鲜。即此五君而论之。梁武召侯景之祸，幽辱告终，旋以亡国；玄宗身致大乱，播迁失意，饮恨而没③。享祚久长④，翻以为害，固已不足言。汉武末年，巫蛊事起，自皇太子、公主、皇孙皆不得其死，悲伤愁沮，群臣上寿，拒不举觞，以天下付之八岁儿⑤。吴大帝废太子和，杀爱子鲁王霸。唐高祖以秦王之故，两子十孙同日并命，不得已而禅位，其方寸为如何⑥？然则五君者虽有崇高之位，享耆耋之寿⑦，竟何益哉！若光尧太上皇帝之福，真可于天人中求之⑧。

【注释】
①寿考：犹言高寿。②南北：指南北朝。五季：即五代。③幽辱：侮辱。指受辱。侯景攻下梁都建康台城（宫城），软禁梁武帝，武帝愤恨而死。播迁：流离迁徙。饮恨：指抱恨而无由陈诉。饮，含忍。④享祚：犹享国。指帝王在位的年数。⑤巫蛊：中国古代法律指祈求鬼神加害于人或以邪术使人迷惑昏狂的犯罪行为。汉律规定巫蛊者处死。武帝晚年江充负责究治巫蛊事件，借机诬告太子刘据宫中埋有木人（当时迷信，以为木偶人埋地下可以害人），太子刘据大惧，杀江充及胡巫，武帝发兵追捕，太子也发兵抗拒。激战五日，死人数万。太子兵败自杀。太子之妻史良娣、儿子史皇孙同时遇害。卫皇后之女阳石公主和诸邑公主等也因巫蛊而被诛杀。愁沮：忧愁沮丧。八岁儿：太子刘据自杀，武帝立刘弗陵为太子。刘弗陵（即昭帝）继位时只有八岁。⑥秦王：唐太宗李世民即位以前的封号。两子：长子李建成，当时为太子；四子李元吉，封齐王。并命：同死。武德末，李世民发动玄武门之变，杀李建成等人。方寸：指心。⑦耆耋（qídié）：年老，老年人。"耆"和"耋"均为老义。⑧光尧太上皇帝：宋高宗赵构，活了八十一岁。他五十六岁时，传位给赵昚（孝宗），群臣上尊号曰光尧……太上皇帝。天人：古代道家谓能顺自然之道的人。一说指仙人；神人。

韩文公佚事①

韩文公自御史贬阳山，新旧二《唐史》，皆以为坐论宫市事②。按公《赴江陵途中诗》，自叙此事甚详，云："是年京师旱，田亩少所收。有司恤经费，未免烦诛求③。传闻闾里间，赤子弃渠沟④。我时出衢路⑤，饿者何其稠！适会除御史，诚当得言秋⑥。拜疏移阁门⑦，为忠宁自谋。上陈人疾苦，无令绝其喉。下言畿甸内，根本理宜优⑧。积雪验丰熟，幸宽待蚕麰⑨。天子恻然感，司空叹绸缪⑩。谓言即施设，乃反迁炎洲⑪。"皇甫湜作公神道碑云："关中旱饥，人死相枕藉，吏刻取恩，先生列言天下根本，民急如是，请宽民徭而免田租，专政者恶之⑫，遂贬。"然则不因论宫市明甚。碑又书三事云："公为河南令，魏、郓、幽、镇各为留邸，贮潜卒以橐罪亡，公将摘其禁，断民署吏，俟旦发，留守尹大恐，遽止之，是后郓邸果谋反，将屠东都，以应淮、蔡⑬。及从讨元济，请于裴度，须精兵千人，间道以入⑭，必擒贼。未及行，李愬自文城夜入，得元济。三军之士，为公恨。复谓度曰：今借声势，王承宗可以辞取⑮，不烦兵矣。得柏耆，口授其词，使者执笔书之，持以入镇州，承宗遂割德、棣二州以献。"李翱作公行状⑯，所载略同。而《唐书》并逸其事，且以镇州之功，专归柏耆，岂非未尝见浞文集乎？《资治通鉴》亦仅言耆以策干愈，愈为白度，为书遣之耳。

【注释】

①佚事：亦作"轶事"、"逸事"。谓正式史传未载而被散失为世人所不甚知的事迹。②贬阳山：贬为阳山县令。论宫市：韩愈曾上疏极言宫市之弊。宫市，唐德宗贞元末，宦官到民市强行购物，付价甚少，或竟不付价，使卖者空手而归，也叫宫市，是当时一大弊政。③诛求：责求，需索。④闾里：乡里；民间。赤子：婴儿。引申为子民百姓。⑤衢路：道路。⑥秋：时期；日子。⑦拜疏：上奏章。阁门：古代官殿的侧门。⑧畿甸：古制王畿千里，千里之内曰甸服，去王城五百里。后泛指京城地区。根本：京师为国家之根本。⑨幸：希冀。蚕麰（móu）：蚕熟麦收时。麰，大麦。⑩恻然：哀怜貌。司空叹绸缪：司空赞叹韩愈未雨绸缪。绸缪（chóu móu），比喻事前作好准备工作。⑪施设：实施；实行。炎洲：泛指五岭以南炎热地区。阳山县在广东，正属这一地区。⑫枕藉（zhèn jì）：纵横相枕而卧。吏刻取恩：官吏对下苛严以取求上司恩宠。列言：论述。专政：执政。⑬留邸：唐时节度留后的官署。潜卒：秘密招收的士兵。以，用；拿。橐（tuó）：用袋子装。引申为藏，窝藏。罪亡：逃匿的罪犯。全句意思为：窝藏罪犯，蓄养秘密招收的士兵。摘（tì）：揭发；揭露。禁：避忌，禁忌之事。即指"贮潜卒以橐罪亡"之事。断民：禁民众往来。即戒严。断，禁绝。署吏：布置安排官吏。尹：古代官的通称。多为主管之官。谋反：图谋反叛。淮、蔡：淮西。全称淮南西道。唐方镇名。大历以后治蔡州。⑭间（jiàn）道：偏僻的小路。⑮以辞取：以说辞劝降。⑯行状：文体名。亦称"行述"。记述死者生平事迹的文章。

论韩公文

刘梦得、李习之、皇甫持正、李汉，皆称诵韩公之文，各极其挚①。

刘之语云:"高山无穷,太华削成②。人文无穷,夫子挺生③。鸾凤一鸣,蜩螗革音④。手持文柄,高视寰海⑤。权衡低昂,瞻我所在⑥。三十余年,声名塞天⑦。"习之云:"建武以还,文卑质丧⑧。气萎体败,剽剥不让⑨。拨去其华,得其本根。包刘越嬴,并武同殷⑩。《六经》之风⑪,绝而复新。学者有归,大变于文。"又云:"公每以为自扬雄之后,作者不出⑫,其所为文,未尝效前人之言而固与之并,后进之士有志于古文者,莫不视以为法。"皇甫云:"先生之作,无圆无方,主是归工,抉经之心,执圣之权,尚友作者,跂邪觝异,以扶孔子,存皇之极⑬。茹古涵今,无有端涯⑭。鲸铿春丽,惊耀天下,栗密窈眇,章妥句适,精能之至,鬼入神出,姬氏以来⑮,一人而已。"又云:"属文意语天出,业孔子、孟轲而侈其文,焯焯烈烈,为唐之章⑯"。又云:"如长江秋注,千里一道,然施于灌激,或爽于用⑰。"此论似为不知公者。汉之语云:"诡然而蛟龙翔,蔚然而虎凤跃,锵然而韶钧鸣,日光玉洁,周情孔思,千态万貌,卒泽于道德仁义,炳如也⑱。"是四人者,所以推高韩公,可谓尽矣。及东坡之碑一出,而后众说尽废,其略云:"匹夫而为百世师,一言而为天下法,是皆有以参天地之化,关盛衰之运⑲。自东汉以来,道丧文弊,历唐贞观开元而不能救,独公谈笑而麾之,天下靡然从公⑳,复归于正。文起八代之衰,道济天下之溺㉑,岂非参天地而独存者乎?"骑龙白云之诗,蹈厉发越,直到《雅》《颂》,所谓若捕龙蛇、搏虎豹者,大哉言乎㉒!

【注释】

①极挚(zhì):所达到的最高程度。挚,至,到。一说,挚,恳切;诚恳。②削成:峭峻貌。③人文:旧指诗书礼乐等。夫子:古代对男子的敬称。此处指韩愈。挺生:挺拔生长。亦谓杰出。④鸾凤:鸾鸟和凤凰。比喻贤俊之士。蜩螗(tiáo táng):蝉的别名。蜩螗之鸣,纷扰不宁。革音:变更恶声。谓改恶从善。两句指韩愈提倡散体,倡导古文,六朝以来的骈偶文风为之一变。⑤文柄:评量一代文学的权衡(秤)。寰海:海内。⑥权衡:衡量比较。低昂:高低,高下。瞻我所在:意谓以韩愈为标准。瞻,向上或向前望。⑦声名:名声。塞(sè):充满。⑧文卑:文章内容浅陋。质丧:淳朴的文风丧失。⑨气萎:文风萎靡。气,指文风。体败:体裁、风格衰败。剽剥:抄袭窃取。⑩包:包容。刘:指汉朝。嬴:指秦朝。武:周武王。指周朝。殷:殷商。指商朝。⑪《六

经》之风:《六经》朴实无华的文风。韩愈反对六朝以来浮华空洞的骈偶文体,提倡更适合于表情达意的散行文体,主张"因事陈辞","辞事相称"。⑫作者:创始之人。《礼记·乐记》:"作者之谓圣,述者之谓明。"后用来称在艺业上有卓越成就的人。⑬无圆无方:无常轨;无定式。谓不拘一格。抉:揭示。心:思想。执圣之权:掌握圣人权衡事物的观点。执权:操秤锤。尚友:指与高于己者交游。作者:此处指从事文章撰述或艺术创作的人。歧邪觝异:抵制批判异端邪说。歧(qí):抵拒,排除。觝,"抵"的异体字。抵制。皇极:帝王统治天下的准则。即所谓大中至正之道。⑭茹古涵今:犹言博古通今。通晓古今的事情。形容学识渊博。端涯:边际。⑮鲸铿:语本汉班固《东都赋》:"于是发鲸鱼,铿华钟。"后因以"鲸铿"形容铿锵如击巨钟。这里形容气势雄健。春丽:喻像春暖花开时节那样景色华丽。这里指辞采鲜妍。惊耀:震惊炫耀。栗密:内容谨严,缜密。窈眇:美妙;美好貌。精能:精通熟练。鬼入神出:泛指变化神奇,难以捉摸。姬氏以来:即从周代以来。周朝宗室姬姓。⑯属(zhǔ)文:撰著文辞。意语:意趣(思想、旨趣)和语言。天出:天然生成。业:继,继承。侈:扩大,光大。焯焯:显著,昭然。烈烈:鲜明灿烂貌。引申为显豁,显著。章:旗帜。⑰灌激:冲荡。此处之意为以水浇田,即灌溉。爽于用:失去作用。⑱诡然:腾挪变化貌。而:通"如"。相似。蔚(wèi)然:文采华美。韶钧:《韶》乐和钧天广乐。亦泛指优美的乐曲。日光:明亮像日光。玉洁:洁白无瑕如玉。周情孔思:周公孔子的思想感情。泽:湿润;滋润。炳如:明显昭著貌。⑲参天地之化:参与天地的化育。关盛衰之运:关系到世运的盛衰。⑩道丧:儒学道统丧失。道,谓儒学里边的仁义之道,即孔孟之道。文弊:文业凋弊。麾:挥手使去。靡然:草木顺风而倒貌。喻望风响应,闻风而动。⑪八代:指东汉、魏、晋、宋、齐、梁、陈、隋八个朝代。道济天下之溺:用儒家思想来治理国家,挽救社会的沉沦。济,救济;帮助。溺,陷于危难或某种不好的境地。⑫骑龙白云之诗:指苏东坡《潮州韩文公庙碑》,文中有"公昔骑龙白云乡,手抉云汉分天章,天孙为织云锦裳……"之句。蹈厉:形容舞时动作的威武。后比喻奋发有为,意气昂扬。发越:激扬;激昂。蹈厉发越,即慷慨激昂之义。直到《雅》《颂》:直追《诗经》中《雅》《颂》的风格。龙蛇:喻诗文杰出,气势飞动。博:捕捉。虎豹:比喻富有文采。大哉言乎:骑龙白云之诗写得好啊!大,好;善。言,借指文章。

治生从宦

韩诗曰:"居闲食不足,从仕力难任。两事皆害性,一生常苦心①。"然治生从宦,自是两涂②,未尝有兼得者。张释之以赀为郎,十年不得调,曰:"久宦减兄仲之产,不遂。"欲免归③。司马相如亦以赀为郎,因病免,家贫无以自业,至从故人于临邛,及归成都,家徒四壁立而已④。

【注释】

①韩诗:指韩愈所作《从仕》诗。苦心:费尽心思。②治生:谋生计。这里指做官(从宦)以外的从事农工商等职业的谋生手段。涂:通"途"。道路。③以赀为郎:西汉时,有赀(即"资",财产)五百万钱以上可以为郎,自备车马服装,到京师长安等候政府选用,称为"赀选"。减:减损;减少。兄仲:张释之之兄字仲。不遂:不成功;不顺利。免归:免官回家。④自业:作为自谋生计的事业。故人:指临邛令王吉。徒四壁立:谓空无别物,唯有四壁植立。

真宗末年

真宗末年属疾,每视朝不多语言,命令间或不能周审,前辈杂传记多以为权臣矫制①,而非也。钱文僖在翰林,有天禧四年《笔录》,纪逐日琐细家事,及一时奏对②,并他所闻之语,今略载于此。寇莱公罢相之夕,钱公当制,上问:"与何官得?"钱奏云:"王钦若近出③,除太子太保。"上曰:"近上是甚?"云:"太子太傅。"上曰:"与太子太傅。"又云:"更与一优礼④。"钱奏但请封国公而已。时枢密有五员,而中书只参政李迪一人⑤,后月余,召学士杨大年,宣云:"冯拯与吏书,李迪与吏侍。"更无他言。杨奏:"若只转官,合中书命词,唯枢密使、平章事,却学士院降制⑥。"上云:"与枢密使、平章事。"杨亦忧虑,而不复审,退而草制,以迪为吏部侍郎、集贤相,拯为枢密相⑦。又四日,召知制诰晏殊,殊退,乃召钱。上问:"冯拯如何商量?"钱奏:

"外论甚美，只为密院却有三员正使，三员副使，中书依旧一员，以此外人疑讶⑧。"上云："如何安排？"钱奏："若却令拯入中书，即是彰昨来错误，但于曹利用、丁谓中选一人过中书，即并不妨事。"上曰："谁得？"钱奏："丁谓是文官，合入中书。"上云："入中书。"遂奏授同平章事。又奏兼玉清宫使，又奏兼昭文国史⑨。又乞加曹利用平章。上云："与平章事。"

按此际大除拜，本真宗启其端，至于移改曲折，则其柄乃系词臣，可以舞文容奸⑩，不之觉也。寇公免相四十日，周怀政之事方作，温《纪闻》，苏子由《龙川志》，范蜀公《东斋记事》⑪，皆误以为因怀政而罢，非也。予尝以《钱录》示李焘⑫，焘采取之，又误以召晏公为寇罢之夕，亦非也。

【注释】

①属(zhǔ)疾：生病。间或：有时候。周审：周到详细。权臣：有权势之臣。多指掌权而专横的大臣。矫制：犹矫诏。②钱文僖：钱惟演。卒谥思，改谥文僖。翰林：指翰林学士院。翰林学士供职之所。奏对：臣属当面回答君主提出的问题。③当制：值班起草制诰。得：适合，得当。出：罢官。指王钦若罢相出判杭州。④优礼：优待礼遇。⑤宣：宣布。特指宣布帝王之命。吏书：吏部尚书。吏侍：指吏部侍郎。⑥转官：升迁官职。合：应当。命词：指草诏，为皇帝起草诏书。降制：颁布诏令。⑦枢密相：枢密使与宰相等（同）。⑧外论：外界的议论。密院：宋代枢密院的省称。疑讶：疑惑惊奇。⑨昭文国史：昭文馆大学士，监修国史。⑩除拜：即拜官。移改：移动改变。曲折：委曲，详细情况。容奸：包庇自己的奸私。容，宽容，包容。奸，自私。⑪周怀政之事：真宗长期患病，刘皇后掌握了朝廷实权。周怀政想制止皇后执政，尊赵恒为太上皇，传帝位于太子，重新任命寇准为相。事泄，被杀。苏子由：苏辙，北宋散文家。字子由。范蜀公：即范镇。累封蜀郡公。⑫钱录：即钱惟演所著《笔录》。李焘：南宋史学家。撰《续资治通鉴长编》。

卷第九（二十八则）

霍光赏功

汉武帝外事四夷，出爵劝赏①，凡将士有军功，无问贵贱，未有不封侯者。及昭帝时，大鸿胪田广明平益州夷②，斩首捕虏三万，但赐爵关内侯。盖霍光为政，务与民休息，故不欲求边功，益州之师，不得已耳，与唐宋璟抑郝灵佺斩默啜之意同③。然数年之后，以范明友击乌桓，傅介子刺楼兰④，皆即侯之，则为非是，盖明友，光女婿也。

【注释】

①外事四夷：外部对付四方少数民族的侵扰。事，特指对外族进行战争。劝赏：奖赏。②大鸿胪：官名。为九卿之一。③抑郝灵佺（quán）：突厥默啜可汗经常进犯边境，后因入侵拔曳而被击斩。开元十七年，入蕃使郝灵佺把他的首级带回长安，认为是立了大功。但宋璟担心如重赏了郝灵佺，会使别的人眼红，也会竭力去挑起边界争端，以便从中得到好处，便坚持不赏郝灵佺。④楼兰：汉西域城国。傅介子杀其王安归。

尺棰取半

《庄子》载惠子之语曰："一尺之棰，日取其半，万世不竭。"虽为寓言，然此理固具①。盖但取其半，正碎为微尘，余半犹存，虽至于无穷可也。特所谓卵有毛、鸡三足、犬可以为羊、马有卵、火不热、龟长于蛇、飞鸟之景未尝动，如是之类，非词说所能了也②。

【注释】

①固具：诚然具有。②词说（shuō）：犹言辞。了：明瞭。

汉文失材

汉文帝见李广曰："惜广不逢时，令当高祖世，万户侯岂足道哉①！"贾山上书言治乱之道，借秦为喻，其言忠正明白，不下贾谊，曾不得一官，史臣犹赞美文帝，以为山言多激切，终不加罚，所以广谏争之路②。观此二事，失材多矣③。吴、楚反时，李广以都尉战昌邑下显名，以梁王授广将军印，故赏不行④。武帝时，五为将军击匈奴，无尺寸功，至不得其死。三朝不遇⑤，命也夫！

【注释】
①令当：使处在。令，使。万户侯：即食邑万户的侯。②治乱：谓治理混乱的局面，使国家安定、太平。忠正：忠诚正直。激切（qiè）：激烈率直。谏争：直言规劝。亦作"谏诤"。③失材：谓没有任用有才能的人。④吴楚反：指西汉景帝三年吴、楚等七国发动的叛乱。赏不行：李广私受梁王授给他的将军印，这是违犯汉朝廷法令的事，故不奖赏。⑤三朝：李广历文帝、景帝、武帝三朝。不遇：没有遇到被识拔的机会；不得志。

陈轸之说疏

战国权谋之士，游说从横，皆趋一时之利，殊不顾义理曲直所在①。张仪欺楚怀王，使之绝齐而献商於之地②。陈轸谏曰："张仪必负王，商於不可得而齐、秦合，是北绝齐交，西生秦患。"其言可谓善矣。然至云："不若阴合而阳绝于齐，使人随张仪，苟与吾地，绝齐未晚。"是轸不深计齐之可绝与否③，但以得地为意耳。及秦负约，楚王欲攻之，轸又劝曰："不如因赂之以一名都④，与之并兵而攻齐，是我亡地于秦，取赏于齐也。"此策尤乖谬不义⑤。且秦加亡道于我，乃欲赂以地，齐本与国，楚无故而绝之，宜割地致币，卑词谢罪，复求其援，而反欲攻之，轸之说于是疏矣⑥。乃知鲁仲连、虞卿为豪杰之士，非轸辈所能企及也⑦。

【注释】

①权谋：犹权略。随机应变的谋略。游说（shuì）：战国时代的策士，周游各国，向统治者陈说形势，提出政治、军事、外交方面的策略，以求取高官厚禄。后来泛指给人作说客。从横：即纵横。"合纵连横"的简称。战国时弱国联合起来进攻强国，叫作合纵。随同强国去进攻其他弱国，叫作连横。义理：合于一定的伦理道德的行事准则。②献商於之地：秦把商於之地六百里献给楚国。商於（wū）：古地区名。③深计：深入精到的计议、考虑。④因：介词。趁，乘。⑤乖谬（miù）：违逆；背离常道。不义：不合乎道义。⑥与国：结盟的国家。致：献纳；奉献。疏：迂阔；不切实际。⑦豪杰：才能出众的人。企及：企望赶上；勉力达到。

颜率儿童之见

秦兴师临周而求九鼎①，周君患之。颜率请借救于齐。乃诣齐王许以鼎，齐为发兵救周，而秦兵罢。齐将求鼎，周君又患之。颜率复诣齐曰："愿献九鼎，不识何途之从而致之齐②？"齐王将寄径于梁、于楚③，率皆以为不可，齐乃止。《战国策》首载此事，盖以为奇谋。予谓此特儿童之见尔！争战虽急，要当有信。今一绐齐可也④，独不计后日诸侯来伐，谁复肯救我乎？疑必无是事，好事者饰之尔⑤。故《史记》《通鉴》皆不取。

【注释】

①九鼎：传说禹铸九鼎，象征九州，三代时奉为传国之宝。后以九鼎喻分量之重。②何途之从：从哪条道路上经过。③寄径：借道。④绐（dài）：欺骗。⑤饰：粉饰；编造。

皇甫湜正闰论

晋魏以来，正闰之说纷纷①，前人论之多矣。盖以宋继晋，则至陈而无所终，由隋而推之，为周为魏，则上无所起。故司马公于《通鉴》取南朝承晋讫于陈亡，然后系之隋开皇九年，姑藉其年以纪事，无所抑扬也②。唯皇甫湜之论不然，曰："晋之南迁，与平王避戎之事同，而元魏种实匈奴，自为中国之位号③。谓之灭耶，晋实未改；谓之禅耶，已无所传④。而往之著书者有帝元，今之为录者皆闰晋⑤，失之远矣。晋为宋，宋为齐，齐为梁，江陵之灭，则为周矣。陈氏自树而夺，无容于言⑥。故自唐推而上，唐受之隋，隋得之周，周取之梁，推梁而上以至于尧、舜，为得天下统。则陈僭于南，元闰于北，其不昭昭乎⑦？"此说亦有理。然予复考之，灭梁江陵者，魏文帝也⑧，时岁在甲戌。又三年丁丑，周乃代魏。不得云江陵之灭，则为周也。

【注释】

①正闰：正统和非正统。闰，偏，副。闰为农历一年十二个月以外的月份，故有非正常之义。闰位，指非正统的帝位。②讫（qì）：通"迄"。到；至。系之隋开皇九年：文帝杨坚开皇九年（589年）灭陈。因为编年体史书按年纪事，所以只能从这一年接续上边。抑扬：犹褒贬。这里有偏重之意。③周平王：周幽王太子。申侯联合犬戎攻杀幽王后，他被申、鲁、许等国拥立于申，"平王立，东迁于洛邑，避戎寇。"（《史记·周本纪》）公元265年西晋建立，都洛阳。316年，匈奴贵族建立的汉国灭西晋。317年，司马睿（晋元帝）在南方重建晋朝，都建康（今南京），史称东晋。元魏：即北魏。493年孝文帝迁都洛阳（原都城在平城，即今山西大同），改本姓拓拔为元，故史称元魏。种：种族。拓拔氏为鲜卑族，是东胡族的一支。秦汉时，东胡族附于匈奴。北匈奴西迁以后，东胡族进入匈奴故地。所以说"元魏种实匈奴"，其意是说，它不能为正统。位号：爵位与名号。④已无所传：晋和元魏没有传承关系。⑤帝元：以元魏为主，即为正统。帝，古代君主的称号；皇帝。引申为主体，主。闰晋：以晋为非正统。⑥陈氏自树而夺：557年，陈霸先代梁称帝，国号陈。但后主陈叔宝却昏聩无能，以致被隋所灭。历时只有三十三年。自树：自己有所建树。夺，丧失。无容：即"无庸"。无须，不必。容，通"庸"。⑦僭（jiàn）：超越本分。旧指下级冒用上级名义、礼仪或器物。昭昭：明白；显著。⑧魏文帝：应是魏恭帝。西魏恭帝（拓拔廓）元年，即梁元帝（萧绎）承圣三年（公元554年），岁在甲戌，十一月，西魏攻陷江陵，萧绎被杀（见《梁书·元帝本纪》《北史·魏本纪第五》）。

简师之贤

《皇甫持正集》有《送简师序》,云:"韩侍郎贬潮州,浮图之士,欢快以忭,师独愤起,访余求序,行资适潮,不顾蛇山鳄水万里之崄毒[1],若将朝得进拜而夕死者。师虽佛其名,而儒其行;虽夷狄其衣服,而人其知[2]。不犹愈于冠儒冠,服朝服,惑溺于经怪之说以斁彝伦邪[3]?"予读其文,想见简师之贤,而惜其名无传于后世,故表而出之[4]。

【注释】

[1]韩侍郎贬潮州:刑部侍郎韩愈因谏阻宪宗迎佛骨,被贬为潮州刺史。浮图:见卷三《儒人论佛书》"浮屠"注。欢快以忭:拍手称快。忭(biàn),鼓掌,表示欢欣。愤起:奋起。奋然起立;振作起来。行资:(卖文作为)旅费。蛇山鳄水:藏伏着毒蛇的山和藏伏着鳄鱼的水。崄毒:(山水之)险阻和(蛇鳄之)伤害。[2]儒行(xíng):儒家的道德规范或行为准则。知:见解,知识。[3]惑溺:犹沉迷。经怪之说:佛经的奇谈怪论。斁(dù):败坏。彝伦:犹伦常。古指人与人之间的道德关系。[4]表出:标记出来。

老人推恩

唐世赦宥,推恩于老人绝优[1]。开元二十三年,耕籍田[2]。侍老百岁以上,版授上州刺史[3];九十以上,中州刺史;八十以上,上州司马。二十七年,赦。百岁以上,下州则史,妇人郡君;九十以上,上州司马,妇人县君;八十以上,县令,妇人乡君[4]。天宝七载,京城七十以上本县令;六十以上县丞;天下侍老除官与开元等。国朝之制,百岁者始得初品官封,比唐不侔矣。淳熙三年,以太上皇帝庆寿之故,推恩稍优,遂有增年诡籍以冒荣命者[5]。使如唐日,将如何哉?

【注释】

[1]赦宥:宽恕;赦免。推恩:帝王对臣属推广封赠,以示恩典。[2]籍田:

亦作"藉田"。中国古代天子、诸侯征用民力耕种的田。每逢春耕前，由天子、诸侯执耒耜在籍田上三推或一拨，称为"籍礼"，以示对农业的重视。耕籍田即举行籍礼。③侍：奉养；赡养。版授：授与官职。这里指封衔，非实授。④郡君：妇女的封号。唐制四品官之母或妻封郡君。县君：唐制五品官母、妻封县君。乡君：唐制勋官四品，母、妻封乡君。⑤增年：增加岁数。诡籍：假冒门籍。荣命：谀称皇帝任命。亦指皇帝的任命。

唐三杰

汉高祖以萧何、张良、韩信为人杰①，此三人者真足以当之也。唐明皇同日拜宋璟、张说、源乾曜三故相官，帝赋《三杰诗》，自写以赐。其意盖以比萧、张等也。说与乾曜岂璟比哉！明皇可谓不知臣矣。

【注释】

①人杰：杰出的人物。

忠义出天资

忠义守节之士，出于天资①，非关居位贵贱、受恩深浅也。王莽移汉祚，刘歆以宗室之隽，导之为逆，孔光以宰相辅成其事②。而龚胜以故大夫守谊以死③。郭钦、蒋诩以刺史、郡守，栗融、禽庆、曹竟、苏章以儒生，皆去官不仕。陈咸之家，至不用王氏腊④。萧道成篡宋，褚渊、王俭，奕世达官，身为帝甥、主婿，所以纵臾灭刘⑤，唯恐不速。而死节者乃王蕴、卜伯兴、黄回、任侯伯之辈耳⑥。安禄山、朱泚之变，陈希烈、张均、张垍、乔琳、李忠臣，皆以宰相世臣，为之丞弼⑦。而甄济、权皋、刘海宾、段秀实，或以幕府小吏，或以废斥列卿，捐身立节⑧，名震海内。人之贤不肖，相去何止天冠地屦乎⑨！

【注释】

①忠义：忠贞义烈。守节：坚守节操，不做非礼的事。天资：天生的资质。

亦即固有的本性。②隽(jùn)：通"俊"。英俊；俊秀。辅成：帮助实现。③守谊：坚守道义。④腊：祭名。古代称祭百神为"蜡"，祭祖先为"腊"。不用王氏腊，即不承认王莽是其主子。⑤褚渊、王俭：渊父湛之，尚宋武帝女始安哀公主；渊尚文帝女南郡献公主。俭父僧绰，尚文帝女东阳公主；俭尚明帝女阳羡公主。褚渊、王俭故被称之"帝甥、主婿"。两人均参与了萧道成代宋的活动。奕世：一代接一代。达官：职位显要的官吏。纵臾（sǒng yǒng）：同"怂恿"。唆使；鼓动。⑥死节：为保全节操而死。⑦安禄山：天宝十四载（755年）冬，在范阳起兵叛乱，次年称帝，国号燕。朱泚（cǐ）：唐德宗建中四年被在京师哗变的泾原兵推为皇帝，国号秦。784年改国号为汉，自号汉元天皇。世臣：古指世代在本国出仕的贵族。丞弼：辅佐的大臣。⑧列卿：指在九卿之列。捐身：牺牲生命。立节：树立节操。⑨天冠地屦：犹言天壤之别，比喻两者差别极大。屦（jù），麻、葛等制成的单底鞋。冠（guān），帽子。

刘歆不孝

事亲孝，故忠可移于君，是以求忠臣必于孝子之门。刘歆事父①，虽不载不孝之迹，然其议论每与向异同。故向拳拳于国家，欲抑王氏以崇刘氏，而歆乃力赞王莽，倡其凶逆，至为之国师公，又改名秀以应图谶②，竟亦不免为莽所诛，子棻、女愔皆以戮死。使天道每如是，不善者其知惧乎！

【注释】

①刘歆：字子骏，后改名秀。②拳拳：亦作"惓惓"。诚挚貌；忠心耿耿貌。抑王崇刘：遏制外戚王凤宗族势力，尊崇刘汉宗室。参见卷十一《谊向触讳》一文。赞：辅佐；帮助。倡：倡导。凶逆：凶恶叛逆。亦指凶恶叛逆的人。图谶（chèn）：即"谶书"。是巫师或方士制作的一种隐语或预言，作为吉凶的符验或征兆。改名秀以应图谶，指新莽末年关中出现的《赤伏符》："刘秀发兵捕不道，四夷云集龙斗野，四七之际火为主。"③每：时常；往往。

汉法恶诞谩

李广以私忿杀霸陵尉,上书自陈谢罪①。武帝报之曰②:"报忿除害,朕之所图于将军也。若乃免冠徒跣,稽颡请罪,岂朕之指哉③!"张敞杀絮舜,上书曰:"臣待罪京兆,絮舜本臣素所厚吏,以臣有章劾当免,受记考事④,谓臣'五日京兆',背恩忘义。臣窃以舜无状,枉法以诛之⑤。臣贼杀不辜,鞫狱故不直⑥,死无所恨。"宣帝引拜为刺史⑦。汉世法令,最恶诞谩罔上⑧。广、敞虽妄杀人,一语陈情,则赦之不问,所以开臣下不敢为欺之路也。武帝待张汤非不厚,及问鲁谒居事,谓其怀诈面欺,杀之不贷⑨,真得御臣之法。

【注释】

①谢罪:向人认错,请求原谅。②报:特指皇帝对臣下所上条陈、奏章等的批复。③免冠:古人去冠表示谢罪。徒跣:赤足步行(谢罪)。稽颡(qǐ sǎng):古时一种跪拜礼。屈膝下拜,以额触地。指:意旨;意向。④张敞杀絮(nù)舜:张敞任京兆尹,絮舜为敞手下的贼捕掾。光禄勋杨恽因"大逆不道"罪被诛。敞作为恽的好友,被劾奏应当撤职("以臣有章劾当免")。此时絮舜正奉张敞之命办理一桩案件("受记考事"),没有办完便私自回家歇息去了,说:"张敞最多也不过再当五天京兆尹(谓臣'五日京兆'),哪里还有可能再来叫我替他办案?"于是张敞杀了絮舜。待罪:旧时官吏常怕因失职获罪,因以"待罪"为供职的谦辞。意谓听候治罪。受记考事:接受办案文书去核查案情。记,古时的一种公文。考,查核。⑤无状:没有礼貌。枉法:谓歪曲和破坏法律。⑥贼杀不辜:杀害了无罪之人。不直:不正;不公。⑦引拜:引,征引。拜,授官。⑧诞谩:荒诞不实。罔上:欺骗君上。罔,欺骗;蒙蔽。⑨鲁谒居事:鲁谒居,张汤的亲信属吏。张汤任御史大夫,李文任御史中丞。两人有嫌隙。鲁谒居便指使人呈上紧急奏章告发李文的坏事。这事交张汤处理,张汤判决杀掉了李文。张汤明知此事是鲁谒居干的,但皇上问时,他却假装不知道并表示很惊奇。怀诈面欺:心存欺诈,当面欺诬。不贷:不饶恕;不宽免。

汉官名

汉官名有不书于《百官表》而因事乃见者。如行冤狱使者,因张敞杀絮舜而见;美俗使者,因何并代严诩而见;河堤使者,因王延世塞决河而见;直指使者①,因暴胜之而见。岂非因事置官,事已即罢乎?

【注释】
①行冤狱使者:专事稽核冤狱。美俗:使风俗淳美。直指使者:汉武帝时朝廷设置的专管巡视、处理各地政事的官员。因出巡时穿着绣衣,故又称"绣衣直指",或称"直指绣衣使者"。

五胡乱华

刘聪乘晋之衰,盗窃中土,身死而嗣灭,男女无少长皆戕于靳準①。刘曜承其后②,不能十年,身为人禽。石勒尝盛矣,子夺于虎③。虎尽有秦、魏、燕、齐、韩、赵之地,死不一年,而后嗣屠戮,无一遗种④。慕容隽乘石氏之乱⑤,跨据河山,亦仅终其身,至子而灭。苻坚之兴,又非刘、石比,然不能自免,社稷为墟⑥。慕容垂乘苻氏之乱,尽复燕祚,死未期年⑦,基业倾覆。此七人者,皆夷狄乱华之巨擘也⑧,而不能久如此。今之金虏,为国八十年,传数酋矣⑨,未亡何邪?

【注释】
①刘聪:十六国时期汉国国君。嗣:子孙。这里指君位继承人。戕(qiāng):杀害;残害。②刘曜:十六国时期前赵国君。③石勒:后赵的建立者。子夺于虎:石虎为石勒的侄子。石勒死后,儿子石弘继位。后来石虎废掉并杀害了石弘,自立为国君。④遗种:指人或动植物的后代。⑤慕容隽:前燕国君。⑥苻坚:前秦皇帝。为墟:变为废墟。⑦慕容垂:后燕的建立者。期(jī)年:一整年。⑧巨擘(bò):大拇指。比喻特出的人物。⑨酋(qiú):部落的首领;酋长。

亦为魁帅的通称。

石宣为彗

石虎将杀其子宣，佛图澄谏曰："陛下若加慈恕，福祚犹长，若必诛之，宣当为彗星下扫邺宫①。"虎不从。明年，虎死。二年，国亡。《晋史》书之以为澄言之验。予谓此乃石氏穷凶极虐②，为天所弃。岂一逆子便能上干玄象③，起彗孛乎？宣杀其弟韬，又欲行冒顿之事④，宁有不问之理？澄言既妄，史氏误信而载之，《资治通鉴》亦失于不删也。

【注释】

①陛下：对帝王的尊称。慈恕：仁慈宽恕。福祚：福禄；福分。彗星：亦称孛星，俗名扫帚星。以曳长尾如彗(扫帚)，故名。我国古代以为妖星。扫：清除；消灭。邺宫：邺城的宫室。邺城为石氏的国都。②穷凶极虐：极端凶恶暴虐。③干：关涉。玄象：天象。日月星辰，在天成象，故称。《易·坤》："天玄而地黄。"后因称天为玄。④冒顿之事：冒顿，匈奴单于。秦二世元年（前209年），冒顿杀其父头曼自立。冒顿，音 mò dú。

三公改他官

国初以来，宰相带三公官居位，及罢去，多有改他官者。范质自司徒、侍中改太子太傅，王溥自司空改太子太保，吕蒙正自司空改太子太师是也。天禧以前唯赵普、王旦乃依旧公师，仍复迁秩①。天圣而后，恩典始隆②，张士逊致仕②，至以兵部尚书得太傅云。

【注释】

①公师：公指三公；师指师、傅、保。迁秩：旧指官员晋级。②隆：深，深厚。致仕：交还官职，即辞官。

带职致仕

　　熙宁以前，待制学士致仕者，率迁官而解其职①。若有疾就闲者，亦换为集贤院学士。盖不以近职处散地也②。带职致仕，方自熙宁中王素始。后改集贤学士为修撰，政和中又改为右文云③。

【注释】
①学士：官名。率（shuài）：大率；通常。引申为一概，都。迁官：这里指晋升官爵。解职：解除职务。②近职：指亲近君主的侍从官职。散（sǎn）地：闲散之地。也借指闲散的官职。③右文：宋代官殿名。《宋史·徽宗纪三》：政和五年，"改集贤殿为右文殿"。

朋友之义

　　朋友之义甚重。天下之达道五①：君臣、父子、兄弟、夫妇而至朋友之交。故天子至于庶人，未有不须友以成者。"天下俗薄，而朋友道绝"，见于《诗》。"不信乎朋友，弗获乎上②"，见于《中庸》《孟子》。"朋友信之"，孔子之志也；"车马衣裘③，与朋友共"，子路之志也；"与朋友交而信"，曾子之志也。《周礼》六行④，五曰任，谓信于友也。汉、唐以来，犹有范张、陈雷、元白、刘柳之徒⑤，始终相与，不以死生贵贱易其心。本朝百年间，此风尚存。呜呼，今亡矣！

【注释】
①达道：犹言常道。公认的准则。②弗获乎上：不能得到主上的信任。③志：志向。衣裘：夏衣冬裘。裘：皮衣。④六行：西周大司徒教民的六项行为标准，即孝、友、睦、姻、任、恤。⑤范张：东汉范式与张邵友善，重义守信，后因以范张事为生死之交的模范。陈雷：东汉陈重与雷义。元白：唐元稹和白居易是好友。刘柳：唐刘禹锡和柳宗元，两人交谊很深，人称"刘柳"。

高科得人

国朝自太平兴国以来，以科举罗天下士，士之策名前列者，或不十年而至公辅①。吕文穆公蒙正、张文定公齐贤之徒是也②。及嘉祐以前，亦指日在清显③。东坡《送章子平序》，以谓仁宗一朝十有三榜，数其上之三人，凡三十有九，其不至于公卿者，五人而已。盖为士者知其身必达，故自爱重而不肯为非，天下公望亦以鼎贵期之④，故相与爱惜成就，以待其用。至嘉祐四年之制，前三名始不为通判，第一人才得评事、签判，代还升通判，又任满，始除馆职⑤。王安石为政，又杀其法，恩数既削，得人亦衰矣⑥。观天圣初榜，宋郑公郊、叶清臣、郑文肃公戬、高文庄公若讷、曾鲁公公亮五人连名⑦，二宰相、二执政、一三司使。第二榜，王文忠公尧臣、韩魏公琦、赵康靖公槩连名⑧。第三榜，王宣徽拱辰⑨、刘相沆、孙文懿公抃连名。杨寊榜，寊不幸即死，王歧公珪、韩康公绛、王荆公安石连名⑩。刘煇榜，煇不显，胡右丞宗愈、安门下焘、刘忠肃公挚、章申公惇连名⑪。其盛如此！治平以后，第一人作侍从，盖可数矣。

【注释】

①罗：招致。策名：谓科试及第。公辅：古代三公、四辅，均为天子之佐。借指宰相一类的大臣。②文穆、文定：与下文的文肃、文庄、康靖、忠肃等均为宰臣死后朝廷赐予的谥号。③清显：清要显达的官位。④公望：公众的希望。鼎贵：显赫尊贵之人。⑤评事：官名。隶大理寺。签判：宋代于各州府选派京官充任判官时称签书（署）判官厅公事，简称签判，掌诸案文移事务。一说大郡称通判，小郡则称签判。代还：指朝臣出任外官者重新被调回朝廷任职。馆职：宋初沿唐制，以史馆、昭文馆、集贤院为三馆，通名崇文院。后于此中建秘阁，别置官属，自直秘阁、直馆、直院至校理、校勘等，无定员，称为馆职。掌三馆图籍之编校，一般由文学之士中考选授职，称为入馆。⑥杀（shà）：减少；降等。恩数：指朝廷赐予的封号等级。削（xuē）：削减。衰（cuī）：减少。⑦宋郑公郊：即宋庠，初名郊。原封莒国公，英宗即位，改封郑国公。曾公亮：封鲁国公。⑧韩琦：封魏国公。⑨宣徽：即宣徽院使。官名。⑩王珪：

《宋史》作"王圭"。哲宗时封岐国公。韩绛：哲宗即位恩封康国公。王安石：原封舒国公，后改荆国公。⑪右丞：尚书省设左右丞。安焘，曾任门下侍郎。章惇：封申国公。

辛庆忌

汉成帝将立赵飞燕为皇后，怒刘辅直谏，囚之掖廷狱，左将军辛庆忌等上书救辅，遂得减死①。朱云请斩张禹，上怒，将杀之，庆忌免冠解印绶，叩头殿下曰："此臣素著狂直②，臣敢以死争。"叩头流血。上意解，然后得已。庆忌此两事，可与汲黯、王章同科③。班史不书于本传，但言其为国虎臣④，匈奴、西域敬其威信而已。方争朱云时，公卿在前，曾无一人助之以请，为可羞也。

【注释】

①掖廷狱：汉代官中的秘狱。减死：减免死刑。②印绶：印和系印的丝带。指官吏的印章。免冠解印，表示辞官不作。素著：一向显著。③汲黯（àn）：汲黯常直言切谏，曾指责武帝为"内多欲而外施仁义"。同科：同类。④虎臣：比喻勇武之臣。

楚怀王

秦楚之际，楚怀王以牧羊小儿为项氏所立，首尾才三年①。以事考之，东坡所谓天下之贤主也②。项梁之死，王并吕臣、项羽军，自将之，羽不敢争。见宋义论兵事，即以为上将军，而羽乃为次将。择诸将入关，羽怨秦，奋势愿与沛公西，王以羽慓悍祸贼③，不许，独遣沛公，羽不敢违。及秦既亡，羽使人还报王，王曰："如约④。"令沛公王关中。此数者，皆能自制命，非碌碌孱主受令于强臣者，故终不能全于项氏⑤。然遣将救赵灭秦，至于有天下，皆出其手。太史公作《史记》，当为之立本纪，继于秦后，迨其亡⑥，则次以汉高祖可也。而乃立《项羽本纪》，义帝之事特附见焉，是直以羽为代秦也，其失多矣。高祖尝下诏，以秦皇帝、楚隐王亡后，为置守冢，并及魏、齐、赵三王，而义帝乃高祖故君，独缺不问，岂简策脱佚乎⑦？

【注释】

①首尾：指楚怀王被立（前209年）到被项羽徙江南（前206年）。②贤主：贤明的君主。③奋势：犹愤激。激动振奋。慓悍：矫捷勇猛。祸贼：作祸残害。④如约：按原先的约定办，即"先入定关中者王之"。⑤(自)制命：(自己)掌握命运。孱主：懦弱的国君。终不能全于项氏：项羽怨怀王不肯令与沛公(即刘邦)俱西入关，致使刘邦平定了关中。于是佯尊怀王为义帝，又徙义帝长沙郴（chēn）县，使人追杀义帝于江中。⑥迨（dài）：同"逮"。等到。⑦楚隐王：陈涉建立张楚政权，立为楚王，死后谥隐。守冢：守护坟墓的人。并及魏、齐、赵三王：汉高祖也为魏安釐王、齐缗王、赵悼襄王置守冢各十家。脱佚：脱漏散失。

范增非人杰

世谓范增为人杰①，予以为不然。夷考平生②，盖出战国从横之余，见利而不知义者也。始劝项氏立怀王，及羽夺王之地，迁王于郴，已而弑之，增不能引君臣大谊③，争之以死。怀王与诸将约，先入关中者王之，沛公既先定关中，则当如约，增乃劝羽杀之④，又徙之蜀汉。羽之伐赵⑤，杀上将军义，增为末将，坐而视之。坑秦降卒，杀秦降王，烧秦宫室，增皆亲见之，未尝闻一言也。至于荥阳之役，身遭反间，然后发怒而去。呜呼，疏矣哉⑥！东坡公论此事伟甚，犹未尽也。

【注释】

①范增：项羽的主要谋士。②夷考：考察。夷，发语词。③大谊：正道；大原则。④增乃劝羽杀之：项羽闻刘邦破咸阳，大怒，击关而入，军新丰鸿门。在鸿门宴上，范增又劝项羽杀刘邦。⑤羽之伐赵：按《史记·项羽本纪》，应是救赵。秦军围赵巨鹿，怀王以宋义为上将军，项羽为次将，范增为末将，救赵。⑥身遭反间：项羽与范增围荥阳，汉王恐惧，用陈平的计策，离间项羽与范增的关系，项羽怀疑，夺范增权。反间：用计离间敌人，使起内讧。疏：疏陋（浅陋，见闻不广）。

翰苑故事

翰苑故事①，今废弃无余。唯学士入朝，犹有朱衣院吏双引至朝堂而止，及景灵宫行香，则引至立班处②。公文至三省不用申状，但尺纸直书其事，右语云："谘报尚书省伏候裁旨，月日押"，谓之谘报③。此两事仅存。

【注释】

①翰苑：此处指宋代翰林学士院，为翰林学士的供职之所。②朱衣吏：穿红衣在前引路或传告的小吏。双引：宋制，学士以上有朱衣吏一人引马。所服带用黄金而无鱼。至入两府，则朱衣二人引马，谓之双引；金带悬鱼，谓之重金。朝堂：汉代正朝左右百官治事之所。亦泛指朝廷。国家有大事，皆于朝堂会议。立班处：（上朝时）文武百官依品秩站立之处。③申状：旧时一种上行的公文。但：只；仅。谘报：禀报，上报。也指用于禀报的一种公文。宋代百官有事申中书，皆用状（即"申状"），只有学士院向三省申报用谘报，不需申状，由当值学士一人押字。伏候：俯伏等候。下对上的敬词。裁旨：宋代称太守以下地方长官的指示、命令为"裁旨"。此处则称三省的指示、命令。

唐扬州之盛

唐世盐铁转运使在扬州，尽斡利权，判官多至数十人①，商贾如织。故谚称"扬一益二"②，谓天下之盛，扬为一而蜀次之也。杜牧之有"春风十里珠帘"之句，张祜诗云："十里长街市井连，月明桥上看神仙③。人生只合扬州死，禅智山光好墓田④。"王建诗云："夜市千灯照碧云，高楼红袖客纷纷⑤。如今不似时平日，犹自笙歌彻晓闻⑥。"徐凝诗云："天下三分明月夜，二分无赖是扬州⑦。"其盛可知矣。自毕师铎、孙儒之乱，荡为丘墟⑧。杨行密复葺之，稍成壮藩，又毁于显德⑨。本朝承平百七十年，尚不能及唐之什一，今日真可酸鼻也⑩！

【注释】

①斡(guǎn)：通"管"。管领。利权：掌管财利的职权。判官：官名。②益：

益州。唐、北宋先后改蜀郡、成都府为益州。自汉以来为全国经济最发达区域之一。③珠帘：珍珠缀成的帘子。市井：古代指做买卖的地方。神仙：美女。一说唐人惯以代称妓人。④禅智山：指当时江都西的蜀冈（又名昆冈）。因有禅智寺，故称。⑤红袖：指艳妆女子。⑥时平日：太平时日。笙歌：合笙之歌。亦谓吹笙唱歌。⑦"天下"二句：据王洪主编《中国文学宝库·唐诗精华分卷》解释：谓天下三分之二良宵美景为扬州占有，极言扬州夜市之风流繁华、金迷纸醉。无赖：本有褒贬两义，此处为爱极的昵称。⑧丘墟：废墟；荒地。⑨葺：补治。壮藩：富庶繁盛的大州郡。又毁于显德：显德元年，柴荣派宰臣李谷率军出征淮南。从显德三年初到四年底，柴荣三次亲征淮南。到五年初，淮南被柴荣平定。⑩承平：相承平安之意。谓社会秩序比较持久的安定。酸鼻：悲痛。鼻子酸辛，泪欲出。

张祜诗

唐开元、天宝之盛，见于传记、歌诗多矣，而张祜所咏尤多，皆他诗人所未尝及者。如《正月十五夜灯》云："千门开锁万灯明，正月中旬动帝京。三百内人连袖舞，一时天上著词声①。"《上巳乐》云："猩猩血染系头标，天上齐声举画桡②。却是内人争意切，六宫红袖一时招③。"《春莺啭》云："兴庆池南柳未开，太真先把一枝梅④。内人已唱《春莺啭》，花下傞傞软舞来⑤。"又有《大酺乐》《邠王小管》《李谟笛》《宁哥来》《邠娘羯鼓》《退宫人》《耍娘歌》《悖拏儿舞》《阿鹄汤》《雨霖铃》《香囊子》等诗，皆可补《开天遗事》，弦之乐府也⑥。

【注释】

①内人：唐代长安教坊歌舞妓进入宫内宜春院的称内人。唐崔令钦《教坊记》："妓女入宜春院，谓之内人，亦曰前头人，常在上前也。"著：通"伫"。滞留。②猩猩血：像猩猩血的鲜艳红色。即猩红色。头标：头上的表识（zhì）、记号。这句说，用血红色的绸子布系在头上作标记。天上：天映水底，人、船像在天上。画桡（ráo）：有画饰的船桨。③却是：正是。争意切：争宠的心情迫切。招：招来，招引来。④太真：杨太真，即唐玄宗的贵妃杨玉环。⑤傞傞（suō suō）：醉舞失态貌。软舞：唐代教坊乐舞分为健舞、软舞两大类。大多来自民间，后用于宴享。软舞舞姿轻盈柔婉。《春莺啭》即属于软舞一类。

⑥弦之乐府：即配上乐曲传唱。弦，指用二胡琴瑟等弦乐器配合歌唱。乐府，诗体名。本指乐府官署所采集、创作的乐歌，也用以称魏晋至唐代可以入乐的诗歌和后人仿效乐府古题的作品。

古人无忌讳

古人无忌讳。如季武子成寝，杜氏之葬在西阶之下，请合葬焉①，许之。入宫而不敢哭，武子命之哭。曾子与客立于门侧，其徒有父死，将出哭于巷者，曾子曰："反哭于尔次②。"北面而吊焉。伯高死于卫，赴于孔子，孔子曰："夫由赐也见我，吾哭诸赐氏。"遂哭于子贡寝门之外，命子贡为之主，曰："为尔哭也来者，拜之③。"夫以国卿之寝阶，许外人入哭而葬，己所居室，而令门弟子哭其亲，朋友之丧，而受哭于寝门之外④，今人必不然者也。圣贤所行，固为尽礼，季孙宿亦能如是。以古方今，相去何直千万也⑤。

【注释】
①季武子：季孙宿。春秋鲁国正卿。成寝：建成一座住宅。寝，寝宫；住宅。杜氏之葬：指原墓葬。合葬：迁出合葬。②反：同"返"。尔次：你住宿的地方。次，宿处。③赴：讣告；报丧。夫由赐也见我：伯高是通过子贡结识我的。赐：孔子弟子子贡，姓端木，名赐。寝门：泛指内室的门。为之主：代做丧家的主人。为尔哭也来者，拜之：为了你的缘故而来哭悼伯高的，你应该向他拜谢。④受哭：受，接受。⑤方：比拟；比方。直：仅仅。副词。

宰我不诈

宰我以三年之丧为久，夫子以食稻衣锦问之曰："于女安乎①？"曰："安。"后人以是讥宰我，谓孔门高第乃如是②。殊不知其由衷之言，不为诈隐③，所以为孔门高第也。鲁悼公之丧，孟敬子曰："食粥，天下之达礼也，吾三臣者之不能居公室也，四方莫不闻矣，勉而为瘠，毋乃使人疑夫不以情居瘠者乎哉！我则食食④。"乐正子春之母死，五日而不食，曰："吾悔之，自吾母而不得吾情⑤，吾恶乎用吾情！"谓勉强过礼也⑥。夫不情之恶，贤者所深戒，虽孟敬子之不臣⑦，宁废礼食食，不肯不情而为瘠。盖先王之泽未远，故不肖者亦能及之⑧。

【注释】

①"以食稻衣锦问之"句：孔子以"在服丧期间吃好米饭穿锦缎衣服，你心安吗"问宰我。②高第：同"高弟"。谓门弟子中的优秀者。③诈隐：诈，欺骗。隐，隐瞒。④达礼：天下通行的礼仪。吾三臣者：指孟孙氏、叔孙氏、季孙氏，即所谓三桓。不能居公室：不能敬事（恭敬侍奉）国君。《中华大字典》注："居，安也。""敬养其人曰安。"公室，春秋战国时诸侯的家族，也用以指诸侯国的政权。勉而为瘠：勉强（不吃食物）而变得消瘦。瘠，瘦。毋乃使人疑夫不以情居瘠者乎哉：岂不让人疑心我们不是由于悲哀心情而变得瘠瘦了吗？言外之意是饿瘦的。毋乃，疑问副词。岂不。居，处于，位于。居瘠，即变得到了瘠瘦的地步。我则食食：我们就吃饭吧。则，犹"即"。就。食食，吃饭。前"食"，吃。后"食"，食物。⑤自吾母而不得吾情，吾恶乎用吾情：自从我母亲不能得到我的真实感情，我还能何所用我的真实感情？恶（wū）乎：疑问代词。犹言何所。⑥过礼：超过（父母死，三日而食的）常礼。⑦恶：指丑陋行为。不臣：不忠于君主或背叛君主。⑧不肖：不贤。

李益卢纶诗

李益、卢纶，皆唐大历十才子之杰者①。纶于益为内兄②，尝秋夜同宿，益赠纶诗曰："世故中年别③，余生此会同。却将愁与病，独对朗陵翁④。"纶和曰："戚戚一西东⑤，十年今始同。可怜风雨夜，相问两衰翁⑥。"二诗虽绝句，读之使人凄然，皆奇作也。

【注释】

①大历十才子：大历年间齐名的十个诗人。宋计有功《唐诗纪事·李益》："大历十才子……卢纶、钱起、郎士元、司空曙、李端、李益、苗发、皇甫曾、耿㳽、李嘉祐。又云：吉顼、夏侯审亦是。或云：……"《新唐书·文艺传下·卢纶》记载与此不同。杰：特出。②于：对，对于。③世故：世间的一切事故。这里特指变乱。④朗陵翁：此处似指卢纶，但其原因不详。朗陵，县名。⑤戚戚：相亲貌。一说忧惧貌。⑥衰（shuāi）翁：老翁。

卷第十(二十则)

杨彪陈群

魏文帝受禅,欲以杨彪为太尉,彪辞曰:"彪备汉三公,耄年被病,岂可赞惟新之朝①?"乃授光禄大夫。相国华歆以形色忤旨,徙为司徒而不进爵②。帝久不怿,以问尚书令陈群曰:"我应天受禅,相国及公独不怡③,何也?"群对曰:"臣与相国,曾臣汉朝,心虽悦喜,犹义形于色。"夫曹氏篡汉,忠臣义士之所宜痛心疾首,纵力不能讨,忍复仕其朝为公卿乎?歆、群为一世之贤,所立不过如是④。彪逊辞以免祸,亦不敢一言及曹氏之所以得。盖自党锢祸起⑤,天下贤士大夫如李膺、范滂之徒,屠戮殆尽,故所存者如是而已。士风不竞⑥,悲夫!章惇、蔡京为政,欲殄灭元祐善类,正士禁锢者三十年,以致靖康之祸,其不为歆、群者几希矣⑦。

【注释】

①魏文帝:即曹丕。受禅:古代指承受禅让的帝位。备汉三公:东汉末年杨彪先后为司空、司徒、太尉。备,充任;充当。常用作谦词。耄年:老年。被病:谓疾病缠身。惟新:更新。语出《诗·大雅·文王》:"周虽旧邦,其命维新。"维,通"惟"。②形色:形之色。谓在脸色、表情上显示出来。忤(wǔ):违逆,触犯。进爵:进升爵位。③不怿(yì):不悦;不欢愉。不怡(yí):不乐。义形于色:指仗义持正的心情流露在脸上。④痛心疾首:形容伤心悔恨之极。语出《左传·成公十三年》。所立不过如是:立身之本不过如此。⑤逊辞:谦让推辞。党锢之祸:东汉桓帝、灵帝时,宦官捕杀、禁锢士大夫的事件。⑥士风:士大夫的风气。不竞:不强;不振。⑦殄(tiǎn)灭:消灭;灭绝。善类:善良的人;有德之士。元祐善类:指司马光、文彦博、吕公著等人。正士:正直之士。禁锢:禁止封闭,勒令不准作官,犹后世的永不叙用。希(xī):通"稀"。稀疏。又引申为稀少,罕见。

袁盎温峤

赵谈常害袁盎,盎兄子种曰:"君与斗,廷辱之,使其毁不用①。"文帝出,谈参乘,盎前曰:"天子所与共六尺舆者,皆天下豪英,陛下奈何与刀锯余人载②?"上笑下谈,谈泣下车。温峤将去王敦,而惧钱凤为之奸媒,因敦饯别,峤起行酒,至凤,击凤帻坠,作色曰③:"钱凤何人,温太真行酒而敢不饮!"及发后,凤入说敦曰:"峤于朝廷甚密,未必可信。"敦曰:"太真昨醉,小加声色,岂得以此便相谗贰④。"由是凤谋不行。二者之智如此。

【注释】

①君与斗:您与他斗。廷辱之:在朝廷上侮辱他。使其毁不用:使他的毁谤不起作用。其,指赵谈。毁,诽谤,谮毁(袁盎)。不用,不被文帝所用,从而不起作用。②参乘(shèng):亦作"骖乘"。陪乘或陪乘的人。六尺舆:帝王所乘的车。《隋书·礼仪志五·舆辇》"舆"下云:"汉室制度,以雕(玉)为之,方径六尺。"豪英:指豪杰英雄。刀锯余人:即刑余之人。此指宦官赵谈。③饯别:以酒宴送别(温峤就任丹阳尹,从姑孰离开王敦到丹阳上任)。行酒:依次斟酒。帻(zé):古代包扎发髻的巾。作色:改变容色;变脸色。④声色:说话的声音和脸色。谗贰:谗害猜疑。

日饮亡何

《汉书·爰盎传》:"南方卑湿,君能日饮亡何①。"颜师古注云:"无何,言更无余事。"而《史记·盎传》作"日饮毋苛②",盖言南方不宜多饮耳。今人多用"亡何"字。

【注释】

①爰盎:即袁盎。卑湿:地土低洼潮湿。卑,位置低下。亡何:亦作"无何"。犹言未做旁的事。②苛:《中华大字典》:"苛,烦也。""烦,多也"。

爰盎小人

爰盎真小人，每事皆借公言而报私怨，初非尽忠一意为君上者也。尝为吕禄舍人①，故怨周勃。文帝礼下勃，何豫盎事，乃有"非社稷臣"之语②，谓勃不能争吕氏之事，适会成功耳。致文帝有轻勃心，既免使就国，遂有廷尉之难③。尝谒丞相申屠嘉，嘉弗为礼，则之丞相舍折困之④。为赵谈所害，故沮止其参乘。素不好晁错，故因吴反事请诛之。盖盎本安陵群盗，宜其忮心忍戾如此，死于刺客，非不幸也⑤。

【注释】

①吕禄：吕后（汉高祖刘邦皇后吕雉）侄。吕后死后，吕禄等人图谋叛乱，被太尉周勃等诛杀。②礼下勃：对周勃很尊重。下，对……谦让。"乃有非社稷臣之语"句：见《三笔》卷二《绛侯莱公》一文。社稷臣：关系国家安危的大臣。③既免使就国，遂有廷尉之难：周勃被免相，回到封国，有人告发他谋反，于是周勃被囚牢狱。就国，免职回到封国去。④折困：折挫困辱。⑤盎本安陵群盗：《汉书·爰盎传》："爰盎，字丝。其父楚人也，故为群盗，徙安陵。"是其父为群盗，非盎本人。《史记·袁盎传》亦如此说。忮（zhì）心：忌恨之心。忍戾：残忍暴虐。死于刺客：袁盎最后被梁王派出的刺客刺杀于安陵郭门外。非不幸也：意谓他倒霉活该。不幸：不幸运，倒霉。

唐书判①

唐铨选择人之法有四：一曰身，谓体貌丰伟；二曰言，言辞辩正；三曰书，楷法遒美；四曰判，文理优长②。凡试判登科谓之入等，甚拙者谓之蓝缕，选未满而试文三篇谓之宏辞，试判三条谓之拔萃③。中者即授官。既以书为艺，故唐人无不工楷法；以判为贵，故无不习熟。而判语必骈俪④，今所传《龙筋凤髓判》及《白乐天集·甲乙判》是也。自朝廷至县邑，莫不皆然，非读书善文不可也。宰臣每启拟一事，亦必偶数十语，今郑畋敕语、堂判犹存⑤。世俗喜道琐细遗事，参以滑稽⑥，目为花判，其实乃如此，非若今人握笔据案，只署一字亦可。国初尚有唐余波，久而革去之。但体貌丰伟，用以取人，未为至论。

【注释】

①书判：指书法和文理。②铨（quán）选：唐宋至清选用官吏的制度。除最高级职官由皇帝任命以外，一般都由吏部按照规定选补某种官缺。凡经考试、捐纳或原官起复具有资格的人均须到吏部听候铨选。丰伟：形容人身体丰满魁梧。辩正：华美雅正。楷（kǎi）法：楷书之法。遒美：劲健优美。判：本指裁决狱讼。这里指判牍。文体名。司法案件判决词之类文章，古代多用四六骈文。文理：文章的文字表达和内容意义。优长：优异；杰出。③试判：唐代选拔人才的考试项目之一。考察其审定文字的能力以断定其文理是否优长。登科：唐制，举子放榜，止称及第，待选服官，由吏部覆试，获中，方称登科。唐以后凡应试得中即称登科。入等：被取录。蓝缕：本意为敝衣。这里引申为知识浅陋。选未满：选期未满。宏辞：亦作"宏词"。制科名目之一。始于唐，宋、金相沿。拔萃：唐制，选官有一定年限，期限未满，试判三条，合格入官的谓之拔萃。④习熟：犹熟悉；熟知。骈俪：亦作"骈丽"。骈体文多用偶句，讲求对仗，或谓之骈俪。以四言六言相间成文的，称为骈四俪六。⑤启拟：启，启奏；拟，撰写。敕语：敕言，纶言。指为皇帝起草的诏书。堂判：朝堂上裁决朝廷大事的记录。堂，古代官室，前为堂，后为室。引申指朝堂、公堂。⑥遗事：前代或前人留下来的事迹。滑稽：此处指引人发笑的判牍言语。

古彝器

三代彝器，其存至今者，人皆宝为奇玩①。然自春秋以来，固重之矣。经传所记，取郜大鼎于宋，鲁以吴寿梦之鼎贿荀偃，晋赐子产莒之二方鼎②，齐赂晋以纪甗、玉磬，徐赂齐以甲父之鼎，郑赂晋以襄钟③，卫欲以文之舒鼎、定之鞶鉴纳鲁侯④，乐毅为燕破齐，祭器设于宁台，大吕陈于元英，故鼎反乎磨室是已⑤。

【注释】

①彝器：古代青铜器中礼器的通称。宝：珍爱。奇玩：供玩赏的珍品。

②郜(gào):古诸侯国名。春秋时为宋所灭。郜大鼎被宋国取去,宋又将此鼎贿赂鲁桓公。寿梦:吴王寿梦献鼎于鲁,鲁又以鼎贿荀偃。莒:古国名。方鼎:两耳四足的方形任食器。商周时代流行并多用作祭器。杜预注《左传》:方鼎,莒所贡。③纪:古国名。春秋时为齐所灭。甗(yǎn):礼器。玉磬(qìng):古乐器。均为齐灭纪国时得到的珍宝。甲父:古国名。杜预注:徐人得甲父鼎以赂齐。襄钟:春秋郑襄公宗庙内的钟。④文:指卫文公。定:指卫定公。鞶(pán)鉴:以镜为饰的皮带。纳鲁侯:帮助鲁昭公回国。时鲁昭公流亡国外。⑤宁台:燕国台名。大吕:齐国的钟名,音协大吕之律。代指齐国庙堂乐器。元英:燕国宫殿名,在宁台附近。故鼎:燕国原有的鼎,燕王哙时被齐掠去。磨(lì)室:燕国宫名,也在宁台附近。《战国策》作"厉室"。古代观测推算历象之所。《史记·乐毅列传》:"故鼎反乎磨室。"

玉蕊杜鹃

物以希见为珍,不必异种也①。长安唐昌观玉蕊,乃今玚花,又名米囊,黄鲁直易为山矾者。润州鹤林寺杜鹃,乃今映山红,又名红踯躅者。二花在江东弥山亘野,殆与榛莽相似②。而唐昌所产,至于神女下游,折花而去,以践玉峰之期;鹤林之花,至以为外国僧钵盂中所移,上玄命三女下司之,已逾百年,终归阆苑③。是不特土俗罕见④,虽神仙亦不识也。王建宫词云:"太仪前日暖房来⑤,嘱向昭阳乞药栽。敕赐一窠红踯躅⑥,谢恩未了奏花开。"其重如此,盖宫禁中亦鲜云。

【注释】

①珍:贵重。异种:奇特品种。②弥山亘野:满山遍野。榛(zhēn)莽:芜杂丛生的草木。③践期:遵循约定的期限。践,履行。玉峰:道教七十二福地中第五十六福地,属仙人栢(柏)户所治。钵盂:僧徒之食器。上玄:天。司:主持;掌管。阆(làng)苑:阆风之苑,仙人所居之境。④不特:不仅;不但。⑤太仪:公主的母亲。太者,谓因子而尊;仪者,取母仪之盛。暖房:旧俗备礼贺人新居或新婚,皆称暖房。也作"暖屋"。⑥敕赐:皇帝的赏赐。窠:同"棵"。

礼寺失职①

唐开元中,封孔子为文宣王,颜子为兖公,闵子至子夏为侯,群弟子为伯。本朝祥符中,进封公为国公,侯为郡公,伯为侯。绍兴二十五年,太上皇帝御制赞七十五首,而有司但具唐爵,故宸翰所标,皆用开元国邑,其失于考据如此②,今当请而正之可也。绍兴末,胡马饮江,既而自毙,诏加封马当、采石、金山三水府③。太常寺按籍④,系四字王,当加至六字。及降告命至其处,庙令以旧告来⑤,则已八字矣。逐郡为缴回新命,而别易二美名以宠之⑥。礼寺之失职类此。方完颜亮据淮上,予从枢密行府于建康,尝致祷大江:能令虏不得渡者,当奏册为帝⑦。泊事定⑧,朝廷许如约。朱丞相汉章曰:"四渎当一体⑨,独帝江神,礼乎?"予曰:"惩劝之道⑩,人神一也。彼洪河长淮,受国家祭祀血食,不为不久,当胡骑之来,如行枕席,唯大江滔滔天险,坐遏巨敌之冲,使其百万束手倒戈而退,此其灵德阴功⑪,于河、淮何如?自五岳进册之后,今蒋庙、陈果仁祠亦称之,江神之帝,于是为不忝矣⑫。"朱公终以为不可,亦仅改两字。吁,可惜哉!

【注释】

①礼寺:即太常寺。②太上皇帝:指宋高宗。此文写于孝宗时。御:对帝王所作所为及所用物的敬称。如御用、御制等。赞:文体的一种。原本用于赞美,后来也用于评述。大多篇幅简短,一般有韵。宸翰:帝王的书迹。国邑:诸侯的封地。考据:也叫"考证"。研究历史、语言等的一种方法。根据事实的考核和例证的归纳,提供可信的材料,作出一定的结论。③胡马:指金国军队。饮江:即饮马长江。指金国南侵军队到了长江边。自毙:自行倒仆。喻自遭失败或自受其害。马当、金山:均为山名。采石:即采石矶。都是险要的江防重地。南宋建炎四年(1130年),韩世忠败金兀术于金山下。水府:神话传说中水神或龙王所住的地方。亦用为水神的称号。④按籍:按照簿籍或典籍。⑤告命:帝王的诏令。庙令:泛指庙中主事之人。⑥宠:尊崇。⑦完颜亮:即金废帝。南宋绍兴三十一年,他大举攻宋,在采石矶为虞允文率领的宋军所败,退至瓜洲,为部将所杀。上文"既而自毙"即指此。致祷:进行祈祷。册:册

立，册封。⑧洎（jì）：及；到。⑨四渎：四条独流入海的大川，即长江、黄河、淮河、济水。⑩惩劝：惩恶劝善。⑪血食：受祭祀。因祭祀有牲牢，故称。坐遏：谓安坐而以其声威制止对方的举动。冲（chōng）：交通要道。一说音chòng，指前锋的猛烈进攻。束手：表示停止抵抗。倒（dǎo）戈：放下武器。指投降敌方。灵德：神灵的恩德。阴功：迷信的人指在人世间所做而在阴间可以记功的好事。⑫蒋庙：南京钟山上的蒋子文庙。三国时吴孙权进封蒋歆（字子文）为中都侯，并为之立庙。南朝齐为之进号为蒋帝。陈果仁：不详。不忝：不辱；不愧。

徐凝诗

徐凝以《瀑布》"界破青山"之句，东坡指为恶诗，故不为诗人所称说①。予家有凝集，观其余篇，亦自有佳处。今漫纪数绝于此。《汉宫曲》云："水色帘前流玉霜②，赵家飞燕侍昭阳。掌中舞罢箫声绝，三十六宫秋夜长③。"《忆扬州》云："萧娘脸下难胜泪④，桃叶眉头易得愁⑤。天下三分明月夜，二分无赖是扬州。"《相思林》云："远客远游新过岭，每逢芳树问芳名⑥。长林遍是相思树，争遣愁人独自行⑦。"《玩花》云："一树梨花春向暮，雪枝残处怨风来。明朝渐校无多去⑧，看到黄昏不欲回。"《将归江外辞韩侍郎》云："一生所遇唯元白，天下无人重布衣。欲别朱门泪先尽，白头游子白身归⑨。"皆有情致，宜其见知于微之、乐天也⑩。但俗子妄作乐天诗，缪为赏激，以起东坡之诮耳⑪。

【注释】

①徐凝：唐诗人。界破：划破。恶诗：拙劣或猥贱的诗。称说：称扬述说。②玉霜：秋霜。因其晶莹如玉，故称。③掌中舞罢：传说赵飞燕体轻如燕，能在人手掌上跳舞。三十六宫秋夜长：汉成帝专宠赵飞燕，三十六宫嫔妃很少得到宠幸，只有漫漫长夜使人难熬。④萧娘：唐人以"萧娘"为女子的泛称。六朝以来，诗词中常以男所恋女称萧娘，女所恋男称萧郎。⑤桃叶：晋王献之爱妾。此处借指所爱女子。⑥芳树：泛指佳木。芳名：犹美名。⑦长林：高大的树林。相思树：即红豆树。相思：彼此想念。争：通"怎"。怎么。⑧校（jiào）：查对；计点。⑨朱门：红漆门。古代贵族的大门漆成红色以示尊贵，因此称豪门为朱门。游子：指离家远游或久居外乡的人。白身：谓无功名；也指无功名

的人。⑩情致：情趣和风致。见知：受到知遇。⑪缪（miù）：通"谬"。错误。赏激：极为赏识。诮：讥嘲。

梅花横参

今人梅花诗词，多用参横字①，盖出柳子厚《龙城录》所载赵师雄事，然此实妄书，或以为刘无言所作也。其语云："东方已白，月落参横。"且以冬半视之，黄昏时参已见，至丁夜则西没矣，安得将旦而横乎②？秦少游诗："月落参横画角哀，暗香消尽令人老③。"承此误也。唯东坡云："纷纷初疑月挂树，耿耿独与参横昏。"乃为精当④。老杜有"城拥朝来客，天横醉后参"之句，以全篇考之，盖初秋所作也。

【注释】

①参（shēn）：星名。二十八宿（xiù）之一。②丁夜：即四更，凌晨两点左右的时候。没：隐没；消失。将旦：天快亮时。旦，天亮。③画角：古管乐器。以竹木或皮革制成，因外加彩绘，故名。发声哀厉高亢。古时军中多用之，以警昏晓。暗香：幽香。后亦喻指梅花。④耿耿：明亮貌。精当：精确的当。

致仕之失

大夫七十而致事，谓之得谢①，美名也。汉韦贤、薛广德、疏广、疏受，或县安车以示子孙，卖黄金以侈君赐②，为荣多矣。至于龚胜、郑弘辈，亦诏策褒表，郡县存问③，合于三代敬老之义。本朝尤重之，大臣告老，必宠以东宫师傅、侍从④。耆艾若晁迥、孙奭、李柬之亦然⑤。宣和以前，盖未有既死而方乞致仕者，南渡之后，故实散亡，于是朝奉、武翼郎以上，不以内外高卑，率为此举。其最甚而无理者，虽宰相辅臣，考终于位，其家发哀即服，降旨声钟给赗，既已阅日，方且为之告廷出命，纶书之中，不免有亲医药、介寿康之语⑥。如秦太师、万俟丞相、陈鲁公、沈必先、王时亨、郑仲益是已⑦。其在外者，非易箦属纩，不复有请，间千百人中有一二焉，则知与不知，骇惜其死，子弟游宦远地,往往饮泣不宁,谒急奔命,故及无事日⑧,不敢为之。绍兴二十九年,予为吏部郎,因轮对,奏言:"乞令吏部立法,自今日以往,当得致仕恩泽之人物故者,即以告所在州,州上省部,然后夷考其平生,非有赃私过恶于式有累者⑨,辄官其后人。若真能陈义引年,或辞荣知止者,乞厚其节礼,以厉风俗,贤于率天下为伪也⑩。"太上览奏欣纳⑪曰:"朕记得此事之废,方四十年,当如卿语。"既下三省,诸公多以为是,而首相汤岐公独难之,其议遂寝⑫,今不复可正云。

【注释】

①致事:同"致仕"。辞官。得谢:得以辞官。谢,辞去。②县(xuán):同"悬"。安车:古代一种小车,可以安坐,故名。侈:显扬。③诏策:即诏书。褒表:嘉奖表彰。存问:犹言慰问。④东宫:太子所居之宫,也用以指太子。师傅:官名。古代官制有太师、太傅、太保、少师、少傅、少保,统称师傅、师保、保傅。⑤耆(qí)艾:尊长;师长。亦泛指老年人。⑥考终:老寿而死;善终。发哀:举行哀悼仪式。即服:穿上丧服。声钟给赙:鸣钟致赙。本谓办理丧事,亦为死亡的婉辞。赙(fù),以财物助人办丧事。阅日:经历时日。告廷出命:报告朝廷公告其致仕。纶书:即诏书。亲医药:即就医。接受医疗。介寿康:即介寿。语出《诗经·豳风·七月》:"八月剥枣,十月获稻,为此春酒,以介眉寿。"后因用为祝寿之辞。"亲医药,介寿康"一句,应是对死者生前时说的。⑦秦太师:指秦桧。万俟丞相:万俟卨。陈鲁公:即陈康伯。封鲁国公。⑧易箦属纩:病重临危的代称。"易箦(zé)"出自《礼记·檀弓上》:曾子病重临死,要人给他换掉季孙氏赐给的、当时大夫才能使用的华美光泽的竹席子(即"箦")。后来因称人病重将死为"易箦"。属纩(zhǔ kuàng):用新绵置临死的人鼻前,验其是否断气。语出《礼记·丧大记》。后因以"属纩"为疾病临危的代称。不复有请:不再有请求辞官的。间:间或。骇惜:惊骇惋惜。饮泣:形容极其悲痛。谒急:告急。奔命:奔赴应命;忙于应付。无事:没有变故。⑨轮对:即百官轮对制度。每五日内殿起居,轮一员上殿,指陈时政得失,称为轮对。物故:死;亡故。过恶(è):错误;罪恶。式:准则,法度。指言行所依据的原则。⑩陈义:陈述大义。引年:犹言告老。自陈年老告退。辞荣:逃避富贵荣华的生活。谓辞官退隐。节礼:礼节的等次、等级。节,犹"等",等次;等级。厉:通"励"。劝勉。贤:胜。⑪欣纳:欣然接受。⑫汤岐公:汤思退,字进之。封岐国公。寝:停止;废置。

南班宗室

南班宗室,自来只以本官奉朝请①。自隆兴以后,始带宫观使及提举②。今嗣濮王、永阳、恩平、安定王以下皆然,非制也。

【注释】

①南班:宋仁宗于南郊大祀时,赐皇族子弟的官爵,谓之南班。班,爵禄。奉朝请:本为贵族、官僚定期朝见皇帝的称谓。春季朝见为朝,秋季朝见为请,故名。南朝安置闲散官员,成为官号之一。②宫观使、提举:均为官名。两者都是为安置罢退的大臣及闲员而设,坐食俸禄而不管事,号为"祠禄官"。

省郎称谓

除省郎者,初降旨挥,但云:"除某部郎官。"盖以知州资序者,当为郎中,不及者为员外郎①。及吏部拟告身细衔,则始直书之。其兼权者,初云:"权某部郎官",洎入衔及文书②,皆曰"权员外郎",已是他部郎中,则曰"权郎中"。至绍兴末,冯方以馆职摄吏部,欲为异,则系衔曰③:"兼权尚书吏部郎官"。予尝叩其说,冯曰:"所被省札只言'权郎官'④,故不敢耳"。予曰:"省札中岂有'尚书'二字乎?"冯无以对,然讫不肯改。自后相承效之,至今告命及符牒所书,亦云"权郎官",固已甚野,至于尚左、侍右之名,遂入除目,皆小吏不谙熟故事,驯以致然,书之记注⑤,为不美耳。

【注释】

①省郎:皇帝的侍从官。因居省禁中,故称。此处指中枢诸省的官吏。旨挥:帝王的诏敕、命令。资:资历;资格。序:同"叙"。旧指按等级次第授官或依照功绩给予奖励。郎中:官名。自隋唐至清,为尚书、侍郎、丞以下高级部员。员外郎:官名。与郎中通称郎官,皆为中央官吏中的要职。员外郎简称外郎或员外,通称副郎。②权:指暂代官职。入衔:指写入公文的官衔。

文书：公文；案牍。③摄：代理；兼理。系衔：旧官吏原职外别加的称呼名号；所挂的官衔。④叩：询问。被：领受。省札：古代中枢各省的文书。⑤符牒：符移关牒等公文的统称。野：不合礼仪；不合法。尚左：指尚书左选（文官选）。侍右：侍郎右选（武官选）。加尚右、侍左，为宋代铨选官吏的吏部四选。这里指小吏把尚左、侍右错当作了官名。除目：除授官职的文书。犹今之任免名单。谙熟：十分熟悉。记注：起居注；编年实录。

水衡都尉二事

龚遂为渤海大守，宣帝召之，议曹王生愿从，遂不忍逆。及引入宫，王生随后呼曰："天子即问君何以治渤海，宜曰：'皆圣主之德，非小臣之力也。'"遂受其言。上果问以治状①，遂对如王生言。天子悦其有让，笑曰："君安得长者之言而称之？"遂曰："乃臣议曹教戒臣也②。"上拜遂水衡都尉，以王生为丞③。予谓遂之治郡，功效著明，宣帝不以为赏，而顾悦其佞词乎！宜其起王成胶东之伪也④。褚先生于《史记》中又载武帝时，召北海太守，有文学卒史王先生自请与太守俱⑤。太守入宫，王先生曰："天子即问君何以治北海令无盗贼，君对曰何哉？"守曰："选择贤材，各任之以其能，赏异等⑥，罚不肖。"王先生曰："是自誉自伐功，不可也。愿君对言：'非臣之力，尽陛下神灵威武所变化也⑦。'"太守如其言。武帝大笑曰："安得长者之言而称之，安所受之⑧？"对曰："受之文学卒史。"于是以太守为水衡都尉，王先生为丞。二事不应相类如此，疑即龚遂，而褚误书也。

【注释】

①治状：施政的成绩。②教戒：教导和训戒。③丞：官名。多作为佐官之称。④佞词：谄媚取宠的花言巧语。王成胶东之伪：王成为胶东相，"伪自增加"其劝勉招怀流民的人数，"以蒙显赏"。（《汉书·王成传》）⑤褚先生：褚少孙。西汉史学家。因《史记》有残缺，曾为补作。文学卒史：掌管文书的小吏。⑥异等：特异出众。⑦自伐：犹自矜。自夸功绩。神灵：犹威灵，圣明。威武：声势，威风。⑧安所受之：你从哪里得来的这番话？安所：何处。受：得到；得。

程婴杵臼

　　《春秋》于鲁成公八年书晋杀赵同、赵括，于十年书晋景公卒，相去二年。而《史记》乃有屠岸贾欲灭赵氏，程婴、公孙杵臼共匿赵孤①，十五年景公复立赵武之说。以年世考之，则自同、括死后，景公又卒，厉公立八年而弑，悼公立又五年矣，其乖妄如是②。婴、杵臼之事，乃战国侠士刺客所为③，春秋时风俗无此也。元丰中，吴处厚以皇嗣未立④，上书乞立二人庙，访求其墓，优加封爵。敕令河东路访寻遗迹，得其冢于绛州太平县。诏封婴为成信侯，杵臼为忠智侯，庙食于绛⑤。后又以为韩厥存赵，追封为公。三人皆以春秋祠于祚德庙⑥。且自晋景公至元丰，千六百五十年矣，古先圣帝、明王之墓，尚不可考，区区二士，岂复有兆域所在乎？绛郡以朝命所访，姑指他丘垄为之词以塞责耳⑦。此事之必不然者也。处厚之书进御，即除将作丞，狃于出位陈言以得宠禄，遂有讦蔡新州十诗之事，所获几何，贻笑无极⑧，哀哉！

【注释】

①匿：隐藏；躲避。赵孤：赵氏孤儿，指赵武。②年世：年代。乖妄：错乱荒诞。③侠士：行侠仗义之士。④皇嗣未立：皇上的继承人还没有设立。即尚未立太子。皇嗣，皇子。后亦指皇太子。⑤庙食：指死后立庙，享受祭祀。⑥祠：祭祀。⑦兆域：墓域，坟墓的界址。丘垄：坟墓。塞责：谓抵塞罪责，弥补所任事的不足。⑧进御：犹进呈。狃（niǔ）：贪图。出位：越位；超越本分。宠禄：谓荣宠与禄位。讦（jié）：攻击别人的短处或揭发别人的隐私。蔡新州：指蔡确，字持正。十诗：蔡确夏日登车盖亭，作十诗。吴处厚攻击蔡确的这十首诗中有五首涉及讥讽，而被贬"英州别驾、新州安置"。后卒于贬所。参考《续笔》卷五《汉唐二武》。贻笑：犹见笑。被人笑话。

战国自取亡

　　秦以关中之地，日夜东猎六国①，百有余年，悉禽灭之。虽云得地利，善为兵，故百战百胜，以予考之，实六国自有以致之也。韩、燕弱小，置不足论。彼四国者，魏以惠王而衰，齐以闵王而衰，楚以怀王而衰，赵以孝成王而衰，皆本于好兵贪地之故。魏承文侯、武侯之后，表里山河，大于三晋②，诸侯莫能与之争。而惠王数伐韩、赵，志吞邯郸，挫败于齐，军覆子死，卒之为秦所困，国日以蹙③，失河西七百里，去安邑而都大梁，数世不振，迄于珍国。闵王承威、宣之后，山东之建国莫强焉。而狃于伐宋之利，南侵楚，西侵三晋，欲并二周为天子，遂为燕所屠。虽赖田单之力，得复亡城，子孙沮气，孑孑自保，终堕秦计④，束手为虏。怀王贪商於六百里，受诈张仪⑤，失其名都，丧其甲士，不能取偿，身遭囚辱以死。赵以上党之地，代韩受兵⑥，利令智昏，轻用民死，同日坑于长平者过四十万，几于社稷为墟，幸不即亡，终以不免。此四国之君，苟为保境睦邻，畏天自守，秦虽强大，岂能加我哉⑦！

【注释】

①猎：进攻；进击。②大：过于；超过。这里意为强。三晋：春秋末晋国韩、赵、魏三家分晋，是为战国时的韩、赵、魏三国，史称三晋。③邯郸：赵国国都。军覆子死：魏惠王三十年，魏伐赵，齐救赵击魏，战于马陵。齐虏魏太子申，杀将军庞涓，魏军遂大破。蹙：缩小；削减。④二周：东周、西周的土地。屠：杀戮；毁坏。沮气：丧气，情绪低落。孑孑：小谨貌。一说为孤单貌。堕（duò）：落入。⑤受诈张仪：受到张仪的诈骗。张仪相秦，说楚怀王，只要楚与齐绝交，秦愿割让商於之地方六百里给楚。楚绝齐交。张仪说，割让地盘方六里。怀王怒，发兵攻秦，大败，斩甲士八万，秦取汉中郡。十四年后，秦约楚怀王会盟于武关，囚禁了楚怀王。后来，怀王卒于秦。⑥代韩受兵：秦攻韩国上党，上党郡守把上党十七个都邑献给赵国，赵孝成王以为这是大利，发兵取上党。秦于是把矛头指向了赵国。⑦畏天：敬畏天命。谓畏天命，识时务。加：侵凌。

临敌易将

临敌易将，固兵家之所忌，然事当审其是非，当易而不易，亦非也。秦以白起易王龁而胜赵,以王翦易李信而灭楚,魏公子无忌易晋鄙而胜秦,将岂不可易乎!燕以骑劫易乐毅而败,赵以赵括易廉颇而败,以赵葱易李牧而灭,魏使人代信陵君将,亦灭,将岂可易乎?

司空表圣诗

东坡称司空表圣诗文高雅,有承平之遗风,盖尝自列其诗之有得于文字之表者二十四韵[1],恨当时不识其妙。又云:"表圣论其诗,以为得味外味,如'绿树连村暗,黄花入麦稀[2]',此句最善。又'棋声花院闭,幡影石坛高[3]',吾尝独入白鹤观,松阴满地,不见一人,惟闻棋声,然后知此句之工,但恨其寒俭有僧态[4]。"予读表圣《一鸣集》,有《与李生论诗》一书,乃正坡公所言者,其余五言句云:"人家寒食月,花影午时天","雨微吟足思,花落梦无憀","坡暖冬生笋,松凉夏健人","川明虹照雨,树密鸟冲人","夜短猿悲减,风和鹊喜灵","马色经寒惨,雕声带晚饥","客来当意惬[5],花发遇歌成。"七言句云:"孤屿池痕春涨满,小栏花韵午晴初","五更惆怅回孤枕,由自残灯照落花[6]",皆可称也[7]。

【注释】

[1]司空表圣:司空图,字表圣。唐诗人,诗论家。高雅:高超雅正。有承平之遗风:司空图处在农民起义蓬勃发展的时代,社会比较动乱,但其诗仍多表现闲适生活情趣,故说其诗"有承平之遗风"。遗风:遗留下来的风尚。文字之表者:文字之外的。即下句所说"味外味"。[2]味外味:文字言辞之外的意境、情味。黄花:菜花。麦:一本作"陌"。[3]幡:同"旛"。旗旛。石坛:石头筑的高台。古代多用于祭祀。[4]寒俭:形容诗文等浅露、单薄。僧态:僧人的情态(情状)。[5]无憀(liáo):无意思;令人讨厌。猿悲:猿鸣,其声哀。寒:冷。惨:颜色暗淡。带晚饥:饥,一本作"悲"。惬:快意;满足。[6]孤屿:孤立的岛屿。花韵:花的韵致。初:舒缓,从容。由自残灯:自,一本作"有"。[7]称:称道,赞许。

汉丞相

汉丞相或终于位，或免就国，或免为庶人，或致仕，或以罪死，其复召用者，但为光禄大夫或特进，优游散秩①，未尝有除他官者也。御史大夫则间为九卿、将军②。至东汉则大不然。始于光武时，王梁罢大司空而为中郎将，其后三公去位，辄复为大夫、列卿。如崔烈历司徒、太尉之后，乃为城门校尉，其体貌大臣之礼亦衰矣③。

【注释】

①优游：悠闲自得。散（sǎn）秩：闲散而无一定职守的官职。②九卿：古时中央政府的九个高级官职。汉以太常、光禄勋、卫尉、太仆、廷尉、大鸿胪、宗正、大司农、少府为九卿。③体貌：相待以礼。

册礼不讲①

唐封拜后妃王公及赠官②，皆行册礼。文宗大和四年，以裴度守司徒平章重事，度上表辞册命，其言云："臣此官已三度受册，有觍面目③。"从之。然则唐世以为常仪④，辞者盖鲜。唯国朝以此礼为重，自皇后、太子之外，虽王公之贵，率一章乞免即止，典礼益以不讲⑤，良为可惜！

【注释】

①册礼：册立、册封的礼仪。不讲：不再讲求。②封拜：拜官授爵。赠官：古代朝廷对功臣的先人或本人死后追封爵位官职。③守（shòu）：犹"摄"。暂时署理职务。唐代以品级较低之人任职责较高之官为守某官。册命：帝王祝告天地宗庙，册立后妃诸王大臣所用的文书。后指册立或册封之事。受册：接受册命。有觍面目：犹使人感到惭愧或羞愧。觍（tiǎn），惭愧貌。④常仪：通常的仪式。⑤典礼：制度和礼仪。后指某些隆重的仪式。

卷第十一（十六则）

将帅贪功

　　以功名为心，贪军旅之寄，此自将帅习气，虽古来贤卿大夫，未有能知止自敛者也①。廉颇既老，饭斗米，肉十斤，被甲上马，以示可用，致困郭开之口②，终不得召。汉武帝大击匈奴，李广数自请行，上以为老，不许，良久，乃许之，卒有东道失军之罪③。宣帝时，先零羌反，赵充国年七十余，上老之，使丙吉问谁可将，曰："亡逾于老臣者矣。"即驰至金城，图上方略，虽全师制胜，而祸及其子卬④。光武时，五溪蛮夷畔，马援请行，帝愍其老⑤，未许。援自请曰："臣尚能被甲上马。"帝令试之，援据鞍顾盼，以示可用。帝笑曰："矍铄哉是翁也！"遂用为将，果有壶头之厄⑥。李靖为相，以足疾就第，会吐谷浑寇边，即往见房乔曰⑦："吾虽老，尚堪一行。"既平其国，而有高甑生诬罔之事⑧，几于不免。太宗将伐辽，召入谓曰："高丽未服，公亦有意乎？"对曰："今疾虽衰，陛下诚不弃，病且瘳矣⑨。"帝悯其老，不许。郭子仪年八十余，犹为关内副元帅、朔方河中节度，不求退身，竟为德宗册罢⑩。此诸公皆人杰也，犹不免此，况其下者乎！

【注释】

　　①以功名为心：把功名放在心上。贪军旅之寄：贪恋寄身于军队之中。卿大夫：卿和大夫。后借指高级官员。自敛：自动敛退。②致困郭开之口：《史记》载：赵以数困于秦兵，赵悼襄王想复用廉颇，派使者去看廉颇能否可用。廉颇之仇郭开多与使者金，令毁之。使者还报赵王：廉颇虽老，尚善饭，然与臣坐，顷刻之间拉了三次屎。赵王以为廉颇确实老了，遂不召。③失军：与主将率领的部队失掉了联系。④先零（lián）羌：古族名。汉时西羌的一支。常出入河、湟间，屡攻金城、陇西等郡。图上方略：把敌我地形和攻讨方略绘制成图，报告给皇上。《三笔》卷八《吾家四六》中"驰至金城郡，方思充国之忠"即指此事。制胜：谓以谋略制敌而取得胜利。祸及其子卬（áng）：赵

充国的副手辛武贤常和赵充国的儿子中郎将赵卬在一起喝酒话家常，赵卬向他透露了官中的事。此次出兵，辛武贤未能加官进爵，十分怨恨赵充国，上书告发赵卬泄露了官廷内部秘密，赵卬被迫自杀。⑤愍（mǐn）：哀怜。⑥矍铄（jué shuò）：形容老人精神健旺。壶头之厄：马援征五溪蛮，抄近路走壶头山，山高水险。敌人占据了要塞，水路因水流湍急无法逆流而上。加上天气转热，士兵都患了疾疫，马援也病倒了，部队陷入困境。马援也病死军中。厄：灾难；困苦。⑦就第：指免职回家。房乔：即房玄龄。⑧高甑生诬罔之事：高随李靖征吐谷浑，高的部队没有按时到达，受到李靖批评，高怀恨在心。征讨胜利后，高甑生竟串通广州都督府长史唐奉义，一起上告，说李靖想"谋反"。李世民派人查究，根本无其事。高坐诬罔罪，但李靖也从此闭门自守，不再过问外事。诬罔：捏造事实以诬蔑人或欺骗人。⑨高丽：古国名。后为朝鲜所并。瘳（chōu）：病愈。⑩册罢：下诏令罢免。

汉二帝治盗

汉武帝末年，盗贼滋起①，大群至数千人，小群以百数。上使使者衣绣衣，持节虎符，发兵以兴击，斩首大部或至万余级②。于是作"沉命法"，曰："群盗起不发觉，觉而弗捕满品者，二千石以下至小吏主者皆死③。"其后小吏畏诛，虽有盗，弗敢发，恐不能得，坐课累府，府亦使不言。故盗贼寖多，上下相为匿，以避文法焉④。光武时，群盗处处并起。遣使者下郡国，听群盗自相纠擿⑤，五人共斩一人者除其罪。吏虽逗留回避故纵者⑥，皆勿问，听以禽讨为效。其牧守令长坐界内有盗贼而不收捕者，及以畏愞捐城委守者，皆不以为负，但取获贼多少为殿最⑦，唯蔽匿者乃罪之。于是更相追捕，贼并解散。此二事均为治盗，而武帝之严，不若光武之宽，其效可睹也。

【注释】

①滋：增益；加多。②绣衣：彩绣的丝绸衣服。古代贵者所服。绣衣使者：见卷九《汉官名》"直指使者"注。节：符节。古代使者所持以作凭证。虎符：古代帝王授予臣属兵权和调发军队的信物。用铜铸成虎形，故称。兴击：按军兴法（动员令）进击。大部：大的行政区域。③沉命法：汉代处分捕盗不力官吏的连坐法。意为敢隐藏盗贼者没其命。沉，没。觉而弗捕满品者：发觉后逮

捕的人数不够规定标准的。品，比率（lǜ）。二千石：汉代对郡守的通称。汉郡守俸禄为二千石，即月俸百二十斛，因有此称。另外，诸侯王国的相、内史、中尉等，俸禄也是二千石。石（shí），量词。官俸的计量单位。④坐课：谓因上级考核。累府：连累郡府。寖（jìn）多：逐渐增多。文法：法制，法令条文。此处指"沉命法"。⑤纠擿：纠举揭发。纠，举发。⑥逗留：延误，耽误。⑦畏愞（nuò）：胆小怯懦。捐城委守：放弃城池和职守。负：罪责，过失。殿最：古代考核军功或政绩时，上等的称"最"，下等的称"殿"。

汉唐封禅

汉光武建武三十年，车驾东巡①，群臣上言，即位三十年，宜封禅泰山。诏曰："即位三十年，百姓怨气满腹，吾谁欺？欺天乎！何事污七十二代之编录！若郡县远遣吏上寿，盛称虚美，必髡令屯田②。"从此群臣不敢复言。后二年，上斋，夜读《河图会昌符》，曰："赤刘之九，会命岱宗③。"感此文，乃诏梁松等按索《河》《洛》谶文言九世封禅事者，遂奏三十六事，于是求武帝元封故事④，以三月行封禅礼。唐太宗贞观五年，群臣以四夷咸服，表请封禅⑤，诏不许。六年，复请。上曰："卿辈皆以封禅为帝王盛事，朕意不然。若天下乂安，家给人足，虽不封禅，庸何伤乎⑥？昔秦始皇封禅，而汉文帝不封禅，后世岂以文帝之贤不及始皇邪？且事天扫地而祭，何必登泰山之巅，封数尺之土，然后可以展其诚敬乎⑦？"已而欲从其请，魏郑公独以为不可，发六难以争之⑧，至以谓崇虚名而受实害。会河南、北大水，遂寝。十年，复使房乔裁定其礼，将以十六年二月，有事于泰山，会星孛太微而罢⑨。予谓二帝皆不世出盛德之主，灼知封禅之非，形诸诏告，可谓著明⑩。然不能几时，自为翻覆，光武惑于谶记，太宗好大喜名，以今观之，盖所以累善政耳⑪。

【注释】

①车驾：马驾的车。又因皇帝外出时所乘，故用为皇帝的代称。巡：巡行，往来视察。②吾谁欺：即我欺骗谁？汙：玷污，玷辱。七十二代：《后汉书·祭祀志上》李贤等注：《庄子》曰："易姓而王，封于泰山，禅于梁父者，七十有

二代。"编录：依次著录之文。盛称：极口称赞。虚美：凭空加以赞美。髡（kūn）：古代一种剃去头发的刑罚。屯田：汉以后历代政府利用兵士和农民垦种荒地，以取得军队给养和税粮的措施，亦指屯垦的土地。③上斋：皇帝进行斋戒。斋，古人在祭祀前或举行典礼前清心洁身，以示庄敬。赤刘之九：即指汉光武帝。按五行之设汉以火德王，故云赤；光武是高祖刘邦九世孙，上继元帝，故云九。会命岱宗：会集群臣到泰山举行封禅大典。会命，聚集，邀集。命，邀请。岱宗，即泰山。古以为诸山所宗，故称"岱宗"。④按索：即查找，寻求。索，稽查。《河》《洛》：《河图》和《洛书》。详注见《三笔》卷七《光武符坚》。谶（chèn）文：预言吉凶得失的文字、图记。武帝元封故事：汉武帝元封（前110-前105年）元年第一次封禅泰山。⑤咸：都；皆。表请：上表请求。⑥庸何：何，什么。何伤：何妨，何害。⑦展：申张。一说为见，显现。⑧发难（nàn）：发问；质难。⑨裁定：斟酌决定其去取可否。有事：指祭祀。有事于泰山，即祭祀泰山，亦即封禅泰山。孛：谓慧星出现时光芒四射的现象。旧以为不祥之兆，预示有兵灾悖乱发生。太微：古代星官名。三垣之一。诸星以五帝座为中心，作屏藩状。古以为天庭。亦用以指朝廷或皇帝之居。⑩不世：非一世所能有，罕有。多谓非凡。盛德：品德高尚。灼知：明白了解。著明：显明。⑪谶记：预言未来事象的文字图录。好大喜名：喜好做大事而树立声名。善政：清明的政治；良好的政令。

汉封禅记

应劭《汉官仪》载马第伯《封禅仪记》，正纪建武东封事①，每称天子为国家，其叙山势峭崄、登陟劳困之状极工，予喜诵之。其略云："是朝上山，骑行，往往道峻峭，下骑步，牵马，乍步乍骑且相半。至中观，留马，仰望天关，如从谷底仰观抗峰②。其为高也，如视浮云；其峻也，石壁窅窱③，如无道径。遥望其人，端如行朽兀④，或为白石，或雪。久之，白者移过树，乃知是人也。殊不可上，四布僵卧石上，亦赖赍酒脯，处处有泉水，复勉强相将行⑤，到天关，自以已至也，问道中人，言尚十余里。其道旁山胁⑥，仰视岩石松树，郁郁苍苍，若在云中。俯视溪谷，碌碌不可见丈尺⑦。直上七里，赖其羊肠逶迤，名曰环道，往往有絙索⑧，可得而登也。两从者扶挟⑨，前人相牵，后人见前人履底，前人见后人顶，如画。初上此道，行十余步一休，稍疲，咽唇燋，五六步一休，牒牒据顿地⑩，不避暗湿，前有燥地，目视而两脚不随。"又云："封毕，诏百官以次下，国家随后。道迫小，步从匍匐邪上，起近炬火，止亦骆驿。步从触击大石，石声正䜕⑪，但䜕石无相应和者。肠不能已，口不能默。明日，太医令问起居，国家云："昨上下山，欲行迫前人，欲休则后人所蹈，道峻危险，国家不劳⑫。'"又云："东山名曰日观，鸡一鸣时，见日始欲出，长三丈所⑬。秦观者望见长安，吴观者望见会稽，周观者望见齐⑭。"凡记文之工悉如此，而未尝见称于昔贤⑮，秦、吴、周三观，亦无曾用之者。今应劭书脱略，唯刘昭补注《东汉志》仅有之⑯，亦非全篇也。

【注释】

①东封：指帝王东幸封泰山。后谓帝王行封禅事，昭告天下太平。峭崄：高陡险峻。登陟（zhì）：登上。②中观：泰山中观峰。天关：犹天门。指泰山南天门。抗：通"亢"。高。③窈窱（yǎo tiǎo）：深远貌。④行朸兀：行走的朸木在摇晃。兀，摇晃。⑤赍（jī）：旅行的人携带衣食等物。相将（jiāng）：相偕；相共。⑥山胁：犹山峡。两山之间的峡谷。⑦碌碌：多石貌。丈尺：喻深浅。⑧緪索：粗绳索。⑨扶挟（xié）：亦作"扶夹"。夹持；护持。⑩牒牒：迭迭，频频。据顿地：仆倒在地上。⑪匍匐：伏地而行。起近炬火：行进时举近火把。止亦骆驿：停下时火把也往来不绝。起，迅速动身出发。炬火，点燃的火把。骆驿，同"络绎"，往来不绝。䜕（huān）：喧哗。⑫迫：逼近。蹈：踩上。劳：疲劳。⑬所：通"许"。约计之词。⑭日观、秦观、吴观、周观：均为泰山峰名。⑮工悉：精巧详尽。见称：被称誉。⑯脱略：脱去；省略。刘昭补注《东汉志》：指《后汉书·祭祀志》。

杨虞卿

刘禹锡有《寄毗陵杨给事》诗云："曾主鱼书轻刺史①，今朝自请左鱼来。青云直上无多地②，却要斜飞取势回。"以其时考之，盖杨虞卿也。按唐文宗大和七年，以李德裕为相，与之论朋党事③。时给事中杨虞卿、萧澣、中书舍人张元夫依附权要，上干执政，下挠有司④，上闻而恶之，于是出虞卿为常州刺史，澣为郑州刺史，元夫为汝州刺史。

皆李宗闵客也。他日，上复言及朋党，宗闵曰："臣素知之，故虞卿辈，臣皆不与美官。"德裕曰："给事中、中书舍人非美官而何？"宗闵失色。然则虞卿之刺毗陵，乃为朝廷所逐耳，禹锡犹以为自请，诗人之言，渠可信哉⑤！

【注释】

①鱼书：指鱼符和敕书。程大昌《演繁露》卷一："汉太守之官，必得左符以出，至郡，用以为验；盖右符先以留州，故令以左合右也。唐世刺史，亦执左鱼至州，与右鱼合契，亦其制也。唐世左鱼之外，又有敕牒将之，故兼名'鱼书'。"主鱼书：杨虞卿曾官吏部员外郎。②青云：比喻高官显爵。③朋党：原意指为私利而互相勾结。后专指排斥异己的结党宗派。④挠：扰乱，阻挠。⑤刺：担任州刺史或郡守，亦泛指出任。毗陵：常州治晋陵，即西汉所置毗陵县。渠（jù）：通"讵"。岂。

屯蒙二卦

《屯》《蒙》二卦，皆二阳而四阴①，《屯》以六二乘初九之刚②，《蒙》以六三乘九二之刚。而《屯》之爻曰："女子贞不字，十年乃字③"，《蒙》之爻曰："勿用取女，见金夫，不有躬④"，其正邪不同如此者。盖《屯》二居中得正⑤，不为初刚所诱，而上从九五，所以为贞⑥。《蒙》三不中不正⑦，见九二之阳，悦而下从之，而舍上九之正应，所以勿用。士之守身居世，而择所从所处，尚监兹哉！

【注释】

①二阳四阴：两个阳爻（yáo），四个阴爻。组成《周易》中卦的基本符号。有"—"和"— —"两种。"—"是阳爻，爻题中用"九"表示；"— —"是阴爻，爻题中用"六"表示。每卦都由阳爻和阴爻配合组成。阴、阳指爻的性质。阴，阴柔。阳，阳刚。《易·系辞上》："爻者，言乎变者也。"又《系辞下》："爻也者，效天下之动者也。"认为阴阳两爻的对立象征事物的运动和变化。屯䷂，蒙䷃，皆二阳爻四阴爻。②六二乘初九之刚："二"和"初"表示爻位；"六"和"九"表示爻的性质。此句的意思是：六二的爻位在初九之上，呈阴柔乘驾阳刚之象。

③《屯》之爻曰:《屯》卦的爻辞说。女子贞不字：旧称女子未许嫁曰"贞"，许嫁曰"字"。④勿用：不可；不宜。取：通"娶"。金夫：刚夫。指刚强的男子。指九二爻。阳称金。不有躬：为女不能保全自躬。即失身于人。⑤《屯》二居中得正：《屯》六二是阴爻居于阴位，称作得位，亦即得正。六二在下卦中间，故称居中。⑥上从九五：阴柔中正，有应于上体之九五，是刚柔相应之象。六二爻虽为初九爻阳刚所逼，但是二守中正，不为初刚所诱，所以"不字"。如果六二坚守志节，"至于十年，屯极必通，乃获正应（即'应九五'）而字育矣。"（宋·程颐语）贞：通"正"。与"邪"（不正当；不正派）相对。⑦《蒙》三不中不正：《蒙》卦六三爻为阴爻，阴爻而居于阳位(初、三、五为阳位，二、四、上为阴位)，叫作不得位，亦即不正。六三爻在下卦之上（初、二、三为下卦，四、五、上为上卦），不居中。

汉诽谤法

汉宣帝诏群臣议武帝庙乐，夏侯胜曰："武帝竭民财力，奢泰亡度，天下虚耗，百姓流离，赤地数千里①，亡德泽于民，不宜为立庙乐。"于是丞相、御史劾奏胜非议诏书，毁先帝，不道，遂下狱，系再更冬②，会赦，乃得免。章帝时，孔僖、崔骃游太学，相与论武帝始为天子，崇信圣道，及后恣己，忘其前善。为邻房生告其诽谤先帝，刺讥当世，下吏受讯。僖以书自讼③，乃勿问。元帝时，贾捐之论珠崖事曰："武帝籍兵厉马，攘服夷狄，天下断狱万数，寇贼并起，军旅数发，父战死于前，子斗伤于后，女子乘亭障，孤儿号于道，老母寡妇饮泣巷哭，是皆廓地泰大④，征伐不休之故也。"考三人所指武帝之失，捐之言最切⑤，而三帝或罪或否，岂非夏侯非议诏书，僖、骃诽谤，皆汉法所禁，如捐之直指其事，则在所不问乎？

【注释】

①庙乐（yuè）：宗庙音乐。多用于祭祀或颂德。奢泰：亦作"奢汰"。奢侈无度。虚耗：空竭。赤地：指经过战乱后荒无人烟的景象。②系再更冬：即监禁两年。③圣道：圣人之道。也特指孔子之道。恣己：放任自己。自讼：自己为自己申诉。④籍兵：征集兵士。厉马：训练战马。攘服：犹征服。断狱：

审理和判决罪案。乘亭障：防守边疆。乘，防守。亭障：古代在边疆防守的堡垒。廓地：扩张地盘。⑤最切：切，激烈。

谊向触讳

贾谊上疏文帝曰："生为明帝，没为明神。使顾成之庙，称为太宗，上配太祖，与汉亡极①。虽有愚幼不肖之嗣，犹得蒙业而安②。植遗腹，朝委裘③，而天下不乱。"又云："万年之后④，传之老母弱子。"此既于生时谈死事，至云"传之老母"，则是言其当终于太后之前，又目其嗣为"愚幼不肖"，可谓指斥⑤，而帝不以为过，谊不以为疑。刘向上书成帝谏王氏事曰："王氏与刘氏，且不并立，陛下为人子孙，守持宗庙，而令国祚移于外亲，降为皂隶，纵不为身，奈宗庙何⑥？"又云："天命所授者博，非独一姓。"此乃于国存时说亡语，而帝不以为过，向不以为疑，至乞援近宗室，几于自售⑦，亦不以为嫌也。两人皆出于忠精至诚，故尽言触忌讳而不自觉⑧。文帝以宽待下，圣德固尔⑨，而成帝亦能容之，后世难及也。

【注释】

①明帝：英明的皇帝。明神：古代对神的尊称。顾成庙：汉文帝所立之庙。太宗：开国第二代皇帝的称号。汉文帝是高祖中子，为第二代皇帝。亡极：没有穷尽。兼指时间和空间。②不肖：不似，特指子不似其父那样贤能。蒙业：此指承继帝业。蒙：承上；承接。③植遗腹：安置未出生的孩子继承帝位。植，置；放置。遗腹，即遗腹子。孕妇于丈夫死后生的孩子。朝委裘：朝拜您死后留下的衣服。委裘，先帝的遗衣。谓旧君已死，新君未立，置故君的遗衣于座以受朝。④万年之后：即死后。这是一种讳言"死"的委婉说法。⑤指斥：指责，指名斥责。⑥王氏：汉元帝的皇后王政君（成帝之母）一家。王氏专权，即"国祚移于外亲"，最后导致王莽篡位。国祚：帝王之位。也指国家的命运。外亲：旧指内外姨表关系的戚属。皂隶：古代指贱役。后专以称衙门里的差役。宗庙：此处代称朝廷和国家政权。奈何：怎么办。⑦援近：提拔亲近。自售：自我逗售。⑧忠精：精忠，精诚。至诚：谓诚实之至，诚心诚意。自觉：自己有所觉察。⑨圣德：犹言至高无上的道德。一般用于古之称圣人者。也用以称帝德。

小贞大贞①

人君居尊位,倒持太阿,政令有所不行,德泽有所不下,身为寄坐,受人指麾②,危亡之形,且立至矣。故《易》有"屯其膏③,小贞,吉;大贞,凶"之戒,谓当以渐而正之。说者多引鲁昭公、高贵乡公为比。予谓此自系一时国家之隆替,君身之祸福,盖有刚决而得志,隐忍而危亡者④,不可一概论也。汉宣帝之诛霍禹,和帝之诛窦宪⑤,桓帝之诛梁冀,魏孝庄之诛尔朱荣,刚决而得志者也。鲁昭公之讨季氏,齐简公之谋田常,高贵乡公之讨司马昭,晋元帝之征王敦,唐文宗之谋宦者⑥,潞王之徙石敬瑭,汉隐帝之杀郭威,刚决而失者也。若齐郁林王知鸾之异志⑦,欲取之而不能;汉献帝知曹操之不臣,欲图之而不果;唐昭宗知朱温之必篡,欲杀之而不克,皆翻以及亡,虽欲小正之,岂可得也?

【注释】

①贞:音zhēn。匡正;整饬。②尊位:指帝位。倒持太阿:比喻把大权授与别人,自己反受其害。太阿(ē),亦作"泰阿"。古宝剑名。后作为宝剑的通称。德泽:恩惠。寄坐:托寄于客位。比喻地位不稳固。指麾:同"指挥"。发令调遣。③屯其膏:谓吝于施与恩泽。屯(zhūn),吝啬。膏,恩泽。"屯其膏"句为《周易》《屯》卦九五爻的爻辞。九五爻的小象曰:"'屯其膏',施未光也。"(光,广)④鲁昭公:昭公时,政在三桓。昭公二十五年,昭公伐季氏。于是三家共伐公,公遂奔(被三桓赶出鲁国)。高贵乡公:即曹髦。三国魏国皇帝。后率宿卫数百攻司马昭,为昭所杀。隆替:兴废;盛衰。替,衰落。隐忍:克制忍耐,不露真情。⑤和帝诛窦宪:参考卷三《汉昭顺二帝》一文。⑥唐文宗谋宦者:见卷一《白公咏史》"甘露之祸"注。⑦异志:叛变或篡夺的意图。

唐诗戏语

士人于棋酒间,好称引戏语,以助谭笑,大抵皆唐人诗,后生多不知所从出,漫识所记忆者于此①。"公道世间惟白发,贵人头上不曾饶",杜牧《送隐者》诗也。"因过竹院逢僧话,又得浮生半日闲"②,李涉诗也。"只恐为僧僧不了,为僧得了尽输僧"③,"啼得血流无歇处,不如缄口过残春",杜荀鹤诗也。"数声风笛离亭晚,君向潇湘我向秦"④,郑谷诗也。"今朝有酒今朝醉,明日愁来明日愁","劝君不用分明语⑤,语得分明出转难","自家飞絮犹无定,争解垂丝绊路人"⑥,"明年更有新条在,挠乱春风卒未休","采得百花成蜜后,不知辛苦为谁甜"⑦,罗隐诗也。高骈在西川,筑城御蛮,朝廷疑之,徙镇荆南,作《风筝》诗以见意曰:"昨夜筝声响碧空,宫商信任往来风⑧。依稀似曲才堪听,又被吹将别调中。"今人亦好引此句也。

【注释】

①称引:援引,称述。戏语:犹戏言。开玩笑的话。亦指开玩笑。谭:同"谈"。识(zhì):通"誌(志)"。记住,记下。②浮生:谓人生在世,虚浮无定,因称人生为"浮生"。③不了:不明了;不明白。得:得以明白。输:报效。④风笛:风中的笛声。离亭:即驿亭。供人歇息离城稍远的亭子。古人往往于此送别。君向潇湘我向秦:谓各奔前程。⑤分明语:说的话过于明白。为免祸,须慎言。出转:谓改变。⑥"自家"句:身不由己的倡女送别相好的(路人)。⑦"不知辛苦"句:一本作"为谁辛苦为谁甜"。⑧见(xiàn)意:表达意思。信任:任随,听凭。

何进高叡

东汉末,何进将诛宦官,白皇太后悉罢中常侍、小黄门,使还里舍①。张让子妇,太后之妹也。让向子妇叩头曰:"老臣得罪,当与新妇俱归私门,唯受恩累世,今当远离宫殿,愿复一入直,得暂奉望太后颜色②,死不恨矣。"子妇为言之,乃诏诸常侍皆复入直。不数日,进乃为让所杀,董卓随以兵至③,让等虽死,汉室亦亡。北齐和士开在武成帝世,奸蠹败国④。及后主嗣立⑤,宰相高叡与娄定远白胡太后,出士开为兖州刺史。后欲留士开过百日,叡守之以死,苦言之。士开载美女珠帘赂定远曰:"蒙王力,用为方伯,今当远出,愿得一辞觐二宫⑥。"定远许之,士开由是得见太后及帝。进说曰:"臣出之后,必有大变,今已得入,复何所虑!"于是出定远为青州而杀叡。后二年,士开虽死,齐室亦亡。呜呼!奸佞之难去久矣!何进、高叡,不惜陨身破家⑦,为汉、齐社稷计,而张让、士开以谈笑一言,变如反掌,忠良受祸,宗庙为墟。乃知背胁瘭疽,决之不可不速;虎狼在阱⑧,养之则自贻害。可不戒哉!

【注释】

①里舍:私人住宅。②新妇:古代称儿媳为"新妇"。入直:入宫禁值班供职。直,同"值"。奉望:拜望。颜色:面容;面色。③董卓随以兵至:何进召董卓将兵入朝,以胁迫太后同意诛杀宦官。卓未至,进被杀。④奸蠹:指有害国家社会的不法行为。亦指行为不法的坏人。⑤后主:指高纬。嗣立:谓继承君位。⑥蒙王力:娄定远为临淮郡王。愿得一辞觐二宫:希望能见到太后和皇帝做一次告辞。觐(jìn),朝见。二宫,指太后与皇帝。⑦陨身:亡身;死亡。陨(yǔn),通"殒"。破家:毁灭家庭。⑧胁:腋下肋骨所在的部分。瘭(biāo)疽:局部皮肤炎肿化脓的疮毒。决:截断。指割除。一说通"抉",挖出,挑出。阱(jǐng):为防御或猎取野兽而设的陷坑。

南乡掾史

金石刻有《晋南乡太守司马整碑》,其阴刻掾史以下姓名①,合三百五十一。议曹祭酒十一人,掾二十九人,诸曹掾、史、书佐、循行、干百三十一人,从掾位者九十六人,从史位者三十一人,部曲督将三十六人②,其冗如此。以《晋史》考之,南乡本南阳西界,魏武平荆州③,始分为郡。至晋泰始中,所管八县,才二万户耳,而掾史若是之多!掾史既然,吏士又可知矣④。民力安得不困哉!整乃宗室安平王孚之孙也。

【注释】

①金石：指古代镌刻文字、颂功纪事的钟鼎碑碣之属。阴：背面。掾史：分曹治事的属吏，胥吏。掾（yuàn），本为佐助之义，后通称属官为掾。史，负责记事和起草文书的官。②祭酒：学官名。隋以后为国子监的主管者。书佐：主办文书的佐吏。循行：循视人员。干：办事人员。部曲：三国、两晋、南北朝时代地方豪强和将领的私人军队。③魏武：即曹操。④吏士：犹言官兵。

汉景帝忍杀

汉景帝恭俭爱民，上继文帝，故亦称为贤君。考其天资，则刻戾忍杀之人耳①。自在东宫时，因博戏杀吴太子，以起老濞之怨②。即位之后，不思罪己，一旦于三郡中而削其二③，以速兵端。正信用晁错，付以国事，及爰盎之说行，但请斩错而已，帝令有司劾错以大逆，遂父母妻子同产皆弃市。七国之役，下诏以深入多杀为功，比三百石以上皆杀，无有所置，敢有议诏及不如诏者，皆要斩④。周亚夫以功为丞相，坐争封匈奴降将事病免，心恶之，赐食不置箸，叱之使起，昧于敬礼大臣之义，卒以非罪置之死⑤，悲哉！光武遣冯异征赤眉，敕之曰："征伐非必略地屠城，要在平定安集之耳⑥。诸将非不健斗，然好虏掠。卿本能御吏士，念自修敕⑦，无为郡县所苦。"光武此言，视景帝诏书，为不侔矣。

【注释】

①刻戾：苛刻暴戾。②博戏：古代的一种棋戏。老濞：即吴王刘濞（bì）。③三郡削其二：刘邦封刘濞三郡五十三城。景帝听晁错削藩之计，削吴之豫章郡、会稽郡。④比三百石：俸禄等级。其俸禄为三百石。比：等同。置：赦罪；释放。要斩：古代的一种酷刑。以斧砧断人之腰。要，"腰"的本字。⑤坐争封匈奴降将事病免：景帝欲封匈奴降将为列侯；周亚夫以为投降者不守人臣之节，不能封侯。景帝不听。周亚夫因而告病不再视事，后以病免相。病免：以病免职。赐食不置箸，叱之使起：景帝赐亚夫食，又不给筷子，骂他让他起身。

筷子。昧：不了解。敬礼：尊敬并以礼相待。非罪：强加之罪；无罪。⑥赤眉：西汉末年的农民起义军。敕：告诫。略地：占领敌方的土地。安集：安定辑睦。集，通"辑"。辑睦；安定。⑦御：控制；约束以为用。修敕：行为端正不违礼义，或谨严不逾规矩。此处指约束言行，使合乎礼义。敕，通"饬"。整饬。

燕昭汉光武之明

乐毅为燕破齐，或谗之昭王曰："齐不下者两城耳，非其力不能拔，欲久仗兵威以服齐人，南面而王耳①。"昭王斩言者，遣使立毅为齐王。毅惶恐不受，以死自誓。冯异定关中，自以久在外，不自安。人有章言异威权至重②，百姓归心，号为"咸阳王"，光武以章示异。异上书谢，诏报曰："将军之于国家③，恩犹父子，何嫌何疑，而有惧意？"及异破隗嚣，诸将欲分其功，玺书诮大司马以下④，称异功若丘山。今人咸知毅、异之为名将，然非二君之明，必困谗口矣。田单复齐国，信陵君败秦兵，陈汤诛郅支⑤，卢植破黄巾，邓艾平蜀，王濬平吴，谢安却苻坚，慕容垂挫桓温，史万岁破突厥，李靖灭吐谷浑，郭子仪、李光弼中兴唐室，李晟复京师，皆有大功于社稷，率为谮人所葚⑥，或至杀身。区区庸主不足责，唐太宗亦未能免⑦。营营青蝇⑧，亦可畏哉！

【注释】

①齐不下者两城耳：见卷十三《拔亡为存》一文。耳，表语气。用同"矣"。了。南面而王耳：坐北面南做齐国的君主罢了。南面，即面南。古代以面向南为尊位。帝王听政，面向正南，所以称帝王位为南面。耳，"而已"的合音。②章：即奏本、奏章。臣下向皇帝进呈的书面意见。威权：威势和权柄。③国家：指皇帝。本卷《汉封禅记》："正纪建武东封事，每称天子为国家。"④诮：责问；责备。大司马以下：指大司马以下的将领。⑤陈汤：西汉元帝时，为西域副校尉。匈奴郅支单于杀汉使，奴役居民人民，攻略乌孙、大宛等，威胁西域。他和西域都护甘延寿发兵至康居，攻杀郅支单于。封关内侯。但丞相、御史、中书令一直认为陈汤"生事于蛮夷，为国招难"。（见《汉书·陈汤传》）《三笔》卷八《忠宣公谢表》中的"陈汤生事"即指此。⑥王濬：西晋大将。字士治，小字阿童。谮人：谗毁他人的人。葚(jí)：憎恨；怨毒。⑦唐太宗亦未能免：

和李靖灭吐谷浑事，见本卷《将帅贪功》及注文。⑧营营：往来不绝貌。青蝇：也叫金蝇，苍蝇的一种。《诗·小雅·青蝇》："营营青蝇，止于樊，岂弟君子，无信谗言。"后因以"青蝇"比喻谗言小人。

周南召南

《毛诗·序》曰："《关雎》、《麟趾》之化，王者之风，故系之周公①，南，言化自北而南也。《鹊巢》、《驺虞》之德，诸侯之风也，先王之所以教②，故系之召公。《周南》、《召南》，正始之道③。"据文义，"周公"、"召公"二"公"字，皆合为"南"字，则与上下文相应，盖简策误耳。"王者之风"，恐不当系之周公，而"先王之所以教"，又与召公自不相涉也④。

【注释】

①《关雎》《麟趾》：《周南》的首篇和末篇。《麟趾》即《麟之趾》。化：转移人心风俗。即教化。风：民歌或诗。系之周公（南）：系属于周公（南）。系，联属；依附。②《鹊巢》《驺虞》：《召南》的首篇和终篇。德：德教；教化。先王之所以教：先王以这个（指《召南》各诗）来教育官吏庶民。教，教育。③正始：正其始。谓《诗》以《周南》《召南》二十五篇为文王周公王业风化之基本，故称正始。始，开端，最初。④相涉：相关；互相牵涉。

易中爻

《易·系辞》云："杂物撰德，辨是与非，则非其中爻不备①。"中爻者，谓二三四及三四五也。如《坤》《坎》为《师》，而六五之爻曰"长子帅师"，以正应九二而言，盖指二至四为《震》也②。《坤》《艮》为《谦》，而初六之爻曰"用涉大川"，盖自是而上，则六二、九三、六四为坎也③。《归妹》之六五曰"帝乙归妹"，以下配九二而言，盖指《震》也④。而《泰》之六五亦曰"帝乙归妹"，固亦下配九二，而九三、六四、六五，盖《震》体云。他皆类此。

【注释】

①杂物撰德，辨是与非：孔颖达疏："言杂聚天下之物，撰数众人之德，辨定是之与非。"杂物，聚集事物。撰（suàn），通"算"。计算。不备：不完备。②《坤》《坎》为《师》：六十四卦之一的《师》卦卦体由八卦中的《坤》卦和《坎》卦组成，《坎》下《坤》上，即☷。"六五之爻曰"句：《师》卦九二爻曰："在师中，吉，无咎。"朱熹说："九二在下，为众阴所归，而有刚中之德。上应于五（即六五爻—引者），而为所宠任，故其象占如此。""长子帅师"，即长官率领指挥军队。而在"师中"，亦指长官在师中。故二者相应。盖指二至四为《震》也：即九二爻（—）、六三爻（- -）、六四爻（- -）相互组成八卦之一的《震》卦☳。③《坤》《艮》为《谦》：《谦》卦卦体为《艮》下《坤》上，即☶。用涉大川：可以涉越大川巨流。用，适宜。六二、九三、六四为坎：即六二爻（- -）、九三爻（—）、六四爻（- -）相互组成《坎》卦☵。④"《归妹》之六五曰"句：《归妹》六五爻为- -，重复为==，九二爻为—，组成八卦之一的《震卦》☳。帝乙归妹：帝乙嫁女儿。帝乙，商代国王。纣王的父亲。《诗·大明》说，商王帝乙把他的少女嫁给周文王。归，出嫁。《穀梁传》曰：礼，妇女谓嫁曰归，反曰来归。

卷第十二（十八则）

利涉大川

《易》卦辞称"利涉大川"者七①，"不利涉"者一。爻辞称"利涉"者二②，"用涉"者一，"不可涉"者一。《需》、《讼》、《未济》，指《坎》体而言③。《益》、《中孚》，指《巽》体而言④。《涣》指《坎》《巽》而言⑤。盖《坎》为水，有大川之象。而《巽》为木⑥，木可为舟楫以济川。故《益》之象曰："木道乃行"，《中孚》之象曰："乘木舟虚"，《涣》之象曰："乘木有功"⑦。又舟楫之利，实取诸《涣》，正合二体以取象也⑧。《谦》、《蛊》则中爻有《坎》，《同人》、《大畜》则中爻有《巽》⑨。《颐》之反，对《大过》，方有《巽》体，五去之远，所以言"不可涉"，上则变而之对卦，故"利涉"云⑩。

【注释】

①卦辞：说明《周易》六十四卦每卦要义的文辞。各卦卦形下有卦名和卦辞。如《贲》卦卦形下写："贲。亨，小利有攸往。""贲"是卦名；"亨，小利有攸往"是卦辞。再如《随》卦卦形下写："随。元亨，利贞，无咎。""随"是卦名；"元亨，利贞，无咎"是卦辞。②爻辞：说明《周易》六十四卦中各爻要义的文辞。为各卦内容的主要部分。每卦六爻，每爻有爻题和爻辞。如《乾》卦初爻："初九，潜龙，勿用。""初九"是爻题，"初"表次序，"九"表性质，是阳爻，"潜龙，勿用"就是爻辞。再如《谦》卦第二爻："六二，鸣谦，贞吉。""六二"是爻题，二表次序，六表性质（阴爻），"鸣谦，贞吉"为爻辞。③《需》《讼》《未济》，指《坎》体而言：《需》卦卦体（即卦形）为☰乾下坎上（即所指《坎》体在上）。坎以隔绝事物，因为《需》卦的坎体在上，所以其卦辞说"利涉大川"。《讼》卦卦体为☵坎下乾上。因坎在下，正可隔绝，所以其卦辞说"不利涉大川"。《未济》的卦体为☵坎下离上。"未济"的意思就是未能过河，亦为"不利涉"。④《益》《中孚》，指《巽》体而言：《益》卦卦体为☳震下巽上。《巽》为木，木可作舟楫。《震》为雷，雷能动，动而舟行。

《中孚》卦体为☱兑下巽上。兑为泽。所以两卦卦辞均言"利涉大川"。⑤《涣》指《坎》《巽》而言:《涣》卦卦体为☵坎下巽上。坎为水。下为水上为舟,所以卦辞说"利涉大川"。⑥坎为水,有大川之象:象,迹象;形象。巽为木:《易·说卦》:"巽为木,为风。"⑦木道乃行:见注④《益卦》。道,通"导"。导引。木道乃行,即坐着船渡河。乘木舟虚:一说《中孚》卦体☲像一只外实中虚的木舟,可以乘坐。一说乘木船渡过宽阔的河流。虚,空荡的水面。乘木有功:指《涣》卦卦体上《巽》为木舟乘下卦《坎》水之上,一帆风顺。⑧舟楫之利,实取诸《涣》,正合二体以取象也:《涣》卦坎下巽上。坎为水。巽为木、为风。《易·涣》:"象曰:风行水上,涣。"二体,即坎☵和巽☴的卦体。取象:取某事物之征象。⑨《谦》《蛊》则中爻有《坎》:《谦》卦二三四爻为六二、九三、六四,组成☵《坎》卦。《蛊》卦二三四爻为九二、九三、六四,组成☱《兑》卦,兑为泽,亦含水也。所谓《蛊》则中爻有《坎》,是指坎为水而言,并非组成《坎》卦。《同人》《大畜》则中爻有《巽》:《同人》卦二三四爻为六二、九三、九四,组成☴《巽》卦。《大畜》卦三四五爻为九三、六四、六五,组成☳《震》卦。《易·说卦》:"万物出乎震,震,东方也。"按五行说,东方为木,西方为金,南方为火,北方为水,中央为土。因此《大畜》卦中爻亦有《巽》(巽为木)。⑩"《颐》之反"句:《颐》卦的阴爻阳爻反过来,就变成对卦《大过》卦〔《颐》卦六爻分别为初九(阳)、六二(阴)、六三(阴)、六四(阴)、六五(阴)、上九(阳),《大过》卦六爻分别为初六(阴)、九二(阳)、九三(阳)、九四(阳)、九五(阳)、上六(阴),两卦对应的各爻爻性正相反〕,变成《大过》卦才有了《巽》卦的卦体〔《大过》卦卦体为☴巽(木)下兑(泽)上〕,《颐》卦六五爻因离《大过》卦的巽体太远(去之:离开《巽》卦),所以《颐》卦六五爻爻辞说"不可涉",《颐》卦上九爻爻变后成为对卦《大过》卦,所以《颐》卦上九爻爻辞说"利涉大川"。《易·大过》孔颖达疏:"过谓过越之过……以人事言之,犹若圣人过越常理以拯患难也。"1989年版《辞海》注:"指超越之意。"以自然现象而言,则可以说"利涉大川"。

光武弃冯衍

汉室中兴,固皆光武之功,然更始既即天子位,光武受其爵秩,北面为臣矣,及平王郎,定河北,诏令罢兵,辞不受召,于是始贰焉①。更始方困于赤眉,而光武杀其将谢躬、苗曾,取洛阳,下河东,翻为腹心之疾②。后世以成败论人，故不复议。予谓光武知更始不材，必败大业，逆取顺守③，尚为有辞。彼鲍永、冯衍，始坚守并州，不肯降下，闻更始已亡，乃罢兵来归，曰："诚惭以其众幸富贵。"其忠义之节，凛然可称④。光武不能显而用之，闻其言而不悦。永后以他立功见用，而衍终身摈斥⑤，群臣亦无为之言者，呼！可叹哉！

【注释】

①更始：即更始皇帝刘玄，字圣公。新莽末年，他参加起义，公元23年称帝，年号更始（23-25年）。光武受其爵秩：刘玄曾立光武为萧王。爵秩：亦作"爵袠"。犹爵禄。爵位和俸禄。北面：古代君主南面而坐，臣子朝见君主则面北，因谓称臣于人为"北面"。贰：背叛；有二心。②腹心之疾：比喻严重的祸患。③不材：不成材；无用。本指树木。此处喻才能平庸。逆取顺守：古代人们都有正统观念，认为刘秀身为臣下而以武力夺取帝位，是"逆取"。刘秀即位，已经是皇帝了，偃武修文，实行文治，这合于正道，所以称"顺守"。④冯衍：字敬通。东汉辞赋家。幸富贵：谓祈望得到富贵。凛然：严厉貌。形容令人敬畏的神态。⑤摈（bìn）斥排斥；弃绝。

恭显议萧望之

弘恭、石显议置萧望之于牢狱，汉元帝知其不肯就吏①，而讫可其奏，望之果自杀，帝召显等责问以议不详，皆免冠谢，乃已。王氏五侯奢僭，成帝内衔之，一旦赫怒，诏尚书奏诛薄昭故事②，然特欲恐之，实无意诛也。窦宪恃宫掖声势，夺公主园，章帝切责，有孤雏腐鼠之比，然竟不绳其罪③。三君之失政④，前史固深讥之矣。司马公谓元帝始疑望之不肯就狱⑤，恭、显以为必无忧，其欺既明，终不能治，可谓易欺而难寤也。予谓师傅大臣进退罪否⑥，人主当决之于心，何为谋及宦者？且望之先时已尝下廷尉矣，使其甘于再辱，忍耻对吏，将遂以恭、显之议为是耶！望之死与不死，不必论也。成帝委政外家，先汉颠覆，章帝仁柔无断，后汉遂衰，皆无足责⑦。

【注释】

①弘恭、石显：皆宦官。置：交付；投入。就吏：接受吏人逮捕。②王氏五侯：汉成帝在同一天内封的太后王政君家的王谭、王商、王立、王根、王逢时"五侯"。均为成帝舅父。奢僭：谓奢侈逾礼，不合法度。赫怒：勃然震怒。诛薄昭故事：薄昭为文帝舅，杀朝廷使者，文帝不忍加诛，使公卿从之饮酒，欲令自引分（自杀）。薄昭不肯，使群臣丧服往哭之，乃自杀。③宫掖：掖即掖庭，宫中的旁舍，嫔妃居所之处，因称宫中为"宫掖"。窦宪之妹为章帝皇后。夺公主园：逼夺了明帝刘庄（章帝之父）的女儿沁水公主的园田。切（qiè）责：严词斥责。有孤雏腐鼠之比：《后汉书·窦宪传》载，章帝斥责窦宪："国家弃宪，如孤雏腐鼠耳。"孤雏腐鼠，比喻微贱不足道的人或物。绳：纠正；弹劾。引申为制裁。④失政：政治混乱，不清明。⑤司马公：即司马光。撰有《资治通鉴》。⑥师傅：宣帝时，萧望之担任过太子太傅。元帝即位，萧望之以师傅受尊重。⑦委政：以政事相托。外家：外祖父母家。王政君为成帝生母。颠覆：颠坠覆败；灭亡。仁柔无断：谓柔弱而无主见。责：责备。一说要求；期望。

晁错张汤

晁错为内史，言事辄听，幸倾九卿，及为御史大夫，权任出丞相右①。张汤为御史，每朝奏事，国家用日旰，丞相取充位②，天下事皆决汤。萧望之为御史，意轻丞相，遇之无礼。三人者，贤否虽不同，然均为非谊，各以他事至死，抑有以致之邪③！

【注释】

①权任：权力职责。出丞相右：在丞相之上。古时尚右，故即以右指较高的地位。②国家用日旰：谈论国家政事，往往时间拖到很晚。颜师古注："论事既多，至于日晚。"用，治理；管理。日旰（gàn）：天色晚；日暮。充位：谓徒居其位，无所建树。③贤否（pǐ）：善恶。贤，美善。否（pǐ），恶。非谊：不合乎正义或道德规范。抑：犹或许，或者。表示语气。

逸诗书

　　逸《书》、逸《诗》①，虽篇名或存，既亡其辞，则其义不复可考。而孔安国注《尚书》，杜预注《左传》，必欲强为之说。《书》"汨作"注云"言其治民之功"②，"咎单作《明居》"注云"咎单，主土地之官。作《明居》，民法"，《左传》"国子赋辔之柔矣"注云③"义取宽政以安诸侯，若柔辔之御刚马"。如此之类。予顷教授福州日，林之奇少颖为《书》学谕，讲"帝釐下土"数语，曰："知之为知之，《尧典》《舜典》之所以可言也；不知为不知，《九共》《槁饫》④，略之可也。"其说最纯明可嘉⑤，林君有《书解》行于世，而不载此语，故为表出之。

【注释】

①逸：散失。②言：记载。③国子：齐国国弱。辔之柔矣：逸诗。④学谕：学官名。釐下土：治理天下。釐，"厘"的异体字。治理。下土，犹言天下。尧典、舜典：《尚书》篇名。"帝釐下土"即出自《舜典》。九共、槁饫：《尚书》篇名，今已失传。⑤纯明：纯粹明白。可嘉：值得赞许。

刑罚四卦

　　《易》六十四卦，而以刑罚之事著于大象者凡四焉①。《噬嗑》曰"先王以明罚敕法"，《丰》曰"君子以折狱致刑"，《贲》曰"君子以明庶政，无敢折狱"，《旅》曰"君子以明慎用刑而不留狱"②。《噬嗑》《旅》上卦为《离》，《丰》《贲》下卦为《离》。离，明也③。圣人知刑狱为人司命，故设卦观象，必以文明为主，而后世付之文法俗吏④，何邪？

【注释】

①大象：象，象征。《周易》用卦、爻等符号象征自然变化和人事休咎。②明罚敕法：严明刑罚，整饬法度。君子：指当时的统治者。折狱致刑：审判罪犯处理诉讼要慎用刑罚。折狱，判决诉讼案件。致，周密。明：修明。庶政：

各种政务。庶，众多。无敢折狱：这里指不敢凭主观臆测（或根据文饰之辞）去处理诉讼案件。明慎用刑：明察谨慎地用刑。留狱：停滞拖延狱讼。③离，明也：《易·说卦》："离为火，为日，为电。"故言。④司命：掌握命运。亦指关系命运者。观象：观察卦爻之象。古人用以测吉凶。文明：犹明察。文法俗吏：通晓法令、执法严峻的平庸官吏。

巽为鱼

《易》卦所言鱼，皆指《巽》也。《姤卦》《巽》下《乾》上，故九二有鱼，九四无鱼①。《井》内卦为《巽》，故二有射鲋之象②。《中孚》外卦为《巽》，故曰"豚鱼吉"。《剥卦》五阴而一阳。方一阴自下生，变《乾》为《姤》，其下三爻，乃《巽》体也③。二阴生而为《遯》，则六二、九三、九四乃《巽》体④。三阴生而为《否》⑤，则六三、九四、九五乃《巽》体。四阴生而为《观》⑥，则上三爻乃《巽》体。至五阴为《剥》，则《巽》始亡⑦。故六五之爻辞曰："贯鱼"，盖指下四爻皆从《巽》来，如鱼骈头而贯也⑧。或曰："《说卦》不言'《巽》为鱼'，今何以知之？"曰："以类而知之，《说卦》所不该者多矣。如'长子'、'长女'、'中女'、'少女'见于《震》《巽》《离》《兑》中，而《坎》《艮》之下，不言'为中男'、'为少男'之类，他可推也。"

【注释】

①《姤》卦九二有鱼，九四无鱼：《姤》卦"九二：包有鱼。""九四：包无鱼。"因为初、二、三爻属《巽》卦，四、五、上爻属《乾》卦，故九二有鱼，九四无鱼。②内卦：八卦（乾、兑、离、震、巽、坎、艮、坤）又称为经卦，每卦由三爻组成。由八卦重叠而组成的六十四卦称为别卦。一个别卦为六爻。这六爻中，初、二、三爻（即下三爻）组成内卦（又称"下卦"、"贞卦"），四、五、上爻（即上三爻）组成外卦（又称"上卦"、"悔卦"）。故二有射鲋之象：《井》卦"九二：井谷射鲋"。即从井口以弓矢射井中之小鲋鱼。③"方一阴自下生"句：六十四卦《乾》，卦体为☰乾下乾上，一个阴爻开始自下而生，则变为《姤》卦☴，下三爻☴乃是《巽》体。方，开始。④《遯》：卦体为☶艮下乾上，二、三、四爻乃☴（巽）。⑤否：音pǐ。卦体为☷坤下乾上。⑥观，音

guān。卦体为☷坤下巽上。⑦至五阴为《剥》，则《巽》始亡：《剥》卦卦体为☷坤下艮上。其六爻中，无论哪三爻都不能组成《巽》体，故言《巽》始亡。⑧贯鱼：穿成一串的鱼。比喻众多而有秩序。个个相次，不得相越。后亦泛指排成长队。骈（pián）头：头靠着头，并排。

三省长官①

中书、尚书令在西汉时为少府官属，与太官、汤官、上林诸令品秩略等，侍中但为加官，在东汉亦属少府，而秩稍增。尚书令为千石，然铜印墨绶，虽居几要②，而去公卿甚远，至或出为县令。魏、晋以来，浸以华重③。唐初遂为三省长官，居真宰相之任，犹列三品。大历中乃升正二品。入国朝，其位益尊，叙班至在太师之上，然只以为亲王及使相兼官④，无单拜者。见任宰相带侍中者才五人：范鲁公质、赵韩王普、丁晋公谓、冯魏公拯、韩魏王琦⑤。尚书令又贵，除宗王外，不以假人⑥。赵韩王、韩魏王始赠真令，韩公官止司徒，及赠尚书令，乃诏自今更不加增，盖不欲以三师之官赘其称也⑦。政和初，蔡京改侍中、中书令为左辅、右弼，而不置尚书令，以为太宗皇帝曾任此官。殊不知乃唐之太宗为之，故郭子仪不敢拜⑧，非本朝也。

【注释】

①三省：唐宋时三省为中央政府权力最重的三个部门。②少（shào）府：官名。秦汉为九卿之一。品秩：品级俸禄。品，旧时官吏的等级。加官：旧时于原有官职之外加领其他官衔。汉朝的侍中为列侯、将军等的加官。几（jī）要：几通"机"。③浸：渐渐。华重：地位显贵而重要。④叙班：官员的班行位次。亦作"序班"。亲王：爵位名。使相（xiàng）：唐末常以宰相官衔（同平章事等）加予节度使，作为荣典，叫作使相。宋代相沿，以亲王、留守、节度使加侍中、中书令、同平章事者皆谓之使相，实际上不预政事。兼官：在本官职以外，又任他官。⑤范鲁公质：即范质。宋太祖乾德初进封鲁国公。冯拯：真宗乾兴元年，进封魏国公。⑥宗王：皇族中之封王者。假人：授予人。⑦赠：古代朝廷封典的一种。其制各代略有不同。以封典给与死者称为"赠"。三师：北魏以后称太师、太傅、太保为三师。品级列正一品，但仅为虚衔，无实职。赘（zhuì）：

使受累赘，拖累。⑧拜：敬受。

王珪李靖

杜子美《送重表侄王评事》诗云："我之曾老姑，尔之高祖母。尔祖未显时，归为尚书妇①。隋朝大业末，房杜俱交友②。长者来在门③，荒年自糊口。家贫无供给，客位但箕帚④。俄顷羞颇珍⑤，寂寥人散后。"云云。"上云天下乱，宜与英俊厚⑥。向窃窥数公，经纶亦俱有⑦。次问最少年，虬髯十八九⑧。子等成大名，皆因此人手。下云风云合⑨龙虎一吟吼。愿展丈夫雄，得辞儿女丑⑩。秦王时在坐，真气惊户牖⑪。及乎贞观初，尚书践台斗⑫。夫人常肩舆⑬，上殿称万寿。至尊均嫂叔，盛事垂不朽。"观此诗，疑指王珪。珪相唐太宗，赠礼部尚书。然细考其事，大不与史合。蔡绦诗话引《唐书·列女传》云："珪母卢氏，识房、杜必贵。"质之此诗，则珪母乃杜氏也。《桐江诗话》云："不特不姓卢，乃珪之妻，非母也。"予按《唐列女传》元无此事，珪传末只云："始隐居时，与房玄龄、杜如晦善，二人过其家，母李窥之，知其必贵。"蔡说妄云有传，又误以李为卢，皆不足辨。但唐高祖在位日，太子建成与秦王不睦，以权相倾。珪为太子中允，说建成曰："秦王功盖天下，中外归心，殿下但以长年，位居东宫，无大功以镇服海内⑭，今刘黑闼散亡之余，宜自击之，以取功名。"建成乃请行。其后杨文幹之事起，高祖责以兄弟不睦，归罪珪等而流之⑮。太宗即位，乃召还任用。久之，宴近臣于丹霄殿，长孙无忌曰："王珪、魏徵，昔为仇雠，不谓今日得同此宴⑯。"上曰："珪、徵尽心所事，我故用之。"然则珪与太宗，非素交明矣⑰。《唐书》载李氏事，亦采之小说，恐未必然，而杜公称其祖姑事，不应不实。且太宗时宰相，别无姓王者，真不可晓也。

又有杜光庭《虬须客传》云，隋炀帝幸江都，命杨素留守西京，李靖以布衣往谒，窃其一妓，道遇异人，与俱至太原，因刘文静以见州将之子，言其真英主⑱，倾家资与靖，使助创业之举，即太宗也。按史载唐公击突厥，靖察有非常志，自囚上急变⑲。后高祖定京师，将斩之而止，必无先识太宗之事。且炀帝在江都时，杨素死已十余年矣。此一传，大抵皆妄云。

【注释】

①尚书：指王珪。见下文。②房、杜俱交友：与房玄龄、杜如晦俱相友善。③长者：此处指唐太宗、房玄龄等人。④客位但箕帚（jī zhǒu）：客厅里只有箕帚。箕帚，亦作"箕箒"。畚箕和扫帚。皆扫除之具。⑤羞：进献食品。珍：精美。家境贫寒，何来珍羞？原诗下文言，是妻子剪髻鬟换来的酒食。⑥英俊：指才智杰出的人物。⑦窃窥：偷看。经纶：整理丝缕。引申为处理国家大事。这里指政治才能。⑧虬（qiú）髯：卷曲的胡须。特指颊须。十八九：《唐书》：太宗起义兵时，年十八。⑨风云合：即风云际会。《易·乾·文言》："云从龙，风从虎，圣人作而万物睹。"意谓同类相感，后因以"风云"比喻际遇。合，会集；汇聚；遇合。⑩丈夫：犹言大丈夫。指有所作为的人。雄：指雄才。出众的才能。儿女醜：儿女辈。醜通"俦"。伴侣；同辈。⑪真气：谓真人气象。特指帝王的气象。户牖（yǒu）：门窗。也指屋舍门庭。⑫践：担当；升任。台斗（dǒu）：比喻宰辅重臣。台，三台。星名。古代用来比三公。斗，北斗。《唐书》：贞观二年二月，珪以黄门侍郎迁侍中，参预朝政。⑬肩舆：谓乘坐轿子。乘轿以命妇预朝会。⑭中允：官名。太子官属。殿下：汉代以后，对太子、亲王的尊称。镇服：使人服从。海内：四海之内。古代传说我国疆土的四周有海环绕，故称国境以内为"海内"。⑮杨文幹之事：李建成命令庆州总管杨文幹给他招兵买马，准备发动事变。事泄，杨文幹起兵造反，被李世民平定。流：中国古代将犯人遣送到边远地方服劳役的刑罚。俗称充军。⑯仇雠（chóu）：即仇人。王珪、魏徵，昔日和我们（秦王府）是仇人。王珪和魏徵原属李建成的人，魏徵是太子洗马。长（zhǎng）孙无忌为李世民的内兄，原属秦王府的人。不谓：料想不到。⑰素交：老朋友；真诚不移的友情。⑱虬须客传：即《虬髯客传》。传奇小说。唐无名氏作。江都：隋大业初改扬州为江都郡，并大筑江都宫苑，定为行都。西京：长安。隋炀帝建洛阳为东京，因称长安为西京。窃其一妓：所窃妓名红拂。异人：即虬髯客。州将：当时李渊任太原留守。英主：英明有为的君主。⑲察：通过观察而知道。当时李靖任隋朝的马邑郡丞（马邑郡处今山西北部），离太原郡很近。非常志：非分之想。自囚上急变：把自己锁起来（拘禁自己），到江都隋炀帝杨广那里报告李渊将要发动紧急事变（起兵反叛朝廷）。上变：向朝廷报告紧急的事变。多指密告谋反。《旧唐书》此句为"因自锁上变"。

虎夔藩

黄鲁直《宿舒州太湖观音院》诗云:"汲烹寒泉窟,伐烛古松根①。相戒莫浪出②,月黑虎夔藩。"夔字甚新,其意盖言抵触之义,而莫究所出。惟杜工部《课伐木》诗序云:"课隶人入谷斩阴木,晨征暮返,我有藩篱,是阙是补,旅次于小安③。山有虎,知禁④。若恃爪牙之利,必昏黑撑突⑤。夔人屋壁,列树白桃,镘焉墙,实以竹,示式遏⑥。为与虎近,混沦乎无良宾客⑦。"其诗句有云:"借汝跨小篱,乳兽待人肉⑧。虎穴连里闾,久客惧所触。"乃知鲁直用此序中语。然杜公在夔府所作诗,所谓"夔人"者,述其土俗耳,本无抵触之义,鲁直盖误用之。

又《寺斋睡起》绝句云:"人言九事八为律,傥有江船吾欲东。"按《主父偃传》,"上书言九事,其八事为律令,一事谏伐匈奴"谓八事为律令而言,则为字当作去声读,今鲁直似以为平声,恐亦误也。

【注释】

①汲烹寒泉窟:从寒冷的泉窟里取上水来煮茶。汲(jí),取水于井。烹,烧煮食物。此处指烹茶。窟,洞穴。伐烛古松根:把古松根砍来点着作火炬。古代称火炬为烛。②浪:轻率;随便。③课:督促。隶人:古代称因罪没入官为奴隶、从事劳役的人。阴木:生长在山北面的树木。一说秋冬生之木为阴木。征:出发;远行。是阙是补:空缺了的地方就补上。阙(quē),空缺。旅次:旅途中暂住的地方。④禁:用以防卫、封闭、阻隔、遮蔽的设施。⑤撑(chēng)突:冲撞。⑥夔人:即夔州人。列树:谓成行地种植。白桃:杜甫原文为"白萄"。萄,草名。一说葡萄。镘焉墙:涂上泥和石灰而成为墙的。镘,本是涂墙工具,这里指涂墙。杜甫原文为"镘为墙"。式遏:本指使恶人不得为虐作恶。这里指遏制;制止。⑦混沦乎无良宾客:杜甫原句为:"为与虎近,混沦乎无良。宾客忧害马之徒,苟活为幸。"言此地近虎,并有无良者混杂其间。混沦(hún lún),混沌。浑然未分貌。无良,无善德,不善。⑧藉汝跨小篱:借竹木以补篱笆。汝,指竹木。跨,跨越。引申为兼作。乳兽:乳虎。

曹操用人

曹操为汉鬼蜮，君子所不道，然知人善任使①，实后世之所难及。荀彧、荀攸、郭嘉，皆腹心谋臣，共济大事，无待赞说。其余智效一官，权分一郡，无小无大，卓然皆称其职②。恐关中诸将为害，则属司隶校尉钟繇以西事，而马腾、韩遂遣子入侍③。当天下乱离，诸军乏食，则以枣祗、任峻建立屯田，而军国饶裕，遂芟群雄④。欲复盐官之利，则使卫觊镇抚关中⑤，而诸将服。河东未定，以杜畿为太守，而卫固、范先束手禽戮⑥。并州初平，以梁习为刺史，而边境肃清⑦。扬州陷于孙权，独有九江一郡，付之刘馥而恩化大行⑧。冯翊困于郿盗，付之郑浑而民安寇灭。代郡三单于，恃力骄恣，裴潜单车之郡，而单于詟服⑨。方得汉中，命杜袭督留事，而百姓自乐，出徙于洛、邺者⑩，至八万口。方得马超之兵，闻当发徙，惊骇欲变，命赵俨为护军，而相率还降⑪，致于东方者亦二万口。凡此十者，其为利岂不大哉！张辽走孙权于合肥，郭淮拒蜀军于阳平，徐晃却关羽于樊⑫，皆以少制众，分方面忧。操无敌于建安之时，非幸也。

【注释】

①鬼蜮：比喻用心险恶、暗中伤人的人。蜮，古代相传为一种能含沙射人、致人于病的动物。不道：不愿谈及。任使：差遣，委用。②赞说：赞扬评说。智效：智能足以担当。效，授予。卓然：特异貌。超出一般人。③遣子入侍：派遣儿子入朝奉侍。实际上是作人质留在曹操那里。④饶裕：富饶丰裕。芟（shān）：删除杂草。引申为除去。⑤镇抚：镇定抚辑。⑥"杜畿"句：见四笔卷十六《杜畿李泌董晋》。⑦肃清：犹清平。多指国家、社会安定太平，法纪严明。⑧恩化：恩惠教化。⑨骄恣：骄横放纵。之：前往。詟服：因畏惧而屈服。詟，"慑"的异体字。⑩出徙：外迁。⑪发徙：发遣迁移。还降（xiáng）：归顺投降。⑫走孙权：败走孙权。走，谓驱逐，使溃逃。却：退；使退。

汉士择所从

汉自中平黄巾之乱，天下震扰。士大夫莫不择所从，以为全身远害之计①，然非豪杰不能也。荀彧少时，以颍川四战之地，劝父老亟避之，乡人多怀土不能去，彧独率宗族往冀州，袁绍待以上宾之礼，彧度绍终不能定大业，去而从曹操，其乡人留者，多为贼所杀。袁绍遣使迎汝南士大夫，和洽独往荆州，刘表以上客待之，洽曰："所以不从本初②，避争地也。昏世之主，不可黩近，久而不去，谗慝将兴③。"遂南之武陵，其留者多为表所害。曹操牧兖州④，陈留太守张邈与之亲友。郡士高柔独以为邈必乘间为变，率乡人欲避之，众皆以曹、张相亲，不然其言。柔举家适河北⑤，邈果叛操。郭嘉初见袁绍，谓其谋臣辛评等曰："智者审于量主，袁公多端寡要，好谋无决，难与共济大难，吾将更举以求主⑥，子盍去乎？"评等曰："袁氏今最强，去将何之？"嘉不复言，遂去依曹操。操召见，与论天下事。出曰："真吾主也。"杜袭、赵俨、繁钦避乱荆州，钦数见奇于表⑦，袭曰："所以俱来者，欲全身以待时耳。子若见能不已，非吾徒也。"及天子都许，俨曰："曹镇东必能济华夏⑧，吾知归矣。"遂诣操。河间邢颙在无终，闻操定冀州，谓田畴曰："闻曹公法令严，民厌乱矣，乱极则平，请以身先。"遂装还乡里⑨。畴曰："颙，天民之先觉者也⑩。"孙策定丹阳，吕范请暂领都督，策曰："子衡已有大众⑪，岂宜复屈小职！"范曰："今舍本土而托将军者，欲济世务也⑫，譬犹同舟涉海，一事不牢，即俱受其败，此亦范计，非但将军也。"策从之。周瑜闻策声问，便推结分好，及策卒权立，瑜谓权可与共成大业，遂委心服事焉⑬。诸葛亮在襄阳，刘表不能起，一见刘备，事之不疑。此诸人识见如是⑭，安得困于乱世哉！

【注释】

①黄巾之乱：对黄巾起义的诬称。起义军以黄巾裹头，因此被称为黄巾军。震扰：惊动不安貌。全身：保全生命或名节。远害：避免祸害。②本初：

即袁绍，字本初。③昏世：昏暗腐败的时代。黩近：狎近。黩（dú），通"嬻（dú）"。轻慢不敬。谗慝（tè）：指奸佞邪恶之人。④牧兖州：即为兖州牧。牧，本意为放饲牲畜。此处指治民之官。汉末一州的军政长官称州牧。⑤举家：全家。举，全。⑥审：审慎，慎重。多端寡要：政事头绪繁多而不知择要行事。济难（nàn）：解救危难。更（gēng）举：改变行动。举，行动。⑦数见奇：屡次显示自己的特殊才能。⑧都许：迁都许昌。曹镇东：指曹操。建安元年二月，天子拜曹操为建德将军，夏六月，迁镇东将军。华夏：亦作"诸夏"。汉族先民或中国（中原）的古称。⑨装：行装。亦谓整理行装。⑩天民：此处即指人民。先觉：对事理早于一般人认识觉察。⑪子衡：即吕范，字子衡。⑫世务：谋身治世之事。一说，时势。⑬声闻：同声问（wèn）。名誉，声誉。推结：推诚结交。分（fèn）好：情义，友谊。委心：倾心。服事：事奉。泛指为人奔走效劳。⑭识见：见解；见识。

刘公荣

王戎诣阮籍，时兖州刺史刘昶字公荣在坐，阮谓王曰："偶有二斗美酒，当与君共饮。彼公荣者无预焉①。"二人交觞酬酢②，公荣遂不得一杯，而言语谈戏，三人无异。或有问之者，阮曰："胜公荣者，不得不与饮酒，不如公荣者，不可不与饮酒，唯公荣可不与饮酒。"此事见戎传，而《世说》为详。又一事云，公荣与人饮酒，杂秽非类③，人或讥之，答曰："胜公荣者，不可不与饮，不如公荣者，亦不可不与饮，是公荣辈者，又不可不与饮，故终日共饮而醉。"二者稍不同。公荣待客如是，费酒多矣，顾不蒙一杯于人乎？东坡诗云："未许低头拜东野④，徒言共饮胜公荣。"盖用前事也。

【注释】

①偶：恰巧；正好。无预：犹无与。不加入。②交觞：相互敬酒。酬酢（chóu zuò）：饮酒时主客互相敬酒，主敬客曰"酬"，客还敬曰"酢"。③杂秽：杂乱不纯。非类：行为不正之人。④东野：即孟郊，字东野。唐诗人。

元丰官制

元丰官制初成,欲以司马公为御史大夫,又将俟建储时,以公及吕申公为保傅①。元祐初,起文潞公于既老,议处以侍中、中书令,为言者所攻,乃改平章军国重事②。自后习以为制,不复除此等官,以谓前无故事,其实不然也。绍兴二十五年十月,中批右正言张扶除太常卿③,执政言自来太常不置卿,遂改宗正,复言之,乃以为国子祭酒。近岁除莫济秘书监,济辞避累日,然后就职。已而李焘、陈骙、郑丙皆为之,均曰:"职事官④,何不可除之有?"

【注释】

①官制:设官的制度。建储:册立皇太子。储,副贰。太子为副主,故称"储君"。吕申公:即吕公著。字晦叔。位至司空、同平章军国事。卒赠申国公。保傅:古代保育、教导太子等贵族子弟及未成年帝王、诸侯的男女官员,统称为保傅。另见卷十《致仕之失》"师傅"注。②言者:指谏官。攻:指责。平(pián)章:官名。唐中叶以后,凡实际任宰相之职者,必在本官外加同平章事衔称。意即共同议政("平章"之义为筹商)。宋代有平章军国重事,专以此官位置年高或望重的大臣,位在宰相之上。③中批:指皇帝的诏令。④职事官:执掌具体政务的官吏。

耳馀袁刘

张耳、陈馀少时为刎颈交,其后争权,相与致死地而不厌,盖势利之极,其究必然①。韩馥举冀州以迎袁绍②,而终以惧死。刘璋开门延刘备③,坐失益州。翟让提兵授李密,而举族不免④。尔朱兆以六镇之众付高欢,而卒毙于欢手⑤。绍、密、欢忘其所自⑥,不足深责。孰谓玄德之长者而忍为此邪!

【注释】

①刎颈交:同生死的朋友。谓齐生死而刎颈无悔。刎,割颈。相与:互相;

交相。厌：通"餍（yàn）"。满足。势利：权势和财利。极：顶点。究：终极。即最终的结果。②韩馥举冀州迎袁绍：韩馥本为冀州牧，但威望不如袁绍，于是把印绶送给了袁绍，让袁做了冀州牧。③刘璋开门延刘备：刘璋为益州牧，为了联合刘备抗击曹操，刘璋请刘备入蜀。后来刘备袭夺了益州。④"翟让"句：翟让为隋末瓦冈起义军首领，因见投奔自己的李密智谋过己，于是推密为主。后来李密设计杀了翟让一家。授，给予；付予。⑤"尔朱兆"句：北魏孝庄帝杀尔朱荣，为除后患，又令步蕃等袭尔朱荣之侄尔朱兆，兆召高欢协助自己，付欢以三州六镇之兵，遂破步蕃。后兆讨欢，欢乃进击兆，兆军大败。兆自杀。⑥所自：由来；来源。

周汉存国

周之初，诸侯千八百国，至王赧之亡①，所存者才八国耳，七战国与卫也。然赵、韩、魏分晋而立，齐田氏代姜而兴，其有土各不及二百年，俱非旧邦②。秦始皇乃吕氏子，楚幽王乃黄氏子，所谓嬴、芈之先，当不歆非类③。然则惟燕、卫二姬姓存。而卫至胡亥世乃绝，若以为召公、康叔之德，则周公岂不及乎④！

汉列侯八百余人，及光武而存者，平阳、建平、富平三侯耳。建平以先降梁王，永夺国。平阳为曹参之后，富平为张安世之后，参犹有创业之功，若安世则汤子也，史称其推贤扬善，固宜有后，然轻重其心，杀人亦多矣，独无余殃乎⑤！汉侯之在王莽朝，皆不夺国，光武乃但许宗室复故，余皆除之，虽鄘侯亦不绍封⑥，不知曹、张两侯，何以能独全也？

【注释】

①王赧（nǎn）：周朝最后一个王，名叫姬延。②有土：有土地；有封地。亦指有土地之君或有封地之臣。旧邦：历史长久的国家；故国。邦，诸侯封国。③秦始皇乃吕氏子：据《史记》和《东周列国志》记载，秦国华阳君之庶子子楚（原名异人，即后来的秦庄襄王）为质于赵，见已怀孕的吕不韦之姬，"悦而娶之，生始皇。"吕不韦为卫国人。楚幽王乃黄氏子：据《史记·春申君列传》载，楚考烈王无子，李园将其妹先献给楚春申君黄歇，怀孕后，又和黄歇

谋划，将其妹献给考烈王，生了幽王。嬴、芈：秦，嬴姓。楚，芈（mǐ）姓。不歆非类：不会享用其他族类的祭品。《左传·僖公十年》："神不歆非类，民不祀非族。"歆（xīn）飨，谓祭祀时神灵享其气。非类，不同族类。④胡亥：秦始皇的儿子秦二世。"二世废君角为庶人，卫绝祀。"（《史记·卫康叔世家》）召公、康叔：召公姬奭（shì）为燕国的始祖。康叔姬封为卫国的始祖。周公：姬旦，鲁国的始祖。周公佐武王灭纣夺天下，又辅成王平定内乱，但是，鲁国早燕、卫被楚灭亡，所以作者感叹："周公岂不及（召公、康叔之德）乎！"⑤推贤：推荐贤人。扬善：宣扬好人好事。轻重其心：汉武帝时，张汤为御史大夫，办理案件不以法律为准绳，而是看皇帝的意向行事。轻重其心，即以个人意愿左右、影响事物。余殃：留下祸害；后患。⑥酂（zàn）侯：指萧何。刘邦创立天下，萧何功第一，封酂侯。

曹操杀杨修

曹操杀杨修之后，见其父彪，问曰："公何瘦之甚？"对曰："愧无日䃅先见之明，犹怀老牛舐犊之爱。"操为之改容①。《古文苑》载操与彪书，数修之罪，以为恃豪父之势，每不与吾同怀，将延足下尊门大累，便令刑之②。且赠彪锦裘二领，八节角桃杖一枝，青牸牛二头，八百里骅骝马一匹，四望通幰七香车一乘，驱使二人③。又遗其妻裘、靴，有心青衣二人④，钱绢甚厚。卞夫人亦与袁夫人书云："贤郎有盖世文才，阖门钦敬。明公性急⑤，辄行军法。"以衣服、文绢、房子官锦、香车送之⑥。彪及袁夫人皆答书引愆致谢⑦。是时汉室将亡，政在曹氏，杨公四世宰相，为汉宗臣，固操之所忌，彪之不死其手，幸矣。呜呼危哉！

【注释】

①日䃅先见之明：金日䃅（mì dī）的两个儿子小时候都做过皇帝的弄儿（供人玩弄的幼童），长大成人后行为仍不大检点，擅自在殿前和官人游戏玩耍，金日䃅认为那是淫乱行为，怕以后惹出大乱子，便把其长子杀了。舐犊：老牛舐爱小牛，比喻人之爱子。舐（shì），以舌舔物或取食。改容：改变仪容；动容。②豪父：权势显赫的父亲。同怀：犹同心。延：扩展；蔓延。尊门：对人家族的敬称。刑之：杀了他。③八百里：日行八百里。骅骝：亦作"华骝"。周穆

王八骏之一。亦谓骏马。驱使：供驱遣役使的人。④遗（wèi）：赠送。有心青衣：有心，有心计。青衣，指婢女。青衣，古时低下的人穿的服装。婢女多穿青衣，因以"青衣"代称婢女。⑤盖世：压倒一世，没有人比得过。阖（hé）门：满门，全家。明公：古时对有名位者的尊称。⑥房子官锦：房子县出产的丝绵。⑦引愆：自认罪过。引，自承。愆（qiān），罪咎，过失。

古人重国体

古人为邦，以国体为急①，初无小大强弱之异也。其所以自待，及以之待人，亦莫不然。故执言修辞，非贤大夫不能尽②。楚申舟不假道于宋而聘齐，宋华元止之，曰："过我而不假道，鄙我也。鄙我，亡也。杀其使者，必伐我。伐我，亦亡也。亡一也③。"乃杀之。及楚子围宋既急，犹曰："城下之盟，有以国毙，不能从也④。"郑三卿为盗所杀，余盗在宋，郑人纳赂以请之⑤。师慧曰："以千乘之相，易淫乐之矇⑥，宋无人焉故也。"子罕闻之，固请而归其赂⑦。晋韩宣子有环在郑商，谒诸郑伯，子产弗与，曰："大国之求，无礼以斥之，何厌之有？吾且为鄙邑，则失位矣⑧。若大国令而共无艺，郑，鄙邑也，亦弗为也⑨。"晋合诸侯于平丘，子产争贡赋之次，子大叔咎之⑩。子产曰："国不竞亦陵，何国之为⑪！"郑驷偃娶于晋，偃卒，郑人舍其子而立其弟，晋人来问，子产对客曰："若寡君之二三臣，其即世者，晋大夫而专制其位⑫，是晋之县鄙也，何国之为！"楚囚郑印堇父，献于秦，郑以货请之⑬。子产曰："不获⑭。受楚之功，而取货于郑，不可谓国，秦不其然⑮。若曰郑国微君之惠⑯，楚师其犹在敝邑之城下。"弗从，秦人不予。更币，从子产而后获之⑰。读此数事，知春秋列国各数百年，其必有道矣⑱。

【注释】

①为邦：治理国家。为，治理。国体：国家或朝廷的体统、体面。急：重要。②执言：发表意见，提出建议。修辞：修饰辞句以提高在交际中的语言表达效果。尽：达到极限或使之达到极限。此处指达到尽善尽美的地步。③聘：古代国与国之间遣使访问。过我：经过我国境内。鄙我，亡也：杜预注《左传》："以

我比其边鄙,是与亡国同。"按杜意,"鄙"为边鄙,非轻视、鄙视之义。亡一也:一,一样。④城下之盟,有以国毙,不能从也:杜预注:"宁以国毙,不从城下盟。"城下之盟,因敌军兵临城下受胁迫而订的盟约。是一种投降的姿态。有以(sì):类似;如同。以,通"似"。国毙,国家灭亡。见《左传》宣公十四年、十五年。⑤郑三卿:郑国三个执政大臣子驷、子国、子耳。纳赂:行贿。⑥师慧:乐师,名慧。以千乘之相,易淫乐之瞍:杜预集解:"千乘相,谓子产等也。易,轻也。言不为子产杀三盗,得赂而归之,是重淫乐而轻相国。"子产,子国之子公孙侨——公孙成子。千乘(shèng),古时一车四马为一乘,诸侯大国地方百里,出车千乘,称千乘之国。淫乐,旧指不同于正统雅乐的俗乐。瞍,睁眼瞎子。淫乐之瞍,指乐师。⑦子罕:宋国司城(官名,即司空,掌管工程。宋国因武公名司空,改司空为司城)。固请:执意请求。固,坚决;坚持。见襄公十年、十五年。⑧韩宣子:韩起。环:玉环。谒:请;请求。无礼以斥之:如果不依据礼法予以驳斥。无礼,不循礼法。鄙邑:边城。失位:失去身分、地位。成为别国的边邑,自己就不成为国家了。⑨共(gōng):通"供"。供奉;供给。无艺:没有定法;没有常道。杜预集解:"艺,法也。"共无艺,谓无条件的满足。郑,鄙邑也,亦弗为也:杜预集解:"不欲为鄙邑之事。"见《左传·昭十六年》。此时子产已为郑国执政。⑩次:等第;次第。按周制,诸侯国给天子的贡赋以爵位的等第而分别轻重,列尊地广,其贡赋重,列卑贡轻。咎之:责怪子产。⑪国不竞亦陵,何国之为:杜注:"不竞争则为人所侵陵,不成为国。"见昭公十三年。⑫寡君:古代臣子对别国自称其君的谦辞。二三臣:即诸位大臣,或言几位大臣。即世:死,去世。专制:控制;掌管。即干涉内政。见昭公十九年。⑬货:贿赂。⑭不获:杜注:"谓……以货请印堇父,必不得。"⑮"受楚之功"句:杜注:"受楚献(囚之)功,大名也。以货免之,小利。故谓秦不尔。"⑯微君之惠:没有您(秦国国君)的惠赐。微,非;无。惠,赐。有所求于人的敬辞。这句话的意思是,如果这样说,秦国就会放人。⑰"更币"句:杜注:"更遣使执币,用子产辞(话语),乃得堇父。"见《左传·襄公二十六年》。⑱有道:有办法。

卷第十三（十八则）

谏说之难

韩非作《说难》，而死于说难，盖谏说之难①，自古以然。至于知其所欲说，迎而拒之，然卒至于言听而计从者，又为难而可喜者也。秦穆公执晋侯，晋阴饴甥往会盟②，其为晋游说无可疑者。秦伯曰："晋国和乎？"对曰："不和。小人曰必报仇，君子曰必报德③。"秦伯曰："国谓君何？"曰："小人谓之不免④，君子以为必归；以德为怨，秦不其然。"秦遂归晋侯。秦伐赵，赵求救于齐，齐欲长安君为质⑤。太后不肯，曰："复言者，老妇必唾其面。"左师触龙愿见，后盛气而揖之入，知其必用此事来也⑥。左师徐坐，问后体所苦，继乞以少子补黑衣之缺⑦。后曰："丈夫亦爱怜少子乎？"曰："甚于妇人。"然后及其女燕后，乃极论赵王三世之子孙无功而为侯者⑧，祸及其身。后既寤，则言："长安君何以自托于赵⑨？"于是后曰："恣君之所使。"长安君遂出质⑩。范雎见疏于秦，蔡泽入秦，使人宣言感怒雎，曰："燕客蔡泽天下辩士也⑪。彼一见秦王，必夺君位。"雎曰："百家之说，吾既知之，众口之辩，吾皆摧之，是恶能夺我位乎⑫？"使人召泽，谓之曰："子宣言欲代我相，有之乎？"对曰："然。"即引商君、吴起、大夫种之事⑬。雎知泽欲困己以说，谬曰："杀身成名⑭，何为不可？"泽以身名俱全之说诱之，极之以闳夭、周公之忠圣⑮。今秦王不倍功臣⑯，不若秦孝公、楚、越王，雎之功不若三子，劝其归相印以让贤。雎竦然失其宿怨，忘其故辩，敬受命⑰，延入为上客。卒之代为秦相者泽也。秦始皇迁其母⑱，下令曰："敢以太后事谏者杀之。"死者二十七人矣。茅焦请谏，王召镬将亨之⑲。焦数以桀、纣狂悖之行⑳，言未绝口，王母子如初。吕甥之言出于义，左师之计伸于爱，蔡泽之说激于理，若茅焦者真所谓蹈虎牙者矣㉑。范雎亲困穰侯而夺其位㉒，何遽不如泽哉！彼此一时也。

【注释】

①韩非：战国末哲学家，法家主要代表人物。著《孤愤》《五蠹》《说难》十余万言。韩王遣非使秦。李斯、姚贾在秦王面前毁谤韩非，致使韩非下狱，自杀。谏说：进谏游说。②会盟：古代诸侯间的集会、订盟。③不和：指意见不一致。小人、君子：春秋时将统治阶级称为"君子"，将被统治的劳动生产者称为"小人"。仇：谓执杀晋侯之仇。德：谓放归晋侯之德。④不免：免不掉被囚或被杀的命运。⑤质：作为保证的人或物。这里指人质。⑥左师：春秋战国时宋、赵等国执政官名。用：因；由。⑦体所苦：苦，忧苦。指有毛病或不舒服。黑衣：古代军士衣黑衣，因以"黑衣"为军士的代称。⑧燕后：赵太后之女为燕国王后。极论：透彻地论述；竭力论述。⑨何以自托于赵：何以，即"以何"。凭什么。自托，自己有所依托。⑩出质：出为人质。⑪感怒：激怒。辩士：能言善辩之士，游说之士。⑫恶（wū）：何；怎么。⑬商君：公孙鞅。战国时政治家。说服秦孝公变法图强，因功封於商，号商君，因称商鞅。孝公死后，被贵族陷害，车裂而死。吴起：战国时兵家。任魏将，屡建战功，被魏文侯任为西河守。文侯死，遭陷害，奔楚，佐楚悼王变法，使楚富强。悼王死，被旧贵族杀害。大夫种：越国大夫文种。越被吴击败，勾践困守会稽。他献计到吴国行贿，得免亡国。勾践归国，授以国政，君臣刻苦图强，终于灭吴。后勾践听信谗言，赐剑命他自杀。⑭谬（miù）：诈伪；装假。杀身成名：为了成就名声，不惜舍弃生命。⑮闳夭：西周初年大臣，辅佐文王。文王被商纣王囚禁，他送给商纣王美女、好马，文王才得以释放。忠圣：指忠臣中品德最高的人。⑯不倍功臣：不加倍优遇功臣。不倍：不加倍。⑰竦然：恭敬貌。宿怨：旧日的怨恨。受命：领教；接受教导。⑱迁其母：秦始皇母（即吕不韦送给子楚的小妾赵姬）与吕不韦、嫪毐（lào ǎi）等发动兵变，被秦始皇挫败。于是把他母亲从国都咸阳贬谪到了雍。迁，贬谪。⑲镬（huò）：无足的鼎。用鼎镬烹人，是古代的一种酷刑。亨（pēng）："烹"的本字。⑳数（shǔ）：列举罪状。狂悖（bèi）：狂妄背理。㉑吕甥：即阴饴甥。义：事之宜；正义。伸于爱：伸，同"申"。陈述；表达。激于理：激，激发；激励。使冲动奋发。劘虎牙：劘（mó），迫近。㉒穰侯：魏冉。秦昭王母宣太后异父弟。封于穰，称穰侯。秦相。后昭王用范雎，免魏冉。

韩馥刘璋

韩馥以冀州迎袁绍，其僚耿武、闵纯、李历、赵浮、程涣等谏止之，馥不听。绍既至，数人皆见杀。刘璋迎刘备，主簿黄权、王累，名将杨怀、高沛止之，璋逐权，不纳其言，二将后为备所杀。王浚受石勒之诈①，督护孙纬及将佐皆欲拒勒，浚怒欲斩之，果为勒所杀。武、纯、怀、沛诸人谓之忠于所事可矣，若云择君，则未也。呜呼！生于乱世，至死不变，可不谓贤矣乎？

【注释】
①王浚受石勒之诈：十六国时期，前赵将军王浚在幽州，石勒进据襄国（今河北邢台县）。王浚被石勒欺骗蒙蔽，石勒轻骑奇袭幽州。王浚束手被擒，押回襄国斩首。诈，欺骗。

萧房知人

汉祖至南郑，韩信亡去，萧何自追之。上骂曰："诸将亡者以十数，公无所追；追信，诈也。"何曰："诸将易得，至如信，国士亡双，必欲争天下，非信无可与计事者①。"乃拜信大将，遂成汉业。唐太宗为秦王时，府属多外迁②，王患之。房乔曰："去者虽多不足吝，杜如晦王佐才也，王必欲经营四方，舍如晦无共功者。"乃表留幕府③，遂为名相。二人之去留，系兴替治乱如此，萧、房之知人④，所以为莫及也。樊哙从高祖起丰、沛，劝霸上之还，解鸿门之厄，功亦不细矣，而韩信羞与为伍⑤。唐俭赞太宗建大策，发蒲津之谋，定突厥之计，非庸臣也，而李靖以为不足惜⑥。盖以信、靖而视哙、俭，犹熊罴之与狸狌耳⑦。帝王之功，非一士之略，必待将如韩信，相如杜公，而后用之，不亦难乎！惟能置萧、房于帷幄中⑧，拔茅汇进，则珠玉无胫而至矣。

【注释】

①计事：计议大事；谋事画策。②外迁：旧时谓京官调任地方官。③房乔：时任秦王府记室。王佐才：旧称辅佐帝王创业治国的才能。共功：共事。功，通"工"。事。表：启奏，上奏章给皇帝。④兴替：兴盛与衰败。知人：谓能鉴察人的品行、才能。⑤起丰、沛：汉高祖刘邦（沛县丰邑人），在丰、沛起事（起兵反秦）。劝霸上之还：劝刘邦还军霸上。霸上是咸阳和长安附近的军事要地。刘邦率军先诸侯至霸上，秦王子婴投降，刘邦"遂西入咸阳，欲止宫休舍（即留住宫中休息），樊哙、张良谏，乃封秦重宝财物府库，还军霸上"，以待诸侯。劝还军霸上，一是占领军事要地；二是防止军心涣散，失去战斗力；三是避免诸侯指责和进攻，自己处于主动地位。解鸿门之厄：刘邦还军霸上，派兵把守函谷关，扼制诸侯进入，在关中称王。项羽大怒，欲击刘邦。刘邦实力不敌，遂到鸿门向项羽道歉。项羽设宴，其谋士范增令项庄在宴席上舞剑，伺机刺杀刘邦。樊哙闻讯，闯进营门，带剑入席，指责项羽不守信用，保护了刘邦。不细：不小。羞与为伍：耻于同自己所轻视的人在一起。⑥大策：重大的谋略、决策。唐俭说太宗以"隋室昏乱，天下可图"，并向高祖陈述取天下的方略。发蒲津之谋：揭发独孤怀恩在蒲州企图发动叛乱的阴谋。定突厥之计：招降突厥之计。贞观初，李靖破定襄，突厥颉利可汗大惧，唐俭认为可以招降。太宗"令俭驰传至虏庭，示之威信"。突厥不设备，"兵众驰惮"。李靖欲趁机袭之。将军张公瑾曰："诏许其降，行人（指使者唐俭——注者）在彼，未宜讨击。"靖曰："此兵机也，时不可失……如唐俭等辈，何足可惜。"结果，颉利可汗大败北逃，唐俭脱身而归。（见《旧唐书》之《唐俭传》《李靖传》）庸臣：平庸之臣。⑦狸狌（shēng）：野猫。⑧帷幄：帐幕。借指军政长官办公的处所。拔茅汇进：比喻同道者相互引进。珠玉：比喻俊杰、英才。无胫而至：比喻事物自然迅速的到来。胫，泛指人或禽兽的腿。

俞似诗

英州之北三十里有金山寺，予尝至其处，见法堂后壁题两绝句①。僧云："广州钤辖俞似之妻赵夫人所书②。"诗句洒落不凡，而字画径四寸，遒健类薛稷③，极可喜。数年后又过之，僧空无人，壁亦隳圮④，犹能追忆其语，为纪于此，其一云："莫遣鞲鹰饱一呼，将军谁志灭匈奴⑤？年来万事灰人意，只有看山眼不枯⑥。"其二云："传食胶胶扰扰间，林泉高步未容攀⑦。兴来尚有平生屐，管领东南到处山⑧。"盖似所作也。

【注释】

①法堂：演说佛法的大堂。绝句：即"绝诗"。亦称"截句"、"断句"。截、断、绝均有短截义，因定格仅为四句，故名。②钤辖：宋代武官名。③洒落：洒脱，不拘谨。遒健：刚劲有力。薛稷：唐书画家。以擅长书法名世。④隳圮(huī pǐ)：倾坍；倒塌。⑤韝(gōu)鹰：谓调教于臂韝之上的鹰。韝，同"鞲(gōu)"。革制臂套。谁志：谁还有志向？⑥眼不枯：谓泪水流不尽。⑦传食：辗转受人供养。此指军旅生活。胶胶扰扰：动乱不安。胶(jiǎo)，同"绞"。林泉：山林与泉石。指幽静宜于隐遁之所。高步：犹高蹈。指隐居。⑧平生屐：南朝宋谢灵运平生爱好山水，登山常著有齿木屐，上山去其前齿，下山则去其后齿。管领：领受。到处山：处处山。指所有的山。

吴激小词

先公在燕山，赴北人张总侍御家集①。出侍儿佐酒，中有一人，意状摧抑可怜，叩其故，乃宣和殿小宫姬也②。坐客翰林直学士吴激赋长短句纪之，闻者挥涕。其词曰："南朝千古伤心地，还唱《后庭花》③。旧时王、谢，堂前燕子，飞向谁家④？恍然相遇，仙姿胜雪，宫髻堆鸦⑤。江州司马，青衫湿泪，同是天涯⑥。"激字彦高，米元章婿也。

【注释】

①侍御：唐代称殿中侍御史、监察御史为侍御。后世因沿袭此称。集：聚集；聚会。②意状：情景。摧抑：挫折压制。指克制着内心的悲伤。宫姬：泛称皇宫中的女官。③还唱《后庭花》：《后庭花》，唐教坊曲名，本名《玉树后庭花》，为南朝陈后主（陈叔宝）所制曲。启用为词牌。陈后主耽于声色，终至亡国。人们便把他所作艳曲《玉树后庭花》看作亡国之音。杜牧《泊秦淮》诗："商女（卖唱的歌女）不知亡国恨，隔江犹唱后庭花！"④旧时王、谢，堂前燕子，飞向谁家：王谢，指六朝时代的名门望族王氏、谢氏。后来以"王谢"为高门贵族的代称。唐刘禹锡《乌衣巷》诗："旧时王谢堂前燕，飞入寻常百姓家。"此指世事变迁，荣华不再。⑤恍然：犹忽然。仙姿：仙人的风姿。

形容清雅秀逸的姿容。宫髻：指妇女的发髻。因多仿皇宫发式，故称。堆鸦：形容女子发黑而美。⑥江州司马，青衫湿泪，同是天涯：此句化用白居易《琵琶行》诗中的句子："座中泣下谁最多？江州司马青衫湿。""同是天涯沦落人，相逢何必曾相识。"

君子为国

《传》曰："不有君子，其能国乎①？"古之为国，言辞抑扬②，率以有人无人占轻重。晋以诈取士会于秦，绕朝曰："子无谓秦无人，吾谋适不用也③。"楚子反曰："以区区之宋，犹有不欺人之臣，可以楚而无乎？"宋受郑赂，郑师慧曰："宋必无人。"鲁盟臧纥之罪④，纥曰："国有人焉。"贾谊论匈奴之嫚侮，曰："倒悬如此，莫之能解，犹谓国有人乎⑤？"后之人不能及此，然知敌之不可犯，犹曰彼有人焉，未可图也。一士重于九鼎，岂不信然？

【注释】

①不有君子，其能国乎：没有君子，岂能治理好国家？此句出《左传·文公十二年》，是鲁国襄仲赞扬秦国西乞术的话。②为国：治国。言辞抑扬：讲起道理有高下之分。言辞，说话所用词句。此处指道理。抑扬，本指音调有起有伏或高或低。此处指讲的道理有高下之分。③晋以诈取士会于秦：士会本晋大夫，鲁文公七年，因罪奔秦，为秦所用，对晋构成威胁。晋患之，文公十三年，以欺诈手段取士会回晋。绕朝：秦人。子：谓士会。适：偶然。④鲁盟臧纥之罪：臧纥因鲁国内乱而失败，"斩鹿门之关以出奔邾"，后又"奔齐"（《左传·襄二三年》）。鲁人"盟臧氏曰：'毋或如臧孙纥干国之纪，犯门斩关！'"（同上）盟，在神前立誓缔约。⑤嫚侮：轻侮。"倒悬"句：颜师古注《汉书》曰："天下之势，"颠倒如此，而不能解救，岂谓国有明智之人乎？"

兑为羊

《兑》为羊①，《易》之称羊者凡三卦。《大》之九四曰"牵羊悔亡"，

《归妹》之上六曰"士刲羊，无血②"，皆《兑》也。《大壮》内外卦为《震》与《乾》，而三爻皆称羊者，自《复》之一阳推而上之，至二为《临》，则《兑》体已见，故九三曰"羝羊触藩，羸其角"，言三阳为《泰》而消《兑》也③。自是而阳上进，至于《乾》而后已④。六五"丧羊于易"，谓九三、九四、六五为《兑》也，上六复"触藩不能退"，盖阳方《夬》决，岂容上《兑》俨然乎⑤？九四中爻亦本《兑》，而云"不羸"者，赖《震》阳之壮耳⑥。

【注释】

①兑为羊：《易·说卦》："兑……其于地也，为刚卤，为妾，为羊。"②夬：音 guài。卦体为☰乾下兑上。《归妹》卦体为☳兑下震上。③《大壮》内外卦为《震》与《乾》：《大壮》卦体☰乾下震上，《乾》为内卦，《震》为外卦。三爻皆称羊：指九三"羝羊触藩，羸其角"，六五"丧羊于易，无悔"，上六"羝羊触藩，不能退"。自《复》之一阳推而上之：《复》卦卦体为☷，震下坤上，只有初爻为阳爻。至二为《临》，则《兑》体已见：《临》卦体为☷兑下坤上。初爻、二爻为阳爻。三阳为《泰》而消《兑》：《泰》卦卦体为☷乾下坤上，内卦乾为三阳爻。外卦是《坤》，没有《兑》卦，故言"消《兑》"。④自是而阳上进，至于《乾》而后已：从这里往上去阳爻递增（依次为《大壮》☰乾下震上，《夬》☰乾下兑上），一直到《乾》卦结束（《乾》☰乾下乾上）。⑤上六复"触藩不能退"：《大壮》上六"羝羊触藩，不能退"。阳方《夬》决：《夬》卦卦体为☰，上六将要变为阳爻与《夬》卦诀别，而变成《乾》卦☰。这样，《夬》卦上卦兑体☱就不存在了。决通"诀"。分别。俨然：形容矜持庄重。⑥九四中爻亦本《兑》：《大壮》九三、九四、六五爻组成《兑》体☱。而云"不羸"者：《大壮》九四"藩决不羸"。赖《震》阳之壮耳：《大壮》卦卦体为乾下震上，而九四爻属外卦，即在《震》卦体内。《震》卦为阳卦。《大壮》九四爻又为阳爻。所以《大壮》卦的九四爻是"赖《震》阳之壮"。

【补注】 丧羊于易：易通"埸（yì）"。边界；田边。

晏子扬雄

齐庄公之难，晏子不死不亡，而曰："君为社稷死则死之，为社稷亡则亡之；若为己死而为己亡，非其私昵，谁敢任之①？"及崔杼、庆封盟国人曰:"所不与崔、庆者。"晏子叹曰:"婴所不唯忠于君,利社稷者是与,有如上帝②!"晏子此意正与豫子所言众人遇我之义同,特不以身殉庄公耳③。至于毅然据正以社稷为辞④,非豫子可比也。扬雄仕汉,亲蹈王莽之变,退托其身于列大夫中,不与高位者同其死,抱道没齿⑤,与晏子同科。世儒或以《剧秦美新》贬之⑥;是不然,此雄不得已而作也。夫诵述新莽之德⑦,止能美于暴秦,其深意固可知矣。序所言配五帝冠三王,开辟以来未之闻⑧,直以戏莽尔。使雄善为谀佞,撰符命,称功德,以邀爵位,当与国师公同列,岂固穷如是哉⑨?

【注释】

①齐庄公之难:庄公与齐卿崔杼之妻通奸,崔杼杀庄公。晏子:晏婴。私昵:亲幸、宠爱的人。指君主个人所宠爱。谁敢任之:谁又去那么干?任(rèn),担当。之,指"死"和"亡"。②是:表示加重语气之词。有如上帝:谓上帝鉴之。有如,古人誓词中常用语。③豫子:即豫让。春秋战国间晋国人。赵、韩、魏共灭智氏,他欲为智伯报仇,一再谋刺赵襄子未遂。赵襄子问豫让何以为智伯报仇之深也?豫让曰:"'臣事范、中行氏,范、中行氏皆众人遇我,我固众人报之。至于智伯,国士遇我,我固国士报之。'"(《史记·刺客列传》)众人遇我,像对待众人一样对待我。殉:谓有所为而作牺牲。④毅然:刚强坚韧而果断的样子。据正:依据准则、法度。⑤蹈:这里指经历。抱道:持守正道。没齿:犹言没世,一辈子。⑥世儒:俗儒。⑦诵述:讲述。⑧配:匹敌;媲美。冠:位居第一;超出众人。开辟以来:开辟,指宇宙的开始。古代神话,谓盘古氏开天辟地。⑨谀佞:奉承献媚。亦指奉承献媚的人。符命:古时以所谓祥瑞的征兆附会成君王得到天命的凭证,叫作"符命"。国师公:指刘歆。固穷:谓能安守贫困。

一以贯之

"一以贯之"之语,圣贤心学也①,夫子以告曾子、子贡,而学者犹以为不同。尹彦明曰:"子贡之于学,不及曾子也如此。孔子于曾子,不待其问而告之,曾子复深喻之曰'唯'②。至于子贡,则不足以知之矣,故先发'多学而识之'之问,果不能知之以为然也③,又复疑其不然而请焉,方告之曰'予一以贯之'。虽闻其言,犹不能如曾子之唯也。"

范淳父亦曰："先攻子贡之失，而后语以至要④。"予窃以为二子皆孔门高第也，其闻言而唯，与夫闻而不复问，皆已默识于言意之表矣⑤。世儒所以卑子贡者，为其先然"多学而识之"之旨也，是殆不然。方闻圣言如是，遽应曰"否"，非弟子所以敬师之道也，故对曰"然"，而即继以"非与"之问，岂为不能知乎？或者至以为孔子择而告参、赐，盖非余人所得闻，是又不然。颜氏之子，冉氏之孙⑥，岂不足以语此乎？曾子于一"唯"之后，适门人有问，故发其"忠恕"之言。使子贡是时亦有从而问者，其必有以诏之矣⑦。

【注释】

①一以贯之：指孔子的忠恕之道贯穿在一切事物中。后亦泛指一种思想或理论贯通始终。心学：犹言思想修养。一说，把"心"看作宇宙万物本原的学说。并认为一切封建的道德教条都是人心所固有，也是永不变化的。②唯（wěi）：应答声，这里意为"我明白了"。③然：是。正确；认为正确。④失：过失，错误。至要：事理或学问的要旨、要诀。⑤默识（zhì）：谓暗记而不忘。言意：言语和意旨。言意之表：言意之外。表，外边；外面。⑥颜氏之子、冉氏之孙：指颜渊、冉耕。两人在孔门中以德行著称。⑦诏：告诉。多用于上告下。

裴潜陆俟

曹操以裴潜为代郡太守，服乌丸三单于之乱①。后召潜还，美其治代之功，潜曰："潜于百姓虽宽，于诸胡为峻②。今继者必以潜为治过严，而事加宽惠；彼素骄恣，过宽必弛，既弛又将摄之以法，此怨叛所由生也③。以势料之，代必复叛。"于是操深悔还潜之速。后数十日，单于反问果至④。元魏以陆俟为怀荒镇将，高车诸莫弗讼俟严急无恩⑤，复请前镇将郎孤。魏使孤代俟，俟既至，言曰："不过期年，郎孤必败，高车必叛。"世祖切责之⑥。明年，诸莫弗果杀孤而叛。帝召俟问曰："何以知其然？"俟曰："高车不知上下之礼，故臣治之以法，使知分限⑦，而诸莫弗讼臣无恩，称孤之美。孤获还镇，悦其称誉，专用宽恕待之，无礼之人，易生骄慢，孤必将复以法裁之，众心怨怼⑧，必生祸乱矣！"帝然之。裴潜、陆俟，可谓知为治之道矣⑨。郑子产戒子大叔曰："惟有德者能以宽服人，其次莫如猛。"大叔不忍猛而宽，是以致萑苻之盗，故孔子有宽猛相济之说⑩。乌丸、高车不知礼法，裴、陆先之以威，使其久而服化⑪，必渐施之以宽政矣。后之人读纸上语，专以鹰击毛挚为治⑫，而不思救弊之术，无问华夷，吾见其败也。

【注释】

①服：平服，平息。乌丸：即乌桓。②峻：严厉。③宽惠：宽厚慈惠。弛：放纵。摄：整顿；整饬。怨叛：亦作"怨畔"。背叛。因怨恨而背叛。④反问：反叛的消息。问，音信。⑤高车：中国古代民族铁勒的别称。因铁勒所用车轮高大，故名。莫(mò)弗：古代北方少数民族部落首领的称谓。讼：诉讼；控告。严急：犹严酷。⑥世祖：太武帝拓拔焘。⑦分限：本分(fèn)。⑧骄慢：骄傲怠慢。裁：制裁；约束。怨怼(duì)：怨望；不满。⑨为治之道：治，治理；统治。为治，即进行治理。⑩致萑苻之盗：《左传·昭公二十年》载，郑子产戒子大叔，但"大叔为政，不忍猛，而宽。郑国多盗，取人于萑苻之泽。太叔悔之"。萑(huán)苻，泽名。宽猛相济：谓施政时要宽和严相辅而行。⑪服化：顺服归化。⑫鹰击毛挚：比喻严酷凶悍。

拔亡为存

燕乐毅伐齐，下七十余城，所存者唯莒、即墨两城耳，赖田单之力，齐复为齐，尺寸之土无所失。曹操牧兖州，州叛迎吕布，郡县八十城皆应之，唯鄄城、范、东阿不动，赖荀彧、程昱之力，卒全三城以待操，州境复安。古之人拔亡为存①，转祸为福，如此多矣。靖康、建炎间，国家不竞，秦、魏、齐、韩之地，名都大邑数百，蹙而为戎，越五十年矣。以今准古②，岂曰无人乎哉？

【注释】

①拔：拯救；解救。②蹙而为戎：被金王朝侵占。蹙，消灭；削弱。戎，指金王朝（北方女真族所建）。准：比较；衡量。

孙吴四英将

　　孙吴奄有江左，亢衡中州，固本于策、权之雄略，然一时英杰，如周瑜、鲁肃、吕蒙、陆逊四人者，真所谓社稷心膂①，与国为存亡之臣也。自古将帅，未尝不矜能自贤②，疾胜己者，此诸贤则不然。孙权初掌事，肃欲北还，瑜止之，而荐之于权曰："肃才宜佐时，当广求其比③，以成功业。"后瑜临终与权笺曰："鲁肃忠烈，临事不苟，若以代瑜，死不朽矣！"肃遂代瑜典兵④。吕蒙为寻阳令，肃见之曰："卿今者才略非复吴下阿蒙⑤。"遂拜蒙母，结友而别。蒙遂亦代肃。蒙在陆口，称疾还⑥，权问："谁可代者？"蒙曰："陆逊意思深长，才堪负重，观其规虑，终可大任，无复是过也⑦。"逊遂代蒙。四人相继，居西边三四十年，为威名将，曹操、刘备、关羽皆为所挫，虽更相汲引⑧，而孙权委心听之，吴之所以为吴，非偶然也。

【注释】

①奄有：全部占有。多用于疆土。亢衡：犹对抗。亢，通"抗"。匹敌；相当。中州：古地区名。即中土、中原。狭义的中州指今河南省一带，因其地在古九州之中得名。广义的中州或指黄河流域，或指全中国而言。此处指曹魏占据的中原地区。雄略：非凡的谋略。英杰：才智杰出的人；英豪。心膂：犹言股肱。膂（lǚ），脊骨。心、膂都是人体重要的部分，比喻亲信得力的人。②矜能：夸耀自己的才能。自贤：自以为德才兼备。③佐时：谓辅佐当世之君治理国家。比：类；辈。④忠烈：忠诚刚正。典兵：掌管军事。⑤才略：军事或政治上的才干谋略。吴下：吴地。下，指所在之处。⑥称疾：声称有病。吕蒙假称有病，离开防地，以迷惑镇守荆州的关羽。关羽失去警惕，结果吕蒙袭取了荆州（关羽大意失荆州）。⑦意思：思想；心思。深长：深远；长远。规虑：规划；谋虑。无复是过也：没有再能超过此人的了。过，超越。⑧汲引：引荐；提拔。

东坡罗浮诗

东坡游罗浮山,作诗示叔党,其末云:"负书从我盍归去①,群仙正草《新宫铭》。汝应奴隶蔡少霞,我亦季孟山玄卿②。"坡自注曰:"唐有梦书《新宫铭》者,云紫阳真人山玄卿撰③。其略曰:'良常西麓,原泽东泄④。新宫宏宏,崇轩輘輘⑤。'又有蔡少霞者,梦人遣书碑铭曰:'公昔乘鱼车,今履瑞云,躅空仰涂,绮辂轮囷⑥。'其末题云,五云书阁吏蔡少霞书。"予按唐小说薛用弱《集异记》,载蔡少霞梦人召去,令书碑,题云:《苍龙溪新宫铭》,紫阳真人山玄卿撰。其词三十八句,不闻有五云阁吏之说。鱼车瑞云之语,乃《逸史》所载陈幼霞事,云苍龙溪主欧阳某撰。盖坡公误以幼霞为少霞耳。玄卿之文,严整高妙,非神仙中人嵇叔夜、李太白之流不能作⑦。今纪于此,云:"良常西麓,源泽东泄。新宫宏宏,崇轩輘輘。雕珉盘础,镂檀楝棁⑧。碧瓦鳞差,瑶阶肪截⑨。阁凝瑞雾,楼横祥霓⑩。驺虞巡徼,昌明捧闑⑪。珠树规连,玉泉矩泄⑫。灵飙遝集,圣日俯晰⑬。太上游储,无极便阙⑭。百神守护,诸真班列⑮。仙翁鹄立,道师冰洁⑯。饮玉成浆,馔琼为屑⑰。桂旗不动,兰幄互设⑱。妙乐竞奏,流铃间发⑲。天籁虚徐,风箫泠澈⑳。凤歌谐律,鹤舞会节㉑。三变《玄云》,九成《绛雪》㉒。易迁徒语,童初讵说㉓。如毁乾坤,自有日月。清宁二百三十一年四月十二日建。"予顷作广州《三清殿碑》,仿其体为铭诗曰:"天池北阯,越领东鹿㉔。银宫瀗瀗,瑶殿矗矗㉕。陛纳九齿,闉披四目㉖。楯角储清,檐牙衺缛㉗。雕牖䚡间,镂楹熠煜㉘。元尊端拱,泰上秉箓㉙。绣黼周张,神光眸穆㉚。宝帐流黄,温幨结绿㉛。翠凤于旗,紫霓溜褥㉜。星伯振鹭,仙翁立鹄㉝。昌明侍几,眉连捧蠚㉞。月节下坠,曦轮旁烛㉟。冻雨清尘,矞云散縠㊱。钧籁虚徐,流铃禄续㊲。童初淳澄,勾漏蓄缩㊳。岳君有衡,海帝维儵㊴。中边何护,时节朝宿㊵。飓母沦威,疟妃谢毒㊶。丹厓罢徼㊷,赤子累福。亿龄圣寿,万世宋箓㊸。"凡四十句,读者或许之,然终不近也。

【注释】

①罗浮山：在广东省东江北岸，增城、博罗、河源等县市间。山上有洞，道教称"第七洞天"。多瀑布、泉水，风景优美，为粤中名山。叔党：东坡幼子苏过，字叔党。北宋文学家。东坡此诗题为《游罗浮山一首示儿子过》。盍（hé）：为何；何故。②奴隶蔡少霞：做遣使蔡少霞书写碑铭的人。奴隶，奴役；役使。季孟：犹伯仲之间，谓不相上下。③真人：泛指仙人。道家称"修真得道"或"成仙"的人。唐以后，少数道教人士有被帝王赠号为真人的。④良常：山名。即茅山，在江苏省西南部。道教称"第一福地第八洞天"。原泽：原，"源"的古字。⑤宏宏：宏伟貌。轕（niè）轕：高壮貌。⑥鱼车：用鱼皮为饰的车子。古代尊贵者所乘。履瑞云：踏着祥云。躅空：踏空，腾空而行。仰涂：仰望前途。绮辂：华美的车子。绮，美丽；美盛。辂（lù），车名。轮囷（qūn）：高大貌。⑦严整：工整；庄重。高妙：高明巧妙。嵇叔夜：即嵇康，字叔夜。三国魏文学家、思想家。崇尚老庄。⑧瑉珉：明亮似玉的美石。珉，似玉的美石。盘础：奠基。础，柱子底下的石磴。引申为基底。镂檀㮚窱：高耸的斗拱用檀香木雕刻而成。镂，雕刻。雕镂为饰。檀，檀香木，或言香木。㮚，高耸。窱，音jié。柱头斗拱。⑨碧瓦鳞差，瑶阶肪截：青绿色琉璃瓦像鱼鳞一样依次排列，美玉砌成的台阶整整齐齐像切开的脂肪块。鳞差（cī），犹鳞次。像鱼鳞那样依次排列。瑶阶，玉砌的台阶。亦用为石阶的美称。肪截：即截肪。切开的脂肪。喻颜色和质地白润。⑩楼横祥霓：似言其高。⑪驺虞：天子囿中掌鸟兽的官。一说为驺人（为长官驾驭车马的人）与虞人（古掌山泽苑囿之官）的并称。巡徼（jiào）：巡行检察。昌明捧闑：仙人昌明守卫门户。按：连下文"昌明"在内，可能均是"昌容"之误。昌容，仙人名。捧，扶拥；簇拥。闑（niè），古时门中央所竖短木。此处指门。⑫珠树：神话、传说中的仙树。一说树的美称。规：规则；章程。玉泉：清泉的美称。矩：法度。⑬灵飇：神风。遝集：从远方汇集而来。圣日俯晣：神圣的阳光向下普照。晣（zhé），同"晢"。光亮；光明。⑭太上：最上，最高。指最高处。游储：游玩聚会(之所)。无极：无边际。便阙：休息消闲之城楼。⑮真：即指真人。班列：依班次排列。⑯鹄立：像鹄一样引颈而立。形容直立。道师：对道行高深者的敬称。冰洁：形容德行清白高洁。⑰玉浆：神话传说中的仙人饮料。餐：食用。琼屑：玉屑。古代传说中琼树的花蕊，似玉屑。据说食用琼蕊可以长生。⑱桂旗：神祇车上所树的旗。兰幄：帷幕的美称。此指仙人的帐幕。⑲流铃：往来不定的铃声。一说流畅圆转的铃声。间发：断断续续（时断时续）的发出。一说更迭轮换发出。⑳天籁：自然界的音响。虚徐：轻柔，舒缓。风箫：指风声。泠澈：声音清越。㉑凤歌：凤

鸣声。鹤舞：鹤鸟舒翼而舞。㉒玄云：汉铙歌名，古辞未详，晋以为鼓吹曲。后指仙歌妙曲。九成：犹九阕。乐曲终止叫成。绛雪：此处为乐曲名。㉓易迁：仙人所居官名。徒语：犹徒言。空话；说空话。实为不能说话。童初：从下文看，疑为水名。讵（jù）：副词。表示否定。相当于"无"；"不"。㉔天池：寓言中所说的海。此处指南海。阯："址"的异体字。越领：即越岭。领，通"岭"。亦称越城岭。鹿，通"麓"。㉕银宫：传说中天上神仙所居之处。濊（yú）濊：扬起貌；高昂貌。瑶殿：玉殿。指官廷。矗矗：高耸貌。㉖陛：殿、坛的台阶。齿：阶石的一级，称一齿。阊：阊阖（chāng hé）。指官殿。披：打开；敞开。四目：能观察四方的眼睛。借指四方之门。㉗楯（shǔn）：栏干的横木，因即以指栏干。储清：蕴聚光洁。檐牙：檐际翘出如牙的部分。袤缛：长而繁密。㉘雕牖（yǒu）：雕花彩饰的窗户。甜閜（hān xià）：犹闪烁。镂楹：雕镂彩饰的柱子。熠煜（yì yù）：光辉；明亮。㉙元尊：元始天尊。端拱：端身拱手（庄重貌）。泰上：指泰上道君。秉：执持。箓（lù）：道教的秘文秘录。㉚绣黼：古代绣有斧形花纹的衣服。周张：周遭张设。神光：精神；神采。睟（suì）穆：温和慈祥貌。《汉语大词典》引文作"晬穆"。释为"温润端庄"。㉛宝帐：华美的帐子。流黄：用褐黄色的绢织成。帲同"屏"。屏风。结绿：用绿色丝织品联结而成。㉜翠凤：以翠羽制成的凤形旗饰。紫霓：紫色云霞。道家谓神仙乘紫霞而行。霓，彩云；云霞。溜（liū）：滑动；滑落。㉝星伯：指道士。下文"仙翁"则是对道官的敬称。振鹭：《诗·周颂·振鹭》以鹭之洁白，比喻客之容貌修整。㉞眉连：传说仙女名。晋左思《魏都赋》："昌容练色，犊配眉连。"犊，仙人犊子。纛（dào，又读dú）：古时军队或仪仗队的大旗。㉟月节：指朔日。这里指朔日的新月。曦轮：太阳。旁烛：普照。㊱乔云散縠：彩色瑞云像轻纱一样散开。㊲钧籁：指箫声。钧，乐调。籁，管乐器，即箫。禄续：即陆续。㊳渟濙（tíng yíng）：水回旋不进貌。勾漏：山名。蓄缩：退缩，懈怠。㊴岳君：指山神。衡：衡山。又称南岳。儵(shū)：传说中的南海之神。㊵中边：里外，表里。何(hē)护：呵禁守护。何通"呵"。时节：四时的节日。朝宿（cháo sù）：朝见宿卫。㊶飓母：指飓风。沦，亡失。沦威，指淫威被遏制。疟妃：指疟疾。或泛指疾疫。谢：消退，衰退。㊷丹厓：水涯的美称。此处可能借指珠崖郡。罢徽：解除警戒。指无战乱之事。徽，巡逻；巡察。亦指巡卒。㊸万世宋策：宋代江山传流万世。策，簿籍。此处指宗室谱牒。

魏明帝容谏

魏明帝时，少府杨阜上疏，欲省宫人诸不见幸者①，乃召御府吏问后宫人数。吏守旧令，对曰："禁密，不得宣露。"阜怒，仗吏一百，数之曰："国家不与九卿为密，反与小吏为密乎？"帝愈严惮之②。房玄龄、高士廉问少府少监窦德素北门近有何营造，德素以闻③。太宗大怒，谓玄龄等曰："君但知南牙耳，北门小小营造，何预君事耶？"玄龄等拜谢④。夫太宗之与明帝，不待比拟，观所以责玄龄之语，与夫严惮杨阜之事，不迨远矣⑤；贤君一话一言，为后世法。惜哉！《魏史》以谓"群臣直谏之言，帝虽不能尽用，然皆优容之，虽非谊主⑥，亦可谓有君人之量矣"。

【注释】
①魏明帝：三国魏明帝曹叡。幸：特指帝王与女子同房。②禁密：皇宫秘密。严惮：害怕；畏惧。③北门：唐代禁卫军分南北衙，北门即指北衙。胡三省注《资治通鉴》："南牙谓宰相，北门谓羽林诸将。"南牙即"南衙"。营造：指建筑工程及器械制作等事宜。闻：谓向君主报告。④拜谢：行拜礼表示感谢。此处似有谢罪之意。⑤不迨（dài）：不及。⑥优容：宽容，宽假。谊主：指知礼义的君主。

汉世谋于众

两汉之世，事无小大，必谋之于众人，予前论之矣，然亦有持以借口掩众议者。霍光薨后，宣帝出其亲属补吏，张敞言："朝臣宜有明言霍氏颛制，请罢三侯就第①。明诏以恩不听，群臣以义固争而后许之。今明诏自亲其文，非策之得者也。"哀帝欲封董贤等，王嘉言："宜延问公卿、大夫、博士、议郎，明正其义，然后乃加爵土②；不然，恐大失众心。暴平其事，必有言当封者，在陛下所从；天下虽不说，咎有所分③，不独在陛下。前成帝初封淳于长，其事亦议。谷永以长当封，众人归咎于永，先帝不独蒙其讥④。"哀帝乃止。是知委曲迁就⑤，使恩出君上，过归于下，汉代多如此也。

【注释】

①出其亲属补吏：驱逐霍光的亲属到外地就职補缺。《中华大字典》注："出，逐也。"颛制：同"专制"。独断行事。三侯：霍家被封的三个侯爵：博陆侯霍禹（袭其父霍光爵）、乐城侯霍山、冠军侯霍云（二人皆为霍光兄之孙）。②延问：请教询问。明正：辨明。义：道理；理由。爵土：官爵和封地。③暴平其事：公开评议这件事情。暴（pù），暴露；显露；平，通"评"。评议。咎：罪责。④蒙讥：遭受非议。⑤委曲：曲意求全。

国朝会要

国朝会要，自元丰三百卷之后，至崇宁、政和间，复置局修纂①。宣和初，王黼秉政②，罢修书五十八所。时会要已进一百十卷，余四百卷亦成，但局中欲节次觊赏③，故未及上。既有是命，局官以谓若朝廷许立限了毕，不过三两月可以投进④。而黼务悉矫蔡京所为，故一切罢之，官吏既散，文书皆为弃物矣。建炎三年，外舅张渊道为太常博士，时礼寺典籍散佚亡几，而京师未陷，公为宰相言："宜遣官往访故府，取见存图籍，悉辇而来，以备掌故⑤。"此若缓而甚急者也。宰相不能用，其后逆豫窃据，鞠为煨烬⑥。呼，可惜哉！

【注释】

①会要：中国历代所修的各项经济、政治制度的汇编。作者所指"国朝会要"，即今存的《宋会要辑稿》。修纂：编撰；编写。②秉政：执政，掌握政权。③节次：逐次。觊（jì）：冀望；希图。④投进：呈进。⑤外舅：岳父。典籍：国家重要文献。亦统称各种典册图籍。故府：旧府库。辇（niǎn）：载运；运送。掌故：旧制；旧例。后多指关于历史人物、典章制度等的故实或传说。⑥逆豫窃据：刘豫原为宋朝官员，后投降金人。金人册立刘豫为皇帝，国号大齐，建都山东东平。绍兴二年（1132年）四月，迁都开封（即北宋京师）。窃据：用不正当手段占据。鞠为煨烬：全部为灰烬。鞠，完全；尽。煨烬，犹灰烬。燃烧后的残留物。

孙膑减灶

孙膑胜庞涓之事，兵家以为奇谋，予独有疑焉，云："齐军入魏地为十万灶，明日为五万灶，又明日为二万灶。"方师行逐利①，每夕而兴此役，不知以几何人给之，又必人人各一灶乎②？庞涓行三日而大喜曰："齐士卒亡者过半。"则是所过之处必使人枚数之矣，是岂救急赴敌之师乎？又云："度其暮当至马陵，乃斫大树，白而书之③，曰：'庞涓死于此树之下。'遂伏万弩，期日暮见火举而俱发④。涓果夜至斫木下，见白书，钻火烛之⑤。读未毕，万弩俱发。"夫军行迟速，既非他人所料，安能必其以暮至，不差晷刻乎⑥？古人坐于车中，既云暮矣，安知树间之有白书？且必举火读之乎？齐弩尚能俱发，而涓读八字未毕。皆深不可信。殆好事者为之，而不精考耳⑦。

【注释】

①逐利：求取好处。②枚数：一一点数。赴敌：出战；出击敌人。③白而书之：削去树皮后，在白色的树干上写字。④期（qī）：约定的时间。⑤钻火烛之：点火而照之。钻火，钻木取火。亦泛指生火。烛：照耀。⑥晷（guǐ）刻：片刻，顷刻。⑦精考：仔细推敲。

虫鸟之智

竹鸡之性，遇其俦必斗①。捕之者扫落叶为城，置媒其中，而隐身于后操罔焉②。激媒使之鸣，闻者，随声必至，闭目飞入城，直前欲斗，而罔已起，无得脱者，盖目既闭则不见人。鹧鸪性好洁，猎人于茂林间净扫地，稍散谷于上，禽往来行游，且步且啄，则以竿取之③。麂行草莽中④，畏人见其迹，但循一径，无问远近也。村民结绳为环，置其所行处，麂足一絓⑤，则倒悬于枝上，乃生获之。江南多土蜂，人不能识其穴，往往以长纸带黏于肉，蜂见之必衔入穴，乃蹑寻得之⑥，熏取其子。虫鸟之智，自谓周身矣，如人之不仁何⑦？

【注释】

①竹鸡：一种鸟。栖息山丘薮地丛林间，鸣声响亮。雄性好斗。俦(chóu)：同辈。此处指同类。②媒：媒介。使双方发生关系的事物。这里指人制造的、能发出竹鸡鸣声的物件。罔：同"网"。③䈼竿：竿头布䈼用以粘鸟的竿子。䈼(chī，又读lí)，木胶。④麂(jǐ)：动物名。一种小型的鹿。草莽：杂草；丛草。⑤絓(guà)：绊住。⑥蹑(niè)寻：跟踪寻找。⑦周身：保全自身。周，保全。如人之不仁何：有人不仁，又怎么办呢？如，奈。"如人之不仁何"，即"人之不仁，奈何"。

卷第十四（十七则）

张文潜论诗

前辈议论，有出于率然不致思而于理近碍者。张文潜云："《诗》三百篇，虽云妇人女子小夫贱隶所为，要之非深于文章者不能作①，如'七月在野'至'入我床下'，于七月已下，皆不道破，直至十月方言蟋蟀，非深于文章者能为之邪？"予谓三百篇固有所谓女妇小贱所为，若周公、召康公、穆公、卫武公、芮伯、凡伯、尹吉甫、仍叔、家父、苏公、宋襄公、秦康公、史克、公子奚斯，姓氏明见于大序②，可一概论之乎？且七月在野，八月在宇，九月在户，本自言农民出入之时耳，郑康成始并入下句③，皆指为蟋蟀，正已不然，今直称此五句为深于文章者④，岂其余不能过此乎？以是论《诗》，隘矣⑤。

【注释】

①率然：犹率尔。不加思考；不慎重。致思：谓集中心思于某一方面。张文潜：即张耒，字文潜。北宋诗人。要（yào）之：犹总之。②大序：指《诗》大序。《毛诗》首篇《关雎》的"小序"之后概论全部诗篇的大段文字。③郑康成：即郑玄，字康成。下句：指"十月蟋蟀入我床下"。④此五句："十月蟋蟀入我床下"可能原来为两句。⑤以是：以此。犹言用这，拿这。隘（ài）：指人气量褊狭、见识短浅。

汉祖三诈

汉高祖用韩信为大将，而三以诈临之：信既定赵，高祖自成皋度河，晨自称汉使驰入信壁，信未起，即其卧，夺其印符，麾召诸将易置之；项羽死，则又袭夺其军；卒之伪游云梦而缚信①。夫以豁达大度开基之主，所行乃如是，信之终于谋逆②，盖有以启之矣。

【注释】

①壁:营垒。印符:印信和兵符。麾:军队中用来召唤将领的旗子。易置:改设;更换;改变位置。袭夺:乘其不备而夺取。卒:最后。云梦:古泽名。在今湖北境内,正当楚地。时韩信已被徙为楚王。②豁达:胸襟开阔。大度:宽宏大量的气度。开基:犹开国。谓开创基业。谋逆:图谋叛逆。

有心避祸

有心于避祸,不若无心于任运①,然有不可一概论者。董卓盗执国柄,筑坞于郿②,积谷为三十年储,自云:"事不成,守此足以毕老。"殊不知一败则扫地,岂容老于坞耶?公孙瓒据幽州,筑京于易地,以铁为门,楼橹千重,积谷三百万斛,以为足以待天下之变,殊不知梯冲舞于楼上③,城岂可保耶?曹爽为司马懿所奏,桓范劝使举兵,爽不从,曰:"我不失作富家翁。"不知诛灭在旦暮耳④,富可复得耶?张华相晋,当贾后之难不能退,少子以中台星坼,劝其逊位,华不从,曰:"天道玄远⑤,不如静以待之。"竟为赵王伦所害。方事势不容发,而欲以静待,又可嗤也⑥。他人无足言,华博物有识,亦暗于几事如此哉⑦!

【注释】

①任运:听凭命运摆布。②国柄:亦作"国秉"。指国家的政权。坞(wù):构筑在村落外围作为屏障的城堡,也叫陴(bēi)城。董卓筑坞于郿,称郿坞。③筑京于易地:称为易京。京,高丘。楼橹:古时军中用以侦察、防御或攻城的高台。千重:现《后汉书》本传作"千里"。斛(hú):量器名。亦容量单位。古代以十斗为一斛。梯冲:云梯与冲车,皆攻城之具。建安四年(199年),瓒为袁绍所败,自焚死。④举兵:发兵抗拒。诛灭:屠戮除灭。⑤贾后之难:惠帝皇后贾南风,施毒计陷害太子司马遹(音yù),罪名是弑父杀母。张华为太子少傅,证明太子决不会有这种大逆不道的行为,但最后太子还是被废,继而被贾后毒死。赵王(司马)伦借机率军队进宫,废掉了贾后,后又逼贾后服毒自杀。中台星坼:中台星崩落。中台,星名。坼(chè),崩落。汉晋以来,以天象附会人事,用三台象征三公职位,中台象征司徒或司空。当时张华任司

空。逊位：让出官位。玄远：玄妙幽远。⑥事势不容发：情势万分紧迫危急。即千钧一发。可嗤：可笑。⑦博物：能辨识许多事物。暗：愚昧不明。几事：指国家枢机大事。

蹇解之险

《蹇》卦《艮》下《坎》上，见险而止，故诸爻皆有蹇难之辞①。独六二重言蹇蹇，说者以为六二与九五为正应，如臣之事君，当以身任国家之责，虽蹇之又蹇，亦匪躬以济之②，此解释文义之旨也。若寻绎爻画，则有说焉，盖外卦一《坎》，诸爻所同，而自六二推之，上承九三、六四，又为《坎》体③，是一卦之中已有二《坎》也，故重言之。《解》卦《坎》下《震》上，动而免乎险矣④。六三将出险⑤，乃有负乘致寇之咎，岂非上承九四、六五又为《坎》乎⑥？《坎》为舆为盗⑦，既获出险而复蹈焉，宜其可丑而致戎也⑧，是皆中爻之义云。

【注释】

①"《蹇》卦"句：蹇䷦，六十四卦之一。见险而止：险，指上卦坎，坎为险。止，指下卦艮，艮为止。《周易·象辞传》："习坎，重险也。"《艮》，止也。"蹇难：犹言困苦艰难。②"独六二重言蹇蹇"句：《蹇》卦六二爻："王臣蹇蹇，匪躬之故。"意谓王臣不避艰险，济君之难，决不以个人利害为念。蹇蹇，亦作"謇謇"。蹇而又蹇，多难的样子。六二与九五为正应，如臣之事君：六二为下卦中爻，是阴爻；九五为上卦中爻，是阳爻。又六二、九五均居正位。阳刚乘阴柔，所以"为正应"。帝王称为九五之尊，故言"如臣之事君"。匪躬：谓舍己尽忠，不计个人利害。③寻绎：反复推求。爻画：指《易》卦。《易》的卦象。此指《蹇》卦的卦象。诸爻所同：指外卦三爻爻辞都只有一个"蹇"。"而自六二推之"句：六二（— —）、九三（—）、六四（— —）组成䷁，即为《坎》卦卦体。④"《解》卦"句：解䷧，六十四卦之一。《易·解》："象曰：雷雨作解。"动而免乎险：《解》卦"象曰：《解》，险以动，动而免乎险，解。"意思是说，《解》卦的卦德由下卦《坎》险与上卦《震》动配合构成。行动能够走出困境是危难解脱的象征，所以卦名称为"解"。就爻画而言，初爻一动变为阳爻，则下卦为《兑》，兑下震上为《归妹》䷵，则内外卦均无《坎》。⑤六三将出险：六三爻将要走出险境。《解》卦下卦为《坎》险，上卦为《震》动，故言"六三

将出险"。⑥负乘致寇之咎:"六三'负且乘,致寇至,贞吝。'"身负重物而乘车出行,必然招致贼寇前来打劫,行事艰难。岂非上承九四、六五又为《坎》乎:六三、九四、六五又组成☵《坎》。⑦为舆为盗:舆,指车。为舆,指走出险境的人身负重物乘车出行。为盗,指招致盗寇。⑧可丑:指行为有欠庄重。致戎:用兵征讨。此处意为招来兵祸。按《解》卦六三爻的《小象传》曰:"'负且乘',亦可丑也。自我致戎,又谁咎也?"谁咎,即怪罪谁。

士之处世

士之处世,视富贵利禄,当如优伶之为参军,方其据几正坐,噫呜诃箠,群优拱而听命①,戏罢则亦已矣。见纷华盛丽,当如老人之抚节物,以上元、清明言之,方少年壮盛,昼夜出游,若恐不暇,灯收花暮,辄怅然移日不能忘,老人则不然,未尝置欣戚于胸中也②。睹金珠珍玩,当如小儿之弄戏剧,方杂然前陈③,疑若可悦,即委之以去,了无恋想。遭横逆机阱,当如醉人之受骂辱,耳无所闻,目无所见,酒醒之后,所以为我者自若也,何所加损哉④?

【注释】

①利禄:财利荣禄。优伶之为参军:演员扮演军官。优伶,戏曲演员。参军,官名。东汉末有参军事之名。此处指唐宋参军戏的脚色。噫呜:怒叱声。诃箠(hē chuí):呵斥杖笞。诃,"呵"的异体字。箠,"棰"的异体字。杖刑。拱:环绕;拱卫。②纷华:繁华富丽;荣耀。盛丽:美丽;华丽。抚:抚摩。这里有玩弄、观赏之义。节物:应时节的景物。上元:旧以农历正月十五为上元节,其夜为上元夜,也叫"元宵"。灯收花暮:暮,晚,将尽。怅然:失意不乐貌。移日:日影移动。言时间长久。欣戚:喜乐和忧戚。③杂然:聚合貌。杂,通"集"。④横(hèng)逆:强暴无理。机阱:设有机关的捕兽陷阱。比喻陷人受害的险境、圈套。自若:犹言自如,保持原样。形容临事镇定。加损:增减。

张全义治洛

唐洛阳经黄巢之乱,城无居人,县邑荒圮,仅能筑三小城,又遭李罕之争夺,但遗余堵而已①。张全义招怀理葺②,复为壮藩,《五代史》于《全义传》书之甚略,《资治通鉴》虽稍详,亦不能尽。辄采张文定公所著《搢绅旧闻记》,芟取其要而载于此。曰:"今荆襄淮沔创痍之余,绵地数千里,长民之官,用守边保障之劳,超阶擢职,不知几何人?其真能仿佛全义所为者,吾未见其人也,岂局于文法讥议,有所制而不得骋乎③?全义始至洛,于麾下百人中,选可使者十八人,命之曰屯将,人给一旗一榜。于旧十八县中,令招农户自耕种,流民渐归④。又选可使者十八人,命之曰屯副,民之来者绥抚之⑤,除杀人者死,余但加杖,无重刑,无租税,归者渐众。又选谙书计者十八人⑥,命之曰屯判官,不一二年,每屯户至数千。于农隙时,选丁夫,教以弓矢枪剑,为坐作进退之法⑦。行之一二年,得丁夫二万余人,有盗贼即时擒捕。关市之赋,迨于无籍⑧,刑宽事简,远近趋之如市,五年之内,号为富庶,于是奏每县除令簿主之。喜民力耕织者,知某家蚕麦善,必至其家,悉召老幼亲慰劳之,赐以酒食茶果,遗之布衫裙袴,喜动颜色。见稼田中无草者,必下马观之,召田主赐衣服,若禾下有草,耕地不熟,则集众决责之⑨。或诉以阙牛,则召责其邻伍曰:'此少牛,如何不众助?'自是民以耕桑为务⑩,家家有蓄积,水旱无饥人,在任四十余年,至今庙食。"呜呼!今之君子,其亦肯以全义之心施诸人乎⑪?

【注释】

①荒圮(pǐ):坍塌荒废。李罕之争夺:刘经与李罕之争据洛阳,互相攻伐。余堵:断垣残壁。②招怀:招抚,怀柔。理葺(qì):修理,修补。③辄采:随意摘取。张文定公:指北宋张齐贤。卒谥文定。所著《洛阳搢绅旧闻记》述五代时梁唐在洛阳的遗闻轶事,可补《五代史》之缺。芟取:删削选取。创(chuāng)痍:创伤;伤口。比喻人民的疾苦。此处比喻战争后民生凋敝。超阶:指越级擢升的官职。仿佛:类似。讥议:讥评非议。制:控制;制约。骋:恣意发挥。这句意思说,因受法制条文限制,怕遭讥议,而不敢随意像张全义那样去做。④麾下:犹言在主帅的旌麾之下,即部下。旧时亦用作对将帅的尊称。

流民：因自然灾害或战乱而流亡在外的人。⑤绥抚：安定抚慰。⑥书计：文字和筹算。⑦丁夫：唐代丁谓正役，夫谓杂徭。后泛指服力役的人夫。坐作(zuò)：坐与起，止与行。古代练兵的科目之一，多与"进退"连用。⑧关市：位于交通要道的市集。迫：将近；差不多。无籍：谓不纳税或不征税。⑨不熟：谓谷物歉收。决责：杖责。⑩邻伍：邻居。古制，五家为邻，又以五家为伍，故称邻居为"邻伍"。耕桑：种田与养蚕。亦泛指从事农业。⑪施诸人：施于人。诸，犹"于"。

博古图

　　政和、宣和间，朝廷置书局以数十计，其荒陋而可笑者莫若《博古图》。予比得汉匜，因取一册读之，发书捧腹之余①，聊识数事于此。父癸匜之铭曰"爵方父癸"。则为之说曰："周之君臣，其有癸号者，惟齐之四世有癸公，癸公之子曰哀公，然则作是器也，其在哀公之时欤？故铭曰'父癸'者此也。"夫以十干为号，及称父甲、父丁、父癸之类，夏、商皆然，编图者固知之矣，独于此器表为周物，且以为癸公之子称其父，其可笑一也。周义母匜之铭曰"仲姞义母作"。则为之说曰："晋文公杜祁让偪姞而己次之，赵孟云'母义子贵'，正谓杜祁，则所谓仲姞者自名也，义母者襄公谓杜祁也②。"夫周世姞姓女多矣，安知此为偪姞，杜祁但让之在上，岂可便为母哉？既言仲姞自名，又以为襄公为杜祁所作，然则为谁之物哉？其可笑二也。汉注水匜之铭曰"始建国元年正月癸酉朔日制③。"则为之说曰："汉初始元年十二月改为建国，此言元年正月者，当是明年也。"按《汉书》王莽以初始元年十二月癸酉朔日，窃即真位，遂以其日为始建国元年正月，安有明年却称元年之理？其可笑三也。楚姬盘之铭曰"齐侯作楚姬宝盘"。则为之说曰："楚与齐从亲④，在齐湣王之时，所谓齐侯，则湣王也。周末诸侯自王，而称侯以铭器。尚知止乎礼义也。"夫齐、楚之为国，各数百年，岂必当湣王时从亲乎？且湣王在齐诸王中最为骄暴⑤，尝称东帝，岂有肯自称侯之理？其可笑四也。汉梁山鋗之铭曰"梁山铜造"⑥。则为之说曰："梁山铜者，纪其所贡之地，梁孝王依山鼓铸⑦，为国之富，则铜有自来矣。"夫即山铸钱，乃吴王濞耳，梁山自是山名，属冯翊夏阳县，于梁国何预焉？其可笑五也。观此数说，他可知矣。

【注释】

①比：近来。匜（yí）：古代盥器。青铜制。贵族盥洗时与盘合用，匜以倒水，盘以承接。捧腹：以手捧腹，形容大笑时的情状。②晋文公杜祁让偪姞而己次之：杜祁、偪姞均为晋文公妃。自名：自称；自命。襄公：晋文公之子。③朔日：夏历月之初一日。④从亲：合从相亲。指六国合纵结成联盟。⑤骄暴：骄横暴戾。⑥鋗（xuān）：盆形平底有环的小锅子。⑦鼓铸：鼓扇炽火，冶炼铜铁以铸器械或钱币。

士大夫论利害

士大夫论利害，固当先陈其所以利之实，然于利之中而有小害存焉，亦当科别其故①，使人主择而处之，乃合毋隐毋欺之义。赵充国征先零，欲罢骑兵而屯田，宣帝恐虏闻兵罢，且攻扰田者。充国曰："虏小寇盗，时杀人民，其原未可卒禁。诚令兵出而虏绝不为寇，则出兵可也。即今同是，而释坐胜之道，非所以视蛮夷也②。"班勇乞复置西域校尉，议者难曰："班将能保北虏不为边害乎？"勇曰："今置州牧以禁盗贼，若州牧能保盗贼不起者，臣亦愿以要斩保匈奴之不为边害也。今通西域，则虏势必弱，为患微矣。若势归北虏③，则中国之费不止十亿。置之诚便。"此二人论事，可谓极尽利害之要，足以为法也。

【注释】

①科别：区分；甄别。②即今同是：颜师古注："俱不能止小寇盗。"释：通"舍"。舍弃；抛弃。坐胜：谓不费人力物力即可获得胜利。坐胜之道：指实行屯田的办法。视：通"示"。③势归北虏：势，形势；情势。

舒元舆文

舒元舆，唐中叶文士也，今其遗文所存者才二十四篇。既以甘露之祸死,文宗因观牡丹,摘其赋中桀句曰:"向者如迓,背者如诀①。拆者如语②,含者如咽。俯者如怨,仰者如悦。"为之泣下。予最爱其《玉箸篆志》论李斯、李阳冰之书,其词曰:"斯去千年③,冰生唐时,冰复去矣,后来者谁!后千年有人,谁能待之?后千年无人,篆止于斯④!呜呼主人,为吾宝之!"此铭有不可名言之妙,而世或鲜知之。

【注释】

①桀句:犹佳句。迓(yà):迎接。诀:告别。②拆:同"坼"。裂开;绽开。③李阳冰:唐文字学家,书法家。工篆书。斯去千年:斯,指李斯。④止于斯:斯,此。

绝唱不可和

韦应物在滁州,以酒寄全椒山中道士,作诗曰:"今朝郡斋冷①,忽念山中客。涧底束荆薪,归来煮白石②。欲持一樽酒,远慰风雨夕。落叶满空山,何处寻行迹?"其为高妙超诣③,固不容夸说,而结尾两句,非复语言思索可到。东坡在惠州,依其韵作诗寄罗浮邓道士曰:"一杯罗浮春,远饷采薇客④。遥知独酌罢,醉卧松下石。幽人不可见,清啸闻月夕⑤。聊戏庵中人,空飞本无迹。"刘梦得"山围故国周遭在,潮打空城寂寞回"之句,白乐天以为后之诗人,无复措词⑥。坡公仿之曰:"山围故国城空在,潮打西陵意未平⑦"。坡公天才,出语警世,如追和陶诗,真与之齐驱,独此二者,比之韦、刘为不侔,岂非绝唱寡和,理自应尔邪?

【注释】

①郡斋:郡守的府第。时韦应物为滁州刺史。②荆薪:柴草。白石:传说中神仙吃的粮食。《列仙传》有白石先生,就白石山居,常煮白石为粮。③超诣:高深玄妙;高超脱俗。④罗浮春:酒名。饷:馈赠。采薇客:喻隐士。武王灭殷,伯夷、叔齐耻之,不食周粟,隐于首阳山,采薇而食,终于饿死。后因以"采薇"比喻隐居不仕。薇,野菜名。⑤幽人:幽居之人,指隐士。清啸:清越悠长的啸鸣或鸣叫。月夕:月夜;月明之夜。⑥周遭:周围。措词:亦作

"措辞"。谓说话、行文的选用词句。⑦西陵：浙江省萧山市西兴镇的古称。此处指西陵渡口。

赠典轻重

国朝未改官制以前，从官丞、郎、直学士以降，身没大抵无赠典①，唯尚书、学士有之，然亦甚薄。余襄公、王素自工书得刑书，蔡君谟自端明、礼侍得吏侍耳。元丰以后，待制以上皆有四官之恩，后遂以为常典，而致仕又迁一秩②。梁扬祖终宝文学士、宣奉大夫，既以致仕转光禄，遂赠特进、龙图学士，盖以为银青、金紫、特进只三官，故增其职，是从左丞得仆射也。节度使旧制赠侍中或太尉，官制行，多赠开府。秦桧创立检校少保之例，以赠王德、叶梦得、张澄，近岁王彦遂用之，实无所益也。元祐中，王岩叟终于朝奉郎、端明殿学士，以尝签书枢密院，故超赠正议大夫。杨愿终于朝奉郎、资政殿学士，但赠朝请大夫，以执政而赠郎秩③，轻重为不侔，皆掌故之失也。

【注释】

①从官：古时皇帝的侍从官吏。赠典：古代朝廷推恩重臣，把官爵授给官员已死父母及祖先的典礼。按本文意思，应包括官员本身死后所授官爵。②四官：追赠四级官阶。常典：常例；固定的法典、制度。秩：官吏的俸禄。引申以指官吏的职位或品级。③以执政而赠郎秩：以掌理国家政事的大臣而只赠给郎官的级别。杨愿曾为签书枢密院事兼参加政事。郎秩，郎官的职位、品级。朝请大夫为从五品。

扬之水

《左传》所载列国人语言书讯，其辞旨如出一手①。说者遂以为皆左氏所作，予疑其不必然，乃若润色整齐②，则有之矣。试以《诗》证之：《扬之水》三篇，一《周诗》，一《郑诗》，一《晋诗》③，其二篇皆曰"不流束薪"，"不流束楚"。《邶》之《谷风》曰"习习谷风，以阴以雨"，《雅》

之《谷风》曰"习习谷风,维风及雨"。"在南山之阳","在南山之下","在南山之侧";"在浚之郊","在浚之都","在浚之城";"在河之浒","在河之漘","在河之涘";"山有枢,隰有榆","山有苞栎,隰有六驳","山有蕨薇,隰有杞桋";"言秣其马","言采其虻","言观其旂","言韔其弓。"皆杂出于诸诗,而兴致一也④。盖先王之泽未远,天下书同文,师无异道,人无异习,出口成言,皆止乎礼义⑤,是以不谋而同尔。

【注释】

①辞旨:亦作"辞指"。文辞或话语所表达出的含义、感情色彩和风格。②乃若:至于。③《周诗》《郑诗》《晋诗》:分别指《王风》《郑风》《唐风》。④兴致:比兴,意趣。⑤异道:思想理论不同。止乎礼义:受礼义的制约。

李陵诗

《文选》编李陵、苏武诗,凡七篇,人多疑"俯观江汉流"之语,以为苏武在长安所作,何为乃及江、汉?东坡云:"皆后人所拟也①。"予观李诗云:"独有盈觞酒,与子结绸缪"②。盈字正惠帝讳③,汉法触讳者有罪,不应陵敢用之,益知坡公之言为可信也。

【注释】

①拟:撰写。②盈:满;充满。绸缪:情意殷切。③盈字正惠帝讳:汉惠帝名刘盈。

大曲伊凉

今乐府所传大曲①,皆出于唐,而以州名者五,伊、凉、熙、石、渭也。凉州今转为梁州,唐人已多误用,其实从西凉府来也。凡此诸曲,唯伊、凉最著,唐诗词称之极多,聊纪十数联,以资谈助②。如:"老去将何散旅愁?新教小玉唱《伊州》","求守管弦声款逐,侧商调里唱《伊州》","钿蝉金雁皆零落,一曲《伊州》泪万行","公子邀欢月满楼,双成揭调唱《伊州》","赚杀唱歌楼上女,《伊州》误作《石州》声"③,"胡部笙歌西部头,梨园弟子和《凉州》","唱得《凉州》意外声,旧人空数米嘉荣"④,"《霓裳》奏罢唱《梁州》,红袖斜翻翠黛愁","行人夜上西城宿,听唱《凉州》双管逐","丞相新裁别离曲⑤,声声飞出旧《梁州》","只愁拍尽《凉州》杖,画出风雷是拨声","一曲《凉州》今不清,边风萧飒动江城","满眼由来是旧人,那堪更奏《梁州曲》","昨夜蕃军报国仇,沙州都护破梁州","边将皆承主恩泽,无人解道取凉州⑥。"皆王建、张祜、刘禹锡、王昌龄、高骈、温庭筠、张籍诸人诗也。

【注释】

①大曲(qǔ):中国古代大型乐舞套曲。②谈助:供谈论的材料。③旅愁:羁旅者的愁闷心情。小玉:伎名。伊州:曲调名。商调大曲。管弦:管乐器和弦乐器。亦泛指乐器或音乐。欸逐:缓缓相随。侧商调:古琴调之一,失佚已久。钿蝉金雁:指首饰。零落:散乱,散失。邀欢:录求欢乐。双成:女仙名。即董双成。传说西王母侍女。揭调:高调。按:高骈诗"双成"一作"佳人"。赚杀:亦作"赚煞"。赢得,博得。石州:乐府商调曲名。又,舞曲名。④胡部:唐代掌管胡乐的机构。亦指胡乐。西部头:王昌龄《殿前曲》诗为"西殿头"。梨园:唐玄宗时教练宫廷歌舞艺人的地方。后人称戏班为梨园,戏曲演员为梨园弟子,源出于此。凉州:乐府《近代曲》名。属宫调曲。米嘉荣:中唐著名歌唱家。此句出刘禹锡《与歌者米嘉荣》诗。空数:原作"唯数"。⑤霓裳:《霓裳羽衣曲》(即《霓裳羽衣舞》)的简称。唐宫廷乐舞,著名法曲。其舞乐和服饰都着力描绘虚无缥缈的仙境和仙女形象。红袖:红色衣袖,借指女子的艳色衣衫。翠黛:古时女子用螺黛(一种青黑色矿物颜料)画眉,故称眉为"翠黛"。双管逐:依次排列曰逐。裁:安排取舍。多指文学艺术。⑥《凉州》杖:张祜《王家琵琶》诗,原文作"《凉州破》"。这样才照应下句。《凉州破》为凉州大曲的第三段。唐宋大曲每套有十几迭,归为散序、中序、破三大段。乐曲入破之后,变为繁弦急响。画:横划过去。如白居易《琵琶行》诗:"曲终收拨当心画,四弦一声如裂帛。"拨:弹拨弦乐器使之发声的用具。萧飒:形容秋风声。江城:临江之城市、城郭。由来:自始以来;历来。蕃军:捍卫边塞的军队。蕃通"藩"。屏障。解道:知道;懂得。

元次山元子

元次山有《文编》十卷①,李商隐作序,今九江所刻是也。又有《元子》十卷,李纾作序,予家有之,凡一百五篇,其十四篇已见于《文编》,余者大抵澶漫矫亢②。而第八卷中所载窫方国二十国事,最为谲诞,其略云:"方国之僜③,尽身皆方,其俗恶圆。设有问者,曰'汝心圆',则两手破胸露心,曰'此心圆耶?'圆国则反之。言国之僜,三口三舌。相乳国之僜,口以下直为一窍。无手国足便于手。无足国肤行如风。"其说颇近《山海经》,固已不韪④,至云:"恶国之僜,男长大则杀父,女长大则杀母。忍国之僜,父母见子,如臣见君。无鼻之国,兄弟相逢则相害。触国之僜,子孙长大则杀之。"如此之类,皆悖理害教⑤,于事无补。次山《中兴颂》与日月争光,若此书,不作可也,惜哉!

【注释】

①元次山:唐元结。②澶(dàn)漫:犹纵逸。矫亢:谓故意与人违异,抬高自己的身分。③谲诞:诡谲怪诞。僜:一般工具书查不到此字。从结构看,带有"野人"味道。④不韪(wěi):不善(不良;不好)。⑤害教:有害于教化。

次山谢表

元次山为道州刺史,作《舂陵行》,其序云:"州旧四万余户,经贼以来①,不满四千,大半不胜赋税。到官未五十日,承诸使征求符牒二百余封,皆曰'失期限者罪至贬削'②。於戏!若悉应其命,则州县破乱,刺史欲焉逃罪?若不应命,又即获罪戾。吾将静以安人,待罪而已③。"其辞甚苦,大略云:"州小经乱亡,遗人实困疲④。朝餐是草根,暮食乃木皮。出言气欲绝,意速行步迟。追呼尚不忍,况乃鞭扑之。邮亭传急符,来往迹相追⑤。更无宽大恩,但有迫催期。欲令鬻儿女,言发恐乱随。奈何重驱逐，不使存活为？安人天子命，符节我所持⑥。逋缓违诏令⑦，蒙责固所宜。"又《贼退示官吏》一篇，言贼攻永破邵，不犯此州，盖蒙其伤怜而已⑧，诸使何为忍苦征敛。其诗云："城小贼不屠，人贫伤可怜。是以陷邻境，此州独见全。使臣将王命⑨，岂不如贼焉？今彼征敛者，迫之如火煎。"二诗忧民惨切如此⑩。故杜老以为："今盗贼未息，知民疾苦，得结辈十数公，落落参错天下为邦伯⑪，天下少安，立可待矣。"遂有"两章对秋月，一字偕华星"之句⑫。今《次山集》中，载其《谢上表》两通，其一云："今日刺史，若无武略，以制暴乱；若无文才，以救疲弊；若不清廉，以身率下；若不变通，以救时须⑬：则乱将作矣。臣料今日州县堪征税者无几，已破败者实多，百姓恋坟墓者盖少，思流亡者乃众，则刺史宜精选谨择以委任之，固不可拘限官次，得之货贿出之权门者也。"其二云："今四方兵革未宁，赋敛未息，百姓流亡转甚，官吏侵刻日多，实不合使凶庸贪猥之徒⑭，凡弱下愚之类，以货赂权势，而为州县长官。"观次山表语，但因谢上而能极论民穷吏恶，劝天子以精择长吏，有谢表以来，未之见也。世人以杜老褒激之故，或稍诵其诗，以《中兴颂》故诵其文，不闻有称其表者，予是以备录之，以风后之君子⑮。次山临道州，岁在癸卯，唐代宗初元广德也⑯。

【注释】

①经贼以来：贼，指当时被称为西原蛮的少数民族（在今广西），唐代宗广德元年（763年）冬，占领道州一个多月。是年，元结新任道州刺史。②征求符牒：征敛赋税的公文。征求：征敛需索。贬削：指古代对官吏的职务、称号等降级或削除。③於戏（wū hū）：同"呜呼"。叹词。破乱：犹离乱。变乱。罪戾：罪过。安人：即"安民"。安抚人民。唐人避太宗李世民讳。待罪：等待处分；等待处置。④乱亡：犹离乱（战乱）。遗人：劫后幸存者。困疲：困顿疲乏。⑤邮亭：驿站。古制：十里一亭，五里一邮。急符：催缴赋税的紧急文书。迹相追：传递命令的人一个紧接着一个。⑥符节：古代朝廷用作凭征的信物。⑦逋（bū）缓：拖欠；延缓。⑧伤怜：哀怜。⑨将王命：奉了王命而来（催征赋税）。⑩惨切（qiè）凄楚悲切。⑪落落：清楚、分明的样子。参（cēn）错：参差交错。邦伯：即州牧。这里指刺史。⑫两章对秋月，一字偕华星：即"与日月争光"意。两章，指《舂陵行》和《贼退示官吏》。对，相配。一字，这

里应指两诗所反映的元结忧民思想的"忧"字。偕(xié),齐等;比并。华星:明星。⑬疲弊:亦作"疲敝"、"罢敝"。疲乏凋敝。时须:时势之需要。⑭侵刻:侵害,剥夺。凶庸:凶暴,凡庸。贪猥:犹贪鄙。贪婪卑鄙。⑮褒激:赞赏激励。备录:详细记录;全部记载。风(fěng):通"讽"。劝告。⑯初元:帝王登位之后,例须改元,因谓改元之初为"初元"。

光武仁君

汉光武虽以征伐定天下,而其心未尝不以仁恩招怀为本①。隗嚣受官爵而复叛,赐诏告之曰:"若束手自诣②,保无他也。"公孙述据蜀,大军征之垂灭矣,犹下诏谕之曰:"勿以来歙、岑彭受害自疑,今以时自诣,则家族全,诏书手记不可数得③,朕不食言。"遣冯异西征,戒以平定安集为急。怒吴汉杀降,责以失斩将吊民之义,可谓仁君矣④。萧铣举荆楚降唐,而高祖怒其逐鹿之对,诛之于市,其隘如此,《新史》犹以高祖为圣,岂理也哉⑤?

【注释】

①仁恩:仁爱恩德。②自诣:自动前来谒见。诣,晋谒。③垂:将近。谕:上告下的通称。即告诉。来歙、岑彭受害:建武十一年,光武帝刘秀派岑彭、来歙伐蜀,公孙述派人刺杀了来歙和岑彭。手记:亲笔写的书信。④吊民:抚慰被压迫的人民。仁君:仁(爱)明(察)的国君。⑤逐鹿:旧时比喻群雄并起,争夺天下。高视为圣:《新唐书·萧铣传》赞:"高祖圣矣哉!"

卷第十五（十九则）

张文潜哦苏杜诗

"溪迴松风长，苍鼠窜古瓦①。不知何王殿，遗缔绝壁下②。阴房鬼火青，坏道哀湍泻③。万籁真笙竽，秋色正萧洒④。美人为黄土，况乃粉黛假⑤。当时侍金舆⑥，故物独石马。忧来藉草坐，浩歌泪盈把⑦。冉冉征途间，谁是长年者⑧。"此老杜《玉华宫》诗也。张文潜暮年在宛丘，何大圭方弱冠，往谒之，凡三日，见其吟哦此诗不绝口⑨。大圭请其故，曰："此章乃《风》《雅》鼓吹，未易为子言。"大圭曰："先生所赋⑩，何必减此？"曰："平生极力模写，仅有一篇稍似之，然未可同日语。"遂诵其《离黄州》诗，偶同此韵，曰："扁舟发孤城，挥手谢送者。山回地势卷，天豁江面泻⑪。中流望赤壁，石脚插水下⑫。昏昏烟雾岭，历历渔樵舍。居夷实三载，邻里通借假⑬。别之岂无情，老泪为一洒。篙工起鸣鼓，轻橹健于马⑭。聊为过江宿，寂寂樊山夜⑮。"此其音响节奏，固似之矣，读之可默喻也⑯。又好诵东坡《梨花》绝句，所谓"梨花淡白柳深青，柳絮飞时花满城，惆怅东栏一株雪，人生看得几清明"者，每吟一过，必击节赏叹不能已，文潜盖有省于此云⑰。

【注释】

①迴：曲折；迂回。下文的"山回地势卷"的"回"字亦同此义。松风：松林之风。苍鼠窜古瓦：灰白色的老鼠在古老的瓦底下窜来窜去。②遗缔：原诗作"遗构"。前代留下的建筑物。缔，构造，建造。③阴房：阴凉的房室。鬼火：即磷火。夜间火焰呈淡绿色。旧时迷信认为是鬼所点的火，故称。哀：悲痛、悲伤。湍：《杜诗》原注：《说文》："湍，急濑也。"即急流的水。④万籁：指自然界的一切声响。萧洒：凄清；清丽。⑤粉黛假：《杜诗》邵二泉注：粉黛假，谓殉葬木偶人也。⑥侍：陪侍尊长。金舆：帝王乘坐的车轿。⑦浩歌：放声高歌，大声歌唱。盈把：满把。物一握叫一把。⑧冉冉：匆忙貌。征途：(指人生)

旅途。长（cháng）年：长寿。⑨弱冠：按《礼记·曲礼上》："二十曰弱，冠。"因以指男子二十岁左右的年龄。吟哦：犹吟咏。即歌咏或作诗。⑩赋：吟诵或创作诗歌。⑪豁（huò）：开阔；宽敞。⑫石脚：山脚。⑬夷：黄州在今湖北，春秋战国时属楚国，是中原之外的蛮夷地区。通借假：互相借用。"假"亦借。⑭篙工：撑篙的船工。轻橹：一种楼船。⑮寂寂：寂静无声貌。樊山：山名。⑯默喻：暗中知晓。⑰东栏一株雪：指东栏梨花。按苏东坡诗《梨花》，一题《东栏梨花》。惆怅：因失望或失意而哀伤恼恨。指苏轼人生如寄的伤感情绪。清明：清察明审。击节：节为一种乐器。击节，所以调节乐曲。后来也用其他器物或拍掌来替代，即点拍。并以形容对别人诗文或艺术等的赞赏。赏叹：叹赏，嗟叹称赏。有省于此：指张文潜同苏轼发生了共鸣，也有苏轼诗中反映出的"人生如寄"的同样感慨。省（xǐng），知觉。引申为明白。这里指共鸣。

任安田仁

任安、田仁，皆汉武帝时能臣也，而《汉史》载其事甚略，褚先生曰："两人俱为卫将军舍人，家监使养恶啮马①。仁曰：'不知人哉家监也！'安曰：'将军尚不知人，何乃家监也②！'后有诏募择卫将军舍人以为郎③。会贤大夫赵禹来，悉召舍人百余人，以次问之，得田仁、任安，曰：'独此两人可耳，余无可用者。'将军上籍以闻④。诏召此二人，帝遂用之。仁刺举三河，时河南、河内太守皆杜周子弟，河东太守石丞相子孙⑤，仁已刺三河，皆下吏诛死。"观此事，可见武帝求才不遗微贱，得人之盛，诚非后世所及。然班史言⑥："霍去病既贵，卫青故人门下多去事之，唯任安不肯去。"又言："卫将军进言仁为郎中。"与褚先生所书为不同。《杜周传》云："两子夹河为郡守⑦，治皆酷暴。"亦不书其所终，皆阙文也。

【注释】

①能臣：有才能的臣子。褚先生曰：指《史记·田叔列传》中褚少孙补写的部分。田叔即卷二《田叔》中的田叔，田仁为其子。任安即卷二《灌夫任安》中的任安。家监（jiàn）：家臣；管家。恶啮马：烈马。啮（niè），咬。②何乃：何况。③募择：招募挑选。④上籍：写好簿册呈报朝廷。⑤刺举：刺探举发他

人的过恶。三河：河南、河内、河东三郡。石丞相：石庆。⑥班史：指东汉班固写的《汉书》。⑦夹河为郡守：河南郡治洛阳东北，在黄河之南；河内郡治今河南武陟西南，在黄河之北。杜周当时为御史大夫。酷暴：残酷暴虐。

杜延年杜钦

《前汉书》称：杜延年本大将军霍光吏，光持刑罚严，延年辅之以宽，论议持平，合和朝廷①；杜钦在王凤幕府，救解冯野王、王尊之罪过，当世善政②，多出于钦。予谓光以侯史吴之事，一朝杀九卿三人，延年不能谏。王章言王凤之过，天子感悟，欲退凤，钦令凤上疏谢罪。上不忍废凤，凤欲遂退，钦说之而止。章死，众庶冤之，钦复说凤，以为："天下不知章实有罪，而以为坐言事，宜因章事举直言极谏，使天下咸知主上圣明③，不以言罪下。若此，则流言消释矣。"凤白行其策④。夫新莽盗国，权舆于凤⑤，凤且退而复止，皆钦之谋。若钦者，盖汉之贼也，而谓当世善政出其手，岂不缪哉？

【注释】

①持平：主持公道，不偏不倚。合和朝廷：使朝廷和睦。合和，和睦。②救解（jiě）：予以援助，使脱离危险或困难。善政：妥善的法则或政令。③坐言事：因言事而坐罪。言事，指上文"言王凤之过"。举：推荐；选拔。直言极谏：谓以正直的言论竭力谏诤。古时多用于臣下对君上。圣明：英明圣哲，无所不知。封建时代称颂帝、后之词。④凤白行其策：王凤奏告皇上，照着办了。⑤权舆於凤：是从王凤开始的。王莽为王凤的亲侄子。王凤为大将军、大司马，领尚书事，专擅朝政，势倾朝野，给后来王莽篡汉奠定了政治基础。权舆，萌芽的状态。引申为起始，初时。

范晔作史

范晔在狱中，与诸甥侄书曰："吾既造《后汉》，详观古今著述及评论，殆少可意者①。班氏最有高名，既任情无例，不可甲乙，唯志可推耳②。博赡可不及之，整理未必愧也③。吾杂传论，皆有精意深旨④。至于《循吏》以下及六夷诸序论，笔势纵放⑤，实天下之奇作。其中合者，往往不减《过秦篇》⑥。尝共比方班氏所作，非但不愧之而已。赞自是吾文之杰思，殆无一字空设，奇变不穷，同合异体⑦，乃自不知所以称之。此书行，故应有赏音者⑧。自古体大而思精⑨，未有此也。"晔之高自夸诩如此⑩。至以谓过班固，固岂可过哉？晔所著序论，了无可取，列传如邓禹、窦融、马援、班超、郭泰诸篇者，盖亦有数也，人苦不自知，可发千载一笑。

【注释】

①在狱中：范晔因孔熙先等迎立彭城王义康一案牵涉，下狱，后被杀。殆：助词。乃。可意：合意；中意。②班氏：指班固。高名：盛名，名声大。任（rèn）情：任意；尽情。无例：没有一定体例。不可：犹不堪。意为不值得。甲乙：评定优劣。志：著书的志向。③博赡：渊博；丰富。整理：整顿之使有条理。④杂：配合。一说参杂。传（zhuàn）论：纪传体的史书，在传纪的后面附加撰者的评论，叫传赞，或称传论。《史记》有"太史公曰"，《汉书》改称赞。《后汉书》有论又有赞，后来合称为论赞。此处指传和序论。精意：精深的意旨。⑤《循吏》：指《循吏列传》。六夷：指东夷、南蛮西南夷、西羌、西域、南匈奴、乌桓鲜卑。序论：序和论。即史传文的引言和结尾的评论。笔势：书画文章的意态和气势。纵放：雄健奔放。⑥合者：符合自己心意的。过秦篇：西汉贾谊的散文《过秦论》。其文善用排比夸张手法，效果强烈。⑦杰思：出色的构思。同合：犹融会。融合会通。⑧赏音：听其音而知其曲，并识其人，犹言知音。⑨体大思精：规模宏大，思虑精密。多指大部著作。⑩高自：谓自我推许很高。夸诩（xǔ）：夸耀。

唐诗人有名不显者

《温公诗话》云："唐之中叶，文章特盛，其姓名湮没不传于世者甚众，如：河中府鹳雀楼有王之奂、畅诸二诗。二人皆当时所不数，而后人擅诗名者①，岂能及之哉！"予观《少陵集》中所载韦迢、郭受诗，少陵酬答，至有"新诗锦不如"、"自得随珠觉夜明"之语②，则二人诗名可知矣，然非编之杜集,几于无传焉。又有严恽《惜花》一绝云:"春光冉冉归何处,更向花前把一杯③。尽日问花花不语,为谁零落为谁开④?"前人多不知谁作,乃见于皮、陆《唱和集》中⑤。大率唐人多工诗,虽小说戏剧,鬼物假托,莫不宛转有思致⑥,不必颛门名家而后可称也。(奂、畅诸,馆本作"涣、畅当")

【注释】
①诗名:善于作诗的名声。②随珠:随侯之珠。古代传说中的明珠。亦作"隋珠"。③把一杯:端一杯酒。此处实际上是喝一杯酒。④尽日:自早至晚,犹终日。零落:雕谢;脱落。⑤皮、陆:指皮日休、陆龟蒙。二人均为唐代文学家。⑥鬼物:鬼;鬼怪。假托:虚拟;虚构。宛转:谓含蓄曲折;委婉。思致:新颖独到的构思、意趣。

苏子由诗

苏子由《南窗》诗云:"京城三日雪,雪尽泥方深。闭门谢还往①,不闻车马音。西斋书帙乱②,南窗朝日升。展转守床榻,欲起复不能。开户失琼玉③,满阶松竹阴。故人远方来,疑我何苦心。疏拙自当尔④,有酒聊共斟。"此其少年时所作也。东坡好书之,以为人间当有数百本,盖闲淡简远得味外之味云⑤。

【注释】
①谢还往:谢绝来往的客人。②西斋:指文人的书斋。书帙(zhì):泛指书籍。③琼玉:比喻霜雪。④疏拙:懒散笨拙。⑤闲淡:指诗的风格安闲恬淡。简远:简古深远。

呼君为尔汝

东坡云:"凡人相与号呼者,贵之则曰公,贤之则曰君,自其下则尔汝之①。虽王公之贵,天下貌畏而心不服,则进而君公、退而尔汝者多矣。"予谓此论特后世之俗如是尔，古之人心口一致，事从其真，虽君臣父子之间，出口而言，不复顾忌，观《诗》《书》所载可知矣。箕子陈《洪范》②，对武王而汝之。《金縢》策祝，周公所以告大王、王季、文王三世祖考也③，而呼之曰尔三王，自称曰予。至云："尔之许我，我其以璧与珪，归俟尔命，尔不许我，我乃屏璧与珪。"殆近乎相质责而邀索也④。《天保》报上之诗，曰："天保定尔，俾尔戬穀"，《閟宫》颂君之诗⑤，曰："俾尔炽而昌"、"俾尔昌而炽"，及《节南山》《正月》《板》《荡》《卷阿》《既醉》《瞻卬》诸诗，皆呼王为尔。《大明》曰"上帝临女"，指武王也。《民劳》曰"王欲玉女"⑥，指厉王。至或称为小子，虽幽、厉之君⑦，亦受之而不怒。呜呼！三代之风俗，可复见乎？晋武公请命乎天子⑧，其大夫赋《无衣》，所谓"不如子之衣"，亦指周王也。

【注释】

①则尔汝之：则呼之"尔"、"汝"。②洪范：《尚书》篇名。洪，大；范，法、规范。旧传为商末箕子向周武王陈述的"天地之大法"；近人或疑为战国时期的作品。③金縢：《尚书》篇名。武王疾，周公（姬旦）祷于三王，愿以身代。策祝：古代祭祀或求神时，以简册祝告鬼神。大王：指周武王的曾祖父古公亶父。大通"太"。王季：武王祖父季历。文王：武王父姬昌，都是武王灭商后追赠的尊号。祖考：泛指父祖之辈。④质责：质问、责备。邀索：要挟勒索。⑤报上，即报答主上的恩德。閟宫：《诗·鲁颂》篇名。是一首歌颂鲁僖公的诗。⑥玉女：玉，（当作玉一般的）相爱，相助。⑦幽、厉之君：周幽王、周厉王，两个暴君。⑧请命：请求任命官职。任命他为晋侯。

世事不可料

秦始皇并六国，一天下，东游会稽，度浙江，撊然谓子孙帝王万世之固，不知项籍已纵观其旁，刘季起喟然之叹于咸阳矣①。曹操芟夷群雄，遂定海内，身为汉相，日夜窥伺龟鼎，不知司马懿已入幕府矣②。梁武帝杀东昏侯，覆齐祚，而侯景以是年生于漠北③。唐太宗杀建成、元吉，遂登天位，而武后已生于并州④。宣宗之世，无故而复河、陇，戎狄既衰，藩镇顺命，而朱温生矣⑤。是岂智力谋虑所可为哉⑥？

【注释】

①擐(xiàn)：倨傲。项籍：秦末农民起义军领袖。字羽。和刘邦等共同灭秦。"(项)梁与籍俱观。籍曰：'彼可取而代之也。'"(《史记·项羽本纪》)纵观：恣意观看。刘季起喟然之叹于咸阳：刘邦(字季)服徭役到咸阳，看到秦始皇，"喟然太息曰：'嗟乎，大丈夫当如此也！'"(《史记·高祖本纪》)喟(kuì)然：感叹、叹息貌。②艾夷：削除。窥伺：觊觎。非分的希望或企图。龟鼎：谓元龟与九鼎，为国之守器，因而以喻帝位。司马懿：曹魏重臣。初为曹操主簿。杀曹爽，专国政。最后其孙司马炎代魏称帝，建立晋朝。③"梁武帝"句：侯景起兵反叛，攻陷宫城，梁武帝萧衍被囚禁而死。④天位：帝位。武后：武则天。唐高宗李治皇后。高宗死后，废中宗和睿宗，自称圣神皇帝，改国号为周。⑤无故而复河、陇：没有大变故并且收复了河、陇地区。无故，特指没有发生非常的变故。朱温：五代梁王朝的建立者。生于唐宣宗大中六年(852年)。唐昭宗天祐四年(907年)代唐称帝。唐遂灭。⑥谋虑：谋划；考虑。

蔡君谟帖语

韩献肃公守成都时，蔡君谟与之书曰："襄启：岁行甫新，鲁钝之资①，日益衰老。虽勉就职务，其于精力不堪劳苦。念君之生，相距旬日，如闻年来补治有方②，当愈强健，果何如哉？襄于京居，尚留少时，仵君还轸，伸眉一笑，倾怀之极③。今因樊都官西行，奉书问动静，不一一④。襄上子华端明阁下⑤。"此帖语简而情厚，初无寒温之问，寝食之祝，讲德之佞也⑥。今风俗日以偷薄，士大夫之狷浮者，于尺牍之间，益出新巧，习贯自然，虽有先达笃实之贤，亦不敢自拔以速嘲骂⑦。每诒书多至十数纸⑧，必系衔，相与之际，悉忘其真，言语不情，诚意扫地。相呼不以字，而云某丈，僭袭官称，无复差等⑨，观此其少愧乎！忆二纪之前，予在馆中，见曾监吉甫与人书，独不作札子，且以字呼同舍，同舍因相约云："曾公前辈可尊，是宜曰丈，余人自今各以字行，其过误者罚一直⑩。"行之几月，从官郎省⑪，欣然皆欲一变，而有欲败此议者，载酒饮同舍，乞仍旧。于是从约皆解⑫，遂不可复革，可为一叹。

【注释】

①韩献肃公：韩绛，字子华，谥献肃。岁：即年。取岁星运行一次之意。甫：开始，起初。鲁钝：笨拙，迟钝。资：资质。谓人的天资、禀赋。②补治：进补调治。③伫(zhù)：企盼；期待。还轸：坐车归来。轸，车的代称。倾怀：尽情吐露情怀。④动静：特指起居作息。不一一：不详细说。旧时书信结尾常用语。⑤端明：韩绛以端明殿学士知成都府。⑥初无：初，全；始终。讲德之佞：恭维别人重视德行。讲德，讲求道德。佞，用花言巧语谄媚人。⑦猥浮：轻浮，虚浮。尺牍：文体名。牍(dú)，古代书写用的木简。用一尺长的木简作书信，故称尺牍。笃实：忠厚老实。自拔：谓主动地从恶劣境地解脱出来。嘲骂：讥笑谩骂。⑧诒书：寄书信。⑨僭紊：超越礼制，错乱失序。差(cī)等：等级；等次。⑩纪：纪年的单位。若干年数循环一次为一纪。古代以十二年为一纪。馆：官署名。曾监吉甫：曾几，字吉甫。曾任秘书少监。札子：官府中用来上奏或启事的一种文书。同舍：共居一官舍的人。亦指同僚。舍，官舍。丈：对年辈长者的尊称。过误：过失；错误。一直：值班一次。直，通"值"。当值。⑪从官郎省：侍从及禁中郎官。⑫从(zòng)约：合纵之约。此处借指前文同舍相约定的事。

孔氏野史

世传孔毅甫《野史》一卷，凡四十事，予得其书于清江刘靖之所，载赵清献为青城宰，挈散乐妓以归，为邑尉追还，大恸且怒，又因与妻忿争，由此惑志①。文潞公守太原，辟司马温公为通判，夫人生日，温公献小词，为都漕唐子方峻责②。欧阳永叔、谢希深、田元均、尹师鲁在河南，携官妓游龙门，半月不返，留守钱思公作简招之③，亦不答。范文正与京东人石曼卿、刘潜之类相结以取名，服中上万言书，甚非言不文之义④。苏子瞻被命作《储祥宫记》，大貂陈衍干当宫事，得旨置酒与苏高会，苏阴使人发⑤，御史董敦逸即有章疏，遂堕计中。又云子瞻四六表章不成文字。其他如潞公、范忠宣、吕汲公、吴冲卿、傅献简诸公⑥，皆不免讥议。予谓决非毅甫所作，盖魏泰《碧云騢》之流耳⑦。温公自用庞颖公辟，不与潞公、子方同时，其谬妄不待攻也⑧。靖之乃原甫曾孙，佳士也，而跋是书云："孔氏兄弟曾大父行也⑨，思其人欲闻其言久矣，故录而藏之。"汪圣锡亦书其后，但记上官彦衡一事，岂弗深考云。

【注释】

①赵清献：即赵抃（biàn），卒谥清献。挈（qiè）：提。引申为提携、带领。散（sǎn）乐：原指周代民间乐舞。宋元以后亦指民间艺人。妓：古指歌女或舞女。惑志：心志惑乱。②辟（bì）：征召；荐举。都漕（cáo）：官名。主管水运粮食和其他物资。峻责：严厉责备。③官妓：旧时入乐户名籍的女妓。侍奉官场应酬。龙门：在河南洛阳市南，又名伊阙。以有龙门山（西山）和香山（东山）隔伊河夹峙如门，故名。名胜古迹很多。钱思公：即钱惟演。卒谥思。④相结以取名：相结交以博取声名。名，声名；名誉。服中：居丧期间。甚非言不文之义：很不符合居丧期间出言不要文采之义。不文，不加修饰。《孝经·丧亲》："孝子之丧亲也，哭不偯，礼无容，言不文。"引申为无文采。⑤苏子瞻：即苏轼。字子瞻。大貂：唐代侍中的别称。此处指大宦官。貂指貂尾，貂和珰是宦官的冠饰。干当：承办；管理。高会：大宴会。发：告发（这种不符合礼制的宴请）。⑥范忠宣：即范纯仁，范仲淹次子，卒谥忠宣。吕汲公：即吕大防，北宋大臣，封汲郡公。⑦《碧云騢》：书名。宋魏泰撰，托名梅尧臣撰，一卷。历诋朝士。其大意谓：騢马，以其色碧如云霞，故称。然马有旋毛，虽贵而不能掩其旋毛之丑。⑧谬妄：言行荒谬。⑨原甫：即刘敞，字原父（甫、通"父"）。北宋经学家。曾大父行：和曾祖父同辈。曾大父，曾祖，祖父的父亲。行（háng），排行；班辈。

有　若

《史记·有若传》云："孔子没，弟子以若状似孔子，立以为师。他日，进问曰：'昔夫子当行，使弟子持雨具，已而果雨。弟子问何以知之，夫子曰，《诗》不云乎？月离于毕，俾滂沱矣①。昨暮月不宿毕乎？他日，月宿毕，竟不雨。商瞿年长无子，孔子曰瞿年四十后当有五丈夫子②。已而果然。敢问何以知此？'有若无以应。弟子起曰：'有子避之，此非子之座也！'"予谓此两事殆近于星历卜祝之学③，何足以为圣人，而谓孔子言之乎？有若不能知，何所加损，而弟子遽以是斥退之乎？孟子称"子夏、子张、子游，以若似圣人，欲以所事孔子事之,曾子不可",但言"江、汉秋阳不可尚"而已,未尝深诋也④。《论语》记诸善言,以有子之言为第二章,在曾子之前;使有避坐之事,弟子肯如是哉?《檀弓》载有子闻曾子"丧欲速贫,死欲速朽"两语,以为"非君子之言",又以为"夫子有为言之"⑤。子游曰:"甚哉⑥!有子之言似夫子也。"则其为门弟子所敬久矣,太史公之书,于是为失矣。且门人所传者道也,岂应以状貌之似而师之邪?世所图《七十二贤画像》,其画有若遂与孔子略等,此又可笑也。

【注释】

①月离于毕,俾滂沱矣:见《诗·小雅·渐渐之石》。这是关于气象的谚语。意思是月亮依附于毕宿,便下大雨。离,通"丽"。依附。滂沱,下大雨的样子。②丈夫子:古时子女通称子,男的叫丈夫子,女的叫女子子。③星历:天文历数。卜祝:卜筮祠祝之事。④江、汉秋阳不可尚:此句出《孟子·滕文公上》,原文为:"江汉以濯之,秋阳以暴之,皜皜乎不可尚已!"意为孔子的道德学问,就像在长江、汉水中洗涤过、在盛夏炎热的太阳底下晒过一样,洁白明亮,没有谁能超过。秋阳,炎热的太阳。周历的秋,相当于夏历的五六月。深诋:极力诋毁。⑤丧欲速贫:丧,失去,丧失(指官职禄位)。贫,穷困。夫子有为言之:亦指"丧欲速贫,死欲速朽"两语。有为(wèi),有所为,有缘故。⑥甚哉:真的;的确。甚,诚也。

张天觉为人

张天觉为人贤否①,士大夫或不详知。方大观、政和间,时名甚著,多以忠直许之②。盖其作相适承蔡京之后,京弄国为奸,天下共疾,小变其政,便足以致誉,饥者易为食,故蒙贤者之名,靖康初政,遂与司马公、范文正同被褒典③。予以其实考之,彼直奸人之雄尔④。其外孙何麒作家传云:"为熙宁御史,则逐于熙宁;为元祐廷臣,则逐于元祐;为绍圣谏官,则逐于绍圣;为崇宁大臣,则逐于崇宁;为大观宰相,则逐于政和。"其迹是矣⑤,而实不然。为御史时,以断狱失当,为密院所治,遂撼博州事以报之⑥,三枢密皆乞去,故坐贬。为谏官时,首攻内侍陈衍以摇宣仁,至比之于吕、武;乞追夺司马公、吕申公赠谥,仆碑毁楼⑦；论文潞公背负国恩，吕汲公动摇先烈；辩吕惠卿、蔡确无罪。后以交通颍昌富民盖渐故⑧，又贬。元符末，除中书舍人，谢表历诋元祐诸贤，云："当元祐之八九年，擢党人之二十辈⑨。"及在相位，乃以与郭天信交结而去耳⑩。平生言行如此，而得美誉，则以蔡京不相能之故⑪。然皆章子厚门下客⑫，其始非不同也。京拜相之辞，天觉所作，是以得执政云。

【注释】

①张天觉：张商英，字天觉。历仕宋神宗、哲宗、徽宗，官至尚书右仆射。②时名：当时的声名或声望。忠直：忠诚正直。③靖康初政：即宋钦宗初临政。襃典：嘉奖表彰。④奸人之雄：即奸雄。奸人的魁首。⑤家传（zhuàn）：记载父兄及先祖事迹的传记。逐：放逐；驱逐。此处指贬官。廷臣：朝臣。迹：形迹；行动。此处指仕途履历。⑥治：惩处。博州事：张天觉攻击枢密院吏徇私，说检详官刘奉世"庇博州失入囚"。失入，谓轻罪重判或不当判刑而判刑。⑦宣仁：宣仁太后。英宗皇后，姓高氏。哲宗继位，因年幼，垂帘听政。张商英攻击陈衍依仗宣仁太后宠爱，交通宰相，结托词臣。吕、武：汉高祖皇后吕雉。惠帝死后，她临朝称制。唐高宗皇后武则天。中宗即位，她临朝称制。追夺：追削剥夺。赠谥：古代帝王、官员死后，根据其生前事迹赠给一个表示褒贬的称号。即谥。仆碑毁楼：捣毁碑楼。仆，放倒；推倒。楼，指碑楼。⑧"交通盖渐"句：张天觉勾结盖渐，诬陷门下侍郎安焘，又被贬官。交通，交接；往还。这里意为勾结；串通。⑨擢党人二十辈：提拔了结党营私之徒二十余人。党人，指政治上结成朋党的人。这是张商英对司马光、文彦博、吕公著等人的污蔑攻击。⑩郭天信：郭为内朝官员，与外朝官员张天觉交结，漏泄禁中语言，这是国法不允许的。⑪不相能：不相容；不和睦。⑫章子厚门下客：参考《四笔》卷二《张天觉小简》。章子厚，章惇。《宋史》列入《奸臣传》。门下客，门客。

为文论事

为文论事，当反复致志，救首救尾，则事词章著，览者可以立决①。陈汤斩郅支而功未录②，刘向上疏论之，首言："周方叔、吉甫诛猃狁。"次言："齐桓公有灭项之罪，君子以功覆过③。李广利糜亿万之费，捐五万之师④，仅获宛王之首，孝武不录其过，封为列侯。"末言："常惠随欲击之乌孙，郑吉迎自来之日逐，皆裂土受爵⑤。"然后极言："今康居国强于大宛，郅支之号，重于宛王，杀使者罪甚于留马，而不烦汉土，不费斗粮，比于贰师，功德百之⑥。"又曰："言威武勤劳则大于方叔、吉甫，列功覆过则优于齐桓、贰师，近事之功则高于安远、长罗⑦，而大功未著，小恶数布，臣窃痛之！"于是天子乃下诏议封。盖其一疏抑扬援证，明白如此，故以丞相匡衡、中书石显，出力沮害⑧，竟不能夺。不然，衡、显之议，岂区区一故九卿所能亢哉⑨？

【注释】

①致志：集中注意力表达其思想。章著：显露；分明。立决：立即断定所言何事。②陈汤：见卷十一《燕昭汉光武之明》"陈汤"注。录：记载；记录。③覆：遮盖；掩蔽。④靡：耗费；浪费。捐：损失。⑤郑吉迎自来之日逐：郑吉也只是迎来了自愿归附的匈奴的日逐王。裂土：分封土地。⑥留马：大宛留汗血马于贰师城，不给汉朝。比于贰师：此处和下文的"贰师"，均指贰师将军李广利。功德：功业和德行。百：概数。言其多。⑦近事之功则高于安远、长罗：安远侯郑吉迎日逐王、长罗侯常惠随乌孙击匈奴，都在宣帝时。陈汤斩致支单于康居，在元帝建昭三年（前36年）。两者相去时间不远，所以说是"近事之功"。⑧抑扬：谓文气起伏。援证：援引前人事例或著作为证据。沮害：阻止破坏。⑨区区一故九卿：刘向曾任宗正，为皇族事务机关的长官，虽属九卿之一，但比起丞相和中书令来，其职权则小多了。

连昌宫词

元微之、白乐天，在唐元和、长庆间齐名。其赋咏天宝时事，《连昌宫词》《长恨歌》皆脍炙人口，使读之者情性荡摇①，如身生其时，亲见其事，殆未易以优劣论也。然《长恨歌》不过述明皇追怆贵妃始末，无他激扬，不若《连昌词》有监戒规讽之意②，如云："姚崇、宋璟作相公，劝谏上皇言语切③。长官清贫太守好，拣选皆言由相公④。开元之末姚、宋死，朝廷渐渐由妃子。禄山宫里养作儿，虢国门前闹如市⑤。弄权宰相不记名，依稀忆得杨与李⑥。庙谟颠倒四海摇，五十年来作疮痏⑦。"

其末章及官军讨淮西,乞"庙谟休用兵"之语,盖元和十一、二年间所作,殊得风人之旨⑧,非《长恨》比云。

【注释】

①赋咏:创作和吟诵诗文。情性荡摇:谓不由自主。一说受到鼓动、受到鼓舞。情性,本性。②追怆:回忆往事而感伤。怆(chuàng),伤悲,凄怆。激扬:使人感动奋起。监戒:亦作"鉴戒"。鉴往事的得失,以警戒将来。规讽:规劝讽谕。③姚崇:见卷一《浅妄书》"姚元崇"注。宋璟:睿宗、玄宗时两度为相。上皇:即太上皇。指玄宗。④"长官清贫"句:"清贫"一本作"清平",清廉,公平。"相公"一本为"至公"。意为最公正。⑤禄山宫里养作儿:胡人安禄山自请为杨贵妃养子,杨贵妃在宫中戏以襁褓裹安禄山向玄宗乞取"洗儿钱"。虢国门前闹如市:虢国夫人(杨贵妃的姐姐)倚势弄权,到她那儿去钻营的人"闹如市",像市上一样热闹。⑥弄权:凭借职位,滥用权力。不记名:意谓数不清。依稀:仿佛,不清晰。杨与李:指杨国忠和李林甫。均为天宝年间的权奸。⑦庙谟:即"庙谋"。朝廷对国事的计谋。疮痏(wěi):伤痕;疱瘢。此指毒害人民的坏事及战乱后民生凋敝困苦的景象。⑧及:谈到。殊得风人之旨:甚得诗人针砭时弊的旨趣。风人,古时采诗官采诗以观民风,故称采诗者为风人,后亦用以称诗人。一说风通"讽"。劝谏;讽谏。

二士共谈

《维摩诘经》言,文殊从佛所将诣维摩丈室问疾,菩萨随之者以万亿计,曰:"二士共谈,必说妙法①。"予观杜少陵寄李太白诗云:"何时一尊酒,重与细论文。"使二公真践此言,时得洒扫撰杖屦于其侧,所谓不二法门,不传之妙,启聪击蒙,出肤寸之泽以润千里者,可胜道哉②!

【注释】

①丈室:佛教语。相传维摩诘大士以称病为由,与前来问疾的文殊等讨论佛法,妙理贯珠。其卧疾之室虽一丈见方而能容纳无数听众。妙法:佛教语。指义理深奥的佛法。②撰杖屦:谓侍奉长者。《礼记·曲礼上》:"侍坐于君子,君子欠伸,撰杖屦。"撰,持,拿。杖屦:手杖和鞋(古人席地而坐)。不二法门:

佛教用以称直接入道、不可言传的法门。后用来譬喻唯一的门径、方法。启聪：启发见闻。击蒙：发蒙；启蒙。肤寸：亦作"扶寸"。古代长度单位，一指（宽）为寸，一肤等于四寸。比喻极小。此处借指下雨前逐渐聚合的云气。可胜道哉：哪能说得尽呢！

张子韶祭文

先公自岭外徙宜春，没于保昌，道出南安，时犹未闻桧相之死①。张子韶先生来致祭，其文但云："维某年月日具官某，谨以清酌之奠昭告于某官之灵，呜呼哀哉，伏惟尚飨②！"其情旨哀怆③，乃过于词，前人未有此格也。

【注释】

①先公：犹先父。先，对已去世者的尊称。道出南安：指作者父亲的灵柩途经南安。桧相：指秦桧。作者的父亲因斥责秦桧与金勾结的行径而被贬斥。②具官：犹具位。徒居官位，充数。唐宋以后，在公文函牍或其他应酬文字上，常把应写明的官爵品级简写为"具官"，表示谦敬。清酌：古代祭祀时所用的清酒。呜呼哀哉：伤痛之辞。旧时祭文中常用来表示对死者的悲悼。尚飨：亦作"尚享"。意谓希望死者来享用祭品。旧时祭文，常用作结语。③情旨哀怆：情意极其悲伤。情旨，心愿。哀怆，悲伤凄怆。

京师老吏

京师盛时，诸司老吏，类多识事体，习典故①。翰苑有孔目吏，每学士制草出②，必据案细读，疑误辄告。刘嗣明尝作《皇子剃胎发文》，用克长克君之语，吏持以请，嗣明曰："此言堪为长堪为君，真善颂也③。"吏拱手曰："内中读文书不如是，最以语忌为嫌，既尅长又尅君④，殆不可用也。"嗣明悚然亟易之⑤。靖康岁都城受围，御敌器甲刓弊⑥。或言太常寺有旧祭服数十，闲无所用，可以藉甲⑦。少卿刘珏即具稿欲献于朝，以付书史⑧。史作字楷而敏，平常无错误，珏将上马，立俟之⑨，既至，而结衔脱两字。趣使更写，至于三，其误如初。珏怒责之，逡巡谢曰："非敢误也，某小人窃妄有管见，在《礼》，'祭服敝则焚之'⑩。今国家迫急，诚不宜以常日论，然容台之职，唯当秉礼⑪。少卿固体国⑫，不若俟朝廷来索则纳之，贤于先自背礼而有献也。"珏愧叹而止，后每为人言，嘉赏其意⑬。今之胥徒，虽公府有职，省寺掌故，但能鼓扇狷浮，顾赇谢为业，簿书期会之间，乃漫不之晓⑭，求如彼二人，岂可得哉！

【注释】

①事体：事理；道理。典故：典制和掌故。②孔目：原指档案目录，后即作为掌文书之吏员名称。制草：起草的诏令的文稿。③克长（zhǎng）克君：克，能。善颂：美好的祝颂。④语忌：语言上的忌讳。尅（kè）：战胜；制服。"尅"与"克"同音。既尅长又尅君，为官中所忌。⑤悚（sǒng）然：惶恐不安貌。⑥刓（wán）弊：损伤；摩损。⑦藉（jiè）：以物衬垫。⑧书史：记事的史官。⑨楷（kǎi）：正体书法，即真书。立俟：站着等待。⑩逡（qūn）巡：欲进不进，迟疑不决的样子。窃妄有管见：犹言我斗胆说说个人的一孔之见。妄：越轨，胡乱。管见：比喻见识狭小，像在管中窥物一样。亦用作自谦之词。《礼》：指《礼记》。引文出《礼记·曲礼上》。⑪容台：礼署、礼部的别称。秉礼：遵循礼法。⑫体国：体念国家。⑬愧叹：谓自愧不如而叹服。嘉赏：赞赏。⑭胥徒：胥，有才智、可为什长的人。徒，供使役的人。后泛指官府中供使役的人为"胥徒"。右职：重要的职位。省寺：古代朝廷"省"、"寺"两类官署的并称。亦泛指中央政府官署。掌故：官名。掌管礼乐制度等的故实。鼓扇：亦作"鼓煽"。煽动。顾：视；看。赇（qiú）谢：受贿。簿书：官署中的文书簿册。期会：谓在规定的期限内实施政令。多指有关朝廷或官府的财物出入。漫：全。

曹操唐庄宗

曹操在兖州，引兵东击陶谦于徐，而陈宫潜迎吕布为兖牧①，郡县皆叛，赖程昱、荀彧之力，全东阿、鄄、范三城以待操。操还，执昱手曰："微子之力，吾无所归矣。"表为东平相。唐庄宗与梁人相持于河上，梁将王檀乘虚袭晋阳。城中无备，几陷者数四，赖安金全帅子弟击却之于内②，石君立引昭义兵破之于外，晋阳获全。而庄宗以策非己出，金全等赏皆不行。操终有天下，庄宗虽能灭梁，旋踵覆亡③，考其行事，概可睹矣。

【注释】

①潜：暗中，偷偷地。充牧：兖州牧守。②子弟：指从军者，兵丁。③旋踵：旋转脚后跟。比喻时间短暂、迅速。

云中守魏尚

《史记》《汉书》所记冯唐救魏尚事，其始云："魏尚为云中守，与匈奴战，上功幕府，一言不相应，文吏以法绳之①，其赏不行。臣以为陛下赏太轻，罚太重。"而又申言之云："且云中守魏尚，坐上功首虏差六级，陛下下之吏，削其爵，罚作之②。"重言云中守及姓名，而文势益遒健有力③，今人无此笔也。

【注释】

①不相应：与实际不符。相应，相符合。文吏：文法之吏。指执法吏。②申言：再次陈说；重复述说。罚作之：判了他一年徒刑。按：当时一岁刑为"罚作"。一说汉时罚轻罪者作苦工之称，即城旦、鬼薪、白粲之类。（见1999年版《辞海》）③文势：文章的气势。

卷第十六（十九则）

文章小伎

"文章一小伎，于道未为尊①。"虽杜子美有激而云，然要为失言，不可以训②。文章岂小事哉！《易·贲》之象言："刚柔交错，天文也；文明以止，人文也③。观乎天文，以察时变；观乎人文，以化成天下④。"孔子称帝尧焕乎有文章⑤。子贡曰："夫子之文章，可得而闻。"《诗》美卫武公，亦云有文章⑥。尧、舜、禹、汤、文、武、成、康之圣贤，桀、纣、幽、厉之昏乱，非《诗》《书》以文章载之，何以传？伏羲画八卦，文王重之，非孔子以文章翼之⑦，何以传？孔子至言要道⑧，托《孝经》《论语》之文而传。曾子、子思、孟子传圣人心学，使无《中庸》及七篇之书⑨，后人何所窥门户？老、庄绝灭礼学，忘言去为，而五千言与《内》《外篇》极其文藻⑩。释氏之为禅者，谓语言为累，不知大乘诸经可废乎⑪？然则诋为小伎，其理谬矣！彼后世为词章者，逐其末而忘其本，玩其华而落其实，流宕自远⑫，非文章过也。杜老所云"文章千古事"，"已似爱文章"，"文章日自负"，"文章实致身"，"文章开宎奥"，"文章憎命达"，"名岂文章著"，"枚乘文章老"，"文章敢自诬"，"海内文章伯"，"文章曹植波澜阔"，"庾信文章老更成"，"岂有文章惊海内"，"每语见许文章伯"，"文章有神交有道"⑬，如此之类，多指诗而言，所见狭矣！

【注释】

①伎（jì）：才智；才能。道：技术，技艺。尊：高。②有激：有感。激，感慨；感触。失言：无意中说了不该说的话。训：典式；法则。③刚柔交错，天文也：阳刚之气和阴柔之气相互往来交叉错杂，形成了天文现象。文明以止，人文也：以文明之道立身处事，形成了人文现象。"文明以止"即止于礼义。④以察时变：用以察觉一年四季阴阳寒暑的变化。以化成天下：教化天下万民

成为有德行的人。一说可以施行教化达到天下大治。化成，教化成功。⑤焕乎有文章：光辉灿烂呀，他所制订的礼乐典章。语出《论语·泰伯》："大哉尧之为君也！……焕乎其有文章！"焕，光亮，鲜明。按：此句"文章"指礼乐制度。⑥"《诗》美卫武公"句：《诗·卫风·淇奥》，《毛诗序》以为是"美武公之德"，赞美卫武公"有文章，又能听其规谏，以礼自防，故能入相于周"（卫武公为周平王卿士）。(见1999年版《辞海》"淇奥"条）⑦伏羲：神话中人类的始祖。传说八卦也出于他的制作。画，绘；作出图形。重：重叠；重复。这里指演绎为六十四卦。翼：辅助。孔子作《十翼》（即《易传》）对《周易》进行解释。⑧至言：至理之言。要道：重要的道理。⑨七篇之书：指《大学》《孟子》以及《礼记》中的部分篇章。⑩老、庄绝灭礼学，妄言去为：老子提出"绝圣弃智"和"无为而治"，庄子又发展了老子的思想。绝灭，断绝。礼学，礼经；礼书之学。去为，《庄子·知北游》："至言去言，至为去为。"最好的行为是无为可为，故去为。五千言：即《道德经》，或称《老子五千文》。内、外篇：即指《庄子》（《南华经》）的内篇、外篇。文藻：文辞的藻采。⑪释氏之为禅(chán)者：佛门弟子都参禅。释氏，释迦牟尼，佛教创始人。此处指佛教。大乘：亦称"大乘佛教"。佛教派别。以《般若经》《维摩经》《法华经》《无量寿经》等为主要经典。⑫逐末忘本：追求细枝末节，忘记事物根本的、主要的部分。落(là)：遗漏；丢失。华(huā)：同"花"。实：果实。流宕(dàng)：谓远游（离开其根本)。⑬致身：献身出仕。宎奥：室内深暗的角落。借以比喻不名（无名）之地。憎命达：憎恶命运亨通。老：老练的；富有经验的。杜诗原注则以为：梁孝王时，枚乘在诸文士之间年最高。自诬：自欺以欺人。伯：旧时对文章品德足为表率者的尊称。文章曹植波澜阔：即曹植的文章浩瀚壮阔。曹植，字子建。三国魏诗人。曹操之子。庾信：北周文学家。官至骠骑大将军、开府仪同三司，世称庾开府。成，成熟。见许：相称许。交有道：交往有一定准则。道，法则。

三长月

释氏以正、五、九月为"三长月"，故奉佛者皆茹素①。其说云：天帝释以大宝镜，轮照四天下，寅、午、戌月，正临南瞻部州，故当食素以徼福②。官司谓之"断月"，故受驿券有所谓羊肉者，则不支③。俗谓之"恶月"④，士大夫赴官者，辄避之。或人以谓唐曰藩镇莅事，必大享军，屠杀羊豕至多，故不欲以其月上事⑤，今之他官，不当尔也。然此说亦无所经见⑥。予读《晋书·礼志》，穆帝纳后，欲用九月，九月是"忌月"⑦。《北齐书》云高洋谋篡魏，其臣宋景业言："宜以仲夏受禅。"或曰："五月不可入官，犯之，终于其位。"景业曰："王为天子，无复下期⑧，岂得不终于其位乎？"乃知此忌相承，由来已久，竟不能晓其义及出何经典也。

【注释】

①茹素：吃素，即不吃鱼肉荤腥。②天帝释以大宝镜：天帝抛下大宝镜。释，抛弃。寅、午、戌月：即正月、五月、九月。按十二月建，夏历正月叫建寅，二月叫建卯……五月建午……九月建戌……十一月建子，十二月建丑。南瞻部洲：佛经中所说的四大洲之一。所谓四天下即指四大洲。徼福：祈福，求福。③官司：旧时泛称官吏或政府。断月：佛教宣扬农历正、五、九三个月内断荤食素。唐人于此三月内延缓执行死刑。故谓之"断月"。"受驿券"句：驿站接受驿券中附带的领羊肉之券，就不支付。羊肉为膻腥之物。驿券，征发驿马驿夫的凭券。④恶月：古代迷信称五月为恶月。⑤莅事：到官视事。上事：接任；就职。⑥经见：从经典中见到。⑦忌月：佛教语。指农历正月、五月、九月。在此三月，素食，戒屠宰，故称忌月。也称三长月。⑧无复下期：即没有下台的那一天。无复：不再有，没有。

兄弟直西垣

《秦少游集》中，有《与鲜于子骏书》云："今中书舍人皆以伯仲继直西垣，前世以来未有其事，诚国家之美，非特衣冠之盛也。除书始下，中外欣然，举酒相属①。"予以其时考之，盖元祐二年，谓苏子由、曾子开、刘贡甫出也。子由之兄子瞻，子开之兄子固、子宣，贡甫之兄原甫，皆经是职，故少游有此语云。绍兴二十九年，予仲兄始入西省，至隆兴二年，伯兄继之②，乾道三年，予又继之，相距首尾九岁。予作谢表云："父子相承，四上鳌坡之直；弟兄在望，三陪凤阁之游③。"比之前贤，实为遭际④，固为门户荣事，然亦以此自愧也。

【注释】

①西垣：犹"西掖"。中书省的别称。伯仲：指兄弟的次第。相属：互相劝酒；向人敬酒。属（zhǔ）：倾注。《仪礼·士昏礼》："酌玄酒，三属于尊。"引申为劝酒。②予仲兄：我的二哥。即洪遵，字景严。伯兄：长兄。即洪适，字景伯。西省：亦指中书省。③銮坡：唐德宗时，尝移学士院于金銮坡上，后遂以"銮坡"为翰林院的别称。凤阁：唐代中书省的别称。武则天光宅元年（684年），改中书省曰凤阁。④前贤：前代的贤人或名人。遭际：谓遭逢时会。引申为受到信任，得到提拔。

续树萱录

顷在秘阁抄书，得《续树萱录》一卷，其中载隐君子元撰夜见吴王夫差①，与唐诸诗人吟咏事。李翰林诗曰："芙蓉露浓红压枝，幽禽感秋花畔啼②。玉人一去未回马③，梁间燕子三见归。"张司业曰："绿头鸭儿咂萍藻④，采莲女郎笑花老。"杜舍人曰："鼓鼙夜战北窗风⑤，霜叶沿阶贴乱红。"三人皆全篇。杜工部曰："紫领宽袍漉酒巾，江头萧散作闲人⑥。"白少傅曰："不因霜叶辞林去，的当山翁未觉秋⑦。"李贺曰："鱼鳞甃空排嫩碧，露桂梢寒挂团璧⑧。"三人皆未终篇。细味其体格语句⑨，往往逼真。后阅《秦少游集》，有《秋兴》九首，皆拟唐人，前所载咸在焉。关子东为秦集序云"拟古数篇，曲尽唐人之体"，正谓是也⑩。何子楚云："《续萱录》乃王性之所作，而托名他人。"今其书才有三事，其一曰贾博喻，一曰全若虚，一曰元撰，详命名之义，盖取诸子虚、亡是公云⑪。

【注释】

①隐君子：隐士。②李翰林：即李白。天宝初曾供奉翰林。芙蓉：木莲。即木芙蓉。露浓：露水多。幽禽：鸣声幽雅的禽鸟。③玉人：容貌美丽的人。后多以称美丽的女子。④张司业：诗人张籍，曾任水部员外郎、国子司业等职，故世称张水部或张司业。萍藻：即浮萍。⑤杜舍人：杜牧，字牧之。唐文学家。官终中书舍人。鼓鼙（pí）：大鼓和小鼓，古代军中常用的乐器，因借以指军事。这里借指风吹霜叶乱敲打的声音。⑥漉（lù）酒巾：滤酒的布巾。泛指葛巾。

萧散：闲散。⑦白少傅：白居易。晚年授太子少傅。的当(dí dàng)：确实。⑧鱼鳞：借指鱼鳞状的云。甃(zhòu)：砌；垒。排：排挤；排斥。嫩碧：新绿；浅绿。可能指夜间碧蓝的天空。露桂：月宫中清冷的桂树。团璧：指月亮。⑨体格：指诗文或字画等的体裁格调，体制格局。⑩拟古：诗体之一。诗文仿效古人的风格形式。曲尽：竭尽。正谓是也：正是说的这些诗。⑪子虚、亡是公：汉司马相如作《子虚赋》，假托子虚、乌有先生、亡是公三人互相问答。后世因称假设或不实在的事为"子虚"或"子虚乌有"。亡(wú)是公，犹言无此人。

馆职名存

国朝馆阁之选，皆天下英俊①，然必试而后命。一经此职，遂为名流②。其高者，曰集贤殿修撰、史馆修撰、直龙图阁、直昭文馆、史馆、集贤院、秘阁。次曰集贤、秘阁校理。官卑者，曰馆阁校勘、史馆检讨，均谓之馆职。记注官缺③，必于此取之，非经修注，未有直除知制诰者。官至员外郎则任子④，中外皆称为学士。及元丰官制行，凡带职者，皆迁一官而罢之，而置秘书省官，大抵与职事官等，反为留滞⑤。政和以后，增修撰直阁贴职为九等，于是材能治办之吏、贵游乳臭之子⑥，车载斗量，其名益轻。南渡以来，初除校书正字，往往召试，虽曰馆职不轻畀，然其迁叙，反不若寺监之径捷⑦。至推排为郎，即失其故步⑧，混然无别矣。

【注释】

①馆阁：北宋沿唐制，设昭文馆、史馆、集贤院三馆，另增设秘阁、龙图阁、天章阁等，分掌图书经籍和编修国史等事，通称"馆阁"。英俊：英明雄俊。多指才能杰出者。②名流：指社会知名人士。③记注官：随侍天子左右记录天子言行的官，即起居注官（或称修起居注官，简称修注）。④任子：因父兄的功绩，得保任授予官职。⑤留滞：搁置。⑥贴职：犹言兼职。宋代直馆、直院，谓之馆职，以他官兼者谓之贴职。治办：亦作"治辨"。指处理事务合宜。贵游：无官职的王公贵族。乳臭(xiù)：奶腥气，常用以指年幼无知。⑦召试：皇帝召来面试。为封建社会选拔官吏的一种特殊方式。迁叙：亦作"迁序"。谓旧时官吏根据考核劳绩而进行晋职或奖励。寺监(jiàn)：古时太常寺、光禄寺，将作监、都水监等寺、监两级官署的并称。此处指各官署的长官。径捷：简便；直捷。⑧推排：谓随着岁月推移。故步：旧踪迹；原来的路子。

南宫适

南宫适问羿、奡不得其死①，禹、稷有天下，言力可贱而德可贵。其义已尽，无所可答，故夫子俟其出而叹其为君子，奖其尚德，至于再言之，圣人之意斯可见矣。然明道先生云："以禹、稷比孔子，故不答。"范淳父以为禹、稷有天下，故夫子不敢答，弗敢当也。杨龟山云："禹、稷之有天下，不止于躬稼而已②，孔子未尽然其言，故不答。然而不正之者，不责备于其言，以沮其尚德之志也，与所谓'雍之言然'则异矣③。"予窃谓南宫之问，初无以禹、稷比孔子之意，不知二先生何为有是言？若龟山之语，浅之已甚！独谢显道云："南宫适知以躬行为事④，是以为之君子。知言之要，非尚德者不能，在当时发问间，必有目击而道存⑤，首肯之意，非直不答也。"其说最为切当⑥。

【注释】

①南宫适（kuò）：即南容。孔子弟子。其问话见《论语·宪问》。②躬稼：亲治农事。③沮：败坏；毁坏。雍之言然：雍，冉雍，字仲弓。孔子弟子。"雍之言然"见《论语·雍也》。④躬行：亲自实践，身体力行。⑤目击道存：眼光一接触便知"道"之所在。形容悟性好。⑥切当（qiè dàng）：贴切恰当。

吴王殿

汉高祖五年，以长沙、豫章、象郡、桂林、南海立番君吴芮为长沙王。十二年，以三郡封吴王濞，而豫章亦在其中。又赵佗先有南海①，后击并桂林、象郡。则芮所有，但长沙一郡耳。按芮本为秦番阳令②，故曰番君。项羽已封为衡山王③，都邾。邾，今之黄州也。复侵夺其地④。故高祖徙之长沙而都临湘，一年薨，则其去番也久矣。今吾邦犹指郡正厅为吴王殿，以谓芮为王时所居。牛僧孺《玄怪录》载，唐元和中，饶州刺史齐推女，因止州宅诞育，为神人击死，后有仙官治其事⑤，云："是西汉鄱阳王吴芮，今刺史宅，是芮昔时所居。"皆非也。

【注释】

①赵佗（tuó）：南越国王。②番（pó）阳：旧县名。东汉始作鄱阳。唐时饶州治鄱阳。③项羽已封为衡山王：封吴芮为衡山王。④复侵夺其地：指项羽复侵夺吴芮之地。⑤诞育：生育。仙官：道家指有爵位的神仙。亦借以尊称道士。治：研究。

王卫尉

汉高祖怒萧何，谓王卫尉曰："李斯相秦皇帝，有善归主，有恶自予，今相国请吾苑以自媚于民，故系治之①。"卫尉曰："秦以不闻其过亡天下，李斯之分过，又何足法哉！"唐太宗疑三品以上轻魏王，责之曰："我见隋家诸王，一品以下皆不免其踬顿，我自不许儿子纵横耳②。"魏郑公曰："隋高祖不知礼义，宠纵诸子，使行非礼，寻皆罪黜③，不可以为法，亦何足道！"观高祖、太宗一时失言，二臣能因其所言随即规正，语意既直，于激切中有婉顺体④，可谓得谏争之大义。虽微二帝，其孰不降心以听乎⑤！

【注释】

①自予：留给自己。请吾苑以自媚于民：上林苑多空地，且荒废。萧何请汉高祖下令，让给民众开垦耕种。自媚：自动去谄媚、巴结他人。系治：谓囚禁而治其罪。②魏王：指李泰。唐太宗第四个儿子，贞观十年（636年）封魏王。踬顿：挫辱。纵横：犹豪横，强横。③隋高祖：即隋文帝杨坚。宠纵：宠惯放纵。非礼：不合礼仪制度。指违礼之事。罪黜（chù）：以罪被黜。④婉顺：温顺。⑤降心：抑制心志。降，贬抑。

前代为监

人臣引古规戒，当近取前代，则事势相接①，言之者有证，听之者足以监。《诗》曰:"殷监不远,在夏后之世②。"《周书》曰:"今惟殷坠厥命,我其可不大监③!"又曰:"我不可不监于有殷④。"又曰:"有殷受天命,惟有历年,惟不敬厥德⑤,乃早坠厥命。"周公作《无逸》,称商三宗⑥。汉祖命群臣言吾所以有天下,项氏所以失天下⑦,命陆贾著秦所以失天下。张释之为文帝言秦、汉之间事,秦所以失,汉所以兴。贾山借秦为喻。贾谊请人主引商、周、秦事而观之⑧。魏郑公上书于太宗云:"方隋之未乱,自谓必无乱;方隋之未亡,自谓必无亡。臣愿当今动静以隋为监⑨。"马周云:"炀帝笑齐、魏之失国,今之视炀帝,亦犹炀帝之视齐、魏也。"张玄素谏太宗治洛阳宫曰:"乾阳毕功,隋人解体⑩,恐陛下之过,甚于炀帝。若此役不息,同归于乱耳!"考《诗》《书》所载及汉、唐诸名臣之论,有国者之龟镜也,议论之臣⑪,宜以为法。

【注释】

①规戒:规劝告诫。事势:情势。②夏后之世:即指夏代。相传夏朝为夏后氏部落领袖禹之子启所建,故称"夏后之世"。"殷监不远,在夏后之世",谓殷人子孙应以夏的灭亡为监戒。后泛指可以作为借鉴的往事为殷监。③坠:失去,丧失。坠厥命,即丧失了它的天命。命,天命。其可:犹岂可。④有殷:指殷代。有,助词,无义。一字不成词,加"有"字配之。置于朝代名词前的,如有虞、有夏、有唐、有明。⑤历年:过去多年,以往各年。敬:重视。⑥无逸:《尚书·周书》篇名。是周公还政之后,向成王发表的诰词。称商三宗:称颂商(殷)代的中宗、高宗、祖甲三位君王谨慎治民,"不敢荒宁"。⑦著:颜师古注:"著,明也,谓作书明言之。"⑧人主:君主。⑨动静:指人的行止。⑩治:修缮。乾(qián)阳:隋炀帝所建洛阳宫殿名。毕功:工程结束。解体:支体解散,比喻人心叛离。⑪龟镜:龟可卜吉凶,镜能别美恶,犹言借鉴。议论:对人或事物所发表的评论性意见或言论。张释之以下诸人(除马周外)议论,可参考续笔卷五《秦隋之恶》。

治盗法不同

唐崔安潜为西川节度使,到官不诘盗①。曰:"盗非所由通容②",则不能为。"乃出库钱置三市，置榜其上，曰："告捕一盗，赏钱五百缗[3]。侣者告捕[4]，释其罪，赏同平人。"未几，有捕盗而至者。盗不服，曰："汝与我同为盗十七年，赃皆平分，汝安能捕我？"安潜曰："汝既知吾有榜，何不捕彼以来？则彼应死，汝受赏矣。汝既为所先，死复何辞？"立命给捕者钱，使盗视之，然后杀盗于市。于是诸盗与其侣互相疑，无地容足，夜不及旦，散逃出境，境内遂无一人为盗。予每读此事，以为策之上者。及得李公择治齐州事，则又不然。齐素多盗，公择痛治之，殊不止。他日得黠盗，察其可用，刺为兵，使直事铃下[5]。间问以盗发辄得而不衰止之故。曰："此由富家为之囊。使盗自相推为甲乙，官吏巡捕及门，擒一人以首[6]，则免矣。"公择曰："吾得之矣。"乃令凡得藏盗之家，皆发屋破柱[7]，盗贼遂清。予乃知治世间事，不可泥纸上陈迹[8]。如安潜之法可谓善矣，而齐盗反恃此以为沉命之计[9]，则变而通之，可不存乎其人哉！

【注释】

①诘盗：究办强盗。诘：查究；究办。②所由：唐宋时指胥吏及差役。因事必经由其手，故称。吏役多属府县，故亦称府县官为所由官。通容：犹通融。破例迁就；变通办法予以方便。③三市：指大市、朝（zhāo）市、夕市。亦泛指闹市。大市，日仄而市。缗（mín）：穿钱的绳子。亦指成串的钱，一千文为一缗。④侣者：同伙的人。⑤黠盗：狡黠的盗贼。黠（xiá）：聪慧；狡猾。刺为兵：征募为兵卒。刺，征募兵卒的代称。宋制，凡兵卒常刺字为记，故称。直事：谓值班。铃下：对将帅、太守的敬称。不敢直指其人，言将以由铃下以达，犹言左右。⑥囊：覆盖；蒙住。此处为窝藏。甲乙：等第；次序。擒一人以首：擒住一人使他告发窝藏犯。首，有罪自陈或出面告发。⑦发：开启。破：破坏；损坏。发屋破柱：谓搜索盗贼，以正国法。⑧陈迹：以往的事迹。⑨沉：隐伏。

【补注】 恃此：恃，依赖；凭借。此，指所由通容。

和诗当和意

古人酬和诗，必答其来意，非若今人为次韵所局也[1]。观《文选》

所编何劭、张华、卢谌、刘琨、二陆、三谢诸人赠答②，可知已。唐人尤多，不可具载。姑取杜集数篇，略纪于此。高适寄杜公云："愧尔东西南北人③。"杜则云："东西南北更堪论。"高又有诗云："草《玄》今已毕，此外更何言④？"杜则云："草《玄》吾岂敢，赋或似相如⑤。"严武寄杜云："兴发会能驰骏马，终须重到使君滩⑥。"杜则云："枉沐旌麾出城府⑦，草茅无径欲教锄。"杜公寄严诗云："何路出巴山"，"重岩细菊斑，遥知簇鞍马⑧，回首白云间。"严答云："卧向巴山落月时"，"篱外黄花菊对谁，跛马望君非一度⑨。"杜送韦迢云："洞庭无过雁，书疏莫相忘⑩。"迢云："相忆无南雁，何时有报章⑪？"杜又云："虽无南去雁，看取北来鱼⑫。"郭受寄杜云："春兴不知凡几首？"杜答云："药裹关心诗总废⑬。"皆如钟磬在簴⑭，叩之则应，往来反复，于是乎有余味矣。

【注释】

①酬和：以诗文相酬答。次韵：作旧体诗方式之一，亦称步韵。即依照所和诗中的韵及其用韵的先后次序写诗。②二陆：指陆机、陆云兄弟。均为西晋文学家。三谢：指谢灵运，南朝宋诗人；谢惠连，南朝宋文学家；谢朓，南朝齐诗人。③东西南北：谓漂流在外，居处无定。④草《玄》：指汉扬雄作《太玄经》。后因以谓淡于势利，潜心著述。杜甫初居浣花溪寺，故借指杜甫拟经。此外更何言：《杜甫全集》附高适诗原注：谓别有著作也。⑤相如：即司马相如。⑥使君滩：四川江滩名。严武为剑南（治益州，今成都）节度使，造访杜甫草堂，堂在江干，故借用使君滩。⑦枉沐：白白地蒙受。对人来访的敬词。旌麾：古时用羽毛装饰的军旗，主将用以指挥军队。⑧重岩：重叠的山岩。常指高峻、连绵的山崖。细菊：嫩菊。细，柔嫩。斑：杂色。簇：簇拥。⑨跛马：严武原诗为"跂马"。"跂马望君非一度，冷猿秋雁不胜悲。"《杜甫全集》原注："跂，草行也。"谓在草野中行走。《汉语大词典》注释则为："跂马，骑马驰逐。"⑩书疏：指信函。⑪报章：酬答别人的诗文或书信。⑫虽无南去雁，看取北来鱼：杜诗原注：古人以鱼雁比书。⑬药裹：犹药袋。⑭簴（jù）：悬挂钟、磬的木架。其两侧的柱叫簴，悬挂的横梁叫栒。

稷有天下

"稷躬稼而有天下"、"泰伯三以天下让"、"文王一怒而安天下之民①",皆以子孙之事追言之。是时,稷始封于邰,古公方邑于梁山之下②,文王才有岐周之地,未得云天下也。禹未尝躬稼,因稷而称之③。

【注释】

①稷:即后稷。古代周族的始祖。泰伯:周太王长子。太王欲立幼子季历,他与弟仲雍同避江南,改从当地风俗,断发文身,建立吴国,成为吴国的始祖。②古公:古公亶父。即周太王。周文王的祖父。邑:建筑城邑。③因稷而称之:因为有了同时代的稷而被称道。

一世人材

一世人材,自可给一世之用。苟有以致之,无问其取士之门如何也。今之议者,多以科举经义、诗赋为言,以为诗赋浮华无根柢,不能致实学,故其说常右经而左赋①。是不然。成周之时,下及列国,皆官人以世②。周之刘、单、召、甘,晋之韩、赵、荀、魏,齐之高、国、陈、鲍,卫之孙、宁、孔、石,宋之华、向、皇、乐,郑之罕、驷、国、游,鲁之季、孟、臧、展,楚之斗、蒍、申、屈,皆世不乏贤,与国终毕。汉以经术及察举,魏、晋以州乡中正,东晋、宋、齐以门第,唐及本朝以进士③,而参之以任子,皆足以尽一时之才。则所谓科目④,特借以为梯阶耳!经义、诗赋,不问可也。

【注释】

①经义:科举考试所用文体之一。以经书中文句为题,应试者作文阐明其中义理。根柢:草木的根。引申指事业或学问的基础,底子。致实学:求得真才实学。右经而左赋:推崇经义而贬低诗赋。②官人以世:授官以世袭制。官人,谓以官职任人。世,父子相继。③经术:犹经学、儒术。察举:汉代选拔官吏的制度。由丞相、列侯、刺史、守相等推举,经过考核,任以官职。中正:即九品中正制。魏晋南北朝时保证世族特权的官僚选拔制度。门第:封建时代地主阶级内部不同家族的等级。显贵之家称为"高门",卑庶之家称为"寒门"。唐以后旧的门第区别不再存在,改以当代官爵高下为区分门第的标准。进士:

意即贡举的人才。唐代科目中以进士科为最重要。参加礼部考试之人，都可叫做进士。试毕合格者，赐进士及第，其后又有"赐进士出身"、"赐同进士出身"的名义。④科目：指隋唐以来分科选拔官吏的名目。如进士科、明经科等。

王逢原

王逢原以学术①，邢居实以文采，有盛名于嘉祐、元丰间。然所为诗文，多怨抑沉愤，哀伤涕泣，若辛苦憔悴不得其平者，故皆不克寿②，逢原年二十八，居实才二十。天畀其才而啬其寿③，吁，可惜哉！

【注释】

①学术：指较为专门、有系统的学问。②怨抑：怨恨抑郁。沉愤：愤懑郁积。不克寿：不能长寿。③啬：吝啬。

吏文可笑

吏文行移，只用定本①，故有绝可笑者。如文官批书印纸，虽宫、观、岳、庙，亦必云不曾请假；或已登科级，见官台省清要，必云不曾应举若试刑法②。予在西掖时，汉州申显惠侯神，顷系宣抚司便宜加封昭应公，乞换给制书③。礼、寺看详，谓不依元降指挥于一年限内自陈，欲符下汉州，告示本神知委④。予白丞相别令勘当，乃得改命⑤。淳熙六年，予以大礼恩泽改奏一岁儿，吏部下饶州，必欲保官状内声说被奏人曾与不曾犯决笞，有无鬎刺，及曾与不曾先经补官因罪犯停废，别行改奏；又令供与予系是何服属⑥。父之于子而问何服属，一岁婴儿而问曾与不曾入仕坐罪，岂不大可笑哉！

【注释】

①定本：有固定套语格式的样本、底本。②批书：经过有关部门批署的证明。印纸：旧时官府印发的各种表、簿以及证件等。宫、观、岳、庙：提举官观岳庙事务的闲散官员。科级：科第。见官：现居官。台省：汉尚书治事之地为中台，在禁省中，故称台省。唐时尚书省、门下省、中书省分别称中台、

东台、西台。故统称台省。后以"台省"指政府中央机构。清要：旧时称地位尊显、职司重要的官职。若：与；和。③申：旧时官府下级向上级行文陈述事情称"申"。顷：往昔。制书：帝王诏书的一种。④礼、寺：礼部、太常寺。详：旧时公文的一种，用于向上级陈报请示。元：本来；原先。指挥：唐宋时诏、敕、命令的统称，公文多用之。符：盖有官府印信的下行公文的一种。告示：告知。知委：犹知道。⑤勘当：唐宋公文中的用词，含有议定、审核的意思。改命：改变成命。⑥大礼：隆重的礼仪。后来多指男女的婚礼。改奏一岁儿：重新奏报授予一岁的儿子官职。下饶州：下达公文到饶州。本书作者为饶州鄱阳（今江西波阳）人。保状：旧时由保证人填写的有一定格式的保证书。声说：犹申说。解释说明。犯决笞：因罪被判处笞刑。决笞、杖笞。笞（chī）：古代用小荆条或小竹板打犯人的臀、腿或背的刑罚。为隋代至清代的五刑之一。黥刺：在罪人面部刺刻标记。停废：废黜；罢免。服属：五服内的亲族。

靖康时事

邓艾伐蜀，刘禅既降，又敕姜维使降于钟会，将士咸怒，拔刀斫石。魏围燕于中山既久，城中将士皆思出战，至数千人，相率请于燕主，慕容隆言之尤力，为慕容麟沮之而罢。契丹伐晋连年，晋拒之，每战必胜。其后，杜重威阴谋欲降，命将士出陈于外，士皆踊跃，以为出战，既令解甲①，士皆恸哭，声振原野。予顷修《靖康实录》，窃痛一时之祸，以堂堂大邦，中外之兵数十万，曾不能北向发一矢、获一胡，端坐都城，束手就毙！虎旅云屯②，不闻有如蜀、燕、晋之愤哭者。近读《朱新仲诗集》，有《记昔行》一篇，正叙此时事。其中云："老种愤死不得战，汝霖疽发何由瘥③？"乃知忠义之士，世未尝无之，特时运使然耳④。

【注释】

①出陈（zhèn）：出阵。出兵列阵应战。陈："阵"的古字。战阵。解甲：卸去衣甲。亦谓投降。②虎旅：指勇猛的军队。云屯：如云之聚集。形容多而盛。③老种（chóng）：指种师道。北宋末年名将。钦宗靖康元年（1126年）金兵围攻东京，他率兵入卫，任京畿两河（河北、河东）宣抚使，威望很高，人称"老种"。京城暂时解围后，被解除兵权，不久病死。汝霖：即宗泽，字汝霖。宋

名将。靖康元年知磁州，募集义勇，抗击金兵。次年任东京（今河南开封，宋都，当时称汴梁）留守，用岳飞为将，屡败金兵。多次上书请求收复失地，都被投降派所阻。他以高迈之年，终于"忧愤成疾，疽发于背"，病死。④时运：宿命论认为世事变迁或个人遭遇都由命定，因称时世或遭遇为"时运"。

并韶

梁武帝时，有交趾人并韶者，富于词藻，诣选求官①，而吏部尚书蔡撙以并姓无前贤，除广阳门郎。韶耻之，遂还乡里谋作乱。夫用门地族望为选举低昂②，乃晋、宋以来弊法，蔡撙贤者也，不能免俗，何哉？

【注释】

①并：音 bīng，姓。词藻：诗文中的藻饰，即用作修辞的典故或华丽词语。亦作"辞藻"。诣选：前往吏部。选，量才授官，铨选。亦指负责铨选官吏的吏部有关机构。②门地：犹门第。族望：宗族或家族在社会上的声望。

谶纬之学①

图谶星纬之学，岂不或中②，然要为误人，圣贤所不道也。眭孟睹公孙病已之文，劝汉昭帝求索贤人，禅以帝位，而不知宣帝实应之③，孟以此诛。孔熙先知宋文帝祸起骨肉，江州当出天子，故谋立江州刺史彭城王，而不知孝武实应之④，熙先以此诛。当涂高之谶，汉光武以诘公孙述，袁术、王浚皆自以姓名或父字应之，以取灭亡，而其兆为曹操之魏⑤。两角犊子之谶⑥，周子谅以劾牛仙客，李德裕以议牛僧孺，而其兆为朱温。隋炀帝谓李氏当有天下，遂诛李金才之族，而唐高祖乃代隋。唐太宗知女武将窃国命，遂滥五娘子之诛，而阿武婆几易姓⑦。武后谓代武者刘，刘无强姓，殆流人也，遂遣六道使悉杀之，而刘幽求佐临淄王平内难，韦、武二族皆殄灭⑧。晋张华、郭璞，魏崔伯深，皆精于天文卜筮，言事如神，而不能免于身诛家族，况其下者乎！

【注释】

①谶（chèn）纬：汉代流行的神学迷信。"谶"是巫师或方士制作的一种隐语或预言，作为吉凶的符验或征兆。又名"符谶"、"符命"，有的有图有字，名"图谶"。"纬"对"经"而言，是方士化的儒生编集起来的附会儒家经典的各种著作。②星纬：指以星象占定人事吉凶祸福的方术。岂不或中：也有偶尔言中的时候。③睚孟睹公孙病已之文：睚（suī）孟见到有虫食树叶成文字，曰："公孙病已当立。"宣帝实应之：宣帝刘询，乳名病已。他是汉昭帝的孙子辈，所以称"公孙"。按：病已，《汉书》作"病已"。④宋文帝祸起骨肉：南朝宋文帝刘义隆被自己的儿子、太子刘劭杀害。孝武实应之：孝武帝刘骏，从西阳郡率兵讨伐刘劭。西阳郡属江州管辖。⑤当涂高之谶，汉光武以诘公孙述：《后汉书·公孙述传》：汉光武"乃与述书曰：'……代汉者当涂高，君岂高之身邪？'……"诘：责问。袁术：字公路。术，邑中的道路。王浚：浚以父字处道，为"当途高"应王者之谶。曹操之魏：曹操封魏王，其子曹丕代汉称帝，国号魏，魏，宫门的合观。即阙（què）。正应"当涂（通'途'）道路）高"三谶。⑥两角犊子：牛有两角。猪（朱）虽不长角，但既是"犊子"，说明角尚未长出。⑦国命：国家的政权。滥五娘子之诛：据《资治通鉴》唐太宗贞观二十二年（648年）记载："初，左武卫将军武连县公武安李君羡直玄武门，时太白屡昼见，太史占云：'女主昌。'民间又传《秘记》云：'唐三世后，女主武王代有天下。'上恶之。会与众武臣宴宫中，行酒令，使各言小名。君羡自言名五娘，上愕然……又以君羡官称封邑皆有'武'字，深恶之，后出为华州刺史。……御史奏君羡与妖人交通，谋不轨。壬辰，君羡坐诛，籍没其家。"唐太宗还想"疑似者尽杀之"。阿武婆：即武则天。⑧流人：即流民。道：古代行政区划名。唐初分全国为十道，开元二十一年（公元733年）增为十五道，安史之乱后废。临淄王：即临淄郡王李隆基，后来的唐玄宗。韦：指唐中宗李显皇后韦氏。

真假皆妄

江山登临之美，泉石赏玩之胜，世间佳境也，观者必曰如画。故有"江山如画"，"天开图画即江山"，"身在画图中"之语。至于丹青之妙，好事君子嗟叹之不足者①，则又以逼真目之。如老杜"人间又见真乘黄"，"时危安得真致此"，"悄然坐我天姥下"，"斯须九重真龙出"，"凭轩忽若无丹青"，"高堂见生鹘"，"直讶杉松冷，兼疑菱荇香"之句是也②。以真为假，以假为真，均之为妄境耳③。人生万事如是，何特此耶？

【注释】
①丹青：本是绘画用的红绿颜料，后成为绘画的代称。嗟叹：赞叹。②乘（shèng）黄：古代传说中的神马。时危安得真致此：出《题壁上韦偃画马歌》。杜甫深感自己遭遇危乱之世。天姥（mǔ）：山名。在浙江嵊县与新昌县之间。此句出《奉先刘少府新画山水障歌》。斯须：犹言须臾；一会儿。九重：旧指帝王所居之处。真龙：以龙喻马，形容马的雄健。鹘（hú）：鸟纲，隼科。隼属动物部分种类的旧称。讶：惊奇；诧异。菱荇（xìng）：菱角和荇菜。③妄境：佛教语。谓妄心所现的虚妄不实的境界。以上几句，都好像真有实物一样。

卷第一（十八则）

颜鲁公

颜鲁公忠义大节，照映今古，岂唯唐朝人士罕见比伦①，自汉以来，殆可屈指也。考其立朝出处②，在明皇时，为杨国忠所恶，由殿中侍御史出东都、平原。肃宗时，以论太庙筑坛事③，为宰相所恶，由御史大夫出冯翊。为李辅国所恶，由刑部侍郎贬蓬州。代宗时，以言祭器不饬④，元载以为诽谤，由刑部尚书贬峡州。德宗时，不容于杨炎，由吏部尚书换东宫散秩。卢杞之擅国也，欲去公，数遣人问方镇所便⑤，公往见之，责其不见容，由是衔恨切骨。是时年七十有五，竟堕杞之诡计而死，议者痛之。呜呼⑥！公既知杞之恶己，盍因其方镇之问，欣然从之。不然，则高举远引，挂冠东去⑦，杞之所甚欲也。而乃眷眷京都，终不自为去就，以蹈危机，《春秋》责备贤者，斯为可恨⑧。司空图隐于王官谷，柳璨以诏书召之，图阳为衰野，堕笏失仪⑨，得放还山。璨之奸恶过于杞，图非公比也，卒全身于大乱之世，然则公之委命贼手⑩，岂不大可惜也哉！虽然，公囚困于淮西，屡折李希烈，卒之捐身徇国，以激四海义烈之气，贞元反正⑪，实为有助焉。岂天欲全畀公以万世之名，故使一时堕于横逆以成始成终者乎⑫！

【注释】

①颜鲁公：即颜真卿，字清臣。唐大臣、书法家。封鲁郡公。人称"颜鲁公"。德宗时，淮西节度使李希烈叛乱，忌刻颜真卿的卢杞乘机向德宗建议，派颜去劝谕李希烈，颜被希烈缢死。大节：临难不苟的节操。照映：照耀辉映。比伦：比并；匹敌。②立朝：指在朝为官。出处：出，出仕；处，隐退。去就、进退的意思。③论太庙筑坛事：安禄山攻破潼关，玄宗奔蜀，太子李亨（即肃

宗）即位于灵武。颜真卿"建言：'今太庙为贼毁，请筑坛于野，皇帝东向哭（太庙在长安），然后遣使。'不从。"（《新唐书》本传）④饬（chì）：整治；整顿。⑤问方镇所便：问颜真卿，你自己看到哪个地方去做官合适。⑥呜呼：叹词。亦作"呜乎"、"乌乎"、"於戏"、"於乎"。⑦高举：谓退隐。远引：远去；远游。谓远避。挂冠：《后汉书·逢萌传》："时王莽杀其子（逢）宇，萌谓友人曰：'三纲绝矣，不去，祸将及人。'即解冠挂东都城门，归，将家属浮海，客于辽东。"后因以"挂冠"称辞官。⑧眷眷：反顾貌，依恋不舍。危机：潜伏的祸害或危险。责备：责，责求；备，完备。要求尽善尽美，没有缺点。《新唐书·太宗纪赞》："然《春秋》之法，常责备于贤者。"斯：连词。犹则；乃。⑨阳：通"佯"。假装。衰野：衰老粗野。笏（hù）：即朝笏。古时大臣朝见时手中所执的狭长板子，用玉、象牙或竹片制成，以为指画或记事之用，也叫手板。失仪：不符合礼节仪式；没有礼貌。⑩奸恶：邪恶（行为不正而凶恶）。委命：听任命运支配。⑪徇国：为国家利益而献出生命。徇，通"殉"。义烈：忠义节烈。反正：谓从逆的官兵弃暗投明。此处指藩镇归顺。⑫横逆：横暴无理之人。成始成终：成就他光辉义烈的一生。

戒石铭

"尔俸尔禄，民膏民脂，下民易虐①，上天难欺。"太宗皇帝书此，以赐郡国，立于厅事之南②，谓之《戒石铭》。按成都人景焕，有《野人闲话》一书，乾德三年所作，其首篇《颁令箴》，载蜀王孟昶为文颁诸邑云："朕念赤子，旰食宵衣③。言之令长，抚养惠绥④。政存三异，道在七丝⑤。驱鸡为理，留犊为规⑥。宽猛得所，风俗可移。无令侵削，无使疮痍⑦。下民易虐，上天难欺。赋舆是切，军国是资⑧。朕之赏罚，固不逾时。尔俸尔禄，民膏民脂。为民父母，莫不仁慈。勉尔为戒，体朕深思。"凡二十四句。昶区区爱民之心，在五季诸僭伪之君为可称也，但语言皆不工，唯经表出者，词简理尽，遂成王言，盖诗家所谓夺胎换骨法也⑨。

【注释】

①俸禄：旧时称官吏所得的薪水。脂膏：比喻人民用血汗挣来的劳动果实或财富。虐：残害；侵凌。②太宗：宋太宗赵光义。厅事：同"听事"。官署中办公的地方，即厅堂。③旰食：因心忧事繁而延迟到晚上才吃饭。宵衣：天不亮就穿衣起身。旧时多用来称颂帝王勤于政事（这里是孟昶自称）。"旰食宵衣"亦即废寝忘食。④抚养：爱护教养。惠绥：犹安抚。⑤三异：汉中牟令鲁恭行德政而出现的三种奇迹：蝗虫不犯境、鸟兽懂礼仪、儿童有仁心。（见《后汉书·鲁恭传》）七丝：七弦琴。汉桓谭《新论·琴道》："琴七丝足以通万物而考治乱。""道在七丝"即politik治理方法。⑥驱鸡：汉荀悦《申鉴·政体》："睹孺子之驱鸡也，而见御民之方。孺子驱鸡者，急则惊，缓则滞。"比喻为官御民（要不急不缓）。留犊：三国魏时苗为寿春县令，就任时，驾黄牸牛，居官岁余，牛生一犊。及其去，留其犊，谓主簿曰："令来时本无此犊，犊是淮南所生有也。"（见《三国志·魏·常林传》注引《魏略·清介传》）后以留犊喻居官清廉。⑦侵削：欺凌，掠夺。疮痍：同"创（chuāng）痍"。创伤。比喻灾害困苦。⑧赋舆：赋税。切：重要。军国：统军治国。资：凭借，依托。⑨区区：犹"拳拳"。衷爱专一的意思。五季：孟昶为五代后蜀国君。僭伪：封建王朝以正统自居，称割据对立的王朝为僭伪。《旧五代史》以梁、唐、晋、汉、周为正统，其余列入《僭伪传》。夺胎换骨：亦作"换骨夺胎"。比喻师法前人写作的命意或技巧，从事新的创作。

双生子

今时人家双生男女，或以后生者为长，谓受胎在前；或以先生者为长，谓先后当有序。然固有经一日或亥、子时生，则弟乃先兄一日矣。辰时为弟，巳时为兄，则弟乃先兄一时矣。按《春秋公羊传》隐公元年，"立適以长不以贤，立子以贵不以长"①，何休注云："子谓左右媵及侄娣之子，质家亲亲先立娣，文家尊尊先立侄，其双生也，质家据见先生，文家据本意立后生②。"乃知长幼之次，自商、周以来不同如此。

【注释】

①適（dí）：通"嫡"。嫡子的简称。宗法社会称正妻为嫡。正妻所生子女为嫡生。长：音zhǎng。立嫡：太子或宗子以正妻所生子充当。立子：立庶子为太子或世子。②媵（yìng）：古时指随嫁。也指随嫁的人。此处专指女媵，即所谓妾。侄娣：亦作"娣侄"。古时诸侯的女儿出嫁，从嫁的妹妹和侄女或

同姓国女子称"娣侄"。质家：指尚实的人士或学派。亲亲：爱自己的亲属。娣：此处指随嫁的妹妹生的儿子。文家：崇尚文礼的朝代。尊尊：敬重出身高贵的人。侄：指随嫁的侄女生的儿子。本意：指后生者受胎在前。

李建州

建安城东二十里，有梨山庙，相传为唐刺史李公祠。予守郡日，因作祝文曰："亟回哀眷①。"书吏持白回字犯相公名②，请改之，盖以为李回也。后读《文艺·李频传》，懿宗时，频为建州刺史，以礼法治下③。时朝政乱，盗兴相椓敓④，而建赖频以安。卒官下，州为立庙梨山，岁祠之，乃证其为频。继往祷而祝之云，俟获感应⑤，则当刻石纪实。已而得雨，遂为作碑。偶阅唐末人石文德所著《唐朝新纂》一书，正纪频事，云除建州牧，卒于郡。曹松有诗悼之曰："出旌临建水，谢世在公堂⑥。苦集休藏箧，清资罢转郎。瘴中无子奠，岭外一妻孀⑦。恐是浮吟骨⑧，东归就故乡。"其身后事落拓如此⑨。《传》又云："频丧归寿昌⑩，父老相与扶柩葬之。天下乱，盗发其冢，县人随加封掩。"则无后可见云。《稽神录》载一事，亦以为回，徐铉失于不审也。

【注释】

①祝文：古代祭祀神鬼或祖先的文辞。亟（jí）：急；迫切。哀眷：怜悯眷顾。②书吏：官署中承办文书的吏员。③李频：唐诗人。官至建州刺史，卒于官。有诗集《建州刺史集》，又称《梨岳集》。礼法：礼仪法度。治下：治理人民。④椓敓（duó）：杀人掠夺。⑤祷祝：祷告祝福。联系下文，此处是指求雨。感应：佛教谓众生以其精诚感动神明，而神明应之，故曰感应。⑥旌（jīng）：古代使者所持的节。出旌：出任地方长官。谢世：即辞世，逝世。⑦瘴：瘴气。建州治建安（今福建建瓯），古代多瘴气。孀：寡妇。⑧浮：游动；虚浮不定。吟骨：诗人的瘦骨。⑨落拓：犹落泊。穷困失意。⑩寿昌：旧县名。1958年并入浙江建德县。李频为寿昌人。

〔补注〕"苦集休藏箧"句：从此不再把苦心吟成的诗集藏在箱底，也不能再迁转为清贵的郎官。"休"和"罢"均为停止之意。箧（qiè），小箱子。清资：魏晋至唐时多由士族担任的清贵官职。转：迁升官职。《新唐书·文艺下·李频》："俄擢侍御史，守法不阿徇，迁累都官员外郎。表丐建州刺史。"

侍从官

自观文殿大学士至待制为侍从官,令文所载也①。绍兴三十一年,完颜亮死于广陵②,车驾将幸建康,从官列衔上奏,乞同班入对③。时汤岐公以大观文为行宫留守,寄声欲联名④,众以名位不同为辞。岐公曰:"思退亦侍从也。"然竟不克从。绍熙二年,吏部郑尚书侨上章乞荐士,诏令在内近臣台谏、在外侍从,各举六人堪充朝士者⑤。吏部遍牒,但及内任从官与在外待制以上⑥,而前宰相执政皆不预。安有从官得荐人,而旧弼乃不然⑦,有司之失也。

【注释】

①令文:法令;令典。②完颜亮死于广陵:百万金兵分头向南宋朝廷发动进攻。完颜亮在淮水亲自指挥。十一月,被其部下杀死于扬州(即广陵)龟山寺。③列衔:谓签署职衔。同班:班列相同。入对:臣下进入皇宫回答皇帝提出的问题或质问。④大观文:即观文殿大学士。寄声:托人传话。⑤近臣:指亲近君主的侍从之臣。充:充任;充当(谓担当某种职务或取得某种身分)。⑥遍牒:遍发公文。牒:行文通报。内任(rèn):指朝廷中的重任和要职。⑦弼:指辅佐的人。旧弼:即上句所言"前宰相执政"。

存亡大计

国家大策,系于安危存亡,方变故交切,幸而有智者陈至当之谋,其听而行之,当如捧漏瓮以沃焦釜①。而愚荒之主,暗于事几,且惑于谀佞孱懦者之言②,不旋踵而受其祸败,自古非一也。曹操大将征刘备,田丰劝袁绍袭其后,绍辞以子疾不行。操征乌戎③,刘备说刘表袭许,表不能用,后皆为操所灭。唐兵征王世充于洛阳,窦建德自河北来救,太宗屯虎牢以扼之,建德不得进,其臣凌敬请悉兵济河,攻取怀州、河阳,逾太行,入上党,徇汾、晋,趣蒲津,蹈无人之境,取胜可以万全,关中骇震④,则郑围自解。诸将曰:"凌敬书生,何为知战事,其言岂可用？"建德乃谢敬。其妻曹氏，又劝令乘唐国之虚，连营渐进，以取山北，西抄关中，唐必还师自救，郑围何忧不解。建德亦不从，引众合战，身为人擒，国随以灭⑤。唐庄宗既取河北，屯兵朝城，梁之君臣，谋数道大举⑥，令董璋引陕虢、泽潞之兵趣太原，霍彦威以汝、洛之兵寇镇定，王彦章以禁军攻郓州，段凝以大军当庄宗。庄宗闻之，深以为忧。而段凝不能临机决策⑦，梁主又无断，遂以致亡。石敬瑭以河东叛，耶律德光赴救，败唐兵而围之，废帝问策于群臣⑧。时德光兄赞华，因争国之故，亡归在唐，吏部侍郎龙敏请立为契丹主，令天雄、卢龙二镇分兵送之，自幽州趣西楼，朝廷露檄言之，虏必有内顾之虑，然后选募精锐以击之，此解围一算也⑨。帝深以为然。而执政恐其无成，议竟不决，唐遂以亡。皇家靖康之难，胡骑犯阙，孤军深入，后无重援，亦有出奇计乞用师捣燕者，天未悔祸，噬脐弗及，可胜叹哉⑩！

【注释】

①变故：意外发生的变化或事故。交切（qiè）：紧急；急迫。沃：浇；灌。焦釜：烧干了水的釜。比喻情势急迫。②愚荒：愚昧而迷乱。事几：成就事功的机会。孱懦：怯懦软弱。③乌戎：指乌桓。④王世充：619年，自称皇帝，国号郑。扼：据守；控制。徇（xùn）：略地。关中：古地区名。通常指函谷关以西。骇震：震惊。⑤山北：太行山以北。抄：掠夺；袭击。国：窦于617年建立的夏国。⑥大举：谓大兴军旅。⑦临机：谓面临变化的机会和情势。⑧叛：叛后唐。耶律德光：即辽太宗。任契丹（后改国号为辽）天下兵马大元帅。天显十一年（936年），借后唐叛将石敬瑭求援机会，立石为晋帝，取得燕云十六州（约今河北、山西两省北部）。赴救：前往救援（石敬瑭）。废帝：后唐闵帝李从厚，被潞王（即末帝李从珂）废为鄂王。⑨西楼：契丹地名。露檄（xí）：发布公告。算：谋划（计谋策略）。⑩胡骑：胡人的骑兵。亦泛指胡人军队。此处指金兵。犯阙（què）：指举兵入犯朝廷。燕：指幽燕一带，是金国（即胡人）的后方。悔祸：对所造成的灾祸表示悔恨。噬脐：比喻后悔不及。噬，咬。可胜：岂能忍受。

唐人诗不传

韩文公《送李础序》云："李生温然为君子，有诗八百篇，传咏于时①。"又《庐尉墓志》云："君能为诗，自少至老，诗可录传者②，在纸凡千余篇。无书不读，然止用以资为诗。任登封尉，尽写所为诗，投留守郑余庆，郑以书荐于宰相。"观此，则李、卢二子之诗多而可传。又裴迪与王维同赋辋川诸绝③，载于维集，此外更无存者。杜子美有寄裴十诗云"知君苦思缘诗瘦"，乃迪也，其能诗可知。今考之《唐史·艺文志》，凡别集数百家④，无其书，其姓名亦不见于他人文集，诸类诗文中亦无一篇。白乐天作《元宗简集序》云："著格诗一百八十五⑤，律诗五百九。"至悼其死，曰："遗文三十轴，轴轴金玉声⑥。"谓其古常而不鄙⑦，新奇而不怪。今世知其名者寡矣，而况于诗乎！乃知前贤遗稿，湮没非一，真可惜也！

【注释】

①温然：性情平和。传咏：传诵吟唱。②可录传：可以记载和流传。③辋川：即辋谷水。在陕西蓝田南。王维曾置别业于此，集其田园所为诗（即所谓"辋川诸绝"），号《辋川集》。④别集：同"总集"相对。即汇录一人著作成为一书。⑤格诗：今体诗，对古诗而言。（参见《辞源》）一说为：介于今体诗与古体诗之间的一种诗体，或称半格诗。（参见《汉语大词典》）⑥轴：古代装成卷轴形的书。金玉声：喻他人声音或诗文优美动人，声调铿锵。⑦古常：古朴寻常。鄙：庸俗；鄙陋。

泰誓四语①

孔安国《古文尚书》，自汉以来，不列于学官，故《左氏传》所引者，杜预辄注为逸书②。刘向《说苑·臣术篇》一章云："《泰誓》曰：'附下而罔上者死，附上而罔下者刑③。与闻国政而无益于民者退④，在上位而不能进贤者逐。'此所以劝善而黜恶也⑤。"汉武帝元朔元年，诏责中外不兴廉举孝⑥。有司奏议曰："夫附下罔上者死⑦，附上罔下者刑。与闻国政而无益于民者斥，在上位而不能进贤者退。此所以劝善黜恶也。"其语与《说苑》所载正同。而诸家注释，至于颜师古，皆不能援以为证⑧。今之《泰誓》，初未尝有此语也。汉宣帝时，河内女子得《泰誓》一篇献之，然年月不与序相应，又不与《左传》《国语》《孟子》众书所引《泰誓》同，马、郑、王肃诸儒皆疑之⑨，今不复可考。

【注释】

①泰誓：《尚书》篇名。相传是周武王伐纣、大会诸侯时的誓言。据说西汉中期在民间发现，武帝命博士集说，遂得流传，故不在伏生《今文尚书》二十八篇之内。今本《泰誓》是伪《古文尚书》的一篇。②学官：又称"教官"。旧时指主管学务的官员或官学教师。不列于学官，即不为其置博士讲授。逸书：西汉时，《易》《书》《诗》《礼》《春秋》五经皆置博士，凡散逸在民间的先秦旧籍，不为博士传习的，叫做"逸书"。③附下罔上：附合偏袒同僚或下属，却欺骗君上。附上罔下：谄附君上而欺压臣僚。刑：惩罚；处罚。④与闻：谓参与其事并且得知内情。与，音yù。国政：国家的政事。退：罢黜；贬退。⑤黜恶(è)：贬斥邪恶。⑥中外：中央与地方。兴廉举孝：孝廉，为汉代选拔官吏的科目之一。孝谓善事父母者，廉谓清洁有廉隅者。兴廉：推举廉士。⑦夫：作语助。用在句首。⑧援：引据。⑨马：马融。东汉经学家。郑：郑玄。

重阳上巳改日

唐文宗开成元年，归融为京兆尹，时两公主出降，府司供帐事繁，又俯近上巳曲江赐宴①，奏请改日。上曰："去年重阳取九月十九日，未失重阳之意，今改取十三日可也。"且上巳、重阳，皆有定日，而至展一旬，乃知郑谷所赋《十日菊》诗云"自缘今日人心别，未必秋香一夜衰"，亦为未尽也②。唯东坡公有"菊花开时即重阳"之语，故记其在海南艺菊九畹，以十一月望，与客泛酒作重九云③。

【注释】

①出降：公主出嫁。帝王位尊，其女出嫁，故称降(jiàng)。府司：犹官府。供(gòng)帐：陈设帷帐等用具以供宴会或行旅的需要；也指陈设之物。俯近：临近。②展：宽延；推迟。秋香：秋日开放的花。多指菊花、桂花。亦为未尽：也是重阳没有过去的意思。尽，完。③艺：种植。畹(wǎn，又读yuàn)：古代地积单位。一说十二亩为畹；一说三十亩；一说三十步。望：夏历每月十五

日为"望日"。泛酒:古人用于重阳或端午宴饮的酒,多以葛蒲或菊花等浸泡,因称"泛酒"。此处指在水边饮酒。

田宅契券取直①

《隋书·志》:"晋自过江,凡货卖奴婢马牛田宅,有文券,率钱一万,输估四百入官②,卖者三百,买者一百。无文券者,随物所堪③,亦百分收四,名为散估。历宋、齐、梁、陈,如此以为常。以人竞商贩,不为田业,故使均输④,欲为惩劝。虽以此为辞,其实利在侵削也。"今之牙契投税,正出于此,田宅所系者大,奉行唯谨,至于奴婢马牛,虽著于令甲⑤,民不复问。然官所取过多,并郡邑导行之费,盖百分用其十五六,又皆买者独输,故为数多者率隐减价直,赊立岁月,坐是招激讦诉⑥。顷尝因奏对,上章乞蠲其半,使民不作伪以息争,则自言者必多,亦以与为取之义⑦。既下有司,而户部引条制沮其说⑧。

【注释】

①契券:亦称"文券"、"书契"。中国旧时契约(合同)性质的文书。具有法律效力。直:通"值"。代价。②输估:东晋对奴婢、马、牛、田宅等买卖,立契的,每一万钱抽税四百文,卖方出三百,买方出一百,名"输估";不立契的,值百抽四,名"散估"。③堪:胜任;禁当。此处引申为价值。④使均输:使买卖双方都纳税。均,同,皆。⑤牙契投税:即缴纳牙税和契税。牙税,中国旧时向牙行或牙商(即经纪人)所征的税。契税,中国旧时对典、买田宅订立契约按价款征的税。奉行:遵照执行。令甲:也称甲令。法令编次的第一篇。后来便以令甲为法令的通称。⑥导行费:汉时,地方进贡朝廷,要先另送物品给中署(官廷内府),实际上是官廷在正赋以外的勒索名目。赊立:延期订立契约(达到延期缴税的目的)。赊,迟缓。延期。坐:由于;为着。招激:招致激发。讦(jié)诉:检举控告。⑦以与为取:给予是为了收回。即所谓"将欲取之,必先与之"。⑧条制:条例制度。沮:阻止。

公子奚斯

《閟宫》诗曰:"新庙奕奕①,奚斯所作。"其辞只谓奚斯作庙,义理甚明②。郑氏之说,亦云作姜嫄庙也③。而《扬子法言》,乃曰正考甫尝晞尹吉甫④,公子奚斯晞正考甫。宋咸注文,以谓奚斯慕考甫而作《鲁颂》⑤,盖子云失之于前,而宋又成其过耳。故吴秘又巧为之说曰:"正考甫《商颂》盖美禘祀之事⑥,而奚斯能作闵公之庙,亦晞《诗》之教也,而《鲁颂》美之。"于义迂矣⑦。司马温公亦以谓奚斯作《閟宫》之诗。兼正考甫只是得《商颂》于周大师耳⑧,初非自作也。班固、王延寿亦云奚斯颂鲁,后汉曹褒曰:"奚斯颂鲁,考甫咏商。"注引薛君《韩诗传》云:"是诗公子奚斯所作。"皆相承之误。

【注释】

①閟（bì）宫:鲁君的祖庙。《閟宫》一诗,是在告祭时唱来歌颂鲁僖公的。属《诗·鲁颂》的一篇。新庙:即指閟宫。奕奕:高大美盛貌。②义理:文辞的思想内容。③姜嫄:一作姜原。传说中周族始祖后稷之母。一说为帝喾之妻。参考《随笔》卷七《姜嫄简狄》。④扬子法言:即《法言》。书名。汉扬雄撰,故称。晞（xī）:仰慕。⑤鲁颂:《诗经》中《颂》的一部分。四篇。内容是歌颂鲁僖公的。⑥禘（dì）祀:犹禘祭。古代对天神、祖先的大祭。⑦迂:远。⑧周大师:大（tài）,通"太"、"泰"。

唐藩镇幕府

唐世士人初登科或未仕者,多以从诸藩府辟置为重①。观韩文公送石洪、温造二处士赴河阳幕序,可见礼节②。然其职甚劳苦,故亦或不屑为之。杜子美从剑南节度严武辟为参谋,作诗二十韵呈严公云:"胡为来幕下,只合在舟中③。束缚酬知己④,蹉跎效小忠。周防期稍稍,太简遂匆匆⑤。晓入朱扉启⑥,昏归画角终。不成寻别业,未敢息微躬⑦。会希全物色,时放倚梧桐⑧。"而其题曰《遣闷》,意可知矣。韩文公从徐州张建封辟为推官,有书上张公云:"受牒之明日,使院小吏持故事节目十余事来,其中不可者⑨,自九月至二月,皆晨入夜归,非有疾病事故,辄不许出,若此者非愈之所能也。若宽假之,使不失其性,寅而入，尽辰而退，申而入，终酉而退，率以为常，亦不废事。苟如此，则死于执事之门无悔也⑩。"杜、韩之旨，大略相似云。

【注释】

①辟置：谓征聘人才，置为僚属。②礼节：礼仪规矩。③胡为（wèi）：何为，为什么。在舟中：在船上钓鱼（这是一种优游自在、无拘无束的生活）。《杜甫诗》原注："在舟，与渔樵为侣也。"以上二句"言致闷之由，盖不乐居幕府而欲遂其幽闲也。"④束缚酬知己：使自己受公务束缚是为了酬答知己。知己，谓彼此相知，情谊深切的朋友。杜甫与严武为至交好友。⑤周防期稍稍：防患要严密细致。周防，谨密防患。稍稍，细微。太简：指自己的疏懒闲散。《论语·雍也》："居简而行简，无乃太简乎？"遂：顺应；符合。匆匆：急急忙忙的样子。指公务繁忙。杜诗原注："虽涉世亦念周防，而生性终伤太简。"⑥朱扉：红漆门。此处指府衙之门。⑦不成：不可以。别业：即别墅。杜甫这里指自己的草堂。微躬：谦词。卑贱的身子。《杜诗》原解："晨夕之间，往来幕下，安能偃息茅堂乎？"⑧会希全物色：希望您能保全我疏放的本色。会（huì），表示有可能实现。物色，犹物性。事物的本性。时放倚梧桐：我等待你放我回去过那种倚着梧桐吟诗的闲散生活。时，通"伺"。伺候；等待。《杜诗》原解："惟望全其物色，庶得逍遥自适耳。"⑨牒：授予官职的文书。节目：条目；项目。不可：犹不堪。不能承当；不能胜任。⑩执事：供使令的人。旧时书信中用以敬称对方，表示不敢直指其人。

文中子门人

王氏《中说》，所载门人，多贞观时知名卿相，而无一人能振师之道者①，故议者往往致疑。其最所称高第，曰程、仇、董、薛，考其行事，程元、仇璋、董常无所见，独薛收在《唐史》有列传，踪迹甚为明白②。收以父道衡不得死于隋③，不肯仕，闻唐高祖兴，将应义举④，郡通守尧君素觉之，不得去。及君素东连王世充，遂挺身归国⑤，正在丁丑、戊寅岁中。丁丑为大业十三年，又为义宁元年，戊寅为武德元年，是年三月炀帝遇害于江都⑥，盖大业十四年也。而杜淹所作《文中子世家》云："十三年江都难作，子有疾，召薛收谓曰：吾梦颜回称孔子归休之命。乃寝疾而终⑦。"殊与收事不合,岁年亦不同,是为大可疑者也。又称李靖受《诗》及问圣人之道,靖既云"丈夫当以功名取富贵,何至作章句儒"⑧,恐必无此也。今《中说》之后,载文中次子福畤所录云:"杜淹为御史大夫,与长孙太尉有隙⑨。"予按淹以贞观二年卒,后二十一年,高宗即位,长孙无忌始拜太尉,其不合于史如此。故或者疑为阮逸所作,如所谓薛收《元经传》,亦非也。

【注释】

①门人:此处指生徒;弟子。振师之道:发扬老师王通的学说。振,扬起;显扬。道,学说。②行事:行为;事迹。踪迹:行踪。行动所留下的痕迹。③不得死:非正常死亡;不得善终。指薛道衡被隋炀帝害死。④兴(xīng):指起兵反隋。义举:举义起事。⑤归国:指归唐。⑥遇害:被杀害。炀帝被禁军将领宇文化及等缢死。⑦子:指文中子王通。"吾梦颜回"句:我梦见颜回传达孔子让我离开人世的命令。称,说;声称。归休,谓死亡。寝疾:卧病。⑧李靖受《诗》:李靖跟文中子学习《诗经》。受,习学。章句儒:指不能通达大义而拘泥于辨析章句的儒生。⑨隙:感情上的裂痕。

晋燕用兵

万事不可执一法,而兵为甚。晋文公围曹,攻门者多死,曹人尸诸城上。晋侯患之,听舆人之谋曰:"称舍于墓。"言若将发冢者①。师迁焉,曹人凶惧,因其凶而攻之②,遂入曹。燕将骑劫攻齐即墨,田单纵反间言③,吾惧燕人掘吾城外冢墓。燕军乃尽掘冢墓,烧死人,齐人望见皆涕泣,其欲出战,怒自十倍,已而果败燕军。观晋、燕之所以用计则同,而其成败顿异者何邪?晋但舍于墓,阳为若将发冢,故曹人惧,而燕真为之,以激怒齐人故尔。

【注释】

①舆人:众人。事出《左传·僖公二十八年》。杜预注:"舆,众也。"称舍于墓:扬言舍营于曹人祖先的墓地。发冢:掘墓。②迁:迁至曹人墓。凶惧:

恐惧。凶：恐惧。③纵：发；放。反间（jiàn）：细作；暗探。即间谍。

李卫公帖

　　李卫公在朱崖，表弟某侍郎遣人饷以衣物，公有书答谢之，曰："天地穷人，物情所弃，虽有骨肉，亦无音书，平生旧知，无复吊问①。阁老至仁念旧，再降专人，兼赐衣服器物茶药至多，开缄发纸，涕咽难胜②。大海之中，无人拯恤，资储荡尽，家事一空，百口嗷然，往往绝食，块独穷悴，终日苦饥，唯恨垂没之年，须作馁而之鬼③。十月末，伏枕七旬，药物陈裹④，又无医人，委命信天，幸而自活。"书后云闰十一月二十日，从表兄崖州司户参军同正李德裕状侍郎十九弟⑤。按德裕以大中二年十月自潮州司马贬崖州，所谓闰十一月，正在三年，盖到崖才十余月尔。而穷困苟生已如是。《唐书》本传云："贬之明年卒。"则是此书既发之后，旋踵下世也。当是时宰相皆其怨仇，故虽骨肉之亲，平生之旧，皆不敢复通音问⑥。而某侍郎至于再遣专使，其为高义绝俗可知⑦，惜乎姓名不可得而考耳。此帖藏禁中，后出付秘阁，今勒石于道山堂西⑧。绍兴中赵忠简公亦谪朱崖，士大夫畏秦氏如虎，无一人敢辄寄声，张渊道为广西帅，屡遣兵校持书及药石、酒面为馈⑨。公尝答书云："鼎之为己为人，一至于此。"其述酸寒苦厄之状⑩，略与卫公同。既而亦终于彼，手札今尚存于张氏。姚崇曾孙勖为李公厚善，及李谞逐，摘索支党，无敢通劳问⑪。既居海上，家无资，病无汤剂，勖数馈饷候问，不傅时为厚薄⑫，其某侍郎之徒与！

【注释】

　　①李卫公：即李德裕，武宗时居相位。封卫国公。宣宗立，遭牛党打击，贬潮州司马，再贬崖州（即朱崖，治今海南琼山东南）司户，卒于贬所。穷：困厄；困窘。物情：物理人情。音书：音讯；书信。旧知：即故旧。旧交；老友。吊问：吊祭死者，慰问生者。②阁老：对表弟某侍郎的称呼。唐代对中书舍人中年资深久者及中书省、门下省属官皆称阁老。降：下派。缄：书信。涕咽：涕，哭泣。咽（yè），声塞。③大海之中：朱崖岛在海上。其处境亦如沉入大海。拯恤：援助；救济。资储：储备；积蓄。家事：家产；家业。嗷然：哀号

貌。块独：孤独貌。穷悴：困顿憔悴。垂没：垂死。接近死亡。馁而之鬼：即饿死鬼。馁（něi）而：饥饿。见卷十六《唐朝士俸微》"若敖之馁鬼"注。④裛（yì）：通"浥"。沾湿。⑤同正：即"职同正员"，亦即员外，正式编制之外。唐宣宗大中元年，李德裕贬潮州司马员外置同正员。二年冬，又贬崖州司户。见《旧唐书·宣宗本纪》和《李德裕传》。状：(向人)陈述。⑥音问：音信。⑦高义：崇高的正义行为或正义感。绝俗：超出世俗。⑧勒石：刻文于石。⑨赵忠简公：赵鼎，卒，谥忠简。馈：赠送。⑩酸寒：犹寒酸。形容贫窘，不体面。苦厄：苦难，灾厄。⑪谮逐：因有人进谗言而被放逐。摘（zhāi）索：搜索。劳问：慰问。⑫傅时：趋附时势。傅，通"附"。依附。

王孙赋

王延寿《王孙赋》，载于《古文苑》，其辞有云"颜状类乎老翁，躯体似乎小儿"，谓猴也。乃知杜诗"颜状老翁为"盖出诸此①。

【注释】
①颜状老翁为：颜状似老翁。颜状，指脸容、脸色。为(wéi)，如同；好像。

汉郡国诸官

西汉盐铁、膳羞、陂湖、工服之属①，郡县各有司局斡之，其名甚多，然居之者罕。尝见于史传，今略以《地理志》所载言之，凡铁官三十八，盐官二十九，工官九，皆不暇纪其处。自余若京兆有船司空，为主船官。太原有挏马官，主牧马（元名家马官），辽东有牧师官，交趾有羞官，南郡有发弩官，严道有水官，丹阳有铜官，桂阳有金官，南海有洭浦官，南郡江夏有云梦官，九江有陂官、湖官，朐忍、鱼复有橘官②，鄱阳黄金采，主采金，亦有官。在内则奉常之均官、食官，司农之斡官，少府之大官主膳食，汤官主饼饵，导官主择米，如是者盖以百数。

【注释】

①盐铁：煮盐和冶铁。膳羞：美味的食品。此处指饮食备办供应。陂湖：湖泽。此处指陂（bēi）塘湖泽事务。工服：百工技艺。工官主造武器、日用器物和各项手工艺品。服官主管缯帛与锦绣，以供宫廷服用。②朐忌：《汉书·地理志》作"朐忍"。

汉狱名

汉以廷尉主刑狱，而中都他狱亦不一①。宗正属官有左右都司空。鸿胪有别火令丞，郡邸狱。少府有若卢狱令，考工共工狱。执金吾有寺互、都船狱。又有上林诏狱，水司空掖庭秘狱，暴室、请室、居室、徒官之名。《张汤传》苏林曰："《汉仪注》狱二十六所。"《东汉志》云："孝武帝所置，世祖皆省之②。"东汉洎唐，虽鞫囚非一处③，然不至如是其多。国朝但有大理及台狱，元丰、绍圣间，蔡确、章子厚起同文馆狱之类，非故事也。

【注释】

①中都：京都。②世祖，光武帝庙号。省（shěng）：削减。③鞫囚：审理罪案。

卷第二（十八则）

权若讷冯澥

唐中宗既流杀五王，再复武氏陵庙①。右补阙权若讷上疏，以为："天地日月等字，皆则天能事，贼臣敬晖等轻紊前规，削之无益于淳化，存之有光于孝理②。又神龙制书，一事以上，并依贞观故事，岂可近舍母仪，远尊祖德③。"疏奏，手制褒美④。钦宗在位，惩王安石、蔡京之误国，政事悉以仁宗为法。左谏议大夫冯澥上言："仁宗皇帝，陛下之高祖也，神宗皇帝，陛下之祖也，子孙之心，宁有厚薄。王安石、司马光皆天下之大贤，其优劣等差，自有公论，愿无作好恶，允执厥中⑤，则是非自明矣。"诏榜朝堂⑥。侍御史李光驳之，不听，复为右正言崔鶠所击⑦。宰相不复问，而迁澥吏部侍郎。按若讷与澥两人，议论操持绝相似，盖澥在崇宁中，首上书乞废元祐皇后，自选人除寺监丞⑧，其始终大节，不论可见。建炎初元，乃超居政地⑨，公议愤之。

【注释】

①流杀：流放、杀害。五王：平阳郡王敬晖、扶阳郡王桓彦范、汉阳郡王张柬之、南阳郡王袁恕己、博陵郡王崔玄暐。五人谋诛张易之、张昌宗及其同党，逼武则天传位于中宗，复李氏社稷。陵庙：陵墓与宗庙。②能事：所能之事。据说武则天创造了天地日月等新字体。前规：前朝（指则天朝）的规制。削之：废除新字体。淳化：敦厚的教化。光：发扬。孝理：犹孝道。谓以孝治国教民。③"神龙制书"句：中宗即位，复国号为唐，仍沿用武则天年号神龙，"下制云：'政令皆以贞观故事。'"（见《资治通鉴》二百八卷·唐中宗神龙元年，桓彦范语）近舍母仪：武则天为中宗之母。远尊祖德：贞观为唐太宗年号。唐太宗为中宗之祖父。权若讷的意思，是要中宗反五王之道而行之，恢复则天朝规制。母仪：犹言母范。人母的典范，多用于皇后。祖德：祖宗的功德。④手制：亲手作制书。褒美：嘉奖赞美。⑤允执厥中：谓言行符合不偏不倚的中正之道。⑥榜：张贴。⑦击：进攻。喻揭发，弹劾。⑧操持：操守。平素的品行

志节。元祐皇后：哲宗昭慈孟皇后。元祐年间册为皇后。选人：唐代以后称候补、候选的官员。⑨政地：处理政事的地方。指朝廷。

岁旦饮酒

今人元日饮屠酥酒①，自小者起，相传已久，然固有来处。后汉李膺、杜密以党人同系狱，值元日，于狱中饮酒，曰："正旦从小起。"《时镜新书》晋董勋云："正旦饮酒先从小者，何也？勋曰：'俗以小者得岁，故先酒贺之，老者失时②，故后饮酒。'"《初学记》载《四民月令》云："正旦进酒次第，当从小起，以年小者起先。"唐刘梦得、白乐天元日举酒赋诗，刘云："与君同甲子，寿酒让先杯。"白云："与君同甲子，岁酒合谁先③。"白又有《岁假内命酒》一篇云："岁酒先拈辞不得，被君推作少年人。"顾况云："不觉老将春共至，更悲携手几人全。还丹寂寞羞明镜④，手把屠苏让少年。"裴夷直云："自知年几偏应少，先把屠苏不让春⑤。倘更数年逢此日，还应惆怅羡他人。"成文干云："戴星先捧祝尧觞⑥，镜里堪惊两鬓霜。好是灯前偷失笑，屠苏应不得先尝。"方干云："才酌屠苏定年齿⑦，坐中皆笑鬓毛斑。"然则尚矣⑧。东坡亦云："但把穷愁博长健⑨，不辞最后饮屠酥。"其义亦然。

【注释】

①屠酥：即屠苏。酒名。古俗，阴历正月初一，家人先幼后长，饮屠苏酒。见《荆楚岁时记》。②得岁：谓增长年岁。失时：错过时机。③岁酒：当年所酿之新酒。④还丹：道家炼丹术，先使丹砂烧成水银，积久又还成丹砂，这种丹砂就叫"还丹"。自称服后可以即刻成仙。寂寞：冷清，孤单。⑤不让春：唐人呼酒为春。⑥戴星：犹言披星戴月，指星夜早起。祝尧：古时有祝贺皇帝长寿的歌曲，称"祝尧龄"。本出《庄子·天地》："尧观乎华，华封人曰：'嘻，圣人。'请祝圣人，使圣人寿。"⑦年齿：年龄。⑧尚：久远。⑨穷愁：穷困愁苦。博：换取；取得。

存殁绝句

杜子美有《存殁》绝句二首云："席谦不见近弹棋，毕曜仍传旧小诗①。玉局他年无限笑，白杨今日几人悲②。""郑公粉绘随长夜，曹霸丹青已白头③。天下何曾有山水，人间不解重骅骝④。"每篇一存一殁。盖席谦、曹霸存，毕、郑殁也。黄鲁直《荆江亭即事》十首，其一云："闭门觅句陈无己，对客挥毫秦少游。正字不知温饱未，西风吹泪古藤州⑤。"乃用此体。时少游殁而无己存也。近岁新安胡仔著《渔隐丛话》，谓鲁直以今时人形入诗句，盖取法于少陵，遂引此句，实失于详究云⑥。

【注释】
①席谦、毕曜：《杜诗》原注："道士席谦，吴人，善弹棋。毕曜，善为小诗。"弹棋：汉魏时博戏。②玉局：棋盘的美称。白杨：树名。《杜诗》注云："席尚存，故望其玉局降仙。毕已殁，故伤其白杨拱墓。"③郑公：指郑虔，唐画家。善画山水。764年死于台州。粉绘：和下句丹青，均指彩色图画。长夜：谓死。人死，画也成了绝笔，故曰"随长夜"。曹霸：唐代著名画家，曾官左武卫将军。④天下何曾有山水：郑虔工山水画，郑虔死后，画山水的虽有人在，但都不工，故曰"何曾有"。不解重：不识货。"不解"即不懂、不理解之意。骅骝：谓骏马。此句指曹霸。霸善画马。⑤觅句：诗人得句，多由苦思力索，因称"觅句"。陈无己：即陈师道。字履长，一字无己。官至秘书省正字。家境困窘，所以说"不知温饱未"。秦少游：秦观，字少游。绍圣后累遭贬谪。遇赦北归，至藤州（属广西）卒。⑥人形：人的形状、模样。遂引此句：指胡仔引用上文黄鲁直的诗作为证据。详究：详细探究。

汤武之事

汤、武之事，古人言之多矣。惟汉辕固、黄生争辩最详。黄生曰："汤、武非受命，乃杀也①。"固曰："不然，桀、纣荒乱②，天下之心皆归汤、武。汤、武因天下之心而诛桀、纣③,不得已而立,非受命为何?"黄生曰:"冠虽敝必加于首,履虽新必贯于足。今桀、纣虽失道④,君上也;汤、武虽圣,臣下也,反因过而诛之,非杀而何?"景帝曰:"食肉毋食马肝⑤,未为不知味;言学者毋言汤、武受命,未为愚。"遂罢。颜师古注云:"言汤、武为杀,是背经义,故以马肝为喻也。"《东坡志林》云:"武王非圣人也,昔者孔子盖罪汤、武,伯夷、叔齐不食周粟,而孔子予之⑥,其罪武王也甚矣。至孟轲始乱之,使当时有良史,南巢之事,必以叛书,牧野之事⑦,必以弑书。汤、武仁人也,必将为法受恶⑧。"可谓至论。然予窃考孔子之序《书》,明言伊尹相汤伐桀,成汤放桀于南巢;武王伐商,武王胜商杀受,各蔽以一语,而大指皦如,所谓六艺折衷⑨,无待于良史复书也。

【注释】

①受命:受天之命。这是古代帝王托神权以自重之辞。杀(shì):通"弑(shì)"。②荒乱:荒唐;荒淫。③因:随顺;顺应。④失道:违背道义。⑤马肝:相传马肝有毒,食之杀人(致死人命)。⑥伯夷、叔齐:武王伐纣,两人劝谏。武王灭商后,他们隐居首阳山,不食周粟而死。所谓保持人臣气节。予(yǔ):通"与"。赞许。⑦孟轲:即孟子。南巢:南巢氏。商汤灭夏,夏桀奔南巢。牧野之事:牧野之战,是周灭商的战役。⑧为法受恶:依据道德规范而承受恶名。⑨成汤:即商汤。放:放逐。受:(商王)纣,一作"受",亦称帝辛。蔽以一语:用一句话概括。大指皦如:大意十分明白。折衷:亦作"折中"。犹言取正,无所偏颇,用为判断事物的准则。六艺:即"六经"。

张释之传误

《汉书》纪传志表,矛盾不同非一,然唯张释之为甚。本传云:"释之为骑郎,事文帝十年不得调①,亡所知名,欲免归。中郎将袁盎惜其去,请徙补谒者,后拜为廷尉,逮事景帝,岁余,为淮南相。"而《百官公卿表》所载,文帝即位三年,释之为廷尉,至十年,书廷尉昌、廷尉嘉又二人,凡历十三年,景帝乃立,而以张驱为廷尉,则是释之未尝十年不调,及未尝以廷尉事景帝也。

【注释】

①调：迁调。谓升迁调动官职。

张于二廷尉

张释之为廷尉，天下无冤民。于定国为廷尉，人自以不冤。此《汉史》所称也。两人在职皆十余年。周勃就国，人上书告勃欲反，下廷尉逮捕，吏稍侵辱之，勃以千金与狱吏，吏使以公主为证①，太后亦以为无反事，乃得赦出。释之正为廷尉，不能救，但申理犯跸、盗环一二细事耳②。杨恽为人告骄奢不悔过，下廷尉案验，始得所予孙会宗书，定国当恽大逆无道③，恽坐要斩。恽之罪何至于是？其徇主之过如此④。传所谓决疑平法，务在哀矜者⑤，果何为哉！

【注释】

①公主：孝文帝女，周勃的儿媳。故使公主证明周勃无反事。②犯跸（bì）：(有人)冲犯皇帝的车驾。跸，古代帝王出行时开路清道，禁止通行。因即以指帝王的车驾。盗环：有人偷盗了高祖刘邦庙神座前的玉环。③骄奢：骄横奢侈。案验：亦作"按验"。查明案情，以定其罪。予孙会宗书：杨恽以过失免为庶人，在这封书信中表示不满，即所谓"骄奢不悔过"。无道：不行正道。④徇主之过：曲从皇上的过失。徇，曲从；偏私。主，指汉宣帝。杨恽被"下廷尉案验，得所予会宗书，宣帝见而恶之"。(《汉书·杨恽传》)⑤传：指《汉书·于定国传》。平法：犹持法，执法。亦谓执法平正。务：致力。哀矜：犹怜悯。

汉唐置邮

赵充国在金城，上书言先零、罕羌事，六月戊申奏，七月甲寅玺书报从其计。按金城至长安一千四百五十里，往反倍之，中间更下公卿议臣，而自上书至得报，首尾才七日。唐开元十年八月己卯夜，权楚璧等作乱，时明皇幸洛阳，相去八百余里。壬午，遣河南尹王怡如京师按问宣慰①，首尾才三日。置邮传命，既如此其速，而廷臣共议，盖亦未尝淹久②，后世所不及也。

【注释】
①如：往；去。按问：审查讯问。宣慰：安抚。②置邮：亦作"邮置"、"置传（zhuàn）"。用车马传递文书讯息，即驿递。传命：传达命令。淹久：长久。

龙且张步

韩信击赵，李左车劝陈馀勿与战，馀曰："今如此避弗击，诸侯谓吾怯，而轻来伐我。"遂与信战，身死国亡。是时，信方为汉将，始攻下魏、代，威声犹未暴白，陈馀易之①，尚不足讶。及灭赵服燕，则关东六国，既定其四矣。信伐齐，楚使龙且来救。或言汉兵不可当，龙且曰："吾平生知韩信为人易与耳，不足畏也，何为而止②？"一战而没，项随以亡③。耿弇讨张步，斩其大将军费邑，走邑之弟敢，进攻西安、临淄④，拔其城，又走其弟蓝，势如破竹。先是，弇已破尤来、大枪、延岑、彭宠、富平、获索矣⑤。时步所盗齐地，太半为弇所得⑥。然步犹曰："以尤来、大肜十余万众，吾皆即其营而破之⑦。今弇兵少于彼，又皆疲劳，何足摧乎？"竟出兵大战，兄弟咸擒。兵法云："知彼知己，百战不殆⑧。"龙且、张步，岂复识此哉！梁临川王宏伐魏⑨，魏元英御之，宏停军不前。魏人劝英进据洛水，英曰："萧临川虽骏⑩，其下有良将韦、裴之属，未可轻也。宜且观形势，勿与交锋。"宏卒败退，英之识见，非前人可比也。然遂进军围钟离，魏邢峦以为不可，魏主召使还，英表称必克，为曹景宗、韦睿所挫，失亡二十余万人。智于前而昧于后⑪，为可恨耳！

【注释】
①威声：威名。暴（pù）白：显扬；明白地显露。易：轻视。②易与：轻鄙之词，犹言容易对付。何为而止：为什么不战？③项：指项羽。自立为西

楚霸王。④耿弇（yǎn）：汉光武帝刘秀的大将。东汉开国功臣。西安、临淄：均为县名。在今山东淄博市。⑤尤来、大枪、获索、大肜、富平：均为王莽末年农民起义军各支的称号。延岑、彭宠：均为人名。⑥盗：窃取；非法占有。古代所谓"胜者王侯败者贼"。太半：过半数，大多数。⑦即：至，到。⑧不殆：不危险。⑨梁临川王宏：南朝梁萧宏，武帝六弟，封临川王。⑩騃（ái）：愚，呆。识见暗昧。韦、裴：韦睿、裴邃。⑪昧：愚昧；胡涂。

义理之说无穷

经典义理之说最为无穷，以故解释传疏，自汉至今，不可概举①，至有一字而数说者。姑以《周易·革卦》言之，"已日乃孚②，革而信之。"自王辅嗣以降，大抵谓即日不孚③，已日乃孚，已字读如矣音，盖其义亦止如是耳。唯朱子发读为戊己之己④。予昔与《易》僧昙莹论及此，问之曰："或读作己（音纪）日如何？"莹曰："岂唯此也，虽作巳（音似）日亦有义。"乃言曰："天元十干⑤，自甲至己，然后为庚，庚者革也，故己日乃孚，犹云从此而革也。十二辰自子至巳六阳⑥，数极则变而之阴，于是为午，故巳日乃孚，犹云从此而变也。"用是知好奇者欲穿凿附会，固各有说云⑦。

【注释】

①义理：普遍皆宜的道理或讲求经义、探究名理的学问。传（zhuàn）疏：指诠释经义的文字。传以释经，疏以推演传义。概举：大略举出。②已日乃孚：以后人们会相信。已日，日后，将来。孚，信也，使人信服。③即日：当天。④朱子：即朱熹。发读：发，倡始；提出。⑤天元十干：即指天干（gān）。⑥十二辰：自子至亥十二时。六阳：古以天气为阳，地气为阴，十一月至来年四月为阳气上升之时，合称六阳。农历每月所置之辰为月建。十一月建子，十二月建丑，正月建寅，二月建卯，三月建辰，四月建巳。⑦用是：因此。固：通"故"。所以；因而。

开元五王

唐明皇兄弟五王,兄申王撝以开元十二年,宁王宪、邠王守礼以二十九年,弟岐王范以十四年,薛王业以二十二年薨,至天宝时已无存者。杨太真以三载方入宫,而元稹《连昌宫词》云:"百官队仗避岐、薛,杨氏诸姨车斗风①。"李商隐诗云:"夜半宴归宫漏永,薛王沉醉寿王醒②。"皆失之也③。

【注释】

①队仗:仪仗队。杨氏诸姨:指杨贵妃的姐姐韩国夫人、虢国夫人和秦国夫人。斗风:犹乘风、追风。形容速度快。②宫漏:宫里的计时器。漏为漏壶,古代滴水计时的仪器。古代用滴漏计时,夜间凭漏刻传更,称作"更漏"。永:指时间长,夜已深。寿王:玄宗子李瑁(音 mào)。本娶杨玉环为妃。玄宗看中了杨玉环,先度为女道士,然后正式纳入宫中,天宝四载册立为贵妃。所以寿王睡不着。③失之:不符合历史事实。

巫蛊之祸

汉世巫蛊之祸,虽起于江充,然事会之来①,盖有不可晓者。武帝居建章宫,亲见一男子带剑入中龙华门,疑其异人,命收之,男子捐剑走,逐之弗获。上怒,斩门候,闭长安城门,大索十一日,巫蛊始起。又尝昼寝,梦木人数十,持杖欲击己,乃惊寤,因是体不平,遂苦忽忽善忘②。此两事可谓异矣。木将腐,蠹实生之③。物将坏,虫实生之。是时帝春秋已高,忍而好杀,李陵所谓法令无常,大臣无罪夷灭者数十家④。由心术既荒,随念招妄,男子、木人之兆,皆迷不复开,则谪见于天,鬼瞰其室⑤。祸之所被,以妻则卫皇后,以子则戾园,以兄子则屈氂,以女则诸邑、阳石公主,以妇则史良娣,以孙则史皇孙⑥。骨肉之酷如此,岂复顾他人哉?且两公主实卫后所生,太子未败数月前,皆已下狱诛死,则其母与兄岂有全理?固不待于江充之谮也。

【注释】

①巫蛊之祸：汉武帝时统治阶级内部的斗争。见《随笔》卷八《人君寿考》"巫蛊"注。事会：机遇；时机。亦指事情的变化。②惊寤：受惊动而醒来。不平：不适，欠安。忽忽：迷糊，恍忽。③蠹（dù）：蛀虫。④春秋：指年龄。忍：残忍；忍心。无常：变化无定。夷灭：诛杀；消灭。⑤心术：内心。荒：迷乱。妄：虚罔；不实。迷：迷惑；辨别不清。开：销除；解除。谪（zhé）：谴责；责备。瞰（kàn）：窥视。⑥被：及；延及。卫皇后：武帝皇后卫子夫，太子刘据之母。戾园：戾太子的陵园。亦借指戾太子刘据。屈氂（máo）：武帝庶兄中山靖王之子刘屈氂，时任左丞相。诸邑、阳石公主：见《人君寿考》"巫蛊"注。妇：儿媳。史良娣为刘据之妃。良娣：古代太子妃妾的称号。史皇孙：刘据和史良娣之子刘进，武帝之孙，因外祖家姓史，故称"史皇孙"。

唐诗无讳避

唐人歌诗，其于先世及当时事，直辞咏寄①，略无避隐。至宫禁嬖昵，非外间所应知者，皆反复极言②，而上之人亦不以为罪。如白乐天《长恨歌》讽谏诸章③，元微之《连昌宫词》，始末皆为明皇而发。杜子美尤多，如《兵车行》《前、后出塞》《新安吏》《潼关吏》《石壕吏》《新婚别》《垂老别》《无家别》《哀王孙》《悲陈陶》《哀江头》《丽人行》《悲青阪》《公孙舞剑器行》，终篇皆是。其他波及者，五言如："忆昨狼狈初，事与古先别④。""不闻夏商衰，中自诛褒妲⑤。""是时妃嫔戮⑥，连为粪土丛。""中宵焚九庙，云汉为之红⑦。""先帝正好武，寰海未凋枯⑧。""拓境功未已，元和辞大炉⑨。""内人红袖泣，王子白衣行。""毁庙天飞雨⑩，焚宫火彻明。""南内开元曲，常时弟子传⑪。法歌声变转，满座涕潺湲⑫。""御气云楼敞，含风彩仗高。仙人张内乐，王母献宫桃⑬。""须为下殿走，不可好楼居⑭。""固无牵白马，几至著青衣⑮。""夺马悲公主，登车泣贵嫔⑯。""兵气凌行在，妖星下直庐⑰。""落日留王母，微风倚少儿⑱。""能画毛延寿，投壶郭舍人⑲。""斗鸡初赐锦，舞马更登床⑳。""骊山绝望幸，花萼罢登临㉑。""殿瓦鸳鸯坼，宫帘翡翠虚㉒。"七言如："关中小儿坏纪纲，张后不乐上为忙㉓。""天子不在咸阳宫,得不哀痛尘再蒙㉔。""曾貌先帝照夜白,龙池十日飞霹雳㉕。""要路何日罢长戟,战自青羌连白蛮㉖。""岂谓尽烦回纥马,翻然远救朔方兵㉗。"如此之类,不能悉书。此下如张祜赋《连昌宫》《元日仗》《千秋乐》《大酺乐》《十五夜灯》《热戏乐》《上巳乐》《邠王小管》《李谟笛》《退宫人》《玉环琵琶》《春莺啭》《宁哥来》《容儿钵头》《邠娘羯鼓》《耍娘歌》《悖拏儿舞》《华清宫》《长门怨》《集灵台》《阿鸨汤》《马嵬归》《香囊子》《散花楼》《雨霖铃》等三十篇,大抵咏开元、天宝间事。李义山《华清宫》《马嵬》《骊山》《龙池》诸诗亦然。今之诗人不敢尔也。

【注释】

①先世:上代;祖先。直辞:据实陈述。咏寄:用诗歌形式寄托情怀。②嬖(bì)昵:宠幸亲昵。极言:竭力陈说。③讽谏:不直指其事,而用委婉曲折的言语进谏。④忆昨狼狈初:句出《北征》诗,追溯唐玄宗避安禄山之乱逃往四川的事。狼狈:困顿窘迫貌。事与古先别:意谓当安禄山叛军攻进长安,玄宗所采取的应变措施,和古代帝王遭遇到类似情况时有所区别。古先:往昔;古代。⑤不闻夏商衰,中自诛褒妲:夏桀嬖妹喜,殷纣嬖妲己。褒是褒姒,周幽王的女宠。已故萧涤非先生以为,上句"夏商",下句"褒妲"是一种"互文"。"所谓'互文',指上句举夏、殷以包括周,下句举褒、妲以包括妹喜。"中自,即主动。唐玄宗赐死杨贵妃,实出于被动。但诗人不好正面揭穿,所以这样说。虽如此,但当马嵬兵变的危急关头,玄宗为平服军心,当机立断,赐死杨妃,毕竟不同于历史上的亡国之君。所谓"事与古先别",正在于此。⑥妃嫔:帝王妾侍。天宝十五年,禄山令张通儒杀害公主、诸妃三十六人,堆积如粪土。⑦中宵:半夜。九庙:古时帝王立庙祭祀祖先,有太祖庙及三昭庙、三穆庙,共七庙。王莽地皇元年,增为祖庙五、亲庙四,共九庙。此后历朝皇帝皆立九庙。云汉:犹云霄,指高空。以上四句出《往在》,安禄山陷京师,毁及宗庙,殃及官禁。⑧先帝:指玄宗。环海:犹言海内。凋枯:凋谢,枯萎。这里指财力、物力枯竭。未凋枯,指唐玄宗不惜物力穷兵黩武。⑨拓境:开拓土宇,扩张领土。元和:太平和乐的气象。大炉:指天地间。《庄子》:"以天地为大炉。""元和辞大炉",即指安禄山造反,天下大乱。四句出《遣怀》。⑩白衣:古代平民着白布衣,因以称无功名的人。"王子白衣行",由于战乱,王子也不得不化妆出逃。即微服出行。毁庙天飞雨:《杜甫全集》原注:"《旧唐书》:东都太庙九室神主,共二十六座。禄山取太庙为军营,神主弃街巷。"指神主如飞飘的雨。

⑪南内：唐时兴庆宫。因在东内之南，故名南内。常时：即平时。弟子：指梨园弟子，即戏剧演员。⑫法歌：犹法曲。一种古代乐曲。东晋南北朝称作法乐。因其用于佛教法会而得名。声变转：声调转悲。隐指安禄山反叛。潺湲：流泪貌。⑬"御气云楼敞"句：叙写玄宗生前庆寿场面：御楼受贺，彩仗迎风，梨园奏乐，太真献桃。御气，驾御吉庆之气。含风：带着风；被风吹拂着。云楼：耸入云霄的高楼。彩仗：彩饰的仪仗。仙人，指梨园弟子。内乐（yuè）：谓宫廷乐舞。王母借指杨贵妃。杨妃曾度为道士，故唐人比为王母。宫桃：指仙桃。⑭"须为下殿走"句：妖星侵犯（隐指安禄山造反），须下殿以禳之。好：音hào。⑮固无：已经没有。几至：几乎到了。青衣：地位低下者所穿。京师沦陷，不得不化妆而逃。⑯夺马悲公主：《资治通鉴》载，（北）魏高欢自晋阳出滏口，道逢北乡长公主（被诛的北魏大丞相、天柱大将军尔朱荣之妻）自洛阳来，有马三百匹，尽夺而易之。此处意思，指安史之乱之后，复有吐蕃侵扰。登车泣贵嫔：吐蕃军队进犯长安，代宗李豫被迫东逃陕州。帝哀泣升车，宫中恸哭。句出《伤春五首》。⑰兵气：战争气氛。凌：通"陵"。侵犯。妖星：怪异之星。多指彗星。此处谓灾祸。直庐：值宿的处所。⑱少儿：卫少儿。汉武帝卫皇后（卫子夫）之姊。此处借指杨妃的姐姐虢国夫人。此句出《宿昔》，追叙明皇事。⑲毛延寿：西汉时画工。元帝后宫既多，使延寿等画工图形，按图召幸。诸宫人皆赂画工，独王嫱（昭君）不肯，遂不得见。其后匈奴求美人为阏氏，遂遣嫱。临行召见，貌为后宫第一。投壶：古人宴会时的游戏。设特制之壶，宾主以次投矢其中，中多者为胜，负者饮。郭舍人：汉武帝时，有郭舍人，善投壶，每投壶，帝辄赐金帛。此两句隐指明皇优宠技艺倡优，不务政事，导致安史之乱。⑳斗鸡舞马：均为游戏。《明皇杂录》载，"上尝令教舞马四百匹，各分左右部……又施三层板床，乘马于上，抃转如飞。"㉑骊山：在陕西省临潼县城东南。西北麓有专供唐玄宗和杨贵妃住宿和游乐的华清宫以及温泉华清池。望幸：希望皇帝亲临。也指妃嫔希望得到皇帝的宠幸。花萼：花萼楼。登楼，可以望见宁、薛、申、岐诸王诸弟邸第。明皇友爱诸王，造花萼相辉之楼。㉒鸳鸯瓦：指成对的瓦。一说屋瓦一俯一仰为鸳鸯瓦。杜诗原注：安禄山陷京师。"瓦坼，谓天子出奔。"下句"帘虚，谓妃嫔皆走。"坼（chè），裂开；分裂。翡翠：指翠羽（翠鸟的羽毛）。用以装饰车服，编织帘帷。虚：虚挂着。㉓关中小儿：指李辅国。《旧唐书·宦官传》："辅国，闲厩马家小儿，为仆，事高力士"。纪纲：伦常；法制。李辅国趁安禄山叛乱、唐玄宗逃蜀之机，劝李亨（肃宗）在灵武即帝位。肃宗对李辅国"以心腹委之"。此句表面上骂李辅国，实际上是讽刺肃宗对他的信任。张后不乐上为忙：萧涤非先生注："《唐书·后妃传》：'张后宠遇专房，与辅国持权禁中，干预政事，帝颇不悦，无如

之何。'上，指肃宗。'为忙'二字写肃宗诚惶诚恐多方讨好之状，很幽默，也很辛辣。"㉔咸阳宫：秦孝公时所筑宫殿。又称信宫。此处泛指帝王宫殿。这句指代宗李豫避吐蕃奔陕州。得不哀痛尘再蒙：代宗继玄宗避安禄山奔蜀之后，再一次出奔（尘再蒙），能不使人痛心！蒙尘：蒙受风尘。旧谓帝王或大臣逃亡在外。㉕照夜白：骏马名。先帝：唐玄宗。龙池：池名。唐玄宗登帝位前旧宅在皇城内兴庆宫，宅东有井，忽涌为小池，常有云气，或见黄龙出其中。景龙中其沼浸广，因名龙池。（按：一九五九年中华书局重印的《唐诗三百首》，其注文中"景龙"为"景云"。）杜诗原注："飞霹雳，言画之灵奇，能感动神物，若随风雨而至也。"㉖要路：主要通道。青羌：古少数民族名，羌之一种。白蛮：古族名。代宗广德、永泰间，吐蕃与党项羌、吐谷浑、奴剌入寇。故言"战自青羌连白蛮"。㉗岂谓尽烦回纥马，翻然远救朔方兵：两句出《诸将五首》。萧涤非先生注："二句讽刺今日诸将的无耻无能……岂谓，犹岂料，见得事出意外。尽烦，犹多劳。郭子仪收京，败吐蕃，皆借助回纥，故曰尽烦。……翻然，犹反而。朔方兵，郭子仪所统。"

李晟伤国体

将帅握重兵居阃外，当国家多事时，其奉上承命，尤当以恭顺为主①。唐李晟在德宗朝，破朱泚，复长安，功名震耀②，盖社稷宗臣也。然尝将神策军戍蜀，及还，以营妓自随③，节度使张延赏追而返之，由是有隙。晟既立大功，上召延赏入相，晟表陈其过恶，上重违其意④，乃止。后岁余，上命韩滉谕旨于晟使释怨，滉因使晟表荐⑤，延赏遂为相。然则辅相之拜罢⑥，皆大将得制之，其伤国体甚矣。德宗猜忌刻薄，渠能释然⑦！晟之失兵柄，正缘此耳。国学武成王庙，本列晟于十哲，乾道中有旨，退于从祀，寿皇圣意岂非出此乎⑧？

【注释】

①阃外：指京城或朝廷以外，亦指外任将吏驻守管辖的地域，与朝中、朝廷相对。《史记·冯唐列传》："阃以内者，寡人制之；阃以外者，将军制之。"后因称军职为阃外。奉上：侍奉君主、上司。承命：受命。恭顺：恭敬顺从。②震耀：震动，显耀。③营妓：古时军中的官妓。④表陈：上表章陈述。重（zhòng）违：犹难违。⑤谕旨：晓谕帝旨。释怨：消除怨忿。表荐：上表推荐。

⑥辅相（xiàng）：宰相。⑦猜忌：猜疑妒忌。刻薄：冷酷；不厚道。释然：疑虑消除。⑧国学：即国子监或称国子学。封建王朝的教育管理机构和最高学府。武成王庙：太公望（姜子牙）庙。哲：哲人。明达、才智之士。十哲均为历代名将(武成王庙的十哲)。从祀：附祭。寿皇：即宋孝宗。淳熙十六年(1189年)，孝宗传位于光宗。群臣为孝宗上尊号曰至尊寿皇圣帝。圣意：帝王的旨意。

元和六学士

白乐天分司东都，有诗《上李留守相公》，其序言："公见过池上①，泛舟举酒，话及翰林旧事，因成四韵。"后两联云："白首故情在，青云往事空。同时六学士，五相一渔翁。"此诗盖与李绛者，其词正纪元和二年至六年事。予以其时考之，所谓五相者，裴垍、王涯、杜元颖、崔群及绛也。绍兴二十八年三月，予入馆，明年八月，除吏部郎官，一时同舍秘书丞虞雍公并甫、著作郎陈魏公应求、秘书郎史魏公直翁、校书郎王鲁公季海，皆至宰相，汪庄敏公明远至枢密使，恩数与宰相等②，甚类元和事云。

【注释】

①见过：谦词。犹来访。②入馆：谓进入三馆供职。宋初以史馆、昭文馆、集贤院为三馆。虞雍公：即虞允文。字并甫（《宋史》作"彬甫"）。封雍国公。陈魏公：即陈俊卿。字应求。以少师、魏国公致仕。史魏公：即史浩。字直翁。宋孝宗淳熙十年，封魏国公。王鲁公：即王淮。字季海，封鲁国公。汪庄敏公：即汪澈，字明远。谥庄敏。恩数：指朝廷赐予的封号等级。

二传误后世

自《左氏》载石碏事，有"大义灭亲"之语①，后世援以为说，杀子孙，害兄弟。如汉章帝废太子庆，魏孝文杀太子询，唐高宗废太子贤者，不可胜数。《公羊》书鲁隐公、桓公事②，有"子以母贵，母以子贵"之语，后世援以为说，废长立少，以妾为后妃。如汉哀帝尊傅昭仪为皇太太后③，光武废太子强而立东海王阳，唐高宗废太子忠而立孝敬者④,亦不可胜数。

【注释】

①石碏(què):春秋时卫国大夫。其子厚与公子州吁密谋杀卫桓公而自立。碏因诱州吁及厚至陈国杀之,迎立公子晋为卫君。《左传》赞美其能"大义灭亲"。见隐公三年、四年。大义灭亲:原指为维护君臣大义而不惜牺牲亲属间的私情。后泛指为正义而不徇私情。②《公羊》:即《公羊传》。隐公年长,但非正室所出。其父惠公死时,桓公尚年幼,暂由隐公摄政以奉戴桓公。③昭仪:妃嫔的称号。④唐高宗废太子忠而立孝敬:显庆元年(656年)正月,李忠被废为梁王,立武则天之子李弘为太子。上元二年(675年),李弘猝死于合璧宫。高宗下诏追谥他为孝敬皇帝。

卜子夏

魏文侯以卜子夏为师①。按《史记》所书,子夏少孔子四十四岁,孔子卒时,子夏年二十八矣。是时,周敬王四十一年,后一年元王立,历贞定王、考王,至威烈王二十三年,魏始为侯,去孔子卒时七十五年。文侯为大夫二十二年而为侯,又十六年而卒,姑以始侯之岁计之,则子夏已百三岁矣,方为诸侯师,岂其然乎②?

【注释】

①卜子夏:即卜商,字子夏。孔子弟子。为师:即向卜子夏请教国政。②岂其然乎:难道是这样吗?其然,犹言如此。乎,疑问助词。相当于"吗"。

父子忠邪

汉王氏擅国,王章、梅福尝言之,唯刘向勤勤恳恳,上封事极谏,至云:"事势不两大,王氏与刘氏亦且不并立。陛下为人子孙,守持宗庙,而令国祚移于外亲,降为皂隶。为后嗣忧①,昭昭甚明。"其言痛切如此②。而子歆乃用王莽举为侍中,为莽典文章,倡导在位,褒扬功德，安汉、宰衡之名，皆所共谋，驯致摄篡，卒之身亦不免③。魏陈矫事曹氏，三世为之尽忠④，明帝忧社稷，问曰："司马懿忠正，可谓社稷之臣乎？"矫曰："朝廷之望⑤，社稷未知也。"懿竟窃国柄。至孙炎篡魏为晋，而矫之子骞乃用佐命勋，位极公辅⑥。晋郗愔忠于王室，而子超党于桓氏，为温建废立之谋⑦。超死，愔哀悼成疾。后见超书一箱，悉与温往反密计，遂大怒曰："小子死恨晚！"更不复哭。《晋史》以为有大义之风⑧。向、矫、愔之忠如是，三子不胜诛矣！

【注释】

①梅福：汉九江寿春人，曾数上书讥刺王凤。勤勤恳恳：真诚，无二心。事势：事情的趋势。两大：两者并大。后嗣：后世，后代。②痛切（qiè）：沉痛而恳切。③文章：礼乐法度。"典文章"即主持制定礼法。倡导在位：首先提议让王莽做皇帝。在位，指帝位。襃扬：赞美；表扬。安汉：安汉公，是临朝的太皇太后王政君下诏给王莽加的封号。"宰衡"是汉平帝时加给王莽的称号。商伊尹为阿衡，周公为太宰。"宰衡"即为两者的合称。王莽和刘歆等人共同策划，鼓动大臣上疏，要求给王莽加封。驯致摄篡：王莽先是居摄践祚，摄行皇帝之事，继而称"假皇帝"，最后篡位做了真皇帝。卒之身亦不免：后来刘歆谋诛王莽，事泄自杀。④三世：指魏武帝曹操及其子文帝曹丕、孙明帝曹叡。⑤望：指有声望、威望的人。⑥勋：功；功劳。公辅：三公和辅相。⑦党：阿附。废立：指封建王朝重臣或权臣废旧君、立新君。《晋书·桓温传》："于是参军郗超进废立之计，温乃废帝司马奕为东海王，而立简文帝。"⑧大义：正道；大道理。风：风操，节操。

苏张说六国

苏秦、张仪同学于鬼谷，而其从横之辩，如冰炭水火之不同，盖所以设心者异耳①。苏欲六国合从以摈秦，故言其强。谓燕地方二千余里，带甲数十万，车六百乘，骑六千匹；谓赵地亦方二千余里，带甲数十万，车千乘，骑万匹；谓韩地方九百里，带甲数十万，天下之强弓劲弩②，皆从韩出，韩卒之勇，一人当百；谓魏地方千里，卒七十万；齐地方二千余里，临菑之卒，固已二十一万；楚地方五千里，带甲百万，车千乘，骑万匹。至于张仪，则欲六国为横以事秦③，故言其弱。谓梁地方不过千里，卒不过三十万；韩地险恶，卒不过二十万；临菑、即墨非齐之有；断赵右肩；黔、巫非楚有；易水、长城非燕有④。然而六王皆耸听敬从，举国而付之，未尝有一语相折难者，彼皆长君，持国之日久，逮其临事，乃顾如桔槔⑤，随人俯仰，得不危亡幸矣哉！且一国之势，犹一家也。今夫主一家之政者，较量生理，名田若干顷，岁收谷粟若干；艺园若干亩，岁收桑麻若干；邸舍若干区，为钱若干；下至牛羊犬鸡，莫不有数，自非童呆屡愚之人，未有不能件析而枚数者，何待于疏远游客为吾借箸而筹哉？苟一以为多，一以为寡，将遂挈挈然举而信之乎⑥？晁错说景帝曰："高帝大封同姓，齐七十余城，楚四十余城，吴五十余城，分天下半。"以汉之广，三国渠能分其半，此错欲削诸侯，故盛言其大尔⑦。胶西王将与吴反，群臣谏曰："诸侯地不能当汉十二，为叛逆非计也。"是时反者即吴、楚、诸齐，此胶西臣欲止王之谋，故盛言其小尔。二者视苏、张之言，疑若相似，而用心则否，听之者惟能知彼知己，则善矣。

【注释】

①鬼谷：即鬼谷子。相传战国时楚人。姓名传说不一。隐于鬼谷，因以自号。设心：用心；居心。②方：古代计量面积用语。后加表示长度的数字或数量词，表示纵横若干长度的意思。多用于计量土地。骑：指所骑的马。弩（nǔ）：用机栝发箭的弓。③为横：东西为横。秦国在西，六国都在秦之东。为横，即奉事秦国。④临菑、即墨非齐之有：据《史记·张仪列传》载，张仪说齐王曰："大王不事秦，秦驱韩、梁攻齐之南地，悉赵兵渡清河，指博关，临淄、即墨非王之有也。"临菑：古邑名。亦作临淄。断赵右肩：《史记·张仪列传》载，张仪说赵王曰："今楚与秦为昆弟之国，而韩、梁称为东藩之臣，齐献鱼盐之地，此断赵之右臂也。"以下"黔、巫非楚有；易水、长城非燕有"皆类此。⑤耸听：敬听。耸通"悚"。恭敬。折难：诘难；争辩。长（zhǎng）君：年长的君主。持国：掌管国家。持，掌管；主持。桔槔（gāo）：俗称吊杆。一种原始的提水工具。《庄子·天运》："且子独不见夫桔槔者乎？引之则俯，舍之则仰。"⑥较量：比较，衡量。生理：生活，谋生之道。艺园：种植蔬果花木的园林。邸舍：府宅；官舍。童呆（dāi）：年幼无知。屡愚：鄙陋愚拙。件析枚数：一件一件、一枚一枚的分数。疏远：指不亲近的人。游客：特指战

国时的游说（shuì）之士；说客。借箸而筹：秦末楚汉相争，郦食其劝刘邦立六国后代，共同攻楚。刘邦方食，张良入见，以为计不可行，说："臣请藉前箸为大王筹之。"意为借刘邦吃饭用的筷子，以指画当时形势。事见《史记·留侯世家》。后用来指代人策画。箸，筷子。筹，筹画。挈挈然：急切貌。⑦盛言：极力申说。

卷第三（十八则）

一定之计

人臣之遇明主，于始见之际，图事揆策①，必有一定之计，据以为决，然后终身不易其言，则史策书之，足为不朽。东坡序范文正公之文，盖论之矣。伊尹起于有莘，应汤三聘，将使君为尧、舜之君，民为尧、舜之民，卒之相汤伐夏，俾厥后惟尧、舜，格于皇天②。傅说在岩野，爰立作相，三篇之书，皎若星日，虽史籍久远，不详纪其行事，而高宗克鬼方，伐荆、楚，嘉靖商邦，礼陟配天③，载于《易》之《既济》，《书》之《无逸》《诗》之《殷武》，商代之君莫盛焉。罔俾阿衡，专美有商，于是为允蹈矣④。管仲以其君霸，商君基秦为强，虽圣门羞称，后世所贱，然考其为政，盖未尝一戾于始谋⑤。韩信劝汉祖任天下武勇，以城邑封功臣，以义兵从思东归之士，传檄而定三秦；下魏之后，请北举燕、赵，东击齐，南绝楚粮道，西会荥阳，至于灭楚，无一言不酬⑥。邓禹见光武于河北，知更始无成，说帝延揽英雄⑦，务悦民心，立高祖之业，救万民之命，帝与定计议，终济大业。耿弇与光武同讨王郎，愿归幽州，益发精兵，定彭宠，取张丰，还收富平、获索，东攻张步，以平齐地，帝常以为落落难合⑧，而事竟成。诸葛亮论曹操挟天子令诸侯，难与争锋；孙权据有江东，可与为援而不可图。荆州用武之国，益州沃野千里，劝刘备跨有荆、益，外观时变，则霸业可成，汉室可兴，及南方已定，则表奖率三军⑨，北定中原。已而尽行其说，至于用师未战而身先死，则天也。房乔杖策谒太宗为记室，即收人物致幕府，与诸将密相申结，辅成大勋，至于为相，号令典章⑩，尽出其手，虽数百年犹蒙其功。王朴事周世宗，当五季草创之际⑪，上《平边策》，以为："唐失吴、蜀，晋失幽、并，当知所以平之之术。当今吴易图，可挠之地二千里⑫，攻虚击弱，则所向无前，江北诸州，乃国家之有也。既得江北，江之南亦不难平。得吴则桂、广皆为内臣，岷、蜀可飞书而召之，不至则四面并进，席卷而蜀平矣⑬。吴、蜀平，幽可望风而至。唯并必死之寇⑭，候其便则一削以平之。"世宗用其策，功未集而殂⑮。至于国朝，扫平诸方，先后次第，皆不出朴所料。独幽州之举，既至城下，而诸将不能成功。若乃王安石颛国，言听计从，以身任天下之重，而师慕商鞅为人⑯，苟可以取民者，无不尽，遂诒后世之害，则在所不论也。

【注释】

①图事：谋画大事。揆策：犹画策。②有莘：古国名。在今山东曹县西北。尧、舜：唐尧、虞舜。古史传说中的圣明之君。俾厥后惟尧、舜，格于皇天：使其（殷商）以后成了尧舜盛世，感动了上天。惟，为，是。格，感通。③傅说（yuè）：商王武丁（庙号高宗）的大臣。被武丁任为相，治理国政，出现了殷商中兴的局面。因得说于傅岩，故命为傅姓，号傅说。岩野：傅岩之野。语本《书·说命上》。后用以指隐士所居之处或山野。爰（yuán）：乃；于是。三篇之书：指《尚书》中的《说命》上、中、下三篇。皎：光明；光亮。嘉靖：安和，安定。礼陟配天：谓殷礼能升配天享。陟配：谓天子升遐后，于祭天时配享。④罔俾阿衡，专美有商：不要使伊尹在(我们)殷商独享贤相能臣的美名。罔：毋，不可。阿衡，商代官名。伊尹为阿衡。专美，独享美名。允蹈：遵循了公平的原则。⑤管仲以其君霸：管仲相齐桓公，进行改革，使齐国国力大振。齐桓公成为春秋时第一个霸主。基：奠定基础。圣门：谓孔子的门下。亦泛指传孔子之道者。戾：违反。⑥任：任用。武勇：英武勇敢的人才。思东归之士：指刘邦的将士。因他们大多为东方人，都希望向东方发展。传檄：传递檄文。古代的公文写在木简上，用以征召、晓喻或声讨，叫檄。传檄而定，言不烦用兵。酬：实现愿望。⑦延揽：招致，邀请。⑧落落：指见解孤立，无可与谋。⑨奖率（shuài）：鼓励劝导。⑩杕策：执鞭。指驱马而行。策，马鞭。记室：官名。辅成大勋：辅佐太宗建立大功业。大勋，大功业。号令：发布的号召或命令。⑪草创：开始做；事情的开始。凡事初设均称草创。⑫可挠之地：可以攻击的地方。挠，扰乱。⑬飞书：飞递书信。席卷：像卷席子一样包括无余。⑭惟并必死之寇：并，并州。唐开元中升为太原府。后周灭后汉，后汉河东节度使刘旻在太原称帝，国号汉，史称北汉（五代时十国之一）。刘旻因受了周太祖郭威的欺骗，决心和后周对抗到底，所以说并州是"必死之寇"。⑮集：成就，成功。殂（cú）：死亡。⑯若乃：至于。用在句子开头，表示另起一事。颛国：把持国政。师慕：效法仰慕。

秋兴赋

宋玉《九辩词》云:"憭栗兮若在远行①,登山临水兮送将归。"潘安仁《秋兴赋》引其语,继之曰:"送归怀慕徒之恋,远行有羁旅之愤②。临川感流以叹逝,登山怀远而悼近③。彼四感之疚心④,遭一涂而难忍。"盖畅演厥旨,而下语之工拙,较然不侔也⑤。

【注释】
①憭栗(liáo lì):凄凉貌。②慕徒:思念同类的人。慕,思念。徒,同类的人(不能归家的人)。羁旅:寄身他乡作客。愤:郁闷。③叹逝:感叹岁月易去。逝,流去,过去。比喻过去的时间或事物。怀远:怀念边远的人。悼:悲伤。哀伤。④感:"戚"的异体字。忧愁,悲伤。疚心:内心不安,负疚。⑤畅演:尽情演绎。工拙:犹言优劣。较(jiào)然:明显貌。

太史慈

三国当汉、魏之际,英雄虎争,一时豪杰志义之士,磊磊落落,皆非后人所能冀①,然太史慈者尤为可称。慈少仕东莱本郡为奏曹吏,郡与州有隙,州章劾之,慈以计败其章,而郡得直②。孔融在北海为贼所围,慈为求救于平原,突围直出,竟得兵解融之难。后刘繇为扬州刺史,慈往见之,会孙策至,或劝繇以慈为大将军。繇曰:"我若用子义,许子将不当笑我邪③?"但使慈侦视轻重,独与一骑卒,遇策,便前斗,正与策对,得其兜鍪④。及繇奔豫章,慈为策所执,捉其手曰:"宁识神亭时邪⑤?"又称其烈义,为天下智士,释缚用之,命抚安繇之子,经理其家⑥。孙权代策,使为建昌都尉,遂委以南方之事,督治海昏⑦。至卒时,才年四十一,葬于新吴,今洪府奉新县也,邑人立庙敬事⑧。乾道中封灵惠侯,予在西掖当制,其词云:"神早赴孔融,雅谓青州之烈士⑨。晚从孙策,遂为吴国之信臣⑩。立庙至今,作民司命⑪。

揽一同之言状，择二美以建侯，庶几江表之间⑫，尚忆神亭之事。"盖为是也。

【注释】
①志义：犹志节。志向和节操。磊磊落落：形容胸怀坦白，志节分明。冀：希望赶上。②州章劾之：州官上奏章告发东莱郡。劾，揭发罪状。直：胜诉。③子义：即太史慈，字子义。许子将：即许劭。参考《随笔》卷一《欧率更帖》"月旦"注。④侦视：侦察，探视。轻重：真伪虚实。骑卒：骑兵。兜鍪：亦作"兜牟"。头盔。古称胄，秦汉以后称兜鍪。⑤捉：握；抓。神亭：地名。前文写的两人大战，正在此地。⑥烈义：谓刚正而有节义。抚安：安抚。安顿抚慰。经理：治理；经营管理。⑦督治：督率治理。海昏：县名。属豫章郡。今江西永修县地。⑧敬事：恭敬侍奉。⑨神：指太史慈。赴：奔走以从事。雅谓：真正赶得上。青州：唐青州辖地相当于东汉北海国辖地。烈士：刚烈之士，亦指有志建立功业之人。⑩信臣：忠诚可靠之臣。⑪司命：掌管生命的神。⑫揽一同之言状：总揽吴国所言之情状（实际指《三国志·吴书·太史慈传》所记载，即此篇前文所述）。揽，收拢，引取。一同，古谓方百里之地。指诸侯之国。这里指吴国。古代诸侯之国方百里。言状，所述情状。二美：指上文的"青州之烈士"和"吴国之信臣"。建侯：立功封侯。此处指封灵惠侯之事。庶几：希望；但愿。江表：古地区名。指长江以南地。即当年东吴之地。

谥　法

"先王谥以尊名，节以壹惠①。"语出《表记》。然不云起于何时，今世传《周公谥法》，故自文王、武王以来始有谥。周之政尚文②，斯可验矣。如尧、舜、禹、汤皆名，皇甫谧之徒附会为说③，至于桀、纣，亦表以四字，皆非也。周王谥以一字，至威烈、贞定益以两，而卫武公曰睿圣武公，见于《楚语》。孔文子曰贞惠文子，见于《檀弓》。各三字，意当时尚多有之。唐诸帝谥，经三次加册④，由高祖至明皇皆七字，其后多少不齐。代宗以四字，肃、顺、宪以九字，余以五字，唯宣宗独十八字，曰元圣至明成武献文睿智章仁神聪懿道大孝。国朝祖宗谥十六字，唯神宗二十字，曰体元显道法古立宪帝德王功英文烈武钦仁圣孝,盖蔡京所定也。

【注释】
①谥:封建时代在人死后按其生前事迹评定褒贬给予的称号。谥法:古代贵族死后依照其生前事迹,评定一个称号,叫"谥法"。帝王之谥,由礼官议上;臣下之谥,由朝廷赐予。尊名:谓称颂其声誉。节以壹惠:只节取那个人的一件美善行为来定谥号。参考五笔卷九《一二三与壹贰叁同》一文。惠,《中华大字典》:犹善也。②尚文:崇尚文治(谓以文教礼乐治民)。③皇甫谧(mì):魏晋间作家、医学家。著有《帝王纪》。附会为说:说尧、舜、禹、汤以及桀、纣都有谥号,那是穿凿附会。④加册:加封。在原有封号上再加封号。

汉文帝受言

汉文帝即位十三年,齐太仓令淳于意有罪当刑,其女缇萦,年十四,随至长安,上书愿没入为官婢,以赎父刑罪①。帝怜悲其意,即下令除肉刑②。丞相张苍、御史大夫冯敬议,请定律,当斩右止者反弃市,笞者杖背五百至三百,亦多死,徒有轻刑之名③,实多杀人。其三族之罪,又不乘时建明,以负天子德意,苍、敬可谓具臣矣④。史称文帝止辇受言⑤。今以一女子上书,躬自省览,即除数千载所行之刑,曾不留难,然则天下事岂复有稽滞不决者哉⑥?所谓集上书囊以为殿帷,盖凡囊封之书⑦,必至前也。

【注释】
①当刑:判处刑罪。赎:中国古代法律允许罪犯用财物抵销刑罪的制度。刑罪:触犯刑法之罪。②肉刑:残害犯人肉体的刑罚。中国古代的墨、劓、剕、宫以及笞、杖等刑罚都是肉刑。③请定律:请重新制定刑律。下面两句是重新制定的刑律,即所谓"轻刑"。止:"趾"的古字。足也。轻刑:犹轻典。指条文简约,处罚从宽的法律。古代刑罚从轻至重为笞、杖、徒、流、死,现在反而加重了,所以说"徒有轻刑之名"。④三族之罪:株连三族的罪行。乘时:趁修订刑律之时。建明:犹建白。谓对国事有所建议及陈述。德意:布施恩德的心意。具臣:谓备位充数之臣,其实不称职。具,聊备其数。⑤辇(niǎn):秦汉后特指君后所乘的车。受言:谓人君纳谏。⑥躬自:亲自。省览:审阅。

观览。留难（nàn）：于事故意作梗，滞留阻难。稽滞：拖延。⑦囊封：封事。见《随笔》卷四《翰苑亲近》"封事"注。

丹青引

杜子美《丹青引赠曹将军霸》云："先帝天马玉花骢，画工如山貌不同①。是日牵来赤墀下，迥立闾阖生长风②。诏谓将军拂绢素，意匠惨淡经营中③。斯须九重真龙出，一洗万古凡马空。玉花却在御榻上，榻上廷前屹相向④。至尊含笑催赐金，圉人、太仆皆惆怅⑤。"读者或不晓其旨，以为画马夺真，圉人、太仆所为不乐，是不然。圉人、太仆盖牧养官曹及驭者，而黄金之赐，乃画史得之，是以惆怅，杜公之意深矣。又《观曹将军画马图》云："曾貌先帝照夜白，龙池十日飞霹雳。内府殷红玛瑙盘，婕妤传诏才人索⑥。"亦此意也。

【注释】
①引：乐曲体裁之一，有序奏之意。先帝：指唐玄宗。玉花骢：玄宗心爱的名马之一，产于西域。貌不同：即画的不像。"貌"作动词用。②赤墀(chí)：又称丹墀。宫殿前以红色涂饰的石阶。迥立：昂首挺立。生长风：形容马的气势飞动。③绢素：古代绘画用的白绢。拂：展开。意匠：指布局着色等艺术构思。惨淡经营：苦心经营。意谓下笔之先，极意构思。④"玉花"句：真马不应在榻上，但放在御榻上的画中马犹如真马，所以说"却在"。榻，木榻。一种坐卧用具。"榻上"句：意为放在御榻上的画中马与立在台阶上的真马屹立相对，真假难分。⑤圉人：官名。掌养马刍牧之事。也泛称养马的人。⑥内府：掌府库的官。婕妤：一作"倢伃"。妃嫔的称号。才人：亦妃嫔的称号。索：明王嗣奭《杜臆》：赐盘诏索，正索其貌照夜白也。但按作者上文所说，此处索，应为索取。

诗国风秦中事

《周、召》二南、《豳风》皆周文、武、成王时诗，其所陈者秦中事也①。所谓沼沚洲涧之水，蘋蘩藻荇之菜②，疑非所有。既化行江、汉，故并江之永，汉之广，率皆得言之欤③？《摽有梅》之诗，不注释梅，而《秦风·终南》诗："终南何有，有条有梅"。毛氏云："梅，楠也。"笺云④："名山高大，宜有茂木。"今之梅与楠异，亦非茂木，盖毛、郑北人⑤，不识梅耳。若《上林赋》所引江蓠、蘪芜、揭车、襄荷、荪、若、蓀、芋之类，自是侈辞过实，与所谓八川东注太湖者等也⑥。

【注释】

①秦中：古地区名。指今陕西中部平原地区。因春秋、战国时地属秦国而得名。②沼沚：池塘。洲：水中陆地。涧：两山间的流水。蘋蘩藻荇：均为水生植物。③既：已经，已然。化行：教化施行。江、汉：长江和汉水。指江、汉之间及其附近的一些地区，包括古巴蜀之地。永：指水流长。率皆得言之欤：连江、汉一带的事物都写进诗里去了吧？④笺：指郑氏笺。⑤毛、郑北人：毛亨，鲁人，一说河间人；郑玄，北海高密人，均在我国的北方。⑥若《上林赋》所引江蓠……之类，自是侈辞过实：《文选》将司马相如《子虚赋》的后半篇为《上林赋》。《上林赋》写的长安上林苑，而所引江蓠等植物都生长在南方，所以说是"侈辞过实"。侈辞，浮夸的言词。八川东注太湖：也是《上林赋》中的句子。八川（霸、产、泾、渭、酆、鄗、潦、潏）在长安附近，而太湖在江苏省南部。八川倾泻，东注太湖，也是一种夸张手法。

诗文当句对

唐人诗文，或于一句中自成对偶，谓之当句对。盖起于《楚辞》"蕙烝兰藉"、"桂酒椒浆"、"桂棹兰枻"、"斫冰积雪"。自齐、梁以来，江文通、庾子山诸人亦如此。如王勃《宴滕王阁序》一篇皆然①。谓若襟三江带五湖，控蛮荆引瓯越，龙光牛斗，徐孺陈蕃②，腾蛟起凤，紫电青霜，鹤汀凫渚，桂殿兰宫，钟鸣鼎食之家，青雀黄龙之轴，落霞孤鹜，秋水长天，天高地迥，兴尽悲来，宇宙盈虚，丘墟已矣之辞是也。于公异《破朱泚露布》亦然③。如尧、舜、禹、汤之德，统元立极之君，卧鼓偃旗，养威蓄锐，夹川陆而左旋右抽，抵丘陵而浸淫布濩，声塞宇宙，气雄钲鼓，貔虎作威，风云动色，乘其跆藉，取彼鲸鲵，自卯及酉，来拒复攻，山倾河泄，霆斗雷驰，自北徂南，舆尸折首④，左武右文，销锋铸镝之辞是也。杜诗小院回廊春寂寂，浴鳧飞鹭晚悠悠，清江锦石伤心丽，嫩蕊浓花满目斑，书签药裹封蛛网，野店山桥送马蹄，戎马不如归马逸，千家今有百家存，犬羊曾烂漫，宫阙尚萧条，蛟龙引子过，荷芰逐花低，干戈况复尘随眼，鬓发还应雪满头，百万传深入，寰区望匪他⑤。象床玉手，万草千花，落絮游丝，随风照日，青袍白马，金谷铜驼，竹寒沙碧，菱刺藤梢，长年三老，捩拖开头，门巷荆棘底，君臣豺虎边，养拙干戈，全生麋鹿，舍舟策马，拖玉腰金，高江急峡，翠木苍藤，古庙杉松，岁时伏腊⑥，三分割据，万古云霄，伯仲之间，指挥若定，桃蹊李径，栀子红椒，庾信罗含，春来秋去，枫林橘树，复道重楼之类，不可胜举。李义山一诗，其题曰《当句有对》云："密迩平阳接上兰，秦楼鸳瓦汉宫盘⑦。池光不定花光乱，日气初涵露气干。但觉游蜂饶舞蝶⑧，岂知孤凤忆离鸾。三星自转三山远，紫府程遥碧落宽⑨。"其他诗句中，如青女素娥，对月中霜里；黄叶风雨，对青楼管弦；骨肉书题，对蕙兰蹊径；花须柳眼，对紫蝶黄蜂；重吟细把，对已落犹开；急鼓疏钟，对休灯灭烛；江鱼朔雁，对秦树嵩云；万户千门，对风朝露夜。如是者甚多。

【注释】

①王勃：唐文学家。与杨炯、卢照邻、骆宾王以文词齐名，称"初唐四杰。"②襟三江带五湖：三江为衣襟五湖做束带。三江，长江过彭蠡湖之后，分三道入海，故称三江。一说"三江"为众多水道的总称。五湖，泛指长江流域的鄱阳湖等大湖泊。控蛮荆引瓯越：上控荆楚下连着瓯越。蛮荆，古代对楚国的称呼。这里泛指湖北、湖南一带。控，亦引也。引，牵挽。瓯（ōu）越，指今浙江省南部，古为越国地，境内有瓯江，故称。龙光牛斗：龙光，指宝剑的光芒。徐孺陈蕃：徐稚，字孺子。东汉末年高士。陈蕃，东汉末年豫章郡太守。王勃此文就是在古豫章地写的。豫章属吴地，正值斗宿、牛宿的分野。③露布：不加检封的文书。有公开宣布之意。亦称"露板"或"露版"。这里指告捷文书。④统元：治理民众。立极：登帝位；秉国政。一说树立最高准则。左旋右抽：旋，人马旋转；抽，抽矢以射。浸淫：亦作"寖淫"、"侵淫"。积渐而扩及；渐进。布濩（hù）：布散，遍布。钲（zhēng）鼓：古军中所用乐器名。鸣钲以为鼓节。行军时用以节止步伐。跆藉（tái jiè）：犹践踏。鲸鲵（jīng ní）：鲸鱼。雄曰鲸，雌曰鲵。这里喻凶恶之人。徂（cú）：往，到。舆尸：以车载尸。舆，车

箱。泛指车。折首：斩首。⑤悠悠：安闲静止貌。锦石：有美丽花纹的石头；美石。戎马：军马。归马：谓战争停息，马放南山，不再用兵。逸：安闲。亦谓休息。千家今有百家存：因为战争和剥削，人民死亡惨重，十室九空。犬羊：借指来犯的吐蕃军队。烂漫：放浪；恣情。引子过：据说龙有九子。荷芰(jì)：荷叶与菱叶。芰，菱。百万传深入：出《散愁二首》其一。作于肃宗上元元年（760年）李光弼破安太清、史思明之后，故云"百万传深入"。环区：犹环宇。指国家全境。望匪他：致望于李光弼，而非他人。⑥菱刺藤梢：梢(shāo)，击，扫。和"书签药裹"句出同一首诗，写自己浣花溪草堂的荒凉景象。长(zhǎng)年三老：谓船上掌舵使篙的船工。捩(lì)：转动。柂(duò)：通"舵"。船舵。养拙：犹守拙。指隐退不仕。干戈：指战争。全生：保全生命。麋鹿群：甘与麋鹿同群，苟全性命于乱世。伏腊：古代祭祀之日。伏在夏季六月，腊在冬季十二月。句出《咏怀古迹五首》其四，咏怀先主庙。原句为"古庙杉松巢水鹤，岁时伏腊走村翁"。每年冬夏，都有村翁前来祭祀。⑦密迩：贴近，靠近。平阳：唐平阳公主宫。一说汉平阳侯曹寿府第。上兰：汉宫观名。在上林苑。香港邓中龙《李商隐诗译注》把此句译为"她所住的道观，极近平阳宫，邻接上兰观。"鸳瓦：即鸳鸯瓦。汉宫盘：即建章宫的承露盘。汉武帝迷信神仙，于神明台上作承露盘，立铜仙人舒掌以接甘露，以为饮之可以延年。⑧饶：让。邓中龙以为，解为"撩"，可能更妙。⑨三星自转三山远：邓中龙注：三星，参也。三山，蓬莱、方丈、瀛洲。三星枉自转动，而我嫁娶无期。紫府：道家称仙人居所。碧落：天空。邓中龙将此句译为：叹茫茫天宇，难觅情郎！

〔补注〕①蕙肴兰藉，桂酒椒浆：屈原《九歌·东皇太一》："蕙肴蒸兮兰藉，奠桂酒兮椒浆。"蕙：香草名。以蕙草熏肉。肴烝：把肉切成块状放在俎内。兰藉，用兰草衬垫。桂酒，用桂花浸制的酒。椒浆，以花椒浸制的酒浆。古代多用以祭神。桂棹：以桂木制成的船桨。兰：木兰。一种香木。枻(yì)：船舷。斫冰：谓击水。形容在空明澄澈的水光中打桨前进。水花溅起、纷然如积雪。两句出屈原《九歌·湘君》。②腾蛟起凤，紫电青霜：前句形容文采，后句是宝剑名。鹤汀凫渚：白鹤漫步的沙滩，野鸭栖息的洲渚。汀，水中或水边的平地。渚(zhǔ)，水中的小块陆地。或指水边。桂殿兰宫：桂木建筑的殿堂，香兰装饰的宫室。钟鸣鼎食之家：即显贵门第。古代贵族鸣钟列鼎而食。青雀黄龙之轴：即雀舫龙舟。轴通"舳"。船。鹜：野鸭。盈虚：满与空。指盛衰，成败。原文："天高地迥，觉宇宙之无穷；兴尽悲来，识盈虚之有数。"已矣：逝去。原文："鸣乎！胜地不常，盛筵难再；兰亭已矣，梓泽丘墟。"③象床玉手：象牙装饰的床，洁白如玉的手。落絮游丝：飘落的白花，飘动着的蛛丝。"青袍白马"句：出《至后》诗。"冬至至后日初长，远在剑南思洛阳。青袍白马有何意，金谷铜驼非故乡。"青袍白马，喻闲官、卑位。指剑南幕府而言。杜甫时在剑南节度使严武幕府供职。有何意，言报国之志不得自展。金谷铜驼，指洛阳遭乱。金谷园、铜驼陌，皆洛阳胜地。④"门巷荆棘底"句：出《昼梦》。由于战乱，赋敛加重，平民离乡逃难，致使门巷荆棘丛生。"君"指代宗。"豺虎"指吐蕃部队。⑤"三分割据"句：出《咏怀古迹五首》其五。咏怀武侯祠。其颔联、颈联为"三分割据纡筹策，万古云霄一羽毛。伯仲之间见伊吕，指挥若定失萧曹。"歌咏武侯诸葛亮。栀子、红椒：均为木名。罗含：晋耒阳人。字君章。擅文章。複道：高楼间或山岩险要处架空的通道；阁道。句出《夔州歌》之四。⑥日气初涵：比喻早上太阳遍照大地。涵，包含；包容。⑦青女：古代传说中主管霜雪的女神。素娥：嫦娥的别称。亦泛指月宫的仙女。青楼：泛指豪华精致的楼房。"骨肉书题"句：出《荆门西下》诗："骨肉书题安绝徼，蕙兰蹊径失佳期。"骨肉，喻至亲。书题，指书信。绝徼(jiào)，极远的边塞。蹊径，小路。佳期，好时光。或指男女约会之期。花须：谓花蕊。柳眼：柳叶初生时细长如眼，称柳眼。句出《二月二日》诗："花须柳眼各无赖，紫蝶黄蜂俱有情。"

东坡明正

东坡《明正》一篇送于伋失官东归云："子之失官，有为子悲如子之自悲者乎？有如子之父兄妻子之为子悲者乎？子之所以悲者，惑于得也①。父兄妻子之所以悲者，惑于爱也。"按《战国策》齐邹忌谓妻曰："我孰与城北徐公美②？"其妻曰："君美甚，徐公何能及公也。"复问其妾与客，皆言"徐公不若君之美。"暮寝而思之，曰："吾妻之美我者私我也③，妾之美我者畏我也，客之美我者欲有求于我也。"东坡之斡旋④，盖取诸此。然《四菩萨阁记》云："此画乃先君之所嗜，既免丧，以施浮图惟简，曰：'此唐明皇帝之所不能守者⑤，而况于余乎！余惟自度不能长守此也，是以与子。'"而其末云："轼之以是与子者，凡以为先君舍也⑥。"与初辞意盖不同，晚学所不晓也⑦。

【注释】

①失官：犹失职。失去职权。东归：指回故乡。因汉唐皆都长安，中原、江南人士辞京返里多言东归。惑：困惑，迷恋。②孰与：何如。常用于反诘句，

两者相比,择其一。③私:偏爱。④斡(wò)旋:谓含蓄曲折,有回味。⑤先君:自称去世的父亲。嗜(shì):喜欢;爱好。此处可理解为"珍爱"。免丧:谓(为其父)守孝期满,除去丧服。施:给予。此处指施舍。所不能守者:所不能保存的。⑥舍(shě):施舍;布施。⑦晚学:对辈行较早者的自谦之称。这里是作者洪迈自称。

台谏不相见

嘉祐六年,司马公以修起居注同知谏院,上章乞立宗室为继嗣①。对毕,诣中书,略为宰相韩公言其旨②。韩公摄飨明堂,殿中侍御史陈洙监祭,公问洙:"闻殿院与司马舍人甚熟③。"洙答以"顷年曾同为直讲"④。又问:"近日曾闻其上殿言何事?"洙答以"彼此台谏官不相往来,不知言何事。"此一项温公私记之甚详。然则国朝故实,台谏官元不相见。故赵清献公为御史,论陈恭公⑤,而范蜀公以谏官与之争。元丰中,又不许两省官相往来,鲜于子骏乞罢此禁。元祐中,谏官刘器之、梁况之等论蔡新州,而御史中丞以下,皆以无章疏罢黜⑥。靖康时,谏议大夫冯懈论时政失当,为侍御史李光所驳。今两者合为一府,居同门,出同幕,与故事异,而执政祭祠行事⑦,与监察御史不相见云。

【注释】

①修起居注:官名。掌记录皇帝言行。同知谏院:同知,官名。称副职。乞立宗室为继嗣:赵祯没有儿子,所以"乞立宗室"。继嗣,后嗣;后代。此处特指帝王的继位者,即太子。②韩公:指韩琦。③摄飨明堂:代皇帝祭祀于明堂。飨(xiǎng),祭献。明堂,古代天子宣明政教的地方,凡朝会及祭祀、庆赏、选士、养老、教学等大典,均于其中举行。监祭:监察祭祀。殿院:唐宋御史台分台院、殿院、察院,其成员有侍御史、殿中侍御史、监察御史三种,各属一院,殿中侍御史属殿院。④顷年:近年。直讲:学官名。⑤论:论告(论列罪状上告);弹劾。陈恭公:即陈执中。卒谥恭。⑥罢黜:罢免;去官。⑦祭祠:祭祀,陈物供奉始祖。

执政四入头

国朝除用执政，多从三司使、翰林学士、知开封府、御史中丞进拜，俗呼为"四入头"[1]。固有尽历四职而不用，如张文定公（谓仁、英朝，至神宗初始用）、王宣徽之类者[2]。赵清献公自成都召还知谏院，大臣言故事近臣自成都还，将大用，必更省府（谓三司使、开封府），不为谏官。以是知一朝典章，其严如此。至若以权侍郎方受告即为参枢[3]，如施钜、郑仲熊者，盖秦桧所用云。

【注释】

①除用：任用。翰林学士：唐代后期始，往往即以翰林学士升任宰相。进拜：按一定的礼节给人加官升爵。入头：本指着手处，入门。此处指渠道。②张文定公：即张方平。字安道。卒谥文定。王宣徽：即王拱辰。曾任宣徽北院使，转南院使。③受告：接受任命书。"告"指告身。参枢：参与中央政权的政务。亦指仅次于丞相的官员。

无望之祸

自古无望之祸玉石俱焚者，释氏谓之劫数[1]，然固自有幸不幸者。汉武帝以望气者言长安狱中有天子气，于是遣使者分条中都官诏狱系者，亡轻重一切皆杀之，独郡邸狱系者[2]，赖丙吉得生。隋炀帝令嵩山道士潘诞合炼金丹不成，云无石胆石髓[3]，若得童男女胆髓各三斛六斗，可以代之，帝怒斩诞。其后方士言李氏当为天子，劝帝尽诛海内李姓。以炀帝之无道嗜杀人，不啻草莽[4]，而二说偶不行。唐太宗以李淳风言女武当王，已在宫中，欲取疑似者尽杀之[5]，赖淳风谏而止。以太宗之贤尚如此，岂不云幸不幸哉！

【注释】

①无望：不希望；不期望。玉石俱焚：比喻好坏同归于尽。劫数：佛经言天地的形成到毁灭谓之一劫。后人借用，指天灾人祸等厄运。②望气：古代方士的一种占候术，望云气以测吉凶征兆。分条：分头逐一登录。颜师古注："条谓疏录之。"中都官：汉代称京师诸官府。诏：征召；召集。郡邸狱：汉狱名。当时宣帝就在郡邸狱。丙吉正是保护的宣帝。独郡邸狱系者，不是"只有藩王亲属被关入监狱的"。③石胆石髓：均为中药名。④不啻（chì）：无异于。草莽：杂草。丛草。引申为草野，与"朝廷"、"廊庙"相对。此处指出身草莽之人，即所谓寇盗。⑤疑似：谓几种事物的表面形态相近似，是非难辨。（唐太宗事参考《随笔》卷十六《谶纬之学》"滥五娘子之诛"注文。）

燕　说

黄鲁直和张文潜八诗，其二云："谈经用燕说，束弃诸儒传①。滥觞虽有罪，末派瀰九县②。"大意指王氏新经学也③。燕说出于《韩非子》，曰：先王有郢书，而后世多燕说。又引其事曰："郢人有遗燕相国书者，夜书，火不明，谓持烛者曰：'举烛。'已而误书'举烛'二字，非书本意也。燕相受书，曰：'举烛者尚明也。尚明者举贤而用之。'遂以白王，王大说④，国以治，治则治矣，非书意也。"鲁直以新学多穿凿，故有此句。

【注释】

①燕说：穿凿附会之说。束弃诸儒传：把众学者对经义的解释抛置在一边。束弃，弃置。儒，古指学者。②滥觞虽有罪：开始用"燕说"的虽然有罪。滥觞，本谓江河发源之处水极浅小，仅能浮起酒杯。后以比喻事物的起源、开始。末派：水的支流或下游。比喻事物后来发展的分支、流派。瀰：水深满貌。引申为充满。九县：九州。泛指天下，全中国。③王氏新经学：本书有时称"王氏学"或"王氏之学"。宋王安石撰《毛诗义》《尚书义》《周官新义》，称为《三经义》，或称《三经新义》。《周官》指《周官经》，亦即《周礼》。④王大说：说（yuè），通"悦"。

折槛行

杜诗《折槛行》云："千载少似朱云人，至今折槛空嶙峋①。娄公不语宋公语，尚忆先皇容直臣②。"此篇专为谏争而设，谓娄师德、宋璟也。人多疑娄公既无一语，何得为直臣？钱伸仲云："朝有阙政，或娄公不语，则宋公语。"但师德乃是武后朝人，璟为相时，其亡久矣。杜有祭房相国文，言"群公间出，魏、杜、娄、宋"③，亦并二公称之，诗言先皇，意为明皇帝也，娄氏别无显人有声开元间，为不可晓。

【注释】

①折槛：见下篇《朱云陈元达》一文。后用为朝臣敢于直谏的典故。《汉书·朱云传》颜师古注："槛，轩前栏也。"行（xíng）：古诗的一种体裁。嶙峋：高貌。②直臣：直言谏诤之臣。③房相国：即房琯。杜甫的好友。天宝十五载拜相，代宗广德元年卒于阆州。魏杜：指魏徵、杜如晦。

朱云陈元达

朱云见汉成帝，请斩马剑断张禹首。上大怒曰，"罪死不赦①。"御史将云下，云攀殿槛，槛折，御史遂将云去。辛庆忌叩头以死争，上意解，然后得已。及后当治槛，上曰："勿易②。因而辑之（辑与集同，谓补合也），以旌直臣③。"刘聪为刘后起凤仪殿，陈元达谏，聪怒，命将出斩之，时在逍遥园李中堂，元达先锁腰而入，即以锁绕堂下树，左右曳之不能动④。刘氏闻之，私敕左右停刑，手疏切谏⑤，聪乃解，引元达而谢之，易园为纳贤园，堂为愧贤堂。两人之事甚相类，云之免于死，由庆忌即时争救之故，差易为力⑥。若元达之命在须臾间，聪之急暴且盛怒，何暇延留数刻而容刘氏得以草疏乎？脱使就刎其首⑦，或令武士击杀亦可，何恃于锁腰哉？是为可疑也。成帝不易槛以旌云直，而不能命以一官，乃不若聪之待元达也。至今宫殿正中一间横槛，独不施栏楯⑧，谓之折槛，盖自汉以来相传如此矣。

【注释】

①罪死：死罪。赦(shè)：免除或减轻犯人的罪责或刑罚。②易：更改；改变。③旌(jīng)：表彰。④曳(yè)：牵引；拖。⑤刘氏：刘后。手疏：亲手书写奏章。疏，奏章。切(qiè)谏：直言极谏。⑥差易为力：比较容易奏效。差(chā)，略微。为力：成功；奏效。⑦脱使：犹倘使。表示假设。⑧栏楯(shǔn)：即栏干。

杜老不忘君

前辈谓杜少陵当流离颠沛之际，一饭未尝忘君，今略纪其数语云："万方频送喜，无乃圣躬劳①。""至今劳圣主②，何以报皇天。""独使至尊忧社稷，诸君何以答升平③。""天子亦应厌奔走，群公固合思升平④。"如此之类非一。

【注释】

①颠沛：狼狈困顿。无乃：莫非，岂不是，恐怕是。表示委婉测度的语气。圣躬：犹圣体。臣下称皇帝的身体。亦代指皇帝。②圣主：对当代皇帝的尊称。③诸君何以答升平：诸君，指诸将。此句谴责诸将无能，只知坐享太平，不图报国。句出《诸将五首》其二。④固合：当然应该。固，副词。固然。当然，理应如此。

栽松诗

白乐天《栽松诗》云："小松未盈尺，心爱手自移。苍然涧底色，云湿烟霏霏①。栽植我年晚，长成君性迟②。如何过四十，种此数寸枝？得见成阴否？人生七十稀。"予治圃于乡里③，乾道己丑岁，正年四十七矣。自伯兄山居手移稚松数十本，其高仅四五寸，植之云壑石上④，拥土以为固，不能保其必活也。过二十年，蔚然成林，皆有干霄之势⑤。偶阅白公集，感而书之。

【注释】

①苍然涧底色：像涧底松那样一片青绿色。苍，青色。霏霏：飘洒，飞扬。②君：指小松。此句说你（小松）长的太慢。③圃：种植蔬菜、花果或苗木的绿地。④山居：山中的住所。本：草木的根或茎干。引申为计量花木的单位。犹株、棵等。云壑：云气遮覆的山谷。⑤蔚然：草木茂密貌。干（gān）霄：高入云霄。形容树木参天。

乌鹊鸣

北人以乌声为喜，鹊声为非①。南人闻鹊噪则喜②，闻乌声则唾而逐之，至于弦弩挟弹，击使远去。《北齐书》，奚永洛与张子信对坐，有鹊正鸣于庭树间，子信曰："鹊言不善，当有口舌事，今夜有唤，必不得往。"子信去后，高俨使召之，且云敕唤③，永洛诈称堕马，遂免于难。白乐天在江州，《答元郎中杨员外喜乌见寄》，曰："南宫鸳鸯地④，何忽乌来止。故人锦帐郎⑤，闻乌笑相视。疑乌报消息，望我归乡里。我归应待乌头白，惭愧元郎误欢喜⑥。"然则鹊言固不善，而乌亦能报喜也。又有和元微之《大觜乌》一篇云："老巫生奸计，与乌意潜通⑦。云此非凡乌，遥见起敬恭。千岁乃一出，喜贺主人翁。此乌所止家，家产日夜丰。上以致寿考，下可宜田农。"按微之所赋云："巫言此乌至，财产日丰宜。主人一心惑，诱引不知疲。转见乌来集，自言家转孳⑧。专听乌喜怒，信受若长离⑨。"今之乌则然也。世有传《阴阳局鸦经》，谓东方朔所著，大略言凡占乌之鸣，先数其声，然后定其方位，假如甲日一声，即为甲声，第二声为乙声，以十干数之，乃辨其急缓，以定吉凶，盖不专于一说也。

【注释】

①乌：乌鸦。鹊：喜鹊。②鹊噪：鹊声噪杂，故称鹊鸣为"鹊噪"。③敕唤：敕令召唤。④南宫：本为古代天区名。此指尚书省，像列宿的南宫。鸳鸯：比喻贤者。⑤锦帐郎：汉制，尚书郎入值台中，官供锦被、锦帐等。后即以"锦

帐郎"指郎官之属。⑥乌头白:乌鸦头变白。比喻不可能实现的事。惭愧:感幸之词。意为多谢、难得、侥幸。⑦觜(zuǐ):鸟嘴。意潜通:意念暗中相通。⑧孳(zī):滋生;增益。⑨信受:信仰、相信并接受。长离:灵鸟名。

卷第四（十七则）

淮南守备

周世宗举中原百郡之兵，南征李景。当是时，周室方强，李氏政乱，以之讨伐，云若易然。而自二年之冬，讫五年之春，首尾四年，至于乘舆三驾①，仅得江北。先是河中李守贞叛汉②，遣其客朱元来唐求救，遂仕于唐。枢密使查文徽妻之以女。是时，请兵复诸州，即取舒、和。后以恃功偃蹇③，唐将夺其兵，元怒而降周。景械其妻，欲戮之。文徽方执政，表乞其命，景批云："只斩朱元妻，不杀查家女。"竟斩于市。郭廷谓不能守濠州，以家在江南，恐为唐所种族，遣使诣金陵禀命④，然后出降。则知周师所以久者，景法度犹存，尚能制将帅死命故也⑤。绍兴之季，虏骑犯淮⑥，逾月之间，十四郡悉陷。予亲见沿淮诸郡守，尽扫官库储积，分寓京口，云预被旨许令移治⑦。是乃平时无虞，则受极边之赏，一有缓急，委而去之，寇退则反，了无分毫絓于吏议⑧，岂复肯以固守为心也哉？

【注释】
①三驾：三次兴师。驾，出动兵车。指兴师。②汉：后汉。③偃蹇：骄傲；傲慢。④种族：犹族诛。金陵：南唐国都。禀命：犹言承命，请命。命，指命令。⑤法度：法令制度。死命：生死。⑥虏骑：指金兵。⑦寓：寄住。被旨：承奉圣旨。⑧无虞：没有忧患，太平无事。极边：非常遥远的边境。缓急：困厄；情势急迫。絓（guà）：碍于。吏议：官吏对政事的议论。也指司法官吏判处罪人刑罚的拟议。

周世宗

周世宗英毅雄杰①，以衰乱之世，区区五六年间，威武之声，震慑夷夏，可谓一时贤主，而享年不及四十，身没半岁，国随以亡。固天方授宋，使之驱除②。然考其行事，失于好杀，用法太严，群臣职事，小有不举，往往置之极刑，虽素有才干声名，无所开宥③，此其所短也。薛居正《旧史》纪载翰林医官马道元进状，诉寿州界被贼杀其子，获正贼见在宿州，本州不为勘断④。帝大怒，遣窦仪乘驲往按之⑤。及狱成，坐族死者二十四人⑥。仪奉辞之日，帝旨甚峻，故仪之用刑，伤于深刻，知州赵砺坐除名⑦。此事本只马氏子一人遭杀，何至于族诛二十四家，其他可以类推矣。《太祖实录·窦仪传》有此事，史臣但归咎于仪云。

【注释】

①英毅：英明果断。雄杰：才智出众。②驱除：指被赶走的人或事物。③职事：职务。小有不举：稍有一点没做成功。极刑：最重的刑罚。多指各种死刑。声名：声望名誉。开宥：开释宽宥。④勘断：勘，审问；推究。断，判罪。判决。⑤驲（rì）：古代驿站专用的车。按：按问。⑥族死：族灭。谓一人犯罪，整个家族、亲属被诛灭。⑦奉辞：谓奉君主之正辞。深刻：苛刻严峻。除名：除去名籍，取消原有的身份、资格。

窦贞固

窦贞固，汉隐帝相也。周世罢政，以司徒就第。后范质用此官在中书①，乃归洛阳。常与编户课役②，贞固不能堪，诉于留守向拱，拱不听。熙宁初，富韩公为相③，神宗尝对大臣称知河南府李中师治状。公以中师厚结中人，因对曰："陛下何从知之？"中师衔其沮己，及再尹河南，富公已老，乃籍其户④，令出免役钱，与富民等。乃知君子失势之时，小人得易而侮之，如向拱、李中师辈，固不乏也。

【注释】

①用：以。此官：即司徒。范质既为司徒，司徒窦贞固归洛阳。②编户：指当地编入户籍的平民。课役：课是赋税，役是徭役。③富韩公：富弼，北宋大臣。致仕进封韩国公。④尹河南：尹，治理；主管。籍其户：编入户籍。籍，

登记名册。富弼为河南洛阳人。

郑 权

唐穆宗时，以工部尚书郑权为岭南节度使，卿大夫相率为诗送之①。韩文公作序，言："权功德可称道②。家属百人，无数亩之宅，僦屋以居，可谓贵而能贫，为仁者不富之效也③。"《旧唐史·权传》云："权在京师，以家人数多，奉入不足，求为镇，有中人之助，南海多珍货，权颇积聚以遗之，大为朝士所嗤④。"又《薛廷老传》云："郑权因郑注得广州节度，权至镇，尽以公家珍宝赴京师，以酬恩地⑤。廷老以右拾遗上疏，请按权罪，中人由是切齿。"然则其为人，乃贪邪之士尔⑥！韩公以为仁者何邪？

【注释】

①相率（shuài）：亦作"相帅"。相继；一个接一个。②称道：称述；赞扬。③僦（jiù）：租赁。仁者：有德行的人。效：证明；验证。④奉入：官员的俸禄收入。奉：通"俸"。俸禄。求为镇：要求到外地方镇作地方长官。珍货：珍贵的财宝。嗤（chī）：讥笑。⑤恩地：唐以来对师门的称呼。此指郑注。郑权投其门下。⑥贪邪：贪婪奸邪。

党锢牵连之贤

汉党锢之祸，知名贤士死者以百数，海内涂炭，其名迹章章者①，并载于史。而一时牵连获罪，甘心以受刑诛，皆节义之士，而位行不显②，仅能附见者甚多。李膺死，门生故吏并被禁锢。侍御史景毅之子，为膺门徒，未有录牒，不及于谴③。毅慨然曰："本谓膺贤，遣子师之，岂可以漏籍苟安！"遂自表免归④。高城人巴肃被收，自载诣县，县令欲解印绶与俱去，肃不可。范滂在征羌⑤，诏下急捕。督邮吴导至县，抱诏书，闭传舍⑥，伏床而泣。滂自诣狱，县令郭揖大惊，出解印绶，引与俱亡⑦。滂曰："滂死则祸塞，何敢以罪累君！"张俭亡命，困迫遁走，所至，破家相容⑧。其所经历，伏重诛者以十数⑨。复流转东莱，上李笃家⑩。外黄令毛钦操兵到门⑪，笃谓曰："张俭亡非其罪，纵俭可得，宁忍执之乎？"钦抚笃曰："蘧伯玉耻独为君子，足下如何自专仁义⑫？"叹息而去。俭得免。后数年，上禄长和海上言："党人锢及五族⑬，非经常之法。"由是自从祖以下，皆得解释⑭。此数君子之贤如是，东汉尚名节⑮，斯其验欤？

【注释】

①名迹：姓名与行迹。章章：亦作"彰彰"。显著。②刑诛：按律诛杀；刑杀。节义：亦作"节谊"。谓节操与义行。位行(xíng)：名位与事迹。③录牒：(即门生)名册。谴：责罚。④慨然：感慨貌。漏籍：脱漏名籍。苟安：苟且偷安；贪图目前的安宁，不顾将来。自表：自上奏章，自己上表呈请。⑤征羌：国名。范滂为汝南征羌人。⑥督邮：官名。传(zhuàn)舍：古时供来往行人居住的旅舍；客舍。⑦引：带领。⑧破家：自毁其家。即冒着家破人亡的危险。⑨伏：通"服"。承受；承当。重诛：指极刑。⑩上：张俭本传为"止"。⑪操兵：执持与使用兵器。⑫蘧伯玉：即蘧瑗，春秋卫人，字伯玉。耻：认为耻辱。自专：独任其事。⑬上禄长：大县称令，小县称长。五族：谓五服（斩衰、齐衰、大功、小功、缌麻）内的亲族。⑭从祖：祖父的堂兄弟。自从祖以下，即从小功以下。从祖为小功服。解释：开释；释放。⑮名节：名誉和节操。

汉代文书式

汉代文书，臣下奏朝廷，朝廷下郡国，有《汉官典仪》《汉旧仪》等所载，然不若金石刻所著见者为明白①。《史晨祠孔庙碑》，前云："建宁二年三月癸卯朔七日己酉，鲁相臣晨、长史臣谦顿首死罪上尚书②，臣晨顿首顿首，死罪死罪。"末云："臣晨诚惶诚恐③，顿首顿首，死罪死罪上尚书。"副言太傅、太尉、司徒、司空、大司农府④。《樊毅复华下民租碑》，前后与此同。《无极山碑》："光和四年某月辛卯朔廿二日壬子，大常臣耽、丞敏顿首上尚书。"末云："臣耽愚憨⑤，顿首顿首上尚书。制曰：可。大尚（读为太常）承书从事⑥，某月十七日丁丑，尚书令忠奏雒阳宫。光和四年八月辛酉朔十七日丁丑，尚书令忠下。"又云:"光和四年八月辛酉朔十七日丁丑,太常耽、丞敏下。"《常山相孔庙碑》,前云:"司徒臣雄、司空臣戒稽首言⑦。"末云:"臣雄、臣戒愚戆,诚惶诚恐,顿首顿首,死罪死罪,臣稽首以闻。制曰:可。元嘉三年三月廿七日壬寅,奏雒阳宫。元嘉三年三月丙子朔廿七日壬寅,司徒雄、司空戒下鲁相。"又云:"永兴元年六月甲辰朔十八日辛酉,鲁相平、行长史事,卞守长擅⑧,叩头死罪,敢言之司徒、司空府。"末云:"平惶恐叩头,死罪死罪,上司空府。"此碑有三公奏天子,朝廷下郡国,郡国上公府三式,始末详备。文惠公《隶释》有之⑨。无极山祠事,以丁丑日奏雒阳宫,是日下太常,孔庙事,以壬寅日奏雒阳宫,亦以是日下鲁相,又以见汉世文书之不滞留也。

【注释】

①著见者:明显见到的。②三月癸卯朔七日己酉:即三月初一(朔日)为癸卯,七日为己酉。下同。这是古代以干支记时的方法。鲁相臣晨,长史臣谦:"相"、"长史"均为职务(官名),"晨"和"谦"是担任这两个职务的人名。下同。"晨"即史晨。"鲁"是鲁国。顿首:叩头;头叩地而拜。古代九拜之一。后通用作下对上的敬礼。死罪:奏章、书札中的套语,意为"冒死"。③诚惶诚恐:惶惧不安。封建时代奏章中的套语。④副:其次。⑤愚戆:愚笨戆直。亦用作自谦之词。⑥承书:接受诏书。从事:行事;办事。⑦稽(qǐ)首:古时一种跪拜礼。叩头到地。是九拜中最恭敬者。臣拜君之礼。⑧行(xíng):兼代官职。大官兼管小官的事叫行某官。⑨文惠公:作者的长兄洪适,卒谥文惠。著有《隶释》二十七卷。著录汉魏隶书石刻文字一百八十三种。

资治通鉴

司马公修《资治通鉴》,辟范梦得为官属,尝以手帖论缵述之要①,大抵欲如《左传》叙事之体。又云:"凡年号皆以后来者为定。如武德元年,则从正月,便为唐高祖,更不称隋义宁二年。梁开平元年正月,便不称唐天祐四年。"故此书用以为法。然究其所穷,颇有窒而不通之处。公意正以《春秋》定公为例②,于未即位,即书正月为其元年。然昭公以去年十二月薨,则次年之事,不得复系于昭。故定虽未立,自当追书。兼经文至简，不过一二十字，一览可以了解。若《通鉴》则不侔，隋炀帝大业十三年，便以为恭皇帝上③，直至下卷之末，恭帝立，始改义宁，后一卷，则为唐高祖。盖凡涉历三卷④，而炀帝固存，方书其在江都时事。明皇后卷之首，标为肃宗至德元载，至一卷之半，方书太子即位⑤。代宗下卷云："上方励精求治，不次用人。"乃是德宗也⑥。庄宗同光四年，便系于天成⑦，以为明宗，而卷内书命李嗣源讨邺，至次卷首，庄宗方殂。潞王清泰三年⑧，便标为晋高祖，而卷内书石敬瑭反，至卷末始为晋天福。凡此之类，殊费分说。此外，如晋、宋诸胡僭国，所封建王公⑨，及除拜卿相，纤悉必书，有至二百字者。又如西秦丞相南川宣公出连乞都卒，魏都坐大官章安侯封懿、天部大人白马文正公崔宏、宜都文成王穆观、镇远将军平舒侯燕凤、平昌宣王和其奴卒，皆无关于社稷治乱。而周勃薨⑩，乃不书。及书汉章帝行幸长安，进幸槐里、岐山，又幸长平，御池阳宫，东至高陵，十二月丁亥还宫；又乙未幸东阿，北登太行山，至天井关，夏四月乙卯还宫。又书魏主七月戊子如鱼池，登青冈原，甲午还宫；八月己亥如瀰泽，甲寅登牛头山，甲子还宫。如此行役⑪，无岁无之，皆可省也。

【注释】

①手帖：手写的字帖。缵（zuǎn）述：继承传述。②定公：鲁定公。③恭皇帝：恭帝于十一月才即位。④涉历：经过；经历。⑤太子：肃宗李亨。⑥励精求治：振奋精神，尽力设法治好国家。不次：不按寻常的次序。犹言超擢，破格。德宗：代宗的长子李适。大历十四年（779年）五月，代宗逝世，李适继位。⑦天成：后唐明宗年号。明宗即李嗣源。⑧潞王：即后唐末帝李从珂。⑨晋、宋诸胡僭国：见《随笔》卷九《五胡乱华》注。僭国：越礼建立国号。封建：古代帝王把爵位、土地赐给诸侯，在封定的区域内建立邦国。秦统一全国后，废封建而置郡县。汉自景帝平定七国之乱以后，虽有封王侯建国之事，但政权归于中央，已非古代封建诸侯国之制。以后的封建，仅有爵位，实封很少，或无实际封地、封邑。⑩周勃：汉初大臣。封绛侯。刘邦认为他"厚重少文，然安刘氏者必勃也"。吕后死，他与陈平定计，诛杀企图夺取政权的吕产、吕禄等人，迎立文帝，任右丞相。⑪行役：此处指行旅，出行。

〔补注〕①究其所穷：深入研究。窒而不通：堵塞不通。窒，障碍物。②纤悉：细微详尽。指细微之事。③行幸：皇帝出行叫"行幸"。御：指皇帝临幸至某处。

弱小不量力

楚庄王伐萧,萧人囚熊相宜僚及公子丙。王曰:"勿杀,吾退。"萧人杀之,王怒,遂灭萧。楚伐莒,莒人囚楚公子平。楚人曰:"勿杀,吾归而俘①。"莒人杀之,楚师围莒,莒溃,遂入郓②。齐侯伐鲁,围龙,顷公之嬖人卢蒲就魁门焉③,龙人囚之。齐侯曰:"勿杀,吾与而盟,无入而封④。"弗听,杀而膊诸城上⑤。齐遂取龙。夫以齐、楚之大,而莒一小国,萧一附庸⑥,龙一边邑,方受攻之际,幸能囚执其人,强敌许以勿杀而退师,乃不度德量力⑦,致怨于彼,至于亡灭,可谓失计。传称子产善相小国,使当此时,必有以处之矣。

【注释】

①归而俘:归还你们被俘的兵将。而,通"尔"。汝;你。也用作"你的"。②遂入郓:于是楚军占领了莒国的郓邑。③顷公:齐顷公。嬖人:受宠爱的人。门焉:攻龙邑之门。门,攻门。④封:疆界;范围。⑤膊(bó):磔尸而曝之。磔(zhé),中国古代将犯人分裂肢体后悬首张尸示众的刑罚。⑥附庸:西周、春秋时分封的小国国君,次于诸侯。因附于诸侯,故曰附庸。萧为宋的附庸。⑦度(duó)德量力:谓衡量自己的德行能否服人,估计自己的能力是否胜任。

田横吕布

田横既败①,窜居海岛中。高帝遣使召之,曰:"横来,大者王,小者乃侯耳②。"横遂与二客诣雒阳。将至,谓客曰:"横始与汉王俱南面称孤,今汉王为天子,而横乃为亡虏,北面事之,其愧固已甚矣!"即自刭③。横不顾王侯之爵,视死如归,故汉祖流涕称其贤,班固以为雄才④。韩退之道出其墓下,为文以吊曰:"自古死者非一,夫子至今有耿光⑤。"其英烈凛然,至今犹有生气也⑥。吕布为曹操所缚,将死之际,乃语操曰:"明公之所患,不过于布,今已服矣。令布将骑,明公将步，天下不足定也。"操竟杀之。布之材未必在横下，而欲忍耻事仇。故东坡诗曰："犹胜白门穷吕布，欲将鞍马事曹瞒⑦。"盖笑之也。刘守光以燕败，为晋王所擒⑧，既知不免，犹呼曰："王将复唐室以成霸业，何不赦臣使自效？"此又庸奴下才⑨，无足责者。

【注释】

①田横：秦末齐国贵族，从兄田儋起兵，重建齐国。楚汉战争中自立为齐王。②大者王，小者乃侯耳：颜师古注："大者谓横身，小者其徒属。"③称孤：称王，称帝。自刭：用刀自割其颈；自杀。④雄才：才能出众的人。⑤耿光：光辉。⑥英烈：犹壮烈。勇敢而有气节。生气：气概昂扬。⑦白门：汉下邳城门名。曹操讨吕布，生擒吕布于白门城楼。曹瞒：曹操小字阿瞒，因呼为曹瞒。⑧刘守光：五代十国时燕国皇帝。晋王：后唐庄宗李存勖。李克用之子。后梁开平二年（908年）嗣位为晋王。⑨庸奴：见识浅陋之人。含有鄙夷之意。下才：亦作"下材"。下等的材料。讥讽刘守光是贱骨头。

中山宜阳

战国事杂出于诸书，故有不可考信者。魏文侯使乐羊伐中山，克之，以封其子。故任座云："君得中山不以封君之弟，而以封君之子。"翟璜云："中山已拔，无使守之，臣进李克。"而《赵世家》书武灵王以中山负齐之强，侵暴其地，锐欲报之，至于变胡服①，习骑射，累年乃与齐、燕共灭之，迁其王于肤施。此去魏文侯时已百年，中山不应既亡而复存，且肤施属上郡，本魏地，为秦所取，非赵可得而置他人，诚不可晓。惟《乐毅传》云，"魏取中山，后中山复国，赵复灭之。"《史记·六国表》："威烈王十二年，中山武公初立。"徐广曰："周定王之孙，西周桓公之子。"此尤不然。宜阳于韩为大县，显王三十四年，秦伐韩，拔之。故屈宜臼云：前年秦拔宜阳。正是昭侯时。历宣惠王、襄王，而秦甘茂又拔宜阳，相去几三十年，得非韩尝失此邑②，既而复取之乎？

【注释】

①以：因为。侵暴：侵犯暴掠。锐：急切；迫切。变胡服：改变服装，穿胡人的衣裳。②拔：攻克。几：将近。得非：犹言莫非是。

相六畜

《庄子》载徐无鬼见魏武侯，告之以相狗、马。《荀子》论坚白同异云："曾不如好相鸡、狗之可以为名也①。"《史记》褚先生于《日者传》后云："黄直，丈夫也，陈君夫，妇人也，以相马立名天下。留长孺以相彘立名。荥阳褚氏以相牛立名。皆有高世绝人之风②。"今时相马者间有之，相牛者殆绝，所谓鸡、狗、彘者，不复闻之矣。刘向《七略·相六畜》三十八卷，谓骨法之度数③，今无一存。

【注释】

①坚白同异：战国时名辩中关于"坚白""同异"两个争论的问题。好：音hào。喜爱。为名：即成名。②立名：树立名声。彘（zhì）：猪。高世：高超卓绝，超越世俗。绝人：超过常人。风：风范，风度。③骨法：即骨相。指动物的骨胳相貌。度数（shù）：规则。

卜筮不同

《洪范》七稽疑，择建立卜筮人，有"龟从，筮逆"之说①。《礼记》："卜筮不相袭。"谓卜不吉，则又筮，筮不吉，则又卜，以为渎龟筴②。《左传》晋献公欲以骊姬为夫人，卜之不吉，筮之吉。公曰："从筮。"卜人曰："筮短龟长③，不如从长。"鲁穆姜徙居东宫，筮之，遇《艮》之八④。史曰："是谓《艮》之《随》。"杜预注云："《周礼》大卜掌三《易》，杂用《连山》《归藏》⑤，二《易》皆以七、八为占，故言遇《艮》之八。史疑古《易》遇八为不利，故更以《周易》占，变爻得《随》卦也。"汉武帝时，聚会占家问之⑥，某日可取妇乎？五行家曰：可。堪舆家曰：不可。建除家曰：不吉。丛辰家曰：大凶。历家曰⑦：小凶。天人家曰：

小吉。太一家曰：大吉。辩讼不决，以状闻⑧。制曰："避诸死忌，以五行为主。"则历卜诸家，自古盖不同矣。唐吕才作《广济阴阳百忌历》，世多用之。近又有《三历会同集》，搜罗详尽。姑以择日一事论之，一年三百六十日，若泥而不通⑨，殆无一日可用也。

【注释】

①稽疑：谓用卜筮决疑，卜筮：古时占卜，用龟甲称卜，用蓍（shī）草称筮（shì），合称卜筮。蓍草又名"锯齿草、蚰蜓草"，用其茎占卜。龟从、筮逆：龟卜赞成(谓占卜得吉兆)，蓍占反对。②相袭：相连；重叠。袭，重复。渎：轻慢。筴："策"的异体字。龟筴：指龟甲和蓍草，古人占卜吉凶的用具。③筮短龟长：谓筮占所言理短，龟卜所言理长。筮龟皆用于占卜吉凶，龟著象，筮衍数，物先有象而后有数，故曰筮短龟长。④遇《艮》之八：占筮得到《艮》卦，变为八。此是用《连山》《归藏》进行占断。之，变也。⑤大（tài）卜：官名。为卜筮官之长，也称卜正。秦、汉有太卜令，东汉并于大史。三易：指《周易》《连山》《归藏》。连山、归藏（cáng）：相传均为《周易》前的古《易》。但二《易》现已不可知。《周易》为伏羲所作，《连山》为神农所作，《归藏》为黄帝所作。分别称先天《易》，中天《易》和后天《易》。⑥占家：古代以占候为职业的人。⑦历家：研究天时历法与人事吉凶祸福之术数家。⑧辩讼：辩论争议。讼，争辩。以状闻：将有关情况奏闻皇帝。⑨泥：拘执，不变通。

日 者

《墨子》书《贵义》篇云："子墨子北之齐，遇日者①。日者曰：'帝以今日杀黑龙于北方②，而先生之色黑，不可以北。'子墨子不听，遂北，至淄水，不遂而反③。日者曰：'我谓先生不可以北。'子墨子曰：'南之人不得北，北之人不得南，其色有黑者，有白者，何故皆不遂也。且帝以甲乙杀青龙于东方，以丙丁杀赤龙于南方，以庚辛杀白龙于西方，以壬癸杀黑龙于北方，若子之言，不可用也。'"《史记》作《日者列传》，盖本于此。徐广曰："古人占候卜筮，通谓之日者。"如以五行所直之日而杀其方龙④，不知其旨安在，亦可谓怪矣。

【注释】

①《墨子》：书名。墨家学派的著作总汇。体现了墨子的主要思想。日者：古代占候卜筮的人。②帝：天帝。③不遂：不成功；不顺利。④以五行所直之日杀其方龙：即上面所说"以甲乙杀青龙于东方……以壬癸杀黑龙于北方。"按五行义理分类："木"代表东方，青色；火，南方，赤色；土，中央，黄色；金，西方，白色；水，北方，黑色。按天干配五行：甲乙，木；丙丁，火；戊己，土；庚辛，金；壬癸，水。

柳子厚党叔文

柳子厚、刘梦得，皆坐王叔文党废黜①。刘颇饰非解谤②，而柳独不然。其《答许孟容书》云："早岁与负罪者亲善，始奇其能，谓可以共立仁义，裨教化③。暴起领事，人所不信，射利求进者，百不一得，一旦快意，更恣怨讟，诋诃万状④，尽为敌仇。"及为叔文母刘夫人墓铭，极其称诵，谓："叔文坚明直亮⑤，有文武之用。待诏禁中，道合储后⑥。献可替否，有康弼调护之勤⑦。讦谟定命，有扶翼经纬之绩⑧。将明出纳，有弥纶通变之劳⑨。内赞谟画，不废其位⑩。利安之道⑪，将施于人。而夫人终于堂，知道之士，为苍生惜焉⑫！"其语如此。梦得自作传云："顺宗即位时，有寒隽王叔文以善弈棋得通籍博望，因间隙得言及时事，上大奇之⑬。叔文自言猛之后，有远祖风，唯吕温、李景俭、柳宗元以为信⑭。然三子皆与予厚善，日夕过⑮，言其能。叔文实工言治道，能以口辩移人⑯。既得用，其所施为，人不以为当⑰。上素被疾，诏下内禅，宫掖事秘，功归贵臣⑱，于是叔文贬死。"韩退之于两人为执友，至修《顺宗实录》，直书其事云："叔文密结有当时名欲侥幸而速进者刘禹锡、柳宗元等十数人，定为死交，踪迹诡秘⑲。既得志，刘、柳主谋议唱和，采听外事⑳。及败，其党皆斥逐㉑。"此论切当，虽朋友之义，不能以少蔽也㉒。

【注释】

①党：朋党，朋辈。废黜：废免罢黜。②解谤：对别人指责自己进行辩解。③负罪者：即指王叔文。裨(bì)：增添；补凑。引申为补益。教化：政教风化。

④暴起领事：突然当政领导政治革新。射利求进者，百不一得：使那些追求利禄的人，一百个中也没有一个人得到好处。快意：犹言快心，谓恣心所欲。更恣怨讟：愈加招致怨恨诽谤。怨讟（dú），怨恨，诽谤。柳宗元原文为"更造怨讟"。诋诃（hē）：毁谤，斥责。⑤坚明：谓坚守。直亮：正直信实。⑥待诏：犹言候命。诏，皇帝诏书。道：政治主张。储后：储君。太子的别称。指后来的顺宗李诵。⑦献可替否：进献可行者，除去不可行者。后谓臣对君劝善规过，议兴议革为献可替否。替，废弃。康弼：柳宗元原文为"匡弼"。匡弼，匡正辅助。调护：调教辅佐。⑧訏谟定命：用远大的谋划来确定政令。訏谟，远大宏伟的谋划。定命，审定法令。扶翼：辅佐，扶助。经纬：规画治理。⑨将明：辅佐赞理。出纳：出，把帝王诏命向下宣告；纳，把下面意见向帝王报告。即上情下达，下情上达。弥纶：此处意犹"弥缝"。弥合补救。通变：犹变通。不拘常规，适时变动。⑩谟画：谋划。筹谋策划。不废其位：即称职。不空占官位。⑪利安之道：利国安民的政治主张。⑫"而夫人终于堂"句：按当时的规矩，官员死了父母要离职服丧，叫丁忧。这样，他的政治主张就无法实行了，百姓也就得不到利益。所以，了解他和他的主张的人，都为百姓惋惜。苍生，本指生草木之处，后借指百姓。⑬寒隽：出身寒微，才华出众的读书人。通籍：列入准许出入官门的门籍的官员。博望：汉宫苑名。汉武帝为卫太子立博望苑，供他交接宾客。博望，取可以广观博望的意思。按：原文一本为"得通籍待诏"。上：此指顺宗李诵。⑭猛：王猛，北海剧人（刘禹锡的文章说"叔文北海人"，是指郡望而言。其实王叔文为越州山阴人），出身贫贱，但很有才能。前秦皇帝苻坚任用为丞相。风：风操，节操。吕温、李景俭：均为"二王（王伾、王叔文）、刘、柳"政治革新集团的成员，按一本原下句"然"字断在上句末，为"唯……以为信然。三子皆与予厚善"。⑮过：交往，相处。⑯工言：巧言；善于谈论。治道：治理国家的方针、政策、措施等。口辩：犹口才，谓能言善辩。移人：使人的精神情态等改变。能以口辩移人，即能以口辩服人。⑰人不以为当：刘禹锡原文为"人不以为当非"，意为人们都认为是无可非议的。此处去掉"非"字，与原文意恰相反。另，卷七《伾文用事》一文也可作为此句的参证。⑱内禅：帝王择定继位的人，自动让位给他。后代也指皇帝未死时传位于继承者。贵臣：即宦官。⑲执友：志同道合的朋友。侥幸：企求非分。诡秘：隐秘难测。⑳谋议：谋划，计议。唱和（hè）：此唱彼和，互相呼应、配合。采听：收集听取。㉑斥逐：驱逐。㉒蔽：掩饰。

汉武心术

《史记·龟策传》："今上即位，博开艺能之路，悉延百端之学，通一技之士咸得自效①。数年之间，太卜大集。会上欲击匈奴，西攘大宛，南收百越，卜筮至预见表象，先图其利②。及猛将推锋执节，获胜于彼，而蓍龟时日亦有力于此③。上尤加意④，赏赐至或数千万。如丘子明之属，富溢贵宠，倾于朝廷⑤。至以卜筮射蛊道⑥，巫蛊时或颇中。素有眦睚不快⑦，因公行诛，恣意所伤，以破族灭门者，不可胜数。百僚荡恐⑧，皆曰龟策能言。后事觉奸穷⑨，亦诛三族。"《汉书音义》以为史迁没后十篇阙⑩，有录无书。元、成之间，褚先生补阙，言辞鄙陋⑪，《日者、龟策列传》在焉。故后人颇薄其书。然此卷首言"今上即位"，则是史迁指武帝，其载巫蛊之冤如是。今之论议者，略不及之。《资治通鉴》亦弃不取，使丘子明之恶，不复著见。此由武帝博采异端⑫，驯致斯祸。倘心术趋于正当⑬，不如是之酷也。

【注释】

①博开：广开。艺能：技艺才能。悉延：全部引进。意为无不欢迎。延，聘请；引进。百端之学：各种各样的学问。技：技能。自效：亦作"自効"。愿为别人或集团贡献自己的力量或生命。②攘：侵夺，攻夺。大宛（yuān）：古西域国名。收：攻取。百越：泛指越人。古族名。部落众多，故有百越（百粤）之称。表象：现象；显露在外的征象。指可能发生的各种事情。先图其利：事先做好对策，趋利避害。③推锋：直推敌锋。锋，兵锋。执节：指挥进退。执，掌握，控制。节，节制。蓍龟：用蓍草和龟甲占卜。此处用作动词，意为占卜。时日：时辰和日子。古人迷信，以为时日有吉凶，常以卜筮决之。④加意：留心，注意。此处指看重。⑤富溢贵宠：极富且贵，深受皇帝恩宠。倾于朝廷：压倒朝廷公卿大臣。⑥射：猜度。蛊道：骗术。指方士们的各种骗术。武帝迷信方士，常被方士所骗。蛊，诱惑人。⑦眦睚：又作"睚眦"，指怒目而视。引申为小怨小忿。⑧荡恐：惶恐不安。荡，动摇。⑨奸穷：奸谋用尽。⑩史迁：即司马迁。十篇：指《史记》后十篇。⑪鄙陋：鄙俗浅陋。⑫博采：广泛地搜集采纳。异端：指不合正统的思想和理论。⑬心术：心计，计谋。后亦指

居心，多用于贬语。

禁天高之称

周宣帝自称天元皇帝，不听人有天、高、上、大之称。官名有犯，皆改之。改姓高者为姜，九族称高祖者为长祖[1]。政和中，禁中外不许以龙、天、君、玉、帝、上、圣、皇等为名字。于是毛友龙但名友；叶天将但名将；乐天作但名作；句龙如渊但名句如渊；卫上达赐名仲达；葛君仲改为师仲；方天任为大任；方天若为元若；余圣求为应求；周纲字君举，改曰元举；程振字伯玉，改曰伯起；程瑀亦字伯玉，改曰伯禹；张读字圣行，改曰彦行。盖蔡京当国，遏绝史学[2]，故无有知周事者。宣和七年七月，手诏以昨臣僚建请，士庶名字有犯天、玉、君、圣及主字者悉禁，既非上帝名讳，又无经据，谄佞不根，贻讥后世[3]，罢之。

【注释】

①九族：从自己算起，上至高祖，下至玄孙为九族。②遏绝：阻止禁绝。③建请：对国事的建议请求。经据：载于经典的依据。谄佞：花言巧语，阿谀逢迎。不根：没有根据。荒谬。贻讥：招致讥责。

宣和冗官

宣和元年，蔡京将去相位，臣僚方疏官僚冗滥之敝[1]，大略云："自去年七月至今年三月，迁官论赏者五千余人。如：辰州招弓弩手，而枢密院支差房推恩者八十四人；兖州升为府，而三省兵房推恩者三百三十六人。至有入仕才二年，而转十官者。今吏部两选朝奉大夫至朝请大夫六百五十五员，横行右武大夫至通侍二百二十九员，修武郎至武功大夫六千九百九十一员，小使臣二万三千七百余员，选人一万六千五百余员。吏员猥冗，差注不行[2]。"诏三省枢密院令遵守成法③。然此诏以四月庚子下，而明日辛丑以赏西陲诛讨之功④，太师蔡京，宰相余深、王黼，知枢密院邓洵武，各与一子官，执政皆迁秩。天子命令如是即日废格之⑤，京之罪恶至矣！

【注释】

①疏：上奏章分条陈述。②吏部两选：指文官选和武官选。横行（héng xíng）：指武臣阶官。小使臣：宋高宗绍兴中重定武臣官阶，其第四十三、四十四两阶训武郎、修武郎为大使臣，第四十五至五十二阶（自从义郎至承信郎）为小使臣。使臣是宋代对部分低级官员的称谓。猥冗：多而芜杂。差注不行：委派官吏的制度不能正常施行。差（chāi）注，吏部对地方官吏的选派任命。注，注官，即按资叙授官。③成法：既定之法。④西陲诛讨之功：指童贯打败西夏兵，平定三城。陲（chuí），边疆。⑤废格：亦作"废阁"。搁置而不实施。

卷第五（十三则）

秦隋之恶

自三代讫于五季，为天下君而得罪于民，为万世所麾斥者，莫若秦与隋，岂二氏之恶浮于桀、纣哉①？盖秦之后即为汉，隋之后即为唐，皆享国久长。一时论议之臣，指引前世，必首及之，信而有征，是以其事暴白于方来②，弥远弥彰而不可盖也。尝试衰举之③。

张耳曰："秦为乱政虐刑，残灭天下，北为长城之役，南有五岭之戍，外内骚动，头会箕敛，重以苛法，使父子不相聊④。"张良曰："秦为无道，故沛公得入关，为天下除残去贼⑤。"陆贾曰："秦任刑法不变⑥，卒灭嬴氏。"王卫尉曰："秦以不闻其过亡天下。"张释之曰："秦任刀笔之吏，争以亟疾苛察相高，以故不闻其过，陵夷至于二世，天下土崩⑦。"贾山借秦为喻曰："为宫室之丽，使其后世曾不得聚庐而托处，为驰道之丽，后世不得邪径而托足，为葬埋之丽，后世不得蓬颗而托葬⑧。以千八百国之民自养，力罢不能胜其役，财尽不能胜其求，人与之为怨，家与之为雠⑨，天下已坏而弗自知，身死才数月耳，而宗庙灭绝。"贾谊曰："商君遗礼谊，弃仁恩，并心于进取，行之二岁，秦俗日败，灭四维而不张，君臣乖乱，六亲殃戮，万民离叛，社稷为虚⑩。"又曰："使赵高傅胡亥，而教之狱。今日即位，明日射人，其视杀人若刈草菅然⑪。置天下于法令刑罚，德泽亡一有，而怨毒盈于世⑫，下憎恶之如仇雠。"晁错曰："秦发卒戍边，有万死之害，而亡铢两之报⑬。天下明知祸烈及己也⑭，陈胜首倡，天下从之如流水。"又曰："任不肖而信谗贼，民力罢尽，矜奋自贤，法令烦憯，刑罚暴酷，亲疏皆危，外内咸怨，绝祀亡世⑮。"董仲舒曰："秦重禁文学，不得挟书，弃捐礼谊而恶闻之⑯。其心欲尽灭先圣之道，而颛为自恣苟简之治⑰。自古以来，未尝有以乱济乱，大败天下之民如秦者也⑱。"又曰："师申、商之法，行韩非之说，憎帝王之道，以贪狼为俗，赋敛亡度，竭民财力，群盗并起，死者相望，而奸不息[19]。"淮南王安曰："秦使尉屠睢攻越，凿渠通道，旷日引久，发谪戍以备之[20]，往者莫反，亡逃相从，群为盗贼。于是山东之难始兴。"吾丘寿王曰："秦废王道，立私议，去仁恩而任刑戮，至于赭衣塞路[21]，群盗满山。"主父偃曰："秦任战胜之威，功齐三代，务胜不休，暴兵露师，百姓靡敝[22]，孤寡老弱，不能相养，死者相望，天下始叛。"徐乐曰："秦之末世，民困而主不恤，下怨而上不知，俗已乱而政不修[23]，陈涉之所以为资也。此之谓土崩。"严安曰："秦一海内之政，坏诸侯之城，为知巧权利者进[24]，笃厚忠正者退。法严令苛，意广心逸[25]。兵祸北结于胡，南挂于越，宿兵于无用之地[26]，进而不得退，天下大畔，灭世绝祀。"司马相如曰："二世持身不谨[27]，亡国失势，信谗不寤，宗庙灭绝。"伍被曰："秦为无道，百姓欲为乱者十室而五。使徐福入海[28]，欲为乱者十室而六。使尉佗攻百越[29]，欲为乱者十室而七。作阿房之宫，欲为乱者十室而八。"路温舒曰："秦有十失，其一尚存，治狱之吏是也[30]。"贾捐之曰："兴兵远攻，贪外虚内，天下溃畔，祸卒在于二世之末。"刘向曰："始皇葬于骊山，下锢三泉[31]，多杀宫人，生埋工匠，计以万数，天下苦其役而反之。"梅福曰："秦为无道，削仲尼之迹，绝周公之轨，礼坏乐崩[32]，王道不通，张诽谤之网，以为汉驱除。"谷永曰："秦所以二世十六年而亡者，养生泰奢，奉终泰厚也[33]。"刘歆曰："燔经书，杀儒士，设挟书之法，行是古之罪，道术由是遂灭[34]。"凡汉人之论秦恶者如此。

唐高祖曰："隋氏以主骄臣谄亡天下。"孙伏伽曰："隋以恶闻其过亡天下。"《薛收传》："秦王平洛阳，观隋宫室，叹曰：'炀帝无道，殚人力以事夸侈[35]。'收曰：'后主奢虐是矜，死一夫之手[36]，为后世笑。'"张元素曰："自古未有如隋乱者，得非君自专、法日乱乎[37]？造乾阳殿，伐木于豫章，一材之费，已数十万工。乾阳毕功，隋人解体。"魏徵曰："炀帝信虞世基，贼遍天下而不得闻。"又曰："隋唯责不献食，或供奉不精，为此无限，而至于亡。方其未乱，自谓必无乱，未亡，自谓必不亡。所以甲兵驱动[38]，徭役不息。"又曰："恃其富强，不虞后患，役万物以自奉养，子女玉帛是求[39]，宫室台榭是饰。外示威重，内行险忌，上下相蒙，人不堪命[40]，以致陨匹夫之手。"又曰："文帝骄其诸子，使至夷灭[41]。"马周曰："贮积者固有国之常，要当人有余力而后收之，岂人劳而强敛之以资寇邪㊷?隋贮洛口仓,而李密因之;积布帛东都,而王世充据之;西京府库,亦为国家之用㊸。"陈子昂曰:"炀帝恃四海之富,凿渠决河,疲生人之力,中国之难起,身死人手,宗庙为墟。"杨相如曰:"炀帝自恃其强,不忧时政。言同尧、舜,迹如桀、纣,举天下之大,一掷弃之。"吴兢曰:"炀帝骄矜自负,以为尧、舜莫己若,而讳亡憎谏。乃曰:'有谏我者,当时不杀,后必杀之。'自是謇谔之士去而不顾㊹,外虽有变,朝臣钳口,帝不知也。"柳宗元曰:"隋氏环四海以为鼎,跨九垠以为炉,爨以毒燎,煽以虐焰,沸涌灼烂,号呼腾蹈㊺。"李珏曰:"隋文帝劳于小务㊻,以疑待下,故二世而亡。"凡唐人之论隋恶者如此。

【注释】

①麾斥:犹斥骂。浮:超过。②论议:对人或事物的好坏、是非等表示意见。指引:援引。信而有徵:真实而有依据。暴(pù)白:暴露。方来:将来。③裒举:汇集列举。裒(póu),聚集。④乱政:腐败的政治。暴政、虐刑:残酷的刑罚。残灭:残杀毁灭。长城之役:即修筑万里长城。五岭之戍:秦始皇曾派五十万人防守五岭。五岭指越城、都庞、萌渚、骑田、大庾五岭,在今湖南、江西、广东、广西四省区边境。一说有揭阳而无都庞。戍,军队驻防。头会箕敛:按人数征税,用畚箕装取所征的谷物。头会(kuài)按人头计算。谓赋税苛刻繁重。重(zhòng):加上。苛法:烦琐的法律。聊:依靠,倚赖。⑤无道:暴虐,没有德政。除残:除去残暴(的人)。贼:虐害人民的人。⑥刑法:刑罚。⑦刀笔吏:文书小吏。后世称讼师为刀笔吏,言其笔如利刀,能杀伤人。亟疾苛察:谓急剧猛烈,以苛刻烦琐为明察。相高:高,比高;争胜。陵夷:由盛到衰。二世:指秦二世胡亥。土崩:像土倒塌,比喻溃败不可收拾。⑧丽:美好;豪华。庐:村房或小屋,托处(chǔ):安身,栖止。驰道:秦代专供帝王行驶马车的道路。邪径:比正道近便的小路。托足:使足有所依借。借指驱驰、驰骋。蓬颗:长蓬草的土块。常指坟上长草的土块。颗,土块。托葬:依附埋葬。⑨自养:犹自奉;自给。雠(chóu):仇敌。⑩礼谊:礼义。礼法道义。并心于进取:指兼并天下。并心,专心。进取,进攻;攻取。四维:旧时统治者把礼、义、廉、耻叫四维。张:(使)强大。乖乱:谓不守礼法,胡作非为。殃戮:残杀。离叛:离心;背叛。虚:即墟。废墟,荒地。⑪傅:辅佐;教导。狱:刑狱。也指刑罚。射人:杀人。刈(yì):割。多用于草或谷类。引申为杀。草菅(jiān):草茅。喻轻贱。后称轻易杀人为草菅人命。⑫怨毒:极端怨恨。⑬

铢两：比喻微小。⑭祸烈：祸害，祸患。⑮谗贼：指好诽谤中伤残害良善的人。民力：民众的人力、物力、财力。矜奋：骄傲自大。烦惨：繁杂严酷。惨（cǎn），惨毒；残酷。暴酷：暴虐残酷。绝祀：断绝祭祀。比喻国家灭亡。⑯重（zhòng）禁：严禁。挟（xié）书：私藏书籍。弃捐：抛弃；废置。⑰自恣：放任，为所欲为。苟简：草率而简略。此处指仅求应付、轻率。⑱济：颜师古注：济，益也。按颜注，应为弥补、补益之义。败：摧残。一说危害；祸害。⑲师：效法。申：申不害。商：商鞅。和韩非均为战国时法家代表人物。帝王之道：即布仁政、施德泽。以贪狼为俗：颜师古注：狼性皆贪，故谓贪为贪狼也。相望：互相看见。形容接连不断。极言其多。奸（jiān）：歹徒；恶人。⑳引久：犹持久。谪戍：封建时代官吏或人民有罪被遣戍远方叫"谪戍"。㉑王道："霸道"的对称。国君以仁义治天下，以德服人的统治方法。儒家起先提倡王道，反对霸道，后一般主张王霸并用，但在不同的条件下有所侧重。私议：谓个人的看法或主张。赭（zhě）衣：古代囚犯所穿的亦褐色的衣服，亦即以为罪人的代称。㉒靡敝：风俗侈靡，民生雕敝。㉓俗：习俗；风俗。㉔知巧：智谋和巧诈。权利：权势和货利。㉕意广：踌躇满志，野心膨胀。心逸：谓心思纵放。意广心逸，即野心勃勃而想入非非。㉖北结于胡：指使蒙恬将兵北攻强胡。南挂于越：指使屠睢和尉佗攻越。颜师古注："挂，悬也。"宿兵：驻扎军队。㉗不谨：指行为放荡。㉘徐福入海：为秦始皇求仙。㉙尉佗：即赵佗。㉚治狱：审理案件。路温舒时为廷尉，他说："天下之患，莫深于狱；败法乱政，离亲塞道，莫甚于治狱之 吏。此所谓一尚存者也。"(《汉书·路温舒传》）这句话的意思，不是"秦朝有十个人死，如果有一个人活下来，这个人就是管理监狱的人。""秦有十失"的"失"，指过失；错误。㉛锢：以金属熔液填塞空隙。此处指墓穴空隙。三泉：三重泉。即地下深处。㉜削迹：削除车迹。谓不被任用。削仲尼之迹，指秦始皇焚书坑儒。轨：《汉书》颜师古注："法也。"绝轨：犹远迹。指先贤的事迹。礼坏乐（yuè）崩：指为维护君臣上下等级秩序而建立的一套典章制度、礼义教化遭到极大的破坏。㉝养生：摄养身心使长寿。奉终：指为死者办理丧事。㉞燔（fán）：焚烧。是古：以古为是。颜师古注："以古事为是者即罪之。"道术：指学术，学说。㉟夸（kuā）侈：奢侈，浮华。㊱后主：指炀帝。奢虐：奢侈而残暴。矜：自夸；自恃。一夫：一人。古籍中多指男人。意谓一夫大呼，天下土崩。㊲自专：按自己的意图独断独行。㊳亟（qì）：屡次。㊴不虞：不提防。子女：美女；年青女子。㊵威重：威权；威势。险忌：犹险忮。阴险忌刻。不堪：忍受不了。命：生存；生活。㊶文帝：炀帝杨广之父杨坚。骄：通"娇"。宠爱；娇惯。夷灭：消灭。㊷人劳：百姓疲敝。劳，病。㊸洛口仓：隋大业十三年李密所在的瓦岗农民起义军攻克此仓。

国家：指唐太宗李世民。㊹謇（jiǎn）谔：正直敢言貌。㊺九垠：犹九州。爨（cuàn）：焚烧。毒燎：烈火。虐焰：残暴的气焰。此句意思为毒燎虐焰遍天下。沸涌：水翻腾貌。灼烂：烧灼至于糜烂。腾蹈：奔腾践踏。按：柳宗元原文为："爨以毒燎，熵以虐焰，其人沸涌灼烂，号呼腾蹈。"㊻小务：琐碎事务。

汉唐二武

东坡云："古之君子，必忧治世而危明主，明主有绝人之资，而治世无可畏之防①。"美哉斯言！汉之武帝，唐之武后，不可谓不明，而巫蛊之祸，罗织之狱，天下涂炭，后妃公卿，交臂就戮②，后世闻二武之名，则憎恶之。蔡确作诗，用郝甑山上元间事，宣仁谓以吾比武后；苏辙用武帝奢侈穷兵虚耗海内为谏疏，哲宗谓至引汉武上方先朝③。皆以之得罪。人君之立政④，可不监兹！

【注释】

①治世：治平之世。与"乱世"相对。危：忧惧。明主：贤明的君主。可畏之防：能使人主畏惧的防范措施。②罗织之狱：武则天任用来俊臣为侍御史、左台御史中丞。来俊臣大兴刑狱，与其党造《告密罗织经》，专用酷刑逼供，前后被其族杀冤死者一千余家。罗织，虚构罪名，陷害无辜。涂炭：踩躏；摧残。交臂：谓罪人双手被交叉地绑在背后。③郝甑山：指唐郝处俊。封甑山公。上元：高宗李治年号。不是"正月十五元宵节"。上元二年三月，李治因患风疹，不能上朝理事，议使天后武则天摄知国政，被郝处俊谏止。穷兵：滥用武力。先朝：指先帝。此处指哲宗的父亲神宗。神宗曾征讨交趾。④立政：确立为政之道。

玉川子①

韩退之《寄卢仝》诗云："玉川先生洛城里，破屋数间而已矣。一奴长须不裹头，一婢赤脚老无齿。昨晚长须来下状②，隔墙恶少恶难似。每骑屋山下窥瞰③，浑舍惊怕走折趾。立召贼曹呼五百④，尽取鼠辈尸诸市。"夫奸盗固不义，然必有谓而发，非贪慕货财，则挑暴子女⑤。如玉川之贫，至于邻僧乞米⑥，隔墙居者岂不知之？若为色而动，窥见室家之好，是以一赤脚老婢陨命也，恶少可谓枉著一死⑦。予读韩诗至此，不觉失笑。仝集中《有所思》一篇，其略云："当时我醉美人家，美人颜色娇如花。今日美人弃我去，青楼珠箔天之涯⑧。梦中醉卧巫山云，觉来泪滴湘江水⑨。湘江两岸花木深，美人不见愁人心。相思一夜梅花发，忽到窗前疑是君⑩。"则其风味殊不浅，韩诗当亦含讥讽乎⑪？

【注释】

①玉川子：指卢仝，唐诗人，自号玉川子。曾作《月蚀诗》讥刺当时宦官专权。②下状：投递状纸。③屋山：屋脊两端的山墙。引申指屋脊。④贼曹：官名。主捕贼、讼词等事。⑤有谓：有原因；有用意。挑暴（bào）：挑逗凌辱。⑥于：向。⑦室家：妻子。好（hāo）：指女子貌美。陨命：丧命。枉著一死：白白送死。⑧青楼：指妓院。珠箔：即"珠帘"。⑨巫山云：战国宋玉《高唐赋》序记楚襄王游云梦台馆，望高唐宫观，言先王（怀王）梦与巫山神女相会。神女辞别时说："妾在巫山之阳，高丘之阻。旦为朝云，暮为行雨。朝朝暮暮，阳台之下。"后用巫山云雨称男女幽会。湘江水：相传舜南巡死在苍梧，其二妃娥皇、女英寻到洞庭湖，投湘江身死，遂成为湘水之神。其泪水洒在竹上成斑，称斑竹或湘妃竹。此处用来极力夸张作者的相思之苦。⑩君：指美人。⑪风味：趣味。此处当指卢仝对美人的情趣。讥讽：用旁敲侧击或尖刻的话指摘或嘲笑对方的错误、缺点。

银青阶

唐自肃、代以后，赏人以官爵，久而浸滥，下至州郡胥吏军班校伍，一命便带银青光禄大夫阶，殆与无官者等。明宗长兴二年，诏不得荐银青阶为州县官，贱之至矣。晋天福中，中书舍人李详上疏，以为十年以来，诸道职掌，皆许推恩，藩方荐论，动逾数百，乃至藏典书吏，优伶奴仆，初命则至银青阶，被服皆紫袍象笏，名器僭滥①，贵贱不分。请自今节度州听奏大将十人②，他州止听奏都押牙、都虞候、孔目官。从之。冯拯之父俊，当周太祖时，补安远镇将，以银青光禄检校太子宾客兼御史大夫。至本朝端拱中,拯登朝,遇郊恩始赠大理评事③。予八世从祖师畅,畅子汉卿,卿子膺图,在南唐时,皆得银青阶,至检校尚书、祭酒。然乐平县帖之,全称姓名,其差徭正与里长等④。元丰中,李清臣论官制,奏言:"国朝踵袭近代因循之弊,牙校有银青光禄大夫阶,卒长开国而有食邑⑤。"盖为此也。今除授蕃官⑥,犹用此制。绍兴二十八年,广西经略司申安化三州蛮蒙全计等三百十八人进奉,乞补官勋,皆三班借差⑦。三班差使,悉带银青祭酒,而等第加勋,文安公在西垣为之命词⑧。

【注释】

①职掌:掌管。此处指主管官员。藩方:指节度使。荐论:推荐选拔。论,通"抡"。藏典:官名。看守国库的官吏。书吏:指承办文书的吏员。被服:穿着。名器:奴隶社会和封建社会称表示等级的称号和车服仪制等为名器。僭滥:赏罚失当,过而无度。僭,过分。滥,过度;无节制。②节度州:节度使治理的州。③登朝:进用于朝廷。郊恩:皇帝因郊祀礼成之后,对皇室、臣民所加的恩泽。④帖:谓指示、指令。差徭:徭役。里长:古之乡职,谓一里之长。犹里尹、里正。⑤踵袭:犹沿袭。牙校:低级的武官。卒长:古代军队编制,百人为卒,长官叫卒长。开国:指封爵。自晋以来,五等封爵皆有开国之称,唐宋因之。食邑:即采(cài)邑。亦名"采地"或"封地"。中国古代诸侯封赐所属卿、大夫作为世禄的田邑(包括土地上的劳动者)。盛行于周代。卿、大夫世代以采邑为食禄,故亦称食邑。秦汉以后,废除了封邑的世袭制,取消了在采地的统治权,只是征敛封邑内民户的赋税充食禄。⑥除授:授予官职。蕃官:蕃,通"番"。旧称少数民族或外国。⑦进奉:将珍异货物献呈皇室。官勋:官职勋阶。三班借差:宋代武臣的最低职级。宋时武臣职官,分东、西、横三班。⑧等第加勋:按等级次第加封勋阶。文安公:本书作者的次兄洪遵,卒谥文安。西垣:中书省的别称。

〔补注〕漫滥:逐渐泛滥而无节制。

买马牧马

国家买马,南边于邕管,西边于岷、黎,皆置使提督,岁所纲发者盖逾万匹①。使臣、将校得迁秩转资,沿道数十州,驿程券食、厩圉薪刍之费，其数不赀，而江、淮之间，本非骑兵所能展奋，又三牙遇暑月②，放牧于苏、秀以就水草，亦为逐处之患。因读《五代旧史》云："唐明宗问枢密使范延光内外马数。对曰：'三万五千匹。'帝叹曰：'太祖在太原，骑军不过七千。先皇自始至终③，马才及万。今有铁马如是，而不能使九州混一④，是吾养士练将之不至也。'延光奏曰：'国家养马太多，计一骑士之费可赡步军五人⑤，三万五千骑，抵十五万步军，既无所施，虚耗国力。'帝曰：'诚如卿言。肥骑士而瘠吾民，民何负哉？'"明宗出于蕃戎⑥，犹能以爱民为念。李克用父子以马上立国制胜⑦，然所蓄只如此。今盖数倍之矣。尺寸之功不建，可不惜哉！且明宗都洛阳，正临中州，尚以为骑士无所施。然则今虽纯用步卒，亦未为失计也。

【注释】

①提督：提调（diào）监督。纲发：成批编组发运。纲，旧时成批运输货物的组织。②使臣：身负君命外出之臣。即指经略使。转资：迁改资格级别。驿程：驿站之间的里程。券（quàn）食：谓凭券供给的膳食。厩圉（jiù yǔ）：马棚。薪刍：薪柴和牧草。不赀（zī）：数量很大，不能以资财计算。展奋：舒展骥足，奋力驰骋。三牙：即"三衙"。宋代以殿前司、侍卫亲军马军司、侍卫亲军步军司分掌禁军，各置都指挥使等为长官。因唐代藩镇之亲兵称牙（衙）兵，而五代至宋的皇帝多半出自藩镇，故相沿称为三衙。③太祖：指武皇李克用。先皇：指庄宗李存勖。④铁马：配有铁甲的战马。混一：统一。⑤赡（shàn）：供给；供养。⑥蕃戎：我国古代对西北边境各族的统称。李嗣源祖上系西突厥沙陀族人。⑦马上立国：谓以武力得天下。

杜诗用字

律诗用自字、相字、共字、独字、谁字之类，皆是实字，及彼我所称①，当以为对，故杜老未尝不然。今略纪其句于此："径石相萦带②，川云自去留。""山花相映发，水鸟自孤飞。""衰颜聊自哂，小吏最相轻③。""高城秋自落，杂树晚相迷。""百鸟各相命，孤云无自心④。""胜地初相引，徐行得自娱。""云里相呼疾，沙边自宿稀。""暗飞萤自照，水宿鸟相呼。""猿挂时相学，鸥行炯自如⑤。""自吟诗送老，相劝酒开颜。""俱飞蛱蝶元相逐,并蒂芙蓉本自双。""自去自来堂上燕,相亲相近水中鸥。""此时对雪遥相忆,送客逢春可自由⑥。""梅花欲开不自觉,棣萼一别永相望⑦。""桃花气暖眼自醉,春渚日落梦相牵。"此以自字对相字也。"自须开竹径,谁道避云萝⑧。""自笑灯前舞,谁怜醉后歌。""死去凭谁报,归来始自怜。""哀歌时自短,醉舞为谁醒。""离别人谁在,经过老自休⑨。""永夜角声悲自语⑩,中天月色好谁看。"此以自字对谁字也。"野人时独往,云木晓相参⑪。""正月莺相见,非时鸟共闻⑫。""江上形容吾独老,天涯风俗病相亲⑬。""纵饮久判人共弃,懒朝真与世相违⑭。""此日此时人共得,一谈一笑俗相看。"此以共字、独字对相字也。

【注释】

①彼我所称:即前文说的"自"、"相"、"共"、"独"、"谁"这些字。其中两个彼此相称。②萦带:环绕。③哂(shěn):微笑。小吏最相轻:轻衰颜者也。④相命:和鸣。自心:自己的思想意念。明王嗣奭《杜臆》:"鸟各鸣群,而孤云飘泊,言外有自悲意。"⑤"猿挂"句:猿臂脚长,能倒挂。时相学,写猿之戏狎。炯自如,写鸥之明洁。炯,明亮,光明。自如,不拘束,活动不受阻碍。⑥可自由:杜诗原意是"恰有闲情逸致"。可,恰恰。⑦棣(dì)萼:犹棣花。比喻兄弟友爱。⑧云萝:藤萝。即紫藤。因藤茎屈曲攀绕如云之缭绕,故称。⑨经过:经历。自休:自止。⑩永夜角声悲自语:角,即画角。⑪野人:士人自谦之词。为杜甫自称。云木:高耸入云的树木。相参:问候杜甫。参,犹问候。句出《朝二首》其一。原解:首章,对朝景而兴久客之悲……既而独往山上,又见木杪停云,参在眼前矣。⑫非时:不时,时常。按:"正月莺相见",一本作"正月蜂相见"。⑬形容:形体容貌。天涯风俗病相亲:一本作"天边风俗自相亲"。是说人们自相亲,而不与我亲。⑭判:通"拚"。舍弃。《杜甫全集》引《方言》:"楚人凡挥弃物谓之判。"一说割舍之辞,亦甘愿之辞。(张相《诗词曲语辞汇释》)即甘愿被人嫌弃。懒朝:懒于朝参,或称病不朝参。与世相违:有违世情。

〔补注〕①蛱(jiá)蝶:蝴蝶的一类。芙蓉:莲(荷)的别名。②春渚:春日的水边。亦指春水。③"此日此时"句:出《人日二首》其二。人共得,举世同此人日。俗相看,流俗相沿为乐。

唐虞象刑

《虞书》："象刑惟明①。"象者法也②。汉文帝诏，始云："有虞氏之时，画衣冠、异章服以为戮③，而民弗犯。"武帝诏亦云："唐虞画象，而民不犯。"《白虎通》云："画象者，其衣服象五刑也④。犯墨者蒙巾，犯劓者赭著其衣，犯髌者以墨蒙其髌，犯宫者扉⑤，扉，草屦也，大辟者布衣无领。"其说虽未必然，扬雄《法言》，"唐、虞象刑惟明"，说者引前诏以证，然则唐、虞之所以齐民⑥，礼义荣辱而已，不专于刑也。秦之末年，赭衣半道，而奸不息。国朝之制，减死一等及胥吏兵卒配徒者，涅其面而刺之⑦，本以示辱，且使人望而识之耳。久而益多，每郡牢城营，其额常溢，殆至十余万，凶盗处之恬然⑧。盖习熟而无所耻也。罗隐《谗书》云："九人冠而一人髡，则髡者慕而冠者胜⑨，九人髡而一人冠，则冠者慕而髡者胜。"正谓是欤？《老子》曰："民常不畏死，奈何以死惧之。若使民常畏死，则为恶者吾得执而杀之⑩，孰敢？"可谓至言。荀卿谓象刑为治古不然，亦正论也⑪。

【注释】

①象刑：传说上古尧舜时无肉刑，以特异的服饰象征五刑，以示耻辱，谓之象刑。一说象天道以制刑法，公之于众，谓之象刑。惟明：使人皆尊崇德教。②象者法也：象，就是法制，以法为治。③有虞氏之时：即虞舜时。画衣冠（guān）：犯人穿着特殊标志的衣冠（即下文《白虎通》所云）代替刑罚，称为"画衣冠"。章服：有识别符号的衣服。戮：羞辱。④五刑：即下文所指的五种刑罚：墨，亦称"黥"。中国古代在犯人面部或额上刺刻后涂以墨的刑罚。五刑中最轻的一种。劓（yì），割掉犯人鼻子。髌，切去膝盖骨。一说，断犯人之足，亦称"刖"。宫，亦称"腐"、"椓"。割掉男子生殖器、闭塞妇女生殖器（一说将妇女禁闭于宫中）。大辟（bì），死刑的通称。五刑中最重的一种。⑤蒙巾：用布遮盖面额。赭著（zhuó）其衣：使他穿赤褐色的衣服。赭（zhě），赤褐色。犯髌（bìn）者以墨蒙其髌：前"髌"为刑罚，剔去膝盖骨；后"髌"指膝盖骨。以墨蒙其髌：涂上墨遮住膝盖骨。扉（fèi）：指穿草鞋（或麻鞋）。⑥齐民：谓治理人民。⑦减死：减免死刑。一等：一类。一说一个等

级。配：流刑；充军。徒：中国古代强制罪犯在一定期限内从事劳动的刑罚。涅（niè）：染黑。⑧牢城：宋时囚系流配罪犯的地方。恬然：安然，不在意貌。⑨冠（guàn）：戴帽子。髽（zhuā）：梳在头顶两旁的发髻。慕：羡慕；仰慕。胜：自得，感到优越。⑩为恶者：《老子》原文为"为奇者"。诡诈、邪伪不正的人。奇（jī）：诡异不正。⑪荀卿谓象刑为治古不然：《荀子·正论》："世俗之为说者曰：治古无肉刑，而有象刑。墨黥，慅婴，共艾毕，菲对屦，杀赭衣而不纯，治古如是。是不然，以为治邪，则人固莫触罪，非独不用肉刑，亦不用象刑矣。"治古：谓古之治世。正论：正确合理的言论。

崔常牛李

士大夫一时论议，自各有是非，不当一一校其平生贤否也①。常衮为宰相，唐德宗初立，议群臣丧服，衮以为遗诏云"天下吏人三日释服"②，古者卿大夫从君而服，皇帝二十七日而除，在朝群臣亦当如之。祐甫以为遗诏无朝臣、庶人之别，凡百执事，孰非吏人？皆应三日释服。相与力争，衮不能堪③，奏贬祐甫。已而衮坐欺罔贬④，祐甫代之。议者以祐甫之贤，远出衮右，故不复评其事。然揆之以理，则衮之言为然。李德裕为西川节度使，吐蕃维州副使悉怛谋请降⑤。德裕遣兵据其城，具奏其状⑥，欲因是捣西戎腹心。百官议皆请如德裕策。宰相牛僧孺曰："吐蕃之境，四面各万里，失一维州未能损其势。比来修好，约罢戍兵，彼若来责失信，上平凉坂，万骑缀回中，怒气直辞，不三日至咸阳桥⑦。此时西南数千里外得百维州，何所用之？"文宗以为然，诏以城归吐蕃。由是德裕怨僧孺益深。议者亦以德裕贤于僧孺，咸谓牛、李私憾不释⑧，僧孺嫉德裕之功，故沮其事。然以今观之，则僧孺为得，司马温公断之以义利⑨，两人曲直始分。

【注释】

①论议：对人或事物的好坏、是非等所表示的意见。亦指思想认识、境界等。校（jiào）：比较。②释服：解除丧服。谓除丧。③不能堪：忍受不了。④欺罔：欺骗蒙蔽（皇上）。⑤吐蕃（bō）：中国古代藏族政权名。⑥具奏：备文上奏。⑦比来：近来。上：登上；前往。缀：缘也。回中：古道路名。缀

回中，即取道回中。直辞：亦作"直词"。正直的言词。咸阳桥：即西渭桥。为长安西北门户。⑧私憾：私人间的怨恨。⑨得：适宜，得当。断之以义利：《资治通鉴》用牛僧孺的话说李德裕那样做是"徒弃诚信（义）；有害无利（利）"。

盗贼怨官吏

陈胜初起兵，诸郡县苦秦吏暴，争杀其长吏以应胜①。晋安帝时，孙恩乱东土，所至醢诸县令以食其妻子，不肯食者辄支解之②。隋大业末，群盗蜂起，得隋官及士族子弟皆杀之③。黄巢陷京师，其徒各出大掠，杀人满街，巢不能禁，尤憎官吏，得者皆杀之。宣和中，方腊为乱，陷数州，凡得官吏，必断脔支体，探其肺肠，或熬以膏油，丛镝乱射，备尽楚毒④，以偿怨心。杭卒陈通为逆，每获一命官，亦即枭斩⑤。岂非贪残者为吏，倚势虐民，比屋抱恨，思一有所出久矣，故乘时肆志⑥，人自为怒乎？

【注释】

①长（zhǎng）吏：旧称地位较高的官员。也指地位较高的县级官吏。②醢（hǎi）：古代把人剁成肉酱的一种酷刑。食（sì）：通"饲"。给人吃，喂食。支解：亦作"枝解"。古代分解四肢的酷刑。支通"肢"。③士族：一称"世族"。东汉以后在地主阶级内部形成的各地大姓豪族，在政治、经济各方面享有特权。④断脔（luán）：碎割肉块。脔，切成块的肉。丛镝乱射：乱箭集射。楚毒：泛指酷刑。⑤杭卒：杭州兵卒。命官：指朝廷的官吏。因古有一至九命之别，故称。枭斩：斩首悬杆示众。⑥比屋：家家户户。常用以形容众多，普遍。亦借称老百姓。肆志：纵情，快意。

作诗先赋韵

南朝人作诗多先赋韵，如梁武帝华光殿宴饮连句，沈约赋韵，曹景宗不得韵，启求之①，乃得竞病两字之类是也。予家有《陈后主文集》十卷，载王师献捷，贺乐文思②，预席群僚，各赋一字，仍成韵，上得盛病柄令横映复并镜庆十字，宴宣猷堂，得连格白赫易夕掷斥圻哑十字，幸舍人省，得日谧一瑟毕讫橘质帙实十字。如此者凡数十篇。今人无此格也③。

【注释】

①赋韵：即分韵。旧时作诗方式之一，"赋"是给予或分配的意思。启求：犹请求。②贺乐：庆贺；祝贺。文思：文思殿。宫殿名。③格：条规；制度。

后妃命数①

《左传》所载郑文公之子十余人，其母皆贵胄，而子多不得其死，惟贱妾燕姞生穆公，独继父有国，子孙蕃衍盛大②，与郑存亡。薄姬入汉王宫，岁余不得幸，其所善管夫人、赵子儿先幸汉王，为言其故，王即召幸之，岁中生文帝，自有子后希见③。及吕后幽诸幸姬不得出宫，而薄氏以希见故，得从子之代④，为代太后。终之承汉大业者，文帝也⑤。景帝召程姬，程姬有所避不愿进，而饬侍者唐儿使夜往，上醉不知而幸之，遂有身⑥，生长沙王发。以母微无宠，故王卑湿贫国⑦。汉之宗室十有余万人，而中兴炎祚⑧，成四百年之基者，发之五世孙光武也。元帝为太子，所爱司马良娣死，怒诸娣妾，莫得进见。宣帝令皇后择后宫家人子五人，虞侍太子⑨。后令旁长御问所欲⑩，太子殊无意于五人者，不得已于皇后，强应曰："此中一人可。"乃王政君也。一幸有身，生成帝，自有子后，希复进见。然历汉四世⑪，为天下母六十余载。观此四后妃者，可谓承恩有限，而光华启佑，与同辈辽绝，政君遂为先汉之祸⑫。天之所命，其亦各有数乎⑬？徽宗皇帝有子三十人，唯高宗皇帝再复大业。显仁皇后在宫掖时⑭，亦不肯与同列争进，甚类薄太后云。

【注释】

①命数：犹命运。②贵胄：胄（zhòu），后代。谓贵族子弟。蕃衍：滋生繁殖。③希见：罕见。④幽：关闭；囚禁。之代：前往代国。代，汉初同姓九

国之一。⑤文帝：刘恒，薄姬子。封代王。⑥饬：同"敕"。命令。有身：即怀孕。⑦卑湿：地势低下且潮湿。长沙乃卑湿之地。⑧炎祚：五行家谓刘汉（自称）以火德王，故称炎汉。因以"炎祚"指汉的国统。⑨家人子：汉代官人之称。虞侍：谓伴侍而使愉悦。虞，通"娱"。⑩长（zhǎng）御：汉代皇后宫内女官名。宫女之长。⑪历汉四世：王政君历元帝、成帝、哀帝、平帝。⑫光华：光荣；荣耀。启佑：开导佑助。辽绝：相去甚远，悬殊。政君遂为先汉之祸：成帝即位，王政君被尊为太后。成帝的舅父王凤为大司马大将军领尚书事，总揽朝政。从此开始了西汉后期的王氏专权。最终导致王莽篡汉。⑬数：气数。是一种迷信说法，谓气运，命运。⑭显仁皇后：高宗赵构的生母、徽宗赵佶贤妃韦氏。卒后谥曰显仁。

公为尊称

柳子厚《房公铭》阴曰："天子之三公称公，王者之后称公，诸侯之入为王卿士亦曰公，尊其道而师之称曰公①。古之人通谓年之长者曰公。而大臣罕能以姓配公者，唐之最著者曰房公。"东坡《墨君堂记》云："凡人相与称呼者，贵之则曰公。"范晔《汉史》："惟三公乃以姓配之，未尝或紊。"如邓禹称邓公，吴汉称吴公，伏公湛、宋公弘、牟公融、袁公安、李公固、陈公宠、桥公玄、刘公宠、崔公烈、胡公广、王公龚、杨公彪、荀公爽、皇甫公嵩、曹公操是也。三国亦是，有诸葛公、司马公、顾公、张公之目。其在本朝，唯韩公、富公、范公、欧阳公、司马公、苏公为最著也②。

【注释】

①阴：铭文刻在石碑上。石碑背面为"阴"。后，后代。卿士：官名。一作"卿事"、"卿史"。商末、西周、春秋时王朝执政官。入，指入朝。尊其道：尊重其所传之道。②韩公：指韩琦。富公：指富弼。范公：范仲淹。欧阳公：指欧阳修。司马公：指司马光。苏公：苏轼。

台城少城

晋宋间,谓朝廷禁省为台,故称禁城为台城①,官军为台军,使者为台使,卿士为台官,法令为台格。需科则曰台有求须②,调发则曰台所遣兵。刘梦得赋《金陵五咏》,故有《台城》一篇。今人于他处指言建康为台城③,则非也。晋益州刺史治大城④,蜀郡太守治少城,皆在成都,犹云大城、小城耳。杜子美在蜀日,赋诗故有"东望少城"之句。今人于他处指成都为少城,则非也。

【注释】

①禁省:即"皇宫"。亦称"禁中"、"省中"。台:古代中央政府的官署。常指御史台。禁城:宫城。②需科:科,泛指行为、动作。③建康、金陵:古代地名,均在今南京市。④治:旧称地方政府所在地。

卷第六（十五则）

严武不杀杜甫

《新唐书·严武传》云："房琯以故宰相为巡内刺史，武慢倨不为礼①，最厚杜甫，然欲杀甫数矣，李白为《蜀道难》者，为房与杜危之也。"甫传云："武以世旧待甫，甫见之，或时不巾②。尝醉登武床，瞪视曰：'严挺之乃有此儿！'武衔之，一日欲杀甫，冠钩于帘三，左右白其母③，奔救得止。"《旧史》但云："甫性褊躁，尝凭醉登武床，斥其父名④，武不以为忤。"初无所谓欲杀之说，盖唐小说所载，而《新书》以为然。予按李白《蜀道难》，本以讥章仇兼琼⑤，前人尝论之矣。甫集中诗，凡为武作者几三十篇，送其还朝者，曰："江村独归处，寂寞养残生。"⑥喜其再镇蜀，曰："得归茅屋赴成都，直为文翁再剖符。"⑦此犹是武在时语。至《哭其归榇》及《八哀诗》"记室得何逊，韬钤延子荆"，盖以自况，"空余老宾客，身上愧簪缨"，又以自伤⑧。若果有欲杀之怨，必不应眷眷如此⑨。好事者但以武诗有"莫倚善题鹦鹉赋"之句⑩，故用证前说，引黄祖杀祢衡为喻，殆是痴人面前不得说梦也，武肯以黄祖自比乎！

【注释】

①严武：字季鹰。累任谏议大夫、东川剑南节度使、镇剑南。巡内：即属严武巡察的地盘之内。慢倨：傲慢。②武以世旧待甫：杜甫和严武之父严挺之原是好友。世旧，世代交谊。不巾：不戴头巾。巾，指戴上头巾。③"冠钩于帘三"句：严武把礼帽几次钩挂在门帘上（决心难下），左右得白其母。冠，特指古代官吏所戴的礼帽。钩，钩挂。④褊躁：犹褊急。气量狭隘，性情急躁。斥：指；指出。⑤李白《蜀道难》，本以讥章仇兼琼：过去的评论者，还有一说，即讽玄宗入蜀之非。其实，危房杜、讥章仇、讽玄宗诸说，均证据不足。明文学家胡震亨以为，李白蜀人，自为蜀咏，兼有风人之义。此说较符合李白的创作本意。⑥独归、寂寞：严武离开了成都，杜甫感到孤独、寂寞。残生：犹余

生。一生中剩余的岁月。⑦直为：特为。文翁：西汉人，景帝末，为蜀郡守。这里借指严武。剖符：古代帝王分封诸侯功臣，任命将帅郡守，把符节剖分为二，双方各执其一，作为信守的约证，叫作"剖符"。⑧榇(chèn)：棺材。何逊：南朝梁诗人，曾任庐陵王记室。韬钤(qián)：古代兵书有《六韬》及《玉钤》，后因称用兵谋略。子荆：孙楚，字子荆。西晋文学家。参石苞骠骑将军，官至冯翊太守。能诗赋。自况：犹自比。谓以别人比拟自己。况，比拟。簪缨：古代达官贵人的冠饰。用来把冠固着在头上。旧因以为做官者显贵之称。自伤：自我伤感。⑨眷眷：依恋不舍。⑩倚：倚仗。鹦鹉赋：今湖北武汉市西南长江中有鹦鹉洲。相传东汉末江夏太守黄祖长子射（音yì）在此大会宾客，有人献鹦鹉，祢(mí)衡作赋，故名鹦鹉洲。祢衡为汉末文学家，后被黄祖所杀。好事者以为，严武此诗是把杜甫比作祢衡。

王嘉荐孔光

汉王嘉为丞相，以忠谏忤哀帝。事下将军朝者，光禄大夫孔光等劾嘉迷国罔上不道，请与廷尉杂治①。上可其奏。光请谒者召嘉诣廷尉，嘉对吏自言："不能进贤退不肖。"吏问主名②，嘉曰："贤，故丞相孔光，不能进。"嘉死后，上览其对，思嘉言，复以光为丞相。按嘉之就狱，由光逢君之恶，而嘉且死，尚称其贤，嘉用忠直陨命，名章一时③，然亦可谓不知人矣。光之邪佞，鬼所唾也，奴事董贤，协媚王莽，为汉蟊蜮④，尚得为贤也哉？

【注释】

①迷国：使国迷乱。杂治：会审。②主名：当事者或为首者的姓名。即王嘉所说的贤臣、小人指的是谁。③逢：逢迎，迎合。恶(è)：过错。章：彰明。显扬。④邪佞：奸邪，伪善。唾：吐唾沫，表示鄙弃。奴事：谓事奉别人如奴。董贤：西汉人。为哀帝所宠幸，二十二岁官至大司马，操纵朝政。协媚：依附谄媚。蟊蜮：比喻恶人。

朱温三事①

义理所在，虽盗贼凶悖之人②，亦有不能违者。刘仁恭为卢龙节度使，其子守文守沧州，朱全忠引兵攻之，城中食尽，使人说以早降。守文应之曰："仆于幽州③，父子也，梁王方以大义服天下，若子叛父而来，将安用之？"全忠愧其辞直，为之缓攻。其后还师，悉焚诸营资粮，在舟中者凿而沉之。守文遗全忠书曰："城中数万口，不食数月矣，与其焚之为烟，沉之为泥，愿乞其所余以救之。"全忠为之留数囷，沧人赖以济④。及篡唐之后，苏循及其子楷，自谓有功于梁，当不次擢用。全忠薄其为人，以其为唐鸱枭，卖国求利，勒循致仕⑤，斥楷归田里。宋州节度使进瑞麦，省之不怿，曰："宋州今年水灾，百姓不足，何用此为？"遣中使诘责之⑥，县令除名。此三事，在他人为不足道，于全忠则为可书矣，所谓憎而知其善也。

【注释】

①朱温：即后梁太祖。唐乾符四年（877年）参加黄巢起义，后叛变降唐，赐名全忠。天复元年（901年）进封为梁王。②凶悖：凶恶悖逆。③幽州：唐置幽州节度使，后幽州兼卢龙。此处即代指刘仁恭。④囷（qūn）：圆形的谷仓。济：救助。⑤薄：轻视；鄙薄。鸱枭（chī xiāo）：鸱为猛禽，传说枭食母，古人以为皆恶鸟。喻奸邪恶人。勒：强迫；强制。⑥省（xǐng）：察看。中使：帝王宫廷中派出的使者，多由宦官充任。诘责：责问。

文字润笔①

作文受谢，自晋、宋以来有之，至唐始盛。《李邕传》："邕尤长碑颂，中朝衣冠及天下寺观，多赍持金帛②，往求其文。前后所制，凡数百首，受纳馈遗，亦至巨万。时议以为自古鬻文获财，未有如邕者。"故杜诗云："干谒满其门，碑版照四裔③。丰屋珊瑚钩，骐驎织成罽④。紫骝随剑几，义取无虚岁⑤。"又有《送斛斯六官诗》云："故人南郡去，去索作碑钱。本卖文为活，翻令室倒悬⑥。"盖笑之也。韩愈撰《平淮西碑》，宪宗以石本赐韩宏，宏寄绢五百匹；作王用碑，用男寄鞍马并白玉带。刘义持愈金数斤去，曰："此谀墓中人得耳，不若与刘君为寿⑦。"愈不能止。刘禹锡祭愈文云："公鼎侯碑，志隧表阡，一字之价，辇金如山⑧。"皇甫湜为裴度作《福先寺碑》，度赠以车马缯彩甚厚⑨，湜大怒曰："碑三千字，字三缣⑩，何遇我薄邪？"度笑酬以绢九千匹。穆宗诏萧俛撰成德王士真碑⑪，俛辞曰："王承宗事无可书。又撰进之后，例得赆遗，若黾勉受之⑫，则非平生之志。"帝从其请。文宗时，长安中争为碑志，若市买然⑬。大官卒，其门如市，至有喧竞争致⑭，不由丧家。裴均之子，持万缣诣韦贯之求铭，贯之曰："吾宁饿死，岂忍为此哉？"白居易《修香山寺记》，曰："予与元微之，定交于生死之间。微之将薨，以墓志文见托，既而元氏之老，状其臧获、舆马、绫帛，泊银鞍、玉带之物，价当六七十万，为谢文之赆⑮。予念平生分，赆不当纳，往反再三，讫不得已，因施兹寺。凡此利益功德⑯，应归微之。"柳玭善书，自御史大夫贬泸州刺史，东川节度使顾彦晖请书德政碑⑰。玭曰："若以润笔为赠，即不敢从命。"本朝此风犹存，唯苏坡公于天下未尝铭墓，独铭五人，皆盛德故，谓富韩公、司马温公、赵清献公、范蜀公、张文定公也。此外赵康靖公、滕元发二铭，乃代文定所为者。在翰林日，诏撰同知枢密院赵瞻神道碑，亦辞不作。曾公开与彭器资为执友，彭之亡，曾公作铭，彭之子以金带缣帛为谢。却之至再，曰："此文本以尽朋友之义，若以货见投，非足下所以事父执之道也⑱。"彭子皇惧而止。此帖今藏其家。

【注释】

①润笔：请人作诗文书画的酬劳。类似于现在的稿酬。②碑颂：刻在墓碑上颂扬死者的文辞。中朝：指中原。赍（jī）持：捧持。金帛：黄金和丝绸。泛指钱物。③干谒：求请。指求请作碑文的人。碑版：《杜甫全集》原注：碑乃石碑，版是金版。指碑碣上所刻的志传文字。四裔：四方边远之地。④丰屋：高大的房屋。珊瑚钩：用珊瑚作成的帐钩。罽（jì）：一种毛织品。骐驎织成罽，骐驎，传说中的兽名，即麒麟。多作为吉祥的象征。《杜甫全集》注："织成，乃罽名也。"⑤剑几：一种长条几案。紫骝随剑几，是说几上面顺放着紫骝马（一种工艺品）。随，沿着。义取：以义取之。作文受谢，取之合宜。这可能是一种讽刺说法。⑥倒悬：比喻处境痛苦危急，像人倒挂着一样。斛斯六官

（斛斯融）得钱辄饮，饮醉即眠，不顾其家。⑦为寿：谓席间向尊长敬酒或赠送礼物，并祝其长寿。⑧"公鼎侯碑"句：(您所作)公侯之鼎铭碑文，以及(您所作)神道碑墓志铭，一个字的价格，运送来的金钱堆成山。志隧，作神道碑。表阡，作墓表、墓碑。隧，隧道。此处指墓道。此句意思不是"你韩公有盛名，官位封侯，事迹应记在石碑，现在铭记在墓碑上"。⑨缯（zēng）彩：彩色缯帛。⑩缣（jiān）：双丝的细绢。⑪王士真：王承宗之父。⑫撰进：撰写好碑文进呈朝廷。贶遗：馈赠。黾（mǐn）勉：勉强。⑬市买：买卖。⑭喧竞争致：争吵着来到丧家。致通"至"。喧竞，喧闹相争。⑮老：指父兄。状:(向我)述说。洎（jì）：通"暨"。和，与。贽（zhì）：礼品。⑯利益：佛教用语。犹言功德，指有益于他人的事。功德：佛教用语。指诵经念佛布施等。也指为敬神敬佛所出的捐款。⑰德政碑：旧时歌颂官吏政绩的碑刻。⑱货：钱物。投：投赠。父执：父亲的朋友。执，志同道合的人。

汉举贤良

汉武帝建元元年，诏举贤良方正直言极谏之士①。丞相绾奏："所举贤良，或治申、商、韩非、苏秦、张仪之言②，乱国政，请皆罢。"奏可。是时，对者百余人，帝独善庄助对③，擢为中大夫。后六年，当元光元年，复诏举贤良，于是董仲舒等出焉④。《资治通鉴》书仲舒所对为建元。按策问中云："朕亲耕籍田，劝孝弟，崇有德，使者冠盖相望，问勤劳，恤孤独，尽思极神⑤。"对策曰："阴阳错缪，氛气充塞，群生寡遂，黎民未济⑥。"必非即位之始年也。

【注释】

①建元：汉武帝刘彻即位之初第一个年号。贤良方正：汉代选拔统治人才的科目之一。历代往往视作非常设之制科。贤良：有德行才能。方正：品行正直无邪。②绾：指卫绾。苏秦、张仪：均为战国时纵横家。言：学说；主张。治申、商、韩非、苏秦、张仪之言，即研究法家、纵横家学说。③对：文体的一种。即奏对，对策。④出：出仕。⑤策问：文体名。提出有关经义或政事等问题，以简策难问，征求对答，谓之"策问"。对答者针对问题而陈述政事者曰"对策"。冠盖：指仕宦的冠服和车盖，亦用作仕宦的代称。冠盖相望，即指使者往来不绝。尽思极神：用尽心思和精神。⑥阴阳：最初指日光的向背。

中国古代思想家看到一切现象都有正反两方面，就用阴阳这个概念来解释自然界两种对立和相互消长的气或物质势力。他们把阴阳交替看作宇宙的根本规律，并用阴阳来比附社会现象，引申为上下、君民、君臣、夫妻等关系。错谬：错乱。氛气充塞：凶邪之气充塞天下国家。颜师古注："氛，恶气也。"群生：犹言众生，指一切生物。此处指百姓。"群生寡遂"，是说百姓仍处于艰难困苦之中。黎民未济：百姓也没有得到救助。

戊为武

十干"戊"字只与"茂"同音，俗辈呼为"务"，非也。吴中术者①，又称为"武"。偶阅《旧五代史》梁开平元年，司天监上言日辰，内"戊"字请改为"武"，乃知亦有所自也②。今北人语多曰"武"，朱温父名诚，以"戊"类"成"字，故司天谄之耳。

【注释】

①术者：术人。指以占卜、星相等为职业的人。②自：由来。按:《汉语大词典》说，是朱温避其曾祖茂琳讳，改戊（mào）字为武字，后人因读戊为武（wù）。一说为唐代所改。

怨耦曰仇

《左传》师服曰："嘉耦曰妃，怨耦曰仇，古之命也①。"注云："自古有此言。"按许叔重《说文》，于"述"字上引《虞书》曰："方述孱功②。"又曰："怨匹曰述③。"然则出于《虞书》，今亡矣。以"鸠僝"为"述孱"，以"耦"为"匹"，以"仇"为"述"，其不同如此。而"僝"字下所引，乃曰："旁救僝功④。"自有二说。"旻"字下引《虞书》曰："仁闵覆下，则称旻天⑤。""贽"字下引《虞书》"雉贽"⑥，今皆无此。

（方述，《说文》作"旁述"。）

【注释】

①嘉耦曰妃，怨耦曰仇，古之命也：美好的姻缘称为"妃"，不合睦的夫妻称为"仇"，自古就有这种说法。耦通"偶"。配偶。妃，配偶。仇（qiú），配偶。师服为晋国大夫。②方逑（鸠）孱（僝）功：《尚书·尧典》："共工方鸠僝功。"孔颖达（唐代经学家）疏："谓每于所在之方皆能聚集善事以见（现）其功。"鸠（jiū），通"勼（jiū）"。聚集。僝（zhàn），显现。③匹：配偶；伴侣。逑（qiú）：配偶。④旁：遍，广。⑤仁闵：亦作"仁悯"。慈爱怜恤。覆：保护；庇护。下：下民（世间的人民）。一说指天下万物。天为万物的主宰。旻（mín）天：泛指天。⑥贽（zhì）：同"贽"。雉贽：古代士朝见天子或士与士相见时持雉为贽。后遂指拜访、相见时所持赠之礼品。

说文与经传不同

许叔重在东汉，与马融、郑康成辈不甚相先后，而所著《说文》，引用经传，多与今文不同。聊摭逐书十数条，以示学者，其字异而音同者不载。所引《周易》"百谷草木丽乎土"为"艸木丽乎地"，"服牛乘马"为"犕（音备）牛乘马"，"夕惕若厉"为"若夤"，"其文蔚也"为"斐也"，"乘马班如"为"驙如"，"天地絪缊"为"天地壹壺"①，"繻有衣袽"为"需有衣"。书《晋卦》为"晉"，"巽"为"巺"，"艮"为"㫔"。所引《书》"帝乃殂落"为"勋乃殂"，"窜三苗"为"㝱（塞也，音倅）三苗"，"勿以憸人"为"譣人"（譣，问也），"在后之侗"为"在夏后之詷"，"尚不忌于凶德"为"上不菩"，"峙乃糗粮"为"鯸粮"，"教胄子"为"教育子"，"百工营求"为"复求"，"至于属妇"为"嬶妇"（嬶，音邹，妊身也），"有疾弗豫"为"有疾不悆"，"我之弗辟"为"不㔢"，"截截谝言"为"戔戔巧言"，又"圛圛升云"②，半有半无，"猨有爪而不敢以撅"及"以相陵慑"，"维緍有稽"之句，皆云《周书》，今所无也。所引《诗》"既伯既祷"为"既祃既禂"，"新台有泚"为"有玼"，"焉得谖草"为"安得薏芔"，"墙有茨"为"有薋"，"棘人栾栾"为"㰚㰚"，"江之永矣"为"羕矣"，"得此戚施"为"䵶䵳"，"伐木许许"为"所所"，"儦儦俟俟"为"伾伾俟俟"，"啴啴骆马"为"瘏瘏"，"赤舄几几"为"己己"，又为"掔掔"（音悭），"民之方殿屎"为"方唸吚"，"混夷駾矣"为"犬夷呬矣"，"陶復陶穴"为"陶寪"（地室也），"其会如林"为"其旞"，"国步斯频"为"斯賓"，"涤涤山川"为"菽菽"。《论语》"荷蒉"为"荷臾"，"袭裘"为"絬衣"，又有"跲予之足"一句。《孟子》"源源而来"为"諢諢"（音愿，徐也），"接淅"为"澬淅"（澬，其两切，干渍米也）。《左传》"龙凉"为"犹凉"③，"芟夷"为"叐（音泼）夷"，"圭窦"为"圭裔"，"泽之萑蒲"为"泽之目籞"（禁苑也）。"衷甸两牡"为"中佃一辕"，"楄柎藉幹"为"楄部荐榦"。《公羊》"闯然"为"規然"（規，失冉切，暂见也）。《国语》"觥饭不及壶飡"为"侊饭不及一食"。如此者甚多。

【注释】

①壹壹：《说文》原文作"壹壹"。阴阳二气氤氲交合貌。②圛圛：《说文》作"圛圛"。圛（yì），云气稀疏貌。《说文》则解为"圛，回行也……"。③凉：《说文》作"犹惊"，是借字。龙是杂色衣服，凉表示没有温暖之情。参考《随笔》卷六《狐突言词有味》一文及有关注释。

周亚夫

汉景帝即位三年，七国同日反，吴王至称东帝，天下震动。周亚夫一出即平之①，功亦不细矣，而讫死于非罪。景帝虽未为仁君，然亦非好杀卿大夫者，何独至亚夫而忍为之？窃尝原其说，亚夫之为人，班、马虽不明言，然必悻直行行者②。方其将屯细柳，只以备胡，且近在长安数十里间，非若出临边塞，与敌对垒，有呼吸不可测知之事③。今天子劳军至，不得入，及遣使持节诏之，始开壁门；又使不得驱驰，以军礼见，自言介胄之士不拜④。天子改容称谢，然后去。是乃王旅万骑，乘舆黄屋⑤，顾制命于将帅，岂人臣之礼哉！则其傲睨帝尊，习与性成，故赐食不设箸⑥，有不平之意。鞅鞅非少主臣，必已见于辞气之间⑦，以是陨命，甚可惜也！秦王猛伐燕围邺，苻坚自长安赴之。至安阳，猛潜谒坚，坚曰："昔周亚夫不迎汉文帝，今将军临敌而弃军，何也？"猛曰："亚夫前却人主以求名，臣窃少之⑧。"猛之识虑⑨，视亚夫有间矣。

【注释】

①周亚夫：周亚夫初封条侯。文帝时，匈奴贵族进攻，他以河内守为将军，防守细柳，军令严整。后为丞相，以其子私买御物下狱，绝食死。②原：考察原由。班、马：班固，《汉书》的作者。司马迁，《史记》的作者。悻直：固执，任性。行行（hàng hàng）：刚强貌。悻直行行者：任性倔强的人。③将屯：统领驻防军队。屯，戍卒。呼吸：一息之间，俄顷。④介胄：犹甲胄。披甲戴盔。⑤黄屋：古代帝王所乘车上以黄缯为里的车盖。因亦即指帝王车。⑥傲睨：傲然睨视。形容倨傲、蔑视一切。赐食：汉景帝赐食与周亚夫。⑦鞅鞅：同"怏怏"。因不平或不满而不乐。少主：指太子刘彻。周亚夫反对立太子刘彻，故景帝担心周亚夫不利于继位人刘彻。辞气：言辞气度。⑧前却：进退。引申为操纵，摆布。少（shǎo）：轻视。⑨识虑：识知与思虑。

炀王炀帝

金酋完颜亮陨于广陵，葛王褒已自立，于是追废为王①，而谥曰炀。迈奉使之日②，实首闻之。接伴副使秘书少监王补言及此，云北人戏诮之曰："奉敕江南干当公事回③。"及归，觐德寿宫奏其事，高宗天颜甚悦，曰："亮去岁南牧④，已而死归。人皆以为类苻坚，唯吾独云似隋炀帝，其死处既同⑤，今得谥又如此，岂非天乎！"此段圣语⑥，当不见于史录，故窃志之。

【注释】

①完颜亮陨于广陵：广陵，治今扬州市。《宋史》：高宗绍兴三十一年（1161）十一月，完颜亮被部下杀死于扬州龟山寺。葛王褒：葛王完颜褒（即完颜雍）。完颜亮亲自领兵向南宋进攻，葛王为东京（汴京）留守。乘机在后方自立为皇帝。追废为王：废除完颜亮的帝号而追赠为海陵郡王。追废：废除死者原有的封诰。②奉使：奉命出使。③接伴使：接待外国使臣的官员。奉敕：奉皇帝的命令。此句可能是讥诮完颜亮渡淮攻宋反而是奉了葛王的命令。④觐：诸侯秋朝天子之称。后泛称朝见帝王。天颜：旧称帝王的容颜。南牧：南下放

牧。引申指北方少数民族南侵。⑤死处既同：隋炀帝在江都（今扬州）被禁军将领宇文化及等缢杀。⑥圣语：皇帝或圣人的言语。

郑庄公

《左传》载诸国事，于第一卷首书郑庄公，自后纪其所行尤详，然每事必有君子一说，唯诅射颍考叔，以为失政刑①，此外率称其善。杜氏注文，又从而奖与之②。按庄公为周卿士，以平王贰于虢而取王子为质，以桓王畀虢公政，而取温之麦③，取成周之禾。以王夺不使知政④，忿而不朝，拒天子之师，射王中肩。谓天子不能复巡守，以泰山之祊易许田⑤。不胜其母，以害其弟，至有城颍及泉之誓⑥。是其事君、事亲可谓乱臣贼子者矣。而曾无一语以贬之。书姜氏为母子如初，杜注云："公虽失之于初，而孝心不忘，故考叔感而通之⑦。"书郑伯以齐人朝王曰⑧："礼也。"杜云："庄公不以虢公得政而背王，故礼之。"书息侯伐郑曰："不度德⑨。"杜云："郑庄贤。"书取郛与防归于鲁曰："可谓正矣。以王命讨不庭，不贪其土，以劳王爵⑩。"书使许叔居许东偏曰⑪："于是乎有礼，度德而处，量力而行，相时而动，可谓知礼。"书周、郑交恶曰："信不由中，质无益也⑫。"是乃以天子诸侯混为一区，无复有上下等威之辨⑬。射王之夜，使祭足劳王，杜云："郑志在苟免，王讨之非也。"此段尤为悖理⑭。唯公羊子于克段于鄢之下，书曰："大郑伯之恶"⑮，为得之。

【注释】

①郑庄公：春秋时郑国君。继其父武公为周平王的左卿士。后周桓王免去其职位，他不朝王；桓王伐郑，他率师抗击，击败周师，射伤王肩。每事必有君子一说：每件事叙写完后必有"君子曰"一段，对事件进行评论。诅射颍考叔：诅咒射杀颍考叔的人。郑庄公三十五年（前709年），郑伐许，出发时颍考叔与大夫公孙阏（è）争车有隙，作战中，颍考叔持旗先登城，被阏从城下射死。郑庄公没有惩处公孙阏，引起众怒，郑庄公只好（也只是）让兵将设祭对神发誓，来诅咒公孙阏。政刑：政令和刑罚。②奖与：称许。③贰于虢：欲分政于西虢公，不复专任郑伯（郑为伯爵）。贰，不专一。虢，此指西虢公。

温：周王畿内小国。④知政：为政。谓主持政务。⑤巡守（shòu）：亦作"巡狩"。古时皇帝五年一巡守，视察诸侯所守的地方。天子不能复巡守，谓王室衰弱，已不能控制日益强大的诸侯。祊（bēng）：古邑名。春秋郑国祀泰山的汤沐邑。在今山东费县东南。近鲁。许田：近许之田。许，地名。原为周成王赏赐给周公（姬旦，鲁国的始祖）作为鲁国的朝宿之邑。在今河南许昌东，近郑。以祊易许田，各从本国所近之宜。⑥城颍及泉之誓：郑庄公之母姜氏憎恶郑庄公而爱少子段，支持段作乱。郑庄公打败其弟段，"遂置姜氏于城颍（郑地），而誓之曰：'不及黄泉，无相见也。'"（《左传·隐公元年》）⑦姜氏为母子如初：颍考叔为郑庄公出主意："若阙地及泉，隧而相见，其谁曰不然？"于是挖掘隧道，母子相见，"遂为母子如初"。感而通之：旧时以为心诚能与鬼神或外物互相感应。⑧以齐人朝王：以，与也。一说表示动作行为的凭借。⑨不度（duó）德：(息侯）不衡量自己的德行。⑩郜（gào）：古城名。此为南郜城，春秋时宋邑。防：宋地。后属鲁。即西防。不庭：不朝觐天子。庭，朝廷，用作动词。杜预注："下之事上，皆成礼于庭中。"以劳王爵：用来犒赏周王室封爵的国君。劳，犒劳，慰劳。杜预注："鲁侯爵尊，郑伯爵卑，故言以劳王爵。"⑪许叔：许庄公弟，名郑。东偏：即东鄙。按，鲁、齐、郑伐许，许庄公奔卫。⑫交恶：杜预注："两相疾恶。"即互相憎恨仇视。恶，音wù。信：人言。中：同衷。指内心。质：交换人质。无益：没有裨益。⑬一区：一类；一团。等威：与不同身份相称的威仪。辨：不同，区别。⑭祭足：即祭仲，郑大夫。苟免：苟且免于损害。悖理：不合情理。⑮公羊子：即公羊高。旧题《春秋公羊传》的作者。鄢：郑邑。大郑伯之恶：极深刻地写出了郑庄公的罪恶。大，表示程度深。

百六阳九

史传称百六阳九为厄会①，以历志考之，其名有八。初入元百六曰阳九，次曰阴九。又有阴七、阳七、阴五、阳五、阴三、阳三，皆谓之灾岁。大率经岁四千五百六十②，而灾岁五十七。以数计之，每及八十岁，则值其一。今人但知阳九之厄。云经岁者，常岁也。

【注释】

①阳九：古代术数家的说法，四千六百一十七岁为一元，初入元一百零六岁中，旱灾之岁有九，称为阳九（即本篇说的百六阳九）；次三百七十四岁

中，水灾之岁有九，称为阴九；再次四百八十岁中，旱灾之岁又有九，亦称阳九；其余尚有阳七、阴七、阳三、阴三等。因以阳九指灾难之年或厄运。一元终结，另一元从头开始，称为复元。厄会：众灾会合。犹言厄运。②经岁：常岁。即无大的旱涝灾害之年。正常的年成。

左传易筮

《左传》所载《周易》占筮①，大抵只一爻之变，未尝有两爻以上者。毕万筮仕，遇《屯》之《比》，初九变也②。成季将生，遇《大有》之《乾》，六五变也。晋嫁伯姬，遇《归妹》之《睽》，上六变也。晋文公迎天子，遇《大有》，乃九三变而之《睽》。叔孙庄叔生子豹③，遇《明夷》，乃初九变而之《谦》。崔杼娶妻，遇《困》，乃六三变而之《大过》。南蒯作乱，遇《坤》，乃六五变而之《比》。赵鞅救郑，遇《泰》，乃六五变而之《需》。占者即演师为说。然崔杼"入于其宫，不见其妻"，叔孙"君子于行，三日不食"，殆若专为二子所作也④。唯陈厉公生敬仲，遇《观》之《否》。周史曰："《坤》，土也；《巽》，风也；《乾》，天也⑤。风为天，于土上山也⑥，有山之材，而照之以天光，于是乎居土上⑦。"杜氏注云："自二至四有《艮》象⑧，《艮》为山"。予谓此正是用中爻取义，前书论之详矣。又有相与论事，不假蓍占而引卦以言者，如郑公子曼满欲为卿，王子伯廖曰："《周易》有之，在《丰》之《离》⑨。"晋先縠违命进师，知庄子曰："《周易》有之，在《师》之《临》⑩。"楚王忲侈，子大叔曰："在《复》之《颐》⑪。"但以爻辞合其所行之事耳！至于"为嬴败姬"、"伐齐则可"等语⑫，自是一时探赜索隐⑬，非后人所可到也。卫襄公生子，孔成子占之，亦遇《屯》之《比》，与毕万同，虽史朝与辛廖之言则异，然皆以"利建侯"为主⑭。

【注释】

①占筮：古以蓍草卜问祸福。后亦泛指占卜活动。②筮仕：古人将出外做官，先占卦问吉凶。后来亦称初次做官为"筮仕。"遇《屯》之《比》，初九变也：遇到《屯》卦☷变为《比》卦☷，是《屯》卦初九爻由阳变阴而成《比》卦的。事见闵元年。③"成季将生"、"晋嫁伯姬"、"晋文公迎天子"、

"叔孙庄叔生子"直到"楚王忲侈",其事分别见闵二年、僖十五年、僖二十五年、昭五年、襄二十五年、昭十二年、哀九年、庄二十二年、宣六年、宣十二年、襄二十八年。卫襄公生子,见昭七年。④于行:有事远行(将要出奔)。于,往。殆若:几乎像是。⑤《坤》,土也;《巽》,风也;《乾》,天也;《观》☷,坤下巽上;《否》☷,坤下乾上。坤为地,巽为风,乾为天。⑥风为天:杜预注:"《巽》变为《乾》,故曰风为天。""风为天"句:《左传·庄公二十二年》此句几个版本均断为"风为天于土上,山也。"⑦有山之材,而照之以天光,于是乎居土上:杜注:"山则材之所生。上有《乾》,下有《坤》,故言居土上,照之以天光。"材,指物产。⑧自二至四有《艮》象:《否》卦坤下乾上,六二、六三和九四爻组成《艮》☷(即杜注所说"自二至四有《艮》象")。⑨在《丰》之《离》:《丰》卦☳离下震上,上六爻由阴变阳成为《离》卦☲离下离上。《丰》卦上六爻爻辞:"丰其屋,蔀(bù,覆盖)其家。阒其户,阒(qù,寂静)其无人,三岁不觌(dí,见;相见)。凶。"《左传·宣六年》:"间一岁,郑人杀之(杀公子曼满)。"⑩在《师》之《临》:乃初六变而之《临》。《师》卦初六:"师出以律,否臧凶。"谓军纪败坏,必有凶险。事见宣公十二年。晋荀林父帅师及楚子战于邲,晋师败绩。荀林父为中军帅,先縠为中军佐。晋师之败,由先縠违命进师而导致。⑪忲(tài)侈:骄纵奢侈。在《复》之《颐》:乃《复》卦上六变而之《颐》。上六:"迷复,凶,有灾眚;用行师,终有大败,以其国君,凶,至于十年不克征。"事见襄公二十八年。"为宋之盟故,公及宋公、陈侯、郑伯、许男如楚。""及汉(汉水),楚康王卒。"⑫"为嬴败姬":此句出在晋献公嫁伯姬于秦时卜兆的占词中。是僖公十五年秦晋韩原之战后,对晋嫁伯姬时占筮的回忆。僖公十五年,秦伯(秦穆公)伐晋,战于韩原(地名),秦获晋侯(惠公)以归。秦为嬴姓国,晋为姬姓国。"为嬴败姬"即用占词附会秦败晋之事。"伐齐则可":此句出在哀公九年赵鞅卜救郑的占词中:"伐齐则可,敌宋不吉。"宋公伐郑,所以晋赵鞅占卜救郑之事。第二年(哀公十年),"夏,赵鞅帅师伐齐……取犁及辕,毁高唐之郭,侵及赖而还。"此即所谓"伐齐则可"。⑬探赜索隐:《易·系辞上》:"探赜索隐,钩深致远……莫大乎蓍龟。"古人认为卜筮能够帮助人们探索幽深莫测、隐秘难见的道理。赜(zé),幽深莫测。隐,隐秘难见。后泛指探究深奥的义理或搜索隐秘的事迹。⑭"史朝与辛廖"句:史朝,卫国大夫。与孔成子均占卜卫襄公生子事。毕万筮仕于晋,辛廖占之。辛廖,晋大夫。建侯:封立诸侯;封侯建国。

钟繇自劾

汉建安中,曹操以钟繇为司隶校尉,督关中诸军。诏召河东太守王邑,而拜杜畿为太守。郡掾诣繇求留邑,繇不听,邑诣许自归①。繇自以威禁失督司之法,乃上书自劾曰:"谨按侍中守司隶校尉东武亭侯钟繇,幸得蒙恩,以斗筲之才,仍见拔擢,显从近密,衔命督使②。明知诏书深疾长吏政教宽弱,检下无刑,久病淹滞,众职荒顿③。既举文书,操弹失理④。轻慢宪度⑤,不与国同心,为臣不忠,大为不敬。臣请法车召诣廷尉治繇罪,大鸿胪削爵土⑥。臣辄以文书付功曹从事,伏须罪诛⑦。"诏不许。予观近时士大夫自劾者,不过云乞将臣重行窜黜阖门待罪而已⑧,如繇此章,盖与为他人所纠亡异也,岂非身为司隶,职在刺举,故如是乎!

【注释】

①许:许昌。当时已迁都于许。自归:自行投案;自行归顺。②威禁:法令,禁令。督司:督察的职责。自劾:检举自己的过失。斗筲(shāo)之才:比喻才短识浅。斗和筲都是很小的容器,筲仅容一斗二升。拔擢:选拔;提拔。近密:指接近帝王的官职。亦指帝王的亲近之臣。衔命:受命;奉命。督使:督察朝廷派遣的官员。③无刑:不设刑罚;不用刑罚。病:自己患病。淹滞:滞留;久留。繇时治在洛阳。荒顿:荒废停置。④文书:公文。指征召王邑的诏书。操弹(tán):纠举弹劾。⑤宪度:法度。⑥法车:皇帝的车驾。亦称法驾。爵土:爵位和封地。大鸿胪掌封授。⑦功曹:官名。须:等待。⑧窜黜:放逐,贬谪。

大义感人

理义感人心,其究至于浃肌肤而沦骨髓,不过语言造次之间,初非有怪奇卓诡之事也①。楚昭王遭吴阖庐之祸,国灭出亡,父老送之②,王曰:"父老返矣,何患无君!"父老曰:"有君如是其贤也!③"相与从之，或奔走赴秦，号哭请救，竟以复国。汉高祖入关，召诸县豪桀曰："父老苦秦苛法久矣，吾当王关中，与父老约法三章耳[4]。凡吾所以来，为父兄除害，非有所侵暴[5]，毋恐！"乃使人与秦吏行至县乡邑，告谕之[6]，秦民大喜。已而项羽所过残灭，民大失望。刘氏四百年基业定于是矣。唐明皇避禄山乱，至扶风，士卒颇怀去就，流言不逊，召入谕之曰："朕托任失人，致逆胡乱常[7]，须远避其锋。卿等仓卒从朕，不得别父母妻子，朕甚愧之。今听各还家，朕独与子弟入蜀[8]，今日与卿等诀。归见父母及长安父老，为朕致意。"众皆哭曰："死生从陛下。"自是流言遂息。贼围张巡于雍丘[9]，大将劝巡降，巡设天子画像，帅将士朝之，人人皆泣。巡引六将于前，责以大义而斩之，士心益劝[10]。河北四凶称王，李抱真使贾林说王武俊，托为天子之语，曰："朕前事诚误，朋友失意，尚可谢，况朕为四海之主乎？"武俊即首唱从化[11]。及奉天诏下，武俊遣使谓田悦曰："天子方在隐忧，以德绥我[12]，何得不悔过而归之？"王庭凑盗据成德，韩愈宣慰，庭凑拔刃弦弓以逆[13]。及馆，罗甲士于廷。愈为言安、史以来逆顺祸福之理，庭凑恐众心动，麾之使出，讫为藩臣[14]。黄巢伪赦至凤翔[15]，节度使郑畋不出，乐奏，将佐皆哭。巢使者怪之，幕客曰："以相公风痹不能来[16]，故悲耳。"民间闻者无不泣，畋曰："吾固知人心尚未厌唐，贼授首无日矣[17]。"旋起兵率倡诸镇，以复长安。田悦以魏叛，丧师遁还，亦能以语言动众心，誓同生死。乃知陆贽劝德宗痛自咎悔[18]，以言谢天下，制书所下，虽武人悍卒，无不感动流涕，识者知贼不足平。凡此数端，皆异代而同符也[19]。国家靖康、建炎之难极矣[20]，不闻有此，何邪？

【注释】

①理义：指社会道德规范，行事准则。理，指道理、条理；义，指处事之宜。浃（jiā）沦髓髓：深入骨髓，浸透肌肤。比喻感受、影响之深。造次：急遽；匆忙。怪奇：怪异奇特。卓诡：卓异。②"楚昭王"句：阖庐攻破楚，曾一度占领楚都郢，楚昭王出奔。父老：对老年人的尊称。③有君如是其贤也：即使有国君哪能像您这样贤明呢！④豪桀：同"豪杰"。才能出众的人。引申为社会上有地位、有势力、有名望的人。约法三章：见《随笔》卷七《佐命元臣》"约三章"注。约法：谓约束以法。⑤侵暴：侵犯残害。⑥告谕：晓喻；晓示。⑦去就：就或不就；从或舍。托任：托付任用。乱常：破坏纲常；

违反人伦。⑧子弟：指子侄辈。⑨张巡：唐开元进士。安史之乱时，以真源令起兵守雍丘（今河南杞县），抵抗安禄山军。⑩六将：即劝张巡出降的六员将领。责：谴责；责备。劝：努力；勤勉。此处有鼓舞振奋意。⑪河北四凶称王：朱滔称大冀王、王武俊称赵王、田悦称魏王、李纳称齐王。李抱真：泽潞节度使，奉命讨伐叛军朱滔、王武俊等。失意：意见不合。谢：道歉。唱：通"倡"。倡导。从化：顺从归化。即归顺朝廷。⑫奉天：县名。德宗避朱泚之乱，出奔奉天。隐忧：同"殷忧"。深忧。绥：安；安抚。⑬宣慰：谓大臣代表皇帝视察某一地区，宣扬政令，安抚百姓。拔刃弦弓以逆：逆，迎；接。⑭藩臣：拱卫王室之臣。⑮黄巢：唐末农民大起义领袖。880年底攻克洛阳，881年初进入长安。伪：僭伪。指非法的政权。赦：赦免令。伪赦，是本书作者站在封建王朝的立场上称起义农民的赦免令。⑯幕客：郑畋（tián）幕府的僚属。相公：郑畋为集贤殿大学士，位列宰辅，故称。风痹：中医病名。手足麻木不仁之症。⑰厌：厌恶；抛弃。授首：被斩首。投降。⑱陆贽：唐大历进士。德宗即位，任为翰林学士，参与机谋。咎（jiù）悔：悔过，追悔自责。⑲同符：古代用符契作为凭证。因称事情相同为同符。⑳建炎之难：金兵攻灭北宋以后，继续南攻。高宗建炎元年（1127年）十二月，西京洛阳沦陷。三年三月，高宗奔逃到杭州。七月，升杭州为临安府。十二月，建康府（江宁府）沦陷后，金兵统帅兀术（音 wù zhú）又攻拔临安府，高宗乘楼船逃遁，停泊在海面上。

卷第七（十七则）

田租轻重

李悝为魏文侯作尽地力之教①，云："一夫治田百亩，岁收粟百五十石，除十一之税十五石，余百三十五石。"盖十一之外，更无他数也。今时大不然，每当输一石，而义仓省耗别为一斗二升，官仓明言十加六，复于其间用米之精粗为说，分若干甲②，有至七八甲者，则数外之取亦如之。庾人执概从而轻重其手，度二石二三斗乃可给③。至于水脚、头子、市例之类，其名不一，合为七八百钱，以中价计之，并僦船负担，又须五斗，殆是一而取三④。以予所见，唯会稽为轻，视前所云不能一半也。董仲舒为武帝言："民一岁力役，三十倍于古，而田租口赋⑤，二十倍于古。"谓一岁之中，失其资产三十及二十倍也⑥。又云："或耕豪民之田，见税十五。"言下户贫民自无田，而耕垦豪富家田，十分之中以五输本田主，今吾乡俗正如此，目为"主客分"云⑦。

【注释】

①李悝：战国时法家代表之一。任魏文侯相，主持变法。经济上推行"尽地力"的政策，鼓励农民精耕细作，增加产量。②义仓：隋及后世为备荒而设的粮仓。省耗：从五代时开始的征收田赋的一种附加税，原称"雀鼠耗"，后谓之省耗。甲：泛指等级。③庾人：管理谷仓的人。庾，泛指谷仓、粮库。概：量粟麦时刮平斗斛的器具。后世俗称斗趟子。轻重其手：即做手脚，捣鬼。用手左右、影响事物。度二石二三斗乃可给：估计有二石二三斗才算缴满一石田租。给（jǐ），丰足；充裕。④水脚：即水脚钱。水路运输货物的运费。头子：即头子钱。唐宋按一定比例在法定租赋外加收或在官府出纳时抽取的税钱。为附加税或杂税的一种。市例：市例钱。又称市利钱。宋代商业附加税之一。僦船：雇船。殆是一而取三：几乎是缴纳一石粮食实际上得拿出三石。⑤力役：中国历代强制人民所服的劳役，为徭役形式之一。初时力役是由特定原因（军事）征发并有特定劳役（搬运和炊事）的徭役。后代渐泛指官府强制征发的、物料

以外的一切无偿劳役。口赋：指秦时的人头税。⑥失其资产三十及二十倍：是说和古代相比，三十及二十倍。⑦目：名称。引申为称。主：地主。客：佃户。

女子夜绩

《汉·食货志》云："冬，民既入，妇人相从夜绩①，女工一月得四十五日。"谓一月之中，又得半夜，为四十五日也。必相从者，所以省费燎火，同巧拙而合习俗也②。《战国策》甘茂亡秦出关，遇苏代曰："江上之贫女，与富人女会绩而无烛，处女相与语，欲去之③。女曰：妾以无烛故，常先至扫室布席④，何爱余明之照四壁者？幸以赐妾。"以是知三代之时，民风和厚勤朴如此⑤，非独女子也，男子亦然。《豳风》"昼尔于茅，宵尔索绹"，言昼日往取茅归，夜作绹索，以待时用也⑥，夜者日之余，其为益多矣。

【注释】

①民既入：《汉书·食货志》："春令民毕出在野，冬则毕入于邑。"绩：绩麻。把麻析成细缕捻接起来。②燎火：颜师古注："燎所以为明，火所以为温也。"同巧拙：即相互取长补短。合：犹同。③处女：指待在家中（一起绩麻）的妇女。欲去之：想赶走贫女。去，赶走；打发走。④妾：旧时妇女自称的谦词。布席：铺设座席。甘茂向苏代说这番话的意思，是希望齐国能接纳他。⑤和厚：指情谊融洽深厚。勤朴：勤劳朴实。⑥尔：助词。于：取。此句载《诗·豳风·七月》。索绹：制绳索。索：用手搓。绹：绳也。时用：其用有时，非常时所用。

淮南王

汉淮南厉王死，民作歌以讽文帝曰："一尺布，尚可缝，一斗粟，尚可舂①，兄弟二人不相容。"此《史》《汉》所书也。高诱作《鸿烈解叙》，及许叔重注文，其辞乃云："一尺缯，好童童，一升粟，饱蓬蓬②，兄弟二人不能相容。"殊为不同，后人但引尺布斗粟之喻耳③。厉王子安复为王，招致宾客方术之士，作为《内书》二十一篇，《外书》甚众；

又有《中篇》八卷，言神仙黄白之术④。《汉书·艺文志》，《淮南内》二十一篇，《淮南外》三十三篇，列于杂家⑤，今所存者二十一卷，盖《内篇》也。寿春有八公山，正安所延致客之处，传记不见姓名，而高诱叙以为苏飞、李尚、左吴、田由、雷被、毛被、伍被、晋昌等八人，然唯左吴、雷被、伍被见于史。雷被者⑥，盖为安所斥，而亡之长安上书者，疑不得为宾客之贤也。

【注释】

①淮南厉王死：淮南王刘长（文帝异母弟）因谋反被废，徙居四川，途中病死，谥为厉王。事见《史记·淮南衡山列传》。舂（chōng）：用杵臼捣去谷物的皮壳。②《鸿烈解叙》：即《淮南子叙》。《淮南子》一书，由汉淮南王刘安等撰。又名《鸿烈解》。童童：光洁貌。蓬蓬：饱满、充盈的样子。③尺布斗粟：用以讥兄弟不和。④黄白：黄金与白银。古代指方士烧炼丹药点化金银的法术。⑤杂家：战国末至汉初博采各派思想的综合学派。《汉书·艺文志》列为"九流"之一。⑥雷被：郎中雷被因得罪淮南王刘安的太子刘迁，被王斥免。逃到长安，上书自明。事下廷尉，案情牵连到刘安谋反事。公卿请求逮捕刘安治罪。

薛国久长

《左传》载鲁哀公大夫云："禹合诸侯于涂山，执玉帛者万国①，今其存者无数十焉。"汉公孙卿语武帝云："黄帝万诸侯，而神灵之封君七千②。"按《王制》所纪九州，凡千七百七十有三国，多寡殊不侔。以环移之，一君会朝所将吏卒，姑以百人计之，则万国之众，当为百万，涂山之下，将安所归宿乎？其为甗言③，无可疑者。所谓存者数十，考诸经传，可见者唯薛耳。薛之祖奚仲，为夏禹掌车服大夫，自此受封，历商及周末，始为宋偃王所灭，其享国千九百余年，传六十四代，三代诸侯莫之与比。薛壤地褊小，以诗则不列于《国风》，以世家则不列于《史记》，而春秋二百四十二年之间，视同侪邾、杞、滕、郳，独未尝受大国侵伐，则其为邦，亦自有持守之道矣④。

【注释】

①合：会集。执玉帛者万国：前来参加会朝的有一万个国家。国即当时的部落。玉帛：瑞玉和缣帛。古代典礼，最重玉帛，因泛指礼器。此处指古代诸侯参与会盟朝聘时所持的礼物。②黄帝：传说中中原各族的共同祖先。神灵之封君七千：《汉书·郊祀志上》与此句同，而《史记·孝武本纪》和《封禅书》均为"神灵之封居七千"。③以环移之：意为推论一下。会朝（huì cháo）：诸侯或群臣朝会盟主或天子。归宿：住处，安身之处。䜁（wèi）言：虚夸不足信的话。④壤地：国土；领土。同侪（chái）：同辈。视：比较。持守：守成。保持前人的已有成就和业绩。

建除十二辰

建除十二辰①，《史》《汉》历书皆不载，《日者列传》但有"建除家以为不吉"一句。惟《淮南鸿烈解·天文训篇》云："寅为建，卯为除，辰为满，巳为平，主生；午为定，未为执，主陷；申为破，主衡；酉为危，主杓；戌为成，主少德；亥为收，主大德；子为开，主太岁；丑为闭，主太阴②。"今《会元官历》，每月逢建、平、破、收日，皆不用，以建为月阳，破为月对，平、收随阴阳月递互为魁罡也③。《酉阳杂俎·梦篇》云："《周礼》以日月星辰各占六梦，谓日有甲乙，月有建破④。"今注无此语。《正义》曰："按《堪舆》，黄帝问天老事云'四月阳建于己⑤，破于亥，阴建于未，破于癸，是为阳破阴，阴破阳'。"今不知何书所载，但又以十干为破，未之前闻也。

【注释】

①建除：以十二地支定方位岁月，以占吉凶。十二方位之首二字为"建、除"，故名。"建除"是"建除十二辰"或"建除十二神"的简称。即建、除、满、平、定、执、破、危、成、收、开、闭十二辰。占卜迷信者，将其与十二地支相配（十二地支亦称"十二辰"），附会以定日辰的吉凶。②主生：生，生存；活（与"死"相对）。执：通"蛰"。陷下。陷：覆没；陷落。开、闭：分别为夏历十一月、十二月月建的别称。太岁：太岁之神。为凶神。太阴：北方之神。《淮南子·天文训》："太阴所居辰为厌日，厌日不可以举百事。"③月阳：

旧历以十干纪月的别名。天属阳，故名。亦称月雄。递互：交替；替换。魁罡：亦作"魁冈"。星名。即河魁与天罡。阴阳家谓每年十月，北斗魁星之气在戌，是为魁冈，不利修造。又，星命术士之说，阳建之月，前三辰为天罡，后三辰为河魁，阴建之月反之。河魁为凶神，当此之日，诸事宜避。④建：立也。破：不吉利。⑤天老：相传为黄帝之臣。

俗语算数

三三如九，三四十二，二八十六，四四十六，三九二十七，四九三十六，六六三十六，五八四十，五九四十五，六九五十四，七九六十三，八九七十二，九九八十一，皆俗语算数①，然《淮南子》中有之。三七二十一，苏秦说齐王之辞也。《汉书·律历志》刘歆典领钟律②，奏其辞，亦云八八六十四。杜预注《左传》，天子用八，云八八六十四人，又六六三十六人，四四十六人。如淳、孟康、晋灼注《汉志》，亦有二八十六，三四十二，六八四十八，八八六十四等语。

【注释】
①算数：指算术。②典领：主持领导；主管。钟律：原指编钟十二律，后泛指音律。

伾文用事

唐顺宗即位，抱疾不能言，王伾、王叔文以东宫旧人用事，政自己出，即日禁宫市之扰民，五坊小儿之暴闾巷，罢盐铁使之月进①，出教坊女伎六百还其家。以德宗十年不下赦令，左降官虽有名德才望，不复叙用②，即追陆贽、郑余庆、韩皋、阳城还京师，起姜公辅为刺史。人情大悦，百姓相聚欢呼。又谋夺宦者兵，既以范希朝及其客韩泰总统京西诸城镇行营兵马，中人尚未悟。会诸将以状来辞，始大怒，令其使归告其将，"无以兵属人"。当是时，此计若成，兵柄归外朝，则定策国老等事③，必不至后日之患矣！所交党与，如陆质、吕温、李景俭、韩晔、刘禹锡、柳宗元,皆一时豪俊知名之士,惟其居心不正,好谋务速,欲尽据大权,如郑珣瑜、高郢、武元衡稍异己者,皆驱斥徙④,以故不旋踵而身陷罪戮。后世盖有居伾、文之地,而但务啸引沾沾小人以为鹰犬者⑤,殆又不足以望其百一云。白乐天讽谏,元和四年作,其中《卖炭翁》一篇,盖为宫市,然则未尝能绝也。

【注释】

①东宫旧人:德宗时,王伾、王叔文均侍读东官,故称。东宫,太子官。当时的太子即后来的顺宗。五坊:唐代皇帝饲养猎鹰猎犬的官署。分雕、鹘、鹞、鹰、狗五坊。五坊人员(即文中的"五坊小儿"),常借搜捕珍鸟名犬的名义,到处勒索(所谓"暴闾巷"),成为危害人民的一大弊政。百姓恶之,故蔑称之为"五坊小儿"。暴:损害;糟蹋。月进:唐德宗时地方官吏为买宠而逐月进献财物,称为月进。②名德:名望与德行。才望:才能声望。叙用:分级进用。③外朝:指在外朝(议政事之朝)参政诸官。后泛指朝臣。国老:指国之重臣。定策:此处指决定策略。定策国老,似即指王伾、王叔文等人。④党与:朋党。豪俊:指才智杰出之人。斥徙:贬谪。⑤啸引:呼啸而引同类相聚。"啸"本指兽类的叫声。"啸引"带有贬意。沾沾:自矜貌。自鸣得意。

五十弦瑟

李商隐诗云"锦瑟无端五十弦",说者以为锦瑟者,令狐丞相侍儿小名,此篇皆寓言①,而不知五十弦所起。刘熙《释名》"箜篌"云,"师延所作靡靡之乐②,盖空国之侯所作也"。段安节《乐府录》云③:"箜篌乃郑、卫之音,以其亡国之声,故号空国之侯,亦曰坎侯。"吴兢《解题》云:"汉武依琴造坎侯,言坎坎应节也④。后讹为箜篌。"予按《史记·封禅书》云:"汉公孙卿为武帝言:'太帝使素女鼓五十弦瑟,悲,帝禁不止⑤,故破其瑟为二十五弦。'于是武帝益召歌儿⑥,作二十五弦及空侯。"应劭曰:"帝令乐人侯调始造此器。"《前汉·郊祀志》备书此事,言"空侯瑟自此起"。颜师古不引劭所注,然则二乐本始,晓然可考,虽刘、吴博洽⑦,亦不深究,且"空"元非国名,其说尤穿凿也。《初学记》《太平御览》编载乐事,亦遗而不书。《庄子》言"鲁遽调瑟,二十五弦皆动",盖此云。《续汉书》云"灵帝胡服作箜篌",亦非也。

【注释】

①李商隐:唐诗人。字义山,号玉谿生。锦瑟:瑟上绘文如锦,装饰华美。瑟为乐器,传说古瑟本有五十弦,后代的弦数不一,一般二十五弦。无端:平白无故地。令狐丞相:指令狐绹。此篇皆寓言:一些注释家认为,《锦瑟》一诗题目用了起句头两个字,但诗与瑟事无关,实是一篇借瑟以隐题的"无题"之作,只是单纯截取首二字以发端比兴而与字面毫无交涉。但实际上它所写的情景是与瑟相关的。②刘熙:汉末训诂学家。箜篌:一作"空侯"、"坎侯"。古拨弦乐器。分卧式、竖式两种。卧箜篌传为汉武帝时乐人侯调所造。师延:殷纣时乐官。靡靡:柔弱,萎靡不振。多用以形容乐声。③段安节:唐临淄人。善乐律,能自度曲。④吴兢:唐史学家。坎坎:象声词。应(yìng)节:应合节拍。⑤太帝:一作"泰帝"。传说古帝名。即太昊伏羲氏。素女:传说中的神女名。善弦歌。帝禁不止:太帝经受不住。⑥益召歌儿:益,进一步,增加。⑦博洽:谓知识广博。

迁固用疑字

东坡作《赵德麟字说》云:"汉武帝获白麟,司马迁、班固书曰'获一角兽,盖麟云',盖之为言,疑之也。"予观《史》《汉》所纪事,凡致疑者,或曰若,或曰云,或曰焉,或曰盖,其语舒缓含深意①,姑以《封禅书》《郊祀志》考之,漫记于此。"雍州好畤,自古诸神祠皆聚云。盖黄帝时尝用事,虽晚周亦郊焉②。""三神山,盖尝有至者,诸仙人及不死之药皆在焉③。""未能至,望见之焉④。"新垣平望气言:"有神气,成五采,若人冠冕焉⑤。""权火举而祠,若光辉然属天焉⑥。""出长安门⑦,若见五人于道北。""盖夜致王夫人之貌云⑧,天子自帷中望见焉。""登中岳太室。从官在山下闻若有言万岁者云⑨。""祭封禅祠,其夜若有光。"封峦大诏:"天若遗朕士而大通焉⑩。"河东迎鼎,"有黄云盖焉⑪。""见神人东莱山,若云欲见天子⑫。"方士言:"蓬莱诸神若将可得⑬。""天子为塞河,兴通天台,若见有光云⑭。""获若石云于陈仓⑮。"此外如所谓："及群臣有言老父，则大以为仙人也⑯。""可为观，如缑城⑰，神人宜可致。""天旱，意干封乎⑱？""然其效可睹矣。"词旨亦相似⑲。

【注释】

①舒缓：从容；缓和。②用事：有所事；从事。此处指举行祭祀。郊：祭天。③三神山：指蓬莱、方丈、瀛洲。不死之药：即长生不老药。④望见之焉：之，指三神山。⑤新垣平：汉文帝时方士。冠冕：官吏所戴的礼帽。⑥权火举而祠，若光辉然属天焉：点燃烽火来祭祀，如同满天光辉一样。权，姑且。属（zhǔ），接连。⑦出长安门：按《史记·封禅书》和《汉书·郊祀志》原文为："文帝出长门，若见五人于道北。"长门，亭名。在今陕西省临潼县。⑧"盖夜致王夫人之貌"句：《史记·封禅书》武帝有所幸王夫人，夫人卒，少翁用方术在夜间招来王夫人的形貌。⑨太室：太室山。古时亦称嵩山为太室山。言：呼喊。⑩士：方士。通：通晓。这里指了解天意。⑪有黄云盖焉：盖，覆盖。⑫若云欲见天子：(神人)好像说要朝见皇帝。⑬蓬莱诸神若将可得：得，求得。⑭塞河：堵塞黄河决口。若见有光云：天空好像出现了光彩。⑮若石：谓其质似玉石。陈仓：山名。⑯老父：老人的尊称。大以为：很以为。⑰观（guàn）：楼台；庙宇。如缑城：意为像缑氏城的楼台一样。⑱干封：晒干封坛的土。此句意为："天气干旱，看来是为了晒干封土吧？"意：料想；猜测。⑲词旨：言辞意旨。

僭乱的对①

王莽窃位称新室，公孙述称成家，袁术称仲家，董卓郿坞，公孙瓒易京，皆自然的对也②。

【注释】

①僭乱：犯上作乱。②窃位：篡夺君位。新室：西汉末，王莽代汉称帝，国号曰新。后因称其王朝为新室。公孙述：字子阳。新莽时，为导江卒正（蜀郡太守）。后起兵，据益州称帝，号成家（取起于成都之意）。袁术：东汉末，割据扬州。建安二年称帝于寿春，号仲家。公孙瓒：字伯珪。东汉末年，割据幽州，在易京修筑营垒，建楼数十重。自然：犹当然。在僭乱者看来是"自然

的对"。

月不胜火①

《庄子·外物篇》:"利害相摩,生火甚多,众人焚和,月固不胜火,于是乎有僓然而道尽②。"注云:"大而暗则多累,小而明则知分③。"东坡所引,乃曰:"郭象以为大而暗④,不若小而明。陋哉斯言也!为更之曰,月固不胜烛,言明于大者必晦于小,月能烛天地,而不能烛毫厘,此其所以不胜火也,然卒之火胜月耶?月胜火耶⑤?"予记朱元成《萍洲可谈》所载⑥:"王荆公在修撰经义局,因见举烛,言:'佛书有日月灯光明佛,灯光岂足以配日月乎?'吕惠卿曰:'日煜乎昼⑦,月煜乎夜,灯煜乎日月所不及,其用无差别也。'公大以为然,盖发言中理,出人意表云⑧。"予妄意《庄子》之旨,谓人心如月,湛然虚静,而为利害所薄,生火炽然⑨,以焚其和,则月不能胜之矣,非论其明暗也。

【注释】

①月:《庄子》一书的意思:人心如月。②利害相摩:心中利与害的念头相互摩擦。生火甚多:像起了火一样,使内心焦灼不安。众人焚和:大多数人因醉心于利害得失,致使内心的中和之气都被烧光了。焚和:谓毁灭中和之性。固:通"故"。已经。僓(tuí)然道尽:任凭精神崩溃,生机熄灭。僓,放任不矜。一说颓败。王先谦集解:"宣(颖)云:'于是乎颓然臕坏,天理尽而生机熄矣。'"③多累(lèi):多牵累;多拖累。分(fèn):职分。④郭象:西晋哲学家。字子玄。作《庄子注》。⑤晦:掩蔽。然卒之火胜月耶?月胜火耶?卒(zù),究竟。此句的意思不是"然而,突然点起一把火,是……还是……?"⑥朱元成《萍洲可谈》;《辞源》《辞海》(1989年版)"萍洲可谈"条下均注为宋朱彧撰著。《辞海》:"彧字无惑,乌程(今浙江湖州市)人。"《宋史·艺文志》:"朱无惑《萍洲可谈》三卷"。⑦煜(yù):照耀。⑧意表:意想之外。⑨妄意:臆测。这是作者自谦的说法。湛然:淡泊清静。虚静:清虚恬静。薄:逼近;侵入。"为利害所薄"决不是"远离利害"。恰恰相反。然:"燃"的本字。燃烧。

灵台有持

《庄子·庚桑楚篇》云："灵台者，有持而不知其所持，而不可持者也①。"郭象云："有持者，谓不动于物耳，其实非持。若知其所持而持之，持则失也。"陈碧虚云："真宰存焉，随其成心而师之②。"予谓是皆置论于言意之表，玄之又玄③，复采庄子之语以为说，而于本旨殆不然也。尝记洪庆善云："此一章谓持心有道，苟为不知其所以持之④，则不复可持矣。"盖前二人解释者，为两"而"字所惑，故从而为之辞。

【注释】
①灵台：《庄子》一书中亦称"灵府"。指心。持：持守；信仰。不知其所持：即不知其所以持。不知道为什么有这样的信仰。不可持：不可着意持守。②真宰：指自然之性。成心：即诚心。真诚诚意。成通"诚"③置论：进行评论。玄之又玄：幽深微妙、高远莫测。后泛指事理非常奥妙难懂。④所以：表示原因，情由。

董仲舒灾异对

汉武帝建元六年，辽东高庙、长陵高园殿灾①，董仲舒居家推说其意，草藁未上，主父偃窃其书奏之。上召视诸儒②，仲舒弟子吕步舒不知其师书，以为大愚。于是下仲舒吏，当死，诏赦之。仲舒遂不敢复言灾异③。此本传所书。而《五行志》载其对曰："汉当亡秦大敝之后，承其下流④。又多兄弟亲戚骨肉之连，骄扬奢侈，恣睢者众，故天灾若语陛下，'非以太平至公⑤，不能治也。视亲戚贵属在诸侯远正最甚者，忍而诛之，如吾燔辽东高庙乃可；视近臣在国中处旁仄及贵而不正者，忍而诛之，如吾燔高园殿乃可'云尔⑥。在外而不正者，虽贵如高庙，犹灾燔之⑦，况诸侯乎！在内不正者，虽贵如高园殿，犹燔灾之，况大臣乎！此天意也。"其后淮南、衡山王谋反，上思仲舒前言，使吕步舒持斧钺治淮南狱，以《春秋》谊颛断于外，不请⑧。既还奏事，上皆是之。凡与王谋反列侯二千石豪杰⑨，皆以罪轻重受诛，二狱死者数万人。呜呼！以武帝之嗜杀，时临御方数岁，可与为善⑩，庙殿之灾，岂无他说？而仲舒首劝其杀骨肉大臣，与平生学术大为乖剌⑪，驯致数万人之祸，皆此书启之也。然则下吏几死，盖天所以激步舒云，使其就戮，非不幸也。

【注释】

①高庙：汉高祖刘邦祠庙。长陵：陵名。汉高祖葬地。高园殿：高帝（刘邦）陵园中供便坐休息之殿。灾：发生火灾。②召视：即召示。召见而示之。③灾异：指自然灾害和某些特异的自然现象，如水害、山崩、地震和日月食等。旧时迷信谓天对人的示警或惩罚。④敝：(社会风气)衰败。下流：喻众恶所归之处。此处即指衰败的风气。⑤骄扬：骄纵狂傲。恣睢（suī）：放纵、暴戾貌。服虔注："自恣意怒貌也。"太平：谓时世安宁和平。⑥贵属：犹贵族。主要指皇室的宗族子弟和功臣。远正：谓远离正道。旁仄：旁边，旁侧。云尔：亦作"云耳"。用于句尾，表示如此而已。⑦灾燔：焚烧。⑧斧钺：本是两种兵器，古代军法用以杀人，因而也泛指刑罚、杀戮。不请：不必请示。颜师古注："不奏待报。"⑨列侯二千石：指诸侯王国的相、内史、中尉等，他们的俸禄都是二千石。⑩嗜杀：喜好杀戮。临御方数岁：即位才数年。可与为善：应该劝谏武帝施行善政。为善，犹行善。施行善政。⑪乖剌（là）：犹乖戾。

李正己献钱

唐德宗初即位，淄青节度使李正己，畏上威名，表献钱三十万缗。上欲受之，恐见欺，却之则无辞。宰相崔祐甫，请遣使慰劳淄青将士，因以正己所献钱赐之，使将士人人戴上恩①，诸道知朝廷不重货财。上悦从之。正己大惭服。天下以为太平之治，庶几可望②。绍兴三十年，镇江都统制刘宝乞诣阙奏事，朝廷以其方命刻下③，罢就散职。宝规取恩宠，扫一府所有，载以自随，巨舟连樯，白金至五舰，他所赍挟皆称是④。其始谋盖云此行不以何事，必可力买⑤。既至，趋趄国门，不许入觐，或以谓欲上诸内府⑥。予时为枢密检详，为丞相言："援祐甫所陈，乞以宝所赍等第赐其本军，明降诏书，遣一朝士以宝平生过恶，告谕卒伍，使知明天子惠绥恻怛之意⑦。或宝靳固奄有，仞为己物，则宜因人之言，发命诘问在行之物，本安所出，今安所用？悉取而籍之⑧。就其舟楫，北还充赐，尤可以破其溪壑无厌之谋⑨。"汤岐公当国⑩，不能用也。

【注释】

①戴：尊奉；拥戴。引申指感恩。②庶几：也许，或许。③诣阙：谓赴朝堂。后亦指赴京都。方命：亦作"放命"。违命，抗命。刻下：对下属苛严，苛刻。④规取：谋求取得。他：另外的；别的。赍（jī）挟：赍持携带。皆称（chēng）是：都说是献给朝廷。⑤力买：以自己的能力（金钱）买通。⑥越趑滞留；盘桓。一说徘徊不前。形容疑惧不决。入觐（jìn）：入朝进见皇帝。以谓：即以为，认为。内府：皇室的仓库。⑦检详：官名。掌审定枢密院诸房公文。恻怛：同情，哀怜。⑧靳固：吝惜而固守。仞（rèn）："认"的古字。认为，当作。本安所出：从什么地方弄来的。安，哪里。所，处所，所在。籍：没收入官。⑨溪壑：本谓溪谷沟壑。后以溪壑之心喻无厌之欲。⑩当（dāng）国：主持国家的政务。

宣　室

汉宣室有殿有阁，皆在未央宫殿北，《三辅黄图》以为前殿正室。武帝为窦太主置酒，引内董偃，东方朔曰："宣室者，先帝之正处也，非法度之政不得入焉①。"文帝受釐于此，宣帝常斋居以决事②。如淳曰："布政教之室也③。"然则起于高祖时，萧何所创，为退朝听政之所。而《史记·龟策传》云："武王围纣象郎④，自杀宣室。"徐广曰："天子之居，名曰宣室。"《淮南子》云"武王甲卒三千，破纣牧野，杀之宣室。"注曰："商宫名，一曰狱也。"盖商时已有此名，汉偶与之同，《黄图》乃以为"汉取旧名"，非也。

【注释】

①窦太主：太主，皇帝的姑母。窦太主，汉武帝的姑母馆陶公主刘嫖。寡居。因是窦太后（文帝皇后）之女，故称窦太主。引内：招致接纳。（董偃

受到窦太主近幸,也受到汉武帝恩宠)内(nà),同"纳"。接纳。正处:正堂。听政大堂。非法度之政不得入:非合法度的政事不到宣室计议。东方朔此话的意思,董偃无资格进入宣室。②受釐:釐,即胙,祭余之肉。汉制祭天地五畤,皇帝派人行祀或郡国祭祀后,皆以祭余之肉归致皇帝,以示受福,叫受釐。斋居:斋戒别居。决事:决断事情;处理公务。③布:公布;宣告。政教:刑赏与教化。④象郎:即象廊。郎,通"廊"。用象牙装饰的廊殿。

昔昔盐

薛道衡以"空梁落燕泥"之句①,为隋炀帝所嫉。考其诗名《昔昔盐》,凡十韵:"垂柳覆金堤,蘼芜叶复齐②。水溢芙蓉沼,花飞桃李蹊。采桑秦氏女,织锦窦家妻③。关山别荡子,风月守空闺④。常敛千金笑,长垂双玉啼⑤。盘龙随镜隐,彩凤逐帷低⑥。飞魂同夜鹊,倦寝忆晨鸡。暗牖悬蛛网⑦,空梁落燕泥。前年过代北,今岁往辽西。一去无消息,那能惜马蹄!"唐赵嘏广之为二十章,其《燕泥》一章云:"春至今朝燕,花时伴独啼。飞斜珠箔隔,语近画梁低。帷卷闲窥户,床空暗落泥。谁能长对此,双去复双栖。"《乐苑》以为羽调曲。《玄怪录》载"篷篠三娘工唱《阿鹊盐》"⑧,又有《突厥盐》《黄帝盐》《白鸽盐》《神雀盐》《疏勒盐》《满座盐》《归国盐》。唐诗"媚赖吴娘唱是盐"⑨,"更奏新声《刮骨盐》"。然则歌诗谓之"盐"者,如吟、行、曲、引之类云。今南岳庙献神乐曲,有《黄帝盐》,而俗传以为"皇帝炎",《长沙志》从而书之,盖不考也。韦縠编《唐才调诗》,以赵诗为刘长卿,而题为《别宕子怨》,误矣。

【注释】

①薛道衡:隋诗人。官至司隶大夫,后为炀帝所害。②昔昔盐:乐府曲辞名。昔昔即夕夕,盐即引。金堤:指修筑得很坚固的江河堤塘。蘼芜:草名。其茎叶靡弱而繁芜,故以名之。③采桑秦氏女:秦罗敷。晋代崔豹《古今注》中《音乐》:"秦氏,邯郸人。有女名罗敷,为邑人千乘王仁妻。仁后为越(赵)王家令,罗敷出采桑于陌上,赵王登台见而悦之,因饮酒欲夺焉。罗敷乃弹筝,作《陌上》歌以自明焉。"这里借用,说明自己坚守节操。织锦窦家妻:窦滔妻。

名苏蕙,字若兰。晋始平郡人。善属文。窦滔,苻坚时为秦州刺史,被徙流沙,苏蕙因织锦为回文旋图诗赠窦滔,以寄离思。其诗回环诵读,皆能成文,词甚凄惋。这里即借用此事。④关山:泛指关隘山川。荡子:浪游不归的男子。风月:清风明月。这里喻男女情爱。⑤玉啼:喻女人泪。⑥盘龙:刻绘在铜镜上的盘龙图案。彩凤:绣在帷帐上的凤凰。⑦暗牖:光线不足的窗户。⑧籧篨(qú chú)三娘:人名。《尔雅·释训》:"籧篨,口柔也。"陆德明释文认为是巧言辞之人。⑨媚赖:娇媚可爱。吴娘:犹吴姬。吴地美女。

将帅当专

《周易·师卦》:"六三,师或舆尸①,凶。""九五,长子帅师,弟子舆尸②,贞凶。"爻意谓用兵当付一帅,苟其倅杂然临之③,则凶矣。舆尸者,众主也。安庆绪既败,遁归相州,肃宗命郭汾阳、李临淮九节度致讨④。以二人皆元勋,难相统属,故不置元帅,但以宦者鱼朝恩为观军容宣慰处置使,步骑六十万,为史思明所挫⑤,一战而溃。宪宗讨淮西,命宣武等十六道进军,虽以韩弘为都统⑥,而身未尝至。既无统帅,至四年不克,及裴度一出⑦,才数月即成功。穆宗讨王庭凑、朱克融,时裴度镇河东,亦为都招讨使,群帅如李光颜、乌重胤⑧,皆当时名将。而翰林学士元稹,意图宰相,忌度先进,与知枢密魏简相结,度每奏画军事,辄从中沮坏之⑨,故屯守逾年,竟无成绩。贞元之诛吴少诚,元和之征卢从史,皆此类也。石晋开运中⑩,为契丹所攻,中国兵力寡弱,桑维翰为宰相,一制指挥节度使十五人。虽杜重威、李守正、张彦泽辈,弩材反房⑪,然重威为主将,阳城之战,三人者尚能以身徇国,大败强胡,耶律德光乘橐驼奔窜⑫,仅而获免。由是观之,大将之权,其可不专邪?

【注释】

①六三、九五:指六三爻、九五爻。师:师旅。即军队,部队。舆尸:下文说"舆尸者,众主也"。舆,众人。尸,主持。②九五:应为"六五"。《师》卦坎下坤上。弟子:长子指长官,弟子指副官。③杂然:都;共同。④安庆绪:安禄山次子。郭汾阳:即郭子仪。以功进封汾阳王。李临淮:即李光弼。唐大

将。以功进封临淮王。⑤元勋：指对国家开创或建设有极大功绩的人。统属：统辖；隶属。史明：安禄山的重要亲信，即"安史之乱"中的史思明。⑥都统：官名。唐代后期讨伐藩镇和镇压农民起义，设诸道行营都统，为各道出征兵的统帅。⑦裴度：字中立。唐宪宗元和十二年（817年，裴度时为门下侍郎、同平章事）督师攻破蔡州（即淮西），擒吴元济，河北藩镇大惧，多表示服从政府。唐代藩镇叛乱的局面暂告结束。⑧乌重嗣：按，新、旧《唐书》《资治通鉴》为"乌重胤"。⑨先进：首先仕进。魏简：新旧《唐书》《资治通鉴》为"魏弘简"。奏画：进奏所谋画的策略。沮坏：毁坏；破坏。⑩石晋：即石敬瑭建立的后晋。⑪驽材：平庸低劣之材。反虏：造反者，反叛者。后来三人均反叛而投降了契丹。⑫橐驼：即骆驼。

卷第八（十五则）

蓍龟卜筮

古人重卜筮，其究至于通神，龟为卜，蓍为筮，故曰："假尔泰龟有常，假尔泰筮有常"，"定天下之吉凶，成天下之亹亹"，"所以使民信时日，敬鬼神，畏法令"①。舜之命禹，武王之伐纣，召公相宅，周公营成周，未尝不昆命元龟，袭祥考卜②。然筮短龟长，则龟卜犹在《易》筮之上。《汉·艺文志》、刘向所辑《七略》，自《龟书》《夏龟》之属，凡十五家至四百一卷，后世无传焉。今之揲蓍者，率多流入于影象，所谓龟策，惟市井细人始习此艺③。其得不过数钱，士大夫未尝过而问也。伎术标榜，所在如织，五星、六壬、衍禽、三命、轨析、太一、洞微、紫微、太素、遁甲，人人自以为君平，家家自以为季主，每况愈下④。由是借手于达官要人，舟车交错于道路，毁誉纷纭，而术益隐矣。《周礼》："大卜掌三兆之法，一曰玉兆，二曰瓦兆，三曰原兆⑤。"杜子春云："玉兆，颛帝之兆；瓦兆，帝尧之兆；原兆，有周之兆。""经兆之体皆百有二十，其颂皆千有二百⑥。"又"掌《三易》之法，曰《连山》，曰《归藏》，曰《周易》。其经卦皆八，其别皆六十有四⑦。"今独《周易》之书存，他不复可见。世谓文王重《易》六爻为六十四卦⑧，然则夏、商之《易》已如是矣。《左氏传》所载懿氏占曰："凤皇于飞，和鸣锵锵⑨。有妫之后，将育于姜⑩。"成季之卜曰："其名曰友，在公之右⑪。同复于父，敬如君所⑫。"晋献公骊姬之繇曰："专之渝，攘公之羭⑬。"嫁伯姬之繇曰："车说其輹⑭，火焚其旗。寇张之弧，侄其从姑⑮。"秦伯伐晋曰："千乘三去，三去之余，获其雄狐⑯。"文公纳王，遇黄帝战于阪泉之兆⑰。鄢陵之战，晋侯筮曰："南国蹙，射其元，王中厥目⑱。"宋伐郑，赵鞅卜救之，遇水适火，史龟曰："是谓沉阳，可以兴兵，利以伐姜，不利子商⑲。"史墨曰："盈，水名；子，水位⑳。名位敌，不可干也㉑。"杜氏谓"鞅姓盈，宋姓子"，盖言"嬴"与"盈"

同也。史赵曰："是谓如川之满，不可游也。"卫庄公卜梦，曰："如鱼窥尾，衡流而方羊裔焉㉒。阖门塞窦，乃自后逾㉓。"此十占皆不可得其说，故杜元凯云："凡筮者用《周易》，则其象可推㉔。非此而往，则临时占者或取于象，或取于气，或取于时日、王相以成其占㉕。若尽附会以爻象，则架虚而不经㉖。"可为通论㉗，然亦安知非《连山》《归藏》所载乎！

【注释】

①通神：通于神灵。形容卜筮的本领极大、极其灵验。"假尔泰龟有常"句：假借大龟或大筮断定吉凶。语出《礼·曲礼上》。泰，大中之大。泰龟、泰筮，对龟卜、卜筮的美称。有常，断定吉凶。成天下之亹亹：助成天下民众勤勉有为。语出《易·系辞上》。亹(wěi)亹，勤勉不倦貌。"所以使民信时日"句：出《礼·曲礼上》。信时日，即相信择定的时日。②相宅：相所居而卜之。即勘察宗庙、官室、朝市的地址。相，占视。宅，居住。营：营建，建造。昆命元龟：官占之法，先断人志，后命于元龟，言志定然后卜。昆，然后。袭祥：谓吉祥相因。袭，重复；重叠。考卜：古代以龟卜决疑，谓之"考卜"。后亦泛指占问吉凶。③揲著：亦称"揲(shé)著草"。数著草。古代问卜的一种方式。影象：征象，迹象。犹如说表面现象。细人：指见识短浅或地位低微的人。④伎术：技艺方术。古指医、卜、星相之术。标榜：宣扬；夸耀；吹嘘。五星、六壬……遁甲：古代占星、望气、候岁之类的占卜术。君平：即严君平，名遵。西汉隐士。蜀人。成帝时卜筮于成都市。季主：即司马季主。汉时楚国人，通经术，卖卜于长安东市。每况愈下：本作"每下愈况"。表示情况越来越坏。⑤玉兆：古代灼龟甲占卜吉凶时，其裂纹似玉之裂痕者，称为"玉兆"。郑玄注《周礼》："兆者，灼龟发于火，其形可占者。其象似玉、瓦、原之亹鏬，是用名之焉。"原，宽广平坦之地。亹鏬(wèn xià)，裂缝；缝隙。⑥经兆之体：经，指《易经》。体，占卜的卦兆。颂：卜兆的占词。即下文所说的"繇(zhòu)"。⑦经卦：即八卦。《周易》中的八种基本图形，用"—"和"- -"符号，每卦由三爻组成；以"—"为阳，以"- -"为阴。名称是：乾(☰)坤(☷)震(☳)巽(☴)坎(☵)离(☲)艮(☶)兑(☱)。八卦主要象征天、地、雷、风、水、火、山、泽八种自然现象，每卦又象征多种事物。其别皆六十有四：别，别卦。又称"复卦"或"重卦"。⑧文王重(易)：周文王重演《易经》。《史记·周本纪》："西伯(即周文王)……其囚羑里，盖益《易》之八卦为六十四卦。"⑨凤凰于飞：凤和凰相偕而飞。比喻夫妻和睦。于，作语助，无义。和(hè)鸣：鸣声相应。

锵锵：象声词。这里指凤凰鸣声。⑩有妫之后，将育于姜：这是懿仲卜妻敬仲的占词。敬仲是陈完死后的谥号。妫（guī），姓。春秋陈国为妫姓。陈完是陈厉公之子。齐为姜姓封国。陈完因避祸而奔齐，其后势力逐渐强大，卒代齐而有国。⑪其名曰友，在公之右：成季名友。杜预注："在右言用事。"鲁僖公时，季友为相。⑫同复于父，敬如君所：《左传》原文为"又筮之，遇《大有》（☰乾下离上）之《乾》（☰乾下乾上），曰：'同复于父，敬如君所。'"杜预注曰："《乾》为君父，《离》变为《乾》，故曰：同复于父，见敬与君同。"⑬繇（zhòu）：通"籀"。骊姬之繇：晋献公欲以骊姬为夫人，进行占卜的占词。专之渝，攘公之羭：意思是说，晋献公如果专心爱骊姬，就会因为听骊姬的谗言而改变自己的心意，其心改变就会有损他自己的美名。专，专一。杜预注："渝，变也。攘，除也。羭，美也。言变乃除公之美。"公，指晋献公。⑭车说其輹：说（tuō），通"脱"。輹（fù），车箱下面钩住车轴的木头，亦称"伏兔"。车脱其輹则不能行。嫁伯姬之繇，见卷六《左传易筮》"为嬴败姬"注。⑮寇张之弧：杜注："遇寇难而有弓矢之警。"即敌人张弓要袭击。弧，木弓。侄其从姑：杜预注："谓子圉质秦。"伯姬为秦穆公夫人（穆姬），是晋惠公夷吾之姊，太子圉之姑。故言"侄其从姑"。⑯千乘三去，三去之余，获其雄狐：千乘，千辆军车（战车）。去（qū），通"驱"。驱逐。"三去"指晋军三败被秦军追赶。雄狐：借指晋惠公。《左传·僖公十五年》记载："秦伯伐晋……三败（晋），及韩……壬戌，战于韩原。……秦获晋侯以归。"⑰文公纳王：晋文公把被王子带（大叔）赶出王城的周襄王送回王城（见《左传》僖公二十四、二十五年）。阪（bǎn）泉：古地名。相传黄帝与炎帝战于阪泉之野，败炎帝。此兆为吉兆。兆：卦象。⑱"南国蹙"句：南国指楚国。蹙，急促，紧迫。元，为首的。此指楚国国君。《左传》此句原文为："南国蹙，射其元王，中厥目。"《左传·成公十六年》记载，鄢陵之战，晋将吕锜射中楚共王目。⑲遇水适火：适，归向；往。是谓沉阳：这叫阳性（或阳气）沉没。伐姜：即伐姜姓的齐国。"利以伐姜"即卷六《左传易筮》说的"伐齐则可"。炎帝为火师，姜姓为其后代。水胜火，所以说"伐齐则可"。子商：宋为子姓，商代之后。开国君主为商王纣庶兄微子启。⑳盈，水名：即云南大盈江。子，水位：子为十二地支之一。按地支配五行说，亥、子、丑均在水位（其中"丑"还兼在土位）。㉑名位敌：敌，相当。不可干也：干，音 gān。犯，冒犯。㉒竁尾：竁，音 chēng，通"赪"。赤色。"竁尾"即"赪尾"。杜注："赤色，鱼劳则尾赤。横流方羊，不能自安。裔，水边。言卫侯将若此鱼。"衡流：即横流。水行不由河道。引申为放纵恣肆的意思。"衡"通"横"。方羊：同"彷徉"。游戏；游荡不定。方，音 páng。"如鱼竁尾，衡流而方羊裔焉"一句，孔颖达疏："郑众以为鱼劳则尾赤，方羊，游戏，喻卫侯淫纵。"㉓阖门塞窦：阖（hé）门，关闭门户。塞，阻格；堵。窦，孔穴。乃自后逾：从后墙上越过。㉔则其象可推：象，迹象。《周易》用卦、爻等符号象征自然变化和人事休咎。推，推求；推断。㉕非此而往：除此以外。取于王相以成其占：用旺相来完成占筮。王，通"旺"。旺相，得时，运气好。术士认为，遇旺相则诸事吉利。㉖架虚：即架空。比喻虚浮不实，没有基础。不经：近乎妄诞；没有根据。㉗通论：通达的议论。

地名异音

郡邑之名有与本字大不同者，颜师古以为土俗各有别称者是也。姑以《汉书·地理志》言之：冯翊之栎阳为"药阳"，莲勺为"辇酌"；太原之虑虒为"庐夷"；上党之沾为"添"；河内之隆虑为"林庐"，荡阴为"汤阴"；颍川之不羹为"不郎"；南阳之郦为"掷"，堵阳为"者阳"，鄼为"赞"；沛之酂为"嵯"，郸为"多"；清河之鄃为"输"；汝南之平舆为"平预"；济阴之宛句为"冤朐"；江夏之沙羡为"沙夷"；九江之橐皋为"拓姑"；庐江之雩娄为"吁间"；山阳之方与为"房豫"；琅邪之不其为"不基"；东海之承为"证"；长沙之承阳为"烝阳"；临淮之取虑为"秋庐"；会稽之诸暨为"诸既"，太末为"闼末"；豫章之余汗为"余干"；广汉之汁方为"十方"；蜀郡之徙为"斯"；益州之昧为"昩"；金城之允吾为"铅牙"，允街为"铅街"；武威之朴剽为"蒲环"；张掖之番禾为"盘和"；安定之乌氏为"乌支"；上郡之龟兹为"丘慈"；西河之鹄泽为"梏泽"；代郡之狋氏为"权精"；辽西之且虑为"趄庐"，令支为"铃祇"；辽东之番汗为"盘寒"；乐浪之黏蝉为"黏提"；南海之番禺为"潘隅"；苍梧之荔浦为"肄浦"；交趾之赢陵为"莲篓"；九真之都庞为"都聋"；日南之西捲为"西权"；淮阳之阳夏为"阳贾"；鲁国之蕃为"皮"。皆不可求之于义训①，字书亦不尽载也。

【注释】

①义训：训诂学术语。以通行词训释古语词或方言词的意义。

韩婴诗

《前汉书·儒林传》叙《诗》云，汉兴，申公作《鲁诗》，后苍作《齐诗》，韩婴作《韩诗》。又云，申公为《诗》训故①。而齐辕固、燕韩生皆为之传，或取《春秋》，采杂说，咸非其本义与不得已，《鲁》最为近之②。婴为文帝博士，景帝时至常山太傅，推诗人之意，作《外传》数万言，其语颇与齐、鲁间殊，然归一也③。武帝时，与董仲舒论于上前，精悍分明，仲舒不能难④。其后韩氏有王吉、食子公、长孙顺之学。《艺文志》，《韩家诗经》二十八卷，《韩故》三十六卷，《内传》四卷，《外传》六卷，《韩说》四十一卷。今惟存《外传》十卷。庆历中，将作监主簿李用章序之，命工刊刻于杭，其末又题云："蒙文相公改正三千余字。"予家有其书，读首卷第二章，曰："孔子南游适楚，至于阿谷，有处子佩璜而浣者⑤。孔子曰：'彼妇人其可与言矣乎！'抽觞以授子贡，曰：'善为之辞。'子贡曰：'吾将南之楚，逢天暑，愿乞一饮以表我心⑥。'妇人对曰：'阿谷之水流而趋海，欲饮则饮，何问妇人乎？'受子贡觞，迎流而挹之⑦，置之沙上，曰：'礼固不亲授。'孔子抽琴去其轸⑧，子贡往请调其音。妇人曰：'吾五音不知，安能调琴？'孔子抽絺绤五两以授子贡，子贡曰：'吾不敢以当子身，敢置之水浦⑨。'妇人曰：'子年甚少，何敢受子⑩？子不早去，今窃有狂夫守之者矣⑪。'《诗》曰：'南有乔木，不可休息⑫。汉有游女⑬，不可求思。'此之谓也。"观此章，乃谓孔子见处女而教子贡以微词三挑之，以是说《诗》，可乎？其谬戾甚矣⑭，他亦无足言。

【注释】

①训故：也叫"训诂"、"故训"、"诂训"。解释古书中词句的意义。②不得已：无可奈何；不能不如此。近之：接近本义。③然归一也：然而宗旨是一样的。归，宗旨。④精悍分明，仲舒不能难：是指韩婴精悍分明，董仲舒难不倒他。精悍：精明强悍。《汉书》本传："其人精悍，处事分明。"⑤处子：处女。在室之女，指未出嫁的女子。瑱（tiàn）：美玉。浣：洗濯。即洗衣服。⑥愿

乞一饮：愿讨取一杯水喝。⑦受：接取。挹（yì）：舀；汲取。⑧轸：弦乐器上转动弦的轴。⑨以当子身：意谓直接递到你的手上。浦：水边，河岸。⑩受子：接受你的馈赠。⑪狂夫：犹言拙夫。古代妇女对人称自己丈夫的谦词。⑫休：指在树下休息。息：《诗》作"思"。语助词。⑬汉：指汉水。游女：出游的女子。⑭微词：委婉而隐含讽谕的言词。挑：挑逗；引诱。谬戾：荒谬乖戾。

五行衰绝字①

木绝于申，故柛字之训为木自毙②。水土绝于巳，故汜字之训，《说文》以为穷渎，圯字之训为岸圯及覆③。火衰于戌，故烕为灭④。金衰于丑，故钮为键闭⑤。制字之义昭矣⑥。

【注释】

①衰绝：衰落绝灭。②木绝于申：按照天干地支配五行，其地支申、酉、戌为金。按照五行相生相克，金克木。所以说"木绝于申。"柛（shēn）：木死倒下。《尔雅·释木》："木自毙，柛。"③水土绝于巳：按地支配五行，巳、午、未为火。水火不相容，所以水绝于巳。火尽为土，且土也能灭火，所以土也绝于巳。汜（sì）：不流通的小沟渠。穷渎（dú）：穷，止息；杜绝。渎，小沟渠。圯（yí）：桥。古东楚方言。岸圯及覆：堤岸上的桥和堤面。覆，覆盖。桥接水面，故绝于火。④火衰于戌：即火尽为土。按地支配五行，戌为金，又兼为土。烕（xuè，又读miè）：本义为灭火，引申为灭亡。⑤金衰于丑：金熔化为水。按地支配五行，亥、子、丑为水。钮（niǔ）：使合在一起；扣上。一说音chǒu。刑具。枷锁镣铐之类。键闭：古代锁簧（键）与锁筒（闭）的合称。此处意为锁关闭。按卷七《建除十二辰》："丑为闭"。⑥昭：明显；明白。

汉表所记事

《汉书·功臣表》所记列侯功状，有纪传所轶者①。韩信击魏，以木罂缶度军，表云：祝阿侯高邑以将军属淮阴，击魏，罂度军（《史记》作"瓴"②）。盖此计由邑所建也。信谋发兵袭吕后，其舍人得罪信，信囚欲杀之。舍人弟上书变③,告信欲反。晋灼注曰:"《楚汉春秋》云,谢公也。"表有滇阳侯乐说,《史记》作"栾说",以淮阴舍人告反,侯④,盖非谢公也。须昌侯赵衍从汉王起汉中,雍军塞渭上,上计欲还,衍言从他道,道通⑤。中牟侯单右车,始,高祖微时⑥,有急,给高祖马,故得侯。邔侯黄极忠以群盗长为临江将,已而为汉击临江王。祁侯缯贺从击项籍,汉王败走,贺击楚迫骑⑦,以故不得进,汉王顾谓贺祁王(《史记》作"侯")。颜师古曰:"谓之祁王,盖嘉其功,故宠褒之,许以为王也⑧。"他复有与传小异者。《史记·张良传》,项梁立韩王成,以良为韩申徒。徐广云:"申徒即司徒,语音讹转也。"而《汉表》,良以韩申都下韩⑨。师古云:"韩申都即韩王信也,《楚汉春秋》作'信都',古'信''申'同字。"按良与韩王信了不相干,颜注误矣。自"司徒"讹为"申徒",自"申徒"为"申都",自"申都"为"信都",展转相传,古书岂复可以字义求也?韩信归汉,为治粟都尉,表以为票客。师古曰:"与纪传参错不同,或者以其票疾而宾客礼之⑩,故云票客也。"《史记》作"典客",《索隐》以为"粟客"。此外又有官名非史所载者。如:孔聚以执盾从;周灶以长铍都尉;郭蒙以户卫;宣虎以重将,重将者,主将领辎重也⑪;祁跂以门尉;棘丘侯襄以执盾队史;郭亭以塞路,塞路者,主遮塞要路以备敌寇也;丁礼以中涓骑;爰类以慎将,谓以谨慎为将也;许盎以骈邻说卫,骈邻者,二马曰骈,谓并两骑为军翼也,说读曰税,税卫者,军行初舍止之时主为卫也⑫;许瘛以赵右林将,林将者,将士林,犹言羽林之将也;清侯以弩将;留肸以客吏;冯解散以代大与⑬,大与,主爵禄之官也,《史记》作"太尉";靳强以郎中骑千人之类。聊纪于此,以示读史者云。

【注释】

①功状:报告立功情况的文书,此处指功绩。轶:通"逸"、"佚"。散失。②罂缶(yīng fǒu):大腹小口的瓶。用来缠在身上渡河。以将军:以将军的身分。属:隶属。淮阴:指韩信。曾封淮阴侯。瓴:同"缶"。③吕后:汉高祖刘邦皇后吕雉。上书变:上书告变(告韩信谋反)。④滇阳侯:《史记·高祖功臣侯者年表》作"慎阳侯"。侯:封侯。⑤雍:指雍王章邯。道通:道路没有阻塞可以通过。一说带领汉王通过。道,音dǎo。引导;带领。⑥微时:微贱之时。指未贵显时。⑦迫骑:追赶汉王的骑兵。⑧嘉:赞许;表彰。宠褒:

指帝王给予的褒奖。⑨下：攻克。韩：指战国时的韩国。⑩票疾：行动迅速。⑪将（jiāng）领：携带。辎（zī）重：军用器械、粮草、营账、服装等的统称。⑫舍止：停驻；居留。⑬代：汉初诸侯国名。

萧何给韩信

黥布为其臣贲赫告反，高祖以语萧相国，相国曰："布不宜有此，恐仇怨妄诬之，请系赫，使人微验淮南①。"布遂反。韩信为人告反，吕后欲召，恐其不就，乃与萧相国谋，诈令人称陈豨已破，绐信曰："虽病强入贺。"信入，即被诛。信之为大将军，实萧何所荐，今其死也，又出其谋，故俚语有"成也萧何，败也萧何"之语②。何尚能救黥布，而翻忍于信如此？岂非以高祖出征，吕后居内，而急变从中起，己为留守③，故不得不亟诛之，非如布之事尚在疑似之域也。

【注释】
①黥布：即英布。英布为汉初诸侯王（淮南王）。因曾坐法黥面，故又称黥布。汉初，因举兵反叛，被杀。贲赫时为中大夫。萧相国：即萧何。妄诬：造谣诬陷。微验：暗地侦察。②俚语：俗语。③己为留守：刘邦亲征陈豨，萧何为京城留守。

彭越无罪

韩信、英布、彭越皆以谋反诛夷①。信乘高祖自将征陈豨之时，欲诈赦诸官徒②，发兵袭吕后、太子。布见汉使验问③，即发兵东取荆，西击楚，对高祖言欲为帝，其为反逆已明。唯越但以称病不亲诣邯郸之故，上既赦以为庶人④，而吕后令人告越复谋反，遂及祸。三人之事，越独为冤。且扈辄劝越反，越不听，有司以越不诛辄为反形已具。然则贯高欲杀高祖，张敖不从⑤，其事等耳，乃以为不知状，而敖得释，何也？乐说告信，贲赫告布，皆得封列侯。而梁大仆告越不论赏，岂非汉朝亦知其故耶？栾布为越大夫，使于齐而越死，还奏事越头下，上召骂布,欲烹之,布谓越反形未见,而帝以苛细诛之⑥。上乃释布,拜为都尉。然则高祖于用刑,为有负于越矣,伤哉!

【注释】

①诛夷:杀戮,诛杀。②诈赦诸官徒:假传诏书,赦免各官府徒隶。官徒,官府的徒隶。③验问:检验查问。④越称病不亲诣邯郸:陈豨反代地,刘邦亲征,至邯郸,征兵梁王(彭越)。梁王称病,不亲往,使将将兵诣邯郸。赦以为庶人:有人告梁王反,论法当斩。皇上刘邦赦免彭越死罪而废为庶人(泛指无官爵平民)。⑤贯高:赵相。张敖:赵王张耳之子,刘邦之婿。张耳死,张敖嗣立为赵王。⑥奏事:本指向皇帝陈述事情。这里指栾布向梁王彭越报告出使齐国的情况。烹(pēng):古代以鼎镬煮杀人的酷刑。苛细:苛求细枝末节。指彭越只是因称病不亲去邯郸之事。

蜘蛛结网

佛经云:"蠢动含灵,皆有佛性①。"《庄子》云:"惟虫能虫,惟虫能天②。"盖虽昆虫之微,天机所运,其善巧方便,有非人智虑技解所可及者③。蚕之作茧,蜘蛛之结网,蜂之累房,燕之营巢,蚁之筑垤,螟蛉之祝子之类是已④。虽然,亦各有幸不幸存乎其间。蛛之结网也,布丝引经,捷急上下,其始为甚难。至于纬而织之,转盼可就,疏密分寸,未尝不齐。门槛及花梢竹间,则不终日,必为人与风所败。唯闲屋堁垣⑤,人迹罕至,乃可久久而享其安。故燕巢幕上,季子以为至危⑥。李斯见吏舍厕中鼠食不洁,近人犬,数惊恐之,仓中之鼠食积粟,居大庑之下,不见人犬之忧,叹曰:"人之贤不肖,譬如鼠矣,在所自处耳⑦!"岂不信哉?

【注释】

①蠢动含灵:犹言一切众生。佛性:佛教名词。谓众生觉悟之性。②惟虫能虫,惟虫能天:言百虫能各适其自然之性。③天机:犹灵性,谓天赋灵机。运,运用。善巧:巧妙。方便:便利(敏捷;灵活)。智虑:才智,谋虑。技解:技艺;技巧。技能。④垤(dié):蚂蚁做窝时堆在穴口的小土堆,也叫蚁封、

蚁冢。螟蛉祝子：《诗·小雅·小宛》："螟蛉有子，蜾蠃负之。"郑玄《毛诗笺》："蒲卢（蜾蠃）取桑虫（螟蛉）之子，负持而去，煦妪养之，以成其子。"蜾蠃（guǒ luǒ），即"蜾蠃蜂"。一种细腰土蜂。螟蛉，螟蛾的幼虫。蜾蠃蜂捕螟蛉为食，并以产卵管刺入螟蛉体内，注射蜂毒使其麻痹，然后负之置于蜂窠内，作蜾蠃的幼虫的食料。古人错认为蜾蠃养螟蛉为子。因把"螟蛉"作为养子的代称。扬雄《法言·学行》："螟蠕之子殪而逢蜾蠃，祝之曰类我类我，久则肖之矣。"⑤转盼：转眼间。垝（guǐ）垣：犹颓垣。倒塌的墙壁。⑥燕巢幕上：比喻处境危险。幕，帐幕、篷帐。季子：指吴公子札，吴王诸樊之弟，封于延陵，称延陵季子。鲁襄公二十九年（前544年）他出使各诸侯国，"自卫如晋，将宿于戚"，听说发动叛乱的卫大夫孙林父仍住在卫国的戚地，认为很危险。说："夫子之在此也，犹燕之巢于幕上。"⑦大庑（wǔ）：有走廊的大屋子。在所自处耳：在于能不能给自己找到优越的环境和顺利的条件。事见《史记·李斯列传》。

孙权称至尊

陈寿《三国志》，固多出于一时杂史，然独《吴书》称孙权为至尊，方在汉建安为将军时，已如此，至于诸葛亮、周瑜，见之于文字间亦皆然。周瑜病困，与权书曰："曹公在北，刘备寄寓，此至尊垂虑之日也①。"鲁肃破曹公还，权迎之，肃曰："愿至尊威德加乎四海②。"吕蒙遣邓玄之说郝普曰："关羽在南郡，至尊身自临之。"又曰："至尊遣兵，相继于道。"蒙谋取关羽，密陈计策，曰："羽所以未便东向者，以至尊圣明，蒙等尚存也。"陆逊谓蒙曰："下见至尊③，宜好为计。"甘宁欲图荆州，曰："刘表虑既不远，儿子又劣，至尊当早规之④。"权为张辽掩袭⑤，贺齐曰："至尊人主，常当持重。"权欲以诸葛恪典掌军粮，诸葛亮书与陆逊曰："家兄年老，而恪性疏，粮谷军之要最⑥，足下特为启至尊转之。"逊以白权。凡此之类，皆非所宜称，若以为陈寿作史虚辞⑦，则魏、蜀不然也。

【注释】

①病困：犹言病笃。寄寓：犹客居。垂虑：专心考虑。一说，垂，犹言"俯"，用为敬词。②威德：声威与德行。③下：去。此处指从上游到下游。吕

蒙为麻痹关羽，夺取荆州，诈称病，由镇守的军事重镇陆口回建业去。④规：规划；打算。⑤掩袭：乘人不备突然袭击。⑥诸葛恪：吴将。诸葛亮兄诸葛瑾之子。典掌：主管；掌管。要最：谓最为重要，紧要。⑦虚辞：浮夸不实之言。

康山读书

杜子美赠李太白诗："康山读书处，头白好归来。"说者以为即庐山也。吴曾《能改斋漫录》内《辨误》一卷，正辨是事，引杜田《杜诗补遗》云范传正《李白新墓碑》云："白本宗室子，厥先避仇客蜀，居蜀之彰明，太白生焉。彰明，绵州之属邑，有大、小康山，白读书于大康山，有读书堂尚存。其宅在清廉乡，后废为僧房，称陇西院，盖以太白得名。院有太白像。"吴君以是证杜句，知康山在蜀，非庐山也。予按当涂所刊《太白集》，其首载《新墓碑》，宣、歙、池等州观察使范传正撰，凡千五百余字，但云："自国朝已来，编于属籍①，神龙初，自碎叶还广汉，因侨为郡人②。"初无《补遗》所纪七十余言，岂非好事者伪为此书，如《开元遗事》之类，以附会杜老之诗邪？欧阳忞《舆地广记》云："彰明有《李白碑》，白生于此县。"盖亦传说之误，当以范碑为正。

【注释】

①国朝：指唐朝。属（zhǔ）籍：家族的名册。②侨：寄居；客居。

列国城门名

郡县及城门名，用一字者为雅驯近古①。今独姑苏曰吴郡吴县，有盘门、阊门、葑门、娄门、齐门，他皆不然。春秋时，列国门名见于《左氏传》者，郑最多，曰渠门、纯门、时门、将门、闺门、皇门、鄟门、墓门，又有师之梁、桔柣之门。周曰圉门。鲁曰雩门、雉门、稷门、莱门、鹿门，又有子驹之门。《公羊传》有争门、吏门。宋曰彭门、桐门、卢门、曹门、泽门、扬门、桑林之门。邾曰鱼门、范门。卫曰阅门，盖获之门。齐曰雍门，亦有扬门、鹿门、稷门。吴曰胥门。宋埕泽之门，见《孟子》。

【注释】
①雅驯：典雅纯正；文雅不俗。后世多称文辞善于修饰为"雅驯"。

缁尘素衣

陈简斋《墨梅》绝句一篇云："粲粲江南万玉妃①，别来几度见春归。相逢京洛浑依旧，只恨缁尘染素衣②。"语意皆妙绝。晋陆机《为顾荣赠妇》诗云："京洛多风尘，素衣化为缁。"齐谢元晖《酬王晋安》诗云："谁能久京洛，缁尘染素衣。"正用此也。

【注释】
①陈简斋：即陈与义。字去非，号简斋。南宋诗人。陈与义此诗题为《和张矩臣水墨梅五绝》。这是第三首。粲粲：鲜盛貌。玉妃：喻雪或花。此处喻白梅。②浑：副词。皆；都。表示范围。缁尘：黑色灰尘。常喻世俗污垢。③京洛多风尘：后以"京洛尘"比喻功名利禄等尘俗之事。陈与义诗结句即用陆机诗意。其中一个"恨"字，突出了诗人对浊世的憎恶之情。

去国立后

齐高氏食邑于卢，高弱以卢叛齐，闾丘婴围之，弱曰："苟使高氏有后，请致邑①。"齐人立高酀，弱致卢而出奔晋。鲁臧氏食邑于防，臧纥得罪，使来告曰："苟守先祀，敢不辟邑②。"乃立臧为，纥致防而奔齐。按弱、纥二人，据地要君，故孔子曰："臧武仲以防求后于鲁，虽曰不要君，吾不信也③。"然齐、鲁之君，竟如其请，不以要君之故而背之，盖当是时先王之泽未熄，非若战国务为诈力权谋之比，所谓杀人之中又有礼焉者也④。降及末世，遂有带甲约降，既解甲即围而杀之者，不仁孰甚焉⑤！

【注释】

①高弱：应为高竖。高弱叛在成十七年（前574年），高竖叛在襄二十九年（前544年）。阎兵婴围的是高竖，要求立后致邑而奔晋的也是高竖。后面三个"弱"字均应为"竖"。有后：有后嗣；有继承人。致邑：把食邑献给国君。②苟守先祀：其意也是要求立后嗣。先祀，祖先的祭祀。辟：通"避"。离开。③要（yāo）：要挟；胁迫。孔子曰：孔子这段话见《论语·宪问》。④熄：消亡。诈力：欺诈与暴力。杀人之中又有礼焉：即使杀人也合乎礼义。⑤末世：后世，后代。带甲约降：即不解甲（准备死战）而约定投降的条件。约降，约请投降。不仁孰甚焉：还有什么比这样做更不仁的呢！孰：什么。

诗词改字

王荆公绝句云："京口、瓜洲一水间，钟山只隔数重山。春风又绿江南岸①，明月何时照我还。"吴中士人家藏其草，初云"又到江南岸"，圈去到字，注曰不好，改为过，复圈去而改为入，旋改为满，凡如是十许字，始定为绿。黄鲁直诗："归燕略无三月事，高蝉正用一枝鸣②。"用字初曰抱，又改曰占、曰在、曰带、曰要，至用字始定。予闻于钱伸仲大夫如此。今豫章所刻本，乃作"残蝉犹占一枝鸣"。向巨原云："元不伐家有鲁直所书东坡《念奴娇》，与今人歌不同者数处，如浪淘尽为浪声沉，周郎赤壁为孙吴赤壁，乱石穿空为崩云，惊涛拍岸为掠岸，多情应笑我早生华发为多情应是笑我生华发③，人生如梦为如寄。"不知此本今何在也？

【注释】

①绿：吹绿了。②归燕：南归的燕子。略无：全无；毫无。燕子要南归，所以没有三月间那种欢舞歌唱的劲头了。用：以；凭籍。③多情应笑我：应笑我多情。华发：花白的头发。

姑舅为婚

姑舅兄弟为婚，在礼法不禁，而世俗不晓①。按《刑统·户婚律》云：

"父母之姑舅、两姨姊妹及姨若堂姨、母之姑、堂姑,己之堂姨及再从姨、堂外甥女、女婿姊妹,并不得为婚姻。"议曰:"父母姑舅、两姨姊妹,于身无服,乃是父母缌麻,据身是尊②,故不合娶。及姨又是父母大功尊;若堂姨虽于父母无服,亦是尊属;母之姑、堂姑,并是母之小功以上尊;己之堂姨及再从姨、堂外甥女亦谓堂姊妹所生者、女婿姊妹,于身虽并无服,据理不可为婚③。并为尊卑混乱,人伦失序之故④。"然则中表兄弟姊妹正是一等⑤,其于婚娶,了无所妨。予记政和八年,知汉阳军王大夫申明此项,敕局看详,以为如表叔娶表侄女,从甥女嫁从舅之类,甚为明白。徽州《法司编类续降》有全文,今州县官书判,至有将姑舅兄弟成婚而断离之者,皆失于不能细读律令也。惟西魏文帝时,禁中外及从母兄弟姊妹为婚,周武帝又诏不得娶母同姓以为妻妾,宣帝诏母族绝服外者听婚,皆偏闰之制⑥。漫附于此。

【注释】

①世俗:指俗人,普通人。②议:文体的一种。用以论事说理或陈述意见。于身无服:身,自身。服,照丧礼规定穿戴一定的丧服。缌(sī)麻:旧时丧服名。五服中最轻的一种。其服用细麻布制成,服期三个月。凡本宗为高祖父母、曾伯叔祖父母、族伯叔父母、族兄弟及未嫁族姊妹,又外姓中为中表兄弟、岳父母等,都服之。五服中最重的一种为斩衰(cuī)。其次为齐(zī)衰。再次为大功。服期九个月。为堂兄弟、未嫁的堂姊妹、已嫁的姑姊妹服,又已嫁女为伯叔父、兄弟等服之。次轻的一种为小功。服期五个月。凡本宗为曾祖父母、伯叔祖父母、堂伯叔父母、未嫁祖姑、堂姑,已嫁堂姊妹,兄弟妻,从堂兄弟及未嫁从堂姊妹,又外亲为外祖父母、母舅、母姨等,皆服之。据身是尊:按自己来说是长辈。③尊属:亦尊辈。据理:堂姨及再从姨是长辈,堂外甥女、女婿姊妹是小辈。④人伦:中国古代指人与人之间的关系和应当遵守的行为准则。失序:谓次序混乱;失去常规。⑤中表:古代称父亲的姊妹(姑母)的儿子为外兄弟,称母亲的兄弟(舅父)姊妹(姨母)的儿子为内兄弟。外为表,内为中,合称"中表兄弟"。后以此称同姑母、舅父、姨母的子女之间的亲戚关系。⑥中外:中表亲。绝服外者:即不在五服之内的。偏闰:封建时代指偏据一方,不属正统的王朝。

〔补注〕敕局:宋时内廷承旨撰制法律条例的机构。看详:审阅研究。

卷第九（十四则）

三家七穆

春秋列国卿大夫世家之盛[1]，无越鲁三家、郑七穆者。鲁之公族，如臧氏、展氏、施氏、子叔氏、叔仲氏、东门氏、郈氏之类固多，唯孟孙、叔孙、季孙实出于桓公，其传序累代[2]，皆秉国政，与鲁相为久长。若揆之以理，则桓公弑兄夺国，得罪于天，顾使有后如此[3]。郑灵公亡，无嗣，国人立穆公之子子良，子良辞以公子坚长。乃立坚，是为襄公。襄公将去穆氏，子良争之，愿与偕亡[4]。乃舍之，皆为大夫。其后位卿大夫而传世者，罕、驷、丰、印、游、国、良，故曰七穆。然则诸家不逐而获存，子良之力也。至其孙良霄乃先覆族[5]，而六家为卿如故，此又不可解也。

【注释】

①卿大夫：西周、春秋时国王及诸侯分封的臣属。规定要服从君命，担任重要官职，辅助国君统治，对国君有纳贡赋与服役的义务。但在其"家"内，为一"家"之主，世代掌握所属都邑的军政大权。一般情况下，其地位较大夫为高，田邑亦较大夫为多，并掌握国政和统兵之权。世家：旧时泛指门第高、世代作官的人家。②公族：诸侯的子孙。传序：谓父死子继，世代相传。累代：历代；接连几代。③弑兄：古代卑幼杀死尊长叫弑。桓公之兄隐公是国君。顾使有后如此：顾，却，反而。④将去穆氏：去，驱逐。穆氏，郑穆公的儿子们，襄公的众兄弟。偕亡：一同逃亡。偕，俱，同。⑤覆族：灭族。鲁襄公三十年，良霄被郑人所杀，灭族。

贡薛韦匡

《汉元帝纪赞》云："贡、薛、韦、匡迭为宰相[1]。"谓贡禹、薛广德、韦玄成、匡衡也，四人皆握婗自好，当优柔不断之朝，无所规救②。衡专附石显，最为邪臣；广德但有谏御楼船一事；禹传称在位数言得失，书数十上；玄成传称为相七年，守正持重，不及父贤③，而文采过之。皆不著其有过。按《刘向传》："宏恭、石显白逮更生下狱，下太傅韦玄成、谏大夫贡禹与廷尉杂考④。劾更生前为九卿，坐与萧望之、周堪谋排许、史⑤，毁离亲戚，欲退去之，而独专权。为臣不忠，幸不伏诛，复蒙恩召用，不悔前过，而教令人言变事⑥，诬罔不道。更生坐免为庶人。"若以汉法论之，更生死有余罪，幸元帝不杀之耳。《京房传》房欲行考功法⑦，石显及韦丞相皆不欲行。然则韦、贡之所以进用，皆阴附恭、显得之⑧。《班史》隐而不论，唯于《石显传》云："贡禹明经著节，显使人致意，深自结纳⑨。因荐禹天子，历位九卿，至御史大夫。"正在望之死后也。

【注释】

①迭：更替轮流。②韦玄成：韦贤之子。握婗：同"龌龊"。器量狭窄；牵拘小节。自好：自爱，自洁其身。优柔：犹豫不决；不果断。指汉元帝。规救：规谏救止。规，规劝，谏诤。救，制止，阻止。③邪臣：奸诈的官吏。谏御楼船：元帝欲御（乘坐）楼船（有楼饰的游船），因为（乘坐）楼船不如过桥安全，广德脱帽劝谏，欲以血污车轮，帝乃止。详注见四笔卷九《用史语之失》。不及父贤：指其父韦贤。④更生：即刘向，本名更生，字子政。时任宗正，为九卿之一。刘向用阴阳灾异附会时政，屡次上书劾奏宦官、外戚专权。下：交给。杂考：犹会审。⑤谋排：阴谋排斥。许、史：汉宣帝时两家外戚；许，宣帝许皇后家；史，宣帝祖母史良娣家。⑥幸不伏诛，复蒙恩召用：因"谋排许、史"，堪、向皆下狱，望之免官。后，元帝"征堪、向，欲以为谏大夫，恭、显白皆为中郎"。（《刘向传》）教令人言变事：元帝初元二年，地震。刘向使其外亲上书说，就是因为弘恭、石显等擅权蔽贤，所以才发生了地震。变事：突然发生的重大事件。颜师古注："非常之事，故谓之变也。"⑦考功法：即考功课吏法。按一定标准考核官员的政绩才德，作为举用的根据。⑧阴附：暗中依附。⑨明经：通晓经术。著节：以高尚的节操著称。结纳：犹结交。

兒宽张安世

《汉史》有当书之事，本传不载者。武帝时，兒宽有重罪系，按道侯韩说谏曰："前吾丘寿王死，陛下至今恨之①；今杀宽，后将复大恨矣！"上感其言，遂贳宽②，复用之。宣帝时，张安世尝不快上（所为不可上意），上欲诛之，赵充国以为安世本持橐簪笔事孝武帝数十年，见谓忠谨，宜全度之③。安世用是得免④。二事不书于宽及安世传，而于刘向、充国传中见之，岂非以二人之贤为讳之邪？韩说能以一言救贤臣于垂死，而不于说传书之，以扬其善，为可惜也。

【注释】

①恨：颜师古注："恨犹悔也。"②贳（shì）：通"赦"。赦免。③不快上：使皇上不快。快，称心；乐意。持橐簪笔：指文士的笔墨生活。近臣负橐簪笔，从备顾问，或有所纪。橐，契囊。簪笔，皇帝的近臣掌起居者，把笔插在头上以备记事。见谓：被称为；被说成。忠谨：忠诚敬慎。全度（dù）：保全救护。④用是：以此；因而。

深沟高垒

韩信伐赵，赵陈馀聚兵井陉口御之。李左车说馀曰："信乘胜而去国远斗，其锋不可当。愿假奇兵从间道绝其辎重，而深沟高垒勿与战①。彼前不得斗，退不得还，不至十日，信之头可致麾下②。"馀不听，一战成擒。七国反，周亚夫将兵往击，会兵荥阳③，邓都尉曰："吴、楚兵锐甚，难与争锋。愿以梁委之，而东北壁昌邑，深沟高垒，使轻兵塞其饷道，以全制其极④。"亚夫从之，吴果败亡。李、邓之策一也，而用与不用则异耳。秦军武安西⑤，以攻阏与。赵奢救之，去邯郸三十里，坚壁，二十八日不行，复益增垒⑥。既乃卷甲而趋之⑦，大破秦军。奢之将略，所谓玩敌于股掌之上，虽未合战而胜形已著矣⑧。前所云邓都尉者,亚夫故父绛侯客也。《晁错传》云:"错已死,谒者仆射邓公为校尉,击吴、楚为将。还,上书言军事,拜为城阳中尉。"邓公者,岂非邓都尉乎?亚夫传以为此策乃自请而后行,颜师古疑其不同⑨,然以事料之,必非出于己也。

【注释】

①假:暂时拨给。奇兵:从事偷袭的突击部队。绝:拦截。辎重:这里主要指粮草。而:通"尔"。汝:你。深沟高垒:挖深护营的濠沟,加高军营的围墙,用以固守。②麾下:见《随笔》卷十四《张全义治洛》注。③会兵:大举调集军队。荥(xíng)阳:古代军事要地。④梁:梁国。委:舍弃;听任。以梁委之,是先听任吴兵攻梁而不去救,以牵制吴兵。壁:坚守营垒;驻守。轻兵:轻装的部队。全制其极:我军凭借全面优势来制服精疲力尽的吴、楚之军。极,穷尽;竭尽。⑤军:驻扎。⑥坚壁:加固壁垒。垒:军营四周所筑的堡寨。⑦既乃:犹于是。卷甲:卷起铠甲。形容轻装疾进。⑧合战:交战。⑨自请:谓自己请示于景帝。颜师古疑其不同:《吴王濞传》说邓都尉为画此策,《周亚夫传》以为亚夫自请而后行。颜师古注:"二传不同,未知孰是。"

生之徒十有三

《老子》"出生入死"章云:"出生入死,生之徒十有三,死之徒十有三,人之生,动之死地十有三,夫何故?以其生生之厚①。"王弼注曰:"十有三,犹云十分有三分取其生道,全生之极②,十分有三耳;取死之道,全死之极,十分亦有三耳。而民生生之厚,更之无生之地焉③。"其说甚浅,且不解释后一节。唯苏子由谓"生死之道,以十言之,三者各居其三矣,岂非生死之道九,而不生不死之道一而已乎④?《老子》言其九不言其一,使人自得之,以寄无思无为之妙⑤。"其论可谓尽矣。

【注释】

①出生入死:谓从生到死。出世为生,入地为死。生之徒:属于长寿一类的人。死之徒:属于夭亡一类的人。动之死地:走向死亡之路。动,行动。之,

往;至。死地:死亡之地。生生之厚:奉养过厚。生生,养生。②全生:保全天性,顺其自然。极:极限。③更之无生之地焉:走向了死亡之地。更,经过;经历。无生之地,即指死地。④不生不死:超脱生死的境界。⑤无思无为:顺应自然的变化,无所用心,无所作为。道家主张"无为而治"。老子认为宇宙万物的根源是"道",而"道"是"无为"而"自然"的,人效法"道",也应以"无为"为主。即清静虚无,顺应自然。

臧氏二龟

臧文仲居蔡①,孔子以为不智。蔡者,国君之守龟②,出蔡地,因以为名焉。《左传》所称"作虚器"③,正谓此也。至其孙武仲得罪于鲁,出奔邾,使告其兄贾于铸,且致大蔡焉,曰:"纥之罪不及不祀,子以大蔡纳请,其可④?"盖请为先人立后也。贾再拜受龟,使弟为为己请,遂自为也⑤。乃立臧为。为之子曰昭伯,尝如晋,从弟会窃其宝龟偻句(龟所出地名),以卜为信与僭,僭吉⑥(僭,不信也)。会如晋。昭伯问内子与母弟⑦,皆不对。会之意,欲使昭伯疑其若有他故者⑧。归而察之,皆无之,执而戮之,逸奔郈⑨。及昭伯从昭公孙于齐,季平子立会为臧氏后,会曰:"偻句不余欺也⑩。"臧氏二事,皆以龟故,皆以弟而夺兄位,亦异矣。

【注释】

①居蔡:畜养大蔡之龟。居,《中华大字典》注:"畜也"。宋孙奕《履斋示儿编·杂记·因物得名》:"偻句之地出龟,则名龟曰偻句;蔡地出龟,则名龟曰蔡。"偻,音lǚ。参见《论语·公冶长》。②守龟:占卜用的龟甲。③虚器:以下僭上的器物(指守龟大蔡)。有其器(国君之守龟)而无其位(国君的名位),故曰虚。参见《左传·文公二年》。④臧武仲:即臧纥。参见卷八《去国立后》。奔邾(zhū):先奔邾后奔齐。致:送达。大蔡:即守龟。不祀:无人奉祀,比喻亡国或绝后。子以大蔡纳请,其可:你缴纳大龟给国君请求立自己为臧氏继承人总是可以的吧?⑤使弟为为己请:使弟臧为为自己(臧贾)请求立为继位人。遂自为也:结果臧为却为自己请求立为臧氏继承人了。⑥以卜为信与僭,僭吉:以用来占卜为人诚实好还是虚伪好,结果是虚伪吉利。信,诚实;不欺。中国古代的道德规范。僭,虚伪。⑦内子:卿大夫的嫡妻。⑧疑其若有他故者:怀疑自己的妻子和弟弟像出了什么事故。⑨执而戮之:把臧会抓

起来准备杀了他。逸:逃跑。⑩不余欺:即不欺(骗)余(我)。

有扈氏

《夏书·甘誓》,启与有扈大战于甘,以其"威侮五行,怠弃三正,天用剿绝其命"为辞,孔安国传云①:"有扈与夏同姓,恃亲而不恭。"其罪如此耳。而《淮南子·齐俗训》曰:"有扈氏为义而亡,知义而不知宜也②。"高诱注云:"有扈,夏启之庶兄也,以尧、舜举贤,禹独与子,故伐启。启亡之③。"此事不见于他书,不知诱何以知之?传记散轶④,其必有以为据矣。庄子以为"禹攻有扈,国为虚厉⑤",非也。

【注释】

①有扈:古国名。夏帝启与战于甘,灭之。其:指有扈氏。威侮:陵虐侮慢。怠弃:怠惰荒废。五行、三正:借指当时统治秩序。五行,水、火、木、金、土。我国古代称构成各种物质的五种元素。古人常以此说明宇宙万物的起源和变化。三正,指天地人的正道。天用剿绝其命:上天因此要断绝他的国运。剿绝:杀灭;灭绝。孔安国传:即《孔安国尚书传》,或称《尚书孔氏传》,简称《孔传》。解释《尚书》之书。宋人开始怀疑,经明清学者考证,定为后人伪托。孔安国,西汉经学家。②为义而亡:即指下文高诱注所云。宜:谓适宜的事。③启亡之:夏启消灭了有扈。④散轶:散失。⑤虚厉:谓战祸惨烈,国空人绝。此句出《庄子·人间世》。

太公丹书

太公《丹书》今罕见于世,黄鲁直于礼书得其诸铭而书之,然不著其本始①。予读《大戴礼·武王践阼篇》,载之甚备,故悉纪录以遗好古君子云②:"武王践阼三日,召士大夫而问焉,曰:'恶有藏之约,行之行,万世可以为子孙常者乎③?'皆曰:'未得闻也。'然后召师尚父而问焉,曰:'黄帝、颛顼之道可得见与④?'师尚父曰:'在《丹书》。王欲闻之,则斋矣。'王斋三日,尚父端冕奉书,道书之言曰:'"敬胜怠者吉，怠胜敬者灭；义胜欲者从，欲胜义者凶[5]。凡事不强则枉，弗敬则不正，枉者灭废[6]，敬者万世。"藏之约，行之行，可以为子孙常者，此言之谓也。'又曰：'以仁得之，以仁守之，其量百世；以不仁得之，以仁守之，其量十世；以不仁得之，以不仁守之，必及其世[7]。'王闻《书》之言，惕若恐惧[8]。退而为《戒书》，于席之四端为铭。前左端铭曰：'安乐必敬。'前右端铭曰：'无行可悔。'后左端铭曰：'一反一侧[9]，亦不可以忘。'后右端铭曰：'所监不远，视尔所代[10]。'几之铭曰：'皇皇惟敬，口生垢，口戒口[11]。'鉴之铭曰[12]：'见尔前，虑尔后。'盥盘之铭曰：'与其溺于人也，宁溺于渊[13]。溺于渊，犹可游也；溺于人，不可救也。'楹之铭曰：'毋曰胡残，其祸将然；毋曰胡害，其祸将大；毋曰胡伤，其祸将长[14]。'杖之铭曰：'恶乎危？于忿疐。恶乎失道？于嗜欲[15]。恶乎相忘？于富贵。'带之铭曰：'火灭修容，慎戒必共[16]，共则寿。'履之铭曰：'慎之劳[17]，劳则富。'觞豆之铭曰：'食自杖，食自杖，戒之憍，憍则逃[18]。'户之铭曰：'夫名难得而易失。无勤弗志，而曰我知之乎？无勤弗及，而曰我杖之乎？扰阻以泥之，若风将至，必先摇摇，虽有圣人，不能为谋也[19]。'牖之铭曰：'随天之时，以地之财，敬祀皇天，敬以先时[20]。'剑之铭曰：'带之以为服，动必行德，行德则兴，倍德则崩[21]。'弓之铭曰：'屈申之义，发之行之，无忘自过。'矛之铭曰：'造矛造矛，少间弗忍，终身之羞。予一人所闻[22]，以戒后世子孙。'"凡十七铭。贾谊《政事书》，所陈教太子一节千余言，皆此书《保傅篇》之文，然及胡亥、赵高之事[23]，则为汉儒所作可知矣。《汉昭帝纪》"通《保傅传》"[24]，文颖注曰："贾谊作，在《礼·大戴记》。"其此书乎？荀卿《议兵篇》："敬胜怠则吉，怠胜敬则灭；计胜欲则从[25]，欲胜计则凶。"盖出诸此。《左传》晋斐豹"著于丹书"[26]，谓以丹书其罪也。其名偶与之同耳。汉祖有丹书铁契以待功臣[27]，盖又不同也。

【注释】

①太公：周代吕尚的称号。吕尚，姜姓，吕氏，名望，字尚父，俗称姜太公。丹书：古代统治者托言天命，捏造所谓天书，如《河图》《洛书》之类。因用丹笔书写，故也称丹书。此处为书名。礼书：古代记礼法之书。《周礼》《仪礼》等著述皆属之。本始：原始，本初。指出处。②好（hào）古：谓喜爱古代的事物。③"恶有藏之约"句：哪里有收藏的规约、流传于世的行为方法，

可以为子孙永久遵守的准则呢?恶(wū),疑问代词。相当于"何"。约,以语言或文字互订共守的条件。行之行,前"行(xíng)"为动词,流动;传布。后"行(xíng)"为名词,行为。常,纲常;伦常。一说典章法度。④颛顼(zhuān xū):传说中古代部落首领。号高阳氏。道:治理国家的方法。⑤端冕:古代朝服。端,玄端(缁布衣),古礼服名。冕,古代帝王、诸侯、卿大夫戴的礼帽。后专指皇冠。奉:捧着。敬:戒慎;敬肃;不急慢。从(cóng):如意;顺遂。⑥强:坚定;坚强。枉:弯曲,不正。引申为行为不合正道或违法曲断。灭废:毁灭废弃。⑦量(liàng):容纳的限度。必及其世:必定及于当世。⑧惕:敬畏、戒惧。⑨一反一侧:翻来覆去。意谓一举一动。⑩所监不远,视尔所代:指殷商的灭亡可作为周代的借鉴。监通"鉴"。代,取代。指代殷为天下民主。⑪皇皇:庄肃貌。一说惶恐貌。听(hòu):通"诟(gòu)"。耻辱。口戕口:谓言语不慎可能招致伤害。戕(qiāng),损伤;毁坏。⑫鉴:古代器名。青铜制,形似大盆。古时没有镜子,古人常盛水于鉴,用来照影。⑬盥(guàn)盘:古代承接盥洗弃水的器皿。溺于人:即被人所迷惑。溺,沉迷,沉湎。溺于渊:淹没于深潭。溺,落水,淹没。⑭毋曰胡残,其祸将然:不要说自己的作为有何伤害,那会导致灾祸。毋,禁止之词。不要。胡,何。残,伤害。将然,指将要发生的事。害:损害;伤害。伤:妨碍;妨害。⑮恶乎危?于忿疐:什么时间会有危险?在愤怒时。恶(wū)乎,何所。这里作何时讲。疐,音zhì。忿疐,同"忿懥(zhì)"。发怒。失道:无道。没有德政。嗜欲:嗜好和欲望。多指贪图身体感官方面享受的欲望。⑯带:束发用的狭长条形带子。火灭:比喻(即使)在暗处。修容:修饰仪容(仪表)。慎戒:谨慎戒惧。共(gōng):通"恭"。恭敬。⑰慎之劳:慎,注重;重视。⑱觞豆:饮食的器具。杖:通"仗"。执持。自杖,意谓不用别人侍候。憍(jiāo):骄傲,骄矜。逃:逃亡。意谓失败而逃亡。⑲无勤弗亲:不努力且无志向愿望。勤,忙于;致力于。志,志向;志愿。知(zhì):聪明。无勤弗及:不努力志向就无法实现。弗及,来不及。杖:凭恃,依靠。扰阻:扰乱阻挠。以:连词。表承接,相当于"则"。泥:阻滞;滞留。摇摇:摆动、摇曳貌。不能为谋:不能想出挽救的办法。⑳先时:开始的时候。㉑服:使用。倍:通"背"。背弃。㉒予一人:古代帝王的自称。《礼记·玉藻》:"凡自称,天子曰予一人。"㉓及:涉及。胡亥:秦二世皇帝。㉔通:通读。㉕计:计虑;考虑。㉖斐豹"著于丹书":此处"丹书"为罪人名册,也用丹笔书写,故称。斐豹为奴隶,其罪书于丹书。㉗丹书铁契:帝王颁赐功臣使其世代享受免罪特权的契券。因其以丹书写于铁板之上,故名。

汉景帝

汉景帝为人，甚有可议。晁错为内史，门东出，不便，更穿一门南出，南出者，太上皇庙壖垣也①。丞相申屠嘉闻错穿宗庙垣，为奏请诛错②。错恐，夜入宫上谒，自归。上至朝，嘉请诛错。上曰："错所穿非真庙垣，乃外壖垣，且又我使为之，错无罪。"临江王荣以皇太子废为王，坐侵太宗庙壖地为宫，诣中尉府对簿责讯③，王遂自杀。两者均为侵宗庙，荣以废黜失宠，至于杀之，错方贵幸④，故略不问罪，其不公不慈如此！及用袁盎一言，错即夷族⑤，其寡恩忍杀复如此。

【注释】

①太上皇：皇帝之父。此指汉文帝。壖（ruán）垣：宫外的墙。壖，庙垣外的隙地。垣，矮墙。也泛指墙。②诛：惩罚；责罚。③太宗：指汉文帝。壖：同"壖"。对簿：谓受审讯或质讯。簿，文状，起诉书之类。责讯：追究讯问。④贵幸：位尊且受君王宠信。⑤用袁盎一言，错即夷族：吴楚等七国以诛晁错为名，发动武装叛乱。晁错为袁盎等所谮，被杀。

萧何先见

韩信从项梁，居戏下①，无所知名。又属羽，数以策干羽，羽弗用，乃亡归汉。陈平事项羽，羽使击降河内②，已而汉攻下之。羽怒，将诛定河内者③。平惧诛，乃降汉。信与平固能择所从，然不若萧何之先见。何为泗水卒史事，第一④。秦御史欲入言召何⑤，何固请，得毋行。则当秦之未亡，已知其不能久矣，不待献策弗用，及惧罪且诛，然后去之也。

【注释】

①项梁：秦末农民起义军首领。项羽之叔父。戏（huī）下：同"麾下"。即部下。②击降：攻下；降服。③将诛定河内者：因为他们又丢失了河内。

④为泗水卒史事：担任泗水郡的卒史职务。第一：考课官吏政绩时为第一。⑤入言：入朝建言。召：征召提拔。

史汉书法

《史记》《前汉》所书高祖诸将战功，各为一体。《周勃传》：攻开封，先至城下为多①；攻好畤，最；击咸阳，最；攻曲遇，最②；破臧荼，所将卒当驰道为多③；击胡骑平城下，所将卒当驰道为多。《夏侯婴传》：破李由军，以兵车趣攻战疾④；从击章邯，以兵车趣攻战疾；击秦军雒阳东，以兵车趣攻战疾。《灌婴传》：破秦军于杠里，疾斗⑤；攻曲遇，战疾力⑥；战于蓝田，疾力；击项佗军，疾战。又书：击项冠于鲁下，所将卒斩司马、骑将各一人；击破王武军，所将卒斩楼烦将五人⑦；击武别将，所将卒斩都尉一人；击齐军于历下，所将卒虏将军、将吏四十六人；击田横，所将卒斩骑将一人；从韩信，卒斩龙且（所将之卒），身生得周兰；破薛郡，身虏骑将；击项籍陈下，所将卒斩楼烦将二人；追至东城，所将卒共斩籍；击胡骑晋阳下，所将卒斩白题将一人；攻陈豨，卒斩特将五人⑧；破黥布，身生得左司马一人，所将卒斩小将十人。《傅宽传》：属淮阴，击破历下军；属相国参，残博⑨；属太尉勃⑩，击陈豨。《郦商传》：与钟离眛战，受梁相国印⑪；定上谷，受赵相国印。五人之传，书法不同如此，灌婴事尤为复重，然读之了不觉细琐，史笔超拔高古，范晔以下岂能窥其篱奥哉⑫？又《史记·灌婴传》书：受诏别击楚军后；受诏将郎中骑兵；受诏将车骑别追项籍；受诏别降楼烦以北六县；受诏并将燕、赵车骑；受诏别攻陈豨。凡六书受诏字，《汉》减其三云。

【注释】

①先至城下为多：他的军队争先到达城下的比别的部队多。②最：立上等功。③当驰道：在驰道上阻击敌军。④趣（cù）攻战疾：急攻猛战。⑤疾斗：激烈战斗。⑥疾力：急攻力战。⑦楼烦：古族名。善于骑马射箭，因此称军队中善于骑射的人叫楼烦。⑧白题：匈奴的一支。俗以白涂其额，故名。特将：秦、汉时将领的名称。指统军作战独当一面的将领。⑨淮阴：指韩信。参：即

曹参。残博：摧毁博邑。⑩太尉勃：即周勃。⑪钟离昧：当为钟离眛（mò），复姓钟离，名昧。项羽的勇将。受梁相国印：汉王授给他梁国相国印。⑫细琐：琐碎细微。超拔：出色；超群。高古：高雅古朴。篱奥：指里边的奥妙。篱，篱笆。起隔离作用。

薄昭田蚡

周勃为人告欲反，下廷尉，逮捕，吏稍侵辱之。初，勃以诛诸吕功，益封赐金，尽以予太后弟薄昭。及系急，昭为言太后，后以语文帝，乃得释。王恢坐为将军不出击匈奴单于辎重，下廷尉，当斩。恢行千金于丞相田蚡①，蚡不敢言上，而言于太后。后以蚡言告上，上竟诛恢。蚡者，王太后同母弟也。汉世母后豫闻政事，故昭、蚡凭之以招权纳贿②，其史所不书者，当非一事也。神宗熙宁七年，天下大旱，帝对朝嗟叹，欲尽罢法度之不善者。王安石怫然争之，帝曰："比两宫泣下，忧京师乱起，以为更失人心③。"安石曰："两宫有言，乃向经、曹佾所为耳④。"是时，安石力行新法，以为民害，向经、曹佾能献忠于母后，可谓贤戚里矣，而安石非沮之⑤，使遇薄昭、田蚡，当如何哉？高遵裕坐西征失律抵罪，宣仁圣烈后临朝，宰相蔡确乞复其官，后曰："遵裕，灵武之役⑥，涂炭百万，得免刑诛幸矣，吾何敢顾私恩而违天下公议！"其圣如此，虽有昭、蚡百辈，何所容其奸乎？

【注释】

①田蚡（fén）：西汉大臣。景帝皇后王姁同母弟。武帝初年，封武安侯，为太尉。后任丞相，骄横专断。②豫闻：参与闻知。豫，通"与"。招权纳贿：把持权势，接受贿赂。③怫（fú）然：变色貌。两宫：指太皇太后、仁宗慈圣皇后曹氏和太后、英宗宣仁圣烈高皇后。以为（wéi）：犹已为；已是。以，通"已"。④向经：神宗皇后向氏之父。曹佾（yì）：仁宗曹皇后之弟。⑤戚里：汉代长安城中外戚居住的地方。后借指外戚。非沮：非议；诋毁。⑥高遵裕：宣仁圣烈高皇后的从父。失律：行军无纪律。此处指出战失利。临朝：时神宗死，哲宗立，年幼，宣仁太后临朝称制。灵武：神宗元丰四年，高遵裕西征西夏，在灵州（即灵武）军溃。

文字结尾

《老子·道经》"孔德之容"一章,其末云:"吾何以知众甫之然哉?以此①。"盖用二字结之。《左传》:"叔孙武叔使郈马正侯犯杀郈宰公若藐,弗能②。其圉人曰:'我以剑过朝,公若必曰:谁之剑也?吾称子以告,必观之,吾伪固而授之末,则可杀也。'使如之③。"《孟子》载:"齐人一妻一妾而处室者,其良人出,必厌酒肉而后反④。问所与饮食者,则尽富贵也。妻瞯其所之,乃之东郭墦间之祭者,乞其余⑤。归告其妾曰:'良人者,所仰望而终身也。今若此⑥!'"此二事反复数十百语,而但以"使如之"及"今若此"各三字结之。《史记·封禅书》载武帝用方士言神祠长陵神君,李少君、谬忌、少翁、游水发根、栾大、公孙卿、史宽舒、丁公、王朔、公玉带、越人勇之之属,所言祠灶,化丹沙,求蓬莱安期生,立太一坛,作甘泉宫台室、柏梁、仙人掌⑦,寿宫神君,斗棋小方,泰帝神鼎,云阳美光,缑氏城仙人迹,太室呼万岁⑧,老父牵狗,白云起封中,德星出,越祠鸡卜,通天台,明堂,昆仑⑨,建章宫,五城十二楼,凡数十事,三千言,而其末云"然其效可睹矣"。则武帝所兴为者,皆堕诞罔中,不待一二论说也⑩。文字结尾之简妙至此。

【注释】

①众甫:万物的开始。然:那个样子。按,一本"然"作"状"。以此:犹言用这,拿这。此,指前面所说的"道"。②弗能:不能。即侯犯没能做到(他不愿杀郈宰)。③其:指武叔。过朝:经过郈宰的朝堂。公若:即公若藐。吾称子以告:我就告诉他说,是您的剑。伪固而授之末:杜预注:"伪为固陋不知礼者,以剑锋末授之。"固,固陋。末,尾端。指剑尖。使如之:武叔让圉人就这样去做。④齐人一妻一妾而处室者:齐国有一户人家有一妻一妾。处,居住。室,家。良人:旧指丈夫。厌:通"餍"。饱食。⑤瞯(jiàn):窥视。东郭:东城墙外。墦(fán):坟墓。之……祭者,乞其余:走到……祭祀的人面前,向他们乞讨剩饭菜吃。⑥仰望:敬仰期望。若此:竟然是这个样子!⑦神祠:祭神的祠堂。此处指在祠堂祭神。神君:对神灵的敬称。李少君以下人名,除宽舒为掌祭祀的史官外,均为方士。祠灶:祭祀灶神。丹沙:即丹砂(硫化

汞)。古代方士说可用它炼制长生不老药,又说可用它炼制黄金。安期生:先秦时代方士。后代传说为道家仙人。太一:一作"泰一"。传说中的天神。坛:土筑的高台。古时用于祭祀及朝会盟誓等大事。仙人掌:武帝迷信神仙,在建章官神明台上立铜柱,上有仙人手掌举盘以承接甘露,以为饮用后可以延年。⑧寿官:神庙。斗棋小方:方士利用磁力作用,使棋子在棋盘上自相触击,用这种魔术手段骗人。泰帝神鼎:武帝按公卿大夫的意见,将出土宝鼎藏于帝廷,以示尊奉。泰帝神鼎,即泰帝(传说中的太昊伏羲氏)创制的神鼎。云阳美光:皇帝在云阳宫郊祀太一神,当天夜空出现美丽的光彩。缑氏城仙人迹:按《史记·封禅书》:"公孙卿候神河南,言见仙人迹缑氏城上……天子亲幸缑氏城视迹。"迹,脚印。太室呼万岁:见卷七《迁固用疑字》注。⑨老父牵狗:"群臣有言见一老父牵狗,言'吾欲见巨公',已忽不见。"巨公,指天子汉武帝。白云起封中:有白云从祭天的高坛上升起。按《封禅书》:武帝在泰山下的东方设坛祭天,"其夜若有光,昼有白云起封中。"德星:岁星。即木星。岁星所在有福,主祥瑞。迷信者称主祥瑞的星为德星。越祠:越地样式的祠庙。鸡卜:用鸡骨占卜。《封禅书》:上"乃令越巫立越祝祠……而以鸡卜。"昆仑:汉代明堂的走道。⑩兴为(wéi):举办;施为。诞罔:荒诞虚妄,带有欺骗性。不待一二论说:不需要一件一件的评论。一二:——;逐一。

国初古文

欧阳公书韩文后云:"予少家汉东,有大姓李氏者,其子尧辅颇好学。予游其家,见有敝箧贮故书在壁间,发而视之,得唐《昌黎先生文集》六卷,脱落颠倒无次序①,因乞以归读之。是时,天下未有道韩文者,予亦方举进士,以礼部诗赋为事。后官于洛阳,而尹师鲁之徒皆在②,遂相与作为古文,因出所藏《昌黎集》而补缀之。其后天下学者亦渐趋于古,韩文遂行于世。"又作《苏子美集序》云:"子美之齿少于予③,而予学古文,反在其后。天圣之间,学者务以言语声偶摘裂以相夸尚,子美独与其兄才翁及穆参军伯长作为古歌诗杂文,时人颇共非笑之④,而子美不顾也。其后学者稍趋于古。独子美为于举世不为之时,可谓特立之士也⑤。"《柳子厚集》有穆修所作《后叙》云:"予少嗜观韩、柳二家之文,柳不全见于世,韩则虽目其全,至所缺坠⑥,亡字失句,独于集家为甚。凡用力二纪,文始几定,时天圣九年也。"

予读《张景集》中《柳开行状》云："公少诵经籍，天水赵生，老儒也，持韩愈文仅百篇授公曰：'质而不丽，意若难晓，子详之⑦，何如？'公一览不能舍，叹曰：'唐有斯文哉！'因为文章直以韩为宗尚⑧。时韩之道独行于公，遂名肩愈，字绍先。韩之道大行于今，自公始也。"又云："公生于晋末，长于宋初，扶百世之大教，续韩、孟而助周、孔⑨。兵部侍郎王祐得公书曰：'子之文出于今世，真古之文章也。'兵部尚书杨昭俭曰：'子之文章，世无如者已二百年矣⑩。'"开以开宝六年登进士第，景作行状时，咸平三年。开序韩文云："予读先生之文，自年十七至于今，凡七年。"然则在国初开已得《昌黎集》而作古文，去穆伯长时数十年矣。苏、欧阳更出其后⑪，而欧阳略不及之，乃以为天下未有道韩文者，何也？范文正公作《尹师鲁集序》亦云："五代文体薄弱⑫，皇朝柳仲涂起而麾之。洎杨大年专事藻饰，谓古道不适于用⑬，废而弗学者久之。师鲁与穆伯长力为古文，欧阳永叔从而振之，由是天下之文一变而古。"其论最为至当。

【注释】

①敝箧：破旧箱子。脱落：谓文字遗漏。②尹师鲁之徒：徒，类；同类。③齿：指人的年龄。④声偶：指诗文中字词音节的对偶。摘裂：犹割裂。摘，音zhāi。夸尚：夸耀推崇。非笑：讥笑。⑤特立：谓有坚定的志向和操守。⑥目：指目录。缺坠：缺损脱落。⑦柳开：北宋散文家。原名肩愈，字绍先。后改名开，字仲涂。经籍：儒家经书。质而不丽：质朴而不华丽。详：揣摩研究。⑧以韩为宗尚：以韩愈文章风格为本而推崇效法。⑨大教：重要的教导和训诫。孟：指孟郊。周孔：即周公和孔子。⑩无如：不如，比不上。⑪苏：指苏舜钦（字子美）。⑫薄弱：单薄，不雄厚；不坚强。⑬藻饰：修饰。古道：古代学术、政治、方法等的总称。

卷第十(十七则)

经传烦简

《左传》:蔡声子谓楚子木曰:"善为国者,赏不僭而刑不滥。赏僭则惧及淫人①;刑滥则惧及善人。若不幸而过②,宁僭无滥,与其失善,宁其利淫。"其语本于《大禹谟》"罪疑惟轻,功疑惟重,与其杀不辜,宁失不经"也③。晋叔向诒郑子产书曰:"先王议事以制,诲之以忠,耸之以行,教之以务,使之以和,临之以敬,莅之以强,断之以刚,犹求圣哲之上,明察之官,忠信之长,慈惠之师④。"其语本于《吕刑》"惟良折狱,哲人惟刑"也⑤。旨意则同,而经传烦简为不侔矣。

【注释】

①淫人:邪恶的人;不正派的人。②过:过分,太甚。③惟轻:只有从轻定罪量刑。宁失不经:意谓屈法以申恩。不经,不遵守成规定法。④议事以制:依据制度来处理政事。议事,议论商讨公事。以,依。制,典章制度。耸:奖劝。行:指好的行为。务:业务,专业。使之以和:用和悦的态度使用他们。临:居高处朝向低处。引申为上对下之称。敬:严肃。强:威严。断之以刚:处理事务果断坚决。断,决断;决定。刚,刚直,坚决。"犹求"句:同时还经常请教圣明贤能的卿相、明察秋毫的官员、忠诚守信的乡长和仁慈和善的教师。上,指在上位执政的卿相。⑤"惟良折狱"句:要任用心地善良之人审判案件,任用哲人审断狱讼。哲人,明达、才智之士。

曹参不荐士

曹参代萧何为汉相国,日夜饮酒不事事,自云:"高皇帝与何定天下,法令既明,遵而勿失①,不亦可乎!"是则然矣,然以其时考之,承暴秦之后,高帝创业尚浅,日不暇给②,岂无一事可关心者哉?其初相齐,闻胶西盖公善治黄、老言,使人厚币请之③。盖公为言治道贵清净而民自定④。参于是避正堂以舍之⑤,其治要用黄、老术。故相齐九年,齐国安集。然入相汉时,未尝引盖公为助也。齐处士东郭先生、梁石君隐居深山,蒯彻为参客,或谓彻曰:"先生之于曹相国,拾遗举过⑥,显贤进能,二人者,世俗所不及,何不进之于相国乎?"彻以告参,参皆以为上宾。彻善齐人安其生,尝干项羽,羽不能用其策。羽欲封此两人,两人卒不受。凡此数贤,参皆不之用,若非史策失其传,则参不荐士之过多矣。

【注释】

①遵而勿失:谓遵照先人的典章制度而不违失。②日不暇给(jǐ):形容事务繁忙,没有空闲。③黄、老言:指道家学说。战国秦汉间黄帝、老子为道家尊为始祖。厚币:丰厚的礼物。币,本指缯帛。常用以代指礼物。④贵:重视;崇尚。⑤避:避开;让出。正堂:官府治事的大堂。指丞相办公的地方。舍:住宿。使动用法。⑥拾遗:补正其过失。一说提示疏忽的事项。

汉初诸将官

汉初诸将所领官①,多为丞相。如韩信初拜大将军,后为左丞相击魏,又拜相国击齐。周勃以将军迁太尉,后以相国代樊哙击燕。樊哙以将军攻韩王信,迁为左丞相,以相国击燕。郦商为将军,以右丞相击陈豨,以丞相击黥布。尹恢以右丞相备守淮阳。陈涓以丞相定齐地。然《百官公卿表》皆不载,盖萧何已居相位,诸人者,未尝在朝廷,特使假其名以为重耳②。后世使相之官,本诸此也。

【注释】

①领:兼任。②使假其名:使将(军)假借相名。

汉官名

汉官名既古雅，故书于史者，皆可诵味①。如"朝臣龂龂不可光禄勋"，"谁可以为御史大夫者"，"御史大夫言可听"，"郎中令善愧人"，"丞相议不可用"，"太尉不足与计"，"大将军尊贵诚重"，"大将军有揖客"，"京兆尹可立得"，"大夫乘私车来邪"，"天官丞日晏不来"，"谢田大夫晓大司农"②，"大司马欲用是忿恨"，"后将军数画军册"，"光禄大夫、大中大夫耆艾二人以老病罢"，"驸马都尉安所受此语"之类。又如所书路中大夫、韩御史大夫、叔孙太傅、郑尚书、鲍司隶、赵将军、张廷尉，亦烨然有法③。《后汉书》"执金吾击郾"，"大司马当击宛"，"大司马习用步骑"等语，尚有前史余味。

【注释】
①古雅：古朴雅致。诵味：吟诵玩味。②龂(yín)龂：忿嫉之意。不可：不同意，不赞成。意谓反对。光禄勋：指周堪。愧人：使人感到羞惭。不足与计：不值得与他计议。不足，不值得。诚重：至诚庄重。揖客：平揖不拜之客。谓足与主人分庭抗礼者。日晏：日暮。谢田大夫晓大司农：谢谢田大夫（御史大夫田广明）您告知我大司农（田延年）的情况。晓，告知，使明白。③烨(yè)然：光彩鲜明貌。④当：应当。

汉唐辅相

前汉宰相四十五人，自萧、曹、魏、丙之外，如陈平、王陵、周勃、灌婴、张苍、申屠嘉以高帝故臣，陶青、刘舍、许昌、薛泽、庄青翟、赵周以功臣侯子孙，窦婴、田蚡、公孙贺、刘屈氂以宗戚，卫绾、李蔡以士伍，唯王陵、申屠嘉及周亚夫、王商、王嘉有刚直之节，薛宣、翟方进有材，其余皆容身保位①，无所建明。至于御史大夫，名为亚相，尤录录不足数②。刘向所谓御史大夫未有如儿宽者，盖以余人可称者少也。若唐宰相三百余人，自房、杜、姚、宋之外③，如魏徵、王珪、褚遂良、狄仁杰、魏元忠、韩休、张九龄、杨绾、崔祐甫、陆贽、杜黄裳、裴垍、李绛、李藩、裴度、崔群、韦处厚、李德裕、郑畋，皆为一时名宰，考其行事，非汉诸人可比也。

【注释】

①魏、丙：魏相、丙吉，均为宣帝时丞相。宗戚：宗室和外戚。士伍：士兵的队伍。刚直：刚强正直。容身：保全自身。喻指苟且偷安。②录录：同"碌碌"。平庸。③房、杜、姚、宋：房玄龄、杜如晦，唐太宗时分别任尚书左、右仆射；姚崇，历任武则天、睿宗、玄宗朝宰相；宋璟，继姚崇为相（玄宗开元四年）。

汉武留意郡守

汉武帝天资高明，政自己出，故辅相之任，不甚择人，若但使之奉行文书而已①。其于除用郡守，尤所留意。庄助为会稽太守，数年不闻问，赐书曰："君厌承明之庐②，怀故土，出为郡吏。间者，阔焉久不闻问③。"吾丘寿王为东郡都尉，上以寿王为都尉，不复置太守，诏赐玺书曰："子在朕前之时，知略辐凑，及至连十余城之守，任四千石之重④，职事并废，盗贼从横，甚不称在前时，何也？"汲黯拜淮阳太守，不受印绶，上曰："君薄淮阳邪？吾今召君矣，顾淮阳吏民不相得，吾徒得君重，卧而治之⑤。"观此三者，则知郡国之事无细大，未尝不深知之，为长吏者常若亲临其上，又安有不尽力者乎？惜其为征伐、奢侈所移，使民间不见德泽，为可恨耳⑥！

【注释】

①奉行文书：即按照公文行事。②庄助：西汉辞赋家。会稽吴（治今江苏苏州市）人。东汉时因避明帝刘庄讳，改称严助。闻问：前一个"闻问"，音wèn wèn，意为好名声。后一个"闻问"，音wén wèn，意为通消息；通音问。颜师古注前一个"不闻问"曰："无善声。"承明庐：汉承明殿旁屋，侍臣值宿所居之屋为庐。后因以入承明庐为入朝或在朝为官的典故。③间者：近来。阔：阔别；久别。④知略辐凑：即足智多谋之意。知略，智谋才略。知，与"智"

通。四千石：郡守、都尉皆二千石，寿王兼总二任，故云"任四千石之重"。⑤顾：思念。顾念。不相得：不投合。徒：只是；仅仅。得：借重。重：威信；德望。卧治：不劳而治，无为而治。汲黯好黄老之术。⑥可恨：使人遗憾。

苦荬菜

吴归命侯天纪三年八月，有鬼目菜生工人黄耇家，有荬菜生工人吴平家①，高四尺，厚三分，如枇杷形，上广尺八寸，下茎广五寸，两边生叶绿色。东观按图②，名鬼目作芝草，荬菜作平虑草。以耇为侍芝郎，平为平虑郎，皆银印青绶。《唐·五行志》：中宗景龙二年，岐州郿县民王上宾家有苦荬菜，高三尺余，上广尺余，厚二分。说者以为草妖。予按荬菜即苦荬，今俗呼为苦蕒者是也③。天纪、景龙之事甚相类，归命次年亡国，中宗后二年遇害，虽事非此致，亦可谓妖矣。平虑草不知何状，扬雄《甘泉赋》"并闾"注④，如淳曰："并闾，其叶随时政，政平则平，政不平则倾也。"颜师古曰："如氏所说自是平虑耳。"然则亦异草也。鬼目，见《尔雅》，郭璞云："今江东有鬼目草，茎似葛，叶圆而毛如耳珰也⑤，赤色丛生。"《广志》曰："鬼目似梅，南人以饮酒。"《南方草木状》曰："鬼目树，大者如木子，小者如鸭子，七月、八月熟，色黄，味酸，以蜜煮之，滋味柔嘉⑥，交趾诸郡有之。"《交州记》曰："高大如木瓜而小⑦，倾邪不周正。"《本草》曰："鬼目，一名东方宿，一名连虫陆，名羊蹄。"

【注释】

①吴归命侯：三国吴末帝孙皓，降晋后封归命侯。工人：古代多指手工业劳动者。耇：音gǒu。荬：音mǎi。②东观（guàn）：洛阳宫殿名。是汉代宫中藏书的地方。后泛指宫中藏书和著书之处。按图：按照图像或线索寻找。③蕒：音、义均不详。疑为"苣"字之误。《中华大字典》"苦荬"条："一名苦苣，《本草纲目》谓之苦荬。"又，"荬"字条下亦有类似解释。《辞源》"苦菜"条、"荬"字条训释亦同。又"苦苣"条："又名苦菜、苦荬、荼。"④并闾：即棕榈。常绿乔木。⑤耳珰：卷耳、苍耳子的别名。⑥木子：杨桃。又名猕猴桃、藤梨。柔嘉：柔和而甘美。⑦木瓜：植物名。落叶灌木或乔木。果实秋季成熟，椭圆，

有香气。

唐诸生束脩①

《唐六典》：“国子生初入，置束帛一篚、酒一壶、脩一案，为束脩之礼②。太学、四门、律学、书学、算学皆如国子之法③。其习经有暇者，命习隶书，并《国语》《说文》《字林》《三苍》《尔雅》④，每旬前一日，则试其所习业。”乃知唐世士人多攻书，盖在六馆时⑤，以为常习。其《说文》《字林》《苍》《雅》诸书，亦欲责以结字合于古义⑥，不特铨选之时，方取楷法遒美者也。束脩之礼，乃于此见之。《开元礼》载皇子束脩，束帛一篚五匹，酒一壶二斗，脩一案三脡⑦。皇子服学生之服，至学门外，陈三物于西南，少进曰：“某方受业于先生，敢请见。”执篚者以篚授皇子，皇子跪，奠篚，再拜，博士答再拜，皇子还避，遂进跪取篚，博士受币⑧，皇子拜讫，乃出。其仪如此，州县学生亦然。

【注释】

①束脩：十条干肉为束脩。脩，干肉。古代用作聘问、馈赠的礼物。此文指学生向教师致送的礼物。后因指致送教师的酬金。②国子：此处指国子学。中国封建时代的最高学府。因为教授的学生都是国子（即贵族子弟），故称。束帛：古代聘问的礼物。也用作馈赠的礼品。帛五匹为一束。每匹从两端卷起，共为十端。篚（fěi）：盛物的竹器。案：古时进食用的短足木盘。为束脩之礼：为入学之礼。古代十五岁入学，入学必备束脩，因指入学为束脩。③四门：学校名。后魏于四门（四方之门）建学，置四门博士。④三苍：亦作《三仓》。汉初，有人将当时传流的字书《仓颉篇》《爱历篇》《博学篇》合为一书，统称《仓颉篇》，又称《三仓》。魏晋时，又以《仓颉篇》与汉扬雄《训纂篇》、贾鲂《滂喜篇》三篇字书分为上中下三卷，合为一部，也称《三仓》。⑤攻书：钻研书法。六馆：即指上文六个学校。隶属国子监。⑥责：要求，督促。结字：书法用语。称字的间架结构。⑦脡（tǐng）：直长条的干肉。⑧奠篚：将入学之礼品收拾在篚内。奠，放置。博士：官名。掌传授经学。还避：回避。受币：接受礼物。

范德孺帖

范德孺有一帖,云:"纯粹忝冒固多,尤是家兄北归,遂解倒悬之念,庆快安幸①,此外何求?四月末雇舟离均,借人至邓,本待家兄之来。今家兄虽得归颍昌,而尚未闻来耗。已累遣人禀问所行路及相见之期②,人尚未还,未知果能如约否。盖恐太原接人非久到此,法留半月③,则须北去也。"予以其时考之,元符三年四月,德孺除知太原,是月二十一日,忠宣公自邓州分司,复故秩④,许归颍昌府,则此帖当在五月间,忠宣犹未离永州也。德孺自均州守擢帅河东⑤,至于雇舟借人以行,又云接人法留半月,过此则须北去,虽欲待其兄,亦不可得。今世为长吏,虽居蕞尔小垒⑥,而欲送还兵士,唯意所须。若接人之来,视其私计办否为迟速耳,未尝顾法令以自儆策⑦。使申固要束,稍整摄之,置士大夫于无过之地,亦所以善风俗也⑧。

【注释】

①范德孺:即范纯粹,字德孺。范仲淹第四子。忝冒:无德无才而滥充其位。犹言不称职。尤是:尤其是。家兄:指范纯仁,字尧夫。范仲淹次子。哲宗时,累官尚书仆射、中书侍郎,因得罪执政章惇,贬永州。元符三年徽宗立,诏为观文殿大学士。卒谥忠宣。庆快安幸:即欢欣庆幸。庆快,庆幸喜悦。②累(lěi):接连;屡次。③接人:即接范德孺赴任的人。法留半月:按规定只能停留半月。④故秩:原职;旧职。⑤帅河东:帅,谓镇守和掌管一方的军事和民政。河东,路名。宋至道十五路之一。治并州(后改太原府,今太原市)。⑥蕞(zuì)尔:小貌。垒:营垒。一说巢;窝。小垒,指小地盘,小地方。⑦私计:个人的计划或打算。儆策:即警策。儆,通"警"。本指马受鞭策而悚动。引申为受人督教而警戒振奋。⑧使申固要束:假使强化法令加以约束。申固,犹巩固;强固。要(yāo)束,约束。整摄:整顿。善风俗:移风易俗,使归于美善。善,改善。

民不畏死

老子曰："民常不畏死，奈何以死惧之？若使人常畏死，则为奇者吾得执而杀之①，孰敢？"读者至此，多以为老氏好杀。夫老氏岂好杀者哉！旨意盖以戒时君、世主视民为至愚、至贱，轻尽其命，若刈草菅，使之知民情状，人人能与我为敌国，懔乎常有朽索驭六马之惧②。故继之曰："常有司杀者杀。夫代司杀者杀，是代大匠斫③。夫代大匠斫，希有不伤其手矣。"下篇又曰："人之轻死。以其生生之厚④，是以轻死。"且人情莫不欲寿，虽衰贫至骨，濒于饿隶，其与受僇而死有间矣，乌有不畏者哉⑤？自古以来，时运俶扰，至于空天下而为盗贼，及夷考其故，乱之始生，民未尝有不靖之心也⑥。秦、汉、隋、唐之末，土崩鱼烂，比屋可诛。然凶暴如王仙芝、黄巢，不过侥觊一官而已，使君相御之得其道⑦，岂复有滔天之患哉！龚遂之清渤海⑧，冯异之定关中，高仁厚之平蜀盗，王先成之说王宗侃，民情可见。世之君子，能深味老氏之训，思过半矣⑨。

【注释】

①为奇（jī）者：见卷五《唐虞象刑》"为恶者"注。②时君：当时或当代的君主。世主：国君。情状：情况；情形。"懔乎"句：《书·五子之歌》："予临兆民，懔乎若朽索之驭六马。"以已经腐败的绳索驾马，形容十分危险。懔（lǐn），危惧；戒惧。③司杀者：掌管杀人的人。④轻死：以死事为轻，不怕死。以其生生之厚：《老子》原文为"以其上求生之厚"。由于统治者奉养的过于奢侈丰厚，民众不堪其困苦。⑤饿隶：饥饿之徒。僇（lù）：通"戮"。杀戮。乌有：乌，疑问副词。哪里。⑥俶扰：原谓开始扰乱。后泛指动乱。俶（chù），开始。空天下：即普天之下之意。空，罄尽；空其所有。不靖：不安宁；骚乱。⑦土崩鱼烂：土崩溃，鱼腐烂。比喻溃败不可收拾。王仙芝：唐末农民起义军领袖之一。侥觊：侥幸觊觎。谓以侥幸的心理追求得到某种利益。君相：君主与国相。御：原指驾驶车马或驾驭车马的人。此处指驾驭。⑧清：治理。⑨深味：细加体味。研究体会。训：教诲。思过半：谓已领悟大半。亦指事情已获大部解决。

天下有奇士

天下未尝无魁奇智略之士，当乱离之际，虽一旅之聚，数城之地，必有策策知名者出其间，史传所书，尚可考也。郑烛之武、弦高从容立计①，以存其国。后世至不可胜纪，在唐尤多，姑摭其小小者数人载于此。

武德初，北海贼帅綦公顺攻郡城，为郡兵所败，后得刘兰成以为谋主，才用数十百人②，出奇再奋，北海即降。海州臧君相帅众五万来争，兰成以敢死士二十人夜袭之，扫空其众。

徐圆朗据海岱，或说之曰："有刘世彻者，才略不世出，名高东夏，若迎而奉之③，天下指挥可定。"圆朗使迎之。世彻至，已有众数千，圆朗使徇谯、杞，东人素闻其名，所向皆下。

裘甫乱浙东，朝廷遣王式往讨，其党刘暀劝甫引兵取越，凭城郭，据府库，循浙江筑垒以拒之，得间则长驱进取浙西，过大江，掠扬州，还修石头城而守之，宣歙、江西必有响应者，别以万人循海而南，袭取福、建，则国家贡赋之地④，尽入于我矣。甫不能用。

高骈之将毕师铎攻骈，乞师于宣州秦彦⑤，彦兵至，遂下扬州。师铎遣使趣彦过江⑥，将奉以为主。或说之曰："仆射顺众心为一方去害，宜复奉高公而佐之，总其兵权，谁敢不服？且秦司空为节度使，庐州、寿州其肯为之下乎？切恐功名成败未可知也⑦。不若亟止秦司空勿使过江，彼若粗识安危，必未敢轻进，就使他日责我以负约，犹不失为高氏忠臣也。"师铎不以为然，明日，以告郑汉章，汉章曰："此智士也。"求之，弗获。

王建镇成都，攻杨晟于彭州，久不下，民皆窜匿山谷，诸寨日出抄掠之。王先成往说其将王宗侃曰："民入山谷，以俟招安⑧，今乃从而掠之，与盗贼无异。且出淘房，薄暮乃返，曾无守备之意，万一城中有智者为之画策，使乘虚奔突，先伏精兵于门内，望淘房者稍远，出弓弩手炮各百人，攻寨之一面，又于三面各出耀兵，诸寨咸自备御，无暇相救，如此能无败乎？"宗侃矍然⑨。先成为条列七事为状，以白王建,建即施行之。榜至三日,山中之民,竞出如归市,浸还故业。

观此五者,则其他姓名不传,与草木俱腐者,盖不可胜计矣。

【注释】

①魁奇(jī):亦作"魁畸"。杰出;特异。旅:古以士卒五百人为旅。策策:犹筹策。前"策"为动词,筹划。后"策"为名词,计谋。烛之武:春秋郑国大夫。秦晋围郑,他利用秦晋矛盾,说服秦穆公放弃了联晋灭郑的图谋。弦高:郑商人。他在滑国遇见偷袭郑国的秦军,假托君命犒劳他们,并派人回国告急。秦将见郑有准备,即退兵。②谋主:出谋划策的主要人物。数十百人:数十人至百人。③奉之:尊之为谋主。④裘甫:即仇甫。唐宣宗大中十三年(859年)底裘甫等在浙东起义,次年正月攻下剡县(今浙江嵊县),发展至数千人。唐朝廷派兵镇压,围攻剡县,城破被俘。石头城:古城名。简称石城,又名石首城。故址在今南京市清凉山。本楚金陵城,东汉建安十七年(212年)孙权重筑改名。六朝时为建康军事重镇。贡赋:亦称贡税。"土贡"和"赋税"的合称。⑤秦彦:时任司空、宣州观察使。⑥趣彦过江:趣(cù),催促。⑦仆射(yè):官名。毕师铎反,高骈不得已,秉承皇帝旨意,加封师铎左仆射。为一方去害:毕师铎反叛的原因,主要是想诛杀吕用之,因为高骈宠信方士吕用之。"时吕用之用事,宿将多为所诛,师铎自以黄巢降将,常自危。"(《资治通鉴》)一方之害即指吕用之。切恐:犹言私下。表示个人意见的谦词。切,同"窃"。⑧招安:安抚。⑨淘虏:即外出俘掠。奔突:横冲直撞。出弓弩手炮各百人:《资治通鉴》原文为"出弓弩手、炮手各百人"。耀兵:炫耀兵威。矍(jué)然:惊惧貌。

易卦四德

《易》元、亨、利、贞,谓之四德①,唯《乾》《坤》为能尽之。若《屯》《随》二卦,但大亨贞②。《临》《无妄》《革》三卦,皆大亨以正而已③。有亨、利、贞者十一,《蒙》《同人》《离》《咸》《兑》《恒》《遁》《萃》《涣》《小过》《既济》也。元、亨、利者一,《蛊》也。利、贞者八,《大畜》《大壮》《明夷》《家人》《中孚》《蹇》《损》《渐》也。亨、贞者三,《需》《困》《旅》也。元、亨者三,《大有》《升》《鼎》也。亨、利者五,《贲》《复》《大过》《巽》《噬嗑》也。

亨者九，《小畜》《履》《泰》《谦》《节》《坎》《震》《丰》《未济》也。利者五，《讼》《豫》《解》《益》《夬》也。贞者四，《师》《比》《否》《颐》也。唯八卦皆无之，《观》《剥》《晋》《睽》《姤》《归妹》《井》《艮》也。若以卦象索之，如《剥》《睽》《姤》犹可强为之辞，他则不复容拟议矣④。

【注释】

①谓之四德：元、亨、利、贞，为乾之四德。《文言传》："元者，善之长（zhǎng）也。亨者，嘉之会也。利者，义之和也。贞者，事之干也。君子体仁足以长人，嘉会足以合礼，利物足以和义，贞固足以干事。君子行此四德者，故曰：'乾：元、亨、利、贞。'"②大亨贞：大为亨通有利。③大亨：犹言大通，顺利无阻碍。以正：有利于持守正道。④卦象：卦所象征的事物及其爻位等关系。术数家视卦象以测天理、人事。强为之辞：勉强予以解释。拟议：揣度议论。

孙坚起兵

董卓盗国柄，天下共兴义兵讨之，惟孙坚以长沙太守先至，为卓所惮，独为有功。故裴松之谓其最有忠烈之称。然长沙为荆州属部，受督于刺史王睿①。睿先与坚共击零、桂贼，以坚武官，言颇轻之。及睿举兵欲讨卓，坚乃承案行使者，诈檄杀之，以偿曩忿②。南阳太守张咨，邻郡二千石也，以军资不具之故，又收斩之。是以区区一郡将，乘一时兵威，辄害方伯、邻守，岂得为勤王乎③？刘表在荆州，乃心王室④，袁术志于逆乱，坚乃奉其命而攻之，自速其死，皆可议也。

【注释】

①受督：谓受其监督领导。②坚乃承案行使者诈檄杀之："（王）睿素与武陵太守曹寅不相能，扬言当先杀寅。寅惧，诈作按行使者檄移坚，就睿罪过，令收，行刑讫，以状上。坚承檄，即勒兵袭睿。"王睿自杀。（据《资治通鉴》）承，奉，顺承。案行使者，即巡视的使者。案，通"按"。曩忿：旧日的怨恨。③勤王：谓起兵救援王朝。④乃心王室：《书·康王之诰》："虽尔身在外，乃心罔不在王室。"本意为你的心当忠于王室，后称忠于朝廷为乃心王室。自速

其死:孙坚率军击刘表,为表将黄祖射死。

孙权封兄策

孙权即帝位,追尊兄策为长沙王,封其子为吴侯。按孙氏奄有江、汉,皆策之功,权特承之耳,而报之之礼不相宜称①。故陈寿评云:"割据江东,策之基兆也,而权尊崇未至,子止侯爵,于义俭矣②。"而孙盛乃云:"权远思盈虚之数,正本定名③,防微于未兆,可谓为之于未有,治之于未乱。"其说迂谬如此④。汉室中兴,出于伯升⑤,光武感其功业之不终,建武二年,首封其二子为王,而帝子之封,乃在一年之后。司马昭继兄师秉魏政,以次子攸为师后,常云:"天下者景王之天下⑥。"欲以大业归攸。以孙权视之,不可同日论也。

【注释】
①承:继承。宜称(chèn):适当;相宜。②陈寿:西晋史学家。《三国志》的作者。基兆:根本;基础。俭:薄;少。③盈虚:满与空。盈虚之数,谓此消彼长,互为更替。即发展变化。正本:端正其本源、根本。定名:确定名称。④迂谬:迂腐荒谬。⑤伯升:即刘縯,字伯升。光武帝刘秀长兄。王莽末年起兵。后因与更始将军刘玄争夺领导权,为刘玄所杀。⑥景王:司马师死后,司马昭继为大将军,秉国政。咸熙元年(公元264年)五月天子(曹奂)追加司马师为景王。

逾年改元

自汉武帝建元纪年之后,嗣君绍统①,必逾年乃改元。虽安帝继殇帝,亦终延平而为永初。桓帝继质帝,亦终本初而为建和。唐宣宗以叔继侄,亦终会昌六年,而改大中。独本朝太祖以开宝九年十月二十日上仙,太宗嗣位,是年十二月二十二日改为太平兴国元年,去新岁才八日耳。意当时星辰历象考卜兆祥②,必有其说,而国史传记皆失传。窃计岭、蜀之远,制书到时已是二年之春。是时,宰相薛居正、沈伦、卢多逊失于不考引故实③，致行之弗审，使人君即位而无元年，尤为不可也。若唐顺宗以贞元二十一年正月嗣位，至八月辛丑，改元永贞。盖已称太上皇，嫌于独无纪年，故亟更之耳。刘禅、孙亮、石宏、符生、李璟未逾年而改，此不足责。晋惠帝改武帝太熙为永熙，而以为欲长奉先皇之制，亦非也。唐中宗仍武后神龙，梁末帝追承太祖乾化④，孟昶仍父知祥明德，汉刘知远追用晋天福，隐帝仍父乾祐，周世宗仍太祖显德，皆非礼之正，无足议者。唐哀帝仍昭宗天祐，盖畏朱温而不敢云。

【注释】

①纪年：记年代。绍统：继承统绪（指皇室世系）。绍，继承。②历象：历法，天文星象。兆祥：谓卜占所得之预兆。③考引：稽考。④仍：沿袭。追承：继承。

贼臣迁都

自汉以来，贼臣窃国命，将欲移鼎①，必先迁都以自便。董卓以山东兵起，谋徙都长安，驱民数百万口，更相蹈藉②，悉烧宫庙、官府、居家，二百里内无复鸡犬。高欢自洛阳迁魏于邺，四十万户狼狈就道。朱全忠自长安迁唐于洛，驱徙士民，毁宫室百司③，及民间庐舍，长安自是丘墟。卓不旋踵而死，曹操迎天子都许，卒覆刘氏④。魏、唐之祚，竟为高、朱所倾⑤。凶盗设心积虑，由来一揆也⑥。

【注释】

①移鼎：迁移九鼎（古代象征国家政权的传国之宝），喻改朝换代。②蹈藉：践踏。③百司：朝廷大臣、王公以下百官的总称。此处指百官官署。司，旧时官署的名称。④覆：灭亡；覆灭。⑤祚：皇位；国统。倾：倾覆；覆亡。⑥一揆：同一道理；一个样。

舆地道里误

古今舆地图志所记某州至某州若干里①,多有差误。偶阅元祐《九域志》,姑以吾乡饶州证之,饶西至洪州三百八十里,而《志》云:"西至州界一百七十里,自界首至洪五百六十八里②。"于洪州书至饶,又衍二十里③,是为七百六十里也。饶至信州三百七十里,而《志》云:"东南至本州界二百九十里,自界首至信州三百五十里。"是为六百四十里也。饶至池州四百八十里,而《志》云:"北至州界一百九十里,自界首至池州三百八十里。"是为五百七十里也。唐贾耽《皇华四达记》所纪中都至外国,尤为详备,其书虔州西南一百十里至潭口驿,又百里至南康县。然今虔至潭口才四十里,又五十里即至南康,比之所载不及半也。以所经行处验之④,知其他不然者多矣。

【注释】

①舆地:地。地图旧亦称"舆地图"。图志:附有地图的地志书。②界首:边界前缘;交界的地方。③衍:多出。④经行:行程中经过。

卷第十一(十五则)

古錞于

《周礼》:"鼓人掌教六鼓四金之音声,以节声乐①。"四金者,錞、镯、铙、铎也②。"以金錞和鼓"。郑氏注云:"錞,錞于也,圆如碓头③,大上小下,乐作鸣之,与鼓相和。"贾公彦疏云:"錞于之名,出于汉之《大予乐》官④。"南齐始兴王鉴为益州刺史,广汉什邡民段祚以錞于献鉴,古礼器也,高三尺六寸六分,围二尺四寸,圆如筒,铜色黑如漆,甚薄,上有铜马,以绳县马,令去地尺余,灌之以水,又以器盛水于下,以芒茎当心跪注錞于,以手振芒⑤,则其声如雷,清响良久乃绝,古所以节乐也。周斛斯徵精《三礼》⑥,为太常卿。自魏孝武西迁,雅乐废缺⑦,乐有錞于者,近代绝无此器,或有自蜀得之,皆莫之识。徵曰:"此錞于也。"众弗之信,遂依干宝《周礼注》以芒筒捋之⑧,其声极清,乃取以合乐焉。《宣和博古图说》云"其制中虚,椎首而杀其下"⑨,王黼亦引段祚所献为证云。今乐府金錞⑩,就击于地,灌水之制,不复考矣。是时,有虎龙錞一,山纹錞一,圜花錞一,縶马錞一⑪,龟鱼錞一,鱼錞二,凤錞一,虎錞七。其最大者重五十一斤,小者七斤。淳熙十四年,澧州慈利县周赧王墓旁五里山摧,盖古冢也,其中藏器物甚多。予甥余玠宰是邑,得一錞,高一尺三寸,上径长九寸五分,阔八寸,下口长径五寸八分,阔五寸,虎钮高一寸二分,阔寸一分,并尾长五寸五分,重十三斤。绍熙三年,予仲子签书峡州判官,于长杨县又得其一,甚大,高二尺,上径长一尺六分,阔一尺四寸二分,下口长径九寸五分,阔八寸,虎钮高二寸五分,足阔三寸四分,并尾长一尺,重三十五斤。皆虎錞也。予家蓄古彝器百种,此遂为之冠。小錞无损缺,扣之,其声清越以长⑫。大者破处五寸许,声不能浑全,然亦可考击也⑬。后复得一枚,与大者无小异,自峡来,置诸箬笼中,取者不谨,断其钮,匠以药焊而栅之⑭，遂两两相对。若《三礼图》《景祐大乐图》所画，形制皆非。《东坡志林》记始兴王鉴一节，云："记者能道其尺寸之详如此⑮，而拙于遣词，使古器形制不可复得其仿佛，甚可恨也。"正为此云。

【注释】

①鼓人：周代官名。六鼓：指雷鼓、灵鼓、路鼓、鼖（fén）鼓、鼛（gāo）鼓、晋鼓。节：节制。②錞（chún）：古代乐器。③圜（yuán）：同"圆"。碓（duì）：舂（chōng）谷的设备。④疏：指阐释经书及其旧注的文字。《大予乐》官：即大予乐令。大予，乐名。原名"大乐"，东汉永平三年改为"大予乐"。掌乐官称大予乐令。⑤始兴王鉴：始兴王萧鉴。礼器：也称"彝器"。古代贵族在进行祭祀、丧葬、朝聘、征伐和宴享、婚冠等活动时举行礼仪所使用的器皿。指青铜器中的鼎、簋、觚、豆和钟、镈等。芒茎：芒筒的柄。当心：对着中心。芒：芒筒。錞于的配件。犹胡琴之弓。⑥精：精通。三礼：《礼仪》《周礼》《礼记》三书的合称。⑦雅乐：俗乐的对称。中国古代帝王祭祀天地、祖先及朝贺、宴享时所用的乐舞。周代用为宗庙之乐的六舞，儒家认为其音乐"中正和平"，歌词"典雅纯正"，奉之为雅乐的典范。历代封建统治者取得政权后，都循例制作雅乐，以歌颂本朝功德。汉代以后，雅乐由太常或太常寺掌管。⑧捋（luō）：抚摩。⑨其制中虚：錞于的样式（构造），中间是空的。杀（shā）：收束。⑩乐府：古代音乐官署。⑪絷：音zhí。用绳索绊住马足，亦指绊马之索。⑫清越以长：声音清畅激扬，韵调悠长。清越：声音清畅高扬。⑬考击：敲打。⑭箸笠：用箸竹篾编成的笠子。栅：用栅栏围护。⑮记者：作记（记叙此事）的人。

孙玉汝

韩庄敏公缜字玉汝，盖取君子以玉比德，缜密以栗，及王欲玉汝之义①，前人未尝用，最为古雅。按唐《登科记》②，会昌四年及第进士有孙玉汝。李景让为御史大夫，劾罢侍御史孙玉汝③。会稽《大庆寺碑》，咸通十一年所立，云衢州刺史孙玉汝记。荣王宗绰书目④，有《南北史选练》十八卷，云孙玉汝撰。盖其人也。

【注释】

①"君子以玉比德"句:《礼记·聘义》:"夫昔者君子比德于玉焉:温润而泽,仁也。缜密以栗,知(智)也……"缜密以栗:细致精密而坚实。王欲玉汝:《诗·大雅·民劳》:"王欲玉女(汝),是用大谏。"见《随笔》卷十五《呼君为尔汝》"玉女"注。②登科记:科举中登第人员的记录。始于唐代。宋以后称"登科录",亦称"题名录"。详载乡、会试考中人数、姓名、籍贯、年岁及考官以下官职姓名,并三场题目。③劾罢:经弹劾而罢免官职。④宗绰:即赵宗绰。濮王赵允让之子。卒后追封荣王。书目:图书目录。

唐人避讳

唐人避家讳甚严①,固有出于礼律之外者。李贺应进士举,忌之者斥其父名晋肃,以晋与进士同音,贺遂不敢试。韩文公作《讳辩》,论之至切②,不能解众惑也。《旧唐史》至谓韩公此文,为文章之纰缪者,则一时横议可知矣③。杜子美有《送李二十九弟晋肃入蜀》诗,盖其人云。裴德融讳"皋",高锴以礼部侍郎典贡举,德融入试,锴曰:"伊讳'皋',向某下就试④,与及第,困一生事。"后除屯田员外郎,与同除郎官一人,同参右丞卢简求⑤。到宅,卢先屈前一人入,前人启云:"某与新除屯田裴员外同祗候⑥。"卢使驱使官传语曰:"员外是何人下及第?偶有事,不得奉见⑦。"裴苍遽出门去⑧。观此事,尤为乖剌。锴、简求皆当世名流,而所见如此。《语林》载崔殷梦知举,吏部尚书归仁晦托弟仁泽,殷梦唯唯而已。无何,仁晦复诣托之,至于三四。殷梦敛色端笏,曰:"某见进表让此官矣。"仁晦始悟己姓,殷梦讳也。按《宰相世系表》,其父名龟从,此又与高相类。且父名晋肃,子不得举进士,父名皋,子不得于主司姓高下登科,父名龟从,子不列姓归人于科籍⑨,揆之礼律,果安在哉?后唐天成初,卢文纪为工部尚书,新除郎中于邺公参⑩,文纪以父名嗣业,与同音,竟不见。邺忧畏太过,一夕雉经于室⑪。文纪坐谪石州司马。此又可怪也。

【注释】

①家讳：旧时子孙免涉父祖之名，叫"家讳"。与"国讳"相对。也叫"私讳"。②至切：极其恳切率直。③横（hèng）议：非难（批评指责）。④贡举：古时官吏向君主荐举人员，泛称贡举。其名始于西汉。后世即指科举制度而言。伊：你。某：高锴自称。因为"皋"与"高"同音。⑤参：旧时指下级晋谒上级。⑥屈：敬词。犹言请。祗候：恭候。⑦奉见：敬词。犹接见。⑧苍遽：苍惶急促貌。⑨主司：科举考试的主试官。科籍：指登科录之类。⑩公参：官员赴任后到上司处参拜。⑪忧畏：忧虑畏怯。雉经：上吊死。经，自缢。俯颈闭气而死，像野鸡一样。

高锴取士

高锴为礼部侍郎，知贡举，阅三岁，颇得才实①。始，岁取四十人，才益少，诏减十人犹不能满。此《新唐书》所载也。按《登科记》，开成元年，中书门下奏②："进士元额二十五人，请加至四十人。"奉敕依奏。是年及二年、三年，锴在礼部，每举所放③，各四十人。至四年，始令每年放三十人为定，则《唐书》所云误矣。《摭言》载锴第一榜裴思谦以仇士良关节取状头，锴庭遣之④。思谦回顾厉声曰："明年打脊取状头⑤。"第二年，锴知举，诫门下不得受书题。思谦自携士良一缄入贡院，既而易紫衣趋至阶下，白曰："军容有状荐裴思谦秀才⑥。"锴接之，书中与求巍峨⑦。锴曰："状元已有人，此外可副军容意旨⑧。"思谦曰："卑吏奉军容处分⑨：'裴秀才非状元请侍郎不放。'"锴俯首良久，曰："然则略要见裴学士。"思谦曰："卑吏便是也。"锴不得已，遂从之。思谦及第后宿平康里，赋诗云："银釭斜背解明珰，小语低声贺玉郎⑩。从此不知兰麝贵，夜来新惹桂枝香⑪。"然则思谦亦疏俊不羁之士耳⑫。锴徇凶竖之意，以为举首⑬，史谓颇得才实，恐未尽然。先是，大和三年，锴为考功员外郎，取士有不当，监察御史姚中立奏停考功别头试⑭，六年，侍郎贾餗又奏复之，事见《选举志》。

【注释】

①才实：指真正的人才。②中书门下：唐代三省长官议论政务的政事堂，

开元十一年，改名中书门下。③每举：即每科。每届科举考试。④摭言：即《唐摭言》。笔记。详载唐代贡举制度和士人参加贡举的活动，以及与此有关的遗闻轶事。仇(qiú)士良：唐宦官。关节：旧称暗中行贿、说人情为通关节。状头：即状元。名起于唐代。庭谴：当众谴责。⑤打脊：鞭背。肉刑的一种。因又作为骂人的话。犹该死。此处是裴思谦说自己。"明年打脊取状头"意为明年我非拿状元不可。⑥军容：官名。唐代对掌权宦官的尊称。此处指仇士良。状：褒奖的文辞或证件。此指荐举书信。⑦与求：与，帮助。巍峨：指状元。本义为高大貌。因状元高居榜首，故名。⑧副：符合；相称。意旨：亦作"意指"、"意恉"。谓意之所在。⑨处分(chǔ fèn)：吩咐；嘱咐。⑩平康里：唐长安丹凤街有平康坊，是妓女聚居的地方。也称平康里。银釭(gāng)：银白色的灯盏、烛台。明珰(dāng)：珠玉制成的耳饰。玉郎：旧时女子对丈夫或情人的爱称。⑪兰麝(shè)：兰与麝香。这里指名贵的香料。亦泛指香气。桂枝：中药名。肉桂的细枝。有清香气味。⑫疏俊：放达超逸。不羁：不受约束；豪放。⑬凶珰：凶恶的宦官。珰，借指宦官。汉代宦官充武职者，其冠用珰和貂尾为饰，故后代用称宦官。举首：科举考试的第一名。⑭别头试：唐宋科举考试，因应试者与考官有亲故关系及其他原因，为避嫌起见，别设考试，称为别头试。

兵部名存

唐因隋制，尚书置六曹①。吏部、兵部分掌铨选，文属吏部，武属兵部。自三品以上官册授，五品以上制授，六品以下敕授，皆委尚书省奏拟②。两部各列三铨。曰尚书铨，尚书主之。曰东铨，曰西铨，侍郎二人主之。吏居左，兵居右，是为前行。故兵部班级在户、刑、礼之上③。睿宗初政，以宋璟为吏部尚书，李乂、卢从愿为侍郎；姚元之为兵部尚书④，陆象先、卢怀慎为侍郎。六人皆名臣，二选称治⑤。其后用人不能悉得贤，然兵部为甚。其变而为三班流外铨⑥，不知自何时。元丰官制行，一切更改，凡选事，无论文武，悉以付吏部。苏东坡当元祐中拜兵书，谢表云："恭惟先帝复六卿之名，本欲后人识三代之旧，古今殊制，闲剧异宜，武选隶于天官，兵政总于枢辅，故司马之职，独省文书⑦。"盖纪其实也。今本曹所掌，惟诸州厢军名籍⑧，及每大礼，则书写蕃官加恩告。虽有所辖司局，如金吾街仗司、骐骥车辂象院、法物库、仪鸾司,不过每季郎官一往耳⑨。名存实亡,一至于是!

【注释】
①六曹:官职名。隋唐时定为六部:吏、户、礼、兵、刑、工。②册授、制授、敕授:唐制,凡三品以上的官员由皇帝当面册封,称册授;三品下、五品上授官叫制授;封授六品以下称敕授。奏拟:奏请批准后撰写诏旨。一说奏闻注拟。③班级:官位的等级,亦指官位。④姚元之:即姚崇。字元之。⑤二选:指文官选和武官选。称治:治,有秩序;有规矩;严整。⑥三班:宋代官制,以供奉官、左右班殿直为三班,后亦以东西供奉、左右侍禁及承旨借职为三班。流外铨:古代官制,从三国魏开始,即分为九品,历代沿。隋代自九品至一品,称为流内,不入九品的称流外。京师官署吏员,多以流外官充任。流外本身也分品级,经过考铨,可递升流内,唐时称为"入流"。诸司吏员出缺,通过考试选补。专掌流外官铨选的称为"流外铨"。⑦兵书:兵部尚书。恭惟:旧时对上的谦词,犹言"敬思"、"窃意"。六卿:周代设冢宰、司徒、宗伯、司马、司寇和司空六卿,分掌职司。后世往往称吏、户、礼、兵、刑、工六部尚书为六卿。殊制:不同的礼制。闲剧:清闲和繁忙。异宜:谓所宜各不相同。天官:唐武则天时曾一度改吏部为天官,因而后世亦以天官为吏部的通称。兵政:管理军队和用兵的事务。枢辅:旧时指中央掌军权的大臣。此处指枢密使。司马:此处即指兵部尚书。独省文书:只是省览文书而已。省(xǐng),视也;审也。⑧本曹:指兵部。厢军:宋代称诸州的镇兵为厢军,也叫厢兵。⑨郎官:汉称中郎、侍郎、郎中为郎官。自唐以来指郎中员外。

武官名不正

文官郎、大夫,武官将军、校尉,自秦、汉以来有之。至于阶秩品著①,则由晋、魏至唐始定。唐文散阶二十九②,自开府、特进之下,为大夫者十一,为郎者十六。武散阶四十五,为将军者十二,为校尉者十六。此外怀化、归德大将军,讫于司戈、执戟③,皆以待蕃戎之君长臣仆。本朝因之。元丰正官制,废文散阶,而易旧省部寺监名,称为郎、大夫,曰寄禄官④。政和中,改选人七阶亦为郎,欲以将军、校尉易横行以下诸使至三班借职,而西班用事者嫌其涂辙太殊,亦请改为郎、大夫,于是以卒伍厮圉玷污此名,又以节度使至刺史专为武臣正任⑤。且郎、大夫，汉以处名流，观察使在唐为方伯，刺史在汉为监司，在唐为郡守，岂介胄恩幸所得处哉⑥？此其名尤不正者也。

【注释】

①阶秩：指官吏的职位和品级。品著（zhuó）：指不同品位的服饰。②散阶：指无固定职事的官员品阶。③司戈、执戟：掌侍从、宿卫的官。因手持戈、戟而得名。④寄禄官：官阶名。宋制，官分阶官和职事官，如吏部尚书同中书门下平章事，吏部尚书是阶官名，同中书门下平章事是职事官名。阶官有名衔而无职事，只作为铨叙和升迁的依据，称为寄禄官。元丰三年改行新官制，又以尚书、侍郎等为职事官，而依旧时所置散官为寄禄官。凡职事官，自尚书至给舍谏议，其职俸以寄禄官高下为行、守、试三等，以禄令为准。⑤横（héng）行：横行正、副使。三班借职：宋时武臣职官，分东、西、横三班。凡作官的人，先为三班借职，后转为三班奉职。以次递迁，最高可至节度使。政和中，改三班借职为承信郎，三班奉职为承节郎，是武官最低的职级。西班：指武官。塗辙：路中的轮迹。引申为途径，道路。厮围：厮役围人。厮役，供人驱使的奴仆。正任：五代时授官任职为正任，宋时仅食俸禄而无实职。⑥监司：负有监察之责的官吏。汉以后的司隶校尉和督察州县的刺史、转运使、按察使、布政使等通称为监司。宋代转运使和提点刑狱、提举常平等有监察一路官吏之责，故或称监司。介胄：甲胄之士。指武士。即上句所说的"卒伍"。恩幸：谓帝王宠幸的人。

名将晚谬

自古威名之将，立盖世之勋，而晚谬不克终者，多失于恃功矜能而轻敌也①。关羽手杀袁绍二将颜良、文醜于万众之中。及攻曹仁于樊，于禁等七军皆没，羽威震华夏，曹操议徙许都以避其锐，其功名盛矣②。而不悟吕蒙、陆逊之诈，竟堕孙权计中，父子成禽③，以败大事。西魏王思政镇守玉壁，高欢连营四十里攻围之，饥冻而退。及思政徙荆州，举韦孝宽代己，欢举山东之众来攻，凡五十日，复以败归，皆思政功也。其后欲以长社为行台治所，致书于崔猷，猷曰："襄城控带京洛，当今要地，如其动静④，易相应接。颍川邻寇境，又无山川之固，莫若顿兵襄城⑤，而遣良将守颍川，则表里俱固，人心易安，纵有不虞，岂足为患。"宇文泰令依猷策⑥，思政固请，且约，贼水攻期年、陆攻三年之内，朝廷不烦赴救。已而陷于高澄，身为俘虏。慕容绍宗挫败侯景，一时将帅皆莫及，而攻围颍川，不知进退，赴水而死。吴明彻当陈国衰削之余，北伐高齐，将略人才，公卿以为举首⑦，师之所至，前无坚城，数月之间，尽复江北之地。然其后攻周彭城⑧，为王轨所困，欲遏归路。萧摩诃请击之，明彻不听，曰："搴旗陷陈，将军事也，长算远略⑨，老夫事也。"一旬之间，水路遂断。摩诃又请潜军突围⑩，复不许，遂为周人所执，将士三万皆没焉。此四人之过，如出一辙。

【注释】

①晚谬：年老昏瞆。不克终：不能善终。克终，谓善终。恃功：自负功高。②议徙许都：商议从许都北迁。功名：功绩和名声。③父子：指关羽及其义子关平。④行台：在大行政区代表中央的机构称行台。多由军事关系临时设置。"台"指中央政府。崔猷：时为渐州刺史。王思政此时为荆州刺史，屯兵襄城，西南临接渐州。控带：萦带。带为束衣之物，意为束系。京洛：洛阳的别称。因东周、东汉均建都于此，故名。如其：如果，假如。动静：情况。⑤颍川：郡名。东魏武定时（此时正是王思政镇襄城欲以长社为行台治所时）移治颍阴（北齐改长社，今许昌市）。寇境：指东魏。顿兵：驻屯军队。⑥宇文泰：西魏大丞相。⑦衰削：衰微削弱。高齐：即北齐。高洋废东魏建齐王朝，史家以别于萧道成废宋所建的齐王朝，称高齐。将（jiàng）略：用兵的谋略。举首：被荐举者中居首位的。⑧周：指北周。⑨搴（qiān）旗：拔取敌方旗帜。长算远略：犹言深谋远虑。⑩潜军：偷袭敌军。一说秘密出兵。

唐帝称太上皇

唐诸帝称太上皇者，高祖、睿宗、明皇、顺宗凡四君。顺宗以病废之故，不能临政；高祖以秦王杀建成、元吉；明皇幸蜀，为太子所夺；唯睿宗上畏天戒，发于诚心，为史册所表①。然以事考之，睿宗以先天元年八月，传位于皇太子，犹五日一受朝，三品以上除授，及大刑政皆自决之②。故皇帝之子嗣直、嗣谦、嗣升封王，皆以上皇诰而出命③。又遣皇帝巡边④。二年七月甲子，太平公主诛，明日乙丑，即归政⑤。然则犹有不获已也⑥。若夫与尧、舜合其德，则我高宗皇帝、至尊寿皇圣帝为然⑦。

【注释】

①病废：因病残废。顺宗患风病，失语。临政：亲理政务。为太子所夺：唐明皇李隆基为避安史之乱而幸蜀，太子李亨在灵武即皇帝位，是为肃宗。天戒：谓上天给予的儆戒。表：表彰。②受朝：帝王接受臣下的朝贺。刑政：刑罚与政令。③诰：隋唐以后，帝王授官、封赠的命令称诰。出命：发出诏令。④巡边：巡视边防。⑤太平公主：武则天之女。因阴谋废立和想毒死玄宗而被诛。归政：交还政权。⑥不获已：犹不得已。⑦合：相匹配。高宗：即赵构。

杨惊注荀子

唐杨惊注《荀子》，乃元和十三年。然《臣道篇》所引："《书》曰，从命而不拂，微谏而不倦，为上则明，为下则逊①。"注以为《伊训篇》，今元无此语。《致士篇》所引曰："义刑义杀，勿庸以即，汝惟曰未有顺事②。"注以为《康诰》，而不言其有不同者③。

【注释】

①拂：违逆；违背。微谏：以隐约委婉的话进谏。明：明白事理。逊：顺；恭谦。②"义刑义杀"句：你（康叔，即姬封，周武王同母弟，周成王之叔）应当采用合理的刑杀标准，切不要只按你姬封的意志行事，（假若说完全按照你的意志行事才叫妥当，）那么应当说就不会有妥当的事。义，宜，应。即合理。勿庸，不用，不要。以即，意为依照你的意志。惟，宜，应当。此句为周公告诫康叔的话（康叔受封到殷地去统治殷的遗民）。③而不言其有不同者：而没有说明这段文字各版本的说法有所不同。

昭宗相朱朴

唐昭宗出幸华州，方强藩悍镇，远近为梗，思得特起奇士任之①，以成中兴之业。水部郎中何迎，表荐国子博士朱朴才如谢安，朴所善方士许岩士得幸，出入禁中，亦言朴有经济才②。上连日召对③，朴有口辩，上悦之，曰："朕虽非太宗，得卿如魏徵矣。"上愤天下之乱，朴自言得为宰相，月余可致太平。遂拜为相，制出，中外大惊。《唐制诏》有制词，学士韩仪所撰，曰："梦傅岩而得真相，则商道中兴；猎渭滨而载献臣，则周朝致理④。朕自逢多难，渴伫英贤⑤，暗祷鬼神，明祈日月。果得哲辅，契予勤求⑥。朱朴学业优深，识用精敏，久徊翔而不振，弥贞吉以自多⑦。朕知其才，遂召与语。理乱立分于言下，闻所未闻；兵农皆在于术中⑧，得所未得。不觉前席，为之改容；须委化权，用昌衰运⑨。自我拔奇，宁拘品秩；百度群伦，俟尔康济⑩。"其美如此。仪者，偓之兄，所谓"暗祷鬼神，明祈日月"之语，必当时所授旨意也。朴为相才半年而罢。后贬郴州司户参军，制云："不为自审之谋，苟窃相援之力，实因奸幸，潜致显荣⑪。亦谓术可弭兵，学能活国⑫，冒半岁容身之赘，无一朝辅政之功。唯辱中台⑬，颇兴群论。"呜呼！昭宗当王室艰危之际，无知人之明，拔朴于庶僚中，位诸公衮⑭，以今观之，适足诒后人讥笑。《新史》赞谓："捭豚臑而拒貙牙⑮，趣亡而已。"悲夫！

【注释】

①出幸：此处讳指帝王外逃避难。强藩悍镇：强大有（实）力而凶蛮的藩镇。特起：特出，杰出。奇士：才能出众的人。②得幸：得上之宠信，多指受帝王的恩幸。经济：经世济民；治理国家。③召对：召见使之奏对。④制诏：皇帝的命令。制词：亦作"制辞"。诏书；诏书上的文词。傅岩：地名。商王武丁"夜梦得圣人"，在傅岩访得傅说（yuè），"举以为相，殷国大治"。（见《史记·殷本纪》）"猎渭滨"句：姜子牙垂钓于渭滨，周文王姬昌出猎，遇之。"与语大悦"，"载与俱归，立为师（统帅军队的长官）。"（《史记·齐世家》）献臣：贤臣。致理：犹致治。达到太平盛世。唐时避高宗李治讳，遇"治"改"理"字。⑤渴伫：伫，贮积。⑥哲辅：贤能的大臣。契予勤求：实现了我梦寐以求的愿望。契(qì)，投合；意气相合。⑦优深：博洽而精深。识用：识见与才能。精敏：精细敏捷。久徊翔而不振：比喻在仕途上不得重用。徊翔，鸟盘旋飞行。也比喻仕途之升降迁徙。贞吉：谓人能守正道不自乱则吉。自多：犹自满。意谓自我满足于守持正道而不乱来。⑧理乱：犹言治乱。谓治理混乱的局面，使

国家安定、太平。术：谓治国的方法，或谓手段。⑨改容：动容（脸上出现受感动的表情）。化权：教化之权。犹政权。用昌衰运：用以使衰败的国运繁荣兴盛起来。昌，繁荣，兴盛，振作。⑩拔奇：选拔奇才。百度：犹言百事。也指各种制度。群伦：同类或同等的人们。指民众。康济：安民济众。⑪自审：自重。审，慎重。一说审察衡量自己。"苟窃"句：只是假借朋党的援助。奸幸：指奸邪得宠。潜致：暗致。显荣：显赫荣耀。多指仕宦。⑫弭（mǐ）兵：息兵；停止战争。活国：犹救国。⑬中台：中台象征司徒或司空。司徒，汉哀帝元寿二年以前称丞相。⑭衮（gǔn）：衮衣。古代皇帝及上公的礼服。公衮：指三公一类的显职。⑮捭豚臑而拒貙牙：意为任命朱朴为相，好比拿猪腿去抵挡豺虎的利齿。捭（bǎi），摆弄。豚臑（nào），猪的前肢。貙（chū）牙，貙虎的牙。句出《毕崔刘陆郑朱（朴）韩（偓）传赞》。

杨国忠诸使

国忠为度支郎，领十五余使。至宰相，凡领四十余使。第署一字不能尽，胥吏因是恣为奸欺①。新、旧《唐史》皆不详载其职。按其拜相制前衔云："御史大夫判度支，权知太府卿事，兼蜀郡长史，剑南节度支度、营田等副大使，本道兼山南西道采访处置使②，两京太府、司农、出纳、监仓、祠祭、米炭、宫市、长春九成宫等使③，关内道及京畿采访处置使，拜右相兼吏部尚书、集贤殿崇文馆学士、修国史、太清太微宫使。"自余所领，又有管当租庸、铸钱等使。以是观之，概可见矣。宫市之事，咸谓起于德宗贞元。不知天宝中已有此名，且用宰臣充使也。韩文公作《顺宗实录》，但云："旧事，宫中有要市外物，令官吏主之，与人为市，随给其直，贞元末以宦者为使。"亦不及天宝时已有之也。

【注释】

①第署一字不能尽：指文案繁多，只是签署一个字，每天的文案也办不完。第，只是；只。奸欺：虚伪欺诈。②本道：此处指剑南道。③管当（dàng）：犹勾当。掌管；办理。

祖宗朝宰辅

祖宗朝，宰辅名为礼绝百僚①，虽枢密副使②，亦在太师一品之上。然至其罢免归班，则与庶位等③。李崇矩自枢密使罢为镇国军节度使，旋改左卫大将军，遂为广南西道都巡检使，未几遣使赍诏徙海南四州都巡检使，皆非降黜。在南累年，入判金吾街仗司而卒，犹赠太尉。赵安仁尝参知政事，而判登闻鼓院④。张铸尝知枢密院，而监诸司库务⑤。曾孝宽以签书枢密，服阕⑥，而判司农寺。张宏、李惟清皆自见任枢密副使徙御史中丞。其他以前执政而为三司使、中丞者数人。官制既行，犹多除六曹尚书。自崇宁以来，乃始不然。

【注释】
①宰辅：皇帝的辅政大臣，一般指宰相或三公。礼绝：谓居百官之首，地位尊荣，至于极点。②枢密使：官名。宋代以枢密使为枢密院长官，与同平章事等合称"宰执"，共同负责军国要政。枢密院长官有时称知枢密院事，简称知院。其副职称枢密副使，或同知枢密院事。③归班：归入朝班。庶位：众官。④登闻鼓：古代帝王为了表示听取臣下谏议或冤情，悬鼓于朝堂外，许击鼓上闻，谓之登闻鼓。其事起于晋。宋真宗景德四年（1007年）置登闻鼓院，掌收臣民章奏。⑤监：监视；督察。⑥服阕：守父母丧，三年期满，除服。阕（què），终了。

百官避宰相

刘器之以待制为枢密都承旨，道遇执政出尚书省，相从归府第，刘去席帽凉衫，敛马遣人传语，相揖而过。左相吕汲公归，呼门下省法吏，问从官道逢宰相如何；吏检条，但有尚书省官避令仆，两省官各避其官长，而无两制避宰相之法①，汲公乃止，而心甚不乐。刘以此语人，以为有所据。然以事体揆之，侍从不避宰相，恐为不然，亦无所谓只避官长法，刘公盖饰说耳②。按《天圣编敕》，诸文武官与宰相相遇于路皆退避,见枢密使、副参知政事,避路同宰相,其文甚明,不应元祐时不行用也。

【注释】

①法吏:古代司法官吏。检条:检索律条。令仆:尚书令和左右仆射。两制:唐宋中书舍人与翰林学士的总称。中书为外制,掌正式诏敕;翰林为内制,掌临时的特殊文告。总称两制。都是与闻机务、接近君主之重要职任。②饰说:托辞掩饰。

百官见宰相

《天圣编敕》载文武百官见宰相仪。文明殿学士至龙图阁直学士,列班于都堂阶上,堂吏赞云:"请,不拜,班首前致词①,讫,退,归位,列拜。宰相答拜。"两省官相次同学士之仪②。上将军、大将军、将军、御史台官,及南班文武百僚,序班于中书门外,应节度使至刺史,并缀本班③,中丞揖讫,入。宰相降阶,南向立于位,乃称班,文东武西,并北上,台官南行④,北向东上。赞云:"百僚拜,宰相答拜,讫,退。"内客省使至阁门使见宰相、枢密使,并阶上列行拜,不答拜;见参知政事、枢密副使、宣徽使,客礼展拜⑤;皇城使以下诸司使、横行副使见宰相、枢密使,并阶下连姓称职展拜,不答拜;见参政副枢,并列行拜。若诸司副使、阁门祗候见参枢,亦不答拜。国朝上下等威,其严如此。已而浸废。文潞公、富韩公至和中自外镇拜相,诏百官班迎于门,言者乃谓隆之以虚礼⑥。元丰定官制,王禹玉、蔡持正为仆射,上日⑦,始用此礼。其后复不行。乾道初,魏仲昌以枢密吏夤缘得副承旨⑧,每谒公府,与侍从同席升车而去。叶子昂为相,独抑之,使与卿监旅进,送之于右序,不索马⑨。及王抃以国信所典仪吏为都承旨,且正任观察使,礼遂均从官矣。

【注释】

①都堂:官署名。唐制尚书令有大厅,在尚书省之中,谓之都堂。为尚书省的总办公处。赞:赞礼。相者唱行礼之节曰赞。班首:班列之首。致词:

指用文字或语言向人表达思想感情。②相（xiāng）次：依为次第；相继。③应（yīng）：全部；所有。缀：连结；系结。④降价：走下台阶，以示恭敬。称（chèn）班：对称地分为东西两班。台官：唐宋御史台长官的统称。⑤客礼：接待宾客的礼节。展拜：谓拜谒。拜见。⑥隆之以虚礼：用谦虚之礼以示尊重。隆，尊重。虚礼，谦虚而礼遇之。⑦上日：上任之日。⑧寅缘：顺着前行。⑨卿监：诸司官员。旅进：与众人共进；并进。右序：此处指右班列，即武官班列。不索马：不得骑马。不索，不应该；不需要；不必。

东坡自引所为文

东坡为文潞公作《德威堂铭》，云："元祐之初，起公以平章军国重事，期年，乃求去，诏曰：'昔西伯善养老①，而太公自至。鲁穆公无人子思之侧，则长者去之②。公自为谋则善矣，独不为朝廷惜乎！'又曰：'唐太宗以干戈之事，尚能起李靖于既老，而穆宗、文宗以燕安之际，不能用裴度于未病③。治乱之效，于斯可见。'公读诏耸然④，不敢言去。"按此二诏，盖元祐二年三月潞公乞致仕不允批答，皆坡所行也。又《缴还乞罢青苗状》云："近日谪降吕惠卿告词云，首建青苗，次行助役⑤。"亦坡所作。《张文定公墓志》载尝论次其文凡三百二十字，结之云："世以轼为知言⑥。"又述谏用兵云："老臣且死，见先帝地下，有以藉口矣。"亦其所作也。并引责吕惠卿词亦然。乾道中，迈直翰苑，答陈敏步帅诏云："亚夫持重，小棘门、霸上之将军；不识将屯，冠长乐、未央之卫尉⑦。"后为敏作神道碑，亦引之，正以公为法也。

【注释】
①西伯：即周文王姬昌。养老：古礼，对老而贤者按时享以酒食以敬礼之，谓之养老。②"鲁穆公"句：《孟子·公孙丑下》："昔者鲁穆公无人乎子思之侧，则不能安子思。""无人子思之侧"，要不是派人在子思身边侍奉。③燕安：原意为留恋家室。引申泛指安逸闲适。"不能用裴度"句：穆宗听信奸邪，曾罢其兵权。裴度晚年（文宗时）因宦官专权，辞官退居洛阳。④耸然：惊惧貌。⑤谪降：职官因罪被降级，调到边远地方。告词：即诰词，君王所颁文告。首建青苗：首先倡议推行青苗法。建，提出；首倡。助役：即助役钱。王安石推行免役法，规定原来不负担差役的官户、女户、寺观等，也要按定额半数交钱

助役，称为"助役钱"。⑥论次：论定次第。即评议编次。知言：知音。指对作品能深刻理解、正确评价的人。⑦亚夫：指周亚夫。小棘门、霸上之将军：小，以为小；小看。棘门：古地名。霸上：古地名。汉文帝后六年，以刘礼军霸上，以徐厉军棘门，以亚夫军细柳，以备匈奴。文帝劳军，至霸上及棘门军，直驰入。之细柳军，军门甚严，不得入。遣使持节诏将军，才开壁门，又不许驱驰。文帝叹曰："此真将军矣！囊者霸上、棘门军，若儿戏耳！其将固可袭而虏也。至于亚夫，可得而犯邪？"（《史记·绛侯周勃世家》）不识：指程不识。汉文帝时，任太中大夫。与李广同为当时名将。武帝时，任长乐卫尉。李广任未央宫卫尉。元光元年（前134年），程不识以卫尉为车骑将军率军屯雁门。将屯（jiāng tún）带领戍卒。屯，戍卒。长乐：宫殿名。

卷第十二（十二则）

妇人英烈

妇人女子，婉娈闺房，以柔顺静专为德，其遇哀而悲，临事而惑，蹈死而惧①，盖所当然尔。至于能以义断恩，以智决策，斡旋大事，视死如归，则几于烈丈夫矣②。齐湣王失国，王孙贾从王，失王之处。其母曰："汝朝出而晚来，则吾倚门而望；汝暮出而不还，则吾倚闾而望③。汝今事王，不知王处，汝尚何归？"贾乃入市，呼市人攻杀淖齿，而齐亡臣相与求王子立之，卒以复国④。马超叛汉，杀刺史、太守。凉州参军杨阜出见姜叙于历城，与议讨贼。叙母曰："韦使君遇难，亦汝之负，但当速发，勿复顾我。"叙乃与赵昂合谋。超取昂子月为质，昂谓妻异曰，"当奈月何？"异曰："雪君父之大耻，丧元不足为重⑤，况一子哉！"超袭历城，得叙母，母骂之曰："汝背父杀君，天地岂久容汝，敢以面目视人乎？"超杀之，月亦死。晋卞壸拒苏峻，战死，二子随父后，亦赴敌而亡。其母拊尸哭曰，"父为忠臣，子为孝子，夫何恨乎！"秦苻坚将伐晋，所幸张夫人引禹、稷、汤、武事以谏曰⑥："朝野之人，皆言晋不可伐，陛下独决意行之？"坚不听，曰："军旅之事，非妇人所当预也。"刘裕起兵讨逆⑦，同谋孟昶谓妻周氏曰："我决当作贼，幸早离绝。"周氏曰："君父母在堂，欲建非常之谋，岂妇人所能谏。事之不成，当于奚官中奉养大家⑧，义无归志也。"昶起，周氏追昶坐，曰："观君举措，非谋及妇人者，不过欲得财物耳。"指怀中儿示之曰："此儿可卖，亦当不惜！"遂倾赀以给之⑨。何无忌夜草檄文，其母，刘牢之姊也，登凳密窥之，泣曰："汝能如此，吾复何恨！"问所与同谋者，曰："刘裕。"母尤喜，因为言举事必有成之理以劝之⑩。窦建德救王世充，唐拒之于虎牢。建德妻曹氏劝使乘唐国之虚，西抄关中，唐必还师自救。建德曰："此非女子所知。"李克用困于上源驿，左右先脱归者，以汴人为变告其妻刘氏，刘神色不动，立斩之，阴召大将约束⑪,谋保军以还。克用归,欲勒兵攻汴⑫,刘氏曰:"公当诉之于朝廷,若擅举兵相攻,天下孰能辨其曲直?"克用乃止。黄巢死,时溥献其姬妾。僖宗宣问曰:"汝曹皆勋贵子女⑬,何为从贼?"其居首者对曰:"狂贼凶逆,国家以百万之众,失守宗祧⑭。今陛下以不能拒贼,责一女子,置公卿将帅于何地乎?"上不复问,戮之于市。余人皆悲怖昏醉,独不饮不泣,至于就刑,神色肃然⑮。唐庄宗临斩刘守光,守光悲泣哀祈不已,其二妻李氏、祝氏谯之曰⑯:"事已如此,生复何益?妾请先死。"即伸颈就戮。刘仁瞻守寿春,幼子崇谏夜泛舟渡淮北,仁瞻命斩之。监军使求救于夫人,夫人曰:"妾于崇谏,非不爱也,然军法不可私,若贷之,则刘氏为不忠之门矣。"趣命斩之,然后成丧⑰。王师围金陵⑱,李后主以刘澄为润州节度使,澄开门降越。后主诛其家,澄女许嫁未适⑲,欲活之。女曰:"叛逆之余,义不求生。"遂就死。此十余人者,义风英气,尚凛凛有生意也⑳。虽载于史策,聊表出之。至于唐高祖起兵太原,女平阳公主在长安,其夫柴绍曰:"尊公将以兵清京师,我欲往,恐不能偕,奈何?"主曰:"公往矣!我自为计。"即奔鄠,发家赀招南山亡命,谕降群盗,申法誓众,勒兵七万,威振关中,与秦王会渭北,分定京师㉑。此其伟烈㉒,又非他人比也。

【注释】

①婉娈:依恋貌。闺房:小室;内室。常指女子的卧室。柔顺:温柔和顺。静专:贞静专一。蹈死:就死;赴死。②斡(wò)旋:扭转;挽回。烈丈夫:刚正有气节的男子。③闾:里巷的大门。④市:市区。淖齿:楚将。燕、秦、三晋联合攻齐,燕将乐毅攻入临淄(齐都),湣王出亡。楚使淖齿救齐,淖齿因杀湣王而与燕共分齐之侵地和掠夺来的宝器。淖:音zhuō。姓。亡臣:逃亡之臣。复国:恢复邦国。⑤韦使君:凉州刺史韦康。亦汝之负:也有你的责任。当奈何:在马超那里做人质的儿子赵月怎么办?元:人头。⑥禹、稷、汤、武事:禹浚九川,障九泽,因其势也;后稷播殖百谷,因其时也;汤、武帅天下而攻桀、纣,因其心也(民众之心)。劝苻坚要顺其自然,不可逆时而动。⑦讨逆:讨伐叛逆。即讨伐桓玄。桓玄于403年代晋自立,建国号楚。所以称桓玄为"逆"。⑧奚官:官署名。掌管守宫人疾病、罪罚、丧葬等事,多以罪犯从坐的男女家属担任。大家(gū):妇称夫之母为大家。⑨赀(zī):同"资"。

财物。⑩檄文：声讨桓玄的文书。劝：奖勉；鼓励。⑪李克用：唐末藩镇互相攻伐，他长期与朱温作战。中和四年（884年）在汴州上源驿（驿馆名）遭朱温突然袭击。脱归者：脱身逃归的人。约束：限制；管束。⑫勒兵：治军，统率军队。⑬宣问：帝王后妃向臣下发问。勋贵：功臣权贵。据《资治通鉴》载，黄巢攻入长安，其部下"各出大掠……巢不能禁；尤憎官吏，得者皆杀之。"所谓"勋贵子女"，估计可能是这样得来的。⑭宗祧（tiāo）：犹宗庙。⑮悲怖：哀痛惶恐。昏醉：酒醉之后神志不清。此句原文前为"人争与之酒"，故言"醉"。肃然：镇定平静。⑯哀祈：哀求。哀告祈求。谯（qiào）：同"诮"。谴责。⑰成丧：具备守丧之礼。⑱王师：帝王的军队。此指赵匡胤建立的大宋王朝的军队。作者洪迈为宋人，故称王师。⑲适：出嫁。⑳义风：正义的气概和风范。英气：英武豪迈的气概。凛凛：可敬畏貌。生意：犹生机，生命力。㉑誓众：誓师，告戒众人。分定京师：据《资治通鉴》载：唐军围长安，平阳公主（李渊的三女儿）"将精兵万余会世民于渭北，与柴绍各置幕府，号'娘子军'。"㉒伟烈：伟大的功业。

无用之用

庄子云："人皆知有用之用，而莫知无用用之用。"又云："知无用，而始可与言用矣。夫地非不广且大也，人之所用，容足耳。然则厕足而垫之致黄泉①，所谓无用之为用也亦明矣。"此义本起于《老子》"三十辐共一毂，当其无，有车之用"一章②。《学记》："鼓无当于五声，五声弗得不备；水无当于五色，五色弗得不章③。"其理一也。今夫飞者以翼为用，絷其足④，则不能飞。走者以足为用，缚其手，则不能走。举场较艺，所务者才也⑤，而拙钝者亦为之用。战陈角胜，所先者勇也⑥，而老怯者亦为之用。则有用、无用，若之何而可分别哉？故为国者，其勿以无用待天下之士，则善矣！

【注释】

①厕足而垫之至黄泉：厕，通"侧"。厕足，即侧足。倾斜其足。垫，挖掘。黄泉，地下的泉水。唐成玄英疏："若使侧足之外，掘至黄泉，人则战栗不得行动。"②毂：音 gǔ。车轮中心的圆木，周围与车辐的一端相接，中有圆孔，用以插轴。当其无，有车之用：当没有车辐的时候，才看出车辐对车具有

的作用。③学记:《礼记》篇名。无当(dàng):不合乎;不符合。五声:指宫、商、角、徵、羽五音。弗得:没有它(即鼓)。不备:原文为"不和"。不谐和。五色:青、赤、黄、白、黑五种颜色。章:显。④繄:捆缚。⑤举场:犹言科场,考场。较(jiào)艺:谓竞争技艺。务:《中华大字典》注:求也。才:指有才能的人。⑥先:重视。

龙筋凤髓判

唐史称张鷟早慧绝伦,以文章瑞朝廷,属文下笔辄成,八应制举,皆甲科①。今其书传于世者,《朝野佥载》《龙筋凤髓判》也。《佥载》纪事,皆琐尾摘裂,且多媟语②。百判纯是当时文格,全类俳体,但知堆垛故事,而于蔽罪议法处不能深切③,殆是无一篇可读,一联可味。如白乐天《甲乙判》则读之愈多,使人不厌。聊载数端于此:"甲去妻,后妻犯罪,请用子荫赎罪④,甲不许。判云:'不安尔室,尽孝犹慰母心;薄送我畿,赎罪宁辞子荫⑤?纵下山之有怼,曷陟屺之无情⑥?'""辛夫遇盗而死,求杀盗者,而为之妻。或责其朱节,不伏。判云:'夫仇不报,未足为非;妇道有亏⑦,诚宜自耻。《诗》著靡他之誓,百代可知;《礼》垂不嫁之文⑧,一言以蔽。'""丙居丧,年老毁瘠,或非其过礼,曰:'哀情所钟⑨。'判云:'况血气之既衰,老夫耄矣;纵哀情之罔极⑩,吾子忍之。'"丙妻有丧,丙于妻侧奏乐,妻责之,不伏。判云:'俨衰麻之在躬,是吾忧也;调丝竹以盈耳⑪,于汝安乎?'""甲夜行,所由执之,辞云:'有公事,欲早趋朝。'所由以犯禁不听⑫。判云:'非巫马为政,焉用出以戴星?同宣子侵朝,胡不退而假寐⑬?'""乙贵达,有故人至,坐之堂下,进以仆妾之食,曰:'故辱而激之。'判云:'安实败名,重耳竟惭于舅犯⑭;感而成事,张仪终谢于苏秦⑮。'""丙娶妻,无子,父母将出之,辞曰:'归无所从。'判云:'虽配无生育,诚合比于断弦;而归靡适从,度可同于束缊⑯。'""乙为三品,见本州刺史不拜,或非之,称:'品同。'判云:'或商、周不敌,敢不尽礼事君;今晋、郑同侪,安得降阶卑我⑰?'"若此之类,不背人情,合于法意,援经引史,比喻甚明,非"青钱学士"所能及也⑱。元微之有百余判,亦不能工。余襄公集中，亦有判两卷，粲然可观。张鷟，字文成，史云："调露中，登进士第，考功员外郎骞味道见所对，称天下无双。"按《登科记》，乃上元二年，去调露尚六岁。是年，进士四十五人，鷟名在二十九，既以为无双，而不列高第？神龙元年，中才膺管乐科，于九人中为第五。景云二年，中贤良方正科⑲，于二十人中为第三。所谓制举八中甲科者，亦不然也。

【注释】

①早慧：年少时便聪明出众。绝伦：无与伦比。瑞：使获吉祥。制举：以制科取士。制科是封建王朝临时设置的考试科目，由皇帝称制诏提出问题，亲自策问。对录取者优予官职。甲科：指登甲科。唐宋进士分甲乙科。②琐尾：琐碎，零碎。媟语：轻薄或淫秽的言词。③文格：文章的风格、格调。俳（pái）体：旧时诗文，凡内容以游戏取笑为主的，称为俳谐体，略称俳体。蔽罪议法：见《随笔》卷六《左氏书事》注。④去：抛弃；赶走。荫（yìn）：庇荫。封建时代子孙因先世功勋推恩而得到封赏或免罪。⑤不安尔室：虽然她不能安居于你家。尽孝：母亲用子荫赎罪，等于儿子向母亲尽孝。薄送我畿：《诗·邶风·谷风》："不远伊迩，薄送我畿。"一个妇女诉说丈夫薄情寡义，抛弃了她，只送自己到门口，连远送一程也做不到。宁：岂；难道。⑥下山：古诗《上山采蘼芜》："上山采蘼芜，下山逢故夫。"后以"下山"借指妇女被丈夫遗弃。陟岵：原意为登山。《诗·魏风·陟岵》："陟彼岵兮，瞻望父兮。""陟彼屺兮，瞻望母兮。"写征人在远方，想念父母，登山遥望。因此后人用"陟岵"喻思父，"陟屺"喻思母。⑦失节：旧指妇女失去贞操。不伏：不服。伏，通"服"。妇道：为妇之道。封建时代以"三从四德"为"妇道"。⑧《诗》著靡他之誓：《诗·鄘风·柏舟》，写一个女子爱上一个青年，而她的母亲强迫她嫁给别人，她誓死不肯，"之死矢靡他"。之死，至死。矢，发誓。靡他，没有别的心思，指不嫁别人。靡他即无他人。《礼》垂不嫁之文：中国封建社会强迫妇女遵守三种道德规范，即所谓"三从"。《礼记·郊特性》："妇人，从人者也。幼从父兄，嫁从夫，夫死从子。"《仪礼·丧服》："妇人有三从之义，无专用之道，故未嫁从父，既嫁从夫，夫死从子。"垂，留传；流传。⑨毁瘠：因居丧过哀而极度瘦弱。非：非议；责怪。钟：专注。⑩血气：犹精力。耄（mào）：泛指年老。罔极：无穷尽。⑪俨（yǎn）：恭敬庄重。衰（cuī）麻：丧服。丝竹：指弦乐器和竹制管乐器。亦泛指音乐。⑫趋朝：上朝。犯禁：违犯禁令。⑬巫马：指巫马期，孔子弟子。刘向《说苑·政理》："巫马期亦治单父，以星出，以星入，日夜不处，

以身亲之,而单父亦治。"《吕氏春秋·察贤》亦有同样记载。为政:作官。宣子:指赵宣子,即赵盾。春秋时晋国执政。《左传·宣公二年》:宣子晨往,"盛服将朝。尚早,坐而假寐。"俟朝:等待上朝。假寐:和衣而睡。⑭安实败名:《左传·僖公二十三年》:"姜曰(重耳的妻子齐女对重耳说):'行也!怀与安,实败名。'"败名,败坏名声。重耳竟惭于舅犯:重耳,晋献公之子,后来的晋文公。骊姬之乱,重耳出亡。"至齐,齐桓公厚礼,而以宗女妻之,有马二十乘,重耳安。""留齐凡五岁。重耳爱齐女,毋去心。"舅犯和赵衰设计将重耳骗出,"行远而觉,重耳大怒,引戈欲杀舅犯。"重耳即将返晋即君位,至河,舅犯求去。"重耳曰:'若反国,所不与子犯共者,河伯视之!'"投璧河中,与子犯盟。(《史记·晋世家》)舅犯,即狐偃,字子犯,重耳之舅父,故称。⑮感而成事,张仪终谢于苏秦:苏秦、张仪均为战国时的策士(或说纵横家),俱事鬼谷先生学游说(shuì)之术。苏秦游说六国合纵,成名较早。乃使人微感(暗中劝说)张仪,使从事游说,实现自己的志愿。张仪求见苏秦,苏秦辱之,以激其意。张仪怒,遂入秦。张仪家贫,苏秦派人暗中奉си车马金钱,予以资助。张仪终于相秦。(所谓"感而成事"。感,触怒,激怒。)张仪后来才知道苏秦的用意,心中感激。(《史记·张仪列传》)⑯出:离弃。断弦:旧以琴瑟比喻夫妇,因称丧妻为"断弦"。束缊(yùn):即"束缊请火"。语出《汉书·蒯通传》。缊,乱麻;束缊,用乱麻搓成引火物,持之向邻家讨火点燃。后用作求援于人之意。⑰"或商、周不敌"句:《左传·桓公十一年》:"师克在和,不在众,商周之不敌,君之所闻也。"后用"商周"比喻两者不敌。不敌:不能对抗。杜预注:商,纣也。周,武王也。"今晋、郑同侪"句:今晋、郑地位相等,哪能够使我降阶而轻视我?同侪:同等。《左传·僖公二十三年》:晋公子重耳出亡,及郑,郑文公不礼。郑文公弟叔詹谏曰:"晋、郑同侪,其过子弟,固将礼焉,况天之所启乎!"郑文公不听。降阶,降低级别,降低官位。卑,轻视。⑱法意:法令的意旨。青钱学士:指张鷟。《新唐书·张荐传》:"员外郎员半千数为公卿称'鷟文辞犹青铜钱,万选万中',时号鷟'青钱学士'。"⑲才膺管乐科、贤良方正科:都是科举时代封建王朝临时设置的考试科目。膺(yīng):承当;担当。管乐:指管仲(春秋时齐国名相)、乐(yuè)毅(战国时燕国名将)。

唐制举科目

唐世制举,科目猥多①,徒异其名尔,其实与诸科等也。张九龄以道侔伊、吕策高第②，以《登科记》及《会要》考之，盖先天元年九月，明皇初即位，宣劳使所举诸科九人，经邦治国、材可经国、才堪刺史、贤良方正与此科各一人，藻思清华、兴化变俗科各二人。其道侔伊、吕策问殊平平，但云："兴化致理，必俟得人；求贤审官，莫先任举③。欲远循汉、魏之规，复存州郡之选④，虑牧守之明，不能必鉴。"次及"越骑伙飞，皆出畿甸，欲均井田于要服，遵丘赋于革车"，并安人重谷⑤，编户农桑之事，殊不及为天下国家之要道。则其所以待伊、吕者亦狭矣。九龄于神龙二年中材堪经邦科，本传不书，计亦此类耳。

【注释】

①猥多：众多；繁多。②道侔伊吕：唐制举科目之一。侔：齐等。伊、吕：伊尹、吕尚。③兴化致理：振兴教化，达到太平盛世。审官：考察提拔官吏。任举：委任举荐，引荐保举。④州郡之选：州、郡荐拔官吏的制度。⑤越骑：越骑校尉。武官名。伙（cì）飞：古剑士名。汉以号武官。井田：古代奴隶社会的一种土地制度。以方九百亩的土地为一里，划为九区，其中间为公田，八家均私田百亩，同养公田。因形如井字，故名。要（yāo）服：古代称离王城一千五百里至二千里的地区，亦即王畿外极远的地方。丘赋：春秋郑国军赋制度。这里借指田赋制度。革车：兵车。古代按地亩征收赋税供给部队之用。安人重谷：安抚人民重视农业。

渊有九名

《庄子》载壶子见季咸事云："鲵旋之潘为渊①，止水之潘为渊，流水之潘为渊，渊有九名，此处三焉。"其详见于《列子·黄帝篇》，尽载其目，曰："鲵旋之潘为渊，止水之潘为渊，流水之潘为渊，滥水之潘为渊，沃水之潘为渊，氿水之潘为渊，雍水之潘为渊，汧水之潘为渊，肥水之潘为渊，是为九渊。"按《尔雅》云"滥水正出"②，即槛泉也。"沃泉下出，氿泉穴出，瀵者反入，汧者出不流③"，又"水决之泽为汧，肥者出同而归异④"，皆禹所名也⑤。《尔雅》之书，非周公所作，盖是训释三百《诗》篇所用字，不知列子之时，已有此书否？细碎虫鱼之文⑥，列子决不肯留意，得非偶相同邪？《淮南子》有九璇之渊，许叔重云："至深也。"贾谊《吊屈赋》："袭九渊之神龙。"颜师古曰："九渊，九旋之川，言至深也。"与此不同。

【注释】

①鲵(ní)：雌鲸。潘(pán)：通"蟠"、"盘"。回旋的水流。②滥水正出：《尔雅·释水》："滥泉正出。正出，涌出也。"滥，泉水涌出。③氿(guǐ)泉穴出：穴出，仄出也。即从侧面流出。氿，水从旁流出。反入：决出而复入。沜(qiān)：流水停积聚集的地方。④肥：水同源的异流。⑤名：命名。⑥细碎虫鱼之文：指《尔雅》。像虫鱼一样细碎。《尔雅》一书为我国最早解释词义的专著。

东坡论庄子

东坡先生作《庄子祠堂记》，辩其不诋訾孔子①。"尝疑《盗跖》《渔父》则真若诋孔子者，至于《让王》《说剑》，皆浅陋不入于道②。反复观之，得其《寓言》之终曰：'阳子居西游于秦③，遇老子。其往也，舍者将迎其家，公执席，妻执巾栉，舍者避席，炀者避灶④。其反也，与之争席矣⑤。'去其《让王》《说剑》《渔父》《盗跖》四篇，以合于《列御寇》之篇，曰：'列御寇之齐⑥，中道而反，曰：吾惊焉，吾食于十浆，而五浆先馈⑦。'然后悟而笑曰：是固一章也。庄子之言未终，而昧者剿之，以入其言尔⑧。"东坡之识见至矣、尽矣。故其《祭徐君猷文》云："争席满前，无复十浆而五馈。"用为一事。今之庄周书《寓言》第二十七，继之以《让王》《盗跖》《说剑》《渔父》，乃至《列御寇》为第三十二篇，读之者可以涣然冰释也。予按《列子》书第二篇内首载御寇馈浆事数百言，即缀以杨朱争席一节，正与东坡之旨异世同符⑨，而坡公记不及此，岂非作文时偶忘之乎！陆德明《释文》："郭子玄云，一曲之才，妄窜奇说，若《阏弈》《意修》之首，《危言》《游凫》《子胥》之篇，凡诸巧杂⑩，十分有三。《汉·艺文志》：《庄子》五十二篇，即司马彪、孟氏所注是也，言多诡诞，或似《山海经》，或类占梦书，故注者以意去取，其内篇众家并同⑪。"予参以此说，坡公所谓昧者，其然乎⑫？《阏弈》《游凫》诸篇，今无复存矣。

【注释】

①诋訾（zǐ）：攻击毁谤。②浅陋：谓见闻不广。后多用为浅薄之意。道：事理；规律。③阳子居：即杨朱。其说重在爱己，不以物累，不拔一毛以利天下，与墨子的"兼爱"相反，同为当时儒家斥为异端。④舍者：住在客舍的人。《庄子》原文作"舍者迎将其家，公执席，妻执巾栉……"。公：称男主人。席：此处指席子。供坐卧铺垫的用具。巾栉：梳洗用具。巾用以拭手，栉(zhì，梳篦的总称)用以梳发。避席：古时席地而坐，离座起立，表示敬意，谓之"避席"。炀者：灶下烧火的人。避灶：避人而不当灶。舍者避席，炀者避灶，以示恭敬。⑤与之争席：即舍者与杨朱争席。争席，争坐次。表示彼此融洽无间，不拘礼节。⑥列御寇：又称"列子"。相传《列子》一书即为列御寇所著。《列御寇》为《庄子》中的一篇。⑦吾食于十浆，而五浆先馈：即"十浆五馈"。谓十家卖浆者之中有五家争先送来。本谓卖浆者争利，后用以比喻争相设宴款待。浆，泛指饮料。⑧昧者：愚昧无知之人。剿：截；削断。以入其言：以便加进自己的话。⑨异世：不同时代。⑩一曲：一隅，片面。"一曲之才"指知识片面而昧于大理的人。窜：改易文字。奇说：奇特的言论或见解。巧杂：用巧诈手法掺杂的伪作。⑪诡诞：怪异荒诞。内篇：《庄子》一书分为《内篇》《外篇》《杂篇》三部分。现存《内篇》七篇，《外篇》十五篇，《杂篇》十一篇，共计三十三篇。⑫其然乎：是这样吧。乎，表揣测。相当于"吧"。

〔补注〕涣然冰释：像冰遇到热一下子消融。多指疑虑、困难或误会得到解除而言。语本《老子》："涣兮若冰之将释。"

列子书事

《列子》书事，简劲宏妙，多出《庄子》之右，其言惠盎见宋康王，王曰："寡人之所说者①，勇有力也，客将何以教寡人？"盎曰："臣有道于此，使人虽勇，刺之不入，虽有力，击之弗中。"王曰："善，此寡人之所欲闻也。"盎曰："夫刺之不入，击之不中，此犹辱也②。臣有道于此，使人虽有勇弗敢刺，虽有力弗敢击。夫弗敢，非无其志也。臣有道于此，使人本无其志也。夫无其志也，未有爱利之心也③。臣有道于此，使天下丈夫女子莫不欢然皆欲爱利之，此其贤于勇有力也，四累之上也④。"观此一段语，宛转四反，非数百言曲而畅之不能了，而洁净粹白如此⑤,后人笔力,渠复可到耶!三不欺之义,正与此合。不入不中者,不能欺也;弗敢刺击者,不敢欺也;无其志者,不忍欺也。魏文帝论三者优劣⑥,斯言足以蔽之。

【注释】

①简劲(jìng):谓简练有力。宏妙:雄劲高妙。寡人:古代诸侯对下的自称。唐以后,皇帝自称寡人。说:音yuè。②辱:耻辱。"此犹辱也",意为这种方法不算最好的,仍然使自己感到耻辱。③爱利:喜爱、贪恋利益。④丈夫:古时称成年男子。四累:四个层次。即四种方法。上:上等;最好的(指最后一个方法)。一说在前四个层次之上。⑤曲畅:亦作"曲鬯"。周尽而畅达。亦谓使周尽畅达。粹白:纯洁。⑥魏文帝论三者优劣:魏文帝问群臣:"三不欺,于君德孰优?"钟繇、华歆、王朗对曰:"臣以为君任德,则臣感义而不忍欺;君任察,则臣畏觉而不能欺;君任刑,则臣畏罪而不敢欺。"

天生对偶

旧说以红生白熟、脚色手纹、宽焦薄脆之属,为天生偶对①。触类而索之,得相传名句数端,亦有经前人纪载者,聊疏于此,以广多闻。如"三川太守,四目老翁","相公公相子,人主主人翁","泥肥禾尚瘦,晷短夜差长","断送一生惟有,破除万事无过"②,"北斗七星三四点,南山万寿十千年","迅雷风烈风雷雨,绝地天通天地人","筵上枇杷,本是无声之乐;草间蚱蜢③,还同不系之舟",皆绝工者。又有用书语两句而证以俗谚者,如"尧之子不肖,舜之子亦不肖"④,谚曰"外甥多似舅","吾力足以举百钧,而不足以举一羽",谚曰"便重不便轻"之类是也。

【注释】

①偶对:指诗文的对偶。对偶:修辞学上辞格之一。用字数相等、句法相同的语句表现相反或相关的意思。②公相(xiàng):指公卿、宰相一类的显官。晷(guǐ):日影。断送一生惟有,破除万事无过:两句本出自韩愈的两首诗。《遣兴》:"断送一生惟有酒,寻思百计不如闲。"《赠郑兵曹》:"杯行到君莫停

手,破除万事无过酒。"后来王安石戏改其中两句,曰:"酒,酒,破除万事无过,断送一生唯有。"断送:葬送;消磨。破除:除去,使归为无。③枇杷:常绿小乔木。果实可供生食。枇杷与"琵琶"谐音,琵琶为拨弦乐器,本作"枇杷"或"批把"。蚱蜢:一种昆虫,直翅,形似蝗而小,善跳。"蚱蜢"与"舴艋"谐音。"舴艋"亦作"蚱蜢"。一种小船。④舜之子:舜之二妃娥皇、女英都是尧的女儿,所以舜之子和尧之子为甥舅关系。尧之子名丹朱,舜之子名商均。此句出《孟子·万章上》。

铜雀灌砚

相州,古邺都,魏太祖铜雀台在其处,今遗址仿佛尚存。瓦绝大,艾城王文叔得其一,以为砚,饷黄鲁直,东坡所为作铭者也。其后复归王氏。砚之长几三尺,阔半之。先公自燕还,亦得二砚,大者长尺半寸,阔八寸,中为瓢形,背有隐起六隶字,甚清劲①,曰"建安十五年造"。魏祖以建安九年领冀州牧,治邺,始作此台云。小者规范全不逮②,而其腹亦有六篆字,曰"大魏兴和年造",中皆作小簇花团。兴和乃东魏孝静帝纪年,是时,正都邺,与建安相距三百年,其至于今,亦六百余年矣。二者皆藏侄孙偁处。予为铭建安者曰:"邺瓦所范,嘻其是邪③?几九百年,来随汉槎④。淬尔笔锋,肆其滂葩⑤。偁实宝此,以昌我家。"铭兴和者曰:"魏元之东,狗脚于邺⑥。吁其瓦存,亦禅千劫⑦。上林得雁,获贮归笈⑧。玩而铭之,衰泪栖睫。"赣州雩都县,故有灌婴庙,今不复存。相传左地尝为池,耕人往往于其中耕出古瓦,可斵为砚⑨。予向来守郡日所得者,刓缺两角,犹重十斤,潴墨如发硎,其光沛然,色正黄,考德仪年,又非铜雀比,亦尝刻铭于上曰:"范土作瓦,既埴既已⑩。何断制于火,而卒以圃水⑪?庙于汉侯⑫,今千几年?何址蹶祀歇⑬,而此独也存?县赣之雩,曰若灌池⑭。研为我得⑮,而铭以章之。"盖纪实也。

【注释】

①清劲:清秀有力。②规范:规模;规格。不逮:比不上;不及。③邺瓦所范:为型范以造邺瓦。范,模型。嘻其是邪:这一块就是邺瓦吧?嘻,表

惊叹。邪,表疑问语气。④随:沿着;顺着。槎(chǎ):同"楂"。用竹木编成的筏。来随汉槎:从汉代流传到现在。⑤淬:磨砺;锻炼。肆:显示。滂葩:磅礴。⑥魏元之东,狗脚于邺:公元534年,北魏孝武帝不堪高欢胁迫,逃往关中。欢另立元善见为帝,并迁都邺,史称东魏。魏元,即指北魏。皇室元姓。狗脚,即狗脚朕。是高澄骂孝静帝的话。意为狗脚皇帝。(见《北史·魏孝静帝纪》)⑦禅(shàn):传也。千劫:佛教语。指旷远的时间与无数的生灭成坏。现多指无数灾难。⑧上林得雁:《汉书·苏武传》:苏武出使匈奴,被扣十九年。匈奴与汉和好,"汉求武等,匈奴诡言武死。后汉使复至匈奴",依常惠计"谓单于,言天子射上林中,得雁,足有系帛书,言武等在某泽中(武等被迁于北海)"。匈奴才归还苏武、常惠等人。洪迈之父洪皓出使金国,被扣十余年,然后归国。上林,即上林苑。内养禽兽,供皇帝射猎。获贮归笈:由于父亲归国,才带回砚石收藏在笈箧里。贮,收藏。笈,盛器。衰泪栖睫:老泪满眼。栖,囤积。⑨窾(kuǎn):使空虚。⑩刓(wán)缺:摩损残缺。瀋墨:墨汁。如发硎:谓新鲜而有光泽。发硎,谓刀新从磨刀石上磨出来。《庄子·养生主》:"今臣之刀十九年矣,所解数千牛矣,而刀刃若新发于硎。"硎(xíng),磨刀石。沛然:充盛貌。考德仪年:推求它的生成年代。考,研求。物得以生谓之德。仪,推测;忖度。埴(zhí):黏土。陶者捏黏土做成陶器的坯子。⑪断制:决断;裁定。即以火烧制定其型。囿水:沉积在水里。囿,拘泥;局限。上文说灌婴庙左地为池,耕人于其中耕出古瓦。⑫汉侯:灌婴封颍阴侯。⑬址蹶祀歇:庙已毁坏,祭祀香火也断了。蹶(jué):倒;颠仆。⑭曰若:助词。用于句首。⑮研(yàn):通"砚"。

崔斯立

崔立之,字斯立,在唐不登显仕,他亦无传,而韩文公推奖之备至①。其《蓝田丞壁记》云:"种学绩文,以蓄其有,泓涵演迤,日大以肆②。"其《赠崔评事》诗云:"崔侯文章苦捷敏,高浪驾天输不尽③。顷从关外来上都,随身卷轴车连轸④。朝为百赋犹郁怒,暮作千诗转遒紧⑤。才豪气猛易语言,往往蛟螭杂蝼螾⑥。"其《寄崔二十六》诗云:"西城员外丞,心迹两崛奇⑦。往岁战词赋,不将势力随⑧。傲兀坐试席,深丛见孤罴⑨。文如翻水成,初不用意为。四坐各低面,不敢揆眼窥⑩。佳句喧众口,考官敢瑕疵⑪?连年收科第⑫,若摘颔底髭。"其美之如是。但记云"贞元初,挟其能,战艺于京师,再进再屈于人",而诗以为"连年收科第",何其自为异也?予按杭本韩文,作"再屈千人",蜀本作"再进屈千人",《文苑》亦然。盖他本误以"千"字为"于"也。又《登科记》"立之以贞元三年第进士,七年,中宏词科",正与诗合。观韩公所言,崔作诗之多可知矣,而无一篇传于今,岂非蝼蚓之杂,惟敏速而不能工邪?

【注释】

①崔斯立:宪宗元和初为大理评事,因言得失黜官,转为蓝田县丞。显仕:高官;显宦。推奖:推许奖誉。②种学绩文:培养学识,积累文才。泓涵:水深广貌。比喻学问渊博。演迤:谓文章气势流转绵长。肆:显明。③驾天:凌空。输:流泻。④上都:古代对京都的通称。卷(juàn)轴:古时文章,皆裱成长卷,有轴可以舒卷,故名。连翩:连片;成片。引申指连接不断。⑤郁怒:气势盛积。遒紧:刚健严谨。⑥蛟螭(chī):犹蛟龙。蝼蚓:蝼蛄与蚯蚓。"蛟螭"指精华,"蝼蚓"喻平庸之作。⑦心迹:心志与行迹。崛奇:奇特,特异。⑧势力:犹势利。权势和财利。⑨傲兀:高傲。孤黑:孤,独特,特出。罴,熊的一种。俗称人熊或马熊。⑩挾(liè)眼:左右侧视;侧目而视。⑪瑕疵:谓指摘毛病。⑫收:攻取;占据。科第:科考及第。

汉书注冗

颜师古注《汉书》,评较诸家之是非,最为精尽,然有失之赘冗及不烦音释者①。其始遇字之假借,从而释之。既云"他皆类此",则自是以降,固不烦申言。然于"循行"字下,必云"行音下更反";于"给复"字下,必云"复音方目反"。至如说读曰悦,繇读曰谣,乡读曰向,解读曰懈,与读曰豫,又读曰欤,雍读曰壅,道读曰导,畜读曰蓄,视读曰示,艾读曰乂,竟读曰境,饬与敕同,繇与由同,敺与驱同,晻与暗同,娄古屡字,墬古地字,饟古饷字,犇古奔字之类,各以百数。解三代曰夏、商、周,中都官曰京师诸官府,失职者失其常业,其重复亦然。贷曰假也,休曰美也,烈曰业也,称曰副也,靡曰无也,滋曰益也,蕃曰多也,图曰谋也,耗曰减也,卒曰终也,悉曰尽也，给曰足也，寖曰渐也，则曰法也，风曰化也，永曰长也，省曰视也，仍曰频也，疾曰速也，比曰频也，诸字义不深秘②，既为之辞，而又数出，至同在一板内再见者，此类繁多，不可胜载。其豁、仇、恢、坐、邠、陕、冶、脱、攘、菽、坦、绡、颞、擅、酬、佯、重、禺、俞、选等字，亦用切脚，皆为可省。志中所注，尤为烦芜③。项羽一传，伯读曰霸，至于四言之。若相国何，相国参，太尉勃，太尉亚夫，丞相平，丞相吉，亦注为萧何、曹参，桓、文、颜、闵必注为齐桓、晋文、颜渊、闵子骞之类。读是书者，要非童蒙小儿④，夫岂不晓，何烦于屡注哉？颜自著《叙例》云："至如常用可知，不涉疑昧者⑤，众所共晓，无烦翰墨。"殆是与今书相矛盾也。

【注释】

①精尽：明察详尽。音释：对文字读音的注释。②深秘：深邃隐秘。③烦芜：繁冗杂乱。④童蒙：童幼无知；愚蒙。⑤叙例：即《〈汉书〉叙例》。疑昧：疑惑不明。

古迹不可考

郡县山川之古迹，朝代变更，陵谷推迁①，盖已不可复识。如尧山、历山，所在多有之，皆指为尧、舜时事，编之图经②。会稽禹墓，尚云居高丘之颠，至于禹穴，则强名一罅，不能容指，不知司马子长若之何可探也③？舜都蒲坂，实今之河中所谓舜城者，宜历世奉之唯谨。按张芸叟《河中五废记》云："蒲之西门所由而出者，两门之间，即舜城也，庙居其中，唐张宏靖守蒲，尝修饰之。至熙宁之初，垣墉尚固④。曾不五年，而为埏陶者尽矣⑤，舜城自是遂废。又河之中泠一洲岛，名曰中潬，所以限桥⑥。不知其所起，或云汾阳王所为⑦。以铁为基，上有河伯祠，水环四周，乔木蔚然。嘉祐八年秋，大水冯襄⑧，了无遗迹。中潬自此遂废。"显显者若此，他可知矣。东坡在凤翔，作《凌虚台记》云："尝试登台而望其东，则秦穆之祈年、橐泉，其南则汉武之长杨、五柞，其北则隋之仁寿、唐之九成也。记其一时之盛，宏杰诡丽⑨，坚固而不可动。然数世之后,欲求其仿佛,而破瓦颓垣,无复存者。"谓物之废兴成毁,皆不可得而知,则区区泥于陈迹⑩,而必欲求其是,盖无此理也。《汉书·地理志》:扶风雍县有橐泉宫,秦孝公起。祈年宫,惠公起。不以为穆公。

【注释】

①陵谷:丘陵和山谷。推迁:推移变迁。②图经:附有图画、地图的书籍或地理志。③罅(xià):物的缝隙。若之何:怎么。④垣墉:墙垣。⑤埏(shān)陶者:和泥制作陶器的人。⑥泠:冷清貌。限:限定;固定。⑦汾阳王:指唐郭子仪,因功进封汾阳郡王。⑧冯(píng)裏:谓漫溢侵陵。⑨宏杰:犹宏伟。诡丽:奇异华丽。⑩区区:拘泥,局限。陈迹:旧迹;遗迹。

卷第十三（十四则）

科举恩数

　　国朝科举取士，自太平兴国以来，恩典始重。然各出一时制旨，未尝辄同，士子随所得而受之，初不以官之大小有所祈诉也①。太平之二年，进士一百九人，吕蒙正以下四人得将作丞，余皆大理评事，充诸州通判。三年，七十四人，胡旦以下四人将作丞，余并为评事，充通判及监当。五年，一百二十一人，苏易简以下二十三人皆将作丞通判。八年，二百三十九人，自王世则以下十八人，以评事知县，余授判司簿尉。未几，世则等移通判②，簿尉改知令录。明年，并迁守评事。雍熙二年，二百五十八人，自梁颢以下二十一人，才得节察推官③。端拱元年，二十八人，自程宿以下，但权知诸县簿尉。二年，一百八十六人，陈尧叟、曾会至得光禄丞直史馆，而第三人姚揆，但防御推官。淳化三年，三百五十三人，孙何以下，二人将作丞，二人评事，第五人以下，皆吏部注拟④。咸平元年，孙仅但得防推。二年，孙暨以下，但免选注官⑤。盖此两榜，真宗在谅闇，礼部所放，故杀其礼⑥。及三年，陈尧咨登第，然后六人将作丞，四十二人评事；第二甲一百三十四人，节度推官、军事判官；第三甲八十人，防团军事推官。

【注释】

　　①制旨：帝王的旨意。祈诉：计较；祈求诉说。②移：迁徙；调动。③节察：宋代节度使、观察使的合称。清钱大昕《十驾斋养新录·官名地名从省》："宋人称节度、观察为节察。防御、团练为防团。"④注拟：唐、宋选举，凡应试获选者，先由尚书省登录，再经考询，然后拟定其官职，称为注拟。⑤免选：宋代铨选制的一项规定。选人不经守选（等候选用）而直接赴吏部注授差遣，称"免选"。注官：按资叙授官。⑥谅闇（liáng ān）：同"谅阴（liáng ān）"。指帝王居丧。杀（shài）礼：降低礼数。杀，降等。

　　〔补注〕①监当（jiàn dāng）：宋代掌管税收、冶铸等事务的地方官。②判司官名。唐代节度使、州郡等僚属有判官,分曹判事。也用以通称州郡佐吏。簿尉:主簿和县尉。泛指地方官府佐理官员。

下第再试

太宗雍熙二年,已放进士百七十九人,或云:"下第中甚有可取者。"乃令复试,又得洪湛等七十六人,而以湛文采遒丽,特升正榜第三[①]。端拱元年,礼部所放程宿等二十八人,进士叶齐打鼓论榜,遂再试,复放三十一人,而诸科因此得官者至于七百。一时待士可谓至矣。然太平兴国末,孟州进士张两光,以试不合格,纵酒大骂于街衢中,言涉指斥,上怒斩之,同保九辈永不得赴举[②]。恩威并行,至于如此。(张两,馆本作"张雨")

【注释】

①遒丽:刚健秀美。正榜:科举时代会试或乡试公布正式录取名单的榜示。与"副榜"相对。②保:旧时户籍编制单位。十家为一保。赴举:犹应举。唐宋时指乡贡入京参加礼部试。

试赋用韵

唐以赋取士,而韵数多寡,平侧次叙,元无定格[①]。故有三韵者,《花萼楼赋》以题为韵是也。有四韵者,《冀荚赋》以"呈瑞圣朝",《舞马赋》以"奏之天廷",《丹甑赋》以"国有丰年",《泰阶六符赋》以"元亨利贞"为韵是也。有五韵者,《金茎赋》以"日华川上动"为韵是也。有六韵者,《止水》《魍魉》《人镜》《三统指归》《信及豚鱼》《洪钟待撞》《君子听音》《东郊朝日》《蜡日祈天》《宗乐德》《训胄子》诸篇是也。有七韵者,《日再中》《射己之鹄》《观紫极舞》《五声听政》诸篇是也。八韵有二平六侧者,《六瑞赋》以"俭故能广,被褐怀玉",《日五色赋》以"日丽九华,圣符土德",《径寸珠赋》以"泽浸四荒,非宝远物"为韵是也。有三平五侧者，《宣耀门观试举人》以"君圣臣肃，谨择多士"，《悬法象魏》以"正月之吉，悬法象魏"，《玄酒》以"荐天明德，有古遗味"，《五色土》以"王子毕封，依以建社"，《通天台》以"洪台独出，浮景在下"，《幽兰》以"远芳袭人，悠久不绝"，《日月合璧》以"两曜相合，候之不差"，《金枙》以"直而能一，斯可制动"为韵是也。有五平三侧者，《金用砺》以"商高宗命傅说之官"为韵是也。有六平二侧者，《旗赋》以"风日云舒，军容清肃"为韵是也。自大和以后，始以八韵为常。唐庄宗时尝覆试进士，翰林学士承旨卢质，以《后从谏则圣》为赋题，以"尧、舜、禹、汤倾心求过"为韵。旧例，赋韵四平四侧，质所出韵乃五平三侧，大为识者所诮，岂非是时已有定格乎？国朝太平兴国三年九月，始诏自今广文馆及诸州府、礼部试进士律赋[2]，并以平侧次用韵，其后又有不依次者，至今循之。

【注释】

①侧：旧读 zè。通"仄"。平仄：指汉语四声中的平声与仄声（包括上、去、入三声）。旧诗赋及骈文中所用的字音，平声与仄声相互调节，使声调谐协，谓之调平仄。定格：一定的标准、规则。②律赋：文体名。赋的一种形式，为唐宋科举考试所采用。对偶工整，于音律，押韵有严格规定。

贞元制科

唐德宗贞元十年，贤良方正科十六人，裴垍为举首，王播次之，隔一名而裴度、崔群、皇甫镈继之。六名之中，连得五相，可谓盛矣！而邪正复不侔。度、群同为元和宰相，而镈以聚敛贿赂亦居之，度、群极陈其不可，度耻其同列，表求自退，两人竟为镈所毁而去。且三相同时登科，不可谓无事分，而玉石杂糅，薰莸同器，若默默充位[1]，则是固宠患失，以私妨公，裴、崔之贤，谊难以处也。本朝韩康公、王岐公、王荆公亦同年联名，熙宁间，康公、荆公为相，岐公参政，故有"一时同榜用三人"之语，颇类此云。

【注释】

①事分（fèn）：名分（名位及其所应守的职分）。玉石杂糅：比喻好坏混杂。薰莸同器：喻善恶好坏共处。默默：缄口不言。

贻子录

先公自燕归，得龙图阁书一策，曰《贻子录》，有"御书"两印存，不言撰人姓名，而序云："愚叟受知南平王，政宽事简。"意必高从诲擅荆渚时，宾僚如孙光宪辈者所编，皆训儆童蒙①。其《修进》一章云：咸通年中，卢子期著《初举子》一卷，细大无遗。就试三场，避国讳、宰相讳、主文讳②。士人家小子弟，忌用熨斗时把帛，虑有拽白之嫌③。烛下写试无误笔，即题其后云"并无揩改涂乙注"④，如有，即言字数，其下小书名。同年小录是双只先辈各一人分写⑤。宴上长少分双只相向而坐，元以东为上，儭以西为首，给、舍、员外、遗、补，多来突宴，东先辈不迁，而西先辈避位⑥。及吏部给春关牒，便称前乡贡进士⑦，大略有与今制同者，独避宰相、主文讳，不复讲双只、先辈之名，他无所见。其《林园》一章谓茄为酪酥，亦甚新。

【注释】

①高从诲：五代时荆南国君。即位后，归附后唐，应顺元年（934年）封南平王。擅：占有，据有。荆渚：荆南国在荆州一带，多水系，故称荆渚。训儆：犹训诫。教导和劝诫。②主文：主考官。③拽（yè）白：亦作"拽帛"。考试交白卷。④乙：此处指从旁勾进增补的字。⑤同年：科举制度同榜的人称同年。小录：即会试题名录。宋初进士约期集会，按甲次高下聚钱刊印小录；崇宁后，试院官也刊印小录，具列姓名和出生年月。⑥双只：其义不详。疑指双方。即下文元(为首的)一方和儭(陪衬的)一方。儭(chèn)：通"衬"。陪衬；衬托。突宴：即不请而突然来赴宴。避位：离位起立。表示敬意。和"避席"之义相近。⑦春关牒：唐宋时举进士，登记入选，谓之春关；发给的凭证，即称春关牒。乡贡：唐代不经学馆考试而由州县推荐应科举的士子。宋以方州贡士，自元以后皆以行省选贡士，亦通称乡贡。前进士：唐代称及第而尚未授官的进士。唐李肇《唐国史补》卷下："投刺谓之乡贡，得第谓之前进士。"投刺，投递名

帖（应科举）。

金花帖子

唐进士登科，有金花帖子①，相传已久，而世不多见。予家藏咸平元年孙仅榜盛京所得小录②，犹用唐制，以素绫为轴，贴以金花，先列主司四人衔，曰：翰林学士给事中杨，兵部郎中知制诰李，右司谏直史馆梁，秘书丞直史馆朱，皆押字。次书四人甲子③，年若干，某月某日生，祖讳某，父讳某，私忌某日。然后书状元孙仅，其所纪与今正同。别用高四寸绫，阔二寸，书"盛京"二字，四主司花书于下④，粘于卷首，其规范如此，不知以何年而废也。但此榜五十人，自第一至十四人，惟第九名刘烨为河南人，余皆贯开封府，其下又二十五人亦然。不应都人士中选若是之多，疑亦外方人寄名托籍⑤，以为进取之便耳。四主司乃杨砺、李若拙、梁颢、朱台符，皆只为同知举。

【注释】

①金花帖子：唐宋以来科举考试登第者的榜帖。省称"金花"。②孙仅榜盛京：孙仅，真宗咸平元年（998）状元，居榜首。盛京与孙仅同榜为进士。③甲子：即年龄。甲子所以纪岁月，因亦以甲子为岁月、年岁的代称。④花书：即花押。旧时文书上的草书签名或代替签名的特种符号。也叫"押字"。⑤都人士：指居于京师有士行的人。寄名：犹挂名。托籍：假借户籍。

物之小大

列御寇、庄周大言小言，皆出于物理之外。《列子》所载："夏革曰：渤海之东，几亿万里，有大壑焉，实惟无底之谷。中有五山，高下周旋三万里，山之中间相去七万里，而五山之根无所连著①。帝使巨鳌十五举首而戴之，迭为三番②，六万岁一交焉。而龙伯之国有大人，举足不盈数千而暨山所③，一钓而连六鳌，合负而趣归其国。于是岱舆、员峤二山，沉于大海。"张湛注云："以高下周围三万里山，而一鳌头之所戴，而六鳌复为一钓之所引，龙伯之人能并而负之。计此人之形当百余万里，鲲鹏方之④，犹蚊蚋虿虱耳。太虚之所受，亦奚所不容哉⑤！"《庄子·逍遥游》，首著鲲鹏事云："北溟有鱼⑥，其名为鲲，鲲之大不知其几千里也；化而为鸟，其名为鹏，鹏之徙于南溟，水击三千里，抟扶摇而上者九万里⑦。"二子之语大若此。至于小言，则《庄子》谓："有国于蜗之左角，曰触氏，右角曰蛮氏，相与争地而战，伏尸数万，逐北旬有五日而后反⑧。"《列子》曰："江浦之间生麽虫⑨，其名曰焦螟。群飞而集于蚊睫，弗相触也，栖宿去来，蚊弗觉也。黄帝与容成子同斋三月，徐以神视，块然见之，若嵩山之阿，徐以气听⑩，砰然闻之，若雷霆之声。"二子之语小如此。释氏维摩诘长者居丈室而容九百万菩萨并师子座，一芥子之细而能纳须弥⑪。皆一理也。张湛不悟其寓言，而窃窃然以太虚无所不容为说⑫，亦隘矣！若吾儒《中庸》之书，但云："天地之大也，人犹有所憾，故君子语大，天下莫能载焉；语小，天下莫能破焉⑬。"则明白洞达，归于至当，非二氏之学一偏所及也⑭。

【注释】

①周旋：环绕；盘曲（指地势）。连著（zhuó）：谓依附。②叠为三番：分为三班轮流托山。叠，连续；接连。一说重复。番，轮流更代。③数千：《列子·汤问》原文作"数步"，而《太平御览》《事文类聚》所引则作"数十步"。暨：及；到。④方之：比之；与之相比。⑤太虚：指天、天空。一说谓宇宙。受：容纳。奚：疑问词。犹何。⑥溟：海。⑦抟（tuán）扶摇：意谓鹏鸟鼓动翅膀，结聚风力，乘风盘旋上飞。抟，盘旋。扶摇，上行之风。⑧伏尸：横尸在地。逐北：追击败兵。北，指败逃者。⑨麽虫：极细之虫。麽，音 mó。⑩神视：谓不用眼睛察看，而靠精神感通一切。块然：形容具体、真切。阿（ē）：大的丘陵。一说山坡。气听：观其气息而听察之。⑪须弥：古印度传说中的山名。⑫窃窃然：私下里。一说，(自以为)明察貌。⑬破：剖析；分离开。⑭洞达：通达；透彻。一偏：一个片面；偏于一面。

郭令公

唐人功名富贵之盛,未有出郭汾阳之右者。然至其女孙为宪宗正妃,历五朝,母天下,终以不得志于宣宗而死,自是支胄不复振①。及本朝庆历四年,访求厥后,仅得裔孙元亨于布衣中②,以为永兴军助教。欧阳公知制诰③,行其词曰:"继绝世,褒有功,非惟推恩以及远,所以劝天下之为人臣者焉。况尔先王,名载旧史,勋德之厚,宜其流泽于无穷④,而其后裔不可以废。往服新命⑤,以荣厥家!"且以二十四考中书令之门,而需一助教以为荣,吁,亦浅矣⑥!乃知世禄不朽⑦,如春秋诸国,至数百年者,后代不易得也。

【注释】
①五朝:指宪宗、穆宗、敬宗、文宗和武宗。母天下:为天下之母的典范。意谓为皇后、皇太后、太皇太后。不得志:谓志愿不能实现或欲望不能满足。支胄:宗族的分支。②裔孙:远代子孙。③知制诰:掌管撰拟诏令。制诰,"诏令"的代称。④勋德:功勋与德行。流泽:谓流布的恩德。⑤往服新命:按新任命去就职吧。服,服役;从事。新命,指新的任命。⑥二十四考:考,考课。官吏每年考课一次。郭子仪以功升中书令,主持官吏的考绩,前后共为二十四次。亦浅矣:浅,薄。⑦世禄:指古代贵族世代享受俸禄。也指世代受禄的制度。

纪年兆祥

自汉武建元以来,千余年间,改元数百,其附会离合为之辞者①,不可胜书,固亦有晓然而易见者。如晋元帝永昌,郭璞以为有二日之象②,果至冬而亡。桓灵宝大亨③,识者以为一人二月了,果以仲春败。萧栋、武陵王纪,同岁窃位,皆为天正,以为二人一年而止,其后皆然。齐文宣天保,为一大人只十,果十年而终。然梁明帝萧岿亦用此,而尽二十三年。或又云,岿蕞尔一邦,故非禨祥所系。齐后主隆化,为降死;安德王延宗德昌,为得二日。周武帝宣政④,为宇文亡日;宣帝大象，为天子冢。萧琮、晋出帝广运⑤，为军走。隋炀帝大业，为大苦末。唐僖宗廣明，为唐去丑口而著黄家日月，以兆巢贼之祸。钦宗靖康，为立十二月康，果在位满岁，而高宗由康邸建中兴之业⑥。熙宁之末将改元，近臣撰三名以进，曰"平成"，曰"美成"，曰"丰亨"，神宗曰："成字负戈，美成者，犬羊负戈。亨字为子不成，不若去亨而加元。"遂为元丰。若隆兴则取建隆、绍兴各一字，与唐贞元取贞观、开元之义同。已而嫌与颜亮贞隆相近，故二年即改乾道。及甲午改纯熙，既已布告天下，予时守赣，贺表云："天永命而开中兴，方茂卜年之统；时纯熙而用大介，载新纪号之文⑦。"迨诏至，乃为淳熙，盖以出处有"告成《大武》"之语⑧，故不欲用。

【注释】

①离合：分合。此处指拆开和拼合字体。②二日：谓时间不久。③桓灵宝：即桓玄，字敬道，小字灵宝。大亨：晋安帝年号。"桓灵宝大亨"，指桓玄于大亨年间代晋自立。"亨"的变形字为"亨"。④周武帝：北周武帝，复姓宇文，名邕。⑤广运：五代后晋出帝年号为开运，并非"广运"。⑥康邸：康王官邸。高宗赵构原封康王。⑦天永命：天欲使大宋朝国运长久。永命，长命。方茂卜年之统：现在国家正繁荣昌盛，蒸蒸日上。卜年，以占卜预测享国的年数。统，世代相继的系统。此指皇统。时纯熙而用大介：《诗·周颂·酌》："时纯熙矣，是用大介。"高亨注："纯，大也。熙，光明。介，疑借为捷。大捷，指打败殷纣王。一说，介，善也，吉也。大介即大吉，指取得巨大胜利。"纪号：年号。⑧告成《大武》：《诗序》："《酌》，告成《大武》也"。《大武》，简称《武》。周代六舞之一。表现周武王伐纣灭商的大功。周王朝时表演祭祀祖先。

民俗火葬

自释氏火化之说起，于是死而焚尸者，所在皆然。固有炎暑之际，畏其秽泄，敛不终日，肉尚未寒而就爇者矣①。鲁夏父弗忌献逆祀之议，展禽曰："必有殃，虽寿而没②，不为无殃。"既其葬也，焚烟彻于上，谓已葬而火焚其棺椁也。吴伐楚，其师居麇，楚司马子期将焚之，令尹子西曰："父兄亲暴骨焉③，不能收，又焚之，不可。"谓前年楚人与吴战，多死麇中，不可并焚也。卫人掘褚师定子之墓，焚之于平庄之上。燕骑劫围齐即墨，掘人冢墓，烧死人，齐人望见涕泣，怒自十倍。王莽作焚如之刑④，烧陈良等。则是古人以焚尸为大僇也⑤。列子曰："楚之南有炎人之国，其亲戚死，朽其肉而弃之，然后埋其骨；秦之西有仪渠之国，其亲戚死，聚柴积而焚之，熏则烟上，谓之登遐⑥，然后成为孝子。此上以为政，下以为俗，而未足为异也。"盖是时其风未行于中国，故列子以仪渠为异，至与朽肉者同言之。朽音寡。

【注释】

①秽泄:(尸体腐败后)排放出肮脏气味。爇（ruò，又读 rè）：点燃；放火焚烧。②夏父弗忌：鲁国宗伯，掌宗庙昭穆之礼。逆祀：颠倒祭祀位次。按鲁国国君在位次序，先闵公，后僖公。虽然僖是闵兄，但并非父子。僖曾为闵之臣，位应在下。夏父弗忌升其神主居闵上，故曰逆祀。虽寿而没：僖公死时年长。③暴（pù）骨：暴露尸骨。指死于郊野。④焚如：王莽时的一种酷刑。⑤大僇：亦作"大戮"。大耻辱。⑥亲戚：古指父母、兄弟等。朽（guǎ）：剔肉。熏：以火烟熏炙。登遐：古代以称火葬。

太史日官

《周礼》春官之属曰："太史掌建邦之六典，以逆邦国之治①。正岁年以序事，颁之于官府及都鄙，颁告朔于邦国②。""小史掌邦国之志，奠系世，辨昭穆③。"郑氏注云④："太史，日官也。"引《左传》"天子有日官，诸侯有日御"为说⑤。志，谓记也。史官主书，《国语》所谓《郑书》及《帝系》《世本》之属是也⑥，小史主定之。然则周之史官、日官，同一职耳。故司马谈为汉太史令，而子长以为"文史星历近乎卜祝之间，固主上所戏弄，倡优畜之⑦，流俗之所轻也。"今太史局正星历卜祝辈所聚，其长曰太史局令，而隶秘书省，有太史案主之⑧，盖其源流有自来矣。

【注释】

①春官:《周礼》六官，称宗伯为春官，掌典礼。属：官属。建：公布。六

典：谓治典、教典、礼典、政典、刑典、事典等六种典制。逆：考察。邦国：诸侯封国，大曰邦，小曰国。称国家或天下亦可。治：政绩。②正：正定；考定。正岁年，即确定历法。岁年，年月。序事：谓安排事项，使有条理。都鄙：采邑；封邑。公卿大夫之采邑，王子弟所食邑。告朔：周制，天子于每年秋冬之交，把第二年的历书颁给诸侯，叫"告朔"。"告"为上告下之义。③奠系世：审定贵族世系谱牒。奠，定。系世，古时记载帝王与诸侯氏族世系的谱牒。昭穆：古代宗法制度，宗庙次序，始祖庙居中，以下父子（祖、父）递为昭穆，左为昭，右为穆。④郑氏：指郑玄。⑤日官：和"日御"，都是掌天文历数之官。日官也指史官。⑥帝系：《世本》篇名。记帝王世系。⑦倡优畜之：以倡优待之。倡优，古代以乐舞戏谑为业的艺人。⑧太史案：案，官署的部门或单位。相当于分曹办事的机构。

汲冢周书

《汲冢周书》今七十篇①，殊与《尚书》体不相类，所载事物亦多过实。其《克商解》云："武王先入，适纣所在，射之三发，而后下车，击之以轻吕（剑名），斩之以黄钺，县诸大白②。商二女既缢，又射之三发，击之以轻吕，斩之以玄钺，县诸小白③。"越六日，朝至于周，以三首先馘，入燎于周庙，又用纣于南郊④。夫武王之伐纣，应天顺人，不过杀之而已。纣既死，何至枭戮俘馘⑤，且用之以祭乎？其不然者也。又言武王狩事，尤为淫侈⑥，至于擒虎二十有二，猫二，麋五千二百三十五，犀十有三，牦七百二十有一，熊百五十一，罴百十八，豕三百五十有二，貉十有八，麈十有六，麝五十，鹿三千五百有二。遂征四方，凡憝国九十有九国，馘磨亿有十万七千七百七十有九⑦，其多如是，虽注家亦云武王以不杀为仁，无缘所馘如此，盖大言也。《王会篇》皆大会诸侯及四夷事，云："唐叔、荀叔、周公在左，太公在右。堂下之右，唐公、虞公南面立焉，堂下之左，商公、夏公立焉。"四公者，尧、舜、禹、汤后，商、夏即杞、宋也。又言：俘商宝玉亿有百万。所纪四夷国名，颇古奥，兽畜小奇崛，以肃真为稷真，狄人为秽人，乐浪之夷为良夷，姑蔑为姑妹，东瓯为且瓯，渠搜为渠叟，高句丽为高夷。所叙："秽人前兒⑧，若弥猴，立行，声似小儿。良夷在子（兽名），弊身人首，脂其腹，炙之藿则鸣⑨。扬州禺禺鱼、人鹿。青丘狐九尾。东南夷白民乘黄，乘黄者似骐⑩，背有两角。东越海盒、海阳、盈车、大蟹⑪。西南戎曰央林，以酋耳，酋耳者，身若虎豹。渠叟以䶂犬，䶂犬者，露犬也，能飞食虎豹。区阳戎以鳖封，鳖封者，若彘，前后有首。蜀人以文翰，文翰者，若皋鸡。康民以桴苡，其实如李，食之宜子。北狄州靡蟪蟪，其形人身枝踵，自笑，笑则上唇翕其目⑫，食人。都郭（亦北狄）生生⑬，若黄狗，人面能言。奇干（亦北狄）善芳，头若雄鸡，佩之令人不眯⑭。正东高夷嗛羊，嗛羊者，羊而四角。西方之戎曰独鹿，邛邛距虚⑮。犬戎文马，而赤鬣缟身⑯，目若黄金，名古皇之乘。白州北闾，北闾者，其华若羽，以其木为车，终行不败。"篇末引伊尹《朝献商书》云："汤问伊尹，使为四方献令。伊尹请令，正东以鱼皮之鞞、鲗酱、蛟瞂、利剑；正南以珠玑、玳瑁、象齿、文犀；正西以丹青、白旄、江历（珠名）、龙角；正北以橐驼、騊駼、駃騠、良弓为献⑰。汤曰：善。"凡此皆无所质信，姑录之以贻博雅者⑱。唐太宗时，远方诸国来朝贡者甚众，服装诡异⑲，颜师古请图以示后，作《王会图》，盖取诸此。《汉书》所引："天予不取，反受其咎，毋为权首⑳，将受其咎。"以为《逸周书》，此亦无之，然则非全书也。

【注释】

①《汲冢周书》：汲郡古冢出土的古文竹书中的一种。已不传。旧时以为即《逸周书》（原名《周书》）。后代学者考定，二者非一。②三发：三支箭。黄钺（yuè）：以黄金为饰的斧。古代为帝王所专用，或特赐给专主征伐的重臣。大白：古时行军用的白色旗。③二女：纣的嬖妾。玄钺：铁斧。小白：旗名。④以三首先聝：先割下纣和商二女三人的首级。聝（guó），断，割。亦指割下的左耳。入燎于周庙：带到周庙里祭祀。燎（liào），古祭名。焚柴祭天。于南郊：在南郊祭天。⑤枭磔：斩首而悬挂木上。俘聝：生俘的敌人及所杀的敌人的左耳，合指所歼灭的敌军。⑥淫侈：夸大；浮夸。⑦憝（duì）：灭亡。聝磨：诛戮敌人。磨，消灭。⑧前兒（ní）：即鲵。两栖动物。亦称娃娃鱼。⑨脂其腹，炙之藿则鸣：涂油膏于其腹，点燃藿香草烤炙它，就会发出鸣叫声。⑩骐：青黑色有如棋盘格子纹的马。⑪盈车：鲲鱼。其大盈车。⑫枝踵：歧踵；双脚后跟。翕（xī）：敛缩。⑬生生：即猩猩。⑭善芳：鸟名。不眯：《辞源》《汉

语大词典》"善芳"条引文均为"不昧"。不昧：不忘。⑮邛（qióng）邛距虚：兽名。⑯鬣：同"鬣（liè）"。马颈上的长毛。⑰献令：进献贡品的命令。鞞（bǐ，又读bǐng）：刀鞘。鲗（zé）：即乌贼。瞂（fá）：盾。駒駼（táo tú）、駃騠（jué tí）：皆良马名。⑱质信：立信；保证诚信。博雅：学识渊博雅正。⑲诡异：怪异；奇特。⑳咎：灾祸；灾殃。权首：指主谋及首先发动事变的人。两句出自《汉书·吴王濞传赞》。

曹子建论文

曹子建《与杨德祖书》云："世人著述，不能无病，仆常好人讥弹其文①，有不善，应时改定。昔丁敬礼常作小文，使仆润饰之②，仆自以才不过若人，辞不为也。敬礼谓仆：'卿何所疑难，文之佳丽，吾自得之，后世谁相知定吾文者邪？'吾常叹此达言③，以为美谈。"子建之论善矣。任昉为王俭主簿，俭出自作文，令昉点正④，昉因定数字，俭叹曰："后世谁知子定吾文？"正用此语。今世俗相承，所作文或为人诋诃，虽未形之于辞色，及退而怫然者，皆是也。欧阳公作《尹师鲁铭》文，不深辩其获罪之冤，但称其为文章简而有法。或以为不尽，公怒，至贻书他人，深数责之曰："简而有法，惟《春秋》可当之，修于师鲁之文不薄矣。又述其学曰'通知古今'⑤，此语若必求其可当者，惟孔、孟也。而世之无识者乃云云⑥。此文所以慰吾亡友尔，岂恤小子辈哉！"王荆公为钱公辅铭母夫人蒋氏墓，不称公辅甲科，但云："子官于朝，丰显矣，里巷之士以为太君荣⑦。"后云："孙七人皆幼。"不书其名。公辅意不满，以书言之，公复书曰："比蒙以铭文见属，辄为之而不辞。不图乃犹未副所欲，欲有所增损。鄙文自有意义，不可改也。宜以见还，而求能如足下意者为之。如得甲科为通判，何足以为太夫人之荣？一甲科通判，苟粗知为辞赋，虽市井小人，皆可以得之，何足道哉？故铭以谓闾巷之士，以为太夫人荣，明天下有识者不以置荣辱也⑧。至于诸孙，亦不足列，孰有五子而无七孙者乎？"二公不喜人之议其文亦如此。

【注释】

①仆常好人讥弹其文：我常喜欢别人指责我文章的缺点或错误。讥弹（tán），指责缺点或错误。②润饰：润色修饰，多指修改诗文。③佳丽：此处指文章美好之处。达言：超脱豁达的言谈。④点正：指点斧正。⑤通知：犹通晓。⑥云云：犹言如此，这样。⑦丰显：谓居高位，声名显扬。太君：古代官员之母的封号。⑧不以置荣辱：意谓不以得甲科为荣。

雨水清明

历家以雨水为正月中气，惊蛰为二月节①，清明为三月节，谷雨为三月中气。而汉世之初，仍周、秦所用，惊蛰在雨水之前，谷雨在清明之前，至于太初②，始正之云。

【注释】

①中气：二十四节气中（节气和中气）的一类。从冬至起，太阳黄经每增加30°为另一个中气。计有冬至、大寒、雨水、春分、谷雨、小满、夏至、大暑、处暑、秋分、霜降、小雪。节：节气。②太初：汉武帝年号，前104—前101年。《史记·武帝本纪》载："夏，汉改历，以正月为岁首……因为太初元年。"改正的历法，称"太初历"。从汉武帝太初元年到东汉章帝元和二年（公元85年）实施。是我国历史上第一部比较完整的历法。首次把二十四节气订入历法，以冬至所在之月为十一月，以正月为岁首，以没有中气的月份为闰月。

卷第十四（十七则）

尹文子

《汉·艺文志》名家内有《尹文子》一篇①，云："说齐宣王。先公孙龙②。"刘歆云："其学本于黄、老③，居稷下，与宋钘、彭蒙、田骈等同学于公孙龙。"今其书分为上下两卷，盖汉末仲长统所铨次也④。其文仅五千言，议论亦非纯本黄、老者。《大道篇》曰："道不足以治则用法；法不足以治则用术；术不足以治则用权；权不足以治则用势⑤；势不足则反权。权用则反术；术用则反法；法用则反道；道用则无为而自治。"又曰："为善使人不能得从，此独善也⑥。为巧使人不能得为，此独巧也。未尽善巧之理。为善与众行之，为巧与众能之，此善之善者，巧之巧者也。故所贵圣人之治，不贵其独治，贵其能与众共治；贵工倕之巧⑦，不贵其独巧，贵其能与众共巧也。今世之人，行欲独贤，事欲独能，辩欲出群，勇欲绝众⑧。独行之贤，不足以成化；独能之事，不足以周务；出群之辩，不可为户说；绝众之勇，不可与正陈⑨。凡此四者，乱之所由生。圣人任道、立法，使贤愚不相弃，能鄙不相遗，此至治之术也⑩。"详味其言，颇流而入于兼爱⑪。《庄子》末章，叙天下之治方术者，曰："不累于俗，不饰于物，不苟于人，不忮于众⑫。愿天下之安宁，以活民命，人我之养，毕足而止，以此白心⑬，古之道术有在于是者。宋钘、尹文闻其风而悦之，作为华山之冠以自表⑭。虽天下不取，强聒而不舍者也⑮。其为人太多，其自为太少。"盖亦尽其学云。荀卿《非十二子》有宋钘，而文不预⑯。又别一书曰《尹子》，五卷，共十九篇，其言论肤浅，多及释氏，盖晋、宋时衲人所作⑰，非此之谓也。

【注释】

①名家：一称"辩者"，又称"刑名家"。战国时的一个学派。《汉书·艺

文志》列为九流之一。着重讨论"名"（概念）"实"（事实）关系问题。尹文子：书名。相传战国时尹文著。今本为后人伪托。其文主张统治者自处于虚静，并对事物要综名核实。其对刑名的论说与黄老刑名之学相近。②先：尊崇。公孙龙：战国时哲学家，名家的代表人物。③黄老：黄老之学，即黄老学派的学说，主要是"无为而治"，与刑名法术之学有一定联系。④铨次：谓编排次序。⑤道：指道家无为而治的政治主张。法：刑法。亦泛指法律（包括规章制度）。术：特指君主控制和使用臣下的策略、手段。权：权力，权柄。势：力量；威势。⑥独善：谓独自为善守法。⑦独治：一人治理；一人统治。倕（chuí）：古代相传的巧匠名。⑧绝众：超群出众。⑨成化：完成教化。周务：济事，成事。户说：挨家挨户的告谕解说。正陈（zhèn）：非左道旁门的正派战阵。双方攻战靠的是主帅的正确判断和指挥，以及集体的力量，而不靠匹夫之勇。⑩任道：所采纳的政治主张。能鄙：能者与无能者。至治：最完美的政治；最好的治理。⑪兼爱：战国时墨翟提倡"兼相爱，交相利"，主张爱无差等，不分厚薄亲疏，反对儒家的爱有差等说。⑫方术：古指关于治道的方法。即"道术"。苟：贪求。忮（zhì）：违逆。⑬毕足：完全满足。"毕足而止"，郭象注："不敢望有余也。"白心：使心得明白澄清。陆德明《释文》引崔譔曰："明白其心也。"⑭作为：创制。华山之冠：可能指形状像华山（削成而四方，远望像莲花）的帽子。自表：自示其独特别致。⑮强聒：一个劲地说教；唠叨不休。⑯而文不预：没有提及尹文。⑰衲人：僧人。僧徒的衣服常用许多碎布补缀而成，称为"百衲衣"或"衲"。

帝王训俭①

帝王创业垂统，规以节俭，贻训子孙，必其继世象贤，而后可以循其教，不然，正足取侮笑耳②。宋孝武大治宫室，坏高祖所居阴室，于其处起玉烛殿，与群臣观之。床头有土障③，上挂葛灯笼、麻蝇拂。侍中袁顗因盛称高祖俭素之德，上不答，独曰："田舍翁得此④，已为过矣！"唐高力士于太宗陵寝宫，见梳箱一、柞木梳一、黑角篦一、草根刷子一，叹曰："先帝亲正皇极⑤，以致升平，随身服用，唯留此物。将欲传示子孙，永存节俭。"具以奏闻。明皇诣陵，至寝宫，问所留示者何在？力士捧跪上，上跪奉，肃敬如不可胜，曰："夜光之珍，垂棘之璧⑥，将何以愈此？"即命史官书之典册。是时，明皇履位未久，厉精为治，故见太宗故物而惕然有感⑦。及侈心一动，穷天下之力不足以副其求，尚何有于此哉？宋孝武不足责也，若齐高帝、周武帝、陈高祖、隋文帝，皆有俭德，而东昏、天元、叔宝、炀帝之淫侈⑧，浮于桀、纣，又不可以语此云。

【注释】

①训俭：训示以节俭。②创业垂统：开创基业，传之子孙。垂统：指封建帝王把基业传给后代。规：规劝。贻训：先人留下的训诫。象贤：谓能效法先人之贤德。循：遵守；遵从。侮笑：轻慢嘲笑。③阴室：死去帝王生前的居室。保留以供阴魂出入，故称。土障：即土墙。④俭素：节约朴素。田舍翁：犹田父，老农。此处刘骏讥刺他的祖父刘裕。刘裕幼时贫穷，曾贩履、种地、捕鱼。⑤寝宫：陵寝；陵墓。皇极：见《随笔》卷八《论韩公文》注。⑥垂棘：春秋晋地，以产美玉著称，确址无考。⑦履位：就位。指就皇帝位。惕然：警觉省悟貌。⑧淫侈：奢侈；浪费过度。

用计臣为相①

唐自贞观定制，以省台寺监理天下之务，官修其方②，未之或改。明皇因时极盛，好大喜功，于财利之事尤切，故宇文融、韦坚、杨慎矜、王鉷，皆以聚敛刻剥进③，然其职不出户部也。杨国忠得志，乃以御史大夫判度支，权知大府卿及两京司农太府出纳，是时，犹未立判使之名也。肃宗以后，兵兴费广，第五琦、刘晏始以户部侍郎判诸使，因之拜相，于是盐铁有使，度支有判。元琇、班宏、裴延龄、李巽之徒踵相蹑，遂浸浸以他官主之④，权任益重。宪宗季年，皇甫镈由判度支，程异由卫尉卿盐铁使，并命为相，公论沸腾，不恤也。逮于宣宗，率由此涂大用，马植、裴休、夏侯孜以盐铁，卢商、崔元式、周墀、崔龟从、萧邺、刘瑑以度支，魏扶、魏谟、崔慎由、蒋伸以户部，自是计相不可胜书矣⑤。惟裴度判度支，上言调兵食非宰相事，请以归有司，其识量宏正⑥，不可同日语也。

【注释】

①计臣：掌管国家财赋的大臣。②定制：规定制度。理天下之务：理务：处理政务。官修其方：官吏遵循规定的制度各司其职。方，常规。③刻剥(bō)：侵夺剥削(百姓财物)。进：晋升；提拔。④踵蹑：相继，接连。浸浸：渐渐地。⑤计相（xiàng）：唐代称拜相的计臣为计相。⑥识量：见识与度量。宏正：博大纯正。

州县牌额

州县牌额，率系于吉凶，以故不敢轻为改易。严州分水县故额，草书"分"字，县令有作聪明者，谓字体非宜，自真书三字，刻而立之。是年，邑境恶民持刃杀人者众，盖"分"字为"八刀"也。徽州之山水清远，素无火灾，绍熙元年，添差通判卢璐①，悉以所作隶字，换郡下扁榜，自谯楼、仪门②，凡亭榭、台观之类，一切趋新，郡人以为字多燥笔，而于州牌尤为不严重③，私切忧之。次年四月，火起于郡库，经一日两夕乃止，官舍民庐一空。

【注释】

①清远：清美，幽远。添差：宋制，凡授正官，皆作计给禄俸的虚衔，实不任事。内外政务则于正官外另立他官主管，称"差遣"。凡于差遣员额外增添的差遣，叫"添差"。②谯楼：古时建筑在城门上用以瞭望的楼。仪门：官署大门之内的门。一说是官署的旁门。③严重：严肃，庄重。

卢知猷

唐之末世，王纲绝纽①，学士大夫逃难解散，畏死之不暇。非有扶颠持危之计，能支大厦于将倾者，出力以佐时，则当委身山栖②，往而不反，为门户性命虑可也。白马之祸③，岂李振、柳璨数凶子所能害哉？亦裴、崔、独孤诸公有以自取耳。偶读《司空表圣集·太子太师卢知獃神道碑》，见其仕于僖、昭，更历荣级④，至尚书右仆射，以一品致仕，可以归矣。然由间关跋履，从昭宗播迁，自华幸洛，天祐二年九月乃终，享年八十有六，其得没于牖下⑤，亦云幸也。《新唐书》有传，附于父后，甚略，云："昭宗为刘季述所幽，感愤而卒⑥。"按昭宗以光化三年遭季述之祸，天复元年反正⑦，至知獃亡时，相去五年。《传》云："子文度，亦贵显⑧。"而碑载嗣子刑部侍郎膺，亦不同。表圣乃卢幕客，当时作志，必不误矣。《昭宗实录》："光化四年三月，华州奏，太子太师卢知獃卒。以刘季述之变，感愤成疾，卒年七十五。"正与《新唐·传》同。盖唐武、宣以后诸录，乃宋敏求补撰，简牍当有散脱者⑨，皆当以司空之碑为正。又按是年四月改元天复，《旧唐·纪》："十一月，车驾幸凤翔。朱全忠趋长安，文武百僚太子太师卢知獃已下出迎。"又为可证。《宰相世系表》："知獃生文度，而同族曰渥，渥之子膺，刑部侍郎。"二者矛盾如此。

【注释】
①王纲：指朝廷纲纪。绝纽：失去控制。纽，供人操纵的机键；有关全局的关键。②扶颠持危：扶危殆局面。委身：置身，寄身。山栖：谓居于山中。③白马之祸：唐末李振屡举进士不第，故深嫉朝贵公卿，天祐二年（905年），因朱全忠（即朱温，此时控制了唐朝廷聚裴枢、独孤损、崔远等及朝士贬官者（被朱温所贬）三十余人于洛阳白马驿，迫令自杀（朱温为扫除颠覆唐朝廷的障碍）。既死，李振又建议朱温，把死者投诸黄河。先是，裴、崔、独孤和柳璨俱为相，柳璨性倾巧轻佻，曲意事奉朱全忠，前三人颇轻之。柳璨和李振（时被朱全忠表为青州留后）潜于朱全忠，三人皆罢。④更历：经历。荣级：荣誉爵位。⑤间（jiàn）关：形容道路艰险。跋履：犹跋涉。登山涉水。牖下：户牖间之前；窗下。亦借指寿终正寝。⑥昭宗为刘季述所幽：光化三年（900年）十一月，左军中尉刘季述囚禁昭宗李晔于少阳院（随即更名问安宫），迎立太子李裕。感愤：亦作"感忿"。愤慨。⑦反正：此处指帝王复位。⑧贵显：谓居高位而显扬于世。⑨简牍：古代书写用的竹简和木片，为未编成册之称。

忌讳讳恶

《周礼·春官》:"小史诏王之忌讳①。"郑氏曰:"先王死日为忌,名为讳。"《礼记·王制》:"太史典礼,执简记,奉讳恶②。"注云:"讳者先王名,恶者忌日③,若子卯。恶,乌路反。"《左传》:"叔弓如滕,子服椒为介④。及郊,遇懿伯之忌,叔弓不入。"懿伯,椒之叔父,忌,怨也⑤。"椒曰:公事有公利无私忌⑥,椒请先入。"观此乃知忌讳之明文。汉人表疏,如东方朔有"不知忌讳"之类,皆戾本旨。今世俗语言多云"无忌讳"及"不识忌讳",盖非也。

【注释】

①诏:告。多用于上告下。忌讳:郑玄注:"先王死日为忌,名为讳。"谓使臣民知道忌日,不能作乐;知道名讳,不能称说。后来一般用为避忌、顾忌之意。②执:执掌。简记:记事的竹简。奉讳恶:把先王之名、忌日及大凶大灾记载下来进献给天子。奉,进献。③忌日:父母或祖先死亡的日子。古时每逢这一天,家人忌饮酒作乐,所以叫"忌日",也叫"忌辰"。④介:副;次。⑤怨:怨恨;仇恨。杜预注:"忌,怨也。……叔弓礼椒,为之辟仇。"⑥私忌:个人的仇怨。

陈涉不可轻

扬子《法言》:"或问陈胜吴广①,曰:'乱。'曰:'不若是则秦不亡。'曰:'亡秦乎?恐秦未亡而先亡矣。'"李轨以为:"轻用其身,而要乎非命之运,不足为福先,适足以为祸始②。"予谓不然。秦以无道毒天下,六王皆万乘之国,相踵灭亡,岂无孝子慈孙、故家遗俗?皆奉头鼠伏③。自张良狙击之外,更无一人敢西向窥其锋者④。陈胜出于戍卒,一旦奋发不顾,海内豪杰之士,乃始云合响应,并起而诛之。数月之间,一战失利,不幸陨命于御者之手,身虽已死,其所置遣侯王将相竟亡秦⑤。项氏之起江东,亦矫称陈王之令而度江⑥。秦之社稷为墟,谁之力也?且其称王之初，万事草创，能从陈馀之言，迎孔子之孙鲋为博士，至尊为太师，所与谋议，皆非庸人崛起者可及，此其志岂小小者哉！汉高帝为之置守冢于砀，血食二百年乃绝。子云指以为乱，何邪？若乃杀吴广，诛故人，寡恩忘旧，无帝王之度⑦，此其所以败也。

【注释】

①陈胜：秦末农民起义领袖。字涉。秦二世元年（前209年），他被征屯戍渔阳，同吴广在蕲县大泽乡发动同行戍卒起义，建立张楚政权，被推为王。扬子：指扬雄，字子云。仿《论语》作《法言》。②李轨：晋人，注《法言》。要乎非命之运：意为存有不合于天命安排的非份之想。要(yāo)，同"徼"。求；取。非命：不合天命，违反天道。福先：福的先导。祸始：灾祸的开端。③毒：役使；治理。万乘(shèng)：战国时大国亦称"万乘"。故家：世家大族。遗俗：前代流传下来的风俗习惯。奉头鼠伏：狼狈地躲藏起来。奉(pěng)头，犹抱头。形容害怕的样子。奉，通"捧"。鼠伏，谓如鼠伏地，隐踪躲藏。④张良狙击：据《史记·留侯世家》载，张良，其先韩人。其祖父、父亲相韩。秦灭韩，张良悉以家财求客（刺客）刺秦王，为韩报仇。后得力士。"秦皇帝东游，良与客狙击秦皇帝博浪沙中，误中副车。"狙击，暗中埋伏，乘机袭击。锋：锋芒，势头。⑤陨命于御者之手：其御庄贾杀陈胜以降秦。御者：驾车的人。置遣：设置派遣。⑥矫称(chēng)：诈称。⑦度：器量；胸襟。

士匄韩厥

晋厉公既杀郤氏三卿，群臣疑惧①。栾书、荀偃执公，召士匄，匄辞不往，召韩厥，厥辞曰："古人有言曰'杀老牛莫之敢尸'，而况君乎？二三子不能事君②，焉用厥也？"二子竟弑公，而不敢以匄、厥为罪，岂非畏敬其忠正乎③？唐武德之季，秦王与建成、元吉相忌害④，长孙无忌、高士廉、侯君集、尉迟敬德等，日夜劝王诛之，王犹豫未决。问于李靖，靖辞，问于李世勣，世勣辞，王由是重二人。及至登天位⑤，皆任为将相，知其有所守也。晋、唐四贤之识见略等，而无有称述者，唐史至不书其事，殆非所谓发潜德之幽光也⑥。萧道成将革命，欲引时贤参赞大业⑦，夜召谢朏，屏人与语，朏竟无一言。及王俭、褚渊之谋既定，道成必欲引朏参佐命，朏亦不肯从，遂不仕齐世，其亦贤矣。

【注释】

①郗氏三卿：郗锜、郗至、郗犨(chóu)。郗，音 xì。疑惧：猜疑畏惧。②匄："丐"的异体字。莫之敢尸：不敢做主。尸，主也。二三子：你们几个人。③畏敬：尊敬；敬重。④忌害：妒忌。⑤天位：王位，帝位。⑥发：显现，显露。潜德：不为人知的美德。幽光：潜隐的光辉。常用以指人的品德。⑦萧道成：即齐高帝。南朝齐的建立者。革命：古代以王者受命于天，故称王者易姓、改朝换代为"革命"。时贤：当时有德才的人。参赞：参与佐助。

孔 墨

墨翟以兼爱无父之故，孟子辞而辟之①，至比于禽兽，然一时之论。迨于汉世，往往以配孔子。《列子》载惠盎见宋康王曰："孔丘、墨翟，无地而为君，无官而为长，天下丈夫女子，莫不延颈举踵而愿安利之②。"邹阳上书于梁孝王曰："鲁听季孙之说逐孔子，宋任子冉之计囚墨翟，以孔、墨之辩，不能自免于谗谀③。"贾谊《过秦》云："非有仲尼、墨翟之知。"徐乐云："非有孔、曾、墨子之贤④。"是皆以孔、墨为一等，列、邹之书不足议，而谊亦如此。韩文公最为发明孟子之学，以为功不在禹下者，正以辟杨、墨耳。而著《读墨子》一篇云："儒、墨同是尧、舜，同非桀、纣，同修身正心以治天下国家⑤。孔子必用墨子，墨子必用孔子。不相用⑥，不足为孔、墨。"此又何也？魏郑公《南史·梁论》，亦有"抑扬孔、墨"之语。

【注释】

①无父：指孟子斥墨子倡兼爱，视己父与他人之父无别的说法。孟子辞而辟之：《孟子·滕文公下》："杨氏（即杨朱）为我，是无君也。墨氏兼爱，是无父也。无父无君，是禽兽也。"②延颈举踵：伸长头颈，踮起脚跟。形容仰慕或企望之切。安利：安养。③任：用。谗谀：谗毁、阿谀之言。④曾：指曾子。⑤修身：陶冶身心，涵养德性。正心：谓使人心归向于正。⑥相用：相互为用。

玉川月蚀诗

卢仝《月蚀诗》，唐史以谓讥切元和逆党，考韩文公效仝所作，云元和庚寅岁十一月。是年为元和五年，去宪宗遇害时尚十载[1]。仝云："岁星主福德[2]，官爵奉董秦。"说者谓"董秦"即李忠臣，尝为将相而臣朱泚，至于亡身，故仝鄙之[3]。东坡以为："当秦之镇淮西日，代宗避吐蕃之难出狩，追诸道兵[4]，莫有至者。秦方在鞠场[5]，趣命治行，诸将请择日，秦曰：'父母有急难，而欲择日乎？'即倍道以进。虽末节不终，似非无功而食禄者。"近世有严有翼者，著《艺苑雌黄》，谓坡之言非也，秦守节不终，受泚伪官，为贼居守，何功之足云？诗讥刺当时，故言及此。坡乃谓非无功而食禄，谬矣！有翼之论，一何轻发至诋坡公力非为谬哉！予按是时秦之死二十七年矣，何为而追刺之？使仝欲讥逆党，则应首及禄山与泚矣。窃意元和之世，吐突承璀用事，仝以为嬖幸擅位，故用董贤、秦宫辈喻之[6]，本无预李忠臣事也。记前人似亦有此说，而不能省忆其详。

【注释】

[1]讥切：劝谏。此处似为讥刺谴责之意。逆党：结伙作恶之人；叛逆的党人。宪宗遇害：发生在元和十五年春正月。[2]岁星：即木星。木星在黄道带每年经过一官，约12年运行一周天，所以我国古代称它为"岁星"，并用以纪年。[3]李忠臣：原名董秦，李忠臣是唐王朝赐予的姓名，曾任淮西节度使。臣朱泚：向叛唐做皇帝的朱泚称臣。臣，称臣。鄙：轻视。[4]出狩：原意为出猎，这里讳称皇帝蒙难出奔。追兵：谓征召、调集军队。追，征召。[5]鞠场：古代蹴鞠的场地。鞠，古时的一种皮球，中心是实的。[6]吐突承璀：时为内常侍、左神策军中尉。以办事干练敏达得宪宗宠幸。嬖幸：被帝王宠爱狎昵的人。擅位：僭越名位。董贤：见卷六《王嘉荐孔光》注。秦官：东汉大将军梁冀嬖奴，官至太仓令。为梁冀妻孙寿爱幸，得出入孙寿寝所，内外兼宠，威权大震。

按：卢仝《月蚀诗》，实是讥刺当时宦官专权（内常侍多由宦官担任）。

诗要点检

作诗至百韵,词意既多,故有失于点检者①。如杜老《夔府咏怀》,前云"满坐涕潺湲",后又云"伏腊涕涟涟"②。白公《寄元微之》,既云"无杯不共持",又云"笑劝迁辛酒","华樽逐胜移","觥飞白玉卮","饮讶《卷波》迟","归鞍酩酊驰,酡颜乌帽侧,醉袖玉鞭垂","白醪充夜酌","嫌醒自啜醨"③,"不饮长如醉",一篇之中,说酒者十一句。东坡赋中隐堂五诗各四韵,亦有"坡垂似伏鳌","崩崖露伏龟"之语④,近于意重。

【注释】

①点检:检查;查察。今通作"检点"。②伏腊:伏,夏天的伏日。腊,冬天的腊日。古代两种祭祀的名称。亦泛指节日。③笑劝迁辛酒:白诗下句为"闲吟短李诗"。辛,指辛丘度,性迂嗜酒。李指李绅,形(身材)短能诗。故当时有迁辛短李之号。逐胜:争胜。卷波:曲调名。白居易自注:"饮酒曲有卷白波"。卷白波,酒令名。酡(tuó)颜:醉容。醪(láo):浊酒。醨(lí):薄酒。④垂:伏;俯。崩崖:山崖崩塌。伏龟:传说中俯伏在松树下的神龟,为松树之精所化。

周蜀九经

唐贞观中,魏徵、虞世南、颜师古继为秘书监,请募天下书,选五品以上子孙工书者,为书手缮写。予家有旧监本《周礼》,其末云,大周广顺三年癸丑五月,雕造九经书毕,前乡贡三礼郭嵸书①。列宰相李穀、范质,判监田敏等衔于后②。《经典释文》末云,显德六年己未三月,太庙室长朱延熙书,宰相范质、王溥如前,而田敏以工部尚书为详勘官。此书字画端严有楷法,更无舛误③。《旧五代史》:汉隐帝时,国子监奏《周礼》《仪礼》《公羊》《穀梁》四经未有印板,欲集学官考校雕造。从之。正尚武之时,而能如是,盖至此年而成也。成都石本诸经，《毛诗》《仪礼》《礼记》，皆秘书省秘书郎张绍文书。《周礼》者，秘书省校书郎孙朋古书。《周易》者，国子博士孙逢吉书。《尚书》者，校书郎周德政书。《尔雅》者，简州平泉令张德昭书。题云：广政十四年。盖孟昶时所镌④，其字体亦皆精谨④。两者并用士人笔札，犹有贞观遗风，故不庸俗，可以传远⑤。唯《三传》至皇祐元年方毕工，殊不逮前。绍兴中，分命两淮、江东转运司刻三史板，其两《汉书》内，凡钦宗讳，并小书四字，曰"渊圣御名"，或径易为"威"字，而他庙讳皆只缺画⑥，愚而自用，为可笑也。蜀《三传》后，列知益州、枢密直学士、右谏议大夫田况衔，大书为三行，而转运使直史馆曹颖叔，提点刑狱、屯田员外郎孙长卿，各细字一行，又差低于况⑦。今虽执政作牧，监司亦与之雁行也⑧。

【注释】

①监本：历代国子监刻印的书本。始于五代后唐。宋代仍之。雕造：雕板制作（印刷）。前乡贡三礼：由州县选送，应试"三礼科"及第进士。唐至五代试明经，有《三礼》一科。②判监：即判国子监事。③端严：端庄严谨。楷（kǎi）法：法则。舛（chuǎn）误：差错谬误。犹舛错。④镌（juān）：指刻板印刷。精谨：精细严谨。⑤两者：指后周和后蜀。笔札：书写；写作。传远：留在后世。远，漫长，时间久。⑥三史：指《史记》《汉书》与《后汉书》。渊圣：高宗即位，为钦宗上尊号曰孝慈渊圣皇帝。易为"威"字：宋钦宗名赵桓。《诗·周颂·桓》："桓桓武王"。桓桓，威武貌。他：指另外的人。庙讳：封建时代称皇帝父祖的名讳。缺画：以缺少笔画表示敬畏。⑦差低：略低。⑧作牧：担任州郡地方长官。雁行（háng）：飞雁的行列。谓并行、平列而有次序。

冢宰治内

《周礼·天官·冢宰》，其属有宫正，实掌王宫之戒令纠禁①。内宰以阴礼教六宫，以阴礼教九嫔②。盖宫中官之长也。故自后、夫人之外，九嫔、世妇、女御以下，无不列于属中③。后世宫掖之事，非上宰可得而闻也④。《礼记·内则》篇记男女事父母、舅姑，细琐毕载，而首句云："后王命冢宰，降德于众兆民⑤。"则以其治内故也。

【注释】

①纠禁：纠察和禁绝。②内宰：官名。《周礼》天官之属。掌管宫中政令、宫内妃嫔教化等事，因治妇人之事，故名内宰。阴礼：妇人之礼。指宫内妇女的教化。六宫：古代皇后的寝宫，也指皇后。汉郑玄注《周礼》，认为皇后寝宫有六，正寝一，燕寝五，共六宫。后统指皇后妃嫔或其住处。九嫔：王宫中女官，也是帝王的妃子。③世妇、女御：均为宫中女官。无不列于属中：无不列于内宰教导的范围。④上宰：宰相。⑤舅姑：公婆。后王命冢宰，降德于众兆民：天子命令冢宰，赐恩惠于广大百姓。后王，君主。降德，赐予恩惠。兆民，古称天子之民。后泛指民众、百姓。

宰相爵邑

国朝宰相初不用爵邑为轻重，然亦尝以代升黜①。王文康曾任司空，后为太子太师，经太宗登极恩②，但封祁国公。吕文穆自司徒谢事为太子太师，经东封西祀恩③，不复再得三公，但封徐国、许国公而已。寇忠愍罢相④，学士钱惟演以太子太傅处之，真宗令更与些恩数，惟演但乞封国公。王冀公钦若食邑已过万户，及谪为司农卿，于衔内尽除去，后再拜相，乃悉还之。汤岐公以大观文免相，因御史言落职镌爵⑤。赵卫公坐举官犯赃⑥，见为使相，但降封益川郡公，削二千户。今周益公亦然⑦，皆故实所无也。王褒相元封冀，嫌其与钦若同，屡欲改，适有进国史赏，予为拟进韩国制词，用"有此冀方，莫如韩乐"。既播告矣，而删定官冯震武以为真宗故封，不许用，遂贴麻为鲁，虽著于司封格⑧，冯盖不知富韩公已用之矣。是时，褒相以食邑过二万户为辞，寿皇遣中使至迈所居宣示，令具前此有无体例⑨，及合如何施行事理，拟定闻奏。遂以邑户无止法复命，乃竟行下。

【注释】

①爵邑：爵位和封邑。升黜：进升和降免。②王文康：即王溥。卒谥文献，仁宗皇祐年间改谥文康。登极：指皇帝即位。③吕文穆：即吕蒙正。卒谥文穆。谢事：辞去官职。东封西祀：宋真宗于大中祥符元年十月封东岳泰山祭天，四

年二月，西祀汾阴祭地。④寇忠愍：即寇準。卒于1023年。十年后，追赠中书令、莱国公，谥忠愍。⑤落（luò）职：罢官。镌（juān）：削除。⑥赵卫公：即赵雄。光宗将受禅，进卫国公。犯赃：犹贪赃。⑦周益公：周必大。光宗时封益国公。⑧有此冀方，莫如韩乐：分别出《尚书·五子之歌》和《诗·大雅·韩奕》。播告：布告，遍告。真宗故封：真宗初封韩王。贴麻为鲁：更改为鲁国公。贴麻，皇帝下诏书，如有更改，用纸贴去。唐宋时诏书用黄、白麻纸书写，因称诏书曰麻。贴纸更改诏书曰贴麻。司封格：有关封赠的律法。⑨宣示：晓谕。体例：成规；惯例。

杨子一毛

孟子曰："杨子取为我，拔一毛而利天下不为也。"杨朱之书，不传于今，其语无所考。惟《列子》所载："杨朱曰：'伯成子高不以一毫利物，舍国而隐耕①。古之人损一毫利天下，不与也②，人人不损一毫，不利天下，天下治矣。'禽子问杨朱曰：'去子体之一毛以济一世，汝为之乎？'杨子曰：'世固非一毛之所济。'禽子曰：'假济③，为之乎？'杨子弗应。禽子出语孟孙阳，阳曰：'有侵若肌肤获万金者④，若为之乎？'曰：'为之。'曰：'有断若一节得一国⑤，子为之乎？'禽子默然。阳曰：'积一毛以成肌肤，积肌肤以成一节，一毛固一体万分中之一物，奈何轻之？'"观此，则孟氏之言可证矣。

【注释】
①一毫：一根毫毛。比喻事物的微小。利物：益于万物。隐耕：谓归隐田园。②不与也：与，给予。③假济：假如能救助。④侵：侵袭。一说损坏。若：你。⑤一节：指一节肢体。

李长吉诗

李长吉有《罗浮山人诗》云："欲剪湘中一尺天，吴娥莫道吴刀涩①。"正用杜老《题王宰画山水图歌》"焉得并州快剪刀，剪取吴松半江水"

之句。长吉非蹈袭人后者②,疑亦偶同,不失自为好语也。

【注释】
①吴娥:吴地的美女。娥,美女。涩:生锈。②蹈袭:因循;沿袭。

子夏经学

孔子弟子惟子夏于诸经独有书,虽传记杂言未可尽信,然要为与他人不同矣。于《易》则有传,于《诗》则有序①。而《毛诗》之学②,一云,子夏授高行子,四传而至小毛公;一云,子夏传曾申,五传而至大毛公。于《礼》则有《仪礼·丧服》一篇,马融、王肃诸儒多为之训说③。于《春秋》,所云"不能赞一辞"④,盖亦尝从事于斯矣。公羊高实受之于子夏,穀梁赤者,《风俗通》亦云子夏门人。于《论语》,则郑康成以为仲弓、子夏等所撰定也。后汉徐防上疏曰:"《诗》、《书》、《礼》、《乐》,定自孔子,发明章句,始于子夏。"斯其证云。

【注释】
①序:序言。介绍评述一部著作或一篇文章的文字。此处指《毛诗序》。②毛诗:据称毛诗学出于孔子弟子子夏。③训说:训释解说。④不能赞一辞:《史记·孔子世家》:"至于为《春秋》,笔则笔,削则削,子夏之徒,不能赞一辞。"谓文章写得很好,别人不能再添一句话。赞,参与。

卷第十五（十三则）

紫阁山村诗

宣和间，朱勔挟花石进奉之名，以固宠规利①。东南部使者郡守多出其门，如徐铸、应安道、王仲闳辈济其恶，豪夺渔取，士民家一石一木稍堪玩，即领健卒直入其家，用黄封表志，而未即取，护视微不谨，则被以大不恭罪，及发行②，必撤屋决墙而出。人有一物小异，共指为不祥，唯恐芟夷之不速。杨戬、李彦创汝州西城所，任辉彦、李士㳸、王浒、毛孝立之徒，亦助之发物供奉，大抵类勔，而又有甚焉者。徽宗患其扰，屡禁止之，然覆出为恶，不能绝也。偶读白乐天《紫阁山北村》诗，乃知唐世固有是事。漫录于此："晨游紫阁峰，暮宿山下村。村老见予喜，为予开一樽。举杯未及饮，暴卒来入门。紫衣挟刀斧，草草十余人③。夺我席上酒，掣我盘中飧④。主人退后立，敛手反如宾⑤。中庭有奇树，种来三十春。主人惜不得，持斧断其根。口称采造家⑥，身属神策军。主人切勿语，中尉正承恩⑦。"盖贞元、元和间也。

【注释】

①挟：倚仗。规（guī）利：谋取利益。②济恶（è）：谓相助为恶。豪夺：仗势强夺。渔取：侵夺占取。表志：标记，标帜。被：加。大不恭：即大不敬。封建时代重罪之一。谓不敬皇帝。宋避太祖赵匡胤祖父赵敬讳改。发行：启程；启运。③紫衣：此处指唐代低级官吏的粗紫布服色而言。与公侯服朱紫的"紫服"不同。草草：乱纷纷。④掣（chè）：取。飧（sūn）：熟食。⑤敛手：拱手。表示恭敬。⑥采造家：采伐木材为官家建筑房屋的人员。⑦主人切勿语，中尉正承恩：这两句是作者劝告主人不要发话，因为皇帝正宠信中尉，惹不得。承恩：蒙受恩泽。

李林甫秦桧

李林甫为宰相,妒贤嫉能,以裴耀卿、张九龄在己上,以李适之争权,设诡计去之。若其所引用,如牛仙客至终于位,陈希烈及见其死,皆共政六七年。虽两人伴食谄事,所以能久,然林甫以伎心贼害①,亦不朝愠暮喜,尚能容之。秦桧则不然,其始也,见其能助我,自冗散小官②,不三二年至执政。史才由御史检法官超右正言,迁谏议大夫,遂签书枢密。施钜由中书检正、郑仲熊由正言③,同除权吏部侍郎。方受告正谢,施即参知政事,郑为签枢。宋朴为殿中侍御史,欲骤用之,令台中申称本台缺检法主簿,须长贰乃可辟。即就状奏除侍御史,许荐举④,遽拜中丞,谢日除签枢,其捷如此。然数人者不能数月而罢。杨愿最善佞⑤,至饮食动作悉效之。秦尝因食,喷嚏失笑,愿于仓卒间,亦阳喷饭而笑,左右侍者哂焉。秦察其奉己,愈喜。既历岁亦厌之,讽御史排击而预告之,愿涕泪交颐⑥。秦曰:"士大夫出处常事耳,何至是?"愿对曰:"愿起贱微,致身此地,已不啻足,但受太师生成恩,过于父母,一旦别去,何时复望车尘马足邪⑦?是所以悲也。"秦益怜之,使以本职奉祠⑧,仅三月起知宣州。李若谷罢参政,或曰:"胡不效杨原仲之泣⑨?"李河北人,有直气,笑曰:"便打杀我,亦撰眼泪不出。"秦闻而大怒,遂有江州居住之命⑩。秦尝以病谒告,政府独有余尧弼,因奏对,高宗访以机务一二⑪,不能答。秦病愈入见,上曰:"余尧弼既参大政,朝廷事亦宜使之与闻。"秦退,扣余曰⑫:"比日榻前所询何事?"余具以告。秦呼省吏取公牍阅视,皆已书押⑬。责之曰:"君既书押了,安得言弗知?是故欲相卖耳!"余离席辩析⑭,不复应。明日台评交章⑮。段拂为人愦愦,一日,秦在前开陈颇久⑯,遂俯首瞌睡。秦退始觉,殊窘怖,上犹慰拊之⑰,且询其乡里。少顷,还殿廊幕中。秦闭日诵佛,典客赞揖至三⑱,乃答。归政事堂,穷诘其语,无以对,旋遭劾,至于责居⑲。汤思退在枢府,上偶回顾,有所问。秦是日所奏,微不合。即云:"陛下不以臣言为然,乞问汤思退。"上曰:"此事朕岂不晓,何用问他汤思退?"秦还省见汤,已不乐,谋去之。会其病,迨于亡,遂免。考其所为,盖出偃月堂之上也[20]。

【注释】

①伴食:陪同进食。唐时朝会毕,宰相率百僚集尚书省都堂会食,后遂以为居宰辅之位而无所作为的人之讽刺语。谄事:逢迎侍奉。贼害:残害。②冗散:闲散,无固定职守。③中书检正:宋代的内阁侍读。清梁章钜《称谓录·内阁各官古称》:"宋称内阁侍读为中书检正。"④许荐举:准许了秦桧对宋朴的举荐。⑤善佞:善于阿谀。⑥奉:拥戴。排击:排斥;押击。交颐:犹满腮。⑦已不啻足:意谓早已心满意足。不啻(chì),不止;不仅。车尘马足:指代车骑。用以敬称对方。⑧奉祠:宋代五品以上官员,不能任事,或年老退休,多被任为官观使、提举、提点、主管官观等官,无职事,但领俸禄,叫"奉祠"。⑨杨原仲:即杨愿。字原仲。⑩直气:正气。撰:制造。居住:宋时官吏降职并调往边远地区,称"居住"。⑪谒告:告假。机务:国家的重要事情,多指机密的军国大事。⑫扣:探问。⑬公牍:公文。阅视:查看。书押:签名或画押。⑭辩析:辩解分说。⑮台评:御史台的弹劾。交章:谓官员交互向皇帝上书奏事。此处指上书弹劾。⑯开陈:陈述。⑰窘怖:困迫惊惧。慰拊:亦作"慰抚"。安抚;抚慰。⑱赞揖:报告时拱手行礼。⑲穷诘:追问;深究。责居:谓贬谪到某处居住或罢官闲居。⑳偃月堂:借指李林甫。林甫有堂似偃月形,号月堂,常常在此阴谋策划陷害人。

注书难

注书至难,虽孔安国、马融、郑康成、王弼之解经,杜元凯之解《左传》,颜师古之注《汉书》,亦不能无失。王荆公《诗新经》,"八月剥枣"解云[1]:"剥者,剥其皮而进之,所以养老也。"毛公本注云:"剥,击也。"陆德明音普卜反。公皆不用。后从蒋山郊步至民家[2],问其翁安在?曰:"去扑枣。"始悟前非。即具奏乞除去十三字,故今本无之。洪庆善注《楚辞·九歌·东君》篇:"縆瑟兮交鼓[3],箫钟兮瑶簴。"引《仪礼·乡饮酒》章"间歌《鱼丽》[4],笙《由庚》。歌《南有嘉鱼》,笙《崇丘》"为比,云:"箫钟者,取二乐声之相应者互奏之[5]。"即镂板,置于坟庵[6],一蜀客过而见之,曰:"一本箫作捬,《广韵》训为击也。盖是击钟,正与緪瑟为对耳。"庆善谢而亟改之。政和初，蔡京禁苏氏学，蕲春一士独杜门注其诗⑦，不与人往还。钱伸仲为黄冈尉，因考校上舍，往来其乡，三进谒然后得见⑧。首请借阅其书，士人指案侧巨编数十，使随意抽读，适得《和杨公济梅花》十绝："月地云阶漫一尊，玉奴终不负东昏⑨。临春结绮荒荆棘，谁信幽香是返魂⑩。"注云："玉奴，齐东昏侯潘妃小字。临春、结绮者，陈后主三阁之名也⑪。"伸仲曰："所引止于此耳？"曰："然。"伸仲曰："唐牛僧孺所作《周秦行纪》，记入薄太后庙，见古后妃辈，所谓月地云阶见洞仙，东昏以玉儿故，身死国除，不拟负他，乃是此篇所用。先生何为没而不书⑫？"士人恍然失色，不复一语，顾其子然纸炬悉焚之。伸仲劝使姑留之，竟不可。曰："吾枉用工夫十年，非君几贻士林嗤笑⑭。"伸仲每谈其事，以戒后生。但玉奴乃杨贵妃自称，潘妃则名玉儿也。剥枣之说，得于吴说傅朋⑮，箫钟则庆善自言也。绍兴初，又有傅洪秀才注坡词，镂板钱塘，至于"不知天上宫阙⑯，今夕是何年"，不能引"共道人间惆怅事，不知今夕是何年"之句。"笑怕蔷薇罥"，"学画鸦黄未就"，不能引《南部烟花录》，如此其多。

【注释】

①剥（pū）：通"扑"。击，打。②蒋（jiǎng）山：即今南京市东北的钟山，又名紫金山。③緪瑟，张紧瑟上的弦。緪（gēng）：同"絙"。绷紧。交鼓：与鼓声相会合。交，两者相接触。引申为会合。瑶簴（jù）：用玉装饰的悬挂钟磬的木架。④间歌：亦作"閒（jiàn）歌"。古时吹笙与歌唱相交替的一种礼制。⑤二乐声：指箫声和钟声。⑥镂板：亦作"镂版"。谓雕板印刷。没有发明活字排版以前，用刻板印刷。坟庵：设于墓地的庙庵。⑦苏氏：指三苏，即苏洵、苏轼、苏辙。主要指苏轼。苏轼被蔡京称之为"奸党"。杜门：杜塞其门，即闭门。⑧考校：考试，考查。上舍：上舍生。宋代太学生之一。宋制，太学分外舍、内舍、上舍，学生在一定年限和条件下，可依次而升。进谒：犹进见，拜见。⑨月地云阶：指天上。也比喻景物美好的境界。漫：物满溢出。玉奴：此处指潘妃。是以玉儿为玉奴。《南史·王茂传》：齐东昏侯败，玉儿为梁所得。军主田安启求为妇，玉儿义不受辱，乃自缢。⑩幽香：清淡的香气。返魂：回生，复活。⑪三阁：除临春、结绮外，还有望仙阁。⑫洞仙：神仙好居洞壑，故通称为洞仙。拟：打算；计划。没：埋没。⑬恍然：猛然领悟貌。一说犹茫然。惘然，失意的样子。⑭士林：旧指学术界、知识界。⑮吴说傅朋：吴

说字傅朋。⑯宫阙（què）：古代帝王所居宫门外有两阙，故称宫殿为"宫阙"。⑰罥（juàn）：缠绕；绊住。鸦黄：古时妇女涂额的化妆黄粉。《南部烟花录》：又名《隋遗录》《大业拾遗记》。写炀帝宫内事。旧题唐颜师古撰，实为后人托名之作。

书易脱误

经典遭秦火之余，脱亡散落①，其仅存于今者，相传千岁，虽有错误，无由复改。《汉·艺文志》载："刘向以中古文《易经》校施、孟、梁丘经，或脱去'无咎'、'悔亡'，唯费氏经与古文同②。以《尚书》校欧阳、夏侯三家经文，《酒诰》脱简一③，《召诰》脱简二。率简二十五字者，脱亦二十五字，简二十二字者，脱亦二十二字。"今世所存者，独孔氏古文④，故不见二篇脱处。《周易·杂卦》自《乾》《坤》以至《需》《讼》，皆以两两相从，而明相反之义，若《大过》至《夬》八卦则否⑤。盖传者之失也。东坡始正之。元本云："《大过》，颠也。《姤》，遇也，柔遇刚也。《渐》，女归待男行也。《颐》，养正也。《既济》，定也。《归妹》，女之终也。《未济》，男之穷也。《夬》，决也，刚决柔也，君子道长，小人道忧也。"坡改云："《颐》，养正也。《大过》，颠也。《姤》，遇也，柔遇刚也。《夬》，决也，刚决柔也，君子道长，小人道忧也。《渐》，女归待男行也。《归妹》，女之终也。《既济》，定也。《未济》，男之穷也。"谓如此而相从之次，相反之义，焕然若合符节矣。《尚书·洪范》"四，五纪：一曰岁，二曰月，三曰日，四曰星辰，五曰历数⑥"，便合继之以"王省惟岁，卿士惟月，师尹惟日"。至于"月之从星，则以风雨"一章，乃接"五，皇极"，亦以简编脱误，故失其先后之次。"五，皇极"之中，盖亦有杂"九，五福"之文者。如"敛时五福，用敷锡厥庶民"，"凡厥正人，既富方穀，汝弗能使有好于而家，时人斯其辜，于其无好德，汝虽锡之福，其作汝用咎"，及上文"而康而色，曰予攸好德，汝则锡之福"是也。《康诰》自"惟三月，哉生魄"至"乃洪《大诰》治"四十八字，乃是《洛诰》，合在篇首"周公拜手"之前⑦。《武成》一篇，王荆公始正之，自"王朝步自周，于征伐商"，即继以"厎商之罪，告于皇天后土"至"一戎衣，天下大定"，乃继以"厥四月，哉生明"至"予小子其承厥志"，然后及"乃反商政"，以讫终篇，则首尾亦粲然不紊。

【注释】

①秦火：指秦始皇焚书。脱亡：遗失。②施、孟、梁丘：指施雠（chóu）、孟喜、梁丘贺。施雠为西汉今文易学"施氏学"的开创者。孟喜为西汉今文易学"孟氏学"的开创者。梁丘贺，复姓梁丘，为西汉今文易学"梁丘学"的开创者。费氏：费直，西汉古文易学"费氏学"的开创者。③欧阳、夏侯三家：欧阳和伯，即欧阳生，西汉今文尚书学"欧阳学"的开创者。夏侯胜，今文尚书"大夏侯学"的开创者。夏侯建，今文尚书"小夏侯学"的开创者。大、小夏侯均在宣帝时立为博士。脱简：简片散失。④孔氏：指孔安国。⑤两两相从，而明相反之义：意义相反的两卦相追随。从，追随。《大过》至《夬》八卦则否：这八卦却不是其义相反的两卦前后相追随了。⑥历数：推算岁时节候的次序。⑦拜手：古代男子跪拜礼的一种。既拜，两手拱合，俯头至手与心平。而不至地，故称"拜手"，也叫"空首"。

南陔六诗

《南陔》、《白华》、《华黍》、《由庚》、《崇邱》、《由仪》六诗①，毛公为《诗诂训传》，各置其名，述其义，而亡其辞。《乡饮酒》、《燕礼》云"笙入堂下，磬南北面立"②。乐奏《南陔》、《白华》、《华黍》"，"乃间歌《鱼丽》，笙《由庚》；歌《南有嘉鱼》，笙《崇丘》；歌《南山有台》，笙《由仪》；乃合乐③，《周南·关雎》《葛覃》《卷耳》《召南·鹊巢》《采苹》《采蘩》"。窃详文意，所谓歌者，有其辞所以可歌，如《鱼丽》《嘉鱼》《关雎》以下是也；亡其辞者不可歌，故以笙吹之，《南陔》至于《由仪》是也。有其义者，谓"孝子相戒以养"、"万物得由其道"之义④，亡其辞者，元未尝有辞也。郑康成始以为及秦之世而亡之。又引《燕礼》"升歌《鹿鸣》，下管《新宫》"为比⑤，谓《新宫》之诗亦亡。按《左传》宋公享叔孙昭子，赋《新宫》。杜注为逸诗，则亦有辞，非诸篇比也。陆德明音义云："此六篇盖武王之诗，周公制礼，用为乐章，吹笙以播其曲⑥。孔子删定在三百一十一篇内。及秦而亡。"盖祖郑说耳⑦。且古《诗》经删及逸不存者多矣，何独列此六名于大序中乎？束皙《补亡》六篇⑧，不作可也。《左传》叔孙豹如晋，晋侯享之，金奏《肆夏》《韶夏》《纳夏》，工歌《文王》《大明》《绵》《鹿鸣》《四牡》《皇皇者华》⑨。三《夏》者乐曲名，击钟而奏，亦以乐曲无辞，故以金奏，若六诗则工歌之矣，尤可证也。

【注释】

①《南陔》六诗：均为《诗·小雅》笙诗篇名。②笙入堂下：笙，指吹笙的人。磬南北面立：击磬之人站在大堂的南边，面朝北。③合乐：声乐和器乐联合演奏以下篇章。④"孝子相戒以养"句：指笙诗《南陔》的含义。《诗·小序》："《南陔》，孝子相戒以养也。"《由庚》之义：万物得由其道也。相戒以养，相互劝告以赡养老人。⑤升歌：谓祭祀、宴会登堂时演奏乐歌。下管：古代举行大祭等仪式，奏管乐者在堂下，故称管乐器为"下管"。⑥播：谓配乐以广流传。⑦祖：效法。沿袭。郑说：即上面郑康成的说法。⑧补亡：束皙因《南陔》《白华》等笙诗六篇"有其声而亡其辞"，乃据《毛诗序》补作，称《补亡诗》。⑨肆夏、韶夏、纳夏：见四笔《繁遏渠》"九夏"注。韶夏即昭夏。工：古代特指乐人。

绍圣废春秋

五声本于五行①，而徵音废。四渎源于四方②，而济水绝。《周官》六典所以布治，而司空之书亡③。是固出于无可奈何，非人力所能为也。乃若《六经》载道④，而王安石欲废《春秋》。绍圣中，章子厚作相，蔡卞执政，遂明下诏罢此经，诚万世之罪人也。

【注释】

①五声本于五行：见四笔卷十《五行纳音》。②四渎源于四方：唐始以淮河为东渎，长江为南渎，黄河为西渎，济水为北渎；为金、明各代所沿袭。③六典：按《周礼》，古代设冢宰、司徒、宗伯、司马、司寇、司空六官，典司六典，协助帝王治理国家。布治：颁布政令或法典。司空之书亡：《周礼》六官，缺《冬官司空》一篇，后人以《考工记》补之。④载道：表达一定的思想、道理。此

处指儒家思想。

王韶熙河

　　王韶取熙河，国史以为尝游陕西，采访边事①，遂诣阙上书。偶读《晁以道集·与熙河钱经略书》，云："熙河一道，曹南院弃而不城者也②。其后夏英公喜功名，欲城之，其如韩、范之论何③？又其后有一王长官韶者，薄游阳翟④，偶见《英公神道碑》所载云云，遂窃以为策以干丞相。时丞相是谓韩公，视王长官者稚而狂之。若河外数州，则又王长官弃而不城者也。彼木征之志不浅，鬼章之睥睨尤近而著者⑤，陇拶似若无能，颇闻有子存，实有不可不惧者。"此书盖是元祐初年，然则韶之本指乃如此⑥。予修史时未得其说也。《英公碑》，王岐公所作⑦，但云尝上十策。若通唃厮啰之属羌⑧。当时施用之，余皆不书，不知晁公所指为何也？

【注释】

①采访：采集访问。②曹南院：指宣徽南院使曹玮。城：筑城防守。③夏英公：即夏竦。封英国公。其如韩、范之论何：意为韩琦、范仲淹不同意，他又怎么办？如：奈。④薄游：漫游，随意游览。⑤木征：羌人的部族首领。下文陇拶为西蕃青唐首领。鬼章：吐蕃（宋称西蕃）某部（宗哥）首领。睥睨（pì nì）：侧目窥察。⑥本指：原意。⑦王岐公：指王珪。宋哲宗时封岐国公。⑧通：往来友好。唃（gū）厮啰：北宋青海东部藏族首领。宝元元年宋封唃厮啰为保顺军节度使，依之牵制西夏。

书籍之厄

　　梁元帝在江陵，蓄古今图书十四万卷，将亡之夕尽焚之。隋嘉则殿有书三十七万卷，唐平王世充，得其旧书于东都，浮舟泝河，尽覆于砥柱①。贞观、开元募借缮写，两都各聚书四部。禄山之乱，尺简不藏②。代宗、文宗时，复行搜采③，分藏于十二库。黄巢之乱，存者盖尠④。昭宗又于诸道求访，及徙洛阳，荡然无遗⑤。今人观汉、隋、唐《经籍》《艺文志》，未尝不茫然太息也⑥。晁以道记本朝王文康初相周世宗，多有唐旧书，今其子孙不知何在。李文正所藏既富⑦，而且辟学馆以延学士大夫，不待见主人，而下马直入读书。供牢饩以给其日力⑧，与众共利之。今其家仅有败屋数楹⑨，而书不知何在也！宋宣献家兼有毕文简、杨文庄二家之书⑩，其富盖有王府不及者。元符中，一夕灾为灰烬。以道自谓家五世于兹，虽不敢与宋氏争多，而校雠是正，未肯自逊⑪。政和甲午之冬，火亦告谴⑫。唯刘壮舆家于庐山之阳，自其祖凝之以来，遗子孙者唯图书也，其书与七泽俱富矣⑬。于是为作记。今刘氏之在庐山者不闻其人，则所谓藏书殆亦羽化⑭。乃知自古到今，神物亦于斯文为靳靳也⑮。宣和殿、太清楼、龙图阁御府所储，靖康荡析之余⑯，尽归于燕，置之秘书省，乃有幸而得存者焉。

【注释】

①泝（sù）：逆流而上。砥柱：砥柱山。在河南省三门峡市北黄河中。②募借：征集使用。尺简：指极少量的简策；书籍。③搜采：搜求采集。④尠："鲜"的异字。⑤荡然无遗：全部毁坏，消失净尽。⑥茫然：犹言惘然。失意貌。⑦李文正：即李昉。卒谥文正。⑧牢饩（láo xì）：祭祀用的牛羊猪等牺牲。此处指牢馔，即酒食。以给其日力：意为节省出时间用以读书。⑨楹：计算房屋的单位。一列为一楹。一说一间为一楹。⑩宋宣献：即宋绶。卒谥宣献。毕文简：即毕士安。卒谥文简。杨文庄：即杨徽之。卒谥文庄。⑪校（jiào）雠：校勘。是正：犹订正。审查谬误，加以校正。未肯自逊：自认为不比别人逊色。⑫告谴：宣示谴责之意。⑬七泽：指古时楚地诸湖泊，其中以云梦泽最为著名。⑭羽化：中国古代称成仙为羽化。后世道教徒老病死者，也叫羽化。这里借用，指烟消云散、化为乌有。⑮神物：谓神仙。斯文：指文人或儒者。靳靳：吝惜貌；吝啬貌。⑯荡析：动荡离散。引申为毁灭。

逐贫赋

韩文公《送穷文》，柳子厚《乞巧文》，皆拟扬子云《逐贫赋》。韩公《进学解》拟东方朔《客难》，柳子《晋问》篇拟枚乘《七发》《贞符》

拟《剧秦美新》，黄鲁直《跂㝔移文》拟王子渊《僮约》，皆极文章之妙。《逐贫》一赋几五百言，《文选》不收，《初学记》所载才百余字，今人盖有未之见者，辄录于此，云："扬子遁世①，离俗独处。左邻崇山，右接旷野。邻垣乞儿，终贫且窭②。礼薄义弊，相与群聚。惆怅失志，呼贫与语：'汝在六极，投弃荒遐③。好为庸卒，刑戮是加④。匪惟幼稚，嬉戏土沙。居非近邻，接屋连家。恩轻毛羽，义薄轻罗。进不由德，退不受诃。久为滞客⑤，其意若何？人皆文绣，余褐不全⑥。人皆稻粱，我独藜飧⑦。贫无宝玩，何以接欢。宗室之宴，为乐不槃⑧。徒行负赁，出处易衣⑨。身服百役，手足胼胝⑩。或耘或耔，沾体露肌⑪。朋友道绝，进官凌迟⑫。厥咎安在，职女之为⑬。舍女远窜，昆仑之颠。尔复我随，翰飞戾天⑭。舍尔登山，岩穴隐藏。尔复我随，陟彼高冈。舍尔入海，泛彼柏舟。尔复我随，载沉载浮。我行尔动，我静尔休。岂无他人，从我何求？今汝去矣，勿复久留！'贫曰：'唯唯⑮，主人见逐，多言益嗤。心有所怀，愿得尽辞。昔我乃祖，崇其明德⑯。克佐帝尧，誓为典则⑰。土阶茅茨，匪雕匪饰。爰及季世⑱，纵其昏惑。饕餮之群⑲，贪富苟得。鄙我先人，乃傲乃骄。瑶台琼室，华屋崇高。流酒为池，积肉为崤⑳。是用鹄逝，不践其朝㉑。三省吾身，谓予无愆㉒。处君之家，福禄如山。忘我大德，思我小怨。堪寒能暑，少而习焉。寒暑不忒㉓，等寿神仙。桀跖不顾，贪类不干㉔。人皆重蔽㉕，子独露居。人皆怵惕，子独无虞。'言辞既罄㉖，色厉目张。摄齐而兴㉗，降阶下堂。'誓将去汝，适彼首阳㉘。孤竹之子，与我连行㉙。'余乃避席，辞谢不直：'请不贰过㉚，闻义则服。长与尔居，终无厌极。'贫遂不去，与我游息。"唐宣宗时，有文士王振自称"紫逻山人"，有《送穷辞》一篇，引韩吏部为说㉛，其文意亦工。

【注释】

①遁世：逃遁避世。②窭（jù）：贫寒。《毛诗传》解为"无礼"。《辞源》注为"贫而简陋"。③六极：六种极不幸的事。《书·洪范》："六极：一曰凶短折，二曰疾，三曰忧，四曰贫，五曰恶，六曰弱。"一说"极"通"殛"，谓天所给予人的六种惩罚。荒遐：荒远无人烟的僻壤。④庸卒：卑俗的差役。一说庸工、士卒。刑戮：指各种刑罚。⑤滞客：谓久处下位而未得升迁的人。⑥文绣：刺

绣华美的丝织品或衣服。褐：粗布衣。贫贱人所服。⑦稻粱：稻和粱，谷物的总称。藜飧(cān)：谓以藜藿为餐。泛指粗劣之食。⑧为乐(lè)：作乐，取乐。槃(pán)：快乐。⑨负贳：谓受雇于人，为其负载。出处：指行止。⑩胼胝(pián zhī)：手掌或足底因长期劳动摩擦所生成的保护性角质层，一般无疼痛感觉。俗称"老茧"。⑪耘：除草。籽(zǐ)：以土壅禾根。即培土。后因以"耘籽"泛指从事田间劳动。沾体露肌：沾湿身体裸露肌肤。状农田劳动的辛苦。⑫凌迟：延缓。一说绝望。⑬职女之为：主要是因为你的缘故。职，主要。为(wéi)，缘故。一说，主要由你来担当。为，担当。咎，罪责。⑭翰飞：高飞。戾：到达。⑮唯唯：应诺声。引申为谦卑的应答。又转为奉命唯谨之意。⑯明德：光明之德；美德。⑰典则：准则，表率。⑱爰及：及至。爰，及；到。季世：末世；衰微的时代。⑲饕餮(tāo tiè)：传说中一种贪食的恶兽。常用以比喻贪婪凶恶之徒。⑳嵩：嵩山。泛指高山。㉑是用：因此；因而。鹄(hú)逝：如天鹅高飞远去。此处指人。践：临；来。朝(cháo)：朝庭。㉒无愆：没有过失。㉓不忒：没有变更；没有差错。此处似为"不变更(照常不改变)"之意。㉔桀跖：夏桀、盗跖。借指暴君和强盗。跖，传说春秋战国之际的大盗，传说原名展雄，又称柳下跖、柳展雄。不顾：不顾念。不干(gān)：不干犯；不干扰。㉕怵惕：惊惧。㉖罄：器中空。引申为尽，完。㉗摄齐：提起衣服(以防脚踏衣服的下边)。齐，音zī。下衣的边。兴：起立。㉘首阳：首阳山。传说商末孤竹(国名)君之子伯夷、叔齐，为让位之事，均奔周。后为反对周武王伐纣，逃至首阳，不食周粟而死。㉙连行(háng)：相连成行。意为我也要学伯夷、叔齐，隐居不出。㉚不贰过：不重犯同样的错误。㉛韩吏部：指韩愈。官至吏部侍郎。

涧松山苗

诗文当有所本，若用古人语意，别出机杼，曲而畅之，自足以传示来世。左太冲《咏史》诗曰："郁郁涧底松，离离山上苗①。以彼径寸茎，荫此百尺条②。世胄蹑高位③，英俊沉下僚。地势使之然，由来非一朝。"白乐天《续古》一篇，全用之，曰："雨露长纤草，山苗高入云。风雪折劲木，涧松摧为薪。风摧此何意，风长彼何因？百尺涧底死，寸茎山上春。"语意皆出太冲，然其含蓄顿挫④，则不逮也。

【注释】

①左太冲：即左思，字太冲。西晋文学家。所作《咏史》诗八首，托古讽今，对门阀制度表示不满。郁郁：茂盛貌。涧底：谷底。离离：弯曲下垂貌。这两句用涧底高大的青松，比喻出身寒门的贤士；用山上矮小的苗叶，比喻出身世族的庸材。②彼：指"山上苗"。径寸茎：枝干仅有一寸的直径。荫：荫庇，遮盖。百尺条：指涧底松。这两句说：由于地势不同，以致幼苗高于大树。③世胄：世家子弟。蹑高位：居高位。④含蓄：谓言语、诗文等意未尽露，耐人寻味。顿挫：犹抑扬，谓声调、词句有停顿转折。

按：左思《咏史》诗注解，见上海古籍出版社1981年版《汉魏六朝诗一百首》。

男子运起寅

今之五行家学，凡男子小运起于寅，女子小运起于申①，莫知何书所载。《淮南子·氾论训》篇云："礼三十而娶。"许叔重注曰："三十而娶者，阴阳未分时俱生于子，男从子数左行三十年立于巳②，女从子数右行二十年亦立于巳，合夫妇，故圣人因是制礼，使男子三十而娶，女二十而嫁。其男子自巳数左行十得寅，故人十月而生于寅，故男子数从寅起③，女自巳数右行得申，亦十月而生于申，故女子数从申起。"此说正为起运也④。

【注释】

①小运：即一年的运气。算命看相的人谓每年行一运，主一年的吉凶，称小运，也称流年。唐《李虚中命书·三元九限》："寅申二命，小运不专。一岁一移，周而复始。"起于寅：连同下文"起于申"，其义不详。宋朱翌《猗觉寮杂记》卷下："三命家行小运，男起丙寅，女起壬申，其说往往穿凿。"②阴阳未分时：即指午夜子时。这里"阴阳"指阴气和阳气。从子数：此"子"指十二地支的子位。左行：即按子、丑、寅、卯、辰、巳、午、未、申、酉、戌、亥的顺序正行而数。右行：即按以上顺序逆行而数。③十月：指人类十个月的妊娠期。生于寅：此"寅"指按上面的数法得到的"寅"的位置。数（shù）：命运。④起运：开始交运。

宰我作难

《史记》称宰我为齐临菑大夫，与田常作难①，以夷其族，孔子耻之。苏子由作《古史》，精为辩之，以为子我者阚止也，与田常争齐政，为常所杀，以其字亦曰子我，故《战国》之书误以为宰予。此论既出，圣门高第，得免非义之谤②。东坡又引李斯《谏书》，谓："田常阴取齐国，杀宰予于庭。"是其不从田常，故为所杀也。予又考之，子路之死③，孔子曰："由也死矣。"又曰："天祝予④！"哭于中庭，使人覆醢⑤，其悲之如是，不应宰我遇祸，略无一言。《孟子》所载三子论圣人贤于尧、舜等语，疑是夫子没后所谈，不然，师在而各出意见议之，无复质正⑥，恐非也。然则宰我不死于田常，更可证矣。而《淮南子》又有一说云："将相摄威擅势，私门成党，而使道不行。故使陈成田常、鸱夷子皮得成其难⑦，使吕氏绝祀。"子皮谓范蠡也⑧，蠡浮海变姓名游齐，时简公之难已十余年矣。《说苑》亦云："田常与宰我争，宰我将攻之，鸱夷子皮告田常，遂残宰我⑨。"此说尤为无稽，是以蠡为助田氏为齐祸，其不分贤逆如此。

【注释】

①作难（nàn）：作乱；起事；发难。②非义：不义，不合乎道义。③子路：春秋时鲁国人。仲氏，名由，亦字季路。孔子学生。④祝：断绝。⑤中庭：古代庙堂前阶下正中部分。为朝会或授爵行礼时臣下站立之处。哭于中庭而不于阼阶下，以别于兄弟之丧。使人覆醢：让人把家里的肉酱倒掉了。子路任卫大夫孔悝（kuī）的宰，在贵族内讧中被杀。孔子伤子路被醢于卫，不忍食其相似之物（肉酱），故命人覆弃之。⑥三子：宰我、子贡、有若。皆孔子学生。见《孟子·公孙丑上》。质正：质询，就正。⑦摄威擅势：谓凭借权势，专横跋扈。陈成田常：即陈成子田常，又称陈常。田常弑齐简公而立平公。难(nàn)：变乱。⑧范蠡：春秋末年越国大夫。助越王勾践灭吴。后游齐国，称鸱夷子皮。到陶（今山东定陶西北），改名陶朱公，以经商致富。⑨残：杀戮。

古人占梦

《汉·艺文志》《七略》杂占十八家,以《黄帝长柳占梦》十一卷,《甘德长柳占梦》二十卷为首,其说曰:"杂占者,纪百家之象,候善恶之证①。众占非一,而梦为大,故周有其官。"《周礼》:"太卜,掌三梦之法,一曰致梦,二曰觭梦,三曰咸陟②。"郑氏以为致梦夏后氏所作,觭梦商人所作,咸陟者言梦之皆得,周人作焉。而占梦专为一官,以日月星辰占六梦之吉凶,其别:曰正、曰噩、曰思、曰寤、曰喜、曰惧。季冬,聘王梦③,献吉梦于王,王拜而受之。乃舍萌于四方④,以赠恶梦。舍萌者,犹释采也⑤。赠者,送之也。《诗》《书》《礼》经所载,高宗梦得说;周文王梦帝与九龄;武王伐纣,梦叶朕卜⑥;宣王考牧,牧人有熊罴虺蛇之梦,召彼故老,讯之占梦⑦。《左传》所书尤多。孔子梦坐奠于两楹⑧。然则古之圣贤,未尝不以梦为大,是以见于《七略》者如此。魏、晋方技⑨,犹时时或有之。今人不复留意此卜,虽市井妄术,所在如林,亦无一个以占梦自名者,其学殆绝矣。

【注释】
①七略:书目名。西汉刘歆撰。班固据此为蓝本撰《汉书·艺文志》。杂占(zhān):古时称卜筮之外的占卜术。纪:通"记"。记录。象:形象,现象。候:伺望;侦察。观测。证:通"症"。症候。原意为病情,病象。此处指征兆,迹象。按《汉书·艺文志》原文,"百家"作"百事","证"作"征"。②三梦之法:三种占梦的方法。致梦:言梦之所得。致,招致。觭梦:觭(jī),通"掎"。得。郑玄注:"亦言梦之所得。"咸陟:郑玄注:"咸,皆也;陟之言得也⋯⋯言梦之皆得⋯⋯"③聘王梦:聘,探询;探访。④舍萌:舍,音shì。释也。萌:菜始生也。即萌芽的菜。⑤释采:亦作"舍采"。古代读书人入学时以蘋蘩之属祭祀先圣先师的一种典礼。采,通"菜"。⑥高宗梦得说:商高宗武丁梦得贤相傅说(yuè)。周文王梦帝与九龄:按《礼记·文王世子》作武王梦帝与九龄。帝,天帝。与,给。九龄,指九十岁。"文王曰:'⋯⋯古者谓年龄,齿亦龄也。我百,尔九十,吾与尔三焉。'文王九十七乃终,武王九十三而终。"武王伐纣,梦叶朕卜:叶,和,合。"协"的古文。《尚书·泰誓中》:"朕梦协朕卜,袭于

休祥,戎商必克。"⑦考牧:谓牧事有成。考,完成。牧人:古代掌牧六畜之官。虺(huǐ):毒蛇;毒虫。据《诗·小雅·斯干》:"吉梦维何?维熊维罴,维虺维蛇。""大人占之:维熊维罴,男子之祥;维虺维蛇,女子之祥。"熊罴虺蛇之梦为吉祥之梦。召:读为诏,告也。故老:年高而有声望的人,多指旧臣。讯:问。占梦:圆梦的官。⑧孔子梦坐奠于两楹:《礼记·檀弓上》:"夫子曰:'殷人殡于两楹之间,则与宾主夹之也。……予畴昔之夜,梦坐奠于两楹之间……予殆将死也!'盖寝疾七日而没。"两楹:殿堂的中间。楹,堂前直柱。⑨方技:古指医、卜、星、相之术。

卷第十六（十六则）

高德儒

唐高祖起兵太原，使子建成、世民将兵击西河郡，执郡丞高德儒，世民数之曰："汝指野鸟为鸾，以欺人主取高官，吾兴义兵，正为诛佞人耳①。"遂斩之，自余不戮一人。读史不熟者，但以为史氏虚设此语，以与指鹿为马作对耳②。按隋大业十一年，有二孔雀飞集宝城朝堂前③，亲卫校尉高德儒等十余人见之，奏以为鸾，时孔雀已飞去，无可得验。诏以德儒诚心冥会，肇见嘉祥，擢拜朝散大夫④，余人皆赐束帛；仍于其地造仪鸾殿。距此时才二年余。盖唐温大雅所著《创业起居注》载之，不追书前事故也。《新唐书·太宗纪》，但书云："率兵徇西河，斩其郡丞高德儒。"尤为简略，赖《通鉴》尽纪其详。范氏《唐鉴》只论其被诛一节云。

【注释】

①佞人：善以巧言献媚的人。②指鹿为马：《史记·秦始皇本纪》载，赵高欲为乱，故意颠倒黑白，混淆是非，指鹿为马以试探群臣是否听从他。③宝城：坚固的城郭。④冥会：与上天自然吻合。即暗通天意。肇见：最先看见。擢拜：提拔授官。

唐朝士俸微

唐世朝士俸钱至微，除一项之外，更无所谓料券、添给之类者①。白乐天为校书郎，作诗曰："幸逢太平代，天子好文儒。小才难大用，典校在秘书②。俸钱万六千，月给亦有余。遂使少年心，日日常晏如③。"及为翰林学士，当迁官，援姜公辅故事，但乞兼京兆府户曹参军，既除此职，喜而言志④，至云："诏授户曹掾，捧诏感君恩。弟兄俱簪笏，新妇俨衣巾⑤。罗列高堂下，拜庆正纷纷。喧喧车马来，贺客满我门。置酒延贺客，不复忧空樽。"而其所得者，亦俸钱四五万，廪禄二百石而已⑥。今之主簿、尉，占优饫处，固有倍蓰于此者矣⑦，亦未尝以为足，古今异宜，不可一概论也。杨文公在真宗朝为翰林学士，而云："虚忝甘泉之从臣，终作若敖之馁鬼⑧。"盖是时尚为鲜薄，非后来比也。

【注释】

①朝士：朝廷之士。泛称中央官员。料券：唐宋制，职官于俸禄外，有时另给食料，或准予折钱，谓之料钱。发给的券证称料券。②典校：谓主持校勘书籍。③晏如：安然。④言志：表达意志、感情。⑤簪笏：冠簪和手版。古代仕宦所用。比喻官员或官职。俨：端庄整齐貌。⑥廪禄：即禄米。官府发给的做俸禄的粮米。⑦占优饫处：地处丰饶富足之所。饫(yù)，肥美。倍蓰：倍，一倍；蓰(xǐ)，五倍。倍蓰，谓数倍。⑧杨文公：即杨亿。卒后追谥文。虚忝：谦词。谓无其实而空受荣宠。甘泉：甘泉宫。这里借指朝庭。从臣：侍从之臣。若敖之馁鬼：《左传·宣公四年》："及（令尹子文）将死，聚其族曰：'椒也知政，乃速行矣，无及于难。'且泣曰：'鬼犹求食，若敖氏之鬼，不其馁而！'"椒，子文之弟子良的儿子越椒，其后椒叛，楚王遂灭若敖氏。馁鬼：指不能享受祭祀之鬼。这里取"饿死鬼"之义。子文、子良为若敖（熊仪）之孙。

计然意林

《汉书·货殖传》："粤王句践困于会稽之上，乃用范蠡、计然，遂报强吴①。"孟康注曰："姓计名然，越臣也。"蔡谟曰："'计然'者，范蠡所著书篇名耳，非人也。谓之计然者，所计而然也。群书所称句践之贤佐，种、蠡为首②，岂复闻有姓计名然者乎？若有此人，越但用半策，便以致霸，是功重于范蠡，而书籍不见其名，史迁不述其传乎？"颜师古曰："蔡说谬矣。《古今人表》，计然列在第四等，一名计研。班固《宾戏》：'研、桑心计于无垠。'即谓此耳。计然者，濮上人也，尝南游越，范蠡卑身事之③，其书则有《万物录》，事见《皇览》及《晋中经簿》。又《吴越春秋》及《越绝书》，并作计倪。此则倪、研及然，声皆相近，实一人耳。何云书籍不见哉？"

予按唐贞元中，马总所述《意林》一书，抄类诸子百余家④，有《范子》十二卷，云："计然者，葵丘濮上人，姓辛字文子，其先晋国之公子也，为人有内无外，状貌似不及人，少而明，学阴阳，见微知著，其志沈沈⑤，不肯自显，天下莫知，故称曰'计然'。时遨游海泽⑥，号曰'渔父'。范蠡请其见越王，计然曰：'越王为人鸟喙，不可与同利也⑦。'"据此则计然姓名出处，皎然可见。裴骃注《史记》，亦知引《范子》。《北史》萧大圜云："留侯追踪于松子，陶朱成术于辛文⑧。"正用此事。曹子建表引《文子》，李善注，以为计然，师古盖未能尽也。而《文子》十二卷，李暹注，其序以谓《范子》所称计然。但其书一切以老子为宗，略无与范蠡谋议之事，《意林》所编《文子》正与此同，所谓《范子》，乃别是一书，亦十二卷。马总只载其叙计然及他三事，云："余并阴阳历数⑨，故不取。"则与《文子》了不同，李暹之说误也。《唐·艺文志》，《范子》《计然》十五卷，注云："范蠡问，计然答。"列于农家，其是矣，而今不存。唐世未知尊孟氏，故《意林》亦列其书，而有差不同者，如伊尹不以一介与人⑩，亦不取一介于人之类。其他所引书，如《胡非子》《随巢子》《缠子》《王孙子》《公孙尼子》、阮子《正部》、姚信《士纬》、殷兴《通语》《牟子》《周生烈子》《秦菁子》《梅子》《任弈子》《魏朗子》《唐滂子》《邹子》、孙氏《成败志》《蒋子》《谯子》《钟子》、张俨《默记》《裴氏新言》、袁淮《正书》、袁子《正论》《苏子》《陆子》、张显《析言》《于子》《顾子》《诸葛子》《陈子要言》《符子》诸书，今皆不传于世，亦有不知其名者。

【注释】

①粤王：粤，同"越"。遂报强吴：终于灭掉强大的吴国，报仇雪耻（吴王夫差败越，越王勾践臣服于吴）。报，报复。②种：指文种。③桑：孟康注："桑弘羊也。"心计：计研的心计指计谋，桑弘羊的心计则是心算，指理财。无垠：无边际。卑身：指谦恭、逊让。④抄类：依照类次抄写。一说抄写编类。⑤有内无外：谓满腹经纶但外表（相貌）却没有使人感到特殊的地方。阴阳：即阴阳五行学说。兵书的一种。《汉书·艺文志》将兵书分为四类，即权谋、形势、阴阳、技巧。沉沉：形容深沉。沉着持重。⑥遨游：漫游；游历。⑦乌喙：形容人之嘴尖。同利：共享利益。⑧留侯：即张良。汉朝建立，封留侯。追踪于

松子:《汉书·张良传》:"愿弃人间事,从赤松子游耳。"赤松子,中国古代神话中的仙人。相传为神农时雨师,一说为帝喾之师。后为道教所信奉。陶朱:陶朱公,即范蠡。成术:学成术略。⑨余并阴阳历数:余,其他的,其余的。⑩孟氏:指孟子。差(chā):区别,差别。一介:指轻微的东西。介,通"芥"。草芥。

思颍诗

士大夫发迹垄亩,贵为公卿,谓父祖旧庐为不可居,而更新其宅者多矣。复以医药弗便,饮膳难得,自村疃而迁于邑①,自邑而迁于郡者亦多矣。唯翩然委而去之②,或远在数百千里之外,自非有大不得已,则举动为不宜轻。若夫以为得计,又从而咏歌夸诩之,著于诗文,是其一时思虑,诚为不审,虽名公巨人,未能或之免也。欧阳公,吉州庐陵人,其父崇公③,葬于其里之泷冈,公自为《阡表》,纪其平生。而公中年乃欲居颍,其《思颍诗序》云:"予自广陵得请来颍④,爱其民淳讼简,土厚水甘,慨然有终焉之志。尔来思颍之念⑤,未尝少忘于心,而意之所存,亦时时见于文字。乃发旧稿,得南京以后诗十余篇,皆思颍之作,以见予拳拳于颍者⑥,非一日也。"又《续诗序》云:"自丁家难⑦,服除,入翰林为学士,忽忽八年间,归颍之志虽未遂,然未尝一日少忘焉。至于今,年六十有四,免并得蔡,蔡、颍连疆,因得以为归老之渐⑧。又得在亳及青十有七篇,附之,时熙宁三年也。"公次年致仕,又一年而薨,其逍遥于颍,盖无几时,惜无一语及于松楸之思⑨。崇公惟一子耳,公生四子,皆为颍人,泷冈之上,遂无复有子孙临之,是因一代贵达,而坟墓乃隔为他壤。予每读二序,辄为太息。嗟乎!此文不作可也。若东坡之居宜兴,乃因免汝州居住而至,其后自海外北还,无以为归,复暂至常州,已而捐馆⑩。文定公虽居许,而治命反葬于眉山云⑪。

【注释】

①发迹:谓由卑微而得志显达,或由贫困而富足。邑:旧时县的别称。②翩然:轻疾貌。③其父崇公:欧阳修的父亲欧阳观,追赠崇国公。泷冈:见

《随笔》卷五《负剑辟咡》注。④颍：颍州。得请：犹言所请获准。⑤尔来：从那时以来（自广陵来颍）。⑥拳拳：眷爱貌。⑦丁：丁忧。旧称遭父母之丧。父母死后，子女要在家守丧三年，不做官，不婚娶，不赴宴，不应考。家难（nàn）：家中遭遇的重大不幸事故。⑧免并得蔡：按《宋史》记载，神宗初即位，欧阳修遭御史蒋之奇挟嫌弹劾，从参知政事罢知亳州。后改宣徽南院使、判太原府。辞不拜，徙蔡州。宋改唐太原府为并州。渐：开端，起始。⑨松楸：旧时墓地多植松树和楸树，因以"松楸"借指坟墓。这里指其先人的坟墓。⑩海外：四海之外，泛指边远地区。此处指琼州。据《宋史》，哲宗绍圣末年，苏轼贬为琼州（今海南省）别驾。捐馆：捐弃所居之馆舍。旧时因以为死亡的讳辞。⑪文定公：指苏辙，卒谥文定。居许：辞官后筑室居许州（治今许昌市）。治命：合理的遗命。后泛指父亲临终前的遗言。眉山：苏辙是眉州眉山（今属四川）人。

刘蕡下第

唐文宗大和二年三月，亲策制举人贤良方正，刘蕡对策①，极言宦官之祸。既而裴休、李郃等二十二人中第，皆除官。考官左散骑常侍冯宿、太常少卿贾𫗧、库部郎中庞严，见蕡策，皆叹服，而畏宦官，不敢取。诏下，物论嚣然称屈②。谏官、御史欲论奏，执政抑之。李郃曰："刘蕡下第，我辈登科，能无厚颜！"乃上疏，以为"蕡所对策，汉、魏以来无与为比。今有司以蕡指切左右，不敢以闻，恐忠良道穷，纲纪遂绝③。臣所对不及蕡远甚，乞回臣所授以施蕡直。"不报④。予按是时宰相乃裴度、韦处厚、窦易直，易直不足言，裴、韦之贤，顾独失此，至于抑言者使勿论奏，岂不有愧于心乎？蕡既由此不得仕于朝，而李郃亦不显，盖无敢用之也。令狐楚、牛僧孺，乃能表蕡入幕府，待以师礼，竟为宦人所嫉诬⑤，贬柳州司户。李商隐赠以诗曰："汉廷急诏谁先入，楚路高歌自欲翻⑥。万里相逢欢复泣，凤巢西隔九重门⑦。"及蕡卒，复以二诗哭之，曰："一叫千回首，天高不为闻。"又曰："已为秦逐客，复作楚冤魂⑧。并将添恨泪，一洒问乾坤！"其悲之至矣。甘露之事，相去才七年，未知蕡及见之否乎？

【注释】

①亲策：皇帝亲自主持策问。对策：科举考试的策论文章，因是回答考官的策论题目，故称对策。②物论：犹言舆论；众人的议论。嚣然：扰攘不宁貌。③厚颜：惭愧，难为情。指切左右：指责天子左右的人（指宦官）。指切（qiè），指谪；指责。道穷：犹言穷途末路（绝路）。形容境遇困窘。纲纪：法度；纲常。④乞回臣所授以旌蕡直：请把授给我的官职授给刘蕡，以表彰他的忠直。不报：不批复；不答复。⑤嫉诬：因嫉妒而诬陷。⑥汉廷急诏谁先入：此句借用贾谊遭贬三年后又被汉文帝征召回长安，拜为梁怀王太傅的故事，说明如果唐朝廷急诏贤臣，以先生（指刘蕡）之才，应是首先被召入朝廷的。楚路高歌：借用楚国隐士接舆的故事，来安慰刘蕡，并抒发自己的愤懑。《论语·微子》："楚狂接舆歌而过（责备，讽刺——引者注）孔子，曰：'凤兮！凤兮！何德之衰？往者不可谏，来者犹可追。已而！已而！今之从政者殆而（而，相当于"矣"）！'"翻：演唱。⑦万里相逢欢复泣：李商隐奉命出使南郡，与被贬去柳州的刘蕡在长沙一带相遇。两位挚友在远离帝京的地方不期而遇，自然悲喜交集。凤巢西隔九重门：凤巢借指朝廷。晋皇甫谧《帝王世纪》记载："黄帝时，凤凰止帝东园，或巢于阿阁。""君门九重"，他们无法向唐王朝竭忠尽智了。这是上句"泣"的主要原因。⑧逐客：古指驱逐异国的说客。楚人李斯入秦为客卿。后秦王政因事欲下逐客令，被李斯谏止。此处指遭贬失意的刘蕡。复作楚冤魂：此句以屈原投汨罗江而死借喻死去的刘蕡。屈原因遭谗而去职，被放逐，悲愤交集，投江而死。

酒肆旗望

今都城与郡县酒务，及凡鬻酒之肆，皆揭大帘于外，以青白布数幅为之，微者随其高卑小大，村店或挂瓶瓢，标帚秆，唐人多咏于诗。然其制盖自古以然矣，《韩非子》云："宋人有酤酒者，斗概甚平，遇客甚谨，为酒甚美，悬帜甚高，而酒不售，遂至于酸①。"所谓悬帜者此也。

【注释】

①斗概：指量酒器。斗，古代容器。概，刮平斗、斛用的小木板。平：公正。遂至于酸：人畏其狗猛，不敢往酤，以至酒酸。作者借以说明："国亦有狗"，

"而有道之士所以不用也。"(见《外储说右上》)

贤宰相遭谗

一代宗臣,当代天理物之任,君上委国而听之,固为社稷之福,然必不使邪人参其间乃可,不然必为所胜。姑以唐世及本朝之事显显者言之,若褚遂良、长孙无忌之遭李义府、许敬宗,张九龄之遭李林甫是已。裴晋公相宪宗,立淮、蔡、青、郓之功,唐之威令纪纲,既坏而复振,可谓名宰矣。皇甫镈一共政,则去不旋踵,迨穆、敬、文三宗,主既不明,而元稹、李逢吉、宗闵更撼之①,使不得一日安厥位。赵韩王以佐命元勋,而为卢多逊所胜,寇莱公为丁谓所胜,杜祁公、韩、范为陈执中、贾昌朝所胜②,富韩公为王介甫所胜,范忠宣为章子厚所胜,赵忠简为秦会之所胜③,大抵皆然也。

【注释】

①威令:指政令、军令。撼:摇动。②杜祁公:即杜衍。封祁国公。③秦会之:即秦桧,字会之。绍兴年间两任宰相,杀害岳飞,贬逐张浚、赵鼎等多人。

宋齐丘

自用兵以来,令民间以见钱纽纳税直,既为不堪,然于其中所谓和买折帛①,尤为名不正而敛最重。偶阅大中祥符间,太常博士许载著《吴唐拾遗录》,所载多诸书未有者。其《劝农桑》一篇正云:"吴顺义年中,差官兴版簿,定租税,厥田上上者,每一顷税钱二贯一百文,中田一顷税钱一贯八百,下田一顷千五百,皆足陌见钱②,如见钱不足,许依市价折以金银。算计丁口课调,亦科钱③。宋齐丘时为员外郎,上策乞虚抬时价,而折绸、绵、绢本色④,曰:'江淮之地,唐季已来,战争之所。今兵革乍息,黎甿始安,而必率以见钱,折以金银,此非民耕凿可得也,无兴贩以求之,是为教民弃本逐末耳⑤。'是时,绢每匹市价五百文,绸六百文,绵每两十五文,齐丘请绢每匹抬为一贯七百,绸为二贯四百,绵为四十文,皆足钱,丁口课调,亦请蠲除。朝议喧然沮之⑥,谓亏损官钱,万数不少。齐丘致书于徐知诰曰:'明公总百官,理大国,督民见钱与金银,求国富庶,所谓拥篲救火,挠水求清⑦,欲火灭水清可得乎?'知诰得书,曰:'此劝农上策也。'即行之。自是不十年间,野无闲田,桑无隙地,自吴变唐⑧,自唐归宋,民到于今受其赐。"齐丘之事美矣。徐知诰亟听而行之,可谓贤辅相。而《九国志·齐丘传》中略不书,《资治通鉴》亦佚此事。今之君子为国,唯知浚民以益利⑨,岂不有靦于偏闰之臣乎?齐丘平生,在所不论也。

【注释】

①见钱:现有的钱。指金属铸币。纽纳:缴纳。和买:宋制,在春季青黄不接之时,官府向百姓发放贷款,夏秋时令其输绢于官,偿还贷款,叫作和买。后来又变和买为折帛,官府不贷钱,而责令百姓按每匹帛的价钱纳钱若干,成为百姓常赋以外的一种额外负担。②版簿:户籍。贯:旧时用绳索穿钱(制钱),每一千文为一贯。足陌:亦称"足钱"。陌,通"百",亦作"佰"。"足陌"即每贯钱十足支付一千文。陌,钱一百文。③算计:计算。丁口课调:即按人口征税。亦即后来所说的"人头税"。丁口,人口。男称丁,女称口。课调(diào),征收赋税。科钱:折合现钱征税(课调征收绢绵等丝织品)。科,征税。④本色:中国历代对赋税征原定征收之财物称本色,改征他财物称"折色"。⑤黎甿:黎民,众民。甿(méng),古指农村居民。耕凿:指务农。耕,耕田播种。凿,凿井灌溉。无兴贩以求之:无,助词。用于句首,无义。兴贩,经商;贩卖。弃本逐末:古指丢弃农桑从事工商等其他职业。古代治国均以农为本,以食为天。⑥喧然:喧哗貌。⑦徐知诰:时为吴国左仆射、参政事并知内外诸军事。是执政者。篲:掃帚。拥篲救火:谓方法不当,事必不成。挠:搅;搅和。⑧唐:指南唐。⑨浚:榨取。

咸杬子

《玉篇》《唐韵》释杬字云:"木名,出豫章,煎汁,藏果及卵不坏。"

《异物志》云："杬子，音元，盐鸭子也。"以其用杬木皮汁和盐渍之。今吾乡处处有此，乃如苍耳、益母，茎干不纯是木。小人争斗者，取其叶挼擦皮肤①，辄作赤肿，如被伤，以诬赖其敌。至藏鸭卵，则又以染其外，使若赭色云。

【注释】

①挼擦（ruó chá）：揉搓，摩擦。

月中桂兔

《酉阳杂俎·天咫篇》载月星神异数事。其命名之义，取《国语》楚灵王曰"是知天咫，安知民则"之说①。其纪月中蟾桂，引释氏书，言须弥山南面有阎扶树，月过树，影入月中。或言月中蟾桂，地影也，空处，水影也。予记东坡公《鉴空阁诗》云："明月本自明，无心孰为境②。挂空如水鉴，写此山河影。我观大瀛海，巨浸与天永③。九州居其间，无异蛇盘镜。空水两无质④，相照但耿耿。妄云桂兔蟆，俗说皆可屏⑤。"正用此说。其诗在集中，题为《和黄秀才》。顷予游南海，西归之日，泊舟金利山下，登崇福寺，有阁枕江流，标曰"鉴空"，正见诗牌揭其上⑥，盖当时临赋处也。

【注释】

①是知天咫，安知民则：少知天道，何知治民之法。咫，言少也。参考《四笔》卷七《天咫》一文。②无心孰为境：《东坡全集》注文引唐柳宗元《禅室》诗："心境本同如，鸟飞无遗迹。"心境：佛教语。指意识与外物。③瀛海：大海。巨浸：大湖。④无质：没有实体。⑤屏（bǐng）：亦作"摒"。除去；弃；逐。⑥枕（zhèn）：临；靠近。诗牌：唐人以木板题诗，称诗板。宋人称为诗牌。揭：高举。

〔补注〕①蟾桂：传说月宫之中有蟾蜍和桂树，因以称月。②水鉴：明澈如水之照映，故称。写：映照。

唐二帝好名

唐贞观中，忽有白鹊营巢于寝殿前槐树上，其巢合欢如腰鼓①。左右拜舞称贺，太宗曰："我常笑隋炀帝好祥瑞，瑞在得贤，此何足贺？"乃命毁其巢，放鹊于野外。明皇初即位，以风俗奢靡，制乘舆服御金银器玩②，令有司销毁，以供军国之用。其珠玉锦绣焚于殿前，天下毋得复采织③，罢两京织锦坊。予谓二帝，皆唐之明主，所言所行，足以垂训于后，然大要出于好名④。鹊巢之异，左右从而献谀，叱而去之可也，何必毁其巢？珠玉锦绣，勿珍而尚之可也，何必焚之殿前，明以示外，使家至户晓哉！治道贵于执中⑤，是二者俱不可以为法。其后杨贵妃有宠，织绣之工，专供妃院者七百人，中外争献器服珍玩。岭南经略使张九皋、广陵长史王翼，以所献精靡⑥，九皋加三品，翼入为户部侍郎，天下从风而靡⑦，明皇之始终，一何不同如此哉！

【注释】

①合欢如腰鼓：两个巢相联有如腰鼓。②奢靡：奢侈浪费。服御：使用。③采织：采珠玉、织锦绣。④垂训：留下教训。大要：大指；要旨。好（hào）名：爱好名誉；追求虚名。⑤执中：遵守中正之道，不偏不倚，无过与不及。⑥精靡：精美华丽。⑦从风而靡：谓如风之吹草，草随风倾倒。比喻仿效、风行之迅速。

周礼非周公书

《周礼》一书，世谓周公所作，而非也，昔贤以为战国阴谋之书①，考其实，盖出于刘歆之手。《汉书·儒林传》尽载诸经专门师授，此独无传。至王莽时，歆为国师，始建立《周官经》以为《周礼》，且置博士。而河南杜子春受业于歆，还家以教门徒，好学之士郑兴，及其子众往师之，此书遂行。歆之处心积虑，用以济莽之恶，莽据以毒痛四海,如五均、六筦、市官、赊贷②,诸所兴为,皆是也。故当其时,公孙禄既已斥歆颠倒《六经》毁师法矣③。历代以来,唯宇文周依六典以建官,至于治民发政④,亦未尝循故辙。王安石欲变乱祖宗法度,乃尊崇其言,至与《诗》《书》均匹,以作《三经新义》,其序略曰:"其人足以任官,其官足以行法,莫盛乎成周之时;其法可施于后世,其文有见于载籍⑤,莫具乎《周官》之书。自周之衰,以至于今,太平之遗迹,扫荡几尽,学者所见无复全经。于是时也,乃欲训而发之⑥,臣知其难也。以训而发之之难,则又以知夫立政造事追而复之之为难⑦。"则安石所学所行实于此乎出,遂谓:"一部之书,理财居其半。"又谓:"泉府,凡国之财用取具焉,岁终,则会其出入而纳其余,则非特摧兼并,救贫厄⑧,因以足国事之财用。夫然故虽有不庭不虞⑨,民不加赋,而国无乏事。"其后吕嘉问法之而置市易⑩,由中及外,害遍生灵。呜呼!二王托《周官》之名以为政,其归于祸民一也。

【注释】

①周礼:亦称《周官》或《周官经》。儒家经典之一。阴谋:秘计,诡计。②毒痡:毒害,残害。痡(pū),病苦,言害所及远。五均六筦(guǎn):王莽实行"五均"、"六筦",以控制、垄断工商业,增加税收。市官:管理市场的官吏。《汉书·王莽传》:"又令市官收贱卖贵,赊贷予民,收息百月三。"百月三,即月息百分之三。赊贷:出借财物,借者缓期偿还。③师法:师所传授之法。特指汉代的经学传授。汉代,某一经的大师被立为博士后,他的经说便叫"师法"。④宇文周:南北朝时宇文氏建立的北周。发政:发布政令;施行政治措施。⑤三经新义:见卷三《燕说》"王氏新经学"注。此书对《诗》《书》《周礼》作了新的解说,摆脱训诂繁琐的注释,用来作为变法的理论根据。载籍(zǎi):书籍。⑥训发:训解阐发。⑦造事:做事情。追复:犹恢复。⑧泉府:官名。泉,通"钱"。《周礼》地官的属官,掌管国家税收,收购市场上的滞销货物及借贷收息等。取具:谓领取备办。非特:不仅。摧兼并:抑制并吞。摧,挫败;抑制。兼并,并吞。指土地侵并,或经济侵占。贫厄:贫穷困厄。⑨然故:犹是故;因此。不庭:无道,叛逆。不虞:意外之事。虞,臆度;料想。⑩市易:指市易司,又称"市易务"。官署名。北宋熙宁五年(1072年)为推行市易法设置的机构。

醉尉亭长

李广免将军为庶人,屏居蓝田,尝夜从一骑出,从人田间饮,还至亭,霸陵尉醉呵止广。后广拜右北平太守,请尉与俱,至军而斩之,上书自陈谢罪,武帝报曰:"报忿除害,朕之所图于将军也。"王莽窃位,尤备大臣抑夺下权①,大司空士夜过奉常亭,亭长呵之,告以官名,亭长醉曰:"宁有符传邪②!"士以马箠击亭长。亭长斩士,亡,郡县逐之③。家上书,莽曰:"亭长奉公,勿逐。"大司空王邑斥士以谢④。予观此两亭尉长,其醉等耳。霸陵尉但呵止李广,而广杀之,武帝不问,奉常亭长杀宰士⑤,而王莽反以奉公免之,亦可笑也。

【注释】

①备:防备。抑夺:剥夺;强行夺取。②符传:古代出征时朝廷发给将领的凭证。③箠:马鞭。逐:追赶;追逐。④斥:指责;责骂。⑤宰士:宰相的属官。西汉时丞相(大司徒)、太尉(大司马)、御史大夫(大司空)合称三公,地位相等。

三易之名

《三易》之名,一曰《连山》,二曰《归藏》,三曰《周易》,皆以两字为义。今人但称《周易》曰《易》,非也。夏曰《连山》,其卦以纯《艮》为首,《艮》为山,山上山下,是名《连山》。云气出内于山,故名《易》为《连山》①。商曰《归藏》,以纯《坤》为首,《坤》为地,万物莫不归而藏于中,故名为《归藏》。周曰《周易》,以纯《乾》为首,《乾》为天,天能周匝于四时,故名《易》为周也。太簇为人统②,寅为人正③。夏以十三月为正,人统,人无为卦首之理,《艮》渐正月④,故以《艮》为首。林钟为地统,未之冲丑⑤,故为地正,商以十二月为正,地统,故以《坤》为首。黄钟为天统,子为天正,周以十一月为正,天统，故以《乾》为首。此本出唐贾公彦《周礼正义》之说，予整齐而纪之。所谓十三月者，承十二月而言，即正月耳。后汉陈宠论之甚详，本出《尚书大传》。

【注释】

①云气出内于山，故名《易》为《连山》：云气出于山又纳于山，自然连着山。②太簇（còu）：音律名。十二律中的第三律。黄钟为第一律，林钟为第八律。人统、地统、天统：称为"三统"，历法名。《史记·律历志》："三统者，天施、地化、人事之纪也。""三统历"为汉刘歆就《太初历》所造，以解释《春秋》。以经文于春三月每月书王，为古之三统，即夏正建寅为人统，商正建丑为地统，周正建子为天统；故又称三正历。③人正、地正、天正：谓之"三正"。即建子、建丑、建寅。人正（zhēng）：即人元。夏代的历法。元，岁之始。夏历建寅，以农历正月一日为一年之始。地正：殷历建丑，以农历十二月为正月，称地正。天正：周历建子，以农历十一月即冬至所在之月为岁首，古人以为得天之正，故称"天正"。④《艮》渐正月：艮位正当正月。按：《艮》的方位在东北（古代以八卦表方位，此指后天八卦方位）；正月为建寅。以地支表方位，寅在东北偏东。所以说"《艮》渐正月"。渐，正当。⑤未之冲丑：冲，星相术士谓相忌相克为冲。如子午相冲，丑未相冲等。

忠臣名不传

古今忠臣义士，其名载于史策者，万世不朽，然有不幸而泯没无传者。南唐后主，淫于浮图氏①，二人继踵而谏，一获徒，一获流。歙人汪焕为第三谏，极言请死，云："梁武事佛，刺血写佛经，散发与僧践，舍身为佛奴，屈膝礼和尚②，及其终也，饿死于台城。今陛下事佛，未见刺血、践发、舍身、屈膝③，臣恐他日犹不得如梁武之事。"后主览书，赦而官之。又有淮人李雄，当王师吊伐，出守西偏，不遇其敌④。雄以国城重围，不忍端坐，遂东下以救之，阵于溧阳⑤，与王师遇，父子俱没，诸子不从行者亦死他所，死者凡八人。李氏讫亡，不沾褒赠⑥，其事仅见于《吴唐拾遗录》。顷尝有旨合九朝国史为一书⑦，他日史官为列之于《李煜传》，庶足以慰二人于泉下。欧阳公作《吴某墓志》云："李煜时为彭泽主簿,曹彬破池阳,遣使者招降郡县,其令欲以城降,某曰:'吾能为李氏死尔。'乃杀使者,为煜守。煜已降,某为游兵执送军中⑧,主将责以杀使者,曰:'固当如是。'主将义而释之。"其事虽粗见,而集中只云"讳某",为可惜也。如靖康之难,朱昭等数人死于震武城之类,予得朱弁所作《忠义录》于其子枺,乃为作传于四朝史中⑨,盖惜其无传也。

【注释】

①淫于浮图氏:迷信佛教。淫,沉溺。②散发(sǎn fà):披散头发。践:实践。舍身:佛教徒为宣扬佛法,或为布施,自加苦行,称为舍(shě)身。奴:使之为奴;奴役。屈膝:下跪。③剗发:指剃去头发,出家为僧。剗,通"剪"。④吊伐:吊民伐罪。慰问被压迫的百姓,讨伐有罪的统治者。西偏:西部;西方边远地区。不遇其敌:因李雄驻守西部边防,所以没有遇到吊伐的王师(大宋朝军队)。⑤阵:列阵,布阵。引申为驻扎,屯兵。⑥李氏讫亡:直到李煜的南唐灭亡。褒赠:谓为嘉奖死者而赠予其官爵。⑦九朝国史:参考《三笔》卷四《九朝国史》。⑧游兵:流动作战的小股军队。⑨四朝史:洪迈曾主持修纂《四朝国史》(神、哲、徽、钦四朝)。

唐人酒令

白乐天诗:"鞍马呼教住,骰盘喝遣输。长驱波卷白,连掷采成卢①。"注云:骰盘、卷白波、莫走鞍马,皆当时酒令。予按皇甫松所著《醉乡日月》三卷,载骰子令云:聚十只骰子齐掷,自出手六人,依采饮焉。堂印,本采人劝合席,碧油,劝掷外三人。骰子聚于一处,谓之酒星②,依采聚散。骰子令中,改易不过三章,次改鞍马令,不过一章。又有旗幡令、闪厗令、抛打令。今人不复晓其法矣,唯优伶家,犹用手打令以为戏云。

【注释】

①卢:樗(chū)蒲(掷骰子定胜负)五子俱黑叫卢,为最胜之彩。②堂印、碧油、酒星:均为旧时行酒令掷骰子游戏的术语。

重新发现丛书

中国阅读学会经典阅读研究中心荣誉推荐

容斋随笔 下

[宋] 洪迈 著

赵学力 注

北京燕山出版社

目 录 contents

容斋三笔

卷第一（十四则）

晁景迂经说 /508
邠彤郫商 /512
武成之书 /513
象载瑜 /514
管晏之言 /515
共工氏 /516
汉志之误 /517
汉将军在御史上 /519
上元张灯 /519
七夕用六日 /520
宰相参政员数 /520
朱崖迁客 /521
张士贵宋璟 /522
韩欧文语 /522

卷第二（十六则）

汉宣帝不用儒 /524
国家府库 /524
刘项成败 /525
占术致祸 /526
绛侯莱公 /527
无名杀臣下 /528
平天冠 /529
介推寒食 /529
进士诉黜落 /530
后汉书载班固文 /531
赵充国马援 /532
汉人希姓 /533

绛灌 /533
题咏绝唱 /534
秀才之名 /536
魏收作史 /536

卷第三（十九则）

兔葵燕麦 /538
北狄俘虏之苦 /539
太守刺史赠吏民官 /539
李元亮诗启 /540
元魏改功臣姓氏 /541
东坡和陶诗 /542
孔戣郑穆 /542
陈季常 /543
文用谥字 /544
高唐神女赋 /544
其言明且清 /545
侍从转官 /546
曹子建七启 /547
奸鬼为人祸 /548
监司待巡检 /548
十二分野 /549
公孙五楼 /551
荐士称字著年 /551
兄弟邪正 /552

卷第四（十五则）

三竖子 /553
枢密称呼 /554
从官事体 /554
九朝国史 /556

1

银牌使者 /557
省钱百陌 /558
旧官衔冗赘 /559
吏胥侮洗文书 /559
宣告错误 /560
军中抵名为官 /561
祸福有命 /561
真宗北征 /562
宰相不次补 /563
外制之难 /563
文臣换武使 /564

卷第五（十七则）

舜事瞽叟 /566
孔子正名 /567
潜火字误 /568
永兴天书 /569
王衷嵇绍 /570
张咏传 /570
绯紫假服 /571
枢密名称更易 /572
过称官品 /573
仁宗立嗣 /573
郎官员数 /574
东坡慕乐天 /575
缚鸡行 /576
油污衣诗 /577
北虏诛宗王 /577
州郡书院 /578
何韩同姓 /579

卷第六（十五则）

蕨萁养人 /581
贤士隐居者 /582
张籍陈无己诗 /583
杜诗误字 /584
东坡诗用老字 /585
杜诗命意 /587

择福莫若重 /588
用人文字之失 /589
李卫公辋川图跋 /590
白公夜闻歌者 /591
谢朏志节 /591
琵琶亭诗 /593
减损入官人 /594
韩苏文章譬喻 /595
唐昭宗赠谏臣官 /595

卷第七（十四则）

执政辞转官 /597
宗室补官 /598
孙宣公谏封禅等 /599
赦恩为害 /601
代宗崇尚释氏 /602
光武苻坚 /603
周武帝宣帝 /603
唐观察使 /604
冗滥除官 /605
节度使称太尉 /605
五代滥刑 /606
太一推算 /607
赵丞相除拜 /608
唐昭宗恤录儒士 /609

卷第八（五则）

徽宗荐严疏文 /611
忠宣公谢表 /612
四六名对 /614
吾家四六 /620
唐贤启状 /631

卷第九（十六则）

枢密两长官 /633
赦放债负 /633
冯道王溥 /634

周玄豹相 /635
钻鍱沧浪 /636
司封失典故 /637
老人该恩官封 /638
学士中丞 /638
汉高祖父母姓名 /639
君臣事迹屏风 /639
僧道科目 /640
射佃逃田 /641
周世宗好杀 /642
孟字义训 /642
向巨原诗 /643
叶晦叔诗 /644

卷第十（十七则）

词学科目 /646
唐夜试进士 /647
纳绸绢尺度 /648
朱梁轻赋 /648
坎离阴阳 /649
前执政为尚书 /650
河伯娶妇 /650
六经用字 /651
鄂州兴唐寺钟 /651
祢衡轻曹操 /652
禁中文书 /654
老子之言 /654
孔丛子 /655
小星诗 /656
桃源行 /656
司封赠典之失 /658
辰巳之巳 /658

卷第十一（十六则）

碑志不书名 /660
汉文帝不用兵 /660
帝王讳名 /661
家讳中字 /663

记张元事 /663
宫室土木 /665
岁月日风雷雄雌 /666
东坡三诗 /667
天文七政 /668
符读书城南 /669
致仕官上寿 /669
五经字义相反 /669
镇星为福 /670
东坡引用史传 /671
两莫愁 /673
何公桥诗 /674

卷第十二（十六则）

昉泰秋娘三女 /675
颜鲁公祠堂诗 /677
闵子不名 /678
曾皙待子不慈 /679
具圆复诗 /679
人当知足 /681
渊明孤松 /682
饶州刺史 /682
紫极观钟 /683
兼中书令 /684
作文字要点检 /685
侍从两制 /686
片言解祸 /687
忠言嘉谟 /687
免直学士院 /688
大贤之后 /688

卷第十三（十三则）

钟鼎铭识 /690
牺尊象尊 /692
再书博古图 /693
碌碌七字 /695
占测天星 /696
政和宫室 /697

3

僧官试卿 /698
大观算学 /698
十八鼎 /699
四朝史志 /700
宗室参选 /701
元丰库 /702
五俗字 /703

卷第十四（十七则）

三教论衡 /704
夫兄为公 /705
政和文忌 /706
瞬息须臾 /706
神宗待文武臣 /707
绿竹王刍 /707
亲除谏官 /708
检放灾伤 /709
檀弓注文 /709
左传有害理处 /711
夫人宗女请受 /712
蜀茶法 /713
判府知府 /714
歌扇舞衣 /715
官会折阅 /715
飞邻望邻 /716
衙参之礼 /717

卷第十五（十八则）

内职命词 /718
蔡京除吏 /719
题先圣庙诗 /720
季文子魏献子 /721
尊崇圣字 /722
朕字训 /724
周礼奇字 /724
大禹之书 /725
随巢胡非子 /725
别国方言 /726

纵臾 /727
总持寺唐敕牒 /727
禁旅迁补 /728
六言诗难工 /729
杯水救车薪 /730
诎一人之下 /730
秦汉重县令客 /731
之字训变 /732

卷第十六（二十则）

蹇氏父子 /733
神臂弓 /733
敕令格式 /734
颜鲁公戏吟 /735
纪年用先代名 /736
中舍 /736
多赦长恶 /737
奏谳疑狱 /737
医职冗滥 /738
切脚语 /739
唐世辟寮佐有词 /739
高子允谒刺 /740
蔡君谟书碑 /741
杨涉父子 /741
佛胸卍字 /742
苏涣诗 /743
岁后八日 /744
门焉闺焉 /744
郡县主婿官 /745
乐府诗引喻 /746

容斋四笔

卷第一（十九则）

孔庙位次 /750
周三公不特置 /750
周公作金縢 /751

云梦泽 /752
关雎不同 /752
迷痴厥拨 /754
三馆秘阁 /754
亭榭立名 /755
十十钱 /756
犀舟 /756
毕仲游二书 /757
列子与佛经相参 /758
韦孟诗乖疏 /759
匡衡守正 /760
西极化人 /761
诏令不可轻出 /762
战国策 /762
范晔汉志 /763
缮修犯土 /763

卷第二（二十则）

诸家经学兴废 /765
汉人姓名 /767
轻浮称谓 /767
鬼谷子书 /768
有美堂诗 /769
张天觉小简 /769
城狐社鼠 /770
用兵为臣下利 /770
志文不可冗 /771
赵杀鸣犊 /772
五帝官天下 /772
黄帝李法 /773
抄传文书之误 /774
二十八宿 /774
大观元夕诗 /775
颜鲁公帖 /775
文潞公奏除改官制 /776
待制知制诰 /776
裴行俭景阳 /777
北人重甘蔗 /778

卷第三（十六则）

韩退之张籍书 /779
韩公称李杜 /780
此日足可惜 /781
粉白黛黑 /781
李杜往来诗 /782
李太白怖州佐 /783
祝不胜诅 /785
吕子论学 /785
曾太皇太后 /786
中天之台 /786
实年官年 /787
雷公炮炙论 /788
治药捷法 /789
陈翠说燕后 /789
燕非强国 /790
水旱祈祷 /791

卷第四（十五则）

今日官冗 /793
栾城和张安道诗 /794
和范杜苏四公 /795
外台秘要 /795
六枳关 /796
王荆公上书并诗 /797
左黄州表 /798
李郭诏书 /799
两道出师 /800
杜韩用歇后语 /801
唐明皇赐二相物 /802
一百五日 /802
老杜寒山诗 /803
礜石之毒 /804
会合联句 /804

卷第五（十四则）

土木偶人 /810

饶州风俗 /810
禽畜菜茄色不同 /811
伏龙肝 /811
勇怯无常 /812
赵德甫金石录 /812
韩文公荐士 /815
王勃文章 /817
吕览引诗书 /817
蓝田丞壁记 /819
钱武肃三改元 /819
黄庭换鹅 /821
宋桑林 /822
冯夷姓字 /822

卷第六（十五则）

韩文公逸诗 /824
窦叔向诗不存 /824
用柰花事 /826
王廖兒良 /827
徙木偿表 /828
建武中元续书 /828
草驹聋虫 /829
记李履中二事 /829
乾宁复试进士 /831
临海蟹图 /832
东坡作碑铭 /833
洗儿金钱 /834
告命失故事 /835
扁字二义 /836
娑罗树 /836

卷第七（十四则）

天咫 /838
县尉为少仙 /838
杜诗用受觉二字 /839
西太一宫六言 /841
由与犹同 /841
人焉廋哉 /842

久而俱化 /843
黄文江赋 /843
沈季长进言 /846
繁遏渠 /847
替戾冈 /848
文潞公平章重事 /848
考课之法废 /850
小官受俸 /851

卷第八（十七则）

库路真 /853
得意失意诗 /853
狄监卢尹 /854
项韩兵书 /854
承天塔记 /855
穆护歌 /856
省试取人额 /856
通印子鱼 /857
寿亭侯印 /858
茸附治疽漏 /858
莆田荔枝 /859
双陆不胜 /860
华元入楚师 /861
公羊用叠语 /862
文书误一字 /862
历代史本末 /863
贤者一言解疑谮 /865

卷第九（十六则）

蒋魏公逸史 /867
沈庆之曹景宗诗 /868
蓝尾酒 /869
欧阳公辞官 /870
南北语音不同 /870
南舟北帐 /871
魏冉罪大 /872
辩秦少游义倡 /873
姓源韵谱 /873

目 录

誉人过实 /874
作文句法 /874
书简循习 /877
健讼之误 /877
用史语之失 /878
文字书简谨日 /879
更　衣 /880

卷第十（十七则）

过　所 /881
露　布 /882
东坡题潭帖 /882
山公启事 /883
亲王回庶官书 /884
责降考试官 /885
青莲居士 /885
闽俗诡秘杀人 /886
富公迁官 /886
唐藩镇行墨敕 /887
吏部循资格 /888
五行纳音 /889
五行化真 /890
钱忠懿判语 /891
王逸少为艺所累 /892
鄂州南楼磨崖 /893
赏鱼袋出处 /894

卷第十一（十八则）

京丞相转官 /895
熙宁司农牟利 /896
文与可乐府 /897
讥议迁史 /898
常　何 /899
李密诗 /899
寺监主簿 /900
温大雅兄弟名字 /900
册府元龟 /901
汉高帝祖称丰公 /903

枢密行香 /903
船名三翼 /904
东坡诲葛延之 /904
用书云之误 /905
张鷟讥武后滥官 /906
唐王府官猥下 /907
御史风闻 /907
唐御史迁转定限 /908

卷第十二（十三则）

小学不讲 /909
主　臣 /911
景华御苑 /911
州升府而不为镇 /912
汉唐三君知子 /913
当官营缮 /914
治历明时 /915
仕宦捷疾 /917
词臣益轻 /918
夏英公好处 /918
祖宗用人 /919
至道九老 /919
李文正两罢相 /920

卷第十三（二十四则）

科举之弊不可革 /922
宰执子弟廷试 /922
国初救弊 /923
房玄龄名字 /924
二朱诗词 /924
金刚经四句偈 /925
四莲华之名 /926
黑法白法 /926
多心经偈 /927
天宫宝树 /927
白分黑分 /928
月双闰双 /928
逾缮那一由旬 /928

7

七极微尘 /929
宰相赠本生父母官 /929
执政赠三代不同 /930
唐孙处约事 /930
夏侯胜京房两传 /931
汉人坐语言获罪 /932
枢密书史 /932
知州转运使为通判 /933
范正辞治饶州 /933
荣王藏书 /934
秦杜八六子 /934

卷第十四（十四则）

祖宗亲小事 /936
王居正封驳 /937
王元之论官冗 /938
梁状元八十二岁 /938
太宗恤民 /939
潘游洪沈 /939
舞鸥游蜻 /940
郎中用资序 /941
台谏分职 /941
贞元朝士 /942
表章用两臣字对 /943
刘梦得谢上表 /944
陈简斋葆真诗 /948
仙传图志荒唐 /949

卷第十五（十五则）

徽庙朝宰辅 /950
教官掌笺奏 /951
经句全文对 /951
北郊议论 /952
讨论滥赏词 /953
尺 八 /955
三给事相攻 /955
朱藏一诗 /956
蔡京轻用官职 /956

节度使改东宫环卫官 /957
宰相任怨 /958
四李杜 /958
浑脱队 /959
岁阳岁名 /960
官称别名 /961

卷第十六（十二则）

汉重苏子卿 /963
昔贤为卒伍 /964
兵家贵于备豫 /965
渠阳蛮俗 /965
寄资官 /967
亲王带将仕郎 /968
郡县用阴阳字 /968
杜畿李泌董晋 /969
严有翼诋坡公 /971
曹马能收人心 /973
取蜀将帅不利 /974
李峤杨再思 /975

容斋五笔

卷第一（十九则）

天庆诸节 /978
虢州两刺史 /978
狐假虎威 /979
徐章二先生教人 /979
张吕二公文论 /980
郎官非时得对 /981
王安石弃地 /981
双生以前为兄 /982
风俗通 /983
俗语有出 /983
昏主弃功臣 /984
问故居 /984
唐宰相不历守令 /985

张释之柳浑　/986
人臣震主　/986
五经秀才　/987
陶潜去彭泽　/988
羌戎畏服老将　/988
古人字只一言　/989

卷第二（十五则）

二叔不咸　/990
官阶服章　/990
月非望而食　/991
庆善桥　/992
西汉以来加官　/993
吕望非熊　/994
唐曹因墓铭　/995
唐史省文之失　/995
李德裕论命令　/996
汉武唐德宗　/996
诸公论唐肃宗　/997
孙马两公所言　/998
元微之诗　/999
谏缭绫戏龙罗　/1000
详正学士　/1001

卷第三（十五则）

人生五计　/1002
瀛莫间二禽　/1003
士大夫避父祖讳　/1003
元正父子忠死　/1004
萧颖士风节　/1005
石尤风　/1006
江枫雨菊　/1006
开元宫嫔　/1007
相里造　/1007
先公诗词　/1008
州县名同　/1011
三衙军制　/1012
欧阳公勋封赠典　/1013

嘉祐四真　/1014
五方老人祝圣寿　/1014

卷第四（九则）

作诗旨意　/1016
平王之孙　/1018
毛诗语助　/1019
东坡文章不可学　/1020
韩文称名　/1022
棘寺棘卿　/1022
晋代遗文　/1023
汉武帝田蚡公孙弘　/1027
近世文物之殊　/1028

卷第五（十五则）

庚公之斯　/1030
万事不可过　/1031
致仕官上寿　/1032
桃花笑春风　/1032
严先生祠堂记　/1032
大言误国　/1033
宗室覃恩免解　/1034
唐书载韩柳文　/1035
冥灵社首凤　/1036
左传州郡　/1037
贫富习常　/1038
唐用宰相　/1038
史记简妙处　/1039
玉津园喜晴诗　/1040
虢巨贺兰　/1041

卷第六（十二则）

鄱阳七谈　/1043
经解之名　/1044
卜筮不敬　/1044
糖霜谱　/1045
李彦仙守陕　/1047

奸雄疾胜己者　/1049
俗语放钱　/1051
汉书多叙谷永　/1051
玉堂殿阁　/1053
汉武帝喜杀人者　/1054
知人之难　/1055
馆职迁除　/1055

卷第七（十四则）

盛衰不可常　/1057
唐赋造语相似　/1058
张蕴古大宝箴　/1059
国初文籍　/1062
叙西汉郊祀天地　/1062
骞骞二字义训　/1063
书龁信陵事　/1063
贡禹朱晖晚达　/1064
琵琶行海棠诗　/1065
东坡不随人后　/1065
元白习制科　/1066
门生门下见门生　/1067
韩苏杜公叙马　/1068
风灾霜旱　/1069

卷第八（十二则）

白苏诗纪年岁　/1071
天将富此翁　/1073
白公说俸禄　/1074
白居易出位　/1075
醉翁亭记酒经　/1076
白公感石　/1078
礼部韵略非理　/1079
唐臣乞赠祖　/1080
承习用经语误　/1080
长庆表章　/1082
元白制科　/1083
八种经典　/1083

卷第九（十二则）

畏人索报书　/1086
不能忘情吟　/1086
擒鬼章祝文　/1087
欧公送慧勤诗　/1089
委蛇字之变　/1090
东不可名园　/1091
一二三与壹贰叁同　/1092
何恙不已　/1093
两汉用人人元元字　/1093
韩公潮州表　/1095
燕赏逢知己　/1096
端午贴子词　/1097

卷第十（十二则）

哀公问社　/1100
绝句诗不贯穿　/1101
农父田翁诗　/1102
卫宣公二子　/1102
谓端为匹　/1103
唐人草堂诗句　/1104
公榖解经书日　/1105
柳应辰押字　/1108
唐尧无后　/1109
斯须之敬　/1110
丙午丁未　/1111
祖宗命相　/1113

附录：宋史洪迈传　/1115
后　记　/1118

卷第一（十四则）

晁景迂经说

景迂子晁以道留意六经之学，各著一书，发明其旨，故有《易规》《书传》《诗序论》《中庸》《洪范传》《三传说》。其说多与世儒异①。

谓《易》之学者所谓应、所谓位、所谓承乘、所谓主，皆非是。大抵云，《系辞》言卦爻象数刚柔变通之类非一，未尝及初应四、二应五、三应六也②。以阳居阳、以阴居阴为得位，得位者吉。以阳居阴、以阴居阳为失位③，失位者凶。然则九五、九三、六二、六四俱善乎？六五、六三、九二、九四俱不善乎？既为有应无应、得位不得位之说，而求之或不通，则又为承乘之说④。谓阴承阳则顺，阳承阴则逆，阳乘柔则吉，阴乘刚则凶，其不思亦甚矣。又必以位而论中正⑤，如六二、九五为中且正，则六五、九二俱不善乎？初、上、三、四永不得用中乎？卦各有主⑥，而一概主之于五，亦非也。

其论《书》曰：予于《尧典》，见天文矣，而言四时者不知中星⑦。《禹贡》敷土治水，而言九州者不知经水⑧。《洪范》性命之原，而言九畴者不知数⑨。舜于四凶，以尧庭之旧而流放窜殛之⑩。穆王将善其祥刑，而先丑其耄荒⑪。汤之伐桀，出不意而夺农时。文王受命为僭王⑫，召公之不说，类乎无上。太甲以不顺伊尹而放，群叔才有流言而诛，启行孥戮之刑以誓不用命⑬，盘庚行劓殄之刑而迁国，周人饮酒而死，鲁人不板干而屋诛⑭。先时不及时而杀无赦。威不足吃，老不足敬，祸不足畏，凶德不足忌之类⑮。惟此经遭秦火煨烬之后，孔壁朽折之余，孔安国初以隶篆推科斗⑯。既而古今文字错出东京，乃取正于杜林⑰。传至唐，弥不能一，明皇帝诏卫包悉以今文易之，其去本几何其远矣⑱！今之学者尽信不疑，殆如手授于洙、泗间⑲，不亦惑乎？论《尧典》中星云，于春分日而南方井、鬼七宿合⑳，昏毕见者，孔氏之误也。岂有七宿百九度，而于一夕间毕见者哉？此实春分之一时正位之中星,非常夜昏见之中星也。于夏至而东方角、亢七宿合㉑,昏毕见者,孔氏之误也。岂有七宿七十七度,而于一夕间毕见者哉?此夏至一时之中星,非常夜昏见者也。秋分、冬至之说皆然。凡此以上,皆晁氏之说。所辩圣典,非所敢知。但验之天文,不以四时,其同在天者常有十余宿。自昏至旦,除太阳所舍外㉒,余出者过三之二,安得言七宿不能于一夕间毕见哉?盖晁不识星故云尔。

其论《诗序》云㉓,作诗者不必有序。今之说者曰,《序》与《诗》同作,无乃惑欤?且逸诗之传者,岐下之石鼓也㉔,又安睹《序》邪?谓晋武公盗立,秦仲者石勒之流㉕,秦襄公取周地㉖,皆不应美。《文王有声》为继伐㉗,是文王以伐纣为志,武王以伐纣为功。《庭燎》《沔水》《鹤鸣》《白驹》,箴、规、诲、刺于宣王,则《云汉》《韩奕》《崧高》《烝民》之作妄也㉘。未有《小雅》之恶如此,而《大雅》之善如彼者也㉙。谓《子衿》《候人》《采绿》之《序》骈蔓无益,《樛木》《日月》之《序》为自戾,《定之方中》《木瓜》之《序》为不纯㉚。孟子、荀卿、左氏、贾谊、刘向汉诸儒㉛,论说及《诗》多矣,未尝有一言以《诗序》为议者,则《序》之所作晚矣。晁所论是否,亦未敢辄言。但其中有云,秦康公隳穆公之业,日称兵于母家,自丧服以寻干戈,终身战不知已,而序《渭阳》,称其"我见舅氏,如母存焉"㉜,是果纯孝欤?陈厉公弑佗代立,而序《墓门》责佗"无良师傅"㉝,失其类矣。予谓康公《渭阳》之诗,乃赠送晋文公入晋时所作,去其即位十六年。衰服用兵,盖晋襄公耳,《传》云"子墨衰绖"者也㉞。康公送公子雍于晋,盖徇其请㉟。晋背约而与之战,康公何罪哉?责其称兵于母家,则不可。陈佗杀威公太子而代之,故蔡人杀佗而立厉公,非厉公罪也。晁诋厉以申佗㊱,亦为不可。

其论《三传》,谓杜预以左氏之耳目,夺夫子之笔削㊲。公羊家失之舛杂,而何休者,又特负于公羊㊳。惟《穀梁》晚出,监二氏之违畔而正之,然或与之同恶,至其精深远大者,真得子夏之所传㊴。范宁又因诸儒而博辩之,申《穀梁》之志,其于是非亦少公矣,非若杜征南一切申《传》,决然不敢异同也㊵。此论最善。

然则晁公之于群经,可谓自信笃而不诡随者矣㊶。

【注释】

①世儒：汉代指传授经学者。②象数：《左传》僖公十五年："龟，象也。筮，数也。物生而后有象，象而后有滋（滋长，繁衍），滋而后有数。"杜预注："言龟以象示，筮以数告，象数相因而生，然后有占，占所以知吉凶。"《周易》中凡言天日山泽之类为象，言初上九六之类为数。初应四：即别卦六个爻中初爻应四爻。应，应和。③阳居阳：阳爻（用"九"表示）居阳位（六爻中的初、三、五爻）。如"九五"，"九"表示阳性，是阳爻；"五"则是爻位，指五爻，是阳位。二、四、上爻则是阴位。古代单数表示"阳"，双数表示"阴"。得位：谓居应处之位次。失位：没有处于自己应处的位次。④承：顺从；奉承。表示下承上。乘（chéng）：驾御。表示上乘下。⑤中正：居中位且合正道。如六二爻，居下三爻之中。是阴爻。二也是阴数。⑥主：主体。每卦六个爻中的任何一爻都能作主体。并不是都从五爻为主体⑦尧典：《尚书》篇名。追述帝尧事迹的史书，记述了禅让帝位、公议百官、以东西南北四方与春夏秋冬四时相配等内容。中星：二十八宿（xiù）分布四方，按一定轨道运转，依次每月行至中天南方的星叫中星。观察中星可确定四时（四季，春夏秋冬）。⑧敷土：划分土地的疆界。敷，分别；区分。经水：水的本流。⑨《洪范》性命之原：《洪范》记述商末箕子向周武王阐述的治国方略——九畴，即九类治国大法，所以称之为"性命之原"。性命之原：与生命交关的根本大事。畴，种类。数：旧谓气数，即命运。⑩"舜于四凶"句：《舜典》："流共工于幽州，放驩兜于崇山，窜三苗于三危，殛鲧于羽山，四罪而天下咸服。"另见《四笔》卷十六《严有翼诋坡公》注。尧庭之旧，即尧的旧臣。窜殛：流放和杀戮。⑪穆王：指周穆王。祥刑：用刑详审谨慎。丑其耄荒：憎恶他年老昏聩。丑，憎恶。耄荒，年老昏聩。⑫僭王：谓越分称王。⑬太甲：汤的嫡长孙，商的第四帝。"群叔"句：见五笔卷二《二叔不咸》一文。武王既丧，管叔及其群弟乃流言于国，曰："公（周公）将不利于孺子（指成王）。""启"句：启（夏禹之子）伐有扈，作战前动员令："弗用命，戮于社（祀社神之所），予（我）则孥戮（或以为奴，或加刑戮，无有所赦。孥，同'奴'）汝。⑭"盘庚"句：盘庚（汤的第十世孙，商的第二十位君王）决定迁都到殷地，百姓怨恨，盘庚便训诫他们：如果有谁不和我和衷共济，而在里面胡捣鬼，"我乃劓殄（yì tiǎn）灭之（杀掉他们）"。"周人"句：《酒诰》："厥或诰曰：'群饮。'汝勿佚。尽执拘以归于周，予其杀。""鲁人"句：板干：《费誓》作"桢干"。桢干：筑墙时所用的木柱，竖在两端的叫桢，竖在两旁障土的叫干。《费誓》载，鲁公伯禽率师征伐淮夷、徐戎，发布誓词，其中有："鲁人三郊三遂，峙乃桢干。甲戌，我惟筑，无敢不供；汝则有无余刑，非杀。"又《史记·鲁周公世家》："鲁人三郊三隧，峙尔刍茭、糗粮、桢

干,无敢不逮。我甲戌筑而征徐戎,无敢不及,有大刑。"屋诛:古代诛三族的一种重刑。一说诛于屋舍中;又一说如汉之下蚕室(古代执行官刑及受官刑者所居之狱室)。⑮先时不及时:此处指搞乱了天时历法。威不可讫:《吕刑》:"典狱,非讫于威(刑罚的威严),惟讫于富(仁厚的德政)。"讫,终止。凶德:违背仁德的恶行。⑯秦火煨烬:《尚书》为儒家经典之一。相传由孔子编选而成,有百余篇。秦时焚书,加上秦末兵祸,亡数十篇。西汉初仅存二十八篇,即《今文尚书》。孔壁:见《四笔》卷二《诸家经学兴废》注。朽折:毁朽断折。科斗:即蝌蚪文字。《古文尚书》为先秦书籍,皆科斗文字。篆隶始于秦代。⑰错出:交错出现。错:彼此不同。取正:用作典范。杜林:东汉经学家。治《古文尚书》。⑱本:本来面目。⑲殆如手授洙、泗间:就像孔子亲手授给他似的。洙水在北,泗水在南,洙泗之间,即孔子聚徒讲学之所。⑳井、鬼七宿:指朱雀(一作"朱鸟")的井、鬼、柳、星、张、翼、轸七宿。㉑角、亢七宿:指苍龙七宿:角、亢、氐、房、心、尾、箕。《尧典》:"日永星火,以正仲夏。"日永,指夏至这一天。这一天白昼最长(永)。火,大火。星名。即心宿。㉒圣典:圣人的经典法则。太阳所舍:太阳所占据的位置。舍(shè),星次;星位所在。㉓诗序:《毛诗序》的简称。现存《诗序》有大序、小序之分。列在各诗之前,解释各篇主题的为"小序";在首篇《关雎》的"小序"之后,有大段文字概论全经的,为"大序"。㉔逸诗:专指《诗经》未收的古代诗歌。岐下石鼓:唐初在天兴(今陕西凤翔)三畤原出土十块鼓形石,上刻大篆四言诗,其"我车既攻,我马既同"与《诗·小雅·车攻》的起句相同,唐宋人因而多附会为周宣王时物(如韩愈的《石鼓歌》、苏轼的《石鼓歌》)。经近人考证,断为秦时记载国君游猎的刻石。因凤翔在岐山(天柱山)之阳,所以称"岐下"。㉕晋武公盗立:晋侯缗二十八年(前679年),"曲沃武公伐晋侯缗,灭之,尽以其宝器赂献于周僖王。僖王命曲沃武公为晋君,列为诸侯,于是尽并晋地而有之。"(《史记·晋世家》)盗立,指篡夺政权。《诗序》说,《无衣》(《唐风》篇名)是赞美晋武公的作品。秦仲:《诗序》盖以为秦之成为大国,实始于秦仲时。《诗序》:"《车邻》(《秦风》篇名),美秦仲也。秦仲始大,有车马礼乐侍御之好焉。"石勒:十六国时后赵的建立者。原为刘渊的大将,后发展为割据势力。319年自称赵王,建立政权。㉖秦襄公:春秋时秦国的建立者。西周灭亡时,护送周平王东迁,被封为诸侯(伯爵),赐给岐(今陕西岐山县东北)以西地。取周地:可能指"伐戎而至岐"(《史记·秦本纪》)一事。《诗序》说,"《驷驖》,美襄公也。始命,有田狩之事,园囿之乐焉。"㉗文王有声:《诗序》:"《文王有声》,继伐也。武王能广文王之声,卒其伐功也。"㉘《庭燎》四篇:均为《诗·小雅》篇名。箴:劝告;规戒。规:规劝;谏诤。诲:教导;

训诲。刺：指责；讥讽。宣王：周宣王姬靖（一作姬静）。四首诗，除《庭燎》是赞美宣王勤于政事外，《诗序》以为，《沔水》，规劝宣王之作；《鹤鸣》，"诲宣王"（郑玄笺："教宣王求贤人之未仕者。"）；《白驹》，"大夫刺宣王"之作（郑玄笺："刺其不能留贤也。"）。《云汉》四篇：均为《大雅》篇名。全部是赞美宣王的诗。㉙ "未有"句：意为没有一本诗集像《诗经》那样，在《小雅》篇章中憎恶某人这个样，而在《大雅》的篇章中却赞美他那个样。㉚ 骈蔓：牵扯枝蔓。自戾：自相矛盾。《诗序》：《樛木》，后妃恩惠及于下人。而《日月》，《诗序》以为卫庄姜（卫庄公之妃）伤己遭遇而作。既然为自己的不幸遭遇而悲伤，还谈什么惠及下人？不纯：不纯正。㉛ 左氏：左丘明。春秋时史学家。相传曾著《左传》，又传《国语》亦出其手。《左传》一书很多地方引述了《诗经》的篇章。㉜ 秦康公：秦穆公夫人穆姬之子。穆姬为晋献公之女，太子申生、公子重耳之姊。因此，下文的"母家"即指晋。称兵：举兵。谓动用武力，发动战争。母家：母亲的娘家。舅氏：指晋公子重耳，即后来的晋文公。如母存焉：其时，康公为秦太子，其母已死。㉝ 佗：陈厉公之兄。立未逾年，为蔡人所杀。死无谥。《墓门》：《陈风》篇名。《诗序》说是"刺陈佗"。㉞ 衰（cuī）服：即服衰。穿着丧服。衰，麻制丧服。子：即指晋文公之子襄公。杜预注："晋文公未葬，故襄公称子；以凶服从戎，故墨之。"㉟ 雍：晋襄公之弟。襄公卒，晋人欲立雍。时雍在秦，秦康公送雍于晋。徇：顺从；依从。㊱ 威公：应为"桓公"。本篇和《管晏之言》《汉志之误》均把"桓"字易为"威"，是避宋钦宗赵桓讳。诋厉申佗：诋毁陈厉公，以为陈佗申诉冤屈。㊲ 夺：剥夺。㊳ 舛（chuǎn）杂：驳杂；错乱。何休：东汉经学家。历十七年撰成《春秋公羊解诂》。负：推崇。㊴ 二氏：左氏和公羊氏。违畔：指背叛孔子。同恶：共同作恶，也指共同作恶的人。此处指同样背叛孔子。精深：精熟深通。真得子夏之所传：穀梁赤为子夏之弟子。㊵ 范宁：字武子。东晋经学家。撰《春秋穀梁传集解》。博辩：亦作"博辨"。从多方面论说；雄辩。申：表达；表明。杜征南：即杜预。卒后追赠征南大将军、开府仪同三司（《晋书·杜预传》）。决然：一定；必然。异同：不同；不一致。引申为反对。㊶ 笃：深厚。诡随：谓不顾是非而妄随人意。

邳彤郦商

汉光武讨王郎时，河北皆叛，独钜鹿、信都坚守，议者谓可因二郡兵自送①，还长安。惟邳彤不可，以为若行此策，岂徒空失河北，必更惊动三辅。公既西，则邯郸之兵②，不肯背城主而千里送公，其离散逃亡可必也。光武感其言而止。东坡曰："此东汉兴亡之决③，邳彤亦可谓汉之元臣也。"彤在云台诸将之中，不为人所标异④，至此论出，识者始知其然。汉高祖没，吕后与审食其谋曰："诸将故与帝为编户民，今乃事少主，非尽族是⑤，天下不安。"以故不发丧。郦商见食其曰："诚如此，天下危矣。陈平、灌婴将十万守荥阳，樊哙、周勃将二十万定燕、代，比闻帝崩，诸将皆诛，必连兵还向以攻关中，亡可翘足待也⑥。"食其入言之，乃发丧。然则是时汉室之危，几于不保，郦商笑谈间，廓廓无事⑦，其功岂不大哉？然无有表而出之者！迨吕后之亡，吕禄据北军，商子寄绐之出游，使周勃得入。则郦氏父子之于汉，谓之社稷臣可也。寄与刘揭同说吕禄解将印，及文帝论功，揭封侯赐金，而寄不录⑧，平、勃亦不为之一言，此又不可晓者。其后寄嗣父为侯，又以罪免，惜哉！

【注释】

①河北皆叛：叛光武刘秀。两郡坚守：为刘秀坚守。因：由也。自送：送光武帝还长安。②邯郸：王郎被立为汉帝，都邯郸。③决：决定兴亡（的关键）。④云台：汉代台名。《后汉书·马武传论》："永平中，显宗追感前世功臣，乃图画二十八将于南宫云台。"标异：谓表明与众不同。⑤审食其（yì jī）：初任汉高祖舍人，与吕后同时为项羽所俘，渐为吕后所亲信。后封辟阳侯。吕后时，任左丞相，公卿皆因而决事，权势很大。《随笔》卷三《太白雪谗》："汉祖吕后，食其在傍"即指审食其。少主：指汉惠帝刘盈。惠帝十五岁继皇位。族：族诛；灭族。是：此。指诸将。⑥翘足：举足，抬起脚来。形容时间很短。⑦廓廓无事：平安无事。廓廓，安定貌。⑧不录：不任用。

武成之书

孔子言："周之德，其可谓至德也已矣。三分天下有其二，以服事殷①。"所谓服事者，美其能于纣之世尽臣道也②。而《史记·周本纪》云西伯盖受命之年称王，而断虞、芮之讼，其后改法度，制正朔，追尊古公、公季为王③。是说之非，自唐梁肃至于欧阳、东坡公、孙明复皆尝著论，然其失自《武成》始也④。孟子曰："吾于《武成》，取二三策而已矣⑤。"今考其书，云"大王肇基王迹，文王诞膺天命，以抚方夏"⑥，及武王自称曰"周王发"，皆纣尚在位之辞。且大王居邠，犹为狄所迫逐⑦，安有"肇基王迹"之事？文王但称西伯，焉得言"诞膺天命"乎？武王未代商，已称周王，可乎？则《武成》之书不可尽信，非止"血流漂杵"一端也⑧。至编简舛误⑨，特其小小者云。

【注释】

①至德：最高的德行。已矣：语气词。用于句末，与"矣"同义。服事：五服之内所封诸侯定期朝贡，各依服数以事天子。亦泛谓尽臣道。后泛指为人奔走效劳。②臣道：为臣的道理和本分。③"西伯"句：周文王在解决虞、芮两国争端的那年，便承受天命，受到诸侯拥护而称王。西伯：即周文王。改法度，制正朔：这句话是说文王称王后，已完全脱离殷朝，建立了自己的法令制度，采用了周历。正（zhēng）朔：一年第一天开始（正，一年的开始；朔，一月的开始）的时候。周历以现今夏历十一月为正月。古公：即古公亶父，周文王的祖父。公季：即季历，周文王之父。周文王追尊古公为太王，公季为王季。④武成：《尚书》篇名。主要记述周武王伐商大功告成后的重要政事。武，武功。成，成就。⑤策：此处指简策。取二三策而已，意谓不可全信。⑥肇基：谓始创基业。王迹：帝王之功业。诞膺：承受（天命或帝位）。按：孔传把"诞膺天命"解为"大当天命"。诞，大。膺，受，当。以抚方夏：以安抚天下。方夏，谓中国。方，四方。夏，华夏。⑦迫逐：犹驱逐。⑧血流漂杵：武王和纣王战于牧野，纣王败北。漂杵：浮起舂杵。形容恶战流血之多。杵，舂米用的木杵。《孟子·尽心下》："仁人无敌于天下，以至仁伐不仁，而何其血之流杵也？"⑨编简：书籍，多指史册。

象载瑜

《汉郊祀歌·象载瑜》章云："象载瑜，白集西①。"颜师古曰："象载，象舆也②。山出象舆，瑞应车也③。"《赤蛟》章云"象舆辖"④，即此也。而《景星》章云："象载昭庭。"师古曰："象谓悬象也⑤。悬象秘事，昭显于庭也。"二字同出一处，而自为两说。按乐章词意，正指瑞应车，言昭列于庭下耳。三刘《汉》释之说亦得之⑥,而谓"白集西"为西雍之麟,此则不然。盖歌诗凡十九章,皆书其名于后,《象载瑜》前一行云"行幸雍获白麟作",自为前篇"朝陇首,览西垠"之章,不应又于下篇赘出之也⑦。

【注释】

①《象载瑜》:汉郊祀歌名。太始三年武帝游东海获赤雁作。下文的《赤蛟》《景星》以及《朝陇首》,均为汉郊祀歌名。参见《汉书·礼乐志》。象载瑜,白集西:颜师古注:"……瑜,美貌也。言此瑞车瑜然色白而出西方也。"②象舆:传说象征太平盛世的一种车。也称"象车"或"山车"。③瑞应车:象征祥瑞之车。④轙(yǐ):整车待发。⑤悬象:宣布法令。⑥三刘:指宋代刘敞(原甫)、刘攽(贡甫)、刘奉世(仲冯,刘敞之子)三人。均为史学家。《汉》释:指其所编撰的《三刘汉书》。⑦下篇:指《象载瑜》篇。其意是说,三刘《汉》释谓"白集西"为西雍之麟,则不然。赘出:多余地出现。赘,多余;无用。

管晏之言

《孟子》所书:"齐景公问于晏子曰:'吾欲观于转附、朝儛,遵海而南,放于琅邪,吾何修而可以比于先王观也①?'晏子对曰:'天子诸侯,无非事者②。春省耕而补不足,秋省敛而助不给③。今也不然。师行而粮食④。从流下而忘反谓之流。从流上而忘反谓之连。从兽无厌谓之荒。乐酒无厌谓之亡⑤。先王无流连之乐,荒亡之行⑥。'景公说,大戒于国⑦。"《管子·内言·戒》篇曰:"威公将东游,问于管仲曰:'我游犹轴转斛⑧,南至琅邪。司马曰,亦先王之游已。何谓也?'对曰:'先王之游也,春出原农事之不本者⑨,谓之游。秋出补人之不足者,谓之夕。夫师行而粮食其民者,谓之亡。从乐而不反者,谓之荒。先王有游夕之业于民⑩,无荒亡之行于身。'威公退再拜,命曰宝法。"观管、晏二子之语,一何相似,岂非传记所载容有相犯乎⑪?管氏既自为一书,必不误,当更考之《晏子春秋》也。

【注释】

①晏子：指晏婴，字平仲。春秋时齐国大夫。观：游览。转附：即今芝罘山。朝儛：即今成山。遵：循；沿着。放于琅邪：一直到琅邪山。放，远出。"吾何修"句：我要怎样做才可以和古代圣贤君主的巡游相比呢？②无非事者：没有单独为游览而游览、不和公务（即下两句说的）结合在一起的。③"春省耕"两句：春季视察耕种情况并借此补助种子不足的农家，秋季视察收获情况并借此补助口粮不足的农家。敛，收获。不给（jǐ），供给不足；匮乏。④师行而粮食：君王的大队伍一来粮食就被吃光。食（sì），通"饲"。⑤"从流下"四句：从上流向下放舟游览而忘记回返叫作流，从下流逆水向上游览而忘记返回叫作连，上山打猎无止无休这叫作荒，整天沉溺在酒宴之中叫作亡。从兽：追逐野兽。即打猎。按：这四句是晏子解释"流连荒亡"的，用以劝说齐景公。因为作者是摘录的晏子的话，所以和上句的意思衔接不紧凑。⑥流连：即上面说的耽于游乐而忘归。荒亡：即上面说的沉迷于田猎宴饮。后亦泛指行为放纵没有节制。⑦大戒于国：在都城内充分做好赈济贫民的准备工作。大，全力，充分。戒，准备。此处指作的赈济贫民的准备工作。⑧威公：指齐桓公小白。避宋钦宗赵桓讳。犹轴转斛：由成山转到芝罘山。转斛即"转附"声之讹转。⑨原：考察原由。不本者：没有本钱的农民。本，本钱；母金。⑩游夕：指古代帝王春秋两季的巡行。⑪容：可以，允许。相犯：先后重复。

共工氏

《礼记·祭法》《汉书·郊祀志》，皆言共工氏霸九州，以其无录而王①，故谓之霸。《历志》则云："虽有水德，在火木之间，非其序也②。任知刑以强，故伯而不王③。周人迁其行序，故《易》不载④。"注言："以其非次故去之。"《史记·律书》："颛帝有共工之陈，以平水害⑤。"文颖曰："共工，主水官也。少昊氏衰，秉政作虐⑥，故颛帝伐之。本主水官，因为水行也⑦。"然《左传》郯子所叙黄帝、炎帝五代所名官，共工氏以水纪，故为水师而水名⑧。杜预云："共工氏以诸侯伯有九州者，在神农之前，太昊之后，亦受水瑞⑨，以水名官。"盖其与炎、黄诸帝，均受五行之瑞，无所低昂⑩，是亦为王明矣。其子曰后土，能平九州，至今祀以为社⑪。前所纪谓"周人去其行序"，恐非也。至于怒触不周之山，天倾西北，地不满东南⑫，此说尤为诞罔。洪氏出于此，本曰"共"，《左传》所书晋左行共华、鲁共刘⑬，皆其裔也。后又推本水德之绪加水于左而为"洪"云⑭。《尧典》所称"共工方鸠僝功",即舜所流者⑮,非此也。时以名官,故舜命垂为之⑯。

【注释】

①共工氏:传说中古代部族首领。共,音gōng。无录:录,通"禄"。《汉书·郊祀志》作"无禄"。无禄,指没有禄命,没有禄食的运数。此处则指没有天命。②历志:《汉书·律历志》。"虽有水德"句:按五行相生排列顺序,应是木、火、土、金、水。在火木之间,谓共工之前有太昊,太昊以木德王;之后有炎帝,以火德王,故言在火木之间,亦即木火之间,失其五德之序。水德:古代方士以五行之德,为王者受命之运,如颛顼及商汤,皆称以水德王。③任知刑:用智谋进行征讨。刑,征讨。一说凭藉智谋和刑罚。任,凭依;依据。伯(bà):通"霸"。称霸,做诸侯的盟主。④迁其行序:去掉了共工氏在五行中的排列次序。迁,去。故《易》不载:所以《周易》所载诸帝中没有共工氏的名字和事迹。按:《周易·系辞下传》所载只有包羲氏(即伏羲氏)、神农氏和黄帝、尧、舜氏。伏羲氏即太昊,神农氏即炎帝。⑤"颛帝"句:共工擅政而兴水害,颛帝对共工进行了讨伐。陈,同"阵"。这里指讨伐。有共工之阵,即讨伐共工。⑥作虐:为害;胡作非为。⑦水行:即水德。⑧以水纪:以水纪事。故为水师而水名:因此他的百官都以水命名。即以水名官,春官为东水,夏官为南水,秋官为西水,冬官为北水,中官为中水。师,官员。⑨水瑞:古人附会水的某种异象为吉祥之兆,谓之"水瑞"。⑩低昂:高低,高下。⑪平:治理。社:古指土地神。⑫"怒触不周山"句:《淮南子·天文训》说,共工与颛顼争夺帝位,怒触西北不周山,致使"天倾西北","地不满东南"(中国的地势,正是西北高、东南沿海低)。⑬左行共华:行,音háng。左行,古代军制名。⑭推本:探究;寻究根源。绪:统系;世系。⑮方鸠僝功:见《续笔》卷六《怨耦曰仇》注。舜所流者:见本卷《晁景迂经说》"舜于四凶"注。⑯命垂为之:命垂为共工。《尚书·舜典》:"帝曰:'……垂,汝共工。'"此处共工为工官名。

汉志之误①

昔人谓颜师古为班氏忠臣,以其注释纪传,虽有舛误,必委曲为之辨故也②。如《五行志》中最多,其最显显者,与《尚书》及《春秋》乖戾为甚③。桑穀共生于朝④。刘向以为商道既衰,高宗乘敝而起,既获显荣⑤，怠于政事，国将危亡，故桑穀之异见。武丁恐骇，谋于忠贤。颜注曰："桑穀自太戊时生，而此云高宗时，其说与《尚书大传》不同，未详其义，或者伏生差谬⑥。"按《艺文志》自云："桑穀共生，太戊以兴，鸣雉登鼎⑦，武丁为宗。"乃是本书所言，岂不可为明证，而翻以伏生为谬，何也？僖公二十九年，大雨雹。刘向以为信用公子遂，遂专权自恣，僖公不寤，后二年，杀子赤立宣公。又载文公十六年，蛇自泉宫出⑧。刘向以为其后公子遂杀二子而立宣公⑨。此是文公末年事，而刘向既书之，又误以为僖。颜无所辨。隐公三年，日有食之。刘向以为其后郑获鲁隐。注引"狐壤之战，隐公获焉"。此自是隐为公子时事耳，《左传》记之甚明。宣公十五年，王札子杀召伯、毛伯⑩。董仲舒以为成公时。其他如言楚庄始称王，晋灭江之类，颜虽随事敷演，皆云未详其说，终不肯正诋其疵也⑪。《地理志》中沛郡公丘县曰："故滕国，周懿王子叔绣所封⑫。"颜引《左传》"郜、雍、曹、滕，文之昭也"为证⑬，亦云未详其义。真定之肥累，淄川之剧，泰山之肥城，皆以为肥子国，而辽西之肥如，又云"肥子奔燕，燕封于此"。魏郡元城县云："魏公子元食邑于此，因而遂氏焉。"常山元氏县云："赵公子元之封邑，故曰元氏。"不应两邑命名相似如此。正文及《志》五引虖池河，皆注云："虖音呼，池音徒河反。"又"五伯迭兴"注云："此五伯谓齐威、宋襄、晋文、秦穆、楚庄也。"而《诸侯王表》"五伯扶其弱"注云："谓齐威、宋襄、晋文、秦穆、吴夫差也。"《异姓诸侯王表》"適戍强于五伯"注云⑭："谓昆吾、大彭、豕韦、齐威、晋文也。"均出一书，皆师古注辞，而异同如此。

【注释】

①汉志：班固撰写的《汉书》改《史记》的"书"体裁为"志"，并创《刑法》《五行》《地理》《艺文》四志。②委曲：迁就；曲从。一说委婉；婉转。③乖戾：不合；不和。④桑穀共生于朝：古时迷信，以桑、穀二木生于朝为不祥之兆。今文《尚书·咸有一德》："伊陟相太戊，亳有祥，桑穀共生于朝。"太戊，商代第十位国君，称为"中宗"。亳，亳都。商之国都。祥，本指吉凶的征兆。这里指凶兆，有怪异的意思。⑤高宗：即武丁。商代第二十三位国君。即位后，重用傅说等为大臣，力求巩固统治。敝：衰败。显荣：兴旺繁荣。⑥伏生：即伏胜。西汉今文《尚书》的最早传授者。相传他还作有《尚书大传》，疑是他

的弟子张生、欧阳生或后来的博士们杂录所闻而成。⑦鸲雉登鼎:《尚书·高宗肜日》:"高宗祭成汤,有飞雉升鼎耳而鸣。"⑧泉官:鲁都曲阜近郊邑名。⑨公子遂杀二子:杀文公长妃哀姜之二子恶及视。《公羊传》则说杀的子赤。事在鲁文公十八年。⑩王札子杀召伯、毛伯:《左传·宣十五年》:"王孙苏与召氏、毛氏争政,使王子捷杀召戴公及毛伯卫。"王孙苏,周王卿士。召氏(召伯)、毛氏(毛伯),周二大夫。王子捷,即王札子。⑪楚庄始称王:楚自武王时就称王,后历文王、堵敖、囏、成王、穆王,才传到庄王。江:古国名。公元前623年为楚所灭。并非为晋所灭。敷演:亦作"敷衍"。陈述而加以申说。正诋其疵:直言指责其毛病。⑫周懿王子叔绣:实际上是周文王子错叔绣。⑬郜、雍、曹、滕,文之昭也:郜雍曹滕四国的始封之君,都是周文王的儿子。滕国在今山东滕州市西南。⑭適戍:指因罪谪罚戍边的人。適(zhé),通"谪"。原文:"適戍强于五伯(bà),间阎偪于戎狄。"颜师古注:"適戍,谓陈胜、吴广也。"

汉将军在御史上

《汉书·百官公卿表》,御史大夫掌副丞相,位上卿,银印青绶,前后左右将军亦位上卿,而金印紫绶。故《霍光传》所载群臣连名奏曰,丞相敞、大将军光、车骑将军安世、度辽将军明友、前将军增、后将军充国、御史大夫谊①。且云群臣以次上殿。然则凡杂将军,皆在御史大夫上,不必前后左右也。

【注释】
①敞:指杨敞。光:指霍光。安世:指张安世。明友:指范明友。增:指韩增。充国:指赵充国。谊:指蔡谊。

上元张灯

上元张灯,《太平御览》所载《史记·乐书》曰:"汉家祀太一,以昏时祠到明。"今人正月望日夜游观灯,是其遗事,而今《史记》无此文。唐韦述《两京新记》曰："正月十五日夜，敕金吾弛禁[1]，前后各一日以看灯。"本朝京师增为五夜，俗言钱忠懿纳土，进钱买两夜，如前史所谓买宴之比[2]。初用十二、十三夜，至崇宁初，以两日皆国忌，遂展至十七、十八夜。予按国史，乾德五年正月，诏以朝廷无事，区宇乂安[3]，令开封府更增十七、十八两夕。然则俗云因钱氏及崇宁之展日，皆非也。太平兴国五年十月下元[4]，京城始张灯如上元之夕，至淳化元年六月，始罢中元、下元张灯。

【注释】

①金吾：即执金吾。弛禁：解除禁令。②钱忠懿：即钱俶（chù，初名弘俶）。五代时吴越国君。卒谥忠懿。纳土：献纳土地。谓归附。前史：以前的史籍。买宴：唐五代时皇帝赐宴，群臣献钱帛，谓之买宴。方镇入朝亦如之。实即为臣下向皇帝献纳之一种。③区宇：疆域。④下元：旧以阴历十月十五日为下元节，七月十五日为中元节。

七夕用六日

太平兴国三年七月，诏："七夕嘉辰，著于甲令[1]，今之习俗，多用六日，非旧制也，宜复用七日。"且名为七夕而用六，不知自何时始。然唐世无此说，必出于五代耳。

【注释】

①嘉辰：良辰（美好的时辰。或美好的时光）。甲令：朝廷所颁发的法令。也作"令甲"。

宰相参政员数

太祖登极，仍用周朝范质、王溥、魏仁浦三宰相，四年，皆罢，赵普独相。越三月，始创参知政事之名，而以命薛居正、吕余庆，后益以刘熙古，是为一相三参。及普罢去，以居正及沈义伦为相，卢多逊参政。太宗即位,多逊亦拜相。凡六年,三相而无一参。自后颇以二相二参为率①。至和二年,文彦博为昭文相,刘沆为史馆相,富弼为集贤相②,但用程戡一参。惟至道三年吕端以右仆射独相,而户部侍郎温仲舒、礼部侍郎王化基、工部尚书李至、礼部侍郎李沆四参政,前后未之有也。

【注释】

①率(lǜ):一定的标准和比率。②昭文相:即昭文馆大学士。宋承唐制,以上相为之。史馆为宰相兼领职务之一。集贤院置大学士,以宰相充任。

朱崖迁客①

唐韦执谊自宰相贬崖州司户,刺史命摄军事衙推,牒词云:"前件官久在朝廷,颇谙公事,幸期佐理,勿惮縻贤②。"当时传以为笑,然犹未至于挫抑也③。卢多逊罢相流崖州,知州乃牙校,为子求昏④,多逊不许,遂侵辱之,将加害,不得已,卒与为昏。绍兴中,胡邦衡铨窜新州,再徙吉阳,吉阳即朱崖也。军守张生,亦一右列指使,遇之亡状,每旬呈,必令囚首诣廷下⑤。邦衡尽礼事之,至作五十韵诗,为其生日寿,性命之忧,朝不谋夕。是时,黎酋闻邦衡名,遣子就学,其居去城三十里,尝邀致入山,见军守者,荷枷絣西庑下,酋指而语曰:"此人贪虐已甚⑥,吾将杀之,先生以为何如?"邦衡曰:"其死有余罪,果若此,足以洗一邦怨心。然既蒙垂问,切有献焉。贤郎所以相从者,为何事哉?当先知君臣上下之名分。此人固亡状,要之为一州主,所谓邦君也。欲诉其过,合以告海南安抚司,次至广西经略司,俟其不行,然后讼于枢密院,今不应擅杀人也。"酋悟,遽释之,令自书一纸引咎⑦,乃再拜而出。明日,邦衡归,张诣门悔谢⑧,殊感再生之恩,自此待为上客。邦衡以隆兴初在侍从,录所作《生日诗》示仲兄文安公,且备言昔日事。乃知去天万里,身陷九渊,日与死迫,古今一辙也。

【注释】

①迁客：流迁或被贬谪到外地的官。②牒词：授官文书上的文词。前件官：前面说到的这个官员。前件，前已述及的人或事物。旧时公牍文案中常用此词。勿惮縻贤：不要怕限制了自己的德才。縻，束缚。③挫抑：摧挫；抑制。④昏：通"婚"。⑤一右列指使：即一名武官。右列，指武官行列。古代武官居于朝班之右。指使：宋代将领或州县官属下供差遣的低级军官。亡状：同"无状"。无礼；无善状。旬呈：亲身报到画卯。囚首：发不梳如囚犯。⑥黎酋：黎族人的酋长。絣（bēng）：通"繃"。束缚；捆绑。庑（wǔ）：堂下周围的廊屋。贪虐：贪婪暴虐。⑦引咎：由自己承担错误的责任。⑧悔谢：悔过谢罪。

张士贵宋璟

唐太宗自临治兵，以部陈不整，命大将军张士贵杖中郎将等，怒其杖轻，下士贵吏。魏徵谏曰："将军之职，为国爪牙，使之执杖，已非后法①，况以杖轻下吏乎？"上亟释之。明皇开元三年，御史大夫宋璟坐监朝堂杖人杖轻，贬睦州刺史，姚崇为宰相，弗能止，卢怀慎亦为相，疾亟，表言璟明时重器，所坐者小，望垂矜录②，上深纳之。太宗、明皇，有唐贤君也，而以杖人轻之故，加罪大将军、御史大夫，可谓失政刑矣。

【注释】

①爪牙：犹言羽翼，比喻辅佐的人。后法：后世奉行的法则。②疾亟：病情危急。明时：谓政治清明的时代，多用来称颂当代。重器：比喻能任大事的人，犹言大器。望垂矜录：恳请赐予怜惜任用。垂矜，赐予怜悯。

韩欧文语

《盘谷序》云："坐茂林以终日，濯清泉以自洁。采于山，美可茹；钓于水，鲜可食①。"《醉翁亭记》云②："野花发而幽香，佳木秀而繁阴。""临溪而渔，溪深而鱼肥；酿泉为酒，泉香而酒洌③。山肴野蔌④，杂然而前陈。"欧公文势，大抵化韩语也。然"钓于水，鲜可食"与

"临溪而渔，溪深而鱼肥"、"采于山"与"山殽前陈"之句，烦简工夫，则有不侔矣。

【注释】

①盘谷序：即韩愈《送李愿归盘谷序》。李愿为韩愈的友人，隐居读书于盘谷（在今河南济源县北）。鲜：鱼；生鱼。②醉翁亭记：欧阳修所作。③洌：酒清而醇。④山殽野蔌：亦作"山肴野蔌"。野味和蔬菜。殽，通"肴"。蔌(sù)，蔬菜的总称。

卷第二(十六则)

汉宣帝不用儒

汉宣帝不好儒,至云俗儒不达时宜,好是古非今,使人眩于名实①,不知所守,何足委任。匡衡为平原文学,学者多上书荐衡经明②,当世少双,不宜在远方。事下萧望之、梁丘贺。望之奏衡经学精习,说有师道,可观览③。宣帝不甚用儒,遣衡归故官。司马温公谓俗儒诚不可与为治,独不可求真儒而用之乎④?且是古非今之说,秦始皇、李斯所禁也,何为而效之邪?既不用儒生而专委中书宦官,宏恭、石显因以擅政事,卒为后世之祸,人主心术⑤,可不戒哉!

【注释】
①俗儒:旧指目光短浅、志趣不高的读书人。不达:不明白;不通达。时宜:当时的需要或好尚。眩:迷惑;迷乱。名实:名称与实际。②文学:官名。汉代置于州郡及王国,或称文学掾,或称文学史,为后世教官所由来。学者:学术上有一定造诣的人。经明:经学博洽。③经学:训解或阐述儒家经典之学。说有师道:其学说有所师承。师道,犹师承,师传。指学问有所承受。可观览:值得参阅。④诚不可与为治:的确不能任用他们治国平天下。真儒:真正的儒者。犹大儒(儒学大师。后指学问渊博的人)。⑤心术:指人认识事物的方法与途径。

国家府库

真宗嗣位之初,有司所上天下每岁赋入大数,是时,至道三年也,凡收谷二千一百七十万硕①,钱四百六十五万贯,绢、绸一百九十万匹,丝、绵六百五十八万两,茶四十九万斤,黄蜡三十万斤。自后多寡不常,然大略具此。方国家全盛,民力充足,故于征输未能为害②。今之事力,与昔者不可同日而语，所谓缗钱之入③，殆过十倍。民日削月朘，未知救弊之术④，为可虑耳。黄蜡一项，今不闻有此数。

【注释】
①嗣位：继承君位。硕：古时容量单位"石"也称为"硕"。十斗为石。②征输：征收赋税输入官府。③事力：能力；力量。缗钱：用绳（缗）穿连成串的钱，即贯钱。④朘（juān）：缩小；减少。日削月朘：谓人民受到残酷盘剥，越来越贫困。救弊：纠正弊端。

刘项成败

汉高帝、项羽起兵之始，相与北面共事怀王①。及入关破秦，子婴出降②，诸将或言诛秦王。高帝曰："始怀王遣我，固以能宽容，且人已服降，杀之不祥。"乃以属吏③。至羽则不然，既杀子婴，屠咸阳，使人致命于怀王④。王使如初约，先入关者王其地。羽乃曰："怀王者，吾家武信君所立耳，非有功伐，何以得颛主约⑤？今定天下，皆将相诸君与籍力也，怀王亡功，固当分其地而王之。"于是阳尊王为义帝，卒至杀之。观此二事，高帝既成功，犹敬佩王之戒，羽背主约，其末至于如此，成败之端，不待智者而后知也。高帝微时，尝繇咸阳，纵观秦皇帝，喟然太息曰⑥："大丈夫当如此矣！"至羽观始皇，则曰："彼可取而代也。"虽史家所载，容有文饰⑦，然其大旨，固可见云。

【注释】
①相与：共同。共（gōng）事：恭敬事奉（服事）。共，通"恭"。恭敬。怀王：即楚怀王熊心。本篇内容可参考《随笔》卷九《楚怀王》一文。②子婴：秦王子婴，秦始皇孙。出降（xiáng）：投降；归顺。③遣：派遣。属吏：交给主管官吏处理。属（zhǔ），交付。④致命：传达言辞、使命。⑤功伐：功劳，功绩。主约：作主定约。⑥繇：通"徭"。服徭役。纵观：任人观看。纵，广泛地；任意地。喟（kuì）：叹声。太息：深深地叹息。⑦容：容或；或许。

占术致祸

吉凶祸福之事,盖未尝不先见其祥。然固有知之信之,而翻取杀身亡族之害者。汉昭帝时,昌邑石自立,上林僵柳复起,虫食叶曰"公孙病已立"。眭孟上书言,当有从匹夫为天子者,劝帝索贤人而禅位,孟坐袄言诛,而其应乃在孝宣,正名病已①。哀帝时,夏贺良以为汉历中衰,当更受命,遂有陈圣刘太平皇帝之事,贺良坐不道诛②。及王莽篡窃,自谓陈后,而光武实应之③。宋文帝时,孔熙先以天文图谶,知帝必以非道晏驾,由骨肉相残④,江州当出天子,遂谋大逆,欲奉江州刺史、彭城王义康。熙先既诛,义康亦被害,而帝竟有子祸,孝武帝乃以江州起兵而即尊位。薄姬在魏王豹宫,许负相之当生天子⑤,豹闻言心喜,因背汉,致夷灭,而其应乃在汉文帝。唐李锜据润州反,有相者言,丹阳郑氏女当生天子,锜闻之,纳为侍人⑥。锜败,没入掖庭,得幸宪宗而生宣宗。五代李守贞为河中节度使,有术者善听人声,闻其子妇符氏声,惊曰:"此天下之母也⑦。"守贞曰:"吾妇犹为天下母,吾取天下,复何疑哉?"于是决反,已而覆亡,而符氏乃为周世宗后。

【注释】

①眭(suī)孟:即眭弘,字孟。时为符节令。袄:通"妖"。病已:孝宣帝刘询,武帝曾孙,戾太子刘据之孙,取名病已。《汉书》均作"病已"。宣帝幼年多病,取名病已,欲其病愈。后改名询。②汉历:历,历运。天象运行所显示的一个朝代的气数、命运。古代认为朝代的兴衰更迭与天象运行相应。中衰:中道衰落。"遂有"句:汉哀帝病久,遂听信夏贺良之言,改元易号,以建平二年(公元前5年)为太初元将元年,号曰"陈圣刘太平皇帝"。(《资治通鉴》卷三十四汉哀帝建平二年)不道:《汉书》《资治通鉴》皆为"反道"。反道,违反正道。③篡窃。谓篡夺窃取。自谓陈后:自称为是周武王所封陈国之后代。陈,古国名。妫姓。开国君主胡公(名满),相传是舜的后代。据《资治通鉴》载,王莽"乃自谓黄帝、虞舜之后,至齐王建(田建)孙济北王(田)安(田氏为陈成子之后。见《续笔》卷十五《宰我作难》"陈成、田常"注)失国,齐人谓之王家,因以为氏;故以黄帝为初祖,虞帝为始祖,追尊陈胡公为陈胡

王"。(见《通鉴》卷三十七王莽始建国元年)光武实应之：东汉光武帝刘秀实应天受命。④宋文帝：南朝宋皇帝。453年被太子刘劭杀死。"知帝"句：天文图谶都认为宋文帝必定不能以正道去世，而是由于骨肉相残(而死去)。非道：非常事故，变故。晏驾：古代称帝王死亡的讳辞。⑤薄姬：原为魏王豹宫女，魏王豹死，汉王刘邦纳薄姬于汉宫，生文帝。许负：汉初河内温地老妇人，善相术。⑥侍人：指侍女。⑦李守贞：乾祐元年(948年)叛后汉，自号秦王。次年为郭威所败，自焚死。其子李崇训自刎身亡。儿媳符氏寡居。后来郭威为其养子柴荣(即后来的周世宗)聘为妇。天下母：全国的母仪。称颂皇后之词。

绛侯莱公

汉周勃诛诸吕，立文帝以安刘氏，及为丞相，朝罢趋出，意得甚。上礼之恭，常目送之。爰盎进曰："丞相何如人也？"上曰："社稷臣。"盎曰："绛侯所谓功臣，非社稷臣。社稷臣，主在与在，主亡与亡①。方吕后时，诸吕用事，擅相王，绛侯为太尉，本兵柄，弗能正②。吕后崩，大臣相与共诛诸吕，太尉主兵，适会其成功，所谓功臣，非社稷臣。丞相如有骄主色③，陛下谦逊，臣主失礼，窃为陛下弗取也。"后朝，上益庄④，丞相益畏。久之，勃遂有逮系廷尉之祸⑤，几于不免。寇莱公决澶渊之策，真宗待之极厚，王钦若深害之⑥。一日会朝，準先退，钦若进曰："陛下敬畏寇準，为其有社稷功邪？"上曰："然。"钦若曰："臣不意陛下出此言！澶渊之役，不以为耻，而谓準有社稷功，何也？"上愕然曰："何故？"对曰："城下之盟，虽春秋时小国犹耻之。今以万乘之贵，而为此举，是盟于城下也，其何耻如之！"上愀然不能答⑦。由是顾準稍衰，旋即罢相，终海康之贬⑧。呜呼！绛侯、莱公之功，揭若日月，而盎与钦若以从容一言，移两明主意，讫致二人于罪斥，谗言罔极⑨，吁可畏哉！

【注释】

①主在与在，主亡与亡：指社稷臣与国君祸福与共，存亡一体。②相王(wàng)：互称王。兵柄：兵权，军权。正：止；制止。③骄主：对君主轻慢不恭。④庄：严肃。⑤"勃遂有"句：见《随笔》卷十《爰盎小人》注。⑥澶

渊之策：真宗景德元年（1004年），辽国萧太后与圣宗亲率大军南下，深入宋境。宋王钦若、陈尧叟密请迁都南逃，宰相寇准力排众议，促真宗亲征。宋军在澶州城下打了胜仗，辽恐腹背受敌，提出和议。十二月，宋与辽订立和约。因澶州亦名澶渊郡，故称寇准劝真宗亲征澶州为澶渊之策。而这次订立的和约，史称澶渊之盟。害：妒忌。⑦愀（qiǎo）然：容色改变貌。⑧顾：顾惜；眷念。此处指恩宠。海康之贬：寇准最终被贬为雷州（治今广东海康）司户参军，卒于贬所。⑨揭：显露；显明。移意：改变心意。罪斥：判罪贬斥。罔极：没有定准，变化无常。

无名杀臣下

《传》曰："欲加之罪，其无辞乎？"古者置人于死地，必求其所以死①。然固有无罪杀之，而必为之名者②。张汤为汉武造白鹿皮币，大农颜异以为本末不相称③，天子不悦。汤又与异有隙。异与客语初令下有不便者，异不应，微反唇④。汤奏当异九卿，见令不便，不入言而腹非，论死⑤。自是后有腹非之法。曹操始用崔琰，后为人所谮，罚为徒隶，使人视之，词色不挠⑥。操令曰："琰虽见刑⑦，而对宾客，虬须直视，若有所瞋。"遂赐琰死。隋炀帝杀高颎之后，议新令，久不决。薛道衡谓朝士曰："向使高颎不死，令决当久行。"有人奏之，帝怒，付执法者推之⑧。裴蕴奏："道衡有无君之心，推恶于国，妄造祸端。论其罪名，似如隐昧，原其情意，深为悖逆⑨。"帝曰："公论其逆，妙体本心⑩。"遂令自尽。冤哉此三臣之死也！

【注释】

①"《传》曰"句：见《左传·僖公十年》。所以：原因，情由。②必为之名：必定为被杀者罗织罪名。③白鹿皮币：以白鹿皮方尺，缘以藻缋（用五彩花纹为边），为皮币，值四十万。大农：大农令，官名。本末：指实物（皮荐）与币值（四十万）。④反唇：翻唇，表示心中不服。⑤"汤奏当"句：张汤向皇上奏报判决的内容。腹非：亦作"腹诽"。中国古代认定臣下对统治者心怀不满而加的罪名。⑥徒隶：旧时称服役的犯人。词色：亦作"辞色"。说的话和说话时的神态。不挠：不屈服。⑦见刑：被处罚。刑，处罚；惩罚。⑧推：推问；推究。⑨隐昧：暗昧不明。悖逆：违乱忤逆。多指犯上作乱。⑩妙体本心：精妙地体察出他（薛道衡）原本的心意。

平天冠

祭服之冕,自天子至于下士执事者皆服之,特以梁数及旒之多少为别①。俗呼为平天冠②,盖指言至尊乃得用。范纯礼知开封府,中旨鞫淳泽村民谋逆事③。审其故,乃尝入戏场观优,归涂见匠者作桶,取而戴于首,曰:"与刘先主如何④?"遂为匠擒。明日入对,徽宗问何以处。对曰:"愚人村野无所知,若以叛逆蔽罪,恐辜好生之德⑤,以不应为杖之,足矣。"按《后汉·舆服志》蔡邕注冕冠曰:"鄙人不识⑥,谓之平天冠。"然则其名之传久矣。

【注释】
①祭服:古代祭祀时所穿的礼服。下士:周代爵号。士有上士、中士、下士。旒(liú):冕冠前后悬垂的玉串。②平天冠:皇帝戴平冕,叫平天冠,垂白玉珠十旒。又叫通天冠、平顶冠。③中旨:唐宋时不经中书门下而直接由宫廷发出的帝王诏谕。鞫:审讯。④刘先主:即刘备。先主:开国君主。⑤好(hào)生:爱护生灵。⑥蔡邕:东汉文学家、书法家。字伯喈。董卓专政,被迫为侍御史,官左中郎将,人称"蔡中郎"。蔡文姬之父。董卓被诛后,邕被王允所捕,死于狱中。鄙人:指居住在郊野的人。

介推寒食

《左传》晋文公反国,赏从亡者,介之推不言禄,禄亦弗及,推遂与母偕隐而死①。晋侯求之不获,以绵上为之田②,曰:"以志吾过。"绵上者,西河介休县地也。其事始末只如此。《史记》则曰:"子推从者书宫门,有'一蛇独怨'之语。文公见其书,使人召之,则亡。闻其入绵上山中,于是环山封之,名曰介山。"虽与《左传》稍异,而大略亦同。至刘向《新序》始云:"子推怨于无爵齿③,去而之介山之上,文公待之,不肯出。以谓焚其山宜出,遂不出而焚死。"是后杂传记,如《汝南先贤传》则云:"太原旧俗,以介子推焚骸,一月寒食。"《邺中记》云："并州俗，冬至后一百五日，为子推断火冷食三日。魏武帝以太原、上党、西河、雁门皆冱寒之地④，令人不得寒食，亦为冬至后百有五日也。"按《后汉·周举传》云："太原一郡，旧俗以介子推焚骸，有龙忌之禁⑤。至其亡月，咸言神灵不乐举火，由是士民每冬中辄一月寒食，莫敢烟爨。举为并州刺史，乃作吊书置子推庙，言盛冬去火，残损民命⑤，非贤者之意，宣示愚民，使还温食。于是众惑稍解，风俗颇革。"然则所谓寒食，乃是冬中，非今节令二三月间也。

【注释】

①晋文公：春秋时晋国君。献公子，名重耳。因献公立幼子奚齐为太子，他曾出奔在外十九年，由秦送回。从亡者：随从晋文公一起流亡在外的人。禄：禄位。俸给与爵次。泛指官位俸禄。偕隐：一起隐居。②田：封田。③爵齿：爵位。爵号，官位。④魏武帝：即曹操。冱（hù）寒：天气严寒，积冻不开。⑤龙忌：禁火日。《后汉书·周举传》注："龙，星，木之位也，春见东方。心为大火，惧火之盛，故为之禁火。俗传云子推以此日被焚而禁火。"⑥烟爨：烧火煮饭。⑦残损：残害；损害。

进士诉黜落

天禧三年，京西转运使胡则言滑州进士杨世质等诉本州黜落，即取元试卷，付许州通判崔立看详，立以为世质等所试，不至纰缪，已牒滑州依例解发①。诏转运司具析不先奏裁直令解发缘由以闻，其试卷仰本州缴进②。世质等仍未得解发。及取到试卷，诏贡院定夺，乃言词理低次，不合充荐③，复黜之，而劾胡则、崔立之罪。盖是时贡举条制犹未坚定④，故有被黜而来诉其枉者。至于省试亦然，如叶齐之类⑤，由此登第。后来无此风矣。

【注释】

①黜落：旧指科场除名落第，落榜。已：随后；旋即。解发：犹发解（jiè）。唐宋时，应贡举合格者，谓之选人，由所在州郡发遣解送至京参与礼部会试，称"发解"。②具析：详细解释。奏裁：奏请裁决。仰：旧时公文中上级命令

下级的惯用词，有切望的意思。③词理：文词的情致。低次：卑下。充荐：凑数推荐。④坚定：固定。⑤叶齐：事见《续笔》卷十三《下第再试》。

后汉书载班固文

班固著《汉书》，制作之工，如《英》《茎》《咸》《韶》，音节超诣，后之为史者，莫能及其仿佛①，可谓尽善矣。然至《后汉》中所载固之文章，断然如出两手。观《谢夷吾传》云，第五伦为司徒，使固作奏荐之，其辞至有"才兼四科，行包九德"之语②。其他比喻，引稷、契、咎繇、傅说、伊、吕、周、召、管、晏③，以为一人之身，而唐、虞、商、周圣贤之盛者，皆无以过。而夷吾乃在《方术传》中，所学者风角占候而已④，固之言，一何太过欤？

【注释】

①《英》《茎》《咸》《韶》：《五英》，帝喾乐名；《六茎》，颛顼乐名；《咸池》，唐尧乐名；一说黄帝之乐，尧增修沿用。《大韶》，虞舜乐名。仿佛：约略的形迹。②四科：儒家评论人物的分类。指德行、言语、政事、文学。(见《论语·先进》)九德：九种品德。《逸周书·常训》："九德：忠、信、敬、刚、柔、和、固、贞、顺。"《谢夷吾传》注则引《尚书》咎繇所述九德："宽而栗，愿而恭，乱而敬，柔而立，扰而毅，直而温，简而廉，刚而塞，强而义。"③稷：后稷。即周族的始祖弃。被帝尧举"为农师，天下得其利，有功"。(《史记·周本纪》)舜时为稷官，主管农事，教民耕种。"后稷之兴，在陶唐、虞夏之际，皆有令德。"契（xiè）：传说中商的始族。曾助禹治水有功，被舜任为司徒，掌管教化。居于商（今河南商丘南）。咎繇（gāo yáo）：一作皋陶。传说中东夷族的首领。相传曾被舜任为掌管刑法的官，后被禹选为继承人，因早死，未继位。伊：伊尹。吕：吕尚。周：周公。召（shào）：召公。一作邵公、召康公。周代燕国的始祖。曾佐武王灭商，被封于燕。管：管仲。晏：晏婴。④风角：指我国古代根据对风的观察以卜吉凶的一种迷信术数。占候：根据天象的变化来预测吉凶。也指预测天气变化。

赵充国马援

前汉先零羌犯塞,赵充国平之,初置金城属国①,以处降羌,西边遂定。成帝命扬雄颂其图画,至比周之方、虎②。后汉光武时,西羌入居塞内,来歙奏言,陇西侵残③,非马援莫能定。乃拜援太守,追讨之。羌来和亲,于是陇右清静。而自永平以后,讫于灵帝,十世之间,羌患未尝少息。故范晔著论,以为:"二汉御戎之方,为失其本。先零侵境,赵充国迁之内地;当煎作寇④,马文渊徙之三辅。贪其暂安之势,信其驯服之情,计日用之权宜,忘经世之远略,岂夫识微者之为乎⑤?"援徙当煎于三辅,不见其事。《西羌传》云,援破降先零,徙置天水、陇西、扶风三郡,事已具《援传》。然援本传,盖无其语,唯段纪明与张奂争讨东羌奏疏,正谓赵、马之失,至今为梗⑥。充国、文渊,为汉名臣,段贬之如此,故晔据而用之,岂其然乎?

【注释】

①赵充国:西汉大将。武帝、昭帝时,率军反击匈奴的攻扰,勇敢善战,任后将军。后与羌族作战,在西北屯田,对当地农业生产的发展起了一定作用。属(shǔ)国:附属国。②图画(huá):谋划。方:指方叔。周宣王时大臣。曾率兵车三千辆进攻楚国得胜。又曾进攻狁。虎:指召(shào)伯虎,即召穆公。名虎。召公奭的后裔。曾率军战胜淮夷(古族名)。③侵残:侵害摧残。④范晔著论:指《后汉书·西羌传》"论赞"。当煎:羌族的一支。⑤日用:日常;平时。权宜:因时因事而变通办法。经世:治理国事。远略:深远的谋略。识微:即见微知著。从事物的细微迹兆,认识其实质和发展。⑥"段纪明"句:张奂上疏,以为东羌庬强难破,宜用招降的办法。而段颎(字纪明)上疏,则主张坚决讨击,并说"先零作寇,赵充国徙令居内;当煎乱边,马援迁之三辅",致使羌人始"服终叛,至今为梗(灾害),远识之士,以为深忧。"(《后汉书·段颎传》)

〔补注〕永平:东汉明帝年号。十世:指明、章、和、殇、安、顺、冲、质、桓、灵十代皇帝。

汉人希姓

两《汉书》所载人姓氏，有后世不著见者甚多，漫纪于此，以助氏族书之脱遗。复姓如公上不害、合傅胡害、室中同、昭涉掉尾、单父右军、阳城延、息夫躬、游水发根、吾丘寿王、落下闳、梁丘贺、五鹿充宗、公户满意、堂溪惠、申章昌、浩星赐、阙门庆忌、安国少季、马适建、都尉朝、毋将隆、红阳长仲、乌氏嬴、周阳由、胜屠公、毋盐氏、欧侯氏、士孙喜、索卢恢、屠门少、瓜田仪、工师喜、驳马少伯、公乘歙、鲑阳鸿、弓里游、公沙穆、胡母班、周生丰、友通期、公绪恭、公族进阶、水丘岑、叔先雄。单姓如缯贺、虫达、灵常、贡赫、其石、旅卿、秘彭祖、革朱、樛乐、泠丰、冥都、澓中翁、蒯彻、直不疑、闳孺、使乐成、柘育、制氏、猗顿、义纵、隽不疑、疏广、云敞、枚乘、终军、卤公孺、食於公、駹臂、佴宗、衡胡、乘宏、简卿、快钦、所忠、假仓、眭孟、罣恽、涂恽、射姓、后仓、姓伟、如氏、苴氏、百政、免公、发福、质氏、浊贤、稽发、萬章、瞷氏、佗羽、绣君实、漕中叔、栩丹、帛敞、迟昭平、汝臣、驹几、称忠、逯普、台崇、沐茂、郦氏、劳丙、抗徐、阙宣、沮俊、卑整、编欣、亶诵、寻穆、夜龙、弓林、行巡、祋讽、角宏、芳丹、坚镡、锡光、傜伟、重异、力子都、维汜、诗索、縢延、夷长公、防广、镡显、移良、緱玉、蕃向、渠穆、临孝存、脂习、笮融、茨充、处兴、兴渠、具瑗、谅辅、腾是、卿仲辽、谒焕、矫慎、晁华、洼丹、祢衡。

绛 灌

《汉书·陈平传》："绛、灌等谗平。"颜师古注云："旧说云，绛，绛侯周勃也，灌，灌婴也。而《楚汉春秋》，高祖之臣，别有绛灌，疑昧之文，不可据也。"《贾谊传》："绛、灌、东阳侯之属尽害之。"注亦以为勃、婴。按《史记·陈平世家》曰："绛侯、灌婴等咸谗平"，则其为两人明甚。师古不必为疑辞也。《楚汉春秋》陆贾所作，皆书当时事，而所言多与史不合。师古盖屡辨之矣。《史、汉·外戚·窦皇后传》，实书绛侯、灌将军，此最的证也①。夏侯婴为滕令，故称滕公。而《史》并灌婴书为滕、灌，贾谊所称亦然，甚与绛、灌相类。《楚汉春秋》一书，今不复见，李善注《文选》刘歆《移博士书》云："《楚汉春秋》曰，汉已定天下，论群臣破敌禽将，活死不衰②，绛灌、樊哙是也。功成名立，臣为爪牙，世世相属，百出无邪③，绛侯周勃是也。然则绛灌自一人，非绛侯与灌婴。"师古所谓疑昧之文者此耳。张耳归汉，即立为赵王，子敖废为侯，敖子偃尝为鲁王，文帝封为南宫侯，而《楚汉春秋》有"南宫侯张耳"。淮阴舍人告韩信反，《史记·表》云栾说，《汉·表》云乐说，而《楚汉》以为谢公。其误可见。

【注释】

①的证：确凿的证据。②活死不衰：不论面对生存还是面对死亡（处境危险）都能保持士气不减。③相属（zhǔ）：相接连；相继。百出：犹言层出不穷。无邪（xié）：谓无邪僻，无邪曲。

题咏绝唱

钱伸仲大夫于锡山所居漆塘村作四亭，自其先人，已有卜筑之意而不克就，故名曰"遂初"①；先垄在其上，名曰"望云"②；种桃数百千株，名曰"芳美"；凿地涌泉，或以为与惠山泉同味，名曰"通惠"。求诗于一时名流，自葛鲁卿、汪彦章、孙仲益既各极其妙，而母舅蔡载天任四绝独擅场③。《遂初亭》曰："结庐傍林泉，偶与初心期。佳处时自领，未应鱼鸟知。"《望云亭》曰："白云来何时，英英冠山椒④。西风莫吹去，使我心摇摇⑤。"《芳美亭》曰："高人不惜地，自种无边春⑥。莫随流水去，恐污世间尘。"《通惠亭》曰："水行天地间，万派同一指。胡为穿石来？要洗巢由耳⑦。"四篇既出，诸公皆自以为弗及也。吴傅朋游丝书，赋诗者以百数，汪彦章五言数十句，多用翰墨故事⑧，固已超拔，而刘子翚彦冲古风一篇，盖为绝唱。其辞云："圆清无瑕二三月，时见游丝转空阔⑨。谁人写此一段奇，著纸春风吹不脱。纷纭纠结疑非书，安得龙蛇如许臞⑩。神踪政喜萦不断⑪，老眼只愁看若无。定知苗裔出飞白⑫，古人妙处君潜得。勿轻漠漠一缕浮⑬，力遒可挂千钧石。眷予弟兄情不忘，轴之远寄悠然堂。谢公遗髯凛若活，卫后落鬒摇人光⑭。翻思长安夜飞盖，醉哦声落南山外⑮。乱离契阔四十秋，笔意与人俱老大⑯。政成著脚明河津，外家风流今绝伦⑰。文章固自有机杼，戏事岂足劳心神⑱？"此章尤为驰骋痛快⑲，且卒章含讥讽，正中傅朋之癖。予少时见二公所作，殊敬爱之，至今五十年尚能记忆，惧其益久而不传，故纪于此。

【注释】

①卜筑：择地筑屋。遂初：实现初愿（先人的愿望）。②先垄：祖先的坟墓。垄，坟墓。望云：仰望白云。谓思念父母。典出《新唐书·狄仁杰传》。③擅场：压倒全场；胜过众人。④英英：亦作"泱泱"。轻盈明亮的样子。山椒：山顶。⑤摇摇：形容心神不安。⑥春：春色。桃花春天开放。⑦万派：指众多的水流。派：水的支流。指：指向；向一定的目标前进。巢由：亦作"巢许"。巢父和许由。相传是唐尧时人，隐居不仕。尧让君位于巢父，巢父不受。许由，一作许繇。相传尧要让于君位，他逃脱。尧又请其为九州长官，他到颍水边洗耳，表示不愿听到。洗耳：表示厌听其事。⑧游丝书：游丝书为吴傅朋（吴说）创造的一种书体。因连绵不断，状若游丝，故名。翰墨：笔墨；文辞。也借指诗文书画。此处似指文坛。⑨圆：指天。清：洁净。空阔：空旷阔大。⑩纠结：缠绕连结。臞（qú）：亦作"癯"。瘦。⑪神踪：神灵的踪迹。灵异的现象。政喜：正喜。政，通"正"。⑫飞白：一种特殊风格的书法。相传创自东汉蔡邕。这种书法，笔画中丝丝露白，像枯笔写成的模样。⑬漠漠：寂静无声貌。⑭谢公：可能指南朝宋谢灵运。凛：可敬畏貌。卫后：汉武帝皇后卫子夫。鬒（zhěn）：发黑而稠美。据说，卫子夫一头黑发，光可鉴人。汉张衡《西京赋》："卫后兴于鬒发，飞燕宠于体轻。"⑮翻思：回忆。长安：借指南宋都城临安（今浙江杭州）。飞盖：驰车；驱车。南山：指南屏山。在杭州市，是西湖胜景之一。⑯契（qiè）阔：久别的情愫。亦为久别之意。老大：谓年老。人老变拙，所以用来形容笔意。⑰著（zhuó）脚：落脚；置足。明河：天河，即银河。唐宋之问《明河篇》："明河可望不可亲，愿得乘槎一问津。"刘子翚此句似有功成名就应当隐居之意。外家：此句似指钱伸仲母舅蔡天任。风流：遗风；流风余韵。绝伦：特异；超过同辈。⑱戏事：逸乐之事。心神：心思精力。⑲驰骋：犹奔放。

秀才之名

秀才之名，自宋、魏以后，实为贡举科目之最，而今人恬于习玩[1]，每闻以此称之，辄指为轻己。因阅《北史·杜正玄传》载一事云："隋开皇十五年，举秀才，试策高第，曹司以策过左仆射杨素[2]，素怒曰：'周、孔更生，尚不得为秀才，刺史何忽妄举此人！'乃以策抵地不视。时海内唯正玄一人应秀才，曹司重以启素，素志在试退正玄，乃使拟相如《上林赋》、王褒《圣主得贤臣颂》、班固《燕然山铭》、张载《剑阁铭》《白鹦鹉赋》，曰：'我不能为君住宿，可至未时令就[3]。'正玄及时并了。素读数遍，大惊曰：'诚好秀才！'命曹司录奏[4]。"盖其重如此。又正玄弟正藏，次年举秀才，时苏威监选试，拟贾谊《过秦论》《尚书·汤誓》《匠人箴》《连理树赋》《几赋》《弓铭》，亦应时并就，文无点窜[5]。然则可谓难矣。《唐书·杜正伦传》云："隋世重举秀才，天下不十人，而正伦一门三秀才，皆高第。"乃此也。

【注释】

①秀才：别称茂才。本系通称才之秀者，始见于《管子·小匡篇》。恬：淡漠。习玩：研习玩索。②试策：古代考试取士的方法之一。有司就政事、经义等设问，令应试者作答。曹司：官署，谓诸曹郎中职司的所在。策：古代称应试者对答的文字为策。过：见；面见。杨素：隋大臣。任尚书左仆射，执掌朝政。③拟：摹拟；模仿。相如：即司马相如。未时：下午一点到三点。④录奏：记录（记名在册，以备录用）并上奏。⑤点窜：点，删去；窜，改易。谓修整字句。

魏收作史

魏收作元魏一朝史，修史诸人，多被书录，饰以美言，夙有怨者，多没其善。每言："何物小子，敢共魏收作色[1]，举之则使上天，按之当使入地。"故众口喧然，称为"秽史"[2]。诸家子孙，前后投诉，云遗其家世职位，或云不见记录，或云妄有非毁，至于坐谤史而获罪编配③,因以致死者。其书今存,视南北八史中,最为冗谬④。其自序云:"汉初,魏无知封高良侯,子均,均子恢,恢子彦,彦子歆,歆子悦,悦子子建,子建子收。"无知于收,为七代祖,而世之相去七百余年。其妄如是,则其述他人世系与夫事业⑤,可知矣!

【注释】

①何物小子:骂人的话。"作色:此处指发怒。②秽史:歪曲历史本来面目的史书。③非毁:诽谤;诋毁。非通"诽"。谤史:此处谓攻击魏收所写《魏书》。编配:编列流配。④南北八史:指《宋书》《南齐书》《梁书》《陈书》《魏书》《北齐书》《周书》《隋书》。冗谬:驳杂谬误。⑤世系:指一姓世代相传的统系。

卷第三（十九则）

兔葵燕麦

刘禹锡《再游玄都观诗序》云："唯兔葵燕麦①，动摇春风耳。"今人多引用之。予读《北史·邢邵传》载邵一书云："国子虽有学官之名，而无教授之实，何异兔丝燕麦，南箕北斗哉②？"然则此语由来久矣。《尔雅》曰："莃，兔葵。蘥，雀麦③。"郭璞注曰："颇似葵而叶小，状如藜；雀麦即燕麦，有毛。"《广志》曰："菟葵，爚之可食④。"古歌曰："田中菟丝，何尝可络？道边燕麦，何尝可获⑤？"皆见于《太平御览》。《上林赋》："葴析苞荔⑥。"张揖注曰："析，似燕麦，音斯。"叶庭珪《海录碎事》云："兔葵，苗如龙芮⑦，花白茎紫。燕麦草似麦，亦曰雀麦。"但未详出于何书。

【注释】

①兔葵：一种春季开小白花的野草。燕麦：别称"皮燕麦"。禾本科。一年生草本植物。兔葵燕麦：形容景象荒凉。②国子：指国子祭酒。古代学官名。为国子学或国子监的主管官。兔丝燕麦：比喻有名无实。《资治通鉴·梁武帝天监十五年》："何异兔丝燕麦。"胡三省（宋元之际史学家）注："言兔丝有丝之名而不可以织。燕麦有麦之名而不可以食……皆谓有名无实也。"南箕北斗：《诗·小雅·大东》："维南有箕，不可以簸扬；维北有斗，不可以挹酒浆。"箕宿四星，簸箕形；斗宿六星，斗形。后用"南箕北斗"比喻徒有虚名而无实际。③莃：音xī。草名。蘥：《尔雅·释草》作"蕭"。蘥（yuè）：燕麦，亦名雀麦。实际上，燕麦与雀麦异类，古人往往混而为一。④爚（yuè）：通"瀹（yuè）"。放在汤中煮；用火加热。⑤络：缠丝。获：收获的谷物（五谷之类粮食）。⑥葴（zhēn）：马蓝。析（sī）：草名。苞：草名，即席草，可制席子和草鞋。荔：草名，即荔挺。形似蒲而小，其根可制刷子。⑦龙芮（ruì）：草名。

北狄俘虏之苦

　　元魏破江陵，尽以所俘士民为奴，无问贵贱，盖北方夷俗皆然也。自靖康之后，陷于金虏者，帝子王孙，宦门仕族之家，尽没为奴婢，使供作务①。每人一月支稗子五斗，令自舂为米，得一斗八升，用为糇粮。岁支麻五把，令绩为裘②，此外更无一钱一帛之入。男子不能绩者，则终岁裸体，虏或哀之，则使执爨③，虽时负火得暖气，然才出外取柴，归再坐火边，皮肉即脱落，不日辄死。惟喜有手艺，如医人、绣工之类，寻常只团坐地上，以败席或芦藉衬之④。遇客至开筵，引能乐者使奏技，酒阑客散⑤，各复其初，依旧环坐刺绣，任其生死，视如草芥。先公在英州，为摄守蔡寯言之，蔡书于《甲戌日记》，后其子大器录以相示，此《松漠记闻》所遗也⑥。

【注释】

　　①仕族：官宦人家。作务：劳作；服役。②绩：把麻析成缕连接起来。③执爨（cuàn）：司炊事。④芦藉：芦编草垫。⑤酒阑：谓酒筵将尽。⑥摄守：代为掌管。此处为掌管州事的代理长官。寯：音jùn。《松漠纪闻》：即作者父亲洪皓所写的自己出使金国被扣留期间的见闻录。以在拘留中，多据传闻，真伪相杂。

太守刺史赠吏民官

　　汉薛宣为左冯翊，池阳令举廉吏狱掾王立①，未及召，立妻受囚家钱，惭恐自杀。宣移书池阳曰②："其以府决曹掾书立之柩，以显其魂。"颜师古注云："以此职追赠也。"后魏并州刺史以部民吴悉达兄弟行著乡里，板赠其父渤海太守③。此二者皆以太守、刺史而擅赠吏民官职，不以为过，后世不敢然也。

【注释】

①左冯(píng)翊:官名、政区名。廉吏:清廉守正的官吏。②移书:移送文书。③板赠:晋南北朝时,授官有板,板上书授官之辞,地方长官临时授官称板授。其不授实职或死后追赠称板赠。

李元亮诗启

建昌县士人李元亮,山房公择尚书族子也,抱材尚气,不以辞色假人①。崇宁中在大学,蔡嶷为学录,元亮恶其人,不以所事前廊之礼事之②。蔡擢第魁多士③,元亮失意归乡。大观二年冬,复诣学,道过和州。蔡解褐即超用④,才二年,至给事中,出补外,正临此邦。元亮不肯入谒。蔡自到官,即戒津吏门卒⑤,凡士大夫往来,无问官高卑,必飞报,虽布衣亦然。既知其来,便命驾先造所馆⑥。元亮惊喜出迎,谢曰:"所以来,颛为门下之故⑦。方修贽见之礼,须明旦扣典客,不意给事先生卑躬下贱如此,前贽不可复用⑧,当别撰一通,然后敬谒。"蔡退,元亮旋营一启,旦而往焉,其警策曰:"定馆而见长者,古所不然;轻身以先匹夫⑨,今无此事。"蔡摘读嗟激,留宴连夕,赠以五十万钱,且致书延誉于诸公间⑩,遂登三年贡士科。元亮亦工诗,如"人闲知昼永,花落见春深","朝雨未休还暮雨,腊寒才过又春寒",皆佳句也。

【注释】

①山房公择:李常,字公择。"少读书庐山白石僧舍。既擢第,留所抄书九千卷,名舍曰李氏山房"。曾官户部尚书。(《宋史·李常传》)尚气:意气用事。辞色:言辞和神色。假人:让人。②大(tài)学:中国古代的大(dà)学。为传授儒家经典的最高学府。学录:宋、元、明、清国子监所属学官。掌执行学规、协助博士教学。前廊:古代帝王宗庙坐北朝南,庙内北为神室,置已故帝王神主;其前之通廊即前廊。遇享日或移诸神主于前廊,以辈次序列,按制祭祀。古代以宗庙指代国家或朝廷,故亦称在朝任要职者为"前廊"。这里似为"前辈"或"导师"之意。③擢第:科举考试及第。魁:首领;领头人。引申为统领,统率。多士:古指众多的贤士。④解褐:谓脱去布衣换上官服。犹

言入仕。褐,粗布衣。平民的代称。⑤津吏:管理渡口桥梁的官吏。和州治历阳(今安徽和县),在长江北岸。⑥命驾:命人驾车,即动身前往之意。造:往;到。馆:住宿的地方。⑦门下:即弟子,李元亮自称。⑧贽见:谓手执礼品求见。贽见礼即见面礼。扣:求教;探问。卑躬:谦恭逊让。下贱:屈尊以礼遇地位低微的人。下,屈己尊人。贱,地位卑微。此句是李元亮的谦词。前贽:贽,此处指贽文。求见人时所呈送的文章。⑨启:旧时书札亦称书启。警策:精炼扼要而含意深切动人的文句。定馆:指自己停留在住处。长者:指显贵者。即蔡蘧。轻身:谓不尊重自身。先:先行致意。匹夫:李元亮自称。⑩嗟激:叹赏。延誉:谓称扬其美,使名誉远播。

元魏改功臣姓氏

魏孝文自代迁洛①,欲大革胡俗,既自改拓跋为元氏,而诸功臣旧族自代来者,以姓或重复,皆改之。于是拔拔氏为长孙氏,达奚氏为奚氏,乙旃氏为叔孙氏,丘穆陵氏为穆氏,步六孤氏为陆氏,贺赖氏为贺氏,独孤氏为刘氏,贺楼氏为楼氏,勿忸于氏为于氏,尉迟氏为尉氏②,其用夏变夷之意如此。然至于其孙恭帝,翻以中原故家,易赐蕃姓,如李弼为徒河氏,赵肃、赵贵为乙弗氏,刘亮为侯莫陈氏,杨忠为普六茹氏,王雄为可频氏,李虎、阎庆为大野氏,辛威为普毛氏,田宏为纥干氏,耿豪为和稽氏,王勇为库汗氏,杨绍为叱利氏,侯植为侯伏侯氏,窦炽为纥豆陵氏,李穆为擒拔氏,陆通为步六孤氏,杨纂为莫胡卢氏,寇俊为若口引氏,段永为尔绵氏,韩褒为侯吕陵氏,裴文举为贺兰氏,王轨为乌丸氏,陈忻为尉迟氏,樊深为万纽于氏,一何其不循乃祖彝宪也③!是时盖宇文泰颛国,此事皆出其手,遂复国姓为拓跋,而九十九姓改为单者,皆复其旧。泰方以时俗文敝④,命苏绰仿《周书》作大诰,又悉改官名,复周六卿之制,顾乃如是,殆不可晓也。

【注释】
①自代迁洛:公元493年由平城(今山西大同。为代郡治所)迁都洛阳。②尉迟:音yù chí。复姓。尉:音wèi。姓。③彝宪:经常大法。④文敝:也作"文

弊"。文业凋弊。

东坡和陶诗

《陶渊明集·归田园居》六诗，其末"种苗在东皋"一篇，乃江文通杂体三十篇之一，明言敩陶征君《田居》，盖陶之三章云："种豆南山下①，草盛豆苗稀。晨兴理荒秽，带月荷锄归②。"故文通云："虽有荷锄倦，浊酒聊自适③。"正拟其意也。今陶集误编入，东坡据而和之。又"东方有一士"诗十六句，复重载于《拟古》九篇中，坡公遂亦两和之，皆随意即成，不复细考耳。陶之首章云："荣荣窗下兰，密密堂前柳④。初与君别时，不谓行当久。出门万里客，中道逢嘉友。未言心先醉，不在接杯酒。兰枯柳亦衰，遂令此言负。"坡和云："有客扣我门，系马庭前柳。庭空鸟雀噪，门闭客立久。主人枕书卧，梦我平生友。忽闻剥啄声⑤，惊散一杯酒。倒裳起谢客⑥，梦觉两愧负。"二者金石合奏，如出一手，何止子由所谓遂与比辙者哉⑦！

【注释】

①东皋：泛指田野或高地。江文通：即江淹，字文通。南朝梁文学家。诗歌多拟古之作，能得前人之神貌。敩（xiào）：通"学"。效法；模仿。征君：征士（不就朝廷征聘之隐士）的敬称。南山：这里指庐山。②荒秽：犹荒芜。谓田宅不治，草秽丛生。带月：谓披戴月色。形容早起晚睡，奔波不息。③自适：悠然闲适而自得其乐。④荣荣：植物茂盛貌。密密：紧密；密集。⑤剥啄：象声词。此处指敲门声。⑥倒裳：把衣服穿倒，形容仓促、慌忙。⑦比辙：韵脚相类。比，类似。辙，戏曲、歌词的韵脚。

孔戣郑穆

唐孔戣在穆宗时为尚书左丞，上书去官，天子以为礼部尚书致仕，吏部侍郎韩愈奏疏曰："戣为人守节清苦，议论正平，年才七十，筋力耳目①，未觉衰老，忧国忘家，用意至到。如戣辈，在朝不过三数人，陛下不宜苟顺其求②，不留自助也。"不报。明年正月，羖毙。国朝郑穆在元祐中以宝文阁待制兼国子祭酒请老，提举洞霄宫，给事中范祖禹言："穆虽年出七十，精力尚强，古者大夫七十而致仕，有不得谢，则赐之几杖，祭酒居师资之地③，正宜处老成，愿毋轻听其去。"亦不报。然穆亦至明年卒。二事绝相类。

【注释】

①正平：公正持平。筋力：犹言体力。②苟：随便；马虎。③古者大夫七十而致仕：《礼记·曲礼上》："大夫七十而致仕，若不得谢，则必赐之几杖。"谢，辞却；辞职。致仕叫得谢。不得谢，即指国家需要，尚不能辞官。几杖：几案与手杖，以供老年人平时靠身和走路时扶持之用，故古以赐几杖为敬老之礼。靠身用的几案，也叫凭几。师资：此处指教师。语出《老子》："善人者，不善人之师也；不善人者，善人之资也。"后因以"师资"指教师。

陈季常

陈慥字季常，公弼之子，居于黄州之岐亭，自称"龙丘先生"，又曰"方山子"。好宾客，喜畜声妓，然其妻柳氏绝凶妒，故东坡有诗云："龙丘居士亦可怜，谈空说有夜不眠①。忽闻河东师子吼②，拄杖落手心茫然。"河东师子，指柳氏也。坡又尝醉中与季常书云："一绝乞秀英君。"想是其妾小字。黄鲁直元祐中有与季常简曰："审柳夫人时须医药③，今已安平否？公暮年来想渐求清净之乐，姬媵无新进矣，柳夫人比何所念以致疾邪④？"又一帖云："承谕老境情味，法当如此，所苦既不妨游观山川，自可损药石，调护起居饮食而已⑤。河东夫人亦能哀怜老大，一任放不解事邪⑥？"则柳氏之妒名，固彰著于外，是以二公皆言之云。

【注释】

①畜（xù）：饲养禽兽。引申为养育人口。声妓：女乐；歌姬舞女。凶妒：凶悍忌妒。谈空说有：佛教有"空宗"和"有宗"。二宗各执其一辞以相争辩。东坡诗即用此意。后来泛指闲谈聊天。②河东师（狮）吼：河东是柳姓的郡望，

暗指陈妻柳氏；师（狮）子吼，佛家以喻威严。陈慥好谈佛，故东坡借佛家语以戏之，后遂泛称悍妇为河东狮；妇怒为河东狮吼，借以嘲笑惧内的人。③审：详知；明悉。④姬媵（yìng）：妾。比：近来。何所念：为何而忧虑。⑤承：蒙受；接受。一般用作谦词。情味：犹情趣。所苦：指陈季常苦于惧内一事。苦，苦于，困于。调护：调养护理。⑥一：竟；乃。任放：放纵任性。解事：通晓事理。此句指柳氏。

文用谥字

先王谥以尊名，节以壹惠，故谓为易名①。然则谥之为义，正训名也②。司马长卿《谕蜀文》曰："身死无名，谥为至愚③。"颜注云："终以愚死，后叶传称④，故谓之谥。"柳子厚《招海贾文》曰："君不返兮谥为愚。"二人所用，其意则同。唯王子渊《箫赋》曰："幸得谥为洞箫兮，蒙圣主之渥恩⑤。"李善谓："谥者号也，言得谥为箫而常施用之。"以器物名为谥，其语可谓奇矣。

【注释】

①先王谥以尊名，节以壹惠：见《续笔》卷三《谥法》注。易名：古时帝王及公卿大夫死后，朝廷给以谥号，叫做"易名"。②正训名也：训，解释。③谥为至愚：谥，称；号。④颜：指颜师古。后叶：后世；后代。叶，世；时期。传称：传扬而受称许。⑤王子渊《箫赋》：王褒《洞箫赋》为早期的咏物之作，较有名。渥恩：深厚的恩泽。

高唐神女赋

宋玉《高唐》《神女》二赋，其为寓言托兴甚明①。予尝即其词而味其旨，盖所谓发乎情，止乎礼义，真得诗人风化之本②。前赋云："楚襄王望高唐之上有云气③，问玉曰：'此何气也？'对曰：'所谓朝云者也。昔者先王尝游高唐，梦见一妇人，曰，妾巫山之女也，愿荐枕席④。王因幸之。'"后赋云："襄王既使玉赋高唐之事，其夜王寝，梦与神女遇，复命玉赋之。"若如所言,则是王父子皆与此女荒淫,殆近于聚麀之丑矣⑤。然其赋虽篇首极道神女之美丽,至其中则云:"淡清静其愔嫕兮,性沉详而不烦⑥。意似近而若远兮,若将来而复旋。褰余帱而请御兮⑦,愿尽心之惓惓。怀贞亮之洁清兮,卒与我乎相难⑧。頩薄怒以自持兮,曾不可乎犯干⑨。欢情未接,将辞而去。迁延引身,不可亲附⑩。愿假须臾,神女称遽⑪。闇然而冥⑫,忽不知处。"然则神女但与怀王交御⑬,虽见梦于襄,而未尝及乱也。玉之意可谓正矣。今人诗词,顾以襄王藉口,考其实则非是。頩,音疋零反,敛容怒色也。柳子厚《谪龙说》有"奇女頩尔怒"之语,正用此也。

【注释】
①宋玉:战国楚辞赋家。后于屈原,或称是屈原弟子。曾事顷襄王。托兴(xìng):因外物而触动感情;借外物以抒写感情。②风化:风教(jiào)。即风俗教化。《诗·大序》:"风,风也,教也。风以动之,教以化之。"③高唐:战国时楚国台馆名。在云梦泽中。云气:云雾,雾气。④先王:指已去世的楚怀王。荐枕席:侍寝。李善《文选注》:"荐,进也。欲亲进于枕席,求亲昵之意也。"⑤荒淫:迷于佚乐,沉湎酒色。后多指迷于女色。此处即指淫乱。聚麀(yōu):《礼记·曲礼上》:"夫唯禽兽无礼,故父子聚麀。"麀,母鹿。谓禽兽不知天伦,父子共一母鹿。后指两代人间的乱伦行为。⑥愔嫕(yīn yì):和善。沉详:沉静安详。⑦褰(qiān):撩起;揭起。帱(chóu):床帐。御:谓侍寝。⑧贞亮:忠贞诚信。洁清:清白。相难(nàn):互相责难。⑨頩(pīng):作色貌;变色貌。自持:自我克制。犯干:触犯。⑩欢情:欢爱的感情。迁延:徘徊;停留不前貌。引身:抽身。亲附:亲近依附。⑪假:给与。须臾:片刻。遽:急迫;窘急。⑫闇(àn)然:昏暗貌。冥:昏暗。⑬交御:与女子交合。

其言明且清

《礼记·缁衣》篇:"诗云,昔吾有先正,其言明且清①。国家以宁,都邑以成,庶民以生②。谁能秉国成③?不自为正,卒劳百姓④。"郑氏注不言何诗。今《毛诗·节南山》章但有下三句而微不同。《经典释文》云:"从第一句至庶民以生五句,今诗皆无此语,或皆逸诗也。"予按《文选》

张华《答何劭》诗曰："周任有遗规⑤，其言明且清。"然则周任所作也。而李善注曰：《子思子》诗云，昔吾有先正，其言明且清。"世之所存《子思子》亦无之，不知善何所据？意当时或有此书，善必不妄也，特不及周任遗规之义，又不可晓。

【注释】

①先正：前代的贤臣。也泛称前代的贤人，同"先哲"、"先贤"义近。明且清：通达而且公正。②庶民：众民；平民。生：生存；使生存。③谁能秉国成：现在谁能主持国家的事情呢？国成，犹国钧。国家政务的权柄。④不自为正，卒劳百姓：那些执政的，自己不能成为贤臣，只能使百姓更加忧愁。不自为正，《诗·节南山》作"不自为政"。政，通"正"。正直；公正。卒，高亨先生注《诗经·节南山》："卒，借为瘁，病也。"瘁劳，忧愁；愁苦。⑤周任：周时大夫。一说古之良史。其人正直无私，疾恶务去。《左传·昭公五年》："周任有言曰：'为政者，不赏私劳，不罚私怨。'"又《隐公六年》："周任有言曰：'为国家者，见恶，如农夫之务去草焉。'"后世为官从政者多服膺其言，以其人为楷模。遗规：先前留下来的法度、规则。

侍从转官

元丰未改官制以前，用职事官寄禄①。自谏议大夫转给事中（学士转中书舍人），历三侍郎（学士转左曹礼、户、吏部，余人转右曹工、刑、兵部），左右丞（吏侍转左，兵侍转右），然后转六尚书，各为一官。尚书转仆射，非曾任宰相者不许转，今之特进是也。故侍从止于吏书，由谏议至此凡十一转②。其庶僚久于卿列者，则自光禄卿转秘书监，继历太子宾客，遂得工部侍郎。盖以不带待制以上职，不许入两省给、谏耳。元丰改谏议为太中大夫，给、舍为通议③，六侍郎同为正议，左右丞为光禄。兵、户、刑、礼、工书同为银青，吏书金紫。但六转，视旧法损其五。元祐中以为太简，增正议、光禄、银青为左右，然亦才九资④。大观二年，置通奉以易右正议，正奉以易右光禄，宣奉以易左光禄，以右银青为光禄，而至银青者去其左字，今皆仍之。比仿旧制，今之通奉，乃工、礼侍郎，正议乃刑、户，正奉乃兵、吏，宣奉乃左右丞,三光禄乃六尚书也。凡侍从序迁至金紫无止法⑤,建炎以前多有之。绍兴以来,阶官到此绝少,唯梁扬祖、葛胜仲致仕得之。近岁有司不能探赜典故,予以宣奉当磨勘,又该覃霈,颜师鲁在天官,径给回授一据⑥,而不明言其所由。比程叔达由宣奉纳禄不迁官,而于待制阁名升二等⑦。程大昌亦然,以龙图直学士径升本学士⑧,尤非也。予任中书舍人日,已阶太中,及以集英修撰出外,吏部不复为理年劳⑨,凡十八年,始以待制得通议,殊可笑。盖台省之中,无复有老吏矣。

【注释】

①用职事官寄禄:见《续笔》卷十一《武官名不正》"寄禄官"注。②由谏议至此凡十一转:勋级每升一级叫一转。③通议:即通议大夫。④资:等级。⑤序迁:亦作"叙迁"。按照资历或劳绩升迁官职。⑥探赜:探索奥秘。覃霈:值国家庆典而降的恩泽。覃,遍及;广施。霈,盛雨,喻恩泽。回授:转授(官职)。把官职转授给后代或亲属。一据:只授一官的凭证。据:授官的凭证。⑦纳禄:辞去官爵。待制阁名:宋因唐制,于殿、阁均设待制之官,典守文物,位在学士、直学士之下。⑧本学士:指龙图阁学士。⑨出外:谓离京出任地方官。年劳:指任职的年岁和劳绩。为封建王朝铨选官吏的主要根据。

曹子建七启

"原头火烧净兀兀,野雉畏鹰出复没①。将军欲以巧伏人,盘马弯弓惜不发②。地形渐窄观者多,雉惊弓满劲箭加③。冲人决起百余尺,红翎白镞随倾斜④。将军仰笑军吏贺,五色离披马前堕⑤。"此韩昌黎《雉带箭》诗⑥,东坡尝大字书之,以为绝妙。予读曹子建《七启》论羽猎之美云:"人稠网密,地逼势胁。"乃知韩公用意所来处。《七启》又云:"名秽我身,位累我躬。"与佛氏《八大人觉经》所书"心是恶源,形为罪薮",皆修己正心之要语也⑦。

【注释】

①原头:原野一头。火:猎火。用以惊吓鸟兽。静兀兀:猎者静悄悄地伫伺鸟兽。鹰:猎鹰。出复没:言野雉见火而出,见鹰而藏。②将军:指张建

封。此诗是韩愈写自己随从徐州节度使张建封射猎的情景。巧：指射技的精巧。盘马：骑马盘旋不进。弯弓：挽弓，拉满弓。惜不发：不轻易发射。③地形渐窄：野雉在惊慌中躲入地势险窄之处，将军及其随猎人员渐渐逼进。加：指射中。④"冲人决起"句：野雉中箭后挣扎，冲人飞起百尺高。决（xuè），迅疾貌。翎：箭羽。镞：箭锋。这句写野雉中箭后摇晃堕地，箭贯雉身，所以看到箭羽和箭锋也随之倾斜而下。⑤五色：以雉的五色羽毛代指雉鸡。离披：紊乱貌。⑥韩昌黎：即韩愈。愈自谓郡望昌黎，世称韩昌黎。⑦薮（sǒu）：人或物类聚集的处所。罪薮：罪恶的渊薮。要语：重要的话。

奸鬼为人祸

晋景公疾病，求医于秦，秦伯使医缓为之，未至，公梦疾为二竖子①，曰："彼良医也，惧伤我，焉逃之？"其一曰："居肓之上，膏之下②，若我何？"医至，曰："疾不可为也。"隋文帝以子秦孝王俊有疾，驰召名医许智藏，俊梦亡妃崔氏泣曰："本来相迎，如闻许智藏将至，其人当必相苦③，奈何！"明夜复梦，曰："吾得计矣，当入灵府中以避之④。"及智藏至，诊俊脉，曰："疾已入心，不可救也。"二奸鬼之害人，如出一辙。近世许叔微家一妇人，梦二苍头，前者云："到也未？"后者应云："到也。"以手中物击一下，遂魇⑤。觉后心痛不可忍，叔微以神精丹饵之⑥，痛止而愈。此事亦与上二者相似。

【注释】

①缓：医者之名。竖子：儿童；后生。②居肓之上，膏之下：即所谓病入膏肓。③苦：困辱。④灵府：古指心。⑤魇（yǎn）：梦魇。梦中遇可怕的事而呻吟、惊叫。⑥饵：喂食。

监司待巡检

今监司巡历郡邑，巡检、尉必迎于本界首，公裳危立，使者从车内遣谒吏谢之①，即揖而退，未尝以客礼延之也。至有倨横之人，责桥道不整，驱之车前，使徒步与卒伍齿者②。予记张文定公所著《缙绅旧闻》中一事云："余为江西转运使，往虔州，巡检殿直（今保义成忠郎）康怀琪，乘舟于三十里相接，又欲送至大庾县，遂与偕行。及至县驿，驿正厅东西各有一房，予居其左，康处于右。日晚，命之同食，起行数百步，逼暮而退。夜闻康暴得疾，余亟趋至康所，康已具舟将归虔，须臾数人扶翼而下，余策杖随之③。"观此，则是使者与巡检同驿而处，同席而食，至于步行送之登舟，今代未之见也。

【注释】

①巡历：巡行视察。公裳：官吏的礼服。危立：端正地站着。表示戒惧。使者：指监司。谒吏：掌传达通报的官吏。②倨横：傲慢骄横。齿：并列。③扶翼：护持。策杖：拄杖。

十二分野

十二国分野，上属二十八宿①，其为义多不然，前辈固有论之者矣。其甚不可晓者，莫如《晋·天文志》谓："自危至奎为娵訾，于辰在亥，卫之分野也②，属并州。"且卫本受封于河内商虚，后徙楚丘。河内乃冀州所部，汉属司隶，其他邑皆在东郡，属兖州，于并州了不相干③，而并州之下所列郡名，乃安定、天水、陇西、酒泉、张掖诸郡，自系凉州耳。又谓："自毕至东井为实沉，于辰在申，魏之分野也④，属益州。"且魏分晋地，得河内、河东数十县⑤，于益州亦不相干，而雍州为秦，其下乃列云中、定襄、雁门、代、太原、上党诸郡，盖又自属并州及幽州耳。谬乱如此，而出于李淳风之手，岂非蔽于天而不知地乎⑥！

【注释】

①十二国：指周、秦、魏、赵、鲁、卫、齐、吴越、燕、宋、郑、楚。分野：中国古代星占术中的一个概念。认为地上各州郡邦国和天上一定的区域相对应。在该天区发生的天象预兆着各对应地方的吉凶。二十八宿（xiù）：亦称"二十八舍"或"二十八星"。分布于黄道、赤道带附近一周天的二十八个

星官。二十八宿与三垣（太微垣、紫微垣和天市垣）结合在一起，成为隋唐以后划分天区的标准。二十八宿分为四组，每组七宿，与四方和四种动物形象相配，称为"四象"。它们的名称与四象的关系是：东方苍龙：角、亢、氐、房、心、尾、箕。北方玄武：斗、牛、女、虚、危、室、壁。西方白虎：奎、娄、胃、昴、毕、觜、参。南方朱鸟：井、鬼、柳、星、张、翼、轸。②娵訾（jū zī）：十二次之一。配十二辰为亥，配二十八宿为室、壁两宿。十二次：在星占术中被用作分野的一种系统。把一周天分成十二个部分的一种制度。十二辰：自子至亥十二时。卫：古国名。建都朝歌（今河南淇县）。③河内：指今河南省黄河以北地区。商虚：殷虚（"墟"的古字）。指商代故都朝歌。冀州所部：《周礼·职方》："河内曰冀州。"部，统辖。并州：汉武帝所置十三刺史部之一。约当今山西大部和内蒙古、河北的一部。④自毕至东井：自毕宿往东至井宿。实沉：十二次之一。配十二辰为申，配二十八宿为觜、参两宿。魏：战国七雄之一。建都安邑（今山西夏县西北）。⑤河东：古地区名。战国、秦、汉时指今山西西南部。⑥李淳风：唐天文学家、数学家。参与撰写《晋书》《隋书》中《天文志》和《律历志》。蔽于天而不知地：被天文现象所蒙蔽而不知地理。参见附图。

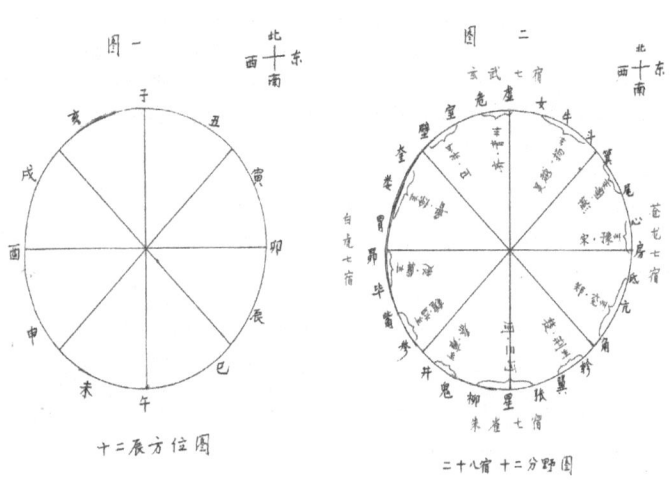

十二辰方位图　　二十八宿十二分野图

公孙五楼

南燕慕容超嗣位之后①,悉以国事付公孙五楼,燕业为衰。晋刘裕伐之,或曰:"燕人若塞大岘之险,坚壁清野②,大军深入,将不能自归。"裕曰:"鲜卑贪婪③,不知远计,谓我不能持久,不过进据临朐,退守广固,必不能守险清野。"超闻有晋师,引群臣会议,五楼曰:"吴兵轻果④,利在速战,不可争锋,宜据大岘,使不得入。各命守宰,依险自固,焚荡资储,芟除禾苗⑤,使敌无所资。彼侨军无食,可以坐制⑥。若纵使入岘,出城逆战,此下策也。"超不听,裕过大岘,燕兵不出,喜形于色,遂一举灭燕。观五楼之计,正裕之所惮也。超平生信用五楼,独于此不然,盖天意也。五楼亦可谓智士,足与李左车比肩⑦。后世奸妄擅国⑧,以误大事者多矣,无所谓五楼之智也。

【注释】
①南燕:十六国之一。都广固(今山东青州市西北)。②大岘(xiàn):今山东临朐东南大岘山。即穆陵关,旧称齐地天险。坚壁清野:加固壁垒使敌人不易攻击,转移人口、牲畜、物资使敌人无所获取。③鲜卑:南燕为鲜卑族人所建。④吴兵:吴地的军队。吴国有今江苏。东晋都建康(今南京),故称。轻果:轻捷果敢。⑤守(shòu)宰:地方官吏的泛称。焚荡:焚毁;烧光。芟除:刈除。即割掉。⑥侨军:南北朝时以侨居江南的北方人编成的军队。坐制:谓轻易制敌。⑦李左车:见《续笔》卷九《深沟高垒》一文。⑧奸妄:谓奸诈虚妄(之人)。

荐士称字著年

汉、魏以来诸公上表荐士,必首及本郡名,次著其年①,又称其字。如汉孔融《荐祢衡表》云"处士平原祢衡,年二十四,字正平",齐任昉为萧扬州作荐士表云"秘书丞琅邪王暕②,年二十一,字思晦","前候官令东海王僧孺③,年三十五,字僧孺"是也。唐以来乃无此式。

【注释】

①著年：写明年龄。②萧扬州：指齐竟陵王萧子良，曾任扬州刺史。③侯官：旧县名。治今福州市。

兄弟邪正

王安石引用小人，造作新法，而弟安国力非之。韩绛附会安石制置三司条例以得宰相①，而弟维力争之。曾布当元符、靖国之间，阴祸善类②，而弟肇移书力劝之。兄弟邪正之不同如此。

【注释】

①制置三司条例：为"变风俗，立法度"，宋朝廷设立制置三司条例司，实际上就是主持变法的专门机构。三司指户部、度支和盐铁。制置三司条例，亦即制订变法内容和实施办法。②阴祸：阴谋祸害。

卷第四（十五则）

三竖子

赵为秦所围，使平原君求救于楚，楚王未肯定从①。毛遂曰："白起，小竖子耳②！兴师以与楚战，举鄢、郢，烧夷陵③，辱王之先人，此百世之怨也。"是时，起已数立大功，且胜于长平矣。人告韩信反，汉祖以问诸将，皆曰："亟发兵坑竖子耳④！"帝默然。唯陈平以为兵不如楚精，诸将用兵不能及信。英布反，书闻⑤，上召诸将问计，又曰："发兵击之，坑竖子耳！"夫白起、信、布之为人，材能不可掩，以此三人为竖子，是天下无复有壮士也。毛遂之言，只欲激怒楚王，使之知合从之利害，故不得不以起为懦夫。至如高帝诸将，不过周勃、樊哙之俦。韩信因执而归，栖栖然处长安为列侯，盖一匹夫也，而哙喜其过己，趋拜送迎，言称臣，况于据有全楚万乘之地，事力强弱⑥，安可同日而语？英布固尝言："诸将独患淮阴、彭越，今皆已死，余不足畏。"则竖子之对，可谓勇而无谋，殆与张仪诋苏秦为反覆之人相似。高帝默然，顾深知其非也。至于陈平，则不然矣。若乃韩信谓魏将柏直为竖子，则诚然。柏直庸庸无所知名，汉王亦称其口尚乳臭⑦，真一竖子也。阮籍登广武⑧，叹曰："时无英雄，使竖子成名。"盖叹是时无英雄如昔人者。俗士不达⑨，以为籍讥汉祖，虽李太白亦有是言，失之矣。

【注释】

①平原君：即赵胜。号平原君。任赵相。定从：订立合纵盟约。从，音zòng，通"纵"。②毛遂：平原君门下食客。白起：一称公孙起。秦国名将，屡战获胜。小竖子耳：意为不过是个小毛头孩子而已。竖子，犹小子。鄙贱的称谓。③鄢（yān）：春秋楚国的别都。郢（yǐng）：春秋楚都。夷陵：战国楚邑。公元前278年，秦将白起战胜楚军，烧楚先王墓于此。④坑：活埋。⑤闻：达；传报。⑥"韩信因执而归"句：人告楚王韩信反，高祖刘邦伪游云梦（古泽名，在今湖北。湖北为楚地），袭击韩信，执归长安，降韩信为淮阴侯。栖

栖（xī xī）：亦作"恓恓"。孤寂零落貌。趋拜送迎：《史记·淮阴侯列传》："信尝过樊将军哙，哙跪拜送迎，言称臣，曰：'大王乃肯临臣！'"趋拜：趋走拜谒。事力：实力；武力。⑦庸庸：平庸；凡庸。乳臭（xiù）：汉王说柏直："是口尚乳臭，不能挡韩信。"（《汉书·高帝纪上》）⑧阮籍：三国魏文学家、思想家。字嗣宗。曾为步兵校尉，世称阮步兵。广武：古城名。有东西二城，相距约二百步，中隔广武涧。楚汉相争时，刘邦屯西城，项羽屯东城，互相对峙，今尚有残迹遗存。⑨俗士：平庸的士人。

枢密称呼

枢密使之名起于唐，本以宦者为之，盖内诸司之贵者耳①。五代始以士大夫居其职，遂与宰相等。自此接于本朝，又有副使、知院事、同知院事、签书、同签书之别，虽品秩有高下，然均称为枢密。明道中，王沂公自故相召为检校太师、枢密使，李文定公为集贤相②，以书迎之于国门，称曰"枢密太师相公"，予家藏此帖。绍兴五年，高宗车驾幸平江，过秀州，执政从行者四人，在前者传呼"宰相"，赵忠简也，次呼"枢密"，张魏公也③，时为知院事，次呼"参政"，沈必先也，最后又呼"枢密"，则签书权朝美云。予为检详时，叶审言、黄继道为长贰，亦同一称。而二三十年以来，遂有知院、同知之目，初出于典谒、街卒之口，久而朝士亦然，名不雅古④，莫此为甚。

【注释】
①诸司：众官吏；众官署。内诸司：宫禁之内由内侍担任的职官，即内廷官员。②李文定公：即李迪，字复古。真宗和仁宗时，两次拜相。卒谥文定。③张魏公：即张浚，字德远。宋大臣。孝宗时封魏国公。④典谒：掌管宾客往来联络事务的小官。街卒：清洁道路的役夫。雅古：雅致古朴。

从官事体

国朝优待侍从，故事体名分多与庶僚不同，然有处之合宜及肆意者①。如任知州申发诸司公状不系衔，与安抚监司序官往还用大状不书年，引接用朱衣，通判入都厅之类，皆杂著于令式②。其明载国史者尚可考。大中祥符五年六月，诏："尚书丞郎、两省给谏知州府，而本部郎中、员外郎及两省六品以下官充本路转运使副者③，承前例须申报。虽职当统摄，方委于事权④，而官有等差，宜明于品级。自今知制诰、观察使以上知州府处所申转运司状，并止签案检，令通判以下具衔供申⑤。"张咏以礼部尚书知升州，上言："臣官忝六曹，祠部乃本行司局⑥，而例申公状，似未合宜。望自今尚书丞郎知州者，除申省外，其本行曹局，止签案检。"从之。绍兴中，范同以前执政知太平州，官系中大夫不带职，申诸司状系衔。提刑张绚封还之⑦，范竟不改。次年转太中，再任，始去之。刘焯为江西运判，移牒属郡知、通云："请联衔具报⑧。"迈时以太中守赣，以于式不可，乃作公札，同通判签书⑨。刘邦翰曾任权侍郎，以朝议大夫、集英修撰知饶州。赵烨以承议郎提点刑狱，欲居其上，刘不校，赵又畏人议己，于是遇朝拜国忌日，先后行香⑩。王十朋自侍御史徙权吏部侍郎，不拜，除集撰，知饶州，自处如庶官⑪。林大中亦自侍御史改吏侍，不曾供职，除直宝文阁，知赣州，全衔犹带权知兼劝农事借紫⑫，而尽用从官礼数。黄涣为通判，入都厅，为之不平。郑汝谐除权侍郎，为东省所缴，不得供职，而以秘撰知池州，公状至提刑司，不系衔，为邓驲牒问⑬。唐璨以司农少卿、王佐以中书检正，皆暂兼权户侍，及出知湖、饶二州，悉用朱衣双引。此数君皆失于讨问典章，非故为尊大也。陈居仁以大中、集撰知鄂州，只用一朱衣，盖在法，学士乃双引，人以为得体。迈顷守赣、建，官职与居仁等，而误用两朱，殊以自悔。又如监司见前执政，虽本路，并客位下马。伯氏以故相带观文学士帅越，提举宋藻穿戟门诃殿，云浙东监司如何不得穿绍兴府门，将至厅事⑭，始若勉就客位者。主人亟令掖以还⑮。

【注释】

①事体：体制；体统。一说事理；道理。名分（fèn）：名位及其应守的职分。合宜：合适；恰当。②申发：发送。公状：古代公文之一种。序官：所统率的官属。大状：名刺；名片。元周密《癸辛杂识》前集《送刺》载："昔

日投门状，有大状、小状。大状则全纸，小状则半纸。今时之刺，大不盈掌，足见礼之薄矣。"年：日期，指某一确定时间。引接用朱衣：用朱衣吏前导。朱衣，红色公服。这里指穿红色公服的小吏。见《随笔》卷九《翰苑故事》"朱衣吏"注。都厅：诸路的议事大厅。尚书省总办公厅（公相厅）改作都厅以后，宣和三年内外都厅并行禁止。令式：章程；程式。③本部：原隶属处。④统摄：总管；统领。各州府属转运使所统摄。事权：职权；权力。⑤处所：犹言方面。案检：案卷。止签案检，不系衔。具衔：谓题写官衔⑥祠部：东晋始设祠部，掌祭祀之事，后变为礼部，而以祠部为礼部所属四司之一。本行：自己从事的行业。此处指礼部。⑦封还：因其系衔不合规定，所以封还。⑧运判：转运判官、发运判官的简称。职位略低于副使。移牒：以正式公文通知平行机关或人。联衔：(知州郡长官、通判)联合署名。衔，原指官衔。具报：备文上报。⑨公札：即公文。签书：签字署名。宋人因避英宗赵曙讳，改"签署"为"签书"。⑩先后行香：即上香时刘在先，赵在后。国忌行香：逢帝后忌辰，在寺观设斋焚香。⑪庶官：一般官员。⑫借紫：唐宋制度，官阶三品以上著紫服，未到三品而特许著紫服的称为借紫。⑬东省：指门下省。唐官内有宣政殿，殿前东廊名曰华门，门下省在门东，故称东省，又称左省。后世沿用。门下省负责审查诏令，有封驳之权。缴：缴回，驳回。牒问：行文查问。⑭伯氏：长兄。洪迈长兄洪适（kuò），累官至同中书门下平章事，兼枢密使。乾道中，知绍兴府、浙东安抚使。提举：官名。原意是管理。宋代以后设立主管专门事务的职官，即以提举命名。戟门：亦作"棘门"。古代宫门立戟，唐制三品以上官员亦得于私门立戟，因称显贵之家为"戟门"。此处指官署之门。诃殿：古代官员出外时的一种仪式。侍卫大声呵呼，以示威严，称为诃殿。⑮主人：指洪适。掖：扶持。洪适为前执政；宋藻为提举，有监察一路官吏之责，亦或称监司。

〔补注〕讨问：索讨究问。

九朝国史

本朝国史凡三书，太祖、太宗、真宗曰《三朝》，仁宗、英宗曰《两朝》，神宗、哲宗、徽宗、钦宗曰《四朝》。虽各自纪事，至于诸志若天文、地理、五行之类，不免烦复①。元丰中，《三朝》已就，《两朝》且成，神宗专以付曾巩使合之。巩奏言："五朝旧史，皆累世公卿、道德文学、朝廷宗工所共准裁,既已勒成大典②,岂宜辄议损益。"诏不许,始谋纂定,会以忧去③,不克成。其后神、哲,各自为一史,绍兴初,以其是非褒贬皆失实,废不用。淳熙乙巳,迈承乏修史④,丙午之冬,成书进御,遂请合九朝为一,寿皇即以见属。尝奏云:"臣所为区区有请者,盖以二百年间典章文物之盛,分见三书,仓卒讨究,不相贯属⑤。及累代臣僚,名声相继,当如前史以子系父之体,类聚归一。若夫制作之事,则已经先正名臣之手,是非褒贬,皆有据依,不容妄加笔削。乞以此奏下之史院,俾后来史官,知所以编缉之意,无或辄将成书擅行删改⑥。"上曰:"如有未稳处,改削无害。"迈既奉诏开院,亦修成三十余卷矣,而有永思攒宫才役,才归即去国⑦,尤袤以《高宗皇帝实录》为辞,请权罢史院,于是遂已。祥符中,王旦亦曾修撰两朝史⑧,今不传。

【注释】

①烦复:繁杂重复。②道德文学:谓道德之士和文学之士。亦指道德文才兼备之人。宗工:犹"宗匠"。指学术上有重大成就,为众所推崇的人。准裁:衡量,裁定。勒:编纂。大典:重要的典籍、著作。③纂定:编修订正。忧:指父母之丧。④承乏:旧时在任官吏常用的谦词。谓职位一时无适当人选,暂由己充数。⑤区区:谓真情挚意。讨究:探索,研究。贯属(zhǔ):连贯,连属。⑥编缉:犹编辑。编写纂集。缉,通"纂"。无或:不要。⑦而有永思攒宫才役,才归即去国:永思陵,高宗陵墓。攒宫,旧称帝、后暂殡之所。宋南渡后,帝、后茔冢皆称"攒宫"。表示暂时安置,准备收复中原后迁葬河南。《四笔》卷十四《贞元朝士》一文说,作者在这次施工中"充永思陵桥道顿递使"。才役:才,方始;刚刚。役,事,事务。去国:洪迈再次离京出知州郡。⑧王旦修撰两朝史:两朝,指太祖、太宗。

银牌使者

金国每遣使出外,贵者佩金牌,次佩银牌,俗呼为金牌、银牌郎君。北人以为契丹时如此,牌上若篆字六七,或云阿骨打花押也①。殊不知此本中国之制,五代以来,庶事草创,凡乘置奉使于外②,但给枢密院牒。国朝太平兴国三年，因李飞雄矫乘厩马，诈称使者，欲作乱，既捕诛之，乃诏自今乘驿者③，皆给银牌，国史云始复旧制，然则非起于昉也。端拱二年复诏："先是驰驿使臣给篆书银牌④，自今宜罢之，复给枢密院牒。"

【注释】

①阿骨打：即金太祖，金王朝的建立者。花押：见《续笔》卷十三《金花帖子》"花书"注。②庶事：众事；诸事。乘置：乘坐驿站的车马。置，驿站。亦指驿站所备的车马。③乘驿：驿指驿马，驿站供应的马，供传递公文的人或来往官员使用。④驰驿：旧时各省都设有驿站，凡官吏因急召入京或奉差外出，由沿途驿站急供夫马粮食，兼程而进，不按站止息，叫"驰驿"。

省钱百陌

用钱为币，本皆足陌。梁武帝时，以铁钱之故，商贾浸以奸诈自破，岭以东，八十为百，名曰"东钱"；江、郢以上①，七十为百，名曰"西钱"；京师以九十为百，名曰"长钱"。大同元年，诏通用足陌，诏下而人不从，钱陌益少②，至于末年，遂以三十五为百。唐之盛际，纯用足钱。天祐中，以兵乱窘乏，始令以八十五为百。后唐天成，又减其五。汉乾祐中，王章为三司使，复减三。皇朝因汉制③，其输官者，亦用八十，或八十五，然诸州私用，犹有随俗至于四十八钱。太平兴国二年，始诏民间缗钱，定以七十七为百。自是以来，天下承用，公私出纳皆然，故名"省钱"④。但数十年来，有所谓"头子钱"，每贯五十六，除中都及军兵俸料外，自余州县官民所当得，其出者每百才得七十一钱四分，其入者每百为八十二钱四分，元无所谓七十七矣。民间所用，多寡又益不均云。

【注释】

①自破：私自打破了钱一百文为陌的规定。岭：五岭山脉简称岭。江、郢以上：江、郢以西地区。上，指上游。②钱陌：本为一百文的钱串。后成为钱的计量单位，名为一陌而实不足百文。③皇朝：封建时代对本朝的称呼。犹

言国朝。④承用：因袭，沿用。省钱：即省陌。古时金属钱币，以百数为一百者谓之足陌，不足百数作为一百者谓之省陌。

旧官衔冗赘

国朝官制，沿晚唐、五代余习，故阶衔失之冗赘①，予固已数书之。比得皇祐中李端愿所书"雪窦山"三大字，其左云："镇潼军节度观察留后、金紫光禄大夫、检校刑部尚书、使持节华州诸军事、华州刺史、兼御史大夫、上柱国。"凡四十一字。自元丰以后，更使名，罢文散阶、检校官、持节、宪衔、勋官，只云"镇潼军承宣使"六字②，比旧省去三十五，可谓简要。会稽禹庙有唐天复年越王钱镠所立碑③，其全衔九十五字，尤为冗也。

【注释】
①阶衔：官职。冗赘：繁复累赘。②宪衔：唐宋以来官制中在正职外所加的御史之类虚衔。勋官：隋唐至明给予文武官员的称号。承宣使：宋政和七年（1117年）改留后为承宣使。③钱镠（liú）：五代时吴越的建立者。字具美（一作巨美）。卒谥武肃王。

吏胥侮洗文书

郡县胥史，揩易簿案，乡司尤甚①。民已输租税，朱批于户下矣，有所求不遂，复洗去之，邑官不能察，而又督理②。比其持赤钞为证，则追逮横费③，为害已深。此特小小者耳，台省亦然，予除翰林日，所被告命后拟云"可特授依前正奉大夫充翰林学士"，盖初书黄时全文，故官告院据以为式④，其制当尔。而告身全衔亦云"告正奉大夫充翰林学士"，予以语吏部萧照邻尚书曰："如此则学士系衔在官下，于故事有戾，今欲书谢表，当如何？"萧悚然。旋遣部主事与告院书吏至，乞借元告以去，明日持来，则已改正，移职居官上，但减一"充"字，于行内微觉疏，其外印文，浓淡了无异，其妙至此。

【注释】

①揩:抹去。易:变更。簿案:谓官府文书。乡司:旧时一乡中管理杂事的人,略同于社长、里正等。②朱批:用朱笔写的批语。督理:监督治理;督率管理。③赤钞:宋代官府发给的用红字书写的已缴纳赋税的凭证。追逮:追逼。横费:额外的费用。④书黄:用黄纸书写诏敕。官告院:官署名,掌文武官将校告身及封赠。⑤告正奉大夫充翰林学士:告,封授。充,充任;充当。

宣告错误①

士大夫告命,间有错误,如文官,则犹能自言,书铺亦不敢大有邀索②。独右列为可怜,而军伍中出身者尤甚。予检详密院诸房日,有泾原副都军头乞换授,而所持宣内添注"副"字,为房吏所沮,都头者不能自明③。两枢密以事见付,予视所添字与正文一体,以白两枢曰:"使诉者为奸,当妄增品级,不应肯以都头而自降为副,其为写宣房之失,无可疑也。"枢以为然,乃为改正。武翼郎李青当磨勘,尚左验其文书,其始为"大李青",吏以为罔冒④,青无词以答。周茂振权尚书,阅其告命十余通,其一告前云"大李青",而告身误去"大"字,故后者相承,只云"李青",即日放行迁秩,且给公据付之⑤。两人者几困于吏手,幸而获直⑥。用是以知枉郁不伸者多矣⑦!

【注释】

①宣告:宣指帝王的诏书、命令或旨意。告指告身。②书铺:古时写文书的店铺。即下文的"写宣房"。③检详密院诸房日:做检详官,审定枢密院诸房公文的时候。此处"检详"为动词,即考核审定。房,官署单位名。换授:谓酌其才能调任官职。都头:宋代的都头、副都头,都是指挥使之下的军官。④罔冒:欺骗假冒。⑤公据:官府的凭据。⑥获直:得到纠正。⑦枉郁:指不得申雪的冤屈或冤案。郁,滞也。

军中抵名为官

绍兴以来,兵革务烦,军中将校除官者,大帅尽藏其告命,只语以所居官,其有事故亡没者,亦不关申省部除籍①,或径以付他人,至或从白身便为郎、大夫者。杨和王为殿帅,罢一统领使归部,而申枢密院云:"此人元姓名曰许超,只是校尉,偶有修武郎李立告,使之鼎名②,因得冒转,续以战功积累,今为武显大夫,既已离军,自合依本姓名及元职位。"超诣院诉,而不能为之词。予检详兵房,为言曰:"一时冒与③,自是主将之命。修武以前,固非此人当得。若武翼之后,皆用军功,使其战死于阵,则性命须要超承当。今但当克除不应得九官,而理还其余资④,庶合人情,于理为顺。"两枢密甚然予说,即奏行之。

【注释】

①兵革:革,用皮革制的甲衣。兵革是兵器衣甲的总称。引申指战争。关申:即申报。除籍:除去名籍,犹言除名。②杨和王:即杨存中,字正甫。卒后追封和王。统领:军官名。统领位在统制之下。修武郎:军官名。职位略低于武翼郎。告:指告身。鼎名:即顶名。冒名代替。③冒与(yù):冒名参与。④克除:扣除。理还:审理归还。余资:其余官阶。

祸福有命

秦氏颛国得志,益厉刑辟,以箝制士大夫,一言语之过差,一文词之可议,必起大狱,窜之岭海,于是恶子之无俚者,恃告讦以进①。赵超然以"君子之泽,五世而斩"责汀州②,吴仲宝以《夏二子传》流容州,张渊道以《张和公生日诗》几责柳而幸脱,皆是也。予教授福州日,因访何大圭,忽问:"君识天星乎?"答曰:"未之学。"曰:"岂不能认南方中夏所见列宿乎?"曰:"此却粗识一二。"大圭曰:"君今夕试仰观荧惑何在?"是时正见于南斗之西③。后月余再相见,时连旬多阴,所谓火曜,已至斗魁之东矣④。大圭曰:"使此星入南斗,自有故事。"予闻其语,固已竦然,明日来相访,曰:"吾曹元不洞晓天文,昨晚叶子廉见顾,言及于此,蹙頞云⑤:'是名魏星,无人能识,非荧惑也。'"予曰:"十二国星⑥,只在牛、女之下,经星不动,安得转移?"圭曰:"乾象欲示变⑦,何所不可?子廉云,'后汉建安二十五年亦曾出⑧。'"盖秦正封魏国公,圭意比之曹操。予大骇,不复敢酬应。他日,与谢景思、叶晦叔言之,且曰:"使迈为小人告讦之举,有所不能,万一此段彰露,为之奈何?"谢、叶曰:"可以言命矣!与是人相识,便是不幸,不如静以待之。"时岁在己巳,又六年,秦亡,予知免祸,乃始不恐。

【注释】

①秦氏:指秦桧。益厉:(使之)更加严厉。刑辟(bì):刑法;刑律。岭海:地区名。即岭南。其地北倚五岭,南临南海,故名。无俚:无聊;无可寄托。告讦(jié):告发别人的隐私。②泽:影响。斩:断绝;尽。句出《孟子·离娄下》。宋朱熹《集注》:"泽,犹言流风余韵也。"责:贬谪。③南斗:"斗宿"的俗称。因相对北斗来说位置在南,故名。④火曜:火星。亦指荧惑。斗魁:即魁星。北斗中前四颗星(天枢、天璇、天机、天权)的总称。有时专指北斗第一星,即天枢。⑤蹙頞:紧皱眉头。忧愁貌。頞,音è。鼻梁。⑥十二国星:二十八宿在春秋十二诸侯国的区域分布。见卷三《十二分野》。⑦乾象:《乾》卦象天,故称天象为乾象。天象,旧指天文气象方面的现象,如日月星辰的运行等。⑧建安二十五年:公元220年。曹操死于是年。借以喻秦桧。

真宗北征

真宗亲征契丹,幸澶渊,以成却敌之功,是时景德元年甲辰,决此计者,寇莱公也。然前五岁,当咸平二年己亥,契丹寇北边,上自将御之,至澶州、大名府,闻范廷召破虏于莫州北,乃还京。时张文定公、李文靖公为相,不知何人赞此决,而后来不传。用是以知真宗非宴安鸩毒而有所畏者①,故寇公易以进言。

【注释】

①宴安鸩毒：以宴安比之鸩毒。宴安，逸乐。鸩（zhèn）毒：毒药；毒酒。宴安鸩毒，意为贪图安逸犹如服毒自杀。

宰相不次补

景德元年七月，宰相李沆薨，时无他相，中书有参知政事王旦、王钦若，不次补①。寇准为三司使，真宗欲相之，患其素刚，难独任，乃先以翰林侍读学士毕士安为参政②，才一月，并命士安、準为相，而士安居上。旦、钦若各迁官而已。準在太宗朝已两为执政，今士安乃由侍从超用，惟辟作福，图任大臣，盖不应循循历阶而升也③。

【注释】

①次补：依寻常次序递补。②侍读：官名。职务是给皇帝和太子讲读经史，备顾问应对。宋太平兴国中设翰林侍读学士及翰林侍读之官。③惟辟作福，图任大臣：只有君王才有资格赏赐有功，谋划任用大臣。辟，君王。作，施行。福，赏赐。一说"作福"为赐福。图任：犹谋任。图，谋划。循循：有顺序貌。历阶：越阶而上。

外制之难①

中书舍人所承受词头②，自唐至本朝，皆只就省中起草付吏，逮于告命之成，皆未尝越日，故其职为难。其以敏捷称者，如韦承庆下笔辄成，未尝起草，陆扆初无思虑，挥翰如飞，颜荛草制数十，无妨谈笑，郑畋动无滞思，同僚阁笔，刘敞临出局③，倚马一挥九制，皆见书于史策。其迟钝窘扰者，如陆余庆至晚不能裁一言，和嵘闭户精思，遍讨群籍，与夫"斫窗舍人"、"紫微失却张君房"之类④，盖以必欲速成故也。周广顺初，中书舍人刘涛责授少府少监，分司西京⑤，坐遣男项代草制词也。项时为监察御史，亦责复州司户。自南渡以来，典故散失，每除书之下，先以省札授之，而续给告，以是迁延稽滞⑥。段拂居官时，才还家即掩关谢客，畏其趣词命也⑦。先公使虏归，除徽猷阁直学士，时刘才邵当制，日于漏舍嘱之⑧，至先公出知饶州，几将一月，犹未受告。其他倩诿朋旧，俾之假手者多矣⑨。故膺此选者，不觉其难，殊与昔异。

【注释】

①外制：唐宋以中书舍人或知制诰所掌者为外制，与翰林学士所掌之内制相对。外制指中门下正规机构所撰拟的诏敕，内制指皇帝主动发出的文告。两种官员总称两制。②词头：朝廷命词臣撰拟诏敕时的摘由或提要。③思虑：思索考虑。翰：毛笔。滞思：凝聚心头的想念。出局：离开官署回家。④窘扰：谓因受阻而为难。斫窗：谓文人才拙。唐张鷟《朝野佥载》卷二："阳滔为中书舍人，促命草制词，令史持门钥他适，无旧本检寻，乃斫窗取得之，时人号为斫窗舍人。"紫微：唐开元元年（713年）曾改中书省为紫微省。失却：失掉；找不到了。张君房：其人不详。⑤责授：谓降级授予官职。西京：后周建都汴京，以河南府为西京。⑥除书：任命书。稽滞：拖延；延误。⑦掩关：关门。趣（cù）：督促；催促。⑧漏舍：百官晨集准备朝拜之所。即待漏院。漏舍置水漏以计时报更。⑨倩（qìng）诿：求请委托。假手：利用他人为自己做事。

文臣换武使

祖宗之世，文臣换授武使，皆不越级。钱若水自枢密副使罢守工部侍郎，后除帅并州，乃换邓州观察使①。王嗣宗以中丞、侍郎②，李士衡以三司使，李维以尚书，王素以端明左丞，亦皆观察。庆历初，以陕西四帅方御夏、羌，欲优其俸赐，故韩琦、范仲淹、王沿、庞籍皆以枢密、龙图直学士换为廉车③。自南渡以来，始大不然。张澄以端明学士，杨倓以敷文学士，便为节度。近者赵师夔、吴琚以待制而换承宣使，不数月间遇恩，即建节钺④。师揆、师垂以秘阁修撰换观察使，皆度越彝宪⑤，诚异恩也。

【注释】

①观察使：官名。唐改采访处置使为观察处置使。至宋代，仅为武官迁

转的职衔。②中丞：官名。御史台之长。③夏：指西夏。俸赐：俸禄和所得的赏赐。廉车：指观察使、廉访使、按察使等赴任时所乘的车子，亦用以代称上述官员。廉，通"覝"。察视。《宋史》记载，韩琦、范仲淹等均换为观察使。④节钺：符节和斧钺。古代授予将帅，作为加重权力的标志。⑤度越：超过。

卷第五（十七则）

舜事瞽叟①

《孟子》之书，上配《论语》，唯记舜事多误，故自国朝以来，司马公、李泰伯及吕南公皆有疑非之说②。其最大者，证万章涂廪、浚井、象入舜宫之问以为然也③。孟子既自云尧使九男事之，二女女焉，百官牛羊仓廪备，以事舜于畎亩之中④。则井、廪贱役，岂不能使一夫任其事？尧为天子，象一民耳，处心积虑杀兄而据其妻，是为公朝无复有纪纲法制矣⑤！六艺折中于夫子，四岳之荐舜⑥，固曰："瞽子。父顽，母嚚，象傲，克谐。以孝烝烝，乂不格奸⑦。"然则尧试舜之时，顽傲者既已格乂矣⑧。舜履位之后，命禹征有苗，益曰："帝初于历山，往于田，日号泣于旻天，于父母，负罪引慝，祇载见瞽瞍，夔夔斋栗，瞽亦允若⑨。"既言允若，岂得复有杀之之意乎？司马公亦引九男、百官之语，烝烝之对，而不及益赞禹之辞⑩，故详叙之以示子侄辈。若司马迁《史记》、刘向《列女传》所载，盖相承而不察耳。至于桃应有瞽叟杀人之问⑪，虽曰设疑似而请，然亦可谓无稽之言。孟子拒而不答可也，顾再三为之辞，宜其起后学之惑⑫。

【注释】

①舜：传说中父系氏族社会后期部落联盟领袖。姚姓，一作妫姓，号有虞氏，名重华，史称虞舜。瞽(gǔ)叟：亦作"瞽瞍"。舜父。《孔安国尚书传》(即《尚书孔氏传》)："无目曰瞽。舜父有目不能分别好恶，故时人谓之瞽，配字曰瞍。瞍，无目之称。"瞍，音sǒu。②《论(lún)语》：儒家经典之一。孔子弟子及其再传弟子关于孔子言行的记录。南宋淳熙间（1174—1189），朱熹把它和《大学》《中庸》《孟子》合为《四书》。疑非：怀疑非难。③万章……之问：指《孟子·万章》篇万章等人问孟子。孟子的回答，证实万章所问之事均为实事。涂廪：修缮粮仓。浚井：淘井。相传舜父母使舜涂廪、浚井，其父母烧廪、掩井而害之，未成。象：舜弟。宫：住房。象入舜屋，企图害舜而据

其妻。④二女女焉:尧以二女妻舜。后"女",音nù。嫁女于人。尧,传说中父系氏族社会后期部落联盟领袖。号陶唐氏,名放勋,史称唐尧。畎(quǎn)亩:田间;田地。⑤公朝:古代官吏在朝廷的治事之所,借指朝廷。⑥六艺折中于夫子:六经都则法于孔子的无所偏颇的判断事物的准则。四岳荐舜出自六经之一的《尚书》。⑦"父顽、母嚚"句:顽,愚妄;无德义。嚚(yín),愚顽。克谐,指舜能和他们和睦相处。以孝烝烝,言孝德之厚美。烝烝,淳厚貌;美盛貌。乂不格奸:有才德的人(指舜)不至使自己沦于邪恶。乂,有才之人。格,至。⑧顽傲者皆已格乂矣:舜的父母、弟弟已经被舜的德行所感动。顽傲者,指舜的父母和弟弟象。格,感通;感动。乂,才德出众。顽傲,愚顽而傲慢。⑨禹:又称大禹、夏禹。有苗:即三苗。益:舜臣。后为禹臣。帝初于历山:当年,舜帝在历山从事农耕。往于田:来往于田间。日:每天。号泣于旻(mín)天:对着上苍号啕大哭。引慝:犹言引咎。自己承担罪过。慝(tè),罪。祗载:恭敬地侍奉。载,通"事"。引申为从事、侍奉。夔(kuí)夔:悚惧貌。斋栗:敬谨恐惧貌。允若:顺从。被舜感化而和顺了。⑩烝烝之对:即上文"以孝烝烝,乂不格奸"句。益赞禹之辞:即上文益说的一段话。赞,辅佐。这是禹征三苗时,益向禹献策的一段话。意思是:至诚能感动上天神灵,何况它三苗呢!⑪桃应:孟子的学生。桃应之问,在《孟子·尽心上》。⑫顾再三为之辞:桃应问:舜为天子,皋陶为士(法官),瞽叟杀了人怎么办?孟子说:抓起来!桃应问:舜不阻止抓瞽叟吗?孟子说:有法律依据,他怎能阻止?又问:舜将怎么办?答:背着父亲逃走,沿着海滨住下,把曾做过天子的事情统统忘掉。起:产生。

孔子正名

子路曰:"卫君待子而为政,子将奚先①?"子曰:"必也正名乎②!"子路曰:"子之迂也!奚其正③?"夫子责数之以为"野"④。盖是时夫子在卫,当辄为君之际,留连最久,以其拒父而窃位⑤,故欲正之,此意明白。然子欲适晋,闻其杀鸣犊,临河而还⑥,谓其无罪而杀士也。里名胜母,曾子不入,邑称朝歌,墨子回车,邑里之名不善,两贤去之,安有命世圣人⑦,而肯居无父之国,事不孝之君哉?是可知已!夫子所过者化,不令而行,不言而信,卫辄待以为政,当非下愚而不移者⑧。苟其用我,必将导之以天理,而趣反其真,所谓命驾虚左而迎其父不难也⑨。则其有补于名义⑩,岂不大哉!为是故不忍亟去以须之。

既不吾用,于是慨然反鲁。则辄之冥顽悖乱⑪,无所逃于天地之间矣!子路曾不能详味圣言,执迷不悟,竟于身死其难。惜哉!

【注释】

①卫君:指卫出公蒯辄。灵公之孙。灵公死,其子蒯聩因避乱不在国内,聩的儿子即位,是为出公。蒯聩欲回国争位,出公拒绝,于是发生贵族内讧。蒯聩夺回君位,是为庄公。时子路任卫大夫孔悝的宰(家臣),在这场内讧中被杀。待:等待。为政:治理国家;执掌国政。子将奚先:您准备首先干什么?奚:何事,什么事。②正名:辨正名称、名分,使名实相符。孔子认为"君君、臣臣、父父、子子",都要严格遵守应有的名分,不许违礼犯上,这样才能维持统治秩序。③迂:拘泥固执,不切实际。奚其正:何必要去正名呢?④责数:责备数落。"子曰:'野哉,由也!……'"(《论语·子路》)野,粗鲁;鄙野。⑤窃位:窃据权位。⑥鸣犊:晋贤大夫窦犨(chōu),字鸣犊。与舜华同事赵简子(鞅),后为赵鞅所杀。河:黄河。孔子临河而还,有"兔死狐悲,物伤其类"之感。⑦里名胜母,曾子不入:胜母,古地名。曾子以孝著称。里名胜母,曾子恶其名称不顺不孝,故不入。邑称朝歌,墨子回车:和上句同出邹阳《狱中上梁王书》:"臣闻盛饰入朝者,不以私污义;砥厉名号者,不以利伤行。故里名胜母,曾子不入;邑号朝歌,墨子回车。"《淮南子·说山训》:"曾子立孝,不过胜母之间;墨子非乐(lè,泛指声色),不入朝歌之邑;曾子立廉,不饮盗泉;所谓养志者也。"相传墨子认为朝歌即早晨唱歌,这与他的"非乐"主张相悖,故回车而去。命世:犹"名世"。谓闻名于世。⑧化:得到教化。不言:不说。信:信从,相信。当非下愚而不移者:卫出公辄应该不是下愚之辈而不可教化改变的。下愚:极愚蠢的人。⑨天理:纲常伦理。反真:犹言反本。返归本性。虚左:古时坐车以左位为尊。空着左边的位置以待贵宾叫"虚左"。⑩名义:名分。⑪冥顽:愚昧顽固。悖乱:犹悖逆。忤逆。⑫详味:详细玩味;详细推究。

潜火字误

今人所用潜火字,如潜火军兵,潜火器具,其义为防。然以书传考之,乃当为燧①。《左传》襄二十六年,楚师大败,王夷师燧②。昭二十三年,子瑕卒③,楚师燧。杜预皆注曰:"吴、楚之间谓火灭为燧。"

《释文》音子潜反,火灭也,《礼部韵》将廉反,皆读如歼音。则知当曰熸火。

【注释】

①熸:音jiān。火熄灭。引申为军队溃败。②王夷:楚王受伤。夷,通"痍"。伤;创伤。③子瑕:楚令尹。

永兴天书

大中祥符天书之事,起于佞臣,固无足言。而寇莱公在永兴军,信朱能之诈,亦为此举,以得召入,再登相位,驯致雷州之祸,凤德之衰①,实为可惜!而《天禧实录》所载云:"周怀政与妖人朱能辈伪造灵命,冀图恩宠,且日进药饵②。宰相王钦若屡言其妄,复密陈规谏③。怀政惧得罪,因共诬谮④,言:'捕获道士谯文易,蓄禁书,有神术,钦若素识之。'故罢相也。"朱能之事,钦若欲以沮寇公之入则有之,谓其陈规谏,当大不然。傥非出于寇,则钦若已攘臂其间矣⑤。《实录》盖钦若提举日所进,是以溢美,岂能弭后人公议哉⑥!

【注释】

①朱能之诈:巡检朱能和内侍都知周怀政诈为天书。真宗听信王旦,令準上之。"準从上其书,中外皆以为非。"(《宋史·寇準传》)驯致:逐渐招致。雷州之祸:其后寇準贬为雷州(治今广东海康)司户参军,卒于贬所。凤德:语出《论语·微子》:"楚狂接舆歌而过孔子曰:凤兮凤兮!何德之衰!"盖讥孔子有才德而不识时务。因以"凤德"指士大夫的德行与名望。②灵命:上天或神灵的意志。冀图:希图;希望。恩宠:谓帝王对臣下的优遇和宠幸。进药饵:为真宗进药饵,以期延年益寿。③规谏:以正言相劝诫。④诬谮:进谗诬陷。⑤攘臂:捋衣出臂,表示振奋(而参与其间)。一说伸臂窃取。攘,窃取;侵夺。⑥"《实录》"句:仁宗即位,王钦若复拜相,监修国史,进《真宗实录》。弭(mǐ):消除。公议:公众的议论,舆论。

王裒嵇绍

舜之罪也殛鲧,其举也兴禹①。鲧之罪足以死,舜徇天下之公议以诛之②,故禹不敢怨,而终治水之功,以盖父之恶。魏王裒、嵇绍,其父死于非命。裒之父仪,犹以为司马昭安东司马之故,因语言受害,裒为之终身不西向而坐③。绍之父康以魏臣,钟会谮之于昭④,昭方谋篡魏,阴忌之,以故而及诛。绍乃仕于晋武之世,至为惠帝尽节而死⑤。绍之事亲,视王裒远矣!温公《通鉴》,犹取其荡阴之忠⑥,盖不足道也。

【注释】

①罪:惩处;治罪。举:选拔。兴:兴起。②徇:顺从。③安东司马:司马昭为安东将军,王仪为司马。司马昭统领诸军伐吴,在东关大败。王仪说"责在元帅"。昭怒,斩王仪。参考《四笔》卷十六《曹马能收人心》。终身不西向而坐:王裒为城阳营陵(今山东淄博市东北,即旧临淄县西北)人,司马氏建都洛阳,在王裒祖居之西。终身不西向坐,表示誓不臣晋。④嵇康:"竹林七贤"之一。钟会闻名造访,嵇康不为之礼。钟会深衔之。因不满当时掌握政权的司马氏集团,遭钟会构陷,为司马昭所杀。⑤晋武:即晋武帝司马炎。惠帝:即晋惠帝司马衷。尽节:尽心竭力,保全节操。多指赴义捐生。⑥荡(tāng)阴之忠:永兴元年(304年),惠帝征讨成都王司马颖,兵败荡阴(今河南汤阴),侍从皆散,嵇绍(时为侍中)独自以身卫帝,后被杀。即上文所说"为惠帝尽节而死"。

张咏传

张忠定公咏,为一代伟人,而治蜀之绩尤为超卓,然《实录》所载,了不及之,但云"出知益州,就加兵部郎中,入为户部。后马知节自益徙延,难其代①。朝廷以咏前在蜀,寇攘之后,安集有劳,为政明肃②,远民便之,故特命再任"而已。国史本传略同,而增书促招安使上官正出兵一事③。皆诋其知陈州营产业，且与周渭、梁鼎辈五人同传，殊失之也。韩魏公作公神道碑云："公以魁奇豪杰之才，逢时自奋，智略神出，勋业赫赫，震暴当世④，诚一世伟人。"道州所刻帖，有公与潭牧书一纸⑤，王荆公跋其后云："忠定公殁久矣，而士大夫至今称之，岂不以刚毅正直有劳于世若公者少欤？"文潞公云："予尝守蜀，睹忠定之像，遗爱在民，钦服已甚⑥。"黄诰云："公风烈如此⑦，而不至于宰相，然有忠定之才，而无宰相之位，于公何损？有宰相之位，而无忠定之才，于宰相何益？公虽老死，安肯以此易彼哉！"观四人之言，史氏发潜德之幽光，为有负矣。

【注释】

①张忠定公咏：张咏，卒谥忠定。伟人：伟大的人物。实录：即指《真宗实录》。延：延州。州名。宋时移治今延安市。难其代：难以找出合适人选代替马知节在益州的职务。②寇攘：劫掠、侵扰。引申指由兵匪劫掠侵夺所造成的祸乱。此处指李顺起义。明肃：清明严肃。③国史：指元丰年间撰写的《三朝史》。"促招安使"句：《宋史·张咏传》："出知益州，时李顺构乱，王继恩、上官正（时为西川招安使）总兵攻讨，缓师不进，咏以言激正，勉其亲行，仍盛为供帐饯之。"④自奋：自我奋发而欲有所为。勋业：功业。赫赫：显耀盛大貌。震暴：形容震动之强烈。⑤潭牧：潭州牧守（长官）。⑥遗爱：《左传·昭公二十年》："及子产卒，仲尼闻之，出涕曰：'古之遗爱也。'"杜预注："子产见爱，有古人之遗风。"后亦谓"仁爱"遗留于后世。钦服：敬重佩服。⑦风烈：风操德业。

绯紫假服①

唐宣宗重惜服章②，牛丛自司勋员外郎为睦州刺史，上赐之紫，丛既谢，前言曰："臣所服绯，刺史所借也。"上遽曰："且赐绯。"然则唐制借服色得于君前服之，国朝之制，到阙则不许③。乾道二年，予以起居舍人侍立，见浙西提刑姚宪人对④，紫袍金鱼。既退，一阁门吏踵其后啜嚅⑤。后两日，宪辞归平江⑥，乃绯袍。予疑焉，以问知阁曾觌曰："闻临安守与本路监司皆许服所借，而宪昨紫今绯，何也？"觌曰："监司惟置局在辇下则许服，漕臣是也；若外郡则否，前日姚误紫，而谒吏不告，已申其罚，且备牒使知之，故今日只本色以入⑦。"姚盖失于审也，然考功格令既不颁于外⑧，亦自难晓。文惠公知徽州日，借紫，及除江东提举常平，告身不借。予闻尝借者当如旧，与郎官薛良朋言之，于是给公据改借。后于江西见转运判官张坚衣绯，张尝知泉州，紫袍矣，予举前说，张欣然即以申考功，已而部符下不许⑨，扣其故，曰："唯知州借紫而就除本路，虽运判、提举皆得如初，若他路则不可。"竟不知法如何该说也。若曾因知州府借紫，而后知军州⑩，其服亦借，不以本路他路也。近吴镒以知郴州除提举湖南茶盐，遂仍借紫⑪，正用前比云。

【注释】

①绯紫：指红色和紫色官服。古时高官所服。唐制：文武官员三品以上服紫，金玉带；四品服深绯；五品服浅绯，并金带。假服：借穿。②重(zhòng)惜：十分珍惜。③得于：可以在。到阙：到了朝堂。亦指到达京师。阙(què)，借指官廷，帝王所居之处。后也借指京城。④浙西：两浙西路。治临安府(今杭州市)。⑤唼嗫：窃窃私语。⑥平江：府名。治今苏州市。属两浙西路。⑦辇下：谓辇毂之下。京都的代称。犹言在皇帝车驾之下。漕臣：管理漕运的官员。本色：本来的颜色。⑧考功格令：考功司的法令。考功，指考功司。格令，法令。⑨申考功：此处"考功"为官名。部符：有关主管部门的公文。一说即指吏部的公文。⑩军州：古行政区划的名称。⑪遂仍借紫：郴州属荆湖南路，是本路。

〔补注〕常平：常平仓。汉及后世为"调节粮价，备荒赈恤"设置的粮仓。

枢密名称更易

国朝枢密之名，其长为使，则其贰为副使；其长为知院，则其贰为同知院。如柴禹锡知院，向敏中同知，及曹彬为使，则敏中改副使。王继英知院，王旦同知，继冯拯、陈尧叟亦同知，及继英为使，拯、尧叟乃改签书院事，而恩例同副使①。王钦若、陈尧叟知院，马知节签书，及王、陈为使，知节迁副使，其后知节知院，则任中正、周起同知。惟熙宁初，文彦博、吕公弼已为使，而陈升之过阙，留②，王安石以升之曾再入枢府,遂除知院。知院与使并置,非故事也,安石之意以沮彦博耳。绍兴以来,唯韩世忠、张俊为使,岳飞为副使③。此后除使固多,而其贰只为同知,亦非故事也。又使班视宰相,而乾道职制杂压④,令副使反在同知院之下,尤为未然。

【注释】

①恩例:指帝王为宣示恩德而颁布的条例、规定。②过阙(què):入朝陛见皇帝(谢恩辞行)。留:指留在京师。③岳飞:南宋抗金名将。字鹏举。坚决反对秦桧与金议和,并多次大败金兵。后被秦桧以"莫须有"的罪名杀害。孝宗时追谥"武穆"。宁宗时追封鄂王。④使班视宰相:即对枢密使的班次视同宰相。职制:职官制度。杂压:指班次的先后。

过称官品

士大夫僭妄相尊①,日以益甚。予向昔所记文官学士、武官大夫之谚,今又不然。《天圣》职制:内外文武官不得容人过称官品②,诸节度、观察,虽检校官未至太傅者,许称太傅;防御使至横行使,许称太保;诸司使许称司徒;幕职官等称本官;录事参军称都曹③;县令称长官;判司、簿、尉许称评事。其太傅、太保、司徒皆一时本等检校所带之官也④。自后法令不复有此一项,以是其风愈炽,不容整革矣⑤。

【注释】

①僭妄:过分而狂妄。②过称:称誉太过而不符事实。③幕职:地方长官的属吏,因在幕府任事,故称幕职。录事参军称都曹:《宋史·职官志》:军、州诸曹官,录事参军居首,称都曹。④本等:本来,原来。⑤整革:整顿改革。

仁宗立嗣①

东坡作《范蜀公墓志》,云:"仁宗即位三十五年,未有继嗣,嘉祐初得疾，中外危恐②。公独上疏乞择宗室贤者，异其礼物③，以系天下心。"凡章十九上。至元祐初，韩维上言，谓其首开建储之议，其后大臣乃继有论奏。《司马温公行状》云："至和三年，仁宗始不豫，国嗣未立④，天下寒心而不敢言，惟谏官范镇首发其议，光时为并州通判，闻而继之。"按至和三年九月，改为嘉祐元年，岁在丁酉⑤。而前此皇祐五年甲午，有建州人太常博士张述者，以继嗣未立，上疏曰："陛下春秋四十四，宗庙社稷之继，未有托焉。以嫌疑而不决，非孝也；群臣以讳避而不言，非忠也。愿择宗亲才而贤者⑥，异其礼秩，试以职务，俾内外知圣心有所属。"至和二年丙申，复言之。前后凡七疏，最后语尤激切。盖述所论乃在两公之前，而当时及后来莫有知之者，为可惜也！

【注释】

①立嗣：确立皇位继承人。②危恐：忧惧。③异其礼物：和下文的"异其礼秩"，都是表示与众不同的特殊身份。礼物，典礼文物。指礼仪和举行礼仪所使用的器皿。礼秩：指礼仪等第和爵禄品级。④不豫：婉称帝王有病。语出《书·金縢》："王有疾，弗豫。"国嗣：皇位继承人。⑤岁在丁酉：按，至和三年九月改嘉祐元年，为1056年，岁在丙申。第二年为丁酉。作者推算有误。下文"甲午"、"丙申"亦如此。⑥宗亲：同宗亲属。此处专称同一祖先所出的男系血统。

郎官员数

绍熙四年冬，客从中都来，持所抄《班朝录》一编相示，盖朝士官职姓名也。读至尚书郎①，才有正员四人，其他权摄者亦只六七人耳。因记绍兴二十九年，予为吏、礼部时，同舍郎二十人②，皆正官。今既限以曾历监司、郡守，故任馆职及寺监、丞者不可进步，其自外召用者，资级已高③，曾不数月，必序迁卿、少，以是居之者益少。政和末，郎员冗溢④，至于五十有五。侍御史张朴上殿，徽宗谕使论列，退而奏疏，劾十有六人，大略云："才品甚下，趋操卑污，有如汪师心者；性资茸阘，柔佞取容，有如黄愿、汪希旦者；浅浮躁妄，为胥辈所轻，有如李庄者；轻俍喧嚣，漫不省职，有如李扬者；粗冗不才，褊忿轻发，有如成褆者；人才碌碌，初无可取，有如张高者；志气衰落，难与任事，有如常瓌者；大言无当，诞诡不情，有如梁子海者；资望太轻，士论不厌，有如叶椿、唐作求、吴直夫、章芹、李与权、王良钦、强休甫者。乞行罢斥⑤。"从之。考一时标榜⑥，未必尽当，然十六人者后皆不显，视今日员数，多寡不侔如是。秦桧居相位久，不欲士大夫在朝，末年尤甚。二十四司独刑部有孙敏修一员，余皆兼摄，吏部七司至全付主管告院张云⑦，兵、工八司，并于一寺主簿。又可怪也！

【注释】

①尚书郎：官名。东汉取孝廉中有才能者入尚书台，在皇帝左右处理政务，初入台称守尚书郎中，满一年称尚书郎，三年称侍郎。魏晋以后尚书各曹有侍郎、郎中等官，综理职务，通称尚书郎。②同舍郎：同居一舍的郎官。后亦泛指僚友。③寺丞：官署中的佐吏。不可进步：不能晋升为郎官。资级：资格和品级。④冗溢：谓多而杂。⑤论列：论次评定。才品：才能与品德；才能与气质。趍操：行为；操行。卑污：卑鄙龌龊。性资：禀性，资质。茸阘(róng tà)：卑微猥贱。柔佞：谓伪善献媚。取容：曲从讨好，取悦于人。浅浮：浅薄轻俘。躁妄：急躁轻率。胥辈：胥吏们。轻俍(tuó)：轻佻狂放。漫不省职：放纵散漫而不负责任。不省(xǐng)：不理会。粗冗：粗野庸劣。褊忿：谓心胸狭窄，容易发怒。轻发：轻率行动。褆：音 tí。志气：志向和气概。诞诡：怪诞奇异。资望：资格和声望。不厌：不服气。强：音 qiáng。姓。罢斥：罢免斥退。⑥标榜：品评。⑦告院：即官告院。

东坡慕乐天

苏公责居黄州，始自称东坡居士。详考其意，盖专慕白乐天而然。白公有《东坡种花》二诗云："持钱买花树，城东坡上栽。"又云："东坡春向暮，树木今何如？"又有《步东坡》诗云："朝上东坡步，夕上东坡步。东坡何所爱？爱此新成树。"又有《别东坡花树》诗云："何处殷勤重回首？东坡桃李种新成。"皆为忠州刺史时所作也①。苏公在黄，正与白公忠州相似，因忆苏诗，如《赠写真李道士》云："他时要指集贤人，知是香山老居士②。"《赠善相程杰》云："我似乐天君记取，华颠赏遍洛阳春③。"《送程懿叔》云："我甚似乐天，但无素与蛮④。"《入侍迩英》云："定似香山老居士，世缘终浅道根深⑤。"而跋曰："乐天自江州司马除忠州刺史，旋以主客郎中知制诰，遂拜中书舍人。某虽不敢自比，然谪居黄州，起知文登，召为仪曹⑥，遂忝侍从。出处老少，大略相似，庶几复享晚节闲适之乐⑦。"《去杭州》云："出处依稀似乐天，敢将衰朽较前贤⑧。"序曰："平生自觉出处老少粗似乐天。"则公之所以景仰者⑨，不止一再言之，非东坡之名偶尔暗合也。

【注释】

①忠州：州名。白居易贬为江州司马后，郁郁不得志。久之，徙忠州刺史。②"他时要指集贤人"句：东坡公自注："乐天为翰林学士，奉诏写真集贤院。"香山居士：白居易自称。居士：文人雅士的自称。③华颠：犹白头，谓年老。颠，头顶。④素与蛮：即樊素和小蛮。参见《随笔》卷一《乐天侍儿》。⑤世缘：尘缘，俗缘，谓人世间事。道根：修道的根底。⑥谪居：谓古代官吏被贬官降职到边远外地居住。仪曹：官名。用来称礼部郎官。⑦晚节：晚年。闲适：清闲安适。⑧衰朽：老迈无用。⑨景仰：景慕；仰望。

缚鸡行

老杜《缚鸡行》一篇云①："小奴缚鸡向市卖，鸡被缚急相喧争。家中厌鸡食虫蚁，不知鸡卖还遭烹。虫鸡于人何厚薄②？吾叱奴儿解其缚。鸡虫得失无了时，注目寒江倚山阁③。"此诗自是一段好议论，至结句之妙，非他人所能跂及也④。予友李德远尝赋《东西船行》，全拟其意。举以示云："东船得风帆席高，千里瞬息轻鸿毛。西船见笑苦迟钝，汗流掌折百张篙。明日风翻波浪异，西笑东船却如此。东西相笑无已时，我但行藏任天理⑤。"是时，德远诵至三过，颇自喜，予曰："语意绝工，几于得夺胎法⑥，只恐行藏任理与注目寒江之句，似不可同日语。"德远以为知言，锐欲易之，终不能满意也。

【注释】

①老杜：指杜甫。后人称杜甫为老杜，杜牧为小杜。②何厚薄：是说家

人何必厚于虫而薄于鸡？③"鸡虫得失"句：明末王嗣奭所作《杜臆》（杜甫诗笺释）说："鸡得则虫失，虫得则鸡失，世间类此者甚多，故云无了时。计无所出，只得注目寒江倚山阁而已。"杜甫已由鸡虫得失联想到了社会现实，"注目寒江倚山阁"写出了作者计无所出的苦闷心情。比起"我但行藏任天理"来，要含蓄得多了。此诗大概是766年冬在夔州西阁所作。"寒江"的"江"，指长江。山阁，即指西阁。④跂及：犹企及。企望赶上。⑤行藏：《论语·述而》："用之则行，舍之则藏。"后因以"行藏"指出处或行止。天理：自然的法则。⑥夺胎法：即夺胎换骨法。

油污衣诗

予甫十岁时①，过衢州白沙渡，见岸上酒店败壁间，有题诗两绝，其名曰《犬落水》《油污衣》。《犬》诗太俗不足传，独后一篇殊有理致②。其词云："一点清油污白衣，斑斑驳驳使人疑③。纵饶洗遍千江水，争似当初不污时④。"是时甚爱其语，今六十余年，尚历历不忘，漫志于此。

【注释】

①甫：才；方。②理致：思理意致；思想情趣。③斑驳：色彩杂乱错落。④纵饶：纵令，即使。争似：怎似。

北虏诛宗王

绍兴庚申，虏主亶诛宗室七十二王，韩昉作诏，略云："周行管叔之诛，汉致燕王之辟①，兹惟无赦，古不为非。不图骨肉之间，有怀蜂虿之毒②。皇伯太师宋国王宗磐谓为先帝之元子，常蓄无君之祸心；皇叔太傅兖国王宗俊、虞王宗英、滕王宗伟等，逞躁欲以无厌③，助逆谋之妄作。欲申三宥④，公议岂容？不烦一兵，群凶悉殄。已各伏辜，并除属籍讫⑤。"绍熙癸丑，今虏主诛其叔郑王，诏曰："朕早以嫡孙，钦承先绪⑥。皇叔定武军节度使郑王允蹈，属处诸父，任当重藩，潜引凶徒,共为反计,自以元妃之长子,异于他母之诸王,冀幸国灾,窥伺神器⑦。其妹泽国公主长乐牵同产之爱,驸马都尉唐括蒲刺睹狃连姻之私⑧,预闻其谋,相济以恶。欲宽燕邸之戮,姑致郭邻之囚,询诸群言,用示大戒⑨。允蹈及其妻卞玉与男按春、阿辛并公主皆赐自尽,令有司依礼收葬,仍为辍朝⑩。"二事甚相类,盖其视宗族至亲与涂之人无异也。是年冬,倪正父奉使,馆于中山,正其诛戮处,相去一月,犹血腥触人,枯骸塞井,为之终夕不安寝云。

【注释】

①亶:指金熙宗完颜亶。管叔之诛:管叔,周武王之弟。姬姓,名鲜。武王灭商后,封于管(今河南郑州)。他与蔡叔、霍叔监视商纣王之子武庚(周初封于殷),称为三监。武王去世,成王年幼,周公旦摄政,三监不服,扬言周公将不利于成王,和武庚一起叛乱。周公平定叛乱,管叔被杀。汉致燕王之辟:燕王刘旦,武帝子。武帝崩,大臣共立昭帝。燕王自以为当为帝,于是阴谋起兵夺取帝位,最后被诛。致,施加;施行。辟(pì),刑罚。特指处死刑。②蜂虿(chài)之毒:虿是蝎子一类的毒虫。谓物虽小而能为害于人。③宗磐:指完颜宗磐。先帝:指金太宗完颜晟。元子:天子、诸侯的嫡长子。躁欲:贪欲;贪婪。躁,通"懆(zào)"。贪。④三宥:古代指可以对犯人宽大处理的三种情况。宥,减刑。《周礼·秋官·司刺》:"一宥曰不识,二宥曰过失,三宥曰遗忘。"即因不知法而犯罪,因疏忽大意而犯罪,因忘记法律的规定而犯罪。⑤伏辜:服罪。谓受到应得的惩处。属(shǔ)籍:指宗室谱籍。⑥今虏主:指金章宗完颜璟。钦承:恭敬地继承或承受。先绪:祖先的功业。⑦重藩:军事上占重要地位的藩镇。冀幸:犹侥倖;希冀。神器:指帝位;政权。⑧牵:牵制。拘泥。狃:囿;局限。⑨燕邸:指燕王在京师的邸舍。借指燕王刘旦。郭邻之囚:《尚书·蔡仲之命》:"周公……囚蔡叔于郭邻。"郭邻,地名。大戒:大法则。《庄子·人间世》:"天下有大戒二:其一,命也;其一,义也。子之爱亲,命也,不可解于心;臣之事君,义也,无适而非君也,无所逃于天地之间。是之谓大戒。"⑩辍朝:停止视朝。为之辍朝,以示对被诛大臣的厚遇。

州郡书院

太平兴国五年,以江州白鹿洞主明起为褒信主簿①。洞在庐山之阳，尝聚生徒数百人。李煜有国时，割善田数十顷，取其租廪给之②；选太学之通经者，俾领洞事，日为诸生讲诵。于是起建议以其田入官，故爵命之③。白鹿洞由是渐废。大中祥符二年，应天府民曹诚，即楚丘戚同文旧居造舍百五十间，聚书数千卷，博延生徒，讲习甚盛。府奏其事，诏赐额曰应天府书院④，命奉礼郎戚舜宾主之，仍令本府幕职官提举，以诚为府助教。宋兴，天下州府有学自此始。其后潭州又有岳麓书院⑤。及庆历中，诏诸路州郡皆立学，设官教授，则所谓书院者当合而为一⑥。今岳麓、白鹿复营之，各自养士，其所廪给礼貌乃过于郡庠⑦。近者巴州亦创置，是为一邦而两学矣。大学、辟雍并置⑧，尚且不可，是于义为不然也。

【注释】

①白鹿洞：在江西星子县北庐山五老峰下。唐贞元中李渤与兄涉隐居读书于此，畜一白鹿，因名。五代南唐昇元中在此建学馆。宋咸平五年（1002年）置书院，后废。南宋朱熹知南康军，重建修复，为讲学之所。与石鼓（一说为嵩阳）、应天、岳麓并称宋代四大书院。②廪给：指科举时代国家给予在学生员的膳食津贴。③爵命：封爵受职。④应天府书院：原址在今河南商丘县城。宋初兴学自此始。⑤岳麓书院：原址在长沙岳麓山。宋开宝九年（976年）潭州太守朱洞创建。南宋张栻、朱熹曾讲学于此。⑥合而为一：即书院和郡学合而为一。⑦礼貌：原指对人恭敬有礼。此处似指表示的敬意。庠（xiáng）：古代学校名。⑧辟（bì）雍：本为西周天子所设大学。东汉以后，历代皆有辟雍，除北宋末年为太学之预备学校外，均仅为祭祀之所。

何韩同姓

韩文公《送何坚序》云："何与韩同姓为近。"尝疑其说无所从出，后读《史记·周本纪》，应劭曰："《氏姓注》云，以何姓为韩后。"邓名世《姓氏书辩证》云①："何氏出自姬姓，食采韩原②，为韩氏。韩王建为秦所灭，子孙散居陈、楚，江、淮间以韩为何，随声变为何氏，然不能详所出也。"韩王之失国者名安，此云建，乃齐王之名，邓笔误耳。予后读孙愐《唐韵》云③："韩灭，子孙分散江、淮间，音以韩为何，字随音变,遂为何氏。"乃知名世用此。

【注释】

①邓名世:宋代人。②食采:食邑,采地。③孙愐:唐音韵学家。

卷第六(十五则)

蕨萁养人

自古凶年饥岁,民无以食,往往随所值以为命,如范蠡谓吴人就蒲嬴于东海之滨;苏子卿掘野鼠所去草实,及啮雪与旃毛并咽之①;王莽教民煮木为酪;南方人饥饿,群入野泽掘凫茈;邓禹军士食藻菜;建安中,咸阳人拔取酸枣、藜藿以给食;晋郗鉴在邹山,兖州百姓掘野鼠、蛰燕②;幽州人以桑椹为粮,魏道武亦以供军;岷蜀食芋。如此而已。吾州外邑,峹崌山在乐平、德兴境,李罗万斛山在浮梁、乐平、鄱阳境,皆绵亘百余里,山出蕨萁③。乾道辛卯、绍熙癸丑岁旱,村民无食,争往取其根。率以昧旦荷锄往掘,深至四五尺,壮者日可得六十斤。持归捣取粉,水澄细者煮食之,如粗籹状④,每根二斤可充一夫一日之食。冬晴且暖,田野间无不出者,或不远数十里,多至数千人。自九月至二月终,蕨抽拳则根无力⑤,于是始止。盖救饿羸者半年⑥,天之生物,为人世之利至矣!古人不知用之,传记亦不载,岂他邦不产此乎?

【注释】

①凶年:荒年。随所值以为命:遇到什么吃什么以保存生命。值,遇到。就:趋向,接近。蒲嬴:蛤蚌之属。嬴,音 luó。通"螺"。螺类动物的统称。苏子卿:即苏武,字子卿。西汉武帝时任中郎将,奉命出使匈奴。匈奴贵族对他多方威胁诱降,又把他迁到北海(今贝加尔湖)边牧羊。坚持十九年不屈。后被遣回朝,官典属国。所去草实:所藏的草实。颜师古注:去谓藏之也。啮(niè)雪:嚼雪。旃:通"毡"。苏武被单于幽禁,"置大窖中,绝不饮食。天雨雪,武啮雪,与旃毛并咽之。"(《汉书》本传)②凫茈(fú cí):即荸荠。多年生水生草本,其球茎作疏菜,或代水果,生、熟均可食。藻菜:《后汉书》本传作"枣菜"。枣子与蔬菜。藜藿:藜与藿。藜,又称灰菜。嫩叶可食,老茎可为杖。藿,豆叶。郗鉴:东晋初,受命镇邹山(即峄山),为兖州刺史。

蛰燕：藏伏避寒的燕。③绵亘（gèn）：连绵不断；延伸。蕨萁：蕨苗。俗称蕨菜。根状茎含淀粉，可供食用或酿造。④昧旦：黎明；拂晓。粔籹（jù nǚ）：古代的一种食品。⑤抽拳：抽芽；发芽。蕨芽其端蜷曲如拳，故又称蕨拳。⑥饿羸（léi）：因饥饿而困乏衰弱。

贤士隐居者

士子修己笃学，独善其身①，不求知于人，人亦莫能知者，所至或有之，予每惜其无传。比得上虞李孟传录示四事，故谨书之。

其一曰，慈溪蒋季庄，当宣和间，鄙王氏之学，不事科举，闭门穷经②，不妄与人接。高抑崇闲居明州城中，率一岁四五访其庐。季庄闻其至，必倒屣出迎③，相对小室，极意讲论，自昼竟夜，殆忘寝食。告去则送之数里，相得欢甚。或问抑崇曰："蒋君不多与人周旋，而独厚于公，公亦倦倦于彼④，愿闻其故？"抑崇曰："闲终岁读书，凡有疑而未判⑤，与所缺而未知者，每积至数十，辄一扣之，无不迎刃而解。"而蒋之所长，他人未必能知之。世之所谓知己其是乎？

其二曰，王茂刚，居明之林村，在岩壑深处，有弟不甚学问，使专治生以糊口，而刻意读书，足迹未尝妄出，尤邃于《周易》⑥。沈焕通判州事，尝访之。其见趣绝出于传注之外云⑦。气象严重，窥其所得，盖进而未已也⑧。

其三曰，顾主簿，不知何许人⑨，南渡后寓于慈溪。廉介有常，安于贫贱，不蕲人之知⑩。至于践履间⑪，虽细事不苟也。平旦起，俟卖菜者过门，问菜把直几何⑫，随所言酬之。他饮食布帛亦然。久之人皆信服，不忍欺。苟一日之用足，则玩心坟典⑬，不事交游。里中有不安其分、武断强忮者⑭，相与讥之，曰："汝岂顾主簿耶？"

其四曰，周日章，信州永丰人。操行介洁⑮，为邑人所敬。开门授徒，仅有以自给，非其义一毫不取。家至贫，常终日绝食，邻里或以薄少致馈。时时不继，宁与妻子忍饿，卒不以求人。隆寒披纸裘，客有就访，亦欣然延纳⑯。望其容貌，听其论议，莫不耸然⑰。县尉谢生遗以袭衣，曰："先生未尝有求，吾自欲致其勤勤耳，受之无伤也⑱。"日章笑答曰:"一衣与万钟等耳⑲,傥无名受之,是不辨礼义也。"卒辞之。汪圣锡亦知其贤,以为近于古之所谓独行者⑳。

是四君子,真可书史策云。

【注释】

①士子:犹"学子"。旧时读书人的通称。修己:自我修养。笃学:勤学。独善其身:注重自我修养,保持节操。②王氏之学:即王安石的《三经新义》。穷经:谓极力钻研经籍。③倒屣:鞋屣,子。古人家居脱鞋席地而坐;倒屣,谓急于迎客,把鞋子穿倒。后用以形容对来客的热情欢迎。④周旋:交往;交际应酬。惓惓:同"拳拳"。诚恳、深切之意。⑤判:断定。⑥岩壑:山峦溪谷。借指隐者的住所或隐者。邃(suì):精通;深晓。⑦见趣:见识情趣。传(zhuàn)注:解释经籍的文字。⑧气象:气概,气派。严重:严肃稳重。未已:不止;未毕。⑨何许人:犹言何处人。后引申指何等人。意谓不知其来历。⑩廉介:清廉不苟取。有常:谓能恒久不易。蕲:通"祈"。祈求。⑪践履:喻指行为;行动。⑫把:量词。束也。杜甫诗有"清晨送菜把"句。⑬玩心:犹言专心致志。坟典:"三坟五典"的简称。泛指古书。后人附会,以为伏羲、神农、黄帝之书谓之三坟,少昊、颛顼、高辛、唐(尧)、虞(舜)之书谓之五典。⑭强忮:固执。⑮介洁:高洁。⑯隆寒:严寒。延纳:引见接纳。⑰论议:见《续笔》卷五《秦隋之恶》注。耸然:诧异貌。⑱袭衣:成套衣服。勤勤:殷勤。无伤:没有什么关系;不妨。⑲万钟:钟,古量名。万钟,指大量的粮食。也指优厚的俸禄。《孟子·告子上》:"万钟则不辨礼义而受之,万钟于我何加焉?"⑳独行:独特的高尚行为和操守,不随俗浮沉。

张籍陈无己诗

张籍在他镇幕府,郓帅李师古又以书币辟之①,籍却而不纳,而作《节妇吟》一章寄之,曰:"君知妾有夫,赠妾双明珠。感君缠绵意,系在红罗襦②。妾家高楼连苑起,良人执戟明光里③。知君用心如日月,事夫誓拟同生死。还君明珠双泪垂,何不相逢未嫁时?"陈无己为颍州教授,东坡领郡,而陈赋《妾薄命》篇,言为曾南丰作,其首章云:"主家十二楼,一身当三千④。古来妾薄命,事主不尽年⑤。起舞为主寿,相送南阳阡⑥。忍著主衣裳,为人作春妍⑦?有声当彻天,有泪当彻泉。

死者恐无知,妾身长自怜。"全用籍意。或谓无己轻坡公,是不然。前此无己官于彭城,坡公由翰林出守杭,无己越境见之于宋都⑧,坐是免归,故其诗云:"一代不数人,百年能几见?昔为马首衔,今为禁门键⑨。一雨五月凉,中宵大江满。风帆目力短,江空岁年晚。"其尊敬之尽矣。薄命拟况,盖不忍师死而遂倍之,忠厚之至也!

【注释】

①郓:郓州。李师古:应为李师道。李师古的异母弟,继李师古为淄青平卢节度使、知郓州事,并加检校司空。《唐诗鉴赏辞典》说,《节妇吟》诗一本题下注云:"寄东平李司空师道。"②缠绵:情意深厚。罗襦:绸制短衣。襦(rú),短衣;短袄。罗,丝织物。③明光:汉代宫殿名。这里泛指官殿。④陈无己:即陈师道。字履常,一字无己。少学文于曾巩。元祐时因苏轼等推荐,为徐州教授。后任太学博士、秘书省正字等职。为文师法曾巩,是江西诗派的代表作家之一。曾南丰:即曾巩。建昌南丰(今江西)人。十二楼:十二重的高楼。形容宫楼之高峻和豪华。一身当三千:化用白居易《长恨歌》中"后宫佳丽三千人,三千宠爱在一身"的意思,极言受主人宠爱。⑤"古来"二句:悲叹自己不能至死侍奉主人。言外之意是主人已死。主人,诗中指丈夫。其实,这首诗是以一位侍妾悲悼主人的口吻抒写自己对老师曾巩的悼念。尽年:终其天年。⑥"起舞"二句:是说初时起舞为寿,哪想到现今却相送南阳阡!汉代原涉在南阳为父亲置办的墓地,称为"南阳阡",后世用来泛指墓地。⑦春妍:春日般妍丽的姿容。⑧宋都:指周初分封诸侯国宋的都城商丘。《宋史·陈师道传》:"言者谓(陈)在官尝越境出南京(商丘)见轼,改教授颍州。又论其进非科第,罢归。"⑨马首:所骑的马。借以敬称他人。衔:横在马口中备抽勒的铁。禁门:宫门。亦指宫廷。键:门闩。

〔补注〕无知:指失去知觉。

杜诗误字

李适之在明皇朝为左相,为李林甫所挤去位,作诗曰:"避贤初罢相,乐圣且衔杯①。为问门前客,今朝几个来?"故杜子美《饮中八仙歌》云:"左相日兴费万钱,饮如长鲸吸百川,衔杯乐圣称避贤。"正咏适之也。而今所行本误以"避贤"为"世贤",绝无意义,兼"世"

字是太宗讳,岂敢用哉?《秦州雨晴》诗云:"天永秋云薄,从西万里风。"谓秋天辽永②,风从万里而来,可谓广大。而集中作"天水",此乃秦州郡名,若用之入此篇,其志思浅矣③。《和李表丈早春作》云:"力疾坐清晓④,来诗悲早春。"正答其意。而集中作"来时",殊失所谓和篇本旨。

【注释】

①避贤:不喝浊酒。乐圣:喜喝清酒。《三国志·魏志·徐邈传》:"平日醉客谓酒清者为圣人,浊者为贤人。"后因称嗜酒为"乐圣"。"避贤"意即让贤,语意双关,有讽刺李林甫的意味。这两句意思是说,自己的相位一罢,皇帝(圣)乐意我给贤者让了路,我也乐意自己尽可喝酒了,公私两便,君臣皆乐,那就举杯吧。②辽永:开阔远大。③志思:情志,怀抱。④力疾:勉强支撑着病体。

东坡诗用老字

东坡赋诗,用人姓名,多以老字足成句。如《寿州龙潭》云:"观鱼并记老庄周"①,《病不赴会》云:"空对亲春老孟光"②,《看潮》云:"犹似浮江老阿童"③,《赠黄山人》云:"说禅长笑老浮屠",《元长老衲裙》云:"乞与佯狂老万回"④,《东轩》云:"挂冠知有老萧郎"⑤,《侍立迩英》云:"定似香山老居士",《赠李道士》云:"知是香山老居士",《蒜山亭》云:"奇逸多闻老敬通"⑥,《汶公东堂》云:"一帖空存老遂良",《次韵韶守》云:"华发萧萧老遂良"⑦,《游罗浮》云:"还须略报老同叔"⑧,《赠辩才》云:"中有老法师"⑨,《寄子由》云:"青山老从事"⑩,《赠眼医》云:"忘言老尊宿"⑪,"妙高台中老比丘"⑫,《谢惠酒》云:"青州老从事"⑬,《谢饷鱼》云:"谁似老方朔"⑭,《赠吴子野扇》云:"得之老月师"⑮,《次韵李端叔》云:"此是老牛戬"⑯。是皆以为助语,非真谓其老也,大抵七言则于第五字用之,五言则于第三字用之。若其他错出,如"再说走老瞒"⑰,"故人余老庞"⑱,"老灊宫妆传父祖"⑲,"便腹从人笑老韶"⑳,"老可能为竹写真"㉑,"不知老奘几时归"之类㉒,皆随语势而然。白乐天云"每被老元偷格律"㉓,盖亦有自来矣。

【注释】

①"观鱼"句：《庄子·逍遥游》："北冥有鱼，其名为鲲。鲲之大，不知其几千里也。化而为鸟，其名为鹏。"②"空对"句：东汉文学家梁鸿，家贫博学，与妻孟光隐居霸陵山中，以耕织为业。后"至吴，依大家皋伯通，居庑下，为人赁舂(为人佣工舂米——引者注)。每归，妻为具食，不敢于鸿前仰视，举案齐眉。"(《后汉书·梁鸿传》)③"犹似"句：比喻钱塘江怒潮来势之威猛，有如当年王阿童(西晋名将王濬的小名)统率长江上游的水军，楼船千里，浮江东下，一举攻下吴都建业(今南京)。刘禹锡《西塞山怀古》："王濬楼船下益州，金陵王气黯然收。"④佯狂：假装疯癫。万回：东坡诗："锦袍错落差相称，乞与佯狂老万回。"清王文诰注：唐武后赐万回和尚锦袍玉带。师八九岁，能言其兄戍安西，师持信，朝往夕返。自弘农抵安西万余里，故号万回。⑤萧郎：宋新喻(今江西新余市)人萧贯，在其第舍之东，将因高筑亭，为退居燕息之所，命之曰挂冠，未就而卒。其子萧渊，即其故基而屋之。老萧郎即指萧贯。⑥奇逸：奇特超俗。敬通：《后汉书·冯衍传》：衍字敬通。幼有奇才，博通群书。⑦老遂良：指褚遂良。唐大臣、书法家。东坡诗："鬓须白尽成何事，一帖空存老遂良。"坡公自注："法帖中，有褚遂良书云：即日，遂良须发尽白。"萧萧：头发花白稀疏貌。⑧略：副词。暂且。同叔：苏轼之弟苏辙，字子由，一字同叔。⑨法师：佛教对精通经典理论并善于讲解，以及致力修行法的僧人的尊称。一般也用作对僧人礼貌上的称呼。辩才为杭州天竺灵山寺僧人。⑩青山老从事：查《苏东坡全集》，其《罢徐州，往南京，马上走笔寄子由五首》其四，原文为"青衫老从事"。原注："言子由也。"又引杜甫《魏将军歌》："将军昔著从事衫"。从事：官名。汉以后三公及州郡长官皆自辟僚属，多以从事为称。子由时为南京签判。⑪尊宿：对前辈有重望的人的敬称。⑫比丘：即和尚。"妙高台中老比丘"一句，出《金山妙高台》一诗："中有妙高台……台中老比丘，碧眼照窗几。"⑬青州老从事：青州从事，美酒的代称。典出南朝宋刘义庆《世说新语·术解》。苏轼《次韵赵令铄惠酒》："青州老从事，鬲上非所部。"鬲(gé)，通"膈"。⑭方朔：指东方朔。原诗云："汉廷九尺人，谁似老方朔。"⑮月师：原诗云："得之老月师，画者一醉叟。"老月师，疑指杭州天竺灵山寺的海月禅师，或颍州僧月长老。⑯牛戬：李端叔送苏轼一幅牛戬画的《鸳鸯竹石图》，苏轼表示感谢。牛戬是道士，善画花竹翎毛。⑰老瞒：曹操小名阿瞒。《蜀志·诸葛亮传》："说孙权，与先主(刘备)并力败曹操于赤壁。"⑱老庞：所指不详。疑为庞安常。⑲老潘：汉吴王刘濞。杜牧《杜秋娘》诗："老濞即山铸，后庭千蛾眉。"宫妆，宫中女子的妆束。父祖：父亲和祖父。泛指祖先。

苏轼此诗题为《於潜女》:"老濞宫妆传父祖,至今遗民悲故主。"⑳便(pián)腹:形容腹部肥满。老韶:《后汉书》载,边韶,字孝先,以文学知名。曾昼日假卧,弟子私嘲之曰:"边孝先,腹便便,懒读书,但欲眠。"㉑老可:文同,字与可。北宋画家。擅画墨竹。此句出《题过所画枯木竹石》。过,苏轼之子苏过。写真:如实描绘事物。㉒老奘:玄奘,通称三藏法师,俗称唐僧。诗曰:"为问庭松尚西指,不知老奘几时归"《大唐新语》:玄奘西域取经,以手摩灵岩寺松树,曰:"吾西去,汝可西长,若吾归,即东向,使吾弟子知之。"及去,其枝年年西指,长数丈。一年,忽东向。弟子曰:"吾师归矣。"乃迎之,果至,后号为摩顶松。㉓老元:指元稹。格律:指创作韵文所依照的格式和韵律,各种韵文都有特定的格律。其中包括声韵、对仗、结构以至字数等。

杜诗命意

　　杜公诗命意用事,旨趣深远①,若随口一读,往往不能晓解,姑纪一二篇以示好事者。如:"能画毛延寿,投壶郭舍人②。每蒙天一笑③,复似物皆春。政化平如水,皇恩断若神④。时时用抵戏,亦未杂风尘⑤。"第三联意味颇与前语不相联贯⑥,读者或以为疑。按杜之旨,本谓技艺倡优,不应蒙人主顾盻赏接,然使政化如水,皇恩若神⑦,为治大要既无可损,则时时用此辈,亦亡害也。又如:"乱后碧井废,时清瑶殿深⑧。铜瓶未失水,百丈有哀音。侧想美人意,应悲寒鬌沉⑨。蛟龙半缺落,犹得折黄金⑩。"此篇盖见故宫井内汲者得铜瓶而作,然首句便说废井,则下文翻覆铺叙为难,而曲折宛转如是⑪,他人毕一生模写不能到也。又一篇云:"斗鸡初赐锦,舞马既登床⑫。帘下宫人出,楼前御柳长⑬。仙游终一阕,女乐久无香⑭。寂寞骊山道,清秋草木黄。"先忠宣公在北方,得唐人画《骊山宫殿图》一轴,华清宫居山巅,殿外垂帘,宫人无数,穴帘隙而窥⑮,一时伶官戏剧,品类杂沓,皆列于下。杜一诗真所谓亲见之也。

【注释】

　　①命意:寓意;用意。常用指作文、绘画等的确立主题。用事:写作时引用典故。旨趣:亦作"指趣"。宗旨;大意。②毛延寿、郭舍人:见《续笔》

卷二《唐诗无讳避》注。③天笑：指闪电。杜诗原注引《神异经》：东荒山中有大石室，东王公居焉，与一玉女投壶，设有入不出者，天为之笑。张华曰：笑者，开口流光，今电是也。此处指天子高兴。天，称帝王。④政化：政事与教化。平：公正均平。皇恩断若神：杜诗原句为"皇明断若神"。皇明：皇帝的圣明。封建时代臣下对皇帝的谀辞。⑤抵戏：角抵戏。借指杂技乐。亦谓较量技艺。杂风尘：风尘杂起。风尘，比喻战乱。戎事。⑥意味：犹意义、旨趣。⑦顾眄(miǎn)：看重；赏识。赏接：赏识并延请。皇恩：也应为"皇明"。为治：治理国家。治，治理、统治。大要：概要；要旨。⑧碧井：深井。瑶殿：犹玉殿，指宫廷。⑨侧想：思念；推想。对人自谦之词。甃(zhòu)：以砖修井壁。此处指井。寒甃沉：谓铜瓶沉溺于井。⑩蛟龙：指铜瓶上的龙形饰物。折：折合；折卖。⑪铺叙：详细叙述。曲折：犹宛转。⑫斗鸡：以鸡相斗的游戏。唐代陈鸿《东城老父传》："玄宗在藩邸时，乐民间清明节斗鸡戏。及即位，治鸡坊于两宫间。"舞马：能舞蹈之马。唐玄宗曾命教舞马，分为左右部，各有名称，披以锦绣，络以金银，马闻乐作，即奋首鼓尾，纵横应节。至千秋节，辄命马舞于勤政楼下。其曲谓之《倾杯乐》。既：已了；已结束。登床：见《唐诗无讳避》注。⑬御柳：杜诗原文为"御曲"。玄宗制作的新曲及新制乐谱。⑭仙游：成仙，游于仙界。称人死亡的婉词。此言明皇上仙。閟(bì)：止息；终尽。女乐久无香：禄山乱后，女乐流散。⑮穴帘隙：穿过帘之空隙。穴，洞穿。

择福莫若重

《国语》载范文子曰①："择福莫若重，择祸莫若轻。"且士君子乐天知命②，全身远害，避祸就福，安有迨于祸至择而处之之理哉？韦昭注云③："有两福择取其重，有两祸择取其轻。"盖以不幸而与祸会，势不容但已，则权其轻重，顺受其一焉。《庄子·养生主》篇云："为善无近名，为恶无近刑④。"夫孳孳为善，君子之所固然，何至于纵意为恶，而特以不丽于刑为得计哉⑤？是又有说矣，其所谓恶者，盖与善相对之辞，虽于德为愆义，非若小人以身试祸自速百殃之比也⑥。故下文云："可以全生，可以保身⑦，可以尽年。"其旨昭矣。

【注释】

①范文子：春秋时晋大夫，士氏，名燮。食采邑于范(地名)，称范文子。

②士君子：旧指有志操和学问的人。乐(lè)天知命：《易·系辞上》："乐天知命，故不忧。"意思是乐从天道的安排，知守性命的分限，故能不忧。③韦昭：三国吴人。著有《国语注》等。④无：不要。近名：好名；追求名誉。近刑：遭受（触犯）刑罚。⑤孳孳：同"孜孜"。努力不懈貌。固然：当然，理应如此。纵意：任意。谓思想毫无拘束。丽：通"罹(lí)"。遭遇。引申为触犯。⑥愆(qiān)义：违反道义。百殃：各种灾难。⑦全生：谓保全自然赋与人的各种禀性。保身：保全自身。

用人文字之失

士人为文，或采已用语言，当深究其旨意①，苟失之不考，则必诒论议。绍兴七年，赵忠简公重修《哲录》，书成，转特进，制词云："惟宣仁之诬谤未明，致哲庙之忧勤不显②。"此盖用范忠宣遗表中语，两句但易两字，而甚不然，范之辞云："致保佑之忧勤不显。"专指母后以言③，正得其实。今以保佑为哲庙，则了非本意矣。绍兴十九年，予为福州教授，为府作《谢历日表》，颂德一联云："神祇祖考，既安乐于太平；岁月日时，又明章于庶证④。"至乾道中，有外郡亦上表谢历，蒙其采取用之，读者以为骈丽精切⑤，予笑谓之曰："此大有利害，今光尧在德寿⑥，所谓'考'者何哉？"坐客皆缩颈⑦，信乎不可不审也。

【注释】

①旨意：主旨；意图。②《哲录》：指《哲宗实录》。宣仁：宣仁太皇太后。诬谤未明：元丰八年三月神宗不豫，尚未立储。蔡确、邢恕想立宣仁太后之子、神宗之弟雍王颢，未得逞，反而宣言宣仁太后属意于雍王。宣仁死后二年，章惇、蔡卞、邢恕又造谣，说宣仁在哲宗嗣位后有废立之谋。诬谤：诬蔑诽谤。哲庙：即指哲宗。忧勤：忧愁而劳苦。③保佑：保护帮助。多指神力的护卫帮助。母后：称宣仁太皇太后。④谢表：旧时臣下感谢君主的奏章。唐宋外任官到任并陞除，或内廷有所宣赐，例有四六句谢表。颂德：歌颂功德。神祇(qí)：天地神灵之总称。在天为神，在地为祇。祖考：祖先。明章：表明。庶证：各种征候。⑤乾道：宋孝宗年号。骈丽：见《随笔》卷十《唐书判》"骈俪"注。精切：精当贴切。⑥光尧在德寿：光尧，指宋高宗赵构。1162年，高宗赵构禅位于孝宗之后，退居德寿宫，被尊为光尧寿圣宪天体道性仁诚德经武纬文绍

业兴统明谟盛烈太上皇帝。考：称已亡故的父亲。《礼记·曲礼下》："生曰父……死曰考。"⑦缩颈：戒惧貌。

李卫公辋川图跋

《辋川图》一轴，李赵公题其末云："蓝田县鹿苑寺主僧子良赟于予，且曰：'鹿苑即王右丞辋川之第也①。右丞笃志奉佛，妻死不再娶，洁居逾三十载②。母夫人卒，表宅为寺。今冢墓在寺之西南隅，其图实右丞之亲笔。'予阅玩珍重，永为家藏。"弘宪题其前一行云："元和四年八月十三日弘宪题。"弘宪者，吉甫字也。其后卫公又跋云："乘闲阅箧书中，得先公相国所手王右丞画《辋川图》，实家世之宝也。先公凡更三十六镇，故所藏书画多用方镇印记。太和二年戊申正月四日，浙江西道观察等使、检校礼部尚书兼润州刺史李德裕恭题。"又一行云："开成二年秋七月望日，文饶记。"前后五印：曰淮南节度使印、浙江西道观察处置等使之印、剑南西川节度使印、山南西道节度使印、郑滑节度使印，并赞皇二字。又内合同印，建业文房之印，集贤院藏书印，此三者南唐李氏所用，故后一行曰："升元二年十一月三日。"虽今所传为临本，然正自超妙③。但卫公所志，殊为可疑。《唐书·李吉甫传》云："德宗以来，姑息藩镇，有终身不易地者。吉甫为相岁余，凡易三十六镇。"吉甫平生只为淮南节度耳，今乃言身更三十六镇，诚大不然。所用印记，如浙西、西川、山西、郑滑，皆卫公所历也；且书其父手泽④，不言第几子，而有李字；又自标其字，皆非是，盖好事者妄为之。白乐天诗所说清源寺，即辋川云。洪庆善作《丹阳洪氏家谱序》云："丹阳之洪本姓弘，避唐讳改⑤。有弘宪者，元和四年跋《辋川图》。"亦大错也。

【注释】

①辋川图：唐王维晚年在陕西蓝田辋口得宋之问蓝田别墅，改筑别业，辋谷水环绕舍下，风景奇胜。王维自图其山水，号辋川图，后为退隐别业的通

名。李赵公：即李吉甫，字弘宪。宪宗时大臣。李德裕之父。元和二年（807年）及六年，两度为相，先后更易藩镇三十六人，以削弱割据势力。因功封赞皇县侯，徙赵国公。赞：赠送。王右丞：即王维，字摩诘。唐诗人，画家。官至尚书右丞，故世称王右丞。②笃志：志向专一不变。洁居：清净独居。③临本：辋川图的临摹本。超妙：高超美妙。④手泽：原意为手汗所沾润。后亦借指先人的某些遗物。⑤唐讳：指高宗太子李弘。年二十四而死，谥曰孝敬皇帝。

白公夜闻歌者

白乐天《琵琶行》，盖在浔阳江上为商人妇所作。而商乃买茶于浮梁，妇对客奏曲，乐天移船，夜登其舟与饮，了无所忌，岂非以其长安故倡女①，不以为嫌耶？集中又有一篇题云《夜闻歌者》，时自京城谪浔阳，宿于鄂州，又在《琵琶》之前。其词曰："夜泊鹦鹉洲，秋江月澄澈②。邻船有歌者，发调堪愁绝！歌罢继以泣，泣声通复咽。寻声见其人，有妇颜如雪。独倚帆樯立，娉婷十七八③。夜泪似真珠，双双堕明月④。借问谁家妇，歌泣何凄切？一问一沾襟，低眉终不说。"陈鸿《长恨传序》云："乐天深于诗，多于情者也，故所遇必寄之吟咏，非有意于渔色⑤。"然鄂州所见，亦一女子独处，夫不在焉，瓜田李下之疑⑥，唐人不讥也。今诗人罕谈此章，聊复表出。

【注释】

①倡女：妓女。倡通"娼"。②江：长江。澄澈：水清见底；清澈。③帆樯：挂帆的桅杆。娉婷（pīng tíng）：美好貌。④明月：喻泪珠。⑤渔色：指猎取美色的行为。⑥瓜田李下：古乐府《君子行》："君子防未然，不处嫌疑间；瓜田不纳履，李下不整冠。"后即以"瓜田李下"比喻容易引起嫌疑的地方。

谢朏志节

荀彧佐魏武帝，刘穆之佐宋高祖，高德政佐齐文宣，高颎佐隋文帝，刘文静佐唐高祖，终之篡汉、晋、魏、周及取隋，其功不细矣。

或以不言伏后事与劝止九锡，饮鸩而死①。穆之居守丹阳，宋祖北伐，而九锡之旨从北来，愧惧而卒②。德政以精神凌逼，为杨愔所谮，颎以为相畜妾，为独孤后所谮，文静以妾弟告变③，为裴寂所谮，皆不免于诛。萧道成谋篡宋，欲引谢朏参赞大业，屏人与之语，朏无言。道成必欲引参佐命，以为左长史，从容间道石苞事讽之，朏讫不顺指④。及受宋禅，方为侍中，不肯解玺绶，引枕而卧，步出府门，道成之子赜欲杀之，道成畏得罪于公议，曰："杀之适成其名，正当容之度外耳⑤！"遂废于家。海陵王之世复为侍中，宣城王鸾谋继大统⑥，多引朝廷名士，朏心不愿，乃求出为吴兴太守。其弟瀹为吏部尚书，朏致酒与之，曰："可力饮此，无预人事！"其心盖恶鸾而未如之何也。朏之志节行义，凛凛如此，司马温公犹以为讥，斯亦可恕也已！《二笔》于《士匄韩厥》下略及之，故复详论于此。

【注释】

①伏后事：国舅董承奉献帝密诏讨曹操，事泄，为操所杀。《献帝春秋》曰：董承之诛，伏后与父（伏）完书，言司空（曹操）杀董承，帝方为报怨。完得书以示彧，彧恶之，久隐而不言。后操得伏后书，问彧何为隐而不言，彧支吾不对。太祖（曹操）以此恨彧，而外含容之。劝止九锡：《三国志·荀彧传》："（建安）十七年，董昭等谓太祖（曹操）宜进爵国公，九锡备物，以彰殊勋，密以咨（荀）彧。彧以为太祖本兴义兵以匡朝宁国……不宜如此。太祖由是心不能平。"九锡，古代帝王赐给有大功或有权势的诸侯大臣的九种物品：车马、衣服、乐则、朱户、纳陛、虎贲、弓矢、铁钺、秬鬯。后世权臣篡位之前，辄先赐九锡。鸩：毒酒。②九锡之旨从北来：宋公刘裕北伐后秦，至长安。十月，诏进宋公爵为王，加九锡。从北来，指消息从长安传到丹阳。时刘穆之为丹阳尹。愧惧：惭愧恐惧。③德政以精神凌逼：《资治通鉴》："齐主（高洋）酗饮，德政数强谏，齐主不悦，谓左右曰：'高德政恒以精神凌逼人。'"（卷一六七陈武帝永定三年）精神，指神情意态。凌逼，欺凌威逼。独孤后：隋文帝皇后独孤氏。文静以妾弟告变：《资治通鉴》载："（文静）家数有妖，文起（文静弟）召巫于星下被发衔刀为厌胜（以诅咒制胜）。文静有妾无宠，使其兄上变告之……裴寂言于上曰：'文静才略实冠时人，性复粗险，今天下未定，留之必贻后患。'……文静及文起坐死，籍没其家。"（卷一八七唐高祖武德二年）此处说"其兄"，与本文稍不同。④从容间道：不慌不忙地说。石苞事：《资治通鉴》："（萧道成）置酒与（谢朏）论魏、晋故事，因曰：'石苞不早劝晋文（劝

司马昭代魏称帝——引者注），死（文帝死）方恸哭，方之冯异（冯异劝刘秀称帝——引者注），非知机也。'"（卷一三五齐高帝建元元年）讽：用委婉的语言暗示、劝告或指责。此句意思是萧道成暗示谢朏。"顺指：亦作"顺旨"。谓曲意逢迎。⑤引枕：引，牵引，拉。度外：法度之外。⑥大统：谓统一天下的大事业，此处指帝位。⑦志节：志向和节操。司马温公犹以为讥：司马光在议论中讥讽二谢（谢朏、谢瀹）不能分君之忧、死君之事，"安享荣禄，危不预知；为臣如此，可谓忠乎！"（《通鉴》卷一三九齐明帝建武元年）

琵琶亭诗

江州琵琶亭，下临江津①，国朝以来，往来者多题咏，其工者辄为人所传。淳熙己亥岁，蜀士郭明复以中元日至亭，赋《古风》一章，其前云："白乐天流落浦溢，作《琵琶行》，其放怀适意②，视忧患死生祸福得丧为何物，非深于道者能之乎？贾傅谪长沙，抑郁致死；陆相窜南宾，屏绝人事，至从狗窦中度食饮③。两公犹有累乎世④，未能如乐天逍遥自得也。予过九江，维舟琵琶亭下⑤，为赋此章。""香山居士头欲白，秋风吹作溢城客⑥。眼看世事等虚空，云梦胸中无一物⑦。举觞独醉天为家，诗成万象遭梳爬⑧。不管时人皆欲杀，夜深江上听琵琶。贾胡老妇儿女语⑨，泪湿青衫如著雨。此公岂作少狂梦？与世浮沉聊尔汝⑩。我来后公三百年，浔阳至今无管弦。（公诗有"浔阳地僻无音乐"之句。）长安不见遗音寂，依旧匡庐翠扫天⑪。"郭君，成都人，隆兴癸未登科，仕不甚达。但贾谊自长沙召还，后为梁王傅乃卒，前所云少误矣。吾州余干县东干越亭有琵琶洲在下，唐刘长卿、张祜辈，皆留题。绍兴中，王洋元勃一绝句云："塞外烽烟能记否，天涯沦落自心知⑫。眼中风物参差是⑬，只欠江州司马诗。"真佳句也！

【注释】

①琵琶亭：在今九江市西长江东南岸。白居易任江州司马，送客于此，作《琵琶行》，后人因以名亭。今仅存遗址。江津：即江边渡口。②流落：飘泊他乡，穷困潦倒。浦溢：即溢水，也称溢浦或溢江。今名龙开河。白居易《琵琶行》"住近溢江地低湿"，《东南行》"溢浦带萦纡"，皆指此。放怀：开怀，

放宽心怀。适意：宽心，舒适。③贾傅：即贾谊。被贬为长沙王太傅。后又为梁怀王太傅。抑郁：忧愤烦闷。陆相窜南宾：指唐陆贽贬忠州别驾一事。南宾为郡名，属忠州所辖。窜，放逐。《唐书》说，陆贽在忠州十年，卒。"既放荒远"，"常闭关静处，人不识其面"。度（dù）：授与；给与。④有累乎世：即牵挂着世事（指官场仕途）。自得：自己感到得意或舒适。⑤维舟：系船停泊。⑥秋风：秋风萧瑟。喻官场的冷酷无情。溢城：即溢口城。古城名。故址在今九江市。⑦世事：时事；世上的事。虚空：空虚（虚假；空幻）。云梦胸中：像楚国大地一样宽广的胸怀之中。云梦，古薮泽名。借指古代楚地。⑧万象：宇宙间的一切事物或现象。梳爬：谓挑选；整理。⑨贾（gǔ）胡：经商的域外胡人。这里泛指商人。白居易《琵琶行》，弹琵琶的女子向他诉说身世："暮去朝来颜色故"，"老大嫁作商人妇"。⑩与世浮沉聊尔汝：你我只好姑且与世浮沉吧！尔汝，彼此以尔汝相称，表示亲昵。白居易对女子深表同情："同是天涯沦落人，相逢何必曾相识。"又邀女子再弹一曲："莫辞更坐弹一曲，为君翻作琵琶行。感我此言良久立，却坐促弦弦转急。凄凄不似向前声，满座重闻皆掩泣。座中泣下谁最多？江州司马青衫湿。"⑪遗音：指留下的声音。匡庐：庐山的别名。在今九江市南部。相传殷、周间有匡俗兄弟七人结庐隐居此地而得名。⑫烽烟：指边警。古时边境有敌入侵，即举火燔烟报警。沦落：落泊；沉沦。⑬风物：风光，景物。犹言风景。参差（cēn cī）：差不多；近似。

减损入官人

唐开元十七年，国子祭酒杨玚上言："省司奏限天下明经、进士及第，每年不过百人，窃见流外出身，每岁二千余人，而明经、进士，不能居其什一，则是服勤道业之士①，不如胥吏之得仕也。若以出身人太多，则应诸色裁损，不应独抑明经、进士。"当时以其言为然。淳熙九年，大减任子员数，是时，吏部四选开具以三年为率②，文班进士大约三四百人，任子文武亦如之。而恩幸流外，盖过二千之数，甚与开元类也。

【注释】

①省司：中枢各省的有关官署。明经：唐代科举科目之一。与进士科并列，主要考试经义。服勤：谓服持职事勤劳。道业：谓善行、美德。因其可以

化导他人，故称。②吏部四选：宋代吏部铨叙官吏，以文选为左选，武选为右选。《宋史·选举志（四）》："其后典选之职分为四。文选曰审官东院、曰流内铨；武选曰审官西院、曰三班院。元丰定制而后，铨注之法，悉归选部。以审官东院为尚书左选，流内铨为侍郎左选；审官西院为尚书右选，三班院为侍郎右选。于是吏部有四选之法。"开具：犹开列。

韩苏文章譬喻

韩、苏两公为文章，用譬喻处，重复联贯，至有七八转者。韩公《送石洪序》云："论人高下，事后当成败，若河决下流东注，若驷马驾轻车就熟路，而王良、造父为之先后也，若烛照数计而龟卜也①。"《盛山诗序》云："儒者之于患难，其拒而不受于怀也，若筑河堤以障屋霤；其容而消之也，若水之于海，冰之于夏日；其玩而忘之以文辞也，若奏金石以破蟋蟀之鸣、虫飞之声②。"苏公《百步洪》诗云"长洪斗落生跳波③，轻舟南下如投梭。水师绝叫凫雁起，乱石一线争磋磨④。有如兔走鹰隼落，骏马下注千丈坡⑤。断弦离柱箭脱手，飞电过隙珠翻荷"之类，是也。

【注释】

①王良：春秋时的善御者。造父：古之善御者。为周穆王御，日驰千里。"若烛照"句：好像用明烛照物，以蓍草计数算卦，灼龟壳占卜那样痛快淋漓、明确无误，富有预见性。数计，用蓍草计数占卜。②屋霤：屋檐水。容而消之：接受并使其消失。玩而忘之以文辞：心中不拿患难当回事甚至忘记它而形诸于文辞。玩，轻慢；忽略。破：破除；解除。③斗落：突然。斗（dǒu），通"陡"。④水师：水手。绝叫：大声呼叫。凫雁：野鸭。磋磨：挤轧磨擦。⑤鹰隼（sǔn）：鹰和雕。泛指猛禽。下注：指（从斜坡上）疾驰而下。

唐昭宗赠谏臣官

唐僖宗幸蜀，政事悉出内侍田令孜之手①。左拾遗孟昭图、右补阙常浚上疏论事，昭图坐贬，令孜遣人沉之于蟆颐津②，赐浚死。《资治通鉴》记其事。予读《昭宗实录》，即位之初，赠昭图起居郎，浚礼部员外郎，以其直谏被戮，故褒之。方时艰危，救亡不暇③，而初政及此，《通鉴》失书之，亦可惜也！

【注释】

①幸蜀：黄巢起义军攻克长安，田令孜挟僖宗逃往成都。内侍：官名。隋置内侍省，管领内侍、内常侍等官。唐沿用不改，都以太监充当。后因沿称宦官为内侍。②蟆颐津：在今四川眉山县东蟆颐山下，山临岷江边，故其渡口叫蟆颐津。③艰危：艰难危急。救亡：拯救国家的危亡。

卷第七（十四则）

执政辞转官

真宗天禧元年，合祭天地，礼毕，推恩百僚，宰相以下迁官一等。时参知政事三人，陈彭年自刑部侍郎迁兵部，王曾自左谏议大夫迁给事中，张知白自给事中迁工部侍郎。而知白独恳辞数四，上敷谕①，终不能夺。王曾闻之，亦乞寝恩命②。上曰："知白无他意，但以卿为谏议大夫，班在上，己为给事中，在下，所以固辞，欲品秩有序尔。"于是从知白所请，而优加名数③，进阶金紫光禄大夫，并赐功臣爵邑。元祐三年四月，宰执七人④，自文彦博仍前太师外，右仆射吕公著除司空、同平章军国事，中书侍郎吕大防除左仆射，同知枢密院范纯仁除右仆射，尚书左丞刘挚除中书侍郎，右丞王存除左丞，唯知枢密院安焘不迁，乃自正议大夫特转右光禄。焘上章辞，令学士院降诏不允。学士苏轼以为："朝廷岂以执政六人，五人进用，故加迁秩以慰其心？既无授受之名，仅似姑息之政，欲奉命草诏，不知所以为词，伏望从其所请⑤。"御宝批："可且用一意度作不许诏书进入⑥。"焘竟辞，始免。绍兴三十一年，陈康伯自右相拜左相，朱倬自参政拜右相，时叶义问知枢密院，元居倬上，不得迁，朝论谓宜进为使。学士何溥面受草制之旨，曾以为言，高宗不许。绍熙五年七月，主上登极⑦，拜知枢密院赵汝愚为右相，参政陈骙除知院。同知院事余端礼除参政，而左丞相留正以少保进少傅，乃系特迁，且非覃恩⑧，正固辞，乃止。

【注释】

①恳辞：恳切辞让。敷谕：宣谕；晓喻。②恩命：谓帝王颁发的升官、赦罪之类的诏命。③名数（shù）：名位礼数。语本《左传·庄公十八年》："王命诸侯，名位不同，礼亦异数。"④宰执：宋代先后以同中书门下平章事、同平章事、尚书左右仆射、左右丞相、侍中为宰相，以参知政事、门下侍郎、中

书侍郎、尚书左右丞及枢密使、副使、知枢密院事、同知枢密院事、签书枢密院事称执政，合称宰执。同知枢密院：参考卷五《枢密名称更易》一文。⑤姑息：犹苟安。且求目前之安也。伏望：表希望的敬词。多用于下对上。⑥"御宝批"句：苏轼《乞允安焘辞免转官札子》原文为"御宝批：可。且用一意度作不许辞免诏书进入。"且用一意度作，可设想一篇文字。意度（duó），揣测；设想。御宝，即御玺。皇帝的印信。⑦主上：指宁宗赵扩。⑧少保、少傅：官名。北周以后，历代多沿置，与少师合称三少。一般为大官加衔，无实职。覃恩：广布恩泽，多指帝王普行封赏或赦免。

宗室补官

寿皇圣帝登极赦恩，凡宗子不以服属远近，人数多少，其曾获文解两次者，并直赴殿试；略通文墨者，所在州量试①，即补承信郎。由是入仕者过千人以上。淳熙十六年二月、绍熙五年七月，二赦皆然，故皇族得官不可以数计。偶阅《唐昭宗实录》载一事云："宗正少卿李克助奏：'准去年十一月赦书，皇三等以上亲无官者，每父下放一人出身②；皇五等以上亲未有出身陪位者③，与出身。寺司起请承前旧例，九庙子孙陪位者④，每父下放一人出身，共放三百八十人。其诸房宗室等，各赴陪位纳到文状⑤，共一千二十七人。除元不赴陪位，及不纳到状，及违寺司条疏，不取宗室充系落下外⑥，系三百八十人，合放出身。'敕准赦书处分。"予按昭宗以文德元年即位，次年十一月南郊礼毕肆赦，其文略云："皇三等以上亲，委中书门下各择有才行者量与改官⑦，无官者，每父下放一人出身；皇五等以上亲未有出身陪位者，与出身。"然则亦有三等五等亲、陪位与不陪位之差别也。

【注释】
①宗子：此处指皇家子弟。文解（jiè）：进京应试的证明文书之类。科举乡试中式称举人，考中举人即由地方官发给文解发解入京，参加中央考试。殿试：科举制度中皇帝对会试（宋制以秋取解，冬集礼部，来春考试）取录的贡士在殿廷上亲发策问的考试。也叫廷试。量试：测试性的考试。宋代于科举之外为宗室弟子入仕的一种考试方法。②三等以上亲：即三服（大功）以上（包

括齐衰、斩衰)的宗亲(皇室)。放：旧时指朝廷任命官员或京官调任外省。出身：指出仕作官。古时认为当官是委身事君，故以出身指作官。③陪位：陪同。谓陪伴着一同进行某项活动。④寺司：各官署。寺、司均为旧时官署名。起请：奏请，上奏。九苗子孙：指所有皇室子弟。⑤纳：取。到文状：到达(或出席)的证明文书或字据。⑥条疏：犹条奏。逐条上奏(的事项)。不取宗室充係：谓不以宗室名义。充系：犹统系。旧时指宗族系统。⑦南郊礼：封建王朝每年冬至日，在圜丘祭天，因地在南郊，所以也叫南郊大祀。肆赦：即大赦。才行：才智和德行。

孙宣公谏封禅等

景德、祥符之间，北戎结好，宇内乂宁，一时邪谀之臣，唱为瑞应祺祥①，以罔明主，王钦若、陈彭年辈实主张之。天书既降，于是东封、西祀、太清之行，以次丕讲，满朝耆老方正之士，鲜有肯启昌言以遏其奸焰②，虽寇莱公亦为之。而孙宣公奭独上疏争救③，于再于三，《真录》出于钦若提纲，故不能尽载，以故后人罕称之。予略摘其大概纪于此。

一章论西祀，曰："汾阴后土，事不经见④。汉都雍，去汾阴至近，河东者，唐王业所起之地，且又都雍，故武帝、明皇行之。今陛下经重关，越险阻，远离京师根本之固，其为不可甚矣。古者圣王先成民而后致力于神，今土木之功，累年未息，水旱作沴⑤，饥馑居多，乃欲劳民事神，神其享之乎！明皇嬖宠害政，奸佞当涂，以至身播国屯⑥。今议者引开元故事以为盛烈⑦，臣窃不取。今之奸臣，以先帝诏停封禅，故赞陛下⑧，以为继承先志。且先帝欲北平幽朔，西取继迁⑨，则未尝献一谋、画一策以佐陛下。而乃卑辞重币，求和于契丹，蹙国糜爵，姑息于保吉⑩。谓主辱臣死为空言，以诬下罔上为己任，撰造祥瑞，假托鬼神，才毕东封，便议西幸。以祖宗艰难之业，为佞邪侥幸之资⑪，臣所以长叹而痛哭也！"

二章论争言符瑞，曰："今野雕山鹿，并形奏简，秋旱冬雷，率皆称贺。将以欺上天，则上天不可欺；将以愚下民，则下民不可愚；将以惑后世，则后世必不信。腹非窃笑，有识尽然。"

三章论将幸亳州,曰:"国家近日多效唐明皇所为。且明皇非令德之君,观其祸败,足为深戒,而陛下反希慕之⑫!近臣知而不谏,得非奸佞乎?明皇奔至马嵬,杨国忠既诛,乃谕军士曰:'朕识理不明,寄任失所⑬,近亦觉寤。'然则已晚矣,陛下宜早觉寤,斥远邪佞,不袭危乱之迹,社稷之福也!"

四章论朱能天书,曰:"奸憸小人,妄言符瑞,而陛下崇信之,屈至尊以迎拜,归秘殿以奉安⑭。百僚黎庶,痛心疾首,反唇腹非,不敢直言。臣不避死亡之诛,听之罪之,惟在圣断⑮。昔汉文成、五利,妄言不雠⑯,汉武诛之。先帝时,侯莫陈利用方术奸发,诛于郑州。唐明皇得《灵符宝券》,皆王鉷、田同秀等所为,不能显戮,今日见老君于阁上,明日见老君于山中,大臣尸禄以将迎,端士畏威而缄默⑰。及禄山兆乱,辅国劫迁,大命既倾⑱,前功并弃。今朱能所为是已。愿远思汉武之雄材,近法先帝之英断,中鉴明皇之召祸,庶几灾害不生,祸乱不作⑲。"

奭之论谏,虽魏郑公、陆宣公不能过也⑳。

【注释】

①北戎结好:指契丹与宋王朝议和,订立"澶渊之盟"。乂宁:安宁。邪谀:邪恶而谄谀。瑞应(yìng):吉祥的征兆。古代迷信说法,谓帝王修德,时代清平,就有祥瑞的感应。祺祥:吉祥。②东封、西祀:见《续笔》卷十四《宰相爵邑》注。太清之行:大中祥符十年春正月,帝幸亳州,朝谒太清宫道德天尊(即太上老君)。丕讲:大力宣传。耆老:老人。特指受人尊重的老者。此处指德高望重的老臣。方正:品行正直不阿。昌言:善言。引申为直言无所隐讳。奸焰:罪恶气焰。③孙宣公:即孙奭。卒谥宣。争救:规谏拯救。争(zhèng),通"诤"。④后土:指土神或地神。不经见:谓不见于经典。⑤成民:实现人民的愿望。沴(lì):谓气不和而生的灾害。⑥嬖宠:指受君主宠爱的人。身播国屯:播,迁徙;流亡。屯,音zhūn。艰难。国屯,即国家陷入困境。⑦盛烈:盛大的功业。⑧赞:引导。⑨幽朔:今河北北部及山西北部及内蒙一带,为契丹族建立的辽国。继迁:即李继迁。宋、辽时银州(治今陕西榆林东南)党项族人,被辽封为夏国主。先是抗宋,又附宋,991年任银州观察使,受赐姓名赵保吉。后又攻取宋灵州。⑩卑辞重币:谓言辞谦恭、礼物丰厚。蹙国縻爵:指授与李继迁(赵保吉)五州之地和官爵事。蹙国,丧失国土。縻,通"靡"。浪费。⑪佞邪:奸邪。亦指奸邪之人。徼幸:企图获得意外的成功或免去不

幸。⑫令德：美德。希慕：仰慕；羡慕。⑬识理：辨认和理解。寄任：指所委托的重要职任。⑭奸憸：奸诈邪恶。奉安：此处指安置神像、神位。⑮听之罪之：听我规谏还是加罪于我。圣断：帝王的决断。⑯文成、五利：汉武帝欲求长生不老之术，重用方术之士，拜齐人少翁为文成将军、胶东宫人栾大为五利将军。见《续笔》卷七《迁固用疑字》注。不雠（chóu）：没有征验。《汉书·郊祀志》："五利妄言见其师，其方尽多不雠。"⑰灵符：上天的符命。宝券：查《宋史·孙奭传》，灵符、宝券各带有书名号。显戮：明正典刑，陈尸示众。尸禄：受禄而不尽职。端士：正直之士。缄默：闭口不言。⑱辅国：即李辅国。唐宦官。安禄山叛乱，玄宗入蜀，他劝太子亨（肃宗）在灵武即位。玄宗返回长安，他矫诏带兵把太上皇（玄宗）从兴庆宫强迁于大内，以杜绝玄宗和外界往来。所谓"劫迁"即指此。参考《五笔》卷二《诸公论唐肃宗》。大命：犹言天命。倾：偏斜。肃宗即帝位，尊玄宗为太上皇。⑲英断：英明果断。祸乱：祸害变乱。⑳魏郑公：即魏徵。封郑国公。陆宣公：即陆贽。卒谥宣。

〔补注〕①危乱：危险动乱。②崇信：尊崇信任。③黎庶：黎民，众民。

赦恩为害

赦过宥罪，自古不废，然行之太频，则惠奸长恶，引小人于大谴之域①，其为害固不胜言矣。唐庄宗同光二年大赦，前云："罪无轻重，常赦所不原者，咸赦除之②。"而又曰："十恶五逆、屠牛、铸钱、故杀人、合造毒药、持仗行劫、官典犯赃③，不在此限。"此制正得其中。当乱离之朝，乃能如是，亦可取也，而今时或不然。

【注释】

①赦过宥罪：谓赦免过错，宽恕罪行。惠奸：恩惠及于奸人。"引小人"句：使小人犯更大的罪恶。谴，罪责；罪过。②常赦所不原者：按常例施行的赦免所不能赦免的。常赦：中国古代按常例施行的赦免。不原：原来为"不免"，后改为"不原"。原：宽恕；原谅。赦除：犹赦免。③十恶：中国封建王朝为维护其专制统治所规定的不可赦免的十种重大罪行。即谋反、谋大逆、谋叛、谋恶逆、不道、大不敬、不孝、不睦、不义、内乱（乱伦）。隋以后历代有所损益，但大同小异。五逆：佛教谓五种将招致堕无间地狱报应的恶业大罪。谓杀父、杀母、害阿罗汉、斗乱众僧、起恶意于如来所。亦泛指各种逆伦之罪。仗：

刀、戟等兵器的总名。官典：指低级官吏。

〔补注〕赦恩：犹恩赦。指封建王朝遇皇帝登极或其他大典而赦免罪犯。

代宗崇尚释氏

唐代宗好祠祀①，未甚重佛。元载、王缙、杜鸿渐为相，三人皆好佛。上尝问以"佛言报应，果为有无"。载等奏："国家运祚灵长，非宿植福业②，何以致之？福业已定，虽时有小灾，终不能为害，所以安、史有子祸，仆固病死，回纥、吐蕃不战而退③，此皆非人力所及。"上由是深信之，常于宫中饭僧，有寇至则令僧讲《仁王经》以禳之④，寇去则厚加赏赐。胡僧不空，官至卿、监，爵为国公，出入禁闼⑤，势移权贵，此唐史所载也。予家有严郢撰《三藏和尚碑》，徐季海书，乃不空也，云："西域人，氏族不闻于中夏，玄、肃、代三朝皆为国师。代宗初以特进、大鸿胪褒表之⑥。及示疾⑦，又就卧内加开府仪同三司、肃国公。既亡，废朝三日，赠司空。"其恩礼之宠如此⑧。同时又有僧大济，为帝常修功德，至殿中监。赠其父惠恭兖州刺史，官为营办葬事，有敕葬碑，今存。时兵革未尽息，元勋宿将，赏功赋职，不过以此处之，顾施之一僧，缪滥甚矣⑨！

【注释】

①祠祀：祭祀；立祠祭神或祭祖。②运祚：犹言世运。多就封建王朝的盛衰兴亡而言。灵长：绵延久长。宿植：前世修下。宿，预先，早先。福业：佛教语。指布施行善、慈悲利生等造福的功德。③安、史有子祸：指安禄山、史思明分别为他们的儿子安庆绪、史朝义所杀。仆固：指仆固怀恩。平定安史之乱有功，后谋反。广德二年（764年）九月，纠集回纥、吐蕃二十万众进犯京师长安。越一年，仆固病死，回纥投降，吐蕃败走。（参见《旧唐书》本传）④禳（ráng）：祭祷消灾。⑤禁闼：犹禁中。闼（tà），门。古时帝王所居之处，防卫森严，门户有禁，非侍御亲信之臣不得妄入，故称"禁闼"。⑥褒表：嘉奖表彰。⑦示疾：佛教语。谓佛菩萨及高僧得病。⑧恩礼：旧谓尊上对下的礼遇。⑨宿将：有丰富经验的老将。赋职：授予职事。缪（miù）滥：错误而无节制。

〔补注〕报应：佛教语。原谓种善因得善果，种恶因得恶果，后专指种恶因得恶果。

光武苻坚

汉光武建武三十年,群臣请封禅泰山。诏曰:"即位三十年,百姓怨气满腹,吾谁欺,欺天乎?若郡县远遣吏上寿,盛称虚美,必髡,令屯田。"于是群臣不敢复言,其英断如此。然财二年间,乃因读《河图会昌符》,诏索《河洛》谶文言九世当封禅者①,遂为东封之举,可谓自相矛盾矣。苻坚禁图谶之学,尚书郎王佩读谶,坚杀之,学谶者遂绝。及季年,为慕容氏所困,于长安自读谶书,云:"帝出五将久长得②。"乃出奔五将山,甫至而为姚苌所执③。始禁人为谶学,终乃以此丧身亡国。"久长得"之兆,岂非言久当为姚苌所得乎?又姚与遥同,亦久也。光武与坚非可同日语④,特其事偶可议云。

【注释】
①财:通"才"。仅仅。河图会昌符:谶书名。见《随笔》卷十一《汉唐封禅》及其注文。河洛:即《河图》《洛书》。《易·系辞上》:"河出图,洛出书。"古代儒家传说,谓伏羲氏时,有龙马从黄河出现,背负"河图";有神龟从洛水出现,背负"洛书",二者都是"天授神物"。汉儒孔安国认为,"河图"即"八卦","洛书"即"洪范九畴"。②慕容氏:指西燕主慕容冲等。谶书:即图谶。"帝出"句:大意为:"帝王出走到五将山能长久保住天下。"③姚苌:羌族首领。十六国时后秦的建立者。④同日语:同日而语。亦作"同年而语"、"同日而言"。犹相提并论。

周武帝宣帝

周武帝平齐,中原尽入舆地,陈国不足平也,而雅志节俭①,至是愈笃。后宫唯置妃二人,世妇三人,御妻三人,则其下保林、良使辈,度不过数十耳②。一传而至宣帝,奢淫酗纵,自比于天,广搜美女,以实后宫,仪同以上女不许辄嫁③,遂同时立五皇后。父子之贤否不同,一至于此!

【注释】

①齐:高洋建立的北齐。舆地:此处指版图(疆域;领土)。陈国:南朝陈霸先建立的陈国。雅志:平素的意愿。②保林、良使:均为汉宫廷女官名。后世沿置。度(duó):估计。③奢淫:奢侈淫逸。酣纵:纵酒。自比于天:见《续笔》卷四《禁天高之称》。"仪同"句:仪同三司以上大臣的女儿不许擅自嫁人。

唐观察使

唐世于诸道置按察使,后改为采访处置使,治于所部之大郡①。既又改为观察,其有戎旅之地,即置节度使。分天下为四十余道,大者十余州,小者二三州,但令访察善恶,举其大纲②。然兵甲、财赋、民俗之事,无所不领,谓之都府,权势不胜其重,能生杀人,或专私其所领州,而虐视支郡③。元结为道州刺史,作《舂陵行》,以为"诸使诛求符牒二百余通",又作《贼退示官吏》一篇,以为"忍苦哀敛"④。阳城守道州,赋税不时,观察使数消责⑤,又遣判官督赋,城自囚于狱。判官去,复遣官来按举⑥。韩愈《送许郢州序》云:"为刺史者常私于其民,不以实应乎府,为观察使者常急于其赋,不以情信乎州,财已竭而敛不休,人已穷而赋愈急。"韩皋为浙西观察使,封杖决安吉令孙澥至死⑦。一时所行大抵类此,然每道不过一使临之耳。今之州郡控制按刺者,率五六人,而台省不预,毁誉善否,随其意好⑧,又非唐日一观察使比也。

【注释】

①治:治所。②举其大纲:过问一道的主要事情。大纲,总纲;要点。③能生杀人:即握有生杀大权。虐视:侵凌歧视。④诛求符牒:强制征收赋税的公文。忍苦:残忍、急迫。苦,急迫;紧迫。哀敛:犹聚敛,谓搜刮财物。⑤不时:时时。消责:责备。⑥按举:检查举发。⑦封杖:谓授予使者杖杀之权。⑧控制按刺:指节度使、制置使、按察使、刺史。毁誉:诽谤和称赞。善否(pǐ):犹褒贬。意好(hào):内心的好恶。

冗滥除官

自汉以来，官曹冗滥之极者，如更始"灶下养，中郎将，烂羊头，关内侯"，晋赵王伦"貂不足，狗尾续"，《北史》周世"员外常侍，道上比肩"①，唐武后"补阙连车，拾遗平斗"之谚，皆显显著见者。中叶以后，尤为泛滥，张巡在雍丘，才领一县千兵，而大将六人，官皆开府特进，然则大将军告身博一醉，诚有之矣。德宗避难于奉天，浑瑊之童奴曰黄芩②，力战，即封渤海郡王。至于僖、昭之世，遂有"捉船郭使君"、"看马李仆射"③。周行逢据湖湘，境内有"漫天司空、遍地太保"之讥。李茂贞在凤翔，内外持管籥者④，亦呼为司空、太保。韦庄《浣花集》有《赠仆者杨金》诗云："半年勤苦葺荒居，不独单寒腹亦虚。努力且为田舍客，他年为尔觅金鱼⑤。"是时，人奴腰金曳紫者，盖不难致也。

【注释】
①冗滥：谓过分庞杂而无必要的限制。更始：新莽末年，刘玄参加平林兵，被推为更始将军。后合于绿林军。公元23年称帝，年号更始（23—25年）。"灶下养"句：灶旁炊烹的，可做中郎将，卖熟羊头的市井贾人，可作关内侯。喻滥授官爵，市贾庖人皆得为官。灶下养：旧时奴仆制度下对庖人厨工的蔑称。《公羊传》曰："炊亨为养。""貂不足"句：古代近侍官员以貂尾为冠饰，任官滥，貂尾不足，用狗尾代之。即"狗尾续貂"。比肩：比喻连接而来。②童奴：仆役。③捉船：撑船，划船。④管籥：此处指钥匙。籥，通"钥"。⑤金鱼：唐制，三品以上服紫，佩金符，刻鲤鱼形，谓之金鱼。下文"腰金曳紫"即腰系金符、身着紫服。

节度使称太尉

唐节度使带检校官，其初只左右散骑常侍，如李愬在唐、邓时所称者也①。后乃转尚书及仆射、司空、司徒，能至此者盖少。僖、昭以降，藩镇盛强，武夫得志，才建节钺，其资级已高，于是复升太保、太傅、太尉，其上惟有太师，故将帅悉称太尉。元丰定官制，尚如旧贯②。崇宁中，改三公为少师、少傅、少保，而以太尉为武阶之冠，以是凡管军者，犹悉称之。绍兴间，叶梦得自观文殿学士，张澄自端明殿学士，皆拜节度。叶尝任执政，以暮年拥旄③，为儒者之荣，自称叶太尉。张微时用邓洵武给使恩出身④，羞为武职，但称尚书如故，其相反如此。

【注释】

①李愬（sù）：元和十一年，"李愬遂检校左散骑常侍，兼邓州刺史、御史大夫，充随、唐、邓节度使。"（《旧唐书》本传）②旧贯：老办法；旧制度。③拥旄：持旄。借指统率军队。旄（máo），指旄节。古代使者所持之节，以旄牛尾为饰，用作信物。古代镇守一方的军政长官也拥有旄节。④给使：指供差遣的人，王公贵族的随从或内侍。

五代滥刑

五代之际，时君以杀为嬉，视人命如草芥，唐明宗颇有仁心，独能斟酌援救。天成三年，京师巡检军使浑公儿口奏：有百姓二人，以竹竿习战斗之事。帝即传宣令付石敬瑭处置①，敬瑭杀之。次日枢密使安重诲敷奏②，方知悉是幼童为戏。下诏自咎，以为失刑，减常膳十日，以谢幽冤；罚敬瑭一月俸；浑公儿削官、杖脊、配流登州③；小儿骨肉，赐绢五十匹，粟麦各百硕，便令如法埋葬。仍戒诸道州府，凡有极刑，并须仔细裁遣④。此事见《旧五代史》，《新书》去之。

【注释】

①传宣：传令宣召。②敷奏：陈奏，向君上报告。③自咎：自责；归罪于己。失刑：谓当刑而未处刑或不当刑而处刑。减常膳：改常膳为小食。常膳：日常的膳食。幽冤：指蒙受深冤的人。配流：即流配。流放罪人于远地。④裁遣：裁断处理。

太一推算

熙宁六年,司天中官正周琮言:"据《太一经》推算,熙宁七年甲寅岁,太一阳九、百六之数,至是年复元之初,故经言太岁有阳九之灾,太一有百六之厄,皆在入元之终或复元之初①。阳九、百六当癸丑、甲寅之岁,为灾厄之会,而得五福太一移入中都②,可以消灾为祥。窃详五福太一自雍熙甲申岁入东南巽宫③,故修东太一宫于苏村,天圣己巳岁入西南坤位,故修西太一宫于八角镇。望稽详故事④,崇建宫宇。"诏度地于集禧观之东⑤,于是为中太一宫。时王安石擅国,尽变乱祖宗法度,为宗社之祸⑥,盖自此始,虽太一照临,亦不能救也。绍熙四年癸丑、五年甲寅,朝廷之间殊为多事,寿皇圣帝厌代,泰安以久疾退处,人情业业,皆有忧葵恤纬之虑⑦。时无星官历翁考步推赜,庸讵知非入元、复元之际乎⑧?

【注释】

①司天中官正:自唐以后,掌天文历法之官,亦以春、夏、中、秋、冬分称,各设正一人。阳九、百六、复元、入元:均见《续笔》卷六《百六阳九》及注文。道家以为,天厄谓之阳九,地亏谓之百六。阳九、百六均指灾岁或厄运。太一:亦作"太乙"。道教神名。②灾厄:灾祸;苦难。五福太一:沈括《梦溪笔谈》:"十神太一:一曰太乙,次曰五福太一,三曰……十曰十神太一。唯太一最尊。"南宋都城临安(今杭州市)太乙宫分东西两处,东太乙宫在新庄桥南,祠五福太乙神。西太乙宫在西湖孤山,安奉太乙十神帝像。中都:京都。③窃详:私下揣摩;私下推断。东南巽宫:按照后天八卦方位(即文王八卦方位),东南为巽,正南为离,西南为坤,正西为兑,西北为乾,正北为坎,东北为艮,正东为震。④稽详:审慎考查。一说考查推断。⑤度(duó)地:测量土地。⑥宗社:宗庙与社稷。古代用以称国家。⑦厌代:帝王去世。"厌代"即"厌世"。厌弃人世。人去世的婉称。唐人避李世民(太宗)讳,改"世"为"代"。泰安以久疾退处:《宋史·光宗本纪》载,孝宗于淳熙十六年(1189年)二月禅位于光宗。《宁宗本纪》:"(绍熙)五年六月,孝崩,光宗以疾不能出。"宁宗即皇帝位,建泰安宫,"以奉太上皇(光宗)、太上皇后。"泰安,即泰安宫,借指光宗。退处(chǔ):退居;引退闲居。业业:畏惧貌。忧葵恤纬:比喻担

忧国事。恤纬，见《左传·昭公二十四年》："嫠不恤其纬，而忧宗周之陨，为将及焉。"谓寡妇不忧其纬纱少，而恐国家灭亡之祸及于己。忧葵，喻指担忧国事。典见汉刘向《列女传·鲁漆室女》。⑧考步：推究天文历法。推赜：探求那些幽秘莫测的道理。庸讵：亦作"庸遽"。何以；怎么，反诘之辞。

赵丞相除拜

绍熙五年七月十六日宣麻制①，以太中大夫、知枢密院事赵汝愚为特进、右丞相，议者或谓国朝无宗室宰相，且转官九级非故事。赵上章力辞，不肯入都堂莅职②。越六日，诏改除枢密使，依宰臣超三官。又二日，制除正议大夫、枢密使。迈考按故实，宣和二年，王黼自通议大夫、中书侍郎拜特进、少宰③，凡迁八官，黼受之。靖康元年，吴敏自中大夫、知枢密院，拜银青光禄大夫、少宰，亦迁八官，敏辞之，但以通议就职。秦桧当国，以其子熺为中大夫、知枢密院，已而除观文殿学士，恩数如右仆射，遂暗转通奉大夫④，逾年，加大学士，径超七秩为特进，熺处之不疑。舍此三人外，盖未之有。若自宰相改枢密使，唯夏竦一人。是时以陈执中为昭文相，竦为集贤相，御史言："竦向在陕西，与执中议论不协，不可同寅政地⑤。"于是贴麻改命，而初制不出。今汝愚先报相麻，后报枢制，乃是经日已久，因固辞以然。又按国史，明道二年，宰臣张士逊、枢密使杨崇勋同日罢，士逊以左仆射判河南府，崇勋以节度使、平章事判许州，明日入谢，崇勋班居上。仁宗问之，士逊奏曰："崇勋系使相，臣官只仆射，当在下。"即再锁院⑥，以士逊为使相。是时，学士盛度当制，犹用士逊作相衔，论者非之，谓应用仆射、河南为前衔也。乾道二年，叶颙以前参知政事召还，为知枢密院，未受告而拜左相，迈当制，以新除知枢密院结衔。今汝愚拜相宣麻，已阅八日，故称新除特进、右丞相。二者皆是也。

【注释】

①宣麻：唐代任命将相，用白麻纸写诏书，宣告于朝廷，谓之宣麻。宋代诏拜师相，仍沿旧称。②莅职：就职。③考按：亦作"考案"。犹稽考。查考，考核。少宰：宋徽宗政和年间曾改尚书左仆射为太宰，右仆射为少宰。④暗转：

宋代内臣不公开提升官职，谓之暗转。内臣，指宫廷近臣，观文殿学士即属内臣。⑤同寅：旧称在同一部门做官的人。语出《尚书·皋陶谟》："同寅协恭和衷哉。"寅，敬；谓同敬合恭而和善。⑥锁院：为保守机密而锁闭院门，断绝来往交通。《宋史·职官志》："凡拜宰相及事重者，晚漏上，天子御内东门小殿，宣召面谕，给笔札书所得旨。禀奏归院，内侍锁院门，禁其出入。"又科举考试中为防范舞弊行为，考生入试场后亦封锁院门。

[补注] 制除：同"制授"。见《续》十一《兵部名存》注。

唐昭宗恤录儒士

唐昭宗光化三年十二月，左补阙韦庄奏："词人才子，时有遗贤，不沾一命于圣明①，没作千年之恨骨。据臣所知，则有李贺、皇甫松、李群玉、陆龟蒙、赵光远、温庭筠、刘德仁、陆逵、傅锡、平曾、贾岛、刘稚珪、罗邺、方干，俱无显遇，皆有奇才，丽句清词，遍在词人之口，衔冤抱恨，竟为冥路之尘②。伏望追赐进士及第，各赠补阙、拾遗。见存唯罗隐一人，亦乞特赐科名，录升三署③。"敕奖庄而令中书门下详酌处分。次年天复元年敕文，又令中书门下选择新及第进士中，有久在名场，才沾科级④，年齿已高者，不拘常例，各授一官。于是礼部侍郎杜德祥奏：拣到新及第进士陈光问年六十九，曹松年五十四，王希羽年七十三，刘象年七十，柯崇年六十四，郑希颜年五十九。诏光问、松、希羽可秘书省正字；象、崇、希颜可太子校书。按登科记，是年进士二十六人，光问第四，松第八，希羽第十二，崇、象、希颜居末级。昭宗当斯时离乱极矣，尚能眷眷于寒儒⑤，其可书也。《摭言》云："上新平内难，闻放新进士，喜甚，特敕授官，制词曰：'念尔登科之际，当予反正之年，宜降异恩，各膺宠命⑥。'时谓此举为五老榜。"

【注释】

①遗贤：指弃置未用的贤才。一命：周代最低一级的官。命。官阶，周代官阶自一命至九命。后用以泛指低微的官职。圣明：封建时代对所谓"治世"、"明时"的颂词。②显遇：明显见赏进用。谓给予高官厚禄。冥路：冥途。佛教指地狱饿鬼之处。③科名：科举考试制度中经乡试、会试录取之称。三署：

汉时五官署、左署、右署之合称。宫廷宿卫诸郎分别属三署。统属于光禄勋。④名场：旧时读书人求功名的场所，指科举考场。沾：因接触而附着。⑤离乱：变乱。常指战乱。寒儒：贫寒的读书人。⑥反正：指平定左军中尉刘季述、右军中尉王仲先发动的内乱后，复归本位。刘、王于光化三年底废昭宗，立其太子为皇帝。见《续笔》卷十四《卢知猷》一文。异恩：特殊恩遇。膺（yīng）：接受。宠命：加恩特赐的任命。

卷第八（五则）

徽宗荐严疏文

徽宗以绍兴乙卯岁升遐①。时忠宣公奉使未反命，滞留冷山，遣使臣沈珍往燕山，建道场于开泰寺，作功德疏曰："千岁厌世，莫遂乘云之仙，四海遏音，同深丧考之戚②。况故宫为禾黍，改馆徒馈于秦牢③，新庙游衣冠，招魂漫歌于楚些④。虽置河东之赋，莫止江南之哀，遗民失望而痛心，孤臣久縶惟欧血⑤。伏愿盛德之祀，传百世以弥昌，在天之灵，继三后而不朽⑥。"北人读之亦堕泪，争相传诵。其后梓宫南还，公已徙燕，率故臣之不忘国恩者，出迎于城北，搏膺大恸⑦，虏俗最重忠义，不以为罪也。

【注释】

①升遐：古代讳称帝王死去为"升遐"。②反命：犹复命。道场：佛教礼拜、诵经、祭祀、学道、行道的场所。疏：僧道拜忏（超度亡灵）时所焚化的祈祷文。千岁：对人死的讳称。厌世：见卷七《太一推算》"厌代"注。莫遂乘云之仙：即没有成仙。莫遂，没有成功。徽宗溺信虚无，崇饰游观，自称教主道君皇帝，访求道教仙经，妄想成仙。遏音：谓帝王等死后停止一切娱乐活动。同深丧考之戚：都像死去父亲一样哀痛。深，深切，甚。③故宫：泛指封建王朝遗存的宫殿。禾黍：《诗·王风·黍离序》："《黍离》，闵宗周也。周大夫行役至于宗周，过故宗庙宫室，尽为禾黍。闵宗周之颠覆，彷徨不忍去而作是诗。"后以"禾黍"为悲悯故国破败之典。改馆：改在客舍。谓徽宗死于异国他乡，只好改馆祭奠。徒：副词。只（能）；仅（能）。馈：祭祀。秦牢：用韩非陷秦国狱中事，借指徽宗被金人囚死于五国城。④游衣冠：汉代制度，每月初一将高帝的衣冠从陵寝的宫殿中移到祭祀高帝的宗庙里去，谓之"游衣冠"。此处借用。楚些（suò）：《楚辞·招魂》句尾皆有"些"字，为楚人习用的语气词。后以"楚些"为《招魂》的代称。⑤虽置河东之赋：置，放下；豁免。从崇宁四年（1105年）六月，至宣和五年（1123年）四月，徽宗四次曲赦（特予免除）河东路（租赋）。

见《徽宗本纪》。遗民：泛指老百姓。孤臣久繫：洪皓于高宗建炎三年（1129年）奉命出使金国，至此已被扣长达六年之久。孤臣：孤立无助的远臣。繫，拘囚。欧血：吐血。亦指痛心。欧，同"呕"。⑥三后：古代天子诸侯皆称后。三后指三个帝王。此处可能指太祖赵匡胤、太宗赵光义、真宗赵恒。⑦梓宫南还：绍兴十二年（1142年）八月，徽宗和两位皇后的灵柩运回临安。搏膺：捶击胸口。表示哀痛。

忠宣公谢表

建炎三年，先忠宣公衔命使北方，以淮甸贼蜂起①，除兼淮南、京东等路抚谕使，俾李成以兵护至南京。公遗书抵成，成方与耿坚围楚州，答书曰："汴涧，虹有红巾②，非五千骑不可往。军食绝，不克唯命③。"公阴遣客说坚，坚强成敛兵④。公行未至泗⑤，谍云："有迎骑甲而来。"副使龚璹惮之，送兵亦不肯前，遂返旆⑥。即上疏言："李成以馈饷稽缓，有引众纳命建康之语⑦。今靳赛、薛庆方横，万一三叛连横，何以待之？方含垢养晦之时，宜选辩士谕意，优加抚纳。"疏奏，高宗即遣使抚谕成⑧，给米五万斛。初，公戒所遣持奏吏，须疏从中出，乃诣政事堂白副封⑨。时方禁直达，忤宰辅意，以托事滞留为罪，特贬两秩，而许出滁阳路。绍兴十三年使回，始复元官。时已出知饶州，命予作谢表，直叙其故，曰："论事见从，犹获稽留之戾⑩。出疆滋久，屡沾旷荡之恩⑪。始拜明纶，得仍旧秩⑫。伏念臣顷繇乏使⑬，不敢辞难。值三盗之连衡，阻两淮而荐食，深虞猖獗之患，或起呼吸之间，辄露便宜，冀加勤恤⑭。虽玺书赐报，乐闻充国之建言，而吏议不容，见谓陈汤之牛事⑮。亏除官簿，绵历岁时，敢自意于来归，遂悉还于所夺⑯。兹盖忘人之过，与天同功⑰。念臣昔丽于微文⑱，蔽罪本无于他意，故从数赦，俾获自新。"书印既毕，父兄复共议，秦桧方擅国，见此表语言，未必不怒，乃别草一通引咎曰："使指稽留，宜速亏除之戾。圣恩深厚，卒从拔拭之科⑲。仰服矜怜，唯知感戴⑳。伏念臣早繇乏使，遂俾行成，值巨寇之临冲，欲搏人而肆毒，仗节宜图于报称，引车何事于逡巡㉑。徐偃出疆，既失受辞之体，申舟假道，初无必死之心㉒。虽蒙贬秩以小惩，尚许立功而自赎。徒行万里，无补一毫，敢妄冀于隆宽，乃悉还于旧贯㉓。兹盖忘人之过，抚下以仁。阳为德而阴为刑，未尝私意，赏有功而赦有罪，皆本好生，坐使孤臣，尽湔宿负"云云㉔。前后奉使，无有不转官者。先公以朝散郎被命，不沾恩凡十五年，而归仅复所贬，而合磨勘，五官刑部，皆不引用，秦志也㉕。遂终于此阶。

【注释】

①忠宣公：即洪皓，字光弼。建炎三年奉命赴金，被扣十余年。绍兴十二年被释归宋，授徽猷阁直学士。他见秦桧即言不可苟安钱塘，为桧所忌。贬居英州九年，后徙袁州，至南雄州病死。死后谥忠宣。淮甸：淮河流域。②遗书：发信。汴涸：汴水枯竭。虹：虹县。唐置。今安徽泗县地。红巾：红巾军。南宋初年北方抗金义军。后来河北、淮北地区也有红巾。③不克唯命：不能听从您的吩咐（即护送至南京）。④敛兵：收缩兵力。指收缩围楚州的兵力转而去护送洪皓。⑤泗：指泗州。⑥返旆（pèi）：回师。即还归。⑦馈饷：指运送粮饷。稽缓：迟延。纳命：送死。谓和朝廷决一死战。李成原为起义军首领，刚被招安。纳命建康：当时高宗在建康府。⑧连衡：结盟；联合。含垢养晦：含忍耻辱，隐居待时。抚纳：安抚招纳。一说抚慰结纳。抚谕：亦作"抚喻"。安抚晓喻。⑨持奏吏：持送奏疏的官吏。白：禀报。副封：谓副本。⑩论事见从：指奏言抚谕李成被高宗接纳而实行。见从：被接受。稽留之戾：即指上文的"以托事滞留为罪"。戾，罪。⑪出疆：越出国界，前往他国。滋久：渐久；长久。旷荡：宏大。⑫明纶（lún）：指帝王的诏令。得仍旧秩：使我能够得到原来的俸禄。⑬繇（yóu）：通"由"。表原因。乏使：缺乏合适的使者。⑭三盗：指李成、靳赛、薛庆。荐食：一再吞食。比喻不断地侵略，贪得无厌。荐，数也。虞：忧虑。辄露便宜：一旦条件适宜。勤恤：忧悯；关怀。⑮充国建言：西汉宣帝时，先零羌与诸羌解仇交质，反叛汉朝廷。赵充国建言，先零首为叛逆，其他羌种都是被劫略胁从。"故臣愚册，欲捐罕、开（羌种的两支，一说"罕开"为一支）暗昧之过，隐而勿章，先行先零之诛以震动之，宜悔过反善，因赦其罪，选择良吏知其俗者捪循（安抚；抚慰。捪，同"抚"——引者注）和辑，此全师保胜安边之册。"几经周折，终于，"玺书报从充国计"。（《汉书·赵充国传》）结果，先零被击败，罕、开降汉。这里借指宋高宗采纳洪皓的建议，遣使抚谕李成。吏议：官吏的拟议。陈汤生事：见《随笔》卷十一《燕昭汉光武之明》"陈汤"注文。⑯亏除官簿：指上文"特贬两秩"一事。亏除，减免。官簿，原指记录官吏功绩和经历的簿籍，后多指做官的资历。绵历：指时间沿续悠久。岁时：岁月；时间。敢自意于来归：自己哪里敢想出使归来时。自意，

自料；自认为。所夺：指贬降的俸禄。⑰同功：谓功用相同；功效相同。⑱丽：系；缠缚。这里指拘牵。微文：苛细的法律条文。亦泛指礼节、法令条文之细小者。这里指上文"方禁直达"一事。⑲卒从抆拭之科：意即终于被列入赦免其罪责，继续叙用的一类。抆（wěn）拭，揩；擦。意为擦拭去其污点（错误、罪咎），继续叙用。典出《汉书·朱博传》。科，品类；等级。⑳仰服：敬服，钦佩。矜怜：犹矜悯。怜惜。感戴：感恩戴德。㉑行成：谓议和。临冲：古时两种战车的名称。此处借指战争。肆毒：任意残杀和迫害。仗节：手持符节。古代大臣出使或大将出师，皇帝授予符节，作为凭证及权力的象征。报称（chèn）：报答人的恩德，与实惠相称。引车：带领车骑。㉒徐偃出疆：徐偃，即徐偃王，西周或春秋时徐戎的首领。统辖今淮、泗一带。受辞：听从君主的令词。《公羊传·庄公十九年》："聘礼，大夫受命，不受辞。""申舟假道"句：《左传·宣公十四年》载，楚庄王派申舟到齐国聘问，对他说："你不必向宋国请求借道，尽管从宋国过去。"同时派公子冯到晋国聘问，也让他不要向郑国借道。申舟曾得罪过宋国，对庄王说："郑国人通情达理，而宋国人则昏聩不清。派往晋国的人没有危险，而我必然被宋国杀害。""徐偃出疆"和"申舟假道"两句是洪皓用来比喻自己。㉓隆宽：上天赐予的宽恕。一说大的宽恕。旧贯：原来的样子。指原来的禄秩。㉔阳为德而阴为刑：即仁德不任刑。阳表温和、温暖，示德泽；阴表寒冷，示刑罚。坐：遂；乃。湔（jiān）：洗；洗涤。此处为清除，消除。宿负：旧欠的债务。这里指原来的忧虑。负，以背载物。引申为担负，又引申为责任、忧虑。㉕五官：五种官职。泛指百官。引用：引荐任用。秦志：秦桧的心意。

四六名对

四六骈俪，于文章家为至浅，然上自朝廷命令、诏册，下而缙绅之间笺书、祝疏①，无所不用。则属辞比事，固宜警策精切，使人读之激印，讽味不厌②，乃为得体。姑摭前辈及近时缀缉工致者十数联③，以诒同志。

王元之《拟李靖平突厥露布》，其叙颉利求降且复谋窜曰："阱中饿虎，暂为掉尾之求；搆上饥鹰④，终有背人之意。"《蕲州谢上表》曰："宣室鬼神之问，敢望生还；茂陵封禅之书⑤，已期身后。"

范文正公微时，尝冒姓朱，及后归本宗，作启曰："志在逃秦，入境遂称于张禄;名非霸越,乘舟偶效于陶朱⑥。"用范雎、范蠡⑦,皆当家故事。

邓润甫行《贵妃制》曰:"《关雎》之得淑女,无险诐私谒之心;《鸡鸣》之思贤妃,有警戒相成之道⑧。"

绍圣中,《百僚请御正殿表》曰:"皇矣上帝,必临下而观四方;大哉乾元,当统天而始万物⑨。"

东坡《坤城节疏》曰:"至哉坤元,德既超于载籍;养以天下⑩,福宜冠于古今。"《慰国哀表》曰:"大哉孔子之仁,泫然流涕;至矣显宗之孝⑪,梦若平生。"《谢赐带马表》曰:"枯羸之质,匪伊垂之而带有余;敛退之心,非敢后也而马不进⑫。"

王履道《大燕乐语》曰:"五百里采,五百里卫,外包有截之区;八千岁春⑬,八千岁秋,上祝无疆之寿。"《除少宰余深制》曰:"盖四方其训,以无竞维人;必三后协心,而同底于道⑭。"时并蔡京为三相也。《执政以边功转官词》曰:"惟皇天付予,庶其在此;率宁人有指,敢弗于从⑮。"

翟公巽行《外国王加恩制》曰:"宗祀明堂,所以教诸侯之孝;大赉四海⑯,不敢遗小国之臣。"知越州日,以擅发常平仓米救荒降官,谢表曰:"敢效秦人,坐视越人之瘠;既安刘氏,理知晁氏之危⑰。"

孙仲益试词科日,《代高丽国王谢赐燕乐表》曰:"玉帛万国,干舞已格于七旬;箫韶九成,肉味遽忘于三月⑱。"又曰:"荡荡乎无能名,虽莫见宫墙之美;欣欣然有喜色,咸豫闻管籥之音⑲。"自中书舍人知和州,既压境,见任者拒不纳,以启答郡僚曰:"虽文书衔袖,大人不以为疑;然君命在门,将军为之不受⑳。"邻郡不发上供钱米,受旨推究,为平亭其事,邻守驰启来谢,答之曰:"包茅不入,敢加问楚之师;辅车相依,自作全虞之计㉑。"

汪彦章作《靖康册康王文》曰:"汉家之厄十世,宜光武之中兴;献公之子九人,惟重耳之尚在㉒。"为中书舍人试潭州,进士何烈卷子内称臣及圣,问不举觉,坐罢职,谢表曰:"谓子路使门人为臣,虽诚悖理;而徐邈云酒中有圣㉓,初亦何心?"又曰:"书马者与尾而五,常负谴忧;网禽而去面之三,永衔生赐㉔。"宋齐愈坐于金虏立诸臣状中,辄书"张邦昌"字,送御史台,责词曰:"义重于生,虽匹夫不可夺志；士失其守，或一言几于丧邦㉕。"又曰："睢孟五行之说，岂所宜言？袁宏九锡之文，兹焉安忍㉖？"责张邦昌词曰："虽天夺其衷，坐愚至此；然君异于器，代匮可乎㉗？"知徽州，其乡郡也，谢启曰："城郭重来，疑千载去家之鹤；交游半在，或一时同队之鱼㉘。"

何抡除秘书少监，未几，以口语出守邛，谢启曰："云外三山，风引舟而莫近；海滨八月，槎犯斗以空还㉙。"

杨政除太尉，汤岐公草制曰："远览汉京，传杨氏者四世；近稽唐室，书系表者七人㉚。"谓杨震子秉、秉子赐、赐子彪，四世为太尉。李德裕辞太尉云："国朝重惜此官，二百年间才七人。"其用事精确如此。

蒋子礼拜右相，王诇贺启曰："早登黄阁，独见明公之妙年；今得旧儒，何忧左辖之虚位㉛？"皆用杜诗语"扈圣登黄阁㉜，明公独妙年"，"左辖频虚位，今年得旧儒"，亦可称。

【注释】

①诏册：皇帝的文告。缙绅：同"搢绅"。指旧时官宦的装束。亦作官宦的代称。祝疏：祝颂文字。②属（zhǔ）辞比事：本指连缀文辞，排列史事。后用以泛称撰文记事。激卬：即激昂。卬，通"昂"。讽味：诵读玩味。讽，背诵。③缀缉：亦作"缀辑"。编辑。工致：工巧精致。④露布：此处指捷报。颉利：东突厥首领颉利可汗。颉利失败后，请求到长安朝见天子，但内心犹豫徘徊，并未下决心投降，妄想逃窜。掉尾之求：即摇尾乞怜。掉尾，摇尾。韝（gōu）：射箭、驾鹰时。射箭时用的皮制臂套，用以束衣袖以便动作。⑤宣室鬼神之问：汉文帝曾召以前被贬往长沙的贾谊于宣室，问以鬼神之事。宣室，未央宫前正室。李商隐《贾生》诗"可怜夜半虚前席，不问苍生问鬼神"即指此事。茂陵封禅之书：茂陵为汉武帝陵墓。武帝生前数次到泰山封禅。王禹偁，北宋文学家。字元之。为知制诰，修《太祖实录》，直书其事，为宰相所不满，出知黄州。黄州灾异数现，王禹偁上疏自劾。"上（真宗）遣内侍乘驿劳问，醮禳之。询日官，云：'守土者当其咎。'上惜禹偁才，是日，命徙蕲州……未逾月而卒。"（《宋史》本传）⑥逃秦：逃往秦国。名非霸越：名声不是因为越国称霸。"乘舟"句：见《续笔》卷十五《宰我作难》一文及"范蠡"注。⑦范雎：一作范且（jū），或误作范睢。战国时魏国人，字叔。因事为须贾（人名）所诬，被魏相魏齐使人笞击折胁。后化名张禄，由王稽、郑安平帮助逃往秦国。后任秦相，封于应（今河南鲁山东），称应侯。⑧行：做；从事某种活动。《关雎》：《诗经·周南》篇名。淑女：美好贤德的女子。《关雎》一诗，《诗

序》说是歌咏"后妃之德"。险诐(bì):邪恶不正。私谒:因私事而干求请托。此处指夜间私谒君王以求御幸。《鸡鸣》:《诗·齐风》篇名。《诗序》:"《鸡鸣》,思贤妃也。哀公荒淫怠慢,故陈贤妃贞女夙夜警戒相成之道焉。"诗写妻子于天未明时,即一再催促丈夫起身。相成:互相补充,互相成全。⑨皇矣上帝:皇,大。《诗·大雅·皇矣》:"皇矣上帝,临下有赫。监观四方,求民之莫。"乾元:天。《易·乾》:"大哉乾元,万物资始,乃统天。"孔颖达疏:"乃统天者,以其至健而为物始,以此乃能统领于天。"后用以指统领天下。⑩坤成节:哲宗嗣位,诏以宣仁太皇太后生日为坤成节。坤元:与"乾元"对称,指地之德。古代以男为天,女为地。至,大。至哉,犹大哉。载(zǎi)籍:书籍,典籍。养以天下:受天下供养。⑪泫(xuàn)然:伤心流泪貌。显宗:即汉明帝刘庄。《慰国哀表》,《苏东坡全集》题为《慰宣仁圣烈皇后山陵礼毕表》。宣仁皇后即英宗皇后高氏。此句的前一句为:"恭惟皇帝陛下(哲宗),道循祖武,德契天心。"祖武,谓先人的遗迹、事业。武,足迹。所以"孔子之仁",应是借指仁宗。《宋史·仁宗纪赞》:"仁宗恭俭仁恕……《传》曰:'为人君,止于仁。'帝诚无愧焉。""显宗之孝",借指神宗。宣仁圣烈皇后为神宗生母。《宋史·神宗本纪》:"赞曰:帝天性孝友,其入侍两宫,必侍立终日,虽寒暑不变。"⑫枯羸:憔悴而羸弱。"匪伊垂之而带有余"一句:出自《诗经·小雅·都人士》:"匪伊垂之,带则有余。"伊,用在句中的语助词。带,古代官僚士大夫束在腰间衣外的大带,一名为绅。高亨先生注为束发的布带或绸带。垂,下挂;落下。敛退:收敛退让。非敢后也而马不进:《论语·雍也》:"孟之反不伐,奔而殿,将入门,策其马,曰:'非敢后也,马不进也。'"孟之反,鲁国大夫。⑬五百里采,五百里卫:先秦时,以王畿为中心,自内而外,设九等地区,每五百里为一畿,称为九畿,亦称九服,即侯服、甸服、男服、采服、卫服、蛮服、夷服、镇服、藩服,为各级诸侯的领地及外族所居之地。后泛指藩属。有截:《诗经·商颂·长发》:"海外有截。"截,整齐;有,助词,无义。后来诗文中割取"有截"二字,作为海外的代称。八千岁春:见下篇《吾家四六》"大椿"注。⑭训:通"顺"。服从。无竞:不可争衡。人:人材;杰出人物。维:犹"于"也。此句出自《诗·大雅·抑》:"无竞维人,四方其训之。"三后:《书·毕命》:"三后协心,同厎于道。"三后,指周公、君陈、毕公。这里借指包括蔡京、余深在内的三相。厎(zhǐ):同"砥"。达到。道,圣道。⑮付予(yǔ):给与。引申为托付,委任。庶:副词。希望,但愿。其:副词。表示祈使。宁人:即天子。《礼记·曲礼下》:"天子当宁而立,诸公东面,诸侯西面,曰朝。"宁,音zhù。宫室门屏之间。朝,视朝。敢弗于从:敢不听从?"惟"和"率"均为语首助词。无义。⑯宗祀:庙祭。《孝经·圣治》:"昔者周公郊祀后稷以配天,宗祀文王于明堂,以配上帝。"后祭祀祖宗统称宗祀。大赉(lài):大赏赐。《书·武成》:"大赉于四海,而万姓悦服。"⑰"敢效秦人"句:韩愈《争臣论》:"视政之得失,若越人视秦人之肥瘠,忽焉不加喜戚于其心。"《宋史·食货志上之六》:"愿陛下课官吏,使之任牛羊刍牧之责;劝富民,使之无秦越肥瘠之视。"参考《五笔》卷五《虢巨贺兰》"秦越"注。晁氏:指晁错。他主张逐步削夺诸侯王国的封地,以巩固中央集权制度,为汉景帝所采纳。不久,吴楚七国以诛晁错为名,发动叛乱。结果,晁错被杀。刘氏,喻宋王朝;晁氏,翟公巽自比。⑱词科:科举名目之一。此科主要选拔学问渊博,文辞清丽,能草拟朝廷日常文稿的人才。宋代又为宏词科、词学兼茂科、博学宏词科的通称。燕乐:供宫廷宴饮、娱乐时用的音乐。玉帛万国:见《续笔》卷七《薛国久长》及注。此处"玉帛"引申为和好。干舞:一称"兵舞"。周代六小舞之一。舞者手执干(盾牌)而舞。用于兵事。格:被阻隔;停止。全句意为:战争已停止,两国已和好。箫韶:即《大韶》。简称《韶》。周代六舞之一。由九段组成,即所谓"箫韶九成"。相传为舜时代的乐舞,周代用以祭祀四望(即四方,一说指名山大川,或指日月星海)。古称乐曲一终为一成。肉味遽忘于三月:《论语·述而》:"子在齐闻《韶》,三月不知肉味。曰:'不图为乐之至于斯也!'"子,指孔子。⑲荡荡乎无能名:《论语·泰伯》:"大哉,尧之为君也!⋯⋯荡荡乎,民无能名焉。"尧的功德广远浩荡,人民不知怎样来赞美他。荡荡,广大貌;空旷广远貌。名,指称,用言语形容。官墙:宫廷的围墙。亦借指朝廷。欣欣然:喜乐貌。管籥:两种乐器名。《孟子·梁惠王下》:"今王鼓乐于此,百姓闻王钟鼓之声、管籥之音。"王,指齐宣王。⑳压境:敌军逼近国境。此处指临近州境。大人:指作官的人。此处指现任和州长官。君命在门,将军不受:即将在外,君命有所不受。㉑平亭:研究斟酌,使得其平。平通"评"。评论。亭,平。"包茅不入"句:《左传·僖公四年》:齐桓公伐楚,楚问何故伐我?"管仲对曰:'⋯⋯尔贡包茅不入,王祭不共(供),无以缩酒(滤酒),寡人是征(质问)⋯⋯'"包茅,包扎成束的茅草,古人用此滤除酒中糟粕以祭祀。贡,贡品。"辅车相依"句:《左传·僖公五年》:"晋侯复假道于虞以伐虢。宫之奇(虞国大夫)谏曰:'虢,虞之表也。虢亡,虞必从之⋯⋯谚所谓辅车相依,唇亡齿寒者,其虞虢之谓也。'"按辅为颊骨,车为牙床,互相依存。后用"辅车"比喻互相依存的事物。全虞之计,"虞"指虞国。此处借指邻郡。㉒"汉家之厄十世,宜光武之中兴"句:从汉高祖到孺子共十二世,第十一世平帝被王莽毒死,到孺子(刘婴)而被王莽所篡。此句谓康王(即册立的高宗赵构)应该是宋朝廷的中兴之主。"献公之子"句:晋献公时骊姬之乱,群公子出逃外国。重耳历经磨难,终于回国掌握了政权,即后来称霸诸侯的晋文公。靖康元年底,京城陷落。见《随笔》卷五《晋之亡与秦隋异》"靖康之祸"注。"五月庚寅朔，康王即位于南京（今商丘）"。(《宋史·钦宗本纪》)这篇正是靖康二年（五月改元建炎）于南京册立康王即帝位的册文。高宗"讳构，字德基，徽宗第九子"。(《宋史·高宗本纪》)㉓ 举觉：发觉。使门人为臣：门人，这里指生徒；弟子。臣，奴隶，奴仆。徐邈云酒中有圣：《三国志·魏书·徐邈传》："徐邈字景山……魏国初建，为尚书郎。时科禁酒，而邈私饮至于沉醉。校事赵达问以曹事，邈曰：'中圣人。'达白之太祖，太祖甚怒。度辽将军鲜于辅进曰：'平日醉客谓酒清者为圣人，浊者为贤人，邈性修慎，偶醉言耳。'竟坐得免刑。" ㉔ 书马者与尾而五：《汉书·石建传》："建为郎中令，奏事下，建读之，惊恐曰：'书马者与尾而五，今乃四，不足一，获谴死矣！'其为谨慎，虽他皆是也。"常负谴忧：常背负着受谴责的忧虑。即常担心受责备。"网禽"句：《史记·殷本纪》："汤出，见野张网四面，祝曰：'自天下四方皆入吾网。'汤曰：'嘻，尽之矣！'乃去其三面，祝曰：'欲左，左；欲右，右。不用命，乃入吾网。'诸侯闻之曰：'汤德至矣，及禽兽。'"后因以"网开三面"比喻从宽处理。衔：感念。㉕ 于金房立诸臣状：徽钦二帝被俘，金人下令推举异姓人做皇帝。大家问他金人想立谁，宋齐愈用笔写了"张邦昌"三字。夺志：见《随笔》卷三《三女后之贤》注。《论语·子罕》："三军可夺帅也，匹夫不可夺志也。"丧邦：亡国。《论语·子路》："定公问：'一言可以兴邦，有诸？……一言而丧邦，有诸？'"㉖ 眭孟五行之说：见卷二《占术致祸》。袁宏九锡之文：《资治通鉴》载，桓温为大司马，一直想代晋自立。"初，(桓)温疾笃，讽朝廷求九锡，屡使人趣之。谢安、王坦之故缓其事，使袁宏具草。(袁)宏以示王彪之，彪之叹其文辞之美，因曰：'卿固大才，安可以此示人？'"安忍：安于为残忍之事。㉗ 天夺：为上天所褫（chǐ）夺。衷：心意。坐愚：坐，致；以致。然：然而；但是。君异于器：君王和器具不一样。《左传·哀公六年》："然君异于器，不可以二。器二不匮，君二多难。"代匮：平日积蓄，以备困乏时用。全句意思是，但是皇帝不能有两个（一国之内），天下是赵宋的，你张邦昌趁君位空虚时立为皇帝能允许吗？㉘ 千载去家之鹤：晋陶潜《搜神后记》卷一："丁令威，本辽东人，学道于灵虚山。后化鹤归辽，集城门华表柱。时有少年，举弓欲射之。鹤乃飞，徘徊空中而言曰：'有鸟有鸟丁令威，去家千年今始归。城郭如故人民非，何不学仙冢累累。'遂高上冲天。"后以"千岁鹤归"（或"千载鹤归"）指对故乡的眷恋之情。同队：犹同群。唐韩愈《符读书城南》诗："少长聚嬉戏，不殊同队鱼。"㉙ 口语：指言论或议论。云外：比喻仙境。海滨八月，槎犯斗以空还：《博物志》载，旧说云天河与海通。近有人居海滨者，年年八月有浮槎去来，不失期。人有奇志，乘槎而去，十余日至一处，有城郭状，宫中有织妇，见一丈夫牵牛渚次饮之，因问此是何处，答曰：访严君平则知之。因还。至蜀，问君平。曰：某年月日，有客星犯牵牛宿。计其年月，正是此人到天河时也。《荆楚岁时记》亦有类似记载。斗，音dǒu。星的通名。这里特指牵牛星，或者牛、斗二宿兼而指之。因邛州治临邛(qióng)，即今四川邛崃，故用严君平在蜀事。㉚书系表者：书于《新唐书》世系表的太尉。㉛黄阁：汉代丞相听事阁及汉以后三公官署厅门涂黄色，故称黄阁。唐时门下省也称黄阁。妙年：少壮之年。旧儒：犹宿儒。谓年老有名望的学者。左辖：即左丞。左右丞管辖尚书省事，故左丞称为左辖。㉜扈圣：随侍帝王左右。扈，侍从；随从。

吾家四六

乾道初年，张魏公以右相都督江淮。议者谓两淮保障不可恃①，公亲往视之。会诏归朝，未至而免相。文惠公当制，其词曰："棘门如儿戏耳，庸谨秋防；衮衣以公归兮，庶闻辰告②。"所谓儿戏者，指边将也，而读者乃以为诋魏公。其尾句曰："《春秋》责备贤者，慨功业之惟艰；天子加礼大臣，固始终之不替③。"所以怅惜之意至矣④。《王大宝致仕词》曰："闵劳以事，圣王隆待下之仁；归洁其身，君子尽遗荣之美⑤。"大宝有遗泄之疾⑥，或又谓有所讥，而实不然。罢相后，起帅浙东，谢表曰："上丞相之印，方事退藏；怀会稽之章，遽叨进用⑦。"《谢生日诗词启》曰："五十当贵，适买臣治越之年；八千为秋，辱庄子大椿之誉⑧。"时正五十岁也。

绍兴壬戌词科《代枢密使谢赐玉带表》，文安公曰："有璞于此必使琢，恍惊制作之工；匪伊垂之则有余，允谓便蕃之赐⑨。"主司喜焉，擢为第一。

乙丑年《代谢赐御书周易尚书表》，予曰："八卦之说谓之索，奉以周旋；百篇之义莫得闻，坦然明白⑩。"尾句曰："但惊奎璧之辉，从天而下；莫测龟龙之秘⑪，行地无疆。"亦忝此选。《代福州谢历日表》曰："神祇祖考，既安乐于太平；岁月日时，又明章于庶征。"正用《诗·凫鹥》序"太平之君子，能持盈守成⑫，神祇祖考安乐之也"，《洪范》庶征"岁月日时无易，百谷用成，乂用明，俊民用章"，皆上下联文，未尝辄增一字。《渊圣乾龙节疏》曰："应天而行，早得尊于《大有》；象日之动，偶蒙难于《明夷》[13]。"《易·大有》卦"柔得尊位"、"应乎天而时行"，《左传》叔孙豹筮遇《明夷》[14]，"象日之动，故曰君子于行"，《象辞》云"内文明而外柔顺，以蒙大难"，亦纯用本文。乾道丁亥《南郊赦文》曰："皇天后土，监于成命之诗；艺祖太宗，昭我思文之配[15]。"读者以为壮。后语曰："天地设位而圣人成能，既抃缊纷之况；雷雨作解而君子赦过，式流汪濊之恩[16]。"此文先三日锁院所作，冬至日适有雷雪之异，殆成谶云。叶子昂参知政事，为谏议大夫林安宅所击罢去，林遂副枢密。已而置狱治其言，皆无实，林责居筠，叶召拜左揆。予草制曰："既从有北之投，亟下居东之召[17]。有欲为王留者，孰明去就之忠？无以我公归兮，大慰瞻仪之望[18]。"本意用"公归"之句，指邦人而言也，故云"瞻仪"。而御史单时疑之，谓人君而称臣为我公，彼盖不详味词理耳[19]。子昂坐冬雷罢相，予又当制，曰："调阴阳而遂万物，所嗟论道之非；因灾异而劾三公，实负应天之愧[20]。"盖因有讽谏也。《嗣濮王加恩制》曰："天神明而照知四方，既下临于精意；王孙子而本支百世，兹载锡于蕃釐[21]。"又曰："春秋享祀，独冠周家之宗盟；老成典刑，蔚为刘氏之祭酒[22]。"《士衍制》曰："克羞馈祀，事其先而万国欢心；肃倡和声，行于郊而百神受职[23]。"《赐宰臣辞免提举圣政书成转官诏》曰："为天子父尊之至，永惟传序之恩；问圣人德何以加，莫越重华之孝[24]。"《赐叶资政辞召命诏》曰："见晛曰消，顾何伤于日月；得时则驾[25]，宜亟会于风云。"《赐史大观文以新蜀帅改越辞免诏》曰："王阳为孝子，敢烦益部之行；庄助留侍中，姑奉会稽之计[26]。"吴璘在兴元，修塞两县决坏渠为田，奖谕诏曰："刻石立作三犀牛，重见离堆之利；复陂谁云两黄鹄[27]，讵烦鸿郤之谣。"用老杜《石犀行》云"秦时蜀太守，刻石立作三犀牛"，及翟方进坏鸿郤陂[28]，童谣云"反乎覆，陂当复。谁云者？两黄鹄"等语也。刘共甫自潭帅除翰林学士，答诏曰："不见贾生，兹趣长沙之召；既还陆贽，宜膺内相之除[29]。"《批执政辞经修哲宗宝训转官》曰："念叠矩重规，当贤圣之君七作；而立经陈纪，在谟训之文百篇[30]。"哲庙正为第七主，而《宝训》百卷也。《答蒋丞相辞免》曰："永惟万事之统，知非艰而行惟艰；有不二心之臣，帅以正则罔不正[31]。"礼部为宰臣以显仁皇后小祥请吉服，奏曰："练而慨然，礼应顺变；期可已矣，惧或过中[32]。"又曰："汉中天二百而兴，益隆大业；舜至孝五十而慕，独耀前徽㉝。"时高宗圣寿五十四也。《辛巳亲征诏》曰："惟天惟祖宗，方共扶于基绪；有民有社稷，敢自佚于宴安㉞。"又曰："岁星临于吴分，定成肥水之勋；斗士倍于晋师，可决韩原之胜㉟。"是时，岁星在楚，故云㊱。檄书曰："为刘氏左袒，饱闻思汉之忠；徯汤后东征，必慰戴商之望㊲。"又曰："侯王宁有种乎？人皆可致；富贵是所欲也，时不再来。"《紫宸大宴致语》曰："庙谟先定，百官修辅而厥后惟明；黼坐端临㊳，五帝神圣而其臣莫及。"《修圣政转官词》曰："念五马浮江之后，光启中兴；述六龙御天以来，式时猷训㊴。"又曰："荐于天而天是受，永言覆焘之恩；问诸朝而朝不知，讵测形容之妙㊵。"《汪观文复官词》曰："作雷雨之解而宥罪，在法当原；如日月之食而及更㊶，于明何损？"《步帅陈敏制》曰："亚夫持重，小棘门、霸上之将军；不识将屯，冠长乐、未央之卫尉。"《吴挺兴州制》曰："能得士心，吴起固西河之守；差强人意，广平开东汉之兴㊷。"《起复知金州制》曰："惟天不吊，坏万里之长城㊸；有子而贤，作三军之元帅。"《萧鹧巴词》曰："随会在秦，晋国起六卿之惧；日磾仕汉，秺侯传七叶之芳㊹。"《姚仲复官制》曰："李广数奇，应恨封侯之相㊺；孟明一眚，终酬拜赐之师㊻。"《追封皇第四子邵王词》曰："举汉武三王之策，方茂徽章；念周文十子之宗，独留遗恨㊼。"时已封建三王也。《赵忠简谥制》曰："见夷吾于江左，共知晋室之何忧㊽；还德裕于崖州，岂待令狐之复梦㊾？"《王彦赠官词》曰："申带砺以丹书之誓，方休甲第之功臣㊿；挂衣冠于神虎之门，竟失戍营之校尉[51]。"《向起赠官词》曰："驰至金城郡，方思充国之忠；生入玉门关，竟负班超之望[52]。"《李师颜赠官制》曰："青天上蜀道，久严分阃之权；黑水惟梁州，怆失安边之杰[53]。"《襄帅王宣赠官词》曰："黄河如带，莫申刘氏之盟；汉水为池，空堕羊公之泪[54]。"王瀹以太常少卿朔祭太庙，忘设象尊、牺尊，降官词曰："牺象不设，已废司彝之供；饩羊空存，殊乖告朔之礼[55]。"《潼川神加封词》曰："驾飞龙兮灵之斿，具严涣命；驱厉鬼兮山之左[56]，终相此邦。"《青城山蚕丛氏封侯词》曰："想青神侯国之封，自今以始；虽白帝公孙之盛[57]，于我何加？"阳山龙母词曰："居然生子，乘云气以为龙；惟尔有神，时雨旸而利物[58]。"《魏丞相赠父词》曰："大名之后必大，非此其身[59]；和戎如乐之和⁶⁰，幸哉有子。"魏盖以使虏定和议，旋致大用。《赠母词》曰："藏盟府之国功，不殊魏绛；成外家之宅相，重见阳元⁶¹。"《封妻姜氏词》曰："筮仕于晋曰魏，方开门户之祥；取妻必齐之姜，孰盛闺闱之美⁶²？"《虞丞相赠父词》曰："活千人有封，非其身者在其子；德百世必祀，畸于人者侔于天⁶³。"又《周仁赠父词》曰："有子能贤，高举而集吴地；受予显服⁶⁴，会同而朝汉京。"用东方朔《非有先生传》"高举远引，来集吴地"，及《两京赋》"春王三朝⁶⁵，会同汉京"也。《奖谕吴挺诏》曰："阃外制将军，方有成于东乡；舟中皆敌国，应无虑于西河⁶⁶。"《梁丞相醴泉使兼侍读制》曰："珍台闲馆，独冠皋、伊之伦魁；广厦细旃，尚论唐、虞之盛际⁶⁷。"又答诏曰："一言可以兴邦，念为臣之不易；三宿而后出昼，勉为王而留行⁶⁸。"《王丞相进玉牒加恩制》曰："载籍之传五三，壮太祖、太宗之立极；贤圣之君六七，耀永昭、永厚之诒谋⁶⁹。"《批以旱得雨请御殿》曰："念七月之间则旱，咎征已深；虽三日已往为霖，忧端未贳⁷⁰。"

余不胜书。唯记从兄在泉幕，淮东使者，其友婿也，发京状荐之⁷¹。为作谢启曰："襟袂相连，夙愧末亲之孤陋；云泥悬望，分无通贵之哀怜⁷²。"皆用杜诗。其下句人人知之，上句乃《赠李十五丈》云："孤陋忝末亲，等级敢比肩⁷³。人生意气合，相与襟袂连。"此事适著题，而与前《送韦书记》诗句⁷⁴，偶可整齐用之，故并纪于此。但以传示子孙甥侄而已，不足为外人道也。

【注释】

①保障：起保卫作用的事物。这里指防御金兵南侵的军事部署。②棘门：指棘门军。称纪律松弛的军队。见《续笔》卷十一《东坡自引所为文》"小棘门，霸上之将军"注。庸：犹"岂"，怎么。谨：慎守；严守。秋防：即"防秋"。古代西北各游牧部落，往往趁秋高马肥时南侵，届时边军特加警卫，调兵防守，称为"防秋"。衮（gǔn）衣：古代皇帝及上公的礼服。辰告：以时告戒。③替：废弃。④怅惜：惆怅叹惜。⑤闵劳以事：不忍心以事劳役之。闵劳，谓怜惜下属，不忍心劳役之。隆仁：指深厚的仁爱之心。归：最后；终。洁身：保持自身的纯洁，不同流合污。《孟子·万章上》："圣人之行不同也，或远或近，或去或不去，归洁其身而已矣。"遗荣：遗弃荣贵。⑥遗泄：指腹泄。⑦退藏：谓辞官引退，藏身不用。叨：承受；辱承。谦词。进用：提拔任用。⑧买臣：

即朱买臣,字翁子。汉武帝时,为会稽太守。辱:辜负。大椿:《庄子·逍遥游》:"上古有大椿者,以八千岁为春,八千岁为秋。"后用"大椿"为男寿的祝词,本此。⑨怳:猛然醒悟。允:确实;果真;诚然。便(pián)蕃:频繁;屡次。⑩索:法度。一说探索;寻求。孔安国《尚书序》:"八卦之说,谓之'八索',索,求其义也。"奉以周旋:据此来处理有关事宜。周旋,应酬。百篇:《尚书序》:"典谟训诰誓命之文凡百篇。"后因以"百篇"作《尚书》的代称。莫得闻:《尚书序》:"百篇之义,世莫得闻。"是说孔安国伪《古文尚书》未发现时,当时世上没有什么人能够听说过。坦然:显然。⑪奎壁:同"奎壁"。奎宿和壁宿。旧谓二宿主文运,故常用以比喻文苑。龟龙:古人以龟龙为灵物,因用以比喻杰出人物。"龟龙之秋"指《周易》而言。⑫持盈守成:保持已成的盛业。⑬乾龙节:即钦宗的生日。应天:适应天命;顺应天意。早得尊:早得尊位。钦宗赵桓二十五岁嗣位。当时其父徽宗尚壮,才四十三岁。《大有》:六十四卦之一。象日之动:象征着太阳的运行。日之动:《明夷》下卦为离为日,初九爻由阳变阴。故曰"日之动"。蒙难:指钦宗被俘。⑭柔:柔顺者。⑮皇天后土:谓天神地祇。监于成命之诗:《诗经·周颂·昊天有成命》:"昊天有成命,二后受之。"成命,犹言定命,谓既定的天命。艺祖:见《随笔》卷七《佐命元臣》注。思文:《诗经·周颂·思文》:"思文后稷,克配彼天。"是周代祭祀后稷的乐歌。思,发语词。文,指有文德。谓后稷功能配天而有文德。⑯成能:使才能得以施展。成,成就。扑:满;遍;遍布。缊纷:同"纷缊"。盛貌。雷雨作解:《易·解》:"雷雨作解。君子以赦过宥罪。"后用"雷雨作解"谓帝王对有过者赦之,有罪者宽之。式:发语词。汪濊之恩:谓恩泽广被。汪濊(huì)岁,深广貌。⑰左揆:左相。揆,筹划;管理。《左传·文公十八年》:"以揆百事。"后因称宰相之职。有北:北方严寒荒野的地区。《诗·小雅·巷伯》:"豺虎不食,投畀有北。"居东:《书·金縢》:"周公居东二年,则罪人斯得。"孔颖达疏:"郑玄以为武王崩,周公为冢宰三年,服终,将欲摄政,管蔡流言,即避居东都。"后因以指退职避居。⑱有欲为王留者:出处见注⑱。公归:本出《书·金縢》,指周公回朝以后,此处借指叶召拜左揆。瞻仪:瞻仰效法。大慰瞻仪之望,指邦人(国人)而言。⑲词理:文词的义理。⑳冬雷:冬季发雷,属于阴阳不调。这本是气候的不正常现象。古代迷信,往往把自然现象同人事联系在一起,归咎于某些人,特别是当政者。遂:生长,养育。嗟:感叹。论道:谋虑治国的政令。负愧:抱愧,心中感到惭愧。㉑精意:诚意。本支百世:谓子孙昌盛,百代不衰。本支:树支的根干枝叶,比喻本宗和枝属旁系。《诗·大雅·文王》:"文王孙子,本支百世。"言文王本枝俱茂,蕃滋百世。载:承受。锡:赐。蕃釐(xī):多福。㉒宗盟:同宗;同姓。老成:指旧臣，老臣。典刑：刑，同"型"。旧法；常规。《诗·大雅·荡》："虽无老成人，尚有典刑。"虽无老成之属在，犹有常事故法可以案用。后以指遗留下来的规范。蔚：荟萃；集聚。一说盛貌。刘氏：指汉代。此处指东汉。《后汉书·和帝纪》："今（邓）彪聪明康强，可谓老成黄耇矣。其以彪为太傅……"祭酒：古代宴享时酹酒祭神的长者。后亦以泛称年长或位尊者。此处即用后来的意思。㉓士衎：濮安懿王赵允让曾孙。官至崇庆军节度使、知西外宗正事。馈祀：以酒食祭鬼神。一说为王家所举行的祭祀。全句意为能够祭祀祖先，或，能够参加王室的祭祀。语出《尚书·酒诰》："尔尚克羞馈祀。"肃倡：亦作"肃唱"。严肃恭敬地歌唱。和声：指歌曲中一人或众人应和的部分。行于郊：即进行郊祀，祭祀天地。这里特指祭天。祭天以后，天帝就可以分派百神应执掌之事（百神受职）。受职：接受上级委派的职务。㉔圣政：书名。即《太上皇圣政》。宋孝宗乾道二年九月，"魏杞等上……《太上皇圣政》。"（《孝宗本纪》）天子父：指宋高宗。"为天子父"是说高宗为孝宗之父辈（此时孝宗已继位四年）。永惟：深思；常念。重华：虞舜，名重华。虞舜为大孝之人。此句指宋孝宗。㉕叶资政：叶子昂罢参知政事，以资政殿学士提举洞霄宫。召命：君主召见之命。见晛曰消：此句出《诗·小雅·角弓》："雨雪瀌瀌，见晛曰消。"高亨先生注："晛（xiàn），太阳的热气。曰，犹以也。"得时：遇合机缘。驾：乘驾，驾驭。风云：见《随笔》卷十二《王珪李靖》注。㉖史大观文：观文殿大学士史浩。王阳：西汉王吉，字子阳。时人称王阳。"以郡吏举孝廉为郎，""举贤良为昌邑（王）中尉。"昌邑王"以行淫乱废"，王吉"髡为城旦"。宣帝即位，"起家复为益州刺史。"（《汉书·王吉传》）益部之行：即到益州任刺史。"庄助留侍中"句：庄助即严助，见《续笔》卷十《汉武留意郡守》注。庄助迁会稽太守，"数年，不闻问（没有好名声）。"天子赐书责问，"助恐，上书谢：'《春秋》天王出居于郑，不能事母，故绝之。臣事君，犹子事父母也，臣助当伏诛。陛下不忍加诛，愿奉三年计最。'诏许，因留侍中（侍从皇帝左右）。"（《汉书·严助传》）计最，古指地方官吏每年或每三年送呈京师的帐册。最，概要。"姑奉会稽之计"，奉，进献。计指计簿。㉗修塞（sè）：谓修缮堤防，堵塞决口。离堆：地名。在四川灌县西南岷江分流处，即都江堰之所在。其地古名观坂，《宋史·河渠志》始称离堆。当由于都江堰亦系李冰所筑，致与李冰凿离堆事相混。复陂：修复鸿郤陂水利工程。㉘秦时蜀太守：指李冰。战国时水利家。约公元前256—前251年被秦昭王（《华阳国志》说是秦孝文王）任为蜀郡守。他征发民工在岷江流域兴办多项水利工程，以都江堰最著名。三犀牛：杜诗原文为"五犀牛"。翟方进坏鸿郤陂：鸿郤陂为汉代著名水利工程。汉武帝时开凿，引淮水为陂灌田，故迹在今河南淮河北正阳、息县间。汉成帝时，关东数水，陂溢为害,翟方进等奏罢之。后岁旱,民失其利。㉙贾生:指贾谊,曾为长沙王太傅,潭州治长沙。陆贽:《旧唐书·陆贽传》:"贽初入翰林,特承德宗异顾……及出居艰阻之中(建中四年,朱泚谋逆,德宗播迁奉天),虽有宰臣,而谋猷参决,多出于贽,故当时目为'内相'。"㉚叠矩重规:形容上下相合。矩,曲尺,画直角或方形的工具。规,圆规,画圆形的工具。作:兴起。《易·乾》:"圣人作而万物睹。"经纪:纲常,法度。谟训:谟和训。《尚书》文体名。㉛统:统领;率领。罔:无;没有。㉜小祥:父母死后周年的祭名。吉服:古代祭祀时所著之服。祭祀为吉礼,故称。练:古祭名。小祥之祭,孝子可穿练煮过的布帛(练),因此小祥之祭亦称"练"。慨然,感慨貌。顺变:顺应变化。《礼记·檀弓下》:"丧礼,哀戚之至也;节哀,顺变也。"期可已矣:到一定限度即可停止。过中:超过适当的限度。㉝中天:正当天空之中,表示盛世。"汉中天二百而兴",指光武帝建立东汉。西汉历214年,至东汉建立时,约230年光景。益隆:使之更加兴盛。大业:谓帝业。五十而慕:舜年五十摄行天子事而不忘父母。此句出《孟子·万章上》:"人少,则慕父母……大孝终身慕父母。五十而慕者,予于大舜见之矣。"慕,怀恋不忘。耀:显示。前徽:前人美好的德行。按:"汉中天"、"舜至孝"两句,用以比喻高宗。高宗为中兴之主(建立南宋),又为人至孝。韦贤妃(显仁皇后)是高宗的生母,靖康之难,随徽宗被劫持到金国。建炎改元,高宗遥尊她为宣和皇后(卒后谥曰"显仁"),以至说出"宣和皇后春秋高,朕思之不遑宁处,屈己讲和,正为此耳"这样的话。(见《宋史·韦贤妃传》)㉞辛巳:绍兴三十一年,为辛巳年。基绪:犹基业,事业的根基。自佚:犹"自逸"。自图安逸。㉟吴分:吴越分野。借指南宋朝廷。肥水:即淝水。淝水之战,为东晋击败前秦苻坚的著名战役。晋:春秋时的晋国。斗士:秦国请战的兵士。《左传·僖公十五年》:"秦伯伐晋。……九月,晋侯逆秦师,使韩简视师,复曰:'师少于我,斗士倍我。'"韩原之胜:见《随笔》卷六《左氏书事》"韩原"《左氏书事》没有"韩原之胜"一句注。按:绍兴三十一年七月,金主完颜亮将都城迁移到汴京,下令分头向南宋进攻,"兵号百万,远近大震。冬十月庚子朔,诏将亲征。"(《宋史·高宗本纪》)㊱岁星在楚,故云:楚地和吴越相接,故云"临于吴分"。㊲为刘氏左袒:刘邦死,吕后专政,尽用诸吕,欲危刘氏。吕后崩,陈平与周勃谋,使郦寄绐说吕禄让出将印。"太尉(周勃)将之入军门,行令军中曰:'为吕氏右袒,为刘氏左袒。'军中皆左袒为刘氏……太尉遂将北军",平定了诸吕。(《史记·吕太后本纪》)左袒,即露出左臂。后称偏护一方为"左袒"。徯:等待。汤后:汤君,即商汤。"徯汤后东征"句,出自《尚书·仲虺之诰》:"初征自葛(国名),东征西夷怨,南征北狄怨,曰:'奚(何)独后(后讨伐)予(我们这里)?'"

攸徂（讨伐所到之处）之民，室家相庆，曰：'徯（等待）予后（君王），后来其苏（死而复生）。'民之戴商，厥惟旧（久）哉！"戴商：拥戴商君（汤）。⑱修辅：忠于职守以辅佐其君。《书·胤征》："先王克谨天戒，臣人克有常宪，百官修辅，厥后惟明明。"孔传："修职辅君，君臣俱明。"黼坐：即帝座。坐，同"座"。以座后设黼扆（fǔ yǐ，亦作"斧依"。古代帝王座后的屏风，上有斧形花纹），故名。⑲念：思念；怀念。五马浮江：晋时有童谣说："五马浮渡江，一马化为龙。"旧史认为是指永嘉（怀帝司马炽年号）中，司马睿（琅琊王）、绎（彭城王）、羕（西阳王）、祐（汝南王）、宗（南顿王）五王南奔过长江，而睿登帝位（建立东晋）的预言。马，指晋帝姓司马。此处比喻宋高宗。金兵攻下汴京，拘留了徽、钦二帝和诸王子，康王赵构在河北与金人议和，由相州渡黄河至大名府，经东平、济州趋南京（今商丘）即帝位，建立了南宋。光启：犹言扩大（土宇）。述：遵循；继承。六龙：指《易·乾卦》的六爻。《易·乾》："时乘六龙以御天。"此处指天子车驾。古代天子之车驾六马，马八尺称龙，故用以代称。御天：控御天道，统治天下。式时猷训：适合时宜的法度。时，时宜；适合时宜。猷训，法则；准则。一说"式"为发语词。"猷训"则指训教，训导。⑳覆焘：犹言覆被。谓施恩，加惠。焘，音 dào，同"帱 dào"。覆盖。形容：此处指形体容貌。㉑作雷雨之解：即"雷雨作解"。及更：到日月复原（圆）。㉒西河：郡名。战国魏置。一称河西。魏文侯时吴起曾为西河守。差强人意：《后汉书·吴汉传》："诸将见战阵不利，或多惶惧，失其常度。（吴）汉意气自若，方整厉器械，激扬士吏。帝（刘秀）……乃叹曰：'吴公差强人意，隐若一敌国矣。'"意谓还算能振奋人的意志。后谓尚能使人满意。广平：指吴汉，字子颜。东汉初刘秀的将军。建武二年封广平侯。㉓"惟天不吊"句：指吴玠之父吴璘之死。吴璘守陕西，屡败金兵。不吊：不为天所哀怜庇祐。万里长城：比喻国家所依赖的大将。㉔萧鹧巴：契丹人。绍兴三十二年十月"甲申，契丹招讨萧鹧巴来奔。"（《宋史·孝宗本纪》）"随会在秦"句：随会，即士会，字季，春秋时晋国正卿。食邑在随，故称。晋襄公死，与先蔑使秦，迎立公子雍，为赵盾所拒，因而奔秦。后仍归晋，任上军之将。后升为中军元帅，执掌国政。《左传》文公十三年："晋人患秦之用士会也，夏，六卿相见于诸浮（城外某地）。赵宣子（赵盾）曰：'随会在秦，贾季（晋大夫）在狄，难日至矣，若之何？'""日磾仕汉"句：金日磾（mì dī）归汉后，任马监，迁侍中。昭帝即位，与霍光、桑弘羊等同受遗诏辅政，遗诏以他有揭发谋反的莽何罗之功，封为秺（dù）侯。岁余病卒。金日磾及其后嗣，七世内侍。《汉书·金日磾传赞》："七世内侍，何其盛也！"所谓"传七叶之芳"即指此而言。芳：指懿德美誉。亦以指贤德的人。㉕"李广数奇"句：《史记·李将军列传》："大将军青（卫青）

亦阴受上诫,以为李广老,数奇,毋令当单于,恐不得所欲。'"广尝与望气王朔燕语,曰:'自汉击匈奴,而广未尝不在其中,而诸部校尉以下,才能不及中人,然以击胡军功取侯者数十人,而广不为后人,然无尺寸之功以得封邑者,何也?岂吾相不当侯邪?且固命也?'朔曰:'将军自念,岂尝有所恨乎?'广曰:'吾尝为陇西守,羌尝反,吾诱而降,降者八百余人,吾诈而同日杀之。至今大恨独此耳。'朔曰:'祸莫大于杀已降,此乃将军所以不得侯者也。'"数奇(shù jī),指命运不好,遇事多不利。数,命运。奇,机遇不好。厄运。按:李广一生官职只至郎,未得封侯。⑯"孟明一眚"句:《左传》僖公三十三年(前627年):秦晋殽之战,秦败,晋获秦大夫孟明,后又放回。孟明获释,谓晋君曰:"三年将拜君赐。""秦伯(穆公)素服(凶服)郊次,乡师而哭曰:'……不替孟明(不可以撤掉孟明的职务),孤之过也,大夫何罪?且吾不以一眚(一次过失。眚,音shěng)掩大德。'"文公二年(前625年):孟明"帅师伐晋,以报殽之役"。"秦师败绩。晋人谓秦'拜赐之师'。"文公三年:"秦伯伐晋,济河焚舟(以示决心),取王官(晋地名),及郊(晋地名,在王官附近)。"结果,"晋人不出,遂自茅津(晋地名)济,封(埋藏)殽尸而还。遂霸西戎,用孟明也。"酬:偿付;报答。拜赐:拜谢或拜受赐赠。拜赐之师:用来讽刺为复仇而又失败的出兵。⑰举汉武三王之策:《汉书·武五子传》:"齐怀王闳与燕王旦、广陵王胥同日立,皆赐策(策书),各以国土风俗申戒焉。"戒其保国安民,世世为汉藩辅。举,列举。方茂徽章:正在成为(或正是)劝勉人的策命。茂,通"懋"。劝勉。徽章,指褒崇封赠的策命。周文十子之宗,独留遗恨:文王十子,分封于大小十国,后来有的发动叛乱(如管、蔡),小国被大国吞并,大国互相争战。所以说"独留遗恨"。遗恨:到死还感到悔恨。亦谓事情已过去但还留下的悔恨。⑱"见夷吾"句:夷吾,指春秋时辅佐齐桓公称霸诸侯的管仲(管夷吾)。此处借指王导。晋室,指东晋。《晋书·王导传》:"晋国既建,以导为丞相军谘祭酒。桓彝初过江,见朝廷微弱,谓周顗曰:'我以中州多故,来此欲求全活,而寡弱如此,将何以济!'忧惧不乐。往见导,极谈世事,还,谓顗曰:'向见管夷吾,无复忧矣。'"另,南朝宋刘义庆《世说新语·言语》写刘琨使者温峤过江见过王导后说:"江左自有管夷吾,此复何忧!"赵鼎所处的时代,正是北宋灭亡,南宋刚刚建立,立脚未稳,叛臣刘豫又带领金兵大举进攻,主和势力占据上风的时代。赵鼎生前作为主战派的代表,不能不为宋王朝的风雨飘摇而忧心。⑲"还德裕"句:令狐绹和白敏中等构陷李德裕,李被贬为崖州司户参军。"明年(宣宗大中四年,850年)卒,年六十三。德裕既没,见梦令狐绹曰:'公幸哀我,使得归葬。'绹语其子滈,滈曰:'执政皆共憾,可乎?'既夕,又梦,绹惧曰:'卫公精爽可畏,不言,祸将及。'

白于帝，得以丧还。”（《新唐书·李德裕传》）赵鼎被秦桧所倾，一贬再贬，谪居潮州，再移吉阳军（今海南三亚市），仍被秦桧胁迫不已，三年后绝食而死。二十一年后，宋孝宗乾道四年，追谥忠简。㊿ 申：表明；申述。带砺：亦作“带厉”。比喻久长。《史记·高祖功臣侯者年表》：“封爵之誓曰：‘使河（黄河）如带，泰山若厉。国以永宁，爰及苗裔。’”裴骃集解引应劭曰：“河当何时如衣带，山当何时如厉石，言如带厉，国乃绝耳。”以“带厉”借喻功臣爵禄，世代永传。丹书：帝王颁发给功臣的一种证件。见《续笔》卷九《太公丹书》“丹书铁契”注。休：树荫。引申为荫庇。甲第：本谓封侯者的住宅。后泛指贵显的宅第。㉛ 神虎门：宫门名。在建康（今南京市），为宫之西门。南朝齐武帝永明十年（492 年），陶弘景脱朝服挂神虎门，上表辞禄。王彦亦数次上疏辞官。戊营之校尉：指王彦在荆南府屯田事。绍兴“五年四月，差知荆南府”，“措置屯田”，“营田八百五十顷”。（《宋史·王彦传》）据《汉书·百官公卿表》颜师古注，掌管西域屯田事务的长官有戊校尉、己校尉。㉜“驰至金城郡”句：见《随笔》卷十一《将帅贪功》一文。“生入玉门关”句：班超，字仲升。东汉名将。在西域三十一年，年且七十，上疏乞归：“臣不敢望到酒泉郡，但愿生入玉门关。”其妹班昭亦为之上书请归。“书奏，帝感其言，乃征超还。”（《后汉书·班超传》）负，补偿；偿还。㉝ 青天上蜀道：李白诗：“蜀道难，难于上青天。”严：整饬；整备。分阃：谓出任将帅或封疆大吏。黑水惟梁州：此句出《尚书·禹贡》：“华阳黑水惟梁州。”意为华山之阳到黑水（古籍中没有确指）之间这一片地方是梁州（古九州之一）的疆域。怆（chuàng）：伤悲；凄怆（悲痛）。安边：安定边境。㉞“汉水为池”句：羊公，即羊祜，字叔子。西晋大臣。晋武帝（司马炎）代魏后，与他筹划灭吴。泰始五年（269 年）以尚书左仆射都督荆州诸军事，出镇襄阳，作灭吴准备。东吴名将陆抗驻守乐乡（今湖北松滋东北），双方以汉水为界。羊祜屡请出兵灭吴，未能实现。羊祜镇守襄阳，有惠政。死后，襄阳百姓为之建碑立庙，望其碑者莫不流涕，因名为堕泪碑。（《晋书·羊祜传》）壮志未酬，故言“空堕”。㉟ 象尊，牺尊：均为古代酒器。司彝：掌管祭祀礼器的官。《周礼·春官宗伯》有司尊彝。饩（xì）羊：祭庙用的活羊。告朔（gù—）：周制，诸侯每月初一告庙听政，叫“告朔”。春秋时鲁国自文公起，不视朔，而有司犹供饩羊。子贡要把祭庙用羊的旧例去掉，而孔子不以为然。（见《论语·八佾》）后人因以“告朔饩羊”比喻徒具形式的虚文。㊱ 灵：神。斿（yóu）：同“游”。遨游。具：尽；完全。严：尊重。涣命：谓帝王的诏命。山之左：山以东称山左。㊲ 蚕丛：相传为蜀王之先祖，教人蚕桑。青神：指青城山之神蚕丛氏。青城山在今重庆灌县东南。白帝：白帝城。古城名。在今四川奉节东白帝山上。东汉初公孙述筑城。述自号白帝，故以为名,并移鱼复县治此。以白帝城为都。㊽旸(yáng):出太阳;天晴。《书·洪范》:"曰雨曰旸"。孔传:"雨以润物,旸以干物"。㊾大名之后必大:《史记·魏世家》:晋献公"以魏封毕万,为大夫。卜偃(晋国掌卜大夫郭偃)曰:'毕万之后必大(昌盛)矣。万,满数也;魏(通"巍"。高大),大名也。以是始赏,天开之矣。'"《左传·闵公元年》亦有记载。非此其身:不在其本身(意谓而在其后代,即丞相魏杞)。㊿"和戎如乐之和"句:《史记·魏世家》:毕万"从其国名为魏氏"。其重孙"魏绛事晋悼公","卒任魏绛政,使和戎、翟(通"狄"),戎、翟亲附。(《左传·襄公四年》载,魏绛劝悼公和戎。)悼公之十一年(亦即鲁襄公十一年。《左传》是年亦有记载),曰:'自吾用魏绛……戎、翟和,子之力也。'赐之乐,三让,然后受之。"《左传·襄十一年》:"晋侯以乐(yuè)之半赐魏绛,曰:'子教寡人和诸戎狄,以正诸华,八年之中,九合诸侯,如乐之和,无所不谐,请与子乐(lè)之。'""和戎"借指孝宗隆兴二年(1164年)至乾道元年(1165年)派魏杞赴金签订"隆兴和议"(又称"乾道之盟")。如乐之和:如同音乐的和谐。㊶盟府:古时掌管盟约的官府。晋侯赐乐,魏绛辞之再三。晋侯曰:"夫赏,国之典也。藏在盟府,不可废也,子其受之!"(《左传·襄十一年》)不殊:没有区别;一样。成外家之宅相:《晋书·魏舒传》:魏舒,字阳元。仕晋武帝为司徒。"少孤,为外家宁氏所养。宁氏起宅,相宅者云当出贵甥……舒曰:'当为外氏成此宅相。'"言己当力图显贵,以证成舅宅当出贵甥的相法。后因用"宅相"为外甥的代称。这里指魏杞。㊷筮仕于晋曰魏:《史记·魏世家》:"初,毕万卜事晋,遇《屯》之《比》。辛廖占之,曰:'吉。屯固比入,吉孰大焉,其必蕃昌。'"亦见《左传·闵元年》。齐之姜:太公望封于齐,姓姜氏。闺闱:借指妻,或借指妇女。㊸活千人有封:《汉书·元后传》:王贺"为武帝绣衣御史,逐捕魏郡群盗坚卢等党与,及吏畏懦逗留当坐者","皆纵不诛"。他部皆诛杀,"大部至斩万余人"。王贺"以奉使不称免,叹曰:'吾闻活千人有封子孙,吾所活者万余人,后世当兴乎!'"后来,其孙女王政君为元帝皇后。畸人:奇特的人。指不合于世俗的异人。《庄子·大宗师》:"子贡曰:'敢问畸人?'(孔子)曰:'畸人者,畸于人而侔于天。'"虞丞相,指虞允文。力主抗金,反对议和。孝宗乾道五年为右相,后迁左相。㊹高举:谓远行。显服:官服。借指官爵。㊺两京赋:即东汉班固所作《两都赋》。分《西都赋》《东都赋》两篇。春王:指正月。三朝(zhāo):阴历正月初一。为岁、月、日之始,故曰三朝。㊻阃外:门外。借指外部。和"阃外"之意相近。制将军:即由将军您节制。东乡:亦作"东向"。谓向东方进发。舟中皆敌国:《史记·吴起列传》:魏文侯以吴起"为西河守,以拒秦、韩。"文侯卒,"起事其子武侯"。"武侯浮西河而下",叹美魏国山河之固。"起对曰:

'在德不在险……若君不修德，舟中之人尽为敌国也。'""舟中之人"指自己船上的人。无虑：无所忧虑；不愁。㊿醴泉：醴泉观。孝宗淳熙八年，梁克家"除醴泉观使"。"十三年，命以内祠兼侍读。"（《宋史·梁克家传》）珍台：华美的台。闲馆：宽广的馆舍。《宋史·乐志十六》："珍台闲馆栖神地，献觞永无穷。"皋、伊：皋陶、伊尹。伦魁：同辈之首。汉扬雄《甘泉赋》："珍台闲馆，璇题玉英……乃搜逑索耦皋、伊之徒，冠伦魁能。"颜师古注："言选择贤臣，可霸于古贤皋繇、伊尹之类，冠等伦而魁杰。"细旃：细织之毛毡。《汉书·王吉传》："广夏（厦）之下，细旃之上，明师居前，劝诵在后，上论唐、虞之际，下及殷、周之盛"。尚论：向上追论。盛际：犹盛时；盛世。㊽一言可以兴邦：出处见《四六名对》"丧邦"注。"三宿而后出昼"句：《孟子·公孙丑下》："孟子去齐（离开齐国），宿于昼。有欲为王留行者，坐而言。""孟子去齐。尹士（人名）语人曰：'……（孟子）千里而见王，不遇故去，三宿而后出昼，是何濡滞也？'"三宿，犹三日。昼，齐地名。㊾载籍之传五三：《史记·司马相如列传》所载其《封禅文》："轩辕之前，遐哉邈乎，其详不可得闻也。五三'六经'载籍之传，维见可观也。"五三，指五帝三王。壮：壮大；加强。立极：古指帝王树立纲纪，确立统治人民的准则。语本《书·洪范》："皇建其有极。"昭：显扬（其明德）。厚：优待（其子孙）。诒谋：《诗·大雅·文王有声》："诒厥孙谋，以燕翼子。"高亨先生注，此句言武王留下了远大的谋猷，能够安定保护他的子孙。孙，当读为"洵"。远也。燕，安也。翼，覆盖，遮护。㊿咎征：古时称灾祸的征兆。霖：干旱时所需的大雨。忧端：愁绪。贳（shì）：缓解；消除。㊁泉幕：泉州幕府。状：此处指褒奖的文辞。㊂谢启：旧时对人表示答谢的一种文体。襟袂：本指衣襟衣袖。此处指僚婿。末亲：远亲。孤陋：见闻少，学识浅陋。云泥：云在天，泥在地，比喻两物相去甚远，差异很大。分（fēn）：亦作"份"。名分；位分。谓尊卑之分。通贵：通达显贵。㊃比肩：比喻地位相等。㊄《送韦书记》诗句："夫子燅（xū）通贵，云泥相望悬。白头无籍在，朱绂有哀怜。"

〔补注〕"岁月日时无易"句：无易，没有发生错乱。用：因此；因而。乂：治理。俊民：有才能的人。章：显示；表明。"俊民用章"，意为俊才就会因此而得以施展才能。

唐贤启状

故书中有《唐贤启状》一册，皆泛泛缄题[①]。其间标为独孤常州及、刘信州太真、陆中丞长源、吕衡州温者,各数十篇,亦无可传诵②。时人以其名士,故流行至今。独孤有《与第五相公书》云:"垂示《送丘郎中》两诗,词清兴深③,常情所不及。'阴天闻断雁,夜浦送归人。'酣丽闲远之外,文句窈窕凄恻④,比顷来所示者,才又加等。但吟诵叹咏,大谈于吴中文人耳⑤。"又云:"昨见《送梁侍御》六韵,清丽妍雅,妙绝今时,掩映风骚,吟讽不足⑥。"按第五琦乃聚敛之臣,不以文称,而独孤奖重之如此⑦。观表出十字,诚为佳句,乃知唐人工诗者多,不必专门名家而后可称也。

【注释】
①启状:泛指书函。泛泛:寻常;浮浅。缄题:信函的封题。亦指书信。②独孤常州及:即独孤及,唐文学家。曾任常州刺史。传诵:谓展转流传称道。③垂示:谦词。表示对方居高以下示。兴(xìng):兴致。④酣丽:艳丽。闲远:安闲清高。窈窕:深沉。⑤叹咏:吟咏。大谈于吴中文人:与吴地文人大谈起这首诗来。常州属吴地。⑥清丽:清新华美。妍雅:美丽高雅。妙绝:精妙绝伦。掩映:此处为压倒、盖过之意。风骚:《诗经》和《楚辞》的并称。《诗经》中的《国风》,《楚辞》中的《离骚》,对后代文学很有影响,故常以"风骚"并举。吟讽:谓有节奏地诵读诗文。不足:犹不尽。⑦奖重:称许推重。

卷第九（十六则）

枢密两长官

赵汝愚初拜相，陈骙自参知政事除知枢密院，赵辞不受相印，乃改枢密使，而陈已供职累日，朝论谓两枢长，又名称不同，为无典故。按熙宁元年观文殿学士新知大名府陈升之过阙，留知枢密院。故事，枢密使与知院事不并置。时文彦博、吕公弼既为使，神宗以升之三辅政，欲稍异其礼，且王安石意在抑彦博，故特命之。然则自有故事也。

赦放债负

淳熙十六年二月《登极赦》："凡民间所欠债负，不以久近多少，一切除放①。"遂有方出钱旬日，未得一息，而并本尽失之者，人不以为便。何澹为谏大夫，尝论其事，遂令只偿本钱，小人无义，几至喧噪。绍熙五年七月覃赦②，乃只为蠲三年以前者。按晋高祖天福六年八月，《赦》云："私下债负取利及一倍者并放③。"此最为得。又云："天福五年终以前，残税并放④。"而今时所放官物⑤，常是以前二年为断，则民已输纳，无及于惠矣。唯民间房赁欠负，则从一年以前皆免。比之区区五代，翻有所不若也。

【注释】
①登极：孝宗传位给光宗，光宗即皇帝位。债负：指所欠的债。除放：免除。除，去掉。放，免去。②覃赦：普行赦免。③及一倍者：达到一倍的。④残税：没有交清的赋税。⑤放，放债。官物：官家的物品、财产。

冯道王溥

冯道为宰相历数朝,当汉隐帝时,著《长乐老自叙》,云:"余先自燕亡归河东[1],事庄宗、明宗、愍帝、清泰帝、晋高祖、少帝、契丹主、汉高祖、今上[2],三世赠至师傅,阶自将仕郎至开府仪同三司,职自幽州巡官至武胜军节度使,官自试大理评事至兼中书令,正官自中书舍人至戎太傅、汉太师[3],爵自开国男至齐国公。孝于家,忠于国,口无不道之言,门无不义之货,下不欺于地,中不欺于人,上不欺于天。其不足者,不能为大君致一统、定八方,诚有愧于历官,何以答乾坤之施?老而自乐,何乐如之?"道此文载于范质《五代通录》,欧阳公、司马温公尝诋诮之,以为无廉耻矣[4]。王溥自周太祖之末为相,至国朝乾德二年罢,尝作《自问诗》,述其践历,其序云:"予年二十有五,举进士甲科,从周祖征河中,改太常丞,登朝时同年生尚未释褐[5],不日作相。在廊庙凡十有一年,历事四朝,去春恩制改太子太保[6]。每思菲陋,当此荣遇,十五年间遂跻极品[7],儒者之幸,殆无以过。今行年四十三岁,自朝请之暇,但宴居读佛书[8],歌咏承平,因作《自问诗》十五章,以志本末。"此序见《三朝史》本传,而诗不传,颇与《长乐叙》相类,亦可议也。

【注释】

①燕(yān):古地区名。相当于今河北省。因为古燕国在今河北北部和辽宁西端。亡归:逃归。②今上:当今皇上。即指后汉隐帝。③三世赠至师傅:冯道已亡的曾祖追赠至太傅,祖父追赠至太师,父亲追赠至尚书令。阶:旧时官的品级。职:职务;职位。官:官衔;官位。试:唐宋官制之一。唐制,担任某一官职,但无正式任命,称为"试"。正官:编制内的官吏。对额外官(如员外郎)或赠官而言。戎:指契丹。④诋诮:指责嘲弄;毁谤讥讽。廉耻:谓廉洁知耻。⑤践历:仕宦的经历。同年生:科举时代称同榜考中者。释褐:谓脱去布衣(平民服装)而换上官服,即做官之意。科举时代称新进士及第授官为释褐。⑥恩制:谓赐诏书加恩。恩,恩赐,加恩。多指帝王的赐予。⑦菲陋:谓低劣。常用作谦词。荣遇:谓荣获君主知遇而显身朝廷。跻(jī):登;晋升。

极品：特指官员的最高等级。⑧朝请：泛指朝见。宴居：亦作"燕居"。闲居。一般指公余无事之时。

周玄豹相

唐庄宗时，术士周玄豹以相法言人事①，多中。时明宗为内衙指挥使，安重海使他人易服而坐，召玄豹相之。玄豹曰："内衙贵将也②，此不足当之。"乃指明宗于下坐，曰："此是也。"因为明宗言其后贵不可言。明宗即位，思玄豹以为神。将召至京师，宰相赵凤谏，乃止。观此事，则玄豹之方术可知③。然冯道初自燕归太原，监军使张承业辟为本院巡官，甚重之。玄豹谓承业曰："冯生无前程，不可过用④。"书记卢质曰："我曾见杜黄裳写真图⑤，道之状貌酷类焉，将来必副大用，玄豹之言不足信也。"承业于是荐道为霸府从事⑥。其后位极人臣，考终牖下，五代诸臣皆莫能及，则玄豹未得擅唐、许之誉也⑦。道在晋天福中为上相，诏赐生辰器币⑧。道以幼属乱离，早丧父母，不记生日，恳辞不受。然则道终身不可问命，独有形状可相，而善工亦失之如此⑨。

【注释】

①术士：指占卜星相等操迷信职业的人。相（xiàng）法：观察面相体态等以卜吉凶的方法。②内衙：内衙指挥使的简称。掌宫廷警卫。③方术：道教所信行的方仙之术。中国古代指天文（包括占候、星占）、医学（包括巫医）、神仙术、占卜、相术、命相、遁甲、堪舆等。④前程：比喻未来在功业上的成就。过用：重用；超出常度任用。⑤杜黄裳：字遵素。历仕唐代宗、德宗、宪宗，官至门下侍郎、同平章事。封邠国公。杜黄裳写真图，即杜黄裳的肖像图。写真：中国肖像画的传统名称。绘写人像要求形神肖似，故名。亦称"传神"、"写照"。⑥霸府：指晋、南北朝和五代时势力强大，终成王业的藩王或藩臣的府署。此处指北平王刘知远。⑦位极人臣：谓官位达到人臣的最高一级。人臣：臣下，臣子。唐、许：唐举，也作唐莒。战国梁人，善相术。许负，见卷二《占术致祸》注。"唐、许"，泛指相术家。⑧器币：礼器玉帛。⑨道终身不可问命：冯道不记生日，无法确定生辰八字。善工：犹高手。即高明的术士。此处指擅长相术的周玄豹。

钴鉧沧浪

柳子厚《钴鉧潭西小丘记》云①:"丘之小不能一亩。问其主。曰:'唐氏之弃地,货而不售②。'问其价,曰:'止四百③。'予怜而售之④。以兹丘之胜,致之沣水鄠、杜⑤,则贵游之士争买者,日增千金而愈不可得。今弃是州也,农夫渔夫过而陋之⑥,贾四百,连岁不能售。"苏子美《沧浪亭记》云:"予游吴中,过郡学东,顾草树郁然⑦,崇阜广水,不类乎城中。并水得微径于杂花修竹之间,东趋数百步,有弃地,三向皆水,旁无民居,左右皆林木相亏蔽⑧。予爱而裴回⑨,遂以钱四万得之。"予谓二境之胜绝如此,至于人弃不售,安知其后卒为名人赏践⑩?如沧浪亭者,今为韩蕲王家所有⑪,价值数百万矣,但钴鉧复埋没不可识。士之处世,遇与不遇⑫,其亦如是哉!

【注释】

①钴鉧潭:水潭名。在永州府零陵县(今湖南永州市)西山西麓。钴鉧(gǔ mǔ),即熨斗。因潭形似熨斗,故名。《钴鉧潭西小丘记》为柳宗元有名的"永州八记"之一。②货而不售:想卖而卖不出去。货,卖;出售。售,卖出。③四百:四百个铜钱。④怜:爱怜;喜爱。售:买。⑤致之:放到。沣(fēng)水:水名。源出陕西长安县西南秦岭山中,北流至西安市西北入渭水。鄠(hù):在今陕西户县北。杜:在今西安市东。以上地方,都在唐京城长安附近,为豪门贵家聚居之处。⑥是州:指永州。陋:鄙视;轻视。⑦沧浪(láng)亭:在江苏省苏州市城南三元坊。苏州历史最悠久的名园。北宋诗人苏舜钦受倾陷被除名,退居于此建沧浪亭,以此得名。吴中:旧对吴郡或苏州府的别称。郡学:郡国的最高学府。郁然:繁盛貌。⑧并(bàng):通"傍"。依傍;紧挨。亏蔽:遮掩。⑨裴回:同"徘徊"。⑩胜绝:绝妙。赏践:赏玩、游览。践,临,足迹所至。⑪韩蕲王:即韩世忠。死后追封蕲王。⑫遇:得志;见赏。

司封失典故

南渡之后,台省胥吏旧人多不存,后生习学,加以省记,不复谙悉典章①。而司封以闲曹之故②,尤为不谨。旧法,大卿、监以上赠父至太尉止③,余官至吏部尚书止。今司封法,余官至金紫光禄大夫,盖昔之吏书也,而中散以上赠父至少师止④。按政和以前,太尉在太傅上,其上唯有太师,故凡称摄太尉者,皆为摄太傅,则赠者亦应如此,不应但许至少师也。生为执政,其身后但有子升朝,则累赠可至极品大国公⑤。欧阳公位参知政事、太子少师,后以诸子恩至太师、充国公,而其子棐亦不过朝大夫耳,见于苏公祭文及黄门所撰神道碑⑥。比年汪庄敏公任枢密使,以子赠太师,当封国公,而司封以为须一子为侍从乃可,竟不肯施行,不知其说载于何法也?朱汉章却以子赠至大国公。旧少卿、监遇恩,封开国男,食邑三百户,自后再该加封,则每次增百户,无止法。今一封即止。旧学士待制,食邑千五百户以上,每遇恩则加实封,若虚邑五百者⑦,其实封加二百,虚邑三百、二百者,实封加一百。今复不然,虽前执政亦只加虚邑三百耳,故侍从官多至实封百户即止,尤可笑也。

【注释】

①省记:记忆;回忆。省(xǐng),记忆。谙悉:熟知。②司封:官名。主管封爵、袭荫、褒赠等事。闲曹:清闲官署。③大卿:宋代俗称中央各寺的正职长官为大卿。副官称少卿。监:魏晋至隋唐有秘书监、殿中监等官署,其主官亦称监及少监。宋代因之。④中散:中散大夫的省称。⑤身后:死后。升朝:上朝,到朝廷议事。即为朝臣。国公:封爵名。⑥黄门:人名。⑦实封:唐代封公侯伯子男等爵,都无官土;其实际给予封户以食租税的,谓之加实封。按所封的户数,分由诸郡取其租调。宋因之。虚邑:名义上的封邑。后世封地往往虚封,封君在这些封地上没有征收赋税的经济权。

老人该恩官封

晁无咎作《积善堂记》云:"大观元年大赦天下,民百岁男子官,妇人封;仕而父母年九十,官封如民百岁①。于是故漳州军事判官晁仲康之母黄氏年九十一矣,其第四子仲询走京师状其事,省中为漳州请,漳州虽没,赦令初不异往者②,丞相以为可而上之,封寿光县太君。"今自乾道以来,庆典屡下,仕者之父母年七十、八十即得官封,而子已没者,其家未尝陈理③,为可惜也。

【注释】

①官:授予官职。封:帝王以爵位、土地、名号等赐人。②状:陈述。漳州虽没:意谓漳州军事判官晁仲康虽然死了。不异往者:即已故的人和现在的人一样。③庆典:庆祝典礼。庆典屡下:指每次举行庆典所下的官封诏书。陈理:陈述申诉。

学士中丞

淳熙十四年九月,予以杂学士除翰林学士①,蒋世脩以谏议大夫除御史中丞,时施圣与在政府,语同列云:"此二官不常置,今咄咄逼人,吾辈当自点检。"盖谓其必大用也,已而皆不然。因考绍兴中所除者,不暇缕述,姑从寿皇圣帝以后,至于绍熙五年,枚数之,为学士者九人,仲兄文安公、史魏公、伯兄文惠公、刘忠肃、王日严、王鲁公、周益公及予②,其后李献之也。二兄、史、刘、王、周皆擢执政,日严以耆老拜端明致仕,唯予出补郡,献之遂踵武③。为中丞者六人,辛企李、姚令则、黄德润、蒋世脩、谢昌国、何自然也。辛、姚、黄皆执政,唯蒋补郡,昌国徙权尚书,即去国,自然以本生母忧持服云。

【注释】

①杂学士：指诸阁学士。洪迈时为敷文阁直学士、直学士院。②缕述：详细叙述。刘忠肃：即刘珙，谥忠肃。王鲁公：即王淮。封鲁国公周益公：周必大。封益国公。③耆老：年老。补郡：出补州郡官职。踵武：循着前人的足迹走。即亦出补郡。

汉高祖父母姓名

汉高祖父曰太公，母曰媪，见于史者如是而已。皇甫谧、王符始撰为奇语，云太公名执嘉，又名煓，媪姓王氏。唐弘文馆学士司马贞作《史记索隐》云："母温氏。是时，打得班固泗水亭长古石碑文①，其字分明作'温'，云'母温氏'。与贾膺复、徐彦伯、魏奉古等执对反复，深叹古人未闻，聊记异见②。"予窃谓固果有此明证，何不载之于《汉纪》，疑亦后世好事者，如皇甫之徒所增加耳。又尝在岭外，见康州龙媪庙碑，亦云姓温氏，则指媪为温者不一也。唐小说《纂异记》载三史王生醉入高祖庙，见高祖云："朕之中外，《泗州亭长碑》昭然具载外族温氏③。"盖不根诞妄之说。

【注释】

①打：拓印。泗水亭长：汉高祖曾任泗水亭长。②执对：判断核对。异见：不同的见解。亦指独特的见解。③三史：唐时科举，设有三史科。中外：指中表之亲。外族：即外戚。外家之族，指母族或妻族。

君臣事迹屏风

唐宪宗元和二年，制《君臣事迹》。上以天下无事，留意典坟，每览前代兴亡得失之事，皆三复其言①。遂采《尚书》《春秋后传》《史记》《汉书》《三国志》《晏子春秋》《吴越春秋》《新序》《说苑》等书君臣行事可为龟鉴者，集成十四篇，自制其序，写于屏风，列之御座之右，书屏风六扇于中②，宣示宰臣。李藩等皆进表称贺，白居易翰林制诏有批李夷简及百僚严绶等贺表③，其略云："取而作鉴，书以为屏。与其散在图书，心存而景慕，不若列之绘素，目睹而躬行，庶将为后事之师，不独观古人之象。"又云："森然在目④，如见其人。论列是非，既庶几为坐隅之戒；发挥献纳⑤，亦足以开臣下之心。"居易代言，可谓详尽。又以见唐世人主作一事而中外至于表贺，又答诏勤渠如此，亦几于丛脞矣⑥。宪宗此书，有《辨邪正》《去奢泰》两篇，而末年用皇甫镈而去裴度，荒于游宴，死于宦侍之手⑦，屏风本意，果安在哉？

【注释】

①典坟：见卷六《贤士隐居者》"坟典"注。三复：谓反复诵读。②龟鉴：犹龟镜。见《随笔》卷十六《前代为鉴》"龟镜"注。书屏风六扇于中：中，特指宫禁之内。亦借指朝廷。③制诏：撰写诏书。制，撰写。④森然：盛貌。一说众多貌。⑤庶几：差不多。坐隅之戒：犹座右铭。戒：警戒。发挥：充分地发表意见或详尽地阐明道理。献纳：指建言以供采纳。⑥勤渠：犹殷勤。丛脞（cuǒ）：《书·益稷》："元首丛脞哉！"孔颖达疏引郑玄说："丛脞，揔（总）聚小小之事以乱大政。"引申为细碎之意。⑦"而末年"句：裴度因宦官专权，辞官退居洛阳。皇甫镈推荐方士为宪宗制"长生药"，以求宠信。"上（宪宗）服金丹，多躁怒，左右宦官往往获罪，有死者，人人自危；（正月）庚子，暴崩于中和殿。时人皆言内常侍陈弘志弑逆，其党类讳之，不敢言贼，但云药发，外人莫能明也。"（《资治通鉴》唐宪宗元和十五年）

僧道科目

唐末帝清泰二年二月，功德使奏："每年诞节，诸州府奏荐僧道，其僧尼欲立讲论科、讲经科、表白科、文章应制科、持念科、禅科、声赞科，道士经法科、讲论科、文章应制科、表白科、声赞科、焚修科，以试其能否。"从之。此事见《旧五代史记》，不知曾行与否，至何时而罢也。盖是时犹未鬻卖祠部度牒耳①。周世宗废并寺院，有诏约束云："男年十五以上，念得经文一百纸，或读得五百纸，女年十三以上，念得经文七十纸，或读得三百纸者，经本府陈状，乞剃头，委录事参军、本判官试验。两京、大名、京兆府、青州各起置戒坛，候受戒时，两京委祠部差官引试，其三处祇委判官②，逐处闻奏。候敕下委祠部给付凭由③，方得剃头受戒。"其防禁之详如此④，非若今时只纳钱于官，便可出家也。念经、读经之异，疑为背诵与对本云。

【注释】

①度牒：中国封建时代僧尼出家，由政府发给的身份凭证。②两京：指京城汴梁和东京邺都。戒坛：佛教僧徒传戒之坛。受戒：佛教信徒通过一定仪式接受佛教戒律。引试：见卷十《词学科目》注。③凭由：证明所有权或身份的官文书。④防禁：防备禁戒。

射佃逃田①

汉之法制，大抵因秦，而随宜损益，不害其为炎汉②。唐之法制，大抵因隋，而小加振饰③，不害其为盛唐。国家当五季衰乱之后，其究不下秦、隋，然一时设施④，固亦有可采取。按周世宗显德二年，诏："应逃户庄田，并许人请射承佃⑤，供纳税租。如三周年内本户来归者，其桑田不计荒熟，并交还一半。五周年内归业者，三分交还一分。如五周年外，除本户坟茔外，不在交付之限。其近北诸州陷蕃人户来归业者⑥，五周年内三分交还二分，十周年内还一半，十五周年内三分还一。此外者，不在交还之限。"其旨明白，人人可晓，非若今之令式文书，盈于几阁，为猾吏舞文之具⑦，故有舍去物业三五十年，妄人诈称逃户子孙，以钱买吏而夺见佃者，为可叹也。

【注释】

①逃田：田主逃跑而收不到赋税的土地。②不害：不妨害。炎汉：见《续笔》卷五《后妃命数》"炎祚"注。③振饰：整理修饰。振，整顿；整理。④究：极也。穷尽；终极。指战乱之后的民生凋弊现象。设施：措置，安排。⑤应：所有；全部。逃户：因荒乱而逃离户籍地的。请射承佃：请求接续租种。射，逐取；谋求。承，继承；接续。⑥蕃（fān）：通"番"。此处指契丹。⑦猾吏：奸猾的官吏。舞文：玩弄法令条文以行奸诈。

周世宗好杀

史称周世宗用法太严，群臣职事，小有不举，往往置之极刑，予既书于《续笔》矣①。薛居正《旧史》记载其事甚备②，而欧阳公多芟去。今略记于此。樊爱能、何徽以用兵先溃，军法当诛，无可言者。其他如宋州巡检供奉官竹奉璘以捕盗不获，左羽林大将军孟汉卿以监纳取耗，刑部员外郎陈渥以检田失实，济州马军都指挥使康俨以桥道不谨，内供奉官孙延希以督修永福殿而役夫有就瓦中啖饭者，密州防御副使侯希进以不奉使者命检视夏苗，左藏库使符令光以造军士袍襦不办，楚州防御史张顺以隐落税钱③，皆抵极刑，而其罪有不至死者。

【注释】
①既书于《续笔》：见《续笔》卷四《周世宗》。②薛居正《旧史》：指由薛居正监修的《旧五代史》。③供（gòng）奉：称呼在皇帝左右供职者。监纳取耗：监督纳税而私取税耗。监纳，监督交纳。耗，旧时官吏征收赋税，借口转运储存皆有折损（旧时为实物税），因额外增收以作弥补，称耗。桥道不谨：指修理桥道不认真（不用心）。啖（dàn）饭：吃饭。检视：检验查看。袍襦：长袍和短袄。指比铠甲轻便的战袍和战袄。不办：犹言不能。不胜任。隐落：私自扣下。

孟字义训

一字数义，固有之矣。若孟字，只是最长最先之称，如所谓孟侯、孟孙、元妃孟子、孟春、孟夏之类是也①。《国语》："优施谓里克妻曰：主孟啖我②。"注云："大夫之妻称主，从夫称也。"而谓孟为里克妻字则非矣。又云："孟一作盍。"《史记·吕后本纪》注中引此句，而司马贞《索隐》乃云："孟者，且也，言且啖我物。"其说无所据。班固《幽通赋》："盍孟晋以迨群③。"李善乃注孟为勉。蜀王衍书其臣徐延琼宅壁为孟言④，蜀语谓孟为弱，故以戏之。其后孟知祥得蜀，馆于徐第，以为己谶⁵，此义又为无稽也。东坡与欧阳叔弼诗云："主孟当啖我，玉鳞金鲤鱼。"正用优施语。鲁之宝刀曰孟劳。不详其义。

【注释】

①最长：长，音zhǎng。年高、位高或辈分高。孟侯：诸侯之长（zhǎng）。元妃孟子：鲁惠公元妃为宋国人，子姓。春秋时通行以孟（或伯）仲叔季的排行加在姓名前作称呼。因宋国为子姓，其长女嫁给他国的多称孟子。元妃：君主或诸侯之元配。见《左传·隐公元年》。②优施：春秋时晋国优人，名施。里克：晋国大夫。啖我：即请我吃酒。啖，吃。③盍孟晋以迫群：何不努力进取以赶上大家。孟晋，勉力求进。迫，赶上。④王衍：五代前蜀国君。孟言：即"孟"字。古代蜀方言，"孟"义为不佳。宋张唐英《蜀梼杌》："延琼即衍之舅。衍尝幸其第，悦其华丽，于壁上书'孟'字以戏之。盖蜀中以'孟'为不佳故也。"⑤以为己谶：以为自己当得蜀的预言。

向巨原诗

亡友向巨原，自少时能作诗。予初识之于梁宏夫坐上，未深知之也。是日，偕二友从吴傅朋游芝山，登五老亭，以"驾言出游"分韵赋诗。巨原得驾字，其语云："兹山何巍巍，气欲等嵩华①。从公二三子，胜日饱闲暇。跻攀谢车舆，自办两不借②。扪萝觅幽隩，行椒得孤槎③。侧送夕阳移，俯视高鸟下。登临记曩昔，岁月惊代谢。却数一周星，复命千里驾④。身从泛梗流，事与浮云化⑤。揭来共一尊⑥，似为天所赦。明发还问涂，合离足悲咤⑦。"诗成，观者皆服。傅朋游丝诗卷数百篇，巨原独不深叹美之，颇记其数句曰："先生著名节，百世追延陵⑧。我评先生贤，不以能书称。功成磨苍崖⑨，盛德颂日升。勿书陵云榜⑩，华颠踏高层。"句格超峻，其旨皆有规讽，与前所纪刘彦冲古风相类也⑪。后哀其平生所作数千篇，目为《葵斋杂稿》，倩予为序。时予在章贡⑫，及序成持寄之，则已卧病，仅能于枕上一读而已。巨原初见韩子苍，得一诗，曰："老子真祠地⑬，君来觅纸题。文如士衡俊，年与正平齐⑭。闻说钟陵郡，官居章水西⑮。涪翁诗律在⑯，佳处可时携。"而韩集佚不收，但见序中耳。

【注释】

①巍巍：高大貌。气：气派；气概。嵩华：指中岳嵩山和西岳华山。杜甫《闻山歌》诗："已觉气与嵩华敌。"②跻攀：犹攀登。谢：推辞掉。自办两不借：自己攀登，谁也不靠谁的帮助。借，帮助。③扪萝：攀援葛藤。磴（dèng）：石级。榭：建在高台上的木屋。多为游观之所。④周星：岁星。岁星十二年在天空循环一周，因此把十二年叫周星。复命千里驾：《晋书·嵇康传》："东平（今属山东省）吕安服（嵇）康高致，每一相思，辄千里命驾。"⑤泛梗：见《四笔》卷五《土木偶人》。后因以喻漂泊。化：消散；消失。⑥揭来：犹言去来。揭，音qiè。离去。⑦明发：明天出发(离去)。悲咤：悲叹；悲愤。⑧延陵：指春秋时吴国公子季札。封于延陵。⑨磨苍崖：磨平青石崖，把功绩刻在上边。⑩陵云：指凌云阁。封建王朝为表彰功臣而建筑的绘有功臣图像的高阁。或称凌烟阁。陵，通"凌"。⑪句格：句子的格式。超峻：卓异特出。前所纪刘彦冲古风：见本笔卷二《题咏绝唱》。⑫章贡：地名。现为江西赣州市章贡区。⑬韩子苍：即韩驹，字子苍。少时以诗为苏辙所赏。曾官洪州分宁（今江西修水县）知县。高宗即位，知江州。真祠：道观。韩驹曾以集英殿修撰提举江州太平观。⑭士衡：指西晋文学家陆机，字士衡。俊：杰出；卓越。正平：指汉末文学家祢衡，字正平。作有《鹦鹉赋》。⑮钟陵郡：古郡名，在今江西。章水：赣江西源。修水县即在赣江西。⑯涪翁：宋黄庭坚曾贬涪(fú)州别驾，因自号涪翁。携：引用。

叶晦叔诗

广友叶黯晦叔，尝除敕令所删定官。绍兴十九年，为福建帅属，予尝因春补诸生①，白于府主，邀与同考校，锁宿贡院两旬。予作长句云："沈沈广厦清如水②，市声人声不到耳。一闲十日岂天赐？惭愧纷纷白袍子③。相逢更得金玉人④，久矣眼中无此士。连床夜语不成寐，往往鸡声忽惊起。是中差乐真难名，昔者相过安得此⑤？但怜时节不相谋，正堕清明寒食里。梨花已空海棠谢，外间物色知余几。只恐雨风摧折之，负此一春吾过矣。谢公寻山饱闲暇，应笑腐儒粘故纸⑥。锦囊得句应已多，万一相思频寄似⑦。"时谢景思为参议官，故卒章简之⑧。晦叔和篇云："文章万言抵杯水，世上虚名徒尔耳。我常自笑一生痴，那更将痴笑群子。大屋沈沈余百年，到今所阅知几士？看渠得失自偶然⑨，其间悲喜从何起？君闻我言亦大笑，为说万事总如此。(缺两句。)急须了却公家事，门外不知春有几。(缺三句。)飞雨时闻打窗纸。他年万一复相从，未必从容今日似。"其语意超新，惜不能尽忆。又尝云："五十六言，大抵多引韵起，若以侧句入，尤峻健⑩。如老杜'幽栖地僻经过少⑪，老病人扶再拜难'是也。然此犹是作对，若以散句起又佳⑫。如'苦忆荆州醉司马，谪官樽俎定常开'是也⑬。"故予自福倅满归⑭，晦叔以二诗送别，正用此体。一章云："一门伯仲知谁似？四海文章正数君。何事与予如旧识，由来于世两相闻。闲官各喜光阴剩，胜地空多物色分⑮。忽复翩然从此去，便应变化上青云。"二章云："此地相从惊岁晚，登临况是客归时。却将襟抱向谁开⑯？正尔艰难唯子知。情到中年工作恶，别于生世易为悲。梅花尽醉清江上，黯澹西风冻雨垂。"可谓奇作。然相别不两年即下世，每诵味其语，辄为凄然。因刻所作《容斋记》，尝识于末。

【注释】

①春补：宋赵昇《朝野类要·举业》："州县学，春秋两放补试，白身人本经中者，注籍。"补试，补考。②沈沈(tán tán)：宫室深邃貌。③白袍：旧指未做官的士人。唐士子未仕者服白袍，故以为入场考试士子的代称。④金玉：比喻珍贵美好的事物。⑤是中：其中。是，此，这。差(chà)乐：奇特的乐趣。相过：互相往来。⑥腐儒：指迂腐保守、不合时宜的读书人。粘故纸：翻检古书旧籍。粘，胶附，粘合。引申指接近，贴近。故纸，指古书旧籍。⑦锦囊：用锦做成的袋子。古人多用以藏诗稿或机密文件。寄似：寄送；奉赠。⑧笻：寻捡，捎带。⑨渠：他。⑩五十六言：指七律诗。峻健：犹刚劲。⑪幽栖：幽僻的栖止之处。经过：交往。⑫散(sǎn)句：指不押韵或不对偶的诗文句。⑬荆州醉司马：杜诗原注："崔吏部潎"。樽俎，同："尊俎"。古代盛酒和盛肉的器皿。常用为宴席的代称。按：杜诗一本作"樽酒"。⑭倅(cuì)：古时地方佐贰副官叫丞、倅。⑮物色：犹风物、景色。⑯向谁可：能得到谁的认可、赞同？杜甫诗《奉待严大夫》亦有类似一句："身老时危思会面，一生襟抱向谁开。"严大夫，指严武。

〔补注〕超新：超脱新颖。

卷第十（十七则）

词学科目

熙宁罢诗赋，元祐复之，至绍圣又罢，于是学者不复习为应用之文①。绍圣二年，始立宏词科，除诏、诰、制、敕不试外，其章表、露布、檄书、颂、箴、铭、序、记、诫谕凡九种，以四题作两场引试②，唯进士得预，而专用国朝及时事为题，每取不得过五人。大观四年，改立词学兼茂科③，增试制诰，内二篇以历代史故事，每岁一试，所取不得过三人。绍兴三年，工部侍郎李擢又乞取两科裁订④，别立一科，遂增为十二体：曰制、曰诰、曰诏、曰表、曰露布、曰檄、曰箴、曰铭、曰记、曰赞、曰颂、曰序。凡三场，试六篇，每场一古一今，而许卿大夫之任子亦就试，为博学宏词科⑤，所取不得过五人。任子中选者，赐进士第⑥。虽用唐时科目，而所试文则非也。自乙卯至于绍熙癸丑，二十榜，或三人，或二人，或一人，并之三十三人，而绍熙庚戌阙不取。其以任子进者，汤岐公至宰相，王日严至翰林承旨，李献之学士，陈子象兵部侍郎，汤朝美右史，陈岘方进用，而予兄弟居其间，文惠公至宰相，文安公至执政，予冒处翰苑⑦。此外皆系已登科人，然擢用者，唯周益公至宰相，周茂振执政，沈德和、莫子齐、倪正父、莫仲谦、赵大本、傅景仁至侍从，叶伯益、季元衡至左右史⑧，余多碌碌。而见存未显者，陈宗召也。然则吾家所蒙亦云过矣⑨。

【注释】

①不复习为应用之文：不再把诗赋当作应用文学习。应用之文，指骈体文。②宏词科：见《随笔》卷十《唐书判》"宏辞"注。诏：特指皇帝颁发的命令文告；诏书。《史记·秦始皇本纪》："命为制，令为诏。"颂：文体名。《文心雕龙·颂赞》："原夫颂惟典雅，辞必清铄，敷写似赋，而不入华侈之区；敬慎如铭，而异乎规戒之域。"箴（zhēn）：古代用以规戒他人或自己的一种文体。

和"铭"一般都是韵文形式。诫谕：告诫晓喻。此处指告诫与晓喻之类的文告。引试：引保就试。引保，宋时选举制度的一种规定。士子应举，须什伍相保，不许有大逆的亲属及诸不孝、不悌与僧道归俗等事。将临试期，知举官先引问联保，核对明白后，方得就试。③词学：词章之学；文学。④乞取：请求采取。裁订：或作"裁定"。斟酌决定其去取可否。⑤博学宏词科：封建王朝临时设置的考试科目，为制科之一种。始于宋高宗绍兴三年（1133年）。⑥进士第：科举时代考选进士，录取时按成绩排列的等第。⑦冒处（chǔ）：无功而居其位。⑧左右史：官名。周代史官有左史、右史。《礼记·玉藻》："动则左史书之，言则右史书之。"一说左史记言，右史记事（《汉书·艺文志》）。唐宋以门下省起居郎、中书省起居舍人，当左、右史。起居郎修记事之史，起居舍人修记言之史。⑨所蒙：所蒙受的皇恩。过：超越其他的人。

唐夜试进士

唐进士入举场得用烛，故或者以为自平旦至通宵。刘虚白有"二十年前此夜中，一般灯烛一般风"之句，及三条烛尽之说。按《旧五代史·选举志》云："长兴二年，礼部贡院奏当司奉堂帖夜试进士，有何条格者①。敕旨：'秋来赴举，备有常程②，夜后为文，曾无旧制。王道以明规是设，公事须白昼显行③，其进士并令排门齐入就试，至闭门时试毕，内有先了者，上历画时，旋令先出，其入策亦须昼试④，应诸科对策，并依此例。'"则昼试进士，非前例也。清泰二年，贡院又请进士试杂文，并点门入省⑤，经宿就试。至晋开运元年，又因礼部尚书知贡举窦贞固奏，自前考试进士，皆以三条烛为限，并诸色举人有怀藏书册不令就试。未知于何时复有更革⑥。白乐天集中奏状云："进士许用书册，兼得通宵。"但不明言入试朝暮也。

【注释】
①当司：本司，本人所在的官署。此处即指贡院。堂帖：唐宰相所下判事文书称堂帖。宋改称札子、堂札子。但仍沿用堂帖之称。条格：条例，法规。②常程：通常的程序。③明规：明确的法度或准则。显行：公开进行。④排门：在门外排好次序。上历：登录于记事文书。上，登载。历，指给予发解士人初

请举者的记事文书。画时：画记文卷时间。一说，画时下属，意为即时，立时。入策：进入官廷策试。⑤请：请示执政者。杂文：经史之外的应时试文。点门入省：指定进入禁中的门口。点，指定。⑥更革：改革；变革。

纳绸绢尺度

周显德三年。敕，旧制织造絁绸、绢布、绫罗、锦绮、纱縠等①，幅阔二尺起，来年后并须及二尺五分。宜令诸道州府，来年所纳官绢，每匹须及一十二两，其絁绸只要夹密停匀②，不定斤两。其纳官绸绢，依旧长四十二尺。乃知今之税绢，尺度长短阔狭，斤两轻重，颇本于此。

【注释】

①絁绸(shī chóu)：粗质丝织品。纱縠(hù)：精细、轻薄的丝织品的通称。②停匀：均匀；匀称。

朱梁轻赋

朱梁之恶，最为欧阳公《五代史记》所斥詈①。然轻赋一事，旧史取之，而新书不为拈出②。其语云："梁祖之开国也，属黄巢大乱之余，以夷门一镇，外严烽候，内辟汙莱，厉以耕桑，薄其租赋，士虽苦战，民则乐输，二纪之间，俄成霸业③。及末帝与庄宗对垒于河上，河南之民，虽困于輦运，亦未至流亡④。其义无他，盖赋敛轻而丘园可恋故也⑤。及庄宗平定梁室，任吏人孔谦为租庸使，峻法以剥下，厚敛以奉上，民产虽竭，军食尚亏，加之以兵革，因之以饥馑，不四三年，以致颠陨⑥。其义无他，盖赋役重而寰区失望故也。"予以事考之，此论诚然，有国有家者之龟鉴也。《资治通鉴》亦不载此一节。

【注释】

①朱梁：朱温建立的后梁。下文"梁祖"即指后梁太祖朱温。斥詈(lì)：斥责；责骂。②拈(niān)出：提及；指出。③其语：指《旧五代史》的话（文

字）。引文出自《旧五代史·食货志序》。属（zhǔ）：适逢。夷门：开封市的别称。本战国魏都大梁城东门，在今开封城内东北隅，以在夷山之上得名。后人遂以夷门指开封。后梁建都汴，即今河南开封市。烽候：即烽火台。古代边防用烽燧报警的土堡哨所。汙（wū）莱：指荒地。民则乐输：输，缴纳（租赋）。俄：短暂的时间。④末帝：指后梁末帝朱友贞。庄宗：指唐庄宗李存勖。辇运：运输（军需物资）。流亡：因在本乡、本国不能存身而逃亡流落在外。⑤义：道理。赋敛：征收赋税。丘园：丘墟，园圃。此处指乡土田园。⑥峻法：严酷的法令。厚敛：重敛财物。亦指征收重税。饥馑：灾荒。《尔雅·释天》："谷不熟为饥，蔬不熟为馑。"颠陨：覆灭；沦丧。

坎离阴阳

　　《坎》位正北，当幽阴肃杀之地，其象于《易》为水为月①。董仲舒所谓"阴常居大冬，而积于空虚不用之处"，然而谓之阳。《离》位正南，当文明赫赫之地②，于《易》为日为火。仲舒所谓"阳常居大夏③，而以生育长养为事"，然而谓之阴。岂非以阴生于午，阳生于子故邪④？司马贞云："天是阳，而南是阳位，故木亦是阳，所以木正为南正也⑤。火是地正，亦称北正者，火数二，二地数，地阴⑥，主北方，故火正亦称北正。"究其极挚，颇似难晓，圣人无所云，古先名儒以至于今⑦，亦未有论之者。

【注释】

　　①幽阴：阴暗。肃杀：严酷萧瑟貌。也形容气氛严酷。其象于《易》为水为月：《周易·说卦》："坎为水……为月。""离为火，为日。"②文明：文采光明。赫赫：光明炫耀貌。③大夏：指夏季。上文"大冬"指隆冬。④阴生于午，阳生于子：午指午时，子指子时。按十二地支方位，丁午丙正南，当离位；壬子癸正北，当坎位。根据阴阳互生的辩证道理，阳极则阴生，阴极则阳生。所以说阴生于午，阳生于子。⑤木正：传说上古有木正、火正、金正、土正、水正，称五行之官，死后都为神。木正为春官，其神称句芒。见《左传·昭二九年》。⑥火数二：按五行排列顺序，是水、火、木、金、土。火在第二位，故言"火数二"。二地数，地阴：二为偶数，偶数为阴，奇数为阳；地为阴，天为阳。二、四、六、八、十诸偶数均为地数。⑦极挚：此处指终极意义。名儒：著名的儒者。

前执政为尚书

祖宗朝,曾为执政,其后入朝为他官者甚多。自元丰改官制后,但为尚书。曾孝宽自签书枢密去位,复拜吏部尚书。韩忠彦自知枢密院出藩①,以吏书召。李清臣、蒲宗孟、王存,皆尝为左丞,而清臣、存复拜吏书,宗孟兵书。先是元祐六年,清臣除目下,为给事中范祖禹封还,朝廷未决,继又进拟宗孟兵部右丞。苏辙言:"不如且止。"左仆射吕大防于帘前奏:"诸部久阙尚书,见在人皆资浅,未可用,又不可阙官,须至用前执政②。"辙曰:"尚书阙官已数年,何尝阙事?"遂已。胡宗愈尝为右丞,召拜礼书、吏书。自崇宁已来,乃不复然。

【注释】
①出藩:出任地方长官。②至用:善用。至,善;善于。一说尽其所用。

河伯娶妇

《史记》褚先生所书魏文侯时西门豹为邺令①,问民所疾苦。长老曰②:"吾为河伯娶妇,以故贫。"豹问其故,对曰:"邺三老、廷掾常岁赋敛百姓钱,得数百万,用其二三十万为河伯娶妇,与祝巫分其余钱持归③。巫行视小家女好者,即聘娶,为治斋宫河上,粉饰女④,浮之河中而没。其人家有好女者,多持女远逃亡,以故城中益空无人。"豹曰:"至娶妇时,吾亦往送。"遂投大巫妪及三弟子并三老于河⑤,乃罢去。从是以后,不敢复言为河伯娶妇。予按此事,盖出于一时杂传记,疑未必有实。而《六国表》秦灵公八年,"初以君主妻河。"言初者,自此年而始,不知止于何时,注家无说。司马贞《史记索隐》乃云,初以君主妻河"谓初以此年取他女为君主,君主犹公主也。妻河,谓嫁之河伯,故魏俗犹为河伯娶妇,盖其遗风。"然则此事秦、魏皆有之矣。

【注释】

①魏文侯：战国时魏国的建立者。②长（zhǎng）老：年高者之通称。③三老：古时掌教化的乡官。廷掾：县令的属吏。常岁：每年。祝巫：古代从事通鬼神的迷信职业者。祝为男巫。④行视：巡视。小家：贫苦人家。治斋宫：建造斋戒的房子。粉饰：装饰；打扮。⑤妪（yù）：妇人，亦特指老妇。

六经用字

《六经》之道同归①，旨意未尝不一，而用字则有不同者。如佑、祐、右三字一也，而在《书》为佑，在《易》为祐，在《诗》为右。惟、维、唯一也，而在《书》为惟，在《诗》为维，在《易》为唯，《左传》亦然。又如《易》之无字②，《周礼》之灋、昍、薨、鱻、齍、皋、敝、橐、斛、絅、簎等字，他经皆不然。今人书无咎、无妄，多作无，失之矣。孝宗初登极，以潜邸为佑圣观③，令玉册官篆牌。奏云："篆法佑字无立人，只单作右字。"道士力争，以为观名去人，恐不可安迹④。有旨特增之。

【注释】

①道：事理。同归：犹一致。②《易》之无字：在古代，"无"和"無"为两个字。③潜邸：指皇帝即位前所居的府第。④安迹：安足；立足。"不可安迹"即无法立足。

鄂州兴唐寺钟

鄂州城北凤凰山之阴，有佛刹①，曰兴唐寺。其小阁有钟，题志云②："大唐天祐二年三月十五日新铸。"勒官阶姓名者两人③，一曰金紫光禄大、检校尚书左仆射、兼御史大陈知新；一曰银青光禄大、检校尚书右仆射、兼御史大杨琮。大字之下，皆当有夫字，而悉削去，观者莫能晓。五代《新旧史》《九国志》并无其说，唯刘道原《十国纪年》，载杨行密之父名怤，怤与夫同音。是时，行密据淮南，方破杜洪于鄂，而有其地，故将佐为讳之。行密之子渭，建国之后，改文散诸大夫为大卿、御史大夫为御史大宪，更可证也。鄱阳浮洲寺有吴武义二年铜钟，安国寺有顺义三年钟，皆刺史吕师造。题官称曰："光禄大卿、检校太保、兼御史大卿。"然则亦非大宪也。王得臣《麈史》尝辨此事，而云："行密遣刘存破鄂州，知新、琮不预。志传皆略而不书。"予又按杨溥时，刘存以鄂岳观察使为都招讨使，知新以岳州刺史为团练使，同将兵击楚，为所执杀，则知新乃存偏裨④，非不预也。

【注释】

①佛刹：佛寺。②题志：犹题跋。③勒：刻。④为所执杀：指陈知新为刘存执而杀之。偏裨：偏将与裨将，古时将佐的通称。

祢衡轻曹操

孔融荐祢衡，以为"淑质贞亮，英才卓跞，志怀霜雪，疾恶若仇，任座、史鱼①，殆无以过，若衡等辈，不可多得"。数称述于曹操。操欲见之，衡素相轻疾，不肯往，而数有恣言，操怀忿，因召之击鼓，裸身辱之②。融为见操，说其狂疾③，求得自谢。操喜，敕门者有客便通，待之极宴，衡乃坐于营门，言语悖逆，操怒，送与刘表。衡为融所荐，东坡谓融视操，特鬼蜮之雄，其势决不两立，非融诛操，则操害融。而衡平生唯善融及杨修，常称曰："大儿孔文举，小儿杨德祖。"融、修皆死于操手，衡无由得全。汉史言其尚气刚傲，矫时慢物，此盖不知其鄙贱曹操，故陷身危机，所谓语言狂悖者，必诵斥其有僭篡之志耳④。刘表复不能容，以与黄祖。观其所著《鹦鹉赋》，专以自况，一篇之中，三致意焉⑤。如云："嬉游高峻，栖峙幽深⑥。飞不妄集，翔必择林。虽周旋于羽毛，固殊智而异心⑦。配鸾皇而等美，焉比翼于众禽⑧？"又云："彼贤哲之逢患，犹栖迟以羁旅⑨。矧禽鸟之微物，能驯扰以安处⑩。"又云："嗟禄命之衰薄，奚遭时以崄巇⑪。岂言语以阶乱，将不密以致危⑫。"又云："顾六翮之残毁，虽奋迅其焉如⑬。心怀归而弗果⑭，徒怨毒于一隅。"卒章云："苟竭心于所事，敢背惠以忘初⑮。

期守死以报德,甘尽辞以效愚⑯。"予每三复其文,而悲伤之。李太白诗云:"魏帝营八极,蚁观一祢衡⑰。黄祖斗筲人,杀之受恶名。吴江赋鹦鹉⑱,落笔超群英。锵锵振金石,句句欲飞鸣。挚鹗啄孤凤⑲,千春伤我情!"此论最为精当也。

【注释】

①淑质:美好善良的品质。英才:杰出的才智。卓跞(luò):同"卓荦(luò)"。超绝;特出。霜雪:喻高洁的情操。任座、史鱼:任座抗行,史鱼厉节。《吕氏春秋》载,魏文侯饮,问诸大夫曰:"寡人何如主也?"任座曰:"君不肖君也。克中山,不以封君之弟,而以封君之子,是以知君不肖也。"史鱼为春秋时卫国大夫,以正直敢谏著名。《论语·卫灵公》:"(孔)子曰:'直哉史鱼!邦有道如矢(像箭杆一样正直),邦无道如矢。'"②轻疾:鄙视憎恶。恣言:放肆的言论。裸身辱之:祢衡裸身击鼓以辱曹操。③狂疾:疯癫病。自谢:自行认错。谢,认错,道歉。④汉史:指《后汉书》。刚傲:刚强傲岸。矫时:故违时俗。慢物:谓待人接物态度傲慢不逊。鄙贱:鄙视,轻视。诵斥:公开斥责。诵,通"讼"。公开。僭篡:篡夺。⑤致意:把自己的用意表达与人。⑥嬉游:嬉戏游乐。高峻:指雄伟峭拔的山岭。栖峙:栖止伫立。幽深:幽僻之处。⑦周旋:追随。羽毛:鸟兽的代称。按:此句原文作"虽同族于羽毛"。同族:同一种类。殊智:不同的智慧。⑧鸾皇:鸾与皇(凤)。皆凤属。比喻美善贤俊。焉比翼于众禽:祢衡原文为:"焉比德乎众禽?"比德:同心同德。一说指结党营私的行为。⑨贤哲:贤明睿智的人。栖迟:游息。引申为失意飘泊,淹留。⑩矧(shěn):况且。驯扰:顺服;驯伏。安处:安定居处。《文选》唐张铣注:"况鸟微贱,能顺柔安处也。"⑪禄命:古指人生禄食运数。禄指盛衰兴废,命指富贵贫贱。衰薄:衰败。奚:为何;如何。嶮巇(xī):艰险崎岖。嶮,同"险"。巇,危险。⑫阶:因由。亦谓导致、招致。阶乱:招致祸乱。将不密以致危:而是因为不巴结权贵才招致的危险。将(jiāng),副词。乃。密,贴近,亲密。⑬六翮:健羽。翮,音hé。即羽根。引申为羽毛,也作为鸟翼的代称。奋迅:形容鸟飞或兽跑迅疾而有气势。焉如:(能)向哪里去;(能)向何处去。⑭怀归:思归故里。⑮背惠:忘恩。⑯效愚:犹效忠。竭尽忠诚。⑰八极:八方极远的地方。蚁观:当作蚂蚁看待。比喻轻视。⑱吴江赋鹦鹉:见《续笔》卷六《严武不杀杜甫》"鹦鹉赋"注。⑲锵锵:乐声。金石:钟磬之类的乐器。挚:通"鸷"。凶猛。鹗:音è。鸷鹗,凶猛的鱼鹰。李白诗题为《望鹦鹉洲怀祢衡》。

禁中文书

韩魏公为相,密与仁宗议定立嗣,公曰:"事若行①,不可中止,陛下断自不疑。乞内中批出。"帝意不欲宫人知,曰:"只中书行足矣。"淳熙十四年十月二十二日,寿皇圣帝自德寿持丧还宫,二十五日有旨召对,与吏部尚书萧燧同引②。中使先谕旨曰:"教内翰留身③。"既对,乃旋于东华门内行廊下夹一素幄御榻后出一纸④,录唐贞观中太子承乾监国事以相示。萧先退,上与迈言,欲令皇太子参决万几,使条具合行事宜⑤。仍戒云:"进入文字须是密。"迈奏言:"当亲自书写实封,诣通进司⑥。"上曰:"也只剪开⑦,不如分付近上一个内臣。"迈又言:"臣无由可与内臣相闻知,惟御药是学士院承受文字,寻常只是公家文书传达,今则不可,欲俟检索典故了日,却再乞对面纳⑧。"上曰:"极好。"于是七日间三得从容⑨。乃知禁廷机事,深畏漏泄如此。(其详见于所记见闻事实。)

【注释】

①行:实施;实行。②淳熙十四年:1187年,这年十月,高宗赵构去世。德寿:德寿宫。持丧:服丧。召对:君主召见臣下令其回答有关政事、经义等方面的问题。同引:一同引见。③内翰:宋代为翰林学士之别称。此处指洪迈。留身:臣僚退朝,请暂独留面奏机宜。④素幄:白色帷帐。御榻:皇帝的坐卧具。⑤参决:参与决策。条具:分条开列;分条陈述。合行事宜:应该办理的事项。⑥实封:密封;固封。通进司:官署名。掌通报传达。⑦也只剪开:到了通进司也是剪开。⑧御药:指御药院。承受:承担。面纳:当面献纳。⑨从容:(在宫内)盘桓逗留。⑩禁廷:亦作"禁庭"。犹宫廷。

老子之言

老子之言,大抵以无为、无名为本,至于绝圣弃智①。然所云:"将欲之②,必固张之;将欲弱之,必固强之;将欲废之,必固兴之;将欲夺之，必固与之。"乃似于用机械而有心者③。微言渊奥，固莫探其旨也④。

【注释】

①无为：道家的哲学思想。即顺应自然的变化之意。老子提倡"无为而治"。认为宇宙万物的根源是"道"，而"道"是"无为"而"自然"的，人效法"道"，也应以"无为"为主。他说："道常无为而无不为，侯王若能守之，万物将自化。"后来黄老之说与刑名法术之学结合，就成了封建君主统治人民的方法之一。无名：名即概念、名称。老子认为在天地未形成时没有"名"，"名"是有了天地万物后才由人制定的。同儒家"正名"主张对立。绝圣弃智：谓摒弃聪明智巧。《老子》："绝圣弃智，民利百倍。"②歙（xī）：收敛。③机械：犹言巧诈。有心：意谓并非无为。④微言：含义深远精微的言辞。渊奥：深奥。旨：意指。谓意之所在。多指尊者的意向。

孔丛子

前汉枚乘与吴王濞书曰："夫以一缕之任，系千钧之重，上县无极之高，下垂不测之渊，虽甚愚之人犹知哀其将绝也。马方骇，鼓而惊之；系方绝，又重镇之。系绝于天，不可复结。坠入深渊，难以复出。"《孔丛子·嘉言》篇，载子贡之言曰："夫以一缕之任，系千钧之重，上县之于无极之高，下垂之于不测之深，旁人皆哀其绝，而造之者不知其危。马方骇，鼓而惊之；系方绝，重而镇之。系绝于高，坠入于深，其危必矣。"枚叔全用此语。《汉书》注诸家皆不引证，唯李善注《文选》有之。予按《孔丛子》一书，《汉书·艺文志》不载，盖刘向父子所未见。但于儒家有《太常蓼侯孔臧》十篇，今此书之末，有《连丛子》上下二卷①，云孔臧著书十篇，疑即是已。然所谓《丛子》者，本陈涉博士孔鲋子鱼所论集②，凡二十一篇，为六卷。唐以前不为人所称，至嘉祐四年，宋咸始为注释以进，遂传于世。今读其文，略无楚、汉间气骨③，岂非齐、梁以来好事者所作乎？《孔子家语》著录于《汉志》，二十七卷，颜师古云："非今所有《家语》也。"

【注释】

①连丛子:《孔丛子》一书的别名。②孔鲋：秦末儒生。孔子八世孙。陈胜起义，他也从军反秦，为博士。旧传《孔丛子》为他所作，实出后人伪托。③气骨：见《随笔》卷一《浅妄书》注。

小星诗

《诗序》不知何人所作，或是或非，前人论之多矣。唯《小星》一篇①，显为可议。《大序》云："惠及下也②。"而继之曰："夫人惠及贱妾，进御于君③。"故毛、郑从而为之辞，而郑笺为甚，其释"肃肃宵征，抱衾与裯"两句④，谓"诸妾肃肃然而行，或早或夜，在于君所，以次序进御。"又云："裯者床帐也，谓诸妾夜行，抱被与床帐待进御。"且诸侯有一国，其宫中嫔妾虽云至下，固非闾阎贱微之比⑤，何至于抱衾而行？况于床帐，势非一己之力所能致者，其说可谓陋矣。此诗本是咏使者远适，夙夜征行，不敢慢君命之意，与《殷其雷》之指同⑥。

【注释】

①小星：《诗·召南》篇名。写卑官小吏嗟叹其"肃肃宵征，夙夜在公"的遭遇，并归因于所谓"命"。《诗序》把此诗解为赞扬"（国君）夫人无妒忌之行，惠及贱妾"。旧时因以"小星"为妾的代称。②惠及下：恩惠及于下人（指贱妾）。③进御：指为君王所御幸。④毛、郑：毛亨、毛苌和郑玄。肃肃：疾速貌。宵征：夜行。裯（chóu）：床帐。⑤嫔（pín）妾：宫嫔、侍妾。至下：地位极低下。贱微：低下微贱。⑥殷其雷：《诗·召南》篇名。诗句有："何斯违斯，莫敢或遑？"指行役在外，不敢稍闲。还有"何斯违斯，莫敢遑息？""何斯违斯，莫敢遑处？"

桃源行

陶渊明作《桃源记》云，源中人自言："先世避秦时乱，率妻子邑人来此绝境，不复出焉，乃不知有汉，无论魏、晋。"系之以诗曰："嬴氏乱天纪，贤者避其世①。黄、绮之商山，伊人亦云逝②。愿言蹑轻风，高举寻吾契③。"自是之后，诗人多赋《桃源行》，不过称赞仙家之乐。唯韩公云："神仙有无何渺茫，桃源之说诚荒唐。世俗那知伪为真，至今传者武陵人④。"亦不及渊明所以作记之意。按《宋书》本传云："潜自以曾祖晋世宰辅，耻复屈身后代⑤。自宋高祖王业渐隆，不复肯仕。所著文章，皆题其年月。义熙以前，则书晋氏年号，自永初以来⑥，唯云甲子而已。"故五臣注《文选》用其语。又继之云："意者耻事二姓，故以异之⑦。"此说虽经前辈所诋，然予窃意桃源之事，以避秦为言。至云"无论魏、晋"，乃寓意于刘裕，托之于秦，借以为喻耳。近时胡宏仁仲一诗，屈折有奇味。大略云："靖节先生绝世人⑧，奈何记伪不考真？先生高步窘末代⑨，雅志不肯为秦民。故作斯文写幽意，要似寰海离风尘⑩。"其说得之矣。

【注释】

①天纪：上天之纪纲。借指国家法纪。避世：逃避尘世；逃避乱世。②黄、绮之商山：见《随笔》卷一《白公咏史》"黄绮入商洛"注。伊人：此人。指意中所指的人。此处指桃源之人的祖先。逝：往；去。逃避。③蹑：踩；踏。此处为乘驾之意。一说轻步追踪。吾契：和我情意相投的人。④武陵人：陶渊明《桃花源记》写晋朝太元年间，武陵捕鱼人无意中进入桃花源，并其所见所闻。⑤潜：陶渊明一名潜。私谥靖节。曾祖：指陶侃。东晋太宁三年（公元325年），加征西大将军，后任荆、江二州刺史，都督八州诸军事。屈身：委屈自身。后代：指东晋后，南北朝时刘裕建立的宋。⑥义熙：东晋安帝司马德宗年号。永初：宋武帝(即宋高祖)刘裕年号。⑦二姓：指东晋司马氏和宋刘氏。异之：指所题年月书晋氏年号和书写甲子。⑧绝世：冠绝当代。⑨高步：超群出众。窘：困迫。末代：犹末世。指一个朝代衰亡的时期。⑩幽意：幽深的思绪。寰海：犹言海内。风尘：尘世，纷扰的现实生活境界。

〔补注〕①绝境：与外界隔绝之地。无论：不必说。②渺茫：虚妄无凭。指不可信。荒唐：犹荒诞。谓思想、言行不符合常理人情，使人感到离奇。

司封赠典之失

前所书司封失典故,偶复忆一事,尤为可笑。绍兴二十八年,郊祀赦恩①,资政殿学士楼炤,父已赠少师,乞加赠,司封以资政殿学士系只封赠一代,父既至少师,不合加赠,独改封其母范氏、欧阳氏为秦国、魏国夫人。盖楼公虽尝为执政,而见居官职须大学士,乃恩及二代,故但用侍从常格。资政殿学士施钜父仲说,已赠太子太保,加为宫傅②,亦不及祖也。乾道六年,仲兄以端明殿学士知太平州。是年郊赦,伯兄已赠祖为太保,而转运司移牒太平州,云准吏部牒,取会本路曾任执政官合封赠二代者③。仲兄既具以报,又再行下时,祖母及父母已至极品,于是以祖为言,遂复赠太傅,命词给告,殊非端殿所当得。不知省部一时何所据也?

【注释】

①郊祀:古代祭礼,在郊外祭天或祭地。②宫傅:太子太傅的略称。③郊赦:古代帝王举行祭祀大礼时赦宥罪犯,谓之"郊赦"。取会:古代公文用语。犹核实,勘对。

辰巳之巳

《律书》释十母十二子之义①,大略与今所言同,唯至四月,云其于十二子为巳,巳者,言阳气之已尽也。据此,则辰巳之巳,乃为矣音。其他引二十八宿,谓柳为注,毕为浊,昴为留,亦见于《毛诗》注及《左氏传》,如《诗》谓营室为定星也②。

【注释】

①十母十二子:即十(天)干十二(地)支。②其他:指《史记·律书》的其他文字。柳为注,毕为浊,昴为留:《史记·律书》:"四月也,律中

中吕。……其于十二子为巳。巳者，言阳气之已尽也。……西至于注。注者，言万物之始衰，阳气下注，故曰注。""七月也，律中夷则。……其于十二子为申。……北至于浊。浊者，触也，言万物皆触死也，故曰浊。北至于留。留者，言阳气之稽留也，故曰留。"其中"西至于注"、"北至于浊"、"北至于留"的注、浊、留分别为柳宿、毕宿、昴（mǎo）宿。营室：即室宿。北方玄武七宿之第六宿。《诗》谓营室为定星:《诗·鄘风·定之方中》："定之方中，作于楚宫。揆之以日，作于楚室。"其中的"定"为星名，即营室星。作宫、作室即为营室。

卷第十一（十六则）

碑志不书名

碑志之作①，本孝子慈孙欲以称扬其父祖之功德，播之当时，而垂之后世，当直存其名字，无所避隐。然东汉诸铭，载其先代，多只书官。如《淳于长夏承碑》云，"东莱府君之孙②，太尉掾之中子，右中郎将之弟"，《李翊碑》云，"牂牁太守曾孙，谒者孙，从事君元子"之类是也。自唐及本朝，名人文集所志，往往只称君讳某字某，至于记序之文，亦然，王荆公为多，殆与求文扬名之旨为不相契③。东坡先生《送路都曹》诗，首言："乖崖公在蜀，有录事参军老病废事，公责之，遂求去，以诗留别，所谓'秋光都似宦情薄④，山色不如归意浓'者。公惊谢之曰：'吾过矣。同僚有诗人而吾不知。'因留而慰荐之⑤。坡幼时闻父老言，恨不问其姓名。及守颍州，而都曹路君，以小疾求致仕，诵此语，留之不可，乃采前人意作诗送之。"其诗大略云："结发空百战，市人看先封⑥。谁能搔白首，抱关望夕烽⑦。"则路君之贤而不遇可知矣。然亦不书其名，使之少获表见⑧，又为可惜也！

【注释】
①碑志：刻在碑上的纪念文字。亦称碑记。②府君：汉魏时太守自辟僚属如公府，因尊称太守为府君。③相契：相合。④废事：旷废职务。宦情：做官的志趣、意愿。⑤慰荐：犹慰藉。抚慰；安慰。⑥结发：犹束发。指年轻的时候。市人：市井之人。先封：先前的坟墓。封，积土为坟。引申为坟墓。⑦抱关：守关。夕烽：边塞烽烟，在傍晚点燃，以报平安。这四句诗是代路都曹说的。⑧表见（xiàn）：显扬。

汉文帝不用兵

《史记·律书》云："高祖厌苦军事，偃武休息①。孝文即位，将军陈武等议曰：'南越、朝鲜，拥兵阻阨，选蠕观望②。宜及士民乐用，征讨逆党，以一封疆③。'孝文曰：'朕能任衣冠，念不到此④。会吕氏之乱，误居正位⑤，常战战栗栗，恐事之不终。且兵凶器，虽克所愿，动亦耗病⑥，谓百姓远方何？今匈奴内侵，边吏无功，边民父子荷兵日久⑦，朕常为动心伤痛，无日忘之。愿且坚边设候，结和通使，休宁北陲⑧，为功多矣。且无议军。'故百姓无内外之繇，得息肩于田亩，天下富盛，粟至十余钱⑨。"予谓孝文之仁德如此，与武帝黩武穷兵，为霄壤不侔矣⑩。然班史略不及此事。《资治通鉴》亦不编入，使其事不甚暴白，惜哉！

【注释】

①厌苦：厌烦以为苦事。偃武：停息武备。偃，停止；停息。②阻阨：据守险要。选蠕（xùn rú）：亦作"选耎"、"选懦"。柔弱不果断。选，通"巽"。顺从。选蠕观望，即徘徊观望，图谋作乱。③逆党：指当时的南越、朝鲜等。以一封疆：以统一边疆。封疆，疆界。④朕能任衣冠，念不到此：我意想不到自己能穿上龙袍戴上皇冠。⑤吕氏之乱：指吕后死后诸吕的篡权活动。包括吕后的妹妹、樊哙之妻吕媭、吕后的侄子吕禄、吕产等。正位：中正之位。谓皇位。⑥兵：兵器。古人认为，兵器为凶器，应该慎用。克：成。耗病：谓造成损失，带来祸害、贫困。⑦荷（hè）：背；扛。⑧边：指边防设施。候：指侦察哨所。结和：媾（gòu）和言好。休宁：安宁。⑨息肩：谓休养生息。粟至十余钱：指每斛十余钱。⑩黩（dú）武穷兵：谓穷竭兵力，好战无厌。霄壤：犹言"天地"。天和地，天地之间，极言差别大。

帝王讳名

帝王讳名，自周世始有此制，然只避之于本庙中耳。"克昌厥后，骏发尔私。"成王时所作诗。昌、发不为文、武讳也①。宣王名诵而"吉甫作诵"之句，正在其时。厉王名胡，而"胡为虺蜴"、"胡然厉矣"之句，在其孙幽王时。小国曰胡，亦自若也。襄王名郑，而郑不改封。至于出居其国，使者告于秦、晋曰："鄙在郑地。"受晋文公朝，而郑伯傅王②。唯秦始皇以父庄襄王名楚，称楚曰荆，其名曰政，自避其嫌，以正月为一月。盖已非周礼矣。汉代所谓邦之字曰国，盈之字曰满，彻之字曰通③，虽但讳本字，而吏民犯者有刑。唐太宗名世民，在位之日不偏讳④。故戴胄、唐俭为民部尚书，虞世南、李世勣在朝。至于高宗，始改民部为户部，世勣但为勣。韩公《讳辨》云："今上书及诏，不闻讳浒、势、秉、机，惟宦官宫妾，乃不敢言喻及机⑤，以为触犯。"此数者皆其先世嫌名也⑥。本朝尚文之习大盛，故礼官讨论⑦，每欲其多，庙讳遂有五十字者。举场试卷，小涉疑似，士人辄不敢用，一或犯之，往往暗行黜落。方州科举尤甚⑧，此风殆不可革。然太祖讳下字内有从木从勾者⑨，《广韵》于进字中亦收。张魏公以名其子，而音为进。太宗讳字内有从耳从火者⑩，又有梗音，今为人姓如故。高宗讳内从勹从口者亦然⑪。真宗讳从心从亘，音胡登切。若缺其一画，则为恒，遂并恒字不敢用，而易为常矣⑫。

【注释】

①昌、发不为文、武讳：周文王名姬昌，武王名姬发。②傅：辅相。③邦、盈、彻：汉高祖名邦，汉惠帝名盈，汉武帝名彻。之：变也。④偏讳：古代遇君主或尊长的名字有两个字的，单举其中的一个字，也要避讳，称"偏讳"。《礼记·曲礼上》："二名不偏讳。"孔颖达疏："谓两字作名，不一一讳也。"偏为"徧（遍）"字之误。⑤浒势秉机喻：唐高祖李渊的祖父名虎，父名昞，玄宗名隆基，德宗名适，代宗名豫。分别与浒、秉、机、势、喻同音。⑥嫌名：指与姓名音同音近的字。《礼记·曲礼上》："礼不讳嫌名。"谓臣子避君父的名讳时，不避声音相近的字。后来讳法加严，嫌名也要避讳。⑦尚文：崇尚文治。礼官：掌礼仪教化之官。⑧方州：指州郡。⑨从木从勾：即"枸"字。此字读音较多。《中华大字典》注："即刃切，音晋，羊进切，音胤，震韵。……"太祖名（赵）匡胤。《广韵》：即刃切，去震，精。即音 jìn。⑩从耳从火：即"耿"字。宋太宗赵匡义，又名赵匡义、赵光义，即帝位后改名赵炅。《中华大字典》注："炅，俱永切，音憬，梗韵。光也。或作耿。见《集韵》。"⑪从勹从口：即"句"字。音 gōu。宋高宗名赵构。⑫从心从亘：即"恒"字。宋真宗名赵恒。恒同"恒"。易为常：用"常"字代替"恒"字。恒即经常的意思。

家讳中字

士大夫除官，于官称及州府曹局名犯家讳者听回避，此常行之法也。李焘仁甫之父名中，当赠中奉大夫，仁甫请于朝，谓当告家庙，与自身不同①，乞用元丰以前官制，赠光禄卿。丞相颇欲许之。予在西垣闻其说，为诸公言，今一变成式②，则他日赠中大夫，必为秘书监，赠太中大夫，必为谏议矣，决不可行。遂止。李愿为江东提刑，以父名中，所部遂呼为通议，盖近世率妄称太中也。李自称只以本秩曰朝散③。黄通老资政之子为临安通判，府中亦称为通议，而受之自如④。

【注释】

①家庙：祖庙；宗祠。与自身不同：意为给父亲赠官，父名必须讳之，与给自己封官不一样。②成式：旧有的法规。③本秩：原来的品级。④自如：自若，像原来的样子。

记张元事

自古夷狄之臣来入中国者，必为人用。由余入秦，穆公以霸①，金日磾仕汉，脱武帝五柞之厄②。唐世尤多，执失思力、阿史那社尔、李临淮、高仙芝、浑瑊、李怀光、跌跌光颜、朱邪克用，皆立大功名，不可殚纪③。然亦在朝廷所以御之，否则为郭药师矣④。倘使中国英俊，翻致力于异域，忌壮士以资敌国者，固亦多有。贾季在狄，晋六卿以为难日至⑤；桓温不能留王猛⑥，使为苻坚用；唐庄宗不能知韩延徽⑦，使为阿保机用；皆是也。西夏曩霄之叛，其谋皆出于华州士人张元与吴昊⑧，而其事本末，国史不书。比得田昼承君集，实纪其事云："张元、吴昊、姚嗣宗，皆关中人，负气倜傥，有纵横才⑨，相与友善。尝薄游塞上，观觇山川风俗，有经略西鄙意⑩。姚题诗崆峒山寺壁，在两界间，云：'南粤干戈未息肩，五原金鼓又轰天⑪。崆峒山叟笑无语，饱听松声春昼眠。'范文正公巡边,见之大惊。又有'踏破贺兰石,扫清西海尘'之句[12]。张为《鹦鹉诗》,卒章曰:'好著金笼收拾取[13],莫教飞去别人家。'吴亦有诗。将谒韩、范二帅,耻自屈,不肯往,乃砻大石,刻诗其上,使壮夫拽之于通衢,三人从后哭之,欲以鼓动二帅。既而果召与相见,踌躇未用间[14],张、吴径走西夏。范公以急骑追之,不及,乃表姚入幕府。张、吴既至夏国,夏人倚为谋主,以抗朝廷,连兵十余年[15],西方至为疲弊,职此二人为之。时二人家属羁縻随州,间使谍者矫中国诏释之[16],人未有知者。后乃闻西人临境,作乐迎此二家而去,自是边帅始待士矣。姚又有《述怀》诗曰:'大开双白眼,只见一青天[17]。'张有《雪》诗曰:'五丁仗剑决云霓,直取银河下帝畿[18]。战死玉龙三十万[19],败鳞风卷满天飞。'吴诗独不传。观此数联,可想见其人非池中物也[20]。"承君所记如此。予谓张、吴在夏国,然后举事,不应韩、范作帅日尚犹在关中,岂非记其岁时先后不审乎?姚、张诗,《笔谈》诸书,颇亦纪载。张、吴之名,正与羌酋二字同[21],盖非偶然也。

【注释】

①由余:祖先原为晋人,逃亡入戎。初在戎任职,转入秦,为秦穆公重用,任上卿,辅助穆公谋伐西戎,灭国十二,辟地千里,称霸西戎。见《史记·秦本纪》。②脱武帝五柞之厄:"五柞"疑应为"林光"。巫蛊之祸,武帝知太子冤,乃夷灭江充宗族党与。莽何罗与江充善,其弟又在诛太子时力战得封,惧祸及己,遂谋为逆。武帝行幸林光宫,莽何罗矫制夜出,杀使者,发兵,持白刃趋武帝卧内,欲入。金日䃅从后面抱住莽何罗,救了武帝一命。③殚纪:详尽纪述。④郭药师:原为辽国人,后降宋,官至太尉。金天会三年(1125年),在白河败于金斡离不军,又降金。从斡离不攻宋,因知宋虚实,直抵汴京,获大胜。⑤贾季:即狐射姑,狐偃之子。原为晋国中军帅,后阳处父代之,贾季降为副帅,有怨气。鲁文公六年(前621年),晋襄公卒,灵公少,贾季使人杀阳处父,引起晋国内讧,贾季奔狄。参考《随笔》卷六《姓氏不可考》一文和本笔卷八《吾家四六》"随会在秦"注。难日至:灾难随时都可能发生。⑥王猛:永和九年(353年)桓温攻前秦入关中,王猛往见,扪虱而谈天下大势,桓温署猛为军谋祭酒。桓温退兵,以王猛为督护,欲与俱还,猛辞不就。前秦尚书吕婆楼荐王猛于前秦皇帝苻坚,为谋士,遂得重用。后官至丞相。⑦韩延徽:字藏明。初属幽州藩镇刘守光,受命赴契丹求援,被耶律阿保机(契丹王,即后来的辽太祖)留为谋士。公元916年,"延徽逃奔晋阳。晋王(即后来的

唐庄宗）欲置之幕府，掌书记王缄疾之；延徽不自安，求东归省母"，遂复归辽（《资治通鉴》）。后任辽国政事令、南府宰相等职。⑧囊霄：即赵元昊。西夏国主。本姓李，名元昊。宋赐姓赵。先世据夏州，元昊嗣立，袭封西平王。后反叛，宋朝取消其姓赵的资格。张元：本名已佚。宋仁宗天圣间，与吴昊累试不第，遂同投西夏。为引起西夏统治者注视，更名（张）元、（吴）昊。受到元昊重用。不久，官至国相、太师、中书令。建议元昊联辽与宋抗争。与吴昊同为西夏建国之初重要汉臣。⑨倜傥：亦作"俶傥"。卓异，豪爽，洒脱不拘。纵横才：指以辩才陈述利害，游说君主。⑩观觇（chān）：察看。经略：经营治理。西鄙：西部边陲。鄙，边邑；边境。⑪崆峒（kōng tóng）山：在甘肃省平凉市西。属六盘山。息肩：停止。五原：此指唐代龙游原、乞地干原、青岭原、可岚贞原、横槽原。在今宁夏境内。借指西夏。金鼓：金属的乐器和鼓。用以节799乐，和军旅，正田役。轰天：巨声震天。⑫贺兰：指贺兰山。在今宁夏回族自治区西北边境和内蒙古自治区接界处。南北走向。西海：此处为泛指。指西部边疆。一说指青海一带。⑬著（zhuó）：介词，用；拿。⑭自屈：委屈自己。砻（lóng）：磨（mó）。鼓动：引动。煽动。踌躇：犹豫不决。⑮连兵：交兵；交战。⑯羁縻：犹言束缚。此处即关押。间（jiàn）使：乘间派遣。间，指空子。可乘的机会。⑰白眼：露出眼白。表示鄙薄或厌恶。只见一青天：意为普天之下除皇帝老儿还算清官（其实也不清）以外，再也没有清官了。⑱五丁：五个力士。传说秦惠王要伐蜀而不识道路，于是造了五只石牛，把金放在石牛尾下，扬言石牛能屙金。蜀王负力信以为真，派五丁把石牛拉回国，为秦开了通蜀的道路，因名石牛道。此处用这个典故，意为要扫除障碍，开通西夏通往宋朝的道路。云霓：指高空的云雾。帝畿：京城所在地区。⑲玉龙：形容下雪。⑳池中物：比喻蛰处一隅、无远大抱负的人。㉑羌，西夏为党项羌拓拔氏所建。

宫室土木

秦始皇作阿房宫，写蜀、荆地材至关中①，役徒七十万人。隋炀帝营宫室，近山无大木，皆致之远方，二千人曳一柱，以木为轮，则戛摩火出，乃铸铁为毂，行一二里，毂辄破，别使数百人赍毂，随而易之，尽日不过行二三十里，计一柱之费，已用数十万功②。大中祥符间，奸佞之臣，罔真宗以符瑞，大兴土木之役，以为道宫③。玉清昭应之建④，丁谓为修宫使，凡役工日至三四万，所用有秦、陇、岐、同之松、岚、石、汾、阴之柏，潭、衡、道、永、鼎、吉之梾、柟、楮、温、台、衢、吉之栲，永、澧、处之槻、樟，潭、柳、明、越之杉，郑、淄之青石，衡州之碧石，莱州之白石，绛州之斑石，吴越之奇石，洛水之石卵，宜圣库之银朱，桂州之丹砂，河南之赭土，衢州之朱土，梓、信之石青、石绿，磁、相之黛，秦、阶之雌黄，广州之藤黄，孟、泽之槐华，虢州之铅丹，信州之土黄，河南之胡粉，卫州之白垩，郓州之蚌粉，兖、泽之墨，归、歙之漆，莱芜、兴国之铁。其木石皆遣所在官部兵民入山谷伐取。又于京师置局化铜为鍮、冶金薄、锻铁以给用。凡东西三百一十步，南北百四十三步。地多黑土疏恶⑤，于京东北取良土易之，自三尺至一丈有六等。起二年四月，至七年十一月宫成，总二千六百一十区⑥。不及二十年，天火一夕焚爇⑦，但存一殿。是时，役遍天下，而至尊无穷乐黩武、声色苑囿、严刑峻法之举，故民间乐从，无一违命，视秦、隋二代，万万不侔矣。然一时贤识之士⑧，犹为盛世惜之。国史志载其事，欲以为夸，然不若掩之之为愈⑨。沈括《笔谈》云："温州雁荡山，前世人所不见。故谢灵运为太守⑩，未尝游历。因昭应宫采木，深入穷山，此境始露于外。"他可知矣。（卫州，一作衡州。）

【注释】

①写：移置；输送。②戛(jiá)摩：亦作"戛磨"。击撞摩擦。赍(jī)：携带。功：谓一个劳力一日的工作。③道宫：道教宫观(guàn)。④玉清昭应：宫观名。玉清为道教所称"三清"之一。指元始天尊；或指元始天尊所居的天外仙境，亦称"清微天"。⑤疏恶(è)：粗劣。⑥区：房屋一处叫一区。⑦焚爇(ruò)：犹烧毁。⑧贤识：高明的识见。⑨掩：遮盖。隐匿。愈：较好。⑩谢灵运为太守：谢灵运曾任永嘉郡太守，永嘉郡治永宁（今温州市）。

岁月日风雷雄雌

虞喜天文论汉《太初历》十一月甲子夜半冬至云："岁雄在阏逢，雌在摄提格，月雄在毕，雌在觜①，日雄在子。"又云："甲岁雄也，毕月雄也，陬月雌也②。"大抵以十干为岁阳③，故谓之雄，十二支为岁阴，故谓之雌，但毕、觜为月雄雌不可晓。今之言阴阳者，未尝用雄雌二字也。《郎𫖮传》引《易雌雄秘历》，今亡此书。宋玉《风赋》有雄风雌风之说。沈约有"雌霓连蜷"之句。《春秋元命包》曰："阴阳合而为雷。"《师旷占》曰："春雷始起，其音格格，其霹雳者，所谓雄雷，旱气也。其鸣依依④，音不大霹雳者，所谓雌雷，水气也。"见《法苑珠林》。予家有故书一种，曰《孝经雌雄图》，云出京房《易传》，亦曰星占相书也。

【注释】
①虞喜：东晋天文学家。字仲宁。太初历：见《续笔》卷十三《雨水清明》"太初"注。阏逢（yān péng）：亦作"焉逢"。十天干中甲的别称，用以纪年。《尔雅·释天》："太岁在甲曰阏逢。"摄提格：古代纪年名，即寅年的别称。摄提格年是星岁纪年法（摄提为星官名），寅年是干支纪年法。《尔雅·释天》："太岁在寅曰摄提格。"觜：觜（zī）宿。星官名。二十八宿之一。②陬（zōu）月：阴历正月的别称。《尔雅·释天》："正月为陬。"③岁阳：古代用干支纪年，十干叫作"岁阳"，亦称"岁雄"；十二支叫作"岁阴"。见四笔卷十五《岁阳岁名》一文。④格格（gē gē）、依依：均为象声词。

东坡三诗

东坡初赴惠州，过峡山寺，不值主人，故其诗云："山僧本幽独①，乞食况未还。云碓水自舂，松门风为关②。石泉解娱客，琴筑鸣空山③。"既至惠州，残腊独出，至栖禅寺，亦不逢一僧，故其诗云："江边有微行，诘曲背城市④。平湖春草合，步到栖禅寺。堂空不见人，老稚掩门睡⑤。所营在一食，食已宁复事。客行岂无得？施子净扫地⑥。风松独不静，送我作鼓吹⑦。"后在儋耳作《观棋》诗，记游庐山白鹤观，观中人皆阖户昼寝⑧，独闻棋声，云："五老峰前，白鹤遗址。长松荫庭，风日清美。我时独游，不逢一士。谁欤棋者？户外屦二。不闻人声，时闻落子。"其寂寞冷落之味，可以想见，句语之妙，一至于此。

【注释】

①惠州：哲宗绍圣元年，苏轼谪居惠州。幽独：寂静孤独。也指寂静孤独的人。②云碓（duì）：指石碓。舂谷物的设备，利用水力的，叫水碓。白居易诗："药炉有火丹应伏，云碓无人水自舂。"注云："庐山多云母，故以水碓捣练，俗呼为云碓。"风为关：为，音 wèi。③石泉：山石中的泉流。解娱客：排解客人的郁闷心情，使之欢乐。筑（zhú）：古击弦乐器。此诗题为《峡山寺》。④残腊：腊月的尽头。犹残冬。微行（háng）：细微之径道。即小路。诘曲：屈曲；屈折。⑤老稚：老幼。老人和小孩。⑥施子：给予你的。一说西施。"施子净扫地"，意谓什么也得不到了。⑦鼓吹：即鼓吹乐。亦即《乐府诗集》中之鼓吹曲。用鼓、钲、箫、笳等乐器合奏。⑧儋（dān）耳：苏轼贬置惠州三年，又贬琼州别驾，居昌化。昌化，故儋耳地。阖户：闭门。

〔补注〕惠州：州名。宋天禧五年（1021年）改祯州为惠州。治归善（今惠州市）。惠州市名胜古迹有西湖、泗州塔、望江亭、东坡井。

天文七政

《尚书·舜典》："以齐七政①。"孔安国本注，谓"日月五星也"。而马融云："七政者北斗七星，各有所主。第一主日；第二主月；第三曰命火，谓荧惑也；第四曰煞土，谓填星也；第五曰伐水，谓辰星也；第六曰危木，谓岁星也；第七曰剽金，谓太白也。日月五星各异，故曰七政。"《尚书大传》一说，又以为："七政者，谓春、秋、冬、夏、天文、地理、人道②，所以为政也，人道正而万事顺成。"三说不同，然不若孔氏之明白也。

【注释】

①齐七政：列出七项政事。齐，排列。七政，有两说：一，标志日、月、五星运行的度次。二，主宰日、月、五星（第一、二星支配日、月，第三星以下依次支配火星、土星、水星、木星、金星）。②人道：与"天道"相对。指人事、人伦，为人之道，或社会规范。

符读书城南

《符读书城南》一章①,韩文公以训其子,使之腹有《诗》《书》,致力于学,其意美矣。然所谓"一为公与相,潭潭府中居。不见公与相,起身自犁锄"等语,乃是觊觎富贵②,为可议也。杜牧之《寄小侄阿宜》诗亦云:"朝廷用文治③,大开官职场。愿尔出门去,取官如驱羊。"其意与韩类也。予向为陈铸作《城南堂记》亦及此意云。

【注释】
①符:韩愈之子。城南:韩愈别墅。②潭潭:深邃宽大貌。觊觎(jì yú):非分的希望或企图。③文治:谓以文教礼乐治民。

致仕官上寿

范蜀公自翰林学士,以本官户部侍郎致仕,仍居京师,同天节乞随班上寿①,许之。遂著为令。韩康公,元祐二年以司空致仕,太皇太后受册②,乞随班称贺,而降诏免赴,二者不同如此。

【注释】
①同天节:神宗皇帝寿辰。②韩康公:即韩绛。神宗时,两度为相。哲宗立,封康国公。受册:接受册命。

五经字义相反

治之与乱,顺之与扰,定之与荒,香之与臭,遂之与溃①,皆美恶相对之字。然《五经》用之或相反,如乱臣十人,乱越我家,惟以乱民,乱为四方新辟,乱为四辅,厥乱明我新造邦,丕乃俾乱之类②,以乱训治也。安扰邦国，扰而毅，扰龙，六扰之类③，以扰训顺也。荒度土功，遂荒大东，大王荒之，葛藟荒之之类④，以荒训定也。无声无臭，胡臭亶时，其臭膻，臭阴达于渊泉之类⑤，以臭训香也。是用不溃于成，草不溃茂之类⑥，以溃训遂也。郑康成笺《毛诗》溃成⑦，与毛公皆释为遂，至于溃茂，则以为溃当作汇，汇，茂貌也。自为异同如此。

【注释】

①扰：搅扰；骚乱。荒：乱也。溃：毁坏。②乱臣：古称善于治国的能臣。乱越我家：治理好我们的国家。越，治理。乱民：统治人民。辟：国君。此句意为治理四方，成为天下的新一代君王。四辅：四种辅臣。即前疑、后丞、左辅、右弼。"乱为四辅"，"乱"字本义为治理。这里为统御即管理。句意为做我的辅弼之臣。厥乱明我新造邦：其治理足以显明我们这个新建立的国家。丕乃：连词。承上。犹言于是。俾：使。"丕乃俾乱"意为让他们治理政事。③安扰：安定，安抚。扰而毅：柔顺驯服又刚毅果决。扰龙：驯养龙。六扰：六种家畜（引申意）：马、牛、羊、猪、犬、鸡。均为驯养之物。④荒度土功：荒度（duó），大力治理；统盘筹划。遂荒大东：荒，包有；据而有之。有安抚义。大王荒之：荒，居也。葛藟荒之：荒，掩；覆盖。⑤无声无臭（xiù）：臭，气味。胡臭亶时：臭，祭品的香气。亶（dǎn）时：正得其时。渊泉：深泉。⑥是用不溃于成：溃，达到。草不溃茂：溃茂，繁盛；茂盛。一说：溃，遂也，长成也。⑦郑康成：即郑玄。字康成。作《毛诗笺》。

镇星为福

世之伎术，以五星论命者①，大率以火、土为恶，故有昼忌火星夜忌土之语。土，镇星也，行迟，每至一宫②，则二岁四月乃去，以故为灾最久。然以国家论之则不然，苻坚欲南伐，岁镇守斗③，识者以为不利。《史记·天官书》云："五潢，五帝车舍④。火入，旱；金，兵；水，水⑤。"宋均曰："不言木、土者，德星为不害也⑥。"又云："五星犯北落，军起⑦。火、金、水尤甚。木、土，军吉。"又云："镇星所居国吉。未当居而居，已去而复，还居之，其国得土。若当居而不居，既已居之，又西东去，其国失土。其居久，其国福厚；其居易（轻速也）⑧，福薄。"

如此则镇星乃为大福德，与木亡异，岂非国家休祥所系⑨，非民庶可得侔邪？

【注释】

①以五星论命：指星术。以星象占吉凶之术。五星，指水、金、火、木、土 五行星。也作五曜、五纬。水星，古代也叫"辰星"。金星，也叫"启明"、"长庚"、"太白"或"明星"。火星，也叫"荧惑"。木星，也叫"岁星"。土星，也叫"填星"、"镇星"。参考本卷《天文七政》。②官：古代历法以周天三十度为一官；即周天三百六十度的十二分之一。把黄道周天分成十二部分，即为黄道十二官。③岁镇守斗：岁星、镇星在斗宿分野。即在"星纪官"（中国名称）。十二官之一的"星纪"，配二十八宿为斗、牛两宿。两宿的"分野"，即今浙江、江苏、安徽、江西诸省地区。当时为东晋的地盘。符坚南伐东晋，因岁星和镇星都在晋，所以对符坚不利。④五潢：即五潢座。星官名。包括五颗星。五潢，五帝车舍：五潢星，是五方天帝的车舍。五潢，星名，也叫五车，属毕宿，共有五星。五帝，中国古代神话中的五方之天帝，即"五方神"：东方青帝，南方赤帝，中央黄帝，西方白帝，北方黑帝。《晋书·天文志上》："五车五星……五车者，五帝车舍也，五帝坐也。"⑤"火入"句：火星侵入五潢座有旱灾；金星侵入有兵灾；水星侵入有水灾。⑥德星：此处兼指木星和土星。⑦北落：星名。军：军事；战争。⑧易："易"字后面"轻速也"三字是作者洪迈对"易"字的注解，即迅速离去。⑨休祥：吉祥。

东坡引用史传

东坡先生作文，引用史传，必详述本末，有至百余字者，盖欲使读者一览而得之，不待复寻绎书策也。如《勤上人诗集叙》引翟公罢廷尉宾客反覆事①，《晁君成诗集叙》引李郃汉中以星知二使者事②，《上富丞相书》引左史倚相美卫武公事③，《答李琮书》引李固论发兵讨交趾事④，《与朱鄂州书》引王潜活巴人生子事⑤，《盖公堂记》引曹参治齐事⑥，《滕县公堂记》引徐公事⑦，《温公碑》引慕容绍宗、李勣事⑧，《密州通判题名记》引羊叔子、邹湛事⑨，《荔枝叹》诗引唐羌言荔枝事是也⑩。

【注释】

①勤上人：指钱塘僧人惠勤。上人，佛教谓上德之人。后用为僧人的尊称。翟公罢廷尉：翟公，西汉下邽人。为廷尉，宾客盈门。及废，门外可设雀罗。后复职，宾客欲往，翟公乃大署其门曰："一死一生，乃知交情。一贫一富，乃知交态。一贵一贱，交情乃见。"见《史记·汲郑列传赞》。②李郃汉中以星知二使者事：李郃为下文所提李固之父。汉和帝时，为汉中候吏。和帝遣二使者微服入蜀，馆于郃，郃以星（星卜）知之。见《后汉书·方术传·李郃》。③倚相：春秋楚国左史。倚相赞美卫武公，年九十有五，犹教在朝官夜朝夕警戒自己，并作诗以自戒。④李固：字子坚。后汉永和中，交趾反，议者欲发兵讨之。独李固列举理由以为发兵无益。朝廷从李固议，"由此岭外悉平"。⑤王濬：见《随笔》卷十一《燕昭汉光武之明》注。活巴人生子：指使巴蜀之人所生子女存活下来。"及后伐吴，所活者皆堪为兵。其父母戒之曰：'王府君（王濬）生汝，汝必死之。'"见《晋书·王濬传》。苏轼听说"岳鄂间田野小人，例只养二男一女，过此辄杀之。"因此写这封书与朱鄂州，劝他对岳鄂之人，要告以法律，要和王濬一样，想法使新出生的子女活下来。⑥曹参治齐：曹参任齐相，胶西盖公善治黄老，曹参使人厚币请之，"（曹参）于是避正堂，舍盖公焉。"用其言而齐国大治。（《史记·曹相国世家》）⑦徐公事：引徐公事，意在说明，土木营造之功，只要出于正当和需要，不必忌讳治理。因为"今日不治，后日之费必倍。""昔毛孝先、崔季圭用事，士皆变易车服以求名，而徐公不改其常，故天下以为泰（骄恣；奢侈）。其后世俗日以奢靡，而徐公故自若也，故天下以为啬。君子之度一也，时自二耳。"徐公，指徐邈。见卷八《四六名对》注。⑧慕容绍宗：南北朝时东魏将领。鲜卑族人。复姓慕容。"昔齐神武皇帝（高欢，东魏大丞相。死后其子高洋代东魏称齐帝，后追尊为神武皇帝）寝疾，告其子世宗（高澄）曰：'侯景专制河南十四年矣，诸将皆莫能敌，惟慕容绍宗可以制之，我故不贵，留以遗汝。'"（见《北齐书·神武帝纪》）而唐太宗亦谓高宗："汝于李勣无恩，我今责出之，汝当授以仆射。'乃出勣于叠州都督。"见《旧唐书·李勣传》。苏轼引此，说明古代帝王为其子孙长计远虑。神宗把司马光留给哲宗，亦为子孙计。⑨羊叔子、邹湛事：《晋书·羊祜传》载，羊祜（字叔子）登岘山。"慨然叹息，顾谓从事中郎邹湛等曰：'自有宇宙，便有此山。由来贤达胜士，登此远望，如我与卿者多矣！皆湮灭无闻，使人悲伤。如百岁后有知，魂魄犹应登此也。'湛曰：'公德冠四海，道嗣前哲，令闻令望，必与此山俱传。至若湛辈，乃当如公言耳。'"是羊叔子之贤，而使邹湛名垂后世。苏轼的意思，是借助这篇题名记，也使自己留名后世。⑩唐羌言荔枝事：唐羌，字伯游，汝南人。汉和帝时官湖南临武县令。见到传送荔枝，死亡惨重，曾上

书和帝,建议罢除交州荔枝的进贡,和帝因而下令不再进献。见《后汉书·和帝纪》。"至今欲食林甫肉,无人举觞酹伯游。"(《荔枝叹》)李林甫为宰相,谄媚唐明皇,对进贡荔枝,不加谏阻,至今人们恨不得吃他的肉。可是为人民做过好事的唐羌,却很少有人酹酒来纪念他。

两莫愁

莫愁者郢州石城人,今郢有莫愁村。画工传其貌,好事者多写寄四远①。《唐书·乐志》曰:"《莫愁乐》者,出于《石城乐》,石城有女子名莫愁,善歌谣。"古词曰"莫愁在何处?莫愁石城西,艇子打两桨②,催送莫愁来"者是也。李义山诗曰:"海外徒闻更九州,他生未卜此生休③。空传虎旅鸣宵柝,无复鸡人送晓筹④。此日六军同驻马,他时七夕笑牵牛⑤。如何四纪为天子,不及卢家有莫愁。"此莫愁者洛阳人。梁武帝《河中之歌》曰"河中之水向东流,洛阳女儿名莫愁。莫愁十三能织绮,十四采桑南陌头,十五嫁为卢家妇,十六生儿似阿侯⑥。卢家兰室桂为梁,中有郁金苏合香,头上金钗十二行,足下丝履五文章,珊瑚挂镜烂生光,平头奴子擎履箱⑦,人生富贵何所望?恨不早嫁东家王"者是也。卢氏之盛如此,所云"不早嫁东家王",莫详其义。近世周美成乐府《西河》一阕,专咏金陵,所云"莫愁艇子曾系"之语⑧,岂非误指石头城为石城乎?

【注释】

①写寄四远:描摹其貌寄给四面八方。②艇子:船夫。③李义山:即李商隐。所引诗为《马嵬二首》其二。唐玄宗的妃子杨玉环死于马嵬坡。"海外"句:更,音gèng,复;再。海外九州,指想象中的仙境。战国时阴阳五行家邹衍云:九州之外复有九州。杨妃死后,有方士说在海外仙山找到了她。但神仙传说毕竟渺茫,不能给玄宗什么安慰,所以说"徒闻"。"他生"句:玄宗和杨妃曾有"世世为夫妇"的誓约。这句说来生怎样难以知晓,而今生他们的夫妇关系却是已经完结了。④虎旅:指安史之乱时,跟随玄宗赴蜀的军队。宵柝(tuò):军营中夜晚巡更报警的刁斗声。鸡人:皇宫里专设的负责报晓的卫士。因为宫中不准养鸡,用卫士传鸡唱。晓筹:拂晓的更筹。指拂晓时刻。⑤此日:指马嵬之变的当天。禁军驻马不前,要求处死杨氏兄妹。"他时"句:李商隐原诗

为"当时"。说当年七月七日玄宗、杨妃在长生殿夜半私语（见白居易《长恨歌》）的时候，还以为天上牵牛、织女一年只能聚会一次，不及他们能天天在一起。⑥陌头：陌上，路旁。陌，田间的小路。阿（ā）侯：古诗中人名。或传为莫愁之子。此诗一本作"十六生儿字阿侯"。后来唐人的诗中用以指少年。⑦兰室：女子居室的美称。郁金：姜科草本植物，根状茎及块状根有香气。苏合香：金缕梅科乔木。树脂称苏合香，可提制苏合香油，用作香精中的定香剂。文章：错综华美的色彩或花纹。珊瑚：由珊瑚虫分泌的石灰质骨骼，状如树枝，多为红色，也有白色或黑色的。鲜艳美观，可作装饰品。烂：明，有光彩。平头：代指奴仆。⑧周美成：即周邦彦。字美成。北宋词人。阕：乐终。因谓乐曲一首为一阕。词一首也叫一阕。艇子：小船。

何公桥诗

英州小市，江水贯其中，旧架木作桥，每不过数年，辄为湍潦所坏①。郡守建安何智甫，始叠石为之，方成而东坡还自海外，何求文以纪。坡作四言诗一首，凡五十六句。今载于后集第八卷，所谓"天壤之间，水居其多。人之往来，如鹈在河"是也②。予侍亲居英，与僧希赐游南山，步过桥上，读诗碑③。希赐云："真本藏于何氏，此有石刻，经党禁亦不存④。"今以板刻之，乃希赐所书也。赐因言何公初请记，坡为赋此诗，既大书矣。而未遣送，郡候兵执役者见之⑤，以告何，何又来谒，坡曰："轼未到桥所，难以想象落笔。"何即命具食，拉坡偕往。坡曰："使君是地主，宜先升车。"何谢不敢，乃并轿而行。既至，坡曰："正堪作诗，晚当奉戒⑥。"抵暮送与之。盖诗中云："我来与公，同载而出。欢呼填道，抱其马足。"故欲同行，以印此语耳。坡公作诗时，建中靖国元年辛巳。予闻希赐语时，绍兴十七年丁卯，相去四十六年。今追忆前事，乃绍熙五年甲寅，又四十七年矣。

【注释】
①湍潦：雨后冲激的大水。②鹈：即鹈鹕（tí hú）。鸟名。群居。主要栖息在沿海湖沼、河川地带。③诗碑：刻有诗作的石碑。④党禁：谓禁止列名党籍的人出任官职。宣和六年（1124年），蔡京当政，禁收藏苏轼、黄庭坚之文。⑤执役者：服役的人；工作人员。⑥奉戒：送到。戒，通"届"。至，到。

卷第十二（十六则）

盼泰秋娘三女①

白乐天《燕子楼诗序》云："徐州故张尚书，有爱妓曰盼盼，善歌舞，雅多风态②。尚书既殁，彭城有旧第，第中有小楼名燕子。盼盼念旧爱而不嫁，居是楼十余年，幽独块然③。"白公尝识之，感旧游，作二绝句，首章云："满窗明月满帘霜，被冷灯残拂卧床。燕子楼中霜月苦④，秋来只为一人长。"末章云："今春有客洛阳回⑤，曾到尚书冢上来。见说白杨堪作柱，争教红粉不成灰⑥。"读者伤恻⑦。刘梦得《泰娘歌》云："泰娘本韦尚书家主讴者，尚书为吴郡⑧，得之，诲以琵琶，使之歌且舞，携归京师。尚书薨，出居民间，为蕲州刺史张愻所得。愻谪居武陵而卒，泰娘无所归。地荒且远，无有能知其容与艺者，故日抱乐器而哭。"刘公为歌其事云："繁华一旦有消歇，题剑无光履声绝⑨。蕲州刺史张公子，白马新到铜驼里⑩。自言买笑掷黄金，月堕云中从此始⑪。山城少人江水碧，断雁哀弦风雨夕⑫。朱弦已绝为知音，云鬟未秋私自惜⑬。举目风烟非旧时，梦寻归路多参差。如何将此千行泪，更洒湘江斑竹枝⑭！"杜牧之《张好好诗》云："牧佐故吏部沈公在江西幕，好好年十三，以善歌来乐籍中⑮，随公移置宣城，后为沈著作所纳。见之于洛阳东城，感旧伤怀，题诗以赠曰：君为豫章姝⑯，十三才有余。主公再三叹，谓言天下无。自此每相见，三日已为疏。身外任尘土，尊前极欢娱⑰。飘然集仙客，载以紫云车⑱。尔来未几岁，散尽高阳徒⑲。洛城重相见，绰绰为当垆⑳。朋游今在否，落拓更能无㉑？门馆恸哭后，水云秋景初㉒。洒尽满襟泪，短歌聊一书。"予谓妇人女子，华落色衰，至于失主无依，如此多矣。是三人者，特见纪于英辞鸿笔㉓，故名传到今。况于士君子终身不遇而与草木俱腐者，可胜叹哉！然盼盼节义㉔，非泰娘、好好可及也。（"盼盼"馆本作"盼盼"，与《香山集》合。）

【注释】

①此篇一本题为《盼盼泰娘好好》。②张尚书：指张建封之子张愔。曾任武宁军（治徐州）节度使、检校工部尚书，最后征为工部尚书，未到任而卒。徐州治彭城(今江苏徐州市)。雅多风态：颇具风姿。雅，甚。颇。风态，犹风姿。③幽独：独处。块然：安然自得。④霜月苦：白居易原诗作"霜月夜"。这样才对应下句的长（cháng）字。⑤洛阳来客：指张仲素。此诗为白居易和张仲素的唱和篇。"洛阳回"即回到洛阳。张尚书之墓在洛阳。⑥见说白杨堪作柱：说是张尚书坟边的白杨树已经可以作梁柱了。争教：怎教；怎么能使得。红粉：妇女化妆用的胭脂与铅粉，以此代指女子，此处指盼盼。这句说，怎么能使得盼盼的花容月貌最后不会变成灰土呢？⑦伤恻：悲伤同情，哀伤不忍。⑧韦尚书：指韦夏卿。曾任校检工部尚书。元和初卒于洛阳。主讴者：歌伎中的主要演员。为吴郡：做苏州太守。吴郡，今江苏苏州市。⑨繁华：富贵荣华。消歇：消失；止歇。题剑：指韦夏卿送给泰娘的刻有自己题词的宝剑。履声：指脚步声。履，行走。⑩铜驼里：这里代指洛阳。陆机《洛阳记》："汉铸铜驼二枚，在官之南四会道，夹路相对。"⑪"月堕云中"句：比喻张愔迷恋泰娘，泰娘又为愔所得。⑫哀弦：刘禹锡原诗为"哀猿"，和"断雁"相对。也与上句"山城少人江水碧"相呼应。且下文又有"朱弦"，不应重复。⑬"朱弦"二句：朱弦已绝，春秋时俞伯牙善鼓琴，钟子期最为知音。子期死，伯牙把琴摔碎，从此不再弹奏。这里用此典故说明泰娘已失去韦、张两个知音。云鬟：行容鬓发多而美。秋：秋霜。喻白发。⑭风烟：景象；风光。参差：纷纭繁杂。斑竹枝：见续笔卷五《玉川子》"湘江水"注。⑮张好好诗：这是沈公（其姓名不详）移置宣城卒后，张好好被沈著作（字述师）所纳以后二年，杜牧又在洛阳见张好好时题赠的诗。沈著作不是前句提到的"沈公"。牧：杜牧自称。佐：辅佐；佐助。乐籍：古指乐户的名籍，后为妓女登记册的通称。⑯姝（shū）：美女。⑰"身外任尘土"二句：身外之物（指名誉、地位、财产等）视为尘土，只要在酒筵中尽情欢娱。任，役使；使用。⑱飘然：超脱貌。集仙客：指沈述师。曾任集仙殿校理。一说此句意为跟随集仙客四方飘摇（漂泊奔波）。飘然，飘泊貌。紫云车：比喻高贵的车子。《情物志》载：西王母乘紫云车而至。此句说，你乘坐上那华美的紫云车做了新媳妇。⑲高阳徒：《史记·郦生列传》载，郦食其（yì jī）去见汉高祖刘邦，自称是高阳酒徒。郦食其为陈留高阳乡人。后来用"高阳（酒）徒"指嗜酒而放荡不羁的人。⑳绰绰：妩媚可爱的样子。杜牧原文为"婥婥（chuò）"。姿态柔美貌。当垆：卖酒。垆，安放酒瓮的土台子。卖酒的坐在垆边，叫"当垆"。㉑朋游：犹朋旧。落拓：形容性情

放浪，不拘小节。此二句为张好好问杜牧的话：你原先的朋友是否还在？是否还像过去那样无拘无束？㉒门馆恸哭：指为自己敬重的上司（沈公）去世而悲哀恸哭。门馆，指官署。水云秋景初：转眼之间（像流水泄云一样快）到了秋初。㉓英辞鸿笔：指著名诗人的笔墨文章。英辞，亦作"英词"。美好的文辞。鸿笔，犹言大手笔。㉔节义：亦作"节谊"。谓节操与义行。

颜鲁公祠堂诗

予家藏《云林绘监》册，有颜鲁公画像，徐师川题诗曰："公生开元间，壮及天宝乱①。捐躯范阳胡，竟死蔡州叛②。其贤似魏徵，天下非贞观。四帝数十年③，一身逢百难。少时读书史，此事心已断④。老来鬓发衰，慨叹功名晚。嗟哉忠义途，捷去不可缓。初无当年悲，只令后世叹。一朝绝霖雨，南亩常亢旱⑤。小夫计虽得，斯民盖涂炭⑥。长歌咏君节，千载勇夫懦⑦。敬书子张绅⑧，庶几古人半。"师川以诗鸣江西⑨，然此篇不为工。尝记李德远举似童敏德游湖州题公祠堂长句曰⑩："挂帆一纵疾于鸟，长兴夜发吴兴晓。杖藜上访鲁公祠，一见目明心皦皦⑪。未说邦人怀使君⑫，且为前古惜忠臣。德宗更用卢杞相，出当斯位诚艰辛⑬。生逆龙鳞死虎口，要与乃兄同不朽⑭。狂童希烈何足罪，奸邪嫉忠假渠手。乃知成仁或杀身⑮，保身不必皆哲人。此公安得世复有，洗空凡马须骐麟。"童之诗，语意皆超拔，亦临川人，而终身不得仕，为可惜也！

【注释】

①天宝乱：指天宝十四载（755年）发生的安史之乱。②捐躯：牺牲生命。这里指不顾生命抵抗安禄山。范阳胡：指安禄山。安禄山，胡人。为平卢、范阳、河东三镇节度使。天宝十四载冬，在范阳起兵叛乱。蔡州叛：指李希烈。蔡州，代宗大历以后为淮西节度使治所。此句和下文诗中的"奸邪嫉忠假渠手"可参考《续笔》卷一《颜鲁公》注。③四帝：颜真卿历仕玄、肃、代、德四帝。④书史：书籍。此事：指为国献身之事。断：决定。⑤霖雨：喻济世之臣。《书·说命上》："若济巨川，用汝作舟楫；若岁大旱，用汝作霖雨。"是殷高宗对大臣傅说说的话。后即以"霖雨"喻济世大臣。南亩:《诗·豳风·七月》："馌彼南亩。"

后泛指农田。亢旱：大旱。⑥小夫：平民百姓中的男性。此处似指卢杞等小人。斯民：指老百姓。⑦节：气节；节操。千载勇夫愞：可使千百年来的勇敢之士感到自己怯懦。意谓比不上您。愞（nuò），同"懦"。软弱，怯懦。⑧敬书子张绅：《史记·仲尼弟子列传》载，孔子教其弟子子张要"言忠信，行笃敬"，"子张书诸绅"。绅，士大夫系在腰间的大带子。⑨鸣：著称；闻名。⑩举似：奉告。似，通"示"。⑪杖藜：持藜茎为手杖。泛指扶杖走路。皦皦：清白；光明磊落。⑫邦人：国人；百姓。⑬卢杞：德宗建中初升为宰相，陷害杨炎、颜真卿，排斥宰相张镒等。出当斯位：指颜真卿被遣劝谕李希烈。⑭生逆龙鳞：此句似指颜真卿斥责李希烈。李曾僭伪号称楚帝。龙鳞：喻指皇帝或皇帝的威严。《韩非子·说难》："龙喉下有逆鳞径尺，若人有婴（触犯）之者，则必杀人。人主亦有逆鳞，说者能无婴人主之逆鳞，则几矣。"乃兄：真卿从兄颜杲卿，为常山太守。安禄山叛乱，应从弟平原太守颜真卿之约，联合起兵断安禄山后路。次年（756年）常山为史思明所破，他被执送至洛阳安禄山处，遭杀害。⑮成仁：成就仁德。《论语·卫灵公》："志士仁人，无求生以害仁，有杀身以成仁。"后谓为维护正义而献出生命。

注⑬、⑭、⑮见《续笔》卷一《颜鲁公》及其注文。

闵子不名

《论语》所记孔子与人语及门弟子并对其人问答，皆斥其名，未有称字者，虽颜、冉高第，亦曰回，曰雍，唯至闵子，独云子骞，终此书无损名。昔贤谓《论语》出于曾子、有子之门人，予意亦出于闵氏。观所言闵子侍侧之辞①，与冉有、子贡、子路不同，则可见矣。

【注释】

①闵子侍侧之辞：《论语·先进》："闵子侍侧，訚（yín）訚如也（和悦而能尽言之貌）；子路，行行如也；冉有、子贡，侃侃如也（和悦貌）。子乐。'若由也，不得其死然（怕会不得善终吧）。'"侍侧：陪侍左右。冉有：鲁国人，冉氏，名求，字子有。孔子学生。

曾晳待子不慈

传记所载曾晳待其子参不慈①,至云因锄菜误伤瓜,以大杖击之仆地。孔子谓参不能如虞舜小杖则受,大杖则避,以为陷父于不义,戒门人曰:"参来勿内②。"予窃疑无此事,殆战国时学者妄为之辞。且曾晳与子路、冉有、公西华侍坐,有"浴乎沂,风乎舞雩"之言,涵泳圣教,有超然独见之妙,于四人之中,独蒙"吾与"之褒③,则其为人之贤可知矣。有子如此,而几置之死地,庸人且犹不忍,而谓晳为之乎?孟子称曾子养曾晳酒肉养志,未尝有此等语也④。

【注释】

①曾晳:名蒧(diǎn),字晳。《孔子家语》说,字子晳。孔子弟子。蒧,或作"点"。②内(nà):同"纳"。③公西华:鲁国人。复姓公西,名赤,字子华。孔子学生。浴乎沂:在沂水里洗洗澡。风乎舞雩:在舞雩台上吹吹风。风,迎风乘凉。舞雩(yú),鲁国祭天求雨的地方。在今山东曲阜市南。一说古代求雨之祭叫"雩祭",因有乐舞,又叫舞雩。风乎舞雩即在风中跳舞求雨。这是曾晳言志时说的话。涵泳:深入体会。圣教:旧称尧、舜、文、武、周公、孔子的教导。涵泳圣教,意为对圣人(孔子)的教诲领会很深刻。独蒙"吾与"之褒:曾晳谈的是太平盛世景象,故得到孔子的赞许。"孔子喟尔叹曰:'吾与蒧也!'"(《史记·仲尼弟子列传》)与,赞许;同意。④养(yàng)志:承顺父母的心意。与"养口体"相对。《孟子·离娄上》:"曾子养曾晳,必有酒肉。将彻(撤),必请所与(请示剩下的给谁);问有余(父亲问有无剩余),必曰:有。曾晳死,曾元(曾参之子)养曾子,必有酒肉;将彻,不请所与;问有余,曰:亡矣,一将以复进也(打算把剩余的下餐再给父亲吃)。此所谓养口体者也。(若)曾子,则可谓养志也。事亲若曾子者,可也。"此等语:指曾晳待子不慈的记载。

具圆复诗

吴僧法具,字圆复,有能诗声,予乃纪之于《夷坚志》中①,殊为不类。比于福州僧智恢处，见其诗稿一纸，字体效王荆公。其《送僧》一篇云："滩声嘈嘈杂雨声②，舍北舍南春水平。拄杖穿花出门去，五湖风浪白鸥轻。"《送翁士特》云："朝入羊肠暮鹿头，十三官驿是荆州③。具车秣马晓将发④，寒烛烧残语未休。"《竹轩》云："老竹排檐谁手种，山日未斜寒翠重⑤。六月散发叶底眠，冷雨斜风频入梦。冬雕峰木雪缟庐，落眼青青却笑渠⑥。花时吹筝排林上，吴州还见《竹溪图》。"《和子苍三马图》云："从来画马称神妙，至今只说江都王⑦。将军曹霸实季仲，沙苑丞相犹诸郎⑧。龙眠居士画马，独与二子遥相望⑨。两马骈立真骐骥，一马脱去仍腾骧⑩。浣花老人今已亡，呜呼三马谁平章⑪！饱知画肉亦画骨，妙处不减黄无双⑫。"又一篇云："烧灯过了客思家，独立衡门数暝鸦⑬。燕子未归梅落尽，小窗明月属梨花⑭。"皆可咀嚼也⑮。吴门僧惟茂，住天台山一禅刹，喜其且暮见山，作绝句曰："四面峰峦翠入云，一溪流水潄山根⑯。老僧只恐山移去，日午先教掩寺门。"甚有诗家风旨⑰，而或者谓山若欲去，岂容人掩住？盖吴人痴呆习气也，其说可谓不知音⑱。

【注释】

①《夷坚志》：笔记小说集。洪迈撰。取《列子·汤问》"夷坚（人名）闻（怪异）而志之"语以名书。内容多为神怪故事和异闻杂录，把圆复及其诗记载其中与书的内容不符，所以作者说"殊为不类"。②嘈嘈：形容声音繁杂。③羊肠：指羊肠坂。太行山上的坂道。萦曲如羊肠，故名。有二：一在今山西平顺东南，一在今山西晋城南。另一羊肠坂在今山西交城东北。一名羊肠山。鹿头：指鹿头关。古关名。唐置，在四川德阳北鹿头山上。坂、关地址与诗意不合，此句可能是借指路途的艰险。官驿：官府的驿站。④秣马：把马喂饱。⑤排檐：触到屋檐。排，触；冲向。寒翠：指常绿树木在寒天的翠色。⑥雕：萎谢。峰木：干枯的树木。雪缟庐：雪落在房舍上，房舍变为白色。落眼：指下面庐舍的窗子。青青：浓黑貌。⑦神妙：神奇巧妙。江都王：唐江都王李绪，霍王李元轨之子。以擅画马著名。杜甫《韦讽录事宅观曹将军画马图》："国初以来画鞍马，神妙独数江都王。"⑧季仲：义同"季孟"。犹伯仲之间，谓不相上下。沙苑丞相：不详。犹诸郎：意为在画马名手中算不上数。诸郎：年轻子弟。⑨龙眠居士：宋代画家李公麟，字伯时。官至朝奉郎。元符三年（1100年）告老，居龙眠山，号龙眠居士。擅绘人物鞍马及历史故事画，兼擅山水。二子：指江都王和曹霸。⑩骈（pián）立：并排而立。骐骥：良马名。腾骧：飞跃；腾越。⑪浣

花老人：指杜甫。四川成都市西郊有浣花溪，溪旁有杜甫的故居，号浣花草堂。平章：品评。杜甫的《丹青引》《韦讽录事宅观曹将军画马图》都是品评画马的诗篇。⑫画肉：只画出名马的肥大的形体。画骨：指画出名马的神骏的风神。黄无双：所指不详。⑬烧灯：指元宵节。衡门：横木为门。指简陋的房屋。暝鸦：傍晚的乌鸦。⑭属梨花：正值梨花开放。属（zhǔ），适逢。⑮咀嚼：细细咬嚼。引申为玩味。⑯吴门：旧时苏州的别称。禅（chán）刹：佛寺。漱：漱口。引申为用水冲刷。⑰风旨：风格旨趣。⑱不知音：诗的后两句是一种形象化的心理刻划和描写，并非吴人痴呆。知音，指对作品能深刻理解、正确评价的人。

人当知足

予年过七十，法当致仕，绍熙之末，以新天子临御，未敢遽有请，故玉隆满秩①，只以本官职居里。乡衮赵子直不忍使绝禄粟，俾之因任，方用赘食太仓为愧，而亲朋谓予爵位不逮二兄，以为耿耿②。予诵白乐天《初授拾遗诗》以语之曰："奉诏登左掖，束带参朝议③。何言初命卑，且脱风尘吏④。杜甫、陈子昂，才名括天地⑤。当时非不遇，尚无过斯位。"其安分知足之意，终身不渝。因略考国朝以来，名卿伟人负一时重望而不跻大用者，如王黄州禹偁，杨文公亿，李章武宗谔，张乖崖咏，孙宣公奭，晁少保迥，刘子仪筠，宋景文祁，范蜀公镇，郑毅夫獬，滕元发甫，东坡先生，范淳父祖禹，曾子开肇，彭器资汝砺，刘原甫敞，蔡君谟襄，孙莘老觉，近世汪彦章藻，孙仲益觌，诸公皆不过尚书学士，或中年即世，或迁谪留落⑥，或无田以食，或无宅以居，况若我忠宣公者，尚忍言之！则予之忝窃亦已多矣⑦。

【注释】

①新天子：指宋宁宗赵扩。玉隆：玉隆万寿宫。《宋史·洪迈传》："（迈）提举玉隆万寿宫。明年，再上章告老，进龙图阁学士，寻以端明殿学士致仕。"满秩：秩满。官吏任期结束。②乡衮：乡绅。禄粟：即禄米。古代官吏俸给皆以粟米计，故称。因任：谓沿袭旧职。赘食太仓：谓无功受禄。爵位，官位。耿耿：谓心事牵萦回绕，不能释怀。③左掖：唐代门下省的代称。因门下省在殿庭之左。白居易授左拾遗，属门下省。朝（cháo）议：谓在朝中议

政。④风尘吏：谓平庸的俗吏。⑤才名：才华与名望。括：包容。⑥名卿：有声望的公卿。伟人：伟大的人物。负：享有。重望：崇高的声望。王黄州禹偁（chēng）：见卷八《四六名对》"茂陵封禅之书"注。李章武宗谔：李宗谔，字章武。《宋史》本传说"字昌武"。作者可能为避真宗（原名赵德昌）讳而写作"章武"。《随笔》卷四《野史不可信》作"李昌武"。晁少保迥：晁迥以太子少保致仕。宋景文祁：宋祁，字子京。北宋文学家、史学家。与欧阳修等合修《新唐书》，撰写列传部分。卒谥景文。范淳父祖禹：范祖禹，字淳甫。父，通"甫"。迁谪：谓官吏因罪降职并流放。留落：谓机会、际遇不好，不得升迁。⑦忝窃：谦言辱居其位或愧得其名。

渊明孤松

渊明诗文率皆纪实，虽寓兴花竹间亦然①。《归去来辞》云："景翳翳以将入，抚孤松而盘旋②。"其《饮酒诗》二十首中一篇云："青松在东园，众草没其姿。凝霜殄异类③，卓然见高枝。连林人不觉，独树众乃奇。"所谓孤松者是已，此意盖以自况也。

【注释】

①寓兴（xìng）：寄托兴致。②景翳翳以将入，抚孤松而盘旋：夕阳在茫茫的暮色中将要落山，我依然手抚孤松流连忘返。景，日光。翳翳（yì yì），光线暗弱。盘旋：原文为"盘桓"。可能是避钦宗赵桓讳而改。盘桓：亦作"磐桓"。徘徊；逗留。③凝霜：浓霜。殄（tiǎn）：残害；灭绝。异类：与我殊异之族类。此处指众草为松树的异类。

饶州刺史

饶州良牧守，自吴至今，以政绩著者有九贤，郡圃立祠以事①，此外知名者盖鲜。《白乐天集》有《吴府君碑》云："君讳丹，字真存，以进士第入官。读书数千卷，著文数万言。生四五岁，所作戏辄象道家法事②。既冠，喜道书，奉真箓，每专气入静，不粒食者数岁，飘然有出世心③。既壮,在家为长属,有三幼弟、八稚侄,不忍见其饥寒,慨然有干禄意④。求名得名,家无长物,淡乎自处,与天和始终⑤。享寿命八十二岁,无室家累,无子孙忧,终于饶州。"官次大略如此。吴君在饶,虽无遗事可纪,以其邦君之故⑥,姑志于书。吴为人清净恬寂,所谓达士⑦,然年过八十尚领郡符,又非为妻子计者,良不可晓。唐之治不播弃黎老⑧,故其居职不自以为过云。

【注释】

①牧守(shòu):见《随笔》卷三《典章轻废》注。圃:比喻事物萃聚之处。事:侍奉;服事。这里指祭祀。②作戏:做游戏。辄:副词。每每;总是。象:摹拟。法事:指供佛、礼忏、打醮、修斋等宗教法会、仪式。③真箓(lù):指道教的符箓。专气:道教语。固守精气。入静:一种特殊的精神安静状态。通过气功锻炼,在杂念不起的基础上出现的高度寂静境界。粒食:以谷物为食。飘然:超脱貌。出世:指出家。到寺庙道观里去做僧尼或道士。④长(zhǎng)属:犹长辈。慨然:感情激昂貌。干禄:谋求禄位。⑤与天和始终:即顺从自然之意。天,泛指物质的、客观的自然。和,和谐;协调。⑥邦君:地方长官,指太守、刺史等。⑦恬寂:谓清静无为。达士:犹达人。达观的人。⑧播弃:抛弃。黎老:老人。

紫极观钟

饶州紫极观有唐钟一口,形制清坚①,非近世工铸可比。刻铭其上曰:"天宝九载,岁次庚寅,二月庚申朔,十五日癸酉造,通直郎、前监察御史贬乐平员外尉李逢年铭,前乡贡进士薛彦伟述序②,给事郎、行参军赵从一书,中大夫、使持节鄱阳郡诸军事、检校鄱阳郡太守、天水郡开国公上官经野妻扶风郡君韦氏奉为开元天地大宝圣文神武应道皇帝敬造洪钟一口③。"其后列录事参军、司功、司法、司士参军各一人,司户参军二人,参军二人,录事一人,鄱阳县令一人、尉二人,又专检校官、鄱阳县丞宋守静,专检校内供奉道士王朝隐,又道士七人。铭文亦雅洁④,字画不俗,但月朔庚申,则癸酉日当是十四日,镌之金石而误如此。浮洲开福院亦有吴武义年一钟,然非此比也。

【注释】

①观（guàn）：道教的庙宇。形制：指形状制作。清坚：简易而坚固。②员外：谓在正员以外。述序：犹叙述。③扶风郡君韦氏奉：上官经野之妻韦奉，封扶风郡君。开元天地大宝圣文神武应道皇帝：这是天宝八载(749年)闰六月，群臣为唐玄宗上的尊号。④雅洁：雅致高洁。

兼中书令

绍熙五年十二月二十二日，宣麻制除嗣秀王伯圭兼中书令①。此官久不除，学士、大夫多不知本末，至或疑为当入都堂治事。邸报至外郡②，尤所不晓。迈考之典故，侍中、中书令为两省长官，自唐以来，居真宰相之位，而中令在侍中上。肃宗以后，始以处大将，故郭子仪、仆固怀恩、朱泚、李晟、韩弘皆为之，其在京则入政事堂，然不预国事。懿、僖、昭之时，员浸多，率由平章事迁兼侍中，继兼中书令，又迁守中书令，三者均称使相，皆大敕系衔而下书使字。五代尤多。国朝创业之初，尚仍旧贯，于是吴越国王钱俶、天雄节度符彦卿、雄武王景、武宁郭从义、保大武行德、成德郭崇、昭义李筠、淮南李重进、永兴李洪义、凤翔王彦超、定难李彝兴、荆南高保融、武平周行逢、武宁王晏、武胜侯章、归义曹元忠十五人同时兼中书令。太宗朝，唯除石守信，而赵普以故相拜。真宗但以处亲王。嘉祐末，除宗室东平王允弼、襄阳王允良；元丰中，除曹佾，与允弼、允良相去十七八年，爵秩固存。沈括《笔谈》谓有司以佾新命，言自来不曾有活中书令请俸则例③，盖妄也。官制行，改三使相并为开府仪同三司。元祐以后不复有之，虽崇、观、政、宣轻用名器，且改为左辅、右弼④，然蔡京三为公相，亦不敢居。乾道中，诏于录黄及告命内除去侍中、中书令⑤，遂废此官。今当先降指挥复置，则于事体尤慊当也⑥。嗣王终不敢当，于是寝前命，而赐赞拜不名⑦。

【注释】

①嗣秀王伯圭：嗣秀王赵伯圭，字禹锡，孝宗同母兄。②邸报：也称"邸

抄"。中国古代报纸的通称。是封建王朝传知朝政和臣僚了解朝廷政情的工具。主要登载皇帝谕旨、臣僚奏章和朝廷动态方面的内容。③请俸：亦作"请(qíng)奉"。薪俸。亦指支取薪俸。则例：成规。④崇、观、政、宣：崇宁、大观、政和、宣和。宋徽宗的四个年号。左辅、右弼：指帝王左右的辅佐重臣。见卷十一《五经字义相反》"四辅"注。此处为左相、右相的新改名称。⑤录黄：宋时中书省承旨起草的一种文件。《宋会要辑稿·职官一》："中书省、枢密院面奉宣旨，别以黄纸书，中书令、侍郎、舍人宣奉行讫，录送门下省为画黄。受批降若复请得旨及入状得画事，别以黄纸亦书宣奉行讫，录送门下省为录黄。"⑥惬当：即恰当。⑦赞拜不名：臣子朝拜帝王时，赞礼的人不直呼其名，只称官职。这是帝王给予大臣的一种特殊礼遇。

〔补注〕大敕：敕，委任状。

作文字要点检

作文字不问工拙小大，要之不可不著意点检，若一失事体，虽遣词超卓①，亦云未然。前辈宗工，亦有所不免。欧阳公作《仁宗御书飞白记》云："予将赴亳，假道于汝阴，因得阅书于子履之室。而云章烂然②，辉映日月，为之正冠肃容再拜而后敢仰视，盖仁宗皇帝之御飞白也。曰，'此宝文阁之所藏也，胡为乎子之室乎？'曰，'曩者天子燕从臣于群玉③，而赐以飞白，予幸得预赐焉。'"乌有记君上宸翰而彼此称"予"，且呼陆经之字？又《登贞观御书阁记》，言太宗飞白，亦自称"予"。《外制集序》，历道庆历更用大臣，称吕夷简、夏竦、韩琦、范仲淹、富弼，皆斥姓名，而曰"顾予何人，亦与其选"，又曰"予时掌诰命"，又曰"予方与修祖宗故事"，凡称"予"者七。东坡则不然，为王诲亦作此记，其语云"故太子少傅、安简王公讳举正④，臣不及见其人矣"云云。是之谓知体⑤。

【注释】

①超卓：高超卓越。②云章：《诗·大雅·棫朴》："倬彼云汉，为章于天。"郑玄《笺》注："云汉之在天，其为文章，譬犹天子为法度于天下。"后因称笔迹为云章。烂然：鲜明有光彩。③曩(nǎng)：往昔；从前。燕：通"宴"。宴饮。

群玉：延福宫殿名。宋政和年间建。④安简王公讳举正：王诲之父王举正，以太子少傅致仕。卒谥安简。⑤知体：识大体。

侍从两制

国朝官称，谓大学士至待制为"侍从"，谓翰林学士、中书舍人为"两制"，言其掌行内、外制也①。舍人官未至者，则云"知制诰"，故称美之为三字。谓尚书侍郎为"六部长贰"，谓散骑常侍、给事谏议为"大两省"②。其名称如此。今尽以在京职事官自尚书至权侍郎及学士、待制均为"侍从"，盖相承不深考耳。予家藏王淏《春秋通义》一书，至和元年，邓州缴进，二年有旨送两制看详③，于是具奏者十二人皆列名衔：学士七人，曰学士承旨、礼部侍郎杨察，翰林学士、中书舍人赵概、杨伟，刑部郎中胡宿，吏部郎中欧阳修，起居舍人吕溱，礼部郎中王洙；知制诰五人，曰起居舍人王珪，右司谏贾黯，兵部员外郎韩绛，起居舍人吴奎，右正言刘敞。而他官弗预，此可见也④。翰林本以六员为额，刘沆作相，典领温成后丧事，以王洙同其越礼建明，于是员外用之，尝为一时言者所论，正此时云⑤。

【注释】

①内制：见《续》十一《百官避宰相》"两制"注。②谓散骑常侍、给事谏议为"大两省"：左、右散骑常侍分隶门下省、中书省，给事中及谏议大夫均属门下省。③缴进：进呈。看详：审定。公文用语。④此可见也：由此可以看出，哪些官员属于"两制"。⑤温成后：仁宗贵妃张氏，极受宠幸。薨，册为皇后，谥温成，且以皇后之礼葬之。越礼：超越礼法。张贵妃薨，仁宗曹皇后健在，按礼法不应册张贵妃为后。刘沆为相，竟为之赠后典仪，显然是越礼。"贵妃张氏薨，治丧皇仪殿，追册温成皇后。洙钩撦非礼，阴与内侍石全彬附会时事。陈执中、刘沆在中书，喜其助己，擢洙为翰林学士。"（《宋史·王洙传》）员外用之：增加员额而用之。正此时云：正是至和（1054—1056年）年间《春秋通义》缴进并送两制看详时。

片言解祸

自古将相大臣，遭罹谮毁，触君之怒，堕身于危棘将死之域，而以一人片言，转祸为福，盖投机中的①，使闻之者晓然易悟，然非遭值明主，不能也。萧何为民请上林苑中空地，高祖大怒，以为多受贾人财物②，下何廷尉，械系之。王卫尉曰："陛下距楚数岁，陈豨、黥布反，时相国守关中，不以此时为利，乃利贾人之金乎？"上不怿，即日赦出何。绛侯周勃免相就国，人上书告勃欲反，廷尉逮捕勃治之。薄太后谓文帝曰："绛侯绾皇帝玺，将兵于北军③，不以此时反，今居一小县，顾欲反邪？"帝即赦勃。此二者，可谓至危不容救，而于立谈间见效如此。萧望之受遗辅政，为许、史、恭、显所嫉，奏望之与周堪、刘更生朋党，请"召致廷尉"，元帝不省为下狱也④，可其奏。已而悟其非，令出视事⑤。史高言："上新即位，未以德化闻于天下，而先验师傅，既下九卿大夫狱，宜因决免⑥。"于是免为庶人。高祖、文帝之明而受言，元帝之昏而遂非，于是可见。

【注释】
①遭罹(lí)：遭遇；遭受。谮毁：谗间毁谤。危棘：危险紧急。棘，通"急"。投机：切中时机。中的：犹言中肯，切当。②萧何为民请上林苑中空地：请皇帝（高祖刘邦）把上林苑中空地赐予民，让民耕种。上林苑，古宫苑名。秦置。汉初荒废。贾(gǔ)人：商人。③将兵于北军：见《随》二《汉母后》"周勃"及"北军"注。④许、史：见《续笔》卷九《贡薛韦匡》注。恭、显：宦官、中书令弘恭、石显。不省(xǐng)：不明白。⑤视事：办公；就职治事。⑥德化：以德感人。验：审查。师傅：官名。元帝为太子时，萧望之为太子太傅。决免：决，判决。

忠言嘉谟

《扬子法言》："或问忠言嘉谟①，曰言合稷、契谓之忠，谟合皋陶谓之嘉。"如子云之说，则言之与谟，忠之与嘉，分而为二，传注者皆未尝为之辞，然则稷、契不能嘉谟，皋陶不能忠言乎？三圣贤遗语可传于后世者，唯《虞书》存，五篇之中，皋陶矢谟多矣②，稷与契初无一话一言可考，不知子云何以立此论乎？不若魏郑公但云"良臣稷、契、皋陶"，乃为通论。

【注释】

①嘉谟：高明的经国谋略。谟，计谋；谋略。②矢谟：《书·大禹谟序》："皋陶矢厥谟。"矢，陈述。陈献。

免直学士院

庆元元年正月一日，郑湜以起居郎直学士院①。二月二十三日，赵汝愚罢相，制乃湜所草，议者指为褒词太过。二十五日，有旨免兼直院，或以为故事所无。按熙宁初，王益柔以知制诰兼直学士院，尝奏中书熟状加董氈阶官之误，宰相怒其不申堂②，用他事罢其兼直，已而迁龙图阁直学士。湜亦以罢直求去③，不许，越三月而迁权刑部侍郎，甚相类也。

【注释】

①直学士院：官名。属翰林学士院。掌制诰、诏、令撰述之事。简称直院。"凡他官入（翰林学士）院未除学士，谓之直院。"（见《宋史·职官志》二）宋沈括《梦溪笔谈·故事二》："唐制，官序未至而以他官权摄者，为直官。""国朝学士、舍人皆置直院。"②熟状：唐宋文书制度，有关军国大事，由三省议定，面奏，获旨。关于任免平常事项，以书面奏请，称为熟状。获可即下中书撰命，门下申读，然后由尚书奉行。申堂：向公堂申报。堂，指旧时官府议论政事、处理案件的公堂。一说在朝庭公开申明。③罢直：值班供职完毕。直，当值。

大贤之后

杜诗云："大贤之后竟陵迟，荡荡古今同一体①。"乃赠狄梁公曾孙者，至云"飘泊岷汉，干谒王侯"，则其衰微可知矣②。近见余干寓客李氏子云，本朝三李相，文正公昉、文靖公沆、文定公迪皆一时名宰，子孙亦相继达宦③。然数世之后益为萧条，又经南渡之厄，今三裔并居余干，无一人在仕版④。文定濮州之族，今有居越者，虽曰不显，犹簪缨仅传，而文正、文靖无闻，可为太息！

【注释】
①陵迟：衰败；衰颓。荡荡：广远。②狄梁公：即狄仁杰，字怀英。武则天时两次为相。卒赠文昌右相。睿宗时追封梁国公。以不畏权势著称。飘泊：同"漂泊"。比喻行止无定所。衰微：衰败，不兴旺。③寓客：寄居他乡的人；外来暂住的旅客。达宦：职位显要的官吏。④仕版：官吏的名册。

卷第十三（十三则）

钟鼎铭识①

三代钟鼎彝器存于今者，其间款识，唯"眉寿万年"，"子子孙孙永宝用"之语，差可辨认，余皆茫昧不可读，谈者以为古文质朴固如此②，予窃有疑焉。商、周文章，见于《诗》《书》，三《盘》五《诰》，虽诘曲聱牙③，尚可精求其义，他皆坦然明白，如与人言。自武王《丹书》诸铭外，其见于经传者，如汤之盘铭曰："苟日新，日日新，又日新④。"逸鼎之铭曰："昧旦丕显，后世犹怠⑤。"正考父鼎铭曰："一命而偻，再命而伛，三命而俯，循墙而走，亦莫余敢侮。饘于是，鬻于是，以糊余口⑥。"栗氏量铭曰："时文思索，允臻其极。嘉量既成，以观四国。永启厥后，兹器维则⑦。"祭射侯辞曰："惟若宁侯，毋或若女不宁侯，不属于王所，故抗而射女⑧。"卫礼至铭曰："余掖杀国子，莫余敢止⑨。"孔悝鼎铭曰："六月丁亥，公假于太庙。公曰：'叔舅，乃祖庄叔，左右成公，成公乃命庄叔，随难于汉阳，即宫于宗周，奔走无射，启右献公，献公乃命成叔，纂乃祖服。乃考文叔，兴旧耆欲，作率庆士，躬恤卫国，其勤公家，夙夜不解，民咸曰"休哉"'！公曰：'叔舅，予女铭，若纂乃考服。'悝拜稽首曰：'对扬以辟之勤大命。'施于烝彝鼎⑩。"扶风美阳鼎铭曰："王命尸臣，官此栒邑，赐尔旂鸾，黼黻琱戈。尸臣拜手稽首曰：敢对扬天子丕显休命⑪。"此诸铭未尝不粲然，何为传于今者，艰涩无绪乃尔⑫。汉去周未远，武、宣以来，郡国每获一鼎，至于荐告宗庙⑬，群臣上寿。窦宪出征，南单于遗以古鼎，容五斗，其铭曰："仲山甫鼎⑭，其万年子子孙孙永保用。"宪乃上之，盖以其难得故也。今世去汉千年，而器宝之出不可胜计⑮，又为不可晓已。武帝获汾阴脽上鼎，无款识，而备礼迎享，宣帝获美阳鼎，下群臣议，张敞乃以有款识之故绌之⑯，又何也？

【注释】

①铭识(zhì)：铭款。铭刻在器物上的文辞。②款识(zhì)：古代钟鼎彝器上铸刻的文字。眉寿：长寿。宝用：珍重使用。差可：犹尚可。勉强可以。茫昧：幽暗不明；模糊不清；不可测度。质朴：朴实；不华丽。③三《盘》：指《尚书》的《盘庚》上、中、下三篇。五《诰》：指《尚书》中《大诰》《康诰》《酒诰》《召诰》《洛诰》。诘曲聱牙：形容文字艰涩，语句拗口，不通顺畅达。④盘铭：古代刻在盥洗盘器上的劝戒言辞。"苟日新"句：如果能每天更新，就天天更新，每天不间断。(见《礼记·大学》)⑤谗鼎：春秋鲁鼎名。见《左传·昭三年》。昧旦丕显，后世犹怠：即使天不亮就起来，创建了显赫的业绩，恐怕后代子孙还会懒惰懈怠。丕显：大显。⑥正考父：春秋宋国上卿，佐戴公、武公、宣公。正考父鼎铭载《左传·昭公七年》。"一命而偻"句：做士(一命)时曲身而走，做大夫(再命)时折腰躬身而走，做卿(三命)时俯首深曲腰背而走。(避开道路中央)顺着墙根而走，没有人敢怠慢我。我用这个鼎蒸干饭(饘于是)、煮稀饭(鬻于是)、糊口度日。命，官阶。周代的官爵分为九个等级，称九命。公、侯、伯之卿三命；公、侯、伯之大夫，子男之卿再命(二命)；公、侯、伯之士，子男之大夫一命。宋国为公爵，一命为士，再命为大夫，三命为卿。偻(lǔ)，使身体弯曲，表示恭敬。伛(yǔ)，曲背，弯腰。俯，低头；弯腰屈身。余敢侮，即敢侮余。饘(zhān)，厚粥。是，指鼎。鬻(zhù)，"粥"的本字。粥(zhōu，又音zhù)，稀饭。⑦栗(lì)氏：周代掌管冶炼铸造的官名之一，掌制量器。栗氏量铭出《周礼·考工记·栗氏》。"时文思索"句：按礼乐制度思考探索，以使量器达到中正的程度。标准量器既已做成，就可以拿它示范四方。永远启示其后代，只有这种标准量器可以效法。时文：当代的文明。指礼乐制度。允，用以；以。臻，至；达到。极，中，中正的准则。嘉量：古代标准量器。观，示人，给人看。则，效法。⑧射侯：犹言箭靶。侯，古代行射礼时用的靶子，用兽皮或布做成(叫皮侯或布侯)。"是故古者天子以射选诸侯、卿、大夫、士。""射侯者，射为诸侯也。射中则得为诸侯，射不中则不得为诸侯。"(见《礼记·射义》)"惟若宁侯"句：你只能做个恭顺的诸侯，不可做个不宁侯，抗命不来朝王者，则当举弓箭而射之。这是天子告诫诸侯之辞。宁侯，恭顺听命的诸侯。毋或，不可。不属(zhǔ，聚集；会合)于王所，意谓不来朝见王(天子)。女，同"汝"。你。抗，举起。祭射侯辞出《周礼·考工记·梓人》。⑨"礼至铭曰"句：礼至作铭文说："我挟持杀死了国子，没有人敢阻止我。"礼至，人名。原为邢国(春秋时)臣子，后归卫国。披，拉人手臂，挟持。国子，邢国大臣。卫人伐邢，礼至兄弟二人"从国子巡城，披以赴外，杀之。"(见《左传·僖公二十五年》)⑩孔悝：春秋卫国大夫。孔悝鼎铭出《礼记·祭

统》。"铭文"：六月丁亥日，卫庄公蒯聩来到太庙，庄公说："叔舅！你的祖先庄叔，在我祖先成公身边效力。成公离开国家的时候，命庄叔跟随他避难到汉水北边，而后又跟随到京师，奔走劳苦而不厌倦。上天佑助我的祖先献公（卫成公之后为穆公、定公、献公）返国，献公就命你的祖先成叔（庄叔之后）继承庄叔而服侍他。你的父亲文叔（孔文子孔圉），振作爱君忧国的志愿，奋起率领卿士们，带头为卫国尽力。他日夜为国家效力，毫不懈息。百姓都说：好啊！"庄公又说："叔舅！我命你把这个铭文刻在鼎器上，你应当继承你父亲的事业。"孔悝下拜叩头，说："我将完成宣扬君命之事。"于是把铭文刻在冬祭用的礼器鼎上。公，卫庄公蒯聩。假（gé），通"格"。到。叔舅，郑玄说是"尊呼孔悝"，孔颖达说是"孔是异姓大夫"，所以这样称呼。按《仪礼·觐礼》周天子称"同姓小邦（诸侯）则曰叔父，其异姓小邦则曰叔舅。"诸侯称大夫亦应如此。左右，帮助；辅佐。宫，房屋。指住所。宗周，周代王都。周为天下所宗，故王都所在，称为宗周。无射（yì），亦作"无斁"。不厌。右，亦作"佑"。纂，继承。服，服事，效力。乃考：你已去世的父亲。嗜欲：这里指以爱君忧国为嗜欲。作率：奋起而倡率。庆（qīng）士，卿士。卿、大夫、士的泛称。解，通"懈"。休，美善。对扬：对答称扬。旧时多对王命而言。辟（bì）：彰明。勤大命：殷勤于君命。大命，指帝王的命令。烝：古代冬祭名。⑪美阳鼎：汉宣帝时扶风郡美阳县得到的周鼎（见《汉书·郊祀志》下）。尸臣：主事的大臣。栒邑：旧县名。1964年改名旬邑县。旂鸾：旂，古代画有两龙并在竿头悬铃的旗。鸾，指鸾车。有鸾铃的车乘。黼黻（fǔ fú）：古代礼服上绣的花纹。借指礼服。珊戈：刻镂之戈。亦为戈的美称。休命：美善的命令。⑫艰涩：文章艰深晦涩，难以理解。无绪：没有头绪；没有线索。⑬荐告：祭祀告神。⑭南单于遗窦宪鼎：事见《后汉书·窦宪传》。仲山甫：周宣王时大臣。⑮器宝：礼器钱币。⑯脽（shuí）上：即脽丘。地名。在今山西万荣县境内。战国时属魏，故又名魏脽。汉武帝时于此获大鼎，因改元为元鼎。元鼎四年（前113年）于此立后土祠。迎享：迎，迎接。享，祭献；上供。绌之：不使荐见于宗庙。绌，通"黜"。排斥；排除。

牺尊象尊

《周礼》司尊彝："祼用鸡彝、鸟彝，其朝献用两献尊，其再献用两象尊①。"汉儒注曰："鸡彝、鸟彝，谓刻而画之为鸡、凤凰之形。献读为牺，牺尊饰以翡翠，象尊以象凤凰。或曰：以象骨饰尊。又云献音娑，有婆娑之义。"惟王肃云："牺、象二尊，并全牛、象之形，而凿背为尊。"陆德明释《周礼》献尊之献，音素何反。而于《左氏传》"牺象不出门"，释牺为许宜反，又素何反。予按今世所存故物，《宣和博古图》所写，牺尊纯为牛形，象尊纯为象形，而尊在背，正合王肃之说。然则牺字只当读如本音，郑司农诸人所云，殊与古制不类②。则知目所未睹而臆为之说者③，何止此哉！又今所用爵，除太常礼器之外，郡县至以木刻一雀，别置杯于背以承酒，不复有两柱、三足、只耳、侈口之状④，向在福州见之，尤为可笑也。

【注释】

①祼（guàn）：灌祭，以香酒灌地而求神《书·洛诰》："王入太室祼。"孔颖达疏："王以圭瓒酌郁鬯之酒以献尸，尸受祭而灌于地，因莫不饮，谓之祼。"朝（cháo）献：古祭祀名。尸（代表受祭者的活人）入室食祭品毕，主人酌酒饮尸，名朝献。朝献，《周礼·春官·司尊彝》原文为"朝践"。朝践，古代祭礼仪节之一。郑玄注："朝践，谓荐血腥，酌醴，始行祭事，后于是荐朝事之豆笾。"孙诒让《周礼正义》谓朝践为荐腥后之献。献（suō）尊：即牺尊。古代酒器。再献：古代祭祀时第二次献酒。②郑司农：指郑众。东汉经学家。字仲师。因官至大司农，旧称"郑司农"，以别于宦官郑众。古制：古时的法式制度。③臆为之说：即臆说。想当然的言论；无稽之谈。④侈口：器物的口，边沿外倾，如喇叭状，叫侈口。

再书博古图

予昔年因得汉匜，读《博古图》，尝载其序述可笑者数事于《随笔》，近复尽观之，其谬妄不可殚举①。当政和、宣和间，蔡京为政，禁士大夫不得读史，而《春秋三传》，真束高阁，故其所引用，绝为乖盾②。今一切记之于下，以示好事君子与我同志者③。商之癸鼎，只一"癸"字，释之曰："汤之父主癸也。"父癸尊之说亦然。至父癸匜，则又以为齐癸公之子。乙鼎铭有"乙毛"两字，释之曰："商有天乙、祖乙、小乙、武乙、太丁之子乙，今铭'乙'，则太丁之子也。"父己鼎曰："父己者，雍己也④。继雍己者乃其弟太戊，岂非继其后者乃为之子邪？"至父己尊，则直云"雍己之子太戊为其父作"。予按以十干为名，商人无贵贱皆同，而必以为君，所谓"癸"即父癸，"己"即雍己，是六七百年中更无一人同之者矣。商公非鼎铭只一字曰"非"，释之曰："据《史记》有非子者，为周孝王主马⑤，其去商远甚。惟公刘五世孙曰公非⑥，考其时当为公非也。"夫以一"非"字，而必强推古人以证之，可谓无理。周益鼎曰："春秋文公六年有梁氏益，昭公六年有文公益，未知孰是？"予按《左传》文八年所纪，乃梁益耳，而杞文公名益姑。周丝驹父鼎曰："《左传》有驹伯，为郤克军佐，驹其姓也。此曰驹父，其同驹伯为姓邪？"予按《左传》，驹伯者郤锜也，锜乃克之子。是时郤氏三卿，锜曰驹伯，犫曰苦成叔，至曰温季，皆其食采邑名耳，岂得以为姓哉？叔液鼎曰："考诸前代，叔液之名不见于经传，惟周八士有叔夜，岂其族欤？"夫伯仲叔季，为兄弟之称，古人皆然，而必指为叔夜之族，是以"叔"为氏也。周州卣曰⑦："'州'出于来国，后以'州'为氏。在晋则大夫州绰，在卫则大夫州吁，其为氏则一耳。"予按来国之名无所著见，而州吁乃卫公子，正不读《春秋》，岂不知《卫诗》《国风》乎？遂以为氏，尤可哂也⑧。周高克尊曰："高克者，不见于他传，惟周末卫文公时，有高克将兵，疑克者乃斯人，盖卫物也。"予按元铭文但云"伯克"，初无"高"字，高克《郑·清人》之诗，儿童能诵之，乃以为卫文公时，又言周末，此书局学士⑨，盖不曾读《毛诗》也。周毁敦曰⑩："铭云伯和父，和者卫武公也。武公平戎有功，故周平王命之为公。"予按一时列国，虽子男之微，未有不称公者，安得平王独命卫武之事？周慧季禹曰⑪："慧与惠通，《春秋》有惠伯、惠叔，虢姜敦有惠仲，而此禹名之为惠季，岂非惠为氏，而伯仲叔季者乃其序邪？"予按惠伯、惠叔，正与庄伯、戴伯、平仲、敬仲、武叔、穆叔、成季相类，皆上为谥而下为字，乌得以为氏哉？齐侯镈钟铭云："咸有九州，处禹之都⑫。"释之曰："齐之封域，有临淄、东莱、北海、高密、胶东、泰山、乐安、济南、平原盖九州也。"予按铭语正谓禹九州耳⑬，今所指言郡名，周世未有，岂得便以为州乎？宋公䤾钟铭曰："宋公成之䤾钟。"释之曰："宋自微子有国二十世，而有共公固成，又一世而有平公成，又七世而有剔公成，未知孰是？"予按宋共公名，《史记》以为瑕，《春秋》以为固，初无曰"固成"者。且父既名"成"，而其子复名之可乎？剔成君为弟偃所逐，亦非名"成"也。周云雷磬曰："《春秋》鲁饥，臧文仲以玉磬告籴于齐⑭。"按经所书，但云"臧孙辰告籴于齐"，《左传》亦无玉磬之说⑮。汉定陶鼎曰："汉初有天下，以定陶之地封彭越为梁王，越既叛命⑯，乃以封高祖之子恢，是为定陶共王。"予按恢正封梁王，后徙赵。所谓定陶共王者，元帝之子、哀帝之父名康者也。

【注释】

①谬妄：荒谬背理。殚举：尽举。②乖盾：错乱矛盾。③同志：志趣相同；志趣相同的人。④雍己：商王太庚之子，小甲之弟。⑤非子：周时人，也作"飞子"，善御马。主马：掌管马。⑥公刘：古代周族领袖。传为后稷曾孙。⑦卣（yǒu）：古代酒器。青铜制。⑧著见：明显见到。一说见诸古籍。而州吁乃卫公子：卫国姬姓，因而州吁也是姬姓，而不姓州。可哂（shěn）：可笑。⑨高克《郑·清人》之诗：狄人攻破卫国，郑临近卫，郑文公因憎恶他的大臣高克，就以防备狄寇为名，命高克领兵驻扎在黄河边上。经过很长时间，不调军队回来，士兵们无所事事，唱出这首歌，来讽刺统治者。这个时候，离周亡尚有四百来年，不能算是周朝末年。书局：官府编书的机构。⑩敦（duì）：古代食器。青铜制。⑪鬲（lì）：古代炊器。陶制。⑫镈（bó）：古代乐器。青铜制。从钟发展而来，似钟而大。盛行于东周时代。处禹之都：禹，指夏禹。⑬禹九州：即《书·禹贡》所说的冀、兖、青、徐、扬、荆、豫、梁、雍九州。⑭磬（qìng）：古击乐器。用石或玉制成，悬挂于架上，以物击之而鸣。臧文仲以玉磬告籴于齐：臧文仲以玉磬为信物作质押请求从齐国买进粮食。告籴，请求买粮。⑮《左传》无玉磬之说：其说在《国语·鲁语上》："鲁饥……文仲以鬯圭与玉磬如齐告籴。"⑯越既叛命：按《史记》，有人告发彭越谋反，彭越被诛，夷族，国除。叛命，背叛王命。

碌碌七字

今人用碌碌字，本出《老子》云："不欲碌碌如玉，落落如石①。"孙愐《唐韵》引此句及王弼别本以为琭琭，然又为录录、娽娽、鹿鹿、陆陆、禄禄凡七字②。《史记》："毛遂云：'公等录录，因人成事。'"《唐韵》以为娽娽。《汉书·萧何赞》云："录录未有奇节③。"颜师古注："录录犹鹿鹿，言在凡庶之中也。"《马援传》："今更共陆陆。"《庄子·渔父篇》：

"禄禄而受变于俗。"后生或不尽知。

【注释】

①碌碌：玉石美好貌。落落：粗劣貌。②璆璆：玉坚貌。录录、鹿鹿、禄禄：均为平庸无所作为之意。媃媃、陆陆：均为随从附和貌。③奇节（jié）：奇特的节操。

占测天星

国朝星官历翁之伎，殊愧汉、唐，故其占测荒茫①，几于可笑。偶读《四朝史·天文志》云："元祐八年十月戊申，星出东壁西，慢流至羽林军没②。主擢用文士，贤臣在位。""绍圣元年二月丙午，星出壁东，慢流入浊没③。主天下文章士登用④，贤臣在位。""元符元年六月癸巳，星出室⑤，至壁东没。主文士入国，贤臣用。""二年二月癸卯，星出灵台，北行至轩辕没⑥。主贤臣在位，天子有子孙之喜。"按是时宣仁上仙，国是丕变，一时正人以次窜斥⑦，章子厚在相位，蔡卞辅之，所谓四星之占，岂不可笑也！子孙之说，盖阴谄刘后云⑧。

【注释】

①星官：观测天文的人。历翁：深谙历数的人。荒茫：犹渺茫。旷远迷茫。②东壁：壁宿（xiù）的本名。壁宿，星官名。二十八宿之一。有两星。羽林军：羽林，星名。又曰"羽林天军"。③浊：星名。即毕宿。④登用：进用。⑤室：星名，二十八宿之一，即"室宿"。亦称"营室"。⑥灵台：星名。《晋书·天文志上》："明堂（古星名）西三星曰灵台"。轩辕：星官名。亦称"权"。⑦是时：指元祐八年以后。元祐八年九月宣仁太后死，哲宗亲政，恢复新法。国是：国策；国家大事。丕变：大变。窜斥：贬逐。⑧章子厚（章惇）、蔡卞：《宋史》皆列入《奸臣传》。谄：巴结奉承；谄媚。刘后：即哲宗昭怀刘皇后。时为婕妤，尚未生子。不守宫中之礼，阴谋取代孟皇后。

政和宫室

自汉以来，宫室土木之盛，如汉武之甘泉、建章，陈后主之临春、结绮，隋炀帝之洛阳、江都，唐明皇之华清、连昌，已载史册。国朝祥符中，奸臣导谀，为玉清昭应、会灵、祥源诸宫，议者固以崇侈劳费为戒①，然未有若政和蔡京所为也。京既固位，窃国政，招大珰童贯、杨戬、贾详、蓝从熙、何䜣五人②，分任其事。于是始作延福宫，有穆清、成平、会宁、睿谟、凝和、昆玉、群玉七殿，东边有蕙馥、报琼、蟠桃、春锦、叠琼、芬芳、丽玉、寒香、拂云、偃盖、翠葆、铅英、云锦、兰薰、摘金十五阁，西边有繁英、雪香、披芳、铅华、琼华、文绮、绛萼、秾华、绿绮、瑶碧、清音、秋香、丛玉、扶玉、绛云，亦十五阁。又叠石为山，建明春阁，其高十一丈，宴春阁广十二丈。凿圆池为海，横四百尺，纵二百六十七尺，鹤庄、鹿砦、孔翠诸栅、蹄尾以数千计③。五人者各自为制度，不相沿袭，争以华靡相夸胜④，故名"延福五位"。其后复营万岁山、艮岳山，周十余里，最高一峰九十尺，亭堂楼馆不可殚记。徽宗初亦喜之，已而悟其过，有厌恶语，由是力役稍息。靖康遭变，诏取山禽水鸟十余万投诸汴渠，拆屋为薪，剸石为砲，伐竹为笓篱⑤，大鹿数千头，悉杀之以啖卫士。

【注释】

①导谀：阿谀、曲意逢迎。崇侈：高大华丽（指宫室）。②京既固位，窃国政：京，指蔡京。大珰：大宦官。③蹄尾：指兽和禽。④华靡：华丽奢侈。夸胜：显示其优越、美好。⑤剸石为砲：剸，斩断（切断；砍断）。砲，砲石。古代用炮抛射的石头。笓（pí）篱：古代城墙上的防御设施。由竹或荆柳编织而成，用以遮隔矢石。

僧官试卿

唐代宗以胡僧不空为鸿胪卿、开府仪同三司,予已论之矣。自其后习以为常,至本朝尚尔。元丰三年,详定官制所言①,译经僧官,有授试光禄鸿胪卿、少卿者,请自今试卿者,改赐三藏大法师②,试少卿者,赐三藏法师。诏试卿改赐六字法师,少卿四字,并冠以译经三藏。久之复罢。

【注释】

①详定官制所:官署名。详定,即考察订定。②三藏(zàng):梵文的意译。佛教经典的总称。藏指收藏的筐箧,义近"全书"。分为三类:〈1〉经藏(说教);〈2〉律藏(戒律);〈3〉论藏(论述或注解)。故名三藏,有大小乘之分。由此,对通晓三藏的僧人,尊称为三藏法师,或简称三藏。

大观算学

大观中,置算学如庠序之制,三年三月,诏以文宣王为先师,兖、邹、荆三国公配飨,十哲从祀,而列自昔著名算数之人①,绘像于两廊,加赐五等之爵。于是中书舍人张邦昌定其名,风后、太桡、隶首、容成、箕子、商高、常仆、鬼臾区、巫咸九人封公,史苏、卜徒父、卜偃、梓慎、卜楚丘、史赵、史墨、裨灶、荣方、甘德、石申、鲜于妄人、耿寿昌、夏侯胜、京房、翼奉、李寻、张衡、周兴、单飏、樊英、郭璞、何承天、宋景业、萧吉、临孝恭、张曾元、王朴二十八人封伯,邓平、刘洪、管辂、赵达、祖冲之、殷绍、信都芳、许遵、耿询、刘焯、刘炫、傅仁均、王孝通、瞿昙罗、李淳风、王希明、李鼎祚、边冈、郎顗、襄楷二十人封子,司马季主、洛下闳、严君平、刘徽、姜岌、张立建、夏侯阳、甄鸾、卢太翼九人封男。考其所条具,固有于传记无闻者,而高下等差②,殊为乖谬。如司马季主、严君平止于男爵,鲜于妄人、洛下闳同定《太初历》，而妄人封伯，下逮封男，尤可笑也。十一月又改以黄帝为先师云。

【注释】

①算学：中国古代培养天文、数学人才的学校。设于京师。宋属太史局。庠序：古代的学校。亦用来称教育事业。文宣王：即孔子。自汉以来，历代王朝尊崇孔子，皆有封号。唐开元二十七年（739年）追谥为文宣王。兖国公：颜回。唐开元中，封兖公。宋真宗大中祥符年间，进封国公。见《随笔》卷十《礼寺失职》。邹国公：指孟轲。元丰六年十月封孟轲为邹国公。荆国公：指王安石。封舒国公，改荆国公。配飨：亦作"配享"。以贤哲附祭于孔庙。十哲：孔庙祀典，把孔子的门徒颜渊、闵子骞、冉伯牛、仲弓、宰我、子贡、冉有、季路、子游、子夏十人列侍于侧，称为"十哲"。后颜渊配享，升补曾参；曾参配享，升补子张。从祀：附祭。一般指以儒之贤者配享孔子庙。算数之人：推算历象的人。算数，指算术。推算历象之术和计数之术。②等差（cī）：等第；级次。

十八鼎

夏禹铸九鼎，唯见于《左传》王孙满对楚子，及灵王欲求鼎之言，其后《史记》乃有鼎震及沦入于泗水之说①。且以秦之强暴，视衰周如机上肉，何所畏而不取②？周亦何辞以却？赧王之亡③，尽以宝器入秦，而独遗此，以神器如是之重，决无沦没之理。泗水不在周境内，使何人般舁而往④，宁无一人知之以告秦邪？始皇使人没水求之不获⑤，盖亦为传闻所误。《三礼》经所载钟彝名数详矣，独未尝一及之。《诗》《易》所书，固亦可考，以予揣之，未必有是物也。唐武后始复置于通天宫，不知何时而毁。国朝崇宁三年，用方士魏汉津言铸鼎，四年三月成，于中太一宫之南为殿，名曰九成宫。中央曰帝鼐，北方曰宝鼎，东北曰牡鼎，东方曰苍鼎，东南曰冈鼎，南方曰彤鼎，西南曰阜鼎，西方曰晶鼎，西北曰魁鼎。奉安之日，以蔡京为定鼎礼仪使⑥。大观三年，又以铸鼎之地作宝成宫。政和六年，复用方士王仔昔议，建阁于天章阁西，徙鼎奉安。改帝鼐为隆鼐，余八鼎皆改焉，名阁曰圆象徽调阁。七年，又铸神霄九鼎，一曰太极飞云洞劫之鼎，二曰苍壶祀天贮醇之鼎，三曰山岳五神之鼎，四曰精明洞渊之鼎，五曰天地阴阳之鼎，六曰混沌之鼎，七曰浮光洞天之鼎，八曰灵光晃曜炼神之鼎，九曰苍龟大蛇虫鱼金轮之鼎。明年鼎成，置于上清宝箓宫神霄殿，遂为十八鼎。继又诏罢九鼎新名，悉复其旧。今人但知有九鼎，而十八之数，唯朱忠靖公《秀水闲居录》略纪之⑦，故详载于此。

【注释】

①王孙满对楚子：王孙满，春秋时周大夫。《左传·宣公三年》："楚子（楚庄王）伐陆浑之戎，遂至于洛，观兵于周疆。定王使王孙满劳楚子。楚子问鼎之大小轻重焉。对曰：'在德不在鼎。昔夏之方有德也，远方图物，贡金九牧，铸鼎象物，百物而为之备，使民知神奸……周德虽衰，天命未改，鼎之轻重，未可问也。'"终使楚军退去。三代以九鼎为传国宝，问鼎，就是窥伺国宝，有觊觎王室之意。灵王求鼎：见《左传·昭公十二年》楚灵王与楚国右尹子革的一段对话。楚灵王想求周鼎作为楚国珍宝，问子革说，周王会不会给我？鼎震沦入泗水：传说秦昭襄王向周强迫要去九鼎，移置咸阳时，一鼎飞入泗水。《史记·封禅书》："秦灭周，周之九鼎入于秦。或曰宋太丘（地名）社亡（社址陷落），而鼎没于泗水彭城下。"又"（新垣）平言曰：'周鼎亡在泗。'"鼎震之说不详。②机上肉：砧板上的肉，比喻任人宰割者。何所畏而不取：其余版本均为"而不敢"。③赧（nǎn）王：周赧王。④般：通"搬"。搬运。舁（yú）：抬。⑤始皇求之不获：《史记·秦始皇本纪》："始皇还（到各地巡视而还），过彭城，斋戒祷祠，欲出周鼎泗水。使千人没水求之，弗得。"⑥奉安：恭敬安置。定鼎：此处的意思是把鼎安置停当。⑦朱忠靖公：即朱谔，字圣与。官至右丞。谥忠靖。

四朝史志

《四朝国史》本纪，皆迈为编修官日所作，至于淳熙乙巳、丙午，又成列传百三十五卷。惟志二百卷，多出李焘之手，其汇次整理①，殊为有功，然亦时有失点检处。盖文书广博，于理固然。《职官志》云："使相以待勋贤故老，及宰相久次罢政者②，惟赵普得之。明道末，吕夷简罢，始复加使相，其后王钦若罢日亦除，遂以为例。"按赵普之后，寇準、陈尧叟、王钦若，皆祥符间自枢密使罢而得之。钦若以天圣初再入相，终于位，夷简乃在其后十余年。今言钦若用夷简故事，则非也。因记《新唐书》所载："李泌相德宗，加崇文馆大学士。泌建言，学士加大，始中宗时，及张说为之，固辞。乃以学士知院事。至崔圆复为大学士，亦引泌为让而止。"按崔圆乃肃宗朝宰相，泌之相也，相去三十年，反以为圆引泌为让，甚类前失也。

【注释】

①汇次：犹汇编。汇总编辑。②勋贤：有功勋有才能的人。久次：久居于官次。

宗室参选

吏部员多阙少，今为益甚，而选人当注职官簿尉，辄为宗室所夺，盖以尽压已到部人之故①。按宣和七年八月，臣僚论："祖宗时宗室无参选法，至崇宁初，大启侥幸，遂使任意出官，又优为之法，参选一日，即在阁选名次之上②。以天支之贵，其间不为无人，而膏粱之习，贪淫纵恣③，出为民害者不少。议者颇欲惩革④，罢百十人之私恩，为亿万人之公利，诚为至当。若以亲爱未忍，姑乞与在部人通理名次⑤。"从之。靖康元年八月，又奏云："祖宗时，未有宗室参部之法⑥，神宗时，始选择差注一二。崇宁初，立法太优，宗室参选之日，在本部名次之上，既压年月深远、劳效显著之人，复占名州大县、优便丰厚之处。议者颇欲惩革，不注郡守、县令，与在部人通理名次。"有旨从之。此二段元未尝冲改⑦，不知何时复紊也。

【注释】

①员多阙少：待选录用的官员多而官位空缺少。注：此处指选举职官时登录备案。职官：旧时文武官员的通称。已到部人：指按其资叙已到吏部应该授官的人。②祖宗：祖先的通称。参选：参加选拔。出官：离开京城到外地做官。此处似为"出仕（出来做官）"之意。阁选：谓全部选人。阁，全。名次：根据一定标准排列的姓名或名称的次序。③天支：皇族后裔。支，通"枝"。膏粱：谓富贵之家。富贵家子弟曰膏粱子弟，但知饱食，不谙他务。贪淫：贪图淫乐。纵恣：肆意放纵。④惩革：谓鉴于前失而有所改变。⑤通理：犹统理。统辖治理。

此处似为统一调理之意。⑥参部：参加吏部的遴选。⑦此二段元未尝冲改：这两段奏议原未曾修改。"此二段"指宣和七年八月和靖康元年八月臣僚的奏议。冲改，宋代公文习用语，犹言抵触违反原来决定。引申为修改。

元丰库

神宗常愤北狄倔强，慨然有恢复幽燕之志，于内帑置库，自制四言诗曰："五季失图，猃狁孔炽①。艺祖造邦，思有惩艾②。爰设内府，基以募士③。曾孙保之，敢忘厥志！"凡三十二库，每库以一字揭之④，储积皆满。又别置库，赋诗二十字，分揭于上曰："每虞夕惕心，妄意遵遗业⑤。顾予不武资，何日成戎捷。"其用志如此，国家帑藏之富可知⑥。熙宁元年，以奉宸库珠子付河北缘边，于四榷场鬻钱银⑦，准备买马，其数至于二千三百四十三万颗。乾道以来，有封桩、南库所贮金银楮券，合为四千万缗，孝宗尤所垂意⑧。入绍熙以来，颇供好赐之用⑨，似闻日减于旧云。

【注释】

①倔强：强硬；执拗。慨然：愤激貌。内帑(tǎng)：国库。失图：失去主意。猃狁：即獫狁。此处借指契丹族建立的辽国。即开头一句所说的"北狄"。孔炽：很猖獗，很嚣张。孔，很；甚。炽，火旺。引申为势盛。②惩艾(yì)：惩戒；惩治。③募士：招募勇士。④揭：标帜。⑤虔：诚心；恭敬。妄意：妄想。⑥不武资：言无将帅之才。不武，不算勇武。戎捷：指战利品。此处似为战胜戎狄之意。用志：犹用心。集中注意力。帑藏(zàng)：国库。⑦榷场：宋、辽、金、元各在边境所设的互市市场。场内贸易由官吏主持，除官营贸易外，商人须纳税、交牙钱，领得证明文件（关子、标子、关引等）方能交易。⑧封桩：即封桩库。艺祖赵匡胤灭五代诸国后，收其府藏，于乾德六年在讲武殿另设内库，叫封桩库。每年国用之余及额外上供，都藏此库，以备非常需用。后改称左藏库、内藏库。楮券：即楮币。宋、金、元时发行的纸币，多用楮皮纸做成，故称"楮币"。楮(chǔ)，木名。即構树，也叫榖树。叶似桑，皮可制纸。垂意：注意，关怀。⑨好(hào)赐：指国君对臣下特别的恩赐。王于群臣有所厚好则赐予之，不在常赐之列。

五俗字

书字有俗体，一律不可复改者，如冲、凉、况、减、决五字，悉以水为冫（笔陵切，与"冰"同。），虽士人札翰亦然①。《玉篇》正收入于水部中，而冫部之末亦存之，而皆注云"俗"，乃知由来久矣。唐张参《五经文字》，亦以为讹。

【注释】

①札翰：书信。

卷第十四（十七则）

三教论衡

　　唐德宗以诞日岁岁诏佛、老者大论麟德殿，并召给事中徐岱及赵需、许孟容、韦渠牟讲说。始三家若矛盾，然卒而同归于善，帝大悦，赉予有差①。此《新书》列传所载也。白乐天集有《三教论衡》一篇云："太和元年十月，皇帝降诞日，奉敕召入麟德殿内道场对御三教谈论②，略录大端。第一座：秘书监白居易，安国寺引驾沙门义林③，太清宫道士杨弘元。"其序曰："谈论之先，多陈三教，赞扬演说，以启谈端。臣学浅才微，猥登讲座④。窃以义林法师明大小乘，通内外学，于大众中能师子吼⑤。臣稽先王典籍，假陛下威灵，发问既来，敢不响答⑥。"然予观义林所问，首以《毛诗》称六义，《论语》列四科，请备陈名数而已⑦。居易对以孔门之徒三千，其贤者列为四科。《毛诗》之篇三百，其要者分为六义。然后言六义之数，四科之目，十哲之名。复引佛法比方，以六义可比十二部经，四科可比六度，以十哲可比十大弟子⑧。僧难云："曾参至孝，百行之先，何故不列于四科？"居易又为辩析，乃曰："儒书奥义，既已讨论，释典微言⑨，亦宜发问。"然所问者不过芥子纳须弥山一节而已⑩。后问道士《黄庭经》中养气存神长生久视之道，道士却问敬一人而千万人悦⑪。观其问答旨意，初非幽深微妙，不可测知，唐帝岁以此为诞日上仪⑫，殊为可省。国朝命僧升座祝圣，盖本于此。

【注释】

　　①赉予：赐予。②内道场（chǎng）：皇宫中举行佛事的道场。因在官内，故称。对御：谓皇帝赐宴，与群臣共饮。三教：指儒、释（佛）、道（老）三教。③引驾沙门：唐时僧职。④猥登讲座：猥，谦词。犹言辱。⑤大小乘：即"大乘佛教"和"小乘佛教"。都是佛教派别。乘，指运载工具。公元一二世纪

间由佛教大众部的一些支派发展而成大乘佛教,自称能运载无量众生从生死大河的此岸达到菩提涅槃的彼岸,成就佛果,故名"大乘",而将原始佛教和部派佛教贬称为"小乘"。狮子吼:佛教比喻佛祖讲经,声震世界。⑥稽:考核;考察。威灵:谓显赫的声威。响答:响应;应答。⑦六义:诗经学术语。亦称"六诗"。《诗·大序》:"故诗有六义焉:一曰风,二曰赋,三曰比,四曰兴,五曰雅,六曰颂。"备陈:详尽陈述。名数:犹名目。⑧十二部经:亦称"十二分教"。对佛经内容和体例的分类。六度:梵文意译。亦译"六到彼岸"、"六波罗密多"、"六波罗密"。佛教用为由生死此岸度人到达涅槃(寂灭)彼岸的各种途径的总称。是大乘佛教修习的主要内容。计有六类:布施、持戒、忍辱、精进、静虑(即禅定)、智慧(即般若)。十大弟子:佛教称佛陀的高足弟子(其名略)。⑨奥义:精深的义理;深奥的含义。释典:佛教的经典。⑩芥子纳须弥山:芥子,芥的种子。比喻极为微小。纳,容纳,纳入。"芥子纳须弥",比喻诸相皆非真,巨细可以相容。⑪养气:道家的一种修炼方法。存神:存养精神,保全精神。久视:不老;耳目不衰。敬:慎重。一人:帝王的自称或被称。千万:指众百姓。⑫幽深:深奥;玄虚。微妙:精微深奥。上仪:隆重的礼节。

夫兄为公

妇人呼夫之兄为伯,于书无所载。予顷使金国时,辟景孙弟辅行,弟妇在家,许斋醮及还家赛愿①。予为作青词云②:"顷因兄伯出使,夫婿从行。"虽借用《陈平传》"兄伯"之语,而自不以为然。偶忆《尔雅·释亲篇》曰:"妇称夫之兄为兄公,夫之弟为叔。"于是改兄伯字为兄公,视前所用,大为不侔矣。《玉篇》妐字音钟,注云:"夫之兄也。"然于义训不若前语。

【注释】

①景孙弟:指洪景孙(xùn),洪迈(字景卢)的从弟。辅行:副使。斋醮:道教设坛祭祷的一种仪式。即供斋醮神,借以求福免灾。其法为清心洁身,筑坛设供,书表章以祷神灵。赛愿:祭神还愿。②青词:亦称"绿章"。道教举行斋醮时献给"天神"的奏章祝文。因用朱笔写于青藤纸上,故名。一般为骈俪体。

政和文忌

蔡京颛国,以学校科举箝制多士,而为之鹰犬者,又从而羽翼之①。士子程文,一言一字,稍涉疑忌②,必暗黜之。有鲍辉卿者言:"今州县学考试,未校文学精弱,先问时忌有无③,苟语涉时忌,虽甚工不敢取。若曰:'休兵以息民,节用以丰财,罢不急之役,清入仕之流。'诸如此语,熙、丰、绍圣间,试者共用不以为忌,今悉绌之,所宜禁止。"诏可。政和三年,臣僚又言:"比者试文,有以圣经之言辄为时忌而避之者,如曰'大哉尧之为君','君哉舜也',与夫'制治于未乱,保邦于未危','吉凶悔吝生乎动'④,'吉凶与民同患'。以为'哉'音与'灾'同,而危乱凶悔非人乐闻,皆避。今当不讳之朝⑤,岂宜有此?"诏禁之。以二者之言考之,知当时试文无辜而坐黜者多矣,其事载于《四朝志》。

【注释】

①箝制:亦作"钳制"。挟持牵制。多士:众多士子。羽翼:辅佐;维护。②疑忌:疑惑顾忌。此处似指禁忌。③校(jiào):考核。精弱:犹优劣。时忌:当时的禁忌。④制治:犹言统治。治理政务。句出《书·周官》。孔颖达疏:"治,谓政教。"悔吝:灾祸。⑤不讳:无所避忌。

瞬息须臾

瞬息、须臾、顷刻,皆不久之词,与释氏"一弹指间","一刹那顷"之义同,而释书分别甚备。《新婆沙论》云:"百二十刹那,成一怛刹那,六十怛刹那,成一腊缚,二十腊缚,成一牟呼麦多,三十牟呼麦多,成一昼夜。"又《毗昙论》云:"一刹那者翻为一念,一怛刹那翻为一瞬,六十怛刹那为一息,一息为一罗婆,三十罗婆为一摩睺罗,翻为一须臾。"又《僧祇律》云:"二十念为一瞬,二十瞬名一弹指,二十弹指名一罗预，二十罗预名一须臾，一日一夜有三十须臾。"

神宗待文武臣

元丰三年，诏知州军不应举京官职官者，许通判举之。盖诸州守臣有以小使臣为之，而通判官入京朝，故许之荐举。今以小使臣守沿边小郡，而公然荐人改官，盖有司不举行故事也①。神宗初即位，以刑部郎中刘述（今朝散大夫），久不磨勘，特命为吏部郎中（今朝请大夫）。枢密院言："左藏库副使陈昉恬静②，久应磨勘，不肯自言。"帝曰："右职若效朝士养名，而奖进之，则将习以为高③，非便也。"翌日以兵部员外郎张问（今朝请郎）十年不磨勘，特迁礼部郎中（今朝奉大夫）。其旌赏驾御，各自有宜，此所以为综核名实之善政④。（见《四朝志》）

【注释】

①举行：施行。②恬静：恬淡安静。③养名：矫饰以博取虚名。奖进：称许提拔。高：高明；高强。④旌赏：表彰奖赏。驾御：驱使；控制。综核名实：考核事物的名称与实际内容，以观其是否相符。

绿竹王刍

《随笔》中载："毛公释绿竹王刍，以为北人不见竹，故分绿竹为二物，以绿为王刍。"熙宁初，右赞善大夫吴安度试舍人院，已入等①。有司以安度所赋《绿竹诗》，背王刍古说，而直以为竹，遂黜不取。富韩公为相，言："《史记》叙载淇园之竹，正卫产也，安度语有据。"遂赐进士出身。予又记前贤所纪，仁宗时，贾边试《当仁不避于师论》，以师为众，谓其背先儒训释②，特黜之。盖是时士风淳厚③，论者皆不喜新奇之说，非若王氏之学也。

【注释】

①入等：唐代考取官吏，有试判一项，凡文理优长被录取的，叫入等。②先儒：古代的儒者。又封建统治者奉历代阐发儒家经典的著名学者为先儒。后引申指前代的学者。训释：注解；解释。先儒训"师"为"老师"、"师长"。③士风：士大夫的风气。淳厚：敦厚质朴。

亲除谏官

仁宗庆历三年，用欧阳修、余靖、王素为谏官，当时名士作诗，有"御笔新除三谏官"之句。元丰八年，诏范纯仁为谏议大夫，唐淑问、苏辙为司谏，朱光庭、范祖禹为正言①。宣仁后问宰执，此五人者如何？佥曰："外望惟允②。"章子厚独曰："故事，谏官皆荐诸侍从，然后大臣禀奏。今诏除出中，得无有近习援引乎？此门寖不可启③。"后曰："大臣实皆言之，非左右也。"子厚曰："大臣当明扬④，何为密荐？"由是有以亲嫌自言者⑤，吕公著以范祖禹，韩缜、司马光以范纯仁。子厚曰："台谏所以纠大臣之越法者，故事，执政初除，苟有亲戚及尝被荐引者，见为台臣⑥，则皆他徙。今天子幼冲，太皇同听万几⑦，故事不可违。"光曰："纯仁、祖禹实宜在谏列，不可以臣故妨贤，宁臣避位。"子厚曰："缜、光、公著必不私，他日有怀奸当国者⑧，例此而引其亲党，恐非国之福。"后改除纯仁待制，祖禹著作佐郎，然此制亦不能常常恪守也。

【注释】

①正言：官名。宋初改唐代左右拾遗为左右正言，仍掌规谏，分隶门下、中书两省。②佥(qiān)：都；皆。外望：外界声望。允：使人信服；受人敬重。③得无：犹言莫非。近习：指君主亲幸的人。援引：提拔；引荐。寖：通"寝"。止息。④明扬：公开张扬或宣扬。⑤亲嫌：谓因亲属而徇私的嫌疑。⑥越法：越出法律范围；违反法律。台臣：指谏官。⑦幼冲：谓年令幼小。元丰八年三月，神宗死，由九岁的哲宗继位。此处的"天子"，即指哲宗。太皇：即太皇太后。英宗皇后高氏，亦即上文所说的"宣仁后"。万几(jī)：亦作"万机"。朝廷、国家日常纷繁的政务。⑧怀奸：心怀奸诈。

检放灾伤①

水旱灾伤，农民陈诉，郡县不能体朝廷德意。或虑减放苗米，则额外加耗之入为之有亏②，故往往从窄。比年以来，但有因赈济虚数而冒赏者，至于蠲租失实③，于民不便者，未尝小惩。宣和之世，执政不能尽贤，而其所施行，盖犹慰人心。京西运判李祐奏："房州民数百人，陈言灾伤。知州李悝，取其为首者，杖而徇之城市④，以戒妄诉，用此其州蠲税不及一厘。"诏："李悝除名，签书官皆勒停⑤。"祐又奏："唐、邓州蠲灾赈乏⑥，悉如法令，均、房州不尽减税，致有盗贼。"诏："均、房州守令悉罢，唐、邓守贰各增一官秩。"百姓见忧，出于徽宗圣意，而大臣能将顺也⑦。

【注释】

①检放：指验灾放赈。检，察验灾情。放，根据灾情轻重放赈救济。灾伤：由天灾人祸招致的损害。②或虑减放苗米，则额外加耗之入为之有亏：有的担心减放苗米，会额外增加损耗而使库存亏欠。减放苗米，即检苗放米。减，借为"检"。加耗之入，即加进损耗。③蠲租：免除租税。④徇：音xùn。对众宣示，即示众。⑤勒停：勒令停职。宋代官吏有罪外贬，轻则称送某州居住，稍重叫安置，又重叫编管。编管以上，追毁出身以来文字，除名勒停。⑥蠲灾赈乏：免除灾民租税，救济贫乏。⑦见(jiàn)忧：被忧虑所困扰。将顺：亦作"奖顺"。随顺，顺势助成。将，音jiāng。

檀弓注文

《檀弓》上下篇，皆孔门高第弟子在战国之前所论次。其文章雄健精工①，虽楚、汉间诸人不能及也。而郑康成所注，又特为简当②，旨意出于言外，今载其两章以示同志。"卫司寇惠子之丧，子游为之麻衰，牡麻绖③。"注云："惠子废嫡立庶，为之重服以讥之④。""文子辞曰：子辱与弥牟之弟游，又辱为之服，敢辞⑤。子游曰：礼也。文子退反哭。"

注：" 子游名习礼⑥，文子亦以为当然，未觉其所讥。""子游趋而就诸臣之位⑦。"注："深讥之。""文子又辞曰：子辱与弥牟之弟游，又辱为之服，又辱临其丧⑧，敢辞。子游曰：固以请⑨。文子退，扶適子南面而立曰：子辱与弥牟之弟游，又辱为之服，又辱临其丧，虎也敢不复位⑩。"注："觉所讥也。""子游趋而就客位。"注："所讥行⑪。"按此一事，倘非注文明言，殆不可晓。今用五"讥"字，词意涣然⑫，至最后"觉所讥"、"所讥行"六字，尤为透彻也。"季孙之母死⑬，哀公吊焉。曾子与子贡吊焉，阍人为君在，弗内也⑭。曾子与子贡入于其厩而修容焉⑮。子贡先入，阍人曰：乡者已告矣⑯。"注："既不敢止，以言下之。""曾子后入，阍人辟之⑰。"注："见两贤相随，弥益恭也。"今人读此段，真如亲立季氏之庭，亲见当时之事，注文尤得其要领云。

【注释】

①雄健：刚健有力(指笔力)。②简当：简约得当。③子游：春秋时吴国人，言氏，名偃，字子游。孔子学生。麻衰(cuī)：用细麻布裁制的丧服。牡麻绖：扎上齐衰(zī cuī)用的粗麻做成的带子。牡麻，大麻雌雄异株，雄株称牡麻。绖(dié)，古代丧期结在头上或腰间的麻带。清孙希旦《礼记集解》："子游以惠子废適立庶，故特为之轻衰重经以讥之。"④重(zhòng)服：重丧服。⑤文子：即弥牟。惠子之兄。子辱：即有辱子(您)。承蒙您。子，对子游的敬称。游：交往。敢辞：意为不敢承当。辞，辞谢，不接受。⑥名习礼：名，声名；有名。习，熟悉。全句意为以习礼知名。⑦臣：指惠子的家臣们。⑧临其丧：参与丧礼。⑨固以请：我再次请您不必客气。⑩虎：惠子的嫡子。敢不复位：怎敢不到正位拜谢。复位：返回到正位。按：因为惠子废嫡立庶，嫡子虎不得立，所以不在正位(其子和家臣按等级次序，服丧时各有其固定位置)。⑪所讥行：子游所讥讽的事已被实行(虎就正位)。行，实行。⑫涣然：形容疑虑、误会等消除。⑬季孙：指季孙肥，即季康子，鲁国政卿。⑭阍(hūn)：守门人。为君在：因为国君(哀公)在里面。弗内：不让进去。内，通"纳"。⑮厩(jiù)：马房。⑯乡者已告矣：刚才已(向您)通报了。乡，通"向"。⑰辟(bì)之：给曾子让开路。

左传有害理处

《左传》议论遣辞，颇有害理者，以文章富艳之故，后人一切不复言，今略疏数端，以箴其失①。《传》云："郑武公、庄公，为平王卿士，王贰于虢。"杜氏谓："不复专任郑伯也。""周公阅与王孙苏争政，王叛王孙苏②。"杜氏曰："叛者，不与也。"夫以君之于臣，而言贰与叛，岂理也哉！"晋平戎于王，单襄公如晋拜成③。刘康公徼戎④，将遂伐之。叔服曰：背盟而欺大国⑤，不义。"晋范吉射、赵鞅交兵⑥。"刘氏、范氏世为婚姻，苌弘事刘文公，故周与范氏⑦。赵鞅以为讨⑧。"夫以天子之使出聘侯国，而言拜成。谓周于晋为欺大国。诸侯之卿跋扈于天子⑨，而言讨。皆于名分为不正。其他如晋邢侯杀叔鱼⑩，叔鱼兄叔向数其恶而尸诸市。其于兄弟之谊为弗笃矣⑪，而托仲尼之语云："杀亲益荣。"杜氏又谓："荣名益己⑫。"以弟陈尸为兄荣，尤为失也。

【注释】

①富艳：美盛；华丽。范宁(东晋经学家，撰《春秋穀梁传集解》)《穀梁序》曰："《左氏》艳而富，其敝也巫(巫，谓鬼神之事)。"箴：规谏；告戒。一说刺也。②周公阅：《左传》作"周公阅"。周公名阅，周为其采邑。争政：犹争权。争夺权力、权益。王叛王孙苏：周匡王违背了当初要帮助王孙苏的诺言。此事见文公十四年。③平戎于王：调停王室和戎人的冲突。平，讲和；求和。事见僖公十一年。拜成：对调停成功表示感谢。④徼：杜注：徼，要(yāo)也。杜注为"拦截"意。⑤叔服：周内史。大国：指晋。事见成公元年。⑥交兵：交战。指敌对双方的武装冲突。⑦与：党与；偏向。⑧讨：征讨；讨伐。是讨伐周王室。事见哀公二年、三年。⑨诸侯之卿：指赵鞅。赵鞅属晋国。跋扈：骄横，强暴。引申为恃强抗拒。⑩邢侯杀叔鱼：事见昭公十四年。邢侯，人名。⑪笃：深厚。⑫荣名：荣誉；美好的名声。

夫人宗女请受①

戚里宗妇封郡国夫人，宗女封郡县主，皆有月俸钱米，春冬绢绵，其数甚多，《嘉祐禄令》所不备载②。顷见张抡娶仲偁女，封遂安县主，月入近百千，内人请给，除粮料院帮勘、左藏库所支之外③，内帑又有添给，外庭不复得知。因记熙宁初，神宗与王安石言，今财富非不多，但用不节，何由给足？宫中一私身之奉，有及八十贯者，嫁一公主，至用七十万缗，沈贵妃料钱月八百贯④。闻太宗时，宫人唯系皂绸襜，元德皇后尝以金线缘幨而怒其奢⑤。仁宗初定公主俸料，以问献穆大主⑥，再三始言，其初仅得五贯耳。异时，中官月有止七百钱者⑦。礼与其奢宁俭，自是美事也。一时旨意如此，不闻奉行。以今度之，何止十百倍也。

【注释】

①夫人：命妇的封号。唐代文武一品及国公母、妻为国夫人，三品以上母、妻为郡夫人；宋代执政以上之妻封夫人。宗女：(皇家)同宗的女儿。请(qǐng)受：官俸；薪饷。请，后又写作"䞋"。认领；接受。②宗妇：(皇室)同姓大夫之妻。郡县主：即郡公主、县公主。皇族女子的封号。东汉公主，有县公主、乡亭公主之别，晋始有郡公主。隋唐以来，诸王之女亦封郡县，称某郡县主。月俸：亦作"月奉"。旧时官吏每月所得的俸钱、禄米。后亦泛指每月的薪俸。禄令：古代国家颁布俸禄的律令。③内人：古代泛指妻妾、眷属。粮料院：官署名。诸司粮料院掌官俸，诸军粮料院掌军饷。帮勘：帮助审定。左藏库：国库之一。以其在左方，故称左藏(zàng)。宋初诸州贡赋均输左藏。南宋又设左藏南库。④料钱：俸禄之外的津贴(食料、厨料等折成钱钞)。⑤襜(chān)：系在衣服前面的围裙。元德皇后：太宗之妃李氏，真宗之母。早薨。真宗即位，上尊号为皇太后，有司上谥曰元德。幨(chàn)：衣襟。⑥俸料：俸禄和料钱的合称。献穆大主：大主即"太主"。皇帝的姑母。"献穆"为谥号。太宗第七女。仁宗的姑母。⑦异时：前时，先时。中官：此处指朝内的官。

蜀茶法

蜀道诸司，唯茶马一台，最为富盛，茶之课利多寡，与夫民间利疚①，他邦无由可知。予记《东坡集》有《送周朝议守汉州》诗云："茶为西南病，岷俗记二李②。何人折其锋，矫矫六君子③。"注："二李，杞与稷也。六君子，谓思道与侄正孺、张永徽、吴醇翁、吕元钧、宋文辅也。"初，熙宁七年，遣三司干当公事李杞经画买茶④，以蒲宗闵同领其事。蜀之茶园不殖五谷，唯宜种茶，赋税一例折输⑤，钱三百折绢一匹，三百二十折䌷一匹，十钱折绵一两，二钱折草一围，凡税额总三十万。杞创设官场，岁增息为四十万。其输受之际⑥，往往压其斤重，侵其加直。杞以疾去，都官郎中刘佐体量，多其条画⑦。于是宗闵乃议民茶息收十之三，尽卖于官场，蜀茶尽榷，民始病矣⑧。知彭州吕陶言："天下茶法既通。蜀中独行禁榷⑨。况川峡四路所出茶货，比方东南诸处，十不及一。诸路既许通商，两川却为禁地，亏损治体⑩，莫甚于斯。且尽榷民茶，随买随卖，或今日买十千，明日即作十三千卖之，比至岁终，不可胜算，岂止三分而已。佐、杞、宗闵作为敝法，以困西南生聚⑪。"佐坐罢去，以国子博士李稷代之，陶亦得罪。侍御史周尹复极论榷茶为害，罢为湖北提点刑狱。利路漕臣张宗谔、张升卿⑫，复建议废茶场司，依旧通商。稷劾其疏谬，皆坐贬秩⑬。茶场司行札子督绵州彰明县，知县宋大章缴奏⑭，以为非所当用。稷又诋其卖直钓奇，坐冲替⑮。一岁之间，通课利及息耗至七十六万缗有奇，诏录李杞前劳而官其子。后稷死于永乐城，其代陆师闵言其治茶五年，获净息四百二十八万缗，诏赐田十顷。凡上所书，皆见于国史。坡公所称思道乃周尹，永徽乃二张之一，元钧乃吕陶，文辅乃大章也，正孺、醇翁之事不著⑯。

【注释】

①蜀道：此处指剑南西道。茶马：即茶马司。官署名。宋代于成都、秦州（治今甘肃天水）各置榷茶、买马司。其后以提举茶事兼理马政，遂改称都

大提举茶马司。置提举官,掌以川茶与少数民族贸易马匹。榷(què)茶,中国旧时对茶叶实行征税、管制、专卖的措施。台:古代中央政府的官署。课利:定额的赋税。利疢:利病;利弊。疢,久病。②周朝议:指周思道,名表臣,官朝议大夫。病:害。甿(méng)俗:民俗。③矫矫:刚强貌。④干当:官名。唐德宗时神策军特置监勾(gòu)当以宠宦官,贞元十二年改为护军中尉。南宋以避高宗(赵构)讳,改勾当为干当,称为"干当公事"。"干当"之意为承办,管理。经画:经营筹划。⑤殖:孳生。折输:实物赋税折银钱输纳。⑥输受:民输官受。人民输纳赋税,官府收受。⑦体量(liáng):体察衡量,实地考察。条画:分条规划。⑧榷:专卖。病:贫困。⑨禁榷:禁止民间私自贸易盐铁茶酒等物资,而由政府专卖。⑩治体:政治法度。⑪敝法:指不合时宜的法度。敝,通"弊"。弊病。生聚:谓繁殖人口,聚集物力。⑫利路:即利州路。治兴元府(今陕西汉中市)。辖四川、陕西各一部分。⑬疏谬:疏漏谬误。贬秩:贬职;削减俸禄。⑭缴奏:谓驳正制敕之违失而封还章奏。⑮卖直:故意表示公正忠直以获取名声。钓奇:钓取大利。冲替:宋代公文用语,指黜降官职。⑯坡公所称思道乃周尹:据《苏东坡全集》注:"周思道即汉州……。侄正孺,名尹,即侍御史。吴醇翁……名师孟。"不著(zhù):不显扬。

判府知府

国朝著令,仆射、宣徽使、使相知州府者为判,其后改仆射为特进,官称如昔时。唯章子厚罢相守越,制词结尾云:"依前特进知越州。"虽曰黜典,亦学士院之误①。同时执政蒋颖叔以手简与之,犹呼云判府,而章质夫只云知府,盖从其实,予所藏名公法书册有之②。吾乡彭公器资有遗墨一帖,不知与何人?其辞曰:"某顿首,知郡相公阁下。"是必知州者,故亦不以府字借称。今世蕞尔小垒,区区一朝官承乏作守,吏民称为判府,彼固偃然居之不疑③。风俗淳浇之异④,一至于此!

【注释】

①依前特进知越州:即以原先的特进官而为越州知州。黜典:贬降官员的典例。学士院之误:应称"判越州"。②手简:书牍。后泛称信札为手简。与之:给章子厚(章惇)。判府:以高官兼较低职位之官称判。章质夫(章楶)只云知府,盖从其实:"徽宗立,(章)请老,徙知河南(府)。"(《宋史》本传)

章粢知河南府，所以从其实，只云知府。名公：有名望的公卿。或指著名的人士。法书：法令、律科一类的书籍。③偃然：安然，晏然。④淳浇：指风俗的淳厚与浇薄。

歌扇舞衣

唐李义府诗云："镂月为歌扇，裁云作舞衣①。"同时人张怀庆窃为己作，各增两字云："生情镂月为歌扇，出性裁云作舞衣②。"致有生吞活剥之诮。予又见刘希夷《代闺人春日》一联云："池月怜歌扇，山云爱舞衣。"绝相似。杜老亦云："江清歌扇底，野旷舞衣前。"储光羲云："竹吹留歌扇，莲香入舞衣。"然则唐诗人好以歌扇、舞衣为对也。

【注释】
①歌扇：歌舞时用的扇子。镂月裁云：雕刻月亮，剪裁云彩。比喻施展高超、精巧技艺。②生情：萌生爱怜之情。出性：超出常情。形容感情程度之深。

官会折阅①

官会子之作，始于绍兴三十年，钱端礼为户部侍郎，委徽州创样撩造纸五十万②，边幅皆不剪裁。初以分数给朝士俸，而于市肆要闹处置五场，辇见钱收换，每一千别输钱十③，以为吏卒用。商贾入纳，外郡纲运④，悉同见钱。无欠数陪偿及脚乘之费，公私便之。既而印造益多，而实钱浸少，至于十而损一，未及十年，不胜其弊。寿皇念其弗便，出内库银二百万两售于市，以钱易楮焚弃之⑤，仅解一时之急，时乾道三年也。淳熙十二年，迈自婺召还，见临安人揭小帖，以七百五十钱兑一楮，因入对言之，喜其复行。天语云⑥："此事唯卿知之，朕以会子之故，几乎十年睡不著。"然是后曩弊又生，且伪造者所在有之。及其败获，又未尝正治其诛，故行用愈轻⑦。追庆元乙卯，多换六百二十⑧，朝廷以为忧，诏江、浙诸道必以七百七十钱买楮币一道。此意固善，而不深思，用钱易纸，非有微利，谁肯为之？因记崇宁四年有旨，在京市户市商人交子，凡一千许损至九百五十，外路九百七十，得贸鬻如法⑨，毋得辄损，愿增价者听。盖有所赢缩，则可通行，此理固易晓也。

【注释】

①折（shé）阅：减低售价，亏本出售。本谓商品减价出售，此处指官会子贬值。折，损减。②会子：亦称"行在会子"、"东南会子"。南宋的一种纸币。最初由商人发行，称为"便钱会子"。后改由临安府发行。高宗绍兴三十年（1160年）由户部接办（成为"官会子"）。通行于两浙、两淮、湖北、京西等路。后因应付军费开支，发行过滥而贬值。撩造纸：一种手工抄纸。撩（liáo），捞（lāo）取。③分数：一定的份额。輂见钱收换：輂，载运。别输钱十：输，向官府输纳。④商贾入纳：商人向朝廷纳税。纲运：唐及以后各代，大量货物分批起运，每批编立字号，分为若干组，一组称一纲，这种成批编组运货办法，称纲运。⑤楮（chǔ）：钱币。指会子。⑥揭：持，拿。天语：帝王的诏谕。⑦败获：败露而被查获。正治其诛：即进行惩罚。行用愈轻：指楮币（会子）在市场流通中越来越贬值。⑧多换六百二十：最多六百二十钱兑换楮币一道。⑨京市：国都，京城。户市：交易市场。因在住户家进行，故称。交子：中国最早的纸币。宋初，四川使用铁钱（以铁铸成的钱币），体大值小，流通不便。商人发行一种纸币，称为"交子"。性质同存款收据相近，可兑现，也可流通。后由富商十六户发行。天圣元年（1023年），改由政府发行，一交一缗（一千文钱）。后因供应军饷，超额发行，遂致贬值。崇宁四年，改为"钱引"（也是一种纸币，意为兑换钱币的凭证，用来代替贬值的交子）。得贸鬻如法：要买卖就按这个规定。贸鬻：买卖。

飞邻望邻

自古所谓四邻，盖指东西南北四者而言耳。然贪虐害民者，一切肆共私心。元丰以后，州县榷卖坊场，而收净息以募役，行之浸久①，弊从而生。往往鬻其抵产，抑配四邻，四邻贫乏，则散及飞邻、望邻之家②，不复问远近，必得偿乃止。飞邻、望邻之说，诚所未闻。元祐元年，殿中侍御史吕陶奏疏论之，虽尝暂革，至绍圣又复然。

【注释】

①榷卖坊场：见卷十三《元丰库》"榷场"注。募役：募人充当官役。浸久：亦作"寖久"。犹积久（谓经历很长时间）。②鬻其抵产：其，指交不上息的民户。抵产，因交不上息而抵押的财产。抑配：强行摊派。飞邻：相隔较远的邻居。望邻：指相隔稍远而可以相望的邻居。

衙参之礼①

今监司、郡守初上事，既受官吏参谒，至晡时，僚属复伺于客次，胥吏列立廷下通刺曰衙②，以听进退之命，如是者三日。如主人免此礼，则翌旦又通谢刺。此礼之起，不知何时。唐岑参为虢州上佐③，有一诗，题为《衙郡守还》，其辞曰："世事何反复，一身难可料。头白翻折腰④，还家私自笑。所嗟无产业，妻子嫌不调⑤。五斗米留人，东溪忆垂钓⑥。"然则由来久矣。韩诗曰："如今便别官长去，直到新年衙日来⑦。"疑是谓月二日也⑧。

【注释】

①衙参：官吏到上司衙门，排班参见，禀白公事。②晡（bū）：申时；黄昏时。客次：接待宾客的处所。通刺：通报名刺。刺，名刺，即名帖。名片。古代未有纸时，削竹木刺上自己的名字，拜访通名时用。西汉时叫做谒，东汉叫刺。后来虽改用纸，仍相沿叫刺或名刺。衙：衙参。③上佐：州郡长官部下属官的通称。④折腰：弯腰行礼；拜揖。引申为屈身事人。⑤不调（diào）：未得升迁。⑥五斗米：指微薄的官俸。《晋书·陶潜传》：陶潜（陶渊明）为彭泽县令，"郡遣督邮至县，吏白应束带见之。潜叹曰：'吾不能为五斗米折腰，拳拳事乡里小人邪！'"遂辞官而去。垂钓：垂竿钓鱼。⑦衙日：衙参之日。见韩愈《送侯喜》诗。⑧谓月二日也：说的是正月初二。

卷第十五（十八则）

内职命词①

内庭妇职迁叙，皆出中旨②，至中书命词。如尚书内省官，固知为长年习事，如司字、典字、掌字，知其为主守之微者③。至于红紫霞帔郡国夫人，则其年龄之长少，爵列之崇庳④，无由可以测度。绍兴二十八年九月，仲兄以左史直前奏事，时兼权中书舍人，高宗圣训云："有一事待与卿说，昨有宫人宫正者封夫人，乃宫中管事人，六十余岁，非是嫔御⑤，恐卿不知。"兄奏云："系王刚中行词⑥，刚中除蜀帅，系臣书黄，容臣别撰入。"上颔首⑦。后四日，经筵留身奏事，奏言："前日面蒙宣谕⑧，永嘉郡张夫人告词，既得圣旨，即时传旨三省，欲别撰进。昨日宰臣传圣旨，令不须别撰。"上曰："乃皇后阁中老管事人，今六十六岁，宫正乃执事者，昨日宰执奏欲换告，亦无妨碍，不须别进。今已年老多病，但欲得称呼耳。"盖昨训词中称其容色云⑨。

【注释】

①内职：官廷中由妇女担任的职务。命词：制诰，诏书。也指草诏，为皇帝起草诏书。②中旨：帝王的旨意。③内省：犹言禁省。指宫内。习事：谓熟谙事理。司字、典字、掌字：均为官名。主守：负责守护。此处指主管什么事。微：细微之处。④霞帔（pèi）：古代妇女的一种披肩服饰。宋以后定为妇女命服。随品级高低而不同。爵列：即爵位。爵号，官位。崇庳：亦作"崇卑"。高低，高下。⑤圣训：帝王的训谕、诏令。嫔御：古代帝王的侍妾、宫女。⑥行词：谓草拟诰命。⑦颔首：点头。表示允可，赞许。⑧经筵：宋代为皇帝讲解经传史鉴特设的讲席。宣谕：宣布命令；晓谕。⑨训词：亦作"训辞"。教导的言词。容色：容貌颜色。

蔡京除吏

唐天宝之季，杨国忠以右相兼吏部尚书，大集选人注拟于私第①。故事，注官讫，过门下侍中、给事中，国忠呼左相陈希烈于座隅（时改侍中为左相），给事中在列，曰："既对注矣，过门下了矣②。"吏部侍郎二人与郎官同咨事，趋走于前，国忠夸谓诸妹曰："两个紫袍主事何如？"史策书此，以见国忠颛政舞权也③。然犹令侍中、给事同坐，以明非矫。若蔡京之盗弄威柄④，则又过之。政和中，以太师领三省事，得治事于家⑤。弟卞以开府在经筵，尝挟所亲将仕郎吴说往见，坐于便室，设一卓，陈笔砚，置玉版纸阔三寸者数十片于上⑥。卞言常州教授某人之淹滞，曰："自初登科作教官，今已朝奉郎，尚未脱故职⑦。"京问："何以处之？"卞曰："须与一提学⑧。"京取一纸，书其姓名及提举学事字而缺其路分，顾曰："要何地？"卞曰："其家极贫，非得俸入优厚处不可⑨。"于是书"河北西路"字，付老兵持出。俄别有一兵赍一双缄及紫匣来，乃福建转运判官直龙图阁郑可简，以新茶献，即就可漏上书"秘撰运副"四字授之⑩。卞方语及吴说曰："是安中司谏之子，颇能自立。且王逢原外孙，与舒王夫人姻眷⑪，其母老，欲求一见阙省局。"京问："吴曾踏逐得未⑫？"对曰："打套局适阙⑬。"又书一纸付出。少顷，卞目吴使先退。吴之从姊嫁门下侍郎薛昂，因馆其家，才还舍，具以告昂，叹所见除目之迅速。昂曰："此三者已节次书黄矣。"始知国忠犹落第二义也。

【注释】

①右相：唐玄宗天宝初改侍中为左相，中书令为右相。②座隅：坐位的旁边。对注：唐制，凡由吏部拟授的官职，再经门下侍中、给事中复审，称为"对注"。过门下了矣：已经过门下省复审了。③咨事：本指议事。此处则指办理具体事务。《新唐书·杨国忠传》："侍郎韦见素、张倚与本曹郎趋走堂下，抱案牒（官署的文书簿册）。"趋走：谓奔走服役。两个紫袍：指韦见素、张倚两个吏部侍郎。紫袍，紫色朝服，高官所服。主事：主持事务。一说官名。唐代吏部有吏部主事四人，司封主事二人，司勋主事四人，考功主事三人。官位

较低。《资治通鉴·唐玄宗天宝十二载》:(杨国忠注授官职)"侍郎韦见素、张倚趋走门庭,与主事无异。"颛政:谓独揽政权,专权用事。颛,通"专"。舞权:玩弄(施展)权力。④盗弄:盗窃玩弄;盗用。威柄:威权,权力。⑤治事:谓治理政事。⑥挟(xié):带领。玉版纸:一种洁白坚致的精良宣纸。⑦教授:学官名。宋代除宗学、律学、医学、武学等置教授传授学业外,各路州、县学均置教授,掌学校课试等事,位居提督学事司之下。故职:指其学官教授。⑧提学:学官名。宋崇宁二年(1103年)在各路设提举学事司,管理所属州县学校和教育行政,简称提学(即"提举学事官"的简称)。⑨俸入:官员的俸禄收入。⑩双缄:即"双书"。宋代士大夫以四六笺启与手简合缄(封),谓之双书。这样可以避免书吏对四六笺启(骈俪体的笺启)的意思表达不准确或不明白。"即就可漏上书"句:就在郑可的名字上边空白处写上"秘撰运副"四个字。漏,孔隙。秘撰运副:秘书省修撰(寄禄官)转运(或发运)副使(实职)。⑪安中:即吴安中。自立:依靠自力有所建树。舒王:濮安懿王赵允让之长子宗懿,英宗时封和王,神宗追封其为舒王。姻眷:姻亲。由婚姻关系而结成的亲戚。⑫踏逐:觅求,寻访。踏逐得未,即打听过哪里有空缺吗?⑬打套局:官署名。其职不详。

题先圣庙诗

兖州先圣庙壁,尝有题诗者云:"灵光殿古生秋草①,曲阜城荒散晚鸦。惟有孔林残照日,至今犹属仲尼家。"不显姓名,颇为士大夫传诵。予顷在福州,于吕虚己处,见邵武上官校书诗一册,内一篇题为《州西行》,州西者,蔡京所居处也。注云:"靖康元年作。时京谪湖湘,子孙分窜外郡,所居第摧毁,索寞殆无人迹②,故为古调以伤之。"凡三十余韵,今但记其末联云:"君不见乔木参天独乐园③,至今犹是温公宅。"其意甚与前相类。绍兴二十五年冬,秦桧死,空其赐宅,明年,开河,役夫辇泥土堆于墙下。天台士人左君作诗曰:"格天阁在人何在④?偃月堂深恨亦深。不见洛阳图白发⑤,但知鄌坞积黄金。直言动便遭罗织,举目宁知有照临⑥。炙手附炎俱不见⑦,可怜泥滓满墙阴。"语虽纪实,然太露筋骨,不若前两章浑成也⑧。左颇有才,最善谑,二十八年,杨和王之子偰,除权工部侍郎,时张循王之子子颜、子正,皆带集英修撰⑨，且进待制矣。会叶审言自侍御史、杨元老自给事中，徙为吏、兵侍郎，盖以缴论之故⑩。左用歇后语作绝句曰："木易已为工部侍，弓长肯作集英修⑪。如今台省无杨、叶，豚犬超升卒未休⑫。"左居西湖上，好事请谒⑬，人或畏其口，后竟终于布衣。

【注释】

①先圣庙：即孔子庙。汉以后，儒家思想逐渐成为统治思想，历代封建王朝都庙祀孔子。魏正始（三国魏齐王曹芳年号，公元240—245年）以后，规定入学行祭礼，以孔子为先圣，配颜渊为先师。唐初改以周公为先圣，孔子配，寻复旧。灵光殿：汉代殿名。汉景帝子鲁恭王所建。故址在山东曲阜市东。②索寞：亦作"索莫"、"索漠"。枯寂无生气貌；消沉貌。③独乐园：宋司马光之园。故址在今洛阳市南郊。④格天阁：秦桧之阁。《宋史·秦桧传》：高宗绍兴十五年"十月，帝亲书'一德格天'扁其阁"。⑤洛阳图白发：其义不详。联系下句及《后汉书》的《王允传》《董卓传》，似指公卿百官共图董卓。⑥有照临：有青天从上面观察。⑦炙手：烫手。比喻权势炽盛。附炎：比喻依附权势。⑧筋骨：犹关键（比喻诗文的结构）。浑成：天然生成。常形容文学艺术作品等自然、浑然一体，不见雕凿的痕迹。⑨张循王：即张俊。卒后追封循王。带：兼任。⑩徙：升调。缴论：缴章论奏。叶义问（叶审言）劾奏秦桧奸党，迁吏部侍郎。⑪木易：指杨偰（xiè）。弓长：指张子颜、张子正。⑫台省：三省及御史台亦合称台省。豚犬：猪和狗。曹操曾说"刘景升儿子若豚犬"。这里是对杨偰、张子颜兄弟的轻蔑称呼。⑬好（hào）事请谒：好求见当权者。好事，爱好多事。请谒，请托求见；干求别人。

季文子魏献子

拟人必于其伦①，后世之说也，古人则不然。鲁季文子出一莒仆，而历引舜举十六相去四凶②，曰："舜有大功二十而为天子，今行父虽未获一吉人，去一凶矣，于舜之功二十之一也。"晋魏献子为政，以其子戊为梗阳大夫，谓成鱄曰："吾与戊也，县人其以我为党乎③？"鱄诵《大雅·文王》克明克类、克长克君、克顺克比、比于文王之句，而以为九德不愆④。勤施无私曰类，择善而从之曰比⑤。言："主之举也，近文德矣⑥。"且季孙行父之视舜,魏舒之视文王,何啻天壤之不侔⑦!而行父以自比,舒受人之谀不以为嫌,乃知孟子所谓:"颜渊曰:'舜何人也?予何人也?有为者亦若是。'"非过论也⑧。

【注释】

①拟人必于其伦:与人相比较一定要有类似的地方可比。②季文子:即季孙行父。春秋时鲁国执政。出一莒仆:把莒仆驱逐出国境。莒,国名。仆,人名。己姓,一说曹姓。莒纪公(名庶其)的太子,因被废黜,杀纪公而奔鲁国。见《左传·文公十八年》。十六相:指"八恺"和"八元"。古代传说中的十六个才德之士。"舜臣尧,举八恺,使主后土……举八元,使布五教于四方"。四凶:指浑敦、穷奇、梼杌和饕餮。③魏献子:即魏舒。成鱄:晋大夫。"吾与戌也"句:《左传·昭公二十八年》此句断为:"吾与戌也县,人其以我为党乎?"④克明可类,克长克君:(文王之父王季)光明磊落毫无私心,堪称领袖和君王。克,能。类,善。克顺可比:能使四方归顺服从。比,和顺。比于文王:到了文王的时候。比,及。前三句说的王季,后一句属下段,"比于文王,其德靡悔",说的文王。九德:指成鱄所讲的九德:度、莫、明、类、长、君、顺、比、文。下文两句是其中的两德。不愆:无过失。⑤勤施无私曰类,择善而从之曰比:杜预注《左传》:"施而无私,物得其所,无失类也。""比方善事,使相从也。"勤施,即乐于施舍。⑥主:指魏献子。举:举拔包括他的儿子戌在内的几个人。文德:此处指文王的德行。⑦视:比拟,比照。何啻:犹何止,岂只。啻:但;仅;止。天壤:比喻相距极远,犹天渊。⑧有为者亦若是:有作为的人也应该像舜这样。句出《孟子·滕文公上》。过论:过头话;过分的言论。

尊崇圣字

自孔子赞《易》、孟子论善信之前,未甚以圣为尊崇①,虽《诗》《书》《礼》经所载亦然也。《书》称尧、舜之德,但曰"聪明文思"、"钦明文思"、"浚哲文明"、"温恭允塞"②。至益之对舜,始有"乃圣乃神"之语③。《洪范》"睿作圣"与"恭作肃,从作乂,明作哲,聪作谋",同列于五事,其究但曰"圣时风若",咎征至以蒙为对④。"惟圣罔念作狂,惟狂克念作圣"⑤,则以狂与圣为善恶之对也。《诗》曰:"国虽靡止,或圣或否⑥。"则以圣与否为对也。下文"或哲或谋,或肃或乂"⑦，盖与五事略同。人之齐圣，不过"饮酒温克"而已⑧。《左传》八恺，齐圣广渊，明允笃诚，《周官》六德，知、仁、圣、义、忠、和⑨，皆混于诸字中，了无所异。以故鲁以臧武仲为圣人，伯夷、伊尹、柳下惠皆曰圣⑩，而孟子以为否。

【注释】

①孔子赞《易》：旧传孔子作《十翼》（即《传》），对《易》进行解说，包含解释卦辞、爻辞。赞，显明（令微者得著）。善信：善守信用。尊崇：尊敬推崇。②文思：指功业和道德。陆德明释文："经纬天地谓之文，道德纯备谓之思。"后常用以称颂帝王。钦明：敬肃明察（指尧处理政务）。见《书·尧典》。浚哲文明，温恭允塞：舜深邃的智慧照临四方，温恭的美德溢满天地。见《书·舜典》。浚（jùn）哲，深沉而有智慧。温恭，温和恭敬。允塞，充满；充实。③益：舜时东夷部落的首领。乃圣乃神：是益对舜赞颂尧帝德行的话。见《书·大禹谟》。圣，圣明。神，神妙。乃，语助。④睿作圣：思虑通达就能导致才智高超（圣明）。睿，通达。作，则，就。"恭作肃"四句：仪态恭谨则容貌庄敬，言论正当则有条理，观察清审就能照了情物，听闻广远就能使人善于谋划。从，正当合理。乂（yì），治理（得到管理）。哲，明智。五事：指貌、言、视、听、思。圣，时风若：圣明，像及时刮风那样喜人。咎征至以蒙为对：咎征，君王德行恶劣的表征。以蒙为对，"蒙"和"圣"为对。蒙，昏昧。⑤"惟圣罔念作狂"句：出《书·多方》。孔传："惟圣人无念于善则为狂人，惟狂人能念于善则为圣人。"罔念：谓不思为善。⑥国虽靡止，或圣或否：高亨先生注：国家虽无礼法，然而有圣人，有非圣人。止，高亨先生引郑笺："止，礼。"靡止，没有礼法。按：否（pǐ），通"鄙"。庸俗，鄙陋。⑦或肃或乂：高亨先生以为，容貌庄敬为肃，言有条理为乂。或，有。⑧"人之齐圣"句：见《诗·小雅·小宛》。中正通智之人（高亨注："之，犹有也。"齐，音jī，通"齋"。明智），也不过是喝醉了酒也能蕴藉自持以胜外物罢了。齐圣，聪明睿智；聪明圣哲。温（yùn，通"蕴"）克：蕴藉自持以胜外物。⑨八恺：八个才德之士。广渊：广大深远。指度量和谋略。明允：明察而诚信。笃诚：切实忠诚；忠厚诚实。知：通"智"。和：能和于物。⑩鲁以臧武仲为圣人：《左传》载，鲁襄公"二十二年春，臧武仲如晋，雨，过御叔（鲁御邑大夫）。御叔在其邑，将饮酒，曰：'焉用圣人！我将饮酒而已。雨行，何以圣为？'"杜注：武仲多知（智），时人谓之圣。柳下惠：即展禽。春秋时鲁国大夫。展氏，名获，字禽。食邑在柳下，卒谥惠。以善于讲究贵族礼节著称。

媵字训

媵之义为送，《春秋》所书，晋人卫人来媵，皆送女也。《楚辞·九章》云："波滔滔兮来迎，鱼鳞鳞兮媵予①。"其义亦同。《周易·咸》卦象曰："咸其辅颊舌，滕口说也。"《释文》云：滕，达也②。九家皆作乘，而郑康成、虞翻作媵③，而亦训为送云。

【注释】

①九章：应是"九歌"。滔滔：大水奔流貌。鳞鳞：原文为"隣隣（邻邻）"。众多貌。见《楚辞·九歌·河伯》。②咸其辅颊舌：交相感应在口舌、面颊，面颊、舌头都因势而动。咸，感应。辅颊，脸的两旁。滕口：张口放言。达：送到；传送。③虞翻：三国吴经学家。字仲翔。所撰《易注》，已佚。

周礼奇字

《六经》用字，固亦间有奇古者①，然惟《周礼》一书独多。予谓前贤以为此书出于刘歆，歆常从扬子云学作奇字，故用以入经。如法为灋、柄为枋、邪为袤、美为媺、呼为嘑、拜为挄、韶为磬、怪为傀、暴为虣、擅为簎、风为飌、鲜为鱻、槁为薧、螺为蠃、脾为廲、鱼为敜、埋为薶、吹为歙、咳为祴、暗为韽、枋为櫄、探为撢、赵为趯、摘为菬、骇为駴、击为毄、辜为樐、掬为絭、幂为幎、藻为藻、臭为庮、叩为敂、艰为囏、魅为彲，与夫庮、矑、胖、鲗、齍、昳、劀、酏、橐、欓、箔、鬻、柌、絻、韴、爂、欒、樑之类，皆他经鲜用，予前已书之而不详悉。若《考工记》之字，又不可胜载也。

【注释】

①奇古：奇特古朴。

大禹之书

《夏书·五子之歌》，述大禹之戒，其前三章是也①。禹之谟训，舍《虞》《夏》二书外②，他无所载。《汉书·艺文志》杂家者流，有《大俞》三十七篇，云："传言禹所作，其文似后世语。"俞，古禹字也，意必依仿而作之者，然亦周、汉间人所为，今寂而无传，亦可惜也。

【注释】

①其前三章是也：《夏书·五子之歌》共分五章。戒：训诫。②谟训：谋略和训诲。《虞》：《虞夏书》。《夏》：《夏书》。③依仿：仿效；依照（《虞》《夏》二书作《大禹》之书）。

随巢胡非子

《汉书·艺文志》，墨家者流①，有《随巢子》六篇，《胡非子》三篇，皆云墨翟弟子也。二书今不复存，马总《意林》所述，各有一卷，随巢之言曰："大圣之行，兼爱万民，疏而不绝，贤者欣之，不肖者怜之②。贤而不欣，是贱德也，不肖不怜，是忍人也③。"又有"鬼神贤于圣人"之论，其于兼爱、明鬼④，为墨之徒可知。胡非之言曰："勇有五等：负长剑，赴榛薄，折兕豹，搏熊罴，此猎徒之勇也；负长剑，赴深渊，折蛟龙，搏鼋鼍，此渔人之勇也；登高危之上，鹄立四望，颜色不变，此陶岳之勇也；剽必刺，视必杀⑤，此五刑之勇也；齐威公以鲁为南境⑥，鲁忧之。曹刿匹夫之士⑦，一怒而劫万乘之师，存千乘之国，此君子之勇也。"其说亦卑陬无过人处⑧。

【注释】

①墨家：战国时的重要学派。《汉书·艺文志》列为"九流"之一。儒家的反对派，在当时影响极大。创始人墨子（即墨翟）。②大圣：古代称道德完善、智能卓越的人。绝：断绝，杜绝。有"摒弃"意。欣：爱戴。怜：哀怜；

怜悯。两句是说的圣人对贤者和不肖者。③贱德：轻视道德。忍人：残忍的人。④明鬼：鬼为神灵，应当尊敬。明，尊崇；尊敬。墨子主张"明鬼"。⑤榛薄：丛生的草木，引申指幽僻的地方。折（zhé）：挫败。兕（sì）豹：兕与豹。泛指猛兽。鼋（yuán）：大鳖。亦称绿团鱼，俗称癞头鼋。鼍（tuó）：亦称扬子鳄，俗称猪婆龙。两者均为爬行纲动物。高危：位高势危。鹄立：谓如鹄延颈而立，形容盼望。陶岳：乐于登山者。陶，乐，喜悦。剽（biāo）：通"标"。标志。视（zhǐ）：通"指"。指向。⑥齐威公：指齐桓公。⑦曹刿：即曹沫。春秋时鲁国武士。曾在长勺（今山东莱芜东北）一鼓作气战胜齐军。又相传齐君与鲁君在柯（今山东阳谷东）相会，他持剑相从，挟持齐君订立盟约，收回失地。⑧卑陬：低下鄙陋。

别国方言

今世所传扬子云《輶轩使者绝代语释别国方言》，凡十三卷，郭璞序而解之。其末又有汉成帝时刘子骏与雄书，从取《方言》①，及雄答书。以予考之，殆非也。雄自序所为文，《汉史》本传但云："经莫大于《易》，故作《太玄》；传莫大于《论语》，作《法言》；史篇莫善于《仓颉》，作《训纂》；箴莫善于《虞箴》，作《州箴》；赋莫深于《离骚》，反而广之；辞莫丽于相如②，作四赋。"雄平生所为文尽于是矣，初无所谓《方言》。《汉·艺文志》小学有《训纂》一篇③。儒家有雄所序三十八篇，注云："《太玄》十九，《法言》十三，乐四，箴二。"杂赋有雄赋十二篇，亦不载《方言》④。观其答刘子骏书，称"蜀人严君平"，按君平本姓庄，汉显帝讳庄⑤，始改曰"严"。《法言》所称"蜀庄沉冥，蜀庄之才之珍，吾珍庄也"⑥，皆是本字，何独至此书而曰"严"。又子骏只从之求书，而答云："必欲胁之以威，陵之以武，则缢死以从命也！"何至是哉？既云成帝时子骏与雄书，而其中乃云孝成皇帝，反复抵牾⑦。又书称"汝、颍之间"，先汉人无此语也，必汉、魏之际，好事者为之云。

【注释】

①从取：从扬雄那里求取。②史篇：指《史籀篇》。相传为周代教学童识字的字书。仓颉：也作苍颉。旧传为黄帝的史官，汉字的创造者。此处指《苍

颉篇》。字书。秦李斯撰。训纂：即《训纂篇》。字书。原书不传。反而广之：扬雄作《反离骚》和《广骚》。相如：即司马相如。③小学：汉代称文字学为小学，因儿童入小学先学文字，故名。隋唐以后，范围扩大，成为文字学、训诂学、音韵学的总称。④亦不载《方言》：前述五十篇中，也没有《方言》。⑤汉显帝讳庄：东汉显宗孝明帝名刘庄。⑥蜀庄：即蜀人庄君平。沉冥：泯灭无迹。君平为隐士，故言。蜀庄之才之珍：庄君平这个人才很珍贵。吾珍庄也：我很珍视庄君平。⑦孝成皇帝：所谓成帝，是死后的谥号，谥曰孝成。刘子骏为成帝时人，成帝尚健在，怎能称"孝成皇帝"？所以说"抵牾"。抵牾：抵触，矛盾。

纵臾

《史记·衡山王传》："日夜从容王密谋反事①。"《汉书》传云："日夜纵臾王谋反事。"如淳曰："臾读曰勇，纵臾，犹言勉强也②。"颜师古曰："纵，音子勇反。纵臾，谓奖劝也③。"扬雄《方言》云："食阎、怂恿（音与上同），劝也。南楚凡己不欲喜，而旁人说之④，不欲怒，而旁人怒之，谓之食阎，亦谓之怂恿。"今《礼部韵略》收入，《汉》注皆不引用。

【注释】

①从容（sǒng yǒng）：同"怂恿"。②勉强：强人去做不愿做的事。③奖劝：褒奖鼓励。④说之：说通"悦"。

总持寺唐敕牒①

唐世符帖文书，今存者亦少，隆兴府城内总持寺有一碑，其前一纸，乾符三年，洪州都督府牒僧仲遏；次一纸，中和五年，监军使帖僧神遇②；第三纸，光启三年十一月，中书门下牒江西观察使。其后列衔者二十四人，曰：中书侍郎兼兵部尚书平章事杜逊能，门下侍郎兼吏部尚书平章事孔纬，此后检校左仆射一人，检校司空二人，检校司徒八人，检校太保三人，检校太傅一人，检校太尉三人，检校太师一人，皆带平章事著姓，太保兼侍中昭度，不书韦字，检校太师兼侍中一人，太师兼中书令一人，皆不著姓，舍杜、孔、韦三正相之外，余皆小书使字，盖使相也。后又有节度使钟传两牒，字画端劲有法③，如士人札翰，今时台省吏文不能及也。嘉祐二年，洛阳人职方员外郎李上交来豫章东湖，见所藏真迹，为辨之云：二十一人者，乃张濬、朱玫、李福、李可举、李罕之、陈敬瑄、王处存、王徽、曹诚、李匡威、李茂贞、王重荣、杨守亮、王镕、乐彦祯、朱全忠、张全义、拓跋思恭、时溥、王铎、高骈也。而注云："见《僖宗纪》及《实录》。"以予考之，自三相及拓跋、乐彦祯、时溥、张濬、朱全忠、李茂贞诸人外，如李克用、朱瑄、王行瑜皆是时使相，不应缺，而朱玫、王铎、王重荣、李福皆已死，所谓太师中书令者，史策不载，唯陈敬瑄检校此官而兼中令，最后者其是欤？他皆不复可究质矣④。

【注释】

①敕牒：诏书的一种。②符帖：简帖。帖：官府文书，公文。一纸：一纸牒文的碑刻。前、次、第三，指碑刻顺序。纸：量词。指文书的件数或张数。牒：行文通报。帖：谓指示，指令。③端劲(jìng)：指字体端正有力。④究质：同"质究"。查考。

禁旅迁补

国朝宿卫禁旅迁补之制，以岁月功次而递进者，谓之排连①。大礼后，次年殿庭较艺，乘舆临轩，曰"推垛子"②。其岁满当去者，随以本资③，高者以正任团练使、刺史补外州总管、钤辖，小者得州都监，当留者于军职内升补，谓之转员④。唯推垛之日，以疾不趁赴者⑤，为害甚重。绍兴三十二年四月，予以右史午对时将有使事，与上介张才甫同饭于皇城司⑥。有一老兵，幞头执黑杖子，拜辞皇城干办官刘知阁，泣涕哽噎，刘亦为恻然⑦。予问其故，兵以杖相示，满其上皆揭记士卒姓名营屯事件⑧。云身是天武第一军都指挥使，曾立战功，积官至遥郡团练使，今年满当出职，若御前呈试了⑨，便得正任使名，而为近郡总管。不幸小疾，遂遭拣汰，只可降移外藩将校，在身官位一切除落，方伏事州都监听管营部辖⑩。三十年勤劳，一旦如扫，薄命不偶⑪，至于如是。坐者同叹息怜之。按崇宁四年有诏，诸班直尝备宿卫，病告满尚可疗者，殿前指挥使补外牢城指挥使，盖旧法也。

【注释】

①禁旅：即禁军。皇帝的亲兵。北宋称正规军为禁军或禁兵。迁补：升官补缺。功次：指功绩的大小、官阶升迁的先后顺序。排连：宋代禁军依次升迁制度。②临轩：古时皇帝不坐正殿而在殿前平台上接见臣属，叫"临轩"。推垛子：宋代禁旅迁补制度名称。③本资：原来的资格（官职品级）。④外州：京都以外各州的统称。转员：宋时将校岁满依次升迁，称"转员"。⑤趁赴：往赴；前往。⑥午对：臣子午间面君奏事。上介：古代外交使团的副使或军政长吏的高级助理。⑦幞头：亦作"襆头"。一种包头软巾，亦名"折(shé)上巾"。恻然：哀怜貌。⑧揭记：标记。营屯：驻军营寨。⑨天武第一军：属殿前司所辖。有捧日四厢、天武四厢、龙卫四厢、神卫四厢，称作上四军。遥郡：边远州郡。对"近郡"而言。出职：犹任职。呈试：旧时科举考试为防诈冒，应试人先投奏状，由试官检验，称呈试。⑩拣汰：即淘汰。外藩：旧称分封的诸侯王为外藩。亦指地方上的高级官吏。除落：取消；免去。方：将要。伏事：服侍。管营：古代边远地区管理徒流充军罪犯服役的官吏。部辖：犹部下。此处似有管辖义。⑪不偶：不遇；不合。引申为命运不好。⑫班直：宋代禁军中，骑军有殿前指挥使、内殿直、散员、散指挥、金枪班、钧容直等军，称"诸班"；步军有御龙直、御龙骨朵子直、御龙弓箭直等军，称"诸直"，总称"诸班直"，属殿前司。班直一般选拔"武艺绝伦"者充当。除为皇帝近卫外，有的还兼仪仗队。历建隆、熙宁及南宋各时期，名额略有变更。

六言诗难工

唐张继诗①，今人所传者唯《枫桥夜泊》一篇，荆公《诗选》亦但别诗两首，乐府有《塞孤》一篇。而《皇甫冉集》中，载其所寄六言曰："京口情人别久，扬州估客来疏②。潮至浔阳回去，相思无处通书。"冉酬之，而序言："懿孙，予之旧好，祗役武昌，有六言诗见忆，今以七言裁答，盖拙于事者繁而费③。"冉之意，以六言为难工，故衍六为七④，然自有三章曰："江上年年春早，津头日日人行。借问山阴远近，犹闻薄暮钟声⑤。""水流绝涧终日，草长深山暮云。犬吠鸡鸣几处，条桑种杏何人⑥？""门外水流何处，天边树绕谁家？山绝东西多少，朝朝几度云遮。"皆清绝可画⑦，非拙而不能也。予编唐人绝句，得七言七千五百首，五言二千五百首，合为万首。而六言不满四十，信乎其难也。

【注释】

①张继：唐诗人。字懿孙。②寄：特指把思想感情、理想、希望放在某人或某事物上。情人：感情深厚的友人。估客：贩货的行（xíng）商。③衹役：奉命任职。裁答：裁笺作复。拙于事者繁而费：我拙于六言诗，只好用七言酬答，词繁而意费。④衍：展延。⑤山阴：旧县名。治今浙江绍兴市。薄暮：傍晚；太阳快落山的时候。⑥绝涧：高山陡壁之下的溪涧。条桑：挑取桑叶，即采桑。条，挑取。⑦清绝：形容美妙至极。

杯水救车薪

孟子曰："仁之胜不仁也，如水胜火，今之为仁者，犹以一杯水救一车薪之火也，不熄，则谓之水不胜火①。"予读《文子》②，其书有云："水之势胜火，一勺不能救一车之薪；金之势胜木，一刃不能残一林；土之势胜水，一块不能塞一河。"文子周平王时人，孟氏之言盖本于此。

【注释】

①"孟子曰"句：引文见《孟子·告子上》。②文子：著作名。战国文子作。今本十二卷。唐玄宗时诏号为《通玄真经》，列为道教经典之一。《汉书·艺文志》录《文子》九篇，注："老子弟子，与孔子并时；而称周平王问，似依托者也。"

诎一人之下

萧何谏高祖受汉王之封，曰："夫能诎于一人之下，而信于万乘之上者①,汤、武是也。"《六韬》云:"文王在岐,召太公曰:'吾地小。'太公曰:'天下有粟,贤者食之,天下有民,贤者牧之②。诎于一人之下,则申于万人之上③,唯圣人能为之。'"然则萧何之言,其出于此,而《汉书》注释诸家,皆不曾引证。

【注释】

①诎(qū):通"屈"。屈曲,卷屈。信(shēn):通"伸"。②牧:统治。
③申:通"伸"。伸开;挺直。

秦汉重县令客

秦、汉之时,郡守县令之权极重,虽一令之微,能生死人,故为之宾客者,邑人不敢不敬。单父人吕公善沛令,辟仇从之客①,沛中豪杰吏闻令有重客,皆往贺。谓以礼物相庆也。司马相如游梁归蜀,素与临邛令王吉相善,来过之,舍于都亭②。临邛富人卓王孙、程郑相谓曰:"令有贵客,为具召之,并召令。"相如窃王孙女归成都③,以贫困复如临邛,王孙杜门不出。昆弟诸公更谓王孙曰:"长卿人材足依,且又令客,奈何相辱如此!"注云:"言县令之客,不可以辱也。"是时为令客者如此。今士大夫为守令故人,往见者虽未必皆贤,岂复蒙此礼敬④。稍或戾于法制,微有干托⑤,其累主人必矣!

【注释】

①"单父(shàn fǔ)"句:单父县的吕公,跟沛县县令很要好,(吕公)为躲避仇人,到县令这里作客。②过:访;探望。都亭:都邑中的传舍。秦法,十里一亭。郡县治所则置都亭。③王孙女:即卓王孙之女卓文君。④礼敬:以合乎礼仪的举动表示尊崇。⑤干托:请托,走门路。

〔补注〕为具:设置筵席、酒食。

之字训变[1]

汉高祖讳邦,荀悦云:"之字曰国[2]。惠帝讳盈,之字曰满。"谓臣下所避以相代也。盖"之"字之义训变,《左传》:"周史以《周易》见陈侯者,陈侯使筮之,遇《观》之《否》。"谓《观》六四变而为《否》也[3]。他皆仿此。

【注释】

①之字训变:"之"字的意思解释为"变"。②之字曰国:避讳改字,"邦"字用"国"字代替。③六四:指《观》卦六四爻。为阴爻– –。若变为阳爻—,则为否卦䷋。

卷第十六（二十则）

蹇氏父子

蹇周辅立江西、福建茶法①，以害两路。其子序辰，在绍圣中，乞编类《元祐章疏案牍》，人为一帙，置在二府。由是缙绅之祸②，无一得脱。此犹未足言，及居元符遏密中，肆音乐自娱③。后守苏州，以天宁节与其父忌日同④，辄于前一日设宴，及节日不张乐。其无人臣之义如是，盖举世未闻也。

【注释】

①茶法：《宋史》本传作"盐法"。"立江西、福建盐法，掊（pōu）克（聚敛贪狠——引者注）欺诞，负公扰民"。（《宋史·蹇周辅传》）②编类：依类编列。人为一帙：每个人的章疏编为一套。帙（zhì）：包书的套子，用布帛制成。因即谓书一套为一帙。缙绅之祸：指司马光、文彦博、吕公著、吕大防、刘挚、苏轼、范祖禹等元祐党人之祸。参考《随笔》卷十五《张天觉为人》。徽宗继位后，又采取了一系列贬斥元祐党人的措施，并把他们定为"元祐奸党"。③遏密：指皇帝死后禁绝举乐。后亦用以指皇帝之死。元符为哲宗年号。元符三年一月，哲宗去世。"元符遏密"即指哲宗之死。肆：陈设。自娱：自寻乐趣；自以为乐。④天宁节：徽宗的生日。

神臂弓

神臂弓出于弩遗法①，古未有也。熙宁元年，民李宏始献之入内，副都知张若水方受旨料简弓弩，取以进②。其法以㭴木为身，檀为𢯱，铁为蹬子枪头，铜为马面牙发，麻绳札丝为弦，弓之身三尺有二寸，弦长二尺有五寸，箭木羽长数寸，射二百四十余步，入榆木半筈③。神宗阅试④，甚善之。于是行用，而他弓矢弗能及。绍兴五年，韩世忠又侈大其制⑤，更名"克敌弓"，以与金虏战，大获胜捷。十二年词科试日，主司出《克敌弓铭》为题云。

【注释】

①遗法：留传下来的方式、方法。②料简：清理检查；清点察看。取以进：取神臂弓进献给朝廷。③檿（yǎn）木：即山桑。木质坚硬，可制弓或车辕。弰（shāo）：弓的末梢。半笴（gě）：半根箭杆。④阅试：审查考核。⑤侈大：扩大。

敕令格式

法令之书，其别有四，敕、令、格、式是也①。神宗圣训曰："禁于未然之谓敕；禁于已然之谓令；设于此以待彼之至，谓之格；设于此使彼效之，谓之式。"凡入答杖徒流死，自例以下至断狱十有二门，丽刑名轻重者②，皆为敕；自品官以下至断狱三十五门，约束禁止者，皆为令；命官庶人之等，倍全分厘之给，有等级高下者，皆为格；表奏、帐籍、关牒、符檄之类，有体制模楷者③，皆为式。《元丰编敕》用此，后来虽数有修定，然大体悉循用之。今假宁一门，实载于格，而公私文书行移，并名为式假④，则非也。

【注释】

①敕、令、格、式：宋代法律的表现形式。敕为当代法典，规定罪名和刑罚；令为皇帝的命令，规定贵贱等级等重要制度；格是规定官吏的办事规则；式是规定官署通用的文件程式。敕，诫饬。式，规格，榜样。②答杖徒流死：古代的五种刑罚。杖，用大荆条、大竹板打犯人的臀、腿或背。答、徒、流分别见《随笔》卷十六《吏文可笑》《续笔》卷五《唐虞象刑》《随笔》卷十二《王珪李靖》注。死，死刑。先秦称大辟。例：成例；旧例。《晋书·刑法志》："故集罪例以为刑名，冠于律首。"《宋史·刑法志》称"名例"。名例，旧时律书前面的总则，包括刑名与例案。丽：谓依法、按事实施加刑罚。一说为附着；依附。刑名：刑罚的名称。③品官：古官有九品，品官指有品级的官吏。"命官庶人之等"句：《宋史·刑法志》原文为："命官之等十有七，吏、庶人之赏等七十有七，又有倍全分厘之级凡五等，有等级高下者皆为格。"关牒：《旧唐书·职官志二》："凡京师诸司，有符、移、关、牒下诸州者，必由於都省以遣之。"关与牒皆旧时

公文书名，后以"关牒"指行文通知。体制：格局；规矩；法式。模楷：效法，学习。④假宁：休假回家探亲。宁，探望、省视父母。名为式假：即把休假归入了"式"一类。

颜鲁公戏吟

陶渊明作《闲情赋》，寄意女色。萧统以为白玉微瑕①。宋广平作《梅花赋》，皮日休以为铁心石肠人，而亦风流艳冶如此②。《颜鲁公集》有七言联句四绝，其目曰：《大言》《乐语》《嚵语》《醉语》③。于《乐语》云："苦河既济真僧喜④，新知满坐笑相视。戍客归来见妻子⑤，学生放假偷向市。"《嚵语》云："拈馉舐指不知休，欲炙侍立涎交流⑥。过屠大嚼肯知羞，食店门外强淹留⑦。"《醉语》云："逢糟遇曲便酩酊⑧，覆车坠马皆不醒。倒著接䍦发垂领⑨，狂心乱语无人并。"以公之刚介守正⑩，而作是诗，岂非以文滑稽乎？然语意平常，无可咀嚼，予疑非公诗也。

【注释】

①寄意：寄托心意。萧统：即昭明太子。字德施。南朝梁文学家。武帝长子。曾招聚文学之士，编集《文选》三十卷，对后代文学颇有影响。白玉微瑕：白玉上有微小的斑点。比喻美好的人或事物微有缺憾。②宋广平：即宋璟。曾封广平郡公。以刚正不阿著称于世。铁心石肠：即心肠坚如铁石，形容人不动感情。亦作"铁石心肠"。艳冶：谓物之美丽鲜明。此处形容文辞华美。此句言诗文不类乎其为人。③嚵(chán)：通"馋"。贪吃。④苦河：佛教指凡世。言世间种种烦恼，苦深如河。苦河既济，见本笔卷十四《三教论衡》"大小乘"注。⑤戍客：离开家乡守边的人。⑥拈馉：取饼而食。拈(niān)，用指取物。馉(duī)，蒸饼。舐(shì)：以舌舔物。欲炙：贪食的欲望强烈。⑦过屠：经过屠户店门。淹留：停留；久留。⑧糟、曲：均指酒类。糟，酒渣。曲，酿造白酒所用的大曲或小曲。酩酊：大醉貌。⑨倒著(zhuó)：将衣、帽等倒过来穿戴。接䍦(lí)：古代的一种头巾。发，头发。⑩刚介：刚强正直。守正：恪守正道。

纪年用先代名

唐德宗以建中、兴元之乱，思太宗贞观、明皇开元为不可跂及，故改年为贞元，各取一字以法象之①。高宗建炎之元，欲法建隆而下字无所本。孝宗以来，始一切用贞元故事。隆兴以建隆、绍兴，乾道以乾德、至道，淳熙以淳化、雍熙，绍熙以绍兴、淳熙，庆元以庆历、元祐也。

【注释】
①法象：效法，模仿。

中 舍

官制未改之前，初升朝官，有出身人为太子中允，无出身人为太子中舍①，皆今通直郎也。近时士大夫或不能晓，乃称中书舍人曰中舍，殊可笑云。苏子美在进奏院，会馆职，有中舍者，欲预席②。子美曰："乐中既无筝、琶、筚、笛③，坐上安有国、舍、虞、比。"国谓国子博士，舍谓中舍，虞谓虞部，比谓比部员外、郎中，皆任子官也。

【注释】
①中舍：亦称"中舍人"。太子属官。以舍人才学之美者为之，与中庶子共掌文翰。②会：会合；聚会。预席：参与酒筵。席，酒筵。③筚(bì)：筚篥(lì)，即觱(bì)篥。簧管乐器。④虞部：官名。属工部，掌京城街巷种植，山泽苑囿，草木薪炭，供顿田猎之事。比部：官名。掌内外诸司公廨，及公私债负徒役公程（因公外出之旅程）赃物帐及考核物料用度。按：国、舍、虞、比均不属馆职，故言"坐上安有国、舍、虞、比"。

多赦长恶

熙宁七年旱，神宗欲降赦，时已两赦矣。王安石曰："汤旱，以六事自责，曰政不节与？若一岁三赦，是政不节，非所以弭灾也①。"乃止。安石平生持论务与众异，独此说为至公。近者六年之间，再行覃霈②。婺州富人卢助教，以刻核起家，因至田仆之居，为仆父子四人所执，投置杵臼内，捣碎其躯为肉泥，既鞫治成狱，而遇己酉赦恩获免③。至复登卢氏之门，笑侮之曰④："助教何不下庄收谷？"兹事可为冤愤，而州郡失于奏论⑤。绍熙甲寅岁至于四赦，凶盗杀人一切不死，惠奸长恶，何补于治哉？

【注释】

①汤旱：商汤时大旱七年。汤祷于桑林，以六事自责，曰：政不节与？使民疾（痛苦）与？宫室荣与？妇谒盛与？苞苴（指贿赂）行与？谗夫兴与？见《荀子·大略》。西汉刘向《说苑》卷一《君道》亦有记载。不节：不遵法度，无节制。弭灾：消除灾害。②覃霈：见卷三《侍从转官》注。③刻核：亦作"刻覈"。苛刻。田仆：这里指专事农业的奴仆。杵臼：杵与臼。舂捣粮食或药物等的工具。鞫治：审问定罪。成狱：指已判决待批准或已判决在执行的刑事案件。己酉：公元1189年，光宗即位大赦。④笑侮：嘲笑戏弄。⑤冤愤：冤屈而愤恨。奏论：指官吏上奏，论议其是非。

奏谳疑狱

州郡疑狱许奏谳，盖朝廷之深恩。然不问所犯重轻及情理蠹害①，一切纵之，则为坏法。耿延年提点江东刑狱，专务全活死囚，其用心固善。然南康妇人，谋杀其夫甚明，曲贷其命，累勘官翻以失入被罪②。予守赣，一将兵逃至外邑，杀村民于深林，民兄后知之，畏申官之费，即焚其尸，事发系狱，以杀时无证，尸不经验，奏裁刑寺辄定为断配③。予持敕不下，复奏论之，未下而此兵死于狱。因记元丰中，宣州民叶元，以同居兄乱其妻而杀之，又杀兄子，而强其父与嫂约契④，不讼于官。邻里发其事，州以情理可悯，为上请。审刑院奏欲贷，神宗曰："罪人已前死，奸乱之事，特出于叶元之口，不足以定罪，且下民虽为无知，抵冒法禁⑤，固宜哀矜。然以妻子之爱，既杀其兄，仍戕其侄，又罔其父，背逆天理，伤败人伦⑥，宜以殴兄至死律论。"此旨可谓至明矣⑦。

【注释】

①奏谳（yàn）：对狱案提出处理意见，报请朝廷评议定案。蠹（dù）害：犹祸害。②曲贷其命：以私恩赦免其性命。曲贷，犹私恩。累勘官：历次审问的官员。失入：判案错误或罪轻罚重。被罪：因罪而受惩治。③断配：判决罪犯将其发配外地服役。④约契：订约。⑤抵冒：触犯；冒犯。法禁：刑法禁令。⑥伤败：败坏。⑦至明：极贤明。

医职冗滥

神宗董正治官①，立医官，额止于四员。及宣和中，自和安大夫至翰林医官②，凡一百十七人，直局至祗候，凡九百七十九人，冗滥如此。三年五月始诏大夫以二十员，郎以三十员，医效至祗候，以三百人为额，而额外人免改正，但不许作官户，见带遥郡人并依元丰旧制，然竟不能循守也③。乾道三年正月，随龙医官、平和大夫、阶州团练使潘攸差判太医局，请给依能诚例支破④。迈时在西掖，取会能诚全支本色，因攸系和安大夫、潭州观察使，月请米麦百余硕，钱数百千，春冬绵绢之属，比他人十倍，因上章极论之，乞将攸合得请给，令户部照条支破⑤。孝宗圣谕云："岂惟潘攸不合得，并能诚亦合住了⑥。"即日御笔批依⑦，仍改正能诚已得真俸之旨，旋又罢医官局。

【注释】

①董正：督察纠正。治官：治事之官。即天子的臣僚。②和安大夫、直局、祗候、医效、平和大夫等：均为医官名。大（dài）夫：宋医官官阶。后称医生为大夫。③免改正：免，省去。改，变更。正，止也。官户：宋代官户

指品官之家，享有免役免税等特权。循守：恪守；遵守。④随龙：太子即位之后称旧时东宫僚佐官吏为"随龙人"。差判太医局：被派遣署理太医局事。能诚：人名。能，音 nài，姓。支破：支付拨给。⑤全支本色：本色，俸禄所发的实物。月请米麦：请，请给。照条：依照条令。即不按能诚之例。⑥不合得：不当得，不应该得。合住了：应当停止。⑦批依：批准依照洪迈的意见去办。

切脚语

世人语音有以切脚而称者①，亦间见之于书史中，如以蓬为勃笼，槃为勃阑，铎为突落，叵为不可，团为突栾，钲为丁宁，顶为滴颡②，角为矻落，蒲为勃卢，精为即零，螳为突郎，诸为之乎，旁为步廊，茨为蒺藜，圈为屈挛，锏为骨露，窠为窟驼是也。

【注释】

①切（qiè）脚：也叫切脚语。即运用切音的原理，用反切上下字代替本字，如以"勃笼"代"蓬"，以"勃卢"代"蒲"，以"即零"代"精"之类。反切（qiè），汉语的一种传统注音方法。以二字相切合，取上一字的声母，与下一字的韵母和声调，拼合成一个字的音。称为××切或××反。但由于古今字音变化，用现代读音，有时切不出正确的字音。②颡：音 nǐng。

唐世辟寮佐有词

唐世节度、观察诸使，辟置寮佐以至州郡差掾属，牒语皆用四六，大略如告词①。李商隐《樊南甲乙集》、顾云《编稿》、罗隐《湘南杂稿》，皆有之。故韩文公《送石洪赴河阳幕府序》云："撰书辞，具马币②。"李肇《国史补》，载崖州差故相韦执谊摄军事衙推，亦有其文，非若今时只以吏牍行遣也③。钱武肃在镇牒钟廷翰摄安吉主簿云："敕淮南、镇海、镇东等军节度使，牒将仕郎试秘书省校书郎钟廷翰，牒奉处分，前件官儒素修身，早升官绪，寓居霅水，累历星霜，克循廉谨之规④，备显温恭之道。今者愿求录用，特议抡材，安吉属城印曹阙吏，俾期差摄，勉效公方⑤，倘闻佐理之能，岂吝超升之奖？事须差摄安吉县主簿牒举者⑥，故牒。贞明二年三月日⑦。"牒后衔云："使、尚父、守尚书令、吴越王押⑧。"此牒今藏于王顺伯家，其字画端严有法，其文则掌书记所撰，殊为不工，但印记不存矣⑨。谓主簿为印曹，亦佳。

【注释】

①寮佐：同"僚佐"。指同僚的官佐属吏。差（chāi）：派遣。掾属：佐治的官吏。牒语：指征聘文书的文词。告词：写在告身上的文词。②书辞：书信。马币：汉代币名。用白金制造。③李肇：唐文学家。韦执谊事：见卷一《朱崖迁客》一文。吏牍：公文。行遣：处置；发落。④钱武肃：见卷四《旧官衔冗赘》"钱镠"注。处分：处置；安排。儒素：儒者的品德操行。官绪：犹官职；官位。霅（zhá）水：即霅溪。在今浙江省湖州市。星霜：星辰运转，一年循环一次；霜则每年至秋始降，因用以指年岁。廉谨：廉洁谨慎。⑤抡（lún）材：挑选木材。引申为选拔人才。俾期：按已定的日期。差（chāi）摄：派人代理。勉效公方：努力服务于公家。⑥"事须"句：事情须由差摄安吉县主簿钟廷翰自己上书陈述。牒举：上书陈述。⑦贞明：钱镠用的后梁末帝朱友贞年号，915—921年。⑧使：节度使。尚父：周文王称吕望为尚父，意谓可尊重的父辈。后世皇帝也用来尊礼大臣。913年，朱友珪杀其父朱温而篡立，七月"甲寅，加吴越王（钱）镠尚父。"（见《资治通鉴》）⑨印记：盖章的印迹。

高子允谒刺

王顺伯藏昔贤墨帖至多，其一曰高子允诸公谒刺①，凡十六人，时公美、徐振甫、余中、龚深父、元耆宁、秦少游、黄鲁直、张文潜、晁无咎、司马公休、李成季、叶致远、黄道夫、廖明略、彭器资、陈祥道，皆元祐四年朝士，唯器资为中书舍人，余皆馆职。其刺字或书官职，或书郡里，或称姓名，或只称名，既手书之，又斥主人之字，且有同舍、尊兄之目，风流气味，宛然可端拜，非若后之士大夫一付笔吏也②。蔡忠惠公帖亦有其二：一曰，襄奉候子石兄起居③，朔旦谨谒；一曰，襄别洪州少卿学士。盖又在前帖三十年之先也。

【注释】

①谒刺：名帖。②风流：洒脱放逸；风雅潇洒。气味：指神态。宛然：真切貌。一说仿佛。端拜：犹致敬。一付笔吏：一概交给笔吏代写。笔吏，抄写文字的小吏。③蔡忠惠公：即蔡襄，字君谟。死于英宗末年（1067年）。至孝宗乾道（1165—1173年）年间，赐谥曰忠惠。奉候：敬词。恭候。

蔡君谟书碑

欧阳公作《蔡君谟墓志》云："公工于书画，颇自惜，不妄与人书。仁宗尤爱称之，御制《元舅陇西王碑文》①，诏公书之。其后命学士撰《温成皇后碑文》，又敕公书，则辞不肯，曰：'此待诏职也。'"国史传所载，盖用其语。比见蔡与欧阳一帖云："向者得侍陛下清光，时有天旨②，令写御撰碑文、宫寺题榜。至有勋德之家，干请朝廷出敕令书③。襄谓近世书写碑志，则有资利④，若朝廷之命，则有司存焉，待诏其职也。今与待诏争利其可乎？力辞乃已。"盖辞其可辞，其不可辞者不辞也。然后知蔡公之旨意如此。虽勋德之家，请于朝出敕令书者，亦辞之，不止一《温成碑》而已。其清介有守⑤，后世或未知之，故载于此。

【注释】

①御制：帝王所作。亦指帝王所作之诗文书画乐曲。②清光：美好的风采。敬词。天旨：天子的旨意。③勋德：指有功勋德行的人。"干请"句：求请朝廷下诏命我写。干请，有所求而请托于人。④资利：利益。⑤清介：清正耿直。有守：有操守；有节操。

杨涉父子

唐杨涉为人和厚恭谨①。哀帝时，自吏部侍郎拜相。时朱全忠擅国，涉闻当为相，与家人相泣，谓其子凝式曰："此吾家之不幸也，必为汝累。"后二年全忠篡逆，涉为押传国宝使，凝式曰："大人为唐宰相，而国家至此，不可谓之无过，况手持天子玺绶与人②，虽保富贵，奈千载何,盍辞之?"涉大骇,曰:"汝灭吾族!"神色为之不宁者数日。此一杨涉也,方其且相,则对其子有不幸之语,及持国宝与逆贼,则骇其子劝止之请,一何前后之不相侔也?鄙夫患失,又惩白马之祸,丧其良心,甘入"六臣"之列③,其可羞也甚矣!凝式病其父失节,托于心疾④,历五代十二君,佯狂不仕,亦贤乎哉!

【注释】

①和厚:指性情温和敦厚。恭谨:恭敬谨慎。②篡逆:篡夺叛逆。玺绶:古代印玺上必有组绶,因称玉玺为"玺绶"。③鄙夫:庸俗鄙陋的人。惩:恐惧,害怕。白马之祸:见《续笔》卷十四《卢知猷》一文注释。六臣:据《资治通鉴》载,唐昭宣帝(即哀帝)为形势所逼,不得不禅位于朱全忠。天祐四年(907年)三月,"甲辰(二十七日),唐昭宣帝降御札禅位于梁(朱全忠时为梁王)。以摄中书令张文蔚为册礼使,礼部尚书苏循副之;摄侍中杨涉为押传国宝使,翰林学士张策副之;御史大夫薛贻矩为押金宝使,尚书左丞赵光逢副之;帅百官备法驾诣大梁(时朱全忠在大梁)。"杨涉"甘入'六臣'之列"即指此。④病:耻辱;以为羞辱。心疾:精神病。

佛胸卍字

《法苑珠林》叙佛之初生云:"开卍字于胸前①,蹑千轮于足下。"又《占相部》云:"如来至真,常于胸前自然卍字,大人相者乃往古世蠲除秽浊不善行故②。"予于《夷坚丁志》中载蔡京胸字,言"京死后四十二年迁葬,皮肉消化已尽,独心胸上隐起一卍字,高二分许,如镌刻所就。"正与此同。以大奸误国之人,而有此祥,诚不可晓也。岂非天崩地坼,造化定数,故产此异物③,以为宗社之祸邪!

【注释】

①开:展开;舒展。引申为展示,展现。卍:音wàn。梵文。本不是文字,是佛教如来胸前的符号,意思是吉祥幸福。到了武则天长寿二年(693年),才定其音为"万",谓吉祥万德之所集也。②如来:即《西游记》中的如来佛祖,释迦牟尼的十种称号之一。至真:佛教指永恒常在的实体、实性。大(tài)人:古代称太卜一类占梦的官。相者:旧指以相术供职或为业的人。往古世:前世。

前生。蠲除：清除。秽浊：污浊；肮脏。不善：不良；不好。③造化：创造化育。定数：犹定命，迷信者谓人世祸福都由前定。异物：犹"异类"。与我殊异之族类。

苏涣诗

杜子美赠苏涣诗，序云："苏大侍御涣，静者也，旅寓江侧，凡是不交州府之客①，人事都绝久矣。肩舆江浦，忽访老夫，请诵近诗，肯吟数首，才力素壮，词句动人，涌思雷出，书箧几杖之外，殷殷留金石声②。赋八韵记异，亦记老夫倾倒于苏至矣③。"诗有"再闻诵新作，突过黄初诗"之语④。又有一篇《寄裴道州并呈苏涣侍御》云："附书与裴因示苏，此生已愧须人扶⑤。致君尧舜付公等，早据要路思捐躯。"其褒重之如此⑥。《唐·艺文志》有涣诗一卷，云："涣少喜剽盗，善用白弩，巴蜀商人苦之，称'白跖'，以比庄蹻⑦。后折节读书，进士及第。湖南崔瓘辟从事，继走交、广，与哥舒晃反，伏诛。"然则非所谓静隐者也⑧。涣在广州作变律诗十九首，上广府帅，其一曰："养蚕为素丝，叶尽蚕不老。顷筐对空床，此意向谁道⑨。一女不得织，万夫受其寒。一夫不得意，四海行路难。祸亦不在大，祸亦不在先。世路险孟门，吾徒当勉旃⑩。"其二曰："毒蜂一巢成，高挂恶木枝。行人百步外，目断魂为飞。长安大道边，挟弹谁家儿⑪？手持黄金丸⑫，引满无所疑。一中纷下来，势若风雨随⑬。身如万箭攒，宛转送所之⑭。徒有疾恶心，奈何不知几⑮！"读此二诗，可以知其人矣。杜赠涣诗，名为记异，语意不与他等，厥有旨哉！

【注释】

①苏涣：苏涣原是个草莽英雄，后从学，广德二年（764年）举进士，迁侍御史。后造反被杀。旅寓：旅居。凡是：总括之词。总括某个范围内的一切。按：杜甫原文无此二字。②才力：才能，能力。壮：指能力强，做事迅速。涌思：思绪奔涌。雷出：形容语出惊人。书箧：盛书的小箱子。几杖：指坐几和手杖。殷殷（yǐn）：声盛貌。金石声：金石指钟磬之类的乐器。金石之音清越优美，后因称誉文辞优美、声调铿锵为金石声。③记异：苏涣闭门不出，诗过前人；

杜甫又喜自己头发“白间生黑丝”。均为异事。倾倒：佩服，心折。④突过：高出；超越。黄初：三国魏文帝曹丕年号。黄初诗：指黄初年间曹植等诗人的诗。称为“黄初体”，具有建安风格。⑤须人扶：《杜甫全集》注：“谓扶持国家。”⑥褒重：褒扬尊崇。⑦剽盗：劫掠。白跖：用白弩的跖。跖，见《续笔》卷十五《逐贫赋》注。庄蹻：战国时楚国人。一作“企足”。曾在楚怀王时起兵反楚。后世常以蹻与跖相提并论。⑧静隐（wěn）：沉静安稳。隐，用同“稳”。⑨顷筐：斜口的竹筐。又，“顷”字有“倾斜”、“倾注”之义。道：谐音倒。⑩世路：人世间的道路。指人们一生处世行事的历程。孟门：古隘道名。在今河南辉县西。春秋时为晋国要隘。勉旃：努力。旃，语助词。相当于“之”或“之焉”。⑪弹：以竹为弦的弓。⑫金丸：汉武帝的宠臣韩嫣曾用黄金为丸，弹取鸟雀。此处借用。⑬“一中纷下来”句：蜂巢被射中，毒蜂纷纷飞向射者，势如风雨。⑭“身如”句：射者被毒蜂所蜇，如万箭攒心，一时蒙头转向。宛转送所之，苏涣原诗作“宛转迷所之”。宛转，转来转去。⑮“徒有”句：作者感叹空有嫉恶如仇的心，但不懂时机和策略，也没办法。几，时机，机会。

岁后八日

《东方朔占书》，岁后八日，一为鸡，二为犬，三为豕，四为羊，五为牛，六为马，七为人，八为穀，谓其日晴，则所主之物育，阴则灾。杜诗云：“元日到人日，未有不阴时。”用此也。八日为穀，所系尤重，而人罕知者，故书之。

门焉闺焉

《左氏传》好用“门焉”字①，如“晋侯围曹，门焉”，“齐侯围龙，卢蒲就魁门焉”，“吴伐巢②，吴子门焉”，“偪阳人启门③，诸侯之士门焉”。及“蔡公孙翩以两矢门之”，“门于师之梁”，“门于阳州”之类，皆奇葩之语也④。然《公羊传》云：“入其大门，则无人门焉者；入其闺，则无人闺焉者⑤；上其堂，则无人焉。”又杰出有味。何休注“堂无人焉”之下曰：“但言焉，绝语辞，堂不设守视人，故不言焉者。”休之学可谓精切，能尽立言之深意⑥。

【注释】

①门：守门；攻门。本篇从"晋侯围曹，门焉"到"门于阳州"，其中的"门焉"和"门于××"，均指攻城门。"门之"和"无人门焉"则指守门。②吴伐巢：见襄公二十五年。③偪阳人启门：启门即开门。杜预对全句的注释是："见门开，故攻之。"见襄公十年。④奇葩：珍奇的花。亦喻出众的作品。⑤入其闺，则无人闺焉：前"闺"为宫室。后"闺"为看守闺门。见宣公六年。⑥立言：指著书立说。

郡县主婿官

本朝宗室袒免亲女出嫁①，如婿系白身人，得文解者为将仕郎，否则承节、承信郎，妻虽死，夫为官如故。按唐贞元中，故怀泽县主婿检校赞善大夫窦克绍状言："臣顷以国亲，超授宠禄，及县主薨逝，臣官遂停。臣陪位出身，未授检校官，自有本官，伏乞宣付所司，许取前衔婺州司户参军随例调集②。"诏："许赴集，仍委所司比类前任正员官依资注拟③。自今已后，郡县主婿除丁忧外，有曾任正员官停检校官俸料后者，准此处分。"乃知婿官不停者，恩厚于唐世多矣。绍兴中，高士䆓尚伪福国长公主④，至观察使。及公主事发诛死，犹得故官，可谓优渥⑤。

【注释】

①袒免(wèn)：袒衣免(wèn)冠。古代丧礼，凡五服外的远亲，无丧服之制，唯袒衣免冠，以示哀思。露左臂曰袒，去冠括发曰免。免，同"絻(wèn)"。袒免亲，指五服外的远亲。②未授检校官，自有本官：意为没有授予检校官之前，就有自己的官职（即下句所说的婺州司户参军）。宣付：谓皇帝的诏令交付外廷官署办理。调(diào)集：调选迁转。③赴集：指官吏前往任所。正员官：同"正官"。见卷九《冯道王溥》注。正员，正式编制内的人员。④尚：匹配。多用于匹配皇家的女儿。伪福国长公主：靖康之变，徽宗第二十女柔福公主和徽、钦二帝一块被掳北去。后来开封一尼姑李静善（一作李善静）冒充柔福公主，被送往高宗行在所，遣内侍验视，遂封福国长公主（皇帝的姊

妹曰长公主），适永州防御使高士荚（《宋史》作"高士荣"）。其后有从五国城回来的人，言李静善之妄，送法寺治之，李静善伏诛。⑤优渥：优厚。指优厚的待遇。

乐府诗引喻

自齐、梁以来，诗人作乐府《子夜四时歌》之类，每以前句比兴引喻①，而后句实言以证之。至唐张祜、李商隐、温庭筠、陆龟蒙，亦多此体，或四句皆然。今略书十数联于策。其四句者如："高山种芙蓉，复经黄檗坞②。未得一莲时，流离婴辛苦③。""窗外山魈立，知渠脚不多④。三更机底下，摸着是谁梭⑤。""淮上能无雨，回头总是情⑥。蒲帆浑未织，争得一欢成⑦。"其两句者如："风吹荷叶动，无夜不摇莲⑧。""空织无经纬，求匹理自难⑨。""围棋烧败袄，著子故依然⑩。""理丝入残机，何悟不成匹⑪。""摘门不安横⑫，无复相关意。""黄檗向春生，苦心日日长。""明灯照空局，悠然未有期⑬。""玉作弹棋局，中心最不平。""剪刀横眼底，方觉泪难裁。""中劈庭前枣，教郎见赤心。""千寻葶苈枝，争奈长长苦⑭。""愁见蜘蛛织，寻思直到明。""双灯俱暗尽，奈许两无由⑮。""三更书石阙，忆子夜啼悲⑯。""芙蓉腹里萎，怜汝从心起⑰。""朝看暮牛迹，知是宿啼痕。""梳头入黄泉，分作两死计⑱。""石阙生口中，衔悲不能语。""桑蚕不作茧，昼夜长悬丝。"皆是也。龟蒙又有《风人诗》四首云："十万全师出，遥知正忆君⑲。一心如瑞麦⑳，长作两歧分。""破檗供朝爨，须知是苦辛。晓天窥落宿㉑，谁识独醒人。""旦日思双屦，明时愿早谐㉒。丹青传四渎，难写是秋怀㉓。""闻道更新帜，多应废旧期㉔。征衣无伴捣，独处自然悲。"皮日休和其三章云："刻石书离恨，因成别后悲。莫言春茧薄，犹有万重思。""镂出容刀饰㉕，亲逢巧笑难。目中骚客珮㉖，争奈即阑干。""江上秋声起，从来浪得名㉗。逆风犹挂席，苦不会凡情㉘。"刘采春所唱云："不是厨中串，争知炙里心㉙。井边银钏落，展转恨还深。""爇蜡为红烛，情知不自由㉚。细丝斜结网，争奈眼相钩㉛。"尤为明白。七言亦间有之，如："东边日出西边雨，道是无情又有情。""玲珑骰子安红豆㉜,入骨相思知也无?""合欢桃核真堪恨,里许元来别有人。"是也㉝。近世鄙词㉞,如《一落索》数阕,盖效此格。语意亦新工,恨太俗耳,然非才士不能为㉟。世传东坡一绝句云:"莲子擘开须见薏,揪枰著尽更无棋㊱。破衫却有重缝处,一饭何曾忘却匙㊲。"盖是文与意并见一句中,又非前比也。集中不载。

【注释】

①比兴(xìng):中国古代诗歌写作的两种手法。比,譬喻,以彼物比此物;兴,寄托,先言他物以引起所咏之词(因事寄兴)。两字合用,通常指通过外物、景象而抒发、传达情感、观念。引喻:援引例证以说明事理。②芙蓉:荷花的别称。其实为莲。黄檗(bò):亦称"黄柏"、"檗木"。树皮入药,性寒,味苦。坞:四面高而中央低的山地。③未得一莲时:芙蓉生长水中,现种在高山上,自然不会结莲实(时)。莲,谐音"恋"。流离:转徙离散;流落。婴:缠绕;羁绊。引申为加。辛苦:谐音"心苦"。因芙蓉"复经黄檗坞",所以其心(结的莲实)也变苦了。④山魈(xiāo):山中动物名。猴科。头大,尾极短,四肢粗壮。群居,杂食,常结群盗食农作物。性凶猛。以其状貌丑恶,旧时称之为山怪。一说,山魈一足。唐戴孚《广异记·斑子》:"山魈者……独足反踵,手足三歧。"脚,音jiǎo。谐音"觉(jiào)"。⑤机:织机。梭:织布机中牵引纬线的织具,形如枣核。⑥情:谐音"晴"。⑦蒲帆:用蒲草编织的帆。谐音"铺翻"。争得:怎得。争,通"怎"。⑧夜:与"叶"谐音。摇莲:与"遥恋"谐音。⑨匹:字面为布匹,暗喻"匹配"。⑩著子:字面为下棋著子,暗喻"贪恋着你"。著(zhuó),贪恋。故依然:即"故衣燃"。扣"烧败袄"。⑪理丝:丝,谐音"思"。悟:知晓;觉得。⑫摛(lí):张开。隐喻"离"。横:指门栓。⑬悠然:久远貌。谐音"油燃"。期:约会或相见的日期。与"棋"同音。⑭葶(tíng)苈:十字花科植物。种子入药,称"葶苈子",性大寒,味辛苦。"长长"扣"千寻"。⑮奈许:无奈。无由:犹无从。没有门径,没有机会。由,与"油"同音。⑯石阙:石筑之阙。多立于官庙陵墓之前,作铭记官爵、功绩或装饰用。啼悲:谐音"题碑"。⑰怜汝:谐音"莲戮"。戮,病也。⑱黄泉:指人死后埋葬的地穴。亦指阴间。分作:照应上句的"梳头"。梳头,把头发往两边分。⑲忆君:谐音"亿军"。古代指十万为亿。⑳瑞麦:多穗的麦子。因其少见,古人多以为祥瑞之兆。㉑落宿(xiù):渐趋隐没的明星。㉒旦日:天明时。即平旦。谐,谐音"鞋"。㉓怀:谐音"淮"。㉔更新帜:意谓另有所爱。期:谐音"旗"。照应"帜"。㉕容刀:作仪仗用的佩刀。㉖骚客:指文人。珮:同"佩"。隐喻"配"。㉗浪:隐喻"浪荡"。㉘会:领会。凡情:凡

人的情感欲望。凡,谐音"帆"。㉙串:进出,走动。炙:烧灼,烧烤。㉚軩(gǎn):擀,用棍棒碾轧。情知不自由:由,与"油"同音。红烛(蜡烛)是蜡制的照明用品。㉛眼:字面意为网眼,隐喻男女双方的眼。㉜骰(tóu)子:亦称"色子"。赌博用具。本作"投子",唐时改用骨制作,故称"骰子"。红豆:红豆树、海红豆及相思子等植物种子的统称。古人常用以象征爱情或相思,所以又名"相思豆"。㉝合欢桃核:合欢,落叶乔木。其荚果条形,扁平,不裂。可是现在荚果中夹的竟然是桃核,隐喻有外遇。所以下句说"里许原来别有人(仁)"。难道还不可恨!里许,里边。许,助词。㉞鄙词:鄙俚(粗野庸俗)之词。㉟才士:有才华的人。㊱擘(bò):剖;分开。薏(yì):莲子的心。隐喻"忆"。秋枰:古时多用秋木制棋盘,因称棋盘为秋枰。枰,音píng。无棋:隐喻"无期"。㊲重缝:隐喻"重逢"。一饭何曾忘却匙:每逢吃饭都不曾忘记给对方拿下汤匙。

卷第一（十九则）

孔庙位次

自唐以来，相传以孔门高弟颜渊至子夏为十哲，故坐祀于庙堂上。其后升颜子配享，则进曾子于堂，居子夏之次以补其缺。然颜子之父路、曾子之父点，乃在庑下从祀之列，子处父上，神灵有知，何以自安？所谓子虽齐圣，不先父食①，正谓是也。又孟子配食与颜子并②，而其师子思、子思之师曾子亦在下。此两者于礼、于义，实为未然，特相承既久，莫之敢议耳。

【注释】

①子虽齐（jì）圣，不先父食：出《左传·文公二年》："子虽齐圣，不先父食久矣。"②配食：祔祭；配享。

周三公不特置

周成王董正治官，立太师、太傅、太保，兹惟三公①，而云："官不必备，惟其人②。"以书传考之，皆兼领六卿，未尝特置也。周公既为师，然犹位冢宰，《尚书》所载召公以太保领冢宰，芮伯为司徒，彤伯为宗伯，毕公以太师领司马，卫侯为司寇，毛公以太傅领司空是已。其所次第惟以六卿为先后，而师傅之尊乃居太保下也。

【注释】

①兹惟三公：这称为三公。②官不必备，惟其人：三公之官一时不一定配置齐备，重要的是要用人得当。

周公作金縢

《尚书》孔氏所传五十九篇皆有序，其出于史官者不言某人作，如《虞书》五篇，纪一时君臣吁咈都俞及识其政事，如《说命》《武成》《顾命》《康王之诰》《召诰》自"惟二月既望"至"越自乃御事"、《洛诰》自"戊辰王在新邑"至篇终、《蔡仲之命》自"惟周公位冢宰"至"邦之蔡"皆然①。如指言某人所作，则伊尹作《伊训》《太甲》《咸有一德》，《盘庚》三篇，周公作《大诰》《康诰》《酒诰》《梓材》《多士》《无逸》《君奭》《多方》《立政》是也。惟《金縢》之篇，首尾皆叙事，而直以为周公作。按此篇除册祝三王外，余皆周史之词②，如"公乃自以为功"、"公归纳册"、"公将不利于孺子"、"公乃为诗以贻王"、"王亦未敢诮公"、"公命我勿敢言"、"天动威以彰周公之德"、"公勤劳王家"之语③，"出郊"、"反风"之异④，决非周公所自为，今不复可质究矣。

【注释】

①孔氏：指孔安国。吁咈（xū fú）都俞：亦作"都俞吁咈"。《书·益稷》："禹曰：'都，帝，慎乃在位。'帝曰：'俞。'"又《尧典》："帝曰：'吁，咈哉。'"都（dū）、俞（yú）、吁，都是叹词。都，赞美；俞，同意；吁，不同意；咈，反对。旧时因用"都俞吁咈"形容君臣间和洽地进行讨论。识其政事：识（zhì），记载。既望：殷历以夏历每月十五、十六日至二十二，二十三日为既望，后世以夏历每月十五日为望，十六日为既望。越自乃御事：任用殷商旧臣。越，通"与"。和。自，用。乃，事(指殷商旧臣）。御事，治事者，亦指治事。王：指周成王。新邑：新营建的洛邑。邦之蔡：(周公请求成王)把蔡仲封到周的众邦国中的蔡国，去做诸侯。②册祝：把告神之言写在册书上，读以祝告神。亦指写在册书上的祭告天地宗庙的祝词或写有祝词的册书。三王：指太王、王季、文王。武王重病，周公作册书向先王祈祷，请求以己身替武王一死。周史：指周代史官。③功：质；抵押品。纳册：纳书册于金縢之匮。纳，藏入。孺子：指成王。时成王年幼。贻王：送给成王。贻，致送；赠送。公命我勿敢言：周公命我们保密，我们不敢说出来。这是成王在雷电大风造成灾害以后，开金縢取出册书，发觉册书上有周公愿代武王一死的内容，而问史官及办事的众官员，后者回答成王

的话。天动威：指雷电大风造成的灾害（禾尽偃，大木斯拔）。④出郊、反风：武王丧后，管叔及其（武王）群弟流言于国，曰："公将不利于孺子。"周公被疏远，避居东都洛邑。成王得其祝文，乃知周公之忠勤，遂亲自出郊迎周公归成周。"王出郊，天乃雨，反风，禾则尽起。"反，反转。

云梦泽

云梦，楚泽薮也①，列于《周礼·职方氏》。郑氏曰："在华容。"《汉志》有云梦官。然其实云也、梦也，各为一处。《禹贡》所书："云土梦作乂②。"注云："在江南。"惟《左传》得其详，如邳夫人弃子文于梦中③。注云："梦，泽名，在江夏安陆县城东南。"楚子田江南之梦④。注云："楚之云、梦跨江南北。"楚子济江入于云中。注："入云泽中，所谓江南之梦。"然则，云在江之北，梦在其南也。《上林赋》："楚有七泽，尝见其一，名曰云梦，特其小小者耳，方九百里。"此乃司马长卿夸言⑤。今为县，隶德安，询诸彼人，已不能的指疆域⑥。《职方氏》以"梦"为"瞢"。《前汉·叙传》：子文投于梦中⑦，音皆同。

【注释】

①泽薮：大泽。②云土梦作乂：意为云梦泽四周的土地就都可以耕种了。乂，"刈"的古字。割草或收割谷类植物。③邳：同"郧"(yún)。古国名。邳夫人：邳子之女。子文：即鬬穀於菟(wū tú)。姓鬬(gòu)，字子文。春秋楚国令尹。《左传·宣公四年》：楚国斗伯比"淫于邳子之女，生子文焉。邳夫人使弃诸梦中，虎乳之……楚人谓乳（曰）穀(gòu)，谓虎（曰）於菟，故命之曰鬬穀於菟。"④田：通"畋"。打猎。⑤夸言：大言，夸大其词。⑥的指：确切地指出。⑦子文投于梦中：《汉书·叙传》"梦"作"瞢"，"子文初生，弃于瞢中，而虎乳之。"颜师古注："瞢与梦同。"

关雎不同

《关雎》为《国风》首，毛氏列之于三百篇之前。《大序》云："后妃之德也①。"而《鲁诗》云："后夫人鸡鸣佩玉去君所，周康王后不然，故诗人叹而伤之②。"《后汉·皇后纪序》："康王晏朝③，《关雎》作讽。"盖用此也。显宗永平八年诏云："昔应门失守，《关雎》刺世④。"注引《春秋说题辞》曰："人主不正，应门失守，故歌《关雎》以感之⑤。"宋均云："应门，听政之处也。言不以政事为务，则有宣淫之心⑥。《关雎》乐而不淫，思得贤人与之共化⑦，修应门之政者也。"薛氏《韩诗章句》曰："诗人言雎鸠贞洁敬匹⑧，以声相求，隐蔽于无人之处。故人君退朝，入于私宫，后妃御见有度，应门击柝，鼓人上堂，退反燕处，体安志明⑨。今时大人内倾于色，贤人见其萌，故咏《关雎》之说淑女正容仪以刺时⑩。"三说不同如此。《黍离》之诗列于王国风之首⑪，周大夫所作也，而《齐诗》以为卫宣公之子寿，闵其兄伋之且见害，作忧思之诗，《黍离》之诗是也。此说尤为可议⑫。

【注释】

①后妃：此处专指皇后。皇帝的正妻。②后夫人：后，指皇后。夫人，古代称帝王的妾。君，君王。此处泛称。周康王后不然：此"后"指皇后。不然，不这样。叹：赞叹；赞美。伤：哀怜。③晏朝（cháo）：晚朝。④显宗：后汉明帝刘庄庙号。应（yīng）门：古代王宫的正门。失守：失去操守或职守。刺世：针砭时弊。⑤以感之：借以感悟他。⑥宣淫：公然淫乱，无所隐避。⑦乐(lè)而不淫：快乐而不放荡。指有节制，不过分。淫，过度，过甚。共化：共同感化。⑧薛氏：薛君。雎鸠：鸟名。即鱼鹰。贞洁：纯正高洁。亦指妇女在节操上没有污点。敬匹：敬，读为"慎"。《后汉书·孝明帝本纪》正作"慎匹"。即谨慎择匹。⑨御见：谓后妃为皇帝所御幸。击柝（tuò）：敲梆子报更巡夜。燕处：退朝而闲处。体安志明：志，神志。⑩大人：古代对德高者之称。对作官的人或尊长也称大人。此处指君王。贤人见其萌：萌，指发端。容仪：容貌与仪表。一说礼仪。⑪《黍离》之诗：见三笔卷八《徽宗荐严疏文》"禾黍"注。王国风：指《诗·王风》。⑫"《齐诗》以为"句：见五笔卷十《卫宣公二子》一文。其实《黍离》并非写这件事。所以"尤为可议"。闵：哀伤；怜念。后多作"悯"。忧思：忧虑；忧愁的思绪。

迷痴厥拨

柔词诒笑,专取容悦①,世俗谓之"迷痴",亦曰"迷嬉"。中心有愧见诸颜面者,谓之"缅靦"。举措脱落,触事乖忤者②,谓之"厥拨"。虽为俚言,然其说皆有所本。《列子》云:"墨屎、单至、啴咺、憋懯③,四人相与游于世。"又云:"眠娗、諈诿、勇敢、怯疑④,四人亦相与游。"张湛注云:"墨音眉,屎敕夷反,《方言》:江淮之间谓之无赖。眠音缅,娗音殄,《方言》:欺谩之语也⑤。郭璞云:谓以言相轻嗤弄也⑥。"所释虽不同,然大略具是矣。《曲礼》:"衣毋拨⑦,足毋蹶。"郑氏注云:"拨,发扬貌。蹶,行遽貌。"大抵亦指其荒率也⑧。

【注释】
①柔词:温和柔顺的话语。诒笑:装着笑脸巴结人。容悦:逢迎取媚。②脱落:犹脱易,脱略。不受拘束。乖忤:背戾违逆。③墨屎(méi chī):其义为狡诈、无赖。寓言假借为人名。单至(zhàn dié):轻率貌。啴咺(chǎn xuǎn):迂缓的样子。憋懯(biē fū):急性。④諈诿(chuī wěi):其意为钝滞。眠娗(tiǎn):其意即腼腆。怯疑:其意为胆小害怕。疑,畏惧。两段引文见《列子·力命》。⑤欺谩:轻慢。⑥嗤弄:嘲笑戏弄。⑦衣毋拨:不要掀动上衣。⑧荒率:草率。
〔补注〕俚言:方言俗语。

三馆秘阁

国朝儒馆仍唐制①,有四:曰昭文馆,曰史馆,曰集贤院,曰秘阁。率以上相领昭文大学士,其次监修国史,其次领集贤。若只两相,则首厅兼国史②。唯秘阁最低,故但以两制判之。四局各置直官③,均谓之馆职,皆称学士。其下则为校理、检讨、校勘,地望清切④,非名流不得处。范景仁为馆阁校勘,当迁校理,宰相庞籍言:"范镇有异才⑤,恬于进取。"乃除直秘阁⑥。司马公作诗贺之曰:"延阁屹中天⑦,积书云汉连。神宗重其选（谓太宗也）⑧，国士比为仙。玉槛钩陈上，丹梯北斗边⑨。帝容瞻日角，宸翰照星躔⑩。职秩曾无贵，光华在得贤⑪。"其重如此。自熙宁以来，或颇用赏劳⑫。元丰官制行，不置昭文、集贤，以史馆入著作局，而直秘阁只为贴职。至崇宁、政、宣以处大臣子弟姻戚，其滥及于钱谷文俗吏，士大夫不复贵重⑬。然除此职者必诣馆下拜阁，乃具盛筵，邀见在三馆者宴集，秋日暴书宴⑭，皆得预席，若余日则不许至。《随笔》有《馆职名存》一则云。

【注释】

①儒馆：泛指古代的学术、文化机构。如太学、昭文馆、集贤院之类。②首厅：即居首位的宰相。宋代亦称为"上相"。③直官：即直昭文馆、直史馆、直集贤院、直秘阁。或称昭文馆直学士等。④地望：地位与名望。清切：指清贵而接近皇帝的官职。⑤范镇：字景仁。异才：非常的才能。⑥直秘阁：官名。见《随笔》卷六《带职人转官》注。⑦延阁：帝王藏书之阁。即指秘阁。中天：天空。屹中天：屹立于天空。意为接近皇帝（天子）。⑧神宗：指天子的祖庙。范镇为仁宗时人。⑨玉槛：原指玉石栏杆。后泛指华美的栏杆。钩陈：星名。在紫微垣内，最近北极星。此处指称后宫。丹梯：红色的台阶。亦喻仕进之路。北斗：北斗星。此处喻指帝王。⑩帝容：皇帝的容态。日角：旧时星相家指人的额骨中央部分隆起，是帝王之相。因以为帝王的代称。星躔：星宿的位置、序次。躔，音chán。日月星辰运行的度次。⑪职秩：官位与俸禄。光华：光荣；荣耀。⑫赏劳：奖赏犒劳。此处指授给有功勋的人。⑬姻戚：犹姻亲。贵重：器重；看重。⑭拜阁：登门拜谢。暴（pù）书：晒书。旧时有七夕晒书之俗。

亭榭立名

立亭榭名最易蹈袭，既不可近俗，而务为奇涩亦非是①。东坡见一客云近看《晋书》，问之曰："曾寻得好亭子名否？"盖谓其难也。秦楚材在宣城，于城外并江作亭，目之曰"知有"。用杜诗"已知出郭少尘事，更有澄江消客愁"之句也②。王仲衡在会稽，于后山作亭，目之曰"白凉"。亦用杜诗"越女天下白，鉴湖五月凉"之句。二者可谓甚新，然要为未当。庐山一寺中有亭颇幽胜，或标之曰"不更归"③，取韩诗末句，亦可笑也。

【注释】

①近俗：浅近通俗。奇涩：奇特晦涩。②尘事：世间俗事。澄江：水色清澈之江。客愁：行旅怀乡的愁思。③幽胜：幽静而优美。不更归：韩愈诗《山石》："人生如此自可乐，岂必局束为人鞿（音jī，马缰绳）？嗟哉吾党二三子，安得至老不更归！"不更归，即"更不归"。归，指辞官归乡。前面"为人鞿"，比喻受人牵制的幕僚生活。

十十钱

市肆间交易论钱陌者①，云十十钱。言其足数满百无跷减也②。其语至俗，然亦有所本。《后汉书·襄楷传》引宫崇所献神书，其《太平经·兴帝王篇》云："开其玉户③，施种于中，比若春种于地也，十十相应和而生。其施不以其时，比若十月种物于地也，十十尽死，固无生者。"其书不传于今，唐章怀太子注释之时，尚犹存也。此所谓十十，盖言十种十生无一失耳，其尽死之义亦然，与钱陌之事殊，然其字则同也。

【注释】

①钱陌：即百钱。计量钱的单位数。②跷减：克扣。③玉户：道家语。指耳窍。

犀 舟

张衡《应间》云："犀舟劲楫①。"《后汉》注引《前书》："羌戎弓矛之兵，器不犀利②。"《音义》曰③："今俗谓刀兵利为犀。犀，坚也。""犀舟"，甚新奇，然为文者，未尝用，亦虑予所见之不博也。

【注释】

①犀舟：坚固的船只。劲楫：坚实的船桨。②前书：指《汉书》。犀利：坚固锐利，指刀、剑之类。③音义：指《汉书音义》。

毕仲游二书

元祐初，司马温公当国，尽改王荆公所行政事，士大夫言利害者以千百数，闻朝廷更化，莫不欢然相贺，唯毕仲游一书，究尽本末①。其略云："昔安石以兴作之说动先帝②，而患财之不足也，故凡政之可以得民财者无不用。盖散青苗、置市易、敛役钱、变盐法者③，事也，而欲兴作患不足者，情也。苟未能杜其兴作之情④，而徒欲禁其散敛变置之事，是以百说而百不行。今遂欲废青苗、罢市易、蠲役钱、去盐法，凡号为财利而伤民者，一扫而更之，则向来用事于新法者，必不喜矣。不喜之人，必不但曰青苗不可废，市易不可罢，役钱不可蠲，盐法不可去，必探不足之情⑤，言不足之事，以动上意，虽致石人而使听之，犹将动也。如是则废者可复散，罢者可复置，蠲者可复敛，去者可复存矣。则不足之情可不预治哉⑥！为今之策，当大举天下之计，深明出入之数，以诸路所积之钱粟，一归地官⑦，使经费可支二十年之用。数年之间，又将十倍于今日。使天子晓然知天下之余于财也，则不足之论不得陈于前，然后所谓新法者，始可永罢而不复行矣。昔安石之居位也，中外莫非其人，故其法能行。今欲救前日之敝，而左右侍从职司使者，十有七八皆安石之徒，虽起二三旧臣，用六七君子，然累百之中存其十数，乌在其势之可为也⑧！势未可为而欲为之，则青苗虽废将复散，况未废乎？市易虽罢且复置，况未罢乎？役钱、盐法亦莫不然。以此救前日之敝，如人久病而少间⑨，其父兄子弟喜见颜色，而未敢贺者，意其病之在也。"

先是东坡公在馆阁，颇因言语文章，规切时政⑩，仲游忧其及祸，贻书戒之曰："孟轲不得已而后辩，孔子欲无言⑪。古人所以精谋极虑⑫，固功业而养寿命者，未尝不出乎此。君自立朝以来，祸福利害系身者未尝言，顾直惜其言尔。夫言语之累，不特出口者为言，其形于诗歌、赞于赋颂、托于碑铭、著于序记者,亦言也⑬。今知畏于口而未畏于文,是其所是,则见是者喜,非其所非,则蒙非者怨。喜者未能济君之谋,而怨者或已败君之事矣!天下论君之文,如孙膑之用兵、扁鹊之医疾,固所指名者矣⑭,虽无是非之言,犹有是非之疑。又况其有耶?官非谏臣,职非御史,而非人所未非,是人所未是,危身触讳以游其间,殆由抱石而救溺也⑮。"

二公得书耸然,竟如其虑。予顷修史时,因得其集,读二书思欲为之表见⑯,故官虽不显,亦为之立传云。

【注释】

①当国:主持国家的政务。政事:有关施政的一切事务。此句指尽废王安石新法。利害:利益和损害。更化:改制;改革。究尽:全部了解。此处似为"穷尽"或"详尽"之意。本末:指事实的始末详情。②兴作:兴造制作;兴建。先帝:指神宗。③散青苗:散,指借出钱谷,以补助耕作。青苗,指青苗钱。④杜:堵塞;断绝。⑤必探不足之情:《宋史·毕仲游传》"探"作"操",较妥当。⑥预治:事先消除。⑦地官:《周礼》分设六官,司徒称地官,掌土地和人民。唐武后曾一度改户部为地官。此处即指户部,掌管户口、财赋。⑧职司:主管某职的官员。乌在其势之可为也:在这种形势下哪里能废除新法呢!乌,哪里。⑨少间:病好了一些。⑩规切:劝戒谏正。⑪孟轲不得已而后辩,孔子欲无言:《孟子·滕文公下》:"孟子曰:'予岂好辩哉!予不得已也。'"《论语·阳货》:"子曰:'予欲无言。'"⑫极虑:竭尽思虑。⑬赞:显明。⑭指名:犹知名;著名。谓诗文、技艺等受人注意。⑮游:行走,来往。由:通"犹"。好似。溺:落水被淹没者。⑯思欲为之表见:想把毕仲游二书表现出来。

列子与佛经相参

张湛序《列子》云:"其书大略明群有以至虚为宗,万品以终灭为验,神惠以凝寂常全,想念以著物自丧,生觉与梦化等情①。所明往往与佛经相参②。"予读《天瑞篇》载林类答子贡之言曰:"死之与生,一往一反③。故死于是者,安知不生于彼?故吾知其不相若矣④,吾又安知吾今之死不愈昔之生乎？"此一节所谓与佛经相参者也。又云："商太宰问孔子：'三王五帝三皇圣者欤⑤？'孔子皆曰：'弗知。'太宰曰：'然则孰者为圣？'孔子曰：'西方之人有圣者焉，不治而不乱，不言而自信，不化而自行，荡荡乎民无能名焉⑥，丘疑其为圣。弗知真为圣欤？真不圣欤？'"其后论者以为《列子》所言，乃佛也，寄于孔子云。

【注释】

①明：阐明；表明。群有：犹言万物。至虚：极虚无的境界。宗：主旨。万品：犹万物，万类。验：验证；证实。神惠：灵妙的智慧。惠，通"慧"。凝寂：寂静无声。常全：经常存在。全，保全。想念：念头；想法。著物：即触物。著为"着"的本字。着，接触。生觉：生而觉之。喻实境。梦化：梦中幻化，喻空妄虚无。等情：同一情境。②相参：相近似。一说相互参证。③一往一反：轮回往返。④不相若：不一定就是这样。相若，同样；类似。⑤商：古地名。在今河南商丘南。太宰：官名。春秋时卿大夫所属私邑的长官。三皇：传说中的远古帝王。其说法不一。《帝王世纪》说是伏羲、神农、黄帝。⑥不言：不依靠语言。谓以德政感化人民。自信：自表诚信。不化：不变。《列子·天瑞》："不化者能化化。"化化，意为化其所化，犹言感化外物。自行：自己实行。荡荡乎民无能名焉：其人之道博大广远，人民无法说出他的名称。

韦孟诗乖疏

《汉书·韦贤传》载韦孟诗二篇及其孙玄成诗一篇，皆深有三百篇风致①，但韦孟讽谏云："肃肃我祖，国自豕韦②。总齐群邦，以翼大商③。至于有周，历世会同④。王赧听谮，实绝我邦。我邦既绝，厥政斯逸⑤。赏罚之行，非繇王室。庶尹群后，靡扶靡卫⑥。五服崩离，宗周以队⑦。"应劭曰："王赧听谗受谮，绝豕韦氏。自是政教逸漏⑧，不由王者。"观孟之自叙乃祖，而乖疏如是，周至赧王仅存七邑，救亡不暇，岂能绝侯邦乎？周之积微久矣⑨，非因绝豕韦一国，然后五服崩离也。其妄固不待攻，而应劭又从而实之，尤为可笑。《左传》书范宣子之言曰⑩："匄之祖在商为豕韦氏，在周为唐杜氏。"杜预曰："豕韦国于东郡白马县，殷末国于唐⑪，周成王灭之。"此最可证，惜颜师古之不引用也。

【注释】

①韦孟：韦贤之父。西汉诗人。三百篇：即《诗》三百篇。风致：指作品的韵味。②肃肃：恭敬貌。国自豕韦：韦姓出颛顼之后大彭，为夏之诸侯，彭子封于豕韦，子孙以国为氏。③总齐：犹统一。群邦：诸国，万邦。大商：指商朝。豕韦为商所灭，归商。④会同：古代诸侯朝见天子的统称。⑤逸：废弛；荒废。⑥庶尹：百官之长。后：指诸侯。靡：不。扶卫：扶持卫护。⑦五服：古代王畿外围的地方，每五百里为一区划，按距离的远近分为五等地带，叫五服。其名称为甸服、侯服、绥服、要服、荒服。服，服事天子。队(zhuì)：同"坠"。坠落；丧失。⑧逸漏：犹荒弛。⑨乖疏：差错疏漏。积微：谓从细微处累积。此处指衰败现象。⑩范宣子：即士匄(一作匃)。下句的"匄"即范宣子之名。⑪国：即建国。唐：古国名。

匡衡守正

汉元帝时，贡禹奏言："天子七庙，亲尽之庙宜毁，及郡国庙不应古礼，宜正定①。"天子下其议，未及施行而禹卒。后乃下诏先罢郡国庙，其亲尽寝园②，皆无复修。已而上寝疾，梦祖宗谴罢郡国庙。诏问丞相匡衡，议欲复之。衡深言不可。上疾久不平，衡皇恐，祷高祖、孝文、孝武庙曰："亲庙宜一居京师，今皇帝有疾不豫，乃梦祖宗见戒以庙，皇帝悼惧③，即诏臣衡复修立，如诚非礼义之中，违祖宗之心，咎尽在臣衡，当受其殃。"又告谢毁庙曰："迁庙合祭，久长之策，今皇帝乃有疾，愿复修立承祀④。臣衡等咸以为礼不得⑤，如不合诸帝后之意，罪尽在臣衡等，当受其咎。今诏中朝臣具复毁庙之文，臣衡以为天子之祀，义有所断，无所依缘⑥，以作其文。事如失措⑦，罪乃在臣衡。"

予按衡平生佞谀，专附石显以取大位，而此一节独据经守礼，其祷庙之文，殆与《金縢》之册祝相似，而不为后世所称述，《汉史》又不书于本传，憎而知其善可也⑧。《郊祀志》：南山巫祠秦中。秦中者，二世皇帝也。以其强死，魂魄为厉⑨，故祠之。成帝时，匡衡奏罢之，亦可书。

【注释】

①七庙：《礼记·王制》："天子七庙，三昭三穆，与太祖之庙而七。"此指四亲庙（父、祖、曾祖、高祖）、二祧（远祖）和始祖庙。亲尽：高祖以上即算亲尽，即所谓"五世亲尽"（见《孔子家语·本姓解》）。不应古礼：不符合古礼。正定：校订改正。②寝园：陵园。古代帝王陵墓上有寝殿，故名。③见戒：被告戒。悼惧：恐惧。④告谢：犹请罪。承祀：主持祭祀。⑤不得：不可。颜师古注："于礼不合也。"⑥具复：备述。义有所断，无所依缘：从义理上讲应该断绝的，再进行祭祀就没有依据可遵循。依缘，依靠；凭借。⑦失措：举动慌乱失常，不知所措。此处指措置不当。⑧佞谀：以美言奉承讨好。汉史又不书于本传：上段文字均在《韦玄成传》。憎而知其善可也：人们憎恶他，但同时也应该知道他好的方面才算可以。⑨强死：不以病死，谓死于非命。厉：恶鬼。

西极化人

《列子》载周穆王时，西极之国有化人来①，王敬之若神。化人谒王同游，王执化人之祛，腾而上者中天乃止②，暨及化人之宫，自以居数十年，不思其国。复谒王同游，意迷精丧③，请化人求还。既寤，所坐犹向者之处，侍御犹向者之人④。视其前，则酒未清，肴未晞⑤。王问所从来，左右曰："王默存耳⑥。"穆王自失者三月⑦。复问化人，化人曰："吾与王神游也，形奚动哉⑧？"予然后知唐人所著《南柯太守》《黄粱梦》《樱桃》《青衣》之类⑨，皆本乎此。

【注释】

①化人：会幻术的人。②祛（qū）：袖口。中天：半空。③意迷精丧：内心迷乱精神丧失。④侍御：侍奉君王的人。⑤清：寒凉；凉。晞（fèi）：曝晒。引申指晒干。⑥从来：由来（来由，原因）。默存：谓形不动而神游。⑦自失：因感空虚、不足而内心若有所失。⑧神游：精神或梦魂往游。形：形体。奚：疑问词。犹何。⑨《南柯太守》：与后文的几种书皆为寓言作品。

诏令不可轻出

人君一话一言不宜轻发,况于诏令形播告者哉①!汉光武初即位,既立郭氏为皇后矣,时阴丽华为贵人,帝欲崇以尊位。后固辞,以郭氏有子,终不肯当。建武九年,遂下诏曰:"吾以贵人有母仪之美,宜立为后,而固辞不敢当,列于媵妾②。朕嘉其义让③,许封诸弟。"乃追爵其父及弟为侯,皆前世妃嫔所未有。至十七年,竟废郭后及太子强,而立贵人为后。盖九年之诏既行,主意移夺④,已见之矣。郭后岂得安其位乎?

【注释】

①形:显示;显现。②媵妾:陪嫁的女子。亦指姬妾。③义让:基于大义的谦让。④主意:君主的心意。移夺:强行改变。

战国策

刘向序《战国策》,言其书错乱相揉,莒本字多误脱为半字①,以赵为肖,以齐为立,如此类者多。予按今传于世者,大抵不可读,其《韩非子》《新序》《说苑》《韩诗外传》《高士传》《史记索隐》《太平御览》《北堂书钞》《艺文类聚》诸书所引用者,多今本所无。向博极群书,但择焉不精,不止于文字脱误而已。惟太史公《史记》所采之事九十有三,则明白光艳②,悉可稽考,视向为有间矣!

【注释】

①误脱:谓文字脱漏讹误。②光艳:光彩艳丽。

范晔汉志

沈约作《宋书·谢俨传》曰:"范晔所撰十志,一皆托俨。搜撰垂毕,遇晔败,悉蜡以覆车①。宋文帝令丹阳尹徐湛之就俨寻求,已不复得,一代以为恨。其志今缺。"晔本传载晔在《狱中与诸甥侄书》曰:"既造《后汉》,欲遍作诸志,《前汉》所有者悉令备。虽事不必多,且使见文得尽;又欲因事就卷内发论,以正一代得失,意复不果。"此说与俨传不同,然俨传所云乃《范纪》第十卷公主注中引之②,今《宋书》却无,殊不可晓。刘昭注《补志》三十卷③,至本朝乾兴元年,判国子监孙奭始奏以备前史之缺。故淳化五年监中所刊《后汉书》凡九十卷④,惟帝后纪十卷,列传八十卷,而无志云。《新唐书·艺文志》:"刘昭补注《后汉书》五十八卷。"不知昭为何代人。所谓《志》三十卷,当在其中也。

【注释】

①垂毕:将近完毕。蜡以覆车:把文稿涂成蜡纸糊了车棚。蜡,以蜡涂物。以,使用。覆,遮蔽;庇护。②范纪:即范晔《后汉书》的《本纪》十卷。③刘昭注《补志》三十卷:《后汉书》原书只有纪、传而无志,北宋时把晋司马彪《续汉书》中的八志与之相配,成为今本,八志三十卷由南朝梁刘昭作注。④监中所刊:国子监的刻印本。即所谓监本。

缮修犯土

今世俗营建宅舍,或小遭疾厄①,皆云犯土。故道家有谢土司章醮之文②。按《后汉书·来历传》所载:"安帝时皇太子惊病不安,避幸乳母野王君王圣舍③。太子厨监邴吉以为圣舍新缮修,犯土禁,不可久御④。"然则古有其说矣。

【注释】

①疾厄：病患苦难。②谢土：古代房屋盖成后酬谢土神的一种祭祀形式。章醮：拜表设祭。道教的一种祈祷形式。道家：指道教。③避：指躲避病灾。野王君：封号名。王圣：安帝的乳母。④太子厨监：官名。掌太子饮食。厨监，古代宫廷的厨官。土禁（jìn）：不能动土的禁忌。迷信说法，掘土要躲避太岁的方位，否则就要招致灾祸。御：使用；应用。

卷第二（二十则）

诸家经学兴废

稚子问汉儒所传授诸经，各名其家，而今或存或不存，请书其本末为《四笔》一则。乃为采摭班史及陆德明《经典释文》并他书，删取纲要，详载于此。

《周易》传自商瞿始，至汉初，田何以之颛门①。其后为施雠、孟喜、梁丘贺之学，又有京房、费直、高相三家。至后汉，高氏已微，晋永嘉之乱②，梁丘之《易》亡。孟、京、费氏人无传者，唯郑康成、王弼所注行于世。江左中兴③，欲置郑《易》博士，不果立，而弼犹为世所重。韩康伯等十人并注《系辞》④，今唯韩传。

《尚书》自汉文帝时伏生得二十九篇，其后为大小夏侯之学⑤。古文者，武帝时出于孔壁，凡五十九篇，诏孔安国作传，遭巫蛊事，不获以闻，遂不列于学官，其本殆绝，是以马、郑、杜预之徒皆谓之《逸书》⑥。王肃尝为注解，至晋元帝时，《孔传》始出⑦，而亡《舜典》一篇，乃取肃所注《尧典》，分以续之，学徒遂盛。及唐以来，马、郑、王注遂废，今以孔氏为正云。

《诗》自子夏之后，至汉兴，分而为四，鲁申公曰《鲁诗》，齐辕固生曰《齐诗》，燕韩婴曰《韩诗》，皆列博士。《毛诗》者出于河间人大毛公，为之故训，以授小毛公，为献王博士，以不在汉朝，不列于学⑧，郑众、贾逵、马融皆作《诗》注，及郑康成作笺，三家遂废。《齐诗》久亡，《鲁诗》不过江东，《韩诗》虽在，人无传者，唯《毛诗》郑笺独立国学，今所遵用。

汉高堂生传《士礼》十七篇，即今之《仪礼》也。《古礼经》五十六篇，后苍传十七篇，曰《后氏曲台记》，所余三十九篇名为《逸礼》。戴德删《古礼》二百四篇为八十五篇，谓之《大戴礼》，戴圣又删为四十九篇，谓之《小戴礼》。马融、卢植考诸家异同，附戴圣篇章，去其烦重及所缺略而行于世⑨，即今之《礼记》也。王莽时，刘歆始建立《周官经》，以为《周礼》，在《三礼》中最为晚出。

左氏为《春秋传》，又有公羊、穀梁、邹氏、夹氏。邹氏无师，夹氏无书。《公羊》兴于景帝时，《穀梁》盛于宣帝时，而《左氏》终西汉不显。迨章帝乃令贾逵作训诂，自是《左氏》大兴，二传渐微矣。

《古文孝经》二十二章，世不复行，只用郑注十八章本⑩。

《论语》三家：《鲁论语》者，鲁人所传，即今所行篇次是也；《齐论语》者，齐人所传，凡二十二篇；《古论语》者，出自孔壁，凡二十一篇。各有章句。魏何晏集诸家之说为《集解》，今盛行于世。

【注释】

①商瞿：春秋时鲁国人，孔子学生。字子木。相传孔子传《易》于他，他又传楚人馯臂子弓（弘）。见《史记·仲尼弟子列传》。田何：西汉今文易学的开创者。字子庄，专治《周易》。西汉立为博士的今文易学，都出于他的传授。②永嘉之乱：晋惠帝在位期间，政治腐败，八王战乱相继。永兴元年（304年），匈奴贵族刘渊利用时机，起兵离石（今属山西），国号汉。晋怀帝永嘉四年（310年），刘渊死，子聪继立。次年刘聪遣石勒歼灭晋军十余万人于苦县宁平城（在今河南鹿邑西南），俘杀太尉王衍等。同年派刘曜率兵破洛阳，俘怀帝，纵兵烧掠，杀王公士民三万余人。史称这一时期为"永嘉之乱"。③江左：指东晋。④韩康伯：东晋玄学家。姓韩名伯，字康伯。⑤大小夏侯：见《续笔》卷十五《书易脱误》"夏侯"注。⑥孔壁：孔子故宅的墙壁。据传古文经出于壁中，故著称。《汉书·鲁恭王馀传》："恭王初好宫室，坏孔子旧宅以广其宫，闻钟磬琴瑟之声，遂不敢复坏。于其壁中得古文经传。"相传孔安国（孔子后裔）曾得孔子住宅壁中所藏古文《尚书》，开古文尚书学派，但为后来学者所怀疑。马：马融。郑：郑玄。⑦孔传：见《续笔》卷九《有虞氏》"孔安国传"注。⑧故（gǔ）训：即"训诂"。解释古书中词句的意义。为献王博士，以不在汉朝，不列于学：小毛公是河间献王的博士，不在汉朝廷做官，故不列于官学。大毛公毛亨、小毛公毛苌，均为西汉时人。毛苌曾任河间献王博士。朝，指以帝王为首的中央政府。即朝廷。⑨烦重（chóng）：冗长而重复。缺略：欠缺，不完整。⑩郑注：指《孝经郑（玄）注疏》。

汉人姓名

西汉名人如公孙弘、董仲舒、朱买臣、丙吉、王褒、贡禹,皆有异世与之同姓名者。《战国策》及《吕氏春秋》,齐有公孙弘,与秦王、孟尝君言者。明帝时,又有幽州从事公孙弘,交通楚王英,见于《虞延传》。高祖时,又有谒者贡禹。梁元帝时,有武昌太守朱买臣、尚书左仆射王褒。后汉安帝时,有太子厨监邴吉。南齐武帝之子巴东王子响为荆州刺史,要直阁将军董蛮与同行,蛮曰:"殿下癫如雷①,敢相随耶?"子响曰:"君敢出此语,亦复奇癫。"上闻而不悦曰:"人名'蛮',复何容得酝藉②。"乃改为仲舒。谓曰:"今日仲舒,何如昔日仲舒?"答曰:"昔日仲舒,出自私庭,今日仲舒,降自先帝,以此言之,胜昔远矣。"然此人后不复见。

【注释】
①癫:行为放荡不羁。②酝藉:同"蕴藉"。宽和有涵容。

轻浮称谓

南齐陆慧晓立身清肃,为诸王长史行事,僚佐以下造诣①,必起迎之。或曰:"长史贵重,不宜妄自谦屈②。"答曰:"我性恶人无礼,不容不以礼处人。"未尝卿士大夫,或问其故,慧晓曰:"贵人不可卿,而贱者乃可卿,人生何容立轻重于怀抱③!"终身常呼人位。今世俗浮薄少年,或身为卑官,而与尊者言话,称其侪流④,必曰"某丈"。谈其所事牧伯监司亦然。至于当他人父兄尊长之前,语及其子孙甥婿,亦云"某丈"。或妄称宰相执政贵人之字。皆大不识事分者,习惯以然,元非简傲也⑤。予常以戒儿辈云。

【注释】

①清肃：清正严明。行事：行事官。执行事务的官。造诣：拜访。②谦屈：谦恭屈己。③未尝卿士大夫：没有任过卿士大夫官。何容立轻重于怀抱：岂可把官职高低作为抱负。何容，岂可；岂容。怀抱，胸襟；抱负。④浮薄：轻薄，不朴实。侪流：流辈；同辈。⑤事分：身分（指出身和社会地位）。简傲：亦作"简慠"。高傲；傲慢。

鬼谷子书

鬼谷子与苏秦、张仪书曰："二足下功名赫赫，但春华至秋，不得久茂。今二子好朝露之荣，忽长久之功；轻乔松之永延，贵一旦之浮爵①。夫女爱不极席，男欢不毕轮。痛哉夫君②！"《战国策》楚江乙谓安陵君曰："以财交者，财尽而交绝；以色交者，华落而爱渝③。是以嬖女不敝席④，宠臣不敝轩。"吕不韦说华阳夫人曰⑤："以色事人者，色衰而爱弛。"《诗·氓》之序曰："华落色衰，复相弃背⑥。"是诸说大抵意同，皆以色而为喻。士之嗜进而不知自反者⑦，尚监兹哉！

【注释】
①朝（zhāo）露：朝露接触阳光即消失，比喻事物存在时间的短促。乔松：指古代传说中的仙人王子乔和赤松子。浮爵：虚荣的爵位。②不极席、不敝席、不毕轮、不敝轩：皆言时间不久。极、毕、敝，皆为终尽之义。轮、轩，皆谓车。痛：痛惜（心痛惋惜）。夫君：称友人。③江乙：楚国大夫。安陵君：名坛，失其姓，楚之幸臣。华（huā）：同"花"。喻指女子的姿色。④嬖女：受宠爱的姬妾。⑤吕不韦：战国末年卫国人。原为大商人，在赵都邯郸遇见入质于赵的秦公子异人（后改名子楚），认为"奇货可居"，因入秦游说华阳夫人，立异人为太子。庄襄王（即子楚）继位，任为相国，封文信侯。引文就是游说华阳夫人时的说词。⑥弃背：抛弃，离弃。⑦嗜进：谓热衷于仕进。

有美堂诗

东坡在杭州作《有美堂会客诗》，颔联云①："天外黑风吹海立，浙东飞雨过江来。"读者疑海不能立，黄鲁直曰：盖是为老杜所误，因举《三大礼赋·朝献太清宫》云"九天之云下垂，四海之水皆立"以告之。二者皆句语雄峻②，前无古人。坡和陶《停云》诗有"云屯九河，雪立三江"之句③，亦用此也。

【注释】

①颔联：指律诗第二联（三、四两句）。②雄峻：雄伟奇峻。谓杰出不凡。③和陶《停云》诗：陶，指陶渊明。《停云》为陶诗的题目。

张天觉小简

张天觉熙宁中为渝州南川宰①。章子厚经制夔夷，狎侮州县吏②，无人敢与共语。部使者念独张可亢之，檄至夔③。子厚询人才④，使者以告，即呼入同食，张著道士服，长揖就坐。子厚肆意大言，张随机折之，落落出其上⑤，子厚大喜，延为上客。归而荐诸王介甫⑥，遂得召用。政和六年，张在荆南，与子厚之子致平一帖云："老夫行年七十有四，日阅佛书四五卷，早晚食米一升、面五两、肉八两，鱼、酒佐之，以此为常，亦不服暖药，唯以呼吸气昼夜合天度而已⑦。数数梦见先相公，语论如平生，岂其人在天仙间，而老夫定中神游或遇之乎⑧？嗟乎，安得奇男子如先相公者，一快吾胸中哉！"此帖藏致平家，其曾孙简刻诸石。予今年亦七十四岁，侄孙偲于长兴得墨本以相示⑨，聊记之云。

【注释】

①宰：官吏的通称。此处指县的长官。②经制：经理节制。夔夷：夔州属边远少数民族地区，故称。狎侮：轻慢；戏弄。③檄至夔：下达文书征召张天觉至夔州。④询：询问；请教。引申为查考。⑤肆意：任意；逞性。折之：挫其锋锐。折：责难。指出别人的错误或缺点。落落：犹磊落。常用来形容人

的气质、襟怀。一说高超；卓越。⑥王介甫：即王安石，字介甫。时为相。⑦行年：经历过的年岁。呼吸：道家导引吐纳的养生术。昼夜合天度：即顺从自然，度过日日夜夜。合天，合乎自然，合乎天道。⑧数数（shuò shuò）：屡次；常常。定：梵文意译。亦译"三昧"、"三摩地"。佛教名词。谓心专注一境集中而不散乱的精神状态。⑨墨本：碑帖的拓本。

城狐社鼠

城狐不灌，社鼠不熏①。谓其所栖穴者得所凭依。此古语也，故议论者率指人君左右近习为城狐社鼠。予读《说苑》所载孟尝君之客曰："狐者人之所攻也，鼠者人之所熏也。臣未尝见稷狐见攻，社鼠见熏，何则？所托者然也②。"稷狐之字，甚奇且新。

【注释】

①城狐社鼠：城墙洞里的狐狸，寄身于社庙的老鼠。比喻依势为奸而又难以除掉的坏人。欲除狐鼠，恐坏城社。《韩非子·外储说右上》："最苦社鼠……熏之则木焚，灌之则涂阤（墙泥塌下来）。"②狐者……所托者然也：见《说苑·善说》。

用兵为臣下利

富公奉使契丹①，虏主言欲举兵。公曰："北朝与中国通好，则人主专其利，而臣下无所获。若用兵则利归臣下，而人主任其祸。故北朝群臣争劝举兵者，此皆其自谋，非国计也。胜负未可知，就使其胜，所亡士马，群臣当之欤？抑人主当之欤？"是时，语录传于四方②，苏明允读至此，曰："此一段议论，古人有之否？"东坡年未十岁，在傍对曰："记得严安上书云：'今徇南夷，朝夜郎，略濊州，建城邑，深入匈奴，燔其龙城③，议者美之，此人臣之利，非天下之长策也。'正是此意。"明允以为然。予又记魏太武时，南边诸将表称宋人大严，将入寇，请先其未发逆击之④。魏公卿皆以为当。崔伯深曰："朝廷群臣及西北守将，从陛下征伐，西平赫连，北破蠕蠕⑤，多获美女珍宝。南边诸将闻而慕之，亦欲南钞以取资财⑥。皆营私计，为国生事，不可从也。"魏主乃止。其论亦然。

【注释】
①富公：指富弼。奉使：奉命出使。②语录：文体名。记录传教、讲学、论政及交际等的问答口语，不重文字修饰，故名。又，古代凡奉使、伴使，例进语录于朝。③严安：西汉武帝时人。南夷：旧指南方的少数民族。又指南方边远地区。朝夜郎：使夜郎国朝见。龙城：又称"龙庭"。匈奴祭天，大会诸部处。④魏太武（帝）：即拓跋焘。北魏开国皇帝。宋：指南朝刘宋。大严：指整饬军队，严阵以待。逆击：犹迎击。⑤赫连：代北复姓，匈奴的一支。蠕蠕：古代北方民族名。即柔然。⑥钞：亦作"抄"。强取；掠夺。

志文不可冗

东坡为张文定公作墓志铭，有答其子厚之一书云："志文路中已作得大半，到此百冗未绝笔①，计得十日半月乃成。然书大事略小节，已有六千余字，若纤悉尽书②，万字不了，古无此例也。知之知之。"盖当时恕之意但欲务多耳。又一帖云："志文谒告数日方写得了，谨遣持纳③。衰病眼眩，辞翰皆不佳④，不知可用否？"今志文正本凡七千一百字，铭诗百六十字云。予乡士作一列大夫小郡守行状九千言⑤，衢州士人诣阙上书二万言，使读之者岂不厌倦，作文者宜戒之。坡帖藏梁氏竹斋，赵晋臣镌石于湖南宪司楚观⑥。

【注释】
①张文定公：即张方平。卒谥文定。其子张恕，字厚之。百冗：许多繁杂的事情。绝笔：搁笔；不再写下去。②纤悉：细微详尽。③谨遣持纳：现在派人奉送于您。④辞翰：文词（文章）。⑤乡士：犹乡绅。列大夫：秦汉时爵位名。列第七级，亦称七大夫或公大夫。此处似为借用。⑥镌石：刻文字于石碑。宪司：宋官名，即诸路提点刑狱公事。其官署称司，号"宪司"。楚观（guàn）：指高唐观。

赵杀鸣犊

《汉书·刘辅传》:"谷永等上书曰:'赵简子杀其大夫鸣犊,孔子临河而还①。'"张晏注曰:"简子欲分晋国,故先杀鸣犊,又聘孔子。孔子闻其死,至河而还也。"颜师古曰:"《战国策》说二人姓名云:鸣犊、铎犨。而《史记》及《古今人表》并以为鸣犊、窦犨。盖'铎'、'犊'及'窦',其声相近,故有不同耳。今永等指鸣犊一人,不论窦犨也。"韩退之《将归操》亦云:"孔子之赵,闻杀鸣犊作②。"予按今本《史记·孔子世家》,乃以为窦鸣犊、舜华。《说苑·权谋篇》云:"晋有泽鸣、犊犨。"其不同如此。

【注释】

①赵简子杀其大夫鸣犊,孔子临河而还:鸣犊无罪被杀,君子伤其类,故孔子还。见《三笔》卷五《孔子正名》。赵简子,即赵鞅。春秋末年晋国正卿。亦称赵孟。②作:孔子作《将归操》(琴曲名,又名《陬操》)。见《史记·孔子世家》。

五帝官天下

汉盖宽饶奏封事,引《韩氏易传》言:"五帝官天下,三王家天下①,家以传子,官以传贤,若四时之运,成功者去。"坐指意欲求禅而死②。故或云自后称天子为"官家",盖出于此。今世无《韩氏易》,诸家注释《汉书》,皆无一语。惟《说苑·至公篇》云:"秦始皇帝既吞天下,召群臣议:五帝禅贤,三王世继③,孰是?博士鲍令之对曰:'天下官,则选贤是也;天下家,则世继是也。故五帝以天下为官,三王以天下为家。'始皇帝叹曰:'吾德出于五帝,吾将官天下,谁可使代我后者!'"此说可以为证,辄记之以补《汉》注之缺。蒋济《万机论》亦有官天下、家天下之语。

【注释】

①盖（gě）宽饶：字次公。宣帝时任太中大夫、司隶校尉。官天下：天下公有。官，公，公有。与"私"相对。家天下：谓帝王把国家作为自己一家的私产，世代相传。②指意：意旨，意向。欲求禅：想请求皇帝禅让帝位于己。③世继：犹世袭。世代承袭。多用于帝位、爵位和领地等。

黄帝李法

《汉书·胡建传》："《黄帝李法》①。"苏林曰："狱官名也。《天文志》：'左角，李；右角，将②。'"颜师古曰："李者，法官之号也，其书曰《李法》。"《唐·世系表》："李氏自皋陶为尧大理③，历虞、夏、商，世世作此官，以官命族为理氏。至纣之时，逃难于伊侯之墟，食木子得全④，遂改'理'为李氏。"予按今本《汉书·天文志》骑官⑤："左角，理。"乃用"理"字，而《史记·天官书》则为"李"，《说苑》载胡建事亦为"理法"。然则"理"、"李"一也。故《左传》数云"行李往来"。杜预注曰："行李，使人也。"至郑子产与晋盟于平丘，则曰："行理之命。"注亦云："行理，使人通聘问者。"其义益明。皋陶作大理，传子孙不改，迨商之季几千二百年，世官久任，仓氏、库氏不足道矣⑥。表系疑不可信⑦。

【注释】

①黄帝李法：书名。②左角，李；右角，将：骑官星二十七颗星中，左角上那颗是法官，右角上那颗是将军。李，通"理"。古时法官的名称。将（jiàng），将军。③大理：官名。本秦汉之廷尉，北齐后改称大理寺卿。历代沿称。④墟：遗址。木子：木本植物的果实。木、子二字合起来为"李"字。⑤骑官：星宿名。包括二十七颗星。⑥世官：古代某官职由一族世代承袭，谓之世官。仓氏、库氏不足道矣：仓氏，《辞源》注："《周礼·地官》有仓人（周代主管粮食的官），以官为姓。"《中华大字典》注："库，姓也。古守库大夫后。"仓氏、库氏未能做到像李氏那样将近一千二百年间"世官久任"，故"不足道矣"。⑦"表系"句：指前文《唐·世系表》。即《新唐书》的"宗室世系表"指言"纣之时"因"食木子得全，遂改'理'为李氏"不可信。

抄传文书之误

今代所传文书，笔吏不谨，至于成行脱漏。予在三馆假庾自直《类文》①，先以正本点检，中有数卷皆以后板为前，予令书库整顿，然后录之。他多类此。周益公以《苏魏公集》付太平州镂板②，亦先为勘校。其所作《东山长老语录序》云："侧定政宗，无用所以为用；因蹄得兔，忘言而后可言③。"以上一句不明白，又与下不对，折简来问④。予忆《庄子》曰："地非不广且大也，人之所用容足尔。然而厕足而垫之致黄泉，知无用而后可以言用矣。"始验"侧定政宗"当是"厕足致泉"，正与下文相应，四字皆误也。因记曾纮所书陶渊明《读山海经》诗云："形夭无千岁，猛志固常在。"疑上下文义若不贯，遂取《山海经》参校，则云："刑天，兽名也，口中好衔干戚而舞⑤。"乃知是"刑天舞干戚"，故与下句相应，五字皆讹。以语友人岑公休、晁之道，皆抚掌惊叹⑥，亟取所藏本是正之。此一节甚类苏集云。

【注释】

①文书：书籍；文章。庾自直：颍川人。隋大业初授著作佐郎。后以本官知起居舍人事。②苏魏公：即苏颂。卒后追封魏国公。镂板：即雕板印刷。③"因蹄得兔"句：《庄子·外物》："蹄者所以在兔，得兔而忘蹄；言者所以在意，得意而忘言。吾安得夫忘言之人而与之言哉！"蹄，捕兔的工具，用以系兔足，故称蹄。在，系于。得兔忘蹄：比喻已达目的，即忘其凭借。得意忘言：谓既已领会其意旨，则不再需要表意之言词。④折简：即写信。⑤干戚：干，盾；戚，斧。⑥抚掌：同"拊掌"。拍手。多表示高兴。

二十八宿

二十八宿，宿音秀。若考其义，则止当读如本音。尝记前人有说如此，《说苑·辩物篇》曰："天之五星，运气于五行①，所谓宿者，日月五星之所宿也。"其义昭然。

【注释】

①运气：指自然界的物质本原及其自然现象。古人有"五运六气"之说，五运即金、木、水、火、土五行，六气指风、寒、热、暑、燥、火。

大观元夕诗

大观初年，京师以元夕张灯开宴。时再复湟、鄯①，徽宗赋诗赐群臣，其颔联云："午夜笙歌连海峤，春风灯火过湟中②。"席上和者皆莫及。开封尹宋乔年不能诗，密走介求援于其客周子雍③，得句云："风生闾阖春来早④，月到蓬莱夜未中。"为时辈所称。子雍，汝阴人，曾受学于陈无己，故有句法。则作文为诗者，可无师承乎⑤？

【注释】

①湟：湟水。古县名。隋唐皆为鄯州治所。鄯：州名。②海峤（jiào）：近海多山之地。鄯州在今西宁市，处于山区，又接近青海湖。湟中：地区名。指今青海省湟水两岸。③走介：派遣仆役。介（jiè），送信或传递消息的人。④闾阖：传说中的天门。⑤师承：相承的师法。指学术、技艺上的一脉相承。

颜鲁公帖

颜鲁公忠义气节，史策略尽①。偶阅临汝石刻，见一帖云："政可守不可不守，吾去岁中言事得罪，又不能逆道苟时②，为千古罪人也，虽贬居远方，终身不耻。汝曹当须谓吾之志不可不守也。"此是独赴谪地，而与其子孙者，无由考其岁月。千载之下，使人读之，尚可畏而仰也。

【注释】

①史策略尽：史书记载得详尽无遗。略尽：将尽。②逆道：违背事理。苟时：苟且偷生。

文潞公奏除改官制

自熙宁以来，士大夫资历之法，日趋于坏，岁甚一岁，久而不可复清。近年愈甚，综核之制①，未尝能守。偶见文潞公在元祐中任平章军国重事，宣仁面谕，令具自来除授官职次序一本进呈。公遂具除改旧制节目以奏，其一云："吏部选两任亲民，有举主②，升通判。通判两任满，有举主，升知州、军，谓之常调③。知州、军有绩效，或有举荐，名实相副者，特擢升转运使、副、判官，或提点刑狱、府推、判官，谓之出常调④。转运使有路分轻重远近之差。河北、陕西、河东三路为重路，岁满多任三司使、副，或发运使。发运任满，亦充三司副使。成都路次三路，京东西、淮南又其次，江东西、荆湘、两浙又次之，二广、福建、梓、利、夔路为远小。已上三等路分，转运任满，或就移近上次等路分，或归任省府判官⑤，渐次擢充三路重任。内提点刑狱，则不拘路分轻重除授。"潞公所奏乃是治平以前常行，今一切荡然矣。京朝官未尝肯两任亲民。才为通判，便望州郡。至于监司，既无轻重远近之间，不复以序升擢云。

【注释】

①资历：资格和经历。综核：亦作"综覈"。谓聚总而考核之。②除改：免除现职，改任他职。节目：程序。亲民：古代对地方长官的称呼。意为亲自治理民众。举主：旧时被荐举者称荐举之人。③常调（diào）：按常规迁选官吏。④绩效：功绩。名实相副：名称或名声与实际相符合。擢升：提升；提拔。出常调：谓破格选拔。⑤省府（shěng）：指朝廷。如中央的三司。

待制知制诰

庆历七年，曾鲁公公亮①，自修起居注除天章阁待制。时陈恭公独为相，其弟妇王氏，冀公孙女，曾出也②。当月旦出拜，恭公迎语之曰："六新妇，曾三做从官③，想甚喜。"应声对曰："三舅荷伯伯提挈极欢喜④，只是外婆不乐。"恭公问故，曰："外婆见三舅来谢，责之曰：汝第五人及第，当过词掖⑤，想是全废学，故朝廷如此处汝。"恭公默然自失，后竟改知制诰⑥。盖恭公不由科第，不谙典故，致受讥于女子。而此女对答之时，元未尝往外家也，其警慧如此⑦。国家故事，修注官次补必知制诰，惟赵康靖公以欧阳公位在下，而欲先迁，司马公以力辞，三人皆除待制，其杂压先后可见云。

【注释】

①曾公亮：字明仲。累官吏部侍郎同中书门下平章事，封鲁国公。②陈恭公：即陈执中。仁宗时为相。卒谥恭。冀公：指王钦若。封冀国公。曾出：曾公亮的外甥女。出，古代男子称自己外甥。即姊妹之子。③月旦：犹月朔，每月初一。新妇：称弟妻。曾三：即曾公亮。④荷：承受。伯伯：犹大伯子。妇人对夫兄的称呼。指陈执中。提挈(qiè)：照顾；提拔。⑤谢：辞别。过词：过头话；过当之言。指溢美之词。掖：奖掖。⑥改知制诰：按庆历之前合班之制，知制诰班次在待制前。因此改知制诰绝非"降任"。见卷十二《词臣益轻》。⑦外家：外祖父家。警慧：机敏聪慧。

裴行俭景阳

裴行俭为定襄道大总管①，讨突厥。大军次单于北，暮已立营，堑壕既周，更命徙营高冈。吏曰："士安堵不可扰②。"不听，促徙之。比夜风雨暴至，前占营所，水深丈余，众莫不骇叹。问何以知之，行俭曰："自今第如我节制③，毋问我所以知也。"按《战国策》云："齐、韩、魏共攻燕，楚王使景阳将而救之。暮舍，使左右司马各营壁地，已植表④，景阳怒曰：'女所营者水皆至灭表，此焉可以舍？'乃令徙。明日大雨，山水大出，所营者水皆灭表，军吏乃服。"二事正同，而景阳之事不传。

【注释】

①裴行俭：唐绛州闻喜人。字守约。善于用兵，高宗时，屡败突厥。②安堵：安居，不受骚扰。③第：但；且。节制：指挥管辖。④舍：扎营住宿。植：树立。

表：用木桩做成的标记。或称标木。

北人重甘蔗

甘蔗只生于南方，北人嗜之，而不可得。魏太武至彭城，遣人于武陵王处求酒及甘蔗。郭汾阳在汾上①，代宗赐甘蔗二十条。《子虚赋》所云："诸柘巴且②。"诸柘者，甘柘也。盖相如指言楚云梦之物③。汉《郊祀歌》"泰尊柘浆"④，亦谓取甘蔗汁以为饮。

【注释】

①汾上：汾河流域。②巴且（jū）：即芭蕉。③相如：指司马相如。相如作《子虚赋》。④泰尊：古代祭祀用的大酒杯。

卷第三（十六则）

韩退之张籍书

韩公集中有《答张籍》二书，其前篇曰："吾子所论，排释、老不若著书①。若仆之见，则有异乎此，请待五六十然后为之。吾子又讥吾与人为无实驳杂之说②，此吾所以为戏耳。若商论不能下气③，或似有之。博塞之讥，敢不承教④！"后篇曰："二氏行乎中土⑤，盖六百年，非可以朝令而夕禁，俟五六十为之未失也。谓吾与人商论不能下气，若好胜者。虽诚有之，抑非好己胜也，好己之道胜也⑥。驳杂之讥，前书尽之。昔者夫子犹有所戏⑦，乌害于道哉？"大略籍所论四事：乞著书、讥驳杂、谏商论好胜及博塞也。今得籍所与书，前篇曰："汉之衰，浮图之法入中国⑧，黄、老之术，相沿而炽。盍为一书，以兴存圣人之道⑨？执事多尚驳杂无实之说，使人陈之前以为欢，此有累于盛德。又商论之际，或不容人之短，如任私尚胜者⑩，亦有所累也。况为博塞之戏与人竞财乎？废弃日时，不识其然。愿绝博塞之好，弃无实之谈，宏虑以接士⑪，嗣孟轲、扬雄之作，使圣人之道，复见于唐。"后篇曰："老、释惑于生人久矣，执事可以任著书之事。君子汲汲于所欲为⑫，若皆待五十六十而后有所为，则或有遗恨矣。君子发言举足，不远于礼，未闻以驳杂无实之说以为戏也。执事每见其说，则掀拚呼笑，是挠气害性⑬，不得其正矣。"籍之二书，甚劲而直⑭。但称韩公为执事，不曰先生。考其时，乃云"执事参于戎府"⑮。按韩公以贞元十二年为汴州推官，时年二十有九，十五年为徐州推官，时年三十有二，年位未盛⑯，籍未以师礼事之云。

【注释】

①吾子：对对方的敬爱之称。一般用于男子之间。排释、老：排斥佛教和道教。②无实：不真实。驳杂：混杂而不精纯。③商论：磋商讨论问题。下气：

态度恭顺；平心静气。④博塞（sài）：本作"簙簺"。古代的博戏。讥：进谏；规劝。承教：谓接受教诲。谦词。⑤二氏：指释氏、老氏，即佛与道。⑥抑：表转折。犹然而。已之道：指儒教。韩愈在政治上尊儒排佛。⑦夫子：孔门尊称孔子为夫子，后因以特指孔子。⑧浮图：即浮屠。指佛教。⑨兴存：振兴而保全之。兴，昌盛；兴旺。存，保全。道：政治主张或思想体系。⑩任私：按自己意见行事。⑪宏虑：度量开阔有识见。⑫汲汲：此句意思是劝韩愈立即着手著书。⑬抃抃：拍手鼓掌，表示欢欣。挠气害性：损伤元气，伤害本性。挠，削弱。⑭劲直：刚劲正直。⑮戎府：帅府；军府。⑯年位：年龄和爵位。

韩公称李杜

《新唐书·杜甫传赞》曰："昌黎韩愈于文章重许可①，至歌诗，独推曰：'李杜文章在，光焰万丈长。'诚可信云。"予读韩诗，其称李、杜者数端，聊疏于此。《石鼓歌》曰："少陵无人谪仙死，才薄将奈石鼓何②？"《酬卢云夫》曰："高揖群公谢名誉，远追甫白感至諴③。"《荐士》曰："勃兴得李杜，万类困凌暴④。"《醉留东野》曰："昔年因读李白杜甫诗，长恨二人不相从。"《感春》曰："近怜李杜无检束，烂漫长醉多文辞。"并唐志所引⑤，盖六用之。

【注释】

①重：重视；看重。引申为珍惜；吝惜。许可：准许，允诺。②谪仙：旧时称誉才学优异的人，谓如谪降人世的神仙。《新唐书·李白传》：李白至长安，"往见贺知章，知章见其文，叹曰：'子，谪仙人也！'"后来因以专指李白。"才薄"句：因石鼓是周代的产物，石鼓上的文字极难辨认。③感至諴：语出《书·大禹谟》"至諴感神"。諴，音xián。宋蔡沈《书集传》训諴为以诚感物，故至諴犹言至诚。④勃兴：蓬勃兴起。万类：万物，常指自然界有生命的东西。凌暴：韩愈原文作"陵暴"。轻侮。⑤唐志：即指本文开头所提《新唐书·杜甫传赞》。

此日足可惜

韩退之《此日足可惜一首赠张籍》，凡百四十句，杂用东、冬、江、阳、庚、青六韵。及其亡也，籍作诗祭之，凡百六十六句，用阳、庚二韵，其语铿锵震厉①，全仿韩体。所谓"乃出二侍女，合弹琵琶筝"者是也。

【注释】

①铿锵（kēng qiāng）：形容声音响亮和谐。震厉：形容声响猛厉。

粉白黛黑

韩退之为文章，不肯蹈袭前人一言一句。故其语曰："惟陈言之务去，戛戛乎其难哉①！"独粉白黛绿四字②，似有所因。《列子》："周穆王筑中天之台，简郑、卫之处子娥媌靡曼者③，粉白黛黑以满之。"《战国策》张仪谓楚王曰："郑、周之女，粉白黛黑，立于衢间④，见者以为神。"屈原《大招》："粉白黛黑，施芳泽只⑤。"司马相如："靓庄刻饰⑥。"郭璞曰："粉白黛黑也。"《淮南子》："毛嫱、西施，施芳泽，正蛾眉，设笄珥，衣阿锡，粉白黛黑，笑目流眺⑦。"韩公以"黑"为"绿"，其旨则同。

【注释】

①戛戛：困难貌。此句为《答李翊书》中的话。②粉黛：搽脸的白粉和画眉的黛墨。妇女的化妆用品。有时用以借指美女。粉白黛绿：亦作"粉白黛黑"、"粉白墨黑"。谓妇女之妆饰。③中天之台：周穆王筑台，"其高千仞，临终南之上，号曰中天之台。"（《列子·周穆王》）简：通"柬"，选择。娥媌（miáo）：美好貌。靡曼：美丽。④衢：四通八达的道路。⑤芳泽：泽，古代妇女润发用的香油。芳，言其芳香。只：表决定或感叹语气的语助词。⑥靓（jìng）庄：美丽的装饰。庄，也作"妆"。刻饰：古代妇女的一种梳理方式。以胶刷鬓发，使齐整如刻画。⑦毛嫱：古美女名。一说为越王美姬。西施：春秋末年越国美

女。由越王勾践献给吴王夫差，成为夫差最宠爱的妃子。传说吴亡后，与范蠡入五湖而去。蛾眉：亦作"娥眉"。蚕蛾之须弯曲细长，因以喻女子长而美的眉毛。也指女子貌美。亦借为美人的代称。笄珥（jī ěr）：古代妇女常用以装饰发耳的饰件。笄，簪子，古代用来插住挽起的头发或弁冕。珥，女子的珠玉耳饰。也叫"瑱"、"珰"。阿锡：即阿緆。织物名。锡与緆古字通。阿，细缯。緆（xì），细布。流眺：转动目光顾盼。

李杜往来诗

李太白、杜子美在布衣时，同游梁、宋，为诗酒会心之友①。以杜集考之，其称太白及怀赠之篇甚多。如"李侯金闺彦，脱身事幽讨"②，"南寻禹穴见李白，道甫问讯今何如"③，"李白一斗诗百篇，自称臣是酒中仙"，"近来海内为长句，汝与山东李白好"④，"昔者与高李，晚登单父台"，"李侯有佳句，往往似阴铿"，"忆与高李辈，论交入酒垆"，"白也诗无敌，飘然思不群"，"昔年有狂客⑤，号尔谪仙人"，"落月满屋梁，犹疑照颜色"⑥，"三夜频梦君，情亲见君意"，"秋来相顾尚飘蓬，未就丹砂愧葛洪"⑦，"寂寞书斋里，终朝独尔思"，"凉风起天末，君子意如何"，"不见李生久，佯狂真可哀"⑧，凡十四五篇。至于太白与子美诗略不见一句。或谓《尧祠亭别杜补阙》者是已⑨。乃殊不然，杜但为右拾遗，不曾任补阙，兼自谏省出为华州司功，迤逦避难入蜀，未尝复至东州，所谓"饭颗山头"之嘲⑩，亦好事者所撰耳。

【注释】

①梁宋：梁谓汴州，宋谓宋州。会心：情意相合，知心。②金闺彦：金马门的俊士。金闺，金马门的别称。金马门，汉代官门名。汉代征召来的人，都待诏公车（官署名），其中才能优异的令待诏金马门。"金闺"也借指朝廷。李白供奉翰林，故称。彦，旧时男士的美称。脱身：抽身摆脱。幽讨：谓寻讨幽隐。③"南寻禹穴见李白"句：此是天宝中在京师所作《送孔巢父谢病归游江东兼呈李白》诗中的一句。天宝初李白居绍兴会稽，而会稽山有禹穴，故云。禹穴：传说为夏禹葬地。一说为禹藏书之处。问讯：省视慰问。④汝与山东李白好：汝，指薛华。此句出《苏端薛复筵简薛华醉歌》诗："座中薛华善醉歌，

歌辞自作风格老。近来海内为长句，汝与山东李白好。"山东李白，李白少时隐于山东徂徕山，时人皆以山东人称之。好，指作的诗好。⑤高：指高适。唐诗人。单父台：即宓子贱琴台。在今山东单县。阴铿：南朝陈文学家。字子坚，论交：结交；交朋友。酒垆：卖酒安置酒瓮的土墩子，因作酒店的代称。飘然：超脱貌。思：思想；意念。不群：卓异；不平凡。狂客：指贺知章。《旧唐书》本传：贺知章"自号四明狂客"。⑥犹疑照颜色：仍怀疑月光照见李白的脸色。此句出《梦李白二首》其一。李白因永王李璘案被捕，又流放夜郎。杜甫怀疑李白出意外，所以用一"疑"字。下句为第二首的一句。⑦飘蓬：如蓬飘转。比喻飘泊不定的生活。蓬，蓬蒿。遇风常吹折离根，飞转不已。这是杜甫和李白相别时写的《赠李白》诗。未就丹砂愧葛洪：葛洪，东晋道教理论家、医学家、炼丹术家。闻交趾出丹砂，求为勾漏令（勾漏，山名。在今广西北流县东北，靠近广东）。帝以洪年老不许，洪曰："非欲为荣，以有丹砂。"帝从之。洪携子侄至广州，止于罗浮山炼丹。"飘蓬"两句是杜甫自叹失意浪游，同时惜李白之不遇。⑧独尔思：即独思尔。天末：天边，指极远的地方。此时杜甫在秦州边塞，故言。句出《天末怀李白》。佯狂：李白怀才不遇，因而疏狂自放。可哀：令人悲痛。⑨尧祠：在兖州（今山东兖州县）南。⑩迤逦：一路曲折行去。东州：指兖州。"饭颗山头"之嘲：好事者杜撰李白《戏赠杜甫》诗："饭颗山头逢杜甫，头戴笠子日卓午。借问别来太瘦生，总为从前作诗苦。"讥笑杜甫作诗拘束。

李太白怖州佐

李太白《上安州裴长史书》云："白窃慕高义，得趋末尘，何图谤言忽生，众口攒毁，将恐投杼下客，震于严威①。若使事得其实，罪当其身，则将浴兰沐芳，自屏于烹鲜之地，惟君侯死生之②。愿君侯惠以大遇，洞开心颜，终乎前恩，再辱英眄，必能使精诚动天，长虹贯日③。若赫然作威，加以大怒，即膝行而前④，再拜而去耳。"裴君不知何如人，至誉其贵而且贤，名飞天京，天才超然，度越作者，棱威雄雄，下慑群物⑤。予谓白以白衣入翰林，其盖世英姿，能使高力士脱靴于殿上，岂拘拘然怖一州佐者邪⑥？盖时有屈伸，正自不得不尔，大贤不偶，神龙困于蝼蚁⑦，可胜叹哉！白此书自叙其平生云："昔与蜀中友人吴指南同游于楚，指南死于洞庭之上，白禫服恸哭，炎月伏尸，猛虎前临,坚守不动,遂权殡于湖侧⑧。数年来观,筋骨尚在,雪泣持刃,躬申洗削,裹骨徒步,负之而趋,寝兴携持,无辍身手,遂丐贷营葬于鄂城⑨。"其存交重义如此⑩。"又与逸人东岩子隐于岷山,巢居数年,不迹城市。养奇禽千计,呼皆就掌取食,了无惊猜。"其养高忘机如此⑪。而史传不为书之,亦为未尽。

【注释】

①末尘:犹后尘。比喻别人之后。攒(cuán)毁:群起而诋毁。投杼(zhù):《国策·秦策二》:"费人有与曾子同名族者而杀人,人告曾子母曰:'曾参杀人。'曾子之母曰:'吾子不杀人。'织自若。有顷焉,人又曰:'曾参杀人。'其母尚织自若也。顷之,一人又告之曰:'曾参杀人。'其母惧,投杼逾墙而走。"后因以"投杼"比喻谣言众多,动摇了最亲近者的信心。下客:指下等的宾客。严威:犹威力,威势。指裴长史而言。②浴兰沐芳:以兰草香草为浴汤洗发澡身。浴兰,浴于兰汤。沐芳:用香草水洗头。这句意思是说,我作好死的准备。自屏于烹鲜之地:自己把自己置于鼎镬。烹鲜之地,犹言鼎镬。君侯:本是汉代对列侯的尊称。后来用为对地方高级官吏如州刺史等的尊称。这里称裴长史。③惠:赐予。大遇:犹殊遇(特别的知遇)。洞开:敞开。心颜:心情与脸色。英昳:馆本作"英盼"。奕奕有神的目光。精诚:至诚;真心诚意。贯日:遮蔽太阳;干犯太阳。长虹贯日,古人常以之为君主蒙难或精诚感天的天象。④赫然:盛怒貌。膝行:跪着前进,表示尊敬或畏服。⑤名飞天京:美好的名声传扬到京城。天京,都城。度越:犹超过。作者:指贤者。《论语·宪问》:"子曰:'贤者辟世,其次辟地,其次辟色,其次辟言。'子曰:'作者七人矣。'"棱威:威势,威风。雄雄:形容威势很盛。慑:威慑;使屈服。群物:万物(犹众人)。⑥英姿:卓越的天资、才华。使高力士脱靴于殿上:《新唐书·文艺传·李白》:"帝爱其才,数宴见。白尝侍帝,醉,使高力士脱靴。"拘拘(gōu gōu):拳曲不伸。⑦屈伸:进退。神龙:谓龙。相传龙变化莫测,为神物,故称。蝼蚁:蝼蛄和蚂蚁。比喻力量微小或地位低微、无足轻重的人物。⑧禫(dàn)服:指为之服丧。殡:死者入殓后停柩以待葬。⑨雪泣:擦拭眼泪。泣,眼泪。躬申:弯身伸腰。申,伸展。一说"申"义为重复;一再。寝兴:卧起。泛指日夜或起居。辍:中止;停止。丐贷:乞借。贷,借入。鄂城:江夏郡城,本名鄂州,故称鄂城。⑩重义:谓看重义气。⑪逸人:犹逸民。指遁世隐居的人。养高:保养高尚志节。忘机:忘却计较或巧诈之心。指自甘恬淡,与世无争。

祝不胜诅

齐景公有疾，梁丘据请诛祝史①。晏子曰："祝有益也，诅亦有损②。聊、摄以东，姑、尤以西③，其为人也多矣。虽其善祝，岂能胜亿兆人之诅？"晋中行寅将亡，召其太祝欲加罪。曰："子为我祝，斋戒不敬，使吾国亡。"祝简对曰："今舟车饰，赋敛厚，民怨谤诅多矣④。苟以为祝有益于国，则诅亦将为损，一人祝之，一国诅之，一祝不胜万诅，国亡不亦宜乎，祝其何罪？"此二说若出一口，真药石之言也⑤。

【注释】
①祝史：祝官、史官的合称。祝官掌管祭祀祝祷等事宜。祝官和史官均为司祝之官。②祝：祝祷。为人告神求福。诅（zǔ）：诅咒；咒骂。③聊、摄：齐西界。姑、尤：齐东界。④太祝：官名。掌祭祀祈祷。斋戒：古人于祭祀时沐浴更衣，戒其嗜欲，以示诚敬。祝简：简为祝的名。赋敛：田赋；税收。谤诅：非议、咒骂。⑤药石：治病的药物和砭石。泛指药物。这里用以比喻规劝改过迁善的话。

吕子论学

《吕子》曰："天生人而使其耳可以闻，不学，其闻则不若聋；使其目可以见，不学，其见则不若盲；使其口可以言，不学，其言则不若喑；使其心可以智，不学，其智则不若狂。故凡学，非能益之也，达天性也，能全天之所生①，而勿败之，可谓善学者矣。"此说甚美，而罕为学者所称，故书以自戒。

【注释】
①达天性也：(而是)使人所具有的先天本性更能通达、通畅。天性，先天的本性。全：成全；保全。天之所生：指耳目口心（脑）。

曾太皇太后

唐德宗即位,访求其母沈太后,历顺宗,及宪宗时为曾祖母,故称为曾太皇太后,盖别于祖母也。旧、新二《唐书》纪,皆载之。今慈福太皇太后在寿康太上时,已加尊称①,若于主上则为曾祖母②,当用唐故事加曾字。向者尝以告宰相,而省吏以为典故所无,天子逮事三世③,安得有前比,亦可谓不知礼矣。又嗣濮王士歆在隆兴为从叔祖,在绍熙为曾叔祖,庆元为高叔祖矣,而仍称皇叔祖如故。士歆视嗣秀王伯圭为从祖④,今圭称皇伯祖,而歆但为皇叔祖,乃是弟尔。礼寺亦以为国朝以来无称曾高者,彼盖不知累朝尊属⑤,元未之有也。

【注释】

①慈福太皇太后:指高宗赵构吴皇后。寿康:指宋光宗。孝宗崩,光宗以疾不能执丧。宁宗赵扩即位,为太上皇光宗建泰安宫,后改名寿康宫。尊称:即上句的"太皇太后"。②主上:指宁宗赵扩。③逮(dài)事三世:接续事奉三代(高宗、孝宗、光宗)。逮,连及;接续。④士歆视伯圭为从祖:士歆对伯圭来说是从祖。⑤累(lěi)朝:历朝;历代。尊属:辈分高的亲属。

中天之台

中天之台有二:其一,《列子》曰:"西极化人见周穆王,王为之改筑宫室,土木之功,赭垩之色,无遗巧焉①。五府为虚②,而台始成。其高千仞,临终南之上,名曰'中天之台'。"其一,《新序》曰:"魏王将起中天台,许绾负操锸入,曰:'臣能商台③?'王曰:'若何?'曰:'天与地相去万五千里,今王因而半之,当起七千五百里之台,高既如是,其趾须方八千里④,尽王之地不足以为台趾。必起此台,先以兵伐诸侯,尽有其地,又伐四夷,得方八千里,乃足以为台趾。度八千里之外,当定农亩之地,足以奉给王之台者。台具以备,乃可以作。'王默然无以应,乃罢起台。"

【注释】

①楮垩(è)：红土和白土，古代建筑用的涂料。遗巧：未尽其巧；精美的技艺有所保留，没有充分发挥出来。②五府：指周代的太府、玉府、内府、外府、膳府。③负操：抱持。锸(chā)：亦作"臿"。即锹，插地起土的工具。商：计量；计算。④今王因而半之："中天"之意为半空。趾：通"址"。两事见《列子·周穆王》《新序·刺奢》。

实年官年

士大夫叙官阀，有所谓实年、官年两说①，前此未尝见于官文书。大抵布衣应举，必减岁数，盖少壮者欲藉此为求昏地；不幸潦倒场屋，勉从特恩②，则年未六十始许入仕，不得不豫为之图。至公卿任子，欲其早列仕籍，或正在童孺，故率增抬庚甲有至数岁者③。然守义之士，犹曰儿曹甫策名委质④，而父祖先导之以挟诈欺君，不可也。比者以朝臣屡言，年及七十者不许任监司、郡守，搢绅多不自安，争引年以决去就⑤。江东提刑李信甫，虽春秋过七十，而官年损其五，坚乞致仕，有旨官年未及，与之外祠⑥。知房州章駧六十八岁，而官年增其三，亦求罢去。诸司以其精力未衰，援实为请，有旨听终任。知严州秦焴乞祠之疏曰："实年六十五，而官年已逾七十。"遂得去。齐庆胄宁国乞归，亦曰："实年七十，而官年六十七。"于是实年、官年之字，形于制书，播告中外，是君臣上下公相为欺也。掌故之野甚矣，此岂可纪于史录哉？

【注释】

①官阀：官阶门第。官年：具报官府的年龄。②潦倒：颓丧；失意。场屋：特指科举时代考试士子的地方。也称科场。特恩：皇帝所给予的特殊的恩典。③仕籍：即仕版。官吏的名册。庚甲：年岁的代称。④策名：《左传·僖公二十三年》"策名委质"，杜预注："名书于所臣之策，屈膝而君事之。"孔颖达疏："古之仕者，于所臣之人书己名于策，以明系属之也。"后即用为出仕之意。委质：古代臣下向君主献礼（质，通"贽"），表示献身。一说下拜（质为形体），表示恭敬承奉之意。后亦用为归顺的意思。总之，即委身事人。⑤引年：

此处似为援引年龄。⑥外祠：京都以外的道教宫观。

雷公炮炙论

《雷公炮炙论》①载一药而能治重疾者，今医家罕用之，聊志于此。其说云："发眉堕落，涂半夏而立生。目辟眼䁝②，有五花而自正。脚生肉枕，裩系菪根③。囊皱溲多④，夜煎竹木。体寒腹大，全赖鸬鹚。血泛经过，饮调瓜子。咳逆数数，酒服熟雄。遍体疹风，冷调生侧。肠虚泄利，须假草零。久渴心烦，宜投竹沥。除症去块，全仗硝、硇。益食加餐，须煎芦、朴。强筋健骨，须是苁、鳝。驻色延年，精蒸神锦。知疮所在，口点阴胶。产后肌浮，甘皮酒服。脑痛，鼻投硝末。心痛，速觅延胡。"凡十八项。谓眉发堕落者，炼生半夏茎，取涎涂发落处，立生。五花者，五加皮也，叶有雄雌，三叶为雄，五叶为雌，须使五叶者作末，酒浸用之，目䁝者正，脚有肉枕者，取莨菪根，系裩带上，永瘥。多小便者，煎草薢服之，永不夜起。若患腹大如鼓，米饮调鸬鹚末服，立枯如故。血泛行者，捣甜瓜子仁作末去油，饮调服之，立绝。咳逆者，天雄炮过，以酒调一钱，匕服。疹风者，侧子（附子傍生者）作末，冷酒服。虚泄者，捣五倍子末，熟水下之。症块者，以硇砂、硝石二味，乳钵中研作粉，同煅了，酒服，神效。不饮者并饮酒少者，煎逆水芦根并厚朴二味，汤服之。苁蓉并鳝鱼作末，以黄精汁圆服之，可力倍常日也。黄精自然汁拌细研神锦，于柳木甑中，蒸七日了，以蜜圆服，颜貌可如幼女之容色。阴胶即是甑中气垢，点少许于口中，即知脏腑所起，直彻至住处知痛，足可医也。产后肌浮，酒服甘皮立枯。头痛者，以硝石作末，内鼻中，立止。心痛者，以延胡索作散，酒服之。

【注释】
①雷公：人名。传为黄帝之臣，善医。②辟（pì）：偏斜；倾斜。䁝：目不正。其音不详。③裩：音 kūn。有裆的裤子。④溲：借为"溲"。小便。

治药捷法

药有至贱易得,人所常用,而难于修制者,如香附子、菟丝子、艾叶之类。医家昧其节度①,或终日疲劳而不能成。《本草》云:"凡菟丝子,暖汤淘汰去沙土,漉干,暖酒渍,经一宿,漉出,暴微白②,捣之,不尽者,更以酒渍,经三五日乃出,更晒微干,捣之须臾悉尽,极易碎。"盖以其颗细难施工,其ію亦殊劳费。然自有捷法,但撚纸条数枚置其间③,则驯帖成粉。香附子洗去皮毛,炒之焦熟,然后举投水钵内,候浸渍透彻,漉出,暴日中微燥,乃入捣臼,悉应手麋碎。艾叶柔软不可著力,若入白茯苓三五片同碾,则即时可作细末。("驯帖",馆本作"顷刻"。)

【注释】

①节度:规则;法则。②暴:音 pù。③撚(niǎn):"拈"的异体字。捻,用手指搓转。

陈翠说燕后

赵左师触龙说太后,使长安君出质,用爱怜少子之说以感动之。予尝论之于《随笔》中。其事载于《战国策》《史记》《资治通鉴》,而《燕语》中又有陈翠一段,甚相似。云:"陈翠合齐、燕,将令燕王之弟为质于齐,太后大怒曰:'陈公不能为人之国,则亦已矣①,焉有离人子母者!'翠遂入见后曰:'人主之爱子也,不如布衣之甚也,非徒不爱子也,又不爱丈夫子独甚。'太后曰:'何也?'对曰:'太后嫁女诸侯,奉以千金。今王愿封公子,群臣曰,公子无功不当封。今以公子为质,且以为功而封之也。太后弗听,是以知人主之不爱丈夫子独甚也。且太后与王幸而在,故公子贵。太后千秋之后,王弃国家②,而太子即位,公子贱于布衣。故非及太后与王封公子,则终身不封矣。'太后曰:'老妇不知长者之计。'乃命为行具③。"此语与触龙无异，而《史记》不书，《通鉴》不取，学者亦未尝言。

【注释】

①合：联合。已矣：叹词。罢了；算了。②千秋：婉言人死。弃国家：讳言帝王之死。③行具：行李，出行的用具。

按：《燕语》应为《燕策》。此事载《战国策·燕策二》。而《国语》一书没有所谓《燕语》。

燕非强国

北燕在春秋时最为僻小，能自见于中国者，不过三四①，大率制命于齐。七雄之际，为齐所取，后赖五国之力，乐毅为将，然后胜齐，然卒于得七十城不能守也。故苏秦说赵王曰："赵北有燕，燕固弱国，不足畏也。"燕王曰："寡人国小，西迫强秦，南近齐、赵，齐、赵强国也。"又曰："天下之战国七，而燕处弱焉，独战则不能，有所附则无不重②。"昭王谓郭隗曰："孤极知燕弱小，不足以报齐。"苏代曰："一齐之强，燕犹不能支。"奉阳君曰："燕弱国也，东不如齐，西不如赵。"赵长平之败，壮者皆死，燕以二千乘攻之，为赵所败。太子丹谓荆轲曰："燕小弱，数困于兵，何足以当秦？"楚、汉之初，赵王武臣为燕军所得，赵厮养卒谓其将曰："一赵尚易燕，况以两贤王③，灭燕易矣。"彭宠以渔阳叛④，即时夷灭。十六国之起，戎狄乱华，称燕称赵者多矣，未尝有只据幽、蓟之地者也⑤。独安禄山以三十年节制之威，又兼领河东，乘天宝政乱，出不意而举兵，史思明继之，虽为天下之祸，旋亦殄灭⑥。至于藩镇擅地，所谓范阳、卢龙，固常受制于天雄、成德也⑦。刘仁恭、守光父子，僭窃一方，唐庄宗遣周德威攻之，克取巡属十余州，如拾地芥⑧。石晋割赂契丹，仍其旧国，恃以为强，然晋开运阳城之战，德光几不免⑨。周世宗小振之，立下三关⑩。但太平兴国，失于轻举，又不治败将丧师之罪，至令披猖以迄于今⑪。若以谓幽燕为用武之地，则不然也。

【注释】

①能自见于中国者,不过三四:能独立存在而与中原诸国并列的时间,不过春秋时期的十分之三四。自见,显现自己。见,音xiàn。②独战则不能,有所附则无不重:独立对外作战没有这个能力,但是依附哪个国家则使那个国家地位变重。③厮养卒:做贱役的士卒。厮养,旧时称为人服役、地位低微的人。一说为炊事兵。又一说为勤务兵。其将:燕将。易:轻视。两贤王:指张耳、陈馀。武臣自立为赵王,以陈馀为大将军,张耳为右丞相。张耳、陈馀都想南面而王,故称两贤王。士卒的话是吓唬燕将,以便他们释放赵王。见《史记·张耳陈馀列传》。④彭宠:新莽末年人。字伯通。初附更始,继归刘秀。后反叛,自立为燕王。不久为手下所杀。⑤称燕称赵者多矣:时有前燕、后燕、南燕、北燕、西燕、前赵、后赵。未尝有只据幽、蓟之地者:不曾有仅仅孤立地占据幽、蓟者。古燕国据有幽、蓟地区。⑥殄灭:灭亡。⑦天雄:即魏博。唐方镇名。河北三镇之一。治魏州(今河北大名东北)。成德:唐方镇名。又名恒冀、镇冀。河北三镇之一。治恒州(后改镇州,今河北正定)。⑧僭窃:越分窃取。巡属:指统属的地方(刘仁恭父子)。地芥:地上的杂草。比喻易得之物。⑨割赂契丹:割让幽蓟十六州贿赂契丹。德光:契丹主(辽太宗)耶律德光。阳城之战,晋军大败契丹。⑩振:振作;奋起。三关:指淤口关、益津关、瓦桥关。五代晋初,三关地入契丹。周显德六年(959年)世宗收复其地(所谓"立下三关"),以三关与契丹分界。一说三关中有草桥关,而无淤口关。⑪太平兴国,失于轻举:太平兴国四年(979年)六月、五年十一月,太宗赵光义两次亲征契丹,均被契丹击败。披猖:嚣张;猖獗。

水旱祈祷

海内雨旸之数,郡异而县不同,为守为令,能以民事介心,必自知以时祷祈,不待上命也。而省部循案故例,但视天府为节,下之诸道转运司,使巡内州县,各诣名山灵祠,精洁致祷①,然固难以一概论。乾道九年秋,赣、吉连雨暴涨。予守赣,方多备土囊,壅诸城门以杜水入,凡二日乃退。而台符令祷雨,予格之不下②,但据实报之。已而闻吉州于小厅设祈晴道场,大厅祈雨。问其故,郡守曰:"请霁者,本郡以淫潦为灾③,而请雨者,朝旨也。"其不知变如此,殆为侮惑神天,幽冥之下④,将何所据凭哉?俚语笑林谓:"两商人入神庙,其一陆行欲晴，许赛以猪头⑤，其一水行欲雨，许赛羊头。神顾小鬼言：'晴干吃猪头，雨落吃羊头，有何不可。'"正谓此耳。坡诗云："耕田欲雨刈欲晴，去得顺风来者怨。若使人人祷辄遂，造物应须日千变。"此意未易为庸俗道也⑥。

【注释】

①省部：指中央政府。循案：依照。天府：指朝廷。节：准则；法度。精洁：精粹纯洁(心灵)。②台符：朝廷的诏书。格之不下：压住令文不向下传达。③霁：本指雨止，引申为风雪停，云雾散，天气放晴。淫潦（lǎo）：久雨积水为灾。④侮惑：欺侮。幽冥：旧称阴间，地下。⑤赛：祭祀酬神之称。⑥庸俗：指凡俗的人。

卷第四（十五则）

今日官冗

元丰中，曾巩判三班院（今侍右也），上疏言："国朝景德垦田百七十万顷，官万员。皇祐二百二十五万顷，官二万员。治平四百三十万顷，官二万四千员。田日加辟，官日加多，而后之郊费视前一倍①。以三班三年之籍较之，其入籍者几七百人，而死亡免退不能二百，是年增岁溢，未见其止，则用财之端，入官之门，当令有司讲求其故，使天下之入如治平，而财之用官之数同景德，以三十年之通②，可以余十年之蓄矣。"是时，海内全盛，仓库多有桩积③，犹有此惧。庆元二年四月，有朝臣奏对，极言云："曩在乾道间，京朝官三四千员，选人七八千员。绍熙二年，四选名籍，尚左，京官四千一百五十九员，尚右，大使臣五千一百七十三员，侍左，选人一万二千八百六十九员，侍右，小使臣一万一千三百十五员。合四选之数，共三万三千五百十六员，冗倍于国朝全盛之际。近者四年之间，京官未至增添，外选人增至一万三千六百七十员（比绍熙增八百一员），大使臣六千五百二十五员（比绍熙增一千三百四十八员），小使臣一万八千七百五员（比绍熙增七千四百员），而今年科举，明年奏荐不在焉④。通无虑四万三千员，比四年之数增万员矣，可不为之寒心哉⑤！"盖连有覃霈，庆典屡行，而宗室推恩，不以服派近远为间断，特奏名三举，皆值异恩，虽助教亦出官归正⑥，人每州以数十百，病在膏肓，正使俞跗、扁鹊持上池良药以救之⑦，亦无及已。

【注释】

①郊费：指经费。《宋史》本传："判三班院。上疏议经费。"②籍：官籍。入籍：载入某种名册。此处谓载入官簿、官牒。通：合计；总计。③桩积：积存。④"外选人"句：外，指另外；以外。奏荐：上奏朝廷，荐举官员。⑤通

无虑：总共大约。无虑，不计虑。引申为大略、大概。寒心：戒惧，担心。⑥服派：宗族支股。指亲缘关系。特奏名：宋时科举，承五代后晋之制，凡士子于乡试合格后，礼部试或廷试多次不录取者，遇皇帝亲试士时，得别立名册以奏，经特许附试，谓之特奏名。凡特奏名者，一般皆能得中，故称恩科。三举：指三期科考。归正：回到正道。此处可能成为正式编制内的官吏。⑦膏肓：谓心膈之间，为人体内主要部位。比喻难以救药的失误或缺点。俞跗：传说黄帝时的良医。扁鹊：战国时医学家。姓秦，名越人。一说，扁鹊乃古代良医的称号。上池良药：扁鹊学医于长桑君，长桑君"乃出其怀中药予扁鹊：'饮是以上池之水，三十日当知物矣。'"（《史记·扁鹊仓公列传》）知物，洞察事物（包括膏肓）。上池之水，未直接落地的水露，如草木上的水露等。

栾城和张安道诗①

张文定公在蜀，一见苏公父子，即以国士许之。熙宁中，张守陈州南都，辟子由幕府。元丰初，东坡谪齐安，子由贬监筠酒税，与张别，张凄然不乐，酌酒相命，手写一诗曰："可怜萍梗飘蓬客，自叹匏瓜老病身②。从此空斋挂尘榻③，不知重扫待何人？"后七年，子由召还，犹复见之于南都。及元符末，自龙川还许昌，因侄叔党出坡遗墨④，再读张所赠诗，其薨已十年，泣下不能已，乃追和之曰："少年便识成都尹，中岁仍为幕下宾。待我江西徐孺子⑤，一生知己有斯人。"两诗皆哀而不怨⑥，使人至今有感于斯文。今世薄夫受人异恩，转眼若不相识，况于一死一生，拳拳如此⑦，忠厚之至，殆可端拜也。

【注释】

①栾城：县名。苏辙先世为赵州栾城人，因以名自己的文集为《栾城集》。后以"栾城"指代苏辙。张安道：即张方平，字安道。卒谥文定。②筠（jūn）：指筠州。相命：和鸣。此处谓以诗作相酬和。萍梗：浮萍断梗。因漂泊流徙，故以喻人行止无定。"蓬客"亦喻漂泊不定的人。匏（páo）瓜：俗称瓢葫芦。匏瓜多不供食用，故以比喻人不受重用。③尘榻：《后汉书·徐稚传》载，陈蕃为太守，在郡不接宾客，唯稚来特设一榻，去则悬之。稚不至则灰尘积于榻。后因以"尘榻"为优礼宾客、贤士之典。④叔党：苏轼幼子苏过，字叔党。遗墨：指死者留下来的亲笔书札、文稿、字画等。⑤江西徐孺子：徐稚，东汉豫

章南昌（今属江西）人，字孺子。豫章在宋时属江南西路，故称江西。此句正照应张安道诗中"挂尘榻"一句。⑥哀而不怨：悲伤而不过分。儒家诗教的重要命题。指诗歌、音乐不失中和之美。怨，悲伤。⑦薄夫：浅薄轻浮之人。拳拳：诚挚貌。

和范杜苏四公

晋相和凝，以唐长兴四年知贡举①，取范质为第十三人。唐故事，知贡举者，所放进士，以己及第时名次为重，谓之传衣钵②。盖凝在梁贞明中居此级，故以处质，且云："他日当如我。"后皆至宰相，封鲁国公，官至太子太傅，当时以为荣。凝寿止五十八，质止五十四。《三朝史》质本传亦书之，而《新五代史·和凝传》误为第五，以《登科记》考之而非也。杜祁公罢相，以太子少师致仕，后于南郊免陪位恩③，连进至太子太师，年八十而薨。苏子容初筮仕为南京判官，杜公方里居④，告以平生出处本末，曰："子异日所至，亦如老夫。"及苏更践中外⑤，名德殊与之相似。集中有《谢杜公书》，正叙此事。其罢相也，亦以太子少师致仕，进太保，年八十二而薨。昔贤谓贵人往往善相人，以所阅多之故也。此二者并官爵年寿皆前知，异矣。

【注释】
①知贡举：见《随笔》卷三《进士试题》"知举"注。②衣钵：佛教僧尼的袈裟和食器。中国禅宗师徒间道法的授受，常付衣钵为信，称为衣钵相传。后来引用于学艺上的传授继承，也称为传授衣钵。③免陪位恩："皇祐元年……召（杜衍）陪祀明堂……（杜）称疾固辞。"见《宋史》本传。④苏子容：即苏颂，字子容。晚年入阁拜相。里居：谓辞官居于乡里。⑤更践：任职。

外台秘要

《外台秘要》载《制虎方》云："到山下先闭气三十五息，所在山神将虎来到吾前，乃存吾肺中，有白帝出①，收取虎两目，塞吾下部中,乃吐肺气,上自通冠一山林之上。于是良久,又闭气三十五息,两手捻都监目作三步,步皆以右足在前,乃止,祝曰:'李耳,李耳,图汝非李耳邪②。汝盗黄帝之犬,黄帝教我问汝云何③。'毕,便行,一山虎不可得见。若卒逢之者,因正面立,大张左手五指侧之,极势跳,手上下三度,于跳中大唤,咄曰:'虎,北斗君使汝去④!'虎即走。"予谓人卒逢虎,魂魄惊怖,窜伏之不暇,岂能雍容步趋,仗咒语七字而脱邪⑤?因读此方,聊书之以发一笑。此书乃唐王珪之孙焘所作,本传云:"焘视母疾,数从高医游,遂穷其术,因以所学作书,讨绎精明,世宝焉⑥。"盖不深考也。

【注释】

①息:一呼一吸谓之一息。白帝:中国古代神话中的五天帝之一。系主西方之神。下文黄帝系主中央之神。②李耳:前两个"李耳",虎的别名。后一个"李耳",道家创始人老子的姓名。图:谋取;设法对付。汝:你。③云何:为何。④咄:呵叱声。北斗君:北斗君即玄武之神,亦即黑虎玄坛赵公明。其像头戴铁冠,黑面浓须,手执鞭,跨黑虎。因而能使唤虎。⑤惊怖:惊恐(惊吓恐惧)。窜伏:逃匿;隐藏。雍容:从容不迫。咒语:旧时僧、道、方士、神巫等施行法术时所念的口诀。⑥讨绎:研究阐发。精明:精通。世宝焉:被世人所珍视。宝,珍藏。

六枳关

盘洲种枳六本①,以为藩篱之限。立小门,名曰六枳关。每为人问其所出,倦于酬应②。今取冯衍《显志赋》中语书于此。衍云:"揵六枳而为篱③。"按《东观汉记》作八枳。《逸周书·小开》篇云:"呜呼!汝何敬非时,何择非德?德枳维大人④,大人枳维公,公枳维卿,卿枳维大夫,大夫枳维士。登登皇皇,维在国枳,国枳维都⑤,都枳维邑,邑枳维家,家枳维欲无疆。"言上下相维,递为藩蔽也⑥。其数有八,与《东观记》同。予详考之,乃九枳也。宋景文公《贺宰相启》:"式维公枳⑦。"盖用此云。

【注释】

①盘洲：洪适（kuò），晚年自称盘洲老人。枳（zhǐ）：植物名。灌木或小乔木，有粗刺。常栽作绿篱。②酬应（yìng）：应答，应对。③冯衍：见《随笔》卷十二《光武弃冯衍》。其《显志赋》抒写自己不得志的感慨，旧时颇有名。揵（qián）：竖立。④非时：犹乱世。非德：不合道德；违背道德。枳维：维护。取枳篱藩卫之意。大人：犹言王者。⑤登登皇皇：众多庄盛貌。按：《汉语大词典》"登登"条引文此句作"登登皇皇，君枳维国，国枳维都"。⑥藩蔽：屏障。⑦宋景文公：即宋祁。卒谥景文。式维我枳：用以维护您。式，用。一说语助词。

王荆公上书并诗

王荆公议论高奇，果于自用①。嘉祐初，为度支判官，上《万言书》，以为："今天下财力日以困穷，风俗日以衰坏。患在不知法度②，不法先王之政故也。法先王之政者，法其意而已。法其意，则吾所改易更革，不至乎倾骇天下之耳目③，而固已合矣。因天下之力④，以生天下之财，取天下之财，以供天下之费。自古治世⑤，未尝以不足为公患也，患在治财无其道尔。在位之人才既不足，而闾巷草野之间，亦少可用之材，社稷之托，封疆之守，陛下其能久以天幸为常⑥，而无一旦之忧乎！愿监苟且因循之敝，明诏大臣，为之以渐⑦，期为合于当世之变。臣之所称，流俗之所不讲，而议者以为迂阔而熟烂者也⑧。"当时富、韩二公在相位，读之不乐，知其得志必生事。后安石当国，其所注措⑨，大抵皆祖此书。又不忍贫民⑩，而深疾富民，志欲破富以惠贫。尝赋《兼并》诗一篇，曰："三代子百姓⑪，公私无异财。人主擅操柄，如天持斗魁⑫。赋予皆自我，兼并乃奸回⑬。奸回法有诛，势亦无自来。后世始倒持，黔首遂难裁⑭。秦王不知此，更筑怀清台⑮。礼义日已媮，圣经久埋埃⑯。法尚有存者，欲言时所咍⑰。俗吏不知方，掊克乃为才⑱。俗儒不知变，兼并可无摧⑲。利孔至百出，小人司阖开⑳。有司与之争，民愈可怜哉！"其语绝不工。迨其得政，设青苗法以夺富民之利，民无贫富，两税之外㉑，皆重出息十二。吕惠卿复作手实之法㉒，民遂大病。其祸源于此诗。苏子由以为昔之诗病未有若此其酷也㉓。痛哉！

【注释】

①高奇：高超杰出。果：果敢，有决断。自用：自行其是，不接受别人的意见。②患在不知法度：患，弊病。下文两"患"字则为忧虑、担心之意。③倾骇：惊骇。④因天下之力：力，旧指体力劳动者，仆役。⑤治世：犹言治国。⑥天幸：侥天之幸，谓非人力所致。即侥幸。⑦苟且：只图目前，得过且过。因循：沿袭；照旧不改。为之以渐：逐渐进行惩治改革。⑧流俗：指世间平庸的人。迂阔：迂远而不切实际。熟烂：比喻言辞陈腐。⑨注措：措置；安排处置。⑩不忍：不忍心，感情上觉得过不去。⑪子：待如己子；慈爱。⑫斗魁：专指北斗星第一星——天枢。天枢，用以比喻国家的权柄。⑬奸回：奸恶邪僻。⑭倒持：见《随笔》卷十一《小贞大贞》"倒持泰阿"注。黔首：战国及秦代对国民的称谓。黔，黎，黑也。周代谓之黎民。难裁：难以控制。裁，节制。⑮不知此：不知聚敛兼并的危害。怀清台：在今四川长寿县南。秦始皇为表彰巴蜀寡妇清（人名）所筑。《史记·货殖列传》："巴寡妇清，其先得丹穴（丹砂矿），而擅其利数世，家亦不訾（家产不计其数）。清，寡妇也，能守其业，用财自卫，不见侵犯。秦皇帝以为贞妇而客之（以宾客之礼待之），为筑女怀清台。……清穷乡寡妇，礼抗万乘（与皇帝分庭抗礼），名显天下，岂非以富邪？"⑯媮：不厚道。浇薄。圣经：谓圣人之书。指儒家经典。堙（yīn）埃：被灰尘埋没。⑰咍（hāi）：讥笑；嗤笑。⑱方：方法。掊（póu）克：聚敛贪狠。也指聚敛贪狠之人。⑲兼并可无摧：《汉语大词典》"阖开"引文作"岂无摧"。摧：抑制。⑳利孔：经济利益的来源。《管子·国蓄》："利出于一孔者，其国无敌；出二孔者，其兵不诎；出三孔者，不可以举兵；出四孔者，其国必亡。"阖开：指货物的囤积和抛售。司阖开：《汉语大词典》"阖开"、"利孔"引文均为"私阖开"。㉑青苗法：王安石新法之一。当青黄不接之际，官贷钱于民。正月放而夏敛，五月放而秋敛，纳息二分。因有抑配和收取重息等弊，为守旧官僚所反对。两税：夏秋两税。其完纳时间，夏税不超过六月，秋税不超过十一月。㉒手实法：亦称"首实法"。唐宋时令民户自报田地和财产作征税根据的办法。宋神宗时，吕惠卿又创五等丁产簿，规定申报项目极广。尺椽寸土，鸡豚家畜，均须陈报。如有隐匿，许人告发，以查获资产的三分之一给赏。因扰民太甚，民怨沸腾，不久罢废。㉓诗病：本指作诗的癖好。此处指诗所产生的弊害。酷：极；甚。

左黄州表

唐肃宗时，王玙以祠祷见宠①，骤得宰相。帝尝不豫，玙遣女巫乘传②，分祷天下名山大川。巫皆盛服，中人护领，所至干托州县，赂遗狼藉③。时有一巫美而艳，以恶少年数十自随，尤憸狡不法④。驰入黄州，刺史左震晨至馆请事，门鐍不启⑤，震怒，破鐍入，取巫斩廷下，悉诛所从少年，籍其赃得十余万，因遣还中人。玙不能诘，帝亦不加罪。震刚决如此，而史不记其他事。予读《元次山集》，有《左黄州表》一篇云："乾元己亥，赞善大夫左振，出为黄州刺史，下车⑥，黄人歌曰：'我欲逃乡里，我欲去坟墓；左公今既来，谁忍弃之去。'后一岁，又歌曰：'吾乡有鬼巫，惑人人不知；天子正尊信⑦，左公能杀之。'盖此巫黄人也。振在州三迁侍御史，判金州刺史，将去，黄人多去思，故为作表⑧。"予谓振（即震也）为政宜民，见于歌颂，史官当特书之于循吏中，而仅能不没其实，故为标显于此⑨。己亥者，乾元二年。玙以元年五月，自太常少卿拜中书相⑩，二年三月罢，本纪及《宰相表》同。而《新史》本传⑪，以为三年自太常卿拜相，明日罢，失之矣。乃承《旧史》之误也。

【注释】

①祠祷：祭神乞福。②乘传（chéng zhuàn）：乘坐驿车。传，驿站的马车。③赂遗（wèi）：以财物赠送或买通他人。狼藉：也作"狼籍"。纵横散乱。后来用以比喻行为或名声不检。④艳：艳丽。憸（xiān）狡：奸诈。⑤请事：询问。鐍（jué）：上锁。⑥下车：官吏到任。⑦尊信：尊重信奉；尊重相信。⑧三迁：三次升迁。去思（sì）：旧称地方绅民对离职官吏的怀念。表：碑文。⑨宜民：谓使民众安辑。循吏：奉职守法的官吏。此处指《循吏列传》。标显：显示。⑩中书相：即中书侍郎、同中书门下平章事。⑪新史：指《新唐书》。宋代欧阳修、宋祁等撰。《新唐书》文辞刻意求简，以致时有年代含糊、史实不清之处。

李郭诏书

唐代宗即位，郭汾阳为近昵所摇，惧祸之及，表上自灵武、河北至于绛州，两朝所诒诏书一千余卷①。家传载其表语②，其多如是。又读韦端符所撰《李卫公故物记》云："三原令座中有客曰李丞者，卫公之胄，藏文帝赐书二十通，多言征讨事，厚劳苦，'其兵事节度皆付公，吾不从中治也．'③暨公疾，亲诏者数四，其一曰：'有昼夜视公病大老妪令一人来，吾欲熟知公起居状．'权文公视此诏④，常泣曰：'君臣之际乃如是耶！'"《新史》载其事云："靖五代孙彦芳，大和中，为凤翔司录参军，以高祖、太宗赐靖诏书数函上之，天子悉留禁中。又敕摹诏本还赐彦芳。"即二事观之，唐世之所以眷礼名将相者，绸缪熟复至此⑤。汉、晋以来所不及也。

【注释】

①近昵：帝王所亲近狎昵的人；近臣。表：奏章的一种，多用于陈请谢贺。两朝：指玄宗、肃宗两朝。诒（yí）：给予。②家传（zhuàn）：子孙叙述其父祖事迹的传记。表语：犹言褒词。③李卫公：即李靖。封卫国公。三原：今陕西三原东北。李靖为三原人。胄：指帝王或贵族的后裔。文帝：此处指李世民。李世民死后谥文皇帝，庙号太宗。厚：厚待。此处有"慰勉"意。一说优厚地酬答。从中治：即干预其事。④权文公：即权德舆。卒后谥文。⑤眷礼：爱重礼遇。熟复：谓亲切，关怀。

两道出师

国家用兵行师，异道并出，其胜败功罪，当随其实而处之，则赏信罚明①，人知劝戒。汉武帝遣卫青、霍去病伐匈奴，去病以功益封，又封部将四人为列侯，而青不得益封，军吏卒皆无封侯者。宣帝遣田广明等五将军击匈奴，又以常惠护乌孙兵共出，五将皆无功，而广明及田顺以罪诛，独常惠奉使克获封侯②。宋文帝伐魏，雍州诸将柳元景等，既拔弘农陕城，戍潼关矣，而上以东军王玄谟败退，皆召还。其后玄谟贬黜③，元景受赏。绍兴七年淮西大帅刘少师罢，湖北岳少保以母忧去④。累辞起复之命⑤。朝廷以兵部尚书吕安老、侍郎张渊道分使两部⑥。已而正除宣抚⑦，遂掌其军。岳在九江，忧兵柄一失，不容再得，亟兼程至鄂⑧，有旨复故任，而召渊道为枢密都承旨。安老在庐遭变，言者论罢张魏公，渊道亦继坐斥⑨。隆兴中，北虏再动兵，张公为督帅，遣李显忠、邵宏渊攻符离⑩，失利而退，一府皆贬秩。是时，汪庄敏以参知政事督视荆、襄，东西不相为谋，乃亦坐谴⑪。古今不侔如此。

【注释】

①赏信罚明：谓该赏的赏，该罚的罚，处理清楚明白。②护：监领。克获：谓战胜并有所掳获。③贬黜：降职或免去官爵。④刘少师：即刘光世。任江东、淮西宣抚使，罢职后加少师头衔。岳少保：即岳飞。绍兴五年九月，加检校少保。⑤起复：封建时代官员遭父母丧，守制尚未满期而应召任职。⑥两部：指刘光世部和岳飞部。⑦正除：谓授以正式官职。⑧兼程至鄂：当时岳飞部驻鄂州。岳飞被封武昌郡开国侯。⑨庐：庐州。当时刘光世屯驻庐州。遭变：刘光世罢职后，当时的知枢密院事张浚（封魏国公。下文张魏公、张公均指张浚）命吕安老（吕祉）节制刘光世留下来的部队。刘光世招降来的部将郦琼反叛，劫持吕祉投降了金人册立的伪齐皇帝刘豫，并杀害了吕祉。斥：贬斥。⑩符离：古邑名、县名。唐宋时扼汴渠要冲，为淮北军事、交通要地。南宋隆兴元年（1163年）张浚北伐，被金兵大败于此。⑪不相为谋：不互相商议。张浚在东，汪澈在西，本不相干，然而汪亦坐谴。坐谴：获罪被贬。

杜韩用歇后语

杜、韩二公作诗，或用歇后语，如"凄其望吕葛"①，"仙鸟仙花吾友于"，"友于皆挺拔"②，"再接再砺乃"③，"僮仆诚自郐"④，"为尔惜居诸"⑤，"谁谓贻厥无基趾"之类是已⑥。

【注释】

①凄其：感伤貌。其，助词。吕葛：指太公望（吕尚）和诸葛亮。喻才如吕、葛，能济世救国的人。杜甫《晚登瀼上堂》诗："凄其望吕葛，不复梦周孔。"②友于：《书·君陈》："惟孝，友于兄弟。"本指兄弟相爱，后亦用为兄弟情谊或兄弟的代称。歇后语即为"兄弟"。杜甫《奉赠太常张卿均》诗："友于皆挺拔，公望备端倪。"挺拔：特立出众。③再接再砺乃：韩愈孟郊《斗鸡联句》："一喷一醒然，再接再砺乃。"接，接战；砺，磨砺。后来一般写作"厉"。比喻一次又一次的继续努力。"再接再厉"即由此而来。④僮仆：幼年仆役。自郐（kuài）：《左传·襄公二十九年》：吴公子季札使鲁，观乐。对各国乐曲多所评论，"自《郐》（郐风）以下无讥焉。"后用"自郐以下"称降而愈下，不值一谈。自郐，

歇后语即不值得一谈。⑤居(jī)诸：《诗·邶风·日月》："日居月诸，照临下土。"居、诸，本是语助词，后借指光阴。此句出韩愈诗《符读书城南》："岂不旦夕念，为尔惜居诸。"歇后语即为"光阴"。⑥诒厥：亦作"诒厥"。诒，遗，留，留给；厥，犹"其"。《书·五子之歌》："有典有则，诒厥子孙。"后因以"诒厥"为子孙的代称。自晋以来常作歇后语，以诒厥兼子孙而言。基趾：墙足，城足。引申为一切事物的基础。韩愈《寄卢仝》诗，谁，一本作"岂"。"苗裔当蒙十世宥，岂谓诒厥无基趾？"

唐明皇赐二相物

唐明皇以李林甫为右相，颛付大政，而左相牛仙客、李适之、陈希烈前后同列，皆拱手备员①。林甫死，杨国忠代之，其宠遇愈甚②。天宝十三载，上御跃龙殿门，张乐宴群臣，赐右相绢一千五百匹，彩罗三百匹，彩绫五百匹，而赐左相绢三百，罗、绫各五十而已。其多寡不侔，至于五倍。如希烈庸才，知上恩意，安得不奴事之乎？宜其甘心臣于禄山也③。

【注释】

①备员：充数；凑数。②宠遇：帝王给予的恩遇。③庸才：才能平庸、低下的人。恩意：情谊，恩情。奴事：像奴仆一样事奉皇上。甘心臣于禄山：天宝十四载（755年），安禄山起兵反叛。次年六月，玄宗逃蜀。安禄山破潼关，进入长安。陈希烈降贼。安禄山以陈希烈为相。

一百五日

今人谓寒食为一百五者，以其自冬至之后至清明，历节气六，凡为一百七日，而先两日为寒食故云，他节皆不然也。杜老有鄜州《一百五日夜对月》一篇，江西宗派诗云："一百五日足风雨，三十六峰劳梦魂"①，"一百五日寒食雨，二十四番花信风"之类是也②。吾州城北芝山寺，为禁烟游赏之地，寺僧欲建华严阁，请予作《劝缘疏》，其末一联云："大善知识五十三，永壮人天之仰；寒食清明一百六，鼎来道俗之观③。"或问一百六所出，应之曰："元微之《连昌宫词》：'初过寒食一百六，店舍无烟宫树绿。'"是以用之。

【注释】

①江西宗派：宋文学流派。北宋末，吕本中作《江西诗社宗派图》，自黄庭坚以下，列陈师道、潘大临、谢逸等二十五人，以为法嗣。但其中作者，不都是江西人。而与吕本中同时，被后人推为江西诗派重要作者的曾几、陈与义二家，却未被列入。三十六峰：地名。河南登封县北的少室山，有三十六峰。梦魂：古人迷信，认为人有灵魂，在睡梦中可以离开肉体，故称"梦魂"。劳梦魂，即魂牵梦绕。②花信风：应花期而来的风。每指二十四番花信风，是因为自小寒至谷雨共八气，一百二十日，每五日为一候，计二十四候，每候应一种花信。另有一年的二十四番花信风。③大：赞美；称扬。善知识：佛教语。指了悟一切知识，高明出众的僧人。五十三：五十三参。佛教传说，善财童子受文殊菩萨指点，南行五十三处，参访名师，听受佛法，终成正果。壮：加强。人天：泛指众生。仰：敬慕。鼎来：方来；正来。道俗：出家之人和世俗之人。观（guān）：游览。

老杜寒山诗

老杜《春日忆李白》诗云："白也诗无敌，飘然思不群。清新庾开府，俊逸鲍参军①。"尝有武弁议其失曰②："既是无敌，又却似庾、鲍。"或折之曰："庾清新而不能俊逸，鲍俊逸而不能清新，太白兼之，所以为无敌也。"今集别本一作无数，殆好事者更之乎？寒山子诗云："吾心似秋月，碧潭清皎洁③。无物堪比伦，教我如何说？"人亦有言，既似秋月、碧潭，乃以为无物堪比，何也？盖其意谓若无二物比伦，当如何说耳。读者当以是求之。

【注释】

①庾开府：即庾信。见《随笔》卷十六《文章小伎》"庾信"注。俊逸：俊美洒脱，不同凡俗。鲍参军：即鲍照，字明远。南朝宋文学家。曾为临海王

刘子顼前军参军，故称。②武弁(biàn)：武官。③寒山子：唐诗僧。一称寒山。大历中人，一说贞观时人。皎洁：明亮洁白。

礜石之毒

读黄伯思《东观余论》，内评王大令书一节，曰："《静息帖》云：'礜石深是可疑事，兄意患散辄发痈①。'散者，寒食散之类②。散中盖用礜石，是性极热有毒，故云深可疑也。刘表在荆州，与王粲登障山，见一冈不生百草，粲曰："此必古冢，其人在世服生礜石，热蒸出外，故草木焦灭。'凿看果墓，礜石满茔。又今洛水冬月不冰，古人谓之温洛，下亦有礜石。今取此石置瓮水中，水亦不冰。又鹳伏卵以助暖气③。其烈酷如此，固不宜饵服④。子敬之语实然⑤。"《淮南子》曰："人食礜石死，蚕食之而不饥。"予仲兄文安公镇金陵，因秋暑减食，当涂医汤三益教以服礜石圆，已而饮啖日进，遂加意服之，越十月而毒作，鼻衄血斗余，自是数数不止，竟至精液皆竭⑥，迨于捐馆。偶见其语，使人追痛，因书之以戒未来者。

【注释】

①礜(yù)石：一种性热含毒的矿石，即硫砒铁矿。也叫毒砂。为制砷及亚砷酸的原料。苍白二色者入药。诸礜石生于山，则草木不生，霜雪不积；生于水，则水不冰冻。患：疾病。散：指服用散。发痈：痈疽发于皮肉之间。②寒食散：道家药名。服后身体发热，宜吃冷食，故称寒食散。或简称散。③伏卵：指禽鸟孵卵。④饵：服食，吃。⑤子敬：王大令之字。⑥衄(nù)血：中医病症名。多指鼻衄(鼻出血)，亦泛指五官及肌肤等出血。精液：犹津液。中医对人体内液体的总称，包括血液、唾液、泪液、汗液等。通常专指唾液。

会合联句

《韵略》上声二肿字险窄。予向作《汪庄敏铭》诗八十句，唯萧敏中读之，曰："押尽一韵。"今考之，犹有十字越用一董内韵①。其词曰：

"维天生材,万汇倾竦②。侯王将相,曾是有种?公家江东,世绎耕垄③。桃溪之浹,是播是穮④。埶丰厥培,艺此圭珌⑤。公羁未奋,逸驾思骙⑥。沉酣《春秋》,蹈迪周孔⑦。径策名第,稍辞渫裪⑧。横经湘沅⑨,士敬如捧。蓬莱方丈,佩饰有琫⑩。应龙天飞,荟蔚云瀚⑪。千官在序,摩厉从臾⑫。吾惟片言,藉箸泉涌⑬。正冠霜台,过者卞悚⑭。颜颜殿邜⑮,声气不动。显仁东欖,巫史呼泅⑯。昌言一下,恩浃千冢⑰。獯粥孔炽,边戒毛甃⑱。媱婀当位,左挈右壅⑲。公云当今,沸渭混湏⑳。天威震耀,谁不愤踊㉑。遂迁中司,西柄是董㉒。出关启旆,筹橄侄佲㉓。业业荆襄,将懦曰拱㉔。投袂电赴,如尊乃勇㉕。邓唐蔡陈,驰捷系踵㉖。佛狸归骴㉗,民恃不恐。玺书赐朝,百揆参总㉘。亚勋赞册,国势尊巩㉙。督军载西,寄责采重㉚。方规许洛㉛,事援秦陇。符离罔功,奇画胶拳。钧枢建使,宰席亢宠。还临西州㉞,夹道欢拥。有衔未舋㉟,病癖且尰㊱。曾不懋遗,使我心懵㊲。湘湖高丘,草木蔚蓊㊳。维水容裔,维山巃嵸㊴。矢其铭诗㊵,词费以冗。奈何乎公,万祀毋耸㊶。"若韩、孟、籍、彻《会合联句》三十四韵,除螺蛹二字《韵略》不收外,余皆不出二肿中,雄奇激越,如大川洪河,不见涯涘,非琐琐潢污行潦之水所可同语也㊷。其诗曰:"离别言无期,会合意采重。病添儿女恋,老丧丈夫勇。剑心知未死,诗思犹孤耸㊸。愁去剧箭飞,欢来若泉涌。析言多新贯,摅抱无昔壅㊹。念难须勤追㊺,悔易勿轻踵。吟巴山荦峃,说楚波堆垄㊻。马辞虎豹怒,舟出蛟鼍恐。狂鲸时孤轩,幽狖杂百种㊼。樟衣常腥腻,蛮器多疏冗㊽。剥苔吊斑林,角饭饵沈冢㊾。忽尔衔远命,归欤舞新宠㊿。鬼窟脱幽妖,天居觌清拱㊿。京游步方振,谪梦意犹惆。《诗》《书》夸旧知,酒食接新奉。嘉言写清越,瘉病失朓肿。夏阴偶高庇,宵魂接虚拥。雪弦寂寂听,茗碗纤纤捧。驰辉烛浮萤,幽响泄潜螽。诗老独何心,江疾有余廱。我家本瀍谷,有地介皋巩。休迹忆沈冥,峨冠惭閟閧。升朝高辔逸,振物群听悚。徒言濯幽泌,谁与薙荒茸。朝绅郁青绿,马饰曜珪珌。国仇未销铄,我志荡邛陇。君才诚倜傥,时论方汹溶。格言多彪蔚,县解无桎拲。张生得渊源,寒色拔山冢。坚如撞群金,眇若抽独蛹。伊余何所拟?跛鳖讵能踊。块然堕岳石,飘尔冒巢氄。龙旆垂天衢,云韶凝禁甬。君胡眠安然,朝鼓声汹汹。"其间或有颣句㉑,然众手立成,理如是也。

【注释】

①越用一董内韵:越出了上声二肿字韵,而用了上声一董字韵。②万汇:犹言万物。汇,品类。倾竦:谓极其恭敬。③公家江东:汪澈为饶州浮梁人,宋仁宗天圣八年(1030年)后属江南东路。汪卒于宋孝宗乾道元年(1165年),享年六十三岁。绎:连续不断。世绎,世代相继。耕垄:田垄。④是播是穑:播种和收获。⑤孰丰厥培,艺此圭珑:是谁的大力培养,栽培了这位宝贵人材。丰,大。厥,之。圭珑,美玉。比喻宝贵人材。⑥羁(jī):系住。奋:振作;振起。逸驾:高超地驾御事物。比喻才能出众。竦(sǒng):耸动马衔令马行走。⑦沉酣:谓醉心于某件事物。蹈迪:遵行;实践。⑧径策名第:科举考试高中。径,捷速。策,泛指考试。名第,高第。指科举考试中式的名次。渫媷(xiè rǒng):卑污。引申指卑微的地位或处境。⑨横经:横陈经籍。指学子从汪澈受业或读书。湘沅:湘江和沅江,指整个湖南。汪澈曾教授衡州、沅州。⑩蓬莱方丈:偏义复合词。只指蓬莱。《后汉书·窦章传》:"是时学者称东观为老氏臧(藏)室,道家蓬莱山。"后因以指秘阁。汪澈曾任秘书正字,为秘阁职事官。琫(běng):古代佩刀鞘上近口处的装饰。⑪应龙天飞:《易·乾卦》:"飞龙在天,利见大人。"意谓巨龙飞上天去,宜于发现大德大才之人。又,孔颖达疏:"谓有圣德之人得居王位。"旧时因以"飞龙"比喻帝王。应龙,古代传说中一种有翼的龙。荟蔚:云雾弥漫貌。云瀚:云气四起貌。⑫摩厉:切磋,磨炼。从臾:即怂恿。从旁撺掇;鼓动。高宗时,为殿中侍御史。"时和戎岁久,边防浸弛,澈陈养民养兵,自治豫备之说,累数千言。"(《宋史》本传)⑬藉箸:即"借箸"。指代人筹划。泉涌:泉水喷涌。比喻话语滔滔不绝。⑭霜台:古称御史台为霜台。汪澈曾任御史中丞。卞悚:性急恐惧。⑮颜颜:高貌。殿阤:殿前台阶。阤(shì),阶旁所砌的斜石。⑯显仁:显仁皇后。欑(cuán):暂厝;停殡。谓临时安置灵柩以待安葬。东欑,指欑于永佑陵。巫师:即巫祝。古代从事通鬼神的迷信职业者。汹:喧嚣。⑰昌言一下:指汪澈的奏疏被朝廷采纳而下发。浹:沾润。谓得到恩惠。亦谓施予某种恩惠。《宋史·汪澈传》:"显仁皇后欑宫讫役,议者欲广四隅,士庶坟在二十里内皆当迁,命澈按视。还奏:'昭慈、徽宗、显肃、懿节四陵旧占百步,已数十年,今日何为是纷纷?汉长乐、未央宫夹樗里疾墓,未尝迁。国朝官陵仪制,在封堠界内,不许开故合袝,愿迁出者听,其意深矣。'高宗大悟,悉如旧。"⑱獯粥:即"獯鬻"。鬻为"粥"的本字。我国古代北方少数民族名。夏曰獯鬻,周曰狁,汉曰匈奴。此处借

指金国。毛氈(rǒng):鸟兽的细软绒毛。借指边防软弱。⑲婀娜(ān ē):指依违阿曲,无主见的人。当位:在位置上;任职。此处似有"当权"之意。掣:牵制。壅:蒙蔽。⑳当今:现在。沸渭:水翻腾奔涌貌。混溷(hòng):水流漫涌回旋貌。常以形容作乱的形势。㉑天威:帝王的威严;朝廷的声威。震耀:雷声震动,电光闪耀。极言其威猛之状。愤踊:愤发踊跃。㉒中司:指御史中丞。御史台长官。秦汉时为御史大夫。绍兴三十一年,汪澈"除御史中丞"(见本传)。西柄:西台之权柄。西台,御史台的通称。董:主持;主管。㉓启旆:出师。旆,军前大旗。筹檄:筹划征召ж将。金兵南犯,汪澈主张"益兵严备"。檄,用檄文征召(兵将)。悾偬(kǒng zǒng):事情纷繁迫促。澈时为湖北、京西宣谕使。㉔懦:畏怯;软弱。拱:指奉命镇守襄阳的南宋都统制吴拱。名将吴玠之子。绍兴三十一年(1161年),金主完颜亮率领号称六十万的大军分四路南侵,一路由唐、邓指向荆襄,吴拱轻敌,未做准备,结果大败。然而,汪澈本传的记载却是"拱将引兵回鄂,澈闻之,驰书止拱……俾拱留襄。敌骑奄至樊城,拱大战汉水上,敌众败走。"㉕投袂:振袖,甩袖,形容决绝或奋发。电赴:喻迅速奔赴。如尊乃勇:像你父亲那样勇敢。㉖系踵:接踵。形容人多,接连不绝。㉗佛狸:南北朝时北魏太武帝拓跋焘(鲜卑族人)的小名。他在统一中国北方后,于太平真君(拓跋焘年号,440年——450年)十一年大举攻刘宋,直到瓜步(今江苏六合东南),受到猛烈抵抗,被迫撤退。后为宦官宗爱所杀。归胔:犹归骸。归骨。谓归葬,安葬尸骨。佛狸归胔,借指金主完颜亮。完颜亮在此次南侵中被部下杀死。胔(cī),肉未烂尽的骸骨。㉘百揆:古官名,总领百事之长。犹冢宰。此处指汪澈除拜参知政事。参总:共同总领。㉙亚勋:即亚相。官位次于宰相的大臣。赞册:协助册立天子或太子。汪澈为参知政事,"与宰相陈康伯同赞内禅。"(本传)即高宗禅位于孝宗。尊:地位高,有尊严。巩:巩固。㉚督军载西:指督军荆、襄。弥(mí):愈,更加。㉛许洛:许京和洛京(今河南许昌和洛阳)的并称。㉜符离罔功:指张浚。见本卷《两道出师》"符离"注。奇画:犹奇谋。出奇制胜的谋略。胶拱:两手胶结像上了手铐。比喻有人掣肘,谋画无法实施。拱(gǒng),古代一种刑法,把两手铐在一起,状如拱手。翰林学士史浩与张浚议论不合,衔之。"及浩参知政事,浚所规画,浩必沮之。"《宋史·张浚传》。㉝钧枢:犹钩轴。旧指国家的政务重任;亦指掌握国家大权的人。指宰相之职。建使:隆兴二年,汪澈除枢密使。宰席:主宰的地位。亢宠:谓得到极度宠幸。㉞西州:古城名。故址在今南京市。汪澈落职后知建康府。㉟有衔未畅:谓衔皇恩而未及报答。衔,感念。畅(chàng),通"畅"。舒展,尽情。㊱病癖:谓耽于癖好。瘇(zhǒng):脚肿。亦指肢体其他部位肿起。㊲憖(yìn)遗:《诗·小雅·十月之交》:"不憗遗一老,俾守我王。"不憗,犹言宁不、何不。汉魏碑文多用"天不憗遗"为语,作为哀悼大臣之辞。心懵:心里昏昧无知;糊涂(由于伤心哀痛)。㊳蔚蓊(wěng):茂盛貌。㊴维:句首语助词。容裔:起伏貌。龍嵷(lóng zōng):高耸貌。㊵矢:陈述;陈献。铭诗:即铭文。刻写在金石等物上的文辞。具有称颂、警戒等性质,多用韵语。㊶祀:岁;年。一说,世;代。毋:语助词。无义。万祀毋耸:即万世敬仰。耸,通"竦"。敬。㊷韩:指韩愈。孟:指孟郊。籍:指张籍。彻:指张彻。雄奇:雄伟奇特。涯浃:水的边际,也泛指边际或界限。此言文章意境博大宏深。琐琐:卑微貌;细小貌。潢(huáng)污:停聚不流的水。行潦:路上的积水。㊸剑心:学剑之心。谓雄心。诗思(sì):诗兴。做诗的动机和情思。孤耸:孤高特出,不同流俗。㊹析言:分言。指联句。新贯:新意。摅抱:抒发胸怀。摅(shū),发抒;舒展。㊺念难须勤追:认为难度大的应当勤奋追赶。念,考虑;思考。悔易勿轻踵:轻率因袭容易的事情会使人后悔。㊻荦峃(luò xué):亦作"荦确",怪石嶙峋貌。巴:指巴蜀。楚:指荆楚。㊼孤:特出;特别。轩:车顶前高如仰貌。引申为高扬、飞举。幽:僻静;安闲。狖(yòu):黑色的长尾猿。一说,一种像狸的兽。㊽疏冗:粗陋无用。㊾剥苔:斑剥的苔藓。吊:祭奠死者。斑林:犹斑竹。即湘妃竹。角饭:即角黍。俗称粽子,用黏黍做成。今俗五月五日以为节物相馈送。或言为祭屈原,作此投江,以饲蛟龙。楚地尤甚。饵,饲。沉冤:谓葬身水下的人。指屈原。㊿忽尔:忽然;突然。衔:遵奉;领受。远命:远方来的命令。新宠:新承宠爱者,多谓人新纳之妾。㉛鬼窟:鬼之洞穴。幽妖:隐藏的妖魔。喻奸臣。天居:指天子居处。觌(dí):见;察看。清拱:清,清闲。拱,谓帝王不亲理事务。《韩非子·内储说上》:"王拱而朝天下。"㉜恟(xiōng):恐惧;惊骇。㉝嘉言:善言;美言。清越:指文章辞采高超、出众。瘉:"愈"的异体字。病好;使病好。肬(yóu)肿:肉瘤类脓疮。㉞偶:配合,辅助。一说适应。宵魂:月亮。虚:天空。㉟雪弦:犹冰弦。琴弦的美称。茗碗:即茶碗。茗:茶的通称。纤纤:细巧貌(形容手指)。㊱驰辉:飞驰的日光。幽:深暗。幽响:指暗流。泄:排出。潜蛬(gǒng):蟋蟀。㊲诗老:对诗人的敬称。意谓老于作诗者,作诗老手。㊳瀍(chán):瀍水。源出河南洛阳市西北,东南流经洛阳县城东入洛水。谷:谷水。即今河南渑池南渑水及其下游涧水,东流至洛阳市西注入洛河。介:接近。皋:成皋:旧县名。1954年并入荥阳县。巩:河南旧巩县。韩愈为河南河阳(今河南孟县南)人,孟县紧临洛阳市,东接旧巩县和成皋县。㊴休迹:指辞官不做。或指隐居不仕。峨冠(博带):高冠阔衣带。古代儒生或士大夫的装束。阘(tà)茸:亦作"阘茸"或"闒茸"。卑贱,低劣。㊵濯:洗涤。幽泌(bì):指平静的流水。薙(tì):除草。茸草类初生细软貌。即指初生的草。㉑朝绅：束朝服的大带。郁：聚集。青绿：青色的印绶和绿色的印绶。曜：辉映；照耀。珪珙：泛指美玉。㉒销铄：消除。邛（qióng）：邛州。陇：指陇右。唐方镇名。安、史乱后地入吐蕃。㉓时论：当时的舆论。汹溶：犹汹涌。水势翻腾上涌。此处指声势盛大。㉔格言：含有教育意义可为法式的言简意赅的语句。彪蔚：文采华盛貌。县（xuán）解：高超深入的理解。梏拲：古代刑具。亦以指械系。此处比喻束缚人的事物。㉕张生：指张籍。渊源：指学业上相师承。寒色：犹寒气。一说寒冷时节的颜色、景色。拔：突出；超出。山冢：山顶。㉖眇（miǎo）：通“秒”。细小；微小。蛹：特指蚕蛹。㉗伊余：自指，我。㉘块然：木然无知貌。岳：高大的山。飘尔：飘然；轻捷貌。㉙龙旆：垂挂的龙旗（画有两龙蟠结的旗帜）。天衢：天空广阔，任意通行，如世之广衢，故称天衢。一说指京都或京都的大路。云韶：黄帝《云门》乐和虞舜《大韶》乐的并称。后泛指宫廷音乐。凝：积聚。禁甬：帝王宫中的悬钟。㉚朝鼓：古代君臣上早朝时所鸣之鼓。汹汹：犹讻讻。形容喧扰。㉛纇句：有缺点毛病的句子。纇，音 lèi。

〔补注〕酒食接新奉：奉，通“俸”。俸禄。

卷第五（十四则）

土木偶人

赵德甫作《金石录》，其跋汉居摄坟坛二刻石云："其一上谷府卿坟坛，其一祝其卿坟坛①。曰坟坛者，古未有土木像，故为坛以祀之。两汉时皆如此。"予案《战国策》所载，苏秦谓孟尝君曰："有土偶人与桃梗相语②。桃梗曰：'子西岸之土也，埏子以为人，雨下水至，则汝残矣③。'土偶曰：'子东国之桃梗也，刻削子以为人，雨降水至，流子而去矣。'"所谓土木为偶人，非像而何？汉至寓龙、寓车马④，皆谓以木为之，像其真形。谓之两汉未有，则不可也。

【注释】
①赵德甫：即赵明诚，字德父（父，通"甫"）。居摄：汉孺子刘婴年号。坟坛：坟前的祭坛。府卿：即郡太守。祝其：县名。卿：指县令。②孟尝君：即田文。战国时齐国贵族。桃梗：用桃木雕刻的木偶人。③埏（shān）：揉捏黏土。残：毁坏。④寓（ǒu）：通"偶"。木偶。寓龙，即木偶龙。

饶州风俗

嘉祐中，吴孝宗子经者，作《余干县学记》，云："古者江南不能与中土等，宋受天命，然后七闽二浙与江之西东，冠带《诗》《书》，翕然大肆①，人才之盛，遂甲于天下。江南既为天下甲，而饶人喜事②，又甲于江南。盖饶之为州，壤土肥而养生之物多，其民家富而户羡③，蓄百金者不在富人之列。又当宽平无事之际，而天性好善，为父兄者，以其子与弟不文为咎④；为母妻者，以其子与夫不学为辱。其美如此。"予观今之饶民，所谓家富户羡，了非昔时，而高甍巨栋连阡亘陌者,又皆数十年来寓公所擅⑤,而好善为学,亦不尽如吴记所言。故录其语以寄一叹。

【注释】
①天命:上天的意志和命令。能致命于人、决定人类的命运。受天命即受命于天。七闽:古指今福建和浙江南部地区。后亦泛指今福建省。二浙:浙东、浙西。"七闽二浙"指福建路和两浙路。江之西东:江南西路、江南东路。冠带:本指服制,引申为礼仪、教化。翕(xī)然:忽然;突然。大肆:谓无顾忌地进行某种活动。此处谓读书风气兴盛起来。②喜事:好事,喜欢多事。此处指好学的风气。③养生:保养生命,维持生计。羡:有余;余剩。④宽平:宽仁公平。不文:不崇尚文辞。咎:罪过;过失。⑤高甍巨栋:指高大的房屋建筑。甍(méng):屋脊。连阡亘陌:形容田多。寓公:古代称失其领地而寄居他国的贵族。后来指住在客地的官僚、地主等。

禽畜菜茄色不同

禽畜、菜茄之色,所在不同,如江浙间,猪黑而羊白,至江、广、吉州以西,二者则反是。苏、秀间,鹅皆白,或有一斑褐者,则呼为雁鹅,颇异而畜之。若吾乡,凡鹅皆雁也。小儿至取浙中白者饲养,以为湖沼观美①。浙西常茄皆皮紫,其皮白者为水茄。吾乡常茄皮白,而水茄则紫。其异如是。

【注释】
①观美:观视之美。

伏龙肝

《本草》伏龙肝,陶隐居云:"此灶中对釜月下黄土也。以灶有神,故呼为伏龙肝。并以透隐为名尔①。"雷公云:"凡使勿误用灶下土,其伏龙肝,是十年已来灶额内火气积,自结如赤色石,中黄,其形貌八稷。"予尝见临安医官陈舆大夫，言当以砌灶时，纳猪肝一具于土中，俟其积久，与土为一，然后用之，则稍与名相应。比读《后汉书·阴识传》云："其先阴子方，腊日晨炊而灶神形见。"注引《杂五行书》曰："宜市买猪肝泥灶，令妇孝。"然则舆之说亦有所本云。《广济历》亦有此说，又列作灶忌日，云："伏龙在不可移作②。"所谓伏龙者，灶之神也。

【注释】

①《本草》：指《本草纲目》。书名。明李时珍著。伏龙肝：中药名。即灶心土。土灶底部中心黄褐色的焦土。陶隐居：指陶弘景，字通明。南朝齐梁时道教思想家、医学家。自号华阳隐居。釜月：即釜底。底部向阴，古人以月为群阴之本，故称。并以透隐为名尔：四川大学出版社版《本草纲目》此句作"并以迁隐其名尔"。②伏龙在不可移作：灶神在的日子，其灶不能移动兴建。此即所谓灶忌日。

勇怯无常

"民无常勇，亦无常怯，有气则实，实则勇，无气则虚，虚则怯，怯勇虚实，其由甚微①，不可不知。勇则战，怯则北，战而胜者，战其勇者也。战而北者，战其怯者也。怯勇无常，倏忽往来，而莫知其方，惟圣人独见其所由然②。"此《吕氏春秋·决胜》篇之语，予爱而书之。

【注释】

①气：指人的精神状态、情绪。微：幽深；微妙。②倏忽：忽忽；转眼之间。方：道理；常规。由然：原委；来由。

赵德甫金石录

东武赵明诚德甫，清宪丞相中子也①。著《金石录》三十篇，上自三代，下讫五季，鼎、钟、甗、鬲、槃、匜、尊、爵之款识，丰碑大碣显人晦士之事迹②，见于石刻者，皆是正讹谬，去取褒贬，凡为卷二千。其妻易安李居士，平生与之同志，赵没后，愍悼旧物之不存③，乃作后序，极道遭罹变故本末。今龙舒郡库刻其书，而此序不见取，比获见元稿于王顺伯，因为撮述大概云④：

"予以建中辛巳归赵氏，时丞相作吏部侍郎，家素贫俭，德甫在太学，每朔望谒告出，质衣取半千钱，步入相国寺，市碑文果实归，相对展玩咀嚼。后二年，从宦，便有穷尽天下古文奇字之志，传写未见书，买名人书画、古奇器。有持徐熙《牡丹图》求钱二十万，留信宿，计无所得，卷还之，夫妇相向惋怅者数日⑤。

"及连守两郡，竭俸入以事铅椠，每获一书，即日勘校装缉，得名画彝器，亦摩玩舒卷，摘指疵病⑥，尽一烛为率。故纸札精致，字画全整，冠于诸家。每饭罢，坐归来堂，烹茶，指堆积书史，言某事在某书某卷第几页第几行，以中否胜负，为饮茶先后，中则举杯大笑，或至茶覆怀中，不得饮而起。凡书史百家字不刓缺、本不误者⑦，辄市之，储作副本。

"靖康丙午，德甫守淄川，闻房犯京师，盈箱溢箧，恋恋怅怅⑧，知其必不为己物。建炎丁未，奔太夫人丧南来，既长物不能尽载，乃先去书之印本重大者，画之多幅者，器之无款识者，已又去书之监本者，画之平常者，器之重大者，所载尚十五车，连舻渡淮、江。其青州故第所锁十间屋，期以明年具舟载之，又化为煨烬。

"己酉岁六月，德甫驻家池阳，独赴行都⑨，自岸上望舟中告别。予意甚恶，呼曰：'如传闻城中缓急，奈何？'遥应曰：'从众，必不得已，先弃辎重，次衣衾，次书册，次卷轴，次古器。独宗器者可自负抱⑩，与身俱存亡，勿忘之！'径驰马去。秋八月，德甫以病不起。时六宫往江西，予遣二吏，部所存书二万卷，金石刻二千本，先往洪州，至冬，虏陷洪，遂尽委弃⑪。所谓连舻渡江者，又散为云烟矣！独馀轻小卷轴，写本李杜韩柳集、《世说》《盐铁论》、石刻数十副轴，鼎鼐十数，及南唐书数箧，偶在卧内，岿然独存。上江既不可往⑫，乃之台、温、之衢、之越、之杭，寄物于嵊县。庚戌春，官军收叛卒，悉取去，入故李将军家。岿然者十失五六，犹有五七簏，挈家寓越城，一夕为盗穴壁，负五簏去，尽为吴说运使贱价得之。仅存不成部帙残书策数种⑬。

"忽阅此书，如见故人，因忆德甫在东莱静治堂，装裱初就，芸签缥带，束十卷作一帙，日校二卷，跋一卷，此二千卷，有题跋者五百二卷耳⑭。今手泽如新，墓木已拱！乃知有有必有无，有聚必有散，亦理之常，又胡足道？所以区区记其始终者，亦欲为后世好古博雅者之戒云。"

时绍兴四年也，易安年五十二矣，自叙如此。予读其文而悲之，为识于是书。

【注释】

①东武：赵明诚为密州诸城（今属山东）人，汉时属东武郡。清宪丞相：指赵挺之。徽宗时为尚书右仆射。字正夫。卒谥清宪。②甗(yǎn)：古代炊器。青铜或陶制。盛行于商周时。槃(pán)：承盘，亦特指承水器。丰碑：高大的碑。碣(jié)：圆顶的碑石。显人：有名声的人。晦士：指姓名不见于史传的人士。③易安李居士：指李清照。南宋女词人，号易安居士。愍悼：哀悼、哀怜。④撮述：摘要叙述。⑤徐熙：五代南唐画家。信宿：连宿两夜。惋怅：犹惆怅。因失意或失望而伤感、懊恼。⑥铅椠：古代书写的文具。此处指写作、校勘。摩玩：谓观摩玩赏。摘指：同"指摘"。挑出错误，加以批评。疵病：缺点；毛病。⑦刓缺：因折磨而减损。⑧靖康丙午：即1126年，为丙午年。靖康为钦宗年号。怅怅：失意不快貌。⑨行都：在首都之外另设的一个都城，以备必要时政府暂驻，称"行都"。⑩辎重：外出时所带的包裹箱笼。宗器：古代宗庙祭祀所用的礼乐等器物。⑪部：安排布置。委弃：弃置，舍弃。⑫上江：旧称安徽省为上江，江苏省为下江。此时金兵正进攻江苏、安徽一带。⑬簏(lù)：用竹子、柳条或藤条等编成的圆形盛器。穴壁：凿墙洞。亦借指窃贼。运使：转运使。部帙：指书籍的部次、篇卷。⑭芸签：书签。借指图书。缥带：淡青色带子。题跋：写在书籍、字画、碑帖等前面的文字叫"题"。后面的叫"跋"。一般指书、画、书籍上的题识之辞。

〔补注〕①朔望：朔日和望日。旧历每月初一日和十五日。展玩：犹赏玩。②纸札：纸张。③长(zhàng)物：指什物。连舻：舟船相连。④写本：也称"抄本"。即抄写的书本。鼎鼐：鼎和鼐。古代两种烹饪器具。鼐(nài)，大鼎。岿然独存：经过变故后唯一存在的人或物。岿然：高大独立貌。

韩文公荐士

唐世科举之柄，颛付之主司，仍不糊名①。又有交朋之厚者为之助，谓之通榜，故其取人也畏于讥议，多公而审②。亦有胁于权势，或挠于亲故③，或累于子弟，皆常情所不能免者。若贤者临之则不然，未引试之前④，其去取高下，固已定于胸中矣。

韩文公《与祠部陆员外书》云："执事与司贡士者相知识，彼之所望于执事者，至而无间⑤，彼之职在乎得人，执事之职在乎进贤，如得其人而授之，所谓两得矣。愈之知者，有侯喜、侯云长、刘述古、韦群玉（《摭言》作纾），此四子者，可以当首荐而极论⑥，期于成而后止可也。沈杞、张苰（《科记》又作弘）、尉迟汾、李绅、张后馀、李翊，皆出群之才，与之足以收人望⑦，而得才实，主司广求焉，则以告之可也。往者陆相公司贡士，愈时幸在得中，所与及第者，皆赫然有声⑧。原其所以，亦由梁补阙肃、王郎中础佐之。梁举八人无有失者，其余则王皆与谋焉⑨。陆相于王与梁如此不疑也，至今以为美谈。"此书在集中不注岁月。案《摭言》云："贞元十八年，权德舆主文，陆傪员外通榜，韩文公荐十人于傪，权公凡三榜，共放六人⑩，馀不出五年内皆捷。"以《登科记》考之，贞元十八年，德舆以中书舍人知举，放进士二十三人，尉迟汾、侯云长、韦纾、沈杞、李翊登第。十九年，以礼部侍郎放二十人，侯喜登第。永贞元年，放二十九人，刘述古登第。通三榜，共七十二人，而韩所荐者预其七⑪。元和元年，崔邠下放李绅⑫，二年，又放张后馀、张弘。皆与《摭言》合。

陆傪在贞元间，时名最著，韩公敬重之。其《行难》一篇为傪作也，曰："陆先生之贤闻于天下，是是而非非⑬。自越州召拜祠部，京师之人日造焉。先生曰：'今之用人也不详，位于朝者，吾取某与某而已⑭，在下者多于朝，凡吾与者若干人。'"又送其刺歙州序曰："君出刺歙州，朝廷耆旧之贤，都邑游居之良，赍咨涕洟⑮，咸以为不当去。"则傪之以人物为己任久矣。其刺歙以十八年二月，权公放榜时，既以去国，而用其言不替⑯，其不负公议而采人望，盖与陆宣公同。

韩公与书时，方为四门博士，居百僚底，殊不以其荐为犯分⑰。故公作《权公碑》云："典贡士，荐士于公者，其言可信，不以其人布衣不用。即不可信，虽大官势人交言，一不以缀意⑱。"又云："前后考第进士，及庭所策试士，踵相蹑为宰相达官⑲，其馀布处台阁外府，凡百余人。"梁肃及俦，皆为后进领袖，一时龙门，惜其位不通显也，岂非汲引善士为当国者所忌乎⑳？韩公又有《答刘正夫书》云："举进士者，于先进之门㉑，何所不往？先进之于后辈，苟见其至，宁可以不答其意邪？来者则接之，举城士大夫，莫不皆然，而愈不幸独有接后进名。"以是观之，韩之留意人士可见也。

【注释】

①糊名：又称"弥封"。科举考试中，凡试卷皆糊姓名，以防考官徇私作弊。唐武后时，以吏部选人多不实，乃令试卷皆糊名。至宋太宗时，糊名才推行于科举考试，以后历代相为科试定例。②通榜：唐时科举不糊名，由主试者定去取。试前，有预列知名之士，荐于主司，得中者往往出于其中，谓之通榜。公而审：审，慎重。③挠：屈，屈服。④引试：见《三笔》卷十《词学科目》注。⑤贡士：古代向最高统治者荐举人员的制度。知识：相知相识。指熟识的人。至而无间：至，亲近。无间，没有隔阂，关系极密。⑥极论：竭力谈论（推介他们）。一说为高度评价。⑦人望：众人所属(zhǔ)望。⑧得中(zhōng)：得居其中。赫然：形容名声昭著。⑨与(yù)谋：参与谋划。⑩摭言：即《唐摭言》。主文：主考。俦：音cān。员外：员外郎。共放六人：韩愈荐举的十人中有六人被取。⑪预其七：有七人被取中。⑫崔郾下放李绅：崔郾知贡举，李绅被取中。⑬是是而非非：赞扬正确的而批判错误的。⑭不详：不公平；不审慎。位于朝者，吾取某与某而已：意谓在朝官员，我只与某人某人相投合。取，选择，采用。⑮刺歙州：担任歙州刺史。耆旧：年高而久负声望的人。游居：谓士大夫的出仕与居家。赍(jī)咨：叹息。涕洟(yí，又读tì)：痛哭流涕。⑯不替：不废弃。⑰四门博士：学官名。犯分(fèn)：僭越等级名分。⑱交言：一齐进言。缀(zhuì)意：犹属(zhǔ)意；留意。⑲考第：考核评定的等第。庭：通"廷"。朝廷。策试：谓以时策试士。策，就是写在简策上的试题。踵相蹑：接连跟随，一个超过一个。台阁：汉时指尚书台。后亦泛指中央政府机构。外府：外廷所设府署机关。⑳后进：犹后辈。龙门：喻声望高的人的府第。此处指众望所归者。通显：谓官位显贵。善士：有德之士；品行高尚的人。㉑先进：前辈。

王勃文章

王勃等四子之文，皆精切有本原。其用骈俪作记序碑碣①，盖一时体格如此，而后来颇议之。杜诗云："王、杨、卢、骆当时体，轻薄为文哂未休。尔曹身与名俱灭②，不废江河万古流。"正谓此耳。身名俱灭，以责轻薄子。江河万古流，指四子也。韩公《滕王阁记》云："江南多游观之美③，而滕王阁独为第一。及得三王所为序、赋、记等，壮其文辞④。"注谓："王勃作游阁序。"又云："中丞命为记，窃喜载名其上，词列三王之次，有荣耀焉⑤。"则韩之所以推勃，亦为不浅矣。勃之文今存者二十七卷云。

【注释】

①四子：指王勃、杨炯、卢照邻、骆宾王初唐四杰。本原：根源，根由。记、序：均为文体名。碑碣：碑刻的统称。如碑颂、碑记、墓碑等，用以纪事颂德。②轻薄：指轻佻浮薄的人。哂：讥笑（四子）。尔曹：犹言汝辈，你们。身名俱灭：谓身躯与名声一齐毁灭。③滕王阁：在今江西省南昌市赣江滨。唐永徽（高宗年号，650—655年）四年，高祖子滕王李元婴为洪州都督时建，以封号为名。上元二年（675年）洪州牧阎伯屿宴群僚于阁上，王勃省父过此，即席作《滕王阁序》，成为传诵千古的名篇。游观（guān）：犹游览。④三王所为序、赋、记：王勃的序，王绪的《滕王阁赋》，王仲舒的《修阁记》（王仲舒三十年前为从事时所作）。壮其文辞：钦佩其（主要指王勃）文辞之雄壮。⑤中丞命为记：韩愈的《新修滕王阁记》作于元和十五年（820年）。时韩愈任袁州刺史。王仲舒由中书舍人新除御史中丞、江南西道观察使。袁州属江南西道管辖，所以说"中丞命为记"。载名其上：标姓名于滕王阁上。荣耀：美好的声誉。

吕览引诗书

《吕氏春秋·有始览·谕大》篇，引《夏书》曰："天子之德，广运乃神，乃武乃文①。"又引《商书》曰："五世之庙，可以观怪；万夫之长,可以生谋②。"高诱注皆曰:"《逸书》也。庙者,鬼神之所在,五世久远,故于其所观魅物之怪异也③。"予谓吕不韦作书时,秦未有《诗》《书》之禁,何因所引讹谬如此?高诱注文怪异之说,一何不典之甚邪④?又《孝行览》,亦引《商书》曰:"刑三百,罪莫重于不孝。"今安得有此文,亦与《孝经》不合⑤。又引《周书》曰⑥:"若临深渊,若履薄冰。"注云:"《周书》,周文公所作。"尤妄也。又以"普天之下,莫非王土,率土之滨,莫非王臣",为舜自作诗,"子惠思我,褰裳涉洧,子不我思,岂无他士⑦?"为子产答叔向之诗。不知是时《国风》《雅》《颂》何所定也⑧。宁戚《饭牛歌》,高诱全引《硕鼠》三章⑨,又为可笑。

【注释】

①吕氏春秋:又称《吕览》。战国末秦相吕不韦集合门客共同编写。内容以儒、道思想为主,兼及名、法、墨、农及阴阳家言,是杂家代表著作。东汉高诱为其作注。"天子之德"句:《大禹谟》此句原文为:"帝德广运,乃圣乃神,乃武乃文。"意谓尧帝的德行,气量广大而影响深远,多么圣明,多么神妙,施于武功能够平定祸乱,行于文治能够治国安邦。②商书:《尚书》组成部分之一,相传是记载商代史事之书。"五世之庙"句:《咸有一德》篇作:"七世之庙,可以观德,万夫之长,可以观政。"长,首领。观怪:见到怪异事物。生谋:产生计谋。③魅(mèi)物:鬼魅;精怪。旧时迷信以为物老则成魅。④不典:不守常道,不合准则。即与经典不符合。⑤孝经:儒家经典之一。十八章。论述封建孝道,宣传宗法思想,汉代列为七经之一。其《五刑章》云:"五刑之属三千,而罪莫大于不孝。"⑥周书:《尚书》组成部分之一,共三十二篇,相传是记载周代史事之书。⑦"普天之下"句:出《诗·小雅·北山》,是周代统治阶级下层即士的作品。率士之滨,犹言四海之内。率,循,即沿着。滨,边界。"子惠思我"句:出《诗·郑风·褰裳》。一个女子告诫她的恋人说:你若爱我,你就挽起裤腿涉过洧水;你不爱我,难道没有别人么?这是情人之间的戏谑之词。惠,爱。我思,思我。洧(wěi),郑国水名。即今河南双洎河。⑧何所定:对各诗的内容是怎么解释规定的。⑨宁戚:春秋时卫人。以家贫为人挽车。至齐,喂牛于车下,扣牛角而歌。桓公以为非常人,召见,拜为上卿。《淮南子》作"宁越"。高诱作《淮南子注》。饭牛歌:《史记·邹阳传》"宁戚饭牛车下"《集解》引应劭云:"桓公夜出迎客,而宁戚疾击其牛角商歌曰:'南山矸,白石烂,生不遭尧与舜禅,短布单衣适至骭,从昏饭牛薄夜半,长夜曼曼何时旦?'"硕鼠:《诗·魏风》篇名。诗把统治者比作蚕食人民、贪而畏人

的大鼠。高亨先生认为，此诗写"佃农对地主残酷剥削的控诉"。现代一些研究者认为，此诗写奴隶的逃亡，表现了人民对奴隶主的憎恨情绪。

蓝田丞壁记

韩退之作《蓝田县丞厅壁记》，柳子厚作《武功县丞厅壁记》，二县皆京兆属城，在唐为畿甸，事体正同，而韩文雄拔超峻，光前绝后，以柳视之，殆犹碔砆之与美玉也①。莆田方崧卿得蜀本，数处与今文小异，其"破崖岸而为文"一句②，继以"丞厅故有记"，蜀本无而字。考其语脉，乃"破崖岸为文丞"是句绝。文丞者，犹言文具备员而已，语尤奇崛③，若以丞字属下句，则既是丞厅记矣，而又云"丞厅故有记"，虽初学为文者不肯尔也。此篇之外，不复容后人出手④。侄孙偲，顷丞宣城⑤，后生颇有意斯道，自作《题名记》示予。予晓之曰："他文尚可随力工拙下笔，至如此记，岂宜犯不韪哉！"偲时已勒石⑥，深悔之。近日亦见有为之者，吾家孙侄多京官调选，再转必为丞，虑其复有效尤者⑦，故书以戒之。

【注释】

①蓝田县丞：见《续笔》卷十二《崔斯立》注。雄拔：雄峻挺拔。光前绝后：犹空前绝后。从前没有过，以后也不会有。形容非常杰出、难得。碔砆：武夫石，似玉的美石。②破：除去，废弃。崖岸：高峻的山崖、堤岸。比喻高傲而不易接近的性情。③文具：犹言具文，谓有名无实。"破崖岸为文丞"一句，意谓他改掉自己以往孤高的性情，聊且充任县丞而已。奇崛：新奇刚健。④不复容后人出手：意谓韩文光前绝后，不再允许后人写出这么好的文字。⑤偲：指洪偲。丞宣城：任宣城县丞。⑥勒石：刻字于石。亦指立碑。⑦效尤：尤，错误。仿效错误。

钱武肃三改元

欧阳公《五代史》叙《列国年谱》云："闻于故老①，谓吴越亦尝称帝改元,而求其事迹不可得,颇疑吴越后自讳之。及旁采诸国书,与吴越往来者多矣,皆无称帝之事。独得其封落星石为宝石山制书,称宝正六年辛卯耳。"王顺伯收碑②,有《临安府石屋崇化寺尊胜幢》云:"时天宝四年岁次辛未四月某日,元帅府府库使王某。"又《明庆寺白伞盖陀罗尼幢》云:"吴越国女弟子吴氏十五娘建。"其发愿文序曰:"十五娘生忝霸朝,贵彰国懿③。天宝五年太岁壬申月日题④。"顺伯考其岁年,知非唐天宝,而辛未乃梁开平五年,其五月改乾化,壬申乃二年。梁以丁卯篡唐,武肃是岁犹用唐天祐,次年自建元也⑤。《钱唐湖广润龙王庙碑》云:"钱镠贞明二年丙子正月建。"《新功臣坛院碑》《封睦州墙下神庙敕》,皆贞明中登圣寺磨崖,梁龙德元年,岁次辛巳,钱镠建。又有龙德三年《上宫诗》,是岁梁亡。《九里松观音尊胜幢》:"宝大二年岁次乙酉建。"《衢州司马墓志》云:"宝大二年八月殁。"顺伯案,乙酉乃唐庄宗同光三年,其元年当在甲申⑥。盖自壬申以后用梁纪元,至后唐革命,复自立正朔也⑦。又《水月寺幢》云:"宝正元年丙戌十月,具位钱镠建⑧。"是年为明宗天成。《招贤寺幢》云:"丁亥宝正二年。"又小昭庆金牛、玛瑙等九幢⑨,皆二年至五年所刻。贡院前桥柱,刻宝正六年岁在辛卯造。然则宝大止二年,而改宝正。宝正尽六年,次年壬辰,有天竺《日观庵》经幢⑩,复称长兴三年八月,用唐正朔,其年三月,武肃薨。方寝疾,语其子元瓘曰:"子孙善事中国,勿以易姓废事大之礼。"于是以遗命去国仪⑪,用藩镇法,然则有天宝、宝大、宝正三名,欧阳公但知其一耳。《通鉴》亦然。自是历晋、汉、周及本朝,不复建元。今犹有清泰、天福、开运、会同(系契丹年)、乾祐、广顺、显德石刻,存者三四十种,固未尝称帝也。

【注释】

①列国年谱:即《新五代史》(《五代史记》)的《十国世家年谱》。故老:年老而有声望的人,多指旧臣。也泛指年老的人。②收碑:收集的碑刻。③发愿:佛教语。谓普度众生的广大愿心。后亦泛指许下愿心。霸朝:指割据一方或偏安一隅而尚能号令天下的政权。懿:美。美德。④太岁壬申:即岁次壬申,亦即壬申年。⑤自建元:自己建元天宝。⑥其元年当在甲申:指宝大元年。⑦壬申:指912年。是年之后,吴越使用的凤历、乾化、贞明、龙德几个年号,均为后梁年号。纪元:历史上纪年的起算年代。我国古代以新君即位之年或次

年为元年，每易一君，改元一次或数次。自立正朔：意谓钱武肃使用自己的历书，亦即指自己建元宝大。⑧具位：言备位充数。谦词。⑨小昭庆：小昭庆寺。⑩天竺：天竺寺。经幢：古代宗教石刻的一种。创始于唐。作柱状，往往用多块石刻堆建而成。幢，音 chuáng。⑪遗命：犹遗嘱。国仪：国家的礼仪；朝廷的礼仪。

黄庭换鹅

李太白诗云："山阴道士如相见，应写《黄庭》换白鹅①。"盖用王逸少事也②。前贤或议之曰："逸少写《道德经》，道士举鹅群以赠之。"元非《黄庭》，以为太白之误。予谓太白眼高四海，冲口成章，必不规规然，旋检阅《晋史》③，看逸少传，然后落笔，正使误以《道德》为《黄庭》，于理正自无害，议之过矣。东坡雪堂既毁，绍兴初，黄州一道士自捐钱粟再营建，士人何颉斯举作上梁文，其一联云："前身化鹤④，曾陪赤壁之游；故事换鹅，无复《黄庭》之字。"乃用太白诗为出处，可谓奇语。案张彦远《法书要录》，载褚遂良右军书目⑤，正书有《黄庭经》云。注：六十行。与山阴道士真迹故是⑥。又武平一《徐氏法书记》云："武后曝太宗时法书六十余函，有《黄庭》。"又徐季海《古迹记》："玄宗时，大王正书三卷⑦，以《黄庭》为第一。"皆不云有《道德经》，则知乃《晋传》误也。

【注释】
①黄庭：指《上清黄庭内景经》和《上清黄庭外景经》。为道教上清派主要经书之一。因有王羲之写本而著名于世。但今传王书黄庭经仅指《黄庭外景经》。世传羲之"写经换鹅"即指此。②逸少：王羲之的表字。③规规然：浅陋拘泥貌。旋：临时。④黄州：唐中和时移治今湖北黄冈县。名胜有东坡赤壁。即苏东坡作前、后《赤壁赋》和《念奴娇·赤壁怀古》一词的赤壁，并非赤壁之战处的赤壁。化鹤：《搜神后记》卷一："丁令威，本辽东人，学道于灵虚山，后化鹤归辽。"本谓成仙，后常用为死亡的代称。⑤法书：指有一定书法艺术成就的作品。与名画对称。又用作对别人书法的敬称。右军：指王羲之。官至右军将军，人称王右军。⑥真迹：真实的笔迹。多指书画家本人的原作。亦指墨迹。此指王羲之给山阴道士写的《黄庭经》真迹。⑦大王：即指王羲之。其

子献之则称小王。

宋桑林

《左传》:"宋公享晋侯于楚丘,请以《桑林》①。"注②:《桑林》者,殷天子之乐名。"舞师题以旌夏③。晋侯惧而退,及著雍疾,卜桑林见④。荀偃、士匄欲奔请祷焉⑤,荀罃不可。"予案《吕氏春秋》云:"武王胜殷,立成汤之后于宋,以奉桑林⑥。"高诱注曰:"桑山之林,汤所祷也。故使奉之。"《淮南子》云:"汤旱,以身祷于桑山之林。"许叔重注曰:"桑山之林,能兴云致雨,故祷之。""桑林"二说不同⑦。杜预注《左传》不曾引用,岂非是时未见其书乎⑧?

【注释】

①宋公:指宋平公。晋侯:指晋悼公。请以《桑林》:宋平公请求演奏《桑林》之乐舞以助兴。②注:即杜预的注解。③题以旌夏:(乐师)举着旌夏之旗率领乐队进来。杜预注:"师,乐师也。旌夏,大旌也。题,识(zhì)也。以大旌表识其行列。"④晋侯惧而退:杜注:"旌夏非常,卒见之,人心偶有所畏。"及著雍:晋侯回国到达著雍(晋地名)。疾:晋侯患病。桑林见:龟卜疾病,结果在龟甲上出现了桑林之神的形象。《春秋经传集解》襄公十年标点为:"及著雍,疾,卜,桑林见。"⑤奔请祷焉:奔走还宋向桑林之神祈祷。⑥成汤之后:商汤的后代。宋的开国君主是商王纣的庶兄微子启。奉:奉祀。⑦二说:杜注《左传》说桑林是乐名,《吕氏春秋》认为是地名。⑧其书:指《吕氏春秋》。

冯夷姓字

张衡《思玄赋》:"号冯夷俾清津兮,棹龙舟以济予①。"李善注《文选》引《青令传》曰:"河伯姓冯氏,名夷,浴于河中而溺死,是为河伯。"《太公金匮》曰:"河伯姓冯名修。"《裴氏新语》谓为冯夷。《庄子》曰:"冯夷得之以游大川②。"《淮南子》曰:"冯夷服夷石而水仙③。"《后汉·张衡传》注引《圣贤冢墓记》曰:"冯夷者,弘农华阴潼乡堤首里人,服八石④，得水仙，为河伯。"又《龙鱼河图》曰："河伯姓吕名公子，夫人姓冯名夷。"唐碑有《河侯新祠颂》，秦宗撰，文曰："河伯姓冯名夷，字公子。"数说不同，然皆不经之传也。盖本于屈原《远游》篇，所谓"使湘灵鼓瑟兮，令海若舞冯夷⑤"。前此未有用者。《淮南子·原道训》又曰："冯夷，大丙之御也，乘云车，入云蜺。"许叔重云："皆古之得道能御阴阳者⑥。"此自别一冯夷也⑦。

【注释】

①张衡：东汉科学家、文学家。字平子。"号冯夷"句：《后汉书》注：号，呼也。清，静也。津，济度处。静之使无波涛也。棹（zhào）：划行。②冯夷得之：之，指庄子所说的"道"。道家之仙术。③夷石：似指下文炼丹用的"八石"。④八石：中国古代方士和后来的道士烧炼外丹所常用的八种矿石药物，即：硃砂、雄黄、云母、空青、硫黄、戎盐、硝石、雌黄。⑤湘灵：神名。一说为百川之神；一说为虞舜之妃，即湘夫人。海若：传说中的海神名。洪兴祖说即庄子所称北海若。⑥阴阳：指天地间化生万物的二气。⑦此自别一冯夷：这里所说的冯夷，为古代神话中的仙人名。大丙亦是。

卷第六（十五则）

韩文公逸诗

唐五窦《联珠集》载：窦牟为东都判官，陪韩院长、韦河南同寻刘师①，不遇，分韵赋诗。都官员外郎韩愈得寻字，其语云："秦客何年驻，仙源此地深②。还随蹑凫骑，来访驭云襟③。院闭青霞入④，松高老鹤寻。犹疑隐形坐，敢起窃桃心⑤。"今诸本韩集皆不载。近者莆田方崧卿考证访赜甚至⑥，犹取《联珠》中窦庠《酬退之登岳阳楼》一大篇，顾独遗此，何也？

【注释】
①唐五窦：指窦常、窦牟、窦群、窦庠、窦巩五兄弟。韩院长：指韩愈。唐时称翰林院学士承旨为院长。外郎、御史、补阙、拾遗亦相呼为院长。韦河南：指韦执中。曾任河南县令（故称），历泉州刺史。刘师：韩愈诗称刘尊师。诗即题为《同窦牟韦执中寻刘尊师不遇》。尊师是对道士的敬称。②秦客：指秦时避乱移居桃源洞之人。借指避世隐居之士。仙源：神仙居住的地方。③蹑凫（fú）：传说东汉明帝时，叶县令王乔尝化两舄（xì，革子）为凫（野鸭），乘之至京师。后因用以指足踏双凫飞行的神术。此句借指韦执中。驭云襟：韩愈原文作"驭风襟"。指代仙人。借指刘尊师。④青霞：犹青云。青色的云，或指高空的云。⑤隐形：隐没形体。窃桃：《汉武故事》载，东方朔曾三次偷食西王母所种仙桃，后以"窃桃"为凡人分享仙家福分的典故。⑥访赜（zé）：见《续笔》卷六《左传易筮》"探赜索隐"注。访，探访，寻求。

窦叔向诗不存

《窦氏联珠》序云：五窦之父叔向，当代宗朝，善五言诗，名冠流辈①。时属贞懿皇后山陵②，上注意哀挽，即时进三章，内考首出③，传诸人口。有"命妇羞苹叶，都人插柰花"，"禁兵环素帘，宫女哭寒云"之句④。可谓佳唱，而略无一首存于今。荆公《百家诗选》亦无之，是可惜也。予尝得故吴良嗣家所抄唐诗，仅有叔向六篇，皆奇作。念其不传于世，今悉录之。《夏夜宿表兄话旧》云："夜合花开香满庭⑤，夜深微雨醉初醒。远书珍重何时达⑥，旧事凄凉不可听。去日儿童皆长大，昔年亲友半凋零。明朝又是孤舟别，愁见河桥酒幔青⑦。"《秋砧送包大夫》云："断续长门夜，清冷逆旅秋⑧。征夫应待信，寒女不胜愁⑨。带月飞城上，因风散陌头。离居偏入听⑩，况复送归舟。"《春日早朝应制》云："紫殿俯千官，春松应合欢⑪。御炉香焰暖，驰道玉声寒⑫。乳燕翻珠缀，祥乌集露盘⑬。宫花一万树⑭，不敢举头看。"《过檐石湖》云："晓发鱼门埭，晴看檐石湖。日衔高浪出，天入四空无。咫尺分洲岛，纤毫指舳舻⑮。渺然从此去⑯，谁念客帆孤。"《贞懿挽歌》二首云："二陵恭妇道，六寝盛皇情⑰。礼逊生前贵，恩追殁后荣。幼王亲捧土，爱女复连茔⑱。东望长如在，谁云向玉京⑲。""后庭攀画柳，上陌咽清笳⑳。命妇羞苹叶，都人插柰花。寿宫星月异，仙路往来赊㉑。纵有迎神术，终悲隔绛纱㉒。"第三篇亡。叔向字遗直，仕至左拾遗，出为溧水令。《唐书》亦称其以诗自名云㉓。

【注释】

①流辈：犹侪辈。谓同辈或同一流的人。②属（zhǔ）：适逢；适值。贞懿皇后：即贵妃独孤氏，大历十年（公元775年）五月去世。追谥贞懿皇后。因代宗悼念不已，殡于内殿，累年不忍葬。直到778年八月才葬于庄陵（今陕西三原县）。山陵：指帝王或皇后的坟墓。③注意：谓把心神集中在某一方面。哀挽：哀悼。内老：老宫人。④羞苹叶：祭祀苹叶以表妇顺。羞，进献食品。苹，与藻皆为水草。初生亦可食。古人取供祭祀之用，以成妇顺。都人：京城之人。柰（nài）花：茉莉花的别名。素帘：灵堂的白色帐幕。哭寒云：谓哭声凄凉而悲哀。寒云，寒天的云。⑤夜合：花名。花青白色，晓开夜合，故名。⑥"远书"句：为叙旧的话。战乱年代，连珍重的书信也往往寄不到。⑦酒幔：酒店门前所悬的布招子。⑧秋砧：指秋天浣洗时的捣衣声。砧（zhēn），捣衣砧。断续：时而中断，时而接续。长门：汉宫名。汉武帝时陈皇后擅宠骄贵，后被废谪，退居长门宫，知司马相如善为文，奉黄金百斤，请作《长门赋》，以感动武帝。这里借用，说明征夫远离家乡，妻子独居，冷清凄寂。漫漫长夜，展

转反侧,卧不安席。逆旅:客舍。逆,迎;迎止宾客之处。犹后来的旅馆。⑨征夫:远行之人;使者。待信:等待音信。寒女:贫家女子。⑩离居:散处;分居。⑪紫殿:帝王宫殿。合欢:植物名。表示欢聚。⑫玉声:佩玉相击的声音。用以节步。⑬珠缀:连缀珍珠为饰的什物。此处似指珠帘。祥乌:瑞鸟。露盘:宝塔顶上的轮盖,亦名"轮相"或"相轮"。⑭宫花:宫中特制的花。供装饰之用。⑮纤毫:极细微。舳舻(zhú lú):船头和船尾的并称。多泛指前后首尾相接的船。⑯渺然:广远貌。一说因久远而形影模糊以至消失。⑰二陵:玄宗所葬泰陵和肃宗所葬建陵。此处借指代宗为太子时的太上皇玄宗和皇帝肃宗。六寝:古天子的宫寝有六:路寝一,小寝五。路寝以治事,小寝以时燕息。⑱幼王:年幼的封王的皇子。爱女复连茔:大历九年,其爱女华阳公主薨,所以说"复连茔(坟茔连在一起)"。⑲东望:三原在长安西北,故云东望。玉京:道教称天帝所居之处。亦泛指仙都。⑳后庭:犹后宫。亦借指宫女。攀画柳:即折柳。攀,攀折。《三辅黄图·桥》:"霸桥在长安东,跨水作桥,汉人送客至此桥,折柳赠别。"后因用"折柳"为赠别或送别的代称。上陌:京城的街道上。咽清笳:清笳鸣咽,哀痛之声。㉑寿官:墓祠。赊:渺茫。㉒绛纱:犹绛帐。红色帐帷。此句用汉武帝事。《史记·孝武本纪》:"少翁以方术盖夜致王夫人及灶鬼之貌云,天子自帷中望见焉。"见《续》七《迁固用疑字》及注。㉓自名:因自己在某一方面有所成就而闻名。

〔补注〕①凋零:草木凋谢零落。引申指人死亡。②恩追殁后荣:追荣,为死者追加恩荣。

用柰花事

窦叔向所用柰花事,出《晋史》,云成帝时,三吴女子相与簪白花,望之如素柰,传言天公织女死,为之著服①。已而杜皇后崩②,其言遂验。绍兴五年,宁德皇后讣音从北庭来,知徽州唐煇使休宁尉陈之茂撰疏文,有语云:"十年罹难,终弗返于苍梧③。万国衔冤,徒尽簪于白柰。"是时,正从徽庙蒙尘④,其对偶精确如此。

【注释】

①三吴:指吴郡、吴兴、会稽,或吴郡、吴兴、丹阳。著(zhuó)服:即持服。服丧。②杜皇后:指成帝皇后杜陵阳。③宁德皇后:指徽宗赵佶郑皇后。因曾

居宁德宫，故称。讣（fù）音：报丧的信息、文告。北庭：指金国。绍兴五年，徽宗、宁德皇后均死于金国五国城。十年：靖康之难为1126年，绍兴五年为1135年，前后计算为十年。罹难：遭遇祸难。终弗返于苍梧：借用虞舜"践帝位三十九年，南巡狩，崩于苍梧之野。葬于江南九疑"的故事（《史纪·五帝本纪·舜》），意谓终究没有从苍梧返回。④从徽庙蒙尘：指宁德皇后随徽宗作为俘虏被囚禁于金国。徽庙，赵佶庙号徽宗，宋人因称徽宗为徽庙。

王廖兒良

贾谊《过秦论》曰："六国之士，吴起、孙膑、带佗、兒良、王廖、田忌、廉颇、赵奢之朋制其兵①。"《汉书》注家皆无所释，颜师古但音兒为五奚反，廖为聊而已。此八人者，带佗、兒良、王廖不知其何国人，独《吕氏春秋》云："老聃贵柔，孔子贵仁，墨翟贵廉②，关尹贵清，列子贵虚③，陈骈贵齐④，杨朱贵己⑤，孙膑贵势，王廖贵先，兒良贵后⑥。"而注云："王廖谋兵事，贵先，建茅也⑦。兒良作《兵谋》，贵后。"虽仅见二人之名，然亦莫能详也。廖、良列于孔、老之末，而汉四种兵书，有良《权谋》一篇⑧。又贾谊首称宁越、杜赫为之谋⑨。《汉书》亦不注。吕氏云孔、墨、宁越，皆布衣之士也⑩。越中牟人也，周威公师之。又称杜赫以安天下说周昭文君。则越、赫善谋，可以概见。漫书之以补《汉书》之缺。

【注释】

①带佗，楚将。兒（ní）良，越将。王廖，齐将。朋：朋辈。制兵：统辖军队。②老聃（dān）：即老子。主张贵柔守雌，反对刚强和进取。贵：崇尚；重视。墨翟：即墨子。主张非乐、节用、节葬。廉：俭约。③关尹：相传春秋末道家，一说姓尹名喜。相传曾为函谷关尹，随老子出关西去。主张做人要"其动若水，其静若镜，其应若响"，所以他"未尝先人而常随人"。清：清静。虚：人心无情无欲的虚寂状态（虚静、无为）。④陈骈：即田骈。因齐国田氏出于陈国，故又称陈骈。战国时哲学家。主张"贵齐"（强调事物的均齐、同一），"齐万物以为首"。贵齐：谓以齐同万物为贵。高诱注："贵齐，齐生死，等古今也。"⑤杨朱：魏国人。相传他反对墨子的"兼爱"和儒家的伦理思想，主张"贵

生"、"重己"、"全性葆真,不以物累形",重视个人生命的保存,反对别人对自己的侵夺(拔一毛利天下而不为),也反对侵夺别人。⑥孙膑:战国时兵家。认为采取"营而离之(迷惑敌人,使之兵力分散),并卒(集中兵力)而击之"等方法,寡可以敌众,弱可以胜强。强调具体分析敌我双方的条件,做到"内得其民之心,外知敌之情"。势:形势;情势。贵先:谓重视先事决策。贵后:注重总结作战的经验教训。⑦建茅:茅即前茅。古代行军时前哨斥候以茅为旌,行于军前,如遇敌人或敌情有变化,举旌以警告后军。⑧汉四种兵书:指《权谋》《形势》《阴阳》《技巧》。良:指兒良。权谋家。⑨"贾谊首称"句:贾谊的《过秦论》在本文开头引的一句之前说:"于是六国之士,有宁越……杜赫之属为之谋。"宁(nìng)越,战国时赵国人。杜赫,周人。一说楚人。⑩中牟:古邑名。春秋晋地,战国属赵。在今河南汤阴县西。

徙木偾表

商鞅变秦法,恐民不信,乃募民徙三丈之木而予五十金。有一人徙之,辄予金,乃下令。吴起治西河,欲谕其信于民,夜置表于南门之外,令于邑中曰:"有人能偾表者,仕之长大夫①。"民相谓曰:"此必不信。"有一人曰:"试往偾表,不得赏而已,何伤?"往偾表,来谒吴起,起仕之长大夫。自是之后,民信起之赏罚。予谓鞅本魏人,其徙木示信,盖以效起,而起之事不传。

【注释】

①偾(fèn):仆倒。偾表,即把立木推倒。仕之长大夫:就任命他为上大夫。此事出《吕氏春秋·慎小》。高诱注:"长(zhǎng)大夫,上大夫也。"

建武中元续书

《随笔》所书《建武中元》一则,文惠公作《隶释》,于蜀郡守何君《阁道碑》一篇中,以为不然。比得蜀士袁梦麒应祥《汉制丛录》,亦以纪、志、传不同为惑,而云近岁雅州荣经县治之西,有得《蜀郡治道记》于崖壁间者,记末云:"建武中元二年六月就。"于是千载之疑,涣然冰释。予观何君《阁道》正建武中元二年六月就。袁君所言荣经崖壁之记,盖是此耳。但以出于近岁,恨不得质之文惠,为之恻然①。

【注释】

①质之文惠:与文惠公商榷探讨。恻然:悲伤貌。此时洪适已去世,弟弟洪迈心情自然很悲痛。

草驹聋虫

今人谓野牧马为草马,《淮南子·修务训》曰:"马之为草驹之时,跳跃扬蹄,翘尾而走,人不能制。"注云:"马五尺以下为驹,放在草中,故曰草驹。"盖今之所称者是也。下文曰:"形之于马,马不可化,其可驾御,教之所为也①。马,聋虫也,而可以通气志,犹待教而成②,又况人乎?"注曰:"虫,喻无知也。"聋虫之名甚奇。

【注释】

①形之于马:其筋骨形体为马。按《淮南子》原文为"故其形之为马"。化:改变。教之所为也:是教习驯化的结果。②聋虫:指无知的禽兽。"马,聋虫也",意为马是无知的禽兽。气志:指精神、意志。犹:尚且。

记李复中二事

崇宁中,蔡京当国,欲洗邢恕诬谤宗庙之罪,既拔拭用之,又欲令立边功以进身,于是以为泾原经略使,遂谋用车战法,及造舟五百艘,将直抵兴灵,以空夏国①。诏以付熙河漕臣李复。复长安人,久居兵间,习熟戎事,力上疏诋切之②。予顷书之于国史恕列传中。比得上饶所刊《潏水集》,正复所为文,得此两奏,叹其能以区区外官而排斥上相之客如此③。恨史传为不详尽,乃录于此。其《乞罢造战车疏》

云："奉圣旨，令本司制造战车三百两④。臣尝览载籍，古者师行，固尝用车，盖兵不妄动，征战有礼，不为诡遇⑤，多在平原广野，故车可以行。今尽在极边，戎狄乘势而来，虽鸷鸟飞骞，不如是之迅捷，下寨驻军，各以保险为利⑥。其往也，车不及期，居而保险，车不能登，归则虏多袭逐，争先奔趋，不暇回顾，车安能收⑦？非若古昔于中国为用⑧。臣闻此议，出于许彦圭，彦圭因姚麟而献说，朝廷遂然之，不知彦圭剧为轻妄⑨。唐之房琯，尝用车战，大败于陈涛斜⑩，十万义军，无有脱者。畿邑平地且如此，况今欲用于峻阪沟谷之间乎⑪？又战车比常车阔六七寸，运不合辙，牵拽不行。昨来兵夫，典卖衣物，自赁牛具，终日方进五七里，遂致兵夫逃亡，弃车于道，大为诸路之患⑫。今乞便行罢造，如别路已有造者，乞更不牵拽前来。"其《乞罢造船奏》云："邢恕乞打造船五百只，于黄河顺流放下，至会州西小河内藏放。有旨专委臣监督，限一年了当契勘⑬。本路只有船匠一人，须乞于荆、江、淮、浙和雇⑭。又丁线物料，亦非本路所出。观恕奏请，实是儿戏。且造船五百只，若自今工料并备，亦须数年。自兰州驾放至会州，约三百里，北岸是敌境，岂可容易？会州之西，小河咸水，其阔不及一丈，深止于一二尺，岂能藏船？黄河过会州入韦精山，石峡险窄，自上垂流直下，高数十尺，船岂可过？至西安之东，大河分为六七道，水浅滩碛⑮，不胜舟载，一船所载，不过五马二十人，虽到兴州，又何能为？又不知几月得至？此声若出，必为夏国侮笑，臣未敢便依旨挥擘画⑯，恐虚费钱物，终误大事。"疏既上，徽宗察其言忠，遂罢二役。复字履中，为关内名儒，官至中大夫、集英殿修撰。李昭玘尝赠诗云："结交赖有紫髯翁，鹤骨崒崒烂修目⑰。五言长城屹千丈，万卷书楼聊一读⑱。"可知其人矣。

【注释】

①进身：提高社会地位；入仕做官。兴灵：兴指兴州。西夏国都。灵指灵州。11世纪地属西夏。空：罄尽；空其所有。即消灭干净。②戎事：军事；战事。诋切：谓严刻地指摘。③上相之客：指蔡京之客邢恕。④本司：指漕司。即转运司。⑤诡遇：《孟子·滕文公下》："吾为之范我驰驱，终日不获一；为之诡遇，一朝而获十。"谓打猎时不按礼法规定，纵横驰骋以追逐禽兽。比喻

用不正当的手段去追求、取得某种东西。此处谓作战中尔虞我诈。⑥鸷（zhì）鸟：凶猛的鸟。飞鸷（zhù）：飞举；飞腾。保险：据守险要之处。⑦期（qī）：会；会合。收：停止。⑧中国：指中原地区。⑨献说：献上车战法。剧：极，甚。轻妄：轻率随便。⑩陈涛斜：地名。在今陕西咸阳市东。唐肃宗至德元载（756年），房琯出击安禄山，败绩于此。⑪畿邑：京城管辖的县。当时咸阳为县。峻阪：亦作"峻坂"。陡坡。⑫大为诸路之患：路，宋代地方区划名。北宋各路以转运司（漕司）为主，南宋以安抚司（帅司）为主。⑬了当：犹停当；完毕。完成任务。契勘：宋代公文书用语，查考，审核。即今所谓验收。⑭和雇：中国历史上官府的雇佣劳动。⑮滩碛（qì）：浅水下的沙石滩。⑯擘（bò）画：亦作"擘划"。筹划；安排。⑰鹤骨：形容骨格清奇或身体消瘦。崭崭：突出。烂：明亮；有光彩。修：长，高。引申为善，美好。⑱五言长城：唐诗人刘长卿擅长五言诗，号"五言长城"，意谓他人难以胜过。后用以称扬五言诗或善作五言诗的人。书楼：供藏书读书的楼房。此处为博学者的雅号。

乾宁复试进士

唐昭宗乾宁二年试进士，刑部尚书崔凝下二十五人。放榜后，宣诏翰林学士陆扆、秘书监冯渥入内，各赠衣一副，及毡被，于武德殿前复试，但放十五人。自状头张贻范以下重落①，其六人许再入举场，四人所试最下，不许再入，苏楷其一也。故挟此憾，至于驳昭宗"圣文"之谥②。崔凝坐贬合州刺史。是时，国祚如赘疣，悍镇强藩，请隧问鼎之不暇，顾惓惓若此③。其再试也，诗赋各两篇，内《良弓献问赋》，以"太宗问工人木心不正，脉理皆邪，若何道理"十七字皆取五声字，依轮次以双周隔句为韵④，限三百二十字成。贻范等六人，讫唐末不复缀榜⑤。盖是时不糊名，一黜之后，主司不敢再收拾也。有黄滔者，是年及第，闽人也，九世孙沃为吉州永丰宰，刊其遗文，初试覆试凡三赋皆在焉。《曲直不相入赋》⑥，以题中曲直两字为韵。释云：邪正殊途，各有好恶。终篇只押两韵。《良弓献问赋》，取五声字次第用各随声为赋格⑦。于是第一韵尾句云"资国祚之崇崇"⑧，上平声也。第二韵"垂宝祚于绵绵"⑨，下平声也。第三韵"曾非唯唯"⑩，上声也。第四韵"露其言而粲粲"⑪，去声也。而阙入声一韵。赋韵如是，前所未有。国将亡,必多制⑫,亦云可笑矣。信州永丰人王正白,时再试中选,郡守为改所居坊名曰"进贤",且减户税⑬,亦后来所无。

【注释】

①重(chóng)落:方言。谓病有转机而又突然恶化。比喻刚中举又突然落榜。②挟憾:心怀怨恨。苏楷驳昭宗"圣文"之谥:昭宗原谥号为"圣穆景文孝皇帝"。哀帝天祐二年(905年,昭宗于904年八月去世)十月,起居郎苏楷帅同列上言:"谥号美恶,臣子不得而私。先帝谥号多溢美,乞更详议。"于是改昭宗谥为"恭灵庄愍孝皇帝"。见《资治通鉴》。③赘疣:指附生于体外的肉瘤。比喻多余无用之物。请隧:请求隧葬。隧葬,天子的葬礼。后以指图谋统治天下。问鼎:见三笔卷十三《十八鼎》"王孙满对楚子"注。后遂以"问鼎"比喻篡夺。顾惓惓若此:昭宗反而对进士科的考试如此眷念不忘。惓惓(juàn juàn):念念不忘。④脉理:纹理。五声字:即后文所说的上平声、下平声、上声、入声、去声。依轮次:依照五声的次序。轮次,次序。⑤缀榜:名列榜上。缀,系结;连接。⑥曲直:是非;有理无理。相入:互相为用;彼此投合。不相入:不相为用。⑦次第:依次。赋格:对赋韵的限制。⑧资国祚之崇崇:辅佐帝王使其地位、声望连绵广大。资,资助。崇崇,连绵广大。⑨垂宝祚于绵绵:使国朝帝位流传万代。宝祚,帝位;帝座。绵绵,连绵不断貌。⑩唯唯:见《续笔》卷十五《逐贫赋》注。⑪粲粲:笑貌。⑫多制:制,制度(规定)。⑬坊:市街村里的通称。户税:按户征收的赋税。唐宋按民户资产多寡征收户税。

临海蟹图

文登吕亢,多识草木虫鱼。守官台州临海,命工作《蟹图》,凡十有二种。一曰蝤蛑。乃蟹之巨者,两螯大而有细毛如苔①,八足亦皆有微毛。二曰拨棹子。状如蝤蛑,螯足无毛,后两小足薄而微阔,类人之所食者,然亦颇异,其大如升,南人皆呼为蟹,八月间盛出,人采之,与人斗,其螯甚巨,往往能害人②。三曰拥剑。状如蟹而色黄,其一螯偏长三寸余,有光。四曰彭螖。螯微毛,足无毛,以盐藏而货于市。《尔雅》曰:"彭螖,小者蟧。"云小蟹也。螖音泽,蟧音劳,吴人呼为彭越。《搜神记》言,此物尝通人梦,自称长卿,今临海人多以"长卿"呼之。五曰竭朴。大于彭螖，壳黑斑，有文章，螯正赤，常以大螯障目，小螯取食。六曰沙狗。似彭螖，壤沙为穴③，见人则走，屈折易道不可得。七曰望潮。壳白色，居则背坎外向④，潮欲来，皆出坎举螯如望，不失常期。八曰倚望。亦大如彭螖，居常东西顾睨⑤，行不四五，又举两螯，以足起望，惟入穴乃止。九曰石蜠。大于常蟹，八足，壳通赤，状若鹅卵。十曰蜂江。如蟹，两螯足极小，坚如石，不可食。十一曰芦虎。似彭蜞，正赤，不可食。十二曰彭蜞。大于螖，小于常蟹。吕君云："此皆常所见者，北人罕见，故绘以为图。又海商言，海中鼍鼊岛之东，一岛多蟹，种类甚异。有虎头者，有翅能飞者，有能捕鱼者，有壳大兼尺者，以非亲见，故不画。"李履中得其一本，为作记。予家楚，宦游二浙、闽、广，所识蟹属多矣。亦不悉与前说同。而所谓黄甲、白蟹、蟳、蟢诸种，吕图不载，岂名谓或殊乎？故纪其详以示博雅者。

【注释】

①蟚蚏：即梭子蟹。螯（áo）：节肢动物第一对变形的步足。末端两歧，开合如钳。用以夹取食物和防卫。苔（tái）：青苔；也指苔类植物。②害人：伤人。③壤沙：壤，作穴出土。④居则背坎外向：坎，坑穴。⑤顾睨：回视；环视。

按："彭蟀，小者蟧"，《尔雅·释鱼》原文为"螖蠌，小者'蟧'。"

东坡作碑铭

东坡《祭张文定文》云："轼于天下，未尝铭墓，独铭五人，皆盛德故。"以文集考之，凡七篇。若富韩公、司马温公、赵清献公、范蜀公并张公，坡所自作。此外赵康靖、滕元发二志①，乃代张公者，故不列于五人之数。《眉州小集》有元祐中奏稿云："臣近准敕差撰故同知枢密院事赵瞻神道碑并书者，臣平生本不为人撰行状、埋铭、墓碑②，士大夫所共知。只因近日撰《司马光行状》，盖为光曾为臣亡母程氏撰埋铭，又为范镇撰墓志，盖为镇与先臣某平生交契至深③，不可不撰。及奉诏撰司马光、富弼等墓碑，不可固辞，然终非本志，况臣老病废学，文词鄙陋，不称人子所欲显扬其亲之意，伏望圣慈别择能者④，特许辞免。"观此一奏，可印公心。而杭本奏议十五卷中不载。

【注释】

①赵康靖：指赵槩。卒后谥康靖。②准敕：依照敕命。即奉命。差：被差遣。埋铭：墓铭。古代墓志铭埋于地下，故名。③先臣：苏轼称其父苏洵。古代臣子于君前称自己已死的祖先、父亲为"先臣"。交契（qì）：交情；情谊。④圣慈：圣明慈祥。旧时对皇帝或皇太后的谀称。

洗儿金钱

车驾都钱塘以来，皇子在邸生男及女，则戚里、三衙、浙漕、京尹，皆有饷献，随即致答，自金币之外，洗儿钱果①，动以十数合，极其珍巧，若总而言之，殆不可胜算，莫知其事例之所起。刘原甫在嘉祐中，因论无故疏决云："在外群情，皆云圣意以皇女生，故施此庆，恐非王者之令典也②。又闻多作金银、犀象、玉石、琥珀、玳瑁、檀香等钱，及铸金银为花果，赐予臣下，自宰相、台谏，皆受此赐。无益之费，无名之赏，殆无甚于此。若欲夸示奢丽，为世俗之观则可矣，非所以轨物训俭也③。宰相、台谏，以道德辅主，奈何空受此赐，曾无一言，遂事不谏④！臣愿深执恭俭，以答上天之贶，不宜行姑息之恩，以损政体⑤。"伟哉刘公之论，其劲切如此⑥。欧阳公铭墓，略而不书。予为国史亦不知载于本传，比方读其奏章，故敬纪之。韩偓《金銮密记》云："天复二年，大驾在岐，皇女生三日，赐洗儿果子、金银钱、银叶坐子、金银铤子⑦。"予谓唐昭宗于是时尚复讲此，而在庭无一言⑧，盖宫掖相承，欲罢不能也。

【注释】

①钱塘：即今杭州市。南宋建炎三年（1129年）置行宫于杭州，为行在所，升州为临安府。治钱塘。绍兴八年（1138年）定都于临安。邸（dǐ）：古时朝觐京师者在京的住所。后亦泛指高级官员办事或居住的处所。浙漕：浙江漕司。饷献：馈赠奉献。洗儿：旧时风俗，婴儿生后三朝或满月时会集亲友，替

婴儿洗身，叫做"洗儿"。②疏决：谓清理判决囚徒。此处指减刑减罪。令典：国家的宪章法令。③奢丽：奢侈华丽。轨物：为事物之规范。④遂事：已成或已经进行、势不能中止的事。⑤执，保持。恭俭：恭谨俭约。贶：赐与。姑息：谓无原则的宽容。政体：为政的要领。⑥劲切（jìng qiè）：刚强峻急。⑦坐：通"座"。器物的底托。铤（dìng）：古代所铸的各种形状（贝状、颗状或块状）的金银块，即现在所说金银锭。作货币流通用。⑧在庭：亦作"在廷"。《论语·乡党》："其在宗庙朝廷，便便言，唯谨尔。"又《礼记·经解》："天子者……其在朝廷，则道仁圣礼义之序。"后以"在廷"指朝廷。亦指在朝者，即朝臣。

告命失故事

祖宗时知制诰六员，故朝廷除授，虽京官磨勘，选人改秩，奏荐门客、恩科助教，率皆命词①，然有官列已崇而有司不举者，多出时相之意。刘原甫掌外制，以任颛落职，不降诰词，曾奏陈以为非故事②，得旨即施行之。已而刘元瑜、王琪降官，直以敕牒。刘又言非朝廷赏罚训诰愆重之意③。今观刘集，有《太平州文学袁嗣立改江州文学制》云："昔先王简不帅教而不变者，屏之裔土，终身不齿④，若尔之行，岂足顾哉！然犹假以仕版，徙之善郡，不赀之恩也。勉思自新，无重其咎⑤。"未几，嗣立又徙洪州，制云："尔顷冒宪典⑥，迁之寻阳，复以亲嫌，于法当避。夫薄志节，寡廉耻者，固不可使处有嫌之地，益徙豫章，思自湔涤⑦。"嗣立之事微矣，乃费两诰，读此命书，可知其人⑧。漫书之，以发一笑。

【注释】

①改秩：改变官吏的职位或品级。多指提升。门客：宋代贵家塾师称"门客"。恩科：科举制度每三年举行乡试及会试，称为正科。若遇皇帝即位及皇室庆典加科，称为恩科。恩科始于宋代。恩科助教：特恩授给助教正式官职。命词：见《三笔》卷十五《内职命词》注。②落职：贬职，罢免。诰词：君王所颁文告。奏陈：向帝王陈述意见、事宜。③刘：指刘原甫。训诰：泛指训导告诫之类的文辞。愆重：慎重。④简不帅教而不变者：选择不遵循教导而又坚持不改的人。帅教，遵循教导。裔土：荒远的边地。不齿：不收录；不录用。

此句意思出自《礼记·王制》。⑤重（zhòng）其咎：使罪行更加严重。重咎：严重的罪责。⑥冒：冒犯。宪典：法律，法典。⑦薄：少。志节：志向节操。豫章：洪州治所。湔涤：洗涤；清除。痛改前非。⑧命书：诏书，诏令。其人：指刘原甫。

扁字二义

扁音薄典切，《唐韵》二义：其一曰扁署门户①，其一曰姓也，此外无他说。案《鹖冠子》云："五家为伍，十伍为里。四里为扁，扁为之长，十扁为乡。其上为县为郡。其不奉上令者，以告扁长。"盖如遂、党、都、保之称②。诸书皆不载。

【注释】

①扁署门户：(题上字)挂在门口的匾额。扁，"匾"的本字。署，书写。②遂：郊外的行政区划名。五县为遂。党：古代地方组织，五百家为党。都：相传上古地方行政区划名。周制，四县为都；夏制，十邑为都。

娑罗树

世俗多指言月中桂为娑罗树，不知所起。案《酉阳杂俎》云①："巴陵有寺，僧房床下，忽生一木，随伐而长，外国僧见曰，此娑罗也。元嘉中，出一花如莲。唐天宝初，安西进娑罗枝，状言：'臣所管四镇拔汗郁国，有娑罗树，特为奇绝，不比凡草，不止恶禽，近采得树枝二百茎以进。'"予比得楚州淮阴县唐开元十一年海州刺史李邕所作《娑罗树碑》云："非中夏物土所宜有者，婆娑十亩，蔚映千人②。恶禽翔而不集，好鸟止而不巢。深识者虽徘徊仰止而莫知冥植，博物者虽沉吟称引而莫辩嘉名③。随所方面，颇证灵应，东瘁则青郊苦而岁不稔，西茂则白藏泰而秋有成④。尝有三藏义净，还自西域，斋戒瞻叹⑤。于是邑宰张松质请邕述文建碑。"观邕所言，恶禽不集，正与上说同。又有松质一书答邕云："此土玉像，爰及石龟，一离淮阴，百有余载，前后抗表，尚不能称，赖公威德备闻，所以还归故里，谨遣僧三人，父老七人，赍状拜谢⑥。"宣和中，向子諲过淮阴，见此树，今有二本，方广丈余，盖非故物。蒋颖叔云："玉像石龟，不知今安在？"然则娑罗之异，世间无别种也。吴兴芮烨国器有《从沈文伯乞娑罗树碑》古风一首云："楚州淮阴娑罗树，霜露荣悴今何如⑦？能令草木死不朽，当时为有北海书。荒碑雨侵涩苔藓，尚想墨本传东吴⑧。"正赋此也。欧阳公有《定力院七叶木》诗云："伊洛多佳木⑨，娑罗旧得名。常于佛家见，宜在月宫生。釦砌阴铺静⑩，虚堂子落声。"亦此树耳，所谓七叶者未详。

【注释】

①《酉阳杂俎》：笔记。唐段成式撰。②李邕：唐书法家。字泰和。官至汲郡、北海太守，人称李北海。擅长以行楷写碑。婆娑：犹扶疏，形容枝叶纷披。蔚映：茂密而相映衬。③仰止：仰慕；向往。止，语助词。语出《诗·小雅·辖》："高山仰止，景行行止。"莫知冥植：不知道是何处种植的。冥，隐蔽；幽深。沉吟：沉思吟味。有默默探索研究之意。嘉名：好名字，好名称。④灵应（yìng）：灵验。瘁：病也。青郊：指春天的郊野。苦：同"枯"。白藏：秋天。泰：平安。⑤瞻叹：瞻仰赞叹。⑥玉像：玉雕的像。亦用以敬称神像。石龟：石琢的龟。古或用作瑞物。这里可能是把玉像、石龟和娑罗树并称。抗表：向皇帝上奏章。称（chèn）：称心。备闻：尽行奏闻。状：陈述的文辞。此处指答谢的书信。⑦荣悴：草木盛衰荣枯。⑧涩：不光滑；不滑润。墨本：指李邕碑帖的拓本。⑨伊洛：伊水和洛水。均在河南省。亦指伊洛流域。⑩釦（kòu）砌：用金玉镶嵌的台阶。阴：同"荫"。铺：卧具，床铺。

卷第七（十四则）

天咫

黄鲁直和王定国诗《闻苏子由病卧绩溪》云："湔祓瘴雾姿，朝趋去天咫①。"蜀士任渊注引"天威不违颜咫尺"②。予按《国语》，楚灵筑三城，使子晳问范无宇，无宇不可，王曰："是知天咫，安知民则？"韦昭曰："咫者少也，言少知天道耳。"《酉阳杂俎》有《天咫篇》。黄诗盖用此。徐师川《喜王秀才见过小酌玩月》四言曰："君家近市，所见天咫。庭户之间，容光能几③？菰蒲之中④，江湖之涘。一碧万顷，长空千里。"正祖述黄所用云⑤。

【注释】
①湔祓（fú）：涤除垢秽或旧的恶习。瘴雾姿：身上沾染的瘴气。瘴雾，瘴气。朝趋去天咫：朝见趋奉皇帝距离就很近了。天，指帝王的宫廷。诗意为排除了障碍，返回朝廷就不难了。苏辙因其兄苏轼写诗得罪而受株连，被贬为监筠州盐酒税，五年后移知绩溪县。②天威不违颜咫尺：语见《左传·僖公九年》。或见《国语·齐语》。天威，天子的威严。不违，不远。颜，额。咫尺：比喻距离很近。咫，古代长度单位，周制八寸。全句意思为：天子的威严距离我的颜面不过咫尺之远。③容光：景物的风貌。一说光辉。④菰蒲：两种浅水植物。借指湖泽。⑤祖述：效法、遵循前贤的行为或学说。

县尉为少仙

《随笔》载县尉为少公，予后得晏几道叔原一帖《与通叟少公》者，正用此也。杜诗有《野望因过常少仙》一篇，所谓"落尽高天日，幽人未遣回"者①，蜀士注曰："少仙应是言县尉也。"县尉谓之少府，而梅福为尉②，有神仙之称。少仙二字，尤为清雅③，与今俗呼为仙尉不侔矣。

【注释】

①幽人：此处指常少仙。常少仙，当是常征君。杜甫后有《寄常征君》诗。汉魏以来，起隐士谓之征君。《杜臆》：少府称幽人，知非在任者。未遣回：未遣我（诗人）回去。②梅福：汉九江寿春人。字子真。曾为南昌县尉。后去官归故里。及王莽专政，梅福弃妻子离开九江。后有人遇梅福于会稽，已改变姓名。后世江南各地以至闽粤，关于梅福成仙的传说甚多，均属附会。③清雅：清新雅致。

杜诗用受觉二字

杜诗所用受觉二字皆绝奇①，今摭其受字云："修竹不受暑"，"勿受外嫌猜"，"莫受二毛侵"，"监河受贷粟"②，"轻燕受风斜"，"能事不受相促迫"，"野航恰受两三人"，"一双白鱼不受钓"，"雄姿未受伏枥恩"。其觉字云："已觉糟床注"，"身觉省郎在"，"自觉成老丑"，"更觉松竹幽"，"日觉死生忙"，"最觉润龙鳞"，"喜觉都城动"，"更觉老随人"，"每觉升元辅"，"觉而行步奔"③，"尚觉王孙贵"，"含凄觉汝贤"，"厨烟觉远庖"，"诗成觉有神"，"已觉披衣惯"，"自觉酒须赊"，"早觉仲容贤"，"城池未觉喧"，"无人觉来往"，"人才觉弟优"，"直觉巫山暮"，"重觉在天边"，"行迟更觉仙"④，深觉负平生"，"秋觉追随尽"，"追随不觉晚"，"熊罴觉自肥"，"自觉坐能坚"，"已觉良宵永"，"更觉彩衣春"，"已觉气与嵩华敌"，"未觉千金满高价"，"梅花欲开不自觉"，"胡来不觉潼关隘"，"自得隋珠觉夜明"，"放箸未觉金盘空"，"东归贪路自觉难"，"更觉良工心独苦"，"始觉屏障生光辉"，"不觉前贤畏后生"，"吏情更觉沧洲远"⑤，"我独觉子神充实"，"习池未觉风流尽"。用之虽多，然每字命意不同，又杂于千五百篇中，学者读之，唯见其新工也。若陈简斋亦好用此二字，未免频复者，盖只在数百篇内，所以见其多，如"未受风作恶"，"不受珠玑络"，"不受折简呼"，"不受人招麾"，"不受安危侵"，"饱受今日闲"，"却扇受景风"⑥，"语闻受远响"，"坐受世故驱"，"庭柏不受寒"，"可复受忧戚"，"宁受此酸辛"，"滔滔江受风"，"坐受世褊迫"，"清池不受暑"，"平池受细雨"，"穷村受春晚""不受急景催""肯受元规尘"⑦"了不受荣悴""意闲不受荣与辱""独自人间不受寒""枯木无枝不受寒""天马何妨略受鞿""来禽花高不受折""不受阴晴与寒暑""长林巨木受轩轾"⑧。"未觉懒相先""未觉壮心休""未觉身淹留""未觉墉阴迟""未觉欠孟嘉""未觉有等伦""未觉风来迟""未觉经旬久""欲往还觉非""独觉赋诗难""稍觉夜月添""菰蒲觉风入""未觉此计非""高处觉眼新""意定觉景多""未觉徐娘老"⑨"未觉有荣辱""未觉饥肠虚""未觉平生与愿违""村空更觉水潺湲""眼中微觉欠扁舟""居夷更觉中原好"⑩"便觉杯筯耐薄寒""墙头花定觉风阑",可谓多矣。盖喜用其字,自不知下笔所著也。

【注释】

①绝奇:无比奇特。②嫌猜:疑忌。二毛:头发斑白;也指头发斑白的老人。监河受贷粟:句出《奉赠萧十二使君》:"监河受贷粟,一起辙中鳞。"化用"涸辙之鲋"的典故。涸辙之鲋,比喻处于困境中待援的人。杜甫此句,是希望得到萧的援助。监河,监河侯,庄周向其告贷的人。受,通"授"。给予。《杜甫全集》原注:"有望于萧也。(杜甫此时贫病交加)使君倘能贷粟穷途,庶涸鳞得以顿起也。"③觉而行步奔:杜甫《示从孙济》作"觉儿行步奔"。"阿翁懒惰久,觉儿行步奔。"杜甫到来,杜济急忙汲水淘米,准备款待。所以"行步奔"。阿翁为杜甫自谓。④行迟更觉仙:按《览镜呈柏中丞》原句作:"晚起堪从事,行迟更学仙。"珠海出版社版《杜甫全集》引〔赵注〕"凡仕者必早起,起晚矣,尚堪从事乎?仙者必轻步,行迟矣,更可学仙乎?"赵,可能指赵汸。⑤沧洲:滨水的地方。古时常用来称隐士的居处。⑥却扇:古代婚礼,新妇行礼时以扇障面,交拜后去扇称为"却扇"。后用以指完婚。⑦元规尘:《世说新语·轻诋》:"庾公(亮)权重,足倾王公(导)。庾在石头(城),王在冶城。坐大风扬尘,王以扇拂尘,曰:'元规尘污人。'"元规,庾亮的字。后用作比喻人声势逼人。⑧受:承受。轩轾(zhì):车子前高后低叫轩,前低后高叫轾。引申为高低、抑扬。⑨徐娘:《南史·梁元帝徐妃传》:"徐娘虽老,犹尚多情。"后因称风韵犹存的中年妇女为"徐娘"。⑩居夷更觉中原好:出《居夷行》诗:"遭乱始知承平乐,居夷更觉中原好。"作此诗时,作者正避难湖南。

按:"觉儿行步奔"的"儿"字,上海古籍社1978年版本错为"而",现在各版本亦然,今予更正。

西太一宫六言

"杨柳鸣蜩绿暗,荷花落日红酣①。三十六陂春水②,白头想见江南。"荆公《题西太一宫》六言首篇也。今临川刻本以"杨柳"为"柳叶",其意欲与荷花为切对③,而语句遂不佳。此犹未足问,至改"三十六陂春水"为"三十六宫烟水"④,则极可笑。公本意以在京华中,故想见江南景物,何预于宫禁哉⑤?不学者妄意涂窜⑥,殊为害也。彼盖以太一宫为禁廷离宫尔。

【注释】

①鸣蜩(tiáo):鸣蝉。酣(hān):浓。②三十六陂(bēi):地名。在今江苏扬州市。诗文中常用来指湖泊多。③切(qiè)对:指诗律上的平仄声调严格相对。④烟水:雾霭迷蒙的水面。⑤宫禁:汉以后称皇帝居住、视政的地方。⑥妄意:随意。涂窜:犹涂改。

由与犹同

《新唐书·藩镇传序》云:"其人自视由羌狄然。"据字义,"由"当为"犹",故吴缜作《唐书音训》有《纠谬》一篇,正指其失,彼元不深究《孟子》也①。文惠公顷与予作《唐书补过》,尝驳其说。予作文每用之,辄为人所疑问,今为详载于此。如"以齐王,由反手也","由弓人而耻为弓"②,"王由足用为善"③,"是由恶醉而强酒","由己溺之,由己饥之"④,"由射于百步之外","见且由不得亟"⑤,其义皆然,盖由与犹通用也。

【注释】

①彼元不深究《孟子》也:因为吴缜没有深入推求《孟子》一书中"由"字的意思和"犹"字相同,所以才认为《新唐书·藩镇传序》中用"由"字是错误的。②以齐王,由反手也:以齐国现有条件来统一天下,犹如反掌。王

(wàng)，成王业。由弓人而耻为弓：好像造弓的人却又以造弓为耻辱（一样）。以上两句出《公孙丑上》。③王由足用为善：齐王（虽然不能做商汤周武，但）还是可以有所作为的。由，同"犹"。还；仍。此句出《公孙丑下》。足用：足以；可以。④由己溺之，由己饥之：出《孟子·离娄下》，原句为："禹思天下有溺者，由己溺之也；稷思天下有饥者，由己饥之也。"意为：禹想到天下有被大水淹没的人，好像是自己淹没了他们一样；稷想到天下有挨饿的，就像是自己使他们受饿一般。⑤由射于百步之外：就譬如在一百步以外射箭一样。此句出《万章下》。见且由不得亟：见面的次数尚且不多。且犹，尚且。由，同"犹"。亟（qì），屡次。此句出《尽心上》。

人焉廋哉

孔子论人之善恶，始之曰"视其所以"，继之以"观其所由，察其所安"，然后重言之曰："人焉廋哉，人焉廋哉①！"盖以上之三语详察之也。而孟氏一断以眸子，其言曰："存乎人者②，莫良于眸子。眸子不能掩其恶，胸中正，则眸子瞭焉，胸中不正，则眸子眊焉③。听其言也，观其眸子，人焉廋哉！"说者谓："人与物接之时，其神在目④。故胸中正，则神精而明⑤。不正，则神散而昏。心之所发⑥，并此而观，则人之邪正不可匿矣。言犹可以伪为，眸子则有不容伪者。孔圣既已发之于前，孟子知言之要，续为之说，故简亮如此⑦。"旧见王季明云，太学士子尝戏作一论，其略云："知人焉廋哉之义，然后知人焉廋哉，人焉廋哉之义。知人焉廋哉，人焉廋哉之义，然后知人焉廋哉之义。孔子所云人焉廋哉，人焉廋哉者，详言之也。孟子所云人焉廋哉者，略言之也。孔子之所谓人焉廋哉，人焉廋哉，即孟子之所谓人焉廋哉也。孟子之所谓人焉廋哉，即孔子之所谓人焉廋哉，人焉廋哉也。"继又叠三语为一云："夫人焉廋哉，人焉廋哉，人焉廋哉，虽曰不同，而其所以为人焉廋哉，人焉廋哉，人焉廋哉，未始不同。"演而成数百字，可资一笑，亦几于侮圣言矣！

【注释】

①视其所以，观其所由，察其所安。人焉廋哉，人焉廋哉：句出《论

语·为政》。大意为：先看他所做的事，再观察这个人的经历，了解他的内心安于什么，不安于什么。如此以来，这个人怎么伪装得了呢！怎能伪装得了呢！所以，所作，所为。所由，所经历的道路。安，安心希望。廋（sōu），隐匿。②存：观察。③瞭：眼珠明亮。眊（mào）：眼睛失神。④其神在目：神，指精神；心神。⑤神精而明：目光有精神而且明亮。⑥心之所发：一个人的邪正出于内心。孟子之言，出《孟子·离娄上》。⑦简亮：简明。

【补注】眸子：瞳人。即瞳孔。亦泛指眼睛。

久而俱化

天生万物，久而与之俱化，固其理焉，无间于有情无情①，有知无知也。予得双雁于衢人郑伯膺，纯白色，极驯扰可玩，置之云壑，不远飞翔。未几，殒其一，其一块独无俦②，因念白鹅正同色，又性亦相类，乃取一只与同处。始也，两下不相宾接，见则东西分背，虽一盆饲谷，不肯并啜③。如是五日，渐复相就，逾旬之后，怡然同群④，但形体有大小，而色泽飞鸣则一。久之，雁不自知其为雁，鹅不自知其为鹅，宛如同巢而生者，与之俱化，于是验焉。今人呼鹅为舒雁，或称家雁，其褐色者为雁鹅，雁之最大者曰天鹅。唐太宗时，吐蕃禄东赞上书，以谓圣功远被⑤，虽雁飞于天，无是之速，鹅犹雁也，遂铸金为鹅以献。盖二禽一种也。

【注释】
①俱化：都发生变化。无间（jiàn）：不分。②殒（yǔn）：死亡。块独：犹孤独。③啜（chuò）：喝；吃。④怡然：喜悦貌。⑤圣功：至高无上的功业德行。称颂皇帝的套语。远被（bèi）：远及；传布远方。

黄文江赋

晚唐士人作律赋，多以古事为题，寓悲伤之旨，如吴融、徐寅诸人是也，黄滔字文江，亦以此擅名①，有《明皇回驾经马嵬坡》隔句云："日惨风悲，到玉颜之死处；花愁露泣，认朱脸之啼痕②。""褒云万叠，断肠新出于啼猿；秦树千层③，比翼不如于飞鸟。""羽卫参差，拥翠华而不发；天颜怆悢④，觉红袖以难留。""神仙表态，忽零落以无归；雨露成波，已沾濡而不及⑤。""六马归秦，却经过于此地；九泉隔越⑥，几凄恻于平生。"《景阳井》云："理昧纳隍，处穷泉而讵得；诚乖驭朽，攀素绠以胡颜⑦！""青铜有恨，也从零落于秋风；碧浪无情，宁解流传于夜壑⑧。""荒凉四面，花朝而不见朱颜；滴沥千寻，雨夜而空啼碧溜⑨。""莫可追寻，《玉树》之歌声邈矣；最堪惆怅，金瓶之咽处依然⑩。"《馆娃宫》云："花颜缥缈，欺树里之春风；银焰荧煌，却城头之晓色⑪。""恨留山鸟，啼百草之春红；愁寄垄云，鏁四天之暮碧⑫。""遗堵尘空，几践群游之鹿⑬；沧洲月在，宁销怒触之涛？"《陈皇后因赋复宠》云："已为无雨之期，空悬梦寐；终自凌云之制，能致烟霄⑭。"《秋色》云："空三楚之暮天，楼中历历；满六朝之故地，草际悠悠⑮。"《白日上升》云："较美古今，列子之乘风固劣；论功昼夜，姮娥之奔月非优⑯。"凡此数十联，皆研确有情致，若夫格律之卑⑰，则自当时体如此耳。

【注释】

①擅名：享有名声。②隔句：即隔句对。诗体格式之一，谓隔句对偶。如下句，"日惨风悲"与"花愁露泣"对偶；"到玉颜之死处"与"认朱脸之啼痕"对偶。玉颜：美好如玉的容颜。和后文"朱脸"，均指杨贵妃。朱脸：红颜。指美女。③褒：古国名。在今陕西勉县东。秦：古部落名。居于今陕西兴平东南。因为马嵬坡在今陕西兴平西，又唐玄宗由长安奔成都，经过今陕西宝鸡市、凤县、勉县进入巴西郡（今四川阆中市），再到成都，所以赋中用了"褒云"、"秦树"两个词。④羽卫：皇帝的卫队和仪仗。翠华：皇帝仪仗中一种用翠鸟羽作装饰的旗。这里代指皇帝车驾。怆悢（liàng）：悲哀。⑤（神仙）表态：（神仙般的）容貌。表，仪容。态，情状；容貌。雨露：雨和露能滋长万物，多用以比喻恩泽、恩情。沾濡：沾蒙恩泽。⑥六马：古代帝王的车驾用六马。九泉：指地下深处。犹言"黄泉"。常用以指人死后的埋葬处。隔越：隔绝；阻断。⑦景阳井：南朝陈景阳殿之井，又名胭脂井。祯明（陈后主陈叔宝年号，587－589年）三年，隋兵南下过江，攻占台城（陈中央政府和官殿所在地），后主闻兵至，与张妃丽华投此井。至夜，为隋兵所执，后人因称此井为"辱井"。故址

在今南京市玄武湖侧。昧：违背。纳隍：汉张衡《东京赋》："人或不得其所，若己纳之于隍。"按《孟子·万章下》谓伊尹"思天下之民，匹夫匹妇，有不与被尧舜之泽者，若己推而纳之沟中"，赋用此义，后因以"纳隍"指出民于水火之心。穷泉：泉下。指景阳井。讵得：岂能，怎能（躲过去）。陈后主为躲避隋兵而投入井中，最后还是被隋兵所执。诚：果真。乖：背离；违背。驭朽：犹"朽驭"。《尚书·五子之歌》："予临兆民，懔乎若朽索之驭六马。"以已经腐败的绳索驾马，形容十分危险。后因以比喻帝王治国，艰险不易。按：后主在至德元年诏中有"惧甚践冰，栗同驭朽"的句子。攀縻缧以胡颜：有何脸面攀着绳缧从景阳井中上来。素缧，汲水桶上的绳索。胡颜，犹言"有何面目"。⑧青铜：指古代的青铜镜。宁：岂。夜壑：《庄子·大宗师》："夫藏舟于壑，藏山于泽，谓之固矣。然而夜半有力者负之而走，昧者不知也。"后用"夜壑"比喻事物的变化。⑨花朝（zhāo）：旧俗以夏历二月十五日为"百花生日"，故称此日为"花朝节"。一说为十二日，又说为初二日。滴沥：水稀疏下滴。也形容水下滴声。按：《陈书·张贵妃（丽华）传》记载，后主甚是宠遇张贵妃，"于光照殿前起临春、结绮、望仙三阁"，装饰十分豪华。"后主自居临春阁，张贵妃居结绮阁，龚、孔二贵嫔居望仙阁，并复道交相往来。"如今人去楼空，世事沧桑，自然是荒凉、寂寞得很了。碧溜：指琉璃瓦上流下的檐溜。⑩玉树：指《玉树后庭花》。后主"每饮酒，使诸妃、嫔及学士与狎客共赋诗，互相赠答，采其尤艳丽者，被以新声，选宫女千余人习而歌之"，"其曲有《玉树后庭花》《临春乐》等，大略皆美诸妃嫔之容色。君臣酣歌，以夕达旦，以此为常。"（见《资治通鉴》）其歌辞有："玉树后庭花，花开不复久。"所以后人视为亡国之音。金瓶：泛指精美的瓶状容器。此处指汲器。⑪"花颜缥缈"句：写西施绰约仙姿。缥缈，隐隐约约，若有若无貌。"银焰荧煌"句：写馆娃宫内夜间银烛高照，光彩鲜明。却：遮挡。⑫"恨留山鸟"两句：写西施的怨恨和愁绪。西施本是战败者越王勾践送给战胜者吴王夫差的贡品，并非出于自愿。传说吴亡后，西施与范蠡入五湖而去，可见她自有心上人。春红：春天的花朵。亦指落花。垄：高丘，高地。镼，同"锁"。暮碧：日落时的碧云。⑬遗堵：指断墙残垣。几践群游之鹿：夫差打败越国之后，听信臣下伯嚭之言，认为越王有诚心，不会背叛，予以姑息宽容。伍子胥极谏吴王（夫差）而不听，说："臣见麋鹿游于姑苏矣。"吴国最终为越国所灭。践：实现。姑苏，今江苏苏州市。为春秋吴国国都。⑭陈皇后因赋复宠：见卷六《窦叔向诗不存》"长门"注。无雨之期：宋玉《高唐赋序》言楚王梦与神女相会高唐，神女自谓"旦为行云，暮为行雨"。后来人们用"云雨"称男女欢合。期，希望。凌云：凌云笔。指司马相如为文作赋的高超才华。制：撰写，著述。也指文章，作品。"凌云之制"指司马相如为陈皇后作的《长门赋》。能致烟霄：比喻又受到帝王宠幸。烟霄，指高空。亦即"云霄"。⑮三楚：古地区名。秦、汉时分战国楚地为三楚，即西楚、东楚、南楚。暮天：傍晚的天空。六朝：历史时期名。三国的吴，东晋，南朝的宋、齐、梁、陈，都以建康（吴名建业，今南京市）为首都，合称六朝。悠悠：众多貌。⑯较美古今：比较古今之事物的优劣。列子乘风：《列子·黄帝》："列子师老商氏，友伯高子，进二子之道，乘风而归。"（进，通"尽"）姮（héng）娥：即嫦娥。传说中的月中女神。《淮南子·览冥训》："（后）羿请不死之药于西王母，姮娥窃以奔月。"又传说羲和为为太阳驾车的神，嫦娥为为月亮驾车的神。所以前面一句为"论功昼夜"。⑰研确：犹精确。若夫格律之卑：若说到格律的低下。卑，低下；不高明。

沈季长进言

沈季长元丰中为崇政殿说书①，考开封进士，既罢，入见，神宗曰："《论不以智治国》，谁为此者？"对曰："李定所为。"上曰："闻定意讥朕。"季长曰："定事陛下有年，顷者御史言定乃人伦所弃，陛下力排群议，而定始得为人如初，继又擢用不次，定虽怀利②，尚当知恩，臣以此敢谓无讥陛下意。《诗序》曰：'言之者无罪，闻之者足以戒。'《书》曰：'小人怨汝詈汝，则皇自敬德。'陛下自视岂任智者③，不知何自嫌疑，乃信此为讥也？"上曰："卿言甚善，朕今已释然矣，卿长者，乃喜为人辩谤④。"对曰："臣非为人辩谤，乃为陛下辩谮耳。"他日，上语及前代君臣，因曰："汉武帝学神仙不死之术，卿晓其意否？此乃贪生以固位耳⑤，故其晚年举措谬戾，祸贻骨肉，几覆宗社。且人主固位，其祸犹尔，则为人臣而固位者，其患亦何所不至，故朕每患天下之士能轻爵禄者少⑥。"季长曰："士而轻爵禄，为士言之，则可，为国言之，则非福也。人主有尊德乐道之志⑦，士皆以不得爵禄为耻，宁有轻爵禄者哉？至于言违谏怫⑧，士有去志，故以爵禄为轻。"上曰："诚如卿言。"按季长虽尝至修起居注⑨，其后但终于庶僚，史不立传。王和甫铭其墓⑩，载此两论，予在史院时未之见也。其子铢为侍从，恨不获附见之⑪，故表出于是。

【注释】

①说书：汉成帝时召郑宽中、张禹说《尚书》《论语》于金华殿中，为说书之始。宋有崇政殿说书，景祐元年（公元1034年）置，掌进读书史，讲释经义，备顾问应对，相当于后世经筵讲官。②御史言定乃人伦所弃：御史劾奏李定不为生母服丧。为（wéi）人：犹体面。怀利：谓抱着谋私利的意图。③皇自敬德：更加敬慎自守。皇，更加。德，操守。此句见《书·无逸》。任智：凭藉计谋。④谤：说别人的坏话。即诽谤。⑤固位：巩固保持权位。⑥犹尔：尚且如此。爵禄：爵位和俸禄。⑦乐道：乐守圣贤之道。⑧怫（bèi）：通"悖"。违异，反背。⑨修起居注：官名。⑩王和甫：即王安礼，字和甫。王安石之弟。沈季常为王安石妹婿。⑪附见：谓见于正本的附录或正传的附传。"恨不获附见之"是说沈铢有传，而未附上沈季常及其言论。

繁遏渠

《国语》鲁叔孙穆子曰："金奏《肆夏》：《繁》《遏》《渠》①。天子所以飨元侯也②。"韦昭注曰："《繁》《遏》《渠》，《肆夏》之三也，《礼》有《九夏》③，皆篇名。"昭虽晓其义，而不详释。按《周礼·春官》："钟师掌金奏，以钟鼓奏《九夏》。"郑氏注引吕叔玉云："《肆夏》《繁遏》《渠》，皆《周颂》也。《肆夏》，《时迈》也。《繁遏》，《执竞》也。《渠》，《思文》也④。"又曰："繁，多也。遏，止也。言福禄止于周之多也。故《执竞》曰：'降福穰穰；降福简简⑤。'渠，大也。言以后稷配天⑥，王道之大也。故《思文》曰：'思文后稷⑦，克配彼天。'"予谓此说亦近于凿⑧。

【注释】

①叔孙穆子：即叔孙豹。此时受鲁国差遣而聘（出使）于晋。肆夏：古乐章名。《周礼》以钟鼓奏《九夏》，其二曰《肆夏》。繁、遏、渠：《肆夏》之曲名。②飨：通"享"。使享受，使受用。③九夏：古乐名。《周礼·春官·钟师》："凡乐事，以钟鼓奏九夏：王夏、肆夏、昭夏、纳夏、章夏、齐夏、族夏、祴（gāi）夏、骜夏。"④时迈、执竞、思文：均为《诗经·周颂》篇名。⑤降福：《执竞》本是周王合祭武王、成王、康王时所唱的乐歌，因而此处指武王、成王、康王之神降福于祭者。穰穰：多貌。丰盛貌。简简：大貌。⑥配天：祭天时，以后

稷配祭，和天一块享受祭祀。⑦思：发语词。文：指有文德。⑧凿：穿凿，附会。

替戾冈

坡公游鹤林、招隐，有冈字韵诗，凡作七首，最后云："背城借一吾何敢，切勿樽前替戾冈①。"小儿问三字所出，按《晋书·佛图澄传》，澄能听铃音以知吉凶，往投石勒。及刘曜攻洛阳，勒将救之，其群下咸谏，以为不可。勒以访澄，澄曰："相轮铃音云：'秀支替戾冈，仆谷劬秃当②。'此羯语也③。秀支，军也。替戾冈，出也。仆谷，刘曜胡位也④。劬秃当，捉也。此言军出捉得曜也。"勒遂擒曜。坡公正用此云。

【注释】
①鹤林、招隐：江苏丹徒县二寺名。鹤林寺在黄鹤山下，招隐寺在招隐山上。"背城"两句诗：东坡和刁景纯（名约，当时名士）的诗，借言不敢再出和篇之意。倘若背城一战，再出和篇，必将被捉，丢人现眼。"背城借一"出《左传·成公二年》：齐晋鞌之战，齐师败绩，晋军围着华不注山（在今山东济南市东北）追了齐侯三圈。齐侯使宾媚人（即国佐）向晋求和，晋不许。宾媚人曰："请收合余烬（比喻残兵败将），背城借一（在城下与您决一死战）。"②相（xiàng）轮：塔上橥盖。劬：音qú。③羯：古族名。石勒为羯人。④刘曜胡位：刘曜，匈奴人，前赵国君。

文潞公平章重事

文潞公元丰六年以太师致仕，时七十八岁矣。后二年，哲宗即位，太皇太后垂帘同听政，用司马公为门下侍郎，公奏乞召潞公置之百僚之首，以镇安四海①，后遣中使梁惟简宣谕曰："彦博名位已重，又得人心，今天子幼冲，恐其有震主之威。且于辅相中无处安排，又已致仕，难为复起。"公当时以新入，不敢复言。元祐元年三月，公拜左仆射，乃再上奏曰："《书》曰：'人惟求旧。'盖以其历年之多也。彦博沉敏有谋略，知国家治体，能断大事，自仁宗以来，出将入相②，功效显著，天下所共知，年逾八十，精力尚强。臣初曾奏陈，寻蒙宣谕。切惟彦博一书生尔，年逼桑榆[3]，富贵已极，夫复何求？非有兵权死党可畏惧也。假使为相，一旦欲罢之，止烦召一学士，授以词头，白麻既出[4]，则一匹夫尔，何难制之？有震主之威，防虑大过[5]。若依今官制用之为相，以太师兼侍中，行左仆射，有何不可？倘不欲以剧务烦老臣，则凡常程文书，只委右仆射以下签书发遣，惟事有难决者，方就彦博咨禀[6]。自古致仕复起，盖非一人，彦博今年八十一，不过得其数年之力，愿急用之，臣但以门下侍郎助彦博，恐亦时有小补。今不以彦博首相，而以臣处之，是犹舍骐骥而策驽骀也[7]，切为朝廷惜之。若以除臣左仆射，难为无故以他人易之，则臣欲露表举其自代[8]。"奏入，不许。给事中范纯仁亦劝乞召致，留为师臣[9]。未几，右仆射韩缜求去，后始赐司马公密诏，欲除彦博兼侍中，行右仆射事，其合行恩礼，令相度条具[10]。公以名体未正[11]，不敢居其上，乞以行左仆射，自守右仆射。诏曰："使彦博居卿上，非予所以待卿之意，卿更思之。"公执奏言："臣为京官时，彦博已为宰相，今使彦博列位在下，非所以正大伦也[12]。"于是召赴阙。既而御史中丞刘挚、左正言朱光庭、右正言王觌俱上言："彦博春秋高，不可为三省长官。"司马公又言："若令以正太师平章军国重事，亦足以尊老成矣。"四月，遂下制如公言，诏一月两赴经筵，六日一入朝，因至都堂与执政商量事，朝廷有大政令，即与辅臣共议。潞公此命，可谓郑重费力，盖本不出于主意也。然居位越五年，屡谢病，乃得归，竟坐此贻绍圣之贬[13]。

【注释】

①垂帘：封建时代太后或皇后临朝听政，殿上用帘子遮隔，叫"垂帘"。镇安：安定。②沉敏：沉着聪慧。出将入相：谓文武双全，出战领兵为将，入阁理事为相。亦泛指官居高位。③切惟：犹"窃惟"。谓私下考虑。表示个人想法的谦词。桑榆：指日落时余光所在处，谓晚暮。也用来比喻人的垂老之年。④白麻：即诏书，唐代诏书用麻纸誊写，有黄白麻的分别。凡赦书、德音、立后、建储、大诛讨及拜免将相等，均用白麻；制、敕用黄麻。宋代沿之。⑤防虑：因有所顾虑而提防。⑥剧务：繁剧的事务。常程：日常的，一般的。咨禀：请教；禀告。⑦驽骀（tái）：驽和骀都是能力低下的马，比喻才能平庸。⑧露表：指布告。此处谓公开其奏表。⑨师臣：对居师保之位或加有太师官号的执政大臣

的尊称。⑩相度(xiàng duó)：观察估量。⑪名体：名位与身分；名义与体统。⑫执奏：持章表上奏君主。大伦：伦常大道。古多指统治阶级规定的人与人关系的根本准则。⑬绍圣之贬：绍圣四年(1097年)二月，文彦博因"朋附司马光，诋毁先烈"被降为太子少保。

考课之法废

唐制，尚书考功掌内外文武官吏之考课，凡应考之官，家具录当年功过行能，本司及本州长官对众读议其优劣，定为九等考第①，然后送省。别敕定京官位望高者二人，一校京官考，一校外官考，又定给事中、中书舍人各一人，一监京官考，一监外官考，郎中判京官考②，员外郎判外官考。凡考课之法，有四善、二十七最。一最以上有四善，为上上。有三善，或无最而有四善，为上中。有二善，或无最而有三善，为上下。其末至于居官诣诈、贪浊有状③，为下下。外州则司录、录事参军主之，各据之以为黜陟④。国朝此法尚存，庆历、皇祐中，黄亚夫庶佐一府、三州幕，其集所载考词十四篇，《黄司理》者曰："治奸狱，岁再周矣，论其罪弃市者五十四，流若徒三百十有四，杖百八十六，皆得其情，无有冤隐不伸⑤，非才也其孰能？其考可书中。"《舞阳尉》者曰："舞阳大约地广，它盗往往囊橐于其间，居一岁，为窃与强者凡十一，前件官捕得之⑥，其亡者一而已矣，非才焉固不能，可书中。"《法曹刘昭远》者曰："法者，礼之防也⑦。其用之以当人情为得，刻者为之，则拘而少恩⑧。前件官以通经举进士，始掾于此，若老于为法者，每抱具狱，必傅之经义然后处⑨，故无一不当其情，其考可书中。"它皆类此。不知其制废于何时。今但付之士按吏据定式书于印纸，比者又令郡守定县令臧否高下⑩，人亦不知所从出。若使稍复旧贯，似为得宜，虽未必人人尽公得实，然思过半矣。

【注释】

①考课：古时按一定的标准考察官吏的功过善恶，分别等差，升降赏罚，谓之"考课"。唐代考课之法，有"四善"、"二十七最"。宋置审官院，考课中外职事，后掌京朝官考课事。置考课院掌幕职州县官考课事。四善（善状）对

所有官员而言，二十七最是对职掌不同的各种官吏提出的最高要求。具录：详细登记。行能：品行与才能。考第：考核评定的等第。按：《旧唐书·职官志二》和《汉语大词典》"考第"条引文，此句均断为："凡应考之官家，具录当年功过行能，本司及本州长官对众读，议其优劣，定为九等考第。"官家，旧时对官吏等的尊称。②敕定：由朝廷指定。位望：地位和声望。校（jiào）：考核。判：裁定；评断。③谄诈：奉迎、诈伪。贪浊：犹贪污。有状：有根据；有凭据。④黜陟：亦作"绌陟"。指官吏的进退升降。⑤佐一府、三州幕：在一府、三州任职。下篇有说明。佐幕：指在将帅幕府或军政大吏官署中任职。考词：亦作"考辞"。古代考核官吏成绩的评语。犴（àn）狱：牢狱。岁再周矣：两年之间。流若徒：若，连词。和，及。冤隐：谓蒙受冤屈。隐，隐没。⑥大约：大致，大体。囊橐：口袋。比喻收容包庇贼盗，如囊橐之盛物。强：强人。犹强盗。前件官：指舞阳尉。⑦防：堤岸。引申为保障。⑧以当人情为得：以符合人情为适中。拘（gōu）：弯曲；歪曲。⑨通经：通晓经学。始掾于此：从宦起始在这里做属官。具狱：指据以定罪的全部案卷。傅：附；依附。经义：经书的意旨。处：决断。⑩臧否（pǐ）：犹言好坏、得失。

小官受俸

沈存中《笔谈》书国初时州县之小官俸入至薄，故有"五贯九百六十俸，省钱且作足钱用"之语。黄亚夫皇祐间自序其所为《伐檀集》云："历佐一府、三州，皆为从事，逾十年，郡之政，巨细无不与，大抵止于簿书狱讼而已，其心之所存①，可以效于君、补于国、资于民者，曾未有一事可以自见。然月廪于官，粟麦常两斛，钱常七千，问其所为，乃一常人皆可不勉而能，兹素餐昭昭矣，遂以'伐檀'名其集②，且识其愧。"予谓今之仕宦，虽主簿、尉，盖或七八倍于此③，然常有不足之叹。若两斛、七千，祇可禄一书吏小校耳！岂非风俗日趋于浮靡，人用日以汰，物价日以滋，致于不能赡足乎④？亚夫之立志如此，真可重也。山谷先生乃其子云⑤。

【注释】

①逾十年：历时十年。心之所存：心里所能记忆的。②廪：旧指官府发给的粮米。所为：所做的事。不勉而能：不用勉强就能做到。素餐：不劳而坐

食。伐檀：《诗·魏风》篇名。《诗序》说："《伐檀》，刺贪也。在位贪鄙，无功而受禄，君子不得进仕尔。"现代研究者或认为，此诗是对奴隶主统治者的不劳而获提出责问，表现出憎恨剥削阶级的情绪。诗中有"彼君子兮，不素餐兮"句。③七八倍：指俸禄。④浮靡：虚华不实。汰（tài）：通"泰"。骄奢。滋：此处指物价上涨。赡足：富足；充足。⑤立志：坚强独立的意志。一说树立志向。可重：可贵。一说，重，敬重。山谷先生：指黄庭坚。号山谷道人。见《随笔》卷一《黄鲁直诗》注。

卷第八（十七则）

库路真

《新唐书·地理志》："襄州，土贡漆器库路真二品十乘花文五乘①。"库路真者，漆器名也，然其义不可晓。《元丰九域志》云"贡漆器二十事"是已。《于頔传》：頔为襄阳节度，襄有髤器②，天下以为法。至頔骄蹇，故方帅不法者，称为"襄样节度"③。《旧唐书·职官志》：武德七年，改秦王、齐王下领三卫及库真、驱咥真④，并为统军。疑是周、隋间西边方言也⑤。记白乐天集曾有一说，而未之见。

【注释】
①十乘（shèng）：十车。花文：带花纹的漆器。②髤（xiū）器：漆器。涂上漆的器物。髤，以漆漆物。③骄蹇：傲慢，不顺从。襄样节度：唐时人对暴虐不法节度使的谑称。襄样，即"天下以为法"的襄州样式。④秦王：指李世民。齐王：指李元吉。均为李渊之子。三卫：见《随笔》卷二《韦苏州》注。⑤周：指南北朝时期的北周。

得意失意诗

旧传有诗四句夸世人得意者云："久旱逢甘雨，他乡见故知。洞房花烛夜，金榜挂名时。"好事者续以失意四句曰："寡妇携儿泣，将军被敌擒。失恩宫女面，下第举人心。"此二诗，可喜可悲之状极矣。

狄监卢尹

文潞公留守西京,年七十七,为耆英会①,凡十有二人。时富韩公年七十九,最长,至于太中大夫张问,年七十,唯司马公方六十四岁,用狄监、卢尹故事,亦预于会。或问狄、卢之说,乃见唐白乐天集,今所谓九老图者。怀州司马胡杲年八十九,卫尉卿吉皎年八十六,龙武长史郑据八十四,慈州刺史刘嘉、侍御史卢贞皆八十二,其年皆在元丰诸公之上。永州刺史张浑、刑部尚书白居易皆七十四。时会昌五年。白公序云:"六贤皆多年寿,予亦次焉。秘书监狄兼谟,河南尹卢贞,以年未七十,虽与会而不及列②。"故温公纪韩公至张昌言③,而自不书。今士大夫皆熟知此事,姑志狄、卢二贤,以示儿辈。但唐两卢贞,而又同会,疑文字或误云。

【注释】

①耆英会:文彦博留守西都洛阳,集年老的士大夫十一人,聚会作乐,时人谓之"洛阳耆英会"。②不及列:谓年龄达不到七十岁,不在其列。③张昌言:即上文提到的张问。

项韩兵书

汉成帝时,任宏论次兵书为四种,其《权谋》中有《韩信》三篇,《形势》中有《项王》一篇,前后《艺文志》载之,且云:"汉兴,张良、韩信序次兵法,凡百八十二家,删取要用,定著三十五家①。诸吕用事而盗取之②。"项、韩虽不得其死,而遗书可传于后者,汉世不废,今不复可见矣。

【注释】

①前后《艺文志》载之:在《汉书·艺文志》中,一前一后记载着。序次:

编次。要用：疑指重要而又有实用价值的。定著：审定著录。②诸吕：指高祖刘邦吕后（吕雉）的家族吕禄、吕产等。盗取之：窃为己有。

承天塔记

　　黄鲁直初谪戎、涪，既得归，而湖北转运判官陈举，以时相赵清宪与之有小怨，讦其所作《荆南承天塔记》，以为幸灾，遂除名羁管宜州①，竟卒于彼。今《豫章集》不载其文②，盖谓因之兆祸，故不忍著录。其曾孙䇓续编别集，始得见之。大略云："余得罪窜黔中，道出江陵，寓承天禅院，住持僧智珠方彻旧浮图于地③，而属曰：'余成功之后，愿乞文记之。'后六年，蒙恩东归，则七级岿然已立，于是作记。"其后云："儒者尝论一佛寺之费，盖中民万家之产，实生民谷帛之蠹④，虽余亦谓之然。然自省事以来，观天下财力屈竭之端，国家无大军旅勤民丁赋之政，则蝗旱水溢或疾疫连数十州，此盖生人之共业，盈虚有数⑤，非人力所能胜者邪！"其语不过如是，初无幸灾讽刺之意，乃至于远斥以死⑥，冤哉！

【注释】

　　①戎：戎州。涪（fú）：涪州。赵清宪：即赵挺之。卒后谥清宪。之：指黄庭坚。其：亦指黄庭坚。幸灾：因别人遭灾而高兴。羁管：拘管。宜州：州名。唐乾封中改粤州置。治龙水（今广西宜州市）。②豫章集：黄庭坚为洪州分宁人。分宁属豫章郡。③窜：放逐。黔中：郡名。治今四川彭水县。黄庭坚"贬涪州别驾、黔州安置"。见《宋史》本传。彻旧：毁坏旧的，另造新的。彻，毁坏。浮图：即佛塔。④中民：中等家产的人。生民：人民。谷帛：谷物与布帛。亦泛指衣食一类生活资料。蠹：蛀虫。引申以喻侵蚀或消耗国家财富的人或事。⑤省（xǐng）事：视事；处理政务。屈（jué）竭：枯竭；空乏。端：头；头绪。引申为缘由。勤民：劳苦百姓。丁赋：中国历代征收的一种丁口税，一般对男丁征收，有代役性质，如汉代的更赋、唐朝的庸。生人：犹生民。即人民。业：梵语"羯磨"。佛教谓在六道中生死轮回，是由业决定的。引申为罪孽。盈虚：盛衰，成败。此处似指祸福。有数：旧谓命中注定，有宿因。⑥远斥：斥，驱逐；贬斥。

穆护歌

郭茂倩编次《乐府》诗《穆护歌》一篇,引《历代歌辞》曰:"曲犯角①。"其语曰:"玉管朝朝弄,清歌日日新②。折花当驿路,寄与陇头人③。"黄鲁直题《牧护歌后》云:"予尝问人此歌,皆莫能说牧护之义。昔在巴、夔间六年,问诸道人,亦莫能说。他日,船宿云安野次,会其人祭神罢而饮福④,坐客更起舞,而歌《木瓠》。其词有云:'听说商人木瓠,四海五湖曾去。'中有数十句,皆叙贾人之乐,末云:'一言为报诸人,倒尽百瓶归去。'继有数人起舞,皆陈述己事,而始末略同。问其所以为木瓠,盖刳曲木状如瓠⑤,击之以为歌舞之节耳。乃悟穆护盖木瓠也。"据此说,则茂倩所序,为不知本原云。且四句律诗,如何便差排为犯角曲⑥,殊无意义。

【注释】

①穆护歌:乐府名。一作"牧护"。黄庭坚《题牧护歌后》谓在黔中闻赛神者夜歌,歌词有"听说侬家牧护","奠酒烧钱归去",谓是自叙生平之歌。犯:词曲变调,移换官商。曲犯角,即官调之曲变角声。②玉管:玉制的管。乐器。清歌:清亮的歌声。③驿路:驿道;大道。陇头人:即征人。南北朝时北朝有民歌《陇头流水歌》,写征人行经曲折高峻的陇坂,征途辛苦,发为悲歌。陇头,陇山。借指边塞。④夔(bó):夔道。古县名。道人:有极高道德的人。此处似指路人(路上的行人)。云安:县名。野次:野外止宿之处。饮福:祭毕饮供神酒,谓受神之福,故曰饮福。⑤刳(kū):剖挖。曲木:屈曲的木材。瓠(hù):瓠瓜。俗称瓠子。葫芦的一个变种。⑥四句律诗:即指"玉管朝朝弄"四句。差(chāi)排:调遣;安排。

省试取人额①

累举省试,锁院至开院②,限以一月。如未讫事,则申展亦不过十日,所奏名以十四人取一为定数③,不知此制起于何年。黄鲁直以元祐三年为贡院参详官④，有书帖一纸云："正月乙丑锁太学，试礼部进士四千七百三十二人。三月戊申具奏进士五百人。"乃是在院四十四日，而九人半取一人，视今日为不侔也。此帖载于别集。

【注释】
①省试：唐宋时各州县贡士到京师，由尚书省的礼部主试，通称省试，或礼部试，相当于明清时的会试。取人额：即现在所说的录取率。②累：屡次。锁院：见三笔卷七《赵丞相除拜》注。③奏名：科举考试，礼部将拟录取的进士名册送呈皇帝审核，称"奏名"。④参详官：官名。参详，参酌详审。

通印子鱼①

鱼通印之语，本出于王荆公《送张兵部知福州》诗"长鱼俎上通三印"之句②。盖以福州濒海多鱼，其大如此，初不指言为子鱼也。东坡始以"通印子鱼"对"披绵黄雀"，乃借"子"字与"黄"字为假对耳③。山谷所云"子鱼通印蠔破山"④，盖承而用之。陈正敏《遁斋闲览》云："其地有通应庙，庙前港中子鱼最佳。王初寮诗'通应子鱼盐透白'，正采其说。"郡人黄处权云："兴化子鱼，去城五十里地名迎仙者为上，所产之处，土人谓之子鱼潭而已，初无通应港之名。"有大神祠，赐额曰"显应"，乃《遁斋》所指之庙者，亦非"通应"也。潭傍又有小祠一间，庳陋之甚⑤，农家以祀田神，好事欲实《遁斋》之说，遂粉刷一扁，妄标曰"通应庙"，侧题五小字曰"元祐某年立"，此尤可笑。且用神庙封额以名土物⑥，它处未尝有也。

【注释】
①通印子鱼：即子鱼。通印，谓大可容印。②俎：古代割肉所用的砧板。③"东坡"句：苏轼《送牛尾狸与徐使君》诗："通印子鱼犹带骨，披绵黄雀漫多脂。"披绵：肥，脂厚。假对：诗文对偶中的借对。即内容虽不成对偶，但字面却成对偶，或谐声而成对偶者。子，谐声"紫"，所以与"黄"为假对。④蠔："蚝（háo）"的异体字。即牡蛎。⑤庳陋：矮小简陋。⑥封额：帝王颁赐的匾额。土物：某地特有的著名物产。

寿亭侯印

荆门玉泉关将军庙中,有寿亭侯印一钮①,其上大环,径四寸,下连四环,皆系于印上。相传云:绍兴中,洞庭渔者得之,入于潭府②,以为关云长封汉寿亭侯,此其故物也,故以归之庙中。南雄守黄兑见临川兴圣院僧惠通印图形,为作记。而复州宝相院又以建炎二年,因伐木,于三门大树下土中深四尺余,得此印,其环并背俱有文云:"汉建安二十年寿亭侯印。"今留于左藏库。邵州守黄沃叔启庆元二年复买一钮于郡人张氏,其文正同,只欠五系环耳。予以谓皆非真汉物,且汉寿乃亭名,既以封云长,不应去汉字,又其大比它汉印几倍之。闻嘉兴王仲言亦有其一。侯印一而已,安得有四?云长以四年受封,当即刻印,不应在二十年,尤非也。是特后人为之以奉庙祭,其数必多。今流落人间者,尚如此也。予为黄叔启作辨跋一篇,见《赘稿》。

【注释】

①荆门:军名。玉泉:山名。在湖北当阳县西北。钮:枚;方。计量印数的量词。②潭府:潭,潭州。

茸附治疽漏

时康祖病心痔二十年①,用《圣惠方》治腰痛者鹿茸、附子服之,月余而愈,《夷坚己志》书其事。予每与医言,辄云:"痈疽之发,蕴热之极也,乌有翻使热药之理?"福州医郭晋卿云:"脉陷则害漏,陷者冷也,若气血温暖,则漏自止,正用得茸、附。"按《内经·素问·生气通天论》曰:"陷脉为瘘,留连肉腠②。"注云:"陷脉谓寒气陷缺其脉也,积寒留舍,经血稽凝,久淤内攻,结于肉理,故发为瘘瘘③,肉腠相连。"此说可谓明白,故复记于此,庶几或有助于疡医云④。

【注释】

①心痔：即痔漏。因为心主血脉，故称心痔。②内经：《黄帝内经》的简称，现分为《素问》《灵枢》两书。是我国现存较早的重要医学文献。痿（wěi）：中医病名。症见肢体萎弱、筋脉弛缓。腠（còu）：肌肉的纹理。③留舍：留宿。即止留。经血：经指经脉。人体中气血运行的径路。稽凝：留止积聚。瘀：积血。疡：溃烂。瘘（lòu）：即瘘管。空腔脏器与体表或空腔脏器之间不正常的通道。前者为外瘘，后者为内瘘。④疡医：周代医官名。后世指治疮伤的外科医生。

莆田荔枝

莆田荔枝，名品皆出天成①，虽以其核种之，终与其本不相类。宋香之后无宋香，所存者孙枝尔②。陈紫之后无陈紫③，过墙则为小陈紫矣。《笔谈》谓焦核荔子④，土人能为之，取本木，去其大根，火燔令焦，复植于土，以石压之，令勿生旁根，其核自小。里人谓不然，此果形状，变态百出，不可以理求，或似龙牙，或类凤爪，钗头红之可簪，绿珠子之旁缀⑤，是岂人力所能加哉？初，方氏有树，结实数千颗，欲重其名，以二百颗送蔡忠惠公⑥，绐以常岁所产止此。公为目之曰"方家红"，著之于谱，印证其妄。自后华实虽极繁茂，逮至成熟，所存者未尝越二百，遂成语谶。此段已载《遁斋闲览》中，郡士黄处权复志其详如此。

【注释】

①天成：不假人工，自然而成。②宋香：荔枝珍贵品种。又名宋家香。肉肥核小，蒂实有异香。以出于宋诚家，故名。孙枝：新长出的枝丫。③陈紫：荔枝名品之一。相传出宋兴化军（治莆田）秘书省著作佐郎陈琦家，色泽鲜紫，故名。④笔谈：指《梦溪笔谈·杂志一》。⑤里人：同里的人，同乡。钗头红、绿珠子：皆荔枝名。⑥蔡忠惠公：指蔡襄。卒后谥忠惠。蔡襄为兴化仙游人，著有《荔枝谱》。⑦语谶（chèn）：预言。

双陆不胜

《新唐书·狄仁杰传》,武后召问梦双陆不胜①,何也?仁杰与王方庆俱在,二人同辞对曰:"双陆不胜,无子也。天其意者以儆陛下乎②?"于是召还庐陵王③。《旧史》不载,《资治通鉴》但书鹦鹉折翼一事④。而《考异》云:"双陆之说,世传《狄梁公传》有之,以为李邕所作,而其词多鄙诞⑤,疑非本书,故黜不取。"《艺文志》有李繁《大唐说纂》四卷,今罕得其书,予家有之,凡所纪事,率不过数十字,极为简要,《新史》大抵采用之。其《忠节》一门曰:"武后问石泉公王方庆曰⑥:'朕夜梦双陆不胜,何也?'曰:'盖谓宫中无子,意者恐有神灵儆夫陛下。'因陈人心在唐之意,后大悟,召庐陵王,复其储位,俾石泉公为宫相以辅翊之⑦。"然则《新史》兼采二李之说,而为狄为王莫能辨也。《通鉴》去之,似为可惜。

【注释】

①狄仁杰:见《三笔》卷十二《大贤之后》"狄梁公"注。双陆:古代博戏。盛行于南北朝及隋唐时。因局如棋盘,左右各有六路,故称双陆(音liù)。②意者:表示测度。大概,或许,恐怕。儆:告戒;警告。③庐陵王:即中宗李显。高宗李治和武则天的儿子。李显继位后,武则天临朝称制。嗣圣元年(684年)二月,武则天废李显为庐陵王,并把他先后迁移到均州和房陵。圣历元年(698年),李显被召还东都洛阳,重新立为皇太子。神龙元年(705年),武则天被逼迫将帝位传给了李显。④《资治通鉴》书鹦鹉折翼:一日,太后(武则天)"谓仁杰曰:'朕梦大鹦鹉两翼皆折,何也?'对曰:'武者,陛下之姓,两翼,二子也。陛下起二子,则两翼振矣。'"按:此前,武则天之子李显被废为庐陵王,李旦被降为皇嗣。⑤考异:对书籍的文字或所记事实异同的考订(考证史料异同,说明去取之意)。《资治通鉴》二百九十四卷,另有目录考异各三十卷。鄙诞:浅陋荒诞。⑥石泉公王方庆:王方庆,官至太子左庶子,封石泉(县)公。⑦储位:太子之位。宫相:唐代太子官属有詹事府,统理一切政务;又有左右二春坊,掌管各局。詹事府长官和春坊长官叫宫相。左庶子即为左春坊长官。见卷十五《官称别名》"太子庶子"注。辅翊:辅佐,辅助。

华元入楚师

《左传》：楚庄王围宋，宋华元夜入楚师，登子反之床，起之曰："寡君使元以病告①。"子反惧，与之盟，而退三十里。杜注曰："兵法：因其乡人而用之，必先知其守将左右谒者、门者之姓名，因而利道之②。华元盖用此术，得以自通③。"予按前三年晋、楚邲之战，随武子称楚之善曰："军行，右辕，左追蓐，前茅虑无，中权后劲，军政不戒而备④。"大抵言其备豫之固⑤。今使敌人能入上将之幕而登其床，则刺客奸人，何施不得？虽至于王所可也，岂所谓军制乎⑥？疑不然也。《公羊传》云："楚使子反乘堙而窥宋城⑦，宋华元亦乘堙而出见之。"其说比《左氏》为有理。

【注释】

①华（huà）元，春秋时宋国大夫。官为右师。子反：楚军主将公子侧。官司马。起之：叫醒子反。病：贫困。艰难困苦。指困难处境。②乡人：谓同一乡的人。《孙子兵法·用间篇》："因间者，因其乡人而用之。"唐杜牧注："因敌乡国之人而厚抚之，使为间也。"必先知其守将：《孙子兵法》此句为"必先知其守将、左右、谒者、门者、舍人之姓名"。利道（dǎo）：以利引（诱）导。③自通：顺利进入楚营。④邲（bì）：古地名。春秋郑地（楚军围郑，晋师救郑）。随武子：即士会。晋师上军主帅。军行：军队出征。右辕：右军跟随主将车辕。左追蓐：左军搜寻干草以备宿营之用。蓐（rù），陈草复生。引申为卧止之草。前茅虑无：前锋持茅旌探路，侦察情况，以防意外。茅，即旌。中权：中军权衡谋划，制定作战策略。权，谋略，计谋。杜预注："中军制谋。"后劲：以精兵劲旅殿后。军政：军中政事。不戒而备：不待敕令而完备。⑤备豫：预备，事先有所准备。⑥军制：军事制度，即组织、管理、发展和储备军事力量的制度。此处主要指军队管理制度。⑦堙（yīn）：环城堆成的土山。

公羊用叠语①

《公羊传》书楚子围宋,宋人及楚人平事,几四百字。其称"司马子反"者八,又再曰"将去而归尔","然后而归尔","然后归尔","臣请归尔"②,"吾亦从子而归尔"。又三书"军有七日之粮尔"③,凡九用"尔"字,然不觉其烦。

【注释】

①此篇引文见宣公十五年。叠语:重复的字。②将去而归尔:(楚军)将离开宋国而回楚国。臣请归尔:此为子反请示庄王。下句是庄王回答子反的话。③军有七日之粮尔:指楚军。

文书误一字

文书一字之误,有绝系利害者,予亲经其三焉,至今思之,犹为汗下①。乾道二年冬,蒙恩召还,过三衢,郡守何德辅问奏对用几札,因出草稿示之,其一乞蠲减鄱阳岁贡诞节金千两事,言此贡不知起于何时,或云艺祖初下江南,郡库适有金,守臣取以献长春节②,遂为故事。误书"长春"为"万春",乃金主褒节名也③。德辅读之,指以相告,予悚然面发赤,亟改之。三年,以侍讲讲《毛诗》,作发题,引孔子于《论语》中说《诗》处云:"不学《诗》,无以言。"误书"言"为"立",已写进读正本④,经筵吏袁显忠曰:"恐是言字。"予愧谢之。淳熙十三年在翰苑,作《赐安南国历日诏》云:"兹履夏正,载颁汉朔⑤。"书"夏正"为"周正",院吏以呈宰执,周益公见而摘其误⑥,吏还以告,盖语顺意同,一时不自觉也。

【注释】

①汗下:因羞愧而出汗。②三衢:地名。在今浙江衢州市。因境内有三

衢山，故又以三衢称衢州。长春节：艺祖赵匡胤生日。③金主褒节名：金国国主完颜褒（即世宗完颜雍）的生日。④发题：阐发题意。此处指阐发题意之文。进读：在皇帝前朗读阐发题意之文。⑤安南：唐调露元年（679年）在今越南北部置安南都护府，省称安南府。"安南"之名始此。五代晋时独立，建国号为瞿越、大越等。北宋开宝三年（970年）封其王为安南郡王，八年又封为安南都护、交趾郡王，南宋淳熙元年改封安南国王，此后即称其国为安南。履：实行；执行。夏正（zhēng）：夏历正月的省称。按夏、商、周三代历法不同：夏代以正月为岁首，商代以夏十二月、周代以夏十一月为岁首。三代以后，秦代及汉初曾以夏历十月为正月。自汉武帝改用夏正后，历代沿用。载：作语助，无义。朔：指朔政（古代帝王每年季冬颁发来年的历日与政令，诸侯受而行之）。⑥擿（tì）：揭发。

历代史本末

古者世有史官，其著见于今，则自《尧》《舜》二典。始，周之诸侯各有国史，孔子因鲁史记而作《春秋》，左氏为之传，《郑志》《宋志》、晋、齐太史、南史氏之事皆见焉①。更纂异同以为《国语》②。汉司马谈自以其先周室之太史，有述作之意，传其子迁，紬金匮石室之书，罔罗天下放失旧闻，述黄帝以来至于元狩，驰骋古今，上下数千载间，变编年之体为十二本纪、十表、八书、三十世家、七十列传③，凡百三十篇。而十篇有录无书，元、成之间，褚先生补缺，作《武帝纪》《三王世家》《龟策》《日者列传》，张晏以为言辞鄙陋，今杂于书中。而《艺文志》有冯商续太史公七篇，则泯没不见。司马之书既出，后世虽有作者，不能少紊其规制④。班彪、固父子，以为汉绍尧运建帝业，而六世史臣，追述功德，私作本纪，编于百王之末，厕于秦、项之列⑤。故采纂前纪，缀辑旧闻⑥，以述《汉书》，起于高祖，终于王莽之诛，大抵仍司马氏，第更八书为十志，而无世家，凡百卷。固死，其书未能全，女弟昭续成之，是为《前汉书》。荀悦《汉纪》则续所论著者也⑦。后汉之事，初命儒臣著述于东观，谓之《汉纪》。其后有袁宏纪、张璠、薛莹、谢承、华峤、袁山松、刘义庆、谢沈皆有书。宋范晔删采为十纪、八十列传，是为《后汉书》，而张璠以下诸家尽废，其志则刘昭所补也。三国杂史至多，有王沈《魏书》、元行冲《魏典》、鱼豢《典略》、张勃《吴录》、韦昭《吴书》、孙盛《魏春秋》、司马彪《九州春秋》、丘悦《三国典略》、员半千《三国春秋》、虞溥《江表传》，今唯以陈寿书为定，是为《三国志》。《晋书》则有王隐、虞预、谢灵运、臧荣绪、孙绰、干宝诸家，唐太宗诏房乔、褚遂良等修定为百三十卷，以四论太宗所作⑧，故总名之曰"御撰"，是为《晋书》，至今用之。南北两朝各四代，而僭伪之国十数，其书尤多，如徐爰、孙严、王智深、顾野王、魏澹、张大素、李德林之正史，皆不传。今之存者，沈约《宋书》、萧子显《齐书》、姚思廉《梁、陈书》、魏收《魏书》、李百药《北齐书》、令狐德棻《周书》、魏郑公《隋书》⑨。其它国则有和包《汉赵纪》、田融《赵石记》、范亨《燕书》、王景晖《南燕录》、高闾《燕志》、刘昞《凉书》、裴景仁《秦记》、崔鸿《十六国春秋》、萧方、武敏之《三十国春秋》⑩。李太师延寿父子悉取为《南史》八十卷，《北史》百卷。今沈约以下八史虽存，而李氏之书独行，是为《南北史》。唐自高祖至于武宗，有《实录》，后唐修为书，刘昫所上者是已，而猥杂无统⑪。国朝庆历中，复诏刊修，历十七年而成，欧阳文忠公主纪、表、志，宋景文公主传，今行于世。梁、唐、晋、汉、周谓之《五代》，国初监修国史薛居正提举上之。其后欧阳芠为《新书》，故唐、五代史各有旧新之目。凡十七代，本末如此，稚儿数以为问，故详记之。

【注释】

①南史：春秋齐国史官。南史氏之事见《左传·襄公二十五年》。封建史家多以他与董狐并称，作为撰写历史"直书"的典型。董狐为晋国太史。②纂：拢聚；汇集。③述作：述，阐述前人成说；作，创作。后用以指撰写著作。紬（chōu）：抽引；理出丝缕的头绪。引申为寻绎义理，缉成条理。金匮石室：汉代藏重要文书档案的处所。放失（yì）：失，通"佚"。散失。旧闻：指往昔的典籍和传闻。驰骋：见《随笔》卷七《七发》注。一说比喻涉猎。编年体：中国传统史书的一种体裁。特点是按时间顺序编排史实。④规制：规格制式。⑤六世：指战国时期除秦之外的六国。百王：历代帝王。厕：置。秦、项：指《史记》的《秦本纪》和《项羽本纪》。⑥采纂：收集编纂。缀辑：编辑。⑦续所论著者：意谓把《汉书》纪传体的内容改为编年体史书。续，连接；连属。论著：论述和著述。⑧四论：即宣帝司马懿、武帝司马炎两纪和陆机、王羲之

两传的后论。⑨宋书：宋，指南朝刘宋。⑩汉赵纪：东晋及十六国时期，由刘渊建立的汉（又称"前赵"）国的史书。赵石纪：由石勒建立的后赵的史书。⑪猥杂：繁杂；杂乱。无统：没有系统。

〔补注〕①泯没（mò）：形迹消亡。②删采：犹删取。谓经过删除，取其精要。

贤者一言解疑谮

贤者以单词片言，为人释谤解患，卓卓可书者①，予得两事焉。秦氏当国时，先忠宣公、郑亨仲资政、胡明仲侍郎、朱新仲舍人，皆在谪籍②，分置广东。方务德为经略帅③，待之尽礼。秦对一客言曰："方滋在广部，凡得罪于朝廷者，必加意护结，得非欲为异日地乎④？"客曰："非公相有云，不敢辄言。方滋之为人，天性长者，凡于人唯以周旋为志，非独于迁客然也。"秦悟曰："方务德却是个周旋底人。"其疑遂释。当时使一憸巧者承其间，微肆一语⑤，方必得罪，而诸公不得安迹矣。言之者可谓大君子，当求之古人中。严陵王大卞赴曲江守，过南安，谒张先生子韶，从容言："大卞顷在检院，以罗彦济中丞章去国，其后彦济自吏书出守严，遂迁避于兰溪⑥。彦济到郡，遗书相邀曰：'与君有同年之契，何为尔⑦？'不得已，复还。既见，密语云：'前此台评，乃朱新仲所作，托造物之意以相授，一时失于审思⑧，至今为悔。'此事既往，今适守韶，而朱在彼，邂逅有弗惬⑨，为之奈何？"张揣其必将修怨⑩，即云："国先为君子为小人，皆在此举。"王悚然曰："谨受教⑪。"至则降意弥缝⑫，终二年，不见分毫行迹，盖本自相善也。予曩侍张公坐，闻其言，故追纪之。

【注释】

①释谤：谓消除诽谤。卓卓：突出貌。②资政：本为宋代殿名。罢政的宰相，或其他大臣，授以资政殿大学生，即称资政。谪籍：被贬谪官员的名册。亦借指谪降者的行列。③经略：即经略使。④护结：庇护并结交。为异日地：为着将来自己的后路着想。⑤憸（xiān）巧：诌媚，逢迎弄巧。肆：宣扬；传播。微肆一语：稍微胡乱说一句逢迎的话。⑥曲江：县名。汉置。旧治广东省韶关

市南。检院:即登闻检院。官署名。章:奏章。迁避:迁移以躲避之。⑦同年之契:即同年之好。契,合;投合。何为尔:为什么要躲避我?⑧造物:古时以为万物是天造的,故称天为"造物"。此处指帝王。审思:慎重考虑。⑨韶:韶关。邂逅:不期而会。弗惬:不愉快。⑩修怨:报怨。⑪谨受教:恭听(您的)教诲。⑫降意:降心相从,屈意。弥缝(féng):弥补缝缀。谓补救行事的阙失。

卷第九（十六则）

蒋魏公逸史

蒋魏公《逸史》二十卷，颖叔所著也，多纪当时典章文物①。云旧有数百册，兵火间尽失之，其曾孙荐始捃摭遗稿，而成此书，将以奏御，以其副上之太史，且板行之②，传之天下后世，既而不果。蒋公在熙宁、元祐、崇宁时，名为博闻强识，然阅其论述，颇有可议，恨不及丞相在日与之言③。其一云："行、守、试，视其官品之高下，除者必带本官，吕晦叔除守司空而不带金紫光禄大夫者，此翰林之失也，既不带官，不当著'守'字，故晦叔辨之，遂去'守'字，为正司空，议者谓超过特进、东宫三太、仪同矣④。"予谓行、守、试必带正官，固也。然自改官制以后，既为司空，自不应复带阶官⑤。吕从金紫迁，只是超特进一级耳，东宫三太，何尝以为宰相官？仪同又系使相也，吕亦无自辨之说。其二云："文潞公既为真太师矣，其罢也⑥，乃加'守'字，潞公怏怏，诸公欲为去之，议者谓非典故，潞公之意，止欲以真太师致仕耳，诸公曰：'如此可乎？'曰：'不可，为真太师则在宰相之上。'竟不去'守'字，但出札子，令权去之。"案潞公本以开府仪同三司守太师，河东节度使致仕，入为平章军国重事，故系衔只云太师。及再致仕，悉还旧称，当时有旨于制词内除去"守"字，以尝正任太师也。所谓札子权去，恐或不然。其三云："旧制，执政双转，谓自工部侍郎转刑部，刑部转兵部，兵部转工部尚书。惟宰相对转⑦，工部侍郎直转工书，比执政三迁也。"予考旧制，执政转官，与学士等。六侍郎则升两曹，以工、礼、刑、户、兵、吏为叙，至兵侍者，转右丞，至吏侍者，转左丞，皆转工书，然后细迁⑧。今言兵侍即转工书，非也。宰相为侍郎者，升三曹，为尚书者，双转。如工侍转户侍，礼侍转兵侍，若系户侍，当改二丞，而宰相故事不立丞，故直迁尚书。今言工侍对转工书，非也。其四云："杨察为翰林学士，一夜当三制，刘沉以参知政事，富弼以宣徽使，皆除宰相。宣徽在参政下，则富当在刘下，乃误以居上，人皆不觉其失，惟学士李淑知之，扬言其事，遂贴麻改之。"予考国史，至和元年八月，刘沆以参知政事拜集贤相。二年六月，以忠武军节度使知永兴军文彦博为昭文相，位第一，刘沆迁史馆相，位第二，宣徽南院使判并州富弼为集贤相，位第三，其夕三制是已。而刘先一年已在相位，初无失误贴改之说。其五云："有四仪同：一曰开府仪同三司，二曰仪同三司，三曰左仪同三司，四曰右仪同三司。"案自汉邓骘始为仪同三司，魏晋以降，但有开府仪同三司之目，周、隋又增上字为一阶，又改仪同三司为仪同大将军，又有开府、上开府、仪同、上仪同，班列益卑⑨，未尝有左右之称也。后进不当辄议前辈，因孙偓有问⑩，书以示之。

【注释】

①蒋魏公：即蒋之奇。字颖叔。徽宗崇宁三年卒，追封魏国公。典章文物：指法令、礼乐、制度等。②捃（jùn）摭：摘取；搜集。奏御：上奏帝王。副：复制本。板行：雕板印刷发行。③博闻强识（zhì）：见闻广博，记忆力强。丞相：指作者长兄洪适，卒于1184年。《四笔》成书于1196—1197年。与之言：与长兄讨论《逸史》的可议之处。④试：唐宋官制之一。唐制，担任某一官职，但无正式任命，称为"试"。宋代任职低于阶官名衔二等，称为"试"。吕晦叔：见《随笔》卷十二《元丰官制》"吕申公"注。翰林之失：翰林指翰林学士。北宋翰林学士掌制诰。所以说为翰林之失误。东宫三太：指太子太师、太子太傅、太子太保。仪同：即仪同三司。官名。⑤阶官：表示官员品级的称号，以别于职事官而言。如正一品为光禄大夫，从一品为荣禄大夫之类；只用于封赠，并非实官。⑥其罢也：指罢免平章军国重事。⑦对转：旧指官吏不按秩递升而直接越级迁调。⑧细迁：按秩迁叙。⑨邓骘（zhì）："延平元年（公元106年），拜骘车骑将军、仪同三司。仪同三司始自骘也。"《后汉书·邓寇列传》邓禹之孙邓骘）班列：犹言位次。⑩孙偓：指洪迈之孙洪偓。

沈庆之曹景宗诗

宋孝武尝令群臣赋诗，沈庆之手不知书，每恨眼不识字，上逼令作诗，庆之曰："臣不知书，请口授师伯。"上即令颜师伯执笔，庆之口授之曰："微生遇多幸，得逢时运昌。朽老筋力尽，徒步还南冈。辞荣此圣世，何愧张子房①？"上甚悦，众坐并称其辞意之美。梁曹景宗破魏军还，振旅凯入，武帝宴饮联句，令沈约赋韵，景宗不得韵，意色不平，启求赋诗，帝曰："卿伎能甚多，人才英拔②，何必止在一诗？"景宗已醉，求作不已。时韵已尽，唯余竞、病二字，景宗便操笔，其辞曰："去时儿女悲，归来笳鼓竞③。借问行路人，何如霍去病④？"帝叹不已，约及朝贤，惊嗟竟日⑤。予谓沈、曹二公，未必能办此，疑好事者为之，然正可为一佳对，曰："辞荣圣世，何愧子房？借问路人，何如去病？"若全用后两句，亦自的切⑥。

【注释】

①张子房：即刘邦重要谋臣张良。西汉建立并趋稳定，想辞官归隐。②英拔：英俊挺拔。超群出众之意。③笳鼓：笳声与鼓声。借指军乐。④何如：用反问的语气表示胜过或不如。霍去病：西汉武帝时名将。官至骠骑将军，封冠平侯。前后六次出击匈奴，解除了匈奴对汉王朝的威胁。北魏为鲜卑族拓跋部所建，正可与匈奴相提并论。⑤朝贤：朝中的贤人。常用以泛称朝臣。惊嗟：犹惊叹。⑥的（dí）切：确当；贴切。

蓝尾酒

白乐天元日对酒诗云："三杯蓝尾酒，一楪胶牙饧①。"又云："老过占他蓝尾酒，病余收得到头身。""岁盏后推蓝尾酒，春盘先劝胶牙饧②。"《荆楚岁时记》云："胶牙者，取其坚固如胶也。"而蓝尾之义，殊不可晓。《河东记》载申屠澄与路傍茅舍中老父、妪及处女环火而坐，妪自外挈酒壶至曰："以君冒寒，且进一杯。"澄因揖，逊曰："始自主人翁，即巡澄③，当婪尾。"盖以蓝为婪，当婪尾者，谓最在后饮也。叶少蕴《石林燕语》云："唐人言蓝尾多不同，蓝字多作啉，出于侯白《酒律》，谓酒巡匝④，末坐者连饮三杯，为蓝尾，盖末坐远，酒行到常迟，故连饮以慰之，以啉为贪婪之意。或谓啉为爁⑤，如铁入火，贵其出色，此尤无稽。则唐人自不能晓此义。"叶之说如此。予谓不然，白公三杯之句，只为酒之巡数耳⑥,安有连饮者哉?侯白滑稽之语,见于《启颜录》。《唐艺文志》,白有《启颜录》十卷、《杂语》五卷,不闻有《酒律》之书也。苏鹗《演义》亦引其说。

【注释】

①楪(dié):同"碟"。胶牙饧:即麦芽糖。饧,古"糖"字,亦作"餳"。用麦芽或谷芽等熬成的糖。黏性很强。②春盘:古代习俗,立春日用蔬菜、水果、饼饵等装盘,馈送亲友,叫做"春盘"。③即巡澄。巡,依次斟饮。④叶少蕴:即叶梦得。字少蕴。啉(lán):古称行酒一巡。巡匝:轮流一圈。⑤燨:音lǎn。焦黄。⑥白公三杯之句:指白乐天"三杯蓝尾酒"之句。酒之巡数:巡,遍。

欧阳公辞官

欧阳公自亳州除兵部尚书知青州,辞免至四①,云:"恩典超优,迁转颇数。臣近自去春由吏部侍郎转左丞,未逾两月,又超转三资,除刑部尚书。今才逾岁,又超转两资。尚书六曹,一岁之间,超转其五。"累降诏不从其请。此是熙宁元年未改官制时,今人多不能晓。盖昔者左右丞在尚书下,所谓左丞超三资除刑书者,谓历工、礼乃至刑也。下云又超两资者,谓历户部乃至兵也。其上唯有吏部,故言尚书六曹,超转其五云。

【注释】

①辞免:请求辞官免职。即辞免兵部尚书。

南北语音不同

南北语音之异,至于不能相通,故器物花木之属,虽人所常用,固有不识者。如毛、郑释《诗》,以梅为楠,竹为王刍,蒌为翘翘之草是矣①。颜师古注《汉书》亦然。淮南王安《谏武帝伐越书》曰:"舆轿而逾领②。"服虔曰:"轿音桥,谓隃道舆车也。"臣瓒曰:"今竹舆车也,江表作竹舆以行。"项昭曰:"陵绝水曰轿③,音旗庙反。"师古曰:"服音、瓒说是也,项氏谬矣。此直言以轿过领耳,何云陵绝水乎?旗庙之音,无所依据。"又《武帝纪》:"戈船将军。"张晏曰:"越人于水中负人船,又有蛟龙之害,故置戈于船下,因以为名。"瓒曰:"《伍子胥书》有戈船,以载干戈,因谓之戈船也。"师古曰:"以楼船之例言之,则非为载干戈也。此盖船下安戈戟以御蛟鼍水虫之害。张说近之。"二说皆为三刘所破,云:"今南方竹舆,正作旗庙音④,项亦未为全非。颜乃西北人,随其方言,遂音桥。"又云:"船下安戈戟,既难厝置⑤,又不可以行。且今造舟船甚多,未尝有置戈者,颜北人,不知行船。瓒说是也。"予谓项音轿字是也,而云陵绝水则谬,故刘公以为未可全非。张晏云"越人于水中负船",尤可笑。

【注释】

①蒌(lóu):草名。即白蒿。②舆:乘坐。隃(yú):逾越。③陵绝:跨越、横越。④三刘:见《三笔》卷一《象载瑜》注。其中,刘奉世,字仲冯。旗庙音:即音jiào。⑤厝(cuò)置:措置,处理。

南舟北帐

顷在豫章,遇一辽州僧于上蓝①,与之闲谈,曰:"南人不信北方有千人之帐,北人不信南人有万斛之舟,盖土俗然也。"《法苑珠林》云:"山中人不信有鱼大如木,海上人不信有木大如鱼。胡人见锦,不信有虫食树吐丝所成。吴人身在江南,不信有千人毡帐,及来河北,不信有二万硕船②。"辽僧之谈合于此。

【注释】

①上蓝:敬称佛寺。蓝,伽(qié)蓝的简称。②二万硕船:容纳装载二万石粮食的大船。

魏冉罪大

自汉以来，议者谓秦之亡，由商鞅、李斯。鞅更变法令，使民不见德，斯焚烧诗书，欲人不知古，其事固然。予观秦所以得罪于天下后世，皆自挟诈失信故耳。其始也，以商於六百里啖楚绝齐，继约楚怀王入武关，辱为藩臣①，竟留之至死。及其丧归，楚人皆怜之，如悲亲戚。诸侯由是不直秦，未及百年，"三户亡秦"之语遂验②。而为此谋者，张仪、魏冉也。仪之恶不待言，而冉之计颇隐，故不为世君子所诛③。当秦武王薨，诸弟争立，唯冉力能立昭王④。冉者，昭王母宣太后之弟也。昭王少，太后自治事⑤，任冉为政，威震秦国，才六年而诈留楚王，又怒其立太子，复取十六城。是时，王不过十余岁，为此者必冉也。后冉为范雎所间而废逐⑥。司马公以为冉援立昭王，除其灾害⑦，使诸侯稽首而事秦，秦益强大者，冉之功也。盖公不细考之云。又尝请赵王会渑池，处心积虑，亦与诈楚同，赖蔺相如折之⑧，是以无所成，不然，与楚等耳！冉区区匹夫之见，徒能为秦一时之功，而贻秦不义不信之名万世不灭者，冉之罪诚大矣！

【注释】

①啖：引诱；利诱。武关：战国秦置。公元前299年秦昭王诱楚怀王熊槐相会于此，执以入秦。藩臣：藩属的大臣。亦作"蕃臣"。②不直：不信任。三户亡秦：《史记·项羽本纪》："楚虽三户，亡秦必楚也。"臣瓒注曰："楚人怨秦，虽三户犹足以亡秦也。"后常用"三户"比喻虽地小人寡，犹可发奋图强。遂验：陈胜吴广起义爆发后，项羽、刘邦起兵，都属楚怀王熊心节制，前206年，刘邦灭秦。③诛：抨击；以言语责备。④唯冉力能立昭王：只有魏冉的势力能够拥立秦昭王。⑤自治事：亲自管理国事。⑥间（jiàn）：离间。合者使离，亲者使疏。废逐：废黜放逐。⑦灾害：天灾人祸造成的损害。此处主要指内忧。⑧渑（miǎn）池：古城名。公元前279年秦昭王和赵惠文王会盟于此。折（zhé）：挫败。

辩秦少游义倡

《夷坚己志》载潭州义倡事，谓秦少游南迁过潭，与之往来，后倡竟为秦死，常州教授钟将之得其说于李结次山，为作传。予反复思之，定无此事，当时失于审订[1]，然悔之不及矣。秦将赴杭倅时，有妾边朝华，既而以妨其学道，割爱去之，未几罹党祸[2]，岂复眷恋一倡女哉？予记国史所书温益知潭州，当绍圣中，逐臣在其巡内，若范忠宣、刘仲冯、韩川原伯、吕希纯子进、吕陶元钧，皆为所侵困。邹公南迁过潭，暮投宿村寺，益即时遣州都监将数卒夜出城，逼使登舟，竟凌风绝江去[3]，几于覆舟。以是观之，岂肯容少游款昵累日[4]？此不待辩而明，《己志》之失著矣！

【注释】

①审订：审查订正。②倅（cuì）：副职。指秦少游出任杭州通判。罹（lí）：遭遇不幸的事。党祸：指因结朋党而酿成的灾祸。参考《三笔》卷十六《蹇氏父子》"缙绅之祸"注。③邹公：指邹浩。字志完。坐谏立刘后，谪新州。凌风绝江：形容速度迅疾。凌风，驾着风。绝，横渡；越过。④款昵：友好亲昵。

姓源韵谱

姓氏之书，大抵多谬误。如唐《贞观氏族志》，今已亡其本。《元和姓纂》，诞妄最多[1]。国朝所修《姓源韵谱》，尤为可笑。姑以洪氏一项考之，云："五代时有洪昌、洪杲，皆为参知政事。"予按二人乃五代南汉僭主刘䶮之子，及晟嗣位，用为知政事，其兄弟本连"弘"字，以本朝国讳[2]，故《五代史》追改之，元非姓洪氏也。此与洪庆善序丹阳弘氏云："有弘宪者，元和四年尝跋《辋川图》"，不知弘宪乃李吉甫之字耳，其误正同。《三笔》已载此说。

【注释】

①诞妄：荒诞虚妄。②龑（yǎn）：刘龑自造以为名的字。本朝国讳：宋朝开国君主赵匡胤之父名赵弘殷，所以宋朝讳"弘"字。

誉人过实

称誉人过实，最为作文章者之疵病①，班孟坚尚不能免。如荐谢夷吾一书，予盖论之于《三笔》矣。柳子厚复杜温夫书云："三辱生书，书皆逾千言，抵吾必曰周、孔②，周、孔安可当也？拟人必于其伦③。生来柳州，见一刺史即周、孔之④，今而去我，道连而谒于潮，又得二周、孔。去之京师，京师显人，为文词立声名以千数，又宜得周、孔千百。何吾生胸中扰扰焉多周、孔哉⑤？"是时，刘梦得在连，韩退之在潮，故子厚云然。此文人人能诵，然今之好为谀者，固自若也。予表出之，以为子孙戒。张说贺魏元忠衣紫曰："公居伊、周之任⑥。"即为二张所谗⑦，几于陨命。此但形于语言之间耳。

【注释】

①疵病：缺点；毛病。②三辱生书：承蒙您多次来信。辱，谦词，犹言承蒙。抵吾：遇到我。抵，遇到。③拟人：与他人相比拟。④刺史：柳宗元时为柳州刺史。⑤扰扰：纷乱貌。⑥衣紫：身穿紫袍。大官装束，亦指做大官。唐代官服颜色，按官阶从高到低为紫、朱、绿、青。按：圣历二年（699年），魏元忠为凤阁侍郎、同凤阁鸾台平章事。伊：伊尹。⑦二张：指张易之、张昌宗。武则天的嬖宠。二张欲陷害元忠，引张说为证。张说伪许之。至对证时，张说不应。于是二张以张说之言为借口，连同陷害张说。

作文句法

作文旨意句法，固有规仿前人，而音节锵亮不嫌于同者①。如《前汉书·赞》云："竖牛奔仲叔孙卒②，邱伯毁季昭公逐③，费忌纳女楚建走④,宰嚭谮胥夫差丧⑤,李园进妹春申毙⑥,上官诉屈怀王执⑦,赵高败斯二世缢⑧,伊戾坎盟宋痤死⑨,江充造蛊太子杀⑩,息夫作奸东平诛⑪。"《新唐书》效之云:"三宰啸凶牝夺辰⑫,林甫将蕃黄屋奔⑬,鬼质败谋兴元蹙⑭,崔、柳倒持李宗覆⑮。"刘梦得《因论傲舟》篇云:"越子膝行吴君忽⑯,晋宣尸居魏臣怠⑰,白公厉剑子西哂⑱,李园养士春申易⑲。"亦效班史语也。然其模范,本自《荀子·成相》篇⑳。

【注释】

①规仿:摹拟仿效。锵亮:洪亮。嫌:避忌。②竖牛奔仲叔孙卒:叔孙(豹)庶子牛在家做小臣(即竖),谗毁叔孙嫡子仲壬,叔孙怒而逐之,仲奔齐。叔孙受牛虐待而饿死(卒)。见《左传·昭公四年》。③郈伯毁季昭公逐:郈昭伯毁季平子于鲁昭公,昭公想除去专国政的季氏,伐平子而不胜,被逐出鲁国。见《左传·昭公二十五年》④费忌纳女楚建走:楚平王"使费无忌入秦为太子建娶妇"。妇好,无忌劝平王自娶("费忌纳女")。费无忌又谗毁太子建。平王欲杀建,建奔宋("楚建走")。见《史记·楚世家》《左传·昭公十九年、二十年》纳女:谓献女于天子、诸侯等。⑤宰嚭谮胥夫差丧:吴王夫差打败了越国,越国求和。夫差将应允,伍子胥谏阻,夫差不听。后又贷粟给越,子胥谏勿与。伯嚭"因谗子胥曰:'伍员貌忠而实忍人(残忍的人)。''王前欲伐齐,员强谏,已而有功,用是反怨王。王不备伍员,员必为乱。'"结果使越国得以喘息。最后终于灭亡吴国。夫差自杀。见《史记》之《吴太伯世家》《越王勾践世家》《左传·哀公元年》。⑥李园进妹春申毙:参考《随笔》卷十二《周汉存国》"楚幽王乃黄氏子"注。李园"恐春申君语泄而益骄,阴养死士,欲杀春申君以灭口"。后果"斩其头"。见《史记·春申君列传》。⑦上官诉屈怀王执:张晏注曰:"屈平(即屈原)忠而有谋,为上官子兰所谮,见放逐。"诉,进谗言;毁谤。怀王执,见本卷《魏冉罪大》"武关"注。⑧赵高败斯二世缢:败斯,杀李斯。二世,秦二世皇帝胡亥。在位期间,赋役繁重,引发了陈胜吴广农民大起义。后为赵高逼迫上吊(缢)自杀。见《史记》之《李斯列传》《秦始皇本纪》。⑨伊戾坎盟宋痤死:坎盟,挖穴埋进盟书。李奇注曰:"伊戾为(宋)太子(痤)傅,无宠,欲败太子,言与楚客盟谋宋,诈歃血加盟书以证之",平公囚太子痤,痤自杀。见《左传·襄二十六年》。⑩江充造蛊太子杀:见《随笔》卷八《人君寿考》"巫蛊"注。⑪息夫作奸东平诛:汉哀帝有病而无子嗣。息夫躬为达封侯目的,造谣说东平王日夜祠祭诅咒哀帝,妄想哀帝死后自己做皇帝。东平王刘云因而坐诛。见《汉书·息夫躬传》。以上十句见《汉书》卷四十五《蒯(通)伍(被)江(充)息夫(躬)传赞》。⑫三宰啸凶牝夺辰:三宰,指中书令许

敬宗、右相李义府和同凤阁鸾台平章事傅游艺。许敬宗和李义府助高宗立武昭仪（武则天）为后。武后专政，傅游艺"即上疏诡说符瑞，劝后当革姓以明受命"，又"探后旨，诬杀宗室"。(《新唐书·奸臣传·傅游艺》)啸凶，吆喝得厉害，喻指他们的阴谋活动。牝（pìn）夺辰，以母鸡报晓，喻妇女专权。牝，鸟兽的雌性。辰，通"晨"。⑬林甫将蕃黄屋奔：李林甫主张重用番族人为将（蕃，与"番"通），使安禄山等掌重兵。李林甫死后不久便发生安史之乱，致使玄宗车驾奔蜀（黄屋，天子之车）。⑭鬼质败谋兴元麎："鬼质败谋"指征收间架税和除陌钱。"鬼质"谓形貌粗野丑陋。宰相卢杞"体陋甚，鬼貌蓝色"。德宗建中四年（783年）六月，开征间架税、除陌钱以筹措军费，民间骚然。九月，泾原兵过京师，哗变，拥朱泚为帝，德宗逃往奉天（今陕西乾县）。第二年，改元兴元。二月，李怀光叛变，夺取了奉天的军队。三月，德宗被迫逃往梁州，当年，改梁州为兴元府。麎：迫促（指政事）。"及杞相，乃讽帝以刑名绳天下，乱败踵及。其阴害矫谲，虽国屯主辱，犹嗷然肆为之。"(《新唐书·奸臣传·卢杞》)⑮崔、柳倒持李宗覆：崔柳，指崔胤和柳璨。倒持，指把权柄授于别人，自己反受其害。此处指崔、柳把天下权柄送给了朱全忠（朱温），致使唐王朝覆灭了。以上四句见《新唐书·奸臣传赞》。⑯越子膝行吴君忽：据《史记·越王勾践世家》记载，夫差打败越国，越王勾践对吴王夫差"顿首膝行"，"请为臣"。夫差被他迷惑而放松了警惕，放他回国。后来勾践终于灭掉吴国。⑰晋宣尸居魏臣急：三国后期，魏国大将军曹爽和太傅司马懿争权，双方都准备消灭对方。曹爽让李胜去看司马懿，司马懿假装重病起不来床。李报告曹："司马公尸居余气，形神已离，不足虑矣。"曹爽信以为真，不再提防司马懿。司马懿乘曹爽外出之机，夺了他的军权，不久又把他杀死，掌握了曹魏的军政大权。见《晋书·晋宣帝纪》。司马炎建立晋朝后，追谥其祖父司马懿为宣皇帝。尸居，像尸一样静止。比喻沉默无为。⑱白公厉剑子西哂：楚国太子建的儿子白公胜与郑国有杀父之仇，请求令尹子西讨伐郑国，子西答应了他。但不久子西又去援助郑国。白公胜怀恨在心，终日磨剑，准备刺杀子西。子西知道后，反而讥笑他。四年后，果然被白公胜杀死。(见《史记·伍子胥列传》)。哂（shěn），讥笑。⑲李园养士春申易：见上"李园进妹春申毙"注。易，更改；改变。此处指春申君被杀。⑳模（mó）范：制作器物的模型。引申为规则，法度。《荀子·成相》篇："成相"为当时民间流传的说唱歌谣形式，荀况借此形式写成歌谣，如"武王怒，师牧野，纣卒易乡启乃下（启指微子启）。武王善之，封之于宋立其祖"等。所以说，上面所说的句法，本自《成相》篇。

书简循习

近代士人，相承于书尺语言，浸涉奇狷①，虽有贤识，不能自改。如小简问委②，自言所在，必求新异之名。予守赣时，属县兴国宰诒书云："激水有驱策③，乞疏下。"激水者，彼邑一水耳，郡中未尝知此，不足以为工，当言下邑、属邑足矣。为县丞者，无不采《蓝田壁记》语云，"负丞某处"，"哦松无补"，"涉笔承乏"，皆厌烂陈言④。至称丞曰"蓝田"，殊为可笑。初赴州郡，与人书，必言"前政颓靡，仓库溃乏，未知所以善后"，沿习一律⑤。正使真如所陈，读者亦不之信。予到当涂日，谢执政书云："郡虽小而事简，库钱仓粟，自可枝梧，得坐啸道院⑥，诚为至幸。"周益公答云："从前得外郡太守书，未有不以窘冗为词⑦，独创见来缄如此。"盖觉其与它异也。此两者皆狃熟成俗⑧，故纪述以戒子弟辈。

【注释】

①书尺语言：即现在所说书面语言。书尺，尺牍，书信。浸：渐渐。奇狷：奇怪偏僻。②问委：请示；请求指示。委，付托。③激水有驱策：意谓对激水有驱策。驱策，犹驱使，役使。④涉笔：动笔或着笔。厌烂陈言：使人憎恶而陈腐的语言。⑤颓靡：委靡；衰败。匮（kuì）乏：缺乏；贫穷。沿习：向来因循的习惯。⑥枝梧：支撑。坐啸：闲坐吟啸。道院：道士所居之处。谓其优逸。卷十四《刘梦得谢上表》："（太平州）郡在江东，昔称道院。"太平州治当涂。⑦窘冗：困迫繁忙。⑧两者：指"浸涉奇狷"和"沿习一律"。狃熟：习惯。熟习。

健讼之误

破句读书之误，根著于人①，殆不可复正。在《易·象》之下，先释卦义，然后承以本名者凡八卦。《蒙》卦曰"《蒙》，山下有险，险而止，《蒙》"，以"止"字为句绝，乃及于"蒙"，始系以"《蒙》亨，以亨行"。

《讼》卦曰"《讼》,上刚下险,险而健,《讼》",以"健"字为句绝,乃及于《讼》,始系以"《讼》有孚"。《豫》卦"刚应而志行,顺以动,《豫》",《随》卦"刚来而下柔,动而说,《随》",《蛊》卦"刚上而柔下,巽而止,《蛊》",《恒》卦"巽而动,刚柔皆应,《恒》",《解》卦"《解》,险以动,动而免乎险,《解》",《井》卦"巽乎水而上水,《井》",皆是卦名之上为句绝。而童蒙入学之初,其师点句,辄混于上,遂以"健讼"相连,此下"说随"二字,尚为有说,若"止蒙"、"动豫"之类,将如之何?凡谓顽民好讼者,曰"嚚讼",曰"终讼"②,可也,黄鲁直《江西道院赋》云"细民险而健③,以终讼为能。筠独不嚚于讼",是已。《同人》卦:"柔得中而应乎《乾》曰《同人》。《同人》曰,同人于野,亨。"据其文义,正与诸卦同,但多下一"曰"字,王弼以为"《乾》之所行,故特曰'《同人》曰'",程伊川以为衍三字④,恐不然也。

【注释】

①根著于人:在人的思想上牢固扎根。根著(zhuó),植根于地。亦指生根落脚之处。②嚚(yín)讼:奸诈而好争讼。嚚,奸诈。终讼:谓没完没了的争讼。终,久长。③细民:平民。险:邪恶。④《乾》之所行:《同人》为《周易》六十四卦之一,离下乾上。行,运行。衍:校勘学称典籍中因传写错误而多出的字句为衍文。

用史语之失

今之牵引史语者①,亦未免有失。张释之言便宜事②,文帝曰:"卑之,毋甚高论,令今可行也。"遂言秦、汉之间事,帝称善。颜师古云:"令其议论依附时事。"予谓不欲使为甚高难行之论,故令少卑之尔。而今之语者,直以言议不足采为"无甚高论"。又文帝问上林令禽兽簿,不能对,虎圈啬夫从旁代对③,帝曰:"吏不当如此邪?"薛广德谏元帝御楼船,曰:"宜从桥。"且有血污车轮之计④。张猛曰:"乘船危,就桥安。"上曰:"晓人不当如是邪⑤?"师古谓:"谏争之言,当如猛之详婉也⑥。"按两帝之语皆是褒嘉之词⑦,犹云:"独不当如是乎?"今乃指人引喻非理或直述其私曰"晓人不当如是"。又韩公《送诸葛觉往随州读书》诗云:"邺侯家多书,插架三万轴。一一悬牙签,新若手未触。为人强记览,过眼不再读。伟哉群圣文,磊落载其腹⑧。"邺侯盖谓李繁,时为随州刺史,藏书既多,且记性警敏⑨,故签轴严整如是。今人或指言虽名为收书而未尝过目者,辄曰:"新若手未触。"亦非也。

【注释】

①牵引:即引证。②便(biàn)宜:应办的事,特指对国家有利的事。③虎圈啬夫:管理虎圈(juàn)的小吏。④薛广德谏元帝御楼船:"上酎祭宗庙,出便门,欲御楼船,广德当(挡)乘舆车,免冠顿首曰:'宜从桥。'诏曰:'大夫冠。'广德曰:'陛下不听臣,臣自刎,以血污车轮,陛下不得入庙矣!'"讦:相斥曰讦。⑤晓人:使人知晓;使人明白。不当如是邪:意为应当这样。⑥详婉:详尽婉转。⑦褒嘉:犹褒奖。⑧磊落:众多貌。⑨警敏:机警敏捷。

文字书简谨日①

作文字纪月日,当以实言,若拘拘然必以节序,则为牵强,乃似麻沙书坊桃源居士辈所跋耳②。至于往还书问,不可不系日,而性率者③,一切不书。予有婿生子,遣报云:"今日巳时得一子。"更不知为何日。或又失之好奇。外姻孙鼎臣④,每致书,必题其后曰"某节",至云"小暑前一日"、"惊蛰前两日"之类。文惠公常笑云:"看孙鼎臣书,须著置历日于案上⑤。"盖自元正、人日、三元、上巳、中秋、端午、七夕、重九、除夕外,虽寒食、冬至,亦当谨识之⑥,况于小小气候?后生宜戒。

【注释】

①书简:书信。谨日:慎重地写上日期。②拘拘(jū jū):拘泥貌。节序:节令,节气。麻沙书坊:麻沙,地名,南宋时属福建建阳县。书坊,刻印、售卖书籍的店铺。麻沙地产榕树,质性松软,易于雕板,镂书人皆居麻沙一带,所刻颇多讹误,当时不为人重。旧刻本之雕印不精者,世称麻沙本。桃源居士:其人不详。③书问:书信;音问。率(shuài):粗疏。④外姻:同外亲(女系

的亲属。如母、祖母的亲族,女、孙女、姐妹、侄女、姑的子孙)。姻,由婚姻关系而结成的亲戚。⑤著(zhuó)置:放置;安放。⑥元正:元旦。即正月初一日。人日:即正月初七日。三元:上元,正月十五日,中元,七月十五日,下元,十月十五日。谨识(zhì):谓牢记于心。

更 衣

雅志堂后小室,名之曰"更衣",以为姻宾憩息地①。稚子数请所出,因录班史语示之。《灌夫传》:"坐乃起更衣。"颜注:"更,改也。凡久坐者皆起更衣,以其寒暖或变也。""田延年起,至更衣。"颜注:"古者延宾必有更衣之处。"《卫皇后传》:"帝起更衣,子夫侍,尚衣②。"

【注释】

①姻宾:姻戚宾客。憩(qì)息:休息。②子夫:即卫皇后卫子夫。尚:主管,执掌帝王私人事务。颜师古注:"尚,主也。时于轩中侍帝,权主衣裳。"

卷第十（十七则）

过　所

《刑统·卫禁律》云："不应度关而给过所，若冒名请过所而度者[1]。"又云："以过所与人。"又《关津疏议》："关谓判过所之处[2]，津直度人，不判过所。"《释名》曰："过所，至关津以示之。"或曰："传[3]，传转也，转移所在，识以为信。"汉文帝十二年，"除关无用传[4]。"张晏曰："传，信也，若今过所也。""两行书缯帛，分持其一，出入关，合之乃得过，谓之传也。"《魏志》：仓慈为敦煌太守，西域杂胡欲诣洛者，为封过所[5]。《廷尉决事》曰："广平赵礼诣雒治病，门人赍过所诣洛阳，责礼冒名渡津，受一岁半刑。"徐铉《稽神录》："道士张谨好符法，客游华阴，得二奴，曰德儿、归宝，谨愿可凭信[6]。张东行，凡书囊、符法、过所、衣服，皆付归宝负之，将及关，二奴忽不见，所赍之物，皆失之矣。时秦陇用兵，关禁严急，客行无验，皆见刑戮，既不敢东度，复还，主人乃见二儿[7]，因挪过所还之。"然过所二字，读者多不晓，盖若今时公凭引据之类[8]，故哀其事于此。

【注释】
①过所：古代过关津时所用的凭证，亦称"传(zhuàn)"。请：请求；要求。一说，"请"音qíng。认领；接受。②判：裁定；评判。③传（zhuàn）：符信。古代过关津、宿驿站和使用驿站车马的凭证。④除关：废除关禁。⑤敦煌：郡名。两汉至南北朝时中原与西域交通，皆以此为门户。为封过所：为他们封缄好过所发给他们。⑥符法：犹符术。指道士巫师以符咒役使鬼神的法术。谨愿：诚实。凭信：信赖；相信。⑦主人：指德儿、归宝的原主人。⑧公凭：官方的证明文件。引据：介绍信或证明文书。

露 布

用兵获胜，则上其功状于朝，谓之露布。今博学宏词科以为一题，虽自魏、晋以来有之，然竟不知所出，唯刘勰《文心雕龙》云："露布者，盖露板不封①，布诸观听也。"唐庄宗为晋王时，擒灭刘守光，命掌书记王缄草露布，缄不知故事，书之于布，遣人曳之，为议者所笑。然亦有所从来，魏高祖南伐，长史韩显宗与齐戍将力战，斩其裨将。高祖曰："卿何为不作露布？"对曰："顷闻将军王肃获贼二三人，驴马数匹，皆为露布，私每哂之。近虽得摧丑虏，擒斩不多，脱复高曳长缣，虚张功捷，尤而效之，其罪弥甚，臣所以敛毫卷帛，解上而已②。"以是而言，则用绢高悬久矣。

【注释】

①露板：檄文或告捷文书。②脱：倘或。敛毫：停笔。敛毫卷帛：意即不书写露布。解（jiè）上：即把斩获首级和俘虏押解上缴。

东坡题潭帖

《潭州石刻法帖》十卷，盖钱希白所镌，最为善本①。吾乡程钦之待制，以元符三年帅桂林，东坡自儋耳移合浦，得观其藏帖，每册各题其末。第二卷云："唐太宗作诗至多，亦有徐、庾风气②，而世不传，独于《初学记》时时见之。"第四卷云："吴道子始见张僧繇画，曰：'浪得名耳③！'已而坐卧其下，三日不能去。庾征西初不服逸少，有家鸡野鹜之论，后乃以为伯英再生④。今观其书，乃不逮子敬远甚，正可比羊欣耳⑤。"第六卷云："'宰相安和，殷生无恙。'宰相当是简文帝，殷生则渊源也邪⑥！"第八卷云："希白作字，自有江左风味，故长沙法帖比淳化待诏所摹为胜，世俗不察，争访阁下本⑦，误矣。此逸少一卷，尤妙。庚辰七夕⑧，合浦官舍借观。"第九卷云："谢安问献之：'君书何如尊公？'答曰：'故自不同。'安曰：'外人不尔。'曰：'人那得知！'"已上所书，今麻沙所刊《大全集·志林》中或有之。案庾亮及弟翼俱为征西将军，坡所引者翼也。坡又有诗曰："暮年却得庾安西，自厌家鸡题六纸。"盖指翼前所历官云。此帖今藏予家。

【注释】

①善本：凡书籍精加校勘，错误较少者，称为善本。②徐、庾：南朝陈文学家徐陵，与庾信齐名，世称"徐庾"。风气：指诗文书画的风格和气韵。③吴道子：唐画家。艺术成就极高，被后人奉为"画圣"。张僧繇：南朝梁画家。擅人物故事画及宗教画。兼工画龙，相传有画龙点睛，破壁飞去的神话。浪得名耳：徒有虚名而已。浪，徒然。④庾征西：即庾翼。拜征西将军。家鸡野鹜：或作"家鸡野雉"。家鸡，喻指家传的书法技艺。野鹜（wù），野鸭。喻指外姓人家的书法技艺。《太平御览》引《晋书》："（庾翼）在荆州与都下人书云：'小儿辈贱家鸡，爱野雉，皆学逸少书。'"后以"家鸡野雉"比喻不同的书法风格，也比喻人喜爱新奇，而厌弃平常的事物。伯英：指张芝。字伯英。东汉书法家。其草书出类拔萃，有"草圣"之称。王羲之、献之父子草书，亦颇受其影响。⑤子敬：指王献之。字子敬。东晋书法家。王羲之第七子。以行草擅名。与王羲之并称"二王"。羊欣：南朝宋书法家。字敬元。⑥安和：安详平和（指性情）。一说平安（指身体）。简文帝：司马昱。废帝司马奕（即海西公）时为丞相。殷渊源：即殷浩。字渊源。⑦希白：指钱易。字希白。北宋书法家，善大书行草。长沙法帖：即潭帖。潭州治长沙。访：通"仿"。仿效；模仿。阁下本：即指淳化待诏所摹本。宋太宗于淳化三年（公元992年）出秘阁所藏历代法书，摹刻在枣木板上，拓赐大臣。因为藏于秘阁，所以称"阁下本"。又称"淳化阁帖"（简称"阁帖"）。是中国第一部书法丛帖。⑧庚辰：元符三年为庚辰年。

山公启事

《晋书·山涛传》："涛再居选职，十有余年，每一官缺，辄启拟数人，诏旨有所向，然后显奏①，随帝意所欲为先。故帝之所用，或非举首，众情不察，以涛轻重任意。或谮之于帝，涛行之自若。一年之后，众情乃寝。涛所奏甄拔人物，各为题目②，时称《山公启事》。"此语今多引用，然不得其式，法帖中乃有之，云："侍中、尚书仆射、奉车都尉、新沓伯臣涛言，臣近启崔谅、史曜、陈准可补吏部郎，诏书可尔。此三人皆众所称，谅尤质正少华，可以崇教，虽大化未可仓卒，风尚所劝③，为益者多，臣以为宜先用谅。谨随事以闻。"观此一帖，可以概见。然所启三人，后亦无闻，既云皆众所称，当不碌碌也。旧《潭帖》为识者称许，以为贤于他本，然于此奏"未可仓卒"之下，乃云"风笔恻然"④，全无意义。今所录者，临江本也。

【注释】

①选职：谓主管铨选官吏的职务。有所向：指人选上的意向。显：显露；公开。②甄拔：考察并选拔人才。题目：品评。③质正：品质正直。亦指质朴正直。崇教：有助于教化。崇，助长。虽大化未可仓卒：虽然仓卒之间不能实行广泛的教化。大化，广泛的教化。风尚所劝：对于劝导树立良好的社会风尚。④风笔恻然：教化的意旨是哀怜众生。风，教化；风教。笔，指意旨。笔和舌都是表达人的意旨的。恻然，此处意为哀怜貌。

亲王回庶官书

《随笔》中载亲王与侍从往还礼数，又得钱丕《行年杂纪》云："昇王受恩命，丕是时为将作少监，亦投贺状，王降回书签子启头①。继为皇太子，三司判官并通榜子②，诣内东门参贺。通入后，中贵出传令旨传语③。及受册宝讫，百官班贺④，又赴东宫贺，宰相亲王阶下班定，太子降阶，宰相前拜，致词讫，又拜。太子皆答拜，亦致词叙谢。"一时之仪如此。

【注释】

①礼数：犹礼节。礼仪规矩。昇王：即宋仁宗。太宗第六子。初名受益，后改名祯。天禧二年（1018年）进封昇王，九月册为太子。受恩命：受封为昇王。签子：签条。贴在封袋上的狭长纸条。启头：贴在书信封袋上端开口处。②榜子：亦作牓子。即折子，或称札子。③通：通报；传达。令旨：宋、元时指太子的命令。④册宝：册书和宝玺。班贺：列班庆贺。

责降考试官

天禧二年九月，敕差屯田员外郎判度支计院任布、著作郎直史馆徐奭、太子中允直集贤院麻温其，并充开封府发解官①。十月，差兵部员外郎直集贤院杨侃、太子中允直集贤院丁度，并国子监发解官。十一月，解一百四人，解元郭稹②。十六日，宣翰林学士钱惟演、盛度，枢密直学士王晦叔，龙图阁待制李虚己、李行简，覆考开封举人，为落解举人有讼不平者。及奏名，郭稹依旧，其余覆落，并却考上人数甚多③。十二月，发解官并降差遣，任布邓州，徐奭洪州，杨侃江州，丁度齐州，并监税④。此事见于钱丕《杂纪》。用五侍从覆考解试⑤，前后未之有也。

【注释】

①计院：宋代三司使的地位，与中书省的参知政事和枢密院的枢密使相等，因称三司为"计省"或"计院"。发解官：负责发解选人的官员称为"发解官"。②解元：唐制，举进士者皆由地方解送入试，故称乡试第一名为解元。③覆落：科举考试及第后经复核而落第，称"覆落"。却：除去；撤掉。④监税：监管税收的官。⑤解（jiè）试：科举时地方举行的初试，即乡试。

青莲居士

李太白《赠玉泉仙人掌茶诗序》云："荆州玉泉寺近清溪诸山，往往有乳窟①。其水边处处有茗草罗生，枝叶如碧玉，唯玉泉真公常采而饮之②。余游金陵，见宗僧中孚，示予茶数十片，其状如手，名为'仙人掌茶'，盖新出乎玉泉之山，旷古未觌③，因持以见遗，兼赠诗，要予答之，遂有此作。后之高僧大隐，知仙人掌茶发乎中孚禅子及青莲居士李白也④。"太白之称，但有"谪仙人"尔，"青莲居士"独于此见之，文人未尝引用，而仙人掌茶，今池州九华山中亦颇有之，其状略如蕨拳也⑤。

【注释】

①乳窟：石钟乳丛生的洞穴。②罗生：罗，广布。真公：古代传说中的仙人名。此处是对玉泉寺僧的尊称。③宗僧：佛家各派别为首或传其宗法的僧人。觌（dí）：见。④大隐：指真正的隐士。中孚禅子：即上文的宗僧中孚。禅（chán）子，信佛者；僧侣。⑤蕨拳：见三笔卷六《蕨其养人》"抽拳"注。

闽俗诡秘杀人

奸凶之民，恃富逞力，处心积虑，果于杀人。然揆之以法，盖有敕律所不曾登载，善治恶者，当原情定罪①，必致其诛可也。闽中习俗尤甚，每执缚其仇，穷肆残虐②。或以酒调锯屑逼之使饮，欲其粘著肺腑，不能传化③，驯致痰渴之疾。或炒沙镕蜡灌注耳中，令其聋聩。或以湿荐束体④，布裹卵石痛加殴棰，而外无痕伤。或按擦肩背，使皮肤宽皱，乃施针刺入肩井⑤，不可复出。或以小钓钩藏于鳅鱼之腹，强使吞之，攻钻五脏，久而必死。凡此术者，类非一端，既痕肿不露于外，检验不得而见情犯，巨蠹功意两恶而法所不言⑥。颜度鲁子为转运使，尝揭榜禁约⑦。予守建宁，亦穷治一两事，吴、楚间士大夫宦游于彼者⑧，不可不察也。

【注释】

①敕律：朝廷所颁定的法律。原情：推究本情。②穷肆：大肆。穷，大。残虐：残害虐待。③传（chuán）化：输送转化。痰渴：痰浊口渴。④湿荐：即湿草。⑤肩井：针灸穴位名。位于大椎穴与肩峰连线之中点处。⑥情犯：犯法罪状。巨蠹：大蛀虫。比喻大恶人。功意：效果和动机。⑦揭榜：张贴文告。禁约：禁止约束。⑧宦游：旧谓在外求官或做官。

富公迁官

富韩公庆历二年以右正言知制诰报聘契丹①，还，除吏部郎中、枢密直学士，不受。寻除翰林学士，又不受。三年，除右谏议大夫、枢密副使，力辞。乃改资政殿学士，而谏议如初，公受之。又五月，复为副枢。盖昔时除目才下，即时命词给告②，及其改命，但不拜执政，而犹得所进官。用今日官制言之，是承议郎（旧为正言）、中书舍人（旧知制诰）而为太中大夫（旧为谏议）、资政殿学士也。

【注释】
①报聘：他国来聘（遣使访问），遣使回访。②告：告身。

唐藩镇行墨敕

池州铜陵县孚贶侯庙，有唐中和二年二月一碑，其词云："敕宣、歙、池等州都团练、观察使牒。当道先准诏旨，许行墨敕授管内诸州有功刺史、大将等，宪官具件如后：晋朝故晋阳太守兼扬州长史张宽牒①。奉处分，当道先准诏旨，许行墨敕，奖劝功勋，虽幽显不同，而褒升一致②。神久标奇绝，早揖英风，灵迹屡彰，神逵不昧③。夫宠赠之典，非列藩宜为，神功既昭，乃军都颙请，是行权制④，用副人心。谨议褒赠游击将军宣州都督。"后云："使、检校工部尚书兼御史大夫裴押。"邑人以为裴休⑤，《秋浦志》亦然，予考之，非也。张魏公宣抚川、陕⑥，便宜封爵诸神，实本诸此。

【注释】
①当道：当权的人。此处即指各州都团练使、观察使。行：使用。墨敕：皇帝亲笔书写、不经外廷盖印而直接下达的命令。宪官：御史台或都察院所属的官员。因掌持刑宪典章，故称。具件：备文。故：死亡。指已死去的。②幽显：阴阳。亦指阴间与阳间。褒升：褒奖进升。③标：显出。奇绝：奇妙非常。揖（jí）：同"辑"。聚集。英风：美好名声。灵迹：神明显灵的事迹。彰：显扬；显示。神逵：神道，冥冥之中显示灵异赐福降灾的神灵之道。不昧：明亮。引申为明显；显著。一说，不湮灭。④宠赠：指帝王赠与。列藩：诸藩镇。神功：神灵的功力。军都：军中战友。军、都，均为军队编制单位。颙（yóng）请：恭敬地请求。一说企盼请求。权制：权宜之制，临时制订的措施。⑤裴休：字

公美。唐宣宗大中年间为相，后罢为宣武军节度使。懿宗咸通初，复入为吏部尚书。⑥宣抚：朝廷派遣大臣赴某一地区传达皇帝命令并安抚军民、处置事宜，称为"宣抚"。

吏部循资格

唐开元十八年四月，以侍中裴光庭兼吏部尚书。先是，选司注官①，惟视其人之能否，或不次超迁，或老于下位，有出身二十余年不得禄者。又州县亦无等级，或自大入小，或初近后远，皆无定制。光庭始奏用《循资格》，各以罢官若干选而集，官高者选少，卑者选多，无问能否，选满则注，限年蹑级，毋得逾越，非负谴者皆有升无降②。其庸愚沉滞者皆喜，谓之《圣书》，而材俊之士，无不怨叹③，宋璟争之，不能得。二十一年，光庭薨，博士孙琬议光庭用《循资格》，失劝奖之道，请谥曰"克"④。是年六月制，自今选人有才业操行⑤，委吏部临时擢用。虽有此制，而有司以《循资格》便于己，犹踵行之。盖今日吏部四选，乃其法也。予案元魏肃宗神龟二年，官员既少，应选者多，尚书李韶铨注不行，大致怨嗟⑥。崔亮代之，奏为格制，不问士之贤愚，专以停解月日为断⑦，沉滞者皆称其能。亮甥刘景安与书曰："商、周以乡塾贡士，两汉由州郡荐材，魏、晋中正⑧，虽未尽美，应什收六七。而朝廷贡材，止求其文，不取其理，察孝廉唯论章句，不及治道，立中正不考材行，空辨姓氏⑨。舅属当铨衡，宜须改张易调，反为《停年格》以限之，天下士子，谁复修厉名行哉⑩？"洛阳令薛琡上书言："黎元命系长吏，若选曹惟取年劳，不简能否，义均行雁，次若贯鱼，执簿呼名，一人足矣，数人而用⑪，何谓铨衡？乞令王公贵人荐贤以补郡县。"诏公卿议之。其后甄琛等继亮，利其便己，踵而行之。魏之选举失人，自亮始也。至孝静帝元象二年，以高澄摄吏部尚书，始改亮年劳之制，铨擢贤能⑫，当是自此一变。光庭又祖亮故智云⑬。然后人罕有谈亮、澄事者。

【注释】

①选司：旧时主管铨选官吏的机构。②循资格：唐开元时选官制度，以年资为擢用官吏的条件，相当于北魏之停年格。各以罢官若干选而集：罢官以后，经选总计，各以多少为次序而集于吏部。限年蹑级：根据年资深浅逐级提拔。蹑级，指逐级提拔。负谴：获罪；被谪。③庸愚：庸下愚昧。沉滞：求仕进的人长久不得官职或不能迁升。材俊：才能卓越的人。怨叹：怨恨叹息；悲叹。④劝奖：劝勉鼓励。谥曰"克"：按谥法："爱民在刑，克。"（言道之以政，齐之以法）。这里可能是用"克"字"限定"或"损伤"的含义。⑤才业：才学。操行：品行。⑥肃宗：北魏孝明帝庙号。官员既少：指官吏选补的缺额既少。铨注不行：选补停顿。铨注：谓对官吏的考选登录。怨嗟：怨恨叹息。⑦格制：格局体制。停解：谓担任职务。⑧以乡塾贡士：由乡塾贡举人才。这是殷周两代的选举制度。乡塾，乡间的学校。中正：官名。魏文帝曹丕于黄初元年(220年)颁布"九品中正制"选士制度。在各州郡置中正官，负责考察本州人才品德，分为九等，作为选任官吏的依据。两晋、南北朝、隋沿用，唐废。⑨贡材：荐举人材。察：考察后予以举荐。材行(xíng)：才质行为。空辨姓氏：九品中正制刚颁布时，尚保持了曹操用人"不计门第"的原则。曹芳时，司马懿当政，于各州设大中正，任用世族豪门（所谓有"声望"的人）担任，选士的原则也改为以"家世"为重。⑩铨衡：衡量轻重的器具。引申为评量斟酌的意思。此处指评量人才即执掌铨选的职位。停年格：崔亮所创的选官制度，专以年资深浅为标准，而不问人才高下。修厉：砥砺，磨砺。名行(xíng)：名声和品行。⑪黎元：犹言众民，即指百姓。选曹：官名。主铨选官吏事。年劳：任职的年数和劳绩。简：核实。义均列雁：都像并列飞行的大雁那样。义，"仪"的古字。指威仪，此处引申为仪容状貌。行(háng)雁：谓平行，平列。数(shǔ)人而用：数着人名依次进用。⑫铨擢：选拔起用。⑬故智：老办法。

五行纳音

六十甲子纳音之说，术家多不能晓①。原其所以得名，皆从五音所生，有条不紊，端如贯珠。盖甲子为首，而五音始于宫，宫土生金，故甲子为金，而乙丑以阴从阳②。商金生水，故丙子为水，而丁丑从之③。角木生火，故戊子为火。徵火生土，故庚子为土。羽水生木，故壬子为木。而己丑、辛丑、癸丑各从之④。至于甲寅，则纳音起于商，商金生水,故甲寅为水。角木生火,故丙寅为火。徵火生土,故戊寅为土。羽水生木,故庚寅为木。宫土生金,故壬寅为金。而五卯各从之⑤。至甲辰,则纳音起于角,角木生火,故甲辰为火。徵火生土,故丙辰为土。羽水生木,故戊辰为木。宫土生金,故庚辰为金。商金生水,故壬辰为水。而五巳各从之。宫、商、角既然,惟徵、羽不得居首。于是甲午复如甲子,甲申如甲寅,甲戌如甲辰,而五未、五酉、五亥亦各从其类。

【注释】

①六十甲子:以天干与地支按顺序相配,从"甲子"起,到"癸亥"止,满六十为一周,称为"六十甲子"。亦称"六十花甲子"。纳音:古乐十二律为黄钟、太簇(còu)、姑洗(xiǎn)、蕤宾、夷则、无射(yì)、大吕、夹钟、仲吕、林钟、南吕、应钟,每律有宫、商、角、徵(zhǐ)、羽五音,合六十音。以六十甲子相配合,按金、火、木、水、土五行之序旋相为宫,称为纳音。术家:古代掌管乐律和历法的人。②土生金,金生水:以及后面的水生木、木生火、火生土,属五行相生。乙丑以阴从阳:甲子为阳,乙丑为阴。乙丑从甲子,亦为金。③丁丑从之:丁丑亦为水。④己丑、辛丑、癸丑各从之:即己丑从戊子为火,辛丑从庚子为土,癸丑从壬子为木。⑤五卯各从之:即乙卯从甲寅为水,丁卯从丙寅为火,己卯从戊寅为土,辛卯从庚寅为木,癸卯从壬寅为金。不是五卯"则为金"。

五行化真①

五行运化,如甲、己化真土之类,若推求其义,无从可得,盖祇以五虎元所生命之②。如"甲、己之年丙作首",谓丙寅月建也③,丙属火,火生土,故甲、己化真土。"乙、庚之岁戊为头"④,谓戊寅月建也,戊属土,土生金,故乙、庚化真金。"丙、辛寄向庚寅去"⑤,庚属金,金生水,故丙、辛化真水。"丁、壬壬位顺行流"⑥,壬属水,水生木,故丁、壬化真木。"戊、癸但向甲寅求"⑦,甲属木,木生火,故戊、癸化真火。此二说皆得之莆田郑景实。顷在馆中,见魏幾道谈五行纳音,亦然。

【注释】

①化真：化，犹生也。生长；化育。真，本原，自身。②运化：运行变化。若推求其义：其，指五行运化。祇：同"祇"。只；仅仅。五虎：指丙寅、戊寅、庚寅、壬寅、甲寅。我国古代术数家拿十二种动物来配十二地支，叫十二生肖。其中寅为虎。元：同"原"。所生：所生成的物质。命之：即名之。③甲、己之年：指甲子年、甲寅年、甲辰年、甲午年、甲申年、甲戌年和己丑年、己卯、己巳、己未、己酉、己亥年。月建：农历每月所置之辰为月建，如正月建寅、二月建卯等。丙寅月建，即指正月为丙寅月（所谓"丙作首"）。④乙、庚之岁：指乙丑年、乙卯年等和庚子年、庚寅年等。戊为头：即正月为戊寅月。⑤寄向庚寅去：即正月为庚寅月。⑥壬位顺行流：即正月为壬寅月。⑦但向甲寅求：即正月为甲寅月。

钱忠懿判语

王顺伯家有钱忠懿一判语，其状云："臣赞宁，右臣伏奉宣旨撰文疏，今进呈，乞给下，取设斋日五更前上塔，臣自宣却欲重建①，乞于仁政殿前夜间化却，不然便向塔前化，并取圣旨。判曰：便要吾人宣读后，于真身塔前焚化②。二十七日。"而在前花押。予谓钱氏固尝三改元，但或言其称帝，则否也。此状内"进呈"、"圣旨"等语，盖类西河之人疑子夏于夫子，故自贻僭帝之议③，想它所施行皆然矣。

【注释】

①判语：对所请示的事情所下的断语。宣旨：宣布旨令、诏书。进呈：犹进献。呈献。乞给下：请求下发施行。宣却：宣布。却，助词。用在动词后，表动作完成。②真身：佛教语。佛教认为为度脱众生而化现的世间色身佛、菩萨、罗汉等。③"盖类西河之人"句：就像西河之人把子夏比作孔子一样。孔子死后，子夏（卜商）到西河讲学，"子夏丧其子而丧其明。曾子吊之……曾子哭，子夏亦哭，曰：'天乎！予之无罪也！'曾子怒曰：'商！女（汝）何无罪也？……使西河之民疑女于夫子，尔罪一也……'"（《礼记·檀弓上》）孔子被后世称为圣人。这句意思是说，钱氏并未称帝，却在心里想着自己就是皇帝。僭帝：冒用帝王名义。即僭号称帝。

王逸少为艺所累

　　王逸少在东晋时，盖温太真、蔡谟、谢安石一等人也，直以抗怀物外，不为人役，故功名成就，无一可言，而其操履识见，议论闳卓①，当世亦少其比。公卿爱其才器②，频召不就。殷渊源辅政，劝使应命，遗之书曰："足下出处，正与隆替对，岂可以一世之存亡，必从足下从容之适？"逸少报曰："吾素自无廊庙，王丞相欲内吾③，誓不许之，手迹犹存，由来尚矣，不于足下参政而方进退④。自儿婆女嫁，便怀尚子平之志⑤，数与亲知言之，非一日也。"及殷侯将北伐⑥，以为必败，贻书止之。殷败后，复图再举，又遗书曰："以区区江左，所营综如此⑦，天下寒心久矣。自寇乱以来⑧，处内外之任者，疲竭根本，各从所志，竟无一功可论，一事可纪。任其事者，岂得辞四海之责哉！若犹以前事为未工⑨，故复求之于分外，宇宙虽广，何所自容！"又与会稽王笺曰："今虽有可欣之会，内求诸己，而所忧乃重于所欣，以区区吴、越，经纬天下十分之九⑩，不亡何待！愿令诸军皆还保淮，须根立势举，谋之未晚。"其识虑精深，如是其至，恨不见于用耳。而为书名所盖，后世但以翰墨称之。《晋书》本赞，标为唐太宗御撰，专颂其研精篆素，尽善尽美，至有"心慕手追"之语⑪，略无一词论其平生，则一艺之工，为累大矣。献之立志，亦似其父。谢安欲使题太极殿榜，以为万代宝，而难言之，试及韦仲将凌云榜事，即正色曰："使其若此，有以知魏德之不长⑫。"遂不之逼。观此一节，可以知其为人，而亦以书名之故，没其盛德。二王尚尔，况于他人乎！

【注释】

①温太真：即温峤。字太真。蔡谟：字道明。谢安石：即谢安。字安石。三人均有政治、军事才能。抗怀：谓坚守高尚的情怀。物外：世俗之外。操履：犹操行，品行。闳卓：高远。②才器：才能器局；才具。③王丞相：指王导，字茂弘。西晋末，为琅邪王司马睿献策移镇建康（今南京市）。大兴元年（318年），司马睿称帝（元帝），任丞相。④方：并列；一并。⑤尚子平：即尚长。

字子平。一作向平、向子平。东汉隐士。光武帝建武中，子女婚嫁已毕，遂不问家事，出游名山大川，不知所终。⑥殷侯：指殷浩。⑦营综：经营治理。⑧寇乱：指匈奴贵族建立的汉国进攻并灭掉了西晋，晋朝南迁，都建康，史称此后为东晋。北方也从此进入十六国时期。⑨若犹以前事为未工：假若你还以为以前所做的（执意北伐，结果失败）不够好。⑩会稽王：指司马昱。可欣之会：值得高兴的机会。经纬：规划治理。⑪研精：精深的研究。篆素：篆书于素帛。篆，大篆书。素，谓帛。后泛称书法。心慕手追：心所仰慕，追随仿效。《晋书·王羲之传》："玩之不觉为倦，览之不识其端，心慕手追，此人而已。"⑫榜：匾额。试及韦仲将凌云榜事："（谢安）试谓曰：'魏时陵云殿榜未题，而匠者误钉之，不可下，乃使韦仲将悬凳书之。比讫，须鬓尽白，裁余气息……'献之揣知其旨，正色曰：'仲将，魏之大臣，宁有此事！使其若此，有以知魏德之不长。'安遂不之逼。"（《晋书·王献之传》）试，试探。韦仲将，即三国魏韦诞字仲将。书法家。官至光禄大夫。魏德：魏国的寿命。按古代五行之说，每个朝代代表一"德"，如汉为火德。

鄂州南楼磨崖

庆元元年，鄂州修南楼，剥土有大石露于外，奇崛可观①。郡守吴琚见而爱之，命洗剔出圭角，即而谛视②，乃磨崖二碑。其一刻两字，上曰"柳"，径二尺四寸，笔势清劲，下若翻书"天"字，唯存人脚，不可复辨，或以为符，或以为花押，邦人至檦饰置神堂③，香火供事。或云道州学侧虞帝庙内亦有之④，云柳君名应辰，是唐末五代时湖北人也。其一高丈一尺，阔如其高而加五寸，刻大字八十五，凡为九行，其文曰："乾正元年，荆襄寇乱，大吴将军出陈武昌，诏太守杨公出镇⑤。"后云："荆、江、京、汉推忠、辅国、侍卫将军吴居中记。"案杨行密之子溥嗣吴王位，是岁，唐明宗天成二年，溥以十一月僭帝，改元乾贞，宋莒公《纪年通谱》书为"乾正"，云避仁宗嫌名⑥，《通鉴》亦同。而此直以为"乾正"，一时所立，不应有误也。

【注释】

①奇崛：奇特挺拔。②圭角：圭玉的棱角。泛指棱角。谛视：仔细查看。

③裸饰：修补整饰。④虞帝：即虞舜。⑤出陈：上阵出战。陈(zhèn)，同"阵"。出镇：出任地方长官。⑥避仁宗嫌名：宋仁宗姓赵名祯。祯与"贞"同音。

赏鱼袋出处

《随笔》书衡山《唐碑》别驾赏鱼袋，云"名不可晓"。今按《唐职林·鱼带门》叙金玉银铁带，及金银鱼袋云："开元敕，非灼然有战功者①，余不得辄赏鱼袋。"斯明文也。

【注释】
①灼然：明显貌。

卷第十一（十八则）

京丞相转官

庆元二年朝廷奉上三宫徽称册宝，继又进敕令、玉牒、实录①，大臣迁秩，于再于三，盖自崇宁至于绍熙，未之有也。于是京右丞相以十月受册宝赏②，由正议转宣奉。十二月用敕局赏，当得两官，以一回授、一转光禄。三年二月，用提举玉牒实录院及礼仪使赏，有旨三项各转两官③，辞之至四五。诏减为四官，其半回授，其二遂转金紫。四月之间，陟五华资，仍回授三袂④。在法宰执转官与除拜同，故得给使恩。百二十年而入流者二十有四⑤。迈记淳熙十四年，王左相进玉牒，并充国史礼仪使；梁右相进四朝史传、国朝会要⑥，并充玉牒礼仪使。诏各与转两官。所谓各者，指二相也。时梁公误认为三者各两官，已系特进，谓如此则序进太师矣⑦。中批只共为两官，复辞之，诏许回授，又辞，但令加恩，亦辞。适已罢相在经筵⑧，讫于分毫不受，唯王公独加恩。今日之事全相类，而又已有去冬二赏矣。有司不谙练故实，径准昔年中旨行出，闻京公殊不自安，然无说可免，惜乎东阁贤宾客不告以十年内亲的故事⑨，以成其美。迈顷居翰苑，答王、梁诸诏，尝上章开析论列⑩，是以窃识其详。

【注释】

①庆元二年：1196年。三宫：皇帝、太后、皇后。此处指寿圣隆慈备福光佑太皇太后（高宗吴皇后）、寿成惠慈皇太后（孝宗谢皇后）以及圣安寿仁太上皇（光宗）和寿仁太上皇后（光宗李皇后）。徽称：褒扬赞美的称号。旧时专指加于帝后尊号上的歌功颂德的套语。敕令：皇帝的诏书、诏令。此处指编修的以前的诏书、诏令。②京右丞相：指京镗。字仲远。宁宗时为右丞相、左丞相。③礼仪使：唐宋时，国有大礼，皆任命大臣掌其事，谓之礼仪使。三项：指提举玉牒所、提举实录院和礼仪使。玉牒所和实录院皆为官署名。④陟（zhì）：升；登。华资：显贵的地位或声望。袂：通"秩"。品级。⑤入流

者：指像京丞相这样够上资格的人。入流，够格；进入流品。⑥淳熙十四年：1187年。王左相：指左丞相王淮。梁右相：指右丞相梁克家。⑦三者：指进四朝史传、进国朝会要和充玉牒礼仪使。序进：按规定的等级次第升迁。⑧适已罢相在经筵：这时正值梁克家已免相，只在经筵为皇帝讲解经史。⑨谙练：熟习；熟练。昔年：往年；从前。行出：行（xíng），实施。东阁：称宰相延引款待宾客之所。亲：接近。十年内亲的故事，即指淳熙十四年王左相和梁右相之事。⑩开析：分析。

熙宁司农牟利①

熙宁、元丰中，聚敛之臣，专务以利为国，司农遂粥天下祠庙②。官既得钱，听民为贾区，庙中慢侮秽践③，无所不至。南京有阏伯、微子两庙④，一岁所得不过七八千，张文定公判应天府，上言曰："宋王业所基也，而以火王。阏伯封于商丘，以主大火，微子为宋始封，此二祠者独不可免乎！乞以公使库钱代其岁入⑤。"神宗震怒，批出曰："慢神辱国，无甚于斯！"于是天下祠庙皆得不粥。又有议前代帝王陵寝，许民请射耕垦，司农可之，唐之诸陵，因此悉见芟刈⑥。昭陵乔木⑦，翦伐无遗。御史中丞邓润甫言："熙宁著令，本禁樵采，遇郊祀则敕吏致祭，德意可谓远矣。小人掊克，不顾大体，使其所得不赀，犹为不可，况至为浅鲜者哉⑧！愿绌创议之人⑨，而一切如故。"于是未耕之地仅得免。二者可谓前古未有，一日万几⑩，盖无由尽知之也。

【注释】

①牟（móu）利：谋取利益。②粥：同"鬻"。卖。③贾（gǔ）区：买卖场所。慢侮：轻慢侮辱。秽践：污染践踏。④南京：今河南商丘。阏（è）伯：人名。又星名。《左传·昭公元年》：帝尧"迁阏伯于商丘，主辰（以辰来定时节。辰，大火星，即心宿，亦名商星）。"微子：商纣的庶兄。周武王灭商，他降周。周公旦攻灭武庚后，封他于商故都商丘（今河南商丘南）周围地区，国号宋。⑤应天府：北宋升宋州置。治宋城（今河南商丘南）。宋，王业所基也：南京，是我宋朝王业根基重地。南京，五代末为宋州，是宋朝开国皇帝赵匡胤所领节度州，所以称其所建王朝为宋。王业：帝王之事（基）业。谓统一

天下，建立王朝。而以火王：我朝是以火德为王的。古代方士有"五德"之说，以帝王受命正值五行的火运，称为火德。公使库钱：即公使钱。宋代州郡用于宴请和馈送过往官员的费用。⑥芟刈：割（指草木）。一说铲除，削平。⑦昭陵：唐太宗陵墓。⑧浅鲜：微薄。⑨创（chuàng）议：首先建议。⑩一日万几：皇帝日理万机。

文与可乐府

今人但能知文与可之竹石，惟东坡公称其诗骚①，又表出"美人却扇坐，羞落庭下花"之句。予常恨不见其全，比得蜀本石室先生《丹渊集》，盖其遗文也。于乐府杂咏，有《秦王卷衣》篇曰②："咸阳秦王家，宫阙明晓霞。丹文映碧镂，光采相钩加③。铜螭逐银猊，压屋惊蟠拏④。洞户锁日月，其中光景赊⑤。春风动珠箔，鸾额金窠斜⑥。美人却扇坐，羞落庭下花。闲弄玉指环，轻冰扼红牙⑦。君王顾之笑，为驻七宝车。自卷金缕衣，龙鸾蔚纷葩⑧。持以赠所爱，结欢期无涯。"其语意采入骚人阃域⑨。又有《王昭君》三绝句云："绝艳生殊域，芳年入内庭⑩。谁知金屋宠⑪，只是信丹青。""几岁后宫尘，今朝绝国春⑫。君王重恩信，不欲遣他人。""极目胡沙满，伤心汉月圆。一生埋没恨，长入四条弦⑬。"令人读之，缥缥然感慨无已也⑭！

【注释】

①文与可：即文同。北宋画家。字与可。人称石室先生。善诗文书画，擅画墨竹。存世《墨竹图》等，相传是他的作品，诗文有《丹渊集》。诗骚：《诗经》《离骚》的并称。亦泛指诗歌。②卷（juǎn）衣：谓君王赠衣与所爱女子。唐吴兢《乐府古题要解·秦王卷衣曲》："右言咸阳春景及宫阙之美，秦王卷衣以赠所欢也。"③丹文：赤色的花纹。碧镂：碧绿色的雕饰。钩加：勾结参与。④铜螭：铜铸螭头。螭（chī），古代传说中一种动物，蛟龙之属，头上无角。猊：狻猊（suān ní）。即狮子。蟠拏（ná）：盘曲作攫拿状。⑤洞户：借指幽深的内室。光景（yǐng）：光和影。赊：稀少。⑥鸾额：鸾，指鸾镜。金窠：金印印文空白之处。⑦轻冰：薄冰。⑧金缕衣：以金丝编织的衣服。龙鸾：(绣有)龙凤图案。蔚：华美，有文采。纷葩：盛多貌。⑨采（mí）入：深入。骚人：

泛指诗人。阃域：境界；范围。⑩王昭君：即王嫱。字昭君。晋避司马昭讳，改称明君或明妃。西汉南郡秭归（今属湖北）人。汉元帝时被选入宫。见《续笔》卷二《唐诗无讳避》"毛延寿"注。绝艳：指艳丽无比的美人。殊域：远方；异地。芳年：美好之年华。犹妙龄。⑪金屋：华美之屋。⑫绝国春：指王昭君离开祖国，远嫁匈奴。绝国：极为辽远的邦国。⑬长入四条弦：指后来诗词、戏曲、说唱等常以王昭君的故事为题材。⑭缥缥（piāo piāo）：犹飘飘。形容动荡不安，不平静。

讥议迁史

大儒立言著论，要当使后人无复拟议，乃为至当，如王氏《中说》谓："陈寿有志于史，依大议而削异端，使寿不美于史①，迁、固之罪也。"又曰："史之失自迁、固始也，记繁而志寡②。"王氏之意，直以寿之书过于《汉》《史》矣，岂其然乎？《元经》续《诗》《书》③，犹有存者，不知能出迁、固之右乎？苏子由作《古史》，谓："太史公易编年之法，为本纪、世家、列传，后世莫能易之，然其人浅近而不学，疏略而轻信④，故因迁之旧，别为《古史》。"今其书固在，果能尽矫前人之失乎？指司马子长为浅近不学，贬之已甚，后之学者不敢谓然。

【注释】

①大儒：儒学大师。后泛指学问渊博的人。立言：指著书立说。著论：提出某种见解或主张。拟议：猜度和议论。王氏：指王通。见《随笔》卷七《李习之论文》注。陈寿：西晋史学家。字承祚。晋灭吴后，他集合三国时官私著作，著成《三国志》。大议：谓对国家大事的意见、建议。异端：指无关紧要的事。不美于史：不被史书所称美。美，称美；赞美。②记繁而志寡：记叙史实繁琐，而要义不突出。③元经：隋王通有《元经》三十一篇，久佚。其书仿孔子《春秋》而作，共十卷，始于晋太熙元年，终于隋开皇九年，称王通作；末卷迄唐武德元年，为唐薛收所续。续《诗》《书》：疑为"续史书"之误。④浅近：浅薄卑俗。疏略：粗疏简略。

常 何

唐太宗贞观五年，以旱，诏文武官极言得失。时马周客游长安，舍于中郎将常何之家。何武人，不学，不知所言，周代之陈便宜二十余条。上怪其能，以问何。对曰："此非臣所能，家客马周为臣具草耳①。"上即召周与语，甚悦，以何为知人，赐绢三百匹。常何后亦不显，莫知其所以进。予案《李密传》，密从翟让与张须陀战，率骁勇常何等二十人为游骑②，遂杀须陀，常何之名盖见于此。唐史亦采于刘仁轨《行年河洛记》也。

【注释】
①具草：拟草稿。②游骑(jì)：担任巡哨突击的骑兵。

李密诗

李密在隋大业中，从杨玄感起兵被获，以计得脱。变姓名为刘智远，教授诸生自给，郁郁不得志①，哀吟泣下。唐史所书如此。刘仁轨《行年河洛记》，专载密事，云："密往来诸贼帅之间，说以举大计，莫肯从者，因作诗言志，曰：'金风荡初节，玉露垂晚林②。此夕穷途士，郁陶伤寸心③。平野荄苇合，荒村葵藿深。眺听良多感④，徙倚独沾襟。沾襟何所为？怅然怀古意。秦洛既未平，汉道将何冀⑤？樊哙市井屠，萧何刀笔吏。一朝逢时会⑥，千载传名谥。寄言世上雄，虚生真可愧！'诸将见诗渐敬之。"予意此篇，正其哀吟中所作也。

【注释】
①郁郁：忧伤、沉闷貌。②举大计：犹举大事。指发动夺取政权的武装起义。金风：秋风。古代以阴阳五行解释季节演变，秋属金，故称秋风为金风。初节：原来的操行。此处似指初秋。玉露：晶莹的露水。③郁陶(yáo)：忧

思郁积貌。④眺听：犹视听。谓耳目所及。⑤汉道：汉家（主要指西汉）良好的政治局面。⑥时会：时机。

寺监主簿

自元丰官制行，九寺、五监各置主簿，专以掌钩考簿书为职①，它不得预。绍圣初，韩粹彦为光禄主簿，自言今辄预寺事，非先帝意也，请如元丰诏书。从之。如玉牒修书，主簿不预，见于王定国《旧录》，予犹及见。绍兴中，太府寺公状文移，惟卿丞系衔，后来掌故之吏，昧于典章，遂一切与丞等②。今百官庶府，背戾官制，非特此一事也。

【注释】
①九寺：宋代以太常、光禄、卫尉、宗正、太仆、大理、鸿胪、司农、太府为九寺。五监：少府监、将作监、军器监、都水监、司天监。钩考：探求考核。②遂一切与丞等：指主簿而言。

温大雅兄弟名字

《新唐书》，温大雅字彦弘，弟彦博字大临、大有字彦将，《旧史》不载彦博字，它皆同。三温，兄弟也，而两人以大为名，彦为字，一以彦为名，大为字。《宰相世系表》则云彦将字大有。而博、雅与传同，读者往往致疑。欧阳公《集古录》引《颜思鲁制》中书舍人彦将行①，证《表》为是，然则惟彦博异耳，故或以为误。予少时因文惠公得欧率更所书《虞恭公志铭》②，乃彦博也，其名字实然。后见《大唐创业起居注》，大雅所撰，其中云："炀帝遣使夜至太原，温彦将宿于城西门楼上，首先见之。报兄彦弘，驰以启帝③，帝方卧，闻而惊起，执彦弘手而笑。"据此，则三温之名皆从彦。而此书首题乃云大雅奉敕撰，不应于其间敢自称字。已而详考之，高宗太子弘为武后所鸩④，追尊为孝敬皇帝，庙曰义宗，列于太庙，故讳其名。如弘文馆改为昭文，弘农县改为恒农，徐弘敏改为有功，韦弘机但为机，李含光本姓弘易为李，曲阿弘氏易为洪，则大雅之名，后人追改之也。颜鲁公作《颜勤礼碑》，叙颜、温二家之盛，曰：思鲁、大雅、憨楚、彦博、游秦、彦将。以雅为名，亦由避讳耳。钱闻诗在太学，以此为策问，而言欧阳作传，戾于闻见，彼盖不察宋子京之作云⑤。

【注释】

①中书舍人彦将行：行（xíng），行踪，事迹。②虞恭公：指温彦博。贞观四年，温彦博迁中书令，封虞国公。十一年，卒，谥恭。③帝：指唐高祖李渊。④鸩(zhèn)：以毒酒杀人。⑤戾于：有悖于。闻见：所闻所见；知识。彼：指钱闻诗。宋子京：即宋祁。见三笔卷十二《人当知足》"宋景文祁"注。

册府元龟

真宗初，命儒臣编修君臣事迹，后谓辅臣曰："昨见《宴享门》中录唐中宗宴饮，韦庶人等预会和诗，与臣寮马上口摘含桃事①，皆非礼也。已令削之。"又曰："所编事迹，盖欲垂为典法②，异端小说，咸所不取，可谓尽善。"而编修官上言："近代臣僚自述扬历之事，如李德裕《文武两朝献替记》、李石《开成承诏录》、韩偓《金銮密记》之类，又有子孙追述先德叙家世，如李繁《邺侯传》《柳氏序训》《魏公家传》之类，或隐己之恶，或攘人之善，并多溢美，故匪信书③。并僭伪诸国，各有著撰，如伪《吴录》《孟知祥实录》之类，自矜本国，事或近诬④。其上件书，并欲不取。余有《三十国春秋》《河洛记》《壶关录》之类，多是正史已有；《秦记》《燕书》之类，出自伪邦；《殷芸小说》《谈薮》之类，俱是诙谐小事；《河南志》《邠志》《平剡录》之类，多是故吏宾从述本府戎帅征伐之功，伤于烦碎；《西京杂记》《明皇杂录》，事多语怪⑤；《奉天录》尤是虚词。尽议采收，恐成芜秽⑥。"并从之。及书成，赐名《册府元龟》，首尾十年，皆王钦若提总，凡一千卷，其所遗弃既多，故亦不能暴白。如《资治通鉴》则不然。以唐朝一代言之，叙王世充、李密事，用《河洛记》；魏郑公谏争，用《谏录》；李绛议奏，用《李司空论事》；睢阳事，用《张中丞传》；淮西事，用《凉公平蔡录》；

李泌事⑦，用《邺侯家传》；李德裕太原、泽潞、回鹘事，用《两朝献替记》⑧；大中吐蕃尚婢婢等事，用林恩《后史补》；韩偓凤翔谋画⑨，用《金銮密记》；平庞勋⑩，用《彭门纪乱》；讨裴甫，用《平剡录》；记毕师铎、吕用之事，用《广陵妖乱志》⑪。皆本末粲然，然则杂史、琐说、家传⑫，岂可尽废也！

【注释】

①韦庶人：中宗皇后韦氏，死后追贬为庶人。含桃：樱桃的别名。②典法：典章法规。③扬历：仕宦所经历。先德：祖先的德行。攘：窃取；夺取。攘善：即掠美。信书：犹信史。④僭伪：旧指割据一方的非正统的王朝政权。自矜：自夸。诬：虚假；虚妄。⑤诙谐：幽默风趣的玩笑。烦碎：烦杂细碎的小事。语怪：谈论怪异。⑥芜秽：冗杂；杂乱。像杂草丛生。⑦李绛：唐大臣。字深之。宪宗时，任中书侍郎、同平章事。文宗时为检校司空。睢阳事：至德二载（757年），安庆绪遣部将尹子奇攻城，御史中丞张巡、郡守许远率兵民保城。张中丞即指张巡。凉公：指李愬。唐、随、邓节度使，率兵讨淮西，生擒贼首吴元济，封凉国公。李泌：唐大臣。位至宰相，封邺侯。其子李繁撰《邺侯家传》，记其功业，语多浮夸。⑧"李德裕"句：李德裕力主削弱藩镇，请朝廷下诏，讨伐驱逐朝廷任命的节度使而自为太原留后的杨弁；佐武宗攻杀擅自袭任泽潞节度使的刘稹；讨伐背弃恩义、屡犯边境的回鹘（回纥）。两朝：指文宗、武宗两朝。献替："献可替否"的略语。此指对军国大事的筹度。⑨大中：宣帝年号。尚婢婢：吐蕃相、鄯州节度使。其事见《资治通鉴》唐武宗会昌三年（843年）至宣宗大中四年（850年）。韩偓（wò）：昭宗天复初官翰林学士、中书舍人。天复元年冬，朱全忠率兵逼京师长安，宦官韩全诲等劫持车驾西幸，韩偓随昭宗奔凤翔，进兵部侍郎、翰林承旨。⑩庞勋：唐末桂林戍卒起义首领。他引兵攻克宿州（今属安徽）后，继又攻克徐州，分遣部将攻克州县多处。今江苏徐州市，西汉为彭城郡，东汉为彭城国，所以书名为《彭门纪乱》。⑪裴甫：见《续笔》卷十《天下有奇士》注。毕师铎、吕用之事：见《天下有奇士》"为一方去害"注。后毕师铎借出兵的机会倒戈，攻打扬州，并要杀吕用之，吕用之败走。吕用之专以左道媚骈，是妖人，所以书名为《广陵妖乱志》。⑫杂史：只记一事始末和记一时见闻的，或只是一家的私记、带有掌故性质的史书。琐说：指记述琐谈逸事的文章或著作。

汉高帝祖称丰公

《前汉书·高祖纪赞》云："刘氏自秦获于魏①。秦灭魏，迁大梁，都于丰。故周市说雍齿曰：'丰，故梁徙也。'是以颂高祖云：'汉帝本系，出自唐帝②。降及于周，在秦作刘。涉魏而东③，遂为丰公。'丰公，盖太上皇父。"案上六句皆韵语，不知何人作此颂，诸家注释，大抵阙如④。予自少时读班史，今六七十年，何啻百遍，用朱点句，亦须十本，初不记忆高帝之祖称丰公，比再阅之，恍然若昧平生，聊表见于此⑤。旧书不厌百回读，信哉！

【注释】

①刘氏自秦获于魏：文颖注曰："六国时，秦伐魏，刘氏随军为魏所获，故得复居魏也。"②本系：谓宗族的世系。出自唐帝：《高帝纪赞》："《春秋》晋史蔡墨有言：陶唐氏既衰，其后有刘累……"③涉：晋灼注曰："涉犹入也。"④阙如：谓缺而不言。即欠缺之意。⑤恍然：犹忽然。昧：不相识；不了解。平生：有生以来。表见（xiàn）：记述；记载。

枢密行香

唐世枢密使专以内侍为之，与它使均称内诸司，五代以来始参用士大夫，遂同执政。案实录所载景德二年三月元德皇后忌①，中书、枢密院文武百官，并赴相国寺行香。初枢密院言："旧例国忌行香，惟枢密使、副依内诸司例不赴，恐有亏恭恪②。今欲每遇大忌日，与中书门下同赴行香。"从之。枢密使副、翰林、枢密直学士并赴，自兹始也。然则枢密之同内诸司久矣。隆兴以来，定朝臣四参之仪③，自宰臣至于郎官、御史，皆班列殿庭拜舞，惟枢密立殿上不预，亦此意云。

【注释】

①实录：指《真宗实录》。元德皇后：见三笔卷十四《夫人宗女请受》注。忌：忌日。②恭恪：恭敬而谨慎。③四参（cān）：指朝廷四参官。《宋史·礼志十九》："乾道二年九月，阁门奏：垂拱殿四参，皇帝坐，先读奏目。"原注："四参官谓宰执、侍从、武臣正任、文臣卿监员郎监察御史已上。"

船名三翼

《文选》张景阳《七命》曰："浮三翼，戏中沚①。"其事出《越绝书》，李善注颇言其略，盖战船也。其书云："阖闾见子胥，问船运之备。对曰：'船名大翼、小翼、突冒、楼船、桥船。大翼者当陵军之车，小翼者当陵军之轻车②。'"又《水战兵法内经》曰："大翼一艘，广一丈五尺三寸，长十丈；中翼一艘，广一丈三尺五寸，长九丈；小翼一艘，广一丈二尺，长五丈六尺。"大抵皆巨战船，而昔之诗人，乃以为轻舟。梁元帝云"日华三翼舸"③，又云"三翼自相追"，张正见云"三翼木兰船"，元微之云"光阴三翼过"。其它亦鲜用之者。

【注释】

①张景阳：即张协。字景阳。西晋文学家。三翼：兵船。因有大、中、小之别故名。中沚：沚中，小洲里。②陵军：陆军。轻车：古代兵车名。为兵车中最为轻便者。③日华三翼舸：太阳的光辉照射着三翼船。日华，太阳的光华。

东坡诲葛延之

江阴葛延之，元符间，自乡县不远万里省苏公于儋耳①，公留之一月。葛请作文之法，诲之曰："儋州虽数百家之聚，而州人之所须，取之市而足，然不可徒得也，必有一物以摄之②，然后为己用。所谓一物者，钱是也。作文亦然，天下之事散在经、子、史中，不可徒使，必得一物以摄之，然后为己用。所谓一物者，意是也。不得钱不可以取物，不得意不可以用事，此作文之要也。"葛拜其言，而书诸绅③。尝以亲制龟冠为献，公受之，而赠以诗曰："南海神龟三千岁，兆叶朋从生庆喜④。智能周物不周身，未死人钻七十二⑤。谁能用尔作小冠，岣嵝耳孙创其制⑥。今君此去宁复来，欲慰相思时整视⑦。"今集中无此诗。葛常之，延之三从弟也，尝见其亲笔。

【注释】

①省（xǐng）：探望，问候。②摄：总领；统率。③书诸绅：《论语·卫灵公》："子张书诸绅。"邢昺疏："绅，大带也。子张以孔子之言书之绅带，意其佩服无忽忘也。"后用来指把重要的训言记下来，以防遗忘。④兆：卜兆。朋从：同类相从。⑤智能：智谋才能。周物：保全他物。未死人钻七十二：苏轼原文为"未免人钻七十二"。古人迷信，钻龟进行卜筮。⑥岣嵝耳孙：即华夏的后代。岣嵝（gǒu lǒu），衡山七十二峰之一，为衡山主峰，故衡山又名岣嵝山。山上有碑，字形怪异难辨，后人附会为大禹治水时所刻。耳（réng）孙：远孙，也作"仍孙"。一说玄孙之子，一说玄孙之曾孙。⑦整视：谓整视龟冠。

用书云之误

今人以冬至日为书云，至用之于表启中①，虽前辈或不细考，然皆非也。《左氏传》："僖公五年正月辛亥朔，日南至，公既视朔，遂登观台以望，而书②，礼也。凡分、至、启、闭，必书云物，为备故也③。"杜预注云："周正月，今十一月。分，春、秋分也；至，冬、夏至也；启者，立春、立夏；闭者，立秋、立冬；云物者，气色灾变也。"盖四时凡八节，其礼并同。汉明帝永平二年春正月辛未，宗祀光武毕，登灵台观云物④，尤可为证。而但读《左传》前两三句，故遂颛以指冬至云。今太史局官，每至此八日，则为一状，若立春则曰风从艮位上来，春分则曰风从震位上来，它皆仿此，只是定本，元非撼实⑤。《起居注》随即修入，显为文具，盖古之书云意也⑥。

【注释】

①表启：泛指奏疏，公文，书函。②日南至:（这一天是）冬至。"日南至"

即太阳到达南回归线,亦即冬至。视朔:天子诸侯每月朔日祭告于祖庙,然后治理政事。以特羊告于庙,称告朔。告朔之后,听治政事,称视朔,也称听朔。望:观望云气。书:记载。③云物:日旁云气的颜色,古人凭以观测吉凶水旱。备故:为有灾害而作准备。④灵台:汉代天象台。⑤太史局:掌管天文历法的官署。艮位、震位:均方位名。按后天八卦方位,震居正东,艮居东北。定本:校订审定的书稿叫定本。这里似指照抄固定格式。摭实:据实。⑥书云:古代于春分、秋分、夏至、冬至、立春、立夏、立秋、立冬之日,登观台瞻望云气物色,把所见的天象,刻在简策上,附会人事吉凶,谓之书云。

张鷟讥武后滥官

武后革命,滥授人官,故张鷟为谚以讥之曰:"补阙连车载,拾遗平斗量。杷推侍御史,碗脱校书郎①。"唐《新、旧史》亦载其语,但泛言之。案天授二年二月,以十道使所举人石艾县令王山辉等六十一人,并授拾遗、补阙;怀州录事参军霍献可等二十四人,并授侍御史;并州录事参军徐昕等二十四人,授著作郎;内黄县尉崔宣道等二十三人,授卫佐校书。凡百三十二人,同日而命,试官自此始也②。其滥如此!《刘子玄传》:"武后诏九品以上陈得失,子玄言:'君不虚授,臣不虚受。今群臣无功,遭遇辄迁③,至都下有车载、斗量、杷推、碗脱之谚。'"正为此设,然只是自外官便除此四职④,非所谓辄迁,子玄之言失之矣。

【注释】

①杷(pá):农具名。有齿,用以耙梳、聚拢。杷推:用杷推聚。形容数量极多。碗脱:谓如出于同一模型之碗,个个如此。②试官:试用待录之官。天授二年,凡举人无贤不肖,尽加录用,设试用的官以安置,试官盖源于此。其后各朝相传。③遭遇:犹际遇。机遇,适逢其事。辄迁:谓随意提拔。④外官:地方官。与京官相对。

〔补注〕泛言:空泛不着边际之言,没有确指。

唐王府官猥下①

唐自高宗以后，诸王府官益轻，惟开元二十三年，加荣王以下官爵②，悉拜王府官属。浸又减省，仅有一傅一友一长史③，亦但备员，至与其府王不相见。宝历中，琼王府长史裴简求具状言④："诸王府本在宣平坊，多年摧毁，后付庄宅使收管，遂为公局⑤。每圣恩除授，无处礼上⑥。王官为众所轻，府既不存，官同虚设，伏乞赐官宅一区。"乃诏赐延康坊宅。予因阅《九经字样》一书，开成中唐玄度所纂，其官阶云朝议郎知沔王友，充翰林待诏。沔王名恫，宪宗之子，而以书吏为友，其馀可知。案文、武、宣、昭四宗，皆自藩王登大位，刚明果断，为史所称，盖出于天性，然非资于师友成就也⑦。

【注释】
①猥下：鄙陋；低下。②荣王：即靖恭太子李琬。玄宗第六子。③友：职官名。王公之近臣。④琼王：即李悦。宪宗第十子，敬宗之叔。具状：写成奏状（奏章）。⑤公局：官署。⑥礼上：以礼待上。敬奉圣上。⑦藩王：藩国之王。刚明：犹严明。资：凭借；依靠。

御史风闻

御史许风闻论事①，相承有此言，而不究所从来，以予考之，盖自晋、宋以下如此。齐沈约为御史中丞，奏弹王源曰："风闻东海王源。"苏冕《会要》云："故事，御史台无受词讼之例，有词状在门②，御史采状有可弹者，即略其姓名，皆云风闻访知。其后疾恶公方者少，递相推倚，通状人颇壅滞③。开元十四年，始定受事御史，人知一日劾状，遂题告事人名，乖自古风闻之义④。"然则向之所行，今日之短卷是也⑤。二字本见《尉佗传》⑥。

【注释】

①风闻：传闻。②词讼：诉讼。词状：提起诉讼的文书。③疾恶公方者：憎恨邪恶而公道正直的人。疾恶（è），憎恨邪恶。公方，公正方直。也指公正方直的人。推倚：推托；推诿。通状人：投诉的人。壅滞：壅塞留滞。④受事：接受职事。人知一日劾状：受事御史每人负责一天，收取告人的状子。劾状：揭发过失或罪行的文状。乖自古风闻之义：与古代风闻奏事的做法不相合。⑤短卷：指揭人短处的文书。⑥尉佗传：《汉书·南粤王赵佗传》："风闻老夫父母坟墓已坏削，兄弟宗族已诛论。"二字，即指"风闻"二字。

唐御史迁转定限

唐元和中，御史中丞王播奏："监察御史，旧例在任二十五月转，准具员不加①，今请仍旧；其殿中侍御史，旧十二月转，具员加至十八月，今请减至十五月；侍御史，旧十月转，加至十三月，今请减至十二月。"从之。案唐世台官，虽职在抨弹，然进退从违，皆出宰相，不若今之雄紧②，观其迁叙定限可知矣。国朝未改官制之前，任监察满四年而转殿中，又四年转侍御史，又四年解台职，始转司封员外郎③。元丰五年以后，升沉迥别矣。

【注释】

①具员：所配备的官员。不加：不增加日期。即仍按二十五个月转官。②台官：唐宋以掌纠弹之御史为台官。抨弹：弹劾。从违：指境遇的顺逆。雄紧：重要；紧要。③司封员外郎：见《三笔》卷九《司封失典故》"司封"注。

卷第十二（十三则）

小学不讲

古人八岁入小学，教之六书，《周官》保氏之职①，实掌斯事，厥后浸废。萧何著法，太史试学童，讽书九千字②，乃得为吏。以六体试之③。吏人上书，字或不正，辄有举劾④。刘子政父子校中秘书，自《史籀》以下凡十家，序为小学，次于六艺之末⑤。许叔重收集篆、籀、古文诸家之学，就隶为训注，谓之《说文》⑥。蔡伯喈以经义分散、传记交乱、讹伪相蒙，乃请刊定五经，备体刻石⑦，立于太学门外，谓之《石经》。后有吕忱⑧，又集《说文》之所漏略，著《字林》五篇以补之。唐制，国子监置书学博士，立《说文》《石经》《字林》之学，举其文义，岁登下之⑨。而考功、礼部课试贡举，许以所习为通，人苟趋便⑩，不求当否。大历十年，司业张参纂成《五经文字》⑪，以类相从。至开成中，翰林待诏唐玄度又加《九经字样》，补参之所不载。晋开运末，祭酒田敏合二者为一编，并以考正俗体讹谬⑫。今之世不复详考，虽士大夫作字，亦不能悉如古法矣。韩子曰⑬："凡为文辞，宜略识字。"又云："阿买不识字，颇知书八分。"安有不识字而能书，盖所谓识字者，如上所云也。予采张氏、田氏之书，择今人所共昧者，漫载于此，以训子孙。本字从木，一在其下，今为大十者非。休字象人息于木阴，加点者非。美从羊从大，今从犬从火者非。军字古者以车战，故军从冖下车，后相承作军，义无所取。看字从手，凡视物不审⑭，则以手遮目看之，作看者非。扬州取轻扬之义，从木者非。梁从木，作梁者非。乾有干、虔二音，为字一体，今俗分别作乹字音虔，而乾音干者非。尊从酋下寸，作尊者非。奠从酋从丌，作奠者非。夷从弓从大，作夷者讹。耆从旨，作老下目者讹。漆、桼、黍、黎，下并从水，相承省作氺，今从小，从小者讹。决、冲、况、凉、盗并从水，作冫者讹。饑、饥二字，上谷不熟，下饿也，今多误用。至于果、刍、韭之加草，冈加山，攜之作携，鉏作锄，恶作悪，霸作覇，筍作笋，頿作髭，须加髟或从水，祕从禾，筒作筩，寶从尔，趨从多，衡合从角从大而从魚，啓从又及弋，亹从文，徹从去，麤作麄，蟲作虫，堕许规反，俗作隳，又以为惰，幡作幡，怪为恠，關为関，灸从夕，閒从日，功从刀，玆合从二玄而作兹，升作廾，辈从北，妒从戶，姦为奸，蠹从毒，吝作𠫤，冤上加点，鄰作隣，牟从午，互作禾，元从点⑮，舌从千，蓋作盖，京作亰，皎从日，汎从冫，鼓从皮，潛、譖、僭从替，出作二山，覺从與，游、於以方为才，阜为皀，曷为昌，匹为疋，收作収，敍作叙，臥从臣从人，而以人为卜，改从戊己之己而以为卫，凡作几，允作𠃔，馆作舘，覽作覧，祭合从月从又而作祭，瞻作瞻，繰从衣，淫从𡈼，偏作遍，徼作侥，漾作漾，琴瑟之弦从系，輕作輕，如是者皆非也。

【注释】

①六书：古人分析汉字的造字方法而归纳出来的六种条例，亦称“六义”。即象形、指事、会意、形声、转注、假借。今人一般认为“转注”、“假借”实为用字方法，与造字无关。保氏：古代职掌教育贵族子弟的官员。《周礼·地官·保氏》：“保氏掌谏王恶，而养国子以道。乃教之六艺，一曰……五曰六书，……”②讽：背诵。讽书：背书。③六体：指古文、奇字、篆书、左书、缪篆、虫书。④举劾：列举罪过而弹劾之。⑤校中秘书：校理宫廷藏书。刘子政父子：即刘向及其子刘歆。刘向，本名更生，字子政。史籀：即《史籀篇》。相传为周代教学童识字的课本。汉代许慎说是周宣王太史籀所撰。籀，音 zhòu，意为读书。清朝王国维认为，“籀”、“读”二字，古音义相同。《史籀篇》乃用首句为篇名，实非人名。六艺：古代教育学生的六种科目。《周礼·地官·大司徒》：“三曰六艺：礼、乐、射、御、书、数。”⑥就隶为训注：用隶书字进行训释注解。训注：训释注解。说文：《说文解字》的简称。东汉许慎撰。文字学书。字体以小篆为主，有古文、籀文等异体，则列为重文。是我国第一部系统分析字形和考究字源的字书，也是世界最古的字书之一。⑦蔡伯喈(jiē)：即蔡邕。字伯喈。东汉末年文学家、书法家。工篆、隶，尤以隶书著称。熹平四年（175年），与堂溪典等写定“六经”文字，部分由蔡邕书丹于石，立太学门外，世称“熹平石经”。讹伪：讹错；错误。相蒙：互相蒙蔽。备体：犹齐备；完整。⑧吕忱：晋文字学家。字伯雍。⑨书学：唐宋培养书法人才的学校。立学：兴建学校。文义：亦作“文谊”。文字的意义。岁登下之：每年都

进行增补和删除。岁，年。登下，登记与削除。犹增减。⑩许以所习为通：通，通假。人苟趋便：苟，贪求。⑪司业：学官名。国子监副长官，协助祭酒（国子监长官），掌儒学训导之政。⑫考正：考核订正。俗体：俗体字。指通俗流行而字形不规范的汉字，别于正体字而言。⑬韩子：指韩愈。⑭不审：不准，不确。⑮须加彡或从水：即写成"鬚"或写成"湏"。寶从尔：即写成"寶"。啓从又及弋：即写成"啓"或"弎"。元从点：即写成"兀"。

主 臣

汉文帝问陈平决狱、钱谷①，平谢曰："主臣！"《史记》《汉书》皆同。张晏曰："若今人谢曰'惶恐'也。"文颖曰："惶恐之辞，犹今言死罪也。"晋灼曰："主，击也。臣，服也。言其击服，惶恐之辞。"马融《龙虎赋》曰："勇怯见之，莫不主臣。"正用此意。《文选》载梁任昉《奏弹曹景宗》，先叙其罪，然后继之曰"景宗即主臣"，乃继之曰"谨案某官臣景宗"，又《弹刘整》亦曰"整即主臣"。齐沈约《弹王源》文亦然。李善舍《汉》《史》所书，而引王隐《晋书》庾纯自劾以谓然，以主为句，则臣当下读，殊为非是。不知所谓某人即主，有何义哉？

【注释】
①决狱：判决狱讼。

景华御苑

崔德符坐元符上书邪党①，困于崇宁。后监洛南稻田务。尝送客于会节园，是时冬暮，梅花已开。明年春，监修大内②，阉官容佐取以为景华御苑，德符不知也。至春晚，复骑瘦马与老兵游园内，坐梅下赋诗。其词曰："去年白玉花，结子深枝间。小憩藉清影，低罇啄微酸③。故人不可见，春事今已阑。绕树寻履迹，空余土花斑④。"次日，佐入园，见地上马粪，知为德符。是时，府官事佐如不及⑤，而德符未尝谒之。佐即具奏，劾以擅入御苑作贱，有旨勒停。家素贫，传食于诸贤之舍，久乃归阳翟⑥。德符没于靖康，官卑不应立传，予详考本末，为特书之，颇忆此段事，拟载于传中，以悼君子之不幸。且知马永卿《懒真录》中有之，而求不可得，漫记于此。

【注释】

①邪党：即指元祐奸党。见《三笔》卷十六《蹇氏父子》"缙绅之祸"注。徽宗崇宁元年（1101年），把元祐及元符末的宰相司马光、文彦博等、侍从苏轼等、余官秦观等、内臣张士良等、武臣王献可等所有反对王安石新法的凡百有二十人，作为奸党，御书刻石端礼门。二年，"令天下监司长吏厅立《元祐奸党碑》。"并把元符末上书人分为正等和邪等，"诏元符末上书进士，类多诋讪，令州郡遣入新学，依太学自讼斋法，候及一年，能革心自新者许将来应举，其不变者当屏之远方。"（《宋史·徽宗本纪》）②大内：指皇帝宫殿。③小憩：短暂的休息。清影：清朗的光影。低颦：轻皱眉头。颦（pín），皱眉。④土花：苔藓。⑤府官：州府的长官。⑥传（chuán）食：展转受人供养。一说，传读zhuàn，客舍；传食，指止息于诸贤客馆而受其供应饮食。阳翟：崔德符（名鷃）原籍雍丘（今河南杞县），其父徙居颍川，遂为阳翟（颍川郡治）人。

州升府而不为镇

州郡之名，莫重于府，虽节镇不及焉，固未有称府而不为节度者①。比年以来，升蜀州为崇庆府，剑州为隆庆府②，恭州为重庆府，嘉州为嘉定府，秀州为嘉兴府，英州为英德府。蜀、剑既有崇庆、普安军之额，而恭、嘉以下独未然，故幕职官仍云某府军事判官、推官，大与府不相称③，皆有司之失也。信阳军一小垒耳，而司户参军衔内带兼节推④，尤为可笑。顷在中都时，每为天官主者言之，云亦不必白朝廷，只本案检举改正申知足矣⑤。乃曰："久例如此。"竟相承到今。文安公尝为左选侍郎⑥，是时，未知此也。

【注释】

①州郡之名，莫重于府：宋代实行路、州、县三级地方体制。与州同级的还有府、军、监，都直属中央。府的政治经济地位略高于州。凡首都、陪都

及皇帝住过或即位前任过职的地方，皆定为府。节镇：指设置节度使的要冲大郡。亦指节度使。固：通"故"。所以；因而。②剑州：州名。唐置。治普安（今四川剑阁）。南宋隆兴间升为隆庆府。③大与府不相称：应称节度判官、节度推官。④节推："节度推官"的略称。为节度使属官，掌勘问刑狱。⑤本案：指吏部或其有关单位。检举：犹选择（施行）。申知：告诉下级有关单位知道。⑥左选侍郎：见《三笔》卷六《减损入官人》"吏部四选"注。

汉唐三君知子

英明之君，见其子有材者，必爱而称之。汉高祖谓赵王如意类己，欲以易孝惠①，以大臣谏而止。宣帝以淮阳王钦壮大，好经书、法律，聪达有材②，数嗟叹曰："真我子也！"常有意欲立为嗣，而用太子起于微细③，且早失母，故弗忍。唐太宗以吴王恪英果类我，欲以代雉奴④。其后如意为吕母所戕，恪为长孙无忌所害，钦陷张博之事⑤，殆于不免。此三王行事无由表见⑥。然孝惠之仁弱，几遭吕氏之覆宗；孝元之优柔不断，权移于阉寺，汉业遂衰；高宗之庸懦，受制凶后⑦，为李氏祸尤惨。其不能继述固已灼然⑧。高祖、宣帝、太宗盖本三子之材而言之，非专指其容貌也，可谓知子矣。彼明崇俨谓英王哲（即中宗也）貌类太宗，张说谓太宗画像雅类忠王（即肃宗也），此惟取其形似也。若以材言之，中宗之视太宗，天壤相隔矣！汉成帝所幸妾曹宫产子，曰："我儿额上有壮发⑨，类孝元皇帝。"使其真是孝元，亦何足道？而况于婴孺之状邪！

【注释】

①赵王如意：赵隐王刘如意，戚夫人所生。汉高祖九年（前198年）立为王。欲以易孝惠：孝惠帝刘盈，吕后所生。高祖二年（前205年）立为太子。后来高祖嫌刘盈太仁弱，欲立如意为太子。②淮阳王钦：淮阳宪王刘钦，张婕妤所生。宣帝元康三年（前63年）立为王。壮大：长大成人。聪达：聪明而通达事理。③太子：即刘奭（后来的汉元帝）。宣帝许皇后生。地节三年（前67年）立为太子。微细：卑下；低贱。许皇后是暴（pù）室（宫廷内织作之所）啬夫（小吏）许广汉之女，所以说太子起于微细。宣帝与许皇后为患难夫

妻，故弗忍废太子。④吴王恪：即李恪，太宗第三子，杨妃所生。高祖武德三年（620年），封蜀王；后徙封吴王。英果：英明果断。雉奴：高宗李治乳名。贞观十七年被立为皇太子。其母长孙皇后，舅父长孙无忌。⑤钦陷张博之事：张博为刘钦之舅父。宣帝崩，元帝即位。宦官石显奏张博兄弟欺骗诸侯王，诽谤政治，狡猾不道，皆下狱（后弃市）。刘钦坐与张博等书信往来，不仅不举奏张博而又多与金钱，报以好言。有司奏请逮捕刘钦。元帝不忍致法，而赐以玺书切责。⑥三王行事无由表见：指三王的行为事迹无从表现。⑦仁弱：仁爱懦弱。阍寺：即阍人与寺人（古代官中掌管门禁的官）。后指宦官。此处指宦官石显、弘恭等。凶后：指武则天。⑧继述：继承。⑨曹宫：宫中女史之名。壮发：额前丛生突下之发。

当官营缮

元丰元年，范纯粹自中书检正官谪知徐州滕县，一新公堂吏舍，凡百一十有六间，而寝室未治，非嫌于奉己也①，曰吾力有所未暇而已。是时，新法正行，御士大夫如束湿，虽任二千石之重，而一钱粒粟，不敢辄用，否则必著册书②。东坡公叹其廉，适为徐守，故为作记③。其略曰："至于宫室，盖有所从受④，而传之无穷，非独以自养也。今日不治，后日之费必倍。而比年以来，所在务为俭陋，尤讳土木营造之功，敧仄腐坏⑤，转以相付，不敢擅易一椽，此何义也！"是记之出，新进趋时之士，媢疾以恶之⑥。恭览国史，开宝二年二月诏曰："一日必葺，昔贤之能事⑦。如闻诸道藩镇、郡邑公宇及仓库，凡有隳坏，弗即缮修，因循岁时，以至颓毁，及僝工充役，则倍增劳费⑧。自今节度、观察、防御、团练使、刺史、知州、通判等罢任，其治所廨舍，有无隳坏及所增修，著以为籍，迭相符授⑨。幕职州县官受代，则对书于考课之历，损坏不全者，殿一选⑩，修葺、建置而不烦民者，加一选。"太祖创业方十年，而圣意下逮，克勤小物⑪，一至于此！后之当官者不复留意。以兴仆植僵为务，则暗于事体、不好称人之善者，往往翻指为妄作名色⑫，盗隐官钱，至于使之束手讳避，忽视倾陋，逮于不可奈何而后已。殊不思贪墨之吏⑬，欲为奸者，无施不可，何必假于营造一节乎？

【注释】

①范纯粹：字德孺。见《续笔》卷十《范德孺帖》注。中书检正：见《续笔》卷十五《李林甫秦桧》注。奉己：谓养护己身，无所作为。一说即奉养自己。②束湿：《汉书·宁成传》："为人上，操下急如束湿。"颜师古注："束湿，言其急之甚也。湿物则易束。"谓督责下属，像捆扎湿物一样严紧。后用以比喻政令苛刻严急。册书：史册，史籍。③故为作记：即《三笔》卷十一《东坡引用史传》一文中提到的《滕县公堂记》，为范纯粹而作。时坡公权知徐州军事。④从受：谓从前任官那里接受。⑤俭陋：俭朴，粗陋。欹仄（qī zè）：倾斜；歪斜。⑥新进：新被任用。趋时：迎合时尚（依附权势）。媢（mào）疾：妒忌。⑦一日必葺：谓虽暂时居住亦必修补墙、屋。一日必葺，昔贤之能事：《左传·昭公二十三年》："叔孙婼如晋"。"叔孙所馆者，虽一日必葺其墙屋，去之如始至。"⑧因循：延宕；拖延。岁时：岁月；时间。僝工：显现其功。工，通"功"。后多指筹集工料，以从事或完成建筑工程。劳费：谓耗费人力、精力或财力。⑨廨（xiè）舍：官署，旧时官吏办公处的通称。著以为籍：记录在册。符授：谓官员罢任时将公物移交给后任。⑩受代：旧称官吏去职为受代。谓受新官的替代。对书：当面书写。历：指记事簿。殿一选：停叙一次选官。殿，停，停叙。⑪逮：及；及至。克勤：谓能勤劳。⑫兴仆植僵：将已倒的扶植起来（指修葺馆舍）。仆、僵均为仆倒意。名色：名目；名称。⑬贪墨：贪财好贿。贪污。墨，不洁之称。

治历明时

《易·革》之《象》曰："天地革而四时成。汤、武革命，顺乎天而应乎人①。"魏、晋而降，凡及禅代者②，必据以为说。案汉辕固与黄生争论汤、武于景帝前③，但评受命之是非，不引《易》为证。卦之象曰："君子以治历明时④。"其义了不相涉⑤。偃孙颇留意历学，云按唐一行《大衍历·日度议》曰："《颛帝历》上元甲寅正月甲寅晨初合朔立春，七曜皆直艮维之首，汤作《殷历》，更以十一月合朔冬至为上元⑥，周人因之。"此谓治历也。至于三统之建，夏以寅为岁首，得人统；殷以丑⑦，为得地统；周武王改从子，为得天统。此谓明时也。其革命之说，刘歆作《三统历》及《谱》，引《革·象》"汤、武革命"，又曰"治历明时，所以和人道也"⑧，如是而已。其前又引《逸书》曰："先其革命。"颜师古曰："言王者统业，先立算数⑨，以命百事也。"推此而伸之，所云革命，盖谓是耳，非论其取天下也。况《大衍》之用四十有九，一行以之起历，而《革》卦之序，在《周易》正当四十九⑩，然则专为历甚明。考其上句⑪，尤极显白，然诸儒赞《易》，皆不及此，王弼亦无一言。

【注释】

①"天地革"句：天地日月不断地改革运行，因而形成了春夏秋冬四时的变化。商汤和周武王变革天命，灭亡桀纣，既顺依天理又应合人心。"汤武革命"句是原来的解释。按照本文的意思，仅指汤、武在改造自然中所进行的重大变革，即制定《殷历》和《周历》，既顺应自然又合乎人心。②禅代：指帝位的禅让和接替。③辕固：即辕固生，西汉今文诗学"齐诗学"的开创者。齐（治今山东淄博市临淄）人。景帝时，任博士，曾与道家黄生辩论汤、武革命。④治历明时：修制历数以表明天时变化。⑤其义了不相涉：与禅代了不相涉。⑥一行：唐玄宗时僧人，天文学家。精通历法和天文，订有《大衍历》等。上元甲寅正月甲寅晨初合朔立春：上元，古代历法名称之一。《史记·天官书》："其纪上元。"司马贞索隐："上元是古历之名。"《新五代史·司天考》："布算积分，上求数千万岁之前，必得甲子朔旦夜半冬至，而日、月、五星皆会于子，谓之上元，以为历始。"甲寅正月：即正月。正月建寅。甲寅晨初：甲寅日早晨。合朔，日月相会。一般指夏历每月初一。七曜：古人以日、月与金、木、水、火、土五大行星为七曜。直：当；对着。艮维：指东北方。更：改变。⑦以寅为岁首：正月建寅。以丑：以夏历十二月为岁首。十二月建丑。⑧三统历：见《续笔》卷十六《三易之名》"人统地统天统"注引。《三统历》是我国史籍上第一部记载完整的历法。规定孟春正月为每年第一个月，一年有二十四个节气，以没有中气的月份为闰月。谱：《三统历》即名《三统历谱》。人道：与"天道"相对。指人事，人伦，为人之道，或社会规范。此处似为仅指人事（人为之事；人力所能及的事）。⑨统业：指帝王之业。算数：指算术，推算历象之术。⑩"况《大衍》之用"句：《易·系辞上》："大衍之数五十，其用四十有九。"《革》卦为《周易》第四十九卦。⑪上句：指"天地革而四时成"。

〔补注〕大衍：大，大数；衍，演。大衍，指用大数以演卦。《易·系辞上》："大衍之数五十。"韩康伯注："演天地之数，所赖者五十也。"孔颖达疏引京房曰："五十者，谓十日、十二辰、二十八宿也。"后称五十为"大衍之数"。

仕宦捷疾

唐傅游艺以期年之中①，历衣青、绿、朱、紫，时人谓之"四时仕宦"，言其速也。国朝惟绿、绯、紫三等。而紫袍者，除武臣外，文官之制其别有六：庶僚黑角带，佩金鱼；未至侍从，而特赐带者，为荔枝五子，不佩鱼；中书舍人、谏议、待制、权侍郎，红鞓黑犀带，佩鱼；权尚书、御史中丞、资政、端明殿阁学士、直学士、正侍郎、给事中，金御仙花带，不佩鱼，谓之横金；翰林学士以上正尚书，御仙带，佩鱼，谓之重金；执政官宰相，方团毬文带，俗谓之笏头者是也②。其叙如此。若猛进蹂得者则不然③。绍兴中，宋朴自侍御史迁中丞，施钜自中书检正，郑仲熊自右正言，并迁权侍郎，三人皆受告日易服，以正谢日拜执政④。朴、钜以绯，仲熊以绿，服紫之次日，而赐毬文带。盖侍从以下，俟正谢乃易带，而执政命才下，即遣中使赍赐⑤，遂服之而赴都堂供职，可谓捷疾矣。若李纲则又异于是，宣和七年十二月二十九日，自太常少卿除兵部侍郎，未谢间，靖康元年正月四日，胡骑将至京城，纲以边事求见。宰执奏事未退，纲语知阁门事朱孝庄曰："有急切公事，欲与宰执廷辩。"孝庄曰："旧例，未有宰执未退而从官求对者。"纲曰："此何时，而用例邪！"孝庄即具奏。诏引纲立于执政之末。时宰执议欲奉銮舆出狩襄、邓，纲请固守，上曰："谁可将者？"纲曰："愿以死报；第人微官卑，恐不足以镇服士卒⑥。"白时中乞以为礼部尚书，纲曰："亦只是侍从。"即命除尚书右丞。纲曰："臣未正谢，犹衣绿，非所以示中外。"即面赐袍带并笏，纲服之以谢，且言："方时艰难，臣不敢辞。"此为不经绯紫而极其服章，未之有也。

【注释】

①傅游艺：即卷九《作文句法》"三宰啸凶牝夺晨"注中的"三宰"之一。
②鞓（tīng）：皮带。御仙花带：绣有御仙花的佩带。简称"御仙带"。御仙花为荔枝的别称。笏头：即笏头带。古大臣服饰之一。宋代宋敏求《春明退朝录》中："太宗制笏头带以赐辅臣，其罢免尚亦服之。"又下："太宗命创方团毬路带，

亦名笏头带，以赐二府大臣。"方团毬路带即方团毬文带。③躐得：逾越等级而获得。躐（liè），逾越。④正谢：谓正式上朝谢恩。⑤赍（jī）赐：赏赐。⑥銮舆：同銮驾。皇帝的车驾。用作帝王的代称。镇服：使人服从。

词臣益轻

治平以前，谓翰林学士及知制诰为两制，自翰林罢补外者，得端明殿学士，谓之换职。熙宁之后，乃始为龙图，绍兴以来愈不及矣。修起居注者序迁知制诰，其次及辞不为者，乃为待制，赵康靖、冯文简、曾鲁公、司马公、吕正献公是也①。学士阙，则次补，或为宰相所不乐者，犹得侍读学士，刘原甫是也。在职未久而外除者②，为枢密直学士，韩魏公是也；亦为龙图直学士，欧阳公是也。后来褒擢者，仅得待制，王时亨是也③。馀以善去者，集英修撰而止耳。

【注释】

①冯文简：即冯京，字当世。卒谥文简。曾鲁公：曾公亮。累封鲁国公。吕正献公：即吕公著。卒谥正献。②外除：京官出任地方官。③褒擢：犹褒升。褒奖进升。王时亨：即王刚中。字时亨。

夏英公好处

夏英公既失时誉，且以《庆历圣德颂》之故①，不正之名愈彰，然固自有好处。夏羌之叛，英公为四路经略安抚招讨使，韩魏公副之。贼犯山外，韩公令大将任福自怀远城趋得胜寨，出贼后，如未可战，即据险置伏，要其归，戒之至再。又移檄申约②，苟违节度，虽有功亦斩。福竟为贼诱，没于好水川③，朝论归咎于韩。英公使人收散兵，得韩檄于福衣带间，言罪不在韩，故但夺一官。英公此事贤矣，而后来士大夫未必知也，予是以表出之。

【注释】

①时誉：当时的声誉。《庆历圣德颂》之故：太子中允、直集贤院石介在《庆历圣德诗》中把夏竦斥为"大奸"。见《宋史·儒林传·石介》。②移檄：发布文告晓示。申约：申明约令。③好水川：即今宁夏隆德西北好水。一说，即今榆河（甜水河）。

祖宗用人

祖宗用人，进退迟速，不执一端，苟其材可任，则超资越级，曾不少靳，非拘拘于爱惜名器也。宋琪自员外郎以正月擢拜谏议大夫，三月参知政事。太宗将用李昉，时昉官工部尚书，七月特迁琪刑书，遂并命为相。而琪居昉上，自外郎岁中至此。石熙载以太平兴国四年正月，自右补阙（今朝奉郎）为兵部员外郎（今朝请郎）、枢密直学士，才七日，签书院事，四月拜给事中（今通议大夫），为副枢，十月迁刑部侍郎（今正议），六年迁户部尚书（今银青光禄），为使，八年罢为右仆射（今特进），从初至此五岁，用今时阶秩言之，乃是朝奉郎而为特进也。当日职名，唯有密直多从庶僚得之①，旋即大用。张齐贤、王沔皆自补阙、直史馆，迁郎中，充学士，越半岁并迁谏议、签枢。温仲舒、寇準皆自正言（今承议郎）、直馆，迁郎中，充职二年②，并为枢密副使。向敏中自工部郎中以本官充职，越三月同知密院。钱若水自同州推官入直史馆，逾年擢知制诰，二年除翰林学士，遂以谏议同知密院，首尾五年。

【注释】

①密直：即枢密直学士。②充职：任职。充，担任。

至道九老

李文正公昉罢相后，只居京师，以司空致仕。至道元年，年七十一矣，思白乐天洛中九老之会。适交游中有此数，曰太子中允张好问，年八十五；太常少卿李运，年八十；故相吏部尚书宋琪、庐州节度副使武允成，皆七十九；吴僧赞宁，年七十八；鄞州刺史魏丕，年七十六；左谏议大夫杨徽之，年七十五；水部郎中朱昂与昉，皆七十一。欲继其事为宴集，会蜀寇起而罢。其中两宰相乃著一僧，唐世及元丰耆英所无也①。次年，李公即世，此事竟不成。耄老康宁，相与燕嬉于升平之世，而雅怀弗遂②，造物岂亦吝此耶！

【注释】

①著一僧：加上一僧（赞宁）。著（zhuó），附着；附上。唐世及元丰耆英：见卷八《狄监卢尹》。②耄老：年老。燕嬉：宴饮嬉戏。雅怀：高雅的情怀。

李文正两罢相

宰相拜罢，恩典重轻，词臣受旨者，得以高下其手①。李文正公昉，太平兴国八年，以工部尚书为集贤、史馆相。端拱元年，为布衣翟马周所讼。太宗召学士贾黄中草制，罢为右仆射，令诏书切责。黄中言："仆射百寮师长，今自工书拜，乃为殊迁，非黜责之义②。若以均劳逸为辞，斯为得体。"上然之。其词略云："端揆崇资③，非贤不授。昉素高闻望，久展谟猷，谦和秉君子之风，纯懿擅吉人之美④。辍从三事，总彼六卿，用资镇俗之清规，式表尊贤之茂典⑤。"其美如此⑥。淳化二年，复归旧厅。四年又罢，优加左仆射，学士张洎言："近者霖霪百余日，昉职在燮和阴阳，不能决意引退⑦。仆射之重，右减于左，位望不侔，因而授之，何以示劝⑧？"上批洎奏尾，止令罢守本官。洎遂草制峻诋，脑词云⑨："燮和阴阳，辅相天地，此宰相之任也。苟或依违在位，启沃无闻⑩，虽居廊庙之崇，莫著弥纶之效，宜敷朝旨，用罢鼎司⑪。昉自处机衡，曾无规画⑫。拥化源而滋久，孤物望以何深⑬！俾长中台⑭，尚为优渥。可依前尚书右仆射，罢知政事。"历考前后制麻⑮，只言可某官，其云罢知政事者，洎创增之也。国史昉传云：昉厚善洎，及昉罢，洎草制乃如此。绍兴二十九年，沈该罢制⑯，学士周麟之于结句后,添入可罢尚书左仆射同平章事,盖用此云。

【注释】
①高下其手:犹上下其手,谓营私舞弊。②殊迁:破格提拔。黜责:贬斥;责罚。③崇资:官职尊贵。崇,高。引申为高贵。资,官职;职位。④闻(wèn)望:声望;名望。谟猷:谋略。谦和:谦虚平和。纯懿:纯,大;懿,美。指高尚完美的德行。⑤辍从三事:指罢相。辍,停止;中止。三事,指三公。《诗·小雅·雨无正》:"三事大夫,莫肯夙夜。"孔颖达疏:"三事大夫为三公耳。"《汉书·韦贤传》:"天子我监,登我三事。"颜师古注:"三事,三公之位,谓丞相也。"总彼六卿:指任仆射。仆射为尚书省长官,具体领导六部尚书。用资镇俗之清规:用以抑制世俗的鄙陋之见(指能上不能下的观点)。镇俗,谓抑制庸俗的世风。式表:式,用。茂典:盛美的典章、法则。⑥其美如此:美,指对李昉的称美。⑦霖霪:淫雨。霪(zhù):大雨。燮和:调和;协和。引退:官吏自请退职。⑧位望:地位和声望。示劝:表示奖勉、鼓励。⑨峻诋:刻毒诬陷。脑词:脑语。开头的话。⑩辅相(xiàng):辅助,帮助。依违:犹豫不决,模棱两可。启沃:开诚忠告。旧指以治国之道开导帝王。语出《书·说命上》:"启乃心,沃朕心。"乃,你;你的。⑪敷:施行。朝旨:朝廷的命令。鼎司:指三公的职位。⑫机衡:比喻政府的枢要机构。规画:亦作"规划"。谋划;筹划。⑬拥:据有,拥有。这里指占据。化源:教化的本源。此处指掌教化之位。孤:负,辜负。物望:犹众望。⑭俾长中台:使你为中台之长(即右仆射)。中台,象征司徒或司空,后来指尚书省。⑮制麻:皇帝的命令。原用白纸书写,唐高宗上元间,因白纸多蠹,改用黄麻纸书写诏书,故称"制麻"。也称"诏黄"。⑯沈该罢制:沈该以贪冒而罢相的制书。

卷第十三（二十四则）

科举之弊不可革

法禁益烦，奸伪滋炽，唯科场最然，其尤者莫如铨试①。代笔有禁也，禁之愈急，则代之者获赂谢愈多②。其不幸而败者百无一二，正使得之，元未尝致法③。吏部长贰帘试之制④，非不善也，而文具儿戏，抑又甚焉。议论奉公之臣，朝夕建明，然此风如决流偃草⑤，未尝少革。或以谓失于任法而不任人之故⑥。殊不思所任之人，渠肯一意向方，见恶辄取，于事无益，而祸谤先集于厥身矣⑦！开宝中，太子宾客边光范掌选，太庙斋郎李宗讷赴吏部铨，光范见其年少，意未能属辞，语之曰："苟援笔成六韵⑧，虽不试书判，可入等矣。"宗讷曰："非唯学诗，亦尝留心词赋。"即试诗赋二首，数刻而就。甚嘉赏之，翌日拟授秘书省正字⑨。今之世，宁复有是哉！

【注释】

①滋炽：更加猖獗。滋，愈益；更加。炽，火旺盛。铨试：通过考试进行选拔。②赂谢：酬谢、贿赠的财物。③致法：以法治罪。④帘试：宋代吏部铨选，凡中选人除同进士出身及恩科人员外，皆须赴吏部长贰厅前考试，以防代笔之弊。中试后始得许参选。这种考试，称为帘试。⑤决流：挖通水道或掘开堤防，使水流泻。偃草：草倒伏。⑥任（rèn）法：使用法治。任人：委用人。指委人以官职。⑦渠肯：岂肯。向方：谓遵循正确方向。见恶（è）：看到坏的事物。取：捕捉；捉拿。祸谤：祸患毁谤。⑧斋郎：办理祭祀事务的小吏。太庙斋郎属太常寺，以五品以上子孙及六品职事官子为之。宗讷是李昉之子。属（zhǔ）辞：撰写诗文。援笔：拿起笔来，谓执笔写作。⑨拟授：拟定授官。

宰执子弟廷试

太宗朝，吕文穆公蒙正之弟蒙亨举进士，礼部高等荐名①。既廷试，与李文正公昉之子宗谔，并以父兄在中书罢之②。国史《许仲宣传》云，仲宣子待问，雍熙二年举进士，与李宗谔、吕蒙亨、王扶并预廷试。宗谔即宰相昉之子，蒙亨参知政事蒙正之弟，扶盐铁使明之子。上曰："斯并势家，与孤寒竞进③，纵以艺升，人亦谓朕有私也。"皆下第，正此事也。仲宣时为度支使。仁宗朝，韩忠宪公亿为参知政事，子维以进士奏名礼部，不肯试大廷，受荫入官④。唐质肃公介参政，子义问锁厅试礼部⑤，用举者召试秘阁，介引嫌罢之。旧制，严于宰执子弟如此，与夫秦益公柄国⑥，而子熺、孙埙皆于省殿试辄冠多士者异矣！

【注释】

①高等：古代举官选士，政绩学业获优良者。②廷试：科举制度中由皇帝亲发策问、在殿廷上举行的考试。通常指会试后的殿廷考试。亦称殿试。并以父兄在中书罢之：罢，取消。谓廷试作废。③势家：有权势的人家。孤寒：家世寒微，无可依恃。④韩忠宪公亿：韩亿，字宗魏。卒谥忠宪。大廷：亦作"大庭"。外朝之廷。后指朝廷。试大廷，亦指廷试。荫：封建时代子孙以先代官爵而受封之称。⑤唐质肃公介：唐介，字子方。卒谥质肃。锁厅：宋制，现任官往应进士试曰锁厅，言锁其厅而往应试。试中，得迁官而不给科第；不中则停现任。⑥秦益公：即秦桧。绍兴十七年，改封益国公。柄国：执掌国政。

国初救弊

国朝削并僭伪，救民水火之中，然亦有因仍旧弊，未暇更张者，故须赖于贤士大夫昌言之。江左初平，太宗选张齐贤为江南西路转运使，谕以民间不便事，令一一条奏。先是诸州罪人多锢送阙下①，缘路非理而死者，常十五六。齐贤至蕲州，见南剑州吏送罪人者，索得州帖视之，二人皆逢贩私盐者，为荷盐笼得盐二斤，又六人皆尝见贩盐而不告者，并黥决传送②，而五人已死于路。江州司理院自正月到二月，经过寄禁罪人③，计三百二十四人。建州民二人，本田家客户，尝于主家塘内，以锥刺得鱼一斤半，并杖脊、黥面④，送阙下。齐贤上言："乞俟至京，择官虑问⑤，如显有负屈者，本州官吏量加惩罚。自今只令发遣正身⑥。"及虔州，送三囚，尝市得牛肉，并家属十二人悉诣阙，而杀牛贼不获,齐贤悯之,即遣其妻子还。自是江南送罪人者减大半。是皆相循习所致也,齐贤改为⑦,其利民如此。齐贤以太平兴国二年方登科,六年为使者,八年还朝,由密学拜执政⑧,可谓迅用也。

【注释】

①锢送:戴上刑具押送。②传送:传递解送。③司理院:官署名。掌狱讼。寄禁:寄押,监禁。④客户:无土地的农户。晚唐以后,专指佃客。黥面:在罪人脸上黥(刻)字刺墨作记号,以防逃亡。是古代的一种肉刑。⑤虑问:对囚犯进行审问。⑥正身:确是本人,而非冒名顶替者。⑦改为(é):改换;变动。为,通"讹"。⑧密学:枢密直学士的简称。

房玄龄名字

《旧唐书》目录书房元龄,而本传云房乔字玄龄,《新唐书》列传房玄龄字乔,而《宰相世系表》玄龄字乔松,三者不同。赵明诚《金石录》得其神道碑,褚遂良书,名字与《新史》传同。予记先公自燕还,有房碑一册,于志宁撰,乃玄龄字乔松,本钦宗在东宫时所藏,其后犹有一印,曰"伯志西斋"。今亦不存矣。

二朱诗词

朱载上,舒州桐城人,为黄州教授,有诗云:"官闲无一事,蝴蝶飞上阶。"东坡公见之,称赏再三,遂为知己。中书舍人新仲塾,其次子也。有家学,十八岁时,戏作小词,所谓"流水泠泠,断桥斜路梅枝亚"者①。朱希真见而书诸扇②,今人遂以为希真所作。又有折叠扇词云:"宫纱蜂赶梅③,宝扇鸾开翅。数折聚清风,一捻生秋意。摇摇云母轻,袅袅琼枝细④。莫解玉连环,怕作飞花坠。"公亲书稿固存,亦因张安国书扇⑤,而载于《于湖集》中。其咏五月菊词云:"玉台金盏对炎光⑥。全似去年香。有意庄严端午⑦,不应忘却重阳。菖蒲九节,金英满把,同泛瑶觞⑧。旧日东篱陶令,北窗正傲羲皇⑨。"渊明于五六月高卧北窗之下，清风飒至⑩，自谓羲皇上人。用此事于五月菊，诗家叹其精切云。

【注释】

①新仲翌：指朱翌。字新仲。家学：家传之学。泠泠：形容声音清越。一说，清凉貌。亚：通"压"。低垂貌。②朱希真：即朱敦儒。字希真。南宋词人。③官纱：平纹丝织品。轻薄而透明，多染成鲜艳的色泽。适作窗帘和糊制宫灯、折扇等。④摇摇云母轻：云母，云母扇。用云母竹作扇骨的扇子。一说饰有云母片的扇子。裊裊：纤长柔美貌。琼枝：传说中的玉树。⑤固存：仍旧存在。固，通"故"，仍旧。张安国：即张孝祥。字安国。号于湖居士。南宋词人。有《于湖居士文集》《于湖词》。⑥玉台：本汉代台名。后泛指宫廷的台观。金盏：酒杯的美称。炎光：阳光。⑦庄严：亦作"妆严"。装饰。⑧菖蒲九节：指菖蒲酒。用菖蒲叶浸制的药酒。传说服之可避瘟气。南朝梁宗懔《荆楚岁时记》："端午节以菖蒲一寸九节者，泛酒以避瘟气。"金英：指金黄色的菊花。瑶觞：玉杯。多借指美酒。⑨羲皇：指伏羲氏。古人想象伏羲以前的人无忧无虑，生活闲适，故隐逸之士以"羲皇上人"自称。⑩飒：象声词。风声。

金刚经四句偈

今世所行《金刚经》，用姚秦鸠摩罗什所译，其四句偈曰："一切有为法，如梦幻泡影，如露亦如电，应作如是观①。"又曰："若以色见我，以音声求我，是人行邪道②，不能见如来。"予博观它本，颇有不同。元魏天竺三藏菩提流支译云："一切有为法，如星翳灯幻③，露泡梦电云，应作如是观。"而"不能见如来"之下更有四句云："彼如来妙体，即法身诸佛，法体不可见④，彼识不能知。"陈天竺三藏真谛译云："如如不动⑤，恒有正说，应观有为法，如暗翳灯幻，露泡梦电云。若以色见我，以音声求我，是人行邪道，不应得见我。由法应见佛，调御法为身⑥，此法非识境，法如深难见。"唐三藏玄奘译云："诸和合所为，如星翳灯幻，露泡梦电云，应作如是观。诸以色见我，以音声寻我，彼生履邪断，不能当见我。应观佛法性⑦，即导师法身，法性非所识，故彼不能了。"唐沙门义净译前四句，与魏菩提本同，而后云："若以色见我，以音声求我，是人起邪观，不能当见我。"后四句与玄奘本同。予案今人称六如，东坡以名堂者，谓梦幻泡影露电也。而此四译，乃知有九如⑧。《大般若经》，第八会《世尊颂》⑨，第九会《能断金刚分》二颂，亦与玄奘所译同。

【注释】

①姚秦：晋及十六国时期由烧当羌人姚苌建立的后秦。鸠摩罗什：后秦佛教学者。与真谛、玄奘并称为中国佛教三大翻译家。偈（jì）：义译为"颂"，即佛经中的唱词。法：佛教泛指一切事物。包括现象的和本体的、物质的和精神的，如称"万法"、"一切法"等。佛教以梦、幻、泡、影、露、电（六如或称六喻）喻世事之空幻无常。如是：如此；这样。②色：佛教指一切可以感知的形质。与"心"相对。如五根（眼耳鼻舌身）、五境（色声香味触）等足以引起变碍者，皆称色。音声：泛指声音。邪道：不正当的言行。③翳（yì）：指云雾。④法身：佛教称佛的真身。法体：敬称僧人之身。⑤如如：佛教语。指永恒存在的真如。⑥调御法为身：要使佛法与自身融而为一。调御：调教驾御。⑦法性：佛教语。真实不变、无所不在的本性。各宗所说不一。其一认为"法性即佛性"。⑧九如："六如"加上色、（音）声、（云）翳。⑨第八会：犹第八节或第八卷。会，节奏。

四莲华之名

嗢钵摩华①，青莲华也；钵特摩华，亦云波头摩，赤莲花也；拘毋陁华②，亦云俱物头，亦云俱牟陁，红莲也；奔荼利华，亦云芬陁利，白莲也。堵罗绵，柳絮之类，即兜罗绵也。

【注释】

①嗢：音 wà。②陁：音 tuó。

黑法白法

安立黑法，感黑异熟，所谓地狱傍生鬼界①。安立白法，感白异熟，所谓人天②。安立黑白法，感黑白异熟，所谓一分傍生鬼界及一分人。安立非黑非白法，感非黑非白异熟，所谓预留果，或一来果，或不还果③。

【注释】

①安立：犹安置。此处意为习惯于。傍(páng)生：佛家语。指畜生或禽兽。鬼界：迷信传说指众鬼居处。②白法：佛家称世间一切善法曰白法，如伦理修身之类。一切恶法曰黑法。人天：佛教语。六道轮回中的人道和天道。亦泛指诸世间、众生。③一来：小乘佛教修行四果位中的第二果位。谓通过思悟四谛之理已断灭与生俱来的烦恼（欲界的部分烦恼），但仍需一次生天上，一次生人间，才可最后解脱。不还：小乘佛教修行四果位中的第三果位。谓通过修行已完全断除欲界的烦恼，不再生还欲界。第四果位为阿（ā）罗汉果。

多心经偈

《多心经》偈曰："揭帝揭帝，波罗揭帝，波罗僧揭谛，菩提摩萨诃①。"又有《大明咒经》，鸠罗什所译，曰："竭帝竭帝，波罗竭帝，波罗僧竭帝，菩提僧莎呵。"

【注释】

①揭帝：亦作"揭谛"。佛教语。护法神之一。菩提：梵文音译。意译"觉"、"智"、"道"等。佛教用以指豁然开悟，如人睡醒、如日开朗的彻悟的境界；又指觉悟的智慧和觉悟的途径。萨：菩萨。摩诃：亦作"摩呵"。梵语译音。有大、多、胜三义。

天宫宝树

"行行相值，茎茎相望①。枝枝相准，叶叶相向②。华华相顺，实实相当③。"此《无量寿经》所言，天宫宝树，非尘世所有也。

【注释】

①相值：谓排列整齐均匀。值，措置。茎：树干。相望：对峙；相向。②相准：相抵消。谓长短相当。相向：相对；两相对应。③相顺：相协调。一说相从。谓朝向一致。实：果实。相当：相抵。谓大小相同。

白分黑分

月盈至满，谓之白分；月亏至晦，谓之黑分①。白前黑后合为一月。又曰，日随月后行，至十五日覆月都尽，是名黑半；日在月前行，至十五日具足圆满，是名白半。（"都尽"一作"都亏"）

【注释】

①白分：亦称"白半"、"白月"。古印度历法。指每月的上半月。晦：夏历月终的那一日。黑分：印度历法称太阴历的下半月。亦称"黑半"、"黑月"。

月双闰双

十五夜为半月，两半月为一月，三月为一时，两时为一行①，两行为一年，二年半为一双。此由闰，故以闰月兼本月，此谓月双，非闰双也，以五年再闰为闰双。

【注释】

①一行：指六个月。行，音 háng。

逾缮那一由旬

数量之称，谓逾缮那，四十里也。《毗昙论》四时为一弓，五百弓为一拘卢舍，八拘卢舍为一由旬，一弓长八尺，五百弓长四百丈，一拘卢舍有二里，十六里为一由旬。

七极微尘

七极微尘成一阿耨池上尘,七阿耨尘为铜上尘,七铜上尘为水上尘,七水上尘为兔毫上尘,七兔毫上尘为一羊毛上尘,七羊毛上尘为一牛毛上尘,七牛毛上尘成一向游尘,七向游尘成一虮,七虮成一虱,七虱成一穬麦①,七穬麦为一指,二十四指为一肘,四肘为一弓。

【注释】

①阿耨(ā nòu):佛教语。意译为极微。今译为原子。阿耨池:即阿耨达池。梵语音译。意译为"无热恼"。池名。唐代称为无热恼池。穬:音 huáng。野谷。

宰相赠本生父母官

封赠先世,自晋、宋以来有之,迨唐始备,然率不过一代,其恩延及祖庙者绝鲜,亦未尝至极品。郭汾阳二十四考中书令,而其父赠止太保;权德舆位宰相,其祖赠止郎中。唐末五季,宰辅贵臣,始追荣三代①,国朝因之。李文正公昉本工部郎中超之子,出继从叔绍。昉再入相,表其事求赠所生父、祖官封②,诏赠祖温太子太保,祖母权氏莒国太夫人,父超太子太师,母谢氏郑国太夫人。可谓异数③,后不闻继之者。

【注释】

①追荣:为死者追加恩荣。②官封:皇帝赠予的官爵。③异数:皇帝给臣子的特殊优遇。

执政赠三代不同

文臣封赠三代,自初除执政外,凡转厅皆不再该①,唯知枢密院及拜相乃复得之。然旧法又不如是。欧阳公作程文简公琳父神道碑②,历叙恩典曰:"琳参知政事,赠为太子少师。在政事迁左丞(系转一官),又赠太子太师。罢为资政殿学士,又赠太师、中书令。为宣徽北院使,又赠兼尚书令。"则是转官与罢政亦褒赠,而自宫师得太师中令③,更为超越。它或不然。

【注释】

①转厅:改换官署。喻指迁升官职。不再该:不再封赠。该,指上文说过的人或事物。②程文简公琳:即程琳。字天球。卒赠中书令,谥文简。③宫师:太子太师的略称。

唐孙处约事

《新唐书·来济传》云:"初,济与高智周、郝处俊、孙处约客宣城石仲览家,仲览衍于财,有器识①,待四人甚厚。私相与言志。处俊曰:'愿宰天下②。'济及智周亦然。处约曰:'宰相或不可冀,愿为通事舍人足矣③。'后济领吏部,处约始以瀛州书佐入调,济蘧注曰:'如志④。'遂以为通事舍人。后皆至公辅。"《高智周传》云:"智周始与郝处俊、来济、孙处约共依江都石仲览。仲览倾产结四人欢,因请各语所期。处俊曰:'丈夫惟无仕,仕至宰相乃可。'智周、济如之。处约曰:'得为舍人,在殿中周旋吐纳可也⑤。'后济居吏部,处约以瀛州参军入调,济曰:'如志。'拟通事舍人。毕,降阶劳问平生。"案两传相去才一卷,不应重复如此,可谓冗长。本出韩琬所撰《御史台记》,而所载自不实。处约传:"贞观中,为齐王祐记室。祐多过失,数上书切谏。王诛,太宗得其书,擢中书舍人。"是岁十七年癸卯⑥。来济次年亦为中书舍人,永徽三年拜相,六年检校吏部尚书,是岁丁巳,去癸卯首尾十五岁⑦。若如两传所书，大为不合，韩琬之说诚谬，史氏又失于不考。仲览乡里，一以为宣城，一以为江都，岂宣城人而家于广陵也⑧？

【注释】

①衍：富足；丰饶。器识：器量与见识。②宰天下：为天下宰执，即任宰相。③通事舍人：官名。掌诏命及呈奏案章，职任在中书侍郎之上。④如志：随顺意愿；实现志愿。⑤吐纳：谈吐，议论。⑥是岁十七年癸卯：贞观十七年（643年）为癸卯年。⑦六年：又过了六年。是岁丁巳：唐高宗显庆二年（657年）为丁巳年。贞观十七年至显庆二年，首尾十五年。⑧广陵：秦置广陵县，汉改江都县。在今扬州市北部。

夏侯胜京房两传

《汉书·儒林传》，欲详记经学师承，故序列唯谨①，然夏侯胜、京房，又自有传。《儒林》云："胜其先夏侯都尉，以《尚书》传族子始昌。始昌传胜，胜又事同郡简卿。传兄子建，建又事欧阳高。"而本传又云："从始昌受《尚书》。后事简卿，又从欧阳氏。从子建，师事胜及欧阳高。"《儒林》言："房受《易》梁人焦延寿。以明灾异得幸②，为石显所谮，诛。"凡百余字，而本传又云："治《易》，事梁人焦延寿。其说长于灾变，房用之尤精。为石显告非谤政治，诛。"此两者近于重复也。若其它张禹、彭宣、王骏、倪宽、龚胜、鲍宣、周堪、孔光、李寻、韦贤、玄成、薛广德、师丹、王吉、蔡谊、董仲舒、眭孟、贡禹、疏广、马宫、翟方进诸人，但志姓名及所师耳。

【注释】

①序列：谓按某种标准排列。②明：懂得；通晓。得幸：得到皇上或权贵的宠幸。

汉人坐语言获罪

汉昭帝时,有大石自立,僵柳复起。眭孟上书,言:"有从匹夫为天子,宜求索贤人,禅以帝位而退,自封百里。"霍光恶之,论以妖言惑众伏诛①。案孟之妄发,其死宜矣。宣帝信任宦官,盖宽饶奏封事,言:"五帝官天下,三王家天下。家以传子,官以传贤②。"执金吾议以指意欲求禅,亦坐死。考其所引,亦不为无罪。杨恽之报孙会宗书,初无甚怨怒之语,其诗曰:"田彼南山,芜秽不治。种一顷豆,落而为萁③。"张晏释以为言朝廷荒乱,百官谄谀。可谓穿凿。而廷尉当以大逆无道,刑及妻子。予熟味其词,独有所谓"君父至尊亲,送其终也,有时而既④。"盖宣帝恶其君丧送终之喻耳。严助论汲黯辅少主守成⑤,武帝不怒,实系于一时祸福云。贾谊、刘向谈说痛切无忌讳,文、成二帝未尝问焉,《随笔》纪之矣⑥。

【注释】

①袄(yāo)言:怪诞不经的邪说。②"官天下,家天下"一段:见卷二《五帝官天下》注。③芜秽:犹荒废。形容田地未整治,杂草丛生。萁(qí):豆茎。④既:食尽。此处引申为完尽。颜师古注:"既,已也。"⑤守成:保持已有的成就和业绩。⑥痛切:沉痛而恳切。《随笔》纪之:见《随笔》卷十一《谊向触讳》。

枢密书史

景德四年,命宰臣王旦监修两朝正史;知枢密院王钦若、陈尧叟,参知政事赵安仁并修国史。后来执政入枢府①,皆不得提举修书,非故事也。

【注释】

①枢府：枢密院。中书门下为政府，枢密院为枢府，并称为二府。

知州转运使为通判

今世士大夫既贵不可复贱。淳化中，北戎入寇，以殿前都虞侯曹璨知定州，时赵安易官宗正少卿，以知州遂就徙通判①。同时有罗延吉者，既知彭、祁、绛三州，而除通判广州；滕中正知兴元府而通判河南。袁郭知楚、郓二州，会秦王廷美迁置房州，诏崇仪副使阎彦进知州②，而以郭通判州事。范正辞既知戎、淄二州，而通判棣、深。又陈若拙历知单州、殿中侍御史、西川转运使，召归，会李至守洛都，表为通判；久之，柴禹锡镇泾州，复表为通判。连下迁而皆非贬降，近不复有矣。

【注释】

①（赵安易）以知州遂就徙通判：《宋史·赵安易传》载，"（太平兴国）九年，起拜宗正少卿，知定州。会以曹璨知州，徙安易为通判。" ②秦王廷美迁置房州：《宋史·赵廷美传》载，"诏降廷美为涪陵县公，房州安置。"知州：知房州。

范正辞治饶州

范正辞太平兴国中，以饶州多滞讼①，选知州事。至则宿系皆决遣之。胥史坐淹狱停职者六十三人②。会诏令料州兵送京③，有王兴者，怀土惮行，以刃故伤其足，正辞斩之。兴妻上诉，太宗召见正辞，庭辩其事。正辞曰："东南诸郡，饶实繁盛，人心易动，兴敢扇摇。苟失控御，则臣无待罪之地矣。"上壮其敢断，特迁官，充江南转运副使。饶州民甘绍者，为群盗所掠，州捕系十四人，狱具将死④。正辞案部至，引问之⑤，囚皆泣下。察其非实，命徙他所讯鞫⑥。既而民有告盗所在者，正辞潜召监军掩捕之⑦。盗觉遁去。正辞即单骑出郭二十里追及之。贼控弦持稍来逼⑧，正辞大呼，以鞭击之，中贼双目，仆之。余贼渡江散走。被伤者尚有余息，旁得所弃赃，按其奸状伏法，十四人皆得释。此吾乡里事，而郡人多不闻之。

【注释】
①范正辞：字直道。齐州（治今济南市）人。滞讼：积压的讼案。②宿系：指长期关押不予判决的囚犯。决遣：审判发落。淹狱：久拖不办的案件。③料兵：率兵。④狱具：判罪定案。⑤案部：地方长官巡视部属。引问：咨询；招来问话。⑥讯鞫：亦作"讯鞠"。审讯。⑦掩捕：乘其不备而逮捕。⑧矟(shuò)：长矛，即槊。
〔补注〕①扇摇：煽惑动摇；煽动。②壮：赞许。

荣王藏书

濮安懿王之子宗绰①，蓄书七万卷。始与英宗偕学于邸，每得异书②，必转以相付。宗绰家本有"岳阳"记者③，皆所赐也。此国史本传所载。宣和中，其子淮安郡王仲糜进目录三卷，忠宣公在燕得其中袠④，云："除监本外，写本、印本书籍计二万二千八百三十六卷。"观一袠之目如是，所谓七万卷者为不诬矣⑤。三馆秘府所未有也，盛哉！

【注释】
①濮安懿王：即赵允让。字益之。卒后追封濮王，谥安懿。其子宗绰，卒后追封荣王。②邸：王侯府第。异书：珍贵或罕见的书籍。③有"岳阳"记者：记，印章。英宗本赵允让第十三子，名宗实。因仁宗在位久无子，乃以宗实为皇子。后改名曙。英宗曾为岳州团练使，岳州治巴陵（今岳阳市）。④袠：同"袠(zhì)"。书套，书函。书一函，亦称一袠。函，用匣子或封套装盛。⑤不诬：不妄；不假。

秦杜八六子

秦少游《八六子》词云："片片飞花弄晚，蒙蒙残雨笼晴。正销凝①，黄鹂又啼数声。"语句清峭，为名流推激②。予家旧有建本《兰畹曲集》，载杜牧之一词,但记其末句云:"正销魂,梧桐又移翠阴③。"秦公盖效之,似差不及也。

【注释】

①八六子:词牌名。又名《感黄鹂》。《尊前集》所收杜牧之作,双调九十字,平韵。宋人所作为双调八十八字,亦平韵,但句读有所不同。笼晴:遮掩住晴空。笼(lǒng),笼罩;遮掩。销凝:亦作"消凝"。销魂、凝魂的略语。谓因伤感而出神。②清峭:清丽挺拔。推激:推崇赞赏。③建本:指福建建阳刻印本。销魂:亦作"消魂"。旧谓人的精灵为魂。因过度刺激而神思茫然,仿佛魂将离体。多用以形容悲伤愁苦时的情状。翠阴:绿色梧桐叶的阴影。

卷第十四（十四则）

祖宗亲小事

太宗朝，吕端自谏议大夫、开封判官左迁卫尉少卿①。时群官有负宿谴者，率置散秩，会置考课院，每引对②，多泣涕，以不免饥寒为请。至端，即前奏曰："臣罪大而幸深，苟得颍州副使，臣之愿也。"上曰："朕自知卿。"无何，复旧官。逾月，拜参知政事。上留意金谷之务，一日尽召三司吏李溥等对于崇政殿，询以计司利害③。溥等愿给笔札，于是二十七人共上七十一事。诏以四十四事付有司奉行，十九事下盐铁使陈恕等，议其可否，遣知杂御史监议，赐溥等白金缗钱，悉补侍禁、殿直④，领其职。谓宰相曰："溥等条奏事，亦颇有所长。朕尝语恕等，若文章稽古，此辈固不可望卿，钱谷利病，彼自幼至长寝处其中⑤，必周知根本。卿但假以颜色，引令剖陈⑥，必有所益。"恕不肯降意询问，旋以职事旷废⑦，上召而责之，始顿首谢。王宾以供奉官充亳州监军，妻极妒悍⑧。时监军不许挈家至任所，妻擅至亳州，宾具以白上。上召见其妻诘责，俾卫士交捽之，杖一百，配为忠靖卒妻⑨，一夕死。陈州民张矩，杀里中王裕家两人，知州田锡未尝虑问，又诣阙诉冤。遣二朝士鞫之，皆云："非矩所杀。"裕家冤甚，其子福应募为军⑩，因得见，曰："臣非欲隶军，盖家冤求诉耳！"太宗怒，付御史府治之，置矩于法，二朝士皆坐贬，锡泊通判郭渭，谪为海、郢州团练副使。饶州卒妻诉理夫死，至召知州范正辞庭辩⑪。且夫引见散秩庶僚，而容其各各有请；三司胥吏而引对正殿，命以官爵，听其所陈；一州都监而得自上奏，至召其妻责辱之；一卒应募，而得入见，遂伸家冤，为贬责吏⑫。万几如是，安得不理？今之言典故者，盖未能尽云。

【注释】

①左迁：旧时谓降职。②宿谴：因犯有大罪责而被贬降官职。引对：皇

帝召见官员询问政事，官员对答。③金谷：即钱粮。计司：古代掌管财政、赋税、贸易等事务官署的统称。④知杂御史：官名。即侍御史知杂事。知杂，谓无固定职事。监议：犹审议。侍禁：官名。在皇帝宫禁中侍奉的人。殿直：皇帝的侍从官。⑤稽古：考察古事。利病：犹利弊，利害。寝处（chǔ）：犹坐卧，息止。⑥假以颜色：给与面子。颜色，面子，光彩。剖陈：分析陈说。⑦旷废：荒废，耽误。⑧妒悍：嫉忌而凶暴。⑨交：轮番。捽（cuò）：殴斗；交对。忠靖：指忠靖营。⑩应募：接受招募。此处指从军。⑪"饶州卒妻诉夫死"句：见卷十三《范正辞治饶州》。⑫贬责：贬谪责罚。

王居正封驳①

绍兴五、六年间，王居正为给事中，时王继先方以医进，中旨以其婿添监浙江税务，录黄过门下，居正封还②。高宗批三省将上③，及二相进呈，圣训云："卿等亦尝用医者否？"对曰："皆用之。"曰："所酬如何？"曰："或与酒，或与钱，或与缣帛，随大小效验以答其劳。"上曰："然则朕宫中用医，反不得酬谢邪？文字未欲再付出，可以喻居正使之书读④。"丞相退，即语居正曰："圣意如此，是事亦甚小，给事不必固执。"居正唯唯，遂请对，上语如前，而玉色颇厉⑤。居正对曰："臣庶之家，待此辈与朝廷有异，量功随力，各致陈谢之礼。若朝廷则不然，继先之徒，以技术庸流，享官荣，受俸禄，果为何事哉？一或失职，重则有刑，轻则斥逐。使其应奉有效，仅能塞责而已⑥，想金帛之赐，固自不少。至于无故增创员阙⑦，诚为未善，臣不愿陛下辄起此门。"上悟曰："卿言是也。"即日下其奏，前降指挥更不施行。居正之直谅有守⑧，高宗之听言纳谏，史录中恐不备载，故敬书之。迈顷闻之于张九成。

【注释】

①封驳：指封还皇帝失宜的诏命，驳正臣下有违误的章奏。为唐代门下省给事中之主要职务。五代废，宋太宗时复唐旧制。②中旨：皇帝的诏谕。添：增补。见《续》十四《州县牌额》"添差"注。封还：缄封退还。多指封还诏敕。③将上：将要呈送皇帝。④书读：凡诏令、章奏过门下省，"给事中读，侍郎

省,侍中审,进入被旨画闻,则授之尚书省、枢密院。""给事中四人,分治六房,掌读中外出纳,及判后省之事。若政令有失当,除授非其人,则论奏而驳正之。"(《宋史·职官志一》)⑤玉色:比喻貌美。旧亦为颂扬帝王容色之辞。⑥应(yìng)奉:侍奉。塞责:尽责。⑦员阙:亦作"员缺"。官职空缺。⑧直谅:正直诚实。

王元之论官冗

省官之说,昔人论之多矣,唯王元之两疏,最为切当①。其一云:"臣旧知苏州长洲县,自钱氏纳土以来,朝廷命官,七年无县尉,使主簿兼领之,未尝阙事。三年增置尉,未尝立一功。以臣详之②,天下大率如是。诚能省官三千员,减俸数千万,以供边备,宽民赋,亦大利也。"其二云:"开宝中,设官至少,臣占籍济上③,未及第时,止有刺史一人,李谦溥是也,司户一人,孙贲是也。近及一年,朝廷别不除吏。自后有团练推官一人,毕士安是也。太平兴国中,臣及第归乡,有刺史、通判、副使、判官、推官、监军,监酒榷税算又增四员,曹官之外更益司理④。问其租税,减于曩日也,问其人民,逃于昔时也,一州既尔,天下可知。冗兵耗于上,冗吏耗于下,此所以尽取山泽之利而不能足也。"观此二说,以今言之,何止于可为长太息哉!

【注释】

①王元之:即王禹偁。济州巨野人。切(qiè)当:贴切恰当。②详:揣摩;推断。③占籍:自外地迁至新地,成为有户籍的当地居民。④榷:征收;征税。税算:应征税的数额。曹官:属官。分科办事的官吏。

梁状元八十二岁

陈正敏《遁斋闲览》:"梁灏八十二岁,雍熙二年状元及第。其谢启云:'白首穷经,少伏生之八岁;青云得路,多太公之二年①。'后终秘书监,卒年九十余。"此语既著,士大夫亦以为口实②。予以国史考之,梁公字太素，雍熙二年，廷试甲科，景德元年，以翰林学士知开封府，暴疾卒，年四十二。子固亦进士甲科，至直史馆，卒年三十三。史臣谓："梁方当委遇，中途夭谢③。"又云："梁之秀颖，中道而摧④。"明白如此，《遁斋》之妄不待攻也。

【注释】

①白首穷经：谓直到年老尚钻研经籍。原意是形容好学不倦。此处似是嘲笑自己那种无可奈何的心情。"少伏生"句："孝文时，求能治《尚书》者，天下亡（无）有，闻伏生治之，欲召。时伏生年九十余，老不能行……"(《汉书·儒林传》)青云：指青云路。比喻谋取高位的途径。"多太公"句："吕望年七十，钓于渭渚。"(刘向《说苑》)后，周文王访贤，遇太公于渭滨，"载与俱归，立为师。"(《史记·齐太公世家》)②口实：话柄，借口。③委遇：信任；礼遇。夭谢：犹夭折。④秀颖：优异聪颖。亦指优异聪颖之士。中道:(人生的)中途；半路上。摧：摧折。犹死亡。

太宗恤民

曾致尧为两浙转运使，尝上言："去岁所部秋租，惟湖州一郡督纳及期，而苏、常、润三州，悉有逋负①，请各按赏罚。"太宗以江、淮频年水灾，苏、常特甚。致尧所言，刻薄不可行，因诏戒之，使倍加安抚，勿得骚扰。是事必已编入《三朝宝训》中，此国史本传所载也。

【注释】

①所部：管辖的部门或管领的部属。督纳：督促缴纳。逋（bū）负：拖欠赋税。

潘游洪沈

绍兴十三年，敕令所进书删定官五员，皆自选人改秩。潘良能季成、游操存诚、沈介德和伯、兄景伯①，皆拜秘书省正字，张表臣正民以无出身,除司农丞,四正字同日赴馆供职。少监秦伯阳于会食之次②,谓坐客言,一旦增四同舍,而姓皆从水傍,熺有一句,愿诸君为对之,以成三馆异日佳话,即云:"潘游洪沈泛瀛洲③。"坐客合词赏叹,竟无有能对者。予因记《笔谈》所载,元厚之绛少时,曾梦人告之曰:"异日当为翰林学士,须兄弟数人同在禁林④。"厚之自思,素无兄弟,疑为不然。及熙宁中除学士,同时相先后入院者,韩维持国、陈绎和叔、邓绾文约、杨绘元素,名皆从糹,始悟兄弟之说。欲用"绛绎绘维绾纶绔"为对⑤,然未暇考之史录,岁月果同否也。

【注释】

①兄景伯:本书作者洪迈长兄洪适,字景伯。②少监:秘书省副官。秦伯阳:即秦熺。字伯阳。秦桧之子。③瀛洲:传说中的仙山。唐太宗李世民为网罗人才,作文学馆。以杜如晦、房玄龄等十八人为学士,号十八学士。在选中者,为天下所慕向,谓之"登瀛洲"。见《新唐书·褚亮传》。④禁林:翰林苑的别称。⑤绾:专管。此处以人名作动词用。纶绔:《礼记·缁衣》:"王言如丝,其出如纶,王言如纶,其出如绔。"谓言出而弥大。后因以纶音、纶言、纶绔称皇帝的诏书、制令。

舞鸥游蜻

战国时,诸子百家之书,所载绝有同者。《列子·黄帝篇》云:"海上之人有好沤(音鸥)鸟者,每旦之海上从沤鸟游,沤鸟之至者百数而不止。其父曰:'吾闻沤鸟皆从汝游,汝取来吾玩之。'明日之海上,沤鸟舞而不下也。"《吕览·精喻篇》云①:"海上人有好蜻(蜻蜓也)者,每朝居海上从蜻游,蜻之至者百数而不止,前后左右尽蜻也,终日玩之而不去。其父告之曰:'闻蜻皆从汝居,取而来,吾将玩之。'明日之海上,蜻无至者矣。"此二说如出一手也。

【注释】

①《吕览》:即《吕氏春秋》。

郎中用资序

国朝官制既行，除用职事官，不问资序高下，但随阶品，而加行、守、试以赋禄，郎中、员外郎亦自为两等，颇因履历而授之①。后来相承，必欲已关升知州资序者为郎中，于是拜员外郎者具改官后实历岁月申吏部，不以若干任，但通理细满八考则升知州，乃正作郎中，另命词给告②。顷尝有旨，初除郎官者，虽资历已高，且为员外③，候吏部再申，然后升作郎中。近岁掌故失之，故李大性自浙东提刑除吏部，时佐自大理正除刑部，徐阆自大府丞除都官④，岳震自将作少监除度支，其告内即云郎中，与元指挥戾矣。

【注释】

①阶品：官吏的等级品位。赋禄：给予俸禄。颇：皆；悉。②关升：亦作关陞。宋制，按一定资历经核准升官。具改：备文更改。通理细满八考：合计各次任职共计通过八次考核。乃正作郎中：于是名正言顺的作郎中。乃，于是。正，合乎法度、规律或常情。一说就职。别命词给告：告，告身。任官的文凭。下文"其告内"的"告"，亦指告身。③且为员外：暂为员外郎。且，暂且。④大府：公府。如丞相府。亦泛指上级官府。

台谏分职

台、谏不相见，已书于《续笔》中，其分职不同，各自有故实。元丰中，赵彦若为谏议大夫，论大臣不以道德承圣化，而专任小数，与群有司较计短长，失具瞻体①。因言门下侍郎章子厚、左丞王安礼，不宜处位。神宗以彦若侵御史论事，左转秘书监。盖许其论议，而责其弹击为非也②。元祐初，孙觉为谏议大夫，是时谏官、御史论事有分限，毋得越职。觉请申《唐六典》及天禧诏书，凡发令造事之未便③，皆得奏陈。然国史所载，御史掌纠察官邪，肃正纲纪，谏官掌规谏讽谕，凡朝政阙失，大臣至百官，任非其人，三省至百司，事有失当，皆得谏正。则盖许之矣④。唐人朝制，大率重谏官而薄御史。

中丞温造道遇左补阙李虞，恚不避，捕从者笞辱⑤。左拾遗舒元褒等建言："故事，供奉官惟宰相外无屈避，造弃蔑典礼⑥，辱天子侍臣。遗、补虽卑，侍臣也；中丞虽高，法吏也。侍臣见陵，法吏自恣⑦，请得论罪。"乃诏台官、供奉官共道路，听先后行，相值则揖。然则居此二雄职者，在唐日了不相谋云⑧。

【注释】

①圣化：圣人的教化。小数：小技艺。具瞻：为众人所瞻仰。《诗·小雅·节南山》："赫赫师尹，民具尔瞻。"郑玄笺："此言尹氏，女（汝）居三公之位，天下之民俱视女（汝）之所为。"后因称三公宰相之位为"具瞻之位"。②弹击：弹劾抨击。赵之言论分两段，前段为议论，后段为弹击。③造事：做事情。④则盖许之矣：许之，指允许弹击。⑤恚（huì）：愤怒；怨恨。笞辱：拷打而使受辱。⑥屈避：屈身回避。弃蔑：轻蔑而弃绝。⑦自恣：放纵自己，不受约束。⑧雄职：重要的职位。了不相谋：谓台、谏绝不互相商议。了不，绝不；全不。

贞元朝士

刘禹锡《听旧宫人穆氏唱歌》一诗云："曾陪织女度天河，记得云间第一歌。休唱贞元供奉曲①，当时朝士已无多。"刘在贞元任郎官、御史，后二纪方再入朝，故有是语。汪藻始采用之，其《宣州谢上表》云："新建武之官仪，不图重见；数贞元之朝士②，今已无多。"汪在宣和间为馆职符宝郎，是时，绍兴十三、四年中，其用事可谓精切。迈尝四用之，《谢侍讲修史表》云："下建武之诏书，正尔恢张于治具；数贞元之朝士，独怜流落之孤踪③。"以德寿庆典，曾任两省官者迁秩，蒙转通奉大夫，谢表云："供奉当时，敢齿贞元之朝士；颂歌大业，愿赓至德之中兴④。"充永思陵桥道顿递使，转宣奉大夫，谢表云："武德文阶⑤，愧三品维新之泽；贞元朝士，动一时既往之悲。"主上即位，明堂礼成，谢加恩云："考皇祐明堂之故，操以举行⑥；念贞元朝士之存，今其余几。"亦各随事引用。近者单夔以知绍兴府进文华阁直学士，谢表云："数甘泉法从之旧⑦，真贞元朝士之余。"夔当淳熙中虽为侍郎，然一朝名臣尚多，又距今才十余岁，似为未稳贴也⑧。

【注释】

①供奉曲：宫廷内演奏的歌曲。②汪藻：南宋文学家。字彦章。曾任翰林学士。新：谓南宋建立，标志着宋室的中兴。建武：东汉光武帝刘秀年号。官仪：官府的礼仪。不图重见：南宋建立有如东汉建立，故言。《后汉书·光武帝纪上》："老吏或垂涕曰：'不图今日复见汉官威仪。'"贞元之朝士："贞元朝士"为感念今昔之典故。③正尔：正当。恢张：扩展，张大。治具：治国的措施。孤踪：孤独的踪迹；前人遗迹。一说，即孤单。④德寿庆典：宋高宗生日的庆贺典礼。高宗居德寿宫。敢：不敢、岂敢的省词。齿：并列。赓：继续，连续。至德：唐肃宗年号。安史之乱，玄宗逃蜀。其子李亨（即肃宗）在灵武即皇帝位，改天宝十五载为至德元年。二年，收复京师长安。宋朝徽、钦二帝被金国俘房北去，高宗赵构即帝位于应天府，后定都临安，史称南宋。也算是中兴之主。⑤桥道顿递使：官名。沿道置办酒食、邮驿以供军用称顿递。后唐、宋初凡大礼置桥道顿递使。武德：唐高祖李渊年号。⑥主上即位：此时孝宗刚刚禅帝位于光宗。明堂礼：指光宗即位庆典。皇祐明堂之故：宋仁宗皇祐二年九月"辛亥，大飨天地于明堂……百官进秩一等。"（《宋史·仁宗本纪》）故：故事；成例。操：掌握。驾驭。运用。⑦法从：跟随皇帝车驾；追随皇帝左右。这里即指侍从官。⑧稳贴：稳当妥贴。

表章用两臣字对

表章自叙以两"臣"字对说，由东坡至汪浮溪多用之①。然须要审度君臣之间情义厚薄，及姓名眷顾于君前如何②，乃为合宜。坡《湖州谢表》云："知臣愚不适时，难以追陪新进；察臣老不生事，或能牧养小民③。"《登州表》云："于其党而观过④，谓臣或出于爱君；就所短以求长，知臣稍习于治郡。"《侍读谢表》云："谓臣虽无大过人之才，知臣粗有不欺君之实，欲使朝夕与于讨论。"《颍州表》云："意其忠义许国，故暂召还；察其老病畏人，复许补外。"汪《谢徽州》云："谓臣不改岁寒，故起之散地；察臣素推月旦，故付以本州⑤。"《为陆藻谢给事中》云："知臣椎钝无他，故长奉贤王之学；悯臣践扬滋久⑥，故亟升法从之班。"《为汪枢密谢子自虏中归不令入城降诏奖谕表》云："知臣齿发已凋,常恐邓攸之无后;怜臣肺肝可见,有如去病之辞家⑦。"凡此所言,皆可自表于君前者。刘梦得《代窦群容州表》,有"察臣前任事实,恕臣本性朴愚"之句⑧,坡公盖本诸此。近年后生假倩作文,不识事体,至有碌碌常流,乍得一垒⑨,亦辄云知臣察臣之类,真可笑也。

【注释】

①汪浮溪:即汪藻。字彦章,号浮溪。其诗文有《浮溪集》。②审度(duó):估量;揣度。眷顾:垂爱;关注。③适时:适合时宜。追陪:追随、伴随。新进:指新进之士。牧养:治理,统治。小民:指一般老百姓。牧民即治民。古时把官吏治民比做牧人牧养牲畜。④于其党而观过:语出《论语·里仁》:"人之过也,各于其党,观过,斯知仁矣。"人之个性不同,所犯过失亦各有其类;观其可,可以知其仁与不仁。党,等类。过,谓过错的性质。"观过知仁"也作"观过知人"。察看一个人所犯过错的性质,就可以了解他的为人。⑤岁寒:一年的寒冬。比喻困境、暮境。语出《论语·子罕》:"岁寒,然后知松柏之后凋也。"这里是"岁寒松柏"的省语。因松柏岁寒不凋,故后世诗文中常以岁寒松柏比喻在逆境艰困中而能保持节操的人。月旦:此处指东汉许邵。见《随笔》卷一《欧率更贴》注。许邵卒于豫章郡。见《后汉书》本传。东汉豫章郡辖境相当今江西省地,临近徽州(辖江西婺源)。⑥椎钝:朴纯;愚钝。贤王:有德行的君王。践扬:扬历。谓仕宦所经历。滋久:渐久;长久。⑦邓攸:字伯道。晋平阳襄陵(今山西襄汾)人。永嘉末为石勒所俘,后逃至江南。南下时携一子一侄,途中不能两全,乃弃子全侄,后世传为美谈。终其一生,"卒以无嗣"。(《晋书·邓攸传》)肺肝:比喻内心。去病:指霍去病。数次击败匈奴贵族。汉武帝曾为他建造府第,他拒绝说:"匈奴不灭,无以家为。"⑧朴愚:质朴愚钝。常用为谦词。⑨假倩(qìng):假手于人。乍得一垒:乍得到一个小小的地方。

刘梦得谢上表

郡守谢上表,首必云:"伏奉告命授臣某州,已于某月某日到任上讫。"然后入词。独刘梦得数表不然。《和州》者曰:"伏奉去年六月二十五日制书,授臣使持节和州诸军事①,守和州刺史。臣自理巴、寳,不闻善最,恩私忽降,庆抃失容②。臣某中谢③。伏惟皇帝陛下丕承宝祚,光阐鸿猷,有汉武天人之姿,禀周成睿哲之德④。发言合古,举意通神，委用得人，动植咸悦，理平之速⑤，从古无伦。微臣何幸，获睹昌运⑥。臣业在辞学⑦，早岁策名。德宗尚文，擢为御史。出入中外，历事五朝，累承恩光，三换符竹⑧。分忧之寄，禄秩非轻⑨，而素蓄所长，效用无日。臣闻一物失所，前王轸怀⑩，今逢圣朝，岂患无位。臣即以今月二十六日到所任上讫。伏以地在江、淮，俗参吴、楚⑪，灾旱之后，绥抚诚难。谨当奉宣皇风，慰彼黎庶，久于其道，冀使知方⑫。伏乞圣慈俯赐昭鉴⑬。"首尾叙述皆与他人表不同。其《夔州》《汝州》《同州》《苏州》，诸篇一体。迈长子㮚常称诵之。及为太平州，遂拟其体，代作一表。其词云："臣迈言：伏奉今年九月十七日制书，授臣知太平州者。一麾出守，方切兢危，三命滋共，弗容控避⑭。仰皇天之大造，扣丹地以何言⑮！中谢。恭惟皇帝陛下睿知有临，神武不杀，慕舜之孝，见尧于墙⑯，德冠古今而独尊，仁并清宁而遍覆。明见万里，将大混于车书；子来庶民，更精求于岳牧⑰。臣家本儒素，时无令名，滥竽宏博之科，税驾清华之地，瀛山抱椠，郎省握兰⑱。在绍兴之季年，污记住于右史⑲。龙飞应运，凤历纪祥，不遗细微，兼取愚钝，遂以词赋之职，获侍清闲之欢⑳。虽宿命应仙，许暂来于天上，而尘心未断，旋即堕于人间㉑。一去十八年之中，三叨二千石之寄，末猋金华郡，还绅石室书，从珍台闲馆之游，劝广厦细旃之讲㉒。真拜学士，号名私人，受九重知己之殊，极三入承明之幸，使与大议，不专斯文㉓。而臣弱羽不足以当雄风，蹇步不足以胜重任㉔。上恩惜其终弃，左符宠其余生㉕。李广数奇，徒羡侯于校尉；汲黯妄发，敢叹薄于淮阳㉖。臣即以今月二十八日到任上讫。伏以郡在江东，昔称道院；地邻淮右，今谓壮藩。谨当宣布恩威，奉行宽大，求民之瘼㉗，问俗所宜。缓带轻裘，虽弗贤长城于李勣；清心省事，敢不避正堂于盖公㉘。庶几固结本根，少复报酬知遇㉙。"全规模其步骤㉚，然视昔所作，犹觉语烦。

【注释】

①使持节和州诸军事：即担任和州刺史。持节：官名。魏晋以后有使持节、持节、假节、假持节等，其权大小有别，皆为刺史总军戎者。唐初，诸州刺史加号持节，后有节度使，持节之称遂废。②巴：此处指夔州。夔州在秦汉

时属巴郡。刘禹锡从唐宪宗永贞元年（805年）贬连州刺史出京后，在外二十余年，其间为夔州刺史二年多。賨（cóng）：賨人。秦至南北朝时巴人的称谓。善最：见卷七《考课之法废》"考课"注。善指道德操行，最指才能称职。恩私：指皇帝的私情恩宠。庆抃：因喜庆而鼓掌。旧文书表示祝贺的套语。失容：改变神色。③中谢：唐代官员受职以后，入朝谢恩，称中谢。自唐以后，臣僚上奏章，惯例有诚惶诚恐及诚欢诚喜、顿首稽首等套语叫作中谢、中贺。④丕承：很好地继承。旧谓帝王承受天命，常曰"丕承"。光阐：即发扬光大。鸿猷：鸿业；大业。天人：容貌出众的人。一说，特指天子。禀：领受；承受。周成：指周成王。刘禹锡于穆宗长庆四年（824年）为和州刺史，敬宗刚即位，时年十五岁，故与周成王相比。睿哲：圣明。用作对皇帝的敬词。⑤举意：动念。动植：动物和植物。理平：犹治平，升平。⑥昌运：兴隆的国运。⑦辞学：文章学识。⑧历事五朝：指历事德宗、顺宗、宪宗、穆宗和敬宗。恩光：犹恩泽。三换符竹：指三次担任郡守。两度为连州刺史加夔州刺史。汉郡守受竹使符，后因以符竹为郡守的典故。⑨禄秩：犹禄位。指官位俸禄。⑩前王：已故帝王；先王。紾怀：痛切地怀念。紾，通"缜"。扭转；弯曲。常谓内心痛切。⑪参：间杂。⑫奉宣：宣布帝王的命令。皇风：皇帝的教化。知方：懂得道理和礼法。⑬昭鉴：明鉴。⑭一麾出守：谓朝官出为外任。方：犹正。正在。切（qiè）：深；深切。兢危：戒慎忧惧。三命：周代分官爵为九等，称九命。三命为公侯伯之卿。命，爵命。见《周礼·春官·典命》《礼记·王制》。后亦以称任州府官的辟（bì）命（征召，任命）。滋共：愈加恭敬。滋，愈益；更加。共（gōng），通"恭"。恭敬。控避：退避；回避。⑮大造：大恩德。扣：同"叩"。叩头。丹地：古代帝王宫殿中涂饰着红色的地面，因用以指朝廷。⑯睿知（zhì）：智慧高明。有临：有治理才能。神武不杀：此两句出《易·系辞上》："古之聪明睿知，神武而不杀者夫。"武而必杀，但武至于神则不必用杀伐之威而民众自服。神武，武而仁；神明而威武。不杀（shā），不断其命。见尧于墙：《后汉书·李固传》："昔尧殂之后，舜仰慕三年，坐则见尧于墙，食则见尧于羹。所谓事追来为孝，不失臣子之节者。"⑰大混于车书：即混一车书。指国家统一。《礼记·中庸》："今天下车同轨，书同文。"车乘的轨辙相同，书牍的字体相同，表示文物制度划一，天下一统。后因以"车书"指国家的文物制度，"混一车书"则指国家统一。按：孝宗继位时，宋朝（南宋）偏安一隅的局面早已形成，他虽未能收复中原，但却不像高宗那样对金人一味地屈膝求和。子来：谓民心归附，如子女趋事父母，不召自来，竭诚效忠。岳牧：古代传说中的四岳和十二州牧的合称。《史记·伯夷列传》："舜禹之间，岳牧咸荐。"后用来指州府大吏。⑱儒素：儒者的素质，谓符合儒家思想的品格德行。令名：

美好的声誉。宏博之科：洪迈考博学宏词科进士及第。税（tuō）驾：谓休止、停宿。清华：古时指清贵的官品。瀛山抱椠（qiàn）：指在翰林院从事写作。洪迈曾为敕令所删定官、起居舍人等。瀛山，指学士汇集之地。抱椠，执持木简，指写作。郎省：宿卫侍从官的官署。握兰：汉应劭《汉官仪》卷上："〔尚书郎〕握兰含香，趋走丹墀奏事。"兰，香草。后以"握兰"指皇帝左右处理政务的近臣。⑲记注：指记注官。见《随笔》卷十六《馆职名存》注。⑳龙飞：比喻帝王即位。应运：顺应期运；顺应时势。凤历：《左传·昭公十七年》："我高祖少皞挚之立也，凤鸟适至，故纪于鸟……凤鸟氏，历正也。"后因用"凤历"称岁历。含有历数正朔之意。词赋之职：即文字官员。洪迈先任枢密检详文字、吏部郎，绍兴三十一年迁左司员外郎。获侍清闲之欢：指任起居舍人（绍兴三十二年）。㉑宿命：生来注定的命运。"应仙"和"天上"：均为比喻。指在皇帝左右。旋即堕于人间：绍兴三十二年春，金主完颜褒遣使来告登位。三月，洪迈请求出使金国。"于是假翰林学士，充贺登位使"。在金国差点被留作人质。"七月，(洪)迈回朝，则孝宗已即位矣。殿中侍御史张震以迈使金辱命，论罢之。"（《宋史·洪迈传》）㉒三叨二千石之寄：即三次为郡守。洪迈被劾罢以后，先是起知泉州，然后又知吉州、赣州。末躐金华郡：指后来出知婺州。婺州治金华。还绅石室书：指从婺州还朝，入史馆修史。"从珍台"两句：洪迈还朝，任以提举佑神观兼侍讲、同修国史。侍讲：官名。职在讲论文史，备君主顾问。㉓真拜学士：洪迈以假翰林学士出使金国。现在入史馆，"进敷文阁直学士、直学士院"。淳熙"十三年九月，拜翰林学士"。私人：古时王室公卿大夫的家臣。《新唐书·百官志》一："开元二十六年，又改翰林供奉为学士，别置学士院，专掌内命……其后，选用益重，而礼遇益亲，至号为'内相'，又以为天子私人。"九重：指帝王。承明：承明庐。使与大议，不专斯文：使我参与朝政的议论，不只专门修史。㉔弱羽：谓羽毛未丰。指飞行力弱的小鸟。此处为谦词。喻才浅力薄。蹇步：行走艰难。蹇，跛足。引申为艰难。㉕恩惜：皇帝的吝惜。终弃：年老被抛弃。左符：符的左半边。汉制，太守出任执左符，至州郡合右符为验。意谓任以郡守。㉖徒羡侯于校尉：李广命运乖舛，大将军卫青不让他独当单于，李广难以立功，无功不能封侯，只能作校尉，空羡慕别人封侯。"汲黯妄发"句：汲黯为主爵都尉，列于九卿。好直言切谏，又主张与匈奴和亲，为武帝疏远。后匈奴头领来降，他又大发议论指责武帝。武帝曰："吾久不闻汲黯之言，今又复妄发矣。"后出汲黯为淮阳太守，汲黯不愿去。武帝曰："君薄淮阳邪？……"（见《史记·汲黯列传》）妄发，乱发议论。㉗瘝（mò）：病；疾苦。㉘缓带轻裘：形容态度闲适从容。虽弗贤长城于李勣：《旧唐书·李勣传》："勣在并州（守并州）凡十六年，令行禁止，号为称职。（唐太宗谓侍臣曰:'隋炀帝不能精选贤良,安抚边境,惟解筑长城以备突厥,情识之惑,一至于此!朕今委任李世勣于并州,遂使突厥畏威遁走,塞垣安静,岂不胜远筑长城耶?'"敢不避正堂于盖公:曹参为齐相,"盖公为言治道贵清静而民自定","参于是避正堂,舍盖公焉"。曹参"相齐九年,齐国安集"(《史记·曹相国世家》)。㉙报酬:报答;酬答。㉚规模:摹仿;取法。

按:注释涉及洪迈的史实均见《宋史·洪迈传》。

陈简斋葆真诗

自崇宁以来,时相不许士大夫读史作诗,何清源至于修入令式,本意但欲崇尚经学①,痛沮诗赋耳,于是庠序之间以诗为讳。政和后稍复为之,而陈去非遂以《墨梅绝句》擢置馆阁②。尝以夏日偕五同舍集葆真宫池上避暑③,取"绿阴生昼静"分韵赋诗,陈得"静"字。其词曰:"清池不受暑,幽讨起予病。长安车辙边,有此万荷柄。是身唯可懒,共寄无尽兴。鱼游水底凉,鸟语林间静。谈余日亭午④,树影一时正。清风不负客,意重百金赠。聊将两鬓蓬,起照千丈镜。微波喜摇人,小立待其定。梁王今何许⑤,柳色几衰盛。人生行乐耳,诗律已其剩。邂逅一尊酒,它年《五君咏》⑥。重期踏月来,夜半啸烟艇⑦。"诗成出示坐上,皆诧为擅场。朱新仲时亲见之,云京师无人不传写也。

【注释】

①经学:训解或阐述儒家经典之学。宋代经学发展成为理学。②墨梅绝句:见《续笔》卷八《缁尘素衣》。③葆真宫:政和五年四月建。④亭午:正午;中午。⑤梁王:西汉梁孝王刘武,大治宫室。借以隐指宋徽宗大建官观。何许:如何,怎样。⑥它年《五君咏》:将来五同舍也会同颜延之一样,书写一首新的《五君咏》。它年,以后的某年或某一时期。五君咏,南朝宋颜延之得罪朝廷权要,贬为永嘉太守,作此诗以自况。颜延之《五君咏》分别歌咏"竹林七贤"中的阮籍、嵇康、刘伶、阮咸和向秀五人。⑦烟艇:游船。

仙传图志荒唐

昔人所作神仙传之类，大抵荒唐谬悠①，殊不能略考引史策。如卫叔卿事云："汉仪凤二年，孝武皇帝闲居殿上而见之。"月支使者事云②："延和三年，武帝幸安定，而月支国遣使献香。"案仪凤乃唐高宗纪年名，延和乃魏太武、唐睿宗纪年名，而诞妄若是。自余山经地志，往往皆然。近世士大夫采一方传记及故老谈说，竞为图志，用心甚专，用力甚博，亦不能免抵牾。高夔守襄阳，命僚属作一书，其叙历代沿革云："在周为楚、邓、鄾诸国③。"据《左传》，鄾乃邓邑，后巴人伐楚围鄾，盖楚灭邓④，故亦来属，元非列国也。又引《左传》蔓成然事，以蔓为国⑤。据成然乃楚大夫⑥，灵王夺其邑，无所谓"蔓国"也。

【注释】

①谬悠：亦作"悠谬"。荒诞无稽。②月支：亦作"月氏（zhī）"。古族名。秦汉之际，游牧于敦煌、祁连间。③鄾（yōu）：古地名。在今湖北襄樊市北。④盖楚灭邓：意谓巴人伐楚之前，楚灭了邓国。⑤蔓：《中华大字典》注："姓也。《通志》：楚斗（dòu）成然食采于蔓。其后以邑为氏。"据此意，"蔓"应是邑名。《春秋左传集解》注：蔓，音万。⑥据：根据。即据《左传》。

卷第十五（十五则）

徽庙朝宰辅

蔡京擅国命，首尾二十余年，一时士大夫未有不因之以至大用者，其后颇采公议，与为异同。若宰相则赵清宪挺之、张无尽商英、郑华原居中、刘文宪正夫①，所行所言，世多知之。其居执政位者，如张康国宾老、温益禹弼、刘逵公路、侯蒙元功者，皆有可录②。康国定元祐党籍，看详讲议司编汇奏牍，皆深预密议，及后知枢密院，始浸为崖异③。徽宗察京专愎，阴令狙伺其奸④，盖尝许以相。是时，西北边帅，多取部内好官自辟置，以力不у才⑤。康国曰："并塞当择人以纾忧，顾奈何欲私所善乎？"乃随阙选用，定为格⑥。京使御史中丞吴执中击之，康国先知之，具以奏。益镇潭州，凡元祐逐臣在湖南者，悉遭侵困，因《爱莫助之图》遂为京用⑦。至中书侍郎，乃时有立异⑧。京一日除监司郡守十人，将进画，益判其后曰："收⑨。"京使益所厚中书舍人郑居中问之，益曰："君在西掖，每见所论事，舍人得举职，侍郎顾不许邪？今丞相所拟十人，共皆姻党耳⑩，欲不逆其意，得乎？"逵以附京至中书侍郎。京去相，逵首劝上碎元祐党碑，宽上书邪籍之禁，凡京所行悖理殃民事，稍稍厘正之⑪。蒙在政地，上从容问蔡京何如人，对曰："使京能正其心术，虽古贤相何以加？"上颔首，且使密伺京所为，京闻而衔之。凡此数端，皆见于国史本传。

【注释】

①赵清宪挺之：见卷五《赵德甫金石录》"清宪丞相"注。张无尽商英：即张商英。号无尽居士。郑华原居中：即郑居中。字达夫。卒后赠华原郡王。刘文宪正夫：即刘正夫。字德初。卒后谥文宪。②张康国宾老：张康国，字宾老。可录：可采。③崖异：兀傲，不随俗。指不附和蔡京。④专愎：独断固执。犹刚愎。狙伺：伏伺；觊觎。⑤好官：美官；肥缺。力：权势。⑥并塞：靠近边塞。

并（bàng），通"傍"。依傍；紧挨。纾忧：解除忧患。格：见三笔卷十六《敕令格式》注。⑦"益镇潭州"事：见卷九《辩秦少游义倡》。侵困：侵凌困辱。爱莫助之图：《宋史·温益传》："邓洵武献《爱莫助之图》，帝初付曾布，布辞。改付益，益得藉手以为宜相蔡京……时人恶之。……京遂为相，进益中书侍郎。"⑧立异：持不同的态度或看法。⑨进画：进呈文书由皇帝书行（批阅公文，签字认可）。收：收回而不进呈。⑩举职：尽职。姻党：犹姻族。有姻亲关系的各家族或其成员。⑪上书邪籍之禁：见三笔卷十六《蹇氏父子》"缙绅之祸"注和本笔卷十二《景华御苑》"邪党"注。厘正：订正；改正。

教官掌笺奏

所在州郡，相承以表奏书启委教授，因而饷以钱酒。予官福州，但为撰公家谢表及祈谢晴雨文，至私礼笺启小简皆不作。然遇圣节乐语尝为之①，因又作他用者三两篇，每以自愧。邹忠公为颍昌教授；府守范忠宣公属撰兴龙节致语②，辞不为。范公曰："翰林学士亦作此。"忠公曰："翰林学士则可，祭酒、司业则不可③。"范公敬谢之。前辈风节④，可畏可仰如此。

【注释】

①乐（yuè）语：文体名。宋宫廷演剧，命词臣作乐语，使伶人歌唱。先为对偶韵文，后附以诗，也有不附诗的。②邹忠公：即邹浩。卒年五十二。高宗即位，赐谥忠。兴龙节：哲宗生日。③祭酒、司业句：和教授均为学官。学官则不可。学官又称教官。④风节：风骨节操。

经句全文对

予初登词科，再至临安，寓于三桥西沈亮功主簿之馆，沈以予买饭于外，谓为不便，自取家馔日相供。同年汤丞相来访①，扣旅食大概，具为言之。汤公笑曰："主人亦贤矣！"因戏出一语曰："哀王孙而进食②，岂望报乎？"良久，予应之曰："为长者而折枝，非不能也③。"公大激赏而去④。汪圣锡为秘书少监，每食罢会茶，一同舍辄就枕不至。及起，亦戏之曰："宰予昼寝，于予与何诛⑤。"众未有言，汪曰："有一对，虽于今事不切，然却是一个出处。"云："子贡方人，夫我则不暇⑥。"同舍皆合词称美。

【注释】

①汤丞相：指汤思退。绍兴十五年，和洪迈同试博学宏词科中第。②王孙：古代贵族子弟的通称。此处指洪迈。"哀王孙"用漂母进食于韩信的典故。"(韩信)谓漂母曰：'吾必有以重报母。'母怒曰：'大丈夫不能自食，吾哀王孙而进食，岂望报乎！'"(《史记·淮阴侯列传》)③折枝：《孟子·梁惠王上》："为长者折枝，语人曰：'我不能。'是不为也，非不能也。"古来有三种解释：(1)折取树枝；(2)按摩搔痒；(3)弯腰行礼。其中第三说较为合理。"枝"、"肢"古通用。以上三说都比喻轻而易举的意思。④激赏：极其赞赏。⑤"宰予昼寝"句：《论语·公冶长》载，"宰予昼寝。子曰：'朽木，不可雕也；粪土之墙，不可杇(wū，粉刷)也。于予与何诛（我对于宰予还有什么好责备的呢）？'"⑥"子贡方人"句：《论语·宪问》："子贡方人。子曰：'赐也贤乎哉？夫我则不暇。'"方人，议论人的短长。

北郊议论

三代之礼，冬至祀天于南郊，夏至祭地于北郊。王莽于元始中改为合祭，自是以来，不可复变。元丰中，下诏欲复北郊，至六年，唯以冬至祀天，而地祇不及事①。元祐七年，又使博议②，而许将、顾临、范纯礼、王钦臣、孔武仲、杜纯各为一说。逮苏轼之论出，于是群议尽废。当时诸人之说有六：一曰，今之寒暑与古无异，宜王六月出师，则夏至之日，何为不可祭；二曰，夏至不能行礼，则遣官摄行，亦有故事；三曰，省去繁文末节，则一岁可以再郊；四曰，三年一祀天，又一年一祭地；五曰，当郊之岁，以十月神州之祭，易夏至之方泽，可以免方暑举事之患；六曰，当郊之岁，以夏至祀地祇于方泽，上不亲郊，而通爟火于禁中望祀③。轼皆辟之，以谓无一可行之理，其文载于奏议，凡三千言。元符中，又诏议合祭，论者不一，唯太常少卿宇文昌龄之议,最为简要。曰:"天地之势,以高卑则异位,以礼制则异宜,以乐则异数④。至于衣服之章,器用之具,日至之时,皆有辨而不乱⑤。夫祀者,自有以感于无,自实以通于虚,必以类应类,以气合气,然后可以得而亲,可以冀其格⑥。今祭地于圜丘,以气则非所合,以类则非所应,而求高厚之来享⑦,不亦难乎?"后竟用其议。此两说之至当如此。

【注释】

①地祇:古代称土地社稷的神。②博议:广泛的议论。③宣王:指周宣王。曾不断对淮夷、徐戎、狁犹用兵。摄行(xíng):代理行使职权。繁文末节:繁琐的仪式或礼节。神州:指京都。易:代替;交换。方泽:夏至日祭地之处。掘地为方池,贮水以祭,故称方泽。亲郊:帝王亲出郊祀(在郊外祭天或祭地)。爟(guàn)火:祭祀时所举的火。亦作"权火"。《史记·封禅书》:"通权火。"裴骃集解:"张晏曰:'权火,烽火也。'……欲令光明远照通祀所也。"望祀:遥望祭祀。④异位:位置不同;位置分开。异数:有等差;有差别。⑤皆有辨:辨,区别。⑥以气合气:气,中国古代哲学概念。主观唯心主义者用以指主观精神。冀:希望。其:指神。格:感通。⑦圜(yuán)丘:古时祭天的坛。高厚:高天厚地。此处指天地神灵。

讨论滥赏词

东坡公《行香子》小词云:"清夜无尘,月色如银。酒斟时,须满十分。浮名浮利,休苦劳神。叹隙中驹,石中火,梦中身。虽抱文章,开口谁亲?且陶陶乐尽天真①。不如归去,作个闲人。对一张琴,一壶酒,一溪云。"绍兴初,范觉民为相,以自崇宁以来,创立法度,例有泛赏。如学校,茶盐,钱币,保伍,农田,居养,安济,寺观,开封、大理狱空,四方边事,御前、内外诸司,编敕会要、学制、礼制、道史等书局,掖庭编泽,行幸,曲恩②,诸色营缮,河埽功役,采石、木筏、花石等纲,祥瑞,礼乐,两城所公田,伎术,伶优,三山,永桥,明堂,西内,八宝,玄圭③,种种滥赏,不可胜述。其曰应奉有劳、献颂可采、职事修举、特授特转者,又皆无名直与,及白身补官,选人改官，职名碍格④，非随龙而依随龙人，非战功而依战功人等，每事各为一项，建议讨论。又行下吏部，若该载未尽名色，并合取朝廷指挥，临时参酌。追夺事件，遂为画一规式，有至夺十五官者。虽公论当然，而失职者胥动造谤，浮议蜂起⑤。无名子因改坡语云："清要无因⑥，举选艰辛。系书钱⑦，须要十分。浮名浮利，虚苦劳神。叹旅中愁，心中闷，部中身。虽抱文章，苦苦推寻⑧。更休说谁假谁真。不如归去，作个齐民⑨。免一回来，一回讨，一回论。"至大字书写帖于内前墙上，逻者得之以闻⑩。是时，伪齐刘豫方盗据河南⑪，朝论虑或摇人心，亟罢讨论之举。范公用是为台谏所攻，今章且叟奏稿中正载弹疏⑫，竟去相位云。

【注释】

①浮名：虚名。浮利：虚浮的利禄。休苦劳神：一本作"虚苦劳神"。白白地耗损精神。隙驹：比喻光阴易逝。石火：敲石所发的火。比喻人生的短暂。陶陶（yáo yáo）：和乐貌。②范觉民：即范宗尹。字觉民。建炎四年（1130年）五月为相，绍兴元年（1131年）七月被劾罢。泛赏：广泛的赏赐。保伍：古代民人五家为伍，又立保相统摄，因以"保伍"泛称基层户籍编制。安济：安抚救济。编敕：编集整理。道史：即道教史。行幸：皇帝出行叫"行幸"。曲恩：曲意施恩。③河埽（sào）：古代治河工程中所用的埽料。如秔稭、稻草、芦苇、麦杆等。亦指用埽料修成的堤坝。功役：兴建土木工程的劳役。公田：公家之田。亦称"官田"。封建官府控制的土地。西内：皇宫西部。八宝：天子八种印玺的总称。《续资治通鉴·宋徽宗大观元年》："名为镇国、受命二宝，合先帝六宝，是为八宝，命置官以掌之。"玄圭：一种黑色的玉器，古代用以赏赐建立特殊功绩的人。④修举：谓事务处理及时、得当。无名：没有名义，没有正当理由。碍格：受限制受阻碍。⑤规式：规模式样；格式。胥动：相互鼓动。胥，相互。动，谓思想受影响而动摇、改变。造谤：诽谤；无中生有，说人坏话，毁人名誉。浮议：没有根据的议论。⑥清要无因：没有清要之官做依靠。⑦系书：谓缚帛书于雁足以传音信。⑧推寻：推求寻索。⑨齐民：平民。⑩逻者：巡逻的人。⑪刘豫：南宋初年金统治者扶植的傀儡。原为宋朝官员，建炎二年降金，建都大名，后迁汴京。配合金兵攻宋，屡为韩世忠、岳飞所败。绍兴七年被废黜为蜀王，迁居临潢（今内蒙古巴林左旗附近）而死。⑫章且叟：《宋史》作"章宜叟"。"章谊，字宜叟。"（海南出版社《二十六史》）时为殿中侍御史。

尺 八

唐卢肇为歙州刺史，会客于江亭，请目前取一事为酒令，尾有乐器之名。肇令曰："遥望渔舟，不阔尺八。"有姚岩杰者，饮酒一器，凭栏呕哕，须臾即席，还令曰："凭栏一吐，已觉空喉①。"此语载于《摭言》。又《逸史》云②："开元末，一狂僧往终南回向寺，一老僧令于空房内取尺八来，乃玉笛也。谓曰：'汝主在寺，以爱吹尺八，谪在人间③，此常吹者也。汝当回，可将此付汝主。'僧进于玄宗，特取吹之，宛是先所御者。"孙夷中《仙隐传》："房介然善吹竹笛，名曰尺八。将死，预将管打破，告诸人曰：'可以同将就圹④。'"亦谓此云。尺八之为乐名，今不复有。《吕才传》云："贞观时，祖孝孙增损乐律，太宗诏侍臣举善音者。王珪、魏徵盛称才制尺八，凡十二枚，长短不同，与律谐契⑤。太宗即召才参论乐事。"尺八之所出，见于此，无由晓其形制也。《尔雅·释乐》亦不载。

【注释】

①呕哕（yuě）：呕吐。空喉：空喉为拨弦乐器"箜篌"的谐音。②逸史：唐宣宗大中年间，有人撰写《逸史》三卷。③谪：神仙有罪或有过错，被贬谪下界投生为凡人，以示惩罚。④就圹：归入坟墓。圹（kuàng）：墓穴，亦即指坟墓。⑤乐（yuè）律：即音律。指音乐上的律吕、宫调等。谐契：融洽契合。

三给事相攻

元祐中，王钦臣仲至，自权工部侍郎除给事中，为给事姚勔所驳而止。大观中，陈亨伯自左司员外郎擢给事中，为权官蔡薿所沮而出①。政和末，伯祖仲达在东省，以疾暂谒告两日，张天觉复官之命，过门下第四厅，给事方会论为畏缴驳之故②，所以托病，遂罢知滁州。

【注释】

①权官：指代理之官。此处应指有权而专横的官员。蔡嶷（nǐ）："一意附蔡京"，"自布衣至侍从（中书舍人），才九月，前所未有也。""旋进给事中"。（《宋史》本传）②伯祖仲达：洪迈伯祖洪彦升，字仲达。时为门下省给事中。张天觉复官之命：恢复张天觉（即张商英）宰相的诏命。先是，"右仆射张商英与给事中刘嗣明争曲直，事下御史。彦升（时为殿中侍御史）蔽罪商英，商英去（罢相）。"随后，"彦升迁给事中"。（《宋史·洪彦升传》）缴驳：驳议。指辩驳洪彦升蔽罪张商英一事。

朱藏一诗

政和末，老蔡以太师鲁国公总治三省①，年已过七十，与少宰王黼争权相倾。朱藏一在馆阁，和同舍秋夜省宿诗云："老火未甘退，稚金方力征②。炎凉分胜负③，顷刻变阴晴。"两人门下士互兴谮言，以为嘲谤④。其后黼独相，馆职多迁擢⑤，朱居官如故，而和人菊花诗云："纷纷桃李春，过眼成枯萎。晚荣方耐久⑥，造物岂吾欺？"或又谮于黼以为怨愤。是时，士论指三馆为闹蓝⑦。

【注释】

①老蔡：指蔡京。②省宿：在禁中住宿值班。老火：谓老而昏庸。火，即荧惑星。喻蔡京。稚金：谓年少。金星，也叫"启明星"。喻王黼。王黼当时不到四十岁。③炎凉：火者炎热，金者凉爽。或夏热秋凉。④谮言：谗言。嘲谤：嘲笑毁谤。⑤迁擢：谓提升官职。⑥晚荣：草木晚开花。喻人晚年显荣。⑦闹蓝：或作"闹篮"。热闹多事的场合。

蔡京轻用官职

蔡京三入相时，除用士大夫，视官职如粪土，盖欲以天爵市私恩①。政和六年十月，不因赦令，侍从以上先缘左降同日迁职者二十人②。通奉大夫张商英为观文殿学士，中大夫王襄为延康殿学士，显谟阁待制李图南为述古殿学士，宝文阁待制蔡嶷、显谟阁待制叶梦得并为龙图阁直学士，宝文阁待制张近、通奉大夫钱即、右文殿修撰王汉之并为显谟阁直学士，中大夫叶祖洽为徽猷阁直学士，朝散大夫曾孝蕴为天章阁待制，朝散郎俞㮚、朝议大夫曾孝序、中奉大夫范致明、右文殿修撰蔡肇、大中大夫孙鼛、朝议大夫王觉、右文殿修撰陈旸并为显谟阁待制③，朝请郎蔡懋、中奉大夫庞恭孙、朝请郎洪彦升并为徽猷阁待制。至十一月冬祀毕，大赦天下，仍复推恩。

【注释】

①天爵：天子所封的爵位。②赦令：旧时君主发布的减免罪刑或赋役的命令。左降：官吏被贬降级。迁职：犹升职。③鼛：音 gāo。

节度使改东宫环卫官

太祖有天下，将收藩镇威柄，故渐行改革。至于位至侍中、中书令、使相者，其高仅得东宫官，次但居环卫。凤翔王晏为太子大师，安远武行德为太子太傅，护国郭从义为左金吾上将军，凤翔王彦超为右金吾上将军，定国白重赞为左千牛上将军，保太杨廷璋为右千牛上将军，静难刘重进为羽林统军。若符彦卿者，以太师中书令、天雄节度使直罢归洛，八年不问，亦不别除官。其庙谟雄断如是①。靖康初，以戚里冒政、宣恩典，多建节钺，乃稽用此制②。钱景臻以少傅安武节度，刘宗元以开府仪同三司、镇安节度，并为左金吾上将军。范讷以平凉，刘敷以保信，刘敏以保成，张楙以向德，王舜臣以岳阳，朱孝孙以应道，钱忱以泸川节度，并为右金吾上将军。自后不复举行矣。

【注释】

①雄断：英明的决断。②稽用：取法。稽，法式；准则。

宰相任怨

宰相欲收士誉,使恩归己,故只以除用为意,而不任职及显有过举者,亦不肯任怨,稍行黜徙①。文惠公在相位,尝奏言:"今之监司、郡守,其无大过者,台谏固不论击②。但其间实有疲惼庸老之人,依阿留之③,转为民害。臣欲皆与祠禄,理作自陈,监司或就移小郡,庶几人有家食之资,国无旷官之失④。"孝宗欣然听许。于是湖南转运判官任诏,改知复州,广东提举盐事刘景,改知南雄州。时太常丞阙,监左藏库许子绍欲得之,公以大超越,谕使小缓。子绍宛转愈力⑤,乃白其事,出通判静江府。议者私谓若如此则是庙堂而兼台谏之职⑥。殊不思进贤退不肖,真宰相之事耳。欲拟宫观三四人,未暇而去位,子绍之出,遂织入言章中⑦。近者京丞相以国子录吴仁杰居职未久⑧,便欲求迁,奏罢归吏部注签判,亦此意也。

【注释】

①士誉:士大夫的称誉。为意:犹言在意。留意;放在心上。不任:不能胜任。过举:有过失的举动。黜徙:贬斥,徙置。②论击:议论和弹击。③疲惼:拖沓无能。依阿:胸无定见,曲意逢迎,随声附和。④祠禄:宋制,大臣罢职,令管理道教宫观,以示优礼,无职事,但借名食俸,谓之"祠禄"。理作自陈:这些官员应该自己提出要求(要求不再担任原职)。旷官:旷废职守,才不称其任。⑤宛转:犹通融或斡旋。⑥庙堂:本指君主与宰辅大臣议政之处。这里专指宰辅大臣。⑦织:搜罗。言章:弹劾官员的奏章。⑧京丞相:指京镗。

四李杜

汉太尉李固、杜乔,皆以为相守正,为梁冀所杀。故掾杨生上书,乞李、杜二公骸骨,使得归葬。梁冀之诛,权势专归宦官,倾动中外,白马令李云露布上书,有帝欲不谛之语①。桓帝得奏震怒,逮云下北寺狱②。弘农五官掾杜众③,伤云以忠谏获罪,上书愿与云同日死。帝愈怒,下廷尉,皆死狱中。其后襄楷上言,亦称为李、杜。灵帝再治钩党④,范滂受诛,母就与之诀,曰:"汝今与李、杜齐名,死亦何恨!"谓李膺、杜密也。李大白、杜子美同时著名，故韩退之诗云："李杜文章在，光焰万丈长。"凡四李、杜云。

【注释】

①帝欲不谛：意谓皇帝对宦官专权、吏治腐败、纲纪紊乱、自己将成为傀儡的局面未能细察。谛，细察；审谛于物。又，帝、谛同音。帝欲不谛，谓皇帝将不成为皇帝。②北寺狱：东汉监狱名，属黄门署。主管监禁、审讯将相大臣。因在宫省北面，故名北寺。③五官掾：汉代郡国有五官掾，为侍从官。④钩党：相牵引为党。此指东汉时的第二次"党锢之祸"。见《续笔》卷四《党锢牵连之贤》。

浑脱队

唐中宗时，清源尉吕元泰上书言时政曰："比见坊邑相率为浑脱队，骏马胡服，名曰'苏幕遮'，旗鼓相当，腾逐喧噪①。以礼义之朝，法胡虏之俗，非先王之礼乐，而示则于四方②。《书》曰：'谋时寒若'③。何必裸形体、欢衢路，鼓舞跳跃而索寒焉④！"书闻不报。此盖并论泼寒胡之戏⑤。《唐史》附于《宋务光传》末⑥，元泰竟亦不显。近世风俗相尚，不以公私宴集，皆为耍曲耍舞，如《勃海乐》之类⑦，殆犹此也。

【注释】

①坊邑：城乡。浑脱：舞曲名。胡三省（宋元之际史学家）注《资治通鉴》："长孙无忌以乌羊毛为浑脱毡帽，人多效之，谓之赵公浑脱（长孙无忌封赵国公），因演以为舞。"苏幕遮：唐教坊曲名，原为大曲，后摘遍流行，用为词牌。《苏幕遮》为少数民族乐曲。宋王明清《挥麈录》："妇人戴油帽，谓之苏幕遮。"盖歌舞者有此服饰，因而得名。腾逐：奔驰追赶。喧噪：喧哗哄闹。②示则：作为榜样。③谋时寒若：《尚书·洪范》："八……曰休征：……曰谋，时寒若。"意谓一为善谋，像及时寒冷那样喜人。④欢衢路：欢呼于街衢道路。索寒：寻求寒冷。⑤泼寒胡戏：唐时从西域传入的一种乐舞。又名乞寒泼胡，简称乞寒、泼寒、泼胡。按唐代西域的康国，地近葱岭，国人每年十一月，鼓舞乞寒，以

水交泼为乐。⑥"唐史附于"句：《新唐书》在《宋务光传》之后附《吕元泰传》。⑦不以：不论是。勃海乐：从渤海传入的乐舞。渤海，唐代我国东北以靺鞨粟末部为主体所建政权名。

岁阳岁名

岁阳、岁名之说①，始于《尔雅》。太岁在甲曰阏逢，在乙曰旃蒙，在丙曰柔兆，在丁曰强圉，在戊曰著雍，在己曰屠维，在庚曰上章，在辛曰重光，在壬曰玄黓，在癸曰昭阳，谓之岁阳。在寅曰摄提格，在卯曰单阏，在辰曰执徐，在巳曰大荒落，在午曰敦牂，在未曰协洽，在申曰涒滩，在酉曰作噩，在戌曰阉茂，在亥曰大渊献，在子曰困敦，在丑曰赤奋若，谓之岁名。自后唯太史公《历书》用之，而或有不同。如阏逢为焉逢，旃蒙为端蒙，柔兆为游兆，强圉为强梧，著雍为徒雍，屠维为祝犁，上章为商横，重光为昭阳，玄黓为横艾，昭阳为尚章，大荒落为大芒落，协洽为汁洽，涒滩为沇汉，作噩为作鄂，阉茂为淹茂，大渊献、困敦更互，赤奋若乃为赤夺若，此盖年祀久远②，传写或讹，不必深辨。但汉武帝太初元年太岁丁丑③，而以为甲寅，其失多矣。《尔雅》又有月阳、月名。月在甲曰毕，在乙曰橘，在丙曰修，在丁曰圉，在戊曰厉，在己曰则，在庚曰窒，在辛曰塞，在壬曰终，在癸曰极。正月为陬，二月为如，三月为寎，四月为余，五月为皋，六月为且，七月为相，八月为壮，九月为玄，十月为阳，十一月为辜，十二月为涂。考之典籍，唯《历书》谓太初十月为毕聚。《离骚》云："摄提贞于孟陬④。"《左氏传》："十月曰良月。"《国语》："至于玄月。"它未尝称引。郭景纯注释云："自岁阳至月名，皆所未详通者，故阙而不论。"盖不可强为之说。非若《律书》所言二十八舍、十母、十二子，犹得穿凿傅致也⑤。《资治通鉴》专取岁阳、岁名以冠年，不可晓解，殊不若甲子至癸亥为明白尔。韩退之诗"岁在渊献牵牛中"⑥，王介甫《字说》言"强圉"，自余亦无说。《左传》所书"岁在星纪，而淫于玄枵"，"岁在降娄，降娄中而旦"⑦，"岁在娵訾之口"，"岁五及鹑火"，"岁在颛帝之虚","岁在豕韦","岁在大梁",皆用岁星次舍言之⑧。司马倬跂温公《潜虚》⑨,其末云:"乾道二年,岁在柔兆阉茂、玄黓执徐月、极大渊献日。"谓丙戌年、壬辰月、癸亥日,以岁名施于月日,尤为不然。汉章不自为文,殆是僚寀强解事者所作也⑩。

【注释】

①岁阳、岁阴:见《三笔》卷十一《岁月日风雷雄雌》注。岁名:用干支纪年的年名。②年祀:年岁。③太岁丁丑:即为丁丑年。④摄提贞于孟陬:正当寅年正月孟春。贞,当;正当(dāng);正值。⑤二十八舍:即二十八宿。傅致:罗织附会。⑥牵牛:指七月。牵牛(星)、织女(星)每年七夕相会一次。⑦岁在星纪,而淫于玄枵:岁,岁星。星纪在丑,斗牛之次;玄枵在子,虚危之次。星纪,十二星次之一,在十二支中为丑,在二十八宿中为斗宿和牛宿。淫,过,过了头。岁星应该在斗牛之次,而现在过了头,在虚危之次,说明天时不正。玄枵(xiāo),十二星次之一。在十二支中为子,在二十八宿中为女、虚、危三宿。降(xiàng)娄:十二星次之一。配十二辰为戌,配二十八宿为奎、娄两宿。中而旦:降娄在中天而天亮。⑧岁在娵訾之口:岁星运行到娵訾的口上。鹑火:十二次之一。配十二辰为午,配二十八宿为柳、星、张三宿。岁五及鹑火:岁星五年(五次)到达鹑火的位置。颛帝之虚:虚宿的别名。谓玄枵。豕韦:星名。《广雅·释天》:"营室谓之豕韦。"古豕韦国,即春秋时卫地,卫为营室之分野,故以营室为豕韦。即娵訾的位次。大梁:十二次之一。配十二辰为酉,配二十八宿为胃、昴、毕三宿。其分野在冀州。次舍:止息之所。⑨司马倬(zhuō):字汉章。⑩僚寀:同官,同事。寀(cǎi),同僚。

官称别名

唐人好以它名标榜官称①,今漫疏于此,以示子侄之未能尽知者。太尉为掌武,司徒为五教,司空为空土,侍中为大貂,散骑常侍为小貂,御史大夫为亚台、为亚相、为司宪,中丞为独坐、为中宪,侍御史为端公、南床、横榻、杂端,又曰脆梨,殿中为副端,又曰开口椒,监察为合口椒②,谏议为大坡、大谏,补阙(今司谏)为中谏,又曰补衮,拾遗(今正言)为小谏,又曰遗公,给事郎为夕郎、夕拜,知制诰为三字，起居郎为左螭，舍人为右螭，又并为修注，吏部尚书为大天，礼部为大仪，兵部为大戎，刑部为大秋，工部为大起，吏部郎为小选、为省眼，考功、度支为振行③，礼部为小仪、为南省舍人，今曰南宫，刑部为小秋，祠部为冰（柄）厅，比部为比盘，又曰昆脚皆头，屯田为田曹，水部为水曹，诸部郎通曰哀乌、依乌，太常卿为乐卿，少卿为少常、奉常，光禄为饱卿，鸿胪为客卿、睡卿，司农为走卿，大理为棘卿，评事为廷平，将作监为大匠，少监为少匠，秘书监为大蓬，少监为少蓬，左右司为都公，太子庶子为宫相④，宰相呼为堂老，两省相呼为阁老，尚书丞郎为曹长，御史、拾遗为院长。下至县令曰明府，丞曰赞府、赞公，尉曰少府、少公、少仙，此已见前《笔》⑤。

【注释】

①标榜：称扬。②殿中：指殿中侍御史。开口椒、合口椒：按《辞源》"合口椒"条、《汉语大词典》"合口椒"、"开口椒"条，均与此说法不同。《辞源》云：唐贾言忠撰《监察本草》，把御史里行及试员外者叫合口椒，最有毒；监察叫开口椒，毒稍减；殿中为萝卜，也叫生姜，虽辛辣而不为患；侍御史叫脆梨，渐入佳味，迁员外为柑子，可久服。见《太平广记》二五五《贾言忠》引《御史台记》。意思说刚当上御史，气盛敢言，官愈高则顾虑愈多，不肯多得罪人。③振行：行，音 xíng。④太子庶子：官名。太子官属。汉以后为太子侍从官之一种。南北朝时称中庶子，唐以后于太子官属中设左右春坊，以左右庶子分隶之，以比侍中、中书令。自此相沿，至清代犹用以备翰林官之迁转。⑤前《笔》：指《随笔》卷一《赞公少公》，以及本笔卷七《县尉为少仙》。

卷第十六（十二则）

汉重苏子卿

汉世待士大夫少恩，而独于苏子卿加优宠，盖以其奉使持节，褒劝忠义也①。上官安谋反②，武子元与之有谋，坐死。武素与上官桀、桑弘羊有旧，数为燕王所讼，子又在谋中，廷尉奏请逮捕武，霍光寝其奏③。宣帝立，录群臣定策功④，赐爵关内侯者八人，刘德、苏武食邑。张晏曰："旧关内侯无邑，以武守节外国，德宗室俊彦⑤，故特令食邑。"帝闵武年老，子坐事死，问左右："武在匈奴久，岂有子乎？"武曰："前发匈奴时，胡妇实产一子通国，有声问来⑥，愿因使者赎之。"上许焉。通国至，上以为郎，又以武弟子为右曹，以武著节老臣，令朝朔望，称祭酒⑦，甚优宠之。皇后父、帝舅、丞相、御史、将军皆敬重武。后图画中兴辅佐有功德知名者于麒麟阁，凡十一人，而武得预。武终于典属国⑧，盖以武老不任公卿之故。先公絷留绝漠十五年，能致显仁皇太后音书⑨，蒙高宗皇帝有"苏武不能过"之语。而厄于权臣，归国仅升一职，立朝不满三旬，讫于窜谪南荒恶地⑩，长子停官。追诵汉史，可为痛哭者已！又案武本传云："奉使初还，拜为典属国，秩中二千石。昭帝时，免武官。后以故二千石与计谋立宣帝，赐爵。张安世荐之，即时召待诏，数进见，复为典属国。"然则豫定策时，但以故二千石耳。而《霍光传》连名奏昌邑王时，直称典属国，《宣纪》封侯亦然⑪，恐误也。

【注释】

①优宠：优待宠爱。持节：保持节操。褒劝：奖励劝勉。②上官安：上官桀之子。③燕王：即刘旦。以谋反罪被诛。又与上官桀、桑弘羊谋杀执政者霍光。《汉书·苏武传》："及燕王等反诛，穷治党与，武素与桀、弘羊有旧，

数为燕王所讼。"寝:谓湮没不彰;隐蔽。④定策:亦作"定册"。古时尊立天子,书其事于简策,以告宗庙,因称大臣等谋立天子为"定策"。⑤俊彦:才智过人之士。⑥声问:音信。⑦朝朔望:即朔日(每月初一)、望日(十五)朝见皇帝。称祭酒:《汉书·苏武传》颜师古注曰:"加祭酒之号,所以示优尊也。"⑧典属国:官名。掌少数民族事务。⑨絷留:被囚禁。绝漠:极远的沙漠地区。致显仁皇太后音书:靖康之变,太后"从上皇(徽宗)北迁"。"洪皓在燕,求得后书,遣李微持归。"(《宋史·韦贤妃传》)⑩厄:被困。权臣:有权势之臣。多指掌权而专横的大臣。窜谪:贬官放逐。南荒:指南方荒凉遥远的地方。⑪昌邑王:即刘贺。昭帝死,刘贺即位,因行淫乱,霍光等上奏孝昭皇后,废贺归故国。宣纪:即宣帝纪。

昔贤为卒伍

三代而上,文武不分,春秋列国军将皆命卿,处则执政,出则将兵,载于《诗》《书》《左传》,可考也。然此特谓将帅耳,乃若卒伍之贱,虽贤士亦为之,不以为异。鲁哀公时,吴伐鲁,次于泗上①。微虎欲宵攻王舍,私属徒七百人,三踊于幕庭②,卒三百人,有若与焉。杜预云:"卒,终也,谓于七百人中,终得三百人任行也③。"或谓季孙曰④:"不足以害吴,而多杀国士,不如已也。"乃止之。此盖后世斫营劫寨之类,而有若亦为之。齐伐鲁,冉求帅左师,樊迟为右⑤,季孙曰:"须也弱⑥。"有子曰:"就用命焉⑦。"谓虽年少,能用命也。冉有用矛于齐师,故能入其军⑧。杜预云:"言能以义勇也⑨。"皆孔门高弟,而亲卒伍之事,后世岂复有之?

【注释】

①泗上:泗水之滨。泗水,古河名。在山东省中部。流经鲁国国都曲阜。②微虎:鲁大夫。王舍:吴王夫差住宿的地方。属:嘱。三踊:跳跃三次。幕庭:营帐前的空地。杨伯峻注:"属今作嘱,私自令其徒七百人于帐幕外之庭三踊也。"③任行:任,堪,胜。行(xíng),中用;能干。④季孙:指季康子(季孙肥),鲁国正卿(执政大臣)。⑤樊迟:孔子学生。名须,字子迟。⑥弱:年轻,年少。⑦有子:杜注:冉求也。用命:服从命令。奋不顾身地战斗。⑧"冉有用矛"句:冉有手持长矛,带头冲入齐军,因此整个军队才能攻进敌阵。按:

此两事见《左传》哀公八年、十一年。⑨义勇：见义勇为的精神。亦指义勇的人。

兵家贵于备豫

晋盗卢循据广州，以其党徐道覆为始兴相①，循寇建康，以为前锋。初，道覆遣人伐船材于南康山，至始兴贱卖之，居人争市之，船材大积，而人不疑。至是悉取以装舰②，旬日而办。萧衍镇雍州③，以齐室必乱，密修武备，多伐材竹，沉之檀溪，积茅如冈阜，皆不之用。中兵参军吕僧珍觉其意，亦私具橹数百张。衍既起兵，出竹木装舰，葺之以茅④，事皆立办。诸将争橹，僧珍出先所具者，每船付二张，争者乃息。魏太武南伐盱眙，太守沈璞以郡当冲要，乃缮城浚隍，积财谷，储矢石⑤，为城守之备。魏攻之，三旬不拔，烧攻具退走。古人如此者甚多，道覆虽失所从，为畔涣之归⑥，然其事固可称也。

【注释】
①卢循：字于先。东晋安帝义熙六年（410年），与其姊夫始兴太守徐道覆在广州起兵，北上占领豫章等地，顺流而下直逼建康。相：官名。汉、晋时各郡国也置相，地位相当于郡太守，为实际执政者。②装：安装；装配。③萧衍：即梁武帝。④葺：覆盖。⑤浚：疏浚；深挖。隍：没有水的护城壕。财谷：钱粮。矢石：箭与礌石。古时守城的武器。⑥畔涣：违离。即叛离东晋。归：结局；归宿。

渠阳蛮俗

靖州之地，自熙宁九年收复唐溪洞诚州，元丰四年，仍建为诚州，元祐二年，废为渠阳军，又废为寨①，五年复之，崇宁二年，改为靖州。始时渠阳县为治所，后改属沅州而治永平，其风俗复与中州异②。蛮酋自称曰官，谓其所部之长曰都幛③，邦人称之曰土官。酋官入郭，则加冠巾，余皆椎髻，能者则以白练布缠之④，曾杀人者谓之能。妇人徒跣，不识鞋履，以银、锡或竹为钗，其长尺有咫。通以班绸布为之裳。纪岁不以建寅为首，随所处无常月⑤。要约以木铁为契⑥，病不谒医,但杀牛祭鬼,率以刀断其咽,视死所向以卜,多至十百头。凡昏姻,兄死弟继,姑舅之昏,他人取之,必贿男家,否则争,甚则仇杀。男丁受田于酋长,不输租而服其役,有罪则听其所裁,谓之草断。凡贷易之逋,甲不能偿,则掠乙以取直,谓之准擎⑦。长少相犯,则少者出物,谓之出面。言语相诬,则虚者出物⑧,谓之裹口。田丁之居,峭岩重阜,大率无十家之聚。遇仇杀则立栅布棘以受之。各有门款,门款者,犹言伍籍也,借牛彩于邻洞者⑨,谓之拽门款。方争时,以首博首,获级一二则溃去⑩,明日复来,必相当乃止。欲解仇,则备财物以和,谓之陪头暖心。战之日,观者立其傍和劝之,官虽居其中,不敢犯也。败则走,谓之上坡。志在于掠,而不在于杀,则震以金鼓,而挺其一隅,纵之逸,谓之赹⑪。败者屈而归之,掠其财而还其地,谓之入地。兵器有甲胄、标牌、弓弩,而刀之铁尤良。弩则傅矢于弦而偏架之⑫,谓之偏架弩,以利侔中土神臂弓,虽暑湿亦可用。凡仇杀,虽微隙必发,虽昔衅必报,父子兄弟之亲不避也。子弟为士人者,隶于学,仇杀则归,罢则复来。荆湖南、北路,如武冈、桂阳之属瑶民,大略如此。

【注释】

①唐:指五代时十国之一的南唐。溪洞:亦作"溪峒"。古代指今部分苗族、侗族、壮族及其聚居地区。寨:宋代设置在边区的军事行政单位,隶属于州或县。岭南左、右江地区有太平等寨,统领州县。②夐异:大不相同。夐(xiòng),表示差别程度很大。③幙:"幕"的异体字。④椎髻:椎形的发髻。能者:即下句所称。练:白色的熟绢。⑤常月:固定的月份。⑥要约:盟约。契:凭证。信物。⑦贷易:借贷和交易。准擎:擎,同"撽(qiào)"。敲击;旁击。⑧诬:诬蔑;诬陷。虚者:理亏者。虚,心慌,不踏实。⑨门款:古代南方山地少数民族缔结的同盟。危难时相互援助。伍籍:平民的户籍。借牛彩于邻洞:以牛彩作礼物向邻洞借兵。彩,彩色丝绸。⑩以首博首:用首级换取首级。级:计量所斩之首的量词。溃:散。⑪挺:宽缓;放宽。赹(bèng):纵逃,放跑。⑫傅:安上;加上。

寄资官

　　内侍之职，至于干办后苑①，则为出常调，流辈称之曰苑使。又进而干办龙图诸阁②，曰阁长。其上曰门司，曰御药，曰御带。又其上为省官③，谓押班及都知也。在法，内侍转至东头供奉官则止，若干办御药院，不许寄资④，当迁官则转归吏部。司马公论高居简云："旧制，御药院官至内殿崇班以上，即须出外，今独留四人，中外以此窃议⑤。"言之详矣。后乃不然，迨其迁带御器械可带阶官，然后尽还所寄之资。至于宣政、宣庆诸使⑥，遥郡防、团、观察，其高者为延福宫、景福殿承宣使。顷在枢密行府，有院吏兵房副承旨董球，于绍兴三十二年正月尚未有正官，至四月，予接伴人使回，球通刺字来谒，已转出为武显大夫⑦。问其何以遽得至此，曰："副承旨比附武显郎⑧，后用赏故尔。"盖亦寄资也。

【注释】

　　①内侍：宋代设入内内侍省和内侍省，称前后省。在官内执役的隶属入内内侍省，在殿中执役的隶属内侍省。其官有都都知、都知、右班都知、副都知、押班、内东头供奉官、内西头供奉官、内侍殿头、内侍高品、内侍高班、内侍黄门。见《三笔》卷六《唐昭宗赠谏臣官》"内侍"注。干办后苑：即后苑干办（勾当）公事官。掌苑囿、沼池、台殿种艺杂饰，以备游幸。②干办龙图诸阁：即龙图、天章、宝文阁干办公事官。掌藏祖宗文章、图籍及符瑞宝玩之物，而安像设以崇奉之。③门司：即内东门司（原名东门取索司）的官员。御药：即下文的干办御药院。御带：即带御器械。官名，宋初，选三班以上武干亲信者佩橐鞬（箭囊弓袋）、御剑，或以内臣为之，止名"御带"。咸平（真宗年号）元年，改为带御器械。省官：宋时称馆职及内侍之押班、都知。④干办御药院：原掌按验方书，修合药剂，以待进御及供奉禁中之用。后兼管礼文。见《随笔》卷三《进士试题》"御药院"注。寄资：宋代近臣预支俸禄的一种名目。⑤内殿崇班：官名。宋代武臣阶官。高于东头供奉官，低于内殿承制。出外：即上句说的转归吏部。成为外朝官员。窃议：私下议论；私自评论。⑥宣政、宣庆诸使：熙宁中，入内内侍省内侍省都知、押班遂省去，其官称则有内客省使、延

福宫使、景福殿使、宣政使、宣庆使、昭宣使。⑦武显大夫：官名。宋徽宗政和中定武臣官阶五十三阶，其中有武功大夫、武德大夫、武显大夫等名。诸司正使为大夫，副使为郎。⑧比附：按同类事例比照处理。

亲王带将仕郎

薛氏《五代史》①：梁太祖开平元年五月，皇第五男友雍封贺王。及友珪篡位，以将仕郎试秘书省校书郎贺王友雍为银青光禄大夫、检校工部尚书兼御中大夫。以亲王而阶将仕郎，仍试衔初品②，虽典章扫地之时，恐不应尔也。

【注释】

①薛氏：指薛居正。《旧五代史》由薛居正监修。②试衔：古代朝廷授予官吏虚衔，未授正命，谓之"试衔"。

郡县用阴阳字

山南为阳，水北为阳，《穀梁传》之语也。若山北水南则为阴，故郡县及地名多用之，今略叙于此。山之南者，如嵩阳、华阳、恒阳、衡阳、镇阳、岳阳、峄阳、夏阳、城阳、陵阳、岐阳、首阳、营阳、咸阳、栎阳、宜阳、山阳（属河内郡，大行在北）、广阳、辟阳、河阳、鲁阳、黎阳、枞阳、零阳、巫阳、东阳、韶阳、郴阳、揭阳、弋阳（属汝南郡，弋山在西北）、当阳、青阳、黔阳、寿阳、麻阳、云阳、美阳、复阳（南阳复山之阳）、上曲阳（属常山）、下曲阳（属钜鹿）、稒阳（属五原）、原阳（属云中）。水之北者，冯翊之池阳、频阳、郃阳、沈阳，扶风之杜阳，河东之大阳（大河之阳）、平阳（平河之阳），太原之晋阳、汾阳，及河阳、洛阳、荥阳、偪阳、渭阳、淮阳、汶阳、济阳、襄阳、滏阳、渔阳、辽阳、泗阳、伊阳、永阳、滁阳、潮阳、澧阳、灌阳、沔阳、洮阳、沐阳、东郡之濮阳、东武阳，颍川之颍阳、昆阳、舞阳、汝南之汝阳、铜阳、绸阳、灈阳、滇阳、新阳、安阳、博阳、成阳，南阳之育阳、涅阳、堵阳、蔡阳、筑阳、棘阳、比阳、朝阳、湖阳、红阳，江夏之西阳，庐江之寻阳，九江之曲阳，济阴之句阳（音钩，句渎之丘），沛郡之穀阳、扶阳、漂阳，魏郡之繁阳，钜鹿之堂阳，清河之清阳，涿郡之高阳、饶阳、范阳，勃海之浮阳，济南之般阳、朝阳，泰山之东平阳、东武阳、宁阳，北海之胶阳，东海之开阳、曲阳、都阳，临淮之射阳、兰阳，丹阳之丹阳、陵阳、溧阳，豫章之鄱阳、鄡阳，桂阳之耒阳、桂阳、浈阳，武陵之无阳、辰阳、酉阳、零阳、零陵之洮阳，汉中之旬阳、沔阳、安阳，犍为之江阳、武阳、汉阳，金城之枝阳，天水之略阳、阿阳，安定之泾阳、彭阳，北地之泥阳，上郡之定阳，雁门之沃阳、剧阳，上谷之沮阳，渔阳之要阳，辽西之海阳，右北平之夕阳、聚阳，苍梧之封阳，赵国之易阳，胶东之观阳，长沙之益阳，已上皆见《汉书·地理志》。其水之下，必曰在某水之阳。合山水之称阳者，百有五六十，至阴字则甚少，盖面势在背，自难立国邑耳。山之北者，唯华阴、山阴、龟阴、蒙阴、鹑阴、雕阴、襄阴，水之南者，汾阴、荡阴、颍阴、汝阴、舞阴、济阴、汉阴、晋阴、蒲阴、湘阴、漯阴、河阴、湖阴、江阴、淮阴、圜阴，仅三十而已。若乐阳、南阳、合阳、被阳、富阳（属泰山者）、昌阳、建阳（属东海者）、武阳之类，尚多有之，莫能知其为山为水也。

杜畿李泌董晋

汉建安中，河东太守王邑被召，郡掾卫固、范先请留之。固等外以请邑为名，而内实与并州高幹通谋。曹操选杜畿为太守，固等使兵绝陕津①，数月不得渡。畿曰："河东有三万户，非皆欲为乱也。吾单车直往，出其不意，固为人多计而无断，必伪受吾②。吾得居郡一月，以计縻之足矣③。"遂诡道从郖津度④，固遂奉之。畿谓固、先曰："卫、范，河东之望也，吾仰成而已⑤。"比数十日，诸将斩固等首。

唐贞元初，陕虢兵马使达奚抱晖杀节度使张劝，代总军务，邀求旌节⑥。德宗遣李泌往，欲以神策军送之，泌请以单骑入，上加泌观察使。泌出潼关,廊坊步骑三千布于关外,曰:"奉密诏送公。"泌写宣以却之,疾驱而前。抱晖不使将佐出迎,去城十五里方出谒。泌称其摄事保城壁之功,入城视事。明日,召抱晖至宅,语之曰:"吾非爱汝而不诛,恐自今有危疑之地⑦,朝廷所命将帅,皆不能入,故丐汝余生⑧。"抱晖遂亡命。

宣武节度使李万荣疾病⑨,其子迺为兵马使,欲为乱,都虞候邓惟恭执送京师。诏以东都留守董晋为节度使。惟恭权军事,自谓当代万荣,不遣人迎晋。晋既受诏,即与仆从十余人赴镇,不用兵卫。至郑州,或劝晋且留观变。有自汴州出者,言不可入,晋不对,遂行。惟恭以晋来之速,不及谋,去城十余里,乃帅诸将出迎。晋入,仍委以军政。久之,惟恭内不自安,潜谋作乱⑩,事觉,晋悉捕斩其党,械惟恭送京师。

观此三者,其危至矣!杜畿、李泌、董晋,皆以单车入逆城,从容妥定⑪,其智勇过人如此。唐史犹讥晋为懦弛苟安⑫,殆不然也。是时,朝议以晋柔仁多可,恐不能集事⑬,用汝州刺史陆长源为行军司马以佐之。长源性刚刻⑭,多更张旧事,晋初皆许之,案成则命且罢⑮,由是军中得安。初,刘玄佐、李万荣、邓惟恭时,士卒骄不能御,乃置腹心之士,幕于公庭庑下⑯,挟弓执剑以备之,时劳赐酒肉。晋至之明日,悉罢之。谓之懦弛,实为失当。晋在汴三年而薨,长源代之,即为军士所杀。向使晋听用其言,汴乱久矣。又,《李泌传》但云拜陕虢观察使,开车道至三门⑰,及杀淮西亡兵。于赴镇事略不书,亦失之也。

【注释】

①绝:隔断;断绝。这里指遣兵阻断。陕津:即茅津,古黄河津渡,以南岸在古陕县(今属河南)城西北,故名。东汉建安十年(公元205年)河东郡掾卫固等反,遣兵绝陕津。②单车:谓驾一辆车。形容轻车简从。受:接受;接纳。③縻:束缚。这里指擒拿。④诡道:隐秘的别径。郖(dòu或dōu)津:黄河津渡处。在今河南省灵宝县西北。⑤仰成:仰首等待成功。比喻坐享其成。⑥邀求:要求;企求。旌节:谓旌与节。唐宋时皇帝赐给节度使的仪仗。⑦危疑:怀疑,不信任;疑惧。⑧丐(gài):给予。⑨宣武:唐方镇名。治汴州(今开封市)。⑩潜谋:暗中谋划。⑪妥定:安定;镇定。妥,安坐;安稳。⑫懦弛

软弱懈怠。此句见《新唐书·关播董晋等传赞》。⑬柔仁：柔和而仁慈。集事：成事；成功。⑭刚刻：强硬苛刻。⑮案成：审查完毕邓惟恭谋乱一案。⑯刘玄佐：宣武节度使。李万荣的前任。幕：覆盖；隐蔽。⑰开：打通；开辟。三门：山名。又名砥柱。在河南陕县东北，位于黄河之中。即现在的三门峡市东北。

严有翼诋坡公

严有翼所著《艺苑雌黄》，该洽有识①，盖近世博雅之士也。然其立说颇务讥诋东坡公，予尝因论玉川子《月蚀诗》②，诮其轻发矣。又有八端，皆近于蚍蜉撼大木③，招后人攻击。如《正误篇》中，摘其用五十本葱为"种薤五十本"，发丘中郎将为"校尉解摸金"，扁鹊见长桑君，使饮上池之水，为"仓公饮上池"，郑余庆烝胡芦为卢怀慎云④，如此甚多。坡诗所谓抉云汉，分天章，万斛泉源不择地而出⑤。若用葱为薤，用校尉为中郎，用扁鹊为仓公，用余庆为怀慎，不失为名语，于理何害？公岂一一如学究书生，案图索骏，规行矩步者哉⑥！《四凶篇》中，谓坡称太史公多见先秦古书，四族之诛，皆非殊死⑦，为无所考据。《卢橘篇》中，谓坡咏枇杷云"卢橘是乡人"⑧，为何所据而言。《昌阳篇》中《昌蒲赞》，以为信陶隐居之言，以为昌阳⑨，不曾详读《本草》，妄为此说。《苦荼篇》中，谓"《周诗》记苦荼"为误用《尔雅》"⑩。《如皋篇》中，谓"不向如皋闲射雉"与《左传》杜注不合⑪，其误与江总"暂往如皋路"之句同。《荔枝篇》中，谓四月食荔枝诗，爱其体物之工，而坡未尝到闽中，不识真荔枝，是特火山耳⑫。此数者或是或非。固未为深失，然皆不必尔也。最后一篇遂名曰《辨坡》，谓雪诗云"飞花又舞谪仙檐"⑬，李太白本言送酒，即无雪事。"水底笙歌蛙两部"⑭，无笙歌字。殊不知坡借花咏雪，以鼓吹为笙歌，正是妙处。"坐看青丘吞泽芥"⑮，"青丘已吞云梦芥"，用芥字和韵，及以泽芥对溪蘋，可谓工新。乃以为出处曾不蒂芥⑯，非草芥之芥，"知白守黑名曰谷"正是老子所言⑰，又以为老子只云为天下谷，非名曰谷也。如此论文章，其意见亦浅矣。

【注释】

①该洽:详备;广博。②立说:犹立论(提出看法;确立论点)。讥诋:讥刺诋毁。论玉川子《月蚀诗》:见《续笔》卷十四《玉川月蚀诗》。③蚍蜉撼大木:蚂蚁想摇动大树,比喻不自量力。④发丘中郎将、校尉解摸金:解(jiě),明白;知道。两者均为曹操所设官职,专司掘坟挖金。《文选·陈琳〈为袁绍檄豫州〉》:"操又特置发丘中郎将、摸金校尉,所过隳突,无骸不露。"后以摸金校尉泛指发墓盗金者。"扁鹊见长桑君"句:见卷四《今日官冗》"上池良药"注。烝胡芦:蒸熟的葫芦瓜。烝,通"蒸"。苏辙《外孙文九伏中入村》诗:"孙归何用慰勤苦,烹鸡亦有烝胡芦。"其自注为"〔唐相卢怀慎〕设席待客,敕庖夫净去毛,勿拗折其项。客喜,为食当鹅鸭。食至,乃烝胡卢耳。"⑤抉云汉,分天章:《诗·大雅·棫朴》:"倬彼云汉,为章于天。"抉,挑开;拨开。一说,举起,托起。云汉,银河。天章,天文。指分布在天空的日月星辰等。苏轼《潮州韩文公庙碑》:"公昔骑龙白云乡,手抉云汉分天章。"本为苏轼赞美韩愈。本书作者借来赞美苏轼的诗文。万斛:极言容量之多。⑥案图索骏:比喻食古不化,拘泥成法办事。语本《汉书·梅福传》。案,通"按"。依据;按照。规行矩步:比喻墨守成规,不知变通。⑦四凶:见三笔卷一《晁景迂经说》"舜于四凶"注。孔传谓三苗即饕餮。《左传·文公十八年》:"流四凶族,浑敦、穷奇、梼杌、饕餮,投诸四裔,以御魑魅。"杜预注浑敦即驩兜,穷奇即共工,梼杌即鲧。但据《史记·五帝本纪》,舜流放四罪和四凶,乃前后两件事。殊死:斩首。⑧卢橘:果名,一名金橘。生时青卢色,熟则金黄色,故有卢橘、金橘之名。可入药。在苏轼《与刘景文同往赏枇杷》一诗中,则指枇杷。所以严有翼问坡公"何所据"?⑨昌蒲:即菖蒲。多年生水生草本植物。有香气。其根入药,为芳香健胃剂。陶隐居:即陶弘景。昌阳:菖蒲别名。但这并非陶弘景所说,陶在《名医别录》中倒是说昌阳与菖蒲为二物,而是韩愈说的。韩愈《进学解》:"忘己量之所称,指前人之瑕疵,是所诘匠氏之不以杙为楹,而訾医师以昌阳引年,欲进其豨苓也。"自韩愈谓昌阳引年,把二者为一物,其后宋人《圣济总录》即相承以昌阳为菖蒲别名。⑩苦荼(chá):茶。《尔雅·释木》:"槚,苦荼。"郭璞注:"今呼早采者为荼;晚取者为茗,一名荈,蜀人名之苦荼。"郝懿行(清经学家、训诂学家,撰《尔雅义疏》)义疏:"今'荼'字古作'荼'……至唐陆羽著《茶经》,始减一画作'茶'。"周诗:即指《诗经》。因为是周代的诗歌,故称。《诗·邶风·谷风》:"谁谓荼苦,其甘如荠。"但这里的"荼"则指苦菜。⑪谓"不向如皋闲射雉"与《左传》杜注不合:《左传·昭公二十八年》:"昔贾大夫恶(貌丑),娶妻而美,三年不言不笑。御以如皋,射雉,获之,其妻始笑而言。"杜预注"御以如皋"一句:"为妻御之皋

泽。"皋为沼泽；如，作"往"、"去"解。苏轼诗把"如皋"合为一词，为地名。如皋：县名。东晋置。今属江苏省。⑫体物：具体地描述事物。火山：荔枝的一种。唐刘恂《岭表异录》卷上："梧州对岸西火山……上有荔枝，四月先熟，以其地热，故为'火山'也。"宋蔡襄《荔枝谱》："火山本出广南，四月熟，味甘酸而肉薄。"⑬飞花：比喻飘飞的雪花。⑭两部：即两部鼓吹(chuì)，借指蛙鸣声。《南史·孔珪传》："门庭之内，草莱不剪，中有蛙鸣。或问之曰：'欲为陈蕃乎？'珪笑答曰：'我以此当两部鼓吹，何必效（陈）蕃！'"陈蕃字仲举，东汉人，少时不整理庭宇，任其杂草丛生，而有扫清天下之志。见《后汉书·陈蕃传》。两部指前部后部。⑮青丘：泽名。⑯出处曾不蒂芥：司马相如《子虚赋》："吞若云梦者八九，其于胸中曾不蒂芥。"蒂芥：果蒂。比喻内心的疙瘩，心有所憾。⑰知白守黑：《老子》第二十八章："知其白，守其黑，为天下式。为天下式，常德不忒，复归于无极。知其荣，守其辱，为天下谷。为天下谷，常德乃足，复归于朴。"道家主张无为，言处世对是非黑白，虽白，当如暗昧无所见，如是可以全生免祸，为天下法式。谷，水流汇聚的地方。苏轼《谷庵铭》："堂虽白矣庵自黑，知白守黑名曰谷。"

曹马能收人心

曹操自击乌桓，诸将皆谏，既破敌而还，科问前谏者①，众莫知其故，人人皆惧。操皆厚赏之，曰："孤前行，乘危以侥幸②，虽得之，天所佐也，顾不可以为常。诸君之谏，万安之计，是以相赏，后勿难言之。"魏伐吴，三征各献计③，诏问尚书傅嘏，嘏曰："希赏徼功，先战而后求胜，非全军之长策也④。"司马师不从，三道击吴，军大败。朝议欲贬出诸将，师曰："我不听公休⑤，以至于此，此我过也，诸将何罪？"悉宥之。弟昭时为监军，惟削昭爵。雍州刺史陈泰求救并州，并力讨胡，师从之。未集，而二郡胡以远役遂惊反⑥，师又谢朝士曰："此我过也，非陈雍州之责。"是以人皆愧悦⑦。讨诸葛诞于寿春，王基始至，围城未合，司马昭敕基敛军坚壁。基累求进讨，诏引诸军转据北山。基守便宜，上疏言："若迁移依险，人心摇荡，于势大损。"书奏报听⑧。及寿春平，昭遗基书曰："初，议者云云，求移者甚众，时未临履⑨，亦谓宜然。将军深算利害，独秉固心⑩，上违诏命，下拒众议,终于制敌禽贼,虽古人所述,不过是也。"然东关之败⑪,昭问于众曰:"谁任其咎?"司马王仪曰:"责在元帅。"昭怒曰:"司马欲委罪于孤耶?"引出斩之。此为谬矣!操及师、昭之奸逆⑫,固不待言。然用兵之际,以善推人,以恶自与,并谋兼智,其谁不欢然尽心悉力以为之用?袁绍不用田丰之计,败于官渡⑬,宜罪己,谢之不暇,乃曰:"吾不用丰言,卒为所笑。"竟杀之。其失国丧师,非不幸也。

【注释】

①科问:犹查问。②乘危:登上或踏上危险之地,犹言冒险。③三征:魏征南将军王昶、征东将军胡遵、镇南将军毌(guàn)丘俭的合称。④希:通"睎"。企望。徼功:犹求功。徼(yāo),通"邀"。求取。全军:保全军队的实力。⑤公休:诸葛诞表字。据《资治通鉴·魏邵陵厉公嘉平四年》记载,之前,诸葛诞曾向大将军司马师献伐吴之计,后"三征"各献征吴策略,所以司马师说:"我不听公休,以至于此。"诸葛诞为魏国征东大将军,都督扬州(治寿春),后因起兵反司马昭,兵败被杀。所以后文有"讨诸葛诞于寿春"事。⑥二郡:指并州的新兴、雁门二郡。⑦愧悦:羞愧而悦服。⑧报听:批复所言之事,听其视方便斟酌处理。⑨云云:犹纭纭。纷纭:纷纷(多用于形容言语、议论多而杂)。临履:谓实地察核。宜然:应该这样。⑩固心:坚定的主张。⑪东关:故址在今安徽含山西南濡须山上。北控巢湖,南扼长江,为吴、魏两国兵争要冲。⑫奸逆:指叛逆不忠的人。⑬袁绍:字本初。东汉末大官僚世家子弟。初为司隶校尉。后割据冀、青、幽、并四州。建安五年(200年),在官渡为曹操大败,不久病死。田丰:袁绍的谋士。

取蜀将帅不利

自巴蜀通中国之后,凡割据擅命者,不过一传再传①。而从东方举兵临之者,虽多以得俊②,将帅辄不利,至于死贬。汉伐公孙述,大将岑彭、来歙遭刺客之祸,吴汉几不免。魏伐刘禅,大将邓艾、钟会皆至族诛。唐庄宗伐王衍,招讨使魏王继岌、大将郭崇韬、康延孝皆死③。国朝伐孟昶,大将王全斌、崔彦进皆不赏而受黜,十年乃复故官。

【注释】

①擅命:擅自发号施令,不受节制。不过一传再传:意谓至多传两代而已。②得俊:俘获敌方的猛将勇士。意谓得胜。③魏王继岌:即李继岌,庄宗之子。封魏王。

李峤杨再思

李峤、杨再思相唐中宗,皆以谀悦保位①,为世所诋,然亦有可称。武后时,峤为给事中,来俊臣陷狄仁杰等狱②,将抵死,敕峤与大理少卿张德裕、侍御史刘宪复验。德裕等内知其冤,不敢异,峤曰:"知其枉不申,是谓见义不为者。"卒与二人列其枉。忤后旨,出为润州司马,然仁杰数人竟赖此获脱。峤此举可谓至难,而《资治通鉴》不载。神龙初,要官阙③,执政以次用其亲。韦巨源秉笔,当除十人,再思得其一,试问余授,皆诸宰相近属。再思喟然曰:"吾等诚负天下!"巨源曰:"时当尔耳④。"再思此言,自状其短,观过知仁⑤,亦足称也。

【注释】

①谀悦:谄媚讨好。②来俊臣:武则天时酷吏。大兴刑狱,专用酷刑逼供,被其族杀冤死者一千余家。③要官:显要的职务;重要的官职。④时当尔耳:此时应当这样办。⑤观过知仁:见卷十四《表章用两臣字对》"于其党而观过"注。

卷第一(十九则)

天庆诸节

大中祥符之世,谀佞之臣,造为司命天尊下降及天书等事,于是降圣、天庆、天祺、天贶诸节并兴①。始时京师宫观每节斋醮七日,旋减为三日、一日,后不复讲。百官朝谒之礼亦罢②。今中都未尝举行,亦无休假,独外郡必诣天庆观朝拜,遂休务,至有前后各一日。此为敬事司命过于上帝矣,其当寝明甚,惜无人能建白者③。

【注释】
①造:伪造;凭空虚构。司命:神名。天尊:道教对所奉天神中最高贵者的尊称。降圣诸节:从真宗大中祥符元年至天禧元年九年间,先后置天庆、天贶、降圣、天祺等节。天祺节:原名天祯节。"寻以仁宗嫌名,改为天祺节。"并见《宋史·礼志十五诸庆节》。②朝谒:入朝觐见。③建白:谓对国事有所建议及陈述。

虢州两刺史

唐韩休为虢州刺史,虢于东、西京为近州,乘舆所至,常税厩刍①。休请均赋它郡,中书令张说曰:"免虢而与它州,此守臣为私惠耳②!"休复执论③,吏白恐忤宰相意,休曰:"刺史幸知民之弊而不救,岂为政哉?虽得罪所甘心焉。"讫如休请。卢杞为虢州刺史,奏言虢有官豕三千④,为民患。德宗曰:"徙之沙苑。"杞曰:"同州亦陛下百姓⑤,臣谓食之便。"帝曰:"守虢而忧它州,宰相材也。"诏以豕赐贫民,遂意柄任矣⑥。俄召入,逾年拜相。案两人皆以虢州守臣言公家事,而休见疑于名相,杞受知于猜主,遇合有命⑦,信哉!

【注释】

①税：征收赋税。厩刍：草料。②私惠：私人的恩惠。③执论：提出异议或坚持某种意见。④豕（shǐ）：猪。⑤同州：治今陕西大荔。沙苑即在今大荔南洛、渭之间。⑥柄任：谓委以重任。⑦遇合：谓遇到赏识自己的人。

狐假虎威

谚有"狐假虎威"之语，稚子来扣其义，因示以《战国策》《新序》所载。《战国策》云："楚宣王问群臣曰：'吾闻北方之畏昭奚恤也①，果诚何如？'群臣莫对。江乙对曰：'虎求百兽而食之，得狐，狐曰："子无敢食我矣，天帝使我长百兽②，今子食我，是逆天帝命也。子以我为不信，吾为子先行，子随我后，观百兽之见我而敢不走乎？"虎以为然，故遂与之行。兽见之皆走，虎不知兽畏己而走也，以为畏狐也。今王之地方五千里，带甲百万，而专属之昭奚恤，故北方之畏奚恤也，其实畏王之甲兵也，犹百兽之畏虎也。'"《新序》并同。而其后云："故人臣而见畏者，是见君之威也，君不用，则威亡矣③。"俗谚盖本诸此。

【注释】

①昭奚恤：楚国大臣。②长百兽：为百兽之长。③君不用，则威亡矣：人臣不为君用，则人臣之威就没有了。

徐章二先生教人

徐仲车先生为楚州教授，每升堂，训诸生曰："诸君欲为君子，而劳己之力，费己之财，如此而不为，犹之可也；不劳己之力，不费己之财，何不为君子？乡人贱之，父母恶之，如此而不为可也；乡人荣之，父母欲之，何不为君子？"又曰："言其所善，行其所善，思其所善，如此而不为君子者，未之有也。言其不善，行其不善，思其不善，如此而不为小人者，未之有也。"成都冲退处士章詧隐者，其学长于《易》《太玄》，为范子功解述大旨，再复《摛》词曰①："'人之所好而不足者，善也；所丑而有余者，恶也。君子能强其所不足，而拂其所有余，则《太玄》之道几矣②。'此子云仁义之心，予之于《太玄》，述斯而已③。或者苦其思，艰其言，迂溺其所以为数，而忘其仁义之大，是恶足以语道哉④！"二先生之教人，简易明白，学者或未知之，故表出于此。

【注释】

①詧："察"的异体字。复：重复。《摛》：指扬雄《太玄经》的《玄摛》。其题注云："摛，张也；言张舒其大目也。"摛，音 chī，又读 lí。舒张。②拂：除去。几：将近。③子云：即扬雄。字子云。述斯而已：也只能照此讲述而已。④迂溺：迂执拘泥。其：指扬雄的《太玄经》。数：术数。一称"数术"。"术"指方法，"数"是气数。即以种种方术观察自然界现象，推测人和国家的气数和命运。道：宇宙万物的本原、本体和万物产生、变化的总规律。

张吕二公文论

张文潜海人作文，以理为主，尝著论云："自《六经》以下，至于诸子百氏、骚人、辩士论述，大抵皆将以为寓理之具也。故学文之端，急于明理，如知文而不务理，求文之工，世未尝有是也。夫决水于江、河、淮、海也，顺道而行，滔滔汩汩，日夜不止，冲砥柱，绝吕梁，放于江湖而纳之海，其舒为沦涟，鼓为涛波，激之为风飚，怒之为雷霆，蛟龙鱼鳖，喷薄出没①，是水之奇变也。水之初，岂若是哉！顺道而决之，因其所遇而变生焉。沟渎东决而西竭，下满而上虚，日夜激之，欲见其奇，彼其所至者，蛙蛭之玩耳②！江、河、淮、海之水，理达之文也，不求奇而奇至矣。激沟渎而求水之奇，此无见于理，而欲以言语句读为奇③，反复咀嚼，卒亦无有，此最文之陋也。"一时学者仰以为至言④。予作史，采其语著于本传中。又吕南公云："士必不得已于言，则文不可以不工。盖意有余而文不足，则如吃人之辩讼，心未始不虚，理未始不直，然而或屈者，无助于辞而已矣⑤。观书契以来⑥,特立之士未有不善于文者。士无志于立言则已,必有志焉,则文何可以卑浅而为之⑦。故毅然尽心,思欲与古人并。"此南公与人书如此,予亦载之传中。

【注释】
①滔滔:形容水势盛大。汩汩(gǔ):水急流貌。吕梁:山名。在山西省西部、黄河和汾河间。沧涟:水波;微波。风飚:暴风。喷薄:形容气势壮盛,激荡喷涌而出。②蛙蛭(zhì):蛙与水蛭。水蛭,俗称马蟥。环节动物。③句读(dòu):也叫"句逗"。文辞语意已尽处为句,语意未尽须停顿处为读,书面上用圈(句号)和点(读号)来标记。④仰:敬慕;仰望。⑤吃人:口吃之人。虚:心气平静、从容。虚,通"舒"。无助于辞:因为口吃,不善于表达。⑥书契:指文字。契就是刻,古代文字多用刀刻,故名。⑦卑浅:鄙陋浅薄。

郎官非时得对

唐肃宗在灵武,关东献俘百,将即死,有叹者。司膳员外郎李勉过而问之,曰:"被胁而官①,非敢反。"勉入见帝曰:"寇乱之污半天下,其欲澡心自归无繇②,如尽杀之,是驱以助贼也。"帝驰骑全宥③。以一郎吏之微,而非时得入对④,虽唐制不可详知,想兵戈艰难时,暂如是耳!

【注释】
①被胁而官:被安、史叛军胁迫而做伪官的。②污:玷污。澡心:即洗心。改过自新。无繇:即无由。③驰骑:驱马疾行(传旨)。④非时:非常之时。

王安石弃地

熙宁七年,辽主洪基遣泛使萧禧来言河东地界未决①。八年再来,必欲以代州天池分水岭为界。诏询于故相文彦博、富弼、韩琦、曾公亮以可与及不可许之状,皆以为不可。王安石当国,言曰:"将欲取之,必固与之。"于是诏不论有无照验,擗拨与之②。往时界于黄嵬山麓,我可以下瞰其应、朔、武三州,既以岭与之,虏遂反瞰忻、代,凡东西失地七百里。案庆历中,虏求关南十县,朝廷方以西夏为虑,犹不过增岁币以塞其欲③,至于土地,尺寸弗与。熙宁之兵力胜于曩时,而用萧禧坚坐都亭之故,轻弃疆场设险要害之处④。安石果于大言,其实无词以却之也。孙权谓:"鲁肃劝吾借刘玄德地云:'帝王之起,皆有驱除⑤,关羽不足忌。'此子敬内不能辨⑥,外为大言耳!"安石之语亦然。

【注释】

①泛使:一般的使节。与专使、特使相对。②照验:查验;勘合。擗(pì)拨:分割。③关南:古地区名。北宋时指瓦桥、益津、淤口三关以南的地区。约当今河北白洋淀以东的大清河流域以南至河间县一带。岁币:旧指朝廷每年向外族输纳的钱物。④坚坐:形容久坐。疆场(yì):国界。⑤驱除:驱逐,排除。⑥辨:通"辩"。辩解;分说。

双生以前为兄

《续笔》已书《公羊传》注双生子事,兹读《西京杂记》①,得一说甚详。云:"霍将军妻一产二子②,疑所为兄弟。或曰:'前生为兄,后生为弟,今虽俱曰,亦宜以先生为兄。'或曰:'居上者宜为兄,居下者宜为弟,居下者前生,今宜以前生为弟。'光曰:'昔殷王祖甲一产二子,以卯日生嚣,以巳日生良。则以嚣为兄,以良为弟,若以在上者为兄,嚣亦当为弟矣。'许庄公一产二女,曰妖曰茂,楚大夫唐勒一产二子,一男一女,男曰正夫,女曰琼华,皆以先生为长。近代郑昌时、文长倩并生二男,滕公一生二女③,李黎生一男一女,并以前生为长。霍氏亦以前生为兄焉。"此最可证。

【注释】

①《西京杂记》:古小说集。晋葛洪撰。所记多为西汉遗闻轶事。②霍将军:即霍光。任大司马大将军。③滕公:疑指滕修。三国吴时封西鄂侯,晋初封武当侯。

风俗通

应劭《风俗通》虽东汉末所作①,然所载亦难尽信。其叙希姓者曰:"合浦太守虎旗、上郡太守邸杜、河内太守遇冲、北平太守贱琼、东平太守到质、沐宠、北平太守卑躬、雁门太守宿详、五原太守督瓔、汝南太守谒涣、九江太守荆修、东海太守郜熙、弘农太守移良、南郡太守为昆、酒泉太守频畅、北海太守处兴、巴郡太守鹿旗、涿郡太守作显、庐江太守贵迁、交趾太守赖先、外黄令集一、洛阳令诸尔、单父令即卖、乌伤令昔登、山阳令职洪、高唐令用虬②。"此二十君子,皆是郡守、县令,惟移良之名曾见于史,恐未必然也。

【注释】

①风俗通:即《风俗通义》。②瓔:各工具书均不载此字。《中华大字典》"督"条注:姓也。汉五原太守督琼。据此,此字应为"琼"字之误。

俗语有出

今人意钱赌博①,皆以四数之,谓之"摊"。案《广韵》"摊"字下云:"摊𦥑,四数也。"竹工谓屋椽上织箔曰簬笪,《广韵》"簬"字下云:"笓簬,竹也笪②。"采帛铺谓剪截之余曰𢂿子,𢂿,一欢切。注:裁余也。挑剔灯火之杖曰栎③,他念切。注:火杖也。李济翁《资暇集》云:"意钱当曰摊铺,疾道之,讹其音为蒲。"此说不然。

【注释】

①意钱:摊钱的古称。古代博戏。清金学诗《牧猪闲话》:"随手取钱数十枚,纳于器中。俟众压毕,乃取计之,每四枚为盈数,统计凡为四者若干,余零或一或二或三或成数。分为四门,以压得者为胜。俗谓之摊钱,亦曰摊铺。"②笓(háng)簬:竹编的粗糙席子。南楚之外谓之簬,江东呼笪。竹也笪,疑应为"竹笪也"。竹笪,粗竹席。③栎:音tiàn。拨火棍。

昏主弃功臣

燕昭王伐齐,取其七十城,所存者惟莒、即墨,田单一旦悉复之,使齐复为齐。而襄王听幸臣九子之谮①,单几不免。秦苻坚举百万之师伐晋,赖谢安却之,而孝武帝听王国宝之谗,安不能立于朝廷之上。桓温伐慕容暐,暐兵屡挫,议欲奔北,慕容垂一战,使燕复存,乃用慕容评之毁,垂窜身苻氏②,国随以亡。朱泚据京师,德宗播迁奉天,李怀光继叛,李晟孤军坚壁,竟平大难,而德宗用张延赏之谮,讫罢其兵,且百端疑忌③,至于鞅鞅以死。自古昏主不明,轻弃功臣如此,真可叹也!

【注释】

①幸臣九子:九个幸臣。幸臣,得宠的臣子。②苻氏:指前秦皇帝苻坚。③疑忌:猜疑妒忌。

问故居

陶渊明《问来使》诗云:"尔从山中来,早晚发天目①。我屋南窗下,今生几丛菊?蔷薇叶已抽,秋兰气当馥②。归去来山中,山中酒应熟。"诸集中皆不载,惟晁文元家本有之,盖天目疑非陶居处。然李太白云:"陶令归去来,田家酒应熟。"乃用此尔。王摩诘诗曰:"君自故乡来,应知故乡事。来日绮窗前,寒梅著花未③?"杜公《送韦郎归成都》云:"为问南溪竹,抽梢合过墙。"《忆弟》云:"故园花自发,春日鸟还飞。"王介甫云:"道人北山来,问松我东冈。举手指屋脊,云今如许长。"古今诗人怀想故居,形之篇咏,必以松竹梅菊为比、兴,诸子句皆是也。至于杜公《将别巫峡赠南卿兄瀼西果园》诗云:"苔竹素所好,萍蓬无定居④。远游长儿子,几地别林庐⑤。杂蕊红相对,他时锦不如⑥。具舟将出峡,巡圃念携锄。"每读至此,未尝不为之凄然⑦。《寄题草堂》

云:"尚念四小松,蔓草易拘缠⑧。霜骨不甚长⑨,永为邻里怜。"又一篇云:"四松初移时,大抵三尺强。别来忽三载,离立如人长⑩。"尤可见一时之怀抱也⑪。

【注释】

①天目:天目山。在浙江省西北部。陶渊明为江西九江人。②馥:香;香气。③绮窗:雕画美观的窗户。著(zhuó)花:长出花蕾或花朵。④苕竹:苕和竹。喻指定居之物。萍蓬:萍浮蓬飘。喻行踪转徙无定。⑤长儿子:儿子年年见长。林庐:林中茅屋。多指隐居之所。⑥杂蕊:蕊,花,花朵。他时:昔日;往时。⑦凄然:凄凉悲伤貌。⑧蔓草:生有长茎能缠绕攀缘的杂草。泛指蔓生的野草。⑨霜骨:指能傲霜而立的植物的茎干。⑩离立:犹言并立。⑪怀抱:心怀;心意。

〔补注〕王介甫:即王安石。字介甫。

唐宰相不历守令

唐杨绾、崔祐甫、杜黄裳、李藩、裴垍皆称贤宰,然考其履历,皆未尝为刺史、守令。绾初补太子正字,擢右拾遗,起居、中书舍人,礼、吏部侍郎,国子祭酒,太常卿,拜相;祐甫初调寿安尉,历藩府判官①,入为起居、中书舍人,拜相;黄裳初佐朔方府,入为侍御史,太子宾客,太常卿,拜相;藩佐东都、徐州府,入为秘书郎,郎中,给事中,拜相;垍由美原尉四迁考功员外郎,中书舍人,户部侍郎,拜相。五贤行业②,史策书之已详,兹不复论。然则后之用人,必言践扬中外,谙熟民情,始堪大用,殆为隘矣。

【注释】

①藩府:指各地州郡。②行(xíng)业:操行事业。

张释之柳浑

汉张释之为廷尉,文帝出行,有人惊乘舆马,使骑捕之,属廷尉。释之奏当此人犯跸,罚金。上怒,释之曰:"方其时,上使使诛之则已。"颜师古谓:"言初执获此人,天子即令诛之,其事即毕。"唐柳浑为相,玉工为德宗作带,误毁一銙①,工私市它玉足之。帝识不类,怒其欺,诏京兆论死,浑曰:"陛下遽杀之则已,若委有司,须详谳乃可②。于法,罪当杖,请论如律。"由是工不死。予谓张、柳之论,可谓善矣,然张云"上使使诛之则已",柳云"陛下遽杀之则已",无乃启人主径杀人之端乎③!斯一节未为至当也。

【注释】

①銙(kuǎ):古代腰带上的饰物,其质料和数目随服者的身份而异。②详谳(yàn):审判。③无乃:相当于"莫非"、"恐怕是",表示委婉测度的语气。径:直;直捷了当。

人臣震主

人臣立社稷大功,负海宇重望,久在君侧,为所敬畏,其究必至于招疑毁①。汉高祖有天下,韩信之力为多,终以挟不赏之功②,戴震主之威,至于诛灭。霍光拥昭立宣,势侔人主,宣帝谒见高庙,光从骖乘③,上内严惮之,若有芒刺在背。其家既覆,俗传之曰:"威震主者不畜④,霍氏之祸,萌于骖乘。"周亚夫平定七国,景帝怒其固争栗太子⑤,由此疏之,后目送其出,曰:"此鞅鞅,非少主臣也。"讫以无罪杀之。谢安却苻坚百万之众,晋室复存,功名既盛,险诐求进之徒,多毁短之,孝武稍以疏忌,又信会稽王道子之奸扇⑥,至使避位出外,终以至亡。齐文宣之篡魏,皆高德政之力,德政为相,数强谏⑦,帝不悦。谓左右曰:"高德政恒以精神凌逼人。"遂杀之,并其妻子。隋文帝将篡周，欲引高颎入府，颎忻然曰："愿受驱驰[8]，纵公事不成，亦不辞灭族。"及帝受禅，用为相二十年，朝臣莫与为比。颎自以为任寄隆重[9]，每怀至公，无自疑意。积为独孤皇后、汉王谅等所谮，帝欲成其罪，既罢之后，至云："自其解落，瞑然忘之[10]，如本无高颎。不可以身要君，自云第一也。"迨于炀帝，竟以冤诛。郭子仪再造王室，以身为天下安危，权任既重，功名复大，德宗即位，自外召还朝，所领副元帅诸使悉罢之。李晟以孤军复京城，不见信于庸主，使之昼夜泣，目为之肿，卒夺其兵，百端疑忌，几于不免。李德裕功烈光明，佐武宗中兴，威名独重，宣宗立，奉册太极殿，帝退谓左右曰："向行事近我者，非太尉邪？每顾我，毛发为之森竖[11]。"明日罢之，终于贬死海外。若郭崇韬、安重海皆然也。

【注释】

①海宇：犹言海内、宇内，谓国境以内之地。疑毁：因被猜疑而招致诋毁。②不赏之功：功劳太大无法封赏。③骖乘（shèng）：古代乘车在车右陪乘的人。④畜（xù）：容留。⑤固争栗太子：周亚夫为丞相，"景帝废栗太子，丞相固争之，不得。景帝由此疏之。"景帝七年废栗太子刘荣为临江王，另立刘彻（后来的汉武帝）为太子。周亚夫反对立刘彻，所以景帝说："此怏怏者非少主臣也！"（《史记·绛侯周勃世家》）⑥毁短：诋毁。疏忌：亦作"疎忌"。疏远猜忌。会稽王道子：即司马道子。他执政后，排挤谢氏，谢安出镇广陵，不久回京病死。奸扇（shān）：奸，奸诈。扇，煽惑。⑦齐文宣：北齐文宣帝高洋。高欢次子。仕东魏封齐王，武定八年（550年）代魏自立，建立北齐。强（qiǎng）谏：下对上极力谏诤。⑧驱驰：奔走效力。⑨任寄：委任；付托。隆重：指地位贵盛。⑩积：积久而成的。汉王谅：即杨谅。隋文帝杨坚之子。解落：解官免职。瞑然：闭目貌。⑪功烈：功劳，业绩。光明：显扬。奉册：手捧册书（册立宣宗）。太尉：李德裕"以功兼守太尉，进封卫国公。"（《旧唐书》本传）森竖：因恐怖而毛发耸立。

五经秀才

唐杨绾为相，以进士不乡举，但试辞赋浮文①，非取士之实，请置《五经》秀才科。李栖筠、贾至以绾所言为是，然亦不闻施行也。

【注释】

①乡举：乡里举荐。浮文：华而不实的文章。

陶潜去彭泽

《晋书》及《南史·陶潜传》，皆云："潜为彭泽令，素简贵①，不私事上官。郡遣督邮至，县吏曰：'应束带见之②。'潜叹曰：'吾不能为五斗米折腰，拳拳事乡里小人。'即日解印绶去，赋《归去来》以遂其志③。"案陶集载此辞，自有序，曰："余家贫，耕植不足以自给。彭泽去家百里，故便求之。及少日，眷然有归欤之情④。何则？质性自然，非矫励所得，饥冻虽切，违己交病⑤。怅然慷慨，深愧平生之志，犹望一稔，当敛裳宵逝⑥。寻程氏妹丧于武昌，情在骏奔⑦，自免去职，在官八十余日。"观其语意，乃以妹丧而去，不缘督邮。所谓矫励违己之说，疑必有所属，不欲尽言之耳！词中正喜还家之乐，略不及武昌，自可见也。

【注释】

①简贵：简傲高贵。②束带：系带于腰，穿着整肃，表示恭敬。③遂其志：遂：如愿；顺从。④少日：日子不多。即过了没有多久。眷然：顾念貌。归欤：回去吧。指怀乡。⑤质性：资质，本性。矫励：亦作"矫厉"。勉强克制情欲，以礼法来约束自己。违己：违背自己意愿。交：交互，都。病：痛苦。⑥慷慨：感慨，悲叹。一稔（rěn）：一年。敛裳宵逝：整饬衣服乘夜离去。⑦寻：旋即；不久。骏奔：急速奔走。

羌戎畏服老将

汉先零羌犯塞，赵充国往击之。羌豪相数责曰①："语汝亡反，今天子遣赵将军来，年八九十矣，善为兵。今请欲一斗而死，可得邪！"充国时年七十六，讫平之。唐代宗时，回纥、吐蕃合兵入寇，郭子仪单骑见回纥，复与之和。诸酋长皆大喜曰："向以二巫师从军，巫言：'此行甚安稳，不与唐战，见一大人而还。'今果然矣。"郭公是时年七十，乃知羌、戎畏服老将如此。班超久在西域，思归，故其言云："蛮夷之俗，畏壮侮老。"盖有为而云。

【注释】

①数（shǔ）责：责备。

古人字只一言

《檀弓》云："幼名冠字，五十以伯仲，周道也①。"古之人命字，一而已矣。初曰子，已而为仲为伯，又为叔为季，其老而尊者为甫②，盖无以两言相连取义。若屈原《离骚经》："名余曰正则兮，字余曰灵均。"案《史记》原字平，所谓"灵均"者，释"平"之义，以缘饰词章耳。下至西汉，与周相接，故一切皆然。除子房、子卿、子孟、子政、子孺、子长、子云、子兄、子真、子公、子阳、子宾、子幼之外，若仲孺、仲卿、仲子、长卿、少卿、孺卿、君卿、客卿、游卿、翁卿、圣卿、长君、少君、稚君、游君、次君、赣君、近君、曼君、王孙、翁孙、次公、少公、孟公、游公、仲公、长公、君公、少叔、翁叔、长叔、中叔、子叔、长倩、曼倩、次倩、稚季、长孺、仲孺、幼孺、少孺、次孺、翁孺、君孺、长翁、弱翁、仲翁、少翁、君房、君宾、君倩、君敖、君兰、君长、君仲、君孟、少季、少子、少路、少游、稚宾、稚圭、稚游、稚君、巨先、巨君、长宾、长房、翁思、翁子、翁仲之类，其义只从一训，极为雅驯③。至于妇人，曰少夫、君侠、政君、君力、君弟、君之、阿君。单书一字者，若陈胜字涉，项籍字羽，彭越字仲，张欧、吴广、枚乘字叔，楚元王字交④，朱云字游，爰盎字丝，张释之字季，郑当时字庄，刘德字路，眭弘字孟。迨东汉以下，则不尽然。

【注释】

①"幼名，冠字"句：幼年称名，成人称字，五十以后依据排行称伯仲，这是周人的制度。冠（guān），戴帽子。古亦用为男子年二十而加冠（guān）之称。道，方式，主张，行为准则。②甫：通"父"。对老年人的尊称，犹父老。③雅驯：温文不俗。④楚元王：《汉书·楚元王传》："楚元王交字游，高祖同父少弟也。"《汉书》说姓刘名交，字游。与此处说法不同。

卷第二（十五则）

二叔不咸

《左氏传》载富辰之言曰："昔周公吊二叔之不咸，故封建亲戚，以藩屏周①。"士大夫多以二叔为管、蔡。案《蔡仲之命》云："群叔流言，乃致辟管叔于商②，囚蔡叔，降霍叔为庶人。"盖三叔也。杜预注以为周公伤夏、殷之叔世③，疏其亲戚，以至灭亡，故广封其兄弟。是以方叙说管、蔡、郕、霍十六国，其义昭然。所言亲戚者，指兄弟耳。

【注释】
①富辰：周臣。吊：悲伤；伤痛。不咸：不和谐。藩屏：亦作"蕃屏"。捍卫。见《左传·僖二四年》。杜预注：吊，伤也。咸，同也。②蔡仲之命：《尚书》篇名。成王命蔡仲践诸侯之位。群叔：指管叔、蔡叔、霍叔。流言：制造没有根据的话。群叔流言，说周公将不利于成王。致辟（pì）：见三笔卷五《北房诛宗王》"汉致燕王之辟"注。③叔世：犹言末世。古指国家政权衰敝的年代。上文"二叔"即指夏、殷之叔世。

官阶服章

唐宪宗时，因数赦，官多泛阶；又帝亲郊，陪祠者授三品、五品，不计考；使府军吏以军功借赐朱紫，率十八；近臣谢、郎官出使①，多所赐与。每朝会，朱紫满庭，而少衣绿者，品服太滥②，人不以为贵，帝亦恶之，诏太子少师郑余庆条奏惩革。淳熙十六年，绍熙五年，连有覃霈，转官赐服者众。绍熙元年，予自当涂徙会稽，过阙，遇起居舍人莫仲谦于漏舍，仲谦云："比赴景灵行香③，见朝士百数，无一绿袍者。"又朝议、中奉皆直转行④，故五品官不胜计，颇类元和也。

【注释】

①泛阶：古代官制，自魏晋置九品，后魏又分正品、从品及上下阶后，文武百官，按期考绩，定其品级。但有时由于制度废弛或朝廷恩庆，职官普遍晋升官级，谓之"泛阶"。计考：指古代州郡官员每年考察地方贤才，随上计吏贡举太常。此处指考核政绩优劣。使府：使，指节度使、转运使等。借赐朱紫：借朱紫和赐朱紫。率十八：十个中大概就有八个。出使：接受使命出外办理外交事务。②品服：官服，按官吏品级高低各有规定。唐制，五品以上绯（大红）衣，三品以上紫衣。③景灵：景灵宫。宫观名。④朝议、中奉：朝议大夫、中奉大夫。转行（háng）：转移、改变行列。此处指迁升官职。

月非望而食

历家论日月食，自汉太初以来，始定日食，不在朔则在晦，否则二日，然甚少①。月食则有十四、十五、十六之差，盖置望参错也②。天体有二交道③，曰交初，曰交中。交初者，星家以为罗睺④。交中者，计都也。隐暗不可见⑤，于是为入交法以求之，然不过能求朔望耳。若余日入交，则书所不载，由汉及唐二十八家，暨本朝十一历，皆然。姑以庆元丁巳岁五次月食考之，二月望为入交中，七月为交初，唯十月二十日、二十一日连两夜，乃以二更尽月食之既，才两刻复明，十一月十八夜复如之。案此三食皆是交中。十月二十夜月在张五度，而计都在翼二度⑥，次夜月在张十七度，计都未定，相距才四度耳。十一月十八夜，月在星五度⑦，计都在张十九度，相距二十度。十二月十七夜五更，月在星二度，入交阳末，卯初四刻交甚，食六分半⑧，八刻退交。十八夜四更，月在张六度，入交中阴初⑨，至寅四刻交甚，食九分，卯五刻退交。其验如此。予窃又有疑焉，太阴一月一周天，必两值交道，今年遂至八食，一一如星官、历翁之说，仍不拘月望⑩，则玉川子之诗不胜作矣，当更求其旨趣云。顷见太史局官刘孝荣言："月本无光，受日为明，望夜正与日对，故一轮光满。或月行有迟疾先后，日光所不照处，则为食。朔旦之日，日月同宫，如月在日上，掩太阳而过，则日光为所遮，故为日食。非此二日，则无薄蚀之理⑪。"其说亦通。

【注释】

①历家：见《续笔》卷四《卜筮不同》注。太初：汉武帝年号。太初元年(前104年)，由落下闳、邓平等人创制的我国历史上第一部比较完整的历法——《太初历》开始实施。《太初历》推算出135个月有23次交食的周期。否则二日，然甚少：除此两日（朔、晦）外，极少发生日食。②参（cēn）错：错误脱漏。③交道：即黄道（古人认为太阳绕地而行，黄道就是想像中的太阳绕地的轨道）和白道（月球所行的轨道）的交点。④星家：以星象占卜吉凶的人。罗睺（hóu）：印度天文学将黄道和白道的降交点称作"罗睺"，升交点称作"计都"，同日月和水、火、木、金、土五星合称九曜。因日月蚀现象发生在黄白两道的交点附近，故又把罗睺当作食（蚀）神。印度占星术认为罗睺、计都能支配人间祸福吉凶。⑤隐暗：隐藏；隐蔽。⑥张：星名，二十八宿之一。南方朱雀七宿的第五宿。有星六颗，在长蛇座内。翼：星名，二十八宿之一。南方朱雀七宿的第六宿。⑦星：星宿名。也叫"七星"。二十八宿之一，朱雀七宿的第四宿。⑧五更：古代把一夜分为甲、乙、丙、丁、戊五段，谓之五更。也叫五夜、五鼓。五更即戊夜。四更即丁夜。阳未：其义不详。卯：卯时。早晨五点至七点。食六分半：月食部分占整个月亮的六分半。⑨入交中阴初：其义不详。⑩太阴一月一周天：月亮一个月绕地球运行一周。拘：限制。不拘月望：即指有时候月非望而食。⑪二日：指朔日和晦日。薄蚀：日月相掩食。

庆善桥

饶州学非范文正公所建，予既书之矣①。城内庆善桥之说，亦然。比因郡人修桥，拆去旧石，见其上镌云"康定庚辰"②。案范公以景祐乙亥为待制③，丙子知开封府，黜知饶州，后徙润、越，至庚辰岁乃复职，帅长安，既去此久矣。

【注释】

①"饶州学"句：见《随笔》卷三《鄱阳学》。②康定庚辰：1040年。③景祐乙亥：1035年。

西汉以来加官

《汉书·百官表》云侍中、左右曹、诸吏、散骑、中常侍,皆加官[①]。所加或将军、列侯、卿、大夫、将、都尉。给事中亦加官。所加或大夫、博士、议郎。其侍中、中常侍得入禁中,诸曹受尚书事,诸吏得举法,散骑并乘舆车[②]并,步浪反。案汉世除授此等称谓,殆若今之兼职者,不甚为显秩[③],然魏相以御史大夫兼给事中。它如刘向以宗正,散骑、给事中;苏武以右曹,典属国;扬雄为诸吏,光禄大夫是也。至于金日䃅以降虏为侍中,其子赏、建,诸孙常、敞、岑、明、涉、汤、融、钦,皆以左曹、诸吏、侍中,故班史赞之云:"七世内侍,何其盛也!"盖如今时阁门宣赞、祗侯之类[④]。但汉家多用士人,武帝所任庄助、朱买臣、吾丘寿王、东方朔诸人,皆天下选[⑤],此其所以为人贵重。东汉大略亦然。晋、宋以来,又有给事黄门侍郎、散骑常侍、通直散骑常侍、散骑侍郎等,皆为兼官,但视本秩之高下[⑥]。已而复以将军为宠,齐高帝以太子詹事何戢领选,以戢资重,欲加常侍,褚渊曰:"臣与王俭既已左珥,若复加戢,则八座遂有三貂[⑦]。若帖以骁、游,亦为不少[⑧]。"乃以为吏部尚书,加骁骑将军。唐有检校官、文武散阶、宪衔,乃此制也。国朝自真宗始创学士、直学士、待制、直阁职名,尤为仕宦所慕。今自观文殿大学士至直秘阁,几四十种,不刊之典,明白易晓,非若前代之冗泛云[⑨]。

【注释】

①左右曹:汉有左右曹,为加官,办理尚书政事。诸吏:众官吏,一般官员。②举法:谓依法检举。一说办理法律事务。散骑:皇帝的骑从。并(bàng):通"傍"。依傍;紧挨。③显秩:显赫的官位。④盛:兴盛。宣赞:原名通事舍人,政和中改称宣赞舍人,掌传宣赞谒之事。祗侯:官名。宋代祗侯,分置于东西上阁门,与阁门宣赞舍人并称阁职,祗侯分佐舍人。⑤天下选:选,被选拔出来的人才。⑥给事黄门侍郎:官名。即黄门侍郎。因给事(供职)于黄门,故称。侍从皇帝,传达诏命。本秩:原来的官职品级。⑦詹事:官名。掌皇后、太子家事。为太子官属之长。领选:谓兼管荐举官吏之事,即领吏部选。资重:资,

指声望。左珥(ěr)：犹左貂。在冠的左方加饰貂尾。《新唐书·百官志》二"左散骑常侍二人"。清唐景崇《唐书注》："左散骑与侍中为左貂，右散骑与中书令为右貂，谓之八貂（唐制左右散骑、侍中、中书令各二人）。"时褚渊为侍中、尚书令，王俭为侍中、左仆射。八座：东汉至唐代一般以尚书令、仆射、五曹或六曹（部）尚书为八座。⑧若帖以骁、游，亦为不少：倘若使他兼领骁骑将军、游击将军，也总算不薄了。帖：兼领。⑨不刊：古代文书书于竹简，有误，即削除，谓之刊。不刊谓不容更动和改变。冗泛：多余。

吕望非熊

自李瀚《蒙求》有"吕望非熊"之句①，后来据以为用。然以史策考之，《六韬》第一篇《文韬》曰："文王将田，史编布卜曰：'田于渭阳，将大得焉。非龙非螭，非虎非罴，兆得公侯，天遗汝师②。'文王曰：'兆致是乎③？'史编曰：'编之太祖史畴，为禹占得皋陶兆④。'"《史记》云："吕尚穷困年老，以渔钓干西伯，西伯将出猎，卜之，曰：'所获非龙非螭，非虎非罴，所获霸王之辅。'"后汉崔骃《达旨》云"渔父见兆于元龟"⑤，注文乃引《史记》"非龙非螭，非熊非罴"为证。今之《史记》，盖不然也⑥。"非熊"出处，惟此而已。

【注释】

①《蒙求》：唐李瀚撰。三卷。取经传故实，编为四言韵语。取《易·蒙》"童蒙求我"之意，以教学童。②六韬：汉人采掇旧说，假托为吕尚（即吕望）编写的古兵书。分《文韬》《武韬》《龙韬》《虎韬》《豹韬》《犬韬》六个部分，故称《六韬》。记周文王、武王问太公（吕尚）兵战之事。史编：史官名编。下文"史畴"，畴亦为史官之名。古代史官与历官不分，也掌占卜。布卜：进行占卜。天遗汝师：上天送给你国师。③兆致是乎：卜兆会达到这样吗？④得皋陶兆：《六韬》："为禹占，得皋陶，兆比于此。"⑤渔父：此处指吕尚。见：同"现"。⑥今之《史记》，盖不然也：现在《史记》是"非虎非罴"，不是"非熊非罴"。

唐曹因墓铭

庆元三年,信州上饶尉陈庄发土得唐碑①,乃妇人为夫所作。其文曰:"君姓曹,名因,字鄙夫,世为鄱阳人。祖、父皆仕于唐高祖之朝,惟公三举不第②,居家以礼义自守。及卒于长安之道,朝廷公卿、乡邻耆旧,无不太息。惟予独不然。谓其母曰:'家有南亩,足以养其亲;室有遗文,足以训其子。肖形天地间,范围阴阳内,死生聚散,特世态耳③,何忧喜之有哉!'予姓周氏,公之妻室也。归公八载,恩义有夺④,故赠之铭曰:'其生也天,其死也天,苟达此理,哀复何言!'"予案唐世上饶本隶饶州,其后分为信,故曹君为鄱阳人。妇人能文达理如此,惜其不传,故书之,以裨图志之缺。

【注释】

①发土:挖土。②不第:第,考试及格的等第。指参加科举考试(一般指进士考试)没有被录取。也叫"落第"、"下第"。③肖形天地间:人生长在天地间。肖形,犹仿形。亦泛指形状。范围阴阳内:在生与死之间来回转换。这是古人的迷信说法。范围,周围界限。世态:人世间的情态。④有夺:非常之义。夺,压倒;胜过。恩义:道义;恩情。

唐史省文之失

杨虞卿兄弟,怙李宗闵势,为人所奔向①。当时为之语曰:"欲入举场,先问苏、张②,苏、张尚可,三杨杀我。"而《新唐书》减去"先"字。李德裕《赐河北三镇诏》曰:"勿为子孙之谋,欲存辅车之势。"《新唐书》减去"欲"字。遂使两者意义为不铿锵激越,此务省文之失也。

【注释】

①杨虞卿:字师皋。与其弟杨汉公、从兄杨汝士称为"三杨"。怙:依仗。李宗闵:文宗大(太)和三年为相,与牛僧孺结为朋党。而在其党中,杨虞卿

为最能朋比唱和者,故时号"党魁"。为人所奔向:成为当时追名逐利的人奔走趋附的目标。②苏、张:指当时的苏景胤、张元夫。

李德裕论命令

李德裕相武宗,言从计行。韦弘质建言宰相不可兼治钱谷,德裕奏言:"管仲明于治国,其语曰:'国之重器①,莫重于令。令重君尊,君尊国安。治人之本,莫要于令。故曰亏令者死,益令者死②,不行令者死,留令者死,不从令者死,五者无赦。'又曰:'令在上,而论可否在下,是主威下系于人也。'大和后,风俗寖敝③,令出于上,非之在下,此敝不止,无以治国。臣谓制置职业,人主之柄,非小人所得干,弘质贱臣,岂得以非所宜言,妄触天听④,是轻宰相也。"德裕大意,欲朝廷尊,臣下肃,而政出宰相,故感愤切言之⑤。予谓德裕当国,它相取充位而已。若如所言,则一命一令之出,臣下皆不得有言,谏官、御史、给事、舍人之职废矣。弘质位给事中,亦非贱臣。宜其一朝去位,遂罹抵巇⑥,皆自取之也。

【注释】

①重器:比喻国家政权。管仲之语见《管子·重令》。②亏:减损(内容)。益:增加(内容)。③寖敝:渐次败坏。④制置:规划。职业:犹职务;职掌。天听:此处指帝王的听闻。⑤切(qiè)言:犹直言。⑥遂罹抵巇:李德裕去位,谗言乘间而入。抵巇(xì),攻讦,攻击。

汉武唐德宗

汉张汤事武帝,舞文巧诋以辅法①,所治夷灭者多,旋以罪受诛。上惜汤,稍进其子安世,擢为尚书令。安世宿卫忠正,肃敬不怠,勤劳国家,卒为重臣,其可大用不疑。而武帝之意,乃以父汤故耳。唐卢杞相德宗,奸邪险贼②,为天下祸。以公议不容,谴逐致死③。帝念之不忘,擢叙其子元辅④,至兵部侍郎。元辅端静介正,能绍其祖奕之忠规,陟之台省要官⑤,宜也。而德宗之意,乃以父杞故尔。且武帝之世,群臣不幸而诛者,如庄助、朱买臣、吾丘寿王诸人,及考终名臣,如汲黯、郑庄、董仲舒、卜式,未尝恤其孤⑥。德宗辅相之贤,如崔祐甫、李泌、陆贽,皆身没则已。而独于汤、杞二人惓惓如此,是可叹也!

【注释】

①舞文巧诋:玩弄文字,诋毁构陷。辅法:辅助实施刑法。②险贼:阴险奸诈。③谴逐:贬谪放逐。④擢叙:提拔叙用。⑤端静:端庄恬静。介正:耿直纯正。忠规:忠言规谏。陟(zhì):进用;进升。⑥恤:顾及;顾念。孤:特指为国事而死者的子孙。

〔补注〕肃敬:犹恭敬。不息:不懈怠。

诸公论唐肃宗

唐肃宗于干戈之际①,夺父位而代之。然尚有可诿者②,曰:"欲收复两京,非居尊位,不足以制命诸将耳。"至于上皇还居兴庆,恶其与外人交通,劫徙之西内,不复定省③,竟以怏怏而终,其不孝之恶,上通于天。是时,元次山作《中兴颂》,所书天子幸蜀,太子即位于灵武,直指其事。殆与《洪范》云"武王胜殷杀受"之辞同。其词曰:"事有至难,宗庙再安,二圣重欢。"既言重欢,则知其不欢多矣。杜子美《杜鹃》诗:"我看禽鸟情,犹解事杜鹃。"伤之至矣。颜鲁公《请立放生池表》云:"一日三朝,大明天子之孝;问安视膳,不改家人之礼。"东坡以为彼知肃宗有愧于是也。黄鲁直《题磨崖碑》,尤为深切。"抚军监国太子事,何乃趣取大物为④?事有至难天幸耳,上皇局脊还京师⑤。南内凄凉几苟活,高将军去事尤危⑥。臣结春陵二三策,臣甫《杜鹃》再拜诗⑦。安知忠臣痛至骨,世上但赏琼琚词⑧!"所以揭表肃宗之罪,极矣。

【注释】

①干戈之际:指安史之乱。②诿:推委;推托之词。③兴庆:兴庆宫。交通:交往;往来。劫徙:胁迫迁徙。西内:唐太极宫称西内。《新唐书·玄

宗纪》:"上元(肃宗年号,760—762年)元年,徙居于西内甘露殿。"太极宫在西,故曰西内。兴庆宫在都城东南角,人主亦于此出政,故又号南内。定省(xǐng):"昏定晨省"的略语。指子女早晚向父母问安。语出《礼记·曲礼上》。④抚军监国太子事:安史之乱,玄宗逃蜀,由太子李亨监国。抚军:谓太子从君出征。大物:指天下或帝位。⑤局脊:亦作"踢踯"。畏缩不安貌。⑥苟活:苟且偷生。高将军:指高力士。天宝初,加高力士冠军大将军、右监门卫大将军。七载,加骠骑大将军。去:离去。高力士为李辅国所构陷,配流黔中道。⑦臣结:元结,即元次山。春陵二三策:史思明攻河阳,肃宗将幸河东,召元结从春陵入京师问策,元结上《时议》三篇。《杜鹃》再拜诗:杜甫《杜鹃》诗:"杜鹃暮春至,哀哀叫其间。我见常再拜,重是古帝魂。""生子百鸟巢,百鸟不敢嗔。仍为喂其子,礼若奉至尊。鸿雁及羔羊,有礼太古前。行飞与跪乳,识序如知恩。""君看禽鸟情,犹解事杜鹃。""今忽暮春间,值我病经年。身病不能拜,泪下如迸泉。"⑧琼琚:比喻美好的诗文。指《杜鹃》诗。黄庭坚此诗题为《书磨崖碑后》。碑在湖南浯溪,上面是元结《中兴颂》石刻。

孙马两公所言

卢照邻有疾,问孙思邈曰:"高医愈疾奈何①?"答曰:"天有四时五行,寒暑迭居,和为雨,怒为风,凝为雪霜,张为虹霓,天常数也②。人之四支五脏,一觉一寐,吐纳往来,流为荣卫,章为气色③,发为音声,人常数也。阳用其形,阴用其精④,天人所同也。失则蒸生热,否生寒,结为瘤赘,陷为痈疽,奔则喘乏,竭则焦槁⑤,发乎面,动乎形。天地亦然,五纬缩赢,孛彗飞流,其危脓也⑥。寒暑不时,其蒸否也。石立土踊,是其瘤赘。山崩土陷,是其痈疽。奔风暴雨,其喘乏。川渎竭涸,其焦槁。高医导以药石,救以砭剂,圣人和以至德,辅以人事,故体有可愈之疾,天有可振之灾⑦。"睿宗召司马子微问其术,对曰:"为道日损⑧,损之又损,以至于无为。夫心目所知见,每损之尚不能已,况攻异端,而增智虑哉!"帝曰:"治身则尔,治国若何?"曰:"国犹身也,故游心于淡,合气于漠⑨,与物自然,而无私焉,而天下治。"孙公、司马所言,皆至道妙理之所寓,治心养性⑩,宜无出此者矣。

【注释】

①孙思邈（miǎo）：唐医学家。愈疾：治病。奈何：如何；怎么办。②常数：一定的规律。③吐纳：指呼吸。荣卫：或作"营卫"。中医指人体的营养作用、卫外机能和血气循环。也泛指气血。章：显示；显现。④阳：显露。阴：隐藏。精：精气。⑤烝：火气上行。否（pǐ）：闭塞；阻隔不通。结：凝结；凝固。喘乏：气喘困乏。焦槁：枯槁；憔悴。⑥五纬：金（西方太白）、木（东方岁星）、水（北方辰星）、火（南方荧惑）、土（中央镇星）五大行星的总名。参考《三笔》卷十一《镇星为福》"五星"注。二十八宿随天右转为经，五星左旋为纬。缩嬴：即嬴缩。进退。孛彗：孛星和彗星。亦专指彗星。危胗：不祥的征兆。胗（zhěn），借为"诊"。《旧唐书·孙思邈传》作"诊"。⑦砭（biān）剂：治病的针和药。引申为救世的良方。振：消除；挽救。⑧司马子微：即司马承祯。字子微。唐道士。为道：犹言学道、修道。损：减少所知所见。《老子》："为学日益，为道日损。损之又损，以至于无为。"⑨游心：犹涉想。谓心神贯注于某一事物。漠：冷淡；不相关貌。合气：怄气；赌气。⑩至道：佛、道谓极精深微妙的道理或道术。治心：修养自身的思想品德。养性：谓修养身心，涵养天性。

元微之诗

《唐书·艺文志》元稹《长庆集》一百卷①，《小集》十卷，而传于今者，惟闽、蜀刻本，为六十卷。三馆所藏，独有《小集》。文惠公镇越，以其旧治②，而文集盖缺，乃求而刻之。外《春游》一篇云："酒户年年减，山行渐渐难。欲终心懒慢，转恐兴阑散③。镜水波犹冷，稽峰雪尚残④。不能辜物色，乍可怯春寒⑤。远目伤千里，新年思万端。无人知此意，闲凭小阑干。"白乐天书之，题云"元相公《春游》"。钱思公藏其真迹，穆父守越时⑥，摹刻于蓬莱阁下，今不复存。集中逸此诗，文惠为列之于集外。李端民平叔尝和其韵寄公云："东阁经年别，穷愁客路难。望尘惊岳峙⑦，怀旧各云散。茵醉恩逾厚，樯歌兴未残⑧。冯唐嗟已老，范叔敢言寒⑨。玉烛调魁柄，阳春在笔端⑩。应怜扫门役，白首滞江干⑪。"乐天所书，予少时得其石刻，后亦失之。

【注释】

①唐书：指《新唐书》。②以其旧治：元稹于穆宗长庆三年（823年）为越州刺史、浙东观察使。其，指元稹。③酒户：指酒量。古时称酒量大者为大户，小者为小户。山行：在山中行走。欲终：坚持到底。懒慢：懒惰怠慢；懒惰散漫。转：返回。阑散（sǎn）：消沉；衰减。④镜水：镜湖之水。镜湖，东汉时修建的大型农田水利工程。在今绍兴市会稽山北麓。稽峰：会稽山山峰。⑤乍可：宁可。⑥穆父：即钱勰，字穆父。神宗元祐八年以前，曾出知越州。穆父为钱惟演（钱思公）从孙。⑦望尘：犹言望尘莫及。比喻别人进展快，自己远远落后。常用作谦词。岳峙：谓如高山耸立。⑧茵：坐褥；帐帷。樯：桅杆。引申为帆船或帆。⑨冯唐：西汉时人。文帝时，为郎中署长，年已老。范叔：即范雎。字叔，故人称范叔。见三笔卷八《四六名对》"范雎"注。后须贾出使秦国，范雎故着敝衣往见。须贾怜其寒，取一绨袍为赠，旋知范雎为秦相，大惊请罪。⑩玉烛：四季气候调和。形容太平盛世。言人君德美如玉，可致四时和气之祥。调（tiáo）：协调；使协调。魁柄：喻朝政大权。也借指宰相之位。洪适曾任宰相。阳春：比喻盛世惠政。笔端：笔头。亦泛指书画诗文作品。此处借指奏章和政令。⑪扫门：汉魏勃少时欲求见齐相曹参，贫无以自通，乃常早起为齐相舍人扫门，齐相舍人怪而为之引见。见《史记·齐悼惠王世家》。后以"扫门"为求谒权贵的典故。江干（gān）：江岸；江畔。

〔补注〕东阁：古代称宰相招致、款待宾客的地方。经年：形容经历的时间十分长久。客路：指旅途。此处比喻人生的历程或仕进的道路。

谏缭绫戏龙罗

李德裕为浙西观察使，穆宗诏索盘绦缭绫千匹，德裕奏言："立鹅、天马、盘绦、掬豹①，文彩怪丽，惟乘舆当御，今广用千匹，臣所未谕。"优诏为停②。崇宁间，中使持御札至成都③，令转运司织戏龙罗二千，绣旗五百，副使何常奏："旗者，军国之用，敢不奉诏。戏龙罗唯供御服，日衣一匹，岁不过三百有奇，今乃数倍，无益也。"诏奖其言，为减四之三。以二事观之，人臣进言于君，切而不讦④，盖无有不听者。何常所论，甚与德裕相类云。

【注释】

①立鹅、天马、盘绦、掬豹：皆丝织品名。②优诏：褒美嘉奖的诏书。③御札：皇帝的诏令。④切：恳切率直。

详正学士

唐太宗时，令秘书监魏徵写四部群书，将藏内府，置雠正二十员①。后又诏虞世南、颜师古踵领之，功不就。显庆中罢雠正官，使散官随番刊正②。后诏东台侍郎赵仁本等，充使检校，置详正学士以代散官③，此名甚雅，不知何时罢去。然秘省自有校书郎、正字，使正名责实足矣④。绍兴中以贵臣提举秘书省⑤，而置编定书籍官二员，亦其类也。

【注释】

①四部：我国古代图书分类名称，指甲、乙、丙、丁四部，即经、史、子、集四类。雠（chóu）正：唐代官名。掌校勘书籍。②随番：先后轮换。③东台：官署名。唐高宗时改门下省为东台，中书省为西台。详正学士：官名。详正，审察校正；审议纠正。④秘省：即秘书省，置监、丞等官。唐秘书省领太史、著作二局，曾改称兰台、麟台。责实：求实；符合实际。⑤贵臣：显贵的大臣。

卷第三（十五则）

人生五计

朱新仲舍人常云："人生天地间，寿夭不齐，姑以七十为率：十岁为童儿，父母膝下，视寒暖燥湿之节，调乳哺衣食之宜，以须成立，其名曰生计；二十为丈夫，骨强志健，问津名利之场，秣马厉兵，以取我胜，如骥子伏枥，意在千里，其名曰身计；三十至四十，日夜注思，择利而行，位欲高，财欲厚，门欲大，子息欲盛，其名曰家计；五十之年，心怠力疲，俯仰世间，智术用尽，西山之日渐逼，过隙之驹不留，当随缘任运，息念休心，善刀而藏，如蚕作茧，其名曰老计；六十以往，甲子一周，夕阳衔山，倏尔就木，内观一心，要使丝毫无慊①，其名曰死计。"朱公每以语人，以身计则喜，以家计则大喜，以老计则不答，以死计则大笑，且曰："子之计拙也。"朱既不胜笑者之众，则亦自疑其计之拙，曰："岂皆恶老而讳死邪？"因为南华长老作《大死庵记》②，遂识其语。予之年龄逾七望八，当以书诸绅云。

【注释】

①注思：集中精神思考。善刀：《庄子·养生主》："善刀而藏之。"郭象注："拭刀而韬之也。"陆德明释文："善刀，善，犹拭也。"后因以"善刀而藏"比喻适可而止，自敛其才。善，通"缮"。修治。引申为揩拭。韬，音tāo，掩藏。倏尔：迅疾貌。亦形容时间短暂。无慊（qiàn）：没有遗憾。②长老：佛教对释迦牟尼上首弟子的尊称，也用以称呼年高德劭的僧人。后又成为寺院住持僧的尊称。

〔补注〕①生计：保全生命的办法。②身计：为自身打算。③家计：家庭生计（指生活。为生存发展而进行各种活动）。④俯仰：周旋，应付。智术：才智与计谋。随缘：顺应机缘；任其自然。任运：谓听凭命运安排。

瀛莫间二禽

瀛、莫二州之境,塘泺之上有禽二种①。其一类鹄,色正苍而喙长②,凝立水际不动,鱼过其下则取之,终日无鱼,亦不易地。名曰信天缘。其一类鹜,奔走水上,不间腐草泥沙,唼唼然必尽索乃已③,无一息少休。名曰漫画。信天缘若无能者,乃与漫画均度一日无饥色,而反加壮大。二禽皆禀性所赋④,其不同如此。

【注释】

①塘泺(pō):池塘湖泊。②喙(huì):鸟兽的嘴。③不间(jiàn):不分。唼唼(shà):象声词。形容鸟类或鱼类吃食的声音。④禀性:犹天性。指天赋的品性资质。

士大夫避父祖讳

国朝士大夫,除官避父祖名讳,盖有不同。不讳嫌名,二名不偏讳,在礼固然,亦有出于一时恩旨免避①,或旋为改更者。建隆创业之初,侍卫帅慕容彦钊、枢密使吴廷祚皆拜使相,而彦钊父名章,廷祚父名璋,制麻中为改同中书门下平章事为同二品。绍兴中,沈守约、汤进之二丞相②,父皆名举,于是改提举书局为提领。自余未有不避者。吕希纯除著作郎,以父名公著而辞。然富韩公之父单名言,而公以右正言知制诰,韩保枢之子忠宪公亿,孙绛、缜,皆历位枢密,未尝避。岂别有说乎?

【注释】

①恩旨:犹恩典。②汤进之:即汤思退。字进之。

元正父子忠死

唐安禄山表权皋入幕府，皋度禄山且叛，以其猜虐不可谏，欲行，虑祸及亲，因献俘京师，在道诈死，既唅敛而逸去①。皋母谓实死，恸哭感行路，故禄山不之虞②，归其母。皋潜奉侍昼夜南奔③。既渡江而禄山反。天下闻其名，争取以为属。甄济居青岩山，诸府五辟，诏十至，坚卧不起④。安禄山入朝，求济于玄宗，授范阳掌书记⑤，济不得已而起。察禄山有反谋，不可谏，因谒归⑥，阳呕血不支，舁归旧庐。禄山反，使封刀召之⑦。曰："即不起，断其首。"济引颈待之。使以实病告，庆绪复使强舆至东都⑧。会广平王平东都，诣军门上谒，肃宗使污贼官罗拜⑨，以愧其心。《唐书》列二人于《卓行传》，褒之至矣。有元正者，在河南幕府，史思明陷河、洛，辇父匿山中。贼以名召之，正度事急，谓弟曰："贼禄不可养亲，彼利吾名，难免矣。然不污身而死，吾犹生也。"贼既得，诱以高位，瞋目固拒，兄弟皆遇害。父闻，仰药死⑩。事平，诏录伏节十一姓⑪，而正为冠。皋、济之终，与正皆赠秘书少监。予谓皋、济得生，而正一门皆并命⑫，故当时以为伏节之冠。而《唐史》不列之《忠义》《卓行》中，但附见于其祖万顷《文艺》之末，《资治通鉴》亦不载其事，使正之名寂寥不章显⑬，为可恨也！白乐天作张诫碑云："以左武卫参军分司东都，属安禄山陷覆洛京，以伪职淫刑，胁劫士庶，公与同官卢巽潜遁于陆浑山，食木实，饮泉水者二年，讫不为逆命所污⑭。肃宗诏河南搜访不仕贼庭、隐藏山谷者，得六人以应诏，公与巽在焉。繇是名节闻于朝，优诏褒美，特授密县主簿。"

【注释】

①猜虐：猜忌暴虐。唅（hàn）敛：即"含殓"。含，古代死人入殓时口里所放的珠、玉等物。因入殓为"含殓"。含，亦作"唅"、"琀"。②行路：路人。虞：防范。一说，"不之虞"为料想不到。③奉侍：奉养侍侯。④坚卧：谓坚不出仕，隐居。⑤掌书记：唐代节度使的官属。掌管笺奏，简称"掌记"。⑥谒归：告假归里。⑦封刀：谓授予使者诛杀大权。犹如俗称"尚方宝剑"，

常以黄绫封裹，故称。⑧舁：抬。⑨广平王：指李豫（初名俶），即后来的唐代宗。污贼官：投降了叛军的官吏。污贼，与贼合污。指附贼。罗拜：四面围绕着下拜。⑩仰药：服毒药自杀。⑪伏节：殉节而死。⑫并命：同死。⑬寂寥：谓无声无形之状。章显：显扬。⑭淫刑：谓滥用刑罚。胁劫：威胁而劫持之。士庶：士人和普通百姓。潜遁：暗逃。木实：树木的果实。逆命：叛逆者的命令。

萧颖士风节

萧颖士为唐名人，后之学者但称其才华而已，至以笞楚童奴为之过①。予反复考之，盖有风节识量之士也②。为集贤校理，宰相李林甫欲见之，颖士不诣，林甫怒其不下己。后召诣史馆，又不屈，愈见疾，至免官更调河南参军。安禄山宠恣③，颖士阴语柳并曰："胡人负宠而骄，乱不久矣。东京其先陷乎！"即托疾去。禄山反，往见河南采访使郭纳，言御守计，纳不用。叹曰："肉食者以儿戏御剧贼④，难矣哉！"闻封常清陈兵东京，往观之，不宿而还，身走山南，节度使源洧欲退保江陵，颖士说曰："襄阳乃天下喉襟，一日不守，则大事去矣。公何遽轻土地，取天下笑乎？"洧乃按甲不出⑤。洧卒，往客金陵，永王璘召之⑥，不见。刘展反，围雍丘，副大使李承式遣兵往救，大宴宾客，陈女乐⑦。颖士曰："天子暴露⑧，岂臣下尽欢时邪！夫投兵不测，乃使观听华丽，谁致其死哉⑨？"弗纳。颖士之言论操持如此，今所称之者浅矣。李太白，天下士也，特以堕永王乱中，为终身累。颖士，永王召而不见，则过之焉。

【注释】

①萧颖士：唐散文家。字茂挺。笞楚：杖刑。②识量（liàng）：识见与度量。③宠恣：受宠放纵。④肉食：指高位厚禄。也指做官的人。剧贼：贬称势力大的反叛者。⑤不宿而还：宿，住宿；过夜。预料封常清必败。山南：山南东道。治襄州（今湖北襄阳市）。时源洧为江陵郡大都督府长史、山南东道采访防御史（《旧唐书》本传）。喉襟：喻要害之地。按甲不出：坐镇襄阳按兵不动。⑥永王：指李璘。玄宗第十六子。为山南东路及岭南黔中江南西路四道节度采访等使、江陵郡大都督。有窥觎江左之心。"肃宗闻之，诏令归觐于蜀（时

上皇玄宗在蜀），璘不从命。"遂作乱。见《旧唐书·永王璘传》。⑦女乐(yuè)：古代的歌舞伎。⑧暴(pù)露：置于露天之下，受到日晒雨淋。引申为奔走道路，触冒风雨寒暑。此处指玄宗逃蜀。⑨不测：不可揣度。此处指用兵打仗，胜败难以预料。华丽：美而多采。指女乐。谁致其死哉：意谓使将士观听华丽，致人人思归，军心涣散，谁还会英勇杀敌、赴汤蹈火呢？

石尤风

石尤风①，不知其义，意其为打头逆风也。唐人诗好用之。陈子昂《入峡苦风》云："故乡今日友，欢会坐应同。宁知巴峡路，辛苦石尤风。"戴叔伦《送裴明州》云："潇水连湘水，千波万浪中。知君未得去，惭愧石尤风。"司空文明《留卢秦卿》云②："知有前期在，难分此夜中。无将故人酒，不及石尤风。"计南朝篇咏，必多用之，未暇忆也。

【注释】

①石尤风：逆风，顶头风。②司空文明：即司空曙。字文明。唐诗人。"大历十才子"之一。

江枫雨菊

作诗要有来处，则为渊原宗派①。然字字执泥，又为拘涩②。予于此学，无自得之见，少年时，尤失之珊琢③。记一联，初云："雨深荒病菊，江冷落愁枫。"后以其太险，改为："雨深人病菊，江冷客愁枫。"比前句微有蕴藉④。盖取崔信明"枫落吴江冷"、杜老"雨荒深院菊"、"南菊再逢人卧病"、严武"江头赤叶枫愁客"⑤，合而用之。乃如补衲衣裳，殊为可笑。聊书之以示儿辈云。

【注释】

①渊原：本谓水源，也泛指事物的本源、根源。原，"源"的古字。宗派：学术、政治、宗教等方面的派别。②执泥：拘泥，固执。泥，音nì。拘涩：呆

板生硬。③琱琢：指对文字的修饰。④病：担扰。蕴藉：谓含蓄而不显露。⑤崔信明：隋末唐初人。

开元宫嫔

自汉以来，帝王妃妾之多，唯汉灵帝、吴归命侯、晋武帝、宋苍梧王、齐东昏、陈后主。晋武至于万人。唐世明皇为盛，白乐天《长恨歌》云"后宫佳丽三千人"，杜子美《剑器行》云"先帝侍女八千人"，盖言其多也。《新唐史》所叙，谓开元、天宝中，宫嫔大率至四万。嘻，其甚矣！隋大业离宫遍天下，所在皆置宫女。故裴寂为晋阳宫监，以私侍高祖①。及高祖义师经过处，悉罢之。其多可想。

【注释】

①宫监：官名。隋唐时离宫设有宫监、副监。以私侍高祖：以晋阳宫的宫女侍奉高祖李渊。私侍，私自侍侯。谓私通。

相里造

唐内侍监鱼朝恩，怙贵诞肆，凡诏会群臣计事，折愧坐人①，出其上。虽宰相元载辩强，亦拱默②。唯礼部郎中相里造、殿中侍御史李衍，酬诘往返，未始降屈③。朝恩不怿，黜衍以动造，又谋将易执政，以震朝廷，乃会百官都堂，且言："今水旱不时，屯军馈运困竭，天子卧不安席，宰相何以辅之？不退避贤路④，尚何赖乎？"宰相俯首，坐皆失色。造徙坐从之，因曰："阴阳不和，五谷踊贵，皆军容事，宰相何与哉？且军帑不散⑤，故天降之沴。今京师无事，六军可相维镇⑥，又屯十万，馈粮所以不足，百司无稍食，军容为之。宰相行文书而已⑦，何所归罪？"朝恩拂衣去，曰："南衙朋党且害我⑧。"此段载于《唐史·宦者传》中，不能记相里造之本末。予谓造当阉寺威权震主，生杀在手之时，以区区一郎吏，而抗身与为敌，后来名人议论，及叙列忠言鲠词，未见有称述之者⑨，《资治通鉴》亦不书，聊纪于此，以章潜德。同时刘给事争幸河中，亦然。

【注释】

①内侍监：即内侍省。官署名，唐代或称内侍省，或称内侍监、司官台；专用宦官，由内侍、内常侍等负责，掌宫廷内部事务。鱼朝恩：唐宦官。肃宗时典神策军，代宗时曾任天下观军容宣慰处置使。干预朝政，贪污骄横，置狱北军，人称地牢。后代宗与宰相元载设计，把他缢死。怙贵：依仗地位显要。诞肆：放纵恣肆。折愧：犹折辱，挫辱。②辩强：能言善辩。拱默：拱手缄默。③酬诘：犹问答。降(jiàng)屈：降身屈节。④馈运：运送粮食。避贤路：避位让贤。⑤军帑不散：军用物资馈运得不到解决。军帑，军用的库藏。散(sàn)，解决。⑥维镇：维系镇守。⑦行文书：发布公文。⑧拂衣：犹拂袖，表示愤怒。南衙：唐代皇官所在的宫城，居长安城北。省、台、寺、监各官署都设在皇城内，位居宫城之南，通称南衙或南司。宦官权势渐重后，所处的北司与南衙对抗，因而史书上常以北司南衙对举。⑨阉寺：指宦官。抗身：立身，置身。鲠词：直言之词。称述：称扬述说。

先公诗词

先忠宣公好读书，北困松漠十五年，南谪岭表九年，重之以风淫末疾，而翻阅书策，早暮不置①，尤熟于杜诗。初归国到阙，命迈作谢赐物一札子，窜定两句云②："已为死别，偶遂生还。"谓迈曰："此虽不必泥出处，然有所本更佳。东坡海外表云：'子孙恸哭于江边，已为死别。'杜老《羌村》诗云：'世乱遭飘荡，生还偶然遂。'正用其语。"在乡邦日③，招两使者会集，出所将宣和殿书画旧物示之。提刑洪庆善作诗曰："愿公十袭勿浪出，六丁取将飞辟历④！"辟历二字如古文，不从雨。公和之曰："万里怀归为公出，往事宣和空历历！"迈请其意，曰：亦出杜诗"历历开元事，分明在目前"也。绍兴丁巳，所在始歌《江梅引》词，不知为谁人所作，己未、庚申年，北庭亦传之⑤。至于壬戌，公在燕，赴张总侍御家宴，侍妾歌之，感其"念此情，家万里"之句，怆然曰⑥："此词殆为我作！"既归不寐，遂用韵赋四阕。时在囚拘中，无书可检，但有《初学记》、韩、杜、苏、白乐天集，所引用句语，一一有来处。北方不识梅花，士人罕有知梅事者，故皆注所出。

其一，《忆江梅》云："天涯除馆忆江梅⑦。几枝开。使南来，还带余杭春信到燕台⑧。准拟寒英聊慰远，隔山水，应销落，赴塑谁⑨？空恁逗想笑摘蕊。断回肠，思故里。漫弹绿绮⑩。引三弄⑪，不觉魂飞。更听胡笳哀怨泪沾衣。乱插繁华须异日，待孤讽⑫，怕东风，一夜吹。"元注引杜公："忽忆两京梅发时。""胡笳在楼上，哀怨不堪听。""安得健步移远梅，乱插繁华向晴昊⑬！"乐天《忆杭州梅花》："三年闲闷在余杭，曾为梅花醉几场。"车驾时在临安。柳子厚："欲为万里赠，杳杳山水隔。寒英坐销落⑭，何用慰远客？"江总⑮："桃李佳人欲相照，摘蕊牵花来并笑。"高适："遥怜故人思故乡，梅花满枝空断肠！"卢仝："含愁更奏绿绮琴，相思一夜梅花发。"刘方平⑯："晚岁芳梅树，繁华四面同。东风吹渐落，一夜几枝空。"东坡："忽见早梅花，不饮但孤讽。""一夜东风吹石裂，半随飞雪度关山。"

其二，《访寒梅》云："春还消息访寒梅。赏初开。梦吟来。映雪衔霜清绝绕风台⑰。可怕长洲桃李妒⑱，度香远，惊愁眼，欲媚谁？曾动诗兴笑冷蕊。效少陵，惭《下里》⑲。万株连绮⑳。叹金谷，人坠莺飞㉑。引领罗浮翠羽幻青衣㉒。月下花神言极丽，且同醉，休先愁，玉笛吹。"注引李太白："闻道春还未相识，走傍寒梅访消息。""绿珠楼下梅花满㉓，今日曾无一枝在。"江总："金谷万株连绮蕚，梅花隐处藏娇莺㉔。"何逊："衔霜当路发，映雪拟寒开㉕。枝横却月观，花绕凌风台。"杜公："东阁官梅动诗兴，还如何逊在扬州。""未将梅蕊惊愁眼，要取椒花媚远天㉖。""巡檐索共梅花笑，冷蕊疏枝半不禁㉗。"乐天："赏自初开直至落。""莫怕长洲桃李妒，明年好为使君开。"王昌龄梦中作梅花诗。梁简文赋"香随风而远度"，及赵师雄《罗浮见美人在梅花下有翠羽啾嘈相顾》诗云㉘："学妆欲待问花神。"崔橹㉙："初开已入雕梁画，未落先愁玉笛吹。"

其三，《怜落梅》云："重闺佳丽最怜梅。牖春开，学妆来。争粉翻光何遽落桃台。笑坐雕鞍歌古曲，催玉柱㉚，金巵满，劝阿谁？贪为结子藏暗蕊。敛蛾眉，隔千里。旧时罗绮。已零散，沈谢双飞㉛。不见娇姿真悔著单衣㉜。若作和羹休讶晚，堕烟雨㉝，任春风，片片吹。"注引梁简文赋:"重闺佳丽,貌婉心娴,怜早花之惊节,讶春光之遭寒。""顾影丹墀,弄此娇姿,洞开春牖,四卷罗帷㉞。春风吹梅畏落尽,贱妾为此敛蛾眉。"又:"争楼上之落粉,夺机中之织素。"梁王诗㉟:"翻光同雪舞。"鲍泉㊱:"萦窗落梳台。"江总:"满酌金卮催玉柱,落梅树下宜歌舞。"太白:"千金骏马邀少妾,笑坐雕鞍歌落梅。"古曲有《落梅花》。又:"片片吹落春风香。"谢庄赋㊲:"隔千里兮共明月。"庾信:"早知觅不见,真悔著衣单!"东坡:"抱丛暗蕊初含子","玉妃谪堕烟雨村㊳"。王建㊴:"自是桃花贪结子。"

第四篇失其稿。每首有一笑字,北人谓之"四笑《江梅引》",争传写焉。

【注释】

①松漠:唐羁縻都督府名。贞观二十二年(648年)以契丹摩歌等部求内属,乃置松漠都督府。治今内蒙古巴林右旗南。岭表:古地区名。即岭南、岭外。指五岭以南地区。风淫:中医学谓外感性疾病的致病因素之一。末疾:四肢的疾病。不置:不止,不停。②到阙:见《三笔》卷五《绯紫假服》注。窜定:改定。③乡邦:家乡。④十袭:同"什袭"。把物品一重重地包裹起来。引申为珍重收藏。六丁:道教女神名。《无上九霄雷霆玉经》:"六丁玉女,六甲将军。"道教认为六丁是阴(女)神,六甲是阳(男)神,为天帝所役使,能行风雷、制鬼神,道士可用符箓召请之"祈禳驱鬼"。⑤所在:处处;各处。北庭:泛指塞北少数民族所统治之地。此处指金国。⑥侍御:官名。怆然:悲伤貌。⑦除馆:建造馆舍。除,修治。天涯除馆,指出使金国被囚拘。江梅:一种野生梅花。⑧燕台:即黄金台。古地名。也称金台。故址在今河北易县东南北易水南。⑨准拟:准备;安排。寒英:冬天开的花,犹言寒花。多指梅、菊。销落:衰落,散落。赴愬:奔走求告;上诉。愬(sù):"诉"的异体字。⑩恁(rèn):任凭。绿绮:古琴名。据说司马相如有绿绮琴。后用为琴的代称。⑪三弄:即《梅花三弄》,又名《梅花引》《梅花曲》《玉妃引》。琴曲。系根据晋代桓伊所作笛曲改编而成。内容写傲霜雪的梅花。全曲主调出现三次,故称"三弄"。洪皓"引三弄"借以自况。⑫孤讽:独自吟诵。⑬晴昊(hào):晴空。⑭杳杳:幽远貌。坐:渐;将。⑮江总:南朝陈文学家。字总持。仕梁、陈、隋三代。⑯刘方平:河南洛阳人。唐开元、天宝间在世。⑰清绝:清雅至极。风台:即下文的凌风台。台名。⑱长洲:古苑名。在今江苏苏州市西南,太湖北。春秋时为吴王阖闾游猎之处。⑲下里:古代楚国民间通俗的歌曲。《巴人》

也是。其高雅者有《阳春》《白雪》。后多用“下里”或“下里巴人”来泛指通俗的文艺作品。⑳连绮：光彩相连。㉑金谷：古地名。在今河南洛阳市东北。晋石崇筑园于此，世称金谷园。人坠莺飞：“崇有别馆在河阳之金谷”，其爱妾名绿珠，善吹笛，置于金谷别馆。赵王司马伦专权时，伦党孙秀指名向石崇索取，被拒。后石崇被逮，绿珠跳楼自杀。见《晋书·石苞传附石崇》。㉒罗浮：即罗浮山。翠羽：翠色的鸟羽。此处借指翡翠鸟。幻青衣：幻化为婢女。幻，变化。㉓绿珠楼：相传洛阳昭仪寺有绿珠楼，为晋石崇宠妾绿珠所居。㉔连绮甍：华丽的房屋连延成片。娇莺：幼小的黄莺。比喻青春年少的情侣。借指绿珠。㉕衔霜：犹逢霜。拟：向着。㉖椒花：椒的花。㉗共：“拱”的本字。拱，一种外形为弧形的建筑结构。如拱门。冷蕊：寒天的花。多指梅花。㉘梁简文：南朝梁简文帝萧纲。赵师雄：不详。柳宗元《龙城录》有《赵师雄醉憩梅花下》一篇。㉙崔橹：一作“崔鲁”。生卒年不详。唐宣宗大中进士。一作僖宗广明进士。㉚玉柱：筷子的美称。㉛沈谢：南朝梁文学家沈约和宋诗人谢灵运。均为著名文学家，故曰“双飞”。㉜娇姿：美丽的姿容。㉝和羹：用不同调味品配制的羹汤。《书·说命下》：“若作和羹，尔惟盐梅。”梅树的果实极酸，可作调味品。烟雨：烟雾般的蒙蒙细雨。㉞丹墀：见《续笔》卷三《丹青引》“赤墀”注。罗帷：丝制帷幔。㉟梁王：即梁武帝萧衍。在齐封梁王。㊱鲍泉：南朝梁元帝时人。字润岳。㊲谢庄：南朝宋文学家。字希逸。㊳玉妃：仙女。此处指梅花。谪堕：犹谪降。迷信说法，谓仙人获罪被贬降，托生人世。㊴王建：唐诗人。字仲初。

州县名同

晋、宋以来，置立州郡，惟以多为贵。先是中原陷胡、羯，本土遗民，或侨寓南方，故即其所聚为立郡。而方伯所治之州，亦仍旧名。如南徐、南兖、南豫、南雍州、南兰陵、南东海、南琅邪、南东莞、南鲁郡，其类不一。魏、周在北，亦如此。隋、唐不复然。国朝之制，州名或同，则增一字以别之。若河北有雄州、恩州，故广东者增南字；蜀有剑州，故福建者，亦增南字。以至西和、西安州亦然。其声音颇同，患于舛误，则俗间称呼，自加上下东西为别。故称岳为上岳，鄂为下鄂。清州与青类，称为北清；郢州与颍类，称为西郢；融州与容类，称为西融者是也。若县邑则不问，今河南、静江府、巩州皆有永宁县，饶、邛、衡州皆有安仁县，蔡、英之真阳，庐、汝之梁，光、台之仙居，临安、建昌之新城，越、筠之新昌，婺、蜀之永康，处、吉之龙泉，严、池之建德，渭、秀之华亭，信、吉之永丰，郴、兴国之永兴，衢、嘉之龙游，施、临江之清江，洪、万之武宁，福、循之长乐，郴、连之桂阳，福、桂之永福是也。

三衙军制

乾道四年正月，迈为中书舍人，因入对，论三衙军制名称不正："以祖宗之制论之，军职之大者，凡八等。除都指挥使或不常置外，曰殿前副都指挥使、马军副都指挥使、步军副都指挥使，曰殿前都虞候、马军都虞候、步军都虞候，曰捧日天武四厢都指挥使、龙神卫四厢都指挥使①，秩秩有序，若登梯然，不可一级辄废。一或有阙，即以功次递迁②。降此而下，则分营、分厢，各置都副指挥使，如捧日左厢第一军、天武右厢第二军之类。边境有事，命将讨捕，则旋立总管、钤辖、都监之名，使各将其所部以出。事已，则复初。累圣相承，皆用此术，以制军诘禁③。自南渡以后，触事草创，于是三帅之资浅者④，始有主管某司公事之称。而都虞候以下，不复设置，乃以宿卫虎士而与在外诸军同其名，以统制、统领为之长。又使遥带外路总管、钤辖。考之旧制则非法，稽之事体则非是。以陛下圣明，能知人善任，使所谓爪牙之士，岂无十数人以待用者？若法祖宗之制，正三衙之名，改诸军为诸厢，改统制以下为都虞候、指挥使，使宿卫之职预有差等，士卒之心明有所系，异时拜将，必无一军皆惊之举。于以销压未萌，循名责实⑤，则环卫将军虽不置可也。乞下枢密院讨论故实，图议其当，恐或可以少赞布昭圣武之意⑥。"读札子毕，孝宗甚喜，即批付枢密院。是时，知院虞允文使四川，同知刘珙不乐曰："舍人要如何行？"对之以"但随所见敷陈⑦，若施行与否，自系庙堂处分"。竟寝不行。后阅《华阳集》，王珪撰《高琼神道碑》云："王为殿前都指挥使，管军员阙，兼领二司，王乃言曰：'臣老矣，如有负薪之忧⑧，谁为可任者？先朝自殿前而下，各置副都指挥使，及都虞候，常有十人，职近事亲，易以第进,又使士卒预识其威名,缓急临戎,上下得以附习⑨,此军制之大要也。'有旨从之。"据琼所言如此,正合前说。

【注释】

①四厢:古代军队编制的名称。见三笔卷十五《禁旅迁补》"天武第一军"注。②递迁:顺次提升。③累圣:即国朝以来历任皇帝。制军:编制军队。诘禁:谓按照禁令究办。④触事:犹遇事。三帅:宋代三衙长官,分别称为殿帅、马帅、步帅。⑤销压:抑制并消灭。循名责实:按其名而求其实,要求名实相符。⑥图议:计议,商讨。赞:辅佐,帮助。布昭:宣布昭示。圣武:圣明英武。旧时称颂帝王之词。⑦敷陈:铺叙,详加论列。⑧二司:指马军司和步军司。负薪之忧:旧称有病为"负薪之忧"。意思是说背柴劳累,体力还未恢复。⑨第进:按次第进升。附习:亲近习惯。

欧阳公勋封赠典①

吉州新刊《欧阳公文集》,于年谱下尽载官爵、制词②,无一遗落。考之今制,多有不合。虽非事之所以损益,谩书于策③,且记典章随时之异云。公自太子中允初加勋,便得骑都尉,越过骁、武、飞、云四级④。自龙图阁直学士初封爵,便得信都县子⑤,越过男一等。翰林学士加恩而得五百户,初加实封,便得二百户。及罢政,为观文学士,遇郊而加食邑五百户,实封二百户。薨之后,以子登朝,遇大礼,自太子太师合赠司空,而躐赠太尉,盖超空、徒、保、傅四官⑥。再赠即为太师,仍封国公。今殊不然,除勋官既罢外,侍从初封,亦从县男为始,每加不过三百户(待制侍郎只二百)。初得实封财百户。执政去位,但与侍从同,均为虚邑三百而已。身后加赠,只单转一官,两子升朝,乃进二官,虽三四人亦不增,未有宫师直赠太尉者(今太傅也)。又公任知制诰、知颍州转官而与直龙图阁、知亳州王洙同一词。《唐书》成,进秩,五人同制⑦。公与宋景文公、范文忠公、王忠简公皆带从官职,而宋次道乃集贤校理耳⑧。

【注释】

①勋封：以功勋授予的荣誉称号。②年谱：传记体裁之一。按年月记载人物生平事迹，被谱述的人物，称为"谱主"。③损益：增减；兴革。谩书：随意书写。谩，通"漫"。④勋：指勋官的等级。勋官：隋唐至明给予文武官员的称号。北周时本以奖励作战有功的战士，后渐及朝官。至唐定制，勋官自上柱国至武骑尉，凡十二转，受勋者即称勋官。骁、武、飞、云四级：按等级由高到低排列顺序，最后四级应是骁骑尉、飞骑尉、云骑尉、武骑尉。⑤爵：爵位。有公、侯、伯、子、男，凡五等。按：历代官制，有职事官、散官、勋官、爵号等区别。县子：爵名。晋代侯伯子男皆封之以县，南朝陈时，始有开国县子、开国县男等名号，历代相因。元以后不设。⑥躐（liè）赠：越级追赠。空、徒、保、傅：司空、司徒、太保、太傅。⑦唐书：指《新唐书》。同制：同一个制词。⑧范文忠公：应是范忠文公。即范镇。参与《新唐书》编修。卒后谥忠文。王忠简公：即王畴。字景彝。谥忠简。从官职：即侍从官。宋次道：即宋敏求。字次道。连欧阳修、宋祁五人同修《新唐书》。

嘉祐四真

嘉祐中富韩公为宰相，欧阳公在翰林，包孝肃公为御史中丞①，胡翼之侍讲在太学，皆极天下之望。一时士大夫相语曰："富公真宰相，欧阳永叔真翰林学士，包老真中丞，胡公真先生。"遂有四真之目。欧阳公之子发、棐等，叙公事迹，载此语，可谓公言②。

【注释】

①包孝肃公：即包拯。字希仁。卒后谥孝肃。②公言：公众的言论。

五方老人祝圣寿

圣节所用祝颂乐语，外方州县各当筵致语一篇，又有王母像者①。若教坊，唯祝圣而已②。欧阳公集，乃载《五方老人祝寿文》五首，其东方曰："但某太山老叟、东海真仙，溜穿石而曾究始终③，松避雨而备知岁月。羲氏定三百六日，尝守寅宾之官；夷吾纪七十二君，尽睹登封之事④。遇安期而遗枣，笑方朔之偷桃⑤。风入律而来自岩前，斗指春而光临洞口⑥。昔汉武帝尝怀三岛之胜游，有羡门生欲谒巨公于昭代，今则紫庭降圣，华渚开祥，远离朝日之方，来展望云之恳⑦。千八百国，咸归至治之风；亿万斯年，共祷无疆之寿。"其颂只四句，西中南北方皆然。集中不云何处所作，今无复用之。

【注释】

①圣节：唐玄宗开元十七年，从群臣请，定其生辰每年八月五日为千秋节，全国宴乐休假三日。自后皇帝生日，或定节名，或不定节名，皆称为圣节。王母：神话传说中一个地位崇高的女神。②唯祝圣而已：只奉上祝圣寿的祝颂乐就可以了。③真仙：仙人。究：周遍。始终：自始至终。④羲氏：羲氏、和氏两个部族都是世代掌管季节时令的。《史记·五帝本纪》尧分别任命羲仲、羲叔、和仲、和叔掌管东（太阳升起的地方）、南、西、北四方的季节时令。三百六日：按尧时的历法，岁三百六十六日。这里写"三百六日"，是为了和下文"七十二君"对称。寅宾：恭敬引导。《书·尧典》："分命羲仲宅嵎夷，曰旸谷，寅宾出日，平秩东作。"寅宾之官，即掌管东方之官。"夷吾"句："齐桓公既霸，会诸侯于葵丘，而欲封禅。管仲曰：'古者封泰山禅梁父者七十二家……'"劝桓公不要封禅。（《史记·封禅书》）登封：登山封禅。指古帝王登泰山祭天祭地。⑤安期遗枣：《汉书·郊祀志上》：汉方士李少君对汉武帝说："臣尝游海上，见安期生，安期生食巨枣，大如瓜。"遗，音wèi。《史记·封禅书》作"食巨枣"。方朔偷桃：古神话，西王母种桃，三千年一结子，东方朔曾三次偷食，失王母意，被谪降人间。见《汉武故事》。⑥律：音律；乐律。斗：斗星。⑦三岛：蓬莱、方丈、瀛洲。都是仙人居住的地方。武帝好神仙，游三岛，求长生不老之方。羡门：传说古仙人。《史记·封禅书》作"羡门高"。欲谒巨公于昭代：《史记·封禅书》："上（汉武帝）遂东巡海上……群臣有言见一老父牵狗，言'吾欲见巨公'，已忽不见。上大以为仙人也。宿留海上，予方士传车及间使求仙人以千数。"巨公，此处指天子。昭代，政治清明的时代。紫庭：帝王宫庭。即紫宫。也指仙人居所。古以紫微星垣比喻皇帝的居处。因称皇宫为紫宫。降圣：谓帝王诞生。华渚：古代传说中的地名。《宋书·符瑞志上》："帝挚少昊氏，母曰女节，见星如虹，下流华渚，既而梦接意感，生少昊。登帝位，有凤皇之瑞。"开祥：呈现祥瑞。朝日之方：即指东方。朝（cháo）日，古代帝王祭日之礼。在东门之外举行。望云：仰望白云。这里指仰慕君王。恳：诚恳；忠诚。

卷第四（九则）

作诗旨意

《诗》三百篇中，其誉妇人者至多。如叙宗姻之贵者，若"平王之孙，齐侯之子"，"汾王之甥，蹶父之子"，"齐侯之子，卫侯之妻，东宫之妹，邢侯之姨，谭公维私"[1]。夸服饰之盛者，若"副笄六珈"，"如山如河"，"玉之瑱也，象之揥也"[2]。赞容色之美者，若"唐棣之华"，"华如桃李"，"鬒发如云"，"手如柔荑，肤如凝脂，领如蝤蛴，齿如瓠犀，螓首蛾眉。巧笑倩兮，美目盼兮"，"颜如舜华"，"洵美且都"[3]。语嫁聘之侈者，若"百两彭彭，八鸾锵锵，不显其光。诸娣从之，祁祁如云，烂其盈门"[4]。其词可谓尽善矣。魏晋六朝，流连光景[5]，不可胜述。唐人播之歌诗，固亦极挚[6]。若"态浓意远淑且真，肌理细腻骨肉匀。绣罗衣裳照暮春，蹙金孔雀银麒麟"，"翠微匐叶垂鬓唇，珠压腰衱稳称身"[7]，"深宫高楼入紫清，金作蛟龙盘绣楹。佳人当窗弄白日，弦将手语弹鸣筝"[8]，"回眸一笑百媚生，六宫粉黛无颜色"，"后宫佳丽三千人，三千宠爱在一身"，"金屋妆成娇侍夜，玉楼宴罢醉和春"[9]，"楼上楼前尽珠翠，眩转荧煌照天地"[10]。此皆李、杜、元、白之丽句也。予独爱朱庆馀《闺意》一绝句上张籍水部者，曰："洞房昨夜停红烛，待晓堂前拜舅姑。妆罢低声问夫婿，画眉深浅入时无[11]？"细味此章，元不谈量女之容貌，而其华艳韶好，体态温柔，风流酝藉[12]，非第一人不足当也。欧阳公所谓："状难写之景，如在目前，含不尽之意，见于言外，然后为工。"斯之谓也。庆馀名可久，以字行。登宝历进士第，而官不达。著录于《艺文志》者，只一卷，予家有之，他不逮此。张籍酬其篇云："越女新妆出镜心，自知明艳更沉吟。齐纨未是人间贵，一曲菱歌直万金[13]。"其爱之重之，可见矣。然比之庆馀，殊为不及。

【注释】

①宗姻：皇家的姻亲。平王之孙，齐侯之子：周平王的孙女（王姬），嫁给齐侯之子。此句出《召南·何彼秾矣》。下一个"齐侯之子"指齐侯的女儿。汾王：即周厉王。厉王被国人赶跑，住在彘地，彘地在汾水边，所以周人称他为汾王。（韩侯之妻是）厉王的外甥女。蹶（guì）父之子：（韩侯之妻是）蹶父的女儿。蹶父，周宣王的大臣。此句出《大雅·韩奕》。齐侯之子，卫侯之妻：指庄姜。东宫：指齐国太子得臣。此句出《卫风·硕人》。姨：男子称妻的姊妹为姨。即现今所称"大姨子"、"小姨子"。维：乃；是。私：古时女子称姊妹之夫为私。即齐侯之女儿亦为谭公（谭国国君）的大姨子或小姨子。②副笄：古代贵族妇女的首饰。编发作假髻叫副，插在发髻上的簪叫笄，笄上的玉饰叫珈（jiā）。六珈：笄上珈数多寡不一，"六珈"为侯伯夫人所用。如山如河：高亨先生注：簪子有作鸟兽形的，有作鱼龙形的，所以说首饰如山如河。又解：河，疑当作"阿"，大岭。瑱：古人冠冕上垂在两侧以塞耳的玉。象之搋：象牙作成的搔头的簪子。象，象牙的省称。搋（tì），古代的一种首饰，像簪子，可用以搔头。三句出《鄘风·君子偕老》。③唐棣：即棠棣。如：乃。鬒：黑发。荑（tí）：茅草的嫩芽。脂：脂肪；泛指动植物所含的油脂。此处指猪油。领：头颈（脖颈）。蝤（qiú）蛴：天牛的幼虫，色白身长。借以形容女颈之美。瓠（hù）犀：瓠瓜的子；因其洁白整齐，常以比喻女子的牙齿。螓首：形容女子面容之美。螓（qín），虫名。蝉的一种。额广而方。倩：笑时两腮上的酒窝美好貌。盼：眼睛清朗，黑白分明。舜华：木槿花。舜，通"蕣"。木槿。洵：诚然；实在。都：美盛；漂亮。两句出《郑风·有女同车》。④百两：即百辆。彭彭（bāng bāng）：盛多貌。鸾：通"銮"。古代的一种车铃。锵锵：象声词。指车铃声。不（pī）：通"丕"。大。娣：指同夫诸妾。也指侍从的女子。古代贵族嫁女时往往以女妹或侍女多人陪嫁做妾。祁祁：众多貌。烂：明亮有光彩。⑤流连光景：谓反复描述妇女的模样。流连：连续；反复。光景：犹言模样。⑥播：谓配乐以广流传。极挚：极为真挚。⑦态浓：妆扮浓艳。意远：谓胸怀旷达，意趣超逸。淑：美好。蹙金：用拈紧的金线刺绣，使刺绣品的纹路绉缩起来。又名拈金。翠微匎（è）叶：用翡翠作的匎彩上的花叶。匎彩，古代妇女的发饰。腰衱（jié）：谓裙带。此句出杜甫《丽人行》诗。⑧紫清：天上，谓神仙所居。弦将手语：《李白全集》原注：谓弦与手相戛而成声也。手语：指弹奏琴筝一类弦乐器。鸣筝：筝，弹拨乐器。出李白《春日行》诗。⑨"回眸一笑"、"后官佳丽"和"金屋妆成"三句，出白居易《长恨歌》诗。⑩珠翠：指佩戴珍珠、翡翠饰物的宫女们。眩转荧煌：光彩闪烁。出元稹《连昌宫词》诗。⑪水部：张籍曾任水部员外郎。入时无：是否合时宜。⑫谈量：谈论。量（liáng），

商酌。华艳：花艳。艳丽。韶好：美好。风流：谓风韵美好动人。风流酝藉：形容人风雅潇洒，温文含蓄。⑬明艳：美好艳丽。齐纨：齐地出产的白细绢。班婕仔《怨歌行》诗："新裂齐纨素，皎洁如霜雪；裁为合欢扇，团团似明月。"后因以称团扇。菱歌：采菱之歌。

平王之孙

《周南》《召南》之诗①，合为二十有五篇。自汉以来为之说者，必系之文、武、成、康②，故不无抵牾。如《何彼襛矣》，乃美王姬之诗③，其辞有："平王之孙，齐侯之子"两句，翻覆再言之。毛公笺云："武王女，文王孙，适齐侯之子。"郑氏不立说。考其意，盖以平王为平正之王，齐侯为齐一之侯，若所谓武王载旆，成王之孚，成王不敢康④，非指武与成者。然证诸《春秋经》，鲁庄公元年，当周庄王之四年，齐襄公之五年，书曰："单伯送王姬⑤。"继之以"筑王姬之馆于外"，又继之以"王姬归于齐"。杜预注云："王将嫁女于齐，命鲁为主⑥。庄公在谅闇，虑齐侯当亲迎，不忍便以礼接于庙，故筑舍于外。"末书"归于齐"者，终此一事也。十一年又书"王姬归于齐"，《传》言"齐侯来逆共姬⑦"，乃桓公也。庄王为平王之孙，则所嫁王姬当是姊妹，齐侯之子，即襄公、桓公也。二者必居一于此矣。明白如是，而以为武王女，文王孙，于义何取？

【注释】

①召（shào）南：《诗经》国风之一。汉儒以为大抵系今河南、湖北之间的作品。《周南》也是《诗经》国风之一。大抵系今陕西、河南之间的作品。后来也有对此持异议的。②文、武、成、康：周之四王。③美：赞美。王姬：周王的女儿称王姬，姬是周王族的姓。④武王：殷人称汤为武王。载旆：大旗插在车上。此句出《商颂·长发》。成王：谓保持王道。孚：信用；诚实。此句出《大雅·下武》。《诗序》说是歌颂周武王"有圣德，复受天命，能昭先人之功焉"。康：安乐；安宁。⑤单（shàn）伯：杜注："天子卿也。单，采地；伯，爵也。"⑥主：主婚。杜注"单伯送王姬"句："天子嫁女于诸侯，使同姓诸侯主之，不亲昏，尊卑不敌。"⑦《传》：指《春秋左氏传》。共：音gōng。

毛诗语助

《毛诗》所用语助之字，以为句绝者，若之、乎、焉、也、者、云、矣、尔、兮、哉，至今作文者皆然。他如只、且、忌、止、思、而、何、斯、旃、其之类，后所罕用。"只"字，如"母也天只，不谅人只"①。"且"字，如"椒聊且，远条且"，"狂童之狂也且"，"既亟只且"②。"忌"字，如"叔善射忌，又良御忌"。"止"字，如"齐子归止"，"曷又怀止"③，"女心伤止"。"思"字，如"不可求思"，"尔羊来思"，"今我来思"。"而"字，如"俟我于著乎而，充耳以素乎而"。"何"字，如"如此良人何"，"如此粲者何"④。"斯"字，如"恩斯勤斯，鬻子之闵斯"⑤，"彼何人斯"。"旃"字，如"舍旃舍旃"⑥。"其"字，音基。如"夜如何其"⑦，"子曰何其"。皆是也。"忌"唯见于《郑诗》，"而"唯见于《齐诗》。《楚辞·大招》一篇全用"只"字。《太玄经》："其人有辑杭，可与过其⑧。"至于"些"字⑨，独《招魂》用之耳！

【注释】

①母也天只：我的天啊我的娘。谅：原谅。体谅。②椒聊：一种丛木，今名花椒。远条：长的枝条。既亟只且：亟，急。只且(zǔ)，语气词，犹言也哉。此句言还是快走吧！③齐子：齐国之女儿。指文姜。文姜嫁鲁桓公。归：回齐国。曷又怀止：(文姜既已出嫁,)为什么又回到齐国来呢？曷，为什么。怀，回来。④粲者：指美丽的女性。⑤恩斯勤斯，鬻子之闵斯：出《豳风·鸱鸮》。毛传："恩，爱也。"朱熹集传："恩，情爱也；勤，笃厚也；鬻，养；闵，忧也（即担忧）。"后因以诗中"恩勤"为辞，称父母抚育子女的恩情和辛劳。⑥舍旃舍旃：抛弃那谎话吧！此句出《唐风·采苓》。⑦夜如何其：夜间到了什么时候呢？⑧辑：通"楫"。船桨。杭：通"航"。渡船。过：过河。⑨些（suò）：语助。《楚辞·招魂》："去君之恒干，何为四方些？"宋洪兴祖补注："凡禁咒句尾皆称些，乃楚人旧俗。"

〔补注〕且（jū）：作语助，用在句末。犹"啊"。止：表确定语气。思：用于句末。犹"啊"。而：表语气。与"矣"略同。斯：用同"兮"。其（jī）：表疑问语气。

东坡文章不可学

东坡作《盖公堂记》云："始吾居乡，有病寒而咳者，问诸医，医以为蛊，不治且杀人①。取其百金而治之，饮以蛊药，攻伐其肾肠，烧灼其体肤，禁切其饮食之美者②。期月而百疾作，内热恶寒而咳不已，累然真蛊者也③。又求于医，医以为热，授之以寒药，旦朝吐之，莫夜下之④，于是始不能食。惧而反之，则钟乳、乌喙，杂然并进，而漂疽、痈疥、眩瞀之状⑤，无所不至。三易医而病愈甚。里老父教之曰：'是医之罪，药之过也。子何疾之有？人之生也，以气为主，食为辅。今子终日药不释口，臭味乱于外⑥，而百毒战于内，劳其主，隔其辅，是以病也。子退而休之，谢医却药，而进所嗜，气全而食美矣。则夫药之良者，可以一饮而效。'从之，期月而病良已。昔之为国者亦然。吾观夫秦自孝公以来，至于始皇，立法更制，以镌磨锻炼其民⑦，可谓极矣。萧何、曹参亲见其斫丧之祸，而收其民于百战之余，知其厌苦、憔悴、无聊，而不可与有为也⑧，是以一切与之休息，而天下安。"是时，熙宁中，公在密州，为此说者，以讽王安石新法也。其议论病之三易，与秦、汉之所以兴亡治乱，不过三百言而尽之。

张文潜作《药戒》，仅千言，云："张子病痞，积于中者，伏而不能下，自外至者，捍而不能纳⑨，从医而问之，曰：'非下之不可。'归而饮其药，既饮而暴下。不终日，而向之伏者散而无余，向之捍者柔而不支⑩。焦膈导达，呼吸开利，快然若未始有疾者⑪。不数日，痞复作，投以故药，其快然也亦如初。自是逾月而痞五作五下，每下辄愈。然张子之气，一语而三引，体不劳而汗，股不步而栗，肤革无所耗于外，而其中荼然⑫，莫知其所来。闻楚之南有良医焉，往而问之。医叹曰：'子无叹是荼然者也。天下之理，其甚快于予心者，其末必有伤，求无伤于终者，则初无望于快吾心。痞横于胸中，其累大矣。击而去之，不须臾而除甚大之累，和平之物不能为也。必将击搏震挠而后可⑬，其功未成而和气已病。则子之痞，凡一快者，子之和一伤矣。不终月而快者五，则和平之气，不既索乎⑭？且将去子之痞，而无害于和乎！子归，燕居三月⑮，而后予之药可为也。'张子归三月而复请之。医曰：'子之气少全矣！'取药而授之。曰：'服之三月而疾少平，又三月而少康，终年而复常。且饮药不得亟进。'张子归而行其说。其初使人懑然迟之⑯，盖三投其药而三反之也。然日不见其所攻，久较则月异而时不同，盖终岁而疾平。张子谒医谢，而问其故。医曰：'是治国之说也。独不见秦之治民乎？敕之以命，捍而不听令；勤之以事，放而不畏法⑰。令之不听，治之不变⑱，则秦之民尝痞矣。商君见其痞也，厉以刑法，威以斩伐，痛划而力锄之⑲。流荡四达⑳，无敢或拒，痞尝一快矣。至于二世，凡几痞而几快矣。积快而不已，而秦之四支，枵然徒有其物而已㉑。民心日离，而君孤立于上，故匹夫大呼，不终日而百疾皆起，欲运其手足肩膂，而漠然不我应㉒。故秦之亡者，是好为快者之过也。昔者先王之民，初亦尝痞矣。先王不敢求快于吾心，阴解其乱，而除去其滞，使之悠然自趋于平安而不自知㉓。于是政成教达，悠久而无后患。则余之药终年而愈疾者，盖无足怪也。'"予观文潜之说，尽祖苏公之绪论，而千言之烦，不若三百言之简也。故详书之，俾作文立说者知所矜式㉔。窃料苏公之记，文潜必未之见，是以著此篇；若既见之，当不复屋下架屋也。

【注释】

①蛊：人腹中的寄生虫。杀人：使人病害而死。②烧灼其体肤：药物发作，身体发高烧。禁切：禁绝；限制。③内热恶寒：高烧怕冷。累(léi)然：疲惫貌。④莫(mù)："暮"的本字。下之：下泻。⑤钟乳：指钟乳石。也称石钟乳。供药用。乌喙：一种有毒植物，即乌头。可作中药。漂疽：即瘭疽。脓疮之类。漂(piāo)，通"瘭"。眩瞀(mào)：眼睛昏花，视物不明。⑥臭(xiù)味：气味。⑦镌磨：磨磋。比喻使人民受折磨、煎熬。锻炼：拷打折磨。⑧斫丧(zhuó sàng)：摧残；伤害。无聊：生活穷困，无所依赖。有为(wéi)：有作为。⑨痞：指胸腹内郁结成块的病。伏：居处；积藏。捍：抵御。⑩不支：不能支撑。谓力量不够。⑪焦鬲：中医指三焦与胸膈。三焦指食道、胃、肠等部分及其生理机能。导达：犹疏通。开利：疏导使畅通。快然：喜悦貌。一说，舒畅。⑫一语三引：说一句话要停顿两三次。引，收敛。栗：发抖。肤革：皮肤的表里；肌肤。苶(nié)然：疲倦貌。⑬击搏：攻击。震挠：扰动。⑭既索：(和平之气)耗散净尽。既，已然。索，完结；尽。⑮燕居：闲居。⑯懑(mèn)：

烦闷。⑰放：放任；恣纵。⑱治：治理；统治。这里指治理、统治的方法。⑲厉：整饬。划（chǎn）：通"铲"。铲除。⑳流荡：放荡，不受拘束。㉑四支：即四肢。枵（xiāo）然：犹枉然，白白地。虚大而无用。㉒肩膂（lǚ）：肩背。肩与背，亦指人体枢要部分。漠然：冷淡，不关心。㉓阴解：暗中缓解。悠然：徐缓貌。㉔矜（jīn）式：敬重和效法。

韩文称名

欧阳公作文，多自称予，虽说君上处亦然，《三笔》尝论之矣①。欧公取法于韩公，而韩不然。《滕王阁记》《袁公先庙》为尊者所作②，谦而称名，宜也。至于《徐泗掌书记壁记》《科斗书后记》《李虚中墓志》之类，皆曰愈，可见其谦以下人。后之为文者所应取法也。

【注释】
①《三笔》尝论之：指《三笔》卷十二《作文字要点检》。②袁公先庙：即《袁氏先庙碑》，为宰相袁滋作。

棘寺棘卿

今人称大理为棘寺，卿为棘卿，丞为棘丞，此出《周礼·秋官》："朝士掌建邦外朝之法。左九棘，孤、卿、大夫位焉①；右九棘，公、侯、伯、子、男位焉。"郑氏注云："植棘以为位者，取其赤心而外刺也。棘於棗同②。"棘之字，两束相并，棗之字，两束相承。此所言者，今之棗也。然孤、卿、大夫皆同之，则难以独指大理。《王制》云："正以狱成，告于大司寇，大司寇听之棘木之下③。"料后人藉此而言。《郑注》亦只引前说，此但谓其入朝立治之处④，若以指刑部尚书亦可也。《易·坎卦》"系用徽纆，置于丛棘"，以居险阻囚执为词⑤，其义自别。

【注释】
①孤：古代官名。《书·周官》："立太师、太傅、太保，兹惟三公……少师、少傅、少保，曰三孤。"孤之位次，在三公下，卿之上。②棘於棗同：於，和，

与。③王制:《礼记》篇名。正：泛指官长。此处指掌狱讼之官吏。司寇：官名。掌刑狱、纠察等事。后世以大司寇为刑部尚书的别称，侍郎则称少司寇。听：审察；断决。④立治：犹施政。⑤系用徽纆：用绳索把犯人捆绑起来。徽纆（mò）：绳索。古时常特指拘系罪人者。丛棘：古代囚禁犯人的地方，四周用荆棘堵塞，以防犯人逃跑，故称。这句是《坎卦》上六爻的爻词。居险阻：《坎卦》六三爻爻词为"来之坎，坎险且枕……"意为来来去去都处在险难之中，陷穴既险又深。枕（chén），通"沈（沉）"。深。

晋代遗文

故簏中得旧书一帙，题为《晋代名臣文集》。凡十四家，所载多不能全，真太山一毫芒耳[①]。有张敏者，太原人，仕历平南参军、太子舍人、济北长史。其一篇曰《头责子羽文》，极为尖新[②]。古来文士皆无此作，恐《艺文类聚》《文苑英华》或有之，惜其泯没不传[③]，谩采之以遗博雅君子。其序云："太原温长仁、颍川荀景伯、范阳张茂先、士卿刘文生、南阳邹润甫、河南郑思渊[④]。余友有秦生者，虽有姊夫之尊，少而狎之，同时昵好[⑤]。张、荀之徒，数年之中，继踵登朝，而此贤身处陋巷，屡沽而无善价，抗志自若，终不衰堕[⑥]。为之慨然[⑦]！又怪诸贤既已在位，曾无伐木嘤鸣之声，又违王、贡弹冠之义[⑧]，故因秦生容貌之盛，为头责之文以戏之，并以嘲六子焉。虽似谐谑，实有兴也[⑨]。"文曰：维泰始元年，头责子羽曰："吾托为子头，万有余日矣。大块禀我以精[⑩]，造我以形。我为子莳发肤[⑪]，置鼻耳，安眉额，插牙齿。眸子桥光，双权隆起[⑫]。每至出入人间，遨游市里，行者辟易，坐者竦跽[⑬]。或称君侯，或言将军，捧手倾侧，伫立踦𨂂[⑭]。如此者，故我形之足伟也[⑮]。子冠冕弗戴，金银弗佩，艾以当筓，帨以代带，[⑯]百味弗尝，食粟茹莱，岁暮年过，曾不自悔。子厌我形容，我贱子意态。若此者，必子行己累也[⑰]。子遇我如雠[⑱]，我视子如仇。居常不乐，两者俱忧。何其鄙哉[⑲]！子欲为仁贤耶？则当如咎陶、后稷、巫咸、伊陟，保乂王家，永见封殖[⑳]。子欲为名高耶？则当如许由、子臧、卞随、务光，洗耳逃禄[㉑]，千载流芳。子欲为游说耶？则当如陈轸、蒯通、陆生、邓公，转祸为福，含辞从容[㉒]。子欲为进趋耶？则当如贾生之求试，终军之请使,砥砺锋颖㉓,以干王事。子欲为恬淡耶?则当如老聃之守一,庄周之自逸㉔,漠然离俗,志凌云日。子欲为隐遁耶?则当如荣期之带索,渔父之瀺灂,栖迟神岳㉕,垂饵巨鳌。此一介之人,所以显身成名者也㉖。今子上不睎道德,中不效儒、墨,块然穷贱,守此愚惑㉗。察子之情,观子之志,退不为处士,进无望三事。而徒玩日劳形㉘,习为常人之所喜,不亦过乎?"子羽愀然深念而对曰:"凡所教敕,谨闻命矣㉙。受性拘系㉚,不闻礼义,误以天幸,为子所寄。今子欲使吾为忠耶?当如包胥、屈平;欲使吾为信耶?则当杀身以成名;欲使吾为节耶?则当赴水火以全贞㉛。此四者,人之所忌,故吾不敢造意㉜。"头曰:"子所谓天刑地网,刚德之尤㉝。不登山抱木,则褰裳赴流㉞。吾欲告尔以养性,诲尔以优游。而与虮虱同情㉟,不听我谋。悲哉!俱御人体,而独为子头!且拟人其伦,喻子俦偶㊱,曾不如太原温颙,颍川荀禹,范阳张华,士卿刘许,南阳邹湛,河南郑诩。此数子者,或蹇吃无宫商,或尪陋希言语;或淹伊多姿态,或謇哗少智谞;或口如含胶饴,或头如巾齑杵㊲。而犹以文采可观,意思详序㊳,攀龙附凤,并登天府。夫舐痔得车,沉渊窃珠㊴,岂若夫子,徒令唇舌腐烂,手足沾濡哉?居有事之世,而耻为权谋,譬犹凿地抱瓮㊵,难以求富。嗟呼子羽!何异牢槛之熊,深阱之虎,石间饿蟹,灶中之鼠!事虽多,而见工甚少,宜其卷局煎蹙,至老无所睎也㊶。支离其形者㊷,犹能不困,命也夫,与子同处!"其文九百余言,颇有东方朔《客难》、刘孝标《绝交论》之体㊸。《集仙传》所载神女《成公智琼传》,见于《太平广记》,盖敏之作也。邹湛姓名,因羊叔子而传,而字曰润甫,则见于此。

【注释】

①一毫芒:比喻极小或很少。②尖新:犹新奇;新颖。③泯没(mò):形迹消亡。④士卿:犹士大夫。指有地位有声望的读书人,即士族文人。⑤狎(xiá):亲近;熟习。昵好(hǎo):亲善。⑥继踵:接踵,前后相接。登朝:进用于朝廷。抗志:高尚的志气。亦谓坚持高尚的志气。衰堕:懈怠。⑦慨然:感慨貌。⑧伐木嘤鸣之声:《诗·小雅·伐木》:"伐木丁丁,鸟鸣嘤嘤。出自幽谷,迁于乔木。嘤其鸣矣,求其友声。相彼鸟矣,犹求友声;矧伊人矣,不求友生!"是贵族宴会亲友所奏的乐歌。后以"伐木"比喻友谊深厚。王、贡

弹冠之义:《汉书·王吉传》:"吉与贡禹为友,世称王阳在位,贡公弹冠,言其取舍同也。"王吉字子阳,故称王阳。意谓王、贡二人友善,王吉做官,贡禹也准备出仕。后以"弹冠相庆"比喻因即将做官而互相庆贺。⑨谐谑:诙谐戏谑。有兴(xìng):有兴味,有趣味。⑩大块:指大自然。精:古谓生成万物的灵气。⑪莳(shì):移栽。⑫挢光:放光。挢(jiǎo),通"挢"。伸出。权:通"颧"。两颊。⑬辟易:惊退。竦跽:恐惧地跪下。⑭倾侧:偏斜,倾斜(因久坐之故)。伫立:久立。亦泛指站立。踦䠔:地面高低不平貌。⑮伟:壮大;壮美。⑯艾以当笄:用艾草茎当簪子以束发。古代贫贱者买不起金银首饰,以艾棍或荆棍代替簪钗。帽:《中华大字典》注:"他刀切,音韬。""同'绦'。编丝绳也。"带:系束头发的带子。茹:吃;吞咽。⑰行己:谓立身行事。⑱雠(chóu):仇敌。⑲鄙:以为羞耻。⑳仁贤:仁人与贤人。巫咸:一作巫戊。商王太戊的大臣。伊陟:伊尹之子,商王太戊大臣。保乂:治理,安定。封殖:亦作"封植"。壅土培植。引申为扶植。㉑名高:崇高的声誉;名声显著。子臧:春秋曹国公子欣时之字。曹宣公庶子。《左传·襄公十四年》:"吴子诸樊既除丧,将立季札,季札辞曰:'曹宣公之卒也,诸侯与曹人不义曹君(公子负刍,杀太子而自立。事在成公十三年),将立子臧。子臧去之,遂弗为也,以成曹君。君子曰:"能守节。"……'"卞随、务光:均为古隐士。相传汤将伐桀,曾和二人商量,二人都说"非吾事也"。汤战胜桀后,想让天下于卞随,卞随不肯接受,投稠水而死;又让于务光,务光负石自沉于庐水。均见《庄子·让王》。务光,作"瞀光"。逃禄:指隐居不仕。㉒陆生:即陆贾。汉初政论家、辞赋家。舌辩之士。邓公:指邓析。春秋末法家先驱,名家代表之一。郑国人。他"操两可之说,设无穷之词",对后来的辩者颇有影响。《荀子·不苟》:"山渊平,天地比……钩有须,卵有毛,是说之难持者也,而惠施、邓析能之。"含辞:犹言语。㉓进趋:努力向上;立志有所作为。贾生求试:贾谊在《治安策》中提出:"陛下何不试以臣为属国之官以主匈奴?行臣之计,请必系单于之颈而制其命,……"属(zhǔ)国,托以国事。"属国之官"即执政官。终军请使:终军,字子云。武帝时为谒者给事中。"当发使匈奴,(终)军自请曰:'军无横草之功,得列宿卫,食禄五年。边境时有风尘之警,臣宜披坚执锐,当矢石,启前行。驽下不习金革之事,今闻将遣匈奴使者,臣愿尽精厉气,奉佐明使,画吉凶于单于之前……'擢为谏大夫。"后奉命赴南越(今两广地区)被杀。死时年仅二十多岁,时称"终童"。见《汉书·终军传》。砥砺:磨厉;磨练。锋颖:比喻卓越的才干、凌厉的气势。㉔恬淡:清静而不想有所作为。守一:道家修养之术,谓专一精思以通神。庄周:即庄子。自逸:身心安适。㉕隐遁:隐居避世。荣期:即荣启期。春秋时隐士。传说尝行于太山下的郕(小国名)

之野,鹿裘带索,鼓琴而歌,语孔子,以得为人,又为男子,又行年九十,为三乐。故事见《列子·天瑞》。带索:以绳索为衣带。形容贫寒清苦。瀺灂(chán zhuó):出没游动貌。神岳:对山岳的敬称,言其具有灵异。㉖显身:谓使自己显贵。成名:树立名声;得名于世。㉗块然:安然无动于衷貌。愚惑:愚昧而迷乱。㉘玩日:"玩日愒时"或"玩时愒日"。即贪图安逸,虚度岁月。愒,音qì。休息。劳形:谓使身体劳累、疲倦。㉙愀(qiǎo)然:忧愁貌。深念:深深思考。教敕:教诫;教训。闻命:接受命令或教导。㉚受性:禀性。拘系:拘束。㉛包胥:即申包胥。又称王孙包胥。春秋时楚国贵族。和伍子胥为知交。楚昭王十年(前506年),吴国用伍子胥的计策攻破楚国,他到秦求救,在宫廷痛哭七日七夜,终使秦发兵救楚。屈平:即屈原。贞:坚定不移。多指意志或操守。全贞:谓保持操守。㉜造意:首倡其意。即开其端。㉝天刑:天降的刑罚。地网:地上的罗网。比喻危难凶险的境地。刑网,犹法网。喻严密的法律条规。刚德:刚健之德,阳刚之道。天为刚德。尤:特异;突出。㉞登山抱木:"伯夷叔齐辞孤竹之君而饿死于首阳之山……鲍焦饰行非世,抱木而死……介子推至忠也,自割其股以食文公,文公后背之,子推怒而去,(在绵山)抱木而燔死。尾生与女子期于梁(桥)下,女子不来,水至不去,抱梁柱而死。"(《庄子·盗跖》)裹裳:相传公输般为楚设置云梯,欲攻宋,墨翟闻之,"自鲁趋而十日十夜,足重茧而不休息,裂衣裳裹足",赴郢说楚王。事见《战国策·宋卫策》、《淮南子·修务训》。南朝陈徐陵《让散骑常侍表》:"昔墨子诸生裹裳救楚,鲁连隐士高论却秦,况乎谬蒙知己,宁无感激。"后遂以"裹裳"为不辞劳苦,急于为国事奔波之典。赴流:投水而死。㉟同情:谓同一性质;实质相同。㊱侪偶:同辈;同类的人。㊲謇吃(jī):口吃。无官商:发音不清。官商,五音中的官音和商音。尪(wāng)陋:瘦弱丑陋。淹伊:犹伊优。阿谀逢迎貌。讙(xuān)哗:同"喧哗"。大声说笑或喊叫。智谞(xǔ):智谋;才智。巾:包裹;覆盖。亦指戴上头巾。齑(jī)杵:捣辛菜使成粉末的石器。盛辛菜者为齑白,捣者为齑杵。有的地方叫蒜槌子。上细下粗。㊳详序:详备而有次序。㊴舐痔得车:《庄子·列御寇》:"秦王有病召医,破痈溃痤者,得车一乘;舐痔者,得车五乘。"比喻谄媚之徒趋奉权贵的卑鄙行为。沉渊:亦作"沉渊"深渊。比喻艰难痛苦的处境。㊵凿地抱瓮:《庄子·天地》:"子贡南游于楚,反于晋,过汉阴,见一丈人方将为圃畦,凿隧而入井,抱瓮而出灌,搰搰然,用力多而见功寡。"隧,隧道;地道。㊶卷(quān)局:限制。卷,通"圈"。煎蹙:逼迫。无所睎(xī):即无望。睎,远望。㊷支离其形者:指残疾人。支离,残缺不全。㊸刘孝标:即刘峻。字孝标。南朝梁学者、文学家。

汉武帝田蚡公孙弘

尚论古人者，如汉史所书，于武帝则讥其好大喜功，穷奢极侈，置生民于涂炭；于田蚡则诋其负贵骄溢，以肺腑为相，杀窦婴、灌夫；于公孙弘则云："性意忌，外宽内深，饰诈钓名①，不为贤大夫所称述。"然以予考之，三君臣者，实有大功于名教②。自秦始皇焚书坑儒，六学散缺，高帝初兴，未遑庠序之事，孝惠、高后时，公卿皆武力功臣，孝文好刑名③，孝景不任儒。至于武帝，田蚡为丞相，黜黄、老刑名百家之言，延文学儒者以百数。帝详延天下多闻之士，咸登诸朝，令礼官劝学，讲议洽闻，举遗兴礼④，以为天下先。而公孙弘以治《春秋》为丞相，天下学士靡然向风。弘为学官，悼道之郁滞，始请为博士官置弟子，郡国有秀才异等⑤，辄以名闻。请著为令。而《诗》《书》《易》《礼》之学，彬彬并兴⑥，使唐、虞三代以来稽古礼文之事，得以不废。今之所以识圣人至道之要者⑦，实本于此。史称其"罢黜百家，表章《六经》，号令文章，焕焉可述"⑧。盖已不能尽其美。然则武帝奢暴，固贻患于一时；蚡、弘之为人，得罪于公论，而所以扶持圣教者⑨，乃万世之功也。平帝元始诏书，尚能称弘之率下笃俗⑩，但不及此云。

【注释】

①尚论：追论。尚，通"上"。穷奢极侈：形容极端奢侈，尽情享受。负贵：自恃地位高贵。骄溢：骄傲自满。肺腑：同"肺附"。比喻帝王的亲属或亲戚。田蚡为景帝王皇后同母弟（王皇后母改嫁田家）。意忌：同猜忌。外宽内深：谓外貌宽厚而实则城府很深。饰诈：谓作假骗人。钓名：作伪求名。②名教：以正名定分为主的封建礼教。汉武帝时，把符合封建统治利益的政治观念、道德规范等立为名分，定为名目，号为名节，制为功名，以之教化，称"以名为教"。其内容主要是"三纲"、"五常"。③六学：同"六经"、"六艺"。六部儒家经典。刑名：战国时法家的一派，即刑名之学。以申不害为代表。强调循名责实，以强化上下关系，巩固地主阶级政权的统治。④详延：谓尽数延揽。洽闻：多闻博识。举遗：举荐遗才。⑤郁滞：郁积阻滞。秀才：此处指才能特别优秀。⑥彬彬：美盛貌；萃集貌。⑦至道：指最好的学说、道德或政治制度。

要：要点；纲要。⑧表章：表扬：显扬。焕焉：明显貌。可述：可称述。⑨奢暴：奢侈暴戾。圣教：儒家称禹、汤、文、武、周公、孔子等的教导为圣教。⑩率下：作下属表率。笃俗：使风俗朴实。

近世文物之殊

国家南渡以来，典章文物，多不与承平类。姑以予所亲见者言之，盖月异而岁不同，今聊纪从官立班随驾、省试官入院、政府呼召、百官骑从、朝报简削数项①，以示子侄。

侍从常朝，绍兴中分立于垂拱殿隔门上，南北相向，以俟追班②。乾道中犹然。暨淳熙，则引于殿门上，东西对立。车驾出，常朝文臣自宰相至二史，武臣自宗王、使相至观察使，以杂压次序行焉③。孝宗在普安邸④，官检校少保节度使，每出必处正尚书之后。而乾道以来，两班分而为二⑤，唯使相不然。故开府仪同三司皆与执政官联行⑥，而居其上。

绍兴十二年壬戌，予寓南山净慈，待词科试，见省试官联骑，公服戴帽，不加披衫⑦。每一员以亲事官一人执敕黄行前⑧。是时，知举、参详、点检官，合三十一员，最后一中官宣押者⑨，入下天竺贡院。及三十年庚辰，予以吏部郎充参详官，既入内受敕⑩，则各各乘马，不同时而赴院。至淳熙十四年丁未，忝司贡举，则了与昔异。三三两两，自为迟速，其乘轿者十人而九矣。

宰府呼召之礼，始时庶僚皆然，已而卿、监、郎官及史局、玉牒所缘提举官属之故，一切得免。逮乾道以后，宰相益自卑，于是馆职亦免。迄于淳熙，则凡职事官悉罢此制。

朝士骑从至少，各得雇募若干，取步军司名籍，而帮钱米于左藏，率就雇游手、冗卒，两分可供一名⑪。如假借于近郡者，给其半⑫。初犹破省⑬，马并一驭者，后不复有焉。若乘轿，仅能充负荷而已⑭。今日以益增，虽下列亦占十余辈⑮。

进奏院报状，必载外郡谢上或监司到任表，与夫庆贺表章一篇。凡朝廷除郡守，先则除目，但云："某人差知某州，替某人。"及录黄下吏部，则前衔后拟云："某官姓名，宜差知（或权知、权发遣）某州、军州兼管内劝农营田事，替某人。到任成资阙（或云年满）⑯，仍借紫借绯，候回日却依旧服色。"外官求休致⑰，则云："某州申某官姓名，为病乞致仕。"或两人三人，后云："某时已降敕，命各守本官致仕。"今不复行，但小报批下。或禁小报，则无由可知。此必一宰相以死为讳者⑱，故去之。外官表章闻，有一二欲士大夫见之者，须以属东省乃可。郡守更不报细衔。礼文简脱⑲，一至于此。

【注释】

①骑从：古时达官贵人出行时，前后侍从的骑卒。朝报：朝廷的公报。刊载诏令、奏章及官吏任免等事。简削：简省。②常朝：旧时臣子对皇帝的一般的朝见。追班：谓百官按位次排列谒见皇帝。③二史：左史和右史。以杂压次序行：按照班次行进。④孝宗在普安邸：孝宗在即位以前，封普安郡王。⑤两班：古代帝王朝会，官员依文武分成东西两列，谓之文武两班，或东西两班。亦总称文武官员。⑥联行：并行。⑦净慈、下天竺：均为寺名。待：等待。词科：即博学宏词科。《宋史·洪迈传》："从二兄试博学宏词科，迈独被黜。绍兴十五年始中第。"联骑：连骑，并乘。披衫：古时的一种暑月之服。⑧亲事官：唐代官名。在政府部门中干办具体事务。敕黄：用黄纸写的敕书。⑨宣押：指宣布朝廷签署的文告。凡公文需书押，因称。中官：宦官，太监。⑩受敕：接受敕命。⑪帮钱米于左藏：由左藏库帮给钱米。两分(fèn)：即两份。⑫给其半：给一半费用。⑬破省：犹节省。⑭仅能充负荷而已：人手仅仅够抬轿子的而已。充，足。负荷(hè)，背负肩荷。⑮下列：末位；下位。⑯成资：即任职期满。⑰休致：古时官员致仕退休称"休致"。⑱以死为讳：因年老才致仕，致仕后就临近了死亡，所以说"以死为讳"。⑲简脱：原意谓书简脱落。此处谓礼乐仪制省略。

卷第五(十五则)

庾公之斯

《孟子》:"逢蒙学射于羿①,尽羿之道,思天下惟羿为愈己,于是杀羿。孟子曰:'是亦羿有罪焉②?'公明仪曰:'宜若无罪焉③。'曰:'薄乎云尔④,恶得无罪?'"此一段既毕,而继之曰:"郑人使子濯孺子侵卫,卫使庾公之斯追之。子濯孺子曰:'今日我疾作,不可以执弓,吾死矣夫!'问其仆曰⑤:'追我者谁也?'其仆曰:'庾公之斯也。'曰:'吾生矣。'其仆曰:'庾公之斯,卫之善射者也。夫子曰吾生,何谓也?'曰:'庾公之斯学射于尹公之他,尹公之他学射于我。夫尹公之他,端人也⑥,其取友必端矣。'庾公之斯至,曰:'夫子何为不执弓?'曰:'今日我疾作,不可以执弓。'曰:'小人学射于尹公之他,尹公之他学射于夫子,我不忍以夫子之道反害夫子。虽然,今日之事,君事也,我不敢废⑦。'抽矢,扣轮,去其金,发乘矢而后反⑧。"《孟子》书子濯、庾公一段,几二百字,其旨以谓使羿如子濯,得尹公而教之,则必无逢蒙之祸。然前段结尾,自常为文者处之,必云如子濯孺子施教于尹公之他则可,不然,后段之末,必当云:以是事观之,羿之不善取友,至于杀身,其失如此,然后文体相属。兹判为两节,若不关联,而宫商相宜,律吕明焕,立言之妙,是岂步趋模仿所能仿佛哉?人为儿童时,便读此章,未必深识其趣⑨,故因表出而极论之。《左氏传》书卫献公奔齐云:"尹公他学射于庾公差,庾公差学射于公孙丁。他与差为孙林父追公⑩,公孙丁御公。庾公差曰:'射为背师,不射为戮,射为礼乎!'射两靷而还⑪。尹公他曰:'子为师,我则远矣。'乃反之。公孙丁授公辔而射之,贯他臂⑫。"即《孟子》所引者,而名字先后美恶皆不同。

【注释】

①逢(páng)蒙:相传是后羿的家丁、学生。羿:即后羿。善射。②罪:过错。

③宜若：似乎。表拟测或推断之词。④薄乎云尔：只不过轻一点罢了。⑤其仆：指给他赶（驾）车的人。⑥端人：正直的人。⑦"虽然今日之事"句：《孟子·离娄下》断句为："虽然，今日之事，……。"虽然：即使如此。承接上面的话。⑧"扣轮"句：在车轮上敲掉箭的铁头。乘矢：四支箭。乘（shèng），古时物数以四计之称。⑨宫商相宣，律吕明焕：即文句相辅相成，相得益彰。相宣，互相映衬而显现。律吕，古代校正乐律的器具。后亦用以指乐律或音律。此处指音律。明焕，鲜明，明亮。趣：旨趣；意旨。⑩孙林父：即孙文子。卫国大夫。他赶走了卫献公。⑪射两鞦：射中车辕两旁的曲木。鞦：音gōu。车轭（è）两边下伸反曲以夹马颈的部分。⑫贯他臂：他，尹公佗。

万事不可过

天下万事不可过，岂特此也？虽造化阴阳亦然①。雨泽所以膏润四海，然过则为霖淫；阳舒所以发育万物，然过则为燠亢②。赏以劝善，过则为僭；刑以惩恶，过则为滥。仁之过，则为兼爱无父；义之过，则为为我无君③。执礼之过，反邻于谄；尚信之过，至于证父④。是皆偏而不举之弊⑤，所谓过犹不及者。扬子《法言》云："周公以来，未有汉公之懿也⑥，勤劳则过于阿衡。"盖谄王莽也。后之议者，谓阿衡之事不可过也，过则反，乃诮莽耳。其旨意固然。

【注释】

①岂特此也：岂只是天下万事。造化阴阳：指自然现象。②膏（gào）润：雨露滋润草木。霖淫：淫雨，过量的雨。霖，久雨。淫，长久。"阳舒"句：万物在阳时则舒展。燠亢：热得过甚。燠（yù，又读 ào），热，暖。亢，过甚；极度。③仁：古代儒家的一种含义极广的道德范畴。其核心指人与人相亲，爱人。无父：见《续笔》卷十四《孔墨》注。义：恩义；情谊。此处似指义气，即为情谊而甘愿替别人承担风险或作自我牺牲的气度。为我：战国时期杨朱主张的"损一毫利天下不与，悉天下奉一身不取"政治、伦理学说。④执礼：指对人的礼节。邻：接近。谄：谄媚。信：诚实不欺。证父：《论语·子路》："其父攘羊，而子证之。"攘，偷窃。证，证实。⑤举：全。⑥汉公：王莽专权后，指使大臣们上书太后，让太后下诏号称他为安汉公。

致仕官上寿

国朝大臣及侍从致仕后,多居京师。熙宁中,范蜀公自翰林学士,以本官户部侍郎致仕,同天节乞随班上寿,许之。遂著为令。元祐初,韩康公以故相判大名府,还都,拜司空致仕,值太皇太后受册礼毕,乞随班称贺,降诏免赴。皆故事也。

【注释】
见《三笔》卷十一《致仕官上寿》注。

桃花笑春风

王荆公集古《胡笳词》一章云:"欲问平安无使来,桃花依旧笑春风。"后章云:"春风似旧花仍笑,人生岂得长年少?"二者贴合,如出一手,每叹其精工。其上句盖用崔护诗①,后一句久不见其所出。近读范文正公《灵岩寺》一篇云:"春风似旧花犹笑。"以"仍"为"犹",乃此也。李义山又有绝句云:"无赖夭桃面,平明露井东②。春风为开了,却拟笑春风。"语意两极其妙。

【注释】
①崔护:唐诗人。字殿功。其诗《题都城南庄》云:"去年今日此门中,人面桃花相映红。人面秖今何处在,桃花依旧笑春风。"②夭桃:《诗·周南·桃夭》:"桃之夭夭,灼灼其华。"后以"夭桃"称艳丽的桃花。露井:没有盖的井。

严先生祠堂记

范文正公守桐庐,始于钓台建严先生祠堂①,自为记,用《屯》之初九,《蛊》之上九,极论汉光武之大,先生之高②,财二百字。其歌词云:"云山苍苍,江水泱泱③。先生之德,山高水长。"既成,以示南丰李泰伯。泰伯读之,三叹味不已④,起而言曰:"公之文一出,必将名世,某妄意辄易一字,以成盛美。"公瞿然握手扣之,答曰:"云山江水之语,于义甚大,于词甚溥,而德字承之,乃似趢趗⑤,拟换作风字,如何?"公凝坐颔首⑥,殆欲下拜。张伯玉守河阳,作《六经阁记》,先托游士及在职者各为之,凡七八本,既毕,并会于府,伯玉一一阅之,取纸书十四字,遍示客曰:"六经阁,诸子、史、集在焉,不书⑦,尊经也。"时曾子固亦预坐,惊起摘伏⑧。迈顷闻此二事于张子韶,不能追忆经阁所在及其文竟就于谁手,后之君子,当有知之者矣。

【注释】

①桐庐:县名。今属浙江。钓台:即严子陵钓台。为桐庐县名胜古迹。严先生:指严光。一名遵,字子陵。曾与刘秀同学。刘秀即位后,他改名隐居。后被召到京师洛阳,任为谏议大夫,他不肯受,归隐于富春山(在桐庐县西),耕钓于此。②"用《屯》之初九《蛊》之上九"句:《屯》卦初九爻,象词曰:"以贵下贱,大得民也。"《蛊》卦上九爻爻词:"不事王侯,高尚其事。"《严先生祠堂记》以《屯》卦论光武帝刘秀:"光武之量,包乎天地之外。"以《蛊》卦论严光:"先生之心,出乎日月之上。"③云山:高耸入云的山。苍苍:深青色。江水:富春江之水。泱泱:水深广貌。④叹味:赞叹体味。⑤瞿(jù)然:惊喜貌。溥(pǔ):广大;博大。趢趗(lù sù):形容狭隘,局促。⑥凝坐:静坐。⑦游士:泛指云游四方以谋生的文人。不书:意谓不提诸子、史、集,是为了尊崇经书。⑧曾子固:即曾巩。字子固。摘伏:犹折服。

大言误国

隗嚣谋叛汉,马援劝止之甚力,而其将王元曰:"今天水全富,士马最强,案秦旧迹①,表里河山。元请以一丸泥为大王东封函谷关②。"嚣反遂决,至于父子不得其死。元竟降汉。隋文帝伐陈,大军临江,都官尚书孔范言于后主曰:"长江天堑③,古以为限隔南北,今日虏军岂能飞度邪?臣每患官卑,虏若渡江,臣定作太尉公矣④。"或妄言北军马死,范曰:"此是我马,何为而死⑤?"帝笑以为然,故不为深备。

已而国亡，身窜远裔⑥。唐元宗有克复中原之志，及下南闽，意以谓诸国可指麾而定，而事力穷薄⑦，且无良将。魏岑因侍宴言："臣少游元城，好其风物，陛下平中原，臣独乞任魏州⑧。"元宗许之。岑趋墀下拜谢，人皆以为佞。孟蜀通奏使王昭远，居常好大言，有杂耕渭上之志，闻王师入讨，对宾客挼手言⑨："此送死来尔！乘此逐北，遂定中原，不烦再举也。"不两月蜀亡，昭远为俘。此四臣之佞，本为爵禄及一时容悦而已，亦可悲哉！

【注释】

①马援：新莽末，为新城大尹（汉中太守；王莽改郡守为大尹）。后依附隗嚣，继归刘秀。案：考察；考据。旧迹：陈迹；遗迹。按：春秋时秦国占有今陕西中部和甘肃东南端。②一丸泥：谓地势险要，用丸泥封塞，即可阻敌。比喻以极少的力量，可以防守险要的关隘。函谷关：古函谷关在今河南灵宝东北王垛村。战国秦置。③天堑：天然的壕沟，比喻险要的地形。④患：厌恶。定作太尉公：即立功建勋，升为太尉。⑤妄言：谎报。此是我马，何为而死：意谓这些马本将为我所有（即打败北军），为何不渡江来，就先死去呢？⑥身窜远裔：孔范被俘，至长安，其事（所做坏事）并露。"帝（隋文帝）暴其过恶投之边裔（流放到边区），以谢吴、越之人。"（《资治通鉴》一百七十七卷）窜，放逐。远裔，边远地区。⑦唐元宗：南唐（五代十国时期）第二代皇帝李璟，庙号元宗。克复：用兵力收复失地。指麾而定：谓一经调度安排，不须多久，局势即可平定。语本《史记·陈丞相世家》："诚各去两短，袭其两长，天下指麾则定矣。"穷薄：贫穷薄弱。⑧元城：旧县名。治今河北大名东。为魏州治所。任魏州：谓任魏州节度使。⑨孟蜀：五代十国时孟知祥建立的后蜀。公元965年为北宋所灭。居常：平时；经常。杂耕：谓屯田之兵与居民杂居。渭上：渭水流域。王师：指北宋的军队。挼："挪"的异体字。揉搓。以两手相切摩。

宗室覃恩免解①

淳熙十三年，光尧太上皇帝以圣寿八十，肆赦推恩，宇宙之内，蒙被甚广②。太学诸生，至于武学，皆得免文解一次，凡该此恩者，千二三百人。而宗子在学者不预，诸人相率诣宰府，且遍谒侍从、台谏，各纳一札子，叙述大旨，其要以为："德寿霈典，普天同庆，而玉牒支派,辱居胶庠③,顾不获与布衣书生等。窃譬之世俗尊长生日,召会族姻,而本家子孙,不享杯酒脔炙④,外议谓何?今庬鸿之泽如此,而宗学乃不许厕名,于义于礼,恐为未惬⑤。"是时,诸公莫肯出手为言,迈以待制侍讲内宿,适蒙宣引⑥,因出其纸以奏,仍为敷陈此辈所云尊长生日会客,而本家子弟不得坐,譬谕可谓明白。孝宗亦笑曰:"甚是切当有理。"时所携只是白札子,蒙径付出施行,遂一例免举⑦。其人名字,今不复能记忆矣。

【注释】

①免解(jiè):宋承五代后唐制,举人获准不经解试(荐名于朝廷的地方考试),直接参加礼部试,称"免解"。②蒙被:受到(恩泽)。③霈典:犹恩典。霈:比喻帝王恩泽。胶庠:周代学校名。胶为大学,庠为小学。后以通称学校。④族姻:家族和姻亲。脔(luán)炙:烤肉块。⑤庬鸿:洪大;广大。庬(páng),本谓石大,引申为凡大之称。宗学:中国古代皇族子弟学校。厕名:犹置名,列名其中。厕,居于边侧;参加。惬:恰当。⑥宣引:皇帝宣召大臣,由内侍引见,称"宣引"。⑦免举:即免解举人。

唐书载韩柳文

宋景文修《唐书》,《韩文公传》全载其《进学解》《谏佛骨表》《潮州谢上表》《祝鳄鱼文》,皆不甚润色,而但换《进学解》数字,颇不如本意。元云"招诸生立馆下",改"招"字为"召"①,既言先生入学,则诸生在前,招而诲之足矣,何召之为?"障百川而东之",改"障"字为"停",本言川流横溃②,故障之使东,若以为停,于义甚浅。改"跋前疐后"为"踬后"③,韩公本用《狼跋》诗语,非踬也。其它以"爬罗剔抉"为"杷罗"④,"焚膏油"为"烧",以"取败几时"为"其败"。《吴元济传》书《平淮西碑》文千六百六十字,固有他本不同,然才减节辄不稳当⑤。"明年平夏"一句,悉芟之。"平蜀西川",减"西川"字。"非郊庙祠祀,其无用乐",减"祠"、"其"两字。"皇帝以命臣愈,臣愈再拜稽首",减下"臣"字,殊害理。"汝其以节都统讨军"⑥,以"讨"为"诸",尤不然。讨者,如《左传》讨军实之义⑦,若云"诸军",何人不能下此语？《柳子厚传》载其文章四篇：《与萧俛》《许孟容书》《贞符》《惩咎赋》也。《孟容书》意象步武，全与汉杨恽《答孙会宗书》相似，《贞符》仿班孟坚《典引》，而其四者次序或失之⑧。至云："宗元不得召，内闵悼，作赋自儆⑨。"然其语曰："逾再岁之寒暑。"则责居日月未为久，难以言不得召也。《资治通鉴》但载《梓人》及《郭橐驼传》，以为其文之有理者。其识见取舍，非宋景文可比云。

【注释】

①招：举手示意人来。召：呼唤使来。以手曰招，以言曰召。②障：阻塞；遮隔。横（hèng）溃：河水决堤横流。③跋前疐后：比喻进退两难。《诗·豳风·狼跋》："狼跋其胡，载疐其尾。"毛传："老狼有胡，进则躐其胡，退则跲其尾，进退有难。"跋，踏；踩。疐（zhì），牵绊。④爬罗：搜集；爬梳网罗。剔抉：挑选。按：网罗选拔人才。⑤才减节：才，通"裁"。裁汰，除去。⑥汝其以节都统讨军：此句是唐宪宗对韩弘说的。"汝"指韩弘。节，节制。讨军，治理军队。讨，治理。⑦军实：指器械、粮饷及作战俘获等军事物资。《左传·宣公十二年》：楚国"在军无日不讨军实而申儆之"。杜注：讨，治也。军实，军器。⑧意象：中国古代文艺理论术语。ти指主观情意和外在物象相融合的心象。南朝梁刘勰《文心雕龙·神思》："然后使……独照之匠，窥意象而运斤……"意象，感物而生之意，包括艺术想象。步武：跟前人足迹走，比喻模仿、效法。四者次序：指宋祁撰写《新唐书》时，对柳宗元的四篇文章所安排的次序。⑨内：内心。闵悼：忧伤。自儆：自我儆戒。自以为戒。

冥灵社首凤

光尧上仙，于梓宫发引前夕，合用警场导引鼓吹词①。迈在翰苑制撰，其《六州歌头》内一句云："春秋不说楚冥灵②。"常时进入文字，立待报者，则贴黄批急速③，未尝停滞。是时，首尾越三日，又入奏，趣请付出。太常吏欲习熟歌唱，守院门伺候。适有表弟沈日新在军将桥客邸，一士人乃上庠旧识，忽问楚冥灵出处，沈亦不能知，来扣予，因以《庄子》语告之，急走报④，此士大喜。初，孝宗以付巨珰霍汝弼，使释其意。此士，霍客也，故宛转费日如此⑤。又面奉旨令代作挽诗五章，其四云："鼎湖龙去远，社首凤来迟⑥。"当时不敢宣泄，而带御器械谢纯孝密以为问，乃为举王子年《拾遗记》⑦，盖周成王事也。禁苑文书，周悉乃尔⑧。

【注释】
①发引：出殡时柩车出发，送丧者执绋前导，称为"发引"。一般即称出殡为"发引"。警场：古代帝王祭祀行大礼前夕奏乐严鼓，侍卫警夜，止人清场，谓之"警场"。导引：(以鼓乐)前导；引导。鼓吹词：鼓吹曲(古乐中有鼓吹乐，用鼓、钲、箫、笳等乐器合奏，大多有歌词配合)的歌词。②制撰：撰作(鼓吹词)。冥灵：传说中的树木名。《庄子·逍遥游》："楚之南有冥灵者，以五百岁为春，五百岁为秋。"③贴黄：宋代奏札用白纸，意有未尽，以黄纸摘要另书于后，叫做"贴黄"。④上庠：古代为贵族设置的大学。走报：奔往相告；驰报。⑤宛转：犹展转。⑥鼎湖：古代传说黄帝乘龙升天之处。后因以指帝王之死。社首：山名。在山东泰安市西南，上有坛，为古代帝王封禅之所。《史记·封禅书》记周成王封泰山，禅社首。⑦宣泄：泄漏秘密。《拾遗记》：志怪小说集。东晋王嘉(字子年)撰。⑧禁苑：指宫廷。周悉：周到详尽。

左传州郡

《左传》鲁哀公二年，晋赵鞅与郑战，誓众曰："克敌者，上大夫受县，下大夫受郡，士田十万。"注云："《周书·作洛篇》：千里百县，县有四郡。"然则郡乃隶县，而历代地理、郡国志未之或书。又《传》所载地名，从州者凡五。"鲁宣公会齐于平州，以定其位①。"注云："齐地，在泰山牟县西。"见于正经。它如"允姓之戎，居于瓜州。"注："今敦煌也。""楚庄王灭陈，复封之，乡取一人焉以归，谓之夏州②。""齐子尾使闾丘婴伐我阳州③。"注："鲁地。"后四十年，又书"鲁侵齐，门于阳州。"注："攻其门也。""苫越生子，将待事而名之，阳州之役获焉④，名之曰阳州。"是齐、鲁皆有此地也。卫庄公登城以望，见戎州，曰："我姬姓也，何戎之有焉⑤？"以上唯瓜州之名至今。

【注释】

①以定其位：稳定鲁宣公的君位。见宣公元年。②乡取一人焉以归：从陈国每乡取一人聚居于此。归，会集。夏州：春秋时地名。地在今湖北汉阳县北。见宣公十一年。③伐我阳州：我，指鲁国。阳州，时为鲁邑，在今山东东平县北境。见襄公三十一年。④阳州之役获焉：获，获胜，取得胜利。鲁国攻打阳州获胜。此时阳州属齐。见定公八年。⑤我姬姓也，何戎之有焉：卫为姬姓，始封之君为周武王弟康叔。卫庄公的意思是说，我们是华夏民族，怎么还能有戎人？于是他随后便把戎州灭掉了。见哀公十七年。

贫富习常

少时见前辈一说云："富人有子不自乳，而使人弃其子而乳之；贫人有子不得自乳，而弃之以乳他人之子。富人懒行，而使人肩舆；贫人不得自行，而又肩舆人。是皆习以为常而不察之也。天下事，习以为常而不察者，推此亦多矣，而人不以为异，悲夫！"甚爱其论。后乃得之于晁以道《客语》中，故谨书之，益广其传。

唐用宰相

唐世用宰相不以序，其得之若甚易，然固有出入大僚，历诸曹尚书、御史大夫，领方镇，入为仆射、东宫师傅，而不得相者，若颜真卿、王起、杨於陵、马总、卢钧、韩皋、柳公绰、公权、卢知猷是也。如人主所欲用，不过侍郎、给事中，下至郎中、博士者，才居位即礼绝百僚，谏官、御史听命之不暇，顾何敢辄抨弹其失[①]？与国朝异矣。其先在职者，仍许引其同列[②]，若姚元崇之引宋璟，萧嵩之引韩休，李林甫引牛仙客、陈希烈，杨国忠引韦见素，卢杞引关播，李泌引董晋、窦参，李吉甫引裴垍，李德裕引李回，皆然。

【注释】

①抨弹：批评；攻击。②引：荐举。

史记简妙处

太史公书不待称说,若云褒赞其高古简妙处,殆是摹写星日之光辉,多见其不知量也①。然予每展读至《魏世家》《苏秦》《平原君》《鲁仲连传》②,未尝不惊呼击节,不自知其所以然。魏公子无忌与王论韩事曰:"韩必德魏爱魏重魏畏魏,韩必不敢反魏。"十余语之间五用魏字。苏秦说赵肃侯曰:"择交而得则民安,择交而不得则民终身不安。齐、秦为两敌而民不得安,倚秦攻齐而民不得安,倚齐攻秦而民不得安。"平原君使楚,客毛遂愿行,君曰:"先生处胜之门下几年于此矣?"曰:"三年于此矣。"君曰:"先生处胜之门下三年于此矣,左右未有所称诵,胜未有所闻,是先生无所有也。先生不能,先生留。"遂力请行,面折楚王,再言:"吾君在前③,叱者何也?"至左手持盘血,而右手招十九人于堂下,其英姿雄风④,千载而下,尚可想见,使人畏而仰之,卒定从而归。至于赵,平原君曰:"胜不敢复相士⑤。胜相士多者千人,寡者百数,今乃于毛先生而失之⑥。毛先生一至楚,而使赵重于九鼎、大吕⑦。毛先生以三寸之舌,强于百万之师,胜不敢复相士。"秦围赵,鲁仲连见平原君曰:"事将奈何?"君曰:"胜也何敢言事!魏客新垣衍令赵帝秦⑧,今其人在是。胜也何敢言事!"仲连曰:"吾始以君为天下之贤公子也,吾今然后知君非天下之贤公子也。客安在?"平原往见衍曰:"东国有鲁仲连先生者,胜请为绍介,交之于将军⑨。"衍曰:"吾闻鲁仲连先生,齐国之高士也⑩。衍人臣也,使事有职⑪,吾不愿见鲁仲连先生。"及见衍,衍曰:"吾视居此围城之中者,皆有求于平原君者也;今吾观先生之玉貌⑫,非有求于平原君者也。"又曰:"始以先生为庸人,吾乃今日知先生为天下之士也。"是三者重沓熟复⑬,如骏马下驻千丈坡,其文势正尔。风行于上而水波,真天下之至文也⑭。

【注释】

①不待:用不着;不用。褒赞:褒美赞扬。摹写:依样描画。不知量:犹不自量。过高地估计自己。②展读:犹阅读。③吾君:毛遂称平原君赵胜。

④盘血：古人歃血而盟，将鸡狗马血盛于铜盘中待用。英姿：英俊威武的神态。雄风：雄骏之风。犹威风。⑤相（xiàng）士：鉴别人才。⑥失：漏掉；看错。⑦九鼎、大吕：都是古代认为最宝贵的传国器物。九鼎相传为夏禹所铸，大吕是周庙的大钟。⑧帝秦：尊秦为帝。⑨东国：齐在赵东边，所以赵人称齐为东国。交，结交；结识。将军：新垣衍以魏人到赵国做武官，称"客将军"。文官则称"客卿"。⑩高士：谓志行高尚之士，旧多指隐士。⑪使事有职：奉派出使，身有职责。意谓负有特殊使命，不便公开见客。⑫玉貌：称别人容貌的敬词。⑬重沓：重叠；重复。熟复：反复熟习。⑭水波：水起波澜。至文：最好或极好的文章。

玉津园喜晴诗

淳熙十二年三月二十六日，车驾宿戒幸玉津园，命下，大雨，有旨许从驾官带雨具，将晓有晴意，已而天宇豁然①。至晚归，迈进一诗歌咏其实云："五更犹自雨如麻，无限都人仰翠华。翻手作云方怅望②，举头见日共惊嗟。天公的有施生妙，帝力堪同造物夸③。上苑春光无尽藏，何须羯鼓更催花④。"四月四日，扈从诣景灵宫朝献⑤，蒙于幕次赐和篇，圣制云："比幸玉津园，纵观春事，适霁色可喜⑥，卿有诗来上，因俯同其韵：春郊柔绿遍桑麻，小驻芳园览物华。应信吾心非暇逸，顿回晴意绝咨嗟⑦。每思富庶将同乐，敢务游畋漫自夸⑧？不似华清当日事，五家车骑烂如花⑨。"后二日，兵部尚书宇文价内引⑩，上举似此诗曰："洪待制用雨如麻字，偶思得桑麻可押，又其末句用羯鼓催花事，故以华清车骑答之。"价拱手称赞。明日以相告云。

【注释】

①宿戒：事先警戒。豁然：开阔貌；开朗貌。②翻手：翻转手掌。形容时光迅速。怅望：惆怅地看望或想望。③的（dí）有：的确有；确实有。施生：给人以生路。同造物夸：同天一样大。夸，大。④上苑春光无尽藏：皇家的园林储藏着无尽的春光。上苑，皇家的园林。藏，收藏；储藏。羯（jié）鼓：古打击乐器。南北朝时经西域传入内地。盛于唐开元、天宝年间。⑤扈从：随从护驾。⑥霁色：晴朗的天色。⑦退逸：放纵不羁。咨嗟：赞叹。⑧游畋：同

"游田"。游猎；出游打猎。⑨华清：指华清宫。五家：指杨贵妃之姊韩国夫人、虢国夫人、秦国夫人和杨铦、杨锜五家。《资治通鉴》天宝十二载："三夫人将从车驾幸华清宫，会于国忠第；车马仆从，充溢数坊，锦绣珠玉，鲜华夺目……杨氏五家，队各为一色，衣以相别，五家合队，粲若云锦。"⑩内引：到内殿谒见皇帝。因须由有关官员引领，故称内引。

虢巨贺兰

天下国家不幸而有四郊之警，为人臣者当随其事力，悉心尽忠，以致尺寸之效。苟为叨窃禄位，视如秦、越，一切惟己私之是徇①，虽千百载后，睹其事者犹使人怒发冲冠也。唐天宝禄山之乱，可谓极矣。虢王巨为河南节度使，贺兰进明继之，拥数道之兵，临要害之地，尊为征镇，有民有财，而汗漫忌疾②，非徒无益，而反败之。巨在彭城，张巡在雍丘，以将士有功，遣使诣巨请空名告身及赐物，巨惟与折冲、果毅告身三十通③，不与赐物，巡竟不能立，徙于睢阳。先是太守许远积粮六万石，巨以其半给濮阳、济阴，远固争不得。二郡得粮，遂以城叛，而睢阳食尽。颜鲁公起兵平原，合众十万，既成魏郡堂邑之功矣④。是时，进明为北海太守，亦起兵，公以书召之并力，进明度河，公每事咨之，军权始移，遂取舍任意，以得招讨⑤。后诣行在，因谮房琯，自岭南而易河南。张巡受围困棘⑥，遣南霁云告急于其所治临淮，相去三百里，弃而不救。平原、睢阳失守，实二人之故。一时议者，皆不以为言，使之连据高位，显为佚罚⑦。曾不十年，巨斥刺遂州，为段子璋所杀，进明坐第五琦党，自御史大夫窜谪以死⑧。天网恢恢，兹焉不漏⑨。

【注释】
①叨窃：谓才力不胜任而得其位。禄位：俸给与爵次。泛指官位俸禄。视如秦越：看作互不相关（与己无关）的事情。古代秦、越两国，一在西北，一在东南，相去极远。后因称疏远隔膜，互不相为"秦越"。徇：谋求；营求。
②虢王巨：即李巨，李邕第二子。邕为虢王李凤之孙，李凤是唐高祖第十四子。李巨应和玄宗同辈。征镇：魏晋以来，将军、大将军的称号，有征东、镇东、

征西、镇西之类，监临军事，守卫地方，总称征镇。后因以称地方长官。汗漫：漫无标准；不着边际。犹今言责任不明，或者说不负责任。忌疾：亦作"忌嫉"。妒忌；猜忌。③空名告身：空白的补官文凭。战时，为激励将士，常发空名告身给高级官吏，待将士立功后随时加官晋爵。折冲：官名。唐有折冲都尉，为统府兵之主官。全国各州置折冲府。折冲都尉掌管府兵的操演、调度和宿卫京师等事务，必要时领兵戍边或作战。副职称左右果毅都尉。④堂邑：旧县名。治今山东聊城西北。天宝十五载，颜真卿遣兵大破安禄山叛军于县西南。⑤招讨：即招讨使。"真卿以堂邑之功让进明，进明奏其状，取舍任意，敕加进明河北招讨使。"(《资治通鉴·唐肃宗至德元载》)⑥困棘：即困急。棘，通"急"。⑦佚罚：谓罚而失当。此处指当罚而失罚。⑧斥刺：贬斥判罪。窜谪：贬官放逐。⑨天网恢恢，兹焉不漏：《老子》："天网恢恢，疎而不失。"谓天道如大网，虽稀疏却无有漏失。比喻作恶者逃不出上天的惩罚。

卷第六（十二则）

鄱阳七谈

　　鄱阳素无图经地志，元祐六年，余干进士都颉，始作《七谈》一篇，叙土风人物，云："张仁有篇，徐濯有说，顾雍有论，王德琏有记，而未有形于诗赋之流者，因作《七谈》。"其起事则命以"建端先生"，其止语则以"毕意子"。其一章，言澹浦、彭蠡山川之险胜，番君之灵杰①。其二章，言滨湖蒲鱼之利，膏腴七万顷②，柔桑蚕茧之盛。其三章，言林麓木植之饶，水草蔬果之衍③，鱼鳖禽畜之富。其四章，言铜冶铸钱，陶埴为器④。其五章，言宫寺游观，王遥仙坛，吴氏润泉，叔伦戴堤。其六章，言鄱江之水。其七章，言尧山之民，有陶唐之遗风⑤。凡三千余字，自谓八日而成，比之太冲十稔、平子十年为无慊⑥。予偶于故箧中得之，惜其不传于世，故表著于此⑦。其所引张、徐、王、顾所著者，今不复存，更为可恨也！

【注释】

　　①澹浦：水名。彭蠡：古泽薮名。即今江西鄱阳湖。险胜：险要之形胜。番(pó)君：秦末吴芮为番阳县令，甚得民心，号曰番君。见《随笔》卷十六《吴王殿》。灵杰：威灵出众。②蒲鱼：鱼名。即鱄(zhuān)鱼。膏腴：土地肥沃；亦指肥沃富饶之区。③林麓：山脚下的林木。衍：盛多。④陶埴：用黏土烧制砖瓦。⑤陶唐遗风：指纯朴的民风。陶唐，指陶唐氏。传说中的远古部落名。尧乃其领袖。⑥太冲十稔、平子十年：左思（字太冲，西晋文学家）构思十年，写成《三都赋》。张衡（字平子，东汉科学家、文学家）的《二京赋》——《西京赋》和《东京赋》撰述十年乃成。⑦表著：标明。

　　〔补注〕叔伦戴堤：唐戴叔伦"试守抚州刺史，民岁争溉灌，为作均水法，俗便利之。"（《新唐书》本传）抚州治临川（今江西临川市西），临川市在江西省东北部、抚河中游。河堤即戴试守抚州刺史时所筑。

经解之名

晋、唐至今，诸儒训释《六经》，否则自立佳名①，盖各以百数，其书曰传、曰解、曰章句而已。若战国迨汉，则其名简雅②。一曰故，故者，通其指义也③。《书》有《夏侯解故》，《诗》有《鲁故》《后氏故》《韩故》也。《毛诗故训传》，颜师古谓流俗改故训传为诂，字失真耳。小学有杜林《苍颉故》。二曰微，谓释其微指④。如《春秋》有《左氏微》《铎氏微》《张氏微》《虞卿微传》。三曰通，如洼丹《易通论》名为《洼君通》，班固《白虎通》，应劭《风俗通》，唐刘知几《史通》，韩滉《春秋通》。凡此诸书，唯《白虎通》《风俗通》仅存耳。又如郑康成作《毛诗笺》，申明传义⑤，他书无用此字者。《论语》之学，但曰《齐论》《鲁论》《张侯论》⑥，后来皆不然也。

【注释】

①否则：古汉语连词性结构。用以表示否定性假设。相当于"如果不这样，那么……"②简雅：简洁雅致。③指义：宗旨；大意。④微指：深远精微的意旨。⑤申明传义：阐明训释的意义。传（zhuàn），解说；注释。⑥《张侯论》：书名。《论语》的第一次改定本。共二十篇。西汉末安昌侯张禹根据《鲁论》并吸收《齐论》编定，故名。

卜筮不敬

古者龟为卜，筴为筮，皆兴神物以前民用①。其用之至严，其奉之至敬，其求之至悉，其应之至精。斋戒乃请，问不相袭，故史祝所言②，其验若答。周史筮陈敬仲，知其八世之后莫之与京③，将必代齐有国。史苏占晋伯姬之嫁，而及于为嬴败姬，惠、怀之乱④。至邃至赜⑤，通于神明。后世浸以不然，今而愈甚。至以饮食猥杂之际，呼日者隅坐⑥，使之占卜，往往不加冠裳，一问四五，而责其术之不信，岂有是理哉！善乎班孟坚之论曰："君子将有为也，将有行也，问焉而以言，其受命也如响⑦。及至衰世⑧，懈于斋戒，而屡烦卜筮，神明不应。故筮渎不告,《易》以为忌;龟厌不告,《诗》以为刺。"谓《周易》之《蒙卦》曰:"初筮告,再三渎,渎则不告。"《诗·小旻》之章云:"我龟既厌,不我告犹⑨。"言卜问烦数,狎嫚于龟,龟灵厌之,不告以道也⑩。汉世尚尔,况在于今,未尝顷刻尽敬,而一归咎于淫巫瞽史⑪,其可乎哉!

【注释】

①兴神物以前民用:利用神奇的蓍数和卦爻去引导民众趋吉避凶。兴,起。神物,指蓍占。前,导,引导。②史祝:从事卜筮祠祝的人。③莫之与京:没有谁和他的地位一样高大。京,大。④"而及于"句:史苏的占卜一直预见到将来的秦国打败晋国和晋惠公、怀公时候的晋国内乱。惠、怀之乱:晋惠公卒,重耳(后来的晋文公)亦回晋国,怀公被杀于高梁(地名)。⑤至邃至赜:极其深奥微妙。⑥猱(náo)杂:纷乱;杂乱。隅坐:坐于席角旁。古无椅,布席共坐于地,尊者正席,卑者坐于旁位。⑦其受命也如响:《易》书就能如响应声一样承受问筮者的蓍命。响,回声。班固之论见《汉书·艺文志》。⑧衰世:衰乱的时代。⑨"我龟既厌"句:龟灵已经厌弃我们,再用龟甲占卜不出策谋的吉凶。犹,通"猷"。谋划。按:《小旻》诗主要是指责周王朝当权者策谋的错误。⑩烦数(shuò):频繁;繁复。狎嫚:轻侮。道:方法;途径。⑪淫巫:惑乱人心的巫师。瞽(gǔ)史:说书的瞎子。柳宗元《〈贞符〉序》:"其言类淫巫瞽史,诳乱后代。"此处"淫巫瞽史"仅指占卜算命的人。

糖霜谱

糖霜之名,唐以前无所见,自古食蔗者始为蔗浆,宋玉《招魂》所谓"胹鳖炮羔有柘浆"是也①。其后为蔗饧②,孙亮使黄门就中藏吏取交州献甘蔗饧是也。后又为石蜜,《南中八郡志》云:"笮甘蔗汁,曝成饴③,谓之石蜜。"《本草》亦云,"炼糖和乳为石蜜"是也。后又为蔗酒,唐赤土国用甘蔗作酒,杂以紫瓜根是也。唐太宗遣使至摩揭陀国,取熬糖法,即诏扬州上诸蔗,榨瀋如其剂,色味愈于西域远甚,然只是今之沙糖。蔗之技尽于此,不言作霜,然则糖霜非古也。历世诗人模奇写异,亦无一章一句言之,唯东坡公过金山寺,作诗送遂宁僧圆宝云④："涪江与中泠，共此一味水。冰盘荐琥珀⑤，何似糖霜美。"黄鲁直在戎州，作颂答梓州雍熙长老寄糖霜云："远寄蔗霜知有味，胜于崔子水晶盐⑥。正宗扫地从谁说⑦，我舌犹能及鼻尖。"则遂宁糖霜见于文字者，实始二公。甘蔗所在皆植，独福唐、四明、番禺、广汉、遂宁有糖冰，而遂宁为冠。四郡所产甚微，而颗碎色浅味薄，才比遂之最下者，亦皆起于近世。唐大历中，有邹和尚者，始来小溪之伞山，教民黄氏以造霜之法。伞山在县北二十里，山前后为蔗田者十之四，糖霜户十之三。蔗有四色，曰杜蔗；曰西蔗；曰芳蔗，《本草》所谓荻蔗也，曰红蔗，《本草》昆仑蔗也。红蔗止堪生啖⑧，芳蔗可作沙糖，西蔗可作霜，色浅，土人不甚贵，杜蔗紫嫩，味极厚，专用作霜。凡蔗最困地力，今年为蔗田者，明年改种五谷以息之。霜户器用，曰蔗削，曰蔗镰，曰蔗凳，曰蔗碾，曰榨斗，曰榨床，曰漆瓮，各有制度⑨。凡霜，一瓮中品色亦自不同，堆叠如假山者为上，团枝次之，瓮鉴次之，小颗块次之，沙脚为下⑩；紫为上，深琥珀次之，浅黄又次之，浅白为下。宣和初，王黼创应奉司，遂宁常贡外，岁别进数千斤。是时，所产益奇，墙壁或方寸⑪，应奉司罢，乃不再见。当时因之大扰⑫，败本业者居半，久而未复。遂宁王灼作《糖霜谱》七篇，具载其说，予采取之以广闻见。

【注释】

①胹（ér）：煮。炮（páo）：通"庖"。烹调。柘浆：甘蔗汁。柘，通"蔗"。②蔗饧：即蔗糖。③笮（zé）：压榨。饴：糖稀。④遂宁：县名。在四川省中部，涪江中游。宋时名小溪县。⑤涪江：一称内江。嘉陵江支流。在四川省中部。中泠：中泠泉，为镇江金山名胜之一。一味：一种滋味。冰盘：指大的瓷盘。琥珀：指美酒。⑥颂（sòng）：文体的一种。以颂扬为宗旨的诗文。水晶盐：透明如水晶的盐。《魏书·崔浩传》："语至中夜，（太宗）赐（崔）浩缥醪酒十觚，水精戎盐一两。"（水精，同"水晶"）⑦正宗：佛教禅宗称初祖达摩所传的嫡系宗派。后来泛指学业技术的嫡传正派。⑧生啖：生食。⑨制度：规模；样式。⑩瓮鉴：糖霜的品级名。沙脚为最下等级。脚：残余的滓末。⑪奇：珍奇；稀奇。墙壁：大者犹如墙壁。或：连词。表示列举。方寸：小者一寸见方。⑫大扰：因应奉局罢，搞得人心惶惶，发生骚乱。

李彦仙守陕

靖康夷虏之祸，忠义之士死于守城而得书史传者，如汾州之张克戬、隆德之张确、怀之霍安国、代之史抗、建宁寨之杨震、振武之朱昭是已。唯建炎以来，士之得其死者盖不少。兹读王灼所作《李彦仙传》，虽尝具表上进，然虑实录、正史未曾采用，谨识于此。

彦仙字少严，本名孝忠，其先宁州人也，后徙于巩。幼有大志，喜谈兵，习骑射，所历山川形势必识之。尚气，谨然诺[1]，非豪侠不交。金人南侵，郡县募勤王军，彦仙散家赀，得三千人，入援京师。虏围太原，李纲为宣抚使，彦仙上书切诋[2]，有司逮捕急，乃易今名，弃官亡命。顷之，复从种师中，师中败死，仙走陕州。守将李弥大问北事，条对详复[3]，使扼崤、渑间。金人再围汴，陕西范致虚总六路兵进援[4]，仙请曰："崤、渑险隘，难于立军，前却即众溃矣[5]。宜分道并进，伺空以出。且留半军于陕，为善后计。"致虚曰："如子言乃逗挠也[6]。"仙曰："兵轻而分，正可速达。"不从，争益牢，致虚怒，罢其职。既而败绩，卒无功。建炎元年四月，金人屠陕州，经制使王燮度不能支，引部曲去[7]，官吏逃逸。仙为石壕尉，独如平时，归者继属，即徙老稚入土花砦，三觜、石柱、大通诸山，拔武锐者分主之[8]，自营三觜。谕众曰："虏实易与，今得地利，若辈坚守足矣[9]。"少日虏复据陕，分军来攻，有健酋升前阜嫚骂，仙单骑冲去，挟之以归，始料众[10]，正部伍。虏数万围三觜，仙邀战，伏精兵后崦，掩杀万计[11]，夺马三百，虏解去。京、洛间多争附者，势益雄张[12]，未阅月，破虏五十余壁。初，虏再入陕，官其土人，俾召复业者，人给符别之。仙阴纵麾下往，约日内应。二年三月，引兵直州南，城中火起，虏方备南壁，而水军自新店，夜顺流薄城东北蒙泉坡龙堂沟以入，表里夹攻，僵尸相藉[13]，遂复陕。始，河东之人倡义拒虏[14]，仙约胡夜叉者为助，假以沿河提举，意不满，叛趋南原。仙诱致杀之，夺五千众。邵隆、邵云本其党，欲为复仇，仙因客镌说[15]，遂来归。乘胜渡河，栅中条诸山[16]，蒲、解至太原皆响动，乃分遣隆、云等取安邑、虞乡、芮城、正平、解、皆下之，蒲几拔，会援至不克。以功迁阁门宣赞舍人，就界陕，兼安抚司公事，悉哀所俘酋长护送行在。上咨叹⑰，赐袍带、枪剑，许直达奏事，便宜处决。时关以东独陕在，益增陴、疏堑、蒐军、缮铠⑱，广屯田，训农耕作。家素留巩，尽取至官，曰："吾父母妻子同城存亡矣！"闻者感悦，各有固志⑲。十二月，金酋乌鲁撒拔围陕，仙背城鏖斗七日，虏伤甚跳奔⑳。三年，娄宿孛堇自绛移屯蒲、解，谍知之㉑，设伏于诸谷，鼓噪横突，俘馘十八，娄宿仅以身免。制置使王庶檄使轻军掎角㉒，次虞乡，虏以万甲逆石钟谷口，终日战，斩级二千，迁武功大夫、宁州观察使、河解同耀制置使。时河东土豪密附，期王师来为应。仙益治军，欲请于朝，乞诏陕西诸路各助步骑二万。会张浚经略处置川、陕，弗之许。十二月，娄宿众十万复围陕，仙夜使人隧地，焚其攻具，营部嚣乱㉓，纵兵乘之，虏稍退。四年正月，益生兵傅垒，昼夜进攻，鹅车、天桥、火车、冲车丛进㉔，仙随机拒敌，又为金汁炮、火药所及，糜烂无遗，而围不解。日凭堞须外援㉕，浚为遣军，虏先阻雍，不得进，则令泾原曲端出郿坊绕虏后。端素嫉仙声绩逾己，幸其败，诡托不行㉖。丁巳，城陷，仙挟亲军巷战，矢集身如猬，左臂中刃，不殊㉗，战愈力，遂死之，并其家遇害。先是，虏尝许以河南元帅，及围合，复言如前约，当退师。仙叱曰："吾宁鬼于宋㉘，安用汝富贵为！"虏惜其才，必欲降之，城将破，先令军中，生致者予万金。仙平时弊衣同士卒，及是杂群伍中死，虏不能察。其为人，面少和色，有犯令，虽亲属不贷。诸将败事，或有他过，其外屯者，辄封篦，遣帐下往，皆裸就笞，不敢出一词。当是时，同、华、长安尽为敌数，陕斗绝一隅，初无朝家素定约束㉙，中立孤军日与虏确，但诵忠义，感励其众㉚。每拜君赐暨取敌金资，悉均之，毛铢不入己。以是精兵三万，大小二百战，皆乐为用。军事独裁决，至郡政必问法所底㉛，阖境称治。浚承制赠彰武军节度使㉜，建庙商州。

邵云者，龙门人。城破被执，娄宿欲命以千户长，肆詈不屈㉝，乃钉之木架上，置解州东门外。恶少抚其背涅文，戏曰："可鞘佩吾刀㉞。"云怒，偃架扑之。后五日磔解之㉟，至抉眼摘肝，詈不绝，喉断乃已。初行刑，将剚刃㊱，云叱之，失刀而毙，其忠勇盖如此。

【注释】

①尚气:重气节;重义气。谨:慎守;严守。然诺:许诺。②切诋:切直之言。此处似为严词诋毁之意。③条对:就所问逐条对答。详复:详细。④范致虚:字谦叔。时为陕西宣抚使。《宋史》说他"勇而无谋"。⑤难于立军:立,停留;停止。却:退;退却。⑥逗挠:曲行而观望。谓因怯阵而避敌。⑦部曲:古代军队编制单位。引申为军队的组织或行列。后来也作军队或士兵之代称。⑧繦属(qiǎng zhǔ):连续不绝。砦:"寨"的异体字。武锐:勇猛精锐。⑨若辈:你们。⑩料众:整理部众。⑪崦(yān):山。掩杀:乘其不备而进攻;冲杀。⑫雄张:谓势力扩张,旺盛。⑬相藉(jí):互相枕藉;互相践踏。⑭倡义:首倡大义;宣扬大义。多指举兵行事或起义。⑮镌说:晓谕,规劝。⑯栅:筑栅栏防卫。⑰咨叹:叹息。⑱陴(pí):城墙上的矮墙。蒐(sōu):简阅,阅兵。⑲感悦:感动,心悦诚服。固志:指稳定的情绪,坚定的主张。⑳鏖斗:激烈战斗。跳奔:逃奔。跳(táo),通"逃"。㉑谍知:探知;暗中查明。㉒掎角:亦作"犄角"。角是抓住角,掎是拉后腿。后因以"犄角"指夹击敌人。又引申为分出一部分兵力,以牵制敌人或互相支援。㉓隧地:挖地道。嚣乱:喧闹混乱。㉔益生兵傅垒:增添生力军,迫近城垒。生兵,生力军。傅(fù),迫近,靠近。鹅车、火车、冲车:均为古代攻城用的战车。天桥:古代军队攻城用的桥形木架。㉕堞(dié):城上如齿状的矮墙。亦称女墙。㉖声绩:声誉功绩。诡托:谓假借名义。㉗不殊:没有区别;一样。㉘鬼于宋:死作宋王朝的鬼。㉙斗绝一隅:孤悬边远之地;僻处边远之地。朝家:旧时指国家、朝廷。约束:规章,法令。㉚中立:犹独立。确(què):通"角"。角逐。感励:感奋激励。㉛问法所底:询问法律究竟如何规定的。㉜承制:谓秉承皇帝意旨而便宜行事。㉝肆詈:恣意谩骂。㉞涅文:古时在人身上刺的黑色文字或图案。可鞘吾佩刀:可做我佩刀的刀鞘。古代刀鞘常用鱼皮制作。鞘(qiào):鞘子。刀剑套。㉟磔(zhé)解:肢解。㊱剸(tuán)刃:用刀剑截断喉咙。

奸雄疾胜己者

自古奸雄得志,包藏祸心,窥伺神器,其势必嫉士大夫之胜己者,故常持"宁我负人,无人负我"之说。若蔡伯喈之值董卓,孔文举、祢正平、杨德祖之值曹操,嵇叔夜、阮嗣宗之值司马昭、师,温太真之值王处仲,谢安石、孟嘉之值桓温①,皆可谓不幸矣。伯喈仅仅脱卓手,终以之陨命②。正平转死于黄祖,文举覆宗,德祖被戮③。叔夜罹东市之害④。嗣宗沉湎佯狂,至为劝进表以逃大咎⑤。太真以智挫钱凤而免⑥,其危若蹈虎尾。唯谢公以高名达识,表里至诚,故温敬之重之,不敢萌相窥之意。然尚有"为性命忍须臾",及"晋祚存亡在此一行"之虞⑦。孟嘉为人夷旷冲默⑧,名冠州里,称盛德人。仕于温府,历征西参军、从事、中郎、长史,在朝隤然仗正,必不效郗超辈轻与温合⑨。然自度终不得善其去,故放志酒中,如龙山落帽,岂为不自觉哉⑩!温至云:"人不可以无势,我乃能驾驭卿。"老贼于是见其肺肝矣!嘉虽得全于酒,幸以考终,然财享年五十一,盖酒为之累也。陶渊明实其外孙,伤其道悠运促⑪,悲夫!

【注释】

①嵇叔夜:即嵇康。字叔夜。温太真:即温峤。字泰真,一作太真。王处仲:王敦。字处仲。孟嘉:字万年。先从庾亮,后事桓温。②伯喈仅仅脱卓手,终以之陨命:见《三笔》卷二《平天冠》"蔡邕"注。③正平转死于黄祖:见《三笔》卷十《祢衡轻曹操》。祢衡被曹操送于刘表,复不合,转送江夏太守黄祖,被祖所杀。德祖被戮:杨修任丞相曹操主簿。曹植引为羽翼,交往甚密。后植失宠于操,操因修有智谋,又是袁术之甥(袁术为曹操所破),虑有后患,遂借故杀之。④东市:汉代在长安东市处决判死刑的人,后因以东市指刑场。⑤"嗣宗沉湎佯狂"句:阮籍因与司马氏集团有矛盾,常用醉酒的办法,在当时复杂的政治斗争中保全自己。魏高贵乡公下诏以司马昭为相国,封晋公,加九锡。司马昭固让,公卿将劝进,使阮籍为其辞。籍作劝进表。(见《资治通鉴》《晋书·阮籍传》)⑥太真以智挫钱凤:《晋书·温峤传》:"峤有栋梁之任,(明)帝亲而倚之,甚为王敦所忌。因请为(王敦)左司马。"后"综其府事",又深结王敦谋士钱凤。王敦表温峤补丹阳尹,"峤犹惧钱凤为之奸谋,因敦饯别,峤起行酒,至凤前,凤未及饮,峤因伪醉,以手版击凤帻坠,作色曰:'钱凤何人,温太真行酒而敢不饮!'敦以为醉,两释之。临去言别,涕泗横流,出阁复入,如是再三,然后即路。及发后,凤入说敦曰:'峤于朝廷甚密,而与庾亮深交,未必可信。'敦曰:'太真昨醉,小加声色,岂得以此便相谗贰。'由是凤谋不行,而峤得还都,乃具奏敦之逆谋,请先为之备。"⑦达识:富于才干、识见。"为性命忍须臾"句:桓温废海西公,立简文帝,威振内外,朝野惊惧。郗超为桓温亲信,朝中皆畏事之。"谢安尝与左卫将军王坦之共诣超,日旰未得前,坦之欲去,安曰:'独不能为性命忍须臾邪?'"(《资治通鉴》第

一百三卷）简文帝崩,"（桓）温入赴山陵,止新亭（地名）,大陈兵卫,将移晋室,呼（谢）安（吏部尚书）及王坦之（侍中）,欲于坐害之。坦之甚惧,问计于安。安神色不变,曰:'晋祚存亡,在此一行。'"（《晋书·谢安传》）⑧夷旷:平易豁达。冲默:襟怀淡泊,语言简默。⑨隤然仗正:性格柔和却主持正义。隤（tuí）然,柔顺随和貌。郗超:任桓温参军,深获信任。桓温专制晋政,他任中书侍郎等职。参预废立密谋。⑩"如龙山落帽"句:"九月九日,（桓）温燕龙山,僚佐毕集。时佐吏并著戎服,有风至,吹嘉帽堕落,嘉不之觉。"（《晋书·孟嘉传》）⑪道悠运促:任重道远却命运短促。

俗语放钱

今人出本钱以规利入①,俗语谓之放债,又名生放,予考之亦有所来。《汉书·谷永传》云:"至为人起责②,分利受谢。"颜师古注曰:"言富贾有钱,假托其名,代之为主,放与他人,以取利息而共分之。"此放字所起也。

【注释】

①规:谋求。利入:经济收益。②起责:放债。责（zhài）:同"债"。

汉书多叙谷永

予亡弟景何,少时读书甚精勤,昼夜不释卷,不幸有心疾①,以至夭逝。尝见梁弘夫诵《汉书》,即云:"唯谷永一人②,无处不有。"弘夫验之于史,乃服其说。今五十余年矣,漫撼永诸所论建,以溉予在原之思③。薛宣为少府,御史大夫缺,永言宣简在两府④。谏大夫刘辅系狱,永同中朝臣上书救之⑤。光禄大夫郑宽中卒,永乞以师傅恩加其礼谥⑥。陈汤下狱,永上疏讼其功⑦。鸿嘉河决,永言当观水势,然后顺天心而图之⑧。成帝好鬼神方术,永言皆妄人惑众,挟左道以欺罔世主⑨,宜距绝此类。梁王为有司奏禽兽行⑩,永上疏谏止勿治。淳于长初封,下朝臣议,永言长当封。段会宗复为西域都护,永怜其老复远出，手书戒之。建昭雨雪，燕多死，永请皇后就宫，令众妾人人更进⑪。建始星孛营室，永言为后宫怀妊之象⑫，彗星加之，将有绝继嗣者。永始日食，永以《易》占对，言酒亡节之所致⑬。次年又食，永言民愁怨之所致。星陨如雨，永言王者失道，下将叛去，故星叛天而陨，以见其象。《楼护传》言："谷子云之笔札⑭。"《叙传》述其论许、班事⑮。《许皇后传》云："上采永所言以答书。"其载于史者详复如此⑯。本传云："永善言灾异，前后所上四十余事。"盖谓是云。

【注释】

①精勤：专心勤勉。心疾：此指心脏病。②谷永：字子云。少时为长安小史。建始初，对贤良策，举上第，与楼护俱为五侯（见《随笔》卷十二《恭显议萧望之》"王氏五侯"注）上客。楼护，字君卿，为人短小精辩，长安人称"谷子云笔札，楼君卿唇舌"。③论建：建议。渫（xiè）：消散，止歇。在原：《诗·小雅·常棣》："脊令在原，兄弟急难。"后因以"在原"指兄弟。脊令，即鹡鸰，鸟名。成群而飞，好比兄弟成群共处。④宣简在两府：薛宣的考绩功课，在丞相府和御史府的记录上是很显著的。简，明也。宣简在两府，意谓薛宣可以担任御史大夫。⑤中朝臣：汉代朝官自武帝以后分中朝和外朝。外朝官包括丞相以下的正规职官，中朝官（一称内朝官）则由皇帝的近臣如大司马左右前后将军、侍中、常侍、散骑、给事中、尚书等组成。有时借以牵制丞相的权力。⑥以师傅恩：郑宽中曾授成帝《尚书》（成帝为太子时）。加其礼谥：谓在议谥时增加其礼数（古代按名位而分的礼仪等级制度）。⑦永上疏讼其功：讼，颂扬。后作"颂"。⑧鸿嘉：成帝年号，前20—前17年。天心：天帝之心意。⑨左道：邪道。⑩梁王禽兽行：梁王刘立，与其姑母园子淫乱。禽兽行，指违背人伦的行为。后来谓乱伦为禽兽行。⑪"建昭雨雪"句："建昭四年三月，雨雪，燕多死。"谷永请皇后齐（斋）戒辟（避）寝，毋得擅上。"且令众妾人人更（轮流更替）进，以时博施。皇天说（悦）喜，庶几可以得贤明之嗣。"（《汉书·五行志中之下》）按：古人迷信天象。这是典型的以天象附会人事。⑫星孛营室：彗星在室宿位置。孛，慧星的别称。怀妊：怀胎。⑬占（zhàn）对：应对，对答。按《汉书·五行志下之下》："永始元年……，日有食之，谷永以京房《易占》对曰……。"亡节：无节制。⑭笔札：借指文章。⑮论许、班事：指成帝许皇后家、班倢伃家。⑯详复：繁多。

玉堂殿阁

汉谷永对成帝问曰:"抑损椒房、玉堂之盛宠①。"颜师古注:"椒房,皇后所居。玉堂,嬖幸之舍也②。"按《汉书·李寻传》:"久污玉堂之署③。"注:"玉堂殿在未央宫。"翼奉疏曰④:"孝文帝时,未央宫又无高门、武台、麒麟、凤凰、白虎、玉堂、金华之殿。"《三辅黄图》曰:"未央宫有殿阁三十二,椒房、玉堂在其中。"《汉宫阁记》云"未央宫有玉堂、宣室阁",又引《汉书》:"建章宫南有玉堂,璧门三层⑤,台高二十丈,玉堂内殿十二门阶,阶皆玉为之。又有玉堂、神明堂二十六殿。"然今《汉书·郊祀志》但云"建章宫南有玉堂璧门",而无它语。晋灼注扬雄《解嘲》"上玉堂"之句,曰"《黄图》有大玉堂、小玉堂殿",而今《黄图》无此文。国朝太宗淳化中,赐翰林"玉堂之署"四字,其后以最下一字犯庙讳⑥,故元符中只云"玉堂"。绍兴末,学士周麟之又乞高宗御书"玉堂"二字,揭于直庐,麟之跋语,自有所疑。已而议者皆谓玉堂乃殿名,不得以为臣下直舍,当如承明故事⑦,请曰"玉堂之庐"可也。今翰林但扁"摛文堂"三字,示不敢居⑧。然则其为禁内宫殿明白,有殿、有阁、有台。谷永以配椒房言之,意当日亦尝为燕游之地,师古直以为嬖幸之舍,与前注自相舛异⑨,大误矣。

【注释】

①抑损:减少;限制。椒房:原指皇后宫室,后泛指后妃所住的宫殿,用椒和泥涂壁,取其温暖有香气,兼有多子之意,故名。亦用为后妃的代称。②嬖幸:此处专指宠妃。③久污玉堂之署:"玉堂"为官署名。汉侍中有玉堂署;宋以后翰林院亦称玉堂。汉时众贤待诏于玉堂殿(唐时则待诏于翰林院),即李寻说的自己"久污玉堂之署"之意。污,沾污。这里李寻是自谦之词。④翼奉:汉代人。⑤璧门:汉建章宫南的著名建筑,武帝时造。后泛指官门。⑥最下一字犯庙讳:英宗名赵曙,与"署"字同音。⑦直舍(shè):古代官员在禁中当值办事之处。承明:即承明庐。⑧今翰林但扁"摛文堂"三字,示不敢居:《太玄·玄摛》:"玄者,幽摛万类而不见形者也。"因"不见形者",故言"示不敢居"。⑨舛异:矛盾;彼此相违背。前注:指《李寻传》的注"玉堂殿在未央宫"。

因为《汉书·李寻传》在前,《谷永传》在后。

按:1989年版《辞海》注解,"玉堂"并非一处。

汉武帝喜杀人者

汉武帝天资刚严,闻臣下有杀人者,不唯不加之罪,更喜而褒称之①。李广以故将军屏居蓝田,夜出至亭,为霸陵醉尉所辱。居无何,拜右北平太守,请尉与俱,至军而斩之,上书自陈谢罪。上报曰:"将军者,国之爪牙也。怒形则千里竦②,威振则万物伏。夫报忿除害,朕之所图于将军也。若乃免冠徒跣,稽颡请罪,岂朕之指哉!"胡建守军正丞(谓未得真官,兼守之也),时监军御史穿北军垒垣以为贾区③,建欲诛之。当选士马日,御史与护军诸校列坐堂皇上④,建趋至拜谒,因令走卒曳御史下,斩之。遂上奏曰:"案军法:'正亡属将军,将军有罪以闻,二千石以下行法焉⑤。'丞于用法疑,臣谨以斩。"谓丞属军正,斩御史于法有疑也。制曰:"三王或誓于军中,欲民先成其虑也⑥。或誓于军门之外,欲民先意以待事也⑦。或将交刃而誓,致民志也⑧。建又何疑焉。"建繇是显名。观此二诏,岂不开妄杀之路乎⑨?

【注释】

①褒称(chēng):赞美称扬。②竦:通"悚"。恐惧。③军正:军中执法之官。监军御史:官名。专掌稽核功罪赏罚。穿:凿通。垒垣:军营的围墙。④堂皇:官署的大堂。亦作"堂隍"。⑤正亡属将军:军正不受将军统属。将军有罪以闻:将军有罪,军正也可以写表奏明皇上。二千石以下行法焉:二千石以下的武官,军正有权就地正法。《汉书·胡建传》孟康注:"二千石谓军中校尉、都尉之属。"⑥先成其虑:即整齐民心,犹现在所说统一认识。⑦先意(以待事):做好思想准备。⑧将交刃:将要开战;将要交战。致民志:鼓舞士气和斗志。⑨妄杀:滥杀;乱杀。

知人之难

霍光事武帝，但为奉车都尉，出则奉车，入侍左右，虽以小心谨饬亲信，初未尝少见于事也①。一旦位诸百僚之上，使之受遗当国②。金日䃅以胡父不降，没入官养马，上因游宴见马，于造次顷刻间，异其为人，即日亲近，其后遂为光副③。两人皆能称上所委。然一日用四人，若上官桀、桑弘羊亦同时辅政，几于欲害霍光，苟非昭帝之明，社稷危矣！则其知人之哲④，得失相半，为未能尽，此虽帝尧之圣而以为难也。

【注释】

①谨饬：亦作"谨敕"。谨慎，能约束自己的言行。少见于事：少，稍；略。事，指国家大事。②受遗：受武帝遗诏辅佐年幼的昭帝。③胡父不降：金日䃅本匈奴休屠王的太子，从昆邪王归汉，其父未降。遂为光副：遂为霍光的副手同时辅佐昭帝。④哲：聪明。一说，智慧。

馆职迁除

建炎南渡，稍置馆职，绍兴初，始定制，除监、少丞外，以著作郎、佐郎、秘书郎二员，校书、正字通十二员为额，仿唐瀛州十八学士之数①。其迁出它司，非郎官即御史。唯林之奇以疾，王十朋以论事，皆徙越府大宗正丞②。自乾道以后，有旨，须曾任为县，始得除台、察③，曾任郡守，始得为郎。三馆之士固无有历此者，于是朝廷欲越次擢用者，乃以为将作、军器少监，旋进为监，既班在郎上，则无所不可为。欲径隮清要者④，则由著迁秘郎而拜左右二史，不然，不过兼权省郎，年岁间求一郡而去。而御史之除，皆归六院矣⑤。尔后颇靳其选，俟再迁寺监丞簿，然后命之。向时郡守召用，虽自军垒亦除郎，今资浅望轻者，但得丞及司直，或又再命，始入省云⑥。

【注释】

①校书、正字通十二员为额:通,合计;总计。瀛州:即瀛洲。见《四笔》卷十四《潘游洪沈》注。②王十朋以论事:王十朋论风雷雨雪交作,认为是阳不胜阴,上书要求崇阳抑阴(尊崇臣僚抑制后宫),以止天变。越府:即绍兴府。南宋绍兴元年(1131年)升越州置府,以年号为名。③台、察:指御史府的台院和察院的官员。④径隮:直接登上。⑤六院:宋官署名。指登闻检院、登闻鼓院、官告院、都进奏院、诸军司粮料院、审计院。以京官知县有功绩的或郡守充职。⑥军垒:军营周围的防守工事。即军壁。借指军营。司直:官名。汉置。以后职责屡有变化。宋分断刑、治狱二司直。省:王宫禁地,禁中。

卷第七(十四则)

盛衰不可常

东坡谓废兴成毁不可得而知。予每读书史,追悼古昔,未尝不掩卷而叹。伶子于叙《赵飞燕传》①,极道其姊弟一时之盛,而终之以荒田野草之悲,言盛之不可留,衰之不可推,正此意也。国初时,工部尚书杨玢长安旧居,多为邻里侵占,子弟欲以状诉其事,玢批纸尾,有"试上含元基上望,秋风秋草正离离"之句②。方去唐末百年,而故宫殿已如此,殆于宗周《黍离》之咏矣③。慈恩寺塔有荆叔所题一绝句,字极小而端劲,最为感人。其词曰:"汉国河山在,秦陵草木深。暮云千里色,无处不伤心。"旨意高远,不知为何人,必唐世诗流所作也。李峤《汾阴行》云:"富贵荣华能几时?山川满目泪沾衣。不见只今汾水上,唯有年年秋雁飞。"明皇闻之,至于泣下。杜甫《观画马图》云:"忆昔巡幸新丰宫④,翠华拂天来向东。腾骧磊落三万匹⑤,皆与此图筋骨同。君不见金粟堆前松柏里,龙媒去尽鸟呼风⑥。"《公孙大娘弟子舞剑器行》云:"先帝侍女八千人⑦,公孙剑器初第一。五十年间似反掌,风尘澒洞昏王室⑧。梨园弟子散如烟,女乐余姿映寒日。"元微之《连昌宫词》云:"两京定后六七年⑨,却寻家舍行宫前。庄园烧尽有枯井,行宫门闼树宛然⑩。"又云:"舞榭欹倾基尚存,文窗窈窕纱犹绿⑪。""上皇偏爱临砌花,依然御榻临阶斜⑫。""寝殿相连端正楼⑬,太真梳洗楼上头。晨光未出帘影黑,至今反挂珊瑚钩⑭。指似傍人因恸哭,却出宫门泪相续⑮。"凡此诸篇,不可胜纪。《飞燕别传》以为伶玄所作,又有玄自叙及桓谭跋语⑯。予窃有疑焉,不唯其书太媟,至云扬雄独知之,雄贪名矫激,谢不与交;为河东都尉,捽辱决曹班躅,躅从兄子彪续司马《史记》,绁子于无所叙录⑰,皆恐不然。而自云:"成、哀之世,为淮南相。"案是时淮南国绝久矣,可昭其妄也。因序次诸诗,聊载于此。

【注释】

①伶子于：即下文的伶玄，西汉末人。②含元：含元殿。唐长安大明宫正殿。唐末毁废。遗址在今陕西省西安市。离离：繁茂貌。③宗周《黍离》之咏：即指《诗·王风·黍离》。《黍离》是宗周（周代王都）的歌。见《三笔》卷八《徽宗荐严疏文》"禾黍"注。④新丰宫：新丰县治临潼东北，有宫在骊山下。⑤磊落：众多杂沓貌。⑥金粟堆：《旧唐书》载，明皇尝至睿宗桥陵，见金山冈有龙盘虎踞之势，谓侍臣曰："吾千秋万岁后，葬此。"暨升遐，群臣尊先旨葬焉。金粟山在今陕西蒲城县。龙媒：《汉书·礼乐志》："天马来，龙之媒。"颜师古注引应劭曰："言天马者，乃神龙之类，今天马已来，此龙必至之效也。"后因称骏马为"龙媒"。⑦先帝：指唐玄宗。⑧反掌：犹言转瞬。喻时间之短暂。澒洞（hòng tóng）：浩大无际貌。这句言安史之乱。⑨两京：西京长安和东京洛阳。由郭子仪先后收复。⑩门闼：元稹原诗作"门闭"。⑪欹倾：歪斜；歪倒。欹（qī），通"攲"。文窗：雕花的窗子。窈窕：幽深貌。⑫"上皇偏爱"句：写安史乱后，玄宗依然下榻连昌宫，晚景凄凉。⑬端正楼：在骊山华清宫，不在连昌宫。这里是作者借用。⑭反挂珊瑚钩：形容衰寞凄凉无人管理的景象。⑮指似傍人：指点给别人看。似，同"示"。却出：退出。⑯桓谭：东汉哲学家、经学家。字君山。⑰媟（xiè）：义同"亵"。态度不恭敬。扬雄独知之：知，了解。之，指伶玄。矫激：犹矫情。掩饰真情。这里有故意违反常情，表示自己不同流俗之意。班彪：东汉史学家。所续《史记》，即后来由其子固、其女昭续修完成的《汉书》。绌子于无所叙录：即排除伶玄而没有写进《汉书》。叙录，记载。排除的原因就在上一句。

唐赋造语相似

唐人作赋，多以造语为奇①。杜牧《阿房宫赋》云："明星荧荧，开妆镜也。绿云扰扰，梳晓鬟也。渭流涨腻，弃脂水也。烟斜雾横，焚椒兰也。雷霆乍惊，宫车过也。辘辘远听②，杳不知其所之也。"其比兴引喻，如是其侈③。然杨敬之《华山赋》又在其前，叙述尤壮④，曰："见若咫尺，田千亩矣。见若环堵，城千雉矣⑤。见若杯水，池百里矣。见若蚁垤⑥，台九层矣。醯鸡往来，周东西矣⑦。蠛蠓纷纷⑧，秦速亡矣。蜂窠联联，起阿房矣。俄而复然，立建章矣⑨。小星奕奕，焚咸阳矣⑩。

累累茧栗,祖龙藏矣⑪。"后又有李庚者,赋西都云:"秦址薪矣⑫,汉址芜矣。西去一舍,鞠为墟矣⑬。代远时移,作新都矣⑭。"其文与意皆不逮杨、杜远甚。高彦休《阙史》云敬之"赋五千字,唱在人口"。赋内之句,如上数语,杜司徒佑、李太尉德裕常所诵念。牧之乃佑孙,则《阿房赋》实模仿杨作也。彦休者,昭宗时人。

【注释】

①造语:说话或作文时选用词句。②荧荧:微光闪烁貌,多指星月之光或烛光。绿云:比喻女子乌黑的头发。椒兰:椒与兰皆为芳香之物。辘辘:象声词,车行声。③侈:夸张。④壮:豪壮;豪迈。⑤千雉:形容城墙高大。雉,古代计算城墙面积的单位,长三丈、高一丈为一雉。⑥蚁垤(dié):即"蚁封"。蚁穴外隆起的小土堆。⑦醯鸡:小虫名,即蠛蠓。古人误以为酒醋上的白霉变成,故名。也用以形容细小。醯,音 xī,醋。醯鸡往来,这里可能是比喻犬戎的内侵。周东西矣:周朝建都于镐(今陕西长安沣河以东)。前771年申侯联合犬戎攻杀周幽王。次年周平王东迁到洛邑(今河南洛阳)。历史上称平王东迁以前为西周,以后为东周。⑧蠛蠓纷纷:比喻秦末农民起义。蠛(miè)蠓,虫名。《尔雅·释虫》:"蠓,蠛蠓。"郭璞注:"小虫似蚋,喜乱飞。"⑨蜂窠:即蜂巢。蜂窝。联联:联续不绝貌。阿房、建章:秦朝阿房宫;汉代建章宫。此处泛指宫阙。⑩"小星奕奕"句:在众星照耀下,咸阳被焚。小星,众多无名的星。奕奕,光彩闪动貌。秦亡,咸阳被项羽焚毁,"火三月不灭"。⑪累累:多貌;重叠貌。茧栗:幼牛角初生,形小如茧似栗,因用为幼牛的代称。古代祭祀用牛以小为贵。因以"茧栗"泛指祭品。祖龙藏矣:秦始皇死了。祖龙,指秦始皇。《史记·秦始皇本纪》:"三十六年……秋,使者从关东夜过华阴平舒道,有人持璧遮使者曰:'为吾遗滈池君。'因言曰:'今年祖龙死。'"裴骃集解引苏林曰:"祖,始也;龙,人君像;谓始皇也。"藏,音 zàng。埋葬。⑫薪:草。指长出了草。⑬一舍:古时以三十里为一舍。亦泛指较远的距离。鞠为墟:尽为废墟。⑭新都:即指西都长安。唐显庆二年(657年)以洛阳为东都,因称长安为西都。

张蕴古大宝箴

唐太宗初即位,直中书省张蕴古上《大宝箴》①,凡六百余言,遂擢大理丞。《新唐史》附其姓名于《文艺·谢偃传》末,又不载此文,但云"讽帝以民畏而未怀,其辞挺切"而已②。《资治通鉴》仅载其略曰:"圣人受命,拯溺亨屯③。""故以一人治天下,不以天下奉一人。""壮九重于内,所居不过容膝,彼昏不知,瑶其台而琼其室;罗八珍于前,所食不过适口,惟狂罔念,丘其糟而池其酒④。""勿没没而暗,勿察察而明,虽冕旒蔽目而视于未形,虽黈纩塞耳而听于无声⑤。"然此外尚多规正之语,如曰:"惟辟作福,为君实难。主普天之下,处王公之上,任土贡其有求,具寮陈其所倡⑥。是故恐惧之心日弛,邪僻之情转放⑦。岂知事起乎所忽,祸生乎无妄⑧。""大明无私照⑨,至公无私亲。""礼以禁其奢,乐以防其佚。""勿谓无知,居高听卑⑩;勿谓何害,积小就大。乐不可极,乐极生哀;欲不可纵,纵欲成灾。""勿内荒于色,勿外荒于禽⑪。勿贵难得货,勿听亡国音。内荒伐人性⑫,外荒荡人心。难得之货侈,亡国之音淫⑬。勿谓我尊而慢贤侮士,勿谓我智而拒谏矜己。""安彼反侧,如春阳秋露,巍巍荡荡,恢汉高大度;抚兹庶事,如履薄临深,战战慄慄,用周文小心⑭。""一彼此于胸臆,捐好恶于心想⑮。""如衡如石,不定物以限,物之悬者,轻重自见;如水如镜,不示物以情,物之鉴者,妍媸自生⑯。勿浑浑而浊,勿皎皎而清⑰;勿没没而暗,勿察察而明。""吾王拨乱,戡以智力,民惧其威,未怀其德;我皇抚运,扇以淳风⑱,民怀其始,未保其终。""使人以心,应言以行⑲。""天下为公⑳,一人有庆。"其文大抵不凡,既不为史所书,故学者亦罕传诵。蕴古为丞四年,以无罪受戮,太宗寻悔之,乃有覆奏之旨㉑,传亦不书,而以为坐事诛,皆失之矣。《旧唐书》全载此箴,仍专立传,不知宋景文何为削之也?

【注释】

①大宝:最宝贵的事物。《易·系辞下》:"圣人之大宝曰位。"后因以"大宝"指帝位。②民畏而未怀:即下文的"民惧其威,未怀其德"。挺切:直率恳切。③拯溺:救援溺水的人。引申指解救危难。亨屯(zhūn):谓解救困厄。亨,通达顺利。④壮:坚实,牢固。九重:指宫禁(皇帝居住、视政的地方)。"彼昏不知"句:那昏庸无知的人君,用瑶玉砌台,用琼玉筑室。八珍:古代八种烹任方法。谓淳熬、淳母、炮豚、炮牂、捣珍、渍、熬、肝膋。后来用以泛指珍贵的食品。"惟狂罔念"句:只有那狂惑的人不思念成为圣人,而像纣王那

样使糟成丘山、酒浆盈池。"惟狂罔念"为"惟狂罔念作圣"的省语。⑤没没（mò）：犹昧昧，糊涂。察察：分析明辨的意思。水至清则无鱼，人至察则无徒。"虽冕旒蔽目"句：皇帝虽被冕旒遮住了眼睛，但也能看出事情的先机。冕旒，古代帝王、诸侯、卿大夫冕冠上延的前端垂挂的玉串。南北朝以后只有皇帝用冕。"虽黈纩塞耳"句：虽以如丸的黄绵悬垂在冠的两边，以充塞两耳，却能听到没说出的声音。黈纩（tǒu kuàng），黄色丝绵絮。古之冕制，以黄色丝绵絮大如丸，悬于冕之两旁，以示不听无益之言。⑥任土：即任土作贡。依据土地的具体情况，制定贡赋的品种和数量。具寮：亦作"具僚"。官员；百官。按：海南出版社1999年版《二十六史》第三册《旧唐书·张蕴古传》所载《大宝箴》此两句为："任土贡其所求，具僚和其所唱。"⑦邪僻：乖谬不正。⑧忽：忽略；忽视。无妄：意外；不期然而然。⑨大明：指日或月，也兼指日月。⑩无知：无人知晓。居高听卑：指上天或神明而言。⑪外荒：谓耽乐田猎，以使人精神迷乱，故称。语出《书·五子之歌》："内作色荒，外作禽荒。"孔传："迷乱曰荒……禽，鸟兽。"⑫伐：败坏；危害。人性：人们所具有的正常情感、理性。⑬亡国之音：指淫靡的音乐。淫：超过常度；滥。一说惑乱；迷惑。⑭反侧：不安分、不顺服。此处指反侧之民。巍巍荡荡：语出《论语·泰伯》。后以"巍巍荡荡"形容道德崇高，恩泽博大。恢：发扬。汉高：指汉高祖刘邦。大度：宏伟的抱负。《史记·高祖本纪》："（高祖）常有大度，不事家人生产作业。"抚兹庶事：治理各种政事。抚，治理。战战慄慄：敬畏戒惧貌。用：采用。周文：指周文王姬昌。小心：谨慎；留神。《诗·大雅·大明》："维此文王，小心翼翼。昭事上帝，聿怀多福。厥德不回，以受方国。"⑮一彼此于胸臆：要把这样和那样的意见都装入胸中。一，齐一，统一。彼此，这个和那个，双方。亦用以指不一致或不一致的意见。胸臆，心胸，胸怀。捐好恶于心想：要把好恶之感情排出心外。捐，舍弃；除去。⑯衡：秤。石（dàn）：重量单位。妍媸：美好和丑恶。⑰浑浑（hùn hùn）：浑浊、纷乱貌。皎皎：清白貌。⑱戡（kān）：攻克；平定。抚运：顺应时运。淳风：淳朴敦厚之风。⑲使人以心：即以诚待人。应言以行：即言行一致。⑳天下为公：古指君位不为一家所私有。此处指一种美好的政治理想，即太平盛世。㉑乃有覆奏之旨：张蕴古遭诬陷，被斩于东市。"太宗寻悔，因发制，凡决死者，命所司五覆奏，自蕴古始也。"（《旧唐书·张蕴古传》）覆奏：详审事情，重行上奏。

国初文籍

国初承五季乱离之后,所在书籍印板至少,宜其焚炀荡析,了无孑遗①。然太平兴国中编次《御览》,引用一千六百九十种,其纲目并载于首卷,而杂书、古诗赋又不及具录,以今考之,无传者十之七八矣,则是承平百七十年,翻不若极乱之世。姚铉以大中祥符四年集《唐文粹》,其序有云:"况今历代坟籍②,略无亡逸。"观铉所类文集③,盖亦多不存,诚为可叹!

【注释】

①宜:犹当然;无怪。表示事情本当如此。焚炀:焚烧。孑遗:遗留;余剩。②坟籍:犹坟典。泛指古书。③类:类次。谓分类编次。

叙西汉郊祀天地

郊祀合祭、分祭之论,国朝元丰、元祐、绍圣中三议之矣,莫辩于东坡之立说①,然其大旨驳当时议臣,谓周、汉以来,皆尝合祭,及谓夏至之日行礼为不便。予固赞美之于《四笔》矣。但熟考《汉》《史》,犹为未尽。自高皇帝增秦四畤为五②,以事天地。武帝以来,至于元、成,皆郊见甘泉③。武帝因幸汾阴,始立后土祠于脽上,率岁岁间举之,或隔一岁,常以正月郊泰畤④,三月祠后土。成帝建始元年,初立南北郊,亦用正月、三月辛日,而罢甘泉、汾阴之祭。元丰、祐、绍三议,皆未尝及此。盖盛夏入庙出郊,在汉礼元不然也。是时,坡公以非议者所起,故不暇更为之说,似不必深攻合祭为王莽所行,庶几往复考赜,不至矛盾,当复俟知礼者折衷之焉⑤。

【注释】

①郊祀:古代祭礼,在郊外祭天或祭地。辩:谓叙事、说理明白清楚。

②畤（zhì）：古时祭天地五帝的固定处所。秦代有密畤、上畤、下畤、畦畤。分别祭祀青帝、黄帝、炎帝、白帝。汉代增加北畤，祭黑帝。③郊见：古代天子祀上帝诸神于郊外。④脽（shuí）上：见《三笔》卷十三《钟鼎铭识》注。泰畤：古代天子祭天神之处。⑤考赜：即考证访赜。折衷：协调不同意见，提出各方都能接受的办法。

骞鶱二字义训

骞鶱二字①，音义训释不同。以字书正之，骞，去乾切。注云："马腹絷②，又亏也。"今列于《礼部韵略》下平声二仙中③。鶱，虚言切。注云："飞貌。"今列于上平声二十二元中。文人相承，以骞亏之骞为轩昂掀举之义④，非也。其字之下从马，马岂能掀举哉？闵损字子骞，虽古圣贤命名制字，未必有所拘泥，若如亏少之义，则涣然矣。其下从鸟，则于掀飞之训为得。此字殆废于今，故东坡、山谷亦皆押骞字入元韵，如"时来或作鹏骞"、"传非其人恐飞骞"之类，特不暇毛举深考耳⑤，唯韩公《和侯协律咏笋》一联云⑥："得时方张王⑦，挟势欲腾鶱。"乃为得之。此固小学琐琐⑧，尤可以见公之不苟于下笔也。

【注释】

①骞：音qiān，亏损。马腹低陷。亦指其他动物腹部低陷。鶱：音xiān，鸟振翼而飞。②马腹絷：《说文·马部》云：骞，马腹絷也。段玉裁校改絷为垫，谓马腹低陷。③二仙：和下文"二十二元"均指古音韵部。"二"和"二十二"是序号，"仙"和"元"为韵部名称。④轩昂：高扬貌；飞举貌。掀举：腾飞；腾举。⑤毛举：粗略地列举。一说列举琐碎的事情。⑥协律：协律郎。掌管校正乐律的官。⑦张王（zhàng wàng）：旺盛。⑧小学：此处指训诂学。

书麹信陵事

夜读白乐天《秦中吟》十诗，其《立碑》篇云："我闻望江县，麹令抚惸嫠①。（麹，名信陵）在官有仁政，名不闻京师。身殁欲归葬，百姓遮路歧②。攀辕不得去，留葬此江湄③。至今道其名，男女涕皆垂。无人立碑碣，唯有邑人知。"予因忆少年寓无锡时，从钱伸仲大夫借书，正得信陵遗集，财有诗三十三首，《祈雨文》三首。信陵以贞元元年鲍防下及第，为四人，以六年作望江令。读其《投石祝江文》云："必也私欲之求，行于邑里，惨黩之政④，施于黎元，令长之罪也。神得而诛之，岂可移于人以害其岁⑤？"详味此言，其为政无愧于神天可见矣。至大中十一年，寄客乡贡进士姚辇，以其文示县令萧缜，缗辍俸买石刊之⑥。乐天十诗，作于贞元元和之际，距其亡十五年耳，而名已不传。《新唐·艺文志》但记诗一卷，略无他说。非乐天之诗，几于与草木俱腐。乾道二年，历阳陆同为望江令，得其诗于汝阴，王廉清为刊板而致之郡库⑦，但无《祈雨文》也。

【注释】

①惸嫠（qióng lí）：无兄弟与无丈夫的人。亦泛指孤苦无依的人。②路歧：歧路；岔道。③攀辕："攀辕卧辙"的省略。牵挽车辕，睡在车道上，不让车子走。旧时用为称颂贤明官吏，争相挽留之辞。江湄：江岸。湄，岸边，水与草交接的地方。④必：连词。表示假设关系。倘若……一定，如果……一定。惨黩：昏暗貌。意谓暗无天日。⑤岁：一年的农事收成。⑥辍俸：停止俸禄。意谓不领薪水，而用薪水来"买石刊之"。⑦得其诗于汝阴，王廉清为刊板而致之郡库（交到郡库收藏）：按照文意，"王廉清"三字似应断在上句。

贡禹朱晖晚达

贡禹壮年仕不遇，弃官而归。至元帝初，乃召用，由谏大夫迁光禄，奏言："臣犬马之齿八十一①，凡有一子，年十二。"则禹入朝时，盖年八十，其生子时固已七十岁矣，竟再迁至御史大夫，列于三公。杜子美云："长安卿相多少年，富贵应须致身早。"是不然也。朱晖在章帝朝，自临淮太守屏居，后召拜仆射，复为太守，上疏乞留中②，诏许之。因议事不合，自系狱，不肯复署议③，曰："行年八十，得在机密，当以死报。"遂闭口不复言。帝意解，迁为尚书令。至和帝时，复谏征匈奴④，计其年当九十矣。其忠正非禹比也。

【注释】

①犬马之齿：臣子对君上卑称自己的年龄。②留中：指留在朝中任职。③署议：谓上书议事。因上书须署名，故称。④复谏征匈奴："和帝即位，窦宪北征匈奴，晖复上疏谏。"（《后汉书》本传）。

琵琶行海棠诗

白乐天《琵琶行》一篇，读者但羡其风致，敬其词章，至形于乐府，咏歌之不足，遂以谓真为长安故倡所作。予窃疑之。唐世法网虽于此为宽，然乐天尝居禁密，且谪官未久，必不肯乘夜入独处妇人船中，相从饮酒，至于极弹丝之乐①，中夕方去，岂不虞商人者它日议其后乎？乐天之意，直欲摅写天涯沦落之恨尔②。东坡谪黄州，赋《定惠院海棠》诗，有"陋邦何处得此花，无乃好事移西蜀"、"天涯流落俱可念，为饮一尊歌此曲"之句③，其意亦尔也。或谓殊无一话一言与之相似，是不然。此真能用乐天之意者，何必效常人章摹句写而后已哉？

【注释】

①法网：喻严密的法律。禁密：犹禁近。指宫中官署或文学近侍之臣。弹丝：弹奏弦乐器。②摅（shū）写：抒写。③陋邦：指边远闭塞之地。好事：好事者。移西蜀：从西蜀移来。据说蜀中海棠花最知名。

东坡不随人后

自屈原词赋假为渔父、日者问答之后，后人作者悉相规仿。司马相如《子虚》《上林赋》以子虚、乌有先生、亡是公，扬子云《长杨赋》以翰林主人、子墨客卿，班孟坚《两都赋》以西都宾、东都主人，张平子《两都赋》以凭虚公子、安处先生，左太冲《三都赋》以西蜀公子、东吴王孙、魏国先生，皆改名换字，蹈袭一律，无复超然新意稍出于法度规矩者①。晋人成公绥《啸赋》无所宾主，必假逸群公子，乃能遣词。

枚乘《七发》本只以楚太子、吴客为言，而曹子建《七启》遂有玄微子、镜机子。张景阳《七命》有冲漠公子、殉华大夫之名。言话非不工也，而此习根著未之或改。若东坡公作《后杞菊赋》，破题直云："吁嗟先生②，谁使汝坐堂上称太守？"殆如飞龙抟鹏，鶱翔扶摇于烟霄九万里之外，不可搏诘，岂区区巢林翾羽者所能窥探其涯涘哉③？于诗亦然，乐天云："醉貌如霜叶，虽红不是春。"坡则曰："儿童误喜朱颜在，一笑哪知是酒红。"杜老云："休将短发还吹帽，笑倩傍人为正冠。"坡则曰："酒力渐消风力软，飕飕④，破帽多情却恋头。"郑谷《十日菊》云："自缘今日人心别，未必秋香一夜衰⑤。"坡则曰："相逢不用忙归去，明日黄花蝶也愁⑥。"又曰："万事到头都是梦，休休⑦，明日黄花蝶也愁。"正采旧公案而机杼一新，前无古人，于是为至⑧。与夫用"见他桃李树，思忆后园春"之意，以为"长因送人处，忆得别家时"，为一僧所嗤者有间矣。

【注释】

①法度：法式。规矩：制度；成规。②吁嗟：叹词。表疑怪。先生：即下句的"汝"。指苏东坡自己。此时东坡知密州。③抟鹏：盘旋在高空的鹏鸟。鶱翔：飞翔。扶摇：急剧盘旋而上的暴风。烟霄：云霄。搏诘：搏击阻止。搏，拍；击。诘，禁止。翾羽者：只能小飞的鸟。翾（xuān），小飞。④飕飕：象声词。形容风声。⑤今日人心别：人心与以前有别。秋香：秋日开放的花。多指菊花、桂花。⑥明日黄花：重阳节以后的菊花。谓重阳过后，菊花就逐渐萎谢。后常借以比喻过时的事物。⑦休休：罢了。⑧旧公案：前辈的言行范例。此处指前人诗意。至：尽善尽美。

元白习制科

白乐天、元微之同习制科，中第之后，白公寄微之诗曰："皆当少壮日，同惜盛明时①。光景嗟虚掷，云霄窃暗窥②。攻文朝矻矻，讲学夜孜孜③。策目穿如札④，毫锋锐若锥。"注云："时与微之结集策略之目，其数至百十，各有纤锋细管笔，携以就试，相顾辄笑，目为毫锥。"乃知士子待敌，编缀应用⑤，自唐以来则然，毫锥笔之名起于此也。

【注释】

①制科：见《续笔》卷十二《龙筋凤髓判》"制举"注。盛明：昌盛，昌明。②云霄：喻指高位。③矻矻（kū）：勤劳貌。孜孜：努力不息。④策目：科举考试时，作策试用的题目。札：铠甲的叶片。⑤待敌：指对付考试。编缀：犹编集。

门生门下见门生

后唐裴尚书年老致政①。清泰初，其门生马裔孙知举，放榜后引新进士谒谢于裴，裴欢宴永日，书一绝云："宦途最重是文衡②，天与愚夫作盛名。三主礼闱今八十③，门生门下见门生。"时人荣之。事见苏耆《开谭录》。予以《五代登科记》考之，裴在同光中三知举，四年放进士八人，裔孙预焉。后十年，裔孙为翰林学士，以清泰三年放进士十三人，兹所书是已。裔孙寻拜相，《新史》亦载此一句云④。白乐天诗有《与诸同年贺座主高侍郎新拜太常同宴萧尚书亭子》一篇。注云："座主于萧尚书下及第⑤。"予考《登科记》，乐天以贞元十六年庚辰中书舍人高郢下第四人登科，郢以宝应二年癸卯礼部侍郎萧昕下第九人登科，迨郢拜太常时，几四十年矣。昕自癸卯放进士之后，二十四年丁卯，又以礼部尚书再知贡举，可谓寿俊⑥。观白公所赋，益可见唐世举子之尊尚主司也⑦。

【注释】

①裴尚书：指裴皞。后唐时为礼部侍郎，以老拜兵部尚书致仕。致政：犹致仕。辞官。②谒谢：晋见道谢。文衡：谓以文章试士的取舍权衡。评文如以秤称物，故曰"文衡"。③礼闱：即礼部试。唐代的进士考试本由吏部的考功员外郎主持，至开元二十四年（736年），考功员外郎李昂与进士李权语言冲突，朝廷以郎官地位较低，改由尚书省的礼部侍郎主持，通称省试。历代沿袭，科举遂为礼部专职，因称在京举行之会试为礼部试，亦称礼闱。④《新史》：指《新五代史·裴皞传》。⑤座主：也叫"座师"。唐代进士用称主试官。⑥寿俊：健康长寿。俊，雄健。⑦尊尚：尊崇推重。

韩苏杜公叙马

　　韩公《人物画记》，其叙马处云："马大者九匹，于马之中又有上者下者焉，行者，牵者，奔者，涉者，陆者，翘者，顾者，鸣者，寝者，讹者，立者，龁者，饮者，溲者，陟者，降者，痒磨树者，嘘者，嗅者，喜而相戏者，怒相踶啮者，秣者，骑者，骤者①，走者，载服物者，载狐兔者，凡马之事二十有七焉。马大小八十有三，而莫有同者焉。"秦少游谓其叙事该而不烦②，故仿之而作《罗汉记》。坡公赋《韩干十四马》诗云："二马并驱攒八蹄，二马宛颈鬃尾齐③。一马任前双举后，一马却避长鸣嘶④。老髯奚官骑且顾⑤，前身作马通马语。后有八匹饮且行，微流赴吻若有声⑥。前者既济出林鹤，后者欲涉鹤俯啄⑦。最后一匹马中龙，不嘶不动尾摇风。韩生画马真是马，苏子作诗如见画。世无伯乐亦无韩，此诗此画谁当看？"诗之与记，其体虽异，其为布置铺写则同。诵坡公之语，盖不待见画也。予《云林绘监》中有临本，略无小异。杜老《观曹将军画马图》云："昔日太宗拳毛䯄，近时郭家师子花⑧。今之新图有二马，复令识者久叹嗟⑨。其余七匹亦殊绝，迥若寒空动烟雪⑩。霜蹄蹴踏长楸间⑪，马官厮养森成列。可怜九马争神骏，顾视清高气深稳⑫。"其语视东坡，似若不及，至于"斯须九重真龙出，一洗万古凡马空"，不妨独步也⑬。杜又有《画马赞》云："韩干画马，毫端有神。骅骝老大，騕褭清新"及"四蹄雷电，一日天池。瞻彼骏骨，实惟龙媒"之句⑭。坡公《九马赞》言："薛绍彭家藏曹将军《九马图》，杜子美所为作诗者也。"其词云："牧者万岁，绘者惟霸。甫为作诵，伟哉九马⑮。"读此诗文数篇，真能使人方寸超然，意气横出，可谓"妙绝动宫墙"矣⑯。

【注释】

　　①牵者：被牵行的。陆：跳跃的。翘（qiào）：昂首。顾：回首；回视。寝：睡。讹：卧。讹：通"吪"。行动，移动。龁（hé）：咬嚼。溲（sōu）：大小便。陟：由低处向高处走。与"降"相对。嘘：吐气。嗅：用鼻子辨别气味。踶啮（dì niè）：踢咬。骑者：骑，倚也。骤：疾走；奔驰。②该：详备。③攒(cuán)：聚集。宛颈：曲颈。④任前：用前腿负全身之重。任，用。双举后：

抬起两条后腿（踢后一匹马）。却避：退避。⑤吴官：养马的役人。在盛唐时代，多由胡人充当。⑥微流赴吻：微流吸入唇吻。⑦出林鹤：像"出林鹤"一样昂首上岸。鹤俯啄：像"鹤俯啄"那样低头入水。⑧騧：音guā。黑嘴的黄马。郭家：郭子仪家。⑨叹嗟：赞叹。⑩殊绝：特出；超绝。烟雪：烟雾般的飞雪。⑪霜蹄：即马蹄。语本《庄子·马蹄》："马蹄可以践霜雪。"蹴踏：踩；踏。长楸：高大的楸树。因古代常种于道旁，所以后来借指大路。⑫可怜：可爱。神骏：形容良马姿态雄健。顾视：转视；回视。深稳：深沉稳健。此诗题为《韦讽录事宅观曹将军画马图歌》。明文学家王嗣奭《杜臆》以为后两句写韦录事。视清高，言昂首，气深稳，言德良。⑬独步：独一无二，超群出众。⑭毫端：犹言笔底，笔下。有神：有神助。喻指奇妙生动，有神韵。老大：非常。腰袅（yǎo niǎo）：骏马名。雷霆：比喻宏大而急骤的声响。一日天池：杜甫原文作"一日天地"。即一日千里之意。骏骨：骏马之骨。⑮牧者：治民的人。万岁：臣下对皇帝的一种称呼。此指唐太宗。苏轼《〈九马图赞〉叙》："杜子美所为作诗者也，拳毛师子二骏在焉。"伟：认为奇异；认为出色。⑯超然：谓离尘脱俗。意气：意态，气概。妙绝动官墙：精妙绝伦，惊动朝廷。

风灾霜旱

庆元四年，饶州盛夏中，时雨频降，六七月之间未尝请祷，农家水车龙具倚之于壁，父老以为所未见，指期西成有秋，当倍常岁，而低下之田，遂以潦告①。余干、安仁乃于八月罹地火之厄。地火者，盖苗根及心，蟊虫生之，茎干焦枯，如火烈烈，正古之所谓蟊贼也②。九月十四日，严霜连降，晚稻未实者，皆为所薄③，不能复生，诸县多然。有常产者，诉于郡县，郡守孜孜爱民④，有意蠲租，然僚吏多云："在法无此两项。"又云："九月正是霜降节，不足为异。"案白乐天讽谏《杜陵叟》一篇曰："九月霜降秋早寒，禾穗未熟皆青干。长吏明知不申破，急敛暴征求考课。"此明证也⑤。予因记元祐五年苏公守杭日，与宰相吕汲公书，论浙西灾伤曰："贤哲一闻此言，理无不行，但恐世俗谄薄成风，揣所乐闻与所忌讳，争言无灾，或有灾而不甚损⑥。八月之末，秀州数千人诉风灾，吏以为法有诉水旱而无诉风灾，闭拒不纳，老幼相腾践⑦，死者十一人。由此言之，吏不喜言灾者，盖十人而九，不可不察也。"苏公及此，可谓仁人之言。岂非昔人立法之初，如所谓风灾、所谓早霜之类，非如水旱之田可以稽考⑧，惧贪民乘时，或成冒滥，故不轻启其端。今日之计，固难添创条式⑨。但凡有灾伤，出于水旱之外者，专委良守令推而行之，则实惠及民，可以救其流亡之祸，仁政之上也。

【注释】

①请祷：祈祷。水车：旧时灌溉机械，用人或畜力作为动力，通过管、筒、水槽等机件将水上提。龙具：牛蓑衣。用麻或草编成，披牛体使暖。古称牛衣。宋谢迈《喜雨》诗："锄犁不入土，龙具挂壁墙。"西成：谓秋季收成。有秋：丰收；年成好。潦（lào）：同"涝"。雨水过多，淹没庄稼。②蠥（niè），妖孽。禽兽虫蝗之怪为蠥。蠥虫：害虫。螟贼：原谓吃禾苗的两种害虫。《诗·小雅·大田》："去其螟螣，及其螟贼。"毛传："食根曰螟，食节曰贼。"③薄：搏击；拍击。④常产：即恒产。指固定的产业。此处专指土地。孜孜：犹言专心一意。⑤申破：呈报事情的真相。求考课：力求完成征收赋税的任务，作为考绩。此明证也：这是官吏不愿因霜灾而蠲租的明证。⑥诏薄：阿谀趣附。揣：猜度上司的想法，愿听的（乐闻）和厌恶听的（忌讳）。损：指减产。⑦腾践：奔走践踏。⑧稽考：查考，考核。⑨添创：增补或重新制订。条式：条文法规。

卷第八（十二则）

白苏诗纪年岁

白乐天为人诚实洞达，故作诗述怀①，好纪年岁。因阅其集，辄抒录之②："此生知负少年心，不展愁眉欲三十。""莫言三十是年少，百岁三分已一分。""何况才中年，又过三十二。""不觉明镜中，忽年三十四。""我年三十六，冉冉昏复旦③。""非老亦非少，年过三纪余。""行年欲四十，有女曰金銮。""我今欲四十，秋怀亦可知④。""行年三十九，岁暮日斜时。""忽因时节惊年岁，四十如今欠一年。""四十为野夫，田中学锄谷。""四十官七品，拙宦非由它⑤。""毛鬓早改变，四十白发生。""况我今四十，本来形貌羸。""衰病四十身，娇痴三岁女⑥。""自问今年几，春秋四十初。""四十未为老，忧伤早衰恶。""莫学二郎吟太苦⑦，才年四十鬓如霜。""下有独立人，年来四十一。""若为重入华阳院⑧，病鬓愁心四十三。""已年四十四，又为五品官。""面瘦头斑四十四，远谪江州为郡吏⑨。""行年四十五，两鬓半苍苍。""四十六时三月尽，送春争得不殷勤。""我今四十六，衰悴卧江城。""鬓发苍浪牙齿疏⑩，不觉身年四十七。""明朝四十九，应转悟前非。""四十九年身老日，一百五夜月明天。""衰鬓蹉跎将五十，关河迢递过三千⑪。""青山举眼三千里，白发平头五十人。""宦途气味已谙尽，五十不休何日休。""五十江城守，停杯忽自思。""莫学尔兄年五十，蹉跎始得掌丝纶。""五十未全老，尚可且欢娱。""长庆二年秋，我年五十一。""二月五日花如雪，五十二人头似霜。""老校于君合先退⑫，明年半百又加三。""前岁花前五十二，今年花前五十五。""倘年七十犹强健，尚得闲行十五春。""去时十一二，今年五十六。""我年五十七，荣名得几许。""我年五十七，归去诚已迟。""身为三品官，年已五十八。""五十八翁方有后，静思堪喜亦堪嗟。""半百过九年,艳阳残一日。""火销灯尽天明后,便是平头六十人。""六十河南尹,前途足可知。""不准拟身年六十[13],上山仍未要人扶。""不准拟身年六十,游春犹自有心情。""我今悟已晚,六十方退闲。""今岁日余二十六,来岁年登六十二。""心情多少在,六十二三人。""六十三翁头雪白,假如醒黠欲何为。""行年六十四,安得不衰羸[14]。""我今六十五,走若下坡轮。""年开第七秩,屈指几多人。""五十八归来,今年六十六。""无忧亦无喜,六十六年春。""共把十千沽一斗,相看七十欠三年。""七十欠四岁,此生那足论。""六十八衰翁,乘衰百疾攻。""又问年几何,七十行欠二。""更过今年年七十,假如无病亦宜休。""今日行年将七十,犹须惭愧病来迟。""且喜同年满七十,莫嫌衰病莫嫌贫。""旧语相传聊自慰,世间七十老人稀。""皤然七十翁,亦足称寿考。""昨日复今辰,悠悠七十春[15]。""人生七十希,我年幸过之。""白须如雪五朝臣,又入新正第七旬(时年七十一)[16]。""行开第八秩,可谓尽天年。""吾今已年七十一,眼昏须白头风眩[17]。""七十人难到,过三更较稀。""七十三人难再到,今春来是别花来[18]。""七十三翁旦暮身,誓开险路作通津。""风光抛得也,七十四年春。""寿及七十五,俸沾五十千。"其多如此。苏公素重乐天,故间亦效之,如"龙钟三十九,劳生已强半[19]。岁莫日斜时,还为昔人叹",正引用其语。又"四十岂不知头颅,畏人不出何其愚","我今四十二,衰发不满梳","忆在钱塘正如此,回头四十二年非","行年四十九,还此北窗宿","吾年四十九,赖此一笑喜","嗟我与君皆丙子,四十九年穷不死","五十之年初过二,衰颜记我今如此","白发苍颜五十三,家人强遣试春衫","先生年来六十化,道眼已入不二门"[20],"纷纷华发不足道,当返六十过去魂","我年六十一,颓景薄西山"[21],"结发事文史,俯仰六十逾"[22],"与君皆丙子,各已三万日"。玩味庄诵[23],便如阅年谱也。

【注释】

①洞达:胸襟开阔磊落。述怀:陈述情怀,表达志向。②抄录:摘录。③冉冉:匆忙貌。④秋怀:秋日的思绪情怀。⑤拙宦:旧时官僚自称不善为

官，仕途不顺。⑥娇痴：天真可爱而不解事。⑦衰恶（è）：衰老之极。二郎：指排行第二的男子。此处似为白居易自指。⑧若为（wéi）：怎堪。华阳院：白居易此诗题为《重到华阳观旧居》。华阳院，道观名。白居易和元稹做校书郎，准备考制科，两人同住华阳院。⑨远谪江州为郡吏：见本卷《白居易出位》。⑩衰悴：衰弱憔悴。苍浪：斑白。⑪蹉跎：衰退。一说参差不齐貌。关河：泛指山河。迢递：远貌。⑫丝纶：《礼记·缁衣》："王言如丝，其出如纶。"比喻帝王的一句极细微的话也会产生很大的影响。后称帝王的诏书为"丝纶"。白居易时为知制诰。长庆二年：公元822年，时白居易虚岁五十一。校（jiào）：比较。⑬不准拟：不料想。准拟，料想。⑭醒黠：清醒机智。衰羸：衰老瘦弱。⑮皤（pó）然：白貌。多指须发。悠悠：久长；久远。⑯五朝臣：白居易于德宗贞元十四年（798年）始以进士就试，历德宗、顺宗（只有七个月）、宪宗、穆宗、敬宗、文宗。新正：谓新年（842年）之正月。时年虚岁七十一。⑰风眩：眩晕的一种。又称风头眩。⑱今春来是别花来：今春来是为别花而来（意谓到了该死的年龄）。此句出《游赵村杏花》。⑲龙钟：此句出《除夜病中赠段屯田》。东坡诗注：《苏氏演义》云：龙钟，不昌炽不翘举之貌。亦即现在所说，衰老行动不灵便貌。劳生：辛劳的一生。⑳道眼：指抉择真妄的能力。不二门：即"不二法门"。见《随笔》卷十五《二士共谈》注。年来：《苏东坡全集》作"来年"。化：生长。六十化，谓长到六十岁。㉑魂：精神。颓景：夕阳。比喻晚年。颓景薄西山，即日薄西山。薄，逼近。太阳迫近西山，即将下落。比喻人年老力衰，接近死亡。晋李密《陈情表》："但以刘（密之祖母）日薄西山，气息奄奄，人命危浅，朝不虑夕。"㉒俯仰：随时俗周旋应付。一说时间短暂。㉓庄诵：恭敬地诵读。

天将富此翁

唐刘仁轨任给事中，为宰相李义府所恶，出为青州刺史。及代还，欲斥以罪，又坐漕船覆没免官①。其后百济叛，诏以白衣检校带方州刺史②。仁轨谓人曰："天将富贵此翁邪③！"果削平辽海④。白乐天有《自题酒库》一篇，云："身更求何事，天将富此翁。此翁何处富？酒库不曾空。"注云："刘仁轨诗：'天将富此翁。'以一醉为富也。"然则唐史以此为仁轨之语，而不言其诗，为未审耳。

【注释】

①代还:见《随笔》卷九《高科得人》注。斥以罪:以罪贬斥。漕船:亦称"漕舫"。历代在河道或海道中运粮的帆船。②百济:朝鲜古国。约公元一世纪兴起于汉江流域。后征服邻近各部,成为朝鲜半岛西南部之强国。其盛时屡与高句丽、新罗战。随开皇初及唐武德、贞观中频遣使来华,后为唐高宗所灭。白衣:古代指平民。③此翁:刘仁轨自称。④辽海:地区名。泛指辽河流域以东至海地区。

白公说俸禄

白乐天仕宦,从壮至老,凡俸禄多寡之数,悉载于诗,虽波及他人亦然。其立身廉清①,家无余积,可以概见矣。因读其集,辄叙而列之。其为校书郎,曰:"俸钱万六千,月给亦有余。"为左拾遗,曰:"月惭谏纸二千张,岁愧俸钱三十万。"兼京兆户曹,曰:"俸钱四五万,月可奉晨昏②。廪禄二百石,岁可盈仓囷。"贬江州司马,曰:"散员足庇身③,薄俸可资家。"《壁记》曰:"岁廪数百石,月俸六七万。"罢杭州刺史,曰:"三年请禄俸,颇有余衣食。""移家入新宅,罢郡有余资。"为苏州刺史,曰:"十万户州尤觉贵,二千石禄敢言贫!"为宾客分司,曰:"俸钱八九万,给受无虚月。""嵩洛供云水,朝廷乞俸钱。""老宜官冷静,贫赖俸优饶。""官优有禄料,职散无羁縻。""官衔依口得,俸禄逐身来④。"为河南尹,曰:"厚俸如何用,闲居不可忘。"不赴同州,曰:"诚贪俸钱厚,其如身力衰⑤!"为太子少傅,曰:"月俸百千官二品,朝廷雇我作闲人。""又问俸厚薄,百千随月至。""七年为少傅,品高俸不薄。"其致仕,曰:"全家遁此曾无闷,半俸资身亦有余。""俸随日计钱盈贯,禄逐年支粟满囷。""寿及七十五,俸占五十千。"其泛叙曰:"历官凡五六,禄俸及妻孥。""料钱随官用,生计逐年营。""形骸偃傯班行内,骨肉勾留俸禄中⑥。"其他人者,如陕州王司马曰:"公事闲忙同少尹⑦,俸钱多少敌尚书。"刘梦得罢宾客,除秘监,禄俸略同,曰:"日望挥金贺新命,俸钱依旧又如何!"叹洛阳、长水二县令曰："朱绂洛阳官位屈，青袍长水俸钱贫。"其将下世，有《达哉乐天行》，曰："先卖南坊十亩园，次卖东郭五顷田。然后兼卖所居宅，仿佛获缗二三千。但恐此钱用不尽，即先朝露归夜泉⑧。"后之君子试一味其言，虽曰饮贪泉⑨，亦知斟酌矣。观其生涯如是，东坡云："公廪有余粟，府有余帛。"殆亦不然。

【注释】

①廉清：廉洁清白。②晨昏：《礼·曲礼上》："冬温而夏清，昏定而晨省。"谓为人子者，晚间服侍父母就寝，早上省视问安。后来因以晨昏指对父母的侍养。清，音 qìng。凉，此处谓扇席使凉。温，温被使暖。③散（sǎn）员：无固定职事的官员。唐时州司马，安排贬谪和闲散人员。④宾客分司：即太子宾客分司（东都洛阳）。嵩洛：嵩山和洛水的并称。两者均近东都洛阳。云水：谓漫游。漫游如行云流水般飘泊无定，故称。乞（qì）：给，给与。禄料：犹料钱。唐宋间官吏除岁禄、月俸外的一种食料津贴。多折钱发给。口：人用口说话，故以口为言语的代词。逐：跟随。⑤不赴同州："（文宗）开成元年（836年），除同州刺史，辞疾不拜。"（《旧唐书·白居易传》）其如：怎奈；无奈。⑥僶俛（mǐn miǎn）：勤勉；努力。骨肉：指身体。勾留：稽留；耽搁。⑦少尹：官名。唐时诸郡皆置司马，开元元年改为少尹，是府州的副职。⑧下世：指死亡。朝露：比喻存在时间短促。夜泉：即黄泉。指阴间。⑨贪泉：广州石门，有水曰贪泉，相传饮此水者，即廉士亦贪。

〔补注〕遁此无闷：逃避于此，远离世俗，心无烦忧。遁，逃避。白居易曾筑石楼洛阳香山，致仕后即居于此，称香山居士。（《新唐书·白居易传》）资身：资养自身。

白居易出位

白居易为左赞善大夫，盗杀武元衡，京都震扰。居易首上疏，请亟捕贼，刷朝廷耻，以必得为期。宰相嫌其出位，不悦，因是贬江州司马。此《唐书》本传语也。案是时宰相张弘靖、韦贯之，弘靖不足道，贯之于是为失矣。白集载与杨虞卿书云："左降诏下，明日而东，思欲一陈于左右①。去年六月，盗杀右丞相于通衢中，迸血体，磔发肉②，所不忍道。合朝震栗，不知所云。仆以书籍以来，未有此事。苟有所见，虽畎亩皂隶之臣，不当默默，况在班列，而能胜其痛愤耶③？故武丞相之气平明绝，仆之书奏日午入。两日之内，满城知之，其不与者，或语以伪言，或陷以非语，皆曰：'丞、郎、给、舍、谏官、御史尚未论请④，而赞善大夫何反忧国之甚也？'仆闻此语，退而思之，赞善大夫诚贱冗耳⑤，朝廷有非常事，即日独进封章，谓之忠，谓之愤，亦无愧矣！谓之妄，谓之狂，又敢逃乎？以此获辠，顾何如耳⑥，况又不以此为罪名乎！"白之自述如此。然则一时指为出位者，不但宰相而已也。史又曰："居易母坠井死，而赋《新井篇》，以是左降。"前书所谓不以此为罪名者是已⑦。

【注释】

①一陈：作一说明。陈，陈述；说明情况。②磔：《中华大字典》注：剔也。③震栗：震惊恐惧。书籍：书于简册，谓有记载。痛愤：悲痛愤怒；痛心愤慨。④语以伪言：说假话；造谣。非语：犹蜚语。流言。论请：论辩请求。⑤贱冗：指地位低下的闲官。⑥顾：发语词。何如：如何，怎么样。⑦所谓不以此为罪名者是已：不以出位为罪名，而是以赋《新井篇》为罪名。有人言，白居易作《新井》诗，言浮华，无实行，甚伤名教，因而被贬。

醉翁亭记酒经

欧阳公《醉翁亭记》、东坡公《酒经》，皆以"也"字为绝句。欧阳二十一也字，坡用十六也字，欧记人人能读，至于《酒经》，知之者盖无几。坡公尝云："欧阳作此记，其词玩易①，盖戏云耳，不自以为奇特也。而妄庸者作欧语云②：'平生为此文最得意。'又云：'吾不能为退之画记③，退之不能为吾《醉翁亭记》。'此又大妄也。"坡《酒经》每一也字上必押韵，暗寓于赋，而读之者不觉。其激昂渊妙④，殊非世间笔墨所能形容，今尽载于此，以示后生辈。其词云："南方之氓，以糯与粳，杂以卉药而为饼，嗅之香，嚼之辣，揣之枵然而轻⑤，此饼之良者也。吾始取面而起肥之，和之以姜液，烝之使十裂，绳穿而风戾之，愈久而益悍⑥，此曲之精者也。米五斛为率，而五分之，为三斛者一，为五升者四，三斛者以酿，五升者以投⑦，三投而止，尚有五升之赢也。始酿，以四两之饼，而每投以二两之曲，皆泽以少水，足以散解而匀停也⑧。酿者必瓮按而井泓之，三日而井溢，此吾酒之萌也⑨。酒之始萌也，甚烈而微苦，盖三投而后平也⑩。凡饼烈而曲和，投者必屡尝而增损之，以舌为权衡也。既溢之三日乃投，九日三投，通十有五日而后定也。既定乃注以斛水，凡水必熟而冷者也。凡酿与投，必寒之而后下，此炎州之令也⑪。既水五日乃篘，得二斛有半，此吾酒之正也。先篘半日，取所谓赢者为粥，米一而水三之，揉以饼曲，凡四两，二物并也⑫。投之糟中，熟挱而再酿之，五日压得斛有半，此吾酒之少劲者也。劲、正合为四斛，又五日而饮，则和而力、严而不猛也⑬。篘绝不旋踵而粥投之，少留则糟枯中风而酒病也⑭。酿久者酒醇而丰⑮，速者反是，故吾酒三十日而成也。"此文如太牢八珍，咀嚼不嫌于致力，则真味愈隽永，然未易为俊快者言也⑯。

【注释】
①玩易：犹平易。②妄庸：平庸凡劣。此指凡庸妄为之人。③退之画记：即卷七《韩苏杜公叙马》一文说的"韩公（愈）《人物画记》"。④激昂：振奋昂扬。渊妙：高妙；美妙。⑤以糯与粳：糯（nuò）稻和粳（jīng）稻的米质都是黏性强，胀性小，均可用以酿酒。卉药：草药。卉，草的总称。揣（chuǎi）：掂量。枵然：虚大貌。⑥起肥之：把面发起来。烝：通"蒸"。十裂：炊饼熟透坼裂成十字纹为十裂。戾：吹干。悍：猛烈。⑦斛：同"斗"。量器。酿：酿造。投（dòu）：同"酘（dòu）"。酒再酿。⑧散解而匀停：把饼、曲分解而成为均匀的曲浆。⑨瓮按而井泓之：在大瓮里把曲浆压好，并用井水灌满瓮边，使它内气不透。泓，水深广貌。瓮，装于瓮中。井溢：谓瓮边缘的井水冒泡。萌：开始；发生。谓酒开始出现。⑩平：平和。⑪令：令式；章程。⑫篘：音chōu。用篾编成的漉酒具。此处为动词，谓滤酒。并：聚合；混合。⑬熟挱：反复揉摩。挱，音nuó。亦作"挪（挼）"。以手揉摩。劲（jìng）：强劲有力。严而不猛：醇厚而不猛烈。⑭少留：少停留。糟枯中风：酒糟发干，中间变空。病：败也。谓酒变质。⑮酒醇而丰：即酒味醇厚。⑯太牢：古代帝王、诸侯祭祀社稷时，牛、羊、豕三牲全备为"太牢"。真味：真实的意旨或意味。隽永：称文辞意

1077

味深长。快，洒脱迅捷。俊快者指性急而匆匆一阅而过的读者。俊

白公感石

白乐天有《奉和牛思黯以李苏州所寄太湖石奇状绝伦因作诗兼呈刘梦得》，其末云："共嗟无此分，虚管太湖来①。"注："与梦得俱典姑苏，而不获此石②。"又有《感石上旧字》云："太湖石上镌三字，十五年前陈结之。"案陈结之并无所经见，全不可晓。后观其《对酒有怀寄李郎中》一绝句，曰："往年江外抛桃叶，去岁楼中别柳枝。寂寞春来一杯酒，此情唯有李君知。"注曰："桃叶，结之也；柳枝，樊素也③。"然后结之之义始明。乐天以病而去柳枝，故作诗云："两枝杨柳小楼中，袅娜多年伴醉翁。明日放归归去后，世间应不要春风④。"因刘梦得有戏之之句，又答之云："谁能更学孩童戏，寻逐春风捉柳花。"然其钟情处竟不能忘，如云"病共乐天相伴住，春随樊子一时归"，"金羁骆马近贯却，罗袖柳枝寻放还"，"觞咏罢来宾阁闭⑤，笙歌散后妓房空"皆是也，读之使人凄然。

【注释】

①太湖：在江苏省南部。东临苏州市。有蠡园、鼋头渚、三山和东、西洞庭山等胜景，为全国重点风景名胜区。太湖石产于太湖区域，多孔而玲珑剔透（瘦陋皱透是其特点），供点缀庭院或叠作假山之用。②典：主管；执掌；任职。姑苏：泛指旧苏州府全境。白居易曾为苏州刺史。见《白公说俸禄》。刘禹锡（字梦得）也曾为苏州刺史。见《旧唐书·刘禹锡传》。不获：不得。即没有得到。③结之、樊素：白居易女伎。樊素善歌《杨柳枝》，人多以曲名名之。④以病而去柳枝：去，打发走。见卷九《不能忘情吟》。袅（niǎo）娜：形容女子体态轻盈柔美。春风：春天的风。喻融和的气氛。一说形容喜悦的表情。⑤钟情：情爱专注。金羁（jī）：金饰的马络头。骆马：白身黑鬣的马。贯却：典押掉；典押出去。贯，音shì。典押。罗袖：丝罗的衣袖。亦指华丽的衣着。放还（huán）：释放回家。上文"放归"亦此意。觞咏：饮酒赋诗。语本王羲之《兰亭集序》："一觞一咏，亦足以畅叙幽情。"

礼部韵略非理

《礼部韵略》所分字，有绝不近人情者，如东之与冬，清之与青，至于隔韵不通用。而为四声切韵之学者①，必强立说，终为非是。如撰字至列于上去三韵中②，仍义训不一。顷绍兴三十年，省闱举子兼经出《易简天下之理得赋》③。予为参详官，有点检试卷官蜀士杜莘云："简字韵甚窄，若撰字必在所用，然唯撰述之撰乃可尔，如'杂物撰德'，'体天地之撰'，'异夫三子者之撰'，'欠伸，撰杖屦'之类④，皆不可用。"予以白知举，请揭榜示众。何通远谏议初亦难之，予曰："倘举场皆落韵⑤，如何出手？"乃自书一榜。榜才出，八厢逻卒⑥，以为逐举未尝有此例，即录以报主者。士人满帘前上请，予为逐一剖析，然后退。又静之与靓，其义一也，而以静为上声，靓为去声。案《汉书》贾谊《𪔙赋》"澹虖若深渊之靓"，颜师古注："靓与静同。"《史记》正作"静"。扬雄《甘泉赋》"暗暗靓深"，注云"靓即静字耳。"今析入两音，殊为非理。予名云竹庄之堂曰"赏静"，取杜诗"赏静怜云竹"之句也。守僧居之，频年三易，有道人指曰："静字左傍乃争字，以故不定叠⑦。"于是撤去元扁，而改为"靓"云。

【注释】

①四声：汉语字音的四种声调。原以平、上、去、入为四声，今普通话以阴平、阳平、上、去为四声，是从古代的四声演变而来的。切（qiè）韵：犹反切。见三笔卷十六《切脚语》"切脚"注。②撰：一音 zhuàn。亦作"譔"，其义为著作；著述。二也音 zhuàn。〈1〉指天地阴阳等自然现象的变化规律。《易·系辞下》："阴阳合德，而刚柔有体，以体天地之撰。"〈2〉才具。《论语·先进》："异乎三子者之撰。"〈3〉持；拿。《礼记·曲礼上》："君子欠伸，撰杖屦。"三音 xuǎn，又读 suàn。通"选"、"算"。历数而选择。上去三韵：上声和去声的三个韵部。这三个韵部和上述三个读音的声调不是同一回事。③省闱：即省试。兼经：即兼明经科。④杂物撰德：见《随笔》卷十一《易中文》注。体天地之撰：体现天地的变化规律。三子：指子路、冉有和公西华。本句是四个学

生对孔子各言其志时,最后孔子问到曾皙,曾皙回答孔子的话:"我赶不上三位同学的才具。"欠伸:见《随笔》卷四《张浮休书》注。⑤落韵:出韵,不押韵。⑥八厢:宋代指从全国各州调集保卫京师的厢兵。逻卒:在考场巡逻的士卒。⑦频年:连年。三易:几次换人。定叠:安定。

唐臣乞赠祖

唐世赠典唯一品乃及祖,余官只赠父耳。而长庆中流泽颇异,白乐天制集有户部尚书杨於陵,回赠其祖为吏部郎中①,祖母崔氏为郡夫人。马总准制赠亡父②,亦请回其祖及祖母。散骑常侍张惟素亦然。非常制也③。是时崔植为相,亦有《陈情表》云:"亡父婴甫,是臣本生;亡伯祐甫,臣今承后。嗣袭虽移④,孝心则在。自去年以来,累有庆泽,凡在朝列,再蒙追荣,或有陈乞⑤,皆许回授。臣猥当宠擢,而显扬之命⑥,独未及于先人。今请以在身官秩,并前后合叙勋封,特乞回充追赠⑦。"则知其时一切之制如此。伯兄文惠执政,乞以合转官回赠高祖,既已得旨,而为后省封还⑧。固近无此比⑨,且失于考引唐时故事也。

【注释】

①流泽:谓流布恩德。回赠:转赠(官职)。②准制:依照诏命。③常制:通常的制度。④嗣袭:继承;承袭。⑤庆泽:指皇帝的恩泽。朝列:犹朝班。泛指朝廷官员。陈乞:陈述请求。⑥宠擢:宠爱提拔。显扬:显亲扬名。⑦官秩:指官职及俸禄的等级。乞回:请求辞免。⑧后省:此处指门下省。中书决定政策,门下审议。门下省有封驳之权。⑨固:副词。固然。

承习用经语误

经传中事实多有转相祖述而用,初不考其训故者,如《邶·谷风》之诗,为淫新昏弃旧室而作,其词曰:"宴尔新昏,以我御穷①。"宴,安也,言安爱尔之新昏,但以我御穷苦之时,至于富贵则弃我。今人乃以初娶为宴尔，非惟于诗意不合，且又再娶事，岂堪用也。《抑》之诗曰："訏谟定命，远犹辰告。"毛公曰："訏，大也；谟，谋也；犹，道也②；辰，时也。"犹与猷同。郑笺曰："犹，图也，言大谋定命。为天下远图庶事，而以岁时告施之，如正月始和布政也③。"案此特谓上告下之义，今词臣乃用于制诏，以属臣下④，而臣下于表章中亦用之，不知其与"入告尔后"之告不侔也⑤。《生民》之诗曰："诞弥厥月⑥。"毛公曰："诞，大也；弥，终也。"郑笺言："后稷之在其母，终人道十月而生⑦。"案训弥为终，其义亦未易晓。至"俾尔弥尔性，似先公酋矣"，既释弥为终，又曰酋终也，颇涉烦复。《生民》凡有八诞字："诞置之隘巷"，"诞置之平林"，"诞置之寒冰"，"诞实匍匐"，"诞后稷之穑"，"诞降嘉种"，"诞我祀如何"⑧，若悉以诞为大，于义亦不通。它如"诞先登于岸"之类，新安朱氏以为发语之辞⑨，是已。莆田郑氏云⑩："弥只训满，谓满此月耳。"今称圣节曰降诞，曰诞节，人相称曰诞日、诞辰、庆诞，皆为不然。但承习胶固，无由可革，虽东坡公亦云"仰止诞弥之庆"⑪，未能免俗。书之于此，使子弟后生辈知之。《左传》："王使宰孔赐齐侯胙，齐侯将下拜，孔曰：'天子使孔曰，以伯舅耋老⑫，无下拜。'对曰：'天威不违颜咫尺，敢不下拜。'下拜登受。"谓拜于堂下，而受胙于堂上。今人简牍谢馈者，辄曰"谨已下拜"，犹未为甚失，若"天威不违颜咫尺"，则上四字为天子设，下三字为人臣设⑬，故注言："天鉴察不远，威严常在颜面之前。"今士大夫往往于表奏中言违颜，或曰咫颜、咫尺之颜，全与本指爽庚⑭。如用龙颜、圣颜、天颜之类，自无害也。

【注释】

①淫新昏：淫，沉湎；沉浸。御穷：对付困窘；对付贫穷。②訏（xū）谟定命：见《续笔》卷四《柳子厚党叔文》注。犹，同"猷"，道也：道，计谋。③远图：深远的谋划。岁时：每年一定的季节或时间。告施之：告知而实施之。和：指气候温和。布政：施行政教。④属（zhǔ）：同"嘱"。⑤入告尔后：语出《尚书·君陈》："尔有嘉谋嘉猷，则入告尔后于内。"意为你有好的治国良策，就要进入内廷禀告你的君王。入告，向上报告。尔，你的。后，君主。⑥诞弥厥月：高亨先生注："诞，发语词。弥，满也，指满了怀胎的月份。"⑦人道：

指男女交合。⑧置之：之，指后稷。《生民》是一首追叙周人始祖后稷的史诗。匍匐：伏地而行。即爬行。指后稷长到能够爬行的时候。穑：指从事农业生产。降：天赐。嘉种：好的庄嫁种子。祀：祭祀。⑨朱氏：指朱熹。朱熹为徽州婺源人。属新安郡。⑩莆田郑氏：指郑樵。字渔仲。南宋史学家。兴化军莆田（今福建莆田）人。⑪承习：相承成习。胶固：牢固。仰止：仰，敬慕。止，作语助。后用为表示对人倾慕之词。诞弥：指生日。《生民》诗有"诞弥其月，先生如达"句，后人因以指生日或满月。苏轼语出《兴龙节集英殿宴教坊词》。兴龙节为哲宗生日。⑫胙（zuò）：祭祀用的肉。伯舅：天子称异姓大国（诸侯）曰伯舅。周王姬姓，齐姜姓。⑬下三字为人臣设："天威不违颜咫尺"中的"颜"，指人臣之"颜"，不是天子之"颜"⑭爽戾：相违背。

长庆表章

唐自大历以河北三镇为悍藩所据，至元和中，田弘正以魏归国，长庆初王承元、刘总去镇、幽①，于是河北略定。而穆宗以昏君，崔植、杜元颖、王播为庸相，不能建久长之策，轻徙田弘正，以启王庭凑之乱；缪用张弘靖，以启朱克融之乱②。朝廷以诸道十五万众，裴度元臣宿望，乌重嗣、李光颜当时名将，屯守逾年，竟无成功，财竭力尽，遂以节钺授二贼，再失河朔③，讫于唐亡。观一时事势，何止可为痛哭！而宰相请上尊号表云："陛下自即大位，及此二年，无巾车汗马之劳④，而坐平镇冀；无亡弓遗镞之费，而立定幽燕。以谓威灵四及，请为'神武'。"君臣上下，其亦云无羞耻矣。此表乃白居易所作。又翰林学士元稹求为宰相，恐裴度复有功大用，妨己进取，多从中沮坏之。度上表极陈其状，帝不得已解稹翰林，恩遇如故⑤。稹怨度，欲解其兵柄，劝上罢兵。未几拜相，居易代作谢表，其略云："臣遭遇圣明，不因人进，擢居禁内，访以密谋。恩奖太深⑥，谗谤并至。虽内省行事，无所愧心，然上黩宸聪⑦，合当死责。"其文过饰非如此。居易二表，诚为有玷盛德。

【注释】

①田弘正：原名田兴，田庭玠之子。元和七年八月，魏博节度使田季安死。田兴受将士拥戴，掌握了魏博军政。朝廷按宰相李绛的建议，任命田兴为魏博节度使，后又赐名为田弘正。魏：即魏博。河北三镇之一。归国：归顺朝廷。镇、幽：镇州、幽州。幽州，即范阳，后兼卢龙。元和十五年，节度使王承宗死。"军中推其弟承元为留后。承元不敢世于镇，诏用为义成军节度使。"（《新唐书》列传一百三十六《藩镇镇冀》）卢龙节度使刘总因故剔发为僧。②轻徙田弘正，以启王庭凑之乱：元和十五年，诏徙田弘正镇成德。过去，藩镇之间互相杀伐，田弘正与成德人有父兄之仇。成德都知兵马使王庭凑因而潜谋作乱，终于杀田弘正及其僚佐等，自称留后，并逼监军上奏朝廷索求节钺。"缪用张弘靖"句：朝廷以张弘靖为卢龙节度使。张弘靖自作威福，其僚佐又"裁刻军士粮赐"，"数以反虏诘责吏卒"，"由是军中人人怨怒"。原卢龙都知兵马使朱克融因被勒归本军驱使而怀愤恨，于是导致士卒连营作乱，囚张弘靖，奉朱克融为留后。见《资治通鉴》二四一卷至二四二卷。缪（miù），通"谬"。错误。③宿望：指素负重望的人。二贼：指王庭凑、朱克融。河朔：地区名。泛指黄河以北。④巾车：以帷幕装饰车子。因指整车出行。汗马：战马疾驰出汗，形容征战的劳苦。因称战功为汗马之劳。"无巾车汗马之劳"，指没有派遣使者劝谕，也无征战杀伐。⑤恩遇：恩惠知遇。⑥恩奖：谓尊长给予的夸奖或奖励。⑦黩：玷污；污辱。宸聪：指帝王的听察。

元白制科

元、白习制科，其书后分为四卷，命曰《策林》。其《策头》、《策项》各二道，《策尾》三道，此外曰《美谦逊》、《塞人望》、《教必成》、《不劳而理》、《风化浇朴》、《复雍熙》、《感人心》之类，凡七十五门，言所应对者百不用其一二，备载于文集云。

八种经典

开士悟入诸佛知见，以了义度无边，以圆教垂无穷①，莫尊于

《妙法莲华经》，凡六万九千五百五字。证无生忍，造不二门，住不可思议解脱②，莫极于《维摩经》，凡二万七千九十二字。摄四生九类，入无余涅槃，实无得度者③，莫先于《金刚般若波罗密经》，凡五千二百八十七字。坏罪集福，净一切恶道，莫急于《佛顶尊胜陀罗尼经》④，凡三千二十字。应念顺愿，愿生极乐土，莫疾于《阿弥陀经》⑤，凡一千八百字。用正见，观真相⑥，莫出于《观音普贤菩萨法行经》，凡六千九百九十字。诠自性，认本觉⑦，莫深于《实相法密经》，凡三千一百五字。空法尘⑧，依佛智，莫过于《般若波罗密多心经》，凡二百五十八字。是八种经典十二部，合一十一万六千八百五十七字。三乘之要旨，万佛之秘藏⑨，尽矣。唐长庆三年，苏州重玄寺法华院石壁所刻金字经，白乐天为作碑文，其叙如此。予窃爱其简明洁亮⑩，故备录之。

【注释】

①开士：菩萨的异名。以能自开觉，又可开他人生信心，故称开士。后来作为对僧人的敬称。悟入：佛教语。谓参悟入道。知见：佛教语。知为意识，见为眼识，意谓识别事理、判断疑难。了义：佛教认为能够准确地阐明佛教的教义，叫了义。反之，叫不了义。度：佛教以离俗出生死为度。无边：没有边际（指空间。包括众生在内）。圆教：佛教教派名。天台宗、华严宗认为本宗所奉之经，贯通诸经歧义，调和各宗异说，是圆满无缺、不偏不倚的教派，故自称圆教，而称其他各宗为偏教。无穷：无尽头，无极限（指时间）。②证：佛教语。参悟，修行得道。无生忍：佛教语。谓通达无生无灭之理而不动心（佛教谓万物的实体无生无灭）。不二门：即不二法门。住：停留。不可思议：佛家语。指思维和言语所不能达到的微妙境界。《维摩诘经·不思议品》："诸佛菩萨有解脱名不可思议。"解脱，佛家谓解除烦恼，复归自在。③摄：引领。四生九类：泛指世间生灵万物。四生，指胎生，如人畜；卵生，如飞鸟鱼鳖；湿生，如虫蝎飞蛾；化生，谓无所依托，惟借业力而忽然出现者，如诸天与地狱等。业力，佛教指善恶报应的一种不可抗拒的力量。无余涅槃：佛教语。或只称"无余"。谓"生死"的因果泯灭，不再受生于三界（欲界、色界、无色界）。实：佛教名词。与"权"相对。"权"指适于一时机宜之法，"实"指究竟不变之法。无得：未能得以。④净：佛教特指情欲的洗除净尽。恶道：亦称"恶趣"。见《随笔》卷一《半择迦》"恶趣"注。急：要紧，重要。⑤极乐土：即指极

乐世界。佛经中指阿弥陀佛所居住的国土,俗称西天。佛教徒认为,居住在这里,就可获得一切欢乐,摆脱人间一切苦恼。疾:宏大。⑥正见:佛教语。八正道之一。意为具有"四谛"理的见解,亦即关于人生真理的彻底领悟。真相(xiàng):佛教用语。犹言本来面目。⑦诠:详细解释;阐明事理。自性:佛教语。指诸法各自具有的不变不灭之性。本觉:佛教认为,众生心体,自性清净,原有性德,非修成而然,故称"本觉"。⑧空:使明净无挂碍。法尘:佛教六尘之一。意根所对之境,能产生意识。《法苑珠林》卷八八:"意识独缘之境名曰法尘。"苏轼《水陆法象赞·一切常住达摩耶众》:"以意为根,是谓法尘。"⑨三乘:乘,梵文Yāna的意译,指运载工具。三乘一般称声闻、缘觉、菩萨(或佛)。佛教谓引导众生达到解脱的三种方法、途径或教义。秘藏(zàng):比喻奥秘。⑩洁亮:洁净明快。

卷第九（十二则）

畏人索报书

士大夫得交朋书问，有懒傲不肯即答者①。记白乐天《老慵》一绝句曰："岂是交亲向我疏，老慵自爱闭门居②。近来渐喜知闻断，免恼嵇康索报书③。"案嵇康《与山涛绝交书》云："素不便书，又不喜作书，而人间多事，堆案盈几，不相酬答，则犯教伤义④，欲自勉强，则不能久。"乐天所云正此也。乃知畏于答书，其来久矣。

【注释】

①书问：书信，通音问。懒傲：懒惰傲慢。②老慵：年老懒散。常为老年人自谦之辞。③知闻：交往。报书：回信。④犯教：违反教令；违背礼教。伤义：伤害情义。

不能忘情吟

予既书白公钟情蛮、素于前卷，今复见其《不能忘情吟》一篇，尤为之感叹，辄载其文，因以自警①。其序云："乐天既老，又病风②。乃录家事，会经费③，去长物。妓有樊素者，年二十余，绰绰有歌舞态，善唱《杨柳枝》，人多以曲名名之，由是名闻洛下，籍在经费中，将放之④。马有骆者，籍在长物中，将鬻之。马出门，骧首反顾⑤，素闻马嘶，惨然立且拜，婉娈有辞⑥，辞毕涕下。予亦憫然不能对，且命反袂⑦，饮之酒，自饮一杯，快吟数十声，声成文，文无定句。予非圣达，不能忘情，又不至于不及情者，事来搅情，情动不可栀⑧，因自哂，题其篇曰《不能忘情吟》。"吟曰："鬻骆马兮，放杨柳枝。掩翠黛兮，顿金羁⑨。

马不能言兮,长鸣而却顾⑩。杨柳枝再拜长跪而致辞。辞曰:'素事主十年,凡三千有六百日。巾栉之间,无违无失。今素貌虽陋,未至衰摧⑪。骆力犹壮,又无虺隤⑫。即骆之力,尚可以代主一步。素之歌,亦可以送主一杯。一旦双去,有去无回。故素将去,其辞也苦,骆将去,其鸣也哀,此人之情也,马之情也。岂主君独无情哉⑬?'予俯而叹,仰而咍,且曰骆骆尔勿嘶,素素尔勿啼。骆反厩,素反闱⑭。吾疾虽作年虽颓,幸未及项籍之将死,亦何必一日之内弃骓兮而别虞兮⑮!乃目素兮,素兮为我歌《杨柳枝》,我姑酌彼金罍⑯,我与尔归醉乡去来。"观公之文,固以遣情释意耳⑰,素竟去也。此文在一集最后卷,故读之者未必记忆。东坡犹以为柳枝不忍去,因刘梦得"春尽絮飞"之句方知之⑱。于是美朝云之独留,为之作诗,有"不似杨枝别乐天,恰如通德伴伶玄"之语⑲。然不及二年而病亡,为可叹也。

【注释】

①自警:告诫自己。②病风:患风搐或风痹病。③录:登记。会(kuài):总计。④籍在经费中:登记在经费的支出里。放:发遣。此处意为辞退。⑤骧(xiāng)首:抬头。⑥惨然:形容心里悲伤。⑦憗然:怜悯貌。反袂:用衣袖拭泪。袂,衣袖。⑧圣达:犹圣贤。柅(nǐ):遏止。⑨顿:取下。⑩却顾:回顾,回转头看。⑪巾栉之间:谓服侍日常起居。衰摧:犹衰颓。指身体、精神等衰弱颓废。⑫虺隤(huī tuí):疲极而病。⑬主君:家长。宗法社会中家长为一家之主,所以也称主君。⑭咍(hāi):叹词。表感叹。闱:特指女子的卧室。⑮骓(zhuī):乌骓马。项羽的坐骑。虞:虞姬。项羽的爱妾。⑯金罍(léi):酒器名。尊形,饰以金,刻为云雷之象。⑰遣情:排遣情思。释意:消除烦闷的情怀。⑱春尽絮飞:春天结束,杨柳絮飘飞而去。⑲朝(zhāo)云:苏轼之妾。姓王氏。苏轼贬惠州,朝云相随,后卒于惠州,年三十四。通德:人名。事迹不详。按苏东坡《朝云诗》的文意,似应是伶玄的姬妾或侍女。

擒鬼章祝文

东坡在翰林作《擒鬼章奏告永裕陵祝文》云:"大獮获禽,必有指踪之自①。丰年多廪②,孰知耘耔之劳?昔汉武命将出师,而呼韩来庭,效于甘露;宪宗厉精讲武,而河湟恢复,见于大中③。"其意盖以神宗有平唃氏之志,至于元祐,乃克有成,故告陵归功,谓武帝、宪宗亦经营于初,而绩效在于二宣之世④,其用事精切如此。今苏氏眉山功德寺所刻大小二本,及季真给事在临安所刻,并江州本、麻沙书坊《大全集》,皆只自"耘耔"句下,便接"憬彼西戎,古称右臂"⑤。正是好处,却芟去之⑥,岂不可惜?唯成都石本法帖真迹,独得其全。坡集奏议中登中上殿三札⑦,皆非是。司马季思知泉州,刻温公集,有作中丞日弹王安石章,尤可笑。温公以治平四年解中丞,还翰林,而此章乃熙宁三年者。二集皆出本家子孙,而为妄人所误,季真、季思不能察耳。坡内制有《温公安葬祭文》,云:"元丰之末,天步为艰⑧。社稷之卫,中外所属。惟是一老,屏予一人⑨。名高当世,行满天下。措国于太山之安⑩,下令于流水之源。岁月未周⑪,纲纪略定。天若相之,又复夺之⑫。疹瘁之哀⑬,古今所共。知之者神考,用之者圣母⑭。驯致其道⑮,太平可期。长为宗臣,以表后世。往奠其葬,庶知予怀⑯!"而石本颇不同,其词云:"元丰之末,天步惟艰。社稷之卫,存者有几?惟是一老,屏予一人。措国于太山之安,下令于流水之源。岁未及期,纲纪略定。道之将行,非天而谁?天既予之,又复夺之。惟圣与贤,莫如天何!然其所立,天亦不能亡也。知之者神考,用之者圣母。驯致其道,终于太平。永为宗臣,与国无极⑰。于其葬也,告诸其柩。"今莫能考其所以异也。

【注释】

①鬼章:吐蕃某部首领。哲宗元祐二年,入寇宋境。八月,被擒。永裕陵:神宗陵寝(帝王的陵墓寝庙)。祝文:古代祭祀神鬼或祖先的文辞。獮(xiǎn):古代秋天出猎的名称。指踪:发踪指示的省略语。比喻指挥谋划。②多廪(lǐn):原文作"高廪"。取自《诗·周颂·丰年》"亦有高廪,万亿及秭"。高,增高;升高。廪,粮仓。③呼韩:呼韩邪,匈奴单于。名稽侯珊。汉宣帝神爵四年(前58年)立为单于。后为兄郅支单于所败,于宣帝甘露二年(前52年)归附西汉,次年率所部南迁汉光禄塞下(今内蒙古乌拉特中旗阴山北麓)。汉元帝将宫人王昭君妻之。在西汉的支持下,恢复对匈奴全境的统治。自呼韩邪附汉后,匈

奴和汉朝保持友好关系达六七十年之久。厉精：振奋精神。河湟：唐宣宗大中元年（847年），吐蕃乘武宗之丧寇河西，大中三年，唐朝收复河湟地区。④唃（gǔ）氏：即唃厮啰。见《续笔》卷十五《王韶熙河》注。其子孙历受宋封。政权延续约百年，宋依之为牵制西夏的力量。唃斯啰死后，他的子孙分为几支，鬼章所部为其中之一。二宣：即指汉宣帝、唐宣宗。武帝和宣帝之间有昭帝；宪宗和宣宗之间有穆、敬、文、武宗。⑤季真：即苏季真。憬彼：遥远貌。西戎：我国古代西北少数民族总称西戎，原分布在黄河上游及甘肃西北部，后逐渐东迁。右臂：人习惯上用右手做事，故以右臂喻事物之要害部分。⑥正是好处，却芟去之：指"昔汉武命将出师"至"见于大中"一段。⑦上殿三札：上给皇帝的三道奏议。上，上报；呈报。殿，指帝王宸居。亦用作帝、后的代称。⑧天步为艰：元丰末年，神宗驾崩，哲宗年幼，太皇太后临政。王安石变法，触动了贵族地主的利益，使者扰民，加之西戎犯边，天下骚然。天步，旧指国运，时运。为艰，东坡原文作"惟艰"。⑨屏：捍蔽；保护。予（yú）一人：古代天子的自称。或称"一人"，"余一人"。后来诸侯也有称"余一人"的。⑩措：治理；安排。⑪岁月未周：不满一年。⑫又复夺之：指司马光任宰相不久即死去了（被天夺去生命）。⑬疹瘵：困病；困苦。指国家和人民而言。⑭神考：指宋神宗赵顼。圣母：封建时代对帝母的尊称。这里即指英宗皇后高氏，即宣仁太后，是神宗之母。哲宗即位，尊为太皇太后，与皇帝共同听政，起用司马光，把王安石的新法废除净尽。上句"下令于流水之源"，即指废除新法一事。⑮驯致其道：意谓陆续按照他（司马光）的方法进行治理。⑯庶知予怀：庶，希望。⑰无极：功德永存，没有尽头。

欧公送慧勤诗

国朝承平之时，四方之人，以趋京邑为喜。盖士大夫则用功名进取系心，商贾则贪舟车南北之利，后生嬉戏则以纷华盛丽而悦①。夷考其实，非南方比也②。读欧阳公《送僧慧勤归余杭》之诗可知矣。曰："越俗僭宫室，倾赀事雕墙③。佛屋尤其侈，耽耽拟侯王④。文彩莹丹漆，四壁金焜煌⑤。上悬百宝盖，宴坐以方床⑥。胡为弃不居，栖身客京坊⑦？辛勤营一室，有类燕巢梁。南方精饮食，菌笋比羔羊⑧。饭以玉粒粳，调之甘露浆。一馔费千金，百品罗成行。晨兴未饭僧，日昃不敢尝。乃兹随北客⑨,枯粟充饥肠。东南地秀绝,山水澄清光。余杭几万家,日夕焚清香。烟霏四面起⑩,云雾杂芬芳。岂如车马尘,鬓发染成霜?三者孰苦乐?子奚勤四方⑪!"观此诗中所谓吴越宫室、饮食、山水三者之胜,昔日固如是矣。公又有《山中之乐》三章送之归。勤后识东坡,为作《诗集序》者⑫。

【注释】

①贪舟车南北之利:即靠长途贩运(做买卖)赚钱。嬉戏:游戏;玩乐。②非南方比也:意为(京邑)无法与南方相比。③僭:奢侈。雕墙:饰以浮雕、彩绘的墙壁;华美的墙壁。④耽耽:同"沈沈(tán tán)"。官室深邃貌。⑤莹:装饰;涂饰。焜煌:明亮;辉煌。⑥百宝盖:用各种珍宝装饰而成的顶盖。宴坐:闲坐;安坐。方床:卧榻。⑦京坊(fāng):京城的里巷。⑧菌笋:竹笋。菌,通"箘"。竹笋。⑨日昃:亦作"日仄"、"日侧"。太阳偏西,约未时,即下午二时前后。乃兹:而今;如今。兹(zī),今,现在。⑩烟霏:云烟弥漫。⑪岂如:犹何如。用反问的语气表示胜过。奚:为何,为什么。勤:忙于(奔波)。⑫为作《诗集序》者:指东坡为慧勤所作《钱塘勤上人诗集叙》。

委蛇字之变

欧公《乐郊诗》云:"有山在其东,有水出逶夷。"近岁丁朝佐《辨正》谓其字参古今之变,必有所据。予因其说而悉索之,此二字凡十二变。一曰委蛇,本于《诗·羔羊》:"退食自公,委蛇委蛇。"毛公注:"行可从迹也。"郑笺:"委曲自得之貌①。委,于危反。蛇音移。"《左传》引此句,杜注云:"顺貌。"《庄子》载齐桓公泽中所见②,其名亦同。二曰委佗,《诗·君子偕老》:"委委佗佗。"毛注:"委委者,行可委曲从迹也。佗者,德平易也③。"三曰逶迤④,《韩诗》释上文云:"公正貌。"《说文》:"逶迤,斜去貌。"四曰倭迟,《诗》:"四牡騑騑,周道倭迟⑤。"注:"历远之貌。"五曰逶夷,《韩诗》之文也。六曰威夷,潘岳诗:"回溪萦曲阻,峻阪路威夷。"孙绰《天台山赋》:"既克济于九折,路威夷而修通⑥。"李善注引《韩诗》"周道威夷"。薛君曰:"威夷,险也。"七曰委移,《离骚经》:"载云旗之委蛇⑦。"一本作"逶迤",一本作"委移"。注:"云旗委移,长也。"八曰逶移,刘向《九叹》:"遵江曲之逶移⑧。"九曰逶蛇,后汉《费凤碑》:"君有逶蛇之节⑨。"十曰蜿蛇,张衡《西京赋》:"女娥坐而长歌,声清畅而蜿蛇。"李善注:"蜿蛇,声余诘曲也⑩。"十一曰**遹迤**,汉《逢盛碑》:"当遂**遹迤**,立号建基⑪。"十二曰威迟,刘梦得诗:"柳动御沟清,威迟堤上行⑫。"韩公《南海庙碑》:"**蜿蜿蛇蛇**⑬。"亦然也。则欧公正用韩诗,朝佐不暇寻绎之尔。

【注释】

①公:公门。指办公的地方,即衙门。委蛇:1999年版《辞海》注为"庄重而又从容自得的样子"。从(zōng)迹:即踪迹。追随仿效。委曲:走路弯弯曲曲。自得:自己感到得意或舒适。②《庄子》载齐桓公泽中所见:《庄子·达生》载,齐桓公和管仲在泽中打猎,桓公见到了委蛇,认为是鬼物,即指四脚蛇。③德:通"得"。④逶迤:从容自如貌。⑤騑騑(fēi fēi):马行走不停貌。周道倭迟:周王朝的道路迂迴遥远。⑥曲阻:曲折险阻。峻阪(bǎn):陡坡。隮(jī):登上;升上。九折:指山道弯曲。修通:逐级上达通于山顶。⑦云旗:以云为旗。委蛇:舒展自如貌。⑧逶移:道路、山脉、河流等弯弯曲曲延续不绝的样子。⑨逶蛇之节:逶蛇,顺应自得之貌。⑩女、娥:女英、娥皇。见《续笔》卷五《玉川子》"湘江水"注。清畅:清悠流畅。诘曲:回旋曲折。⑪遂:随从。**遹迤**:随顺,顺应貌。立号建基:建立名号奠定基业。⑫威迟:曲折绵延。⑬**蜿蜿蛇蛇**:从容自得貌。《南海神庙碑》:"海之百灵秘怪,慌惚毕出,蜿蜿蛇蛇,来享饮食。"

东不可名园

今人亭馆园池,多即其方隅以命名。如东园、东亭、西池、南馆、北榭之类,固为简雅,然有当避就处①。欧阳公作《真州东园记》,最显。案《汉书·百官表》:"将作少府,掌治宫室。属官有东园主章。"注云:"章谓大材也。主章掌大材②,以供东园大匠。"绍兴三十年,予为省试参详官,主司委出词科题,同院或欲以"东园主章"为箴,予曰:"君但知《汉表》耳③!《霍光传》:'光之丧,赐东园温明④。'服虔曰:'东园处此器⑤,以镜置其中,以悬尸上。'师古曰:'东园,署名也,属少府。其署主作此器。'《董贤传》:'东园秘器以赐贤⑥。'注引《汉旧仪》东园秘器作棺。若是,岂佳处乎?"同院惊谢而退。然则以东名园,是为不可。予有两园,适居东西,故扁西为西园,而以东为东圃,盖避此也。

【注释】

①避就:避免与趋向。②主章掌大材:主章是掌管木材的官吏。③《汉表》:即指上文的《汉书·百官表》。④温明:古代葬器。即棺。⑤处(chǔ):执掌。⑥秘器:棺材。

一二三与壹贰叁同

古书及汉人用字,如一之与壹,二之与贰,三之与叁,其义皆同。《鸤鸠序》①:"刺不壹也。"又云:"用心之不壹也。"而正文"其仪一兮"②。《表记》:"节以壹惠。"注:"言声誉虽有众多者,节以其行一大善者为谥耳。"汉《华山碑》:"五载壹巡狩。"《祠孔庙碑》:"恢崇壹变③。"《祝睦碑》:"非礼,壹不得犯。"而后碑云:"非礼之常,一不得当。"则与壹通用也。《孟子》:"市价不贰。"赵岐注云:"无二贾者也④。"本文用大贰字,注用小二字,则二与贰通用也。《易·系辞》:"参天两地⑤。"《释文》云:"参,七南反。又如字,音三。"《周礼》:"设其参。"注:"参,谓卿三人。"则三与参通用也。九之与久,十之与拾,百之与伯亦然。予顷在英州,访邻人利秀才。利新作茅斋,颇净洁⑥,从予乞名。其前有两高松,因为诵《兰田壁记》,命之曰"二松"。其季请曰⑦:"是使大贰字否?"坐者皆哂。盖其人不知书,信口辄言,以贻讥笑。若以古字论之,亦未为失也。文惠公名流杯亭曰"一咏",而采借隶法,扁为"壹咏",读者多以为疑,顾第弗深考耳⑧。

【注释】

①《鸤鸠》：《诗·曹风》篇名。《诗序》谓刺曹之君臣用心不专一，"在位无君子"。②其仪一兮：仪，容貌、举止。这里指态度。此句说，贵族的态度（应该）始终一致。③恢崇：犹言发扬光大。④贾（jià）：通"价"。价格；价值。⑤参（sān）：同"叁（三）"。⑥净洁：干净，清洁。⑦其季：其最小的弟弟。季，兄弟姊妹排行最小的。⑧顾第：只是。

何恙不已

公孙弘为丞相，以病归印，上报曰："君不幸罹霜露之疾①，何恙不已？"颜师古注："恙，忧也。何忧于疾不止也。"《礼部韵略》训恙字，亦曰忧也。初无训病之义。盖既云罹疾矣，不应复云病，师古之说甚为明白。而世俗相承，至问人病为贵恙，谓轻者为微恙，心疾为心恙，风疾为风恙，根著已深，无由可改。

【注释】

①罹：患（病）。霜露之疾：谓因感受寒凉而起的病。

两汉用人人元元字

《前汉书》好用人人字，如《文帝纪》"人人自以为得之者以万数"①，又曰"人人自安难动摇"。《元帝纪》"人人自以得上意"②。《食货志》"人人自爱而重犯法"③。《韩信传》"人人自以为得大将"④。《曹参传》"齐故诸儒以百数，言人人殊"。《张良传》"人人自坚"⑤。《叔孙通传》"吏人人奉职"。《贾谊传》"人人各如其意所出"⑥。《扬雄传》"人人自以为咎繇"⑦。《鲍宣传》"人人牵引所私"⑧。《韩延寿传》"人人问以谣俗"⑨、"人人为饮"⑩。《张骞传》"人人有言轻重"⑪。《李寻传》"人人自贤"。《王莽传》"人人延问"⑫。《严安传》"人人自以为更生"⑬。《王吉传》"人人自制"是也⑭。《后汉书》亦间有之,如《崔骃传》"人人有以自优"⑮、《五行志》"人人莫不畏宪"⑯。《吴汉传》"诸将人人多请之"⑰。《申屠刚传》"人人怀忧"。《王允传》"人人自危"。《荀彧传》"人人自安"。《吕强传》"诸常侍人人求退"是也。又元元二字,考之六经无所见,而两《汉书》多用之。如《前汉·文帝纪》"全天下元元之民"⑱。《武纪》"烛幽隐,劝元元"、"所以化元元"⑲。《宣纪》"不忘元元"。《元纪》"元元失望"、"元元何辜"、"元元大困"、"元元之民,劳于耕耘"、"元元骚动"、"元元安所归命"⑳。《成纪》"元元冤失职者众"。《哀纪》"元元不赡"㉑。《刑法志》"罢元元之逮"㉒。《严安传》"元元黎民,得免于战国"。《严助传》"使元元之民,安生乐业"。《贾捐之传》"保全元元"。《东方朔传》"元元之民,各得其所"。《魏相传》"尉安元元"、"唯陛下留神元元"㉓。《鲍宣传》"为天牧养元元"㉔。《萧育传》"安元元而已"。《匡衡薛宣传》"哀闵元元"。《王嘉传》"忧闵元元"。《谷永传》"以慰元元之心"。《匈奴传》"元元万民"是也。《后汉·光武纪》"下为元元所归"、"贼害元元"、"元元愁恨"、"惠兹元元"㉕。《章纪》"诚欲元元去末归本"、"元元未谕"、"深元元之爱"㉖。《和纪》"爱养元元"、"下济元元"。《顺纪》"元元被害"。《质纪》"元元婴此困毒"㉗。《桓纪》"害及元元"。《邓后纪》《刘毅传》"垂恩元元"。《王昌传》"元元创痍"。《耿弇传》"元元叩心"㉘。《郎𫖮传》"弘济元元"、"贷赡元元"㉙。《曹褒传》"仁济元元"。《范升传》"元元焉所呼天"、"免元元之急"。《钟离意传》"忧念元元"。《何敞传》"元元怨恨"、"安济元元"。《杨终传》"以济元元"。《虞诩传》"遭元元无妄之灾"。《皇甫规传》"平志毕力,以庆元元"是也㉚。予谓元元者,民也。而上文又言元元之民、元元黎民、元元万民,近于复重矣。故颜注:"或云,元元,善意也㉛。"

【注释】

①人人自以为得之者以万数:《文帝纪》:"夫秦失其政,豪杰并起,人人自以为得之者以万数,然卒践天子位者,刘氏也"。②得上意:即所言之事符合皇上的心意。③人人自爱而重犯法:重(zhòng),难(nán),不轻易。④自以为得大将:自己要做大将军了。⑤自坚:固位自保。⑥人人各如其意所出:博士们人人都感到贾谊说出了他们所想说的话。⑦咎繇:即皋陶。⑧牵引所私:

举荐或提拔个人的亲信。⑨人人问以谣俗：向每个人询问乡里谣俗。颜师古注："谣俗谓闾里歌谣，政教善恶也。"⑩人人为饮：饮每个人的酒。本传："延寿竟坐弃市。吏民数千人送至渭城……争奉酒炙。延寿不忍距逆，人人为饮，计饮酒石余。"⑪人人有言轻重：服虔注："汉使言于外国，人人轻重不实。"⑫自贤、延问：分别见《随笔》卷十三《孙吴四英将》《汉世谋于众》注。⑬更生：重新获得生命。⑭自制：自己制造。本传："古者衣服车马贵贱有章，以褒有德而别尊卑，今上下僭差，人人自制，是以贪财诛利，不畏死亡。"⑮自优：自觉富裕。优，充足；富裕。本传："六合怡怡，比屋为仁……家家有以乐和，人人有以自优。"⑯莫不畏宪：宪，窦宪。⑰多请之：请求多分兵给自己。⑱全：保全。⑲烛幽隐：照耀到隐蔽之处。幽隐，借指皇帝的私心、缺点。⑳归命：归顺。㉑不赡：不足；不富裕。㉒罹元元之不逮：罹，《汉书·刑法志》原文为："今律令烦多而不约，自典文者不能分明，而欲罗元元之不逮，斯岂刑中之意哉！"颜师古注："罗，网也。不逮，言意识所不及。"㉓尉："慰"的本字。㉔牧养：治理；统治。㉕惠：给人以好处。㉖去末归本：本、末，指农业和工商业。㉗困毒：苦难。㉘叩心：捶胸。悔恨悲痛的样子。㉙弘济：广泛救助，使得解脱危难。贷赡：赈贷，周济。㉚平志毕力：即齐心协力。平志，使心志平和。人人心志平和，才能心往一处想。按："以庆元元"，本传原文作"以度元元"："夫君者舟也，人者水也。群臣乘舟者也，将军（指梁冀）兄弟操楫者也。若能平志毕力，以度元元，所谓福也。如其怠弛，将沦波涛，可不慎乎！"㉛颜：指颜师古。善意也：是善良的意思。

韩公潮州表

韩文公《谏佛骨表》，其词切直，至云："凡有殃咎，宜加臣身，上天监临①，臣不怨悔。"坐此贬潮州刺史。而谢表云："臣于当时之文，未有过人者。至论陛下功德，与《诗》《书》相表里②，作为歌诗，荐之郊庙，虽使古人复生，臣亦未肯多逊。而负罪婴衅，自拘海岛，怀痛穷天，死不闭目，伏惟天地父母③，哀而怜之。"考韩所言，其意乃望召还。宪宗虽有武功，亦未至编之《诗》《书》而无愧。至于"纪泰山之封，镂白玉之牒，东巡奏功，明示得意"等语，摧挫献佞④，大与谏表不侔，当时李汉辈编定文集，惜不能为之除去。东坡自黄州量移汝州，上表云："伏读训词，有'人材实难，不忍终弃'之语，臣昔在常州，有田粗给饘粥⑤，欲望许令常州居住。辄叙徐州守河及获妖贼事，庶因功过相除，得从所便⑥。"读者谓与韩公相类，是不然。二表均为归命君上，然其情则不同。坡自列往事，皆其实迹，而所乞不过见地耳，且略无一佞词⑦，真为可服。

【注释】

①谏佛骨表：唐宪宗迎奉佛骨，留于禁宫，几废朝政。韩愈奋笔疾书，草成一篇《谏迎佛骨表》，直指其失。切（qiè）直：恳切率直。殃咎：灾祸。监临：监督。从上视下为临。②相表里：相为表里。谓内外互相配合，共为一体。③婴衅：获罪。衅，过失；罪过。穷天：终天；毕生。伏惟：此处表示希望，愿望。天地：指天地神灵。④纪泰山之封：封泰山时，可立石刻碑记载。纪，记载。镂白玉之牒：可以镌刻在白玉石的书板上。奏功：成功；收效。得意：犹得志。摧挫：损害、作践自己。献佞：谓阿谀奉承。⑤量移：因罪被贬至远方的官吏，遇赦则酌量移到近处任职，称"量移"。训词：帝王的诰敕文词。粗给饘粥：意谓勉强可以糊口。⑥徐州守河：河，指黄河。苏轼知徐州，河决，水汇城下，城将败，苏轼趋吏民士卒固守，卒全其城。获妖贼：苏轼知徐州，捕获谋反妖贼李铎、郭进等一十七人。相除：言功过相抵。得从所便：即要求常州居住。此表即《乞常州居住表》。⑦见地：现有的土地。指要求常州居住。佞词：逢迎讨好的话。

燕赏逢知己

白乐天为河南尹日，有《答舒员外》云："员外游香山寺，数日不归，兼辱尺书，大夸胜事，时正值坐衙虑囚之际①，走笔题长句以赠之，曰：'黄菊繁时好客到，碧云合处佳人来。（谓遣英、蒨二妓与舒君同游也。）酡颜一笑夭桃绽，清冷秋声寒玉哀②。轩骑逶迤棹容与③，留连三日不能回。白头老尹府中坐，早衙才退暮衙催。'"谢希深、欧阳公官洛阳，同游嵩山归，暮抵龙门香山，雪作，留守钱文僖公遣吏以厨传歌妓至④，且劳之曰："山行良劳，当少留龙门赏雪，府事简，无遽归也。"王定国访东坡公于彭城,一日,棹小舟与颜长道携盼、英、卿三子游泗水,南下百步洪⑤,吹笛饮酒,乘月而来。坡时以事不得往,夜著羽衣,伫立黄楼上,相视而笑,以为李太白死,世间无此乐三百余年矣⑥。定国既去,逾月,复与参寥师泛舟洪下⑦,追忆曩游,作诗曰:"轻舟弄水买一笑,醉中荡桨肩相摩。归来笛声满山谷,明月正照金叵罗⑧。"味此三游之胜,今之燕宾者宁复有之?盖亦值知己也。

【注释】

①虑囚:即"录囚"。向囚犯讯察决狱的情况。虑:音lù。向囚犯讯察,以便纠正冤假错案。②寒玉:指玉。玉质寒冷,故称。③轩骑(jì):车骑。犹言车马。棹:指船。容与:随水波起伏动荡貌。④龙门:见《随笔》卷十五《孔氏野史》注。厨传(zhuàn):供应过客食住和车马的馆舍。⑤盼、英、卿三子:即盼盼、英英、卿卿三个女歌妓。百步洪:地名。在江苏铜山县,即吕梁。一名徐州洪。泗水所经,洪有乱石峭石,流水迅急,凡百余步,故名。⑥羽衣:用鸟羽制成的衣服。黄楼:宋熙宁十年(1077年)七月,河决于澶渊,水至彭城。太守苏轼使民蓄土积石为备。水退,因增筑徐城,即城之东门为大楼,粉以黄土,曰土实胜水。此楼即称黄楼。"以为李太白死"句:传说,李白月夜乘舟泛江中,奏乐饮酒,酒醉,误认江中月为天上月,摘月,坠江而死。又说,死时,天上传来音乐声。⑦参(cān)寥师:见《随笔》卷三《和归去来》"参寥"注。⑧叵罗:酒卮,敞口的浅杯。

端午贴子词

唐世五月五日扬州于江心铸镜以进,故国朝翰苑撰端午贴子词①,多用其事,然遣词命意,工拙不同。王禹玉云:"紫阁曈昽隐晓霞,瑶墀九御荐菖华②。何时又进江心鉴,试与君王却众邪。"李邦直云:"艾叶成人后,榴花结子初。江心新得镜,龙瑞护仙居③。"赵彦若云:"扬子江中方铸镜,未央宫里更飞符④。菱花欲共朱灵合,驱尽神奸又得无⑤?"又"扬子江中百炼金,宝奁疑是月华沉。争如圣后无私鉴⑥,明照人间万善心。"又:"江心百炼青铜镜,架上双纫翠缕衣⑦。"李士美云:"何须百炼鉴,自胜五兵符⑧。"傅墨卿云:"百炼鉴从江上铸,五时花向帐前施⑨。"许冲元云:"江中今日成龙鉴,苑外多年废鹭陂⑩。合照乾坤共作镜,放生河海尽为池⑪。"苏子由云:"扬子江中写镜龙,波如细縠不摇风⑫。宫中惊捧秋天月⑬,长照人间助至公。"大概如此。唯东坡不然,曰:"讲余交翟转回廊⑭,始觉深宫夏日长。扬子江心空百炼,只将《无逸》监兴亡⑮。"其辉光气焰⑯,可畏而仰也。若白乐天《讽谏百炼镜》篇云:"江心波上舟中铸,五月五日日午时。""背有九五飞天龙⑰,人人呼为天子镜。"又云:"太宗常以人为镜⑱,监古监今不监容。""乃知天子别有镜,不是扬州百炼铜。"用意正与坡合。予亦尝有一联云:"愿储医国三年艾,不博江心百炼铜。"然去之远矣。端午故事,莫如楚人竞渡之的,盖以其非吉祥,不可施诸祝颂⑲,故必用镜事云。

【注释】

①贴子词:一作帖子词。古代臣子于节日献给宫中的诗。相传宋代每逢八节(立春、立夏、立秋、立冬、春分、夏至、秋分、冬至为八节。端午节接近夏至)内宴,命翰林作帖子词,粘贴于阁中门壁。大都为五、七言绝句。②曈昽(tóng lóng):由暗而渐明貌。瑶墀:玉阶。借指朝廷。九御:即九嫔。宫中女官。也是帝王的妃子。菖华:指菖蒲。传说用菖蒲叶浸制药酒,服之可避瘟气。③艾叶成人后:艾,多年生草木植物,揉之有香气。《荆楚岁时记》:"五月五日……采艾以为人(以艾草束为人形,称"艾人"),县门户上,以禳毒气。"和下句"榴花结子初",都是指季节,即端午节的时候。龙瑞:相传伏羲时有龙马自黄河中负图而出,为圣者受命之瑞。仙居:仙人住所。亦借称清静绝俗的所在。④未央宫:汉宫名。飞符:谓祭起符箓。道教认为符、箓可用于除灾治病及役使鬼神。⑤菱花:古代铜镜中,六角形的或镜背刻有菱花的,叫菱花镜。后来诗文中常以菱花为镜的代称。朱灵:赤帝。南方之神。唐王勃《拜南郊颂》:"青帝(东方之神)鸣琴,朱灵会舞,上和下悦,神歆福聚。"得无:犹言能不。⑥宝奁:梳妆镜匣的美称。月华:月光;月色。争如:怎么比得上。圣后:犹圣君。对当代皇帝的尊称。⑦双纫:双股。纫,单股绳。⑧兵符:调遣军队的符节凭证。五兵:指兵部。⑨五时:本指春、夏、季夏、秋、冬五个时令。此处指"五时节",即端午节。⑩鹭陂:鹭鸟栖息的圩岸、沼池。⑪放生:谓释放鱼鸟等动物。⑫细縠(hú):细纱。⑬秋天月:指铜镜如秋天晴空的月亮一样洁净明亮。⑭讲余:经筵讲读完毕。交翟:不停地打扇。翟(dí):

指雉羽扇。⑮只将《无逸》监兴亡：见《随笔》卷十六《前代为监》一文及其"无逸"注。⑯气焰：指诗文的气势和力量。⑰背有九五飞天龙：《异闻录》载："天宝中，扬州进水心镜，背有盘龙。"九五：《易经》中的卦爻位名。九，阳爻；五，第五爻。《易·乾》："九五，飞龙在天，利见大人。"孔颖达疏："言九五阳气盛至于天，故飞龙在天……犹若圣人有龙德，飞腾而居天位。"后因以"九五"指帝位。⑱太宗以人为镜：唐太宗说，"以铜为鉴，可正衣冠；以古为鉴，可知兴替；以人为鉴，可明得失。"⑲的（dì）：鲜明；显著。祝颂：祝祷歌颂。

卷第十(十二则)

哀公问社

哀公问社于宰我,宰我对曰:"夏后以松,殷人以柏,周人以栗。"曰:"使民战栗①。"子闻之,曰:"成事不说,遂事不谏,既往不咎②。"古人立社,但各因其土地所宜木为之,初非求异而取义于彼也③。哀公本不必致问,既闻用栗之言,遂起"使民战栗"之语。其意谓古者弗用命戮于社,所以威民④。然其实则非也。孔子责宰我不能因事献可替否,既非成事,尚为可说,又非遂事,尚为可谏,且非既往,何咎之云?或谓"使民战栗"一句,亦出于宰我,记之者欲与前言有别,故加"曰"字以起之,亦是一说。然战栗之对,使出于我⑤,则导君于猛,显为非宜。出于哀公,则便即时正救⑥,以杜其始。两者皆失之,无所逃于圣人之责也。哀公欲以越伐鲁而去三家⑦,不克成,卒为所逐,以至失邦,其源盖在于此。何休注《公羊传》云:"松,犹容也,想见其容貌而事之,主人正之意也。柏,犹迫也,亲而不远,主地正之意也。栗犹战栗,谨敬貌⑧,主天正之意也。"然则战栗之说,亦有所本。《公羊》云:"虞主用桑,练主用栗⑨。"则三代所奉社,其亦以松、柏、栗为神之主乎?非植此木也⑩。程伊川之说有之。

【注释】

①问社:问做土地神的神主用什么木料。战栗:因恐惧、寒冷或激动而颤抖。②"成事不说"句:做成了事不要再解释,结束了事不必再劝阻,对已往的过错不必再追究。遂,已经实行。咎,追究。③立社:建造神社。取义:节取其中意义之一部分。彼:指木料。④弗用命戮于社:见《三笔》卷一《晁景迂经说》"'启'句"注。威民:威,震慑,使知畏惧而服从。⑤使出于我:假使出于宰我。⑥便:就;即。正救:纠正;补救。⑦三家:指三桓。见《续

笔》卷九《三家七穆》"桓公弑兄夺国，顾使有后如此"注。鲁哀公不甘心大权旁落，想借用越国兵力驱逐"三桓"，结果失败，逃到越国。⑧谨敬：谨慎诚敬。⑨虞主：古代葬后虞祭（父母葬后，迎魂安于殡官的祭礼）时所立的神主。练主：古代练祭时所立的神主。练祭，见《三笔》卷八《吾家四六》"练"注。⑩非植此木：不是种植松、柏、栗，而是以其木为神主。

绝句诗不贯穿

"夜凉吹笛千山月，路暗迷人百种花。棋罢不知人换世，酒阑无奈客思家。"此欧阳公绝妙之语。然以四句各一事，似不相贯穿①，故名之曰《梦中作》。永嘉士人薛韶喜论诗，尝立一说云："老杜近体律诗，精深妥帖，虽多至百韵，亦首尾相应，如常山之蛇，无间断龃龉处②。而绝句乃或不然，五言如'迟日江山丽，春风花草香。泥融飞燕子③，沙暖睡鸳鸯。''急雨捎溪足，斜晖转树腰。隔巢黄鸟并④，翻藻白鱼跳。''江动月移石，溪虚云傍花。鸟栖知故道，帆过宿谁家。''凿井交棕叶，开渠断竹根。扁舟轻袅缆⑤，小径曲通村。''日出篱东水，云生舍北泥。竹高鸣翡翠，沙僻舞鹍鸡⑥。''钓艇收缗尽⑦，昏鸦接翅稀。月生初学扇，云细不成衣。''舍下笋穿壁，庭中藤刺檐。地晴丝冉冉，江白草纤纤⑧。'七言如'糁径杨花铺白毡⑨，点溪荷叶叠青钱。笋根雉子无人见⑩，沙上凫雏傍母眠。''两个黄鹂鸣翠柳，一行白鹭上青天。窗含西岭千秋雪，门泊东吴万里船'之类是也。"予因其说，以唐人万绝句考之，但有司空图《杂题》云："驿步堤萦阁⑪，军城鼓振桥。鸥和湖雁下，雪隔岭梅飘。""舴艋猿偷上，蜻蜓燕竞飞⑫。樵香烧桂子，苔湿挂莎衣⑬。"

【注释】

①不相贯穿：内容互不相关联。贯穿，连接；联贯。②妥帖：稳当；合适。龃龉（jǔ yǔ）：指文意不相融合、不协调。③迟日：《诗·豳风·七月》："春日迟迟。"后以"迟日"指春日。泥融：融，消溶。④捎：拂掠。斜晖：亦

作"斜辉"。指傍晚西斜的阳光。黄鸟：鸟名。一说黄莺，一说黄雀。并：聚合。⑤交：互相接触。袅（niǎo）：摇曳；颤动。⑥翡翠：翡翠鸟。鹍（kūn）鸡：鸟名。亦作"鹍（kūn）鸡"。似鹤，黄白色，长颈赤喙。⑦缗：钓丝。⑧丝：指柳之柔条如丝。冉冉：柔弱下垂貌。纤纤（xiān xiān）：细长貌；柔细貌。⑨糁：散落；洒上。杨花：柳絮。⑩雏子：幼雏。仇兆鳌注引赵汸曰："雉，性好伏，其子身小，在笋旁难见。"⑪但有：就有。但，就。驿步：水驿的停船处。⑫舴艋：小船。蜻蜓：昆虫名。一说指蜻蜓舟。一种小船。⑬樵：柴薪。此处指木犀(桂花)本身。桂子：桂花。中秋前后桂花绽放，散发浓香。挂：悬挂；下垂。引申为披挂，穿。上句是后因前果，此句则前因后果。莎衣：蓑衣，莎（suō），通"蓑"。

农父田翁诗

张碧《农父》诗云："运锄耕斸侵晨起，陇畔丰盈满家喜①。到头禾黍属他人，不知何处抛妻子！"杜荀鹤《田翁》诗云："白发星星筋骨衰，种田犹自伴孙儿。官苗若不平平纳②，任是丰年也受饥！"读之使人怆然③。以今观之，何啻倍蓰也！

【注释】

①耕斸（zhú）：泛指耕种。侵晨：天快亮时，拂晓。陇畔：《农父》诗一本作"陇亩"。陇亩，田亩，田地。丰盈：年谷丰熟；丰收。②苗：指禾谷之实。官苗即官府征收的田赋。平平（píng píng）：均平；公允。纳：缴纳（田赋）。③怆然：悲伤貌。

卫宣公二子

卫宣公二子之事，《诗》与《左传》所书，始末甚详。《乘舟》之诗，为伋、寿而作也。《左传》云："宣公烝于庶母夷姜，生伋子。为之娶于齐而美，公取之，生寿及朔。宣姜与公子朔潛伋子。宣姜者，宣公所纳伋之妻,翻谮其过。公使诸齐,使盗待诸莘①,将杀之。寿子告之,使行②,不可。寿子载其旌以先,盗杀之,遂兄弟并命③。"案宣公以鲁隐四年十二月立,至桓十二年十一月卒④,凡十有九年。姑以即位之始便成烝乱,而伋子即以次年生,势须十五岁然后娶。既娶而夺之,又生寿、朔,朔已能同母谮兄,寿又能代为使者以越境,非十岁以下儿所能办也。然则十九年之间,如何消破⑤?此最为难晓也。

【注释】

①公使诸齐:卫宣公遣伋子出使到齐国去。莘(shēn):春秋卫邑,在今山东莘县北。②使行:让伋子逃走。行,去;离开。③"寿子载其旌以先"句:寿子(把伋子灌醉)带着伋子的旗子坐车抢在前面,刺客误把寿子杀了。伋子赶上来,说自己才是伋子。于是刺客又杀了伋子。④鲁隐四年:公元前719年。桓十二年:鲁桓公十二年,即前700年。⑤消破:消耗;消费。意谓在这十九年当中,在时间上怎么安排?

〔补注〕《乘舟》之诗:即《诗·邶风·二子乘舟》。《诗序》:"《二子乘舟》,思伋、寿也。卫宣公之二子争相为死,国人伤而思之,作是诗也。"

谓端为匹

今人谓缣帛一匹为壹端①,或总言端匹。案《左传》"币锦二两"注云②:"二丈为一端,二端为一两,所谓匹也,二两,二匹也。"然则以端为匹非矣。《湘山野录》载夏英公镇襄阳,遇大礼赦恩,赐致仕官束帛,以绢十匹与胡旦,且笑曰:"奉还五匹,请检《韩诗外传》及诸儒韩康伯等所解'束帛戋戋'之义③,自可见证。"英公检之,果见三代束帛、束脩之制。若束帛则卷其帛为二端,五匹遂见十端,正合此说也。然《周易正义》及王弼注、《韩诗外传》皆无其语。文莹多妄诞④,不足取信。按《春秋公羊传》"乘马束帛"注云:"束帛谓玄三纁二,玄三法天,纁二法地⑤。"若文莹以此为证,犹之可也。

【注释】

①缣帛：绢类的丝织物。古代多用作赏赐酬谢之物，亦用作货币。②币锦：馈赠用的锦帛。《左传》引文见昭公二十六年。③《湘山野录》：笔记名。宋僧文莹撰。赦恩：犹恩赦。指封建王朝遇皇帝登极或其他大典而赦免罪犯。奉还五匹：按今人说法，十匹为十端。按《左传》注释，十端实为五匹。胡旦的意思，既是赐束帛，实际是五匹。五匹即十端。束帛戋戋：《易·贲》："贲于丘园，束帛戋戋。"孔颖达疏："戋戋，众多也。"一说"戋戋"为浅少貌。朱熹《周易本义·贲》："束帛，薄物；戋戋，浅小之意。"五匹为束，共十端。④妄诞：虚妄不实。⑤玄三纁二：黑色丝帛三匹，浅绛色丝帛二匹，合为五匹。纁(xūn)，浅绛色。玄三法天：一、三、五、七、九为天数；二、四、六、八、十为地数。法，效法，仿效。

唐人草堂诗句

予于东圃作草堂，欲采唐人诗句书之壁而未暇也，姑录之于此。杜公云："西郊向草堂"，"昔我去草堂"，"草堂少花今欲栽"，"草堂堑西无树林"。白公有《别草堂》三绝句，又云："身出草堂心不出。"刘梦得《伤愚溪》云："草堂无主燕飞回。"元微之《和裴校书》云："清江见底草堂在。"钱起有《暮春归故山草堂》诗，又云："暗归草堂静，半入花源去①。"朱庆馀："称著朱衣入草堂②。"李涉："草堂曾与雪为邻。"顾况："不作草堂招远客。"郎士元："草堂竹径在何处？"张籍："草堂雪夜携琴宿。"又云："西峰月犹在，遥忆草堂前。"武元衡："多君能寂寞，共作草堂游。"陆龟蒙："草堂祗待新秋景。"又云："草堂尽日留僧坐。"司空图："草堂旧隐犹招我③。"韦庄："今来空讶草堂新。"子兰："策杖吟诗上草堂。"皎然有《题湖上草堂》云："山居不买剡中山④，湖上千峰处处闲。芳草白云留我住⑤，世人何事得相关？"

【注释】

①花源："桃花源"的省称。陶渊明作《桃花源记》中的世外理想社会。

后常用指避世隐居的理想境界。②称（chèn）：称身。③旧隐：旧时的隐居处。④剡（shàn）中：指剡县。古县名。故址在今浙江嵊县西南。⑤芳草：香草。

公穀解经书日

孔子作《春秋》，以一字为褒贬，大抵志在尊王，至于纪年叙事，只因旧史。杜预见《汲冢书·魏国史记》，谓"其著书文意大似《春秋经》，推此足以见古者国史策书之常也①"。所谓书日不书日，在轻重事体本无所系，而《公羊》《穀梁》二传，每事断之以日②，故窒而不通。《左氏》惟有公子益师卒，"公不与小敛③，故不书日"一说，其它亦鲜。今表二传之语，以示儿曹。《公羊》云："益师卒，何以不日？远也。""葬者不及时而日，渴葬也④。不及时而不日，慢葬也⑤。过时而日，隐之也⑥。过时而不日，谓之不能葬也。当时而不日，正也⑦。当时而日，危不得葬也⑧。""庚寅，入郕。其日何？难也⑨。""取邑不日。""桓之盟不日，信之也⑩。""甲寅，齐人伐卫。伐不日，此何以日？至之日也⑪。""壬申，公朝于王所。其日何？录乎内也⑫。""辛巳，晋败秦于殽。诈战不日，此何以日？尽也⑬。""甲戌，败狄于鹹。其日何？大之也⑭。""子卒。何以不日？隐之也。""即位不日。"《穀梁》最多："卑者之盟，不日。""大夫日卒，正也。""诸侯日卒，正也。""日入，恶入者也。""外盟不日⑮。""取邑不日。""大阅崇武⑯，故谨而日之。""前定之盟，不日。""公败齐师，不日，疑战也⑰。""公败宋师⑱。其日，成败之也。""齐人灭遂。其不日，微国也。""公会齐侯，盟于柯，桓盟虽内与⑲，不日，信也。""媵陈人之妇。其不日，数渝⑳，恶之也。""癸亥，葬纪叔姬，不日卒，而日葬，闵纪之亡也㉑。""子卒日，正也。不日，故也㉒。有所见则日。""戊辰，盟于葵丘。桓盟不日，此何以日？美之也㉓。""辛卯，沙鹿崩㉔。其日，重变也。""戊申，陨石于宋。是月，六鹢退飞㉕。石无知，故日之。鹢微有知之物，故月之。""乙亥，齐侯小白卒。此不正㉖，其日之，何也?""壬申,公朝于王所。其日,以其再致天子,故谨而日之。日系于月,月系于时[27]。其不月,失其所系也。""丁未,商臣弑其君髡。日髡之卒,所以谨商臣之弑也[28]。""乙巳,及晋处父盟。不言公,讳也。何以知其与公盟?以其日也。""甲戌,取须句。取邑不日,此其日,何也?不正其再取[29],故谨而日之也。""辛丑,葬襄王。日之,甚矣,其不葬之辞也[30]。""乙卯,晋、楚战于邲。日,其事败也[31]。""癸卯,晋灭潞。灭国有三术:中国谨日,卑国月,夷狄不日。其日,潞子贤也。""甲戌,楚子卒。夷狄卒而不日。日,少进也[32]。""癸酉,战于鞌。其日,或曰日其战也,或曰日其悉也[33]。""梁山崩。不日。何也?高者有崩道也[34]。""鼹鼠食郊牛角。不言日,急辞也[35]。""庚申,莒溃。恶之[36],故谨而日之也。""秋,公至自会。不日,至自伐郑也。""丙戌,郑伯卒于操。其日,未逾境也。""乙亥,臧孙纥出奔邾。其日,正纥之出也[37]。""蔡世子弑其君。其不日,子夺父政,是谓夷之[38]。""冬十月,葬蔡景公。不日卒而月葬,不葬者也。""四月,楚公子比弑其君。弑君者日,不日,比不弑也[39]。""甲戌,同盟于平丘。其日,善是盟也[40]。""内之大事日。即位,君之大事也。其不日,何也?以年决者,不以日决也。定之即位,何以日也?著之也[41]。"他释时月者亦然。通经之士,可以默喻矣。沙鹿、梁山为两说,尤不然。苏子由《春秋论》云:"《公羊》《穀梁》之传,日月土地,皆所以为训。夫日月之不知,土地之不详[42],何足以为喜怒?"其意盖亦如此。

【注释】

①一字褒贬:孔子作《春秋》,言简意严,常用一个字来表示褒扬或贬斥。汲冢书:见《续笔》卷十三《汲冢周书》注。策书:指古代常用以记录史实的简册。②书日:书写(记载)具体日子。断之以日:用是否书写日子来断定事体的轻重褒贬。③小敛:替死人穿好衣服为"小敛",入棺为"大敛"。④渴葬:古礼称死者未及葬期而提前埋葬。⑤慢葬:不以礼葬。⑥隐:哀怜而不忍言。即隐讳。⑦正:合乎法度。⑧危:形势危急。指有内乱或战争。隐公三年,冬十二月,"癸未,葬宋缪公。"缪公逐其子庄公冯而致国于其弟与夷,"庄公冯弑与夷。"⑨邴:春秋郑邑。《春秋左氏传》作"祊(bēng)"。入邴,指鲁国接纳邴。难:困难。

为什么困难呢?《公羊传》未说明。《穀梁传》的解释是"恶入者也"。见《隐公八年》。⑩桓之盟:桓,指齐桓公。信之:相信齐桓公。⑪至之日:齐师到达卫国的日子。⑫公朝于王所:公,指鲁僖公。王,指周襄王姬郑。鲁僖公二十八年,诸侯会温(今河南温县)之后,晋侯召王于晋国某地,僖公朝见。非在京师,故曰王所。录乎内:记载在鲁国的史策上。《公羊传·隐公十年》:"《春秋》录内而略外。"内,均指鲁国。⑬诈战:谓出其不意的攻击。尽:尽灭秦师。⑭甲戌:三《传》文公十一年均作"甲午"。"冬,十月甲午,叔孙得臣败狄于鹹。"鹹(xián):春秋鲁地。大:扩大;夸张。长狄兄弟三人:一者之齐,一者之鲁,一者之晋。叔孙得臣只是射杀了侵鲁一支狄人的头目。⑮外盟:指除鲁国之外其他国家的盟会。因为三《传》都是根据鲁国的史书编写并用鲁国的国君来纪年的,所以称鲁国以外国家的盟会为"外盟"。⑯大阅:对军队的大检阅。崇武:崇尚武功。⑰疑战:突然袭击,不宣而战。⑱公败宋师:事在庄公十一年。⑲公:连前两句的"公",均指鲁庄公。内(nà)与:归还。指归还鲁国汶阳之田。⑳媵:送也。此句全文为"公子结媵陈人之妇于鄄"。公子结,鲁大夫。陈人之妇,鲁女。渝:改变;违背(要盟,指陈国)。㉑纪叔姬:纪侯次妻,鲁国之女。纪为国名,叔为班序,姬为鲁国之姓。鲁隐公七年(前716年),叔姬嫁于纪侯。鲁庄公四年(前690年),纪为齐所灭。纪侯去国而死。庄公十二年,叔姬归鲁。庄公二十九年(前665年),叔姬卒。三十年,葬叔姬。闵:亦作"悯"。哀伤;怜念。㉒故:意外或不幸的事变,即祸灾。指子般被杀。前句的"子",即指庄公太子子般。庄公三十二年:"冬,十月已未,子般卒。"㉓美之:赞美齐桓公及其主持的这次盟会。㉔沙鹿:春秋晋国土山名。在今河北大名县东。㉕陨(yǔn):坠落。陨石即石陨星。鹢(yì):一种像鸬鹚的水鸟,能高飞。退飞:谓鸟飞遇风而退缩不进。僖公十六年春,王正月,"是月,六鹢退飞过宋都。"㉖小白:齐桓公之名。此不正:《穀梁传·僖公十七年》:"此不正,其日之,何也?……以不正入虚国,故称嫌焉尔。"齐襄公立,无常。乱作,鲍叔牙奉公子小白出奔莒,管仲、召忽奉公子纠奔鲁。公孙无知杀齐襄公,齐人又杀无知,齐国大乱。鲁庄公伐齐,纳公子纠。而小白先入,立为国君。公子纠长于小白,所以说齐桓公小白是"以不正入虚国"。见《左传》庄公八年、九年。㉗月系于时:时,指季节,时令。㉘谨:谨戒。敬慎戒惧。一说,郑重之意。即特意说明。㉙不正:不端正;不正当。有不赞成之意。再取:僖公二十二年春,曾"伐邾,取须句"。(反其君)㉚"辛丑,葬襄王"句:《穀梁传·文公九年》:"辛丑,葬襄王。""天子志'崩'

不志'葬'。……志'葬'，危不得葬也。"㉛其事败也：楚伐郑，晋救之。晋、楚战于邲。晋师败绩。见宣公十二年。㉜少进：(使之)稍居于前。即视同中国诸侯。㉝鞌：古地名。春秋属齐。在今山东济南市。成公二年，鲁、晋与齐战于鞌，齐师败绩。日其悉：记载日子是表明齐师全军溃败。㉞崩道：指崩后山石坠落的地方。梁山崩后壅遏黄河故道，河三日不流。一说，崩塌的规律。㉟鼷(xī)鼠：鼠类最小的一种。古人以为有毒，啮人畜至死不觉痛，故又称甘口鼠。郊牛：古帝王郊祭时尚未卜日祭祀的牛。急辞：促急之辞。来不及记日子。㊱恶之：之，指莒国大夫叛其上而之楚。㊲臧孙纥：鲁国大夫。正：谓治罪（干国之纪，犯门斩关）。㊳世子：古代天子、诸侯的嫡长子。夷：讨伐；声讨。㊴比不弑也：据《左传》载，楚国公子比只是在变乱中被拥立为王，楚灵王后来自缢而死。《谷梁传》亦说"灵王经而死"。㊵善：赞许；以为善。㊶定：鲁定公。著之：使其显著。㊷不详：不知道。

〔补注〕①远也：时间距今已远。②成败之也：成，确定。一说，（作为）成绩、成果。

柳应辰押字

予顷因见鄂州南楼土中磨崖碑，其一刻"柳"字，下一字不可识，后访得其人名应辰，而云是唐末五代时湖北人也，既载之《四笔》中，今始究其实，柳之名是已。盖以国朝宝元元年吕溱榜登甲科，今浯溪石上有大押字，题云："押字起于心，心之所记，人不能知。大宋熙宁七年甲寅岁刻，尚书都官员外郎武陵柳应辰，时为永州通判。"仍有诗云："浯溪石在大江边，心记闲将此地镌①。自有后人来屈指②，四千六百甲寅年。"有阆中陈思者跋云："右柳都官欲以怪取名，所至留押字盈丈，莫知其何为。押字，古人书名之草者，施于文记间，以自别识耳③。今应辰镌刻广博如许，已怪矣。好事者从而为之说，谓能祛逐不祥④，真大可笑。"予得此帖，乃恨前疑之非⑤。石傍又有蒋世基《述梦记》云："至和三年八月，知永州职方员外郎柳拱辰受代归阙⑥，祁阳县令齐术送行至白水，梦一儒衣冠者曰：'我元结也。今柳公游浯溪，无诗而去，子盍求之。'觉而心异之，遂献一诗。柳依韵而和，其语不工。"拱辰以天圣八年王拱辰榜登科,殆应辰兄也,辄并记之。

【注释】

①镌(juān):凿;刻。②屈指:扳指头(计算)。③别识(shí):辨识;识别。④祛逐:驱逐(邪妖、灾异)。⑤前疑:指《鄂州南楼磨崖》一文中柳应辰题刻,把年号"乾贞"写为"乾正"。那是柳应辰"欲以怪取名"故意而为。⑥归阙:归回朝廷。

唐尧无后

尧、舜之子,不肖等耳①。舜之后虽不有天下,而传至于陈及田齐②,几二千载。惟尧之后,当舜在位时即绝,故禹之戒舜曰:"毋若丹朱傲,用殄厥世③。"又作戒曰:"惟彼陶唐,有此冀方。今失厥道,乱其纪纲,乃底灭亡④。"原丹朱之恶,固在所绝。方舜、禹之世,顾不能别访贤胄为之立继乎⑤?《左传》载子产之辞曰:"唐人是因,以服事夏商,其季世曰唐叔虞(谓唐人之季,非周武王子封于晋者)。成王灭唐而封太叔⑥。"又蔡墨曰⑦:"陶唐氏既衰,其后有刘累氏,曰御龙。"范宣子曰:"匄之祖,自虞以上为陶唐氏,在夏御龙氏⑧。"然则封国虽绝,尚有子孙。武王灭商,封帝尧之后于蓟⑨,而未尝一见于简策。史赵言楚之灭陈曰:"盛德必百世祀,虞之世数,未也⑩。"臧文仲闻蓼与六二国亡,曰:"皋陶庭坚不祀,忽诸⑪!"尧之盛德,岂出舜、皋之下,而爵邑不能及孙,何也?

【注释】

①尧、舜之子,不肖等耳:《孟子·万章上》:"丹朱(尧之子)之不肖,舜之子亦不肖。"②田齐:即陈厉公之子陈完,于陈宣公时,因陈国内祸而奔齐,并以陈字为田氏。齐桓公使田完为工正(官名,掌管百工和官营手工业)。后,其子孙繁衍,势力渐大,逐步控制了齐国国政并占有了齐国大部分领土。齐康公十九年,田和被周天子立为齐侯。从此,姜齐为田氏所代,称为"田齐"。

见《史记·田敬仲完世家》。陈为舜的后代。见《三笔》卷二《占术致祸》"自谓陈后"注。③戒：警戒。禹之戒舜：即禹闻舜之言而警戒。丹朱：传说中帝尧之子。名朱，因居丹水，名为丹朱，傲慢荒淫，尧因禅位于舜。用：因。殄：灭绝。厥：其。世：父子相继为世。两句出《尚书·益稷》。《尚书·益稷》是禹和舜讨论国计民生、君臣关系的谈话记录。这两句的意思是，不要让你们的儿子学得像丹朱那样，因而断送了继承帝位的资格，使其父子不能相继。④又作戒：大禹之戒。陶唐：指尧帝。尧初居于陶，后封于唐，为唐侯，故称陶唐。冀方：冀州地方。这里以冀州代全国。底：致。此句出《尚书·五子之歌》。禹之孙太康耽于田猎和音乐，不理国政，被后羿驱逐。他的五个弟弟在洛水北岸等待他，因怨恨他，而述大禹之戒以作歌。⑤贤胄：贤良的后代。⑥"唐人是因"句：唐国人沿用这种方法（原文指用参星来确定时节的方法），以事奉夏、商两朝。唐国的末代君王叫唐叔虞。成王灭唐而封太叔：太叔即作者原注文中说的周武王之子，名字也叫"虞"。⑦蔡墨：晋国大夫。⑧范宣子：即士匄。自虞以上：虞，指虞舜。陶唐，终虞之世以为号，故曰自虞以上。御龙氏：相传夏时刘累学驯养龙以事孔甲，赐姓御龙氏。见《左传·昭公二十九年》。⑨蓟：古地名。在今北京城西南角。周封尧后于此，后为燕国国都。⑩"盛德必百世祀"句：拥有盛德，就一定会享有百代的祭祀。意谓会传流百代。现在虞舜受到祭祀还不满一百代（舜的后代所建陈国虽然灭亡了，但陈完的后代田和又代齐而有国。）⑪蓼：古国名。姬姓。相传庭坚之后，在今河南固始，前 622 年为楚所灭。六（lù）：古国名。偃姓，皋陶之后。在今安徽六安。前 622 年为楚所灭。忽诸：忽然；一下子。诸，助词。皋陶庭坚不祀，忽诸：皋陶和庭坚突然之间就没有人祭祀了。见《左传·文公五年》。《左传·文公十八年》杜预注以为"庭坚即皋陶字"。

斯须之敬

今公私宴会，称与主人对席者曰席面。古者谓之宾、谓之客是已。《仪礼·燕礼》篇："射人请宾①，公曰：'命某为宾。'宾少进，礼辞②。又命之，宾许诺。"《左传》季氏饮大夫酒，臧纥为客。宋公兼享晋、楚之大夫，赵孟为客。杜预云："客，一坐所尊也。"乾道二年十一月，薛季益以权工部侍郎受命使金国，侍从共饯之于吏部尚书厅，陈应求主席，自六部长贰之外，两省官皆预，凡会者十二人。薛在部位最下，应求揖之为客，辞不就，曰："常时固自有次第，奈何今日不然？"诸公言："此席正为侍郎设，何辞之为？"薛终不可。予时为右史，最居末坐。给事中王日严目予曰："景卢能仓卒间应对，愿出一转语折衷之③。"予笑谓薛曰："孟子不云乎？'庸敬在兄，斯须之敬在乡人④。'侍郎姑处斯须之敬可也。明日以往，不妨复如常时。"薛无以对，诸公皆称善，遂就席。

【注释】

①射人：古官名。掌射法以习射仪。请宾：请示以谁为宾。②公：东周时期，诸侯的通称。礼辞：按照礼节辞谢；辞谢。③转语：佛教禅宗指随机应对的话。④庸：平常；经常。乡人：指乡里长者。句出《孟子·告子上》。

丙午丁未

丙午、丁未之岁，中国遇此辄有变故，非祸生于内，则夷狄外侮。三代远矣，姑摭汉以来言之。高祖以丙午崩①，权归吕氏，几覆刘宗。武帝元光元年为丁未，长星见，蚩尤旗亘天。其春，戾太子生，始命将出征匈奴，自是之后，师行三十年，屠夷死灭，不可胜数，及于巫蛊之祸，太子子父皆败②。昭帝元平元年丁未，帝崩，昌邑立而复废③，一岁再易主。成帝永始二年、三年，为丙午、丁未，王氏方盛，封莽为新都侯，立赵飞燕为皇后，由是国统三绝，汉业遂颓，虽光武建武之时，海内无事，然勾引南匈奴，稔成刘渊乱华之衅，正是岁也④。殇帝、安帝之立，值此二年⑤，东汉政乱，实基于此。桓帝终于永康丁未，孝灵继之，汉室灭矣。魏文帝以黄初丙午终，明帝嗣位，司马氏夺国，兆于此时⑥。晋武太康六年、七年，惠帝正在东宫，五胡毒乱⑦，此其源也。东晋讫隋，南北分裂，九县飙回⑧，在所不论。唐太宗贞观之季，武氏已在后宫，中宗神龙、景龙，其事可见⑨。代宗大历元、二⑩，大盗初平,而置其余孽于河北,强藩悍镇,卒已亡唐。宝历丙午,敬宗遇弑。大和丁未,是为文宗甘露之悲⑪,至于不可救药。僖宗光启之际,天下固已大乱,而中官劫幸兴元,襄王煴僭立⑫。石晋开运,遗祸至今⑬。皇朝景德,方脱契丹之扰,而明年祥符,神仙宫观之役崇炽,海内虚耗⑭。治平丁未,王安石入朝,愲乱宗社⑮。靖康丙午,都城受围,逮于丁未,汴失守矣。淳熙丁未,高宗上仙。总而言之,大抵丁未之灾,又惨于丙午,昭昭天象⑯,见于运行,非人力之所能为也。

【注释】

①高祖以丙午崩:前195年,为丙午年。②长星:彗星的别称。蚩尤旗:彗星名。类彗而后曲,象旗。古代谓彗星出象有征伐之事。亘天:横贯天空。屠夷:屠杀。太子子父皆败:太子刘据及其父武帝皆败。见《随笔》卷八《人君寿考》及其"巫蛊"注,卷二《戾太子》《汉书·武帝纪》)。③昌邑立而复废:昭帝死后,霍光迎立昌邑王刘贺为帝,不久即废,又迎立宣帝。④国统三绝:《汉书·诸侯王表》:"而本朝短世,国统三绝。"颜师古注:"谓成、哀、平皆早崩,又无建嗣。"国统:君主一脉相传的统绪。犹正统。颓:衰败。南匈奴:东汉时匈奴分裂后,汉人对南迁的匈奴人的称呼。光武建武二十四年(公元48年,戊申;公元46年、47年为丙午、丁未)匈奴内部分裂,一部分南下附汉。两晋时,先后建立前赵、北凉、夏等国。稔成:犹酿成。稔,庄稼成熟。引申指事物酝酿成熟。刘渊乱华:见《四笔》卷二《诸家经学兴废》"永嘉之乱"注。正是岁也:即指公元46年、47年。⑤值此二年:殇帝立,在106年,丙午;安帝立,在107年,丁未。⑥兆于此时:指黄初丙午。兆:起始;发端。⑦太康六年、七年:即公元285年、286年。285年,乙巳;286年,丙午。287年为丁未年。五胡毒乱:见《随笔》卷九《五胡乱华》。毒乱,谓为恶作乱。⑧飚回:喻动乱。⑨贞观之季:贞观最末一年为649年,646年、647年为丙午、丁未。神龙、景龙:神龙二年,即706年,为丙午;景龙元年(707年)为丁未。神龙、景龙中,皇后韦氏干政;外戚武三思掌其机要;左道之人窃居大位;建策除掉张易之、张昌宗并废除武后的张柬之、敬晖等五人被罢知政事,流放、最后被杀;洛水溢涨、河南河北大水;太子李重俊矫制发兵杀武三思父子,太子被杀;宗楚客指示其党一再诬陷功臣魏元忠……⑩大历元、二:766年(丙午)、767年(丁未)。代宗广德元年(763年)安史叛乱始被平定。

唐朝统治由此而衰，出现藩镇割据局面。⑪甘露之悲：见《随笔》卷一《白公咏史》"甘露之祸"注。⑫光启：光启二年（886年）为丙午，三年为丁未。中官：此处指宦官（太监）田令孜。王重荣与李克用合兵进逼长安，请僖宗诛田令孜。田令孜于886年春再度挟持僖宗出奔。888年回长安。襄王煴僭立：襄王李煴，肃宗之玄孙。僖宗出奔，襄王因有疾，从上不及，为神策军将领朱玫所得。886年四月，朱玫立襄王煴为帝。⑬石晋开运，遗祸至今：五代后晋出帝石重贵开运三年（946年）为丙午年。从开运元年始，契丹军对中国大举进攻，后成为宋王朝的心腹之患。⑭皇朝景德：宋真宗景德三年（1006年）为丙午，四年为丁未。明年祥符：1008年为大中祥符元年。崇：积聚；汇合。崇炽：形容多而滥。虚耗：空竭。⑮治平丁未：英宗治平四年（1067年）为丁未年。一月，英宗驾崩，神宗继位。愲乱：惑乱。愲（gǔ），心乱。⑯天象：指天空的景象；如日月星辰的运行等。古人常用以占吉凶。

祖宗命相

祖宗进用宰相，惟意所属，初不以内外高卑为主。若召故相，则率置诸见当国者之上。太平兴国中，薛文惠公居正薨，卢多逊、沈伦在相位，而赵韩王普以太子太保散秩而拜昭文①。咸平四年，李文靖公沆为集贤，而召故相吕文穆公蒙正为昭文。景德元年，文靖薨，王文正公旦、文穆公钦若为参政，不次补，而毕文简公士安由侍读学士、寇忠愍公準由三司使，并命为史馆集贤，毕公虽历参政，不及一月。至和二年，陈恭公执中罢，刘沆在位，而外召文、富二公②，文公复为昭文，富为集贤，而沆迁史馆。熙宁三年，韩献肃公绛、王荆公安石同拜，韩在上而先罢，荆公越四年亦罢。韩复为馆相③，明年荆公再入，遂拜昭文，居韩之上。元祐元年，召文潞公于洛，司马公自门下侍郎拜左仆射，固辞，乞令彦博以太师兼侍中行左仆射，而己为右以佐之。宣仁不许，曰："彦博岂可居卿上？"欲命兼侍中行右仆射，会台谏有言，彦博不可居三省长官，于是但平章军国重事。崇宁以后，蔡京凡四入，辄为首台④。此非可论典故也。隆兴元年冬，汤岐公思退为右仆射,张魏公浚为枢密使,孝宗欲命张为左,请于德寿,高宗曰:"汤思退元是左相,张浚元是右相,只仍其旧可也。"于是出命。

【注释】

①薛文惠公居正:即薛居正。卒后谥文惠。昭文:即昭文馆大学士、亦称昭文相。②刘沆:字冲之。时为同中书门下平章事、集贤殿大学士。文、富二公:指文彦博、富弼。③馆相:指史馆相。④首台:指首相。古时宰相之职,或数人同任,居首位者称为首相。

附录

宋史洪迈传

迈字景卢，皓季子也。幼读书日数千言，一过目辄不忘，博极载籍，虽稗官虞初，释老傍行，靡不涉猎。从二兄试博学宏词科，迈独被黜。绍兴十五年始中第，授两浙转运司干办公事，入为敕令所删定官。皓忤秦桧投闲，桧憾未已，御史汪勃论迈知其父不靖之谋，遂出添差教授福州。累迁吏部郎兼礼部。

上居显仁皇后丧，当孟飨，礼官未知所从，迈请遣宰相分祭，奏可。除枢密检详文字。建议令民入粟赎罪，以纾国用，又请严法驾出入之仪。

三十一年，议钦宗谥，迈曰："渊圣北狩不返，臣民悲痛，当如楚人立怀王之义，号怀宗，以系复雠之意。"不用。吴璘病笃，朝论欲徙吴拱代之。迈曰："吴氏以功握蜀兵三十年，宜有以新民观听，毋使尾大不掉。"知枢密院事叶义问出视师，奏以迈参议军事，至镇江，闻瓜洲官军与金人相持，遑遽失措。会建康走驿告急，义问遽欲还，迈力止之曰："今退师，无益京口胜败之数，而金陵闻返斾，人心动摇，不可。"迁左司员外郎。

三十二年春，金主褒遣左监军高忠建来告登位，且议和，迈为接伴使，知阁门张抡副之。上谓执政曰："向日讲和，本为梓宫、太后，虽屈己卑辞，有所不惮。今两国之盟已绝，名称以何为正，疆土以何为准，朝见之仪，岁币之数，所宜先定。"及迈、抡入辞，上又曰："朕料此事终归于和，欲首议名分，而土地次之。"迈于是奏更接伴礼数，凡十有四事。自渡江以来，屈己含忍多过礼，至是一切杀之，用敌国体，凡远迎及引接金银等皆罢。既而高忠建有责臣礼及取新复与州郡之议，迈以闻，且奏言："土疆实利不可与，礼际虚名不足惜。"礼部侍郎黄中闻之，亟奏曰："名定实随，百世不易，不可谓虚。土疆得失，一彼一此，不可谓实。"兵部侍郎陈俊卿亦谓："先正名分，名分正则国威张，而岁币亦可损矣。"

进起居舍人。时议遣使报金国聘，三月丁巳，诏侍从、台谏各举可备使命者一人。初，迈之接伴也，既持旧礼折伏金使，至是，慨然请行。于是假翰林学士，充贺登位使，欲令金称兄弟敌国而归河南地。夏四月戊子，迈辞行，书用敌国礼，高宗亲札赐迈等曰："祖宗陵寝，隔阔三十年，不得以时洒扫祭祀，心实痛之。若彼能以河南地见归，必欲居尊如故，正复屈己，亦何所惜。"迈奏言："山东之兵未解，则两国之好不成。"至燕，金阁门见国书，呼曰："不如式。"抑令使人于表中改陪臣二字，朝见之仪必欲用旧礼。迈初执不可，既而金锁使馆，自旦及暮水浆不通，三日乃得见。金人语极不逊，大都督怀忠议欲质留，左丞相张浩持不可，乃遣还。七月，迈回朝，则孝宗已即位矣。殿中侍御史张震以迈使金辱命，论罢之。明年，起知泉州。

乾道二年，复知吉州。入对，遂除起居舍人，直前言："起居注皆据诸处关报，始加修纂，虽有日历、时政记，亦莫得书。景祐故事，有迩英、延义二阁注记，凡经筵侍臣出处、封章进对、宴会赐予，皆用存记。十年间稍废不续，陛下言动皆罔闻知，恐非命侍本意。乞令讲读官自今各以日得圣语关送修注官，令讲筵所牒报，使谨录之，因今所御殿名曰祥曦记注。"制可。

三年，迁起居郎，拜中书舍人兼侍读、直学士院，仍参史事。父忠宣、兄适、遵皆历此三职，迈又踵之。迈奏："三省事无巨细，必先经中书书黄，宰执书押，当制舍人书行，然后过门下，给事中书读，如给、舍有所建明，则封黄具奏，以听上旨。惟枢密院既得旨，即书黄过门下，例不送中书，谓之'密白'，则封驳之职似有所偏，况今宰相兼枢密，因而厘正，不为有嫌。望诏枢密院，凡已被制敕，并关左右省依三省书黄，以示重出命之意。"报可。

六年，除知赣州，起学宫，造浮梁，士民安之。郡兵素骄，小不如欲则跋扈，郡岁遣千人戍九江，是岁，或怵以至则留不复返，众遂反戈。民讹言相惊，百姓恟惧。迈不为动，但遣一校婉说之，俾归营，众皆听，垂櫜而入，徐诘什五长两人，械送浔阳，斩于市。辛卯岁饥，赣适中熟，迈移粟济邻郡。僚属有谏止者，迈笑曰："秦、越瘠肥，臣子义耶？"寻知建宁府。富民有睚眦杀人衷刃篡狱者，久拒捕，迈正其罪，黥流岭外。

十一年，知婺州，奏："金华田多沙，势不受水，五日不雨则旱，故境内陂湖最当缮治。命耕者出力，田主出谷，凡为公私塘堰及湖，总之为八百三十七所。"婺军素无律，春给衣，欲以缗易帛，吏不可，则群呼啸聚于郡将之治，郡将惴恐，姑息如其欲。迈至，众狃前事，至以飞语榜谯门。迈以计逮捕四十有八人，置之理，党众相嗾，哄拥迈轿，迈曰："彼罪人也，汝等何预？"众逡巡散去。迈戮首恶二人，枭之市，余黥挞有差，莫敢哗者。事闻，上语辅臣曰："不谓书生能临事达权。"特迁敷文阁待制。

　　明年，召对，首论淮东边备六要地：曰海陵，曰喻泇，曰盐城，曰宝应，曰清口，曰盱眙。谓宜修城池，严屯兵，立游桩，益戍卒。又言："许浦宜开河三十六里，梅里镇宜筑二大堰，作斗门，遇行师，则决防送船。"又言："冯湛创多桨船，底平樯浮，虽尺水可运。今十五六年，修葺数少，不足用。"谓宜募濒海富商人船予爵，招善操舟者以补水军，上嘉之。以提举佑神观兼侍讲、同修国史。

　　迈初入史馆，预修《四朝帝纪》，进敷文阁直学士、直学士院。讲读官宿直，上时召入，谈论至夜分。十三年九月，拜翰林学士，遂上《四朝史》，一祖八宗百七十八年为一书。

　　绍熙改元，进焕章阁学士、知绍兴府。过阙奏事，言新政宜以十渐为戒。上曰："浙东民困于和市，卿往，为朕正之。"迈再拜曰："誓尽力。"迈至郡，核实诡户四万八千三百有奇，所减绢以匹计者，略如其数。提举玉隆万寿宫。明年，再上章告老，进龙图阁学士。寻以端明殿学士致仕，是岁卒，年八十。赠光禄大夫，谥文敏。

　　迈兄弟皆以文章取盛名，跻贵显，迈尤以博洽受知孝宗，谓其文备众体。迈考阅典故，渔猎经史，极鬼神事物之变，手书《资治通鉴》凡三。有《容斋》五笔、《夷坚志》行于世，其他著述尤多。所修钦宗纪多本之孙觌，附耿南仲，恶李纲，所纪多失实，故朱熹举王允之论，言佞臣不可使执笔，以为不当取觌所纪云。

（《宋史·列传第一百三十二》）

后　记

　　《容斋随笔》是南宋笔记小说之冠。在读初中时，我就对祖国的古籍产生了浓厚的兴趣。后来，就读于山东大学中文系，为我学习、研究古籍提供了更多的空间和机会。大学毕业以后，因为忙于工作，没有什么研究成果，但若干年来却一直情有独钟，乐此不疲，为我这次注释奠定了一定基础。

　　注书难，从古而今，莫不皆然。一个人的能力极其有限。我从一九九七年三月着手注释，八易其稿，耗费二十个春秋，才算勉强完成。但仍有许多不尽如人意之处。此书规模较大，注释起来，瞻前顾后，力不从心，出现矛盾、舛误的情况，在我难以避免。好在我付出了最大的努力，自觉从良心上能对得起我的读者。

　　注释过程中，我参考了大量书籍，在此不再一一列举，谨向这些书籍的作者、出版社表示诚挚的谢意。

赵学力
二〇一七年三月于山东莱芜